실크로드학

실크로드학

정수일 지음

창비

『실크로드학』 출간에 즈음하여

독일의 지리학자 리히트호펜(F. von Richthofen)이 자신의 저서 『중국』(China)에서 고대 중국의 비단이 중앙아시아를 경유해 인도 서해안까지 운반된 사실을 감안해 이 교역로를 '실크로드'(비단길)라고 명명한 것이 지금으로부터 120여년 전이었다. 그후 동서양 학계는 이 교역로를 동서 문명교류의 통로로 그 개념을 부단히 확대하면서 이 길을 통한 문명교류사 연구에 큰 관심을 돌려 일정한 학문적 성과를 거두었다. 그러나 그동안의 연구가 대부분 교통사나 지역학에 편중해온 탓에 실크로드를 통한 문명교류 과정의 학문적 조명이 제대로 이루어지지 못하여 그에 대한 응분의 학문적 정립은 아직까지 미완의 과제로 남아 있었다. 이는 학제간(學際間) 연구협력과 상호보완이 부족했기 때문이라고도 하겠다.

정수일 선생은 이 미완의 과제를 수행하고자 다년간 연구에 정진해오다가 드디어 그 결실로 『실크로드학』을 상재(上梓)하게 되었다. 선생의 이 역저를 대하는 감회가 남다른 것은 우선 그 학술적 성취 때문이다. 이 책은 실크로드를 통한 문명교류사를 본격적인 하나의 학문분야로 처음 정립함으로써 불모지대인 동서 문명교류사 연구의 새 지평을 열었다는 점에서 획기적인 학문적 업적으로 기록될 것이다.

이 책은 기원전 1천년기에서 기원후 17세기(고대와 중세)까지의 장기간에 걸쳐 실크로드를 따라 전개된 동서 문명교류를 다루고 있다. 저간의 연구는 일반적으로 실크로드를 13세기 이전에 중국과 로마를 잇는 유라시아의 3대 교통로 즉, 북방의 초원로, 중간의 오아시스 육로, 남방의 해로 등 3대 교통로로 한정해 기술해왔다. 그러나 이 책에서 저자는 15세기 이래 신구 대륙간에 진행된 교역과 내왕의 역사적 사실에 근거해 실크로드의 개념을 구대륙인 유라시아와 아프리카에서 '신대륙'인 아메리카까지 재확대하고 환지구적(環地球的) 문명교류 통로로 새롭게 정의하였다. 이것은 실크로드와 문명교류사 연구를 한 차원 높이 끌어올린 것이다. 게다가 정선생은 실크로드의 동단(東端)이 중국이라는 종래의 통념을 깨고 한반도 연장설을 주장함으로써 '세계 속의 한민족'이 명실공히 역사적 사실이라는 점도 밝혀냈으니, 이는 우리 민족사의 전개에서 자못 큰 의미를 갖는다고 하겠다.

그러나 단지 학문적인 업적에서만 이 책의 의의를 찾는 데는 아쉬움이 남는다. 정수일 선생과 근 20년이란 오래고도 두터운 학연(學緣)을 맺고 있는 필자로서는 이 책의 출간이 실로 감개무량하다. 알다시피 정선생은 이 시대 우리 겨레가 겪고 있는 분단 비극의 체험자이자 산 증인으로서, 그리고 그 희생자로서 5년간의 옥고를 치렀다. 선생은 어려운 수감생활 속에서도 학자로서의 본분을 잃지 않고 학문 연구와 사색에 잠심몰두(潛心沒頭)하여 이 책만이 아니고 세계적 여행탐험기인『이븐 바투타 여행기』1·2와 동서문명교류사의 첫 고전이라 할 영국의 동양학자 율(H. Yule)의 저서『동서교류사집록』(원제 '중국과 그곳으로의 길'*Cathay and the Way Thither*)을 번역하였고,『문명교류사 사전』의 메모작업도 상당한 정도로 진척시켰다. 이 번역과 연구메모를 합친 분량이 200자 원고지로 어림잡아 25,000여 매에 달한다고 한다.

발이나 겨우 뻗을 정도의 좁은 공간에서 여름이면 볼펜의 잉크가 녹아나는 찜통 같은 더위, 겨울이면 손발이 곱고 동상이 걸리는 강추위 속에서, 방바닥에 책을 포개거나 물통을 엎어놓고 통궤(桶机)를 만들어 받쳐놓고 글을 썼다니, 그 저술작업이야말로 자기와의 싸움으로 만난(萬難)을 극복한 초인적인 업적이라 아니할 수 없다. 그러나 한편으로 생각하면 그 어려운 5년이 있어 오늘의 이 노작을 대할 수 있으니, 이는 인간사의 한 역설이라 해야겠다. 이 저술이 문명교류사의 학통(學統) 정립을 갈망하는 사학(斯學)을 위해 천만다행한 일임은 두말할 나위 없다.

공자는 자신을 가리켜 '술이부작인(述而不作人)'이라 일컬은 바 있다. '옛것을 설명이나 하고 새 것을 만들지 않는다'는 뜻이다. 정수일 선생의 문명교류학 정립이라는 '전위적' 노력이 앞으로 더욱 풍성한 결실을 맺으려면 '부작(不作)'에 그칠 것이 아니라 '술(述)'과 '작(作)'을 겸비한 '술작(述作)'으로 이어져야 할 것이다. 이 점이야말로 정선생에게 부과된 시대적·학문적 과제가 아니겠는가.

2001년 11월
단국대학교 명예교수 김원모(金源模)

책머리에

무릇 새 학문의 정립이란 신생아의 출생과 흡사하다. 120여 년 전부터 시작된 실크로드의 실체에 대한 탐지는 분명 '실크로드학'이란 신생아의 잉태였다. 인류문명의 개화와 더불어 열리게 된 실크로드는 문명교류의 통로와 가교로서뿐만 아니라, 문명탄생의 산실이자 문명발달의 원동력으로서까지 적극 기능함으로써 2천여 년간 인류의 역사발전에 지대한 기여를 하였다. 그리하여 '벙어리 대화'만을 해오던 동과 서가 문명의 공유성(共有性)과 상호의존성을 그 어느 세기보다도 절감하고, 하나가 된 세계 속에서 떳떳이 만나 나눔을 시작한 20세기의 인류는 실크로드에 깊은 관심을 보여왔다.

실크로드는 비록 뒤늦게 그 실체가 추인(追認)되었지만, 워낙 중요한 소재라서 그간 학문적 접근이 다각적으로 시도되었다. 19세기 말과 20세기 초엽의 중앙아시아 탐험과 제2차 세계대전을 전후한 시기에 실크로드 연변에서 진행된 일련의 고고학적 발굴, 그리고 최근 유네스코의 실크로드 종합고찰 등 몇차례의 국제적인 집중탐구를 계기로 실크로드에 관한 연구 열기는 그 파고(波高)를 계속 유지해왔다. 그 결과 실크로드의 개념이 확대된 것을 비롯해 이 통로를 통한 문명교류상(像)이 조금씩 밝혀지기 시작하고 적지 않은 관련 논저들이 발표되었으며, 몇몇 나라에서는 전문 연구기구까지 가동하고 있다.

그러나 지침이 될 만한 이론과 학문적 규범 및 과학적 연구방법이 결여된 탓으로 유사접근(類似接近)에만 머물고 있지, '실크로드학'이란 이름에 걸맞은 학문적 정립은 여태까지 미완의 과제로 남아 있다. 근래의 연구상황을 통관하면, 교통사나 지역학에 편중한 나머지 실크로드를 통한 교류상의 조명이라는 연구초점이 마냥 흐려지는 경향이 나타나고 있으며, 학제간 연구협력이나 상호보완도 상당히 부족한 형편이다. 게다가 교류과정에서 드러나는 구체적인 문명현상의 보편성과 개별성, 전파성과 수용성을 둘러싼 논란은 가위 난마상(亂麻相)이라 할 수 있다.

바야흐로 인류는 서로의 어울림과 주고받음으로만 생존의 길을 보장받을 수 있는 미증유의 교류확산 시대를 맞고 있다. 그간 쌓아올린 연구업적을 토대로 하여 '실크로드학'이란 새로운 국제적 학문을 정립·창출하는 것은 더이상 미룰 수 없는 시대적 요청으로 되었다. 실크로드를 통한 문명교류의 역사는 오늘로 이어진 어제의 역사인 동시에 내일로 이어질 미래진행형의 역사이기도 하다. 아울러 인류문명사의 이상이기도 한 보편사(universal history)의 전개는 어느 한쪽의 '중심주의'나 '우월론'의 편단(偏斷)에 의해서가 아니라, 문명교류 통로인 실크로드를 통한 서로의 불편부당한 어울림과 이해, 그리고 이를 바탕으로 한 공통가치의 형성과 향유에 의해서만 비로소 실현될 수 있다.

실크로드학은 실크로드라는 환지구적(環地球的) 통로를 통해 진행된 문명간의 교류상을 인문·사회과학적 방법으로 연구하는 학문이다. 시·공간적으로 방대하고 복잡다기한 내용을 아우르는 실크로드학은 어디까지나 실크로드를 통한 제반 교류상의 골격을 총론적으로 규범화함으로써 고유의 학문적 체계와 범주를 갖추어야 할 것이다.

이 책은 서장과 3부, 총 8장 39절로 구성되었다. 서장은 새로운 학문으로서의 실크로드학의 이론적 정립을 위하여 실크로드학 고유의 개념과 학문계보, 연구대상, 연구방법 및 그 의의 등 기본적인 학문범주를 구명(究明)하였다. 여기서 특기할 것은 학계에서 논란이 분분한 문명과 문화의 개념에 대해 나름대로의 정의를 시도하고 문명교류론의 대강(大綱)을 제시한 점이다. 제1부 제1장은 환지구적 문명교류 통로인 실크로드의 전개과정을 총체적으로 다루는바, 여기에는 실크로드의 개념과 그 확대, 인류역사 발전에서 수행한 실크로드의 역할, 그리고 실크로드의 3대 간선(幹線)과 5대 지선(支線)의 개관 등이 포함되어 있다. 제2장은 지금까지의 연구에서 도외시된 실크로드를 통한 교류의 역사적 배경을 정치·경제사적, 민족사적 및 교통사적 배경으로 나누어 고찰하였다. 그리고 제2부의 제3장과 제4장은 실크로드를 통해 실제로 이루어진 여러가지 물질문명과 정신문명의 교류상을 사항별로 서술하는데, 문학의 교류 같은 비교적 생소한 주제도 다루었다. 제5장은 모든 교류의 주역인 교류인(交流人)들의 내왕을 교류관계 수립과 물질문명 및 정신문명 교류의 담당분야별로 조명하였다. 끝으로 제3부의 제6장과 제7장은 이상의 동서 문명교류상을 객관적으로 입증할 수 있는 문헌적·유물적 전거를 분야별로 제시하였다. 각 절에서는 원칙적으로 해당 주제의 정의와 내용, 특성, 의의 등을 차례로 밝혀 개념정리를 선행한 후 구체적으로 교류상을 밝히는 서술체계를 취하였다.

실크로드학이 포괄하는 시대는 기원전 1천년기로부터 기원후 17세기(고대와 중세)까지의 시기이다. 지금까지의 통설로는 실크로드라고 하면 대체로 13세기까지 중국과 로마를 각기 동·서단(東·西端)으로 하여 전개된 3대 교류통로(실크로드 3대 간선)로 한정했는데, 이 책에서는 실크로드를 한반도까지 연장함은 물론이거니와 그 개념을 15세기 이래 구대륙과 신대륙(남·북아메리카) 간에 전개된 환지구적 교류통로로까지 확대하였다. 이를테면 실크로드의 새로운 개념확대설이라고 할 수 있다. 그리고 말미에 실크로드학 연구의 한 보조부분으로서 실크로드사 연표, 참고문헌, 찾아보기 등을 최대한 상세하게 부록으로 첨부하였다.

이 책은 실크로드의 부단한 확대에 따른 '전통적인 실크로드학'의 학문적 정립을 시도한 책이다.

이에 비해 근·현대 동서문명의 교류통로는 그 형태와 내용을 발전적으로 달리하는 '신실크로드'이다. 따라서 이에 상응하는 실크로드학은 '신실크로드학'이라고 명명해야 마땅할 것이다. 18세기에 이르러 서구 산업혁명을 거치면서 전래의 전통적 실크로드(초원로·오아시스로·해로)에는 획기적인 변화가 일어났다. 새로운 기계동력에 의한 교통수단의 발명과 더불어 동서 문명교류에도 새로운 면모가 나타났다. 철도와 비행기, 기선이라는 새로운 교통수단의 도입에 의해 지구는 육·해·공의 입체적인 교통망으로 뒤덮이게 되었고, 문명교류의 내용과 방법 그리고 문화접변(接變)에도 엄청난 변화가 일어났다. 18~20세기까지 약 300년간 근·현대 동서교류의 통로를 '신실크로드'라 이름하고, '실크로드학'의 후속으로 '신실크로드학'을 정립해야 할 소이연(所以然)이 바로 여기에 있다.

이제 사계(斯界)의 꾸준한 보양(保養) 속에 '실크로드학'이란 태아는 간단없는 발육의 연동(蠕動)을 거듭하던 끝에 마침내 준삭(準朔)을 맞아 산고를 무릅쓰고 앳된 고고(呱呱)의 첫소리를 감히 울리게 되었다.

이 책은 인문학 분야에서 새로운 학문의 정립을 시도한 연구개설서로서, 비록 우문졸작(愚文拙作)이지만 감히 개창적(開創的) 의의를 부여코자 한다. 개창서니만큼 미흡함을 면할 수 없겠지만, 이후의 보완으로 완성을 기하고자 한다.

비록 어설프기는 하지만 학문초야(學問草野)를 일구었다는 데서 일말의 위안과 보람을 찾는다. 이렇게 미흡과 보람이 함께한 졸저의 갈피마다에는 '추천사'로 이 책의 첫머리를 열어주신 은사 김원모(金源模) 교수님의 아낌없는 지도와 편달, 사학도의 메마른 가슴에 실크 같은 문학적 영감과 낭만을 보듬어준 황석영(黃晳暎), 서해성(徐海誠) 두 분 작가님의 정겨운 격려, 이 책에 실린 귀한 도판들을 제공·정리해준 제자 배준원(裵晙元) 군과 '시공테크'사 박진호(朴鎭浩) 주임의 정열적인 성원, 100여 권의 참고서적을 마련해준 가속(家屬)의 헌신적인 옥바라지, 그리고 동연제위(同硯諸位)의 따뜻한 배려, 이 모든 은고(恩顧)가 고스란히 스며 있다. 여러분 모두에게 깊은 감사를 드리는 바이다.

끝으로, 졸저를 중히 여기시고 혜려(惠慮)를 베풀어 기꺼이 출판을 맡아 수고하신 창작과비평사의 백낙청 선생님과 최원식 주간님, 고세현 사장님, 김이구 기획실장님, 그리고 원고의 입력부터 교정에 이르기까지 꼼꼼히 챙겨준 편집실무진 여러분께 진심으로 고마움을 표하는 바이다.

이제 우리는 학문, 특히 인문학 분야에서 남의 뒤따름만이 아니라, 무언가 남에 앞섬도 있어야 한다는 시대적 소명에 부응코자.

2001년 단풍가절무쇠막 자택에서

정수일

제 3 장 실크로드를 통한 물질문명의 교류

제 4 장 실크로드를 통한 정신문명의 교류

제 5 장 실크로드를 통한 인적 교류

서장

서장 실크로드학의 정립

제1절 실크로드학의 개념

실크로드학의 정의 실크로드학이란 실크로드라는 환지구적(環地球的) 통로를 통해 진행된 문명의 교류상을 인문·사회학적 방법으로 연구하는 학문이다. 그 연구대상은 문명교류 이론을 비롯해 실크로드의 개척과 변천, 이 통로를 통한 문명교류의 역사적 배경, 물질문명 및 정신문명의 교류와 인적 교류, 그리고 문명교류에 대한 역사적 전거 등 여러 분야를 망라한다.

인류문명은 자생과 모방에 의해 탄생하고 발달하며 풍부해진다. 자생성은 문명의 내재적이고 구심적인 속성으로서 문명의 보편성과 개별성을 규제하고, 모방성은 문명의 외연적(外延的)이고 원심적인 속성으로서 문명의 전파성과 수용성을 결과한다. 따라서 자생성과 모방성은 문명의 2대 속성인 동시에, 그 발생·발달의 2대 요소이기도 하며, 양자는 상보상조적 관계에 있다. 그 어느 하나의 결여나 미흡은 기필코 문명의 침체나 기형을 초래하고 만다.

문명의 모방은 그것이 창조적 모방이건 기계적(답습적) 모방이건간에 문명의 교류를 통한 전파와 수용 과정에서 현실화된다. 그리하여 교류는 모방에 의한 문명의 발달을 촉진하는 필수불가결의 매체이다. 그런데 이러한 교류는 지리적 공간으로서의 통로를 거쳐야만 이루어질 수 있다. 교통수단이 발달하지 못한 전근대사회에서 이 통로는 자연지리적 여건에 따라 시·공간적으로 한정적일 수밖에 없었다. 문명의 교류를 실현 가능케 한 이 유한(有限)한 통로가 바로 실크로드이다. 실크로드의 존재는 문명교류의 전제이자 필연적인 산물인 것이다.

실크로드는 장기간에 걸쳐 문명교류의 기복에 따라 끊임없는 변천을 거듭해왔고, 마침내 그 접점이 구대륙(유라시아와 아프리카)의 동서는 물론, 신대륙(남·북 아메리카)까지 이어짐으로써 명실상부한 환지구적 문명교류의 통로로 기능하게 되었다. 이 과정에서 실크로드는 단선적(單線的)인 연장만이 아니라 복선적(複線的) 내지 망상적(網狀的)인 확장에까지 이르렀다.

실크로드를 거쳐 이루어진 교류는 본질적으로 이질적인 문명간의 교류이다. 이질문명의 교류야 말로 문명교류의 의미를 극대화하고 인류의 공통문명 창조에 기여할 뿐만 아니라, 실크로드 자체의 역할과 위상도 드높일 수 있다.

연구대상에서 보다시피 실크로드학의 포괄범위는 인문학과 사회학의 영역을 두루 망라하고 있다. 따라서 그 연구방법도 인문·사회학적 방법을 취하게 된다.

원래 '실크로드'(Silk Road)는 독일어 '자이덴슈트라쎄'(Seidenstraße, seiden＝비단, straße＝길)의 영역어(英譯語)인데, 우리말로는 '비단길'에 해당한다. 그러나 이 책에서는 여러가지 상징적 의미로 인해 이미 국제적 관용어로 굳어진 '실크로드'라는 말을 그대로 쓰기로 한다.

실크로드학과 문명교류 실크로드학의 핵심은 실크로드를 통한 문명의 교류상을 밝혀내는 것이다. 문명의 교류, 이것은 실크로드학의 전편에 깔려 있는 밑그림이며 전장(全章)을 관류하는 물줄기이다. 그래서 실크로드학은 일종의 문명교류학이라고 말할 수 있다.

문명이란 인간이 육체적·정신적 노동을 통해 창출한 결과물의 총체로서, 물질문명과 정신문명으로 대별된다. 문명의 생명은 이러한 결과물에 대한 공유(共有)다. 이에 비해 문화는 문명을 구성하는 개별적 요소이며 그 양상이다. 문명과 문화의 관계는 위계적(位階的) 관계가 아니라, 총체와 개체, 복합성과 단일성, 내재와 외형, 제품과 재료의 포괄적 관계이다. 문명을 총체로서의 피륙에 비유하면 문화는 개체로서의 재료인 실, 즉 씨실과 날실에 해당된다. 여기에 덧붙여진 문양 따위는 또다른 재료로서의 문화현상이기는 하나, 그 바탕은 어디까지나 씨실과 날실이다. 개체와 재료로서의 문화는 다시 크게 물질문화와 정신문화로 나눌 수 있다. 물질문화를 씨실이라고 하면, 정신문화는 날실에 빗댈 수 있다. 마치 씨실과 날실이 결어져서 피륙이 되듯이 물질문화와 정신문화가 융합되어 문명이라는 하나의 총화물이 형성된다. 그런데 재료로서의 실(문화)도 따지고 보면, 또한 몇가지 재료로 구성된 제품에 불과하다. 물론 이 제품은 문명으로서의 제품이 아니고 문화로서의 제품일 뿐이며, 그것을 구성하는 재료는 세분문화(細分文化)라고 할 수 있다. 예컨대 농경문화나 종교문화 같은 것이 이에 속한다. 이런 식으로 세분문화는 또 미세분문화(微細分文化)로 분화된다.

실크로드학에서 말하는 교류는 본질적으로 문명의 교류이다. 물론 이 문명의 교류에는 문명의 구성요소이며 그 양상인 문화의 교류도 당연히 포함된다. 경우에 따라서 이러한 문화교류는 이질문명간에 이루어질 수도 있고 동질문명 내의 세분문화간이나 미세분문화간의 교류로 나타날 수도 있다. 그러므로 이때까지 습용(襲用)해온 '동서 문화교류(사)'라는 표현은 마땅히 '동서 문명교류(사)'로 대체해 이해해야 하며 학명(學名)으로는 간명하게 '동서교류(사)' 혹은 '문명교류(사)'로 명명하는 것이 적절할 것이다. 이른바 동·서간의 교류란 동서의 이질문명간의 교류를 의미하기 때문이다.

이질문명간이나 동질문명 내 세분문화나 미세분문화 상호간의 교류현상은 서로 다른 경제권이나 문화권, 지세권(地勢圈)간의 교류에서 잘 나타나고 있다. 대표적인 것이 경제권에서의 농경문화와 유목문화의 교류, 문화권에서의 과학기술과 종교의 교류, 지세권에서의 해양문화와 대륙문화의 교류라고 할 수 있다.

지금까지 학계에서 문명과 문화의 개념에 관해 내린 정의만도 자그마치 근 200가지나 된다. 각자가 서로 다른 차원과 시각에서 정의를 내리다 보니 이러한 난맥상을 보이고 있으며, 이제 그 어떤 공통적이고 범칭적(汎稱的)인 것으로서 공히 고전적이라고 할 만한 정의를 이끌어내는 것은 도무지 불가능할 성싶다. 필자는 문명교류라는 차원에서 문명과 문화에 관한 나름의 이해를 갖고 있으며, 그에 준해 이 책의 관련 내용을 전개할 것이다.

문명교류의 당위성은 자생과 모방이라는 문명의 근본속성이 낳는 보편성과 개별성, 전파성과 수용성 등 문명의 4대 특성에 기인한다. 문명의 보편성(공통성)이란 같은 환경이나 여건에서는 물론, 때로는 다른 환경이나 여건에서도 시공을 초월해 내용과 형태에서 유사한 문명이 창조됨을 뜻한다. 인류는 항시 보편성에 바탕을 둔 문명의 공유(共有)를 염원하는데, 문명교류는 이러한 보편성의 형성에 첩경이 될 수 있다. 문명의 개별성(고유성)이란 각 문명이 특유의 개성을 가지고 다른 문명과 구별됨을 말한다. 이러한 개별성은 문명간의 이질성을 조건지어주기 때문에 문명교류의 결정적 전제가 된다. 문명의 전파성이란 일단 창조된 문명은 물리적 거리나 장애에도 불구하고 의식적이건 무의식적이건간에 주위에 조만간 보급·확산된다는 것을 의미한다. 문명의 전파는 문명교류의 필수적 과정으로서 그 양태에 따라 교류상이 좌우된다. 문명의 수용성이란 전파된 문명이 피전파문명에 합류·정착되는 것을 뜻한다. 다른 문명이 수용될 때에만 실질적인 문명교류가 실현되었다고 할 수 있기 때문에 문명의 수용성은 문명교류의 징표라고 할 수 있다. 또한 다른 문명에 대한 문명의 수용성 덕분에 문명교류는 비로소 가능한 것이다.

이렇게 보면, 문명교류를 당위적인 것이 되게 하는 이와같은 4대 특성 중에서 보편성과 개별성은 문명교류의 객관적 필요성과 전제이며, 전파성과 수용성은 그것을 현실화하는 실천적 요인이다. 그러므로 문명교류란 사실상 문명의 전파와 수용 과정이다. 전파에는 한 문명요소가 다른 문명에 직접 전해지는 직접전파(直接傳播)와 제3자를 통해 전해지는 간접전파(間接傳播)가 있다. 직접전파는 문명간의 직접적인 통로나 수단, 매체에 의해 실현되는 전파로서 보다 신속하며, 원형적(原形的)인 문명요소의 전파가 가능하다. 이에 비해 간접전파는 제3자에 의한 전파이기 때문에 좀더 완만하며 변형적인 문명요소가 전파될 수 있다.

다음으로 전파에는 연파(延播)와 점파(點播)의 두 가지 경우가 있다. 연파는 간단없이 연속적으로 이어지는 전파인 반면에, 점파는 연속성 없이 군데군데 점재(點在)한 전파를 말한다. 연파가 문명의 자연적이고 광폭적인 확산이라면, 점파는 대체로 우연적인 소폭의 확산이다. 문명 전파의 직·간접성과 더불어 그 파폭(播幅)을 가늠하는 이 연파와 점파 문제는 전파문명의 수용과 그 결과로 일어나는 접변(接變)현상을 고찰하는 데 중요한 의의를 갖는다.

다른 문명에 대한 수용이 필요하고 가능한 것은 문명이 모방의 속성을 가지고 있기 때문이다. 모방(수용)은 자생적인 창조보다 쉽고 소모가 적으며 좀더 나은 것을 창출할 수 있게 한다. 전파에 의해 이동된 문명이 다른 문명 속에 합류·정착되는 수용과정은 어디까지나 선택적인 과정(selective process)이다. 전파된 문명이라고 해서 모든 것이 다 받아들여지는 것은 아니며, 피전파문명에 적응하거나 합류할 수 있는 것만이 선택적으로 수용되어 정착하는 것이다. 이렇게 선택된 전파문명만이 살아남을 수 있으며, 따라서 그것만이 문명교류의 가치와 의미를 지니게 된다. 그런데 전파문명의 수용은 정상적인 전파과정을 통하여 피전파문명에 자연스럽게 적응·합류하는 순(順)기능적 수용과, 그렇지 않고 비정상적인 전파과정을 통하여 피전파문명에 강요되는 역(逆)기능적 수용이 있다. 이와같이 상반되는 수용의 성격은 수용에 의해 일어나는 문화접변에 절대적인 영향을 미친다.

전파문명의 수용은 피전파문명과의 불가피한 접촉과정이다. 이 과정에서 피전파문명 내에서는 이른바 문화접변(acculturation)이라는 문화(문명)적 변동이 일어나게 된다. 일반적으로 순기능적 수용에 의한 접변은 선진문명의 창조나 전통문명(피전파문명)의 풍부화 등 창조적이고 긍정적인 결과를 낳는다. 흔히 이렇게 해서 나타나는 것이 두 문명의 접변으로 인해 상이한 문명요소가 건설적으로 혼합되어 일어나는 융합(融合, fusion)현상이다. 이에 반해 역기능적 수용에 의한 접변은 피전파문명의 해체나 퇴화 등 파괴적이고 부정적인 악과(惡果)를 낳는다. 흔히 이러한 악과로 나타나는 것이 이도저도 아닌 제3의 문명이 형성되는 융화(融化, deliquescence)나 일방적 흡수인 동화(同化, assimilation) 현상이다.

문명의 전파와 수용 과정에서 일어나는 이러한 여러 현상들을 구체적으로 헤아릴 때만이 실크로드학이 추구하는 문명교류의 실태와 성격 및 그 결과와 의의를 제대로 구명할 수 있다. 실크로드학의 핵심은 문명교류이니만큼, 교류에 대한 역사적 조명을 통해서만 실크로드학의 학문체계를 바로 확립할 수 있는 것이다.

실크로드학의 학문계보 학문계보(學問系譜)란 특정 학문이 속하는 학문영역을 말한다. 모든 학문은 고유의 성격에 따라 일정한 학문영역에 속하게 된다. 오늘날의 학문영역은 인문학·사회학·자연과학의 세 분야로 대별되는데, 그 구분은 주로 해당 학문의 연구대상과 연구방법에 의해 결정된다. 학문계보는 학문의 '칸막이'와 자리매김으로서 소정 학문의 정립에 중요한 의의를 가진다. 학문의 소속계보가 명확해야 학문의 연구대상과 그에 적절한 연구방법을 설정할 수 있으며, 학제간의 연계도 원활하게 이루어질 수 있다. 더욱이 과학문명이 신속하고 다기적(多岐的)으로 발달함에 따라 새 학문이 부단히 창출되고 학문의 세분화와 통합이 복잡하게 진행되고 있는 현실에서 학문계보의 확정은 더더욱 중요하다.

인문학과 사회학은 다같이 생물학적 유기체가 아닌 사회적 존재로서의 인간을 연구대상으로 삼는다는 데서 공통적이다. 그러나 전자는 주로 인간의 정신활동을, 후자는 주로 인간에 의한 사회현상을 연구대상으로 한다는 점에서는 서로 다르다. 실크로드학은 인간이 창조한 문명이 교류라는 매체를 통하여 한 인간사회에 전파·수용되는 과정을 연구하는 학문으로서, 거기에는 인간의 물질생활과 관련된 각종 문물과 인간의 정신활동과 관련된 문학·예술·철학·종교·학문, 그리고 사회구조나 현상과 관련된 제도·법률·대외관계·군사 등 다종다양한 교류가 포함된다. 요컨대 인문학과 사회학의 여러 분야를 두루 망라하고 있다. 물론 교류에는 과학기술을 비롯해 지질학·생태학 등 자연과학과 관련된 내용도 일부 포함되어 있기는 하지만, 실크로드학에서는 어디까지나 자연과학 자체가 아니라, 그 결과물이 교류를 통해 인간사회에 어떻게 유용되는가 하는 것, 즉 전파와 수용 내지는 접변의 과정만을 연구한다. 따라서 이러한 내용을 연구대상으로 삼는 실크로드학은 으레 실증적 연구방법을 비롯한 인문·사회학적 연구방법을 채택하게 마련이다.

이와같이 실크로드학은 연구 대상이나 방법에서 인문학과 사회학의 영역을 두루 포괄하기 때문에 총체적인 학문계보에서 어느 한쪽에 전속시킬 수 없고, 두 분야의 교차영역으로밖에 볼 수 없다. 그런데 인문·사회학으로서의 실크로드학의 연구대상은 일반적인 인문학이나 사회학에서처럼 어느한 시·공간점에서 파악하는 공시적(共時的, synchronic) 정태(靜態)가 아니라, 시·공간을 통해 움직여가는 통시적(通時的, diachronic) 동태(動態)이다. 따라서 실크로드학은 통시적이며 동태적인 인문·사회학이라고 말할 수 있다.

실크로드학의 학문계보를 확립하는 것은 실크로드 연구의 혼란상과 관련하여 더욱 절실하다. 이른바 연성학문(軟性學問, soft study)답게, 지난 한 세기 동안 학계에서는 동서를 막론하고 실크로드에 대한 학문적 접근을 다양하게 시도해왔다. 그러나 선도적인 이론과 학문계보를 비롯한 학문적 규범이 부재한 탓에 시종 유사접근에만 머물러왔다. 특히 그 계보의 불확실성으로 인해 실크로드 연구가 교통사에 편중한다든가 '미지의 탐험'만을 지향한다든가 실크로드 연변의 일반 지역학이나 민족학·역사학으로 대치된다든가 하는 등 일련의 편향을 범하게 되었다. 그 결과 실크로드를 통한 문명교류의 구명이라는 연구초점이 흐려짐은 물론, 연구가 종잡을 수 없이 번잡한 양상을 보였으며, 심지어 학문 이하로 폄하·비속화되는 폐단까지 나타나고 있다. 분명히 실크로드학은 고유의 연구대상과 연구방법에 입각한 학문계보를 확보하고 있으며, 따라서 여타 학문과는 엄연히 구별된다. 이러한 구별점이 명확해질 때에만 비로소 학문으로서의 실크로드학 정립이 가능한 것이다.

제2절 실크로드학의 내용

실크로드학의 연구대상　실크로드학은 문명교류에 관한 이론을 비롯하여 문명교류의 환지구적 통로인 실크로드의 전개과정과 이 통로를 통한 문명교류를 실현 가능케 한 역사적 배경, 그리고 이 통로를 통한 구체적인 교류상과 그 교류상을 입증할 수 있는 제반 역사적 전거(典據) 등을 연구대상으로 삼고 있다.

실크로드학의 요체는 문명교류이니만큼 문명교류에 관한 이론적 해명은 실크로드학 정립의 이론적 근거이자 필수전제이다. 이러한 이론적 해명은 비단 실크로드학의 연구방향과 내용 및 방법을 정확히 제시해줄 뿐만 아니라, 문명 일반에 관한 연구에도 일조할 수 있다. 실크로드학이 지향하는 문명교류 이론에서는 우선 문명교류의 함의와 실크로드학의 관계가 조명된다. 이 이론적 해명에서의 핵심은 문명의 속성에서 결과되는 교류의 당위성과 교류의 직접적 동인인 문명의 전파성과 수용성 및 그 구체적인 전개양상을 밝히는 것이다. 이것은 교류의 성격과 결과를 판정할 수 있는 이론적 근거가 된다. 이러한 이론적 해명을 바탕에 깔고 모든 교류과정을 구명할 때에만 실크로드학이 명실공히 문명교류학으로서의 본분을 다할 수 있는 것이다.

실크로드학에서 다루는 문명교류는 실크로드라는 매체를 통해 이루어진 일종의 역사적 현상이다. 따라서 실크로드학이라는 구조물에서 문명교류에 관한 이론적 해명을 주춧돌이라고 하면, 그 위에 얹어놓을 첫 벽돌은 실크로드의 전개과정을 밝히는 일이어야 할 것이다. 실크로드는 원래 인간의 인지(認知) 여하와는 관계없이 존재해온 실체이다. 인간이 실크로드라는 자의적인 명명하에 그 실체를 추인(追認)한 것은 불과 120여년 전 일이며, 이때부터 비로소 실크로드 연구가 시작된다. 그러므로 실크로드의 전개과정에 대한 연구는 실크로드의 명명을 비롯해 그 개념의 부단한 확대에 관한 고찰을 우선하지 않을 수 없다.

실크로드의 개념 확대는 실크로드를 통한 전반적 교류의 진폭과 직결될 뿐만 아니라, 실크로드학의 정립과도 관련되기 때문에 그 구명은 자못 중요하다. 더욱이 환지구적 통로로의 개념 확대는 지금까지의 통념을 넘어선 새로운 개념으로서, 그 해명은 창의적인 천착(穿鑿)을 요한다. 이러한 개념에 준해 망상적인 실크로드를 이루고 있는 여러 갈래 길의 역사적 변천과정과 그 역할을 밝히게 된다. 여러 갈래 길 가운데서 기본은 초원로(草原路)와 오아시스로(Oasis Road), 해로(海路)의 3대 간선(幹線)이다. 통로로서의 실크로드에 관한 연구에서는 교통수단과 운수내용 등 교통사적 연구도 배제할 수 없다.

실크로드의 개척과 변천은 문명교류의 산물이고 문명교류는 실크로드를 통해서 실현되었지만,

이것은 어디까지나 객관적 요인과 가능성을 전제로 한 변증법적 관계이다. 이 관계를 현실화시키는 기능적 요인은 실크로드와 교류를 둘러싼 역사적 배경이다. 역사적 사실이 증명하다시피 실크로드나 교류의 전개는 항시 그때그때의 역사적 환경과 여건에 좌우되어왔다. 그러므로 실크로드학은 실크로드를 통한 교류의 역사적 배경을 선차적인 연구대상으로 삼지 않을 수 없다.

실크로드를 통한 교류의 역사적 배경으로 기능하는 것은 민족의 이동이나 영토확장을 비롯한 국가적 대외활동, 교역의 전개, 과학기술의 발달, 인적 내왕, 자연지리적 환경의 변화 같은 여러 현상이다. 그런데 이러한 역사적 배경 연구는 실크로드와 교류의 전개에 대한 그 영향관계에 초점을 맞추어 진행하여야 한다. 그렇지 않으면 작금의 일부 폐단처럼 역사적 배경 연구가 실크로드 연변에 대한 일반적인 역사학이나 지역학, 또는 인문지리학 연구에 휩쓸려들어 갈피를 잡을 수 없게 된다.

이상은 실크로드학의 총론적인 연구대상이다. 이러한 총론적인 연구대상은 각론적인 연구대상에서 구체화되는데, 그 내용을 함축하면 실크로드를 통한 물질문명과 정신문명의 교류 및 인적 교류이다.

물질문명의 교류는 인간의 물질생활에 필요한 유형물(有形物)의 교류로서, 문명의 발달에 따라 그 내용이 천태만상이다. 실크로드의 상징적인 교역품인 비단과 도자기, 향료, 모피를 비롯하여 각종 생활필수품, 공산품과 농산품, 공예품, 동식물 등 다종다양한 실물의 교류가 이에 포함된다. 그 교류상을 통관하면 상호교환에 의한 호환교류(互換交流)와 자연전파에 의한 일방교류(一方交流)의 두 가지로 구분할 수 있다. 대체로 전자는 쌍향적(雙向的)이고 다회적(多回的)이며 반복적이나, 후자는 단향적(單向的)이고 일회적이며 비반복적이다. 이러한 물질문명의 교류는 문헌기록뿐만 아니라, 유물이나 현물에 의해 그 실상이 비교적 명확하게 밝혀지고 있다.

정신문명의 교류는 인간의 정신생활에 필요한 무형물(無形物)의 교류로서, 이 역시 문명의 발달에 따라 그 내용이 천태만상이다. 이질문명간에 진행되는 종교와 학문·과학기술·예술·공예·제도 등 여러가지 정신문명적 무형물의 교류가 이에 속한다. 그 교류상을 통관하면 물질문명의 교류와는 달리 대체로 단향적이고 일회적이며 비반복적이다. 그리고 물질문명의 교류에 비해 수용과정에서 접변이 한결 심한 것이 특징이다. 이러한 정신문명의 교류는 흔히 문헌기록(유물인 경우도 기록)이 그 전거로 증시(證示)된다.

물질문명의 교류와 정신문명의 교류는 대체로 불가분의 관계 속에서 병행한다. 한쪽의 교류가 진행될 때, 다른 쪽의 교류가 뒤따르는 것이 상례이다. 뿐만 아니라 양자는 상보상조적 관계 속에서 교류의 완벽을 기한다. 학문이나 과학기술, 예술 등 정신문명은 일단 전파되어 수용되기만 하면 정신문명 그 자체로 온존(溫存)되기도 하지만, 물질문명으로 전화되어 새로운 문명요소를 창출하기도 한다. 물질문명 교류의 경우에도 이러한 전화와 창출 현상이 종종 발견된다. 그리고 물질문명이건 정신문명이건간에 전파·수용된 후 원형 그대로거나, 아니면 변형되어 다른 곳에 재교류(재전파)되거나, 심지어 원래 있던 곳에 역교류(역전파)되는 경우도 있다. 이렇게 이질문명간의 복합적인 교류는 공히 인간의 문명 공유에 결정적인 기여를 해왔다. 바로 그렇기 때문에 실크로드학에서는 이질문명간의 교류가 추축적(樞軸的)인 연구대상으로 자리하게 된다.

이상의 모든 교류는 결국 인간의 활동에 의해서만 이루어질 수 있는 것으로서, 교류의 담당 수행자는 인간이다. 그런데 교류의 주역으로서 인간이 담당하는 것은 교류의 직접적인 담당자·수행자 역할일 수도 있고, 교류의 간접적인 추진자·선도자·후원자 역할일 수도 있다. 여기에는 사절(使節)을 보내고 받는 일이나, 경략·교역·여행·탐험·구법순례(求法巡禮)·이주천거(移住遷居)·통혼(通婚) 등에 의한 인적 교류가 포함된다. 인적 교류는 아주 기동적이고 역동적인 교류로서 단향과 쌍향, 일회와 다회, 반복과 비반복 같은 양상이 복합적으로 혼재해 있으며, 주로 문헌기록에 의해 그 실상이 전해지고 있다. 인적 교류의 주역들은 그 대부분이 시대적 소명에 충실하고 교류에 헌신한 사람들로서 교류사에 큰 족적을 남겨놓고 있다.

끝으로, 실크로드학은 이러한 교류상을 입증할 수 있는 역사적 전거를 연구대상으로 삼고 있다. 역사적 전거가 없으면 문명교류상을 밝혀낼 수 없음은 자명하거니와 문명 자체의 발달상도 가려낼 수가 없다. 역사적 전거란 과거가 남긴 흔적으로서, 유물과 같은 가시적 혹은 유형적인 흔적(visible traces)과 문헌기록 같은 비가시적 혹은 무형적인 흔적(invisible traces)으로 나눌 수 있다. 전거의 신빙성이나 전달성 측면에서 보면 전자는 직접관찰이지만 벙어리(무언의) 전거(mute evidence)이고, 후자는 간접관찰이지만 말하는(유언의) 전거(verbal evidence)라고 할 수 있다. 두 전거는 서로 장단점을 내포하고 있기 때문에, 서로를 잘 배합하여 상호보완적으로 활용할 때에만 비로소 완벽한 전거를 추출하고 그에 근거해 사실을 정확하게 원상복원할 수 있다.

실크로드 연변에는 지상·지하·해저를 막론하고, 교류를 통해 전파·수용된 문물 유적들이 도처에 산재해 있다. 사실상 이러한 유적지들을 연결한 길이 바로 실크로드인 것이다. 곳곳에서 출토된 유물들은 말없이 당대의 교류상을 증언하고 있다. 따라서 이러한 유적과 유물은 실크로드를 통한 교류를 입증하는 가장 확실하고 신빙성있는 역사적 전거로서 그에 관한 연구는 필수적이다. 가시적인 유물과 더불어 비가시적인 문헌기록은 또 하나의 기본적인 역사적 전거가 된다. 관련 국가나 지역의 정사(正史)와 야사(野史)를 비롯해 각종 여행기와 탐험기, 심지어 전설 같은 데에도 교류에 관한 기록들이 적지 않다. 비록 영성적(零星的)이긴 하지만, 이러한 기록들은 진귀한 사료로서 취사선택하여 활용하면 유용하고 신빙성있는 역사적 전거를 제공받을 수 있다.

실크로드학에서의 역사적 전거는 각이한 전거의 비교·대조가 필수적이고, 전거의 분산성과 유동성에 대해 각별한 유의가 요망되며, 가시적 전거와 비가시적 전거의 상호배합이 불가피하다는 등 일련의 특성을 지니고 있다. 실크로드학에서 추구하는 역사적 전거는 그 분포가 비교적 광범위하고 산만하므로 개괄적이고 종합적인 연구가 더욱 필요하다. 실크로드학의 학문적 발달은 이러한 역사적 전거의 구전(俱全)과 직결된다.

실크로드학의 연구방법　실크로드학은 인간의 문명을 교류 측면에서 연구하는 학문으로서 인문학과 사회학의 여러 측면을 망라하기 때문에 연구대상이 대단히 복잡다기하다. 따라서 이러한 연구대상에 순응적으로 적용되는 연구방법도 다양할 수밖에 없다.

실크로드학에 효용(效用)되는 연구방법은, 첫째로 총체론적 연구방법이다. 총체론적 연구방법이란 학문적으로 다양한 영역과 내용을 망라하는 제반 교류상을 상호 연관시켜 종합적으로 연구하는 방법을 말한다. 이러한 방법에 의거할 때에만 하나의 실크로드학이란 학문적 통일성을 기할 수 있고, 학제간의 연계를 유효적절하게 보장할 수 있으며, 교류의 과정이나 성격을 총체적으로 정확하게 분석·판단할 수 있다.

총체론적 연구방법을 적용하는 데서 중요한 것은, 우선 여러 학문영역간의 장벽을 헐어버리고 상호연관 속에서 교류의 흐름을 총체적으로 파악하는 것이다. 여러 문명요소들의 교류과정을 살펴보면 특정 문명요소의 고립적인 교류란 사실상 존재하지 않으며, 여타 요소들과의 직·간접적인 연관 속에서만 교류가 이루어지고 있다. 이러한 연관성은 필연적으로 학제간의 상호 협조를 요청하게 된다. 이와 더불어 소정의 역사적 배경 속에서 고찰해야 교류의 흐름을 총체적으로 정확하게 이해할 수 있다. 예컨대 비단이라는 특정 문명요소의 서전(西傳)을 정확히 파악하려면 원산지인 중국에서 비단이 발생·발달한 과정과 비단에 대한 서구인들의 이해와 수요, 그리고 당대 중국과 서역(西域) 및 로마와의 관계 등 역사적 배경을 밝힘과 동시에 서전에 관한 문헌학적 연구와 이에 상응한 고고학적 유물에 대한 추적을 동반해야 한다. 아울러 전파·수용 과정에서 일어나는 접변현상이나 사회문화적 및 경제적 영향관계 등도 종합적으로 탐구되어야 한다.

총체론적 연구방법에서 다음으로 중요한 것은, 모든 연구의 초점을 교류의 조명에 맞추는 것이다. 이를 위해서는 제반 문명요소들의 이동에 관한 문헌학적 연구나 발굴조사 등은 어디까지나 교류 그 자체 아니면 교류와 관련된 내용에 한해서만 집중되어야 한다. 동시에 전파와 수용의 두 과정이 분리되지 않고 연속된 교류의 일관성과 완정성(完整性)을 밝히는 일도 소홀히해서는 안된다. 이렇게 함으로써만 비로소 근접학문과의 혼동을 피하고 실크로드학의 정체성을 확보할 수 있다.

둘째로 비교론적 연구방법이다. 비교론적 연구방법이란 교류의 실상을 확인하기 위하여 원문명(原文明)과 전파문명, 전파문명과 피전파문명을 비교연구하는 방법을 말한다. 문명교류는 한 뿌리에서 자란 나뭇가지나 꽃(원문명)의 이동과 이식에 비유할 수 있다. 전파와 수용에 의한 교류를 통해 이동되고 이식된 나뭇가지와 꽃(전파문명)은 필히 원뿌리에서 자란 나뭇가지나 꽃과는 시·공간적인 격차에도 불구하고 일정한 상관성을 가지고 있으며, 이 상관성에 의해서 이동과 이식이라는 교류가 확인될 수 있는 것이다. 그런데 이러한 상관성은 원문명과 전파문명 간의 비교를 통해서만 확인 가능하다. 한편, 문명교류는 본질적으로 이질문명간의 교류이기 때문에 전파문명과 피전파문명 (전통문명, 토착문명) 간의 교류를 통해 원초적인 이질성이 확인되어야 비로소 문명이 전파되었다고 할 수 있다. 뿐만 아니라, 전파문명과 피전파문명 간의 비교·대조를 통해서 교류의 성격과 영향관계도 구명할 수 있다. 때문에 원문명과 전파문명, 전파문명과 피전파문명 간의 비교론적 연구방법은 문명교류를 입증·확인하고 그 성격을 판단할 수 있게 하는 필수적인 연구방법이다.

비교론적 연구방법을 적용하는 데서 중요한 것은, 우선 때로는 다른 환경이나 여건에서도 내용과 형태가 유사한 문명이 창조될 수 있다는 문명의 보편성과 더불어 개개의 문명은 특유의 개성을 가지고 다른 문명과 구별된다는 문명의 개별성에 대하여 유의하면서 관련 문명을 상호 비교하는 것이다. 원문명과 전파문명을 비교할 때 문명의 보편성을 간과하고 동질성에만 집착하면 자칫 토착문명을 전파문명으로 오인할 수 있다. 또한 전파문명과 피전파문명을 비교할 때 문명의 개별성을 무시하면 이질성에 의한 문명교류의 본질을 곡해할 수 있다. 그러므로 문명간의 비교에서는 문명교류의 보편성과 개별성에 각별히 유념해야 한다.

비교론적 연구방법을 적용하는 데서 다음으로 중요한 것은, 원문명과 전파문명, 전파문명과 피전파문명 간의 동일성(同一性)과 상사성(相似性), 상이성(相異性)을 면밀히 비교검토하고 그 원인을 구명하는 것이다. 문명은 전파와 수용 과정에서 원문명과 전파문명 간에는 개별성으로 인해, 전파문명과 피전파문명 간에는 동화(同化)로 인해 상호 동일성을 보존·유지할 수 있다. 또한 접변으로 인해 원문명과 전파문명, 전파문명과 피전파문명 간에는 상사성이 생길 수 있다. 그런가 하면 개별성으로 인해 전파문명과 피전파문명은 서로가 상이성을 보존할 수 있다. 이러한 문명간의 동일성, 상사성, 상이성과 그 원인을 명확히 구명할 때에만 문명교류의 진상을 제대로 알아낼 수 있는 것이다.

끝으로, 전파문명과 피전파문명을 비교하고 교류의 성격과 영향관계를 판단함에 있어서 상대론적 입장을 견지하는 것이 또한 중요하다. 문명에 대한 상대론적 입장이란 문명의 탄생과 그 성격, 전파와 피전파(수용) 같은 현상들을 구체적 환경과 역사적 맥락에서 이해하고 평가하는 입장이다. 여기에서 중요한 것은 배타적인 자기중심주의(국수주의)와 허무적인 타중심주의(사대주의)를 다같이 배격하고 철저하게 실사구시적인 상대주의적 입장을 지키는 것이다.

셋째로 현장조사에 의한 실증적 연구방법이다. 현장조사(field work)에 의한 실증적 연구방법이란 문명교류가 실현된 현장에 대한 직접적인 관찰을 통하여 교류 사실을 고증·확인하는 연구방법이다. 문명교류가 실현된 현장이라는 개념에는 교류가 진행된 현장(장소)과 유물을 비롯한 교류실물이란 두 가지 뜻이 내포되어 있다.

현장조사에 의한 실증적 연구방법은 일반적으로 인문학이나 사회학에서 공히 적용되는 방법이지만, 실크로드학에서는 좀더 절실한 방법으로 요청된다. 그것은 실크로드학의 연구대상이 공간적으로 광활한 지역에 산재하거나 점재해 있고, 시간적으로 변화무상하고 연속성이 결여되어 있기 때문에 현장확인을 필수로 하고 있으며, 또한 오로지 실물의 비교·대조에 의한 실증적 연구방법에 의해서만 교류가 입증된다는 사정과 관련된다. 뿐만 아니라, 교류에 관한 기록이 매우 영성적이고, 항시 이물(異物)의 이동이니만큼 기록이 부정확하거나 미비한 점이 많다는 특성은 현장에 접근하는 일을 불가피하게 한다. 바로 이 때문에 그동안 탐험가들과 고고학자들을 비롯한 많은 연구자들이 만난을 무릅쓰고 실크로드 현장을 직접 답사하면서 교류의 진상을 밝혀내기에 진력하였던 것이다.

현장조사에 의한 실증적 연구방법에서 중요한 것은, 우선 계획적 조사다. 연구대상의 공간적 산만성과 시간적 가변성, 그리고 기록의 미비성 등은 치밀한 준비와 집행 및 총화 등 목적지향성 있는 계획적 조사를 요구하고 있다.

다음으로 중요한 것은 종합적 조사다. 문명의 교류는 개별적인 문명요소나 문화현상의 교류일 수도 있지만, 때로는 문명 전체가 교류되거나 혹은 여러 문명요소나 문화현상이 복합적으로 교류되는 경우도 있다. 어느 경우를 막론하고 수용과정에서는 흔히 접변을 일으키므로 그 내용은 복잡다기(複雜多技)할 수밖에 없다. 따라서 현장조사에는 반드시 고고학·역사학·민족학·생태학·지리학·미술학 등 다양한 학문분야의 전문가들이 망라되어 종합적인 조사를 진행해야 한다. 이렇게 할 때에만 학제간의 협동연구를 통하여 교류상을 총체적으로 정확하게 파악할 수 있다.

이러한 조사방법과 더불어 또한 중요한 것은 연대적(連帶的) 조사다. 문명의 전파는 보통 연파(延播)로 이어지기 때문에 단절적인 토막조사로는 그 실상을 제대로 알아낼 수 없다. 설혹 점파(點播)인 경우라도 완전히 단절적인 점파는 거의 없으며, 다만 선적(線的)인 연계가 없을 뿐 점적(點的)인 연계는 유지되고 있는 것이다. 그러므로 교류노정 전체에 대한 연대적 조사는 십분 가능하며, 이러한 조사는 교류상을 총체적으로 파악할 수 있게 하는 효과적인 실증적 조사방법이다. 유네스코(UNESCO)가 1987년부터 97년 사이에 여러 나라 연구자들을 망라하여 실크로드의 3대 간선을 대상으로 기획 진행한 '대화의 길: 실크로드의 종합고찰'(Integral Study of the Silk Roads: Roads of Dialogue)은 종합적 조사와 연대적 조사의 좋은 일례라 할 수 있다.

넷째로 통시적(通時的) 접근방법이다. 실크로드학의 연구방법에서 통시적 접근방법(diachronic approach)이란 시간적인 연속선상에서 문명교류의 진행과정을 고찰하는 방법을 말한다. 전파와 수용, 그리고 접변이라는 문명교류의 전과정은 부단한 시간의 연속선상에서 일어나는 문명의 이동과정이다. 따라서 총체적으로는 의당 통시적인 접근방법이 채용되지 않을 수 없다. 다만 이따금 교류에 의한 문명의 변동상황(정도나 성격 등)을 가늠해볼 필요가 있어서, 시간적인 차원의 어느 한 시점에서 원문명과 전파문명, 전파문명과 피전파문명을 비교·대조하는 경우에는 공시적(共時的) 접근방법(synchronic approach)을 취하게 된다. 그러나 이러한 경우에도 분명히 비교·대조에서 변동이 발견될 수 있는데, 이러한 변동은 오로지 통시적 접근방법에 의해서만 해명될 수 있다.

통시적 접근방법을 적용하는 데서 중요한 것은, 우선 교류를 통한 문명요소들의 이동과정을 시·공간적으로 면밀히 추적하는 것이다. 특정 문명요소의 교류상을 파악하려면 시간의 순차에 따라 그 이동과정을 추적해야 함은 물론이거니와, 이에 따르는 공간적인 확산도 동시에 추적해야 한다. 왜냐하면 시간의 연속선상에서 진행되는 모든 문명요소의 이동과정은 그 자체가 공간적인 확산과정을 수반하기 때문이다.

다음으로 중요한 것은, 문명의 전파와 수용, 접변과 영향 등 이동과 변화의 전과정을 통일적으로 고찰하고, 그 과정의 완정성 여부를 구명하는 것이다. 일단 특정 문화요소가 전파되었다면 반드시 그 수용 여부와 그로 인한 접변현상 또는 영향관계를 하나의 통일과정으로 살펴보아야 한다. 교류과정에는 종종 전파에만 그치고 수용은 오리무중이라든가, 수용은 엿보이나 접변현상은 분명치 않은 등 이른바 교류의 정체성이 결여되거나 모호한 경우가 있다. 교류의 통일성과 정체성에 대한 이러한 구명은 통시적 접근방법의 주요한 내용 가운데 하나이다.

이상의 네 가지 연구방법은 연구대상이나 내용에 따라 다르게 적용할 수 있다. 즉 복합적으로 적용할 수도 있고, 개별적으로 적용할 수도 있다. 그러나 복합적으로 적용하는 경우가 많으며, 설혹 개별적으로 적용하는 경우라도 연구의 완벽성을 기하기 위해서는 복합적인 적용 여부에 항시 유념해야 한다.

제3절 실크로드학의 의의

실크로드학의 필요성 무릇 새 학문이란 그 필요성과 당위성이 인정되고, 거기에 가능성까지 갖추어졌을 때 비로소 출현할 수 있다. 당면하여 실크로드학을 학문적으로 정립해야 할 필요성은 크게 내적(주관적) 필요성과 외적(객관적) 필요성의 두 측면에서 찾아볼 수 있다.

내적 필요성이란 실크로드에 관한 학문적 연구가 상당한 정도로 축적·성숙되어, 그 정립이 절실히 요청된다는 뜻이다. 서세동점(西勢東漸)이 한창이던 19세기 말엽에 예부터 동서 문명교류 통로였던 실크로드의 존재가 추인됨에 따라, 학계 특히 서양학계의 비상한 관심을 불러일으켰다. 19세기 말과 20세기 초의 중앙아시아 탐험과 제2차 세계대전을 전후하여 실크로드 연변에서 진행된 일련의 고고학적 발굴, 그리고 최근 유네스코의 실크로드 종합고찰 등 몇차례의 국제적인 집중탐구를 계기로 실크로드에 관한 연구는 간단없이 이어져왔다. 이 과정에서 실크로드의 3대 간선이 확정되고, 그 길들을 통한 옥·청동기·유리·비단·보석·종이·향료·도자기·칠기 등 문물과, 불교·기독교·이슬람교 등 종교, 그리고 각종 학문과 과학기술 및 예술의 상호교류가 확인되었다. 또한 이러한 교류를 입증할 수 있는 역사적 전거인 문헌기록과 유물들도 다수 발견되었다. 뿐만 아니라, 실크로드를 통한 이러한 교류상을 밝힌 논저들도 적잖이 발표되고, 전문 연구자들도 배출되었으며, 몇몇 나라에서는 전문 연구기구까지 가동하고 있다. 지난 100여 년 동안 다양한 접근방법을 통하여 달성한 이러한 연구성과는 이제 그것을 종합하여 체계화하는 학문적 정립을 절실히 필요로 하고 있으며, 일단 이러한 정립에 기초할 때만이 한 차원 높은 연구를 기대할 수 있다.

작금의 연구상황을 점검해보면 선도적인 이론과 학문적 규범 및 과학적 연구방법이 결여된 탓에 실크로드학과는 무관하거나 혹은 지엽적인 교통사나 지역학, 민족학 등에 치중한 나머지 실크로드를 통한 교류의 조명이라는 연구초점이 흐려지고 연구가 종잡을 수 없이 번잡해지는 편향이 나타나고 있다. 이러한 상황은 실크로드학의 때맞은 정립을 더욱 필요로 하고 있다. 이와 더불어 실크로드를 한낱 '낭만의 여로(旅路)'쯤으로 치부·폄하하는 경향도 실크로드의 학문적 정립을 통해서만이 극복할 수가 있다.

다른 한편, 실크로드학 정립의 외적 필요성이란 미증유의 문명교류시대가 객관적으로 도래함에 따라 그 정립이 절실히 요구된다는 뜻이다. 바야흐로 인류는 서로가 어울리고 주고받음으로써만 생존할 수 있는 '국제화시대' '지구촌시대'를 맞이하고 있다. 이러한 시대를 성공적으로 살아가려면 교류의 지혜를 터득해야 하는데, 그러한 지혜는 오로지 실크로드학과 같은 교류학에서만 얻을 수 있다. 따라서 그간에 쌓아올린 연구업적을 토대로 하여 '실크로드학'이라는 새로운 국제적 학문을 창출하는 것은 더이상 미룰 수 없는 시대적 요청이다.

이상은 실크로드학 정립의 필요성 또는 당위성이다. 이러한 필요성과 당위성이 가능성과 결합될 때에만 학문적 정립이 현실화될 수 있는데, 그러한 가능성은 이미 마련되어가고 있다고 할 수 있다. 물론 정립자의 능력에 따라 가능 여부와 양상이 결정되겠지만, 적어도 객관적으로는 그 가능성이 보장되었다고 말할 수 있다. 그 기본적인 가능성은 전술한 바와 같은 그간의 연구업적과 더불어 정립자들이 지니고 있는 학문적 의욕과 자질이다. 지금 학계에서는 실크로드학의 학문적 정립에 상당한 관심을 가지고 정진하고 있다.

실크로드학의 특성　실크로드학의 연구대상이나 연구방법에서 보다시피 실크로드학은 여타의 학문과 구별되는 몇가지 특성을 지니고 있다.

그 특성은 첫째로 포괄성이다. 포괄성이란 여러 분야의 내용을 함께 포함하고 있음을 말한다. 실크로드학 고유의 포괄성은 학문계보에서 인문학과 사회학의 영역을 두루 포함하고, 연구대상에서는 물질문명과 정신문명의 교류뿐만 아니라 인적 내왕까지도 다루고 있으며, 연구방법에서도 여러가지 방법을 복합적으로 적용한다는 점 등에서 명백히 나타나고 있다. 이러한 포괄성은 그간 적잖은 연구 업적이 축적되었음에도 불구하고 하나의 체계화된 학문으로 묶이지 못한 주원인의 하나이다. 따라서 이러한 포괄성을 잘 조화시키는 것이 학문정립에서 매우 중요하다. 이를 위해서는 학제간의 협력이 원활하게 이루어져야 하며, 총체론적 연구방법에 의거하여 연구가 진행되어야 한다.

　실크로드학이 지니고 있는 두번째 특성은 상대성이다. 상대성이란 모든 교류상이 상대적인 비교·대조를 통해서 밝혀짐을 말한다. 실크로드학은 문명의 교류를 다루는 교류학이기 때문에 교류의 실상은 오로지 교류문명의 비교·대조를 통해서만 확인될 수 있다. 문명의 전파는 원문명과의 비교 속에서 헤아릴 수 있고, 문명의 피전파는 전파문명과의 비교에 의해서 그 실상을 가려낼 수 있다. 그렇기 때문에 실크로드학에서는 문명요소들의 교류를 고찰할 때 원문명과 전파문명 및 피전파문명 간의 상호관계에 대한 비교연구가 불가피하다. 이러한 상대성은 이질문명간의 교류에서는 말할 나위 없거니와 동질문명 내의 세분문화간·미세분문화간 교류에서도 마찬가지로 나타난다. 상대성을 떠난 교류란 결코 있을 수 없는 것이다. 바로 이러한 상대성 때문에 실크로드학에서는 원문명과 전파문명 또는 피전파문명을 포함한 문명 전반에 관한 광범위한 연구가 요구되며, 비교론적 연구방법이 필수로 되고 있다.

　실크로드학 고유의 세번째 특성은 실용성이다. 실용성이란 인간생활에 대한 교류문물의 실용적 가치를 말한다. 실크로드학에서 다루는 교류문물은 모두가 인간의 물질 및 정신 생활과 직접적 관계가 있는 것으로서, 공히 실용적이다. 실용성을 떠난 문물교류는 상상할 수 없다. 실용성 여하에 따라 문물교류의 성쇠(盛衰)가 좌우되므로 실크로드학에서는 교류문물의 실용성에 유의하지 않을 수 없다. 한편, 지난날에 있었던 교류의 역사적 경험과 교훈은 현재와 미래의 교류를 설계하고 추진하는 데 유용한 귀감이 된다는 점에서도 실크로드학 고유의 실용성이 인정된다. 바로 이러한 실용성 때문에 실크로드학은 현실적 가치를 지닌 역동적인 학문으로 평가되고 있다.

　이상과 같은 실크로드학의 3대 특성은 여타 학문과의 차별성을 규제해줄 뿐만 아니라, 실크로드학의 연구내용이나 연구방법을 조건지어주는 주요한 요인으로도 작용한다. 그러므로 이러한 특성을 제대로 살릴 때 비로소 실크로드학은 자체의 학문적 선명성과 생명력을 유지할 수 있는 것이다.

　실크로드학의 의의　실크로드학은 전반적인 문명의 발달이나 인류역사의 전개뿐만 아니라, 개별적인 문명요소의 이동이나 민족사의 전개를 이해하는 데 커다란 학문적 의의를 지니고 있다. 바로 이러한 의의 때문에 실크로드학의 학문적 정립은 자못 중요한 과제로 제기되고 있다.

　실크로드학이 갖는 첫번째 의의는 문명교류사 연구의 중핵(中核)이라는 데 있다. 문명교류사란 선사시대에 원시인들의 이동과 더불어 선사문명이 전파되기 시작한 때부터 오늘에 이르기까지 장기간(약 15,000~20,000년)에 걸친 문명교류의 역사적 과정을 말한다. 그 가운데서 실크로드학이 추구하는 역사적 과정은 불과 2,500년(BC 8~7세기부터 AD 18세기)밖에 안되며, 실크로드학은 이 기간에 발생한 교류를 다루고 있다. 그렇지만 실크로드학은 실크로드라는 통로를 통해 진행된 문명교류의 여러 양상을 학문적으로 정립함으로써 문명교류의 이론적 기틀을 마련하고, 그 실상을 정형화(定型化)하며, 그 과정을 체계화한다. 뿐만 아니라, 교류과정을 통한 문명의 발달과 반전(反轉)이나 상호자극 등 문명교류의 역사적 경험과 교훈을 전달함으로써 인류로 하여금 문명창달의 지혜를 터득케 한다. 그리하여 실크로드학은 명실공히 총체적인 문명교류 과정을 학문적으로 집약·응축한 문명교류사 연구의 중핵이라고 말할 수 있다. 실크로드학이 제시한 학문적 지침과 대강(大綱)에 준해 과거의 교류사를 추적해보고, 현재의 교류상을 조명해보며, 미래의 교류상을 예단할 수 있다.

두번째 의의는 문명교류에 관한 이론을 제공한다는 데 있다. 문명의 전파나 수용 및 접변에 관한 이론은 문화인류학 같은 인접학문에서도 다루기는 하지만, 그것은 어디까지나 문명(문화)의 종적 변동과정에 대한 고찰이고, 문명의 교류과정에 대한 고찰은 아니다. 물론 실크로드학도 문명의 변동에 착안은 하지만, 그것은 교류를 통한 변동에 한해서이다. 실크로드학이 제공하는 문명교류 이론에는 문명의 속성과 기능, 문명의 전파와 수용 및 접변, 문명의 교류통로, 문명교류의 역사적 배경, 문명교류의 내용, 문명교류의 연구방법 등 문명교류의 이론적 정립에 필수적인 내용들이 포함된다. 이러한 이론적 정립이 선행되어야 복잡다단한 교류상을 체계적으로 정확하게 파악할 수 있다.

세번째 의의는 민족사의 조명에서 일익을 담당한다는 데 있다. 역사상 실크로드 연변에는 수많은 민족과 국가들이 출몰하였으며, 다양한 문명이 성쇠를 거듭하였다. 이러한 출몰과 성쇠는 실크로드의 전개와 깊은 관계를 맺고 있다. 정도의 차이는 있어도 실크로드를 통한 교류의 영향을 받지 않은 민족은 거의 없다. 그리하여 모든 민족사에는 교류의 흔적이 남아 있으며, 그것을 해명하는 것은 민족사 연구의 한 과제이기도 하다. 그것이 민족사의 전개와 중차대한 관계가 있을 경우에는 더욱 그러하다. 뿐만 아니라, 일반적으로 민족사의 한 구성부분인 대외관계사는 실크로드학이 추구하는 교류와 밀접한 관계를 가지고 있으며, 교류에 대한 이해 없이는 대외관계사를 제대로 파악할 수 없다. 따라서 실크로드학은 민족사의 조명이나 전개에서 필수불가결의 일익을 담당한다고 말할 수 있다.

참고자료

박성수 『역사학개론』, 삼영사 1984.
한상복·이문웅·김광억 『문화인류학개론』, 서울대 출판부 1989.
ツルクロ―ド學研究セソター 編 『ツルクロ―ド學の提唱』, 小學館 1994.

1부

역 / 사 / 편

제1장 실크로드의 전개사

제1절 실크로드의 개관

실크로드의 개념 실크로드(Silk Road)는 인류문명의 교류가 진행된 통로를 범칭(汎稱)한다. 실크로드라는 말은 100여년 전 근대에 와서 출현했는데, 이 말을 만든 사람은 독일의 지리학자 리히트호펜(F. von Richthofen, 1833~1905)이다. 그는 1869~72년에 중국 각지를 답사하고 1877년부터 1912년까지 전5권의 『중국』(*China*)을 저술하였다. 그는 이 책 제1권의 후반부에서 동서교류사를 개괄하면서, 중국으로부터 중앙아시아를 경유해 씨르다리아(Syr Dar'ya, '다리아'는 '강'이라는 뜻)강과 아무다리아(Amu Dar'ya)강 사이에 있는 트란스옥시아나(Transoxiana) 지역과 서북 인도로 수출된 주요 물품이 비단이었던 사실을 감안해 이 교역로를 독일어로 '자이덴슈트라쎄'(Seidenstraße)라고 명명하였다.

그후 스웨덴의 헤딘(S. A. Hedin, 1865~1952)과 영국의 스타인(A. Stein, 1862~1943) 등이 중앙아시아 각지에서뿐만 아니라 지중해 동안에 위치한 시리아에서도 중국의 견직유물을 다량 발견했다. 이를 근거로 독일의 동양학자 헤르만(A. Hermann)은 1910년 이 실크로드를 중국에서 시리아까지 연장하였다. 그런데 이 실크로드는 주로 중앙아시아 일대에 점재(點在)한 여러 오아시스를 연결하여 이루어진 길인 까닭에 일명 오아시스로(Oasis Road)라고도 한다.

제2차 세계대전 후 동양학자들은 오아시스로를 통한 동서교류 연구를 심화해 이 길을 중국에서부터 중앙아시아와 서아시아를 지나 터키의 이스딴불과 로마까지 연결했다. 그리고 무려 12,000km(직선거리 9,000km)에 달하는 이 길을 동서간의 문명교류 통로이자 교역로로 규정하였다. 뿐만 아니라, 실크로드의 범위에 유라시아 대륙의 북방 초원지대를 지나는 초원로(草原路, 스텝로 Steppe Road)와, 지중해에서부터 홍해·아라비아해·인도양을 지나 중국 남해에 이르는 남해로(南海路, Southern

Sea Road)까지 포함시켜 그 개념을 확대하였다. 그리하여 오늘에 이르기까지 일반적으로 실크로드라고 하면 동서교류의 3대 통로, 즉 북방의 초원로와 중간의 오아시스로, 남방의 남해로를 지칭해왔다.

그런데 실크로드의 3대 통로(간선) 중 남해로란 이름은 역사적 사실과 어긋나는 점이 있어서 시정이 불가피하다. 원래 '남해로'란 이름은 지리적 위치상 다른 두 통로에 비해 남방에 위치해 있고, 또 그 길이 중국의 남해에까지 이르는 바닷길이라는 이유에서 붙여진 것이다. 그러나 사실은 늦어도 15세기부터 이른바 '남해로'는 중국 남해가 아닌 태평양과 대서양 건너 아메리카까지 연장됨으로써 전래의 '남해로'란 명칭은 적절치 못하게 되었다. 따라서 이 환지구적인 바닷길은 범칭으로서의 '해로(海路)'로 개칭해야 마땅할 것이다. 이렇게 보면 실크로드 3대 간선의 정확한 명칭은 '초원로' '오아시스로' '해로'이다. 그런데 리히트호펜이 처음에 중앙아시아 경유의 오아시스로를 실크로드라 지칭하였기 때문에 아직까지도 일부에서는 실크로드라고 하면 곧 오아시스로를 뜻하는 것으로 인식하고 있다.

실크로드란 원래 중국 비단의 유럽 수출로에서 연유한 조어(造語)였으나, 그 개념이 확대된 결과 원뜻과는 다른 하나의 상징적인 아칭(雅稱)으로 변하였다. 사실상 초원로나 해로는 물론이거니와 오아시스로 자체도 그 길을 따라 비단이 교역품의 주종으로 오간 것은 역사상 짧은 한때의 일이었을 뿐, 그외의 여러가지 교역품과 문물이 장기간 이 3대 통로를 거쳐 교류되었다. 요컨대 실크로드란 인류가 예부터 이용해온 원거리 무역로와 문명교류의 통로에 대한 상징적 명칭인 것이다. 역사적 사실이 말해주듯이 실크로드란 명칭이 비단의 일방적인 대서방 수출에서 유래했고, 또 비단이 로마제국에서 (특히 그 말엽에) 큰 인기를 모았던 진귀품이었음을 기리기 위해 그 명칭이 고수되어왔다는 점을 감안할 때, 이러한 명명은 분명히 유럽중심주의 문명사관에서 비롯된 것이며 진정한 문명교류 차원에서 유래한 것이 아님을 알 수 있다. 그럼에도 불구하고 '실크로드'란 이름이 계속 쓰이는 것은 바로 그 상징성 때문이다.

실크로드는 문명교류의 통로인만큼 그 노선과 교류 여하에 따르는 하나의 유한(有限)한 역사적 개념으로서 분명히 그 시말(始末)이 있으며, 이에 관해서는 광의와 협의의 시말로 갈라볼 수 있다. 광의의 시말은 실크로드가 선사시대에 개통된 이래 지금까지도 계속 기능하고 있다는 한층 넓은 의미에서의 시말이다. 즉 지금으로부터 약 1만년 전에 충적세(沖積世)가 시작되면서 일어난 인류의 대이동에 의해 유라시아 대륙에 몇갈래의 길이 생겼는데, 이것이 실크로드의 개통이며, 지금도 비록 교통수단이나 노선은 달라졌어도 실크로드는 여전히 기능하고 있다는 뜻이다. 이 견해에 따르면 기원전 7천년경에 메소포타미아 지방에서 발생한 농경과 목축 및 토기와 방직기술 등 원시문명이 이 길을 따라 각지에 전파되었으며, 서아시아와 동아시아에서 각각 기원전 6천년경과 4천년경에 생겨난 채도(彩陶)도 이 길을 따라 동서로 광범위하게 전파되었다. 선사시대의 동서교류를 시사하는 최초의 유물로는 지금으로부터 1만여년 전의 것으로 추정되는 비너스(Venus) 상이 있다. 지금까지 서쪽으로는 서유럽의 삐레네산맥 북방으로부터 동쪽으로는 바이깔호 부근에 이르는 광활한 지역의 약 20군데에서 수백 점의 비너스 유물이 출토되었다. 이 시기의 문명이동은 주로 일방적이고 단향적(單向的)인 성격으로, 상호교류는 극히 미미한 상태였으며, 그나마 그러한 교류상을 실증할 만한 전거도 거의 없다. 이러한 상태는 역사시대의 전반기(前半期)에도 지속된다.

광의의 시말에 비해 협의의 시말은 실크로드가 역사시대 후반기에 개통되어 18세기경까지 기능했다는 좀더 좁은 의미의 시말이다. 즉 기원전 8∼7세기에 초원로나 해로를 통한 교류의 흔적이 유물뿐만 아니라 문헌기록에 의해서도 입증되므로 이 시기를 실크로드의 본격적인 시발점으로 간주할 수 있다는 것이다. 이때부터 가동된 실크로드의 초원로와 오아시스로는 18세기에 이르러 거의 폐로(廢路)의 운명에 처하게 된다. 근대적인 교통수단이 발명·이용된 한편, 근대 민족국가들의 출현으로 자유로운 이동이 제약됨으로써 이 두 통로의 이용이 사실상 불필요하고 또 불가능해졌기 때문이다. 그리하여 이 시기를 실크로드의 종말로 보는 것이다. 요컨대 실크로드는 시간적으로 2,500여 년간(BC 8∼7세기부터 AD 18세기까지) 존재해온 문명교류의 역사적 통로로서, 오늘날 실크로드라고 하면 대개 이 협의의 실크로드를 지칭한다. 이 책에서도 협의의 시말론을 따르기로 한다.

이렇게 2,500여 년간 맥을 이어온 실크로드의 변화과정을 추적해보면 크게 개척기와 번영기, 쇠퇴기의 세 시기로 구분할 수 있다. 개척기는 기원전 8∼7세기에 스키타이(Scythai)가 초원로를 개척한 때부터 기원 전후 장건(張騫)의 서역로 개척과 로마인들의 동방초행(東方初行), 그리고 이에 기초한 동서간의 통교가 이루어지기 시작한 시기를 말한다. 번영기는 기원후 중국 비단이 다량 서역으로 전파된 때부터 중국 당제국과 이슬람제국에 의한 활발한 동서교류와 몽골제국의 서정(西征)을 거쳐 17세기 신구 대륙간 교역이 진행되기까지의 시기에 해당된다. 그런데 번영기의 실크로드 전개상을 통관하면, 시대상황에 따라 3대 간선 모두가 활발하게 가동되는 전면 번영기와 그중 어느 한둘만이 번성한 부분 번영기가 엇갈려 있음을 발견하게 된다. 쇠퇴기는 18세기 이후 초원로와 오아시스로의 이용이 점차 퇴조·마비된 시기이다. 이 책이 다루는 고대는 대체로 실크로드의 개척기에 해당된다.

실크로드의 개념 확대 실크로드의 개념 확대란 부단히 확장·정비되어온 실크로드가 포괄하는 공간적 범위와 그 기능에 대한 인식의 심화를 의미한다. 실크로드 자체는 인류의 문명사와 더불어 장기간 기능해온 객관적 실재이지만, 인간의 지적 한계로 인해 당초부터 그 실재가 그대로 인식되어온 것은 아니다. 그 실재가 인지(認知)된 것은 불과 120여년 전의 일이다. 그간 학계의 탐구에 의해 실크로드의 공간적인 포괄범위와 그 기능에 대한 인식은 점진적으로 폭을 넓혀왔다.

실크로드를 통해 전개된 교류의 실상이 점차 밝혀짐에 따라 그만큼 실크로드의 개념은 확대되었

으며, 역으로 이러한 개념 확대는 교류에 대한 시야를 그만큼 넓힐 수 있게 하였다. 실크로드의 개념 확대는 실크로드라는 통로의 단선적(單線的)인 연장뿐만 아니라, 복선적(複線的) 내지 망상적(網狀的)인 확대를 뜻한다.

그간 실크로드의 개념은 다음과 같은 몇단계를 거쳐 확대되었다. 첫번째 단계는 중국─인도로(路) 단계이다. 이 단계는 1877년에 리히트호펜이 최초로 중국에서 중앙아시아를 경유해 트란스옥시아나와 서북 인도로 이어지는 길을 실크로드라고 명명함으로써 실크로드라는 개념이 형성되기 시작한 단계이다. 둘째 단계는 중국─시리아로 단계이다. 1910년 헤르만은 첫번째 단계 기간에 탐험가와 고고학자들이 중앙아시아와 서북 인도뿐만 아니라, 지중해 동안 시리아의 팔미라(Palmyra)에서까지 중국의 견직유물을 다량 발견한 사실을 감안하여 이 비단교역의 길을 시리아까지 연장하고 '실크로드'(일명 오아시스로)라고 재천명하였다. 이 두 단계에서의 실크로드는 주로 동서로 펼쳐진 여러 사막에 점재한 오아시스를 연결하여 이루어진 길이므로 일명 '오아시스로'라고도 한다. 실크로드의 개념 확대 차원에서 보면, 둘째 단계는 첫번째 단계 오아시스로의 단선적인 연장이라고 할 수 있다.

실크로드 개념 확대의 셋째 단계는 3대 간선로(幹線路) 단계이다. 제2차 세계대전 후 학계에서는 선행 연구성과를 토대로 하여 오아시스로의 동·서단을 각각 중국 동쪽의 한국과 로마까지 연장했을 뿐 아니라, 실크로드의 포괄범위를 크게 확대하였다. 즉 유라시아 대륙의 북방 초원지대를 지나는 초원로와 지중해부터 중국 남해에 이르는 남해로까지 포함시켜 동서를 관통하는 이른바 '3대 간선'으로 그 개념을 확대한 것이다. 여기에 아직은 연구가 미흡하지만 유라시아 남북을 관통하는 마역로

옥수수·사탕수수·감자·유카 등 구대륙에 전파된 신대륙의 농작물

(馬易路)·라마로(喇嘛路)·불타로(佛陀路)·메소포타미아로·호박로(琥珀路)의 5대 지선(支線)까지 합치면, 실크로드는 문자 그대로 망상적인 교통로가 된다. 실크로드의 개념 확대 차원에서 보면, 앞 두 단계의 단선적인 연장 개념에서 벗어나 복선적이며 망상적인 개념으로 크게 확대된 것이다. 그러나 실크로드의 개념이 이렇게 확대되었어도 아직은 아시아와 유럽 및 아프리카를 아우르는 이른바 구대륙에만 한정된 실크로드이며, 이것이 지금까지의 통념이다.

마지막 넷째 단계는 환지구로(環地球路) 단계이다. 앞의 세 단계를 거쳐 형성된 통념으로서의 실크로드는 구대륙의 범위를 벗어나지 못하였다. 환언하면 문명교류의 통로인 실크로드가 지구의 다른 한 부분인 이른바 '신대륙'(新大陸, 적절치 못한 표현이나 관용에 따라 그대로 사용)에까지는 연결되지 못함으로써 신대륙이 인류문명의 교류권에서 소외당하는 결과를 낳았다. 그러나 늦어도 15세기부터는 해로에 의해 문명교류의 통로가 구대륙에서 신대륙까지 뻗어나가 실크로드는 명실상부한 환지구적 통로로 자리잡았다.

이렇게 문명교류의 통로가 신대륙에까지 이어졌다고 보는 근거는, 우선 신대륙에 이르는 해로 개척이다. 1492년 콜럼버스(C. Columbus, 1451~1506)가 카리브해에 도착한 데 이어 마젤란(F. Magellan, 1480?~1521) 일행이 1519~22년에 에스빠냐→남아메리카 남단→필리핀→인도양→아프리카 남단→에스빠냐로 이어지는 세계일주 항해를 단행함으로써 신대륙으로의 바닷길이 트이게 되었다. 그 다음 근거는 신구 대륙간의 교역이다. 16세기부터 에스빠냐인과 포르투갈인들이 필리핀의 마닐라를 중간기착지로 하여 중국의 비단을 중남미에 수출하고, 중남미의 백은(白銀)을 아시아와 유럽에 수출하는 등 신구 대륙간에 '태평양 비단길' '백은의 길'이 트임으로써 이른바 '대범선(大帆船) 무역'이 시작되었다. 끝으로 그 근거는 두 대륙간의 문물교류다. 항해로가 개척되고 교역이 진행되면서 고구마·감자·옥수수·땅콩(낙화생)·담배·해바라기 등 신대륙 특유의 농작물이 아시아와 유럽 각지에 유입·전파되었다.

이런 사실들을 감안할 때, 비록 해로의 단선적 연장이기는 하지만 분명히 문명교류의 통로는 구대륙에서 신대륙으로 이어졌으며, 실크로드의 개념은 구대륙의 한계를 벗어나 전지구를 망라하는 환지구적인 통로로 확대되었다. 이상은 기존 실재로서의 실크로드에 대한 인간의 인식변화 과정이다.

실크로드의 역할 앞에서 말한 바와 같이 실크로드는 3대 간선과 5대 지선을 비롯한 교통망의 총체로서, 이 교통망을 통해 인류문명은 동서남북 종횡무진으로 교류해왔다. 문명교류를 포함한 인류 역사의 전개과정에서 실크로드가 담당수행한 역할은 실로 막중하였다.

실크로드는 우선, 명실상부한 문명교류의 가교(架橋) 역할을 수행했다. 문명이란 교류를 통한 상보상조(相輔相助) 속에서만 발달할 수 있으며, 그 생명력인 공유(共有)를 실현할 수 있는 것이다. 여러 문명들의 동서남북간 상호교류가 한 문명의 발생요인이 되거나 발달촉진제가 되기도 했다는 것은 많은 역사적 사실에서 여실히 찾아볼 수 있다. 청동기의 동전(東傳)은 아시아 민족의 문명으로의 전환을 촉진했으며, 제지법(製紙法)의 서전(西傳)은 유럽의 개화(開化)를 계도하였다. 그런데 이러한 문명교류가 현실화되려면 반드시 가교 구실을 하는 일정한 공간적 매체와 물리적 수단이 있어야 한다. 이 매체와 수단이 다름아닌 실크로드였다.

둘째로 실크로드는 세계사 전개의 중추적 역할을 했다. 환지구적 대동맥인 이 길을 따라 주요한 세계사적 사변들이 전개되고 수많은 민족과 국가의 흥망성쇠가 거듭되면서 인류역사는 전진해왔다. 고대 오리엔트 문명의 창조자들로부터 그리스·로마제국, 페르시아제국으로부터 이슬람제국, 선진(先秦)시대 중국으로부터 몽골제국, 석가시대의 인도로부터 티무르제국의 출현과 번성에 이르기까지, 그리고 북방 유목민족들의 흥망으로부터 중앙아시아 여러 나라들의 출몰에 이르기까지, 이 모든 역사적 사변은 실크로드를 따라 전개되었고 이 길에 의해 서로 연계되고 관련됨으로써 비로소 모든 변화와 발달이 가능하였던 것이다. 다리우스 1세, 알렉산드로스 대왕, 한(漢) 무제(武帝), 당(唐) 태종(太宗), 이슬람 할리파(칼리프)들, 칭기즈칸, 티무르 등 수많은 세계적 영웅호걸들이 이 길을 주름잡고 다니며 역사의 지휘봉을 휘둘렀다. 이 길이 없었던들 세계사의 전개는 인류가 일찍이 경험한 것과는 사뭇 다른 양상으로 나타났을 것이다.

셋째로 실크로드는 세계 주요 문명의 산파역(産婆役)을 담당하였다. 원래 문명의 탄생은 교통의 발달과 불가분의 관계에 있다. 교통의 불편은 문명의 후진을 초래하며, 교통의 발달 없이 문명의 창달이나 전파는 있을 수 없다. 이러한 문명론의 원리가 바로 실크로드에서 그대로 실증되었다. 고대 오리엔트 문명을 비롯한 황하 문명, 인더스 문명, 그리스·로마 문명, 유목민족 문명, 불교 문명, 페르시아 문명, 이슬람 문명 등 동서고금의 주요한 문명은 모두가 이 실크로드를 둘러싼 지역에서 발아

한 다음, 이 길을 타고 개화하고 결실을 맺었다. 그 가장 뚜렷한 일례가 바로 불교와 이슬람교가 이 길을 따라 동서남북으로 전파되어 세계적인 종교가 된 사실이다.

제2절 초원로

초원로의 개념 실크로드의 3대 간선 중 가장 오래된 길은 초원로(草原路)이다. 초원로란 유라시아 대륙의 북방 초원지대를 동서로 횡단하는 동서교류 통로를 지칭한다.

초원(steppe)은 대륙 온대지방의 반건조기후로 말미암아 생기는 지대로서 습윤한 삼림지대와 건조한 사막지대 사이에 펼쳐져 있다. 원래는 유럽과 러시아의 동남부나 시베리아의 서남부 등지에서 나무가 자라지 않는 지대를 가리키는 말이었다. 그러나 지금은 이 지대를 포함해 이른바 '스텝 기후'가 지배하는 아프리카 대륙과 오스트레일리아 및 아메리카 대륙의 서북 일대까지를 지칭하는 경우도 있다. 스텝 기후란 연평균 강수량이 250~500mm로서 수목이 자라는 데 적합하지 않고, 건기(乾期)에는 불모지이나 우기(雨期)에는 풀이 무성해지는 지대의 기후를 말하는데, 쾨펜(W.P. Köppen)의 기후구분기호는 BS다.

지질학적으로 보아 북방 유라시아는 충적세에 들어와 지각변동으로 인해 동서로 4개의 긴 기후대가 형성되었다. 가장 북쪽으로 북극해에 면한 것이 동토대(凍土帶, tundra)이고, 그 다음이 침엽수림대(針葉樹林帶, taiga), 초원대(草原帶, steppe), 가장 남쪽의 것이 사막대(沙漠帶, desert)이다. 초원대는 대체로 북위 50~40도 사이에 자리잡고 있으며, 그 지대를 초원로가 동서로 가로지른다.

문명교류의 통로인 초원로가 지니고 있는 특징은, 첫째로 일망무제한 초원지대에 펼쳐진 길로서 이용이 자유자재하다는 것이다. 일반적으로 이 길은 건기를 제외하면 지형이나 기후의 제약을 별로 받지 않고 수시로 이용할 수 있으며, 길의 너비나 길이도 특별한 제한이 없어 활동하기에 자유롭게 되어 있다. 바로 이러한 특징으로 인해 이 길은 다른 두 간선(오아시스로와 해로)에 비해 노선이 분명치 않다. 초원로의 두번째 특징은 기마유목민족 전용(專用)이라는 데 있다. 이 길은 기마유목민족인 스키타이에 의해 개척된 후 대체로 흉노(匈奴, Hun)와 몽골 등 북방 기마유목민족들의 교역과 이동 및 정복 활동에 크게 이용되었다. 초원은 말을 타고 이동하면서 유목생활을 하는 민족들만이 적응할 수 있는 지형적 특성을 지니고 있기 때문에 그들의 전용이 되지 않을 수 없다. 따라서 교통도구나 장비도 기동적인 기마유목에 적합하게 단단하고 경량화된 마구류가 주종을 이룬다. 이러한 특징으로 인해 이 길은 주로 기마유목민족들의 교류 및 이동 통로로 기능해왔다.

초원로의 전개 헤로도투스(Herodotus, BC 484~425)의 저서 『역사』(*Historia*, 제4권 13장과 16~36

장)에 의하면, 초원로는 기원전 7세기 전반에 스키타이인들이 흑해(黑海)에서 우랄산맥을 넘어 알타이 지방으로까지 다니며 동방교역을 할 때부터 알려지기 시작하였다. 『역사』의 기술과 함께 그간 북방 유라시아의 초원지대에서 속속 발굴된 일련의 유물들을 참고로 하면 스키타이를 비롯한 고대 기마유목민족들이 개척·이용한 초원로의 윤곽이 대체로 드러난다. 그 주로(主路)를 추적해보면 북유럽의 발트해(Baltic Sea) 남안에서 시작하여 흑해의 동북편과 남러시아의 카스피해(Caspian Sea)와 아랄해(Aral Sea) 연안을 지나서, 동진하여 카자흐스탄(Kazakhstan)과 알타이산맥 이남의 중가리아(Zungaria) 분지에서 몽골 고비사막의 북단 오르혼(Orhon)강 연안으로 접어든다. 여기에서 중국의 화북(華北)지방에 이른 후 다시 동남향으로 중국 동북(東北)지방을 거쳐 한반도까지 이어진다.

고대부터 초원로 연변에는 주로 기마유목민족 문화가 발생·번영하였으며, 또 이 길을 따라 동서로 널리 전파되었다. 이 길을 통해 최초로 동서에 전파된 문물로는 비너스 상이 있다. 1만여 년 전에 제작된 것으로 추정되는 이 비너스 상은 서유럽의 삐레네산맥 북쪽 기슭에 있는 브라쌍부이 동굴에서 동시베리아의 바이깔호 부근 브레티에 이르는 광활한 지역에 걸쳐 수백 점이 발견되었다. 약 20군데의 출토지를 연결해보면, 서유럽에서 출발해 다량 발굴지역인 중부 및 동부 유럽과 우끄라이나를 지나 동진하여 동시베리아에 이르는 이른바 '비너스 길'이 형성된다.

비너스 상에 이어 한때 초원로를 누빈 것은 채도(彩陶)인데, 그 출토지를 연결한 길이 이른바 '채도의 길'이다. 이 길의 서쪽 끝은 중앙아시아 서남부에 위치한 초기 농경문화의 대표적 유적인 아나우(Anau) 유적(BC 3500~3000) 지대이다. 투르크메니스탄 수도 아슈하바트(Ashkhabad) 동쪽 12km 지점에 있는 이 유적은 19세기 말엽에 러시아 고고학자들이 발굴을 시작한 후 1904년 미국의 펌펠리(R. Pumpelly)에 의해 본격적으로 발굴되었다. 주요한 유물은 적색연마토기와 채문토기(彩文土器, 채도)이다. 그밖에 밀·보리(아나우 문화 제1기)와 함께 소·양·말·낙타·개 등 가축의 뼈(아나우 문화 제2기)도 출토되었다.

제3기에 해당하는 초기 청동기시대의 아나우 문화(일명 Dejtum 문화)도 초원로를 따라 상당히 넓은 지역에 확산되었다. 아무다리아강 하류의 호레즘(Khorezm) 지방과 우즈베키스탄-중국 접경지대인 페르가나(Ferghana) 분지의 나망간(Namangan) 일대에서 아나우 문화에 속하는 유물이 다수 출토되었다. 그런데 아나우의 채도와 유사한 채도가 중국의 앙소(仰韶)문화 유적(BC 3500년경)에서도 발굴되어, 그 관련성 여부를 놓고 지금까지도 학계에서 논의가 분분하다. 서구와 일본 등 외국 학계에서는 대체로 그 상관성을 인정하여, 서아시아 채도가 초원로를 거쳐 중국 중원지대에 동전된 것으로 보고, 그 전파로(초원로)를 일명 '채도의 길'이라고도 한다. 이에 반해 중국 학자들은 상관성을 부인하고 자생설을 주장한다. 그러나 사실 나망간 같은 중국 접경지대에서 아나우 문화 유물이 출토된 사실을 감안할 때, 서로 영향을 주고받았을 가능성은 부인할 수 없을 것이다. 설혹 서아시아의 채도가 중국까지 전파되지는 않았다손 치더라도 아나우의 채도가 초원로를 따라 동전한 것은 확실하므로 '채도의 길'이라고 설정하여도 결코 무리는 아닐 것이다.

기원전 1000년대의 청동기시대에 접어들면 초원로의 동단(東段)에서는 몽골 인종이 주도하는 카라수크(Karasuk) 문화(BC 1200~700)가 흥기한다. 러시아의 미누씬스끄 주에 있는 카라수크강 유역에서 발아한 이 문화는 동쪽으로 바이깔호 부근에서부터 서쪽으로 알타이산맥과 카자흐스탄에 이르는 광활한 초원지대에서 개화하였다. 초원의 유목경제에 바탕을 둔 이 문화는 청동제 칼·창·도끼 등 유사유물에서 보다시피 중국 은상(殷商)문화의 영향을 받은 흔적이 역력하다. 이것은 이 문화가 초원로를 통해 은상이 할거하던 중국의 화북지방과 상관되어 있었음을 시사해준다.

기원전 8세기경에 남러시아 일원에서 흥기한 스키타이 문화 역시 초원로를 따라 동전하여 몽골고원을 지나 중국 화북지방의 수원(綏遠, Ordos) 일대에까지 영향을 미쳤다. 이란계 유목민족인 스키타이는 초원로의 서단(西段)을 통해 흑해 연안의 그리스 식민도시들과 활발한 교역을 진행하였으며, 그 동단(東段)을 따라 동방무역로를 개척하였다. 헤로도투스의 『역사』에 의하면 스키타이의 동방무역로는 아조프(Azov)해로부터 볼가강을 지나 북상하여 우랄산맥을 넘은 다음 동진하여 알타이산맥 부근에까지 이른다. 이 길의 연변에서 스키타이 문화 특유의 동물문양이나 금은세공(金銀細工) 유물 등이 다량 출토되었다. 특히 알타이산 북쪽의 파지리크(Pazyryk) 유적에서는 스키타이 문화 유물과 함께 중국 진대(秦代)의 유물이 다수 출토되었다. 이것은 당시(BC 8~3세기) 초원로를 통한 스키타이 문화의 동점상과 동서간의 교류상을 실증해주고 있다.

기원전 4세기 말에 몽골 고원에서 일어난 흉노는 노인울라(Noin-Ula) 유적에서 보다시피 스키타이 문화를 비롯한 북방 기마유목민족 문화와 한(漢)문화를 흡수·융합해 '호한문화(胡漢文化)'라는 흉노 특유의 기마유목문화를 창출하고, 초원로를 따라 서천(西遷)하면서 호한문화를 서구에까지 유포시켰다. 기원전 3세기 후반부터 카스피해 동남부에 자리한 파르티아(Parthia, 安息) 왕국과 비단무역을 하는 등 서역과의 교류를 활발히 진행해오던 흉노는 기원후 후한(後漢)에 쫓겨 서천을 거듭하다가 마침내 4세기 후반에는 초원로의 서단을 따라 유럽에까지 진출하였다. 흉노의 이 서진(西進)에 의해 흑해 연안에 살고 있던 게르만의 한 부족인 서고트족(Visigoth)은 로마제국 경내로 밀려들어가고 말았다. 이것이 게르만 민족대이동의 서막이었으며, 이로 인해 서양사에서 중세가 막을 올리게 되었다.

뿐만 아니라, 기원전 3세기 후반에는 중국 수원지방에 진출하고, 기원전 2세기 후반에는 동호(東胡, 현 중국 동북지방)까지 정복하는 등 동진과정을 통해 흉노의 기마유목문화는 고조선과 한반도, 그리고 멀리 일본에까지 영향을 미치게 되었다. 한반도에서 출토된 청동기와 철기, 각종 마구(馬具)와 동물문양 등 북방 기마유목문화계의 유물들은 흉노에 의해 초원로의 동단을 거쳐 유입된 것으로 추정된다. 지금까지 동아시아에서 발굴된 청동기 유물의 분포대 하나만을 추적해보면, 그 길은 몽골로 부터 중국 화북의 열하(熱河) 일대로 전향해서 요동(遼東)을 거쳐 한반도 안으로 이어졌음을 발견하게 된다. 따라서 이 청동기 유물 분포대의 연결선으로 해서 한반도까지 초원로가 연장된 것으로 간주할 수 있으며, 결국 한반도가 초원로의 동단임을 시사해준다.

흉노에 이어 초원로를 누비며 동서교류의 주역을 담당한 민족은 돌궐족(突厥族, Turk)이다. 기원전 4세기경부터 몽골 고원 곳곳에 산재해온 유목민의 일족인 돌궐은 기원후 552년에 유연(柔然, 蠕蠕) 등 여러 민족을 정복·통합하여 강대한 독립왕국을 건립하였다. 돌궐은 초원로를 따라 동편으로는 중국 화북지방의 북주(北周)나 북제(北齊)와 견마무역(絹馬貿易)을 진행하는 한편, 서편으로는 알타이산맥을 넘어 중앙아시아의 에프탈(Hephtalites, 嚈噠)을 격파하고 소그디아나(Sogdiana)까지 정복하였다. 6세기 말 소그디아나 일대에 건국한 서돌궐은 동로마제국과 수차례에 걸쳐 사절을 교환하고 교역도 활발히 진행함으로써 초원로는 명실공히 동서교류의 한 간선으로서 그 역할을 수행하였다.

657년에 서돌궐이 당에 의해 멸망한 후 중앙아시아를 중심으로 한 초원로의 중단(中段)은 일시 당의 수중에 들어가게 되었다. 그러나 얼마 지나지 않아 8세기 초엽부터 아랍—이슬람군이 이 지대에 진출하여 당 세력을 축출함으로써 중앙아시아의 이슬람화가 이루어졌으며, 이 지대는 아랍—이슬람 세력의 활동무대가 되었다. 이러한 국면은 13세기 몽골제국이 출현하여 서정(西征)을 단행할 때까지 줄곧 지속되었다.

13세기 초·중엽에 아시아 전역과 유럽 및 러시아까지를 풍미한 대몽골제국 시대는 문자 그대로 초원로의 전성기였다. 몽골인들은 1219년부터 60년까지 3차례 단행한 서정을 계기로 서방의 광활한 정복지에 오고타이(Ogotai, 우구데이Ögödei), 차가타이(Chaghatai), 킵차크(Kipchak), 일(Il) 등 4개 칸(汗)국을 분립시키고, 동방의 중국 본토에는 원(元)조를 세움으로써 유라시아를 석권한 미증유의 세계적 대제국을 출현시켰다. 기마유목민족인 몽골인들의 대규모 서정은 주로 초원로를 따라 진행되었다. 그 주로(主路)는 몽골의 카라코룸(Kharakorum, 和林)으로부터 서쪽으로 알타이산맥을 넘어 발하시(Balkhash)호 북안을 돌아 카스피해 북부에 있는 킵차크 칸국의 수도 사라이(Sarai)까지 이르며, 사라이를 중계지로 하여 다시 서쪽으로 끼예프, 안티오키아, 베네찌아, 꼰스딴띠노쁠 등 러시아와 서아시아 및 유럽의 여러 도시로 연결되는 길이다. 이 길을 따라 서구에서 몽골까지 왕복한 까르삐니(G. Carpini, 1182~1252)와 뤼브뤼끼(G. Rubruquis, 1215~70), 마르꼬 뽈로(Marco Polo, 1254~1324) 등 여러 여행가들의 기술에 의해 이 주로의 실체가 알려졌다. 몽골제국은 이 초원로를 원활하게 운영하기 위하여 완벽한 역전제(驛傳制)를 실시하였다. 마르꼬 뽈로의 여행기 『동방견문록(東方見聞錄)』에 의하면, 몽골제국의 왕으로부터 받은 여행용 금패(金牌)나 은패(銀牌)만 소지하면 어디에서든 음식과 말, 안내자 등을 보급받아 안전하게 여행할 수 있었다.

　몽골제국의 멸망과 더불어 얼마간 부진상태에 처했던 초원로는 16세기 후반에 와서 러시아의 시베리아 진출로 인해 다시 활기를 띠게 되었다. 1581년에 러시아는 예르마끄(T. Yermak, ?~1584)를 대장으로 한 탐험대를 동방에 파견하였다. 무력을 동반한 탐험대는 오브(Ob')강을 넘어 이르티시(Irtysh)강 유역에 자리한 시비르(Sibir) 칸국을 공략하고, 이 땅을 황제 이반 4세에게 기증하였다. 그후 우랄산맥 동쪽의 광활한 초원지대를 일괄하여 '시베리아'라고 지칭하였다. 1587년에 러시아인들은 시베리아의 초원로를 따라 시비르 부근에 또볼스끄(Tobolsk) 시를 건설하고 계속 동진하여 1638년에는 태평양 연안까지 도달하였다. 그들은 이에 머물지 않고 다시 남하하여 러시아와 중국 청(淸)나라 간의 국경지대인 흑룡강(黑龍江) 일대에까지 세를 확장하였다. 우랄산맥 동쪽으로부터 남러시아의 광활한 초원지대를 지나 부분적으로 북방 침엽수림대를 관통하여 흑룡강 일대까지 이어지는 이 길을 '시베리아 초원로'라고 부를 수 있을 것이다. 이 길의 서단은 전통적 초원로의 일부이나, 동단은 새로 개척된 초원로이다. 러시아는 이 초원로를 통해 시베리아, 특히 동시베리아에서 성산(盛産)되는 모피를 대거 수입해갔다. 그리하여 이 초원로를 '모피로(毛皮路)'라고도 명명할 수 있는데, 모피로는 근대까지 상당히 활발하게 가동되어왔다.

　이에 앞서 볼가강이 카스피해로 흘러들어가는 입구에 위치한 하자르국(Khazar, 630~965)과 볼가강과 카마강의 합류지에서 흥기한 볼가 불가르국(Volga Bulgar, 9~13세기 초)으로부터 우랄 남부를 지나 시베리아와 알타이, 몽골을 거쳐 중국 화북지방에 이르는 전통적인 초원로에서도 길 주위의 나라들에서 생산되는 모피가 교역되었다고 하여 '모피로'라고도 불렸다.

　이상과 같은 초원로의 전개과정을 통관하면 초원로는 다른 두 간선(오아시스로와 해로)에 비해 일찍 개통했을 뿐만 아니라, 상당히 오랫동안 동서교류의 중요한 통로로 기능해왔음을 알 수 있다. 사적(史籍)의 명문기록에 의해 그 개척기는 스키타이가 활동한 기원전 8~3세기로 거슬러올라갈 수 있다. 개척기에 이은 번영기는 흉노가 흥기한 기원전 3세기부터 몽골제국이 멸망한 14세기까지 무려 1,700여 년간이나 지속되었다. 흉노는 기원전 3세기에 벌써 서역과 교역을 하고, 기원 전후에는 유럽까지 서천하면서 초원로를 누볐으며, 기원후 6세기에 흥기한 돌궐은 초원로를 따라 멀리 서방의 로마제국과 교류하였다. 특히 13,14세기 유라시아를 아우른 몽골제국의 치세 때는 번영기 초원로의 전성시대였다. 몽골제국의 멸망과 더불어 부진상태에 처했던 초원로는 16세기 후반에 시베리아 초원로(모피로)가 개척되면서 활기를 띠기 시작하였다. 그러나 전통적인 초원로는 점차 왕래가 줄면서 쇠퇴기에 접어들었다.

제3절 오아시스로

오아시스로의 개념 오아시스로란 주로 중앙아시아를 중심으로 한 건조지대(사막)에 점재하는 오아시스를 연결하여 이루어진 동서교류의 통로를 지칭한다. 이 길의 서단(西端)은 로마이고 동단(東端)은 한반도 남단이다. 지금까지의 통념으로는 이 길의 동단을 중국의 장안(長安, 현 西安)으로 인정해왔다. 이럴 경우 그 길이는 12,000km(약 3만 리), 직선거리로 9,000km에 이른다. 그러나 각종 서역 문물이 장안과 한반도 남단의 경주를 잇는 육로를 통해 한반도에 전래된 사실을 감안할 때 오아시스로는 분명히 한반도 남단까지 연장된다. 따라서 오아시스로의 동단은 장안이 아니라 그 동쪽의 한반도 남단이라고 추단할 수 있으며, 총 연장거리는 약 14,700km, 약 36,800리에 이른다.

오아시스란 사막을 비롯한 건조지대의 군데군데에 항상 물이 괴어 있어 초목이 자라고 인간이 생활할 수 있는 곳을 말한다. 옛날부터 오아시스는 사막인들의 생활의 보금자리였을 뿐만 아니라 교역의 중심지로서, 거기에서 문물이 집산되고 교통이 발달했으며 도시도 형성되었다. 유라시아 대륙의 북위 40도 부근에 동쪽에서부터 서쪽으로 몽골의 고비 사막, 중국의 타클라마칸(Takla Makan) 사막, 남러시아의 키질쿰(Kizilkum) 사막과 카라쿰(Kara-kum) 사막이 잇달아 있고, 서아시아에서 좀 남하하여 루트(Lut) 사막과 이란의 카비르(Kavir) 사막이 시리아(Syria) 사막으로 이어져 지중해 동안에까지 이른다. 이러한 사막대(沙漠帶) 곳곳에 오아시스가 산재해 있는데, 그것이 이어져 동서로 뻗은 길이 바로 오아시스로다.

오아시스로는 실크로드의 여러 갈래 간선과 지선 가운데서 가장 중요한 역할을 해왔다. 이 길은 시대의 변화에 따라 용도에서나 이용도에서 여러 차례 기복을 겪은 초원로나 해로와는 달리 고대부터 근대에 이르기까지 큰 변동 없이 줄곧 이용되어왔으며, 초원로나 해로에 비해 연도(沿道)의 포괄범위도 더 넓다. 뿐만 아니라, 이 길의 드넓은 연변에서 아케메네스조(朝)·파르티아조·박트리아(Bactria, 大夏)조·사산조·아랍―이슬람제국·에프탈조·카라한조·카라 키타이조·호레즘조·티무르조·셀주크조·오스만조 등 수많은 왕조와 민족이 흥망성쇠를 거듭하였다. 요컨대 오아시스로는 동서교통로에서 문자 그대로 중추적 역할을 수행해왔다. 그리하여 실크로드에 대한 인지에 있어서도 초기의 리히트호펜이나 헤르만은 이 오아시스로만을 실크로드로 간주하였다. 보통(혹은 좁은 의미에서) 오아시스로를 실크로드라고 지칭하는 까닭이 바로 여기에 있다.

이렇듯 동서교류에 커다란 기여를 해온 오아시스로이지만, 아직 그 노정 특히 기원전 8~7세기부터 기원을 전후한 시기까지의 개척기 노정에 관해서는 관련 사료가 매우 부족하고 연구도 미흡하다. 오아시스로에 관한 서구의 사료는 극히 적다. 헤로도투스가 『역사』에서 처음으로 서아시아의 이른바 '왕도'(王道, 오아시스로 남도의 서부 구간)에 관해 기술했고, 그리스 지리학자 이스토로스(Istoros)는 기원전 1세기 후반에 『파르티아 도정기(道程記)』를 찬술하여 파르티아 왕국 내의 교통에 관해 언급한 바 있다. 서아시아에서 중국 경내에 이르는 오아시스로에 관한 기록은 기원후 2세기에 활약한 로마 지리학자 프톨레마이오스(Ptolemaeos, 90~168)의 『지리학 입문』에서야 비로소 나타난다. 그러나 그 기록은 동시대의 지리학자 마리누스(Marinus)가 기원후 1세기 말~2세기 초 동서교역에 종사한 상인 마에스 티티아누스(Maes Titianus)의 견문록을 인용한 것을 재인용한 것이다. 그 내용은 발흐(Balkh, 현 아프가니스탄 북부)로부터 파미르 고원을 지나 타림 분지와 장안에 이르는 노선 주변 상황인데, 매우 모호하고 불명확한 점이 많다.

오아시스로의 전개 오아시스로의 변천사를 돌아보면 처음부터 극동에서 로마까지의 동서 구간이 일시에 개통된 것은 아니다. 원래 파미르 고원을 중심으로 동서 각지에 단절적으로 널려 있던 길이 파미르 고원 횡단로가 뚫리면서부터 서로 연결되어 동서 관통로가 생기게 된 것이다.

현존 기록에 의하면 파미르 고원 서쪽의 서아시아 지방에는 기원전 6세기경에 이미 정비된 교통로가 존재하였다. 페르시아 아케메네스조의 다리우스 1세(Darius I, 재위 BC 522~486) 시대에 동쪽으로 인도 서북부의 간다라 지방부터 서쪽으로는 이집트, 북쪽으로 소그디아나에 이르는 광대한 지역에서 정연한 교통로가 사통팔달(四通八達)하여 영내 23개 주(州)와의 연계가 원활하였다. 심지어 나일강과 홍해 사이에는 운하까지 파서 이집트와 통교하였다.

헤로도토스는 『역사』에서 수도 수사(Susa, 현 이란 서단, 페르시아만 북안)로부터 아나톨리아(Anatolia, 현 터키) 리디아(Lydia)의 사르디스(Sardis)까지 연결하는 길을 '왕도'라 명명하고, 그 실태를 기술하였다. 그에 의하면 왕도의 길이는 450파란산케스(faransankes, 약 2,475km)로서 대개 25km(1일 보행거리)마다에 여장(旅莊)을 배치하고(총 111개소), 요소마다 감시소를 설치하였다. 큰 강은 배로 건너되, 강안에는 검문소가 있어 검문과 함께 행인의 숙식과 안전을 보장하였다. 준마를 타고 달리는 왕의 사신은 이 구간을 열흘 걸려 주파하곤 하였다. 이와같이 기원전 6세기에 이미 서아시아 일대에는 상당히 발달된 교통로가 줄줄이 뻗어 있었다.

그러나 파미르 고원 동쪽 지대의 교통에 관한 기록은 서쪽 지대보다 뒤늦은 기원전 2세기에 와서야 처음으로 나타난다. 그 첫 기록자는 기원전 139~126년 사이에 서역사행(西域使行)을 단행한 전한(前漢) 무제(武帝, BC 140~87) 때의 장건(張騫, ?~BC 114)이다. 그의 현지견문을 근거로 한 『한서(漢書)』 「서역전(西域傳)」을 비롯하여 그 이후의 중국 정사(正史)에는 오아시스로의 시대별 변천과정이 비교적 명확하게 소개되어 있다.

우선 전한대(BC 202~AD 8)에 한에서 서역으로 가는 오아시스로는 남도(南道)와 북도(北道)의 두 길이 있었다. 남도는 돈황(敦煌)의 북방에 있는 옥문관(玉門關)이나 그 서남방에 있는 양관(陽關)

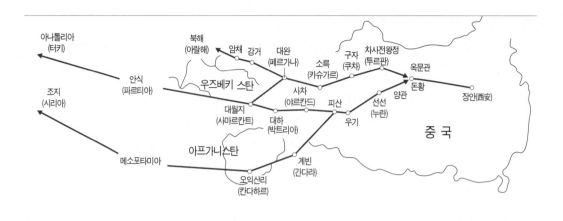

전한시대의 오아시스로(남·북도)

으로부터 선선(鄯善, 누란)을 지나 곤륜(崑崙)산맥의 북쪽 기슭을 따라 타림 분지의 남쪽가에 점재한 우기(于闐) 등 오아시스 국가들을 지나면서 두 갈래 길로 나뉜다. 한 길은 계속 서행(西行)하여 사차(莎車, 야르칸드)를 거쳐 파미르 고원을 넘어 중앙아시아의 대하(大夏, 박트리아)와 대월지(大月氏, 사마르칸트) 및 서아시아의 안식(安息, 파르티아)에 이른다. 다른 한 길은 사차에 이르기 전 장안으로부터 10,050리 거리에 있는 피산(皮山)에서 서남쪽으로 오차(烏秅)와 계빈(罽賓, 간다라)을 지나 장안에서 12,200리 떨어진 오익산리(烏弋山離, 아프가니스탄의 칸다하르)에 이른 후(계빈—오익산리도) 계속 서남방향으로 100일간 가면 조지(條支, 현 시리아)에 이른다.

북도는 역시 옥문관이나 양관에서 출발하여 차사전왕정(車師前王廷, 현 투르판)을 지나 천산(天山)산맥의 남쪽 기슭을 따라 타림 분지의 북연(北緣)에 점재한 언기(焉耆, 카라샤르), 위리(尉犁, 庫爾勒, 쿠얼러), 오루(烏壘, Chādir), 구자(龜慈, 쿠차) 등 오아시스 국가들을 지나 장안에서 9,350리 거리에 있는 소륵(疏勒, 카슈가르)에 이르러서 파미르 고원을 넘은 다음 장안에서 12,250리 떨어진 대완(大宛, 페르가나)에 도달한다. 이 길은 대완에서 다시 두 갈래로 갈라지는데, 한 길은 서북향으로 전진하여 강거(康居)를 지나 이곳에서 약 2,000리 되는 암채(庵蔡)에 이른 후 계속하여 씨르다리아 강 연안을 따라 서북쪽으로 가서 아랄해(北海) 북단까지 이어진다. 다른 한 길은 서남쪽으로 690리 지점에 있는 대월지로 뻗어가, 거기서부터 서남방향으로 49일이 걸리는 안식에 이른다.

이상에서 보다시피 기원전 60년 서역도호부(西域都護府)가 설치된 이래 한인(漢人)들은 타림 분지 내의 오아시스 여러 국가와 내왕함은 물론, 분지의 남북을 횡단하여 멀리 파미르 고원 서쪽의 중앙아시아와 서아시아 제국까지 이어지는 오아시스로 남도와 북도를 알고 있었으며, 이 길들을 통해 서역제국과 사절을 교환하고 교역도 진행하였다. 당시 전개된 오아시스로의 노정이나 그를 통한 교류상황에 관해서는 『한서』 「서역전」을 비롯한 사적에 비교적 상세하게 기록되어 있다.

후한대(AD 25~220)에 와서 서역과의 관계가 확대됨에 따라 기존 오아시스로의 이용이 더욱 빈번해졌을 뿐만 아니라, 새로운 노선이 개척되기도 하였다. 영평(永平) 16년(AD 73)에 한군이 이오(伊吾, 하미)를 공략하고 그곳에 선화도위(宣禾都尉)를 설치한 것을 계기로 돈황에서 북상하여 이오를 거쳐 서북향으로 고창(高昌, 전한대의 차사전왕정)에 이르는 '신도(新道)'가 개척되었다. 그 결과 서역으로 가는 데는 남도(南道), 중도(中道), 북도(北道)의 세 길이 생기게 되었다. 남도는 전한대의 오아시스로 남도이고, 중도는 그 북도이며, 북도는 새로 개척된 돈황─고창도이다.

한대 이후 위진남북조(魏晉南北朝) 시대에 이르러서는 서역과의 내왕이 더욱더 빈번해짐에 따라 서역으로 통하는 오아시스로에 대한 이해가 점차 구체화되어갔다. 전술한 바와 같이 전한대에는 오아시스로가 남·북 양도로, 후한대에는 남·중·북 3도로 갈라졌다. 후한을 이은 북위(北魏)시대에 오자 전대에 개척된 기본노선은 변함이 없으나 지선(支線)의 확장과 이용도의 증대 등을 감안해 구간을 세분화하여 4도로 나누었다. 그 4도는 ①옥문관으로부터 서행 2,000리 거리에 있는 선선까지의 길, ②옥문관으로부터 북행 1,200리 거리에 있는 차사까지의 길, ③사차로부터 서쪽으로 100리 가서 파미르 고원을 넘은 후 다시 서행 1,300리 거리에 있는 가배(伽倍, 와한계곡)까지의 길, ④사차로부터 서남행 500리 가서 파미르 고원을 넘은 후 서남행 1,300리 거리에 있는 파로(波路, 길기트)까지의 길이다.

전대의 오아시스로 분법과 비교해보면 ①은 전한대부터 있어온 옥문관─선선도이고, ②는 후한대에 개통된 옥문관─이오─고창도이고, ③은 전한대에 개통된 사차─타슈쿠르간─와한계곡(가배)도이며, ④도 역시 전한대부터 이용된 피산─군쥬라트령(嶺)─길기트(파로)도이다. 이렇게 보면 4~5세기의 오아시스로는 전·후한대와 별로 달라지지 않았음을 발견하게 된다.

6~7세기 수(隋)·당(唐)대에 이르면 서역과의 교섭이 그 어느 때보다도 활발해짐에 따라 동서교류의 주통로인 오아시스로의 역할이 한층 더 커지고, 그 노정에 대한 지식도 보완되어 결국 노선이 종국적으로 고착되기에 이른다. 당시 오아시스로의 전모에 관한 최상의 기록은 수대의 배구(裴矩)가 찬술한 지리풍물서 『서역도기(西域圖記)』에서 찾아볼 수 있다. 배구는 동단 돈황에서 시발하는 오아시스로(돈황에서 지중해까지의 길)를 북·중·남도의 3도로 나누었다.

우선 북도는 전대의 사적에는 언급되지 않은 새 길로서, 그에 의해 처음 밝혀졌다. 이 길은 이오에서부터 천산산맥의 북쪽 기슭을 따라 서진하여, 포류해(蒲類海, 파루구르 노루)·철륵부(鐵勒部)·추(Chu)강 연안과 돌궐가한(突厥可汗)을 지나 북류하(北流河, 씨르다리아강)를 건너 아랄해와 카스피해 북안을 거쳐 불름국(拂菻國, 시리아)과 서해(西海, 현 지중해)에 이른다. 다음으로 중도는 고창에서부터 천산산맥의 남쪽 기슭을 따라 서진하여 언기·구자·소륵을 거쳐 파미르 고원을 넘은 후 발한

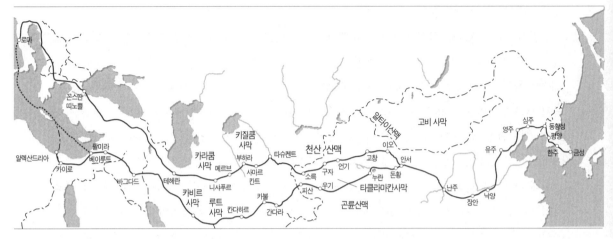

7~10세기의 오아시스로(남·북도)

(鏺汗, 페르가나 분지 소재)·소대사나(蘇對沙那, 우스리사나, 일명 스토리시나, 현 우리주페 부근)·강국(康國)·조국(曹國)·하국(何國)·대안국(大安國)·소안국(小安國)·목국(穆國) 그리고 파사(波斯, 페르시아)를 지나 끝으로 서해에 이르는 길이다. 이 노정은 대체로 전한대의 북도에 해당된다. 마지막으로 남도는 선선으로부터 우기·주구파(朱俱波, 가루카리구)·갈반타(渴槃陀, 타슈쿠르간)를 지나 파미르 고원을 넘을 때까지의 전반은 전한대의 남도(선선─사차도)와 일치한다. 이어지는 후반 길은 호밀(護密, 와한계곡, 伽倍)·토화라(吐火羅, 아무다리아강 유역의 토하리스탄, 아프가니스탄 북부)·읍달(挹怛, 에프탈, 아프가니스탄 북부의 군토즈 지방)·범연(帆延, 바미얀)·조국(漕國)·북파라문(北波羅門, 간다라 지방)을 경유해 서해에 이른다.

배구는 이렇게 동서를 횡단하는 3도의 노정을 밝히면서, 3도 경유국들은 모두가 남북을 종관(縱貫)하는 길을 갖고 있다고 하였다. 이것은 오아시스로 3도 전체가 동서남북을 망라한 교통망으로 뒤덮여 있음을 말해준다. 그러면서 그는 각지와 사통팔달하는 이오·고창·선선은 서역의 문호이고, 모든 도로가 종착하는 돈황은 오아시스로의 인후(咽喉)라고 지적하였다.

이상에서 보다시피 한대 이후 수대에 이르기까지 오아시스로의 간선은 크게 변화된 바 없지만, 노선 주변의 정세변화에 따라 노선의 개척이나 존폐, 단축 혹은 확장 등 국부적인 변화현상은 가끔 나타나고 있다. 그러다가 당대에 와서는 당조가 타림 분지에 대한 지배권을 확립하고 파미르 고원 서쪽에 22개의 도호부(都護部)를 설치하는 등 서역에 대한 경영을 본격화하였다. 비록 이 경영기간은 당 전성기에 국한되어 오래 지속되지는 못하였지만 이들 지역과의 교통이나 교역은 서역 경영을 계기로 새로운 전환기를 맞이하였다. 게다가 신흥 아랍─이슬람제국과의 폭넓은 교류로 인해 서역을 관통하는 오아시스로의 중요성은 전례없이 커졌다.

이러한 여건하에서 오아시스로의 노정은 점차 고착되어갔다. 종래에는 각종 교류가 오아시스로의 구간별로 간접적이며 단절적으로 진행되었으나, 이제는 전노선에 걸쳐 직접적이며 관통적인 방식으로 추진된다. 그 결과 서역의 지역적 개념도 파미르 고원을 훨씬 넘어 인도와 이란, 아랍과 로마까지 확대되었으며, 오아시스로의 동서 양단도 그만큼 멀리 옮겨졌다. 아울러 오아시스로의 동·서편을 타림 분지와 파미르 고원 일대로 국한시키고 그외의 노선은 한낱 연장선이나 보조선으로만 치부해오던 종래의 오아시스로관은 발전적으로 극복되어, 여러 갈래의 오아시스로가 크게 남북 양도로 통합·고착되었다.

한적(漢籍)의 기술에 의하면 오아시스로의 남도는 낙양(洛陽)이나 장안에서 출발해 안서(安西, 돈황 동쪽)에서 북도와 갈라진 후 돈황·누란·우기를 지나 피산에서 서남쪽으로 가면 인도의 인더스강 상류에 이른다. 여기서부터는 서쪽으로 방향을 잡아 카불·칸다하르·케르만(Kermān, 이란 고원 남단)을 지나 바그다드(이라크)·팔미라(시리아 중부)·베이루트(레바논)에 도착한다(베이루트에서 해로로 꼰스딴띠노쁠이나 로마에 이르기도 한다). 계속해서 지중해 남안을 따라 최종적으로 알렉산드리아(이집트)에 닿는다. 한편, 오아시스로의 북도는 역시 낙양이나 장안에서 시발해 안서에서 남도와 갈라진 후 이오·고창·언기·구자를 지나 소륵에서 파미르 고원을 넘는다. 이어 타슈켄트(Tashkent), 사마르칸트(Samarkand), 부하라(Bukhara), 메르브(Merv), 니샤푸르(Nīshāpūr), 라가에(테헤란), 예레반(Yerevan), 꼰스딴띠노쁠(현 이스딴불)을 지나 끝으로 로마에 이른다.

이상은 주로 한적의 기록에 의해 당대까지의 오아시스로 전개과정을 고구(考究)한 것이다. 보다시피 오아시스로의 동쪽 끝은 중국의 장안(혹은 낙양)으로 설정되었으며, 이것이 지금까지의 통념이었다. 그러나 실제로 이 길은 더 동진하여 중국 경내를 벗어나 한반도에까지 뻗었다. 일찍이 삼국시대(BC 1세기~AD 7세기)에 벌써 서역 문물이 한반도에 간헐적으로 유입되기 시작하였으며, 통일신라시대(7~10세기)에는 중국을 사이에 두고 한반도와 서역 간에 교역과 내왕이 끊임없이 이어졌다. 한반도와 서역의 관계는 초원로나 해로를 통해 진행되기도 하였지만, 많은 경우 오아시스로를 통해 이루어진 것이다. 따라서 오아시스로의 동단(東端)을 한반도까지 연장하는 것은 결코 무리가 아니라 마땅한 사실(史實) 복원인 것이다.

한반도의 통일신라시대(중국의 당대)를 기준으로 하여 동단인 금성(金城, 신라의 수도, 현 경주)으로부터 서단인 로마까지의 오아시스로를 연결해보면, 금성에서 시발해 한주(漢州, 현 서울)·평양(平壤)·동황성(東黃城, 현 강계)을 지나 압록강을 건넌 후, 통구(通溝)에서 남·북 2도로 각각 광주(廣州, 현 遼中)와 심주(瀋州, 현 瀋陽)를 거쳐 양어무(梁魚務)(남도)와 통정진(通定鎭)(북도)에서 요하(遼河)를 건넌 후 영주(營州, 현 朝陽)에서 합류하여 임유관(臨逾關, 현 山海關)을 뚫고 평주(平州)를 지나 유주(幽州, 현 북경)에 이른다. 유주에서 계소하여 서·중·동도의 3도로 각각 하북성(河北省)과 하남성(河南省)을 누비고 낙양을 거쳐 장안에 도착하면 로마까지의 남·북 2도와 연결된다.

지구의 허리를 가로지르는 이 오아시스로의 길이는 금성에서 장안까지 약 6,840리이고, 장안에서 로마까지는 약 3만 리(12,000km, 직선거리는 9,000km)이므로 금성에서 로마까지의 총 길이는 약 36,840리(약 14,750km)로 추산된다. 하루에 100리를 걷는다면 꼭 1년이 걸려야 전체 노정을 답파할 수 있다.

오아시스로가 중국 당대에 대체로 고정된 이후에는 이 길을 따라 중세의 여러 역사적 사변이 전개되었다. 13세기 중앙아시아와 서아시아에 대한 몽골의 서정(西征)과 서정 후 일 칸국을 비롯한 서역의 속령에 대한 몽골의 경영은 오아시스로의 서단을 통해서만 가능하였다. 자칭 몽골제국을 계승했다는 티무르제국은 14세기 말과 15세기 초에 바로 이 길의 서단을 종횡무진으로 오가면서 역사상 전무후무한 '중앙아시아 대제국'을 건설하였다. 오아시스로 북도의 서단에 위치한 수도 사마르칸트는 그 당시 오아시스로상의 가장 번화한 국제도시로서 동서교류에 빛나는 기여를 하였다.

이상과 같은 오아시스로 전구간의 전개과정을 통관하면, 기원전 6세기부터 기원후 6세기까지의 약 1,000년 동안은 개척기로서 초기에는 '지구의 장벽'인 파미르 고원을 사이에 두고 서단과 동단에서 제각기 길이 개척·정비되다가, 기원전 2세기 장건의 서역착공(西域鑿空)을 계기로 동서 양단이 비로소 연결·소통하게 되었다. 기원후 6세기까지는 주변 정세의 변화에 따라 노선이 가변적이었다. 그러나 7세기(중국의 수·당대)에 들어서면서 대체로 노선이 남·북 2도로 고착되고, 그 길을 따라 동서교류가 활발히 진행되었으며, 당제국이나 이슬람제국, 몽골제국, 티무르제국 등 강대국들의 세계사적 활동이 펼쳐졌다. 따라서 기원후 7세기부터 15~16세기까지는 오아시스로의 번영기라고 말할 수 있다. 17세기 이후 해로를 통한 서세동점이 강화되면서 오아시스로는 점차 쇠퇴기에 접어들었다.

제4절 해 로

해로의 개념 해로란 고대부터 근대에 이르기까지 광활한 해상에서 동서교류와 교역이 진행된, 지중해에서 홍해와 아라비아해를 지나 인도양과 태평양 및 대서양에 이르는 환지구적 바닷길을 지칭한다. 해로도 초원로나 오아시스로와 마찬가지로 문명교류의 통로인만큼 이질문명간의 바닷길인 것이다.

해로는 실크로드의 개념 확대(제3단계)에 따라 제2차 세계대전 이후에 그 일부인 이른바 남해로가 실크로드 3대 간선의 하나로 인정되었으며, 그 서단(西端)은 로마, 동단(東端)은 중국의 동남해안으로 설정되었다. 포괄 해역은 지중해, 홍해, 아라비아해, 인도양, 중국 남해(서태평양)로서 동서 항해로의 전체 길이는 약 15,000km(약 37,500리)로 추산되었다. 아울러 위치상으로 초원로나 오아시스로의 남쪽에 있는 바닷길이라는 데서 이 길은 남해로(Southern Sea Road)라고 명명되었던 것이다.

　이른바 남해로는 유라시아와 아프리카, 즉 구대륙의 동서를 관통하는 한정적인 바닷길로서, 이 길을 통한 문명교류는 구대륙에 국한되지 않을 수 없었다. 그러나 전술한 바와 같이 역사적 사실은 늦어도 15세기부터는 남해로가 동서로 각각 태평양과 대서양으로 연장되어 신대륙, 즉 아메리카 대륙에까지 이어졌을 뿐만 아니라, 그 길을 통해 문물이 교류되었다는 것을 입증해주고 있다. 이제 바닷길은 구대륙의 울타리를 벗어나 신구 대륙의 해역을 두루 아우르는 명실상부한 환지구적 통로가 되었다. 따라서 그 이름도 의당 남해로가 아닌 범지구적 '해로(海路)'로 바뀌어야 할 것이다.

　해로는 일찍부터 비록 부분적이고 단절적이긴 하나 문명교류의 통로로서 시종 기능해왔다. 특히 중세에 이르러 조선술과 항해술의 발달에 힘입은 아랍-무슬림(Muslim, 이슬람교도)들과 중국인들의 진취적인 해상활동에 의하여 해로가 본격적으로 가동되기 시작한 후, 근대에는 해로를 통한 서세(西勢)의 급격한 동점(東漸)으로 그 역할이 전례없이 증대되었다. 초원로나 오아시스로가 사실상 쇠퇴기를 맞은 근대에도 유독 해로만은 줄곧 상승일로를 걸어왔으며, 오늘에 이르기까지 계속 번영기를 이어가고 있다.

　중세에는 이 해로를 통해 동방에서 성산(盛産)되는 비단과 도자기, 향료, 차 등이 서방으로 대량 반출되었다. 그리하여 이 바닷길을 '도자기로(陶磁器路)'나 '향료로(香料路)'라고 부르기도 한다.

　해로의 전개 항해는 아득히 먼 옛날 선사시대 원시인들의 활동에서 그 흔적을 찾아볼 수 있으며, 아울러 고대문명에서 그 여명기가 시작되었다. 동방의 경우 지금부터 6,7천년 전에 중국의 요동반도(遼東半島)와 산동반도(山東半島)가 근해의 도서들과 해상관계를 맺고 있었다는 것이 고고학적으로 증명되었고, 약 4천년 전 상(商)대에는 영토가 해외로 확장되었으며, 주(周)대의 성왕(成王) 때는 해동(海東)의 일본이나 남방의 베트남과 해상왕래가 있었다.

　서방의 경우, 이집트 고왕국시대에 이미 나일강과 홍해 사이에 운하가 개통되어 기원전 1000년경에는 지중해와 홍해, 아라비아해 사이에 해상교역이 발생하였다. 여명기에 있었던 이같은 항해의 실태에 관해서 명확하게 헤아리기 어렵지만, 대체로 원시적인 항해수단에 의존했고 아직 이질문명간의 통로 역할은 하지 못했음이 분명하다.

　문명교류의 통로로서의 해로가 언제 개통되었는가 하는 시원 문제에 관해서는 아직 정설이 없다. 지금까지의 연구결과에 의하면 기원전 8세기 말경부터 인도 서남부의 소비라(Sovira)와 수파라카(Supparaka)·바루카차(Bharukacha) 등의 항구와 바빌론 간에 해상교역이 진행되고 있었으며, 그 주역은 남인도의 드라비다인들(Dravidians)이었다. 그 교역로를 추적해보면 인도 서남부로부터 아라비아해를 횡단한 후 페르시아만을 타고 북상하여 바빌론까지 이어지는 바닷길이 된다. 이것은 어디까지나 해로의 시원에 관한 후세 사가들의 연구에 따른 추단에 불과하다.

해로의 시원에 관한 최초의 확실한 기록은 헤로도투스가 남긴 『역사』에서 찾아볼 수 있다. 이 기록에 의하면 기원전 510년경 페르시아 아케메네스조의 다리우스 1세로부터 인더스강 하구에서 홍해에 이르는 바닷길을 탐험하라는 명을 받은 카리안다(Caryanda) 출신의 부장 스킬락스(Scylax)가 바다로 서진해 29개월 만에 아루시노예(현 수에즈 부근)에 도착함으로써 탐험을 성공적으로 마쳤다.

탐험 결과에 따라 다리우스 왕은 고대 이집트 제26왕조의 네고 왕이 굴설한 후 버려진 나일강과 홍해 간의 운하를 개축하게 되었다. 이러한 사실은 거의 동시대에 활동한 역사가이며 여행가인 헤로도투스가 기술하였다는 데서 그 신빙성이 인정된다. 그후 기원전 325년 9월에 알렉산드로스 대왕의 부장 네아르코스(Nearcos)가 인더스강 하구에서부터 페르시아만의 유프라테스강 하구까지 항해한 사실도 전해지고 있다.

한편, 동방에서도 일찍부터 해로를 이용한 흔적과 기록을 찾아볼 수 있다. 인도의 경우, 기원전 3000년경의 모헨조다로(Mohenjo-daro) 유적을 비롯해 아잔타(Ajanta) 석굴(BC 2세기~AD 7세기) 등에 고대의 선박에 관한 유적이나 벽화가 남아 있다. 특히 여러 고적(古籍)에는 고대 인도인들의 항해에 관한 생생한 기록이 소개되어 있다. 아리아족 고전인 『리그베다』(*Rigveda*, BC 1500~1000)의 송시(頌詩)에는 해상원정과 상인들의 해상활동에 관한 묘사가 있으며, 불전(佛典) 특히 남전(南傳) 불전에도 항해에 관한 여러가지 기사가 기재되어 있다. 『대사(大史)』는 기원전 6세기에 비자야(Vijaya) 왕자가 먼 바다를 건너 씰란(현 스리랑카)에 상륙했다는 전설(아잔타 석굴 벽화에도 있음)을 전하고 있으며, 경장(經藏) 『잡부』(雜部, *Samyuitha Nikaga*)에는 어떤 사람이 6개월간이나 장기 항해한 사실이 기재되어 있다. 또한 『본생담』(本生譚, *Jataka*)은 약 20가지에 달하는 항해관련 기사를 소개하고 있는데, 그중에는 인도 서해안의 항구와 금주(金洲) 등 동남아시아 도서들이 거론되고 있다. 그중 「바베라 본생(本生)」편은 인도 상인들이 공작새를 배에 실어 바베라국까지 운반하는 내용의 기사를 전하고 있다. 고증에 의하면 '바베라'는 고대 메소포타미아의 바빌론이다. 이것은 기원전 4세기경에 인도와 바빌론을 비롯한 서아시아 사이에 해로를 통한 내왕이 있었음을 시사해준다.

인도와 서아시아 간의 해상교통에 관한 기록은 서구 문헌에서도 찾아볼 수 있다. 『구약성서』 「열왕기(列王記)」(상9: 26~28)에 의하면 솔로몬 왕(BC 10세기)이 홍해 연안의 에지온게베르(Ezion-geber)에서 선박을 건조하자 히람(Hiram) 왕이 해사(海事)에 익숙한 자기의 종들과 솔로몬의 종들을 오피르(Ophir)에 파견하여 그곳으로부터 황금 420탤런트(talent, 약 16톤)를 가져왔는데, 항해에는 3년이나 걸렸다고 한다. '오피르'는 산스크리트어로 'Sauvira' 혹은 'Suppara'로서 남인도를 지칭한다. 이 기사는 기원전 10세기경에 벌써 남인도와 홍해 사이에 해로가 개통되어 있었음을 말해준다.

남인도 원주민 드라비다인들의 해상활동은 서아시아뿐만 아니라 동남아시아와도 관계하며 전개되었다. 남인도 동부 해안에 건국된 촐라(Chola)국은 기원전 2세기경에 말레이 반도와 수마트라 등 동남아시아 지역과 해상교역을 진행하였다. 이 지역에서 출토된 타밀(Tamil)어 비문들이 이를 입증해주고 있다. 기원전 3세기에 전성기를 맞은 인도 동해안의 칼링가(Kalinga)국도 미얀마나 말레이 반도와 해상교역을 하면서 이 지역에 이민까지 하여, 지금까지도 싱가포르에는 그 후예인 클링(Kling)족이 남아 있다.

인도와 더불어 중국도 일찍부터 해로를 이용하였는데, 그 시항(始航) 시기는 진(秦)대로 거슬러 올라간다. 기원전 221년 중국 천하를 통일한 진시황(秦始皇)은 판도를 남해(지중해)까지 확장하여 번우(番禺, 현 廣州)를 통해 남해 무역을 진행하였다. 당시 대외무역 도시인 번우에서는 주기(珠玑)·서(犀)·대모(玳瑁)·과(果)·포(布) 등 남방 열대지방 산물이 교역되고 있었다. 이것은 진대에 이미 광주를 통한 해상무역과 더불어 해로가 이용되고 있었음을 시사해준다.

남방해로의 노정을 구체적으로 밝힌 최초의 기록은 『한서(漢書)』 「지리지(地理志)」의 다음과 같은 글이다. '일남(日南, 현 베트남 南治省)의 요새인 서문(徐聞, 현 광동 雷州半島 남단의 徐聞縣)과 합포(合浦, 현 廣西 北部灣 부근의 合浦縣)로부터 항행(航行) 5개월 만에 도원국(都元國, 현 수마트라 서북 해안의 古吉達)에 이르고, 다시 4개월간 항행하면 읍로몰국(邑盧沒國, 현 미얀마 동남부의 다둥)이 있으며, 또 20여 일간 항행하면 심란국(諶離國, 현 미얀마 파캉 부근의 시라)이 나타나는데, 거기에서 10여 일간 보행하면 부감도로국(夫甘都盧國, 현 미얀마 이라와디강 좌안의 Papam, 蒲甘古城)에 도착한다. 부감도로국에서 2개월여간 항행하면 황지국(黃支國, 현 남인도 동해안의 칸치푸람)에 이르는데, 이곳 민속은 주애(珠崖, 현 海南島)와 비슷하다. 이 주(州)는 땅이 넓고 인구가 많으며 이물(異物) 또한 흔한데, 무제(武帝) 이래 줄곧 내공(來貢)하였다. 한의 역장(譯長, 번역관)은 황문(黃門, 황제의 近侍)에 속하는데, 응모자들과 함께 항해하면서 명주(明珠)·벽(璧)·유리(琉璃)·기석이물(奇石異物)을 구입하고 황금·잡회(雜繪, 각종 비단)를 가지고 간다. 이르는 나라마다 음식으로 손님을 대접하며 만이(蠻夷)의 상인들이 전송(轉送)해준다. 그리고 교역의 이득을 위해서는 표독하게 살인을 하기도 한다. 폭풍우를 만나 익사하기가 일쑤이며, 몇년이 걸려도 돌아오지 못할 수도 있다. 대주(大珠)의 둘레가 2촌(寸)이나 된다. 평제(平帝) 원시중(元始中, 1~5)에 왕망(王莽)이 정사를 보좌할 때 위덕(威德)을 과시할 욕망으로 황지국 왕에게 후대를 베풀어 그의 사절로 하여금 생서우(生犀牛)를 바치도록 하였다. 황지에서부터 8개월간 항행하여 피종(皮宗, Pulaw Pisan, 말레이 반도 서남 해안)에 이르고, 다시 거기서 2개월간 항행하여 일남과 상림(象林)의 경계에 도착한다. 황지의 남쪽에 기정불국(己程不國, 현 스리랑카)이 있는데, 한의 역리(譯使)가 그곳에서 귀환했다.'

위의 기술을 통하여 기원전 시대에 전개된 중국과 인도 간의 교역상과 항해로를 윤곽으로나마 짐작할 수 있다. 즉 인도 동남부의 황지국이 한(漢) 무제 때(BC 140~87) 한조와 해상교역을 진행하였으며, 한 평제(平帝) 때(AD 2년)에는 공물을 바치기까지 하였다. 교역품으로는 중국인들이 명주(明

珠)와 벽, 유리, 기석(奇石) 등을 구입하고 황금과 잡회를 출매하였다. 출매된 중국 상품은 외국 상선에 실려 다른 곳으로 전송이 되었다고 하는데, 이는 황지에서의 중계교역을 의미한다. 당시는 아직 조선술과 항해술이 발달하지 못한 탓에 심해(深海) 항행은 불가능하여 주로 해안선을 따라 근해(近海) 항행만을 함으로써 많은 시간이 소요되었다. 그 결과 송(宋)대에는 70일밖에 안 걸린 일남과 인도 동남해안 간의 항로를 약 5배인 무려 11여 개월이나 걸려서 돌파하였다.

앞 글에 제시된 기원전 시대의 중국—인도 해로를 오늘의 지리적 위치로 비정해보면, 광주(廣州)에서 출항해 베트남과 말레이 반도 동안으로 남하한 다음 수마트라에서 서쪽으로 방향을 틀어 말라카 해협을 지나 서북행으로 미얀마 남안에 이르고, 거기에서 계속 서남행으로 인도 동해안을 따라 인도 동남단의 칸치푸람에 도착하는 바닷길이다. 말레이 반도 남단에 있는 코린지(Korintji)에서 '초원(初元) 4년'(漢元帝, BC 45)이라는 글씨가 새겨진 명기가 출토된 바 있다. 이것은 기원전 1세기에 벌써 중국 상선이 말레이 반도 남단까지 내왕하였거나, 이곳을 경유하였다는 사실을 시사해준다.

당시 중국(전한) 상인들은 인도에 도착한 후 인도인들에게 서방의 대진(大秦, 로마)으로 가는 해로가 있다는 것을 전해듣고, 인도 상인들을 따라서 로마까지 갔다는 기록도 남아 있다. 로마시대의 역사가 플로루스(P. A. Florus)는 기원후 1세기 말에 찬술한 『사강(史綱)』에서 기원전 30년경에 세레스(Seres), 즉 중국인이 인도 사신과 함께 로마 궁전을 방문해 코끼리와 보석, 진주 등을 바쳤다고 쓰고 있다. 이들은 로마로 오는 데 4년이란 긴 시간을 보냈으며, 피부색으로 보아 분명히 '별천지'에서 온 사람들이라고 플로루스는 덧붙이고 있다.

기원전 동서양에서 전개된 이상의 해로를 종합해 연결해보면 바빌론→유프라테스강 하구→페르시아만(혹은 이집트→아라비아해)→인더스강 하구→인도 서남해안의 소비라(혹은 수파라카나 바루카차)→인도 동남해안의 황지국→미얀마 서남해안→말라카 해협→수마트라 서북해안→말레이 반도 동안→일남→광주의 항정으로 엮을 수 있다. 이것은 기원전에 이미 구대륙의 동서를 잇는 해로가 개척·이용되었음을 말해준다.

기원후 해로를 통한 동서교류는 더욱 활발해졌다. 동방에서 후한(後漢)은 해로를 통한 동남아시아 및 서아시아와의 교류에 관심을 나타냈다. 특히 서방에서는 전성기에 접어든 로마제국이 해로를 통한 동방과의 교역에 적극 나섬으로써 동방 원거리 교역항로가 뚫리기 시작하였다. 기원전 1세기 중엽에 로마의 항해사 히팔루스(Hipalus)는 아랍인들로부터 인도양 계절풍의 비밀을 알아낸 후 아테네에서 홍해를 지나 인도양으로 향하는 직항로를 처음으로 개척하였다. 그가 이용한 계절풍이 인도양 항행에서 주로 이용되었기 때문에 후일 유럽에서는 오랫동안 인도양 계절풍을 그의 이름을 따서 '히팔루스풍'이라고 불렀다. 히팔루스에 이어 기원 초기에 로마의 상인 플로카무스(Annius Plocamus)가 경영하는 홍해 영토의 징세(徵稅)감독관 푸블리우스(Publius)가 홍해를 항행하던 중

폭풍을 만나 15일간 표류한 끝에 씰란에 표착하였다. 거기에서 반년간 체류하다가 씰란의 로마 파견 사절인 라키아스(Rachias)와 함께 기원후 6년 7월 5일에 귀국하였다. 그가 왕래한 길은 홍해와 아라비아해 및 인도양을 항행하는 해로였을 것이다.

히팔루스와 푸블리우스의 인도양 항행을 계기로 로마인들은 동방으로 향하는 해로를 발견하게 되었고, 이에 따라 동방과의 교역을 적극 추진하였다. 로마시대의 지리학자 스트라본(Strabon, BC 68~AD 21)의 『지리서』(Geography)에 의하면 당시 인도로 향하는 로마의 선박은 매년 120여 척이나 되었다. 선박은 이딸리아에서 출항한 후 인도양 계절풍을 이용해 3개월쯤 걸려서 10월에 인도에 도착한다. 거기에 몇달 동안 체류하면서 중국 등 동방 각지의 특산물을 구입해가지고는 이듬해 4월에 역시 계절풍을 따라 귀향한다. 이리하여 동방을 상대로 한 로마의 원거리무역에서는 획기적인 전기가 마련되었다. 이를 계기로 오아시스로를 거쳐 중국에서 인도로 반출된 견직물이 인도 서해안에서 해로로 로마에 직수송되기 시작하였다. 일찍이 해상무역에 종사하여 씰란까지 항행한 바 있는 이집트(알렉산드리아) 상인 그레코(Grecó)가 70년경에 저술한 것이라고 전해오는 『에리트라해 안내기』(The Periplus of the Erythraeam Sea)에는 당시 홍해와 페르시아만, 인도양을 중심으로 진행되고 있던 해상무역의 항로와 항구, 운송과 화물 등에 관한 상세하고도 정확한 기록이 남아 있다. 이 안내기에는 씰란 섬(다프로파네, 현 스리랑카)에서부터 미얀마의 페구(Pegu, 황금국)와 말레이 반도를 지나 데이나(秦尼, 중국)까지 이어지는 항로와 이 항로를 통해 진행되는 교역에 관한 기술이 있다. 이 기술에 의하면 인도 항구에서 선적되는 중국 화물에는 비단뿐만 아니라, 피혁·후추·계피·향로·금속·염료·의약품 등 다양한 품목이 포함되어 있다. 로마인들이 동방에 직접 진출하여 그 실존을 확인하기 전까지는 계수(桂樹)가 아라비아 반도에서만 자라는 것으로 알고 있었다. 계피는 로마에서 각종 화장품과 약품, 향료품 등을 제조하는 데 불가결한 재료이므로 수요가 많았으며, 가격도 상당히 높았다. 1로마 파운드의 양질의 계피 가격은 1,500 고(古)로마 은화였다. 그리하여 중국산 계피는 로마와의 교역에서 주종품의 하나로 부상하였다.

위에서 본 바와 같이 기원을 전후한 시기 중국과 로마 간의 해상교역은 주로 인도를 매개로 한 해로상에서 이루어졌다. 그러나 동방 원거리무역에 대한 로마의 의욕이 날로 높아짐에 따라 양대 제국 간의 해상접촉지(매개지)는 점차 동쪽으로 옮겨지게 되었다. 이러한 추세에서 양국간의 첫 공식 접촉은 기원후 2세기 중엽에 일남(日南, 현 베트남 南治省)을 통해 성사되었다. 이에 관한 『후한서(後漢書)』「서역전(西域傳)」의 기록을 보면 서기 166년(桓帝 延熹 9년)에 대진(大秦) 황제 안돈(安敦, M. A. Antoninus, 재위 161~80)의 사절이 일남 요외(徼外)로부터 와서 상아·서각(犀角)·대모(玳瑁)를 한제(漢帝)에게 헌상하였다. 오늘의 베트남 남부 라츠지아(Rach Gia, 迪石)의 북면 옥에오(Oc-éo)의 구항구 유적지에서 다량의 로마 제품(염주만도 수천 매)과 함께 로마 황제 마르쿠스 아우렐리우스 안토니누스(Marcus Aurelius Antoninus)와 안토니누스 피우스(Antoninus Pius)의 이름과 서기 152년에 해당하는 로마 기년(紀年)이 새겨진 금박휘장이 각각 1매씩 출토되었다. 같은 곳에서 후한시대 중국의 구리거울인 기봉경(虁鳳鏡) 파편도 나왔다. 이러한 사실들은 당시 일남이 동서 교류나 교역의 중계지였음을 입증해준다.

3세기에 접어들면서 유라시아 대륙의 정세에는 큰 변화가 일어났다. 중국에서는 위진남북조(魏晉南北朝, 220~589)의 분열시대가 도래하였고, 인도는 쿠샨(Kushan, 40~240?)조가 망하고 굽타(Gupta, 320~647)조에 의한 통일시대를 맞이하였으며, 서아시아에서는 사산(Sasan, 226~642)조가 파르티아(Parthia, 安息)조를 대체하였다. 유럽에서는 게르만족의 대이동과 더불어 통일로마가 동서로 양분되는 사태가 빚어졌다. 이러한 정세의 대변동과 그에 따르는 불안 속에서 전반적인 동서교통은 부진상태에 빠졌다. 그렇지만 상대적으로 안정과 상승 시대를 맞은 페르시아와 인도를 비롯한 해로 접안국(接岸國)들의 활동은 별로 위축되지 않았다. 그리하여 해로의 이용도는 상대적으로 크게 떨어지지 않았다.

중국의 남북조 시대에 남조는 북조에 의해 서역과의 오아시스로 교역이 차단당하자 동남아시아 나라들과의 해상무역으로 관심을 돌렸다. 특히 삼국시대에 강동(江東)에 위치하여 그 영토를 교지(交趾)까지 확보한 오(吳)나라는 5,000여 척의 방대한 선박을 보유하고 조선술이나 항해술에서 단연 당대의 으뜸을 자랑하였다. 특히 손권(孫權) 시대는 해상활동의 극성기로서 교주척사(交州刺史) 여대(呂岱)가 파견한 선화종사(宣化從事) 주응(朱應)과 중랑(中郞) 강태(康泰)가 부남(扶南, 현 캄보디아)과 임읍(林邑, 현 베트남 중부), 당명(堂明, 일명 洛坤)을 비롯한 동남아시아 나라에 10여년간 체류하면서 백수십개국의 정보를 수집하였다. 귀국 후 주응은 『부남이물지(扶南異物志)』를, 강태는 『오시외국전(吳時外國傳)』과 『부남토속전(扶南土俗傳)』을 각각 저술하였다. 그들은 저서에서 아라비아 반도 남부의 가나조주(迦那調州, Bandar Hism Ghorah)에서 로마까지 이르는 항로를 구체적으로 밝혔다. 그에 따르면 가나조주에서 페르시아만에 들어가 약 700~800리 북상하면 지호리강(枝扈利江, 즉 티그리스강) 하구에 이르는데, 여기서 도강한 후 서쪽으로 가면 대진에 도착하며, 항행 소요시간은 1개월 남짓하다. 이 노정이나 소요시간은 대체로 정확하다.

4~5세기에는 해로의 서단(西段)에서 주역을 맡고 있던 로마제국이 동서로 분열됨으로써 서방에서의 해상교역은 잠시 소강상태에 들어갔다. 반면 동방에서 인도나 중국의 해상활동은 더욱 활기를 띠어갔다. 동진(東晉)의 남천(南遷)으로 인해 중국의 남해 진출은 가일층 강화되어 양(梁)조 한 나라만도 큰 배[大船]를 2만 척이나 보유하고 있었다. 5세기 말엽에 이르면 중국 상선이 동남아시아는 물론, 인도와 씰란을 거쳐 멀리 페르시아와 이라크의 유프라테스강 하구에서까지 출몰하였다.

중세 아랍사학의 태두인 알 마쓰오디(al-Mas'oudī, ?~965)는 저서 『황금초원과 보석광(寶石鑛)』

(*Murūju'd Dhahb wa Maʿādinu'l Jauhar*)에서 6세기경 중국 상선들이 수시로 페르시아만을 지나 유프라테스강 하구까지 와서 히라(Hira, 현 쿠파 시 부근)에 정박하곤 했을 뿐 아니라, 오만(Oman), 씨라프(Sirāf), 바레인(Bahrain), 오볼라(Obollah, al-Ubullah, 유프라테스강 하구, 烏剌國), 바스라(al-Basrah) 등 여러 항구에도 자주 드나들었으며, 그곳 선박들도 중국으로 항해하였다고 기술하고 있다.

중국을 비롯한 동방 각국의 도축구법승(渡竺求法僧)들이 남긴 전기나 여행기에서도 당시 해로의 상황을 읽을 수 있다. 그 대표적 일례가 동진(東晉)의 고승 법현(法顯, 338~423)의 『불국기(佛國記)』(일명 『法顯傳』)이다. 이 책에 의하면 법현은 천축(天竺, 즉 인도)에서 11년간 구도하다가 409년 초겨울 벵골만의 갠지스강 하구에 있는 다마리제국(多摩梨帝國, 현 후글리강 연안의 Jamluk)에서 신풍(信風, 계절풍)을 이용해 14일 만에 사자국(師子國, 현 스리랑카)에 이르러 2년간 체류한 다음, 200여 명이 승선한 중국 대상선을 타고 3개월여간의 난항 끝에 야파제국(耶婆提國, 현 수마트라)에 도착하였다. 거기에서 5개월간 머물다가 412년 4월에 역시 200여 명이 승선한 인도 대상선을 타고 북상해 3개월 만에 산동성 장광군계(長廣郡界)에 있는 뇌산(牢山)에 표착하였다. 그가 배를 타고 귀로에서 보낸 시간은 2년 8개월이나 되었다.

법현의 귀로 항정에서 주목되는 것은 사자국이 해로상의 요로(要路)라는 점이다. 그가 갠지스강 하구에서 곧바로 동진하여 귀국하지 않고 남행하여 사자국에 간 것은 돌아갈 배를 구하기 위함이었다. 그는 희망대로 그곳에서 귀항하는 중국 상선을 탔다. 6세기 그리스의 기독교 수도사 코스마스(Cosmas)도 청년시절 페르시아와 인도, 스리랑카 등지를 두루 편력하면서 해상교역에 종사하던 일을 돌아본 『기독교 풍토기』(*The Christian Topography*)에서 인도와 페르시아, 에티오피아 등 여러 나라의 많은 선박들이 씰란에서 출항하여 멀리 중국까지 내왕한다고 기술하였다. 법현과 코스마스의 기술은 공히 6세기경까지 스리랑카가 인도양에서 동서 항행의 길목에 있으면서 중간기착지로서의 중요한 역할을 하고 있었음을 말해준다.

이와같이 시간의 흐름에 따라 해로는 더욱 활발하게 이용되고 그 노정도 점차 확대되어갔다. 그리하여 『양서(梁書)』「제이전(諸夷傳)」의 기록에서 보다시피, 이 시대에 와서 해로의 동쪽 끝은 후한시의 일남으로부터 베트남 북부와 중국 양광(兩廣) 일대를 포괄한 이른바 '교지7군(交趾七郡)'으로 북상하였다. 「제이전」에 의하면 여기서부터 수로를 통해 '이물'(異物, 즉 로마 제품)이 익주(益州, 현 중국 雲南 保山 동북)와 영창(永昌, 현 四川 成都 부근)에까지 운반되었다고 한다. 이는 당시 교지 일대가 동서교역의 집산지였으며, 이곳이 해로의 동단(東端)이었다는 사실을 시사해주고 있다. 해로의 동단이나 교역의 종착점이라는 것은 동서문명의 접점(接點)이라는 의미이지, 결코 해로나 교역이 거기까지에서 완전히 단절되었다는 뜻은 아니다. 왜냐하면 이 동단이나 종착점에서 타지와의 연계나 교역이 연쇄적으로 진행되고 있었기 때문이다.

해로의 부단한 확장은 조선술의 발달이나 항해술의 진보와 떼어놓고 생각할 수 없다. 당시 조선
술의 발달에서 특이한 점은 선박의 대형화이다. 장거리 항해에 임한 중국이나 인도의 선박은 거개가
'대선(大船)'이었으며, 승선인원도 수백명에 달하였다. 조선술의 발달과 더불어 항해술의 개선도 뚜
렷하였다. 그 대표적인 것이 중국 선박에서 돛이 개선되고 천문도항법(天文導航法)이 도입된 사실
이다. 삼국시대 오나라의 단양태수(丹陽太守) 만진(萬震)이 저술한 『남주이물지(南州異物志)』에
의하면, 종전에는 순풍에만 제한적으로 이용되던 돛을 선박의 앞뒤에 각각 2개씩 증설함으로써 편
풍(偏風)에도 항진할 수 있도록 하였다. 이리하여 항행의 안전성은 물론, 정확성이나 시간 등을 전
례없이 확보할 수 있었다. 이와 함께 육지의 지형지물을 기준과 표적으로 삼아 어림짐작으로 항행하
던 종전의 원시적 지문도항법(地文導航法)에서 벗어나 해와 달, 별 등 천문 대상을 기준과 표적으
로 정하여 항행하는 천문도항법을 새로이 도입함으로써 근해(近海) 항행이 가능하였다.

이상에서 고찰한 기원후 1세기부터 6세기까지의 해로 항정을 정리해보면 기원전의 항정에 비해
구간간 연계가 유기적으로 보장되었고, 중계지(페르시아만 내의 항구와 스리랑카 등)와 종착지(동단의 일
남과 교지)가 명확해지고 그 역할이 증대되었으며, 이에 따라 동서 양단을 연결하는 장거리 항행과 원
거리무역이 드디어 출현하였다. 그러나 비록 돛의 개선과 천문도항법의 도입 등 조선술과 항해술이
진일보하였지만, 아직은 여전히 항행이 불안전성을 면치 못하고 장시간을 요하였으며, 연안 및 근해
항행 위주였다. 당시의 항해로를 연결해보면 로마→이라크(유프라테스강 하구)→페르시아만(혹은 로
마→홍해→아라비아해)→인도 서해안→썰란→인도 동해안→미얀마 서해안→말라카 해협→수
마트라→부남→일남→교지로 이어진다.

7세기에 들어서면서 유라시아에는 새로운 정세변화가 일어났다. 동방에는 수·당제국이, 서아시아
에는 아랍-이슬람제국이 흥기하여 파미르 고원을 사이에 두고 세계적인 양대 강국이 대치하는 국
면이 나타났으며, 유럽에는 최초의 기독교적 게르만 통일국가인 프랑크(Frank) 왕국(5세기 말~8세기
말)이 출현했고, 북인도에서는 바르다나(Vardhana)조 통일국가가 건립되었다. 이러한 여러 세력 가
운데서 가장 활동적인 세력은 지정학적으로 이 세력들의 완충지대에 자리잡은 신흥 아랍-이슬람 세
력이었다. 상술에 능한 아랍-무슬림들은 오아시스로에서뿐만 아니라, 해로에서도 종횡무진으로 전
역을 누비면서 해상무역을 주도하였다. 그들은 지중해를 통해 남유럽 국가들과 통교함은 물론, 아라
비아해나 페르시아만으로부터 인도와 동남아시아 여러 국가를 거쳐 중국 동남부 연해로까지 활동
무대를 넓혔다. 그리하여 그들은 명실공히 동서교류에서 가교 역할을 수행하였으며, 중세 해로의 전
개에 커다란 기여를 하였다. 이에 반해 중세 암흑기에 들어선 유럽은 사실상 해상무대에서 소외될
수밖에 없었다.

한편, 중국도 발달된 조선술과 축적된 항해경험에 바탕하여 해로상의 접안국들에 대한 진출을 적

극 추진하였다. '감심원이 지구진이(甘心遠夷 志求珍異)', 즉 먼 외국에까지 가서 진기한 것을 구득하려는 탐욕적인 웅심을 품은 수(隋) 양제(煬帝)는 수차례에 걸쳐 동남아시아 여러 나라에 상선과 사신을 파견해 조공과 교역을 동시에 추구하였다. 그는 대업(大業) 3년(607)에 둔전주사(屯田主事) 상준(常駿)과 우부주사(虞部主事) 왕군정(王君政)을 적토국(赤土國, 케다, 舊吉達, 현 말레이 반도 서해안의 Merbok강 하류)에 사신으로 파견했다. 그들은 100여 일 만에 목적지에 도착하여 3년간 체류하다가 귀국한 후 『적토국기(赤土國記)』 2권을 저술하여 동남아시아 국가들의 풍물과 해로 상황 등을 소개하였다. 상준 일행은 남해군(南海郡, 현 廣州)에서 출항해 밤낮으로 이틀간 항행하여 초산석(焦山石, 현 베트남 占婆島)을 지나 그 동남쪽의 능가발발다주(陵伽鉢拔多州, 현 베트남 歸仁 이북의 燕子岬)에서 잠깐 머문 후 남행하여 사자석(師子石, 현 베트남 昆侖島 부근)에 이르렀다. 여기서 다시 서행하여 낭아수(狼牙須, 랑카수카, 현 타이 남부 北大年 일대)를 지나 적토국에 도착하였다.

수대에 이어 당대에 와서는 국력이 신장되고 개방적인 대외정책을 지향함으로써 서역과의 교류가 괄목할 정도로 활성화되고 그 통로도 정비·확대되었다. 교류대상은 주로 대식국(大食國, 아랍제국)이었다. 당 고종(高宗) 영휘(永徽) 2년(651)에 첫 공식사절을 맞은 때부터 정원(貞元) 14년(798)까지 147년 동안 모두 39차례(평균 3년 7개월에 한번씩)나 대식 사절이 당나라에 왔다. 파사(波斯, 페르시아)와의 관계도 밀접하여 정관(貞觀) 13년(639)부터 대력(大曆) 6년(771)까지 132년 동안에 모두 34차례(평균 3년 8개월에 한번씩)의 페르시아 사절을 받아들였다. 공식적인 사절 외에도 일반 상인이나 여행자들이 당에 오거나 정착하는 경우도 비일비재했다. 중국인들과 아랍-무슬림들 및 페르시아인들 간의 내왕은 주로 해로를 통해 이루어졌으며, 그들이 남긴 저서나 여행기들에서 당시의 해로 상황을 헤아릴 수 있다.

이와 함께 7세기 이후의 해로 사정을 구명하는 데서 도외시될 수 없는 것이 당시의 도축구법승들이 남긴 항해기이다. 당승(唐僧) 의정(義淨)의 기록에 의하면 도축구법승이 그까지 합하여 모두 56명인데, 그중 34명이 해로를 통해 인도로 갔다. 당시 도축승들의 출항지나 경유지는 일정하지 않고 다양하였다. 의정의 경우를 살펴보면, 그는 함형(咸亨) 2년(671)에 광주(廣州)에서 페르시아 배로 출항하여 20여 일간 남행하여 실리불서(室利佛逝, 수리비자야, 현 수마트라의 항구)에 도착, 거기서 약 반년간 체류하였다. 다음해에 현지 국왕의 배를 타고 15일간 서행하여 말라유국(末羅瑜國, 말레이 반도 남단)에 이른 후 거기서 약 2개월간 머물다가 15일간 북상하여 갈도국(羯荼國, 현 타이령 말레이 반도의 케다, 吉達)에 이르렀다. 같은 해 12월에는 거기서부터 안달만해(安達曼海, 안다만해)와 인도 맹가랍만(孟加拉灣, 벵골만)을 지나 마침내 동인도에 당도하였다.

당대에 해로의 항정을 가장 상세하고도 정확하게 밝힌 문헌은 『신당서(新唐書)』 「지리지(地理志)」에 수록된 가탐(賈耽, 730~805)의 이른바 동서방 통상해로라고 하는 「광주통해이도(廣州通海

夷道)」다. 가탐은 이 글에서 당시 광주로부터 페르시아만 서안의 오랄국(烏剌國, 오볼라)까지 이어지는 해로의 노정과 구간간의 항행일정 등을 소상히 기술하고 있다. 가탐이 제시한 노정은 크게 4구간으로 나누어볼 수 있다. 제1구간은 광주에서 수마트라까지로, 광주에서 200리 가서 둔문산(屯門山, 광동 해안과 琵琶州 사이, 현 구룡반도 서북해안 일대)→이틀 후 구주석(九州石, 현 海南島 동북부, 七洲列島)→이틀 후 상석(象石, 현 해남도 萬寧 동남 해상의 大洲島)→3일 후 점불로산(占不勞山, Culao Cham, 현 베트남의 占婆島, 참파)→환왕국(環王國, 林邑, 占婆)→200리에 이틀을 더하여 능산(陵山, 현 베트남 동남해안의 歸仁, 퀴논 이북의 랑손)→하루 후 문독국(門毒國, 현 베트남 歸仁의 바렐라 곶 일대)→하루 후 길달국(吉笪國, Kauthara, 현 베트남 芽庄, 즉 나트랑 일대)→반일(半日) 걸려 분타랑주(奔陀浪州, Panduranga, 현 베트남 藩朗, 즉 Phan Rang 일대)→이틀 후 군돌롱산(軍突弄山, Pulo Condore, 현 베트남 昆侖島)→5일 후 신가파해협(新加波海峽, 싱가포르 해협)→100일 후 불서국(佛逝國, 수마트라)의 순이다. 제2구간은 수마트라에서 사자국(師子國, 현 스리랑카)까지로, 수마트라→3일 후 갈승저국(葛僧祇國, 수마트라의 Brouwers 제도)→4∼5일 후 승등주(勝鄧州, 수마트라의 멜리와 Laugkat 일대)→5일 후 파로국(婆露國, 수마트라 서북부의 Breueh 섬)→6일 후 파국가람주(婆國伽藍洲, 니코바르 제도)→4일 후 사자국 순이다. 제3구간은 사자국에서 이라크의 말라국(末羅國, 바스라 혹은 그 서남부의 주바이르)까지로, 사자국→4일 걸려 몰래국(沒來國, Male, 인도 서남해안의 말라바르)→파라문(婆羅門, 인도 서해안의 馬哈施特拉邦)→이틀 후 발율국(拔颶國, 인도 서북해안의 바루치)→10일 걸려 제율국(提颶國, 인더스강 하구 서안의 Diul, 혹은 현 파키스탄의 다이블 일대)→20일 후 제라로화국(提羅盧和國, Dierrarah, 혹은 현 페르시아만 입구의 아바단 부근)→하루 후 오랄국→이틀 후 말라국의 순이다. 제4구간은 인도 서남해안의 몰래국에서 아프리카 동해안의 삼란국(三蘭國, 탄자니아의 Bandaru'd Salām)에 갔다가 페르시아만의 오랄국까지로, 몰래국→삼란국→20일 걸려 설국(設國, Shihr, 현 남부 예멘의 al-Schehr)→10일 후 살이구화갈국(薩伊瞿和竭國, 현 오만 동남단의 Shāriqah, 혹은 마스카트)→6∼7일 후 몰손국(沒巽國, Mezoen, 현 오만의 Schar)→10일 후 발리가마난국(拔離謌磨難國, 현 바레인의 마나마)→하루 걸려 오랄국 순이다. 이로써 전체 노정은 끝난다. 이 노정의 항행에 소요된 시간을 보면 광주에서 말라국까지는 약 100여 일(가탐이 언급하지 않은, 광주에서 둔문산과 몰래국에서 파라문까지 두 구간의 소요시간을 제외하면 85일)이며, 삼란국에서 오랄국까지는 48일이다. 이 노정에 포함된 경유지(국가나 지역)는 무려 33군데나 된다.

가탐이 기술한 이 해로의 항정을 살펴보면 다음과 같은 몇가지 특징을 발견할 수 있다. 첫째는 심해(深海) 항행을 했다는 점이다. 전대까지의 해로는 예외없이 해안선을 따르는 연해나 근해 항행이었으나 당대에 이르러서는 조선술과 항해술의 발달로 인해 수마트라 서북단에서부터는 미얀마나 인도의 해안을 따라가지 않고 심해나 원해(遠海)에서 곧바로 사자국에 직행하였다. 물론 전반적으

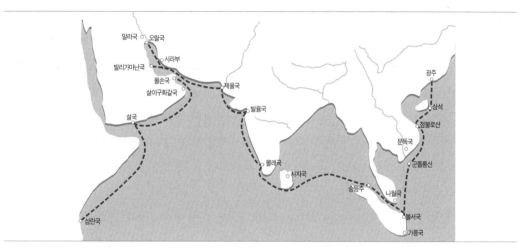

가탐의 「광주통해이도」

로 보아 아직은 접안(接岸) 항행의 양상을 크게 벗어나지 못하였지만 심해 항행이 시도되었으며, 그 결과 항정이 크게 단축되었다. 두번째 특징은, 해로의 주역이 신흥 아랍-무슬림들이라는 사실이다. '사막의 아들'로부터 일약 '바다의 아들'로 변신한 아랍-무슬림들은 멀리 극동에까지 대거 진출하여 동서교역의 주도권을 장악하고 해로를 제패하기 시작하였다. 가탐이 채록한 지명이나 국명의 태반 이 아랍어의 역명(譯名)이라는 사실은 이를 웅변적으로 증명해주고 있다. 세번째 특징은, 홍해를 통 한 항행이 제시되지 않았다는 점이다. 종전에는 홍해가 동서교역의 통로로서 자주 거론되었다. 그러 나 아라비아해와 인도양, 그리고 홍해와 지중해의 전역에 걸쳐 항해권과 상사권(商事權)이 아랍- 무슬림들에게 장악됨으로써 지중해 연안의 유럽인이나 이집트인들은 더이상 해상교역이나 인근 해 상에서의 항해에 자유로이 종사할 수 없게 되었으며, 그들에게는 간접교역이나 전송(轉送)만이 허 용되었다. 게다가 7~8세기에 이슬람제국이 이집트와 북아프리카에 대해 정복전을 벌임으로 인해 홍해 일대의 안전이 보장되지 못하였다. 그리하여 홍해를 통한 교역이나 항행은 일시 정체되고 말았 으며, 유럽과의 교역이나 내왕은 주로 당시 아랍-이슬람세계의 심장부인 이라크나 시리아를 통해 진행되었는데, 그 주통로는 페르시아만→이라크→시리아→아나톨리아(터키)→유럽으로 이어지는 길이었다.

가탐의 「광주통해이도」에 제시된 해로의 항정은 중세 대식인(아랍인)들의 여행기나 지리서에서 유 사한 기록을 찾아볼 수 있다. 우선 가탐의 항정은, 여행가이며 상인이었던 쑬라이만 앗 타지르 (Sulaimān ad-Tājir)가 자신의 견문을 수록한 여행기 『중국과 인도 소식』(*Akhbāru'd Ṣīn wa'l Hind*, 851)에서 언급한, 페르시아만으로부터 중국에 이르는 항행로와 기본적으로 일치한다. 이것은 이 항로가 중세에 보편적으로 통용된 동서간의 항행로였음을 말해준다. 쑬라이만의 말에 따르면, 우선 화물을 이라크의 바스라나 오만(Oman) 등지에서 페르시아만 동북안에 있는 씨라프에 운반하여 선적한다. 씨라프에서 출항하면 마준(Majun, 현 수하르)과 마스카트(Masqat, 오만 동북단)를 지나 약 1개월간 항행해 인도의 퀼론(Quilon)에 도착한다. 여기서부터 사란딥(Sarandib, 현 스리랑카)과 안다만(Andaman) 섬, 니코바르 제도, 람브리(Lambri, 수마트라의 서북단)를 지나 칼라(Kalah, 현 타이령 말레이반도 서해안의 케다)에 도착하는데, 이 구간의 항행 소요시간도 역시 약 1개월이다. 거기서부터 20일간 북상해 참파(Champa) 섬에 이르며, 다시 1개월간 북행하여 창해(漲海, Tchang-Khai)를 지나 광부(廣府, Khanfou, 현 광주)에 종착한다.

쑬라이만이 언급한 경유국이나 경유지역은 모두 13곳으로 가탐의 그것과 대체로 일치한다. 그러나 씨라프부터 광주까지의 항행 소요시간은 약 130일로 가탐의 약 100일보다는 훨씬 많다. 그 내역을 따져보면 페르시아만에서 수마트라까지는 둘 다 대략 2개월이 걸려 소요시간이 비슷하나, 수마트라부터 광주까지의 소요시간이 큰 차이를 보인다. 특히 참파 섬에서 광주까지의 항행에서 가탐의 경우는 10일 미만이지만, 쑬라이만의 경우에는 1개월이나 걸렸다. 이 구간이 암초가 많고 풍랑이 심한 서사군도(西沙群島) 부근이어서 이곳 바닷길이 낯선 외방인의 항행에는 상당한 어려움이 있었을 것이며, 따라서 시간도 그만큼 더 필요했을 것이다.

다음으로 중세 아랍 지리학자인 이븐 쿠르다지바(Ibn Khurdādhibah, 820~912)도 저서『제 도로(諸道路) 및 제 왕국지(諸王國志)』(*Kitābu'l Masālik wa'l Mamālik*, 845)에서 이라크의 바스라에서부터 중국에 이르는 해로를 비교적 상세히 기술하고 있는데, 그 항정은 가탐이 제시한 같은 구간의 항정과 대동소이하다. 이븐 쿠르다지바가 열거한 항정을 보면 말리유(Malyu, 이라크의 바스라)→호르무즈(Hormuz, 여기까지 8일 걸림)→다이불(Daibul, 인더스강 하구 서안)→이틀 걸려 마흐란강(Maḥrān, 인더스강)→17일 더 가서 물라이(Mulay, 인도 서남해안의 말라바르)→이틀 걸려 불린(Bullin, 인도 남해안)→하루 걸려 씰란(Silān, 현 스리랑카)→10~15일 후 랑가발루스(Langabalus, 니코바르 제도)→엿새 후 칼라→발루스(Balus, 수마트라 북서해안)→살라히트(Salahit, 말라카 해협)→하랑(Harang)→마이드(Mayd, 수마트라 북부)→티유마(Tiyuma, 말레이 반도 동남해안)→닷새 후 끼마르(Qimar)→사흘 후 산프(Sanf, 베트남의 참파)→중국으로 이어지는 바닷길이다.

이 시기 많은 불승들이 해로를 통해 천축(인도)에 구법행각을 했는데, 의정의『대당서역구법고승전(大唐西域求法高僧傳)』을 비롯해 그들이 남긴 여행기나 전기에서 당시 불승들이 직접 내왕한 해로(중국-인도 구간)의 노정을 소상히 알아볼 수 있다. 해로를 이용한 불승들은 대체로 광주에서 출발해 수마트라와 말라카 해협을 지나 인도양에 진입한 후 니코바르 제도를 거쳐 동천국에, 혹은 사자국을 거쳐 남천축에 들어갔다. 그 일례로 무행선사(無行禪師)의 입축(入竺) 코스는, 당→1개월 후

실리불서(室利佛逝, 수마트라)→15일 걸려 말라유(末羅瑜, 말레이 반도 남단)→15일 후 갈도국(羯荼國, 말레이 반도 서부의 케다)→30일 후 나가발단나(那伽鉢亶那)→이틀 후 사자국→1개월 후 가도계라국(訶到鷄羅國)의 순으로 진행되었다. 이들이 기술한 중국과 인도 간의 항로는 앞에서 가탐이나 쑬라이만, 이븐 쿠르다지바가 제시한 항로와 기본적으로 일치한다.

이러한 해로는 10세기를 전후한 시기에도 노정상 큰 변화가 없었으나, 훨씬 더 활발히 이용되었다. 서방에서 아바스조 이슬람제국은 전성기를 구가하면서 해상을 통한 대외교역을 가일층 활성화하여 서구와 동양 간의 가교 역할을 수행하였다. 동방에서는 당조 다음에 출현한 송(宋)조, 특히 남송은 북방에서의 오아시스로나 초원로가 서요(西遼)와 금(金) 같은 세력에 의해 차단되자 남방의 해로를 통한 대외진출을 적극 모색하였다. 그리하여 송대에 이르러 조선술과 항해술이 크게 발달하였으며, 이에 따라 해로를 통한 대외교역이나 내왕도 전례없이 활발해졌다.

당시 해로를 항행하는 선박으로는 대체로 중국선(中國船), 곤륜선(昆侖船, 동남아시아선), 파라문선(婆羅門船, 인도선), 파사선(波斯船, 아랍선)의 네 부류가 있었다. 중국선은 은정접합법(隱釘接合法)에 의해 건조되고 완벽한 수밀격벽(水密隔壁)까지 갖춘 견고한 대형선박이었다. 당대에 자주 보이는 '창박(蒼舶)'은 길이가 20장에 600~700명이 승선할 수 있는 대박(大舶)이었다. 송대의 대박도 보통 적재량 300톤에 승선인원은 500~600명에 달하였으며, 침수시 안전을 고려하여 설치한 수밀구획(水密區劃)이 배마다 10개씩이나 구비되어 있었다. 당시 중국 항구를 출입하는 외국 선박 중에서 가장 많은 것은 파라문선인데, 그 가운데서도 사자국선(師子國船), 즉 스리랑카 배가 제일 많았다. 그리고 선박 중에서 가장 먼 거리를 운항하는 선박은 파사선, 즉 대식(아랍) 선박이었다. 파사선 중에서 가장 흔한 것은 목란피(木蘭皮, Maghrib, 서방 아랍)선이었는데, 큰 것은 수천명을 수용하고 장거리 심해 운항을 하였다.

조선술에서뿐만 아니라, 항해술에서도 획기적인 전진이 있었다. 천문도항법(天文導航法)의 지속적인 개진과 더불어 지남침(指南針, 나침반)이 도항의기(導航儀器)로 항행에 도입됨으로써 원시적 항해시대는 막을 내리고 항해의 새 시대가 열리게 되었다. 원래 지남침은 중국의 4대 발명품의 하나로서 중국인들은 이미 전국(戰國)시대에 자성(磁性)을 이용해 '방향을 지시하는 기구'를 제작한 이래, 11세기 초에 지남침을 발명하고 12세기 초에는 사상 처음으로 지남침을 도항의기로 도입하였다. 이 경이로운 도항의기는 아랍인의 손을 거쳐 12세기 후반에 유럽에 전파되었다. 지남침의 도입은 악천후에서는 이용 불가능한 천문도항법의 치명적 약점을 보완하고 항행의 안전성과 신속성을 보장하는 데서 획기적인 의의를 가지고 있었다.

이 시기 항해술의 발달에서 또 하나 특기할 만한 사항은 계절풍의 합리적 이용이다. 아직은 항행의 유일한 동력이 풍력이기 때문에 계절풍(몬순monsoon, 일명 信風)에 대한 완벽한 지식을 갖고 유효

적절하게 이용하는 것은 대단히 중요한 문제가 아닐 수 없었다. 당시의 각종 항해기록을 살펴보면, 이 시기에 이르러 항해자들은 해상에 주기적으로 불어닥치는 계절풍을 정확하게 파악하고 합리적으로 이용하고 있었음을 발견하게 된다. 그들은 매해 동계(음력 10월부터 다음해 3월까지)에 아시아 동남부와 인도양 해상에서 부는 동북향 계절풍과 하계(음력 5월부터 9월까지)에 부는 서남향 계절풍에 맞추어 안전하고 신속하게 순항을 하는 지혜를 발휘하였다.

이와같이 10세기를 전후하여 전개된 해로를 통하여 동서간에는 전례없이 활발한 교역이 진행되었다. 이 과정에서 동서교역의 중심통로가 초원로나 오아시스로에서부터 해로로 점차 옮겨졌을 뿐만 아니라, 교역내용에서도 상당한 변화가 일어났다. 특히 중국 송대에 이르러서는 질 좋고 우아한 도자기가 해상교역품의 주종을 이루어 서방으로 다량 수출되었다. 그리하여 당시의 해로를 일명 '도자기로(陶磁器路)'라고 한다. 한편, 동남아시아와 인도, 아라비아 등지에서 성산(盛産)되는 각종 향료도 해로를 따라 중국과 유럽으로 다량 운반되었다. 그리하여 당시의 해로를 '향료로(香料路)'라고도 한다.

이 시기 해로의 항정에 관한 기록은 당대의 아랍 문헌이나 중국 문헌에서 적잖이 찾아볼 수 있다. 전대와 비교해보면 심해 횡단로를 택한 것이 특징이다. 그 대표적인 일례가 『송사(宋史)』 「주련전(注輦傳)」에 실린 주련국(注輦國, Chola, Culiyan, 인도 동남부) 특사 사리삼문(娑里三文)이 송나라에 올 때 이용한 길이다. 사리삼문은 주련국 왕 라다라사(羅茶羅乍, Rajarara)로부터 송진봉사(宋進奉使)의 특명을 받고 부사(副使)·판관(判官)·방원관(防援官) 등 52명을 인솔하여 해로로 대중상부(大中祥符) 8년(1015) 9월에 송나라 서울에 도착하였다. 그의 내송 항정을 보면, 주련(인도 동남부의 코로만델 해안)→나물단산(那勿丹山, 인도 동남부의 네가파탐)→사리서란산(娑里西蘭山, Soli-Silam, 현 스리랑카)→점빈국(占賓國, 안다만 제도, 여기까지 77주야)→이마라리산(伊麻羅里山, 현 미얀마 서단의 Negrais 일대)→고라국(古羅國, 말레이 반도 북부의 크라 일대, 여기까지 61주야)→가팔산(加八山, 말레이시아 서부의 클랑 항 밖의 巴生島, 혹은 말레이시아 서부의 랑카위 섬)→점불로산(占不勞山, 말레이 반도 서남부의 셈빌란)→주보용산(舟寶龍山, Tambrau, 싱가포르 해협 일대)→삼불제국(三佛齊國, Tambi-Palembang, 수마트라, 여기까지 71주야)→만산수구(蠻山水口, 싱가포르 이남의 링가 제도의 해협, 혹은 인도네시아의 방카 해협 서부)→천축산(天竺山, 말레이 반도 동남해안의 Aur 섬, 혹은 베트남의 Condore섬)→보두랑산(寶頭狼山, 베트남 Phan Rang 남부의 Padaran, 여기까지 18주야)→20주야 걸려 양산(羊山, 베트남 歸仁 동남부의 Gambir 섬)→구성산(九星山, 海南島 동부의 七洲列島)→광주의 비파주(琵琶洲, 현 광주 黃埔港 서부 일대, 혹은 홍콩 서북부의 屯門灣)로 이어지는 뱃길이다. 전체 항행 소요시간은 247일(주야)이다. 광주에서 페르시아만까지 항행한 전대의 가탐이나 쑬라이만, 이븐 쿠르다지바에 비하면 소요시간이 2배 이상으로 길다. 그러나 인도양의 심해 횡단이라든가, 말레이 반도 등지에서의 연해 항행 같은 것

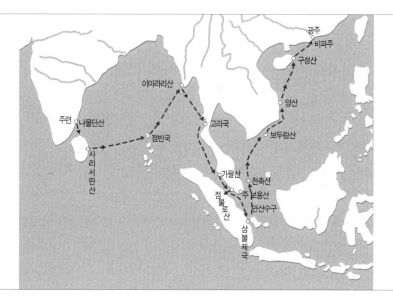

사리삼문 내송 항로도(1015)

은 대체로 일치한다.

　이와같은 해로의 전개상황에 근거하여 지금까지 학계에서는 해로의 동단(東端)을 중국의 동남해안으로 보는 것이 통설이었다. 즉 당대에는 광주와 양주(揚州)가, 송대에는 항주(杭州)와 명주(明州)·천주(泉州)가 해로의 동단에 위치한 국제무역항이었고, 또한 그 이후 시기에도 그러한 상황은 대체로 변함없었기 때문에 이들 해안도시를 포함한 중국 동남해안 일대를 해로의 동단으로 간주해 왔던 것이다. 그러나 중국 동쪽의 한국이나 일본에까지 서역 문물이 전파되고 대식(아랍)을 비롯한 서역 선박이 내항(來港)하였다는 사실을 감안한다면, 해로는 분명히 중국 동남해안에서 항로를 멈추지 않고 더 동진하여 한국이나 일본까지 연장되었다고 추단할 수 있다. 따라서 이 시기 한반도의 남단을 거친 해로의 동단을 일본의 나라(奈良) 일원으로 추정하는 것이 지당할 것이다.

　이상에서 고찰한 10세기 전후 해로의 전노정을 정리해보면, 일본 나라→한반도 남단→중국 양주(揚州, 또는 명주, 항주, 천주)→광주→베트남 동해안→자바→수마트라→말라카 해협→니코바르 제도→스리랑카→인도 서해안(퀼론)→페르시아만(씨라프, 바스라)→바그다드→꼰스딴띠노쁠→로마(혹은 페르시아만→남부 예멘→아프리카 동해안)의 순으로 연결되어 있었다.

　13세기 유라시아를 아우르는 세계적인 몽골제국(1206~1368)이 건립되자 실크로드의 역사에 새로운 국면이 전개되었다. 3차에 걸친 몽골군의 서정(西征)에 이어 동남유럽과 중앙아시아 및 서아시아의 광활한 지역에 분립된 3대 칸국의 출현을 계기로 부진과 쇠퇴상을 보여오던 초원로와 오아시스로가 활기를 되찾게 되었다. 뿐만 아니라, 몽골제국의 동남아 진출과 서아시아에 건립된 일 칸국과의 필수적인 연계, 그리고 해상무역에 대한 적극적인 의욕 등으로 말미암아 해로도 전대에 이어 더욱 활발하게 이용되었다. 이러한 상황에서 동서간에는 많은 공식사절과 상인·종교인·여행가 등의 내왕이 낙역부절(絡繹不絶)하였으며, 그들이 남긴 기록에 근거하여 당시의 실크로드 이용실태를 여실히 구명할 수 있다.

해로의 경우에도 많은 사람들이 직접 항행한 경험을 적은 생생한 기록들이 다수 남아 있어 노정을 비롯한 해로의 전개상황을 비교적 정확하게 파악할 수 있다. 그 대표적인 기록으로 마르꼬 뽈로와 오도리끄(Odoric da Pondenone, 1286?~1331)의 여행기를 들 수 있다. 마르꼬 뽈로의『동방견문록』(원서명은『세계의 서술』The Description of the World)에는 항해노정(1291~95)이 구체적으로 밝혀져 있다. 그 노정을 보면 중국의 자동(刺桐, 현 泉州)에서 1291년 1월경에 출발→서남행하여 해남도(海南島, Cheinan)→치암바(Ciamba, 베트남 북부)→형제 섬(Two Brothers)인 콘두르 섬(Condur, 베트남 동남해안의 Condore)과 손두르 섬(Sondur, 현 베트남 동남해안의 Sudara)→로칵(Locac, 현 타이 남부의 Lopburi 일대)→남행하여 펜탄(Pentan, 현 싱가포르 해협 남부, 혹은 인도네시아의 빈탄 섬)→남행하여 소(小)자바(Java Lesser, 현 수마트라 섬)에 이르기까지 3개월이 걸린다. 소자바에서 5개월간 체류 후 1291년 9월 다시 북행→네쿠베란 섬(Necuveran, 현 인도 니코바르 제도)과 안가만 섬(Angaman, 현 인도 안다만 제도)→서쪽으로 썰란→서쪽으로 마아바르(Maabar, 현 인도 동남부의 코로만델 해안 일대)→서남쪽으로 코일룸(Coilum, 현 인도 서남해안의 퀼론)→북쪽으로 코마리(Comari, 현 인도 남단의 코모린)→북쪽으로 멜리바르국(Melibar, 현 인도 서해안의 말라바르 해안)→타나(Tana, 현 인도 서북해안의 봄베이 북부의 항구 Thana)→캄바에트(Cambaet, 현 인도 서북해안의 항구도시 캄베이)→세메나트(Semenat, 현 인도 서북해안의 솜나트)→케스마코란(Kesmacoran, 현 파키스탄의 최남단부터 이란의 마크란 해안까지의 일대)→호르무즈(Hormuz, 페르시아만 입구의 항구)까지 이어지는 바닷길이다. 여기까지의 항행 소요시간은 총 2년 2개월이다. 마르꼬 뽈로는 호르무즈에서 하선하여 육로로 당시 일 칸국의 수도인 타우리스(Tauris, 현 타브리즈)를 거쳐 꼰스딴띠노쁠에 들른 후 배편으로 고향 베네찌아에 돌아왔다. 이 여행기는 그가 직접 항행한 것은 아니지만 인도 서북해안으로부터 아프리카 동남해안까지의 항정을 다음과 같이 소개하고 있다. 그 항정은 케스마코란→남행하여 남·여(Male and Female) 2도(현 인도양의 락샤드위프 제도 혹은 몰디브 제도)→소코트라(Socotra, 소말리아의 대안에 있는 현 예멘 속령)→남쪽으로 모게다쇼 섬(Mogedaxo, 현 아프리카 동남단의 마다가스카르 섬)→북쪽으로 찬기바르(Çanghibar, 현 탄자니아 연안의 Zanjibar)→아바쉬(Abasce, 현 에티오피아, 옛 이름은 아비시니아)→동북쪽으로 아덴(Aden, 현 예멘의 아덴)→시에르(Scier, 현 아덴 북동부 하드라마우트 해안의 Shihr)→두파르(Dufar, 현 아라비아 반도 남해안의 Zufar)→호르무즈로 연결되는 바닷길이다.

마르꼬 뽈로보다 약 30년 뒤에 그와는 반대방향으로 호르무즈에서 중국 명주(明州)까지 해로를 따라 여행한 이딸리아 프란체스꼬 교단 선교사 오도리끄도 『동유기』(*The Eastern Parts of the World Described*)에서 그가 경유한 해로를 기술하고 있는데, 그 노정은 마르꼬 뽈로의 노정과 대체로 같다. 즉 호르무즈(1321년 여름)→28일 후 타나(Tana)→남하하여 미니바르(Minibar, 말라바르 해안의 망갈로르 일대)→프란드리나(Frandrina, 현 캘리컷 북부의 Pandalayini)→킨길린(Cyngilin, 혹은 Cranganor, 현 코친)→폴룸붐(Polumbum, 혹은 Columbum, 현 퀼론)→모바르(Mobar, 인도 동남단)→씰란(Sillan, 현 스리랑카)→니코베란(Nicoveran, 현 니코바르 제도)→라모리(Lamori, 현 수마트라 북단)→남행하여 수몰트라(Sumoltra, 현 Lhokseumawe 일대)→다시 남쪽으로 레센고(Resengo, 현 소(小)순다 혹은 순다 해협 일대)→펜탄(Pentan, 현 인도네시아의 빈탄 섬)→잠파(Zampa, 베트남의 참파)→만지(Manzi, 蠻子, 중국 남방)의 켄스칼란(Censcalan, 현 광주)→자이툰(Zayton, 刺桐, 현 천주)→푸조(Fuzo, 현 福州)→벨사(Belsa, 白沙, 浙江省 溫州나 麗水 일대?)→칸사이(Cansay, 京在, 현 항주)→6일 후 킬렌푸(Chilenfu, 金陵府, 현 남경)→얌자이(Iamzai, 양주)→멘주(Menzu, 명주)로 이어지는 바닷길이다. 오도리끄가 페르시아만의 호르무즈에서부터 중국의 명주까지 항행하는 데 들인 시간을 구체적으로 밝힌 바는 없으나, 그가 1321년 여름에 호르무즈를 떠난 후 1322년부터 중국에 체재하였다는 사실을 감안하면 항행 소요시간은 적어도 6개월 이상이었다고 추산할 수 있다.

15세기에 접어들면서 해로에 대한 새로운 관심이 대두하였다. 동방에서 몽골의 외족통치를 전복하고 출현한 명조(明朝, 1368~1644)는 건국 초기 지반을 다지기 위해, 특히 당시 동남해 연안에서 창궐한 왜구(倭寇)의 소요를 제압하기 위해 쇄국적인 해금(海禁)정책을 실시하였다. 그 결과 해외무역이 쇠퇴하고 전통적인 대외조공(對外朝貢) 관계가 약화되면서 '천조상국(天朝上國)'을 표방한 명조의 국제적 위상이 추락하기 시작하였다. 이러한 추락상을 감지한 성조(成祖)는 등극(1402)하자마자 동남아시아 각국에 사절을 보내고 복건(福建)·절강(浙江)·광동(廣東) 등 연해 지역에 시박제거사(市舶提擧司)를 설치하는 등 조치를 강구하면서 해금을 완화하고 해외진출을 권장하였다. 그 결과 정화(鄭和, 1371~1435)의 7차에 걸친 '하서양'(下西洋, 1405년 10월~1433년 7월)과 같은 파천황적(破天荒的)인 해상진출이 있게 되었다.

한편, 서방에서는 14세기에 발단된 르네쌍스를 계기로 근대적인 경제문화의 맹아가 싹트면서 물산(物産), 특히 동방 물산에 대한 수요가 절박하였다. 이즈음 서양인들은 십자군 동정(東征)과 몽골제국 시대에 서구인들(여행가·선교사·상인 등)이 남겨놓은 동방관련 기록을 통해 풍족한 동방의 실상을 알게 되었다. 이것은 동방에 대한 그들의 호기심을 자극하였다. 그러나 당시 동서교통은 육로건 해로건간에 아랍인과 신흥 터키인들 때문에 어려움이 컸다. 그리하여 그들은 동방진출의 새로운 항해로를 모색하는 데 진력하던 끝에 '지리상의 발견'에 따른 새 항로를 개척하였다. 따라서 정화의 하서양과 서구인들의 지리상의 발견에 의해 개척·이용된 항로는 새로운 번영기를 맞은 당대 해

정화 선단의 보선 모습과
남경 정화공원의 동상

로의 전개상황을 여실히 보여주고 있다.

　중국 명대의 흠차총병태감(欽差總兵太監), 세칭 '삼보'(三寶, 혹은 三保)태감 정화는 28년 동안 모두 7차에 걸쳐 중국에서 동아프리카 연안에 이르는 해로를 왕복하면서 30여 개국을 방문하였다. 일곱 번에 걸친 이 '하서양' 가운데 가장 멀리까지 항행한 제7차 하항 및 회항(1431∼33, 참가인원 총 27,550명)의 항정을 『정화항해도(鄭和航海圖)』와 축윤명(祝允明)의 『전문기·하서양(前聞記·下西洋)』의 기술에 근거해 살펴보면 다음과 같다. 1430년 윤12월 6일 용만(龍灣, 南京 소재) 출항→12월 10일 서산(徐山)→12월 20일 부자문(附子門)→12월 21일 유가항(劉家港)→1431년 2월 26일 장락항(長樂港)→11월 12일 복두산(福斗山)→12월 9일 오호문(五虎門)→12월 24일 점성(占城, 참파)→1432년 2월 6일 과와(瓜哇, 자바)→6월 27일 구항(舊港, 현 팔렘방)→7월 8일 만랄가(滿剌加, 현 말레이시아 서남해안의 말라카)→8월 18일 소문답랄(蘇門答剌, 수마트라 혹은 Samudra)→11월 6일 석란산(錫蘭山, Ceylon, 현 스리랑카)→11월 18일 고리(古里, 현 캘리컷, 인도 서남해안)→12월 26일 홀로모사(忽魯謨斯, 호르무즈)→1433년 2월 18일 호르무즈에서 회항→3월 11일 고리→4월 6일 소문답랄→4월 20일 만랄가→5월 10일 곤륜양(崑崙洋, 인도차이나 반도 남단)→5월 23일 적감(赤坎)→5월 26일 점성→6월 3일 외라산(外羅山)→6월 14일 기두양(崎頭洋)→6월 15일 완협서(碗碟嶼)→6월 21일 태창(太倉, 양자강 하구)→7월 6일 남경(南京)으로 이어지는 바닷길이다. 이 항정에서 보면 남경에서 호르무즈까지는 2년(1430년 12월 6일∼1432년 12월 26일)이 걸렸고, 회항에는 약 5개월(1433년 2월 18일∼7월 6일)이 걸렸다.

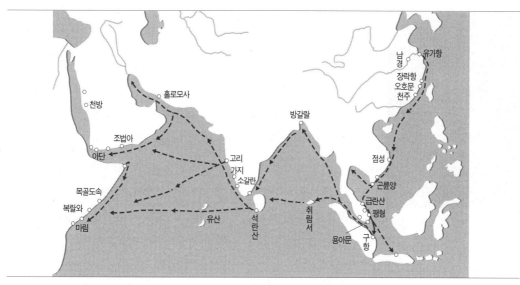

정화의 제7차 '하서양' 항로도(1431~33)

규모가 방대한 정화 휘하의 선단(船團)은 대종(大綜)과 소종(小綜)의 두 편대로 나뉜다. 대종은 전체 선단이고, 소종은 대종에서 분견(分遣)되는 분선대(分船隊)이다. 대종은 주요 간선에서 항행하다가 특정한 항구에 도착하면 거기에서 소종, 즉 분선대를 각지에 기동적으로 파견한다. 분선대는 활동을 마친 후 다시 분견지(分遣地)에 돌아와서 여러 분선대와 합류, 대종을 이루어 회항한다. 제7차 '하서양'의 경우에는 대종이 고리까지 항행하였는데, 도중 여러 곳에 파견된 소종이 동남아시아와 동아프리카 각지에서 활동하다가 다시 고리를 비롯한 분견지에 집결한 후 대종선단으로 본국에 돌아왔다. 정화 선단의 소종 분견지와 그 항행지는 다음과 같다.

1) 점성: ①진랍(眞臘, 현 캄보디아와 베트남 남부)→섬라(暹羅, 현 타이, 당시는 아유타야 왕국), ②교란산(交欄山, 현 칼리만탄 섬 서남해안의 Gelam 섬)→과와→구항→만랄가→소문답랄, ③급란단(急蘭丹, Kelantan, 현 말레이시아의 코타바루 일대)→팽형(彭亨, 현 말레이시아의 파항 주 일대)→용아문(龍牙門, 현 싱가포르 해협, 혹은 링가 해협)→만랄가→소문답랄. 2) 소문답랄: ①취람서(翠藍嶼, 현 인도의 니코바르 제도)→방갈랄(榜葛剌, 현 인도의 벵골 일대), ②취람서→석란산(혹은 스리랑카의 항구 Belligame), ③취람서→유산(溜山, 현 몰디브 제도). 3) 석란산: ①소갈란(小葛蘭, 현 인도 서남해안의 퀼론)→고리, ②유산→복랄와(卜剌哇, 현 소말리아 동남해안의 브라바). 4) 소갈란: ①가지(柯枝, 현 인도 서남해안의 코친)→고리, ②목골도속(木骨都束, 현 소말리아의 모가디슈)→복랄와. 5) 고리: ①홀로모사, ②조법아(祖法兒, 현 오만 영내의 Zufar)→아단(阿丹, 현 예멘 남부의 아덴)→천방(天方, 현 싸우디아라비아의 메카), ③목골도속→복랄와→마림(麻林, 현 케냐의 말린디).

항해왕자 엔리께

정화의 '하서양'은 15세기 말 콜럼버스나 바스꼬 다 가마(Vasco da Gama, 1469~1524)의 항해보다 시간적으로 반세기나 앞섰을 뿐만 아니라, 선단의 규모나 선박의 구조 면에서도 그들과는 비교가 안될 정도로 월등하였다. 제1·3·4·7차 출해시 매번 선단 승선인원이 2만 7천여 명이나 되고, 매번 출동 선박은 대소 200여 척이나 되었다. 선박 중에서 가장 큰 것이 보선(寶船)인데, 매번 20~30척의 보선이 참가하였다. 보통 보선의 길이는 44장 4척(현 41장 4척, 약 138m)이고, 너비는 18장(현 16장 8척, 약 56m)이며, 적재량은 약 1,500톤으로 1천명이 승선할 수 있다. 9주(株)의 돛대에 12장의 대형 돛을 단 대범선이었다. 이에 비해 1492년 대서양을 횡단한 콜럼버스의 선단은 고작 3척의 경범선에 90명의 선원으로 이루어졌으며, 기함의 적재량은 250톤이었다. 1498년 인도양 항해에 성공한 바스꼬 다 가마의 선단도 4척의 소범선에 승선인원 160명이었으며, 길이가 25m도 안되는 기함의 적재량은 120톤에 불과했다. 정화보다 약 100년 후에 환지구 항행을 단행한 마젤란 선단의 경우에도 5척의 소범선에 265명이 승선하였다. 적재량을 보면 5척 중 2척은 각각 130톤, 2척은 90톤, 한 척은 고작 60톤이었다.

유럽의 15~16세기는 이른바 '지리상의 발견'이라는 말로 요약되는 '대항해시대(大航海時代)'이다. 이 시대에 유럽 항해가들에 의해 인도 항로가 열리고, 대서양 횡단로의 개척과 더불어 아메리카 대륙(이른바 신대륙)이 '발견'되었으며, 사상 초유의 환지구적 항해도 실현되었다. 그리하여 해로는 종전의 구대륙, 즉 유라시아와 아프리카만을 동서로 연결하던 한정된 해로로부터 신대륙, 즉 아메리카 대륙까지를 망라하는 환지구적인 해로로 확대되었다. 따라서 해로는 새로운 번영기에 접어들었다.

유럽에서의 대항해시대는 포르투갈의 항해왕자 엔리께(Henrique, Henry the Navigator, 1394~1460)가 아프리카 서해안에서 진행한 항로 탐험으로 그 막이 올랐다. 각종 항해장비와 항해기술자들로 이루어진 엔리께 탐험대는 아프리카의 서해안을 남하하여 인도에 이르는 새로운 항로를 개척하는 과정에서 뽀르뚜싼뚜 섬(Porto Santo, 1418)과 마데이라 섬(Madeira, 1420), 아조레스 제도(Azores, 1431), 베르데곶(Cape Verde, 1456) 등 여러 섬들을 발견하고 사금(沙金)과 노예 등을 빼앗아 본국으로 운반하였다. 엔리께가 사망한 지 얼마 안되어 탐험대는 씨에라리온(Sierra Leone)을 지나(1462) 적도를 넘어섰다(1471). 그러나 사정으로 탐험은 일시 중단되었다가, 역시 포르투갈의 항해가인 디아스(Bartolomeu Dias, 1450경~1500)에 의해 재개되었다. 그가 이끄는 3척의 범선이 1488년에 드디어 아프리카 최남단에 도착하였다. 그는 심한 폭풍우 끝에 이곳을 발견하였기 때문에 '폭풍의 곶'(Cape of Storms)이라고 명명하였다. 그런데 디아스의 보고를 들은 국왕은 미래의 야망을 시사하

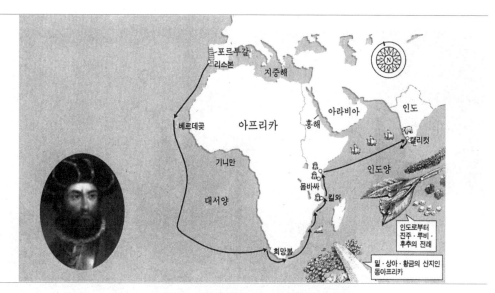

바스꼬 다 가마(원 안)와 그의 인도 항해로

는 뜻에서 '희망봉'(希望峯, Cape of Good Hope)이라고 개명하였다.

앞선 탐험성과에 바탕하여 역시 포르투갈의 항해가인 바스꼬 다 가마는 국왕의 하명을 받아 1497년 7월에 4척의 범선을 이끌고 이미 개척된 항로를 따라 아프리카 서해안으로 남하하였다. 그는 적도의 무풍지대를 피해 육지에서 멀리 떨어진 심해를 항해하였으며, 희망봉을 우회한 다음 아프리카의 동해안을 따라 북상해 1498년 4월에 케냐의 말린디(Malindi)에 도착하였다. 그곳으로부터 아랍 항해가 이븐 마지드(Ibn Majid)의 안내하에 그해 5월 20일, 출항 10개월 만에 드디어 인도 서해안에 있는 캘리컷(Calicut)에 종착하였다. 이로써 그는 유럽에서 아프리카 남단을 에돌아 인도로 직항하는 이른바 '인도 항로'의 개척자가 되었다. 그는 60배의 이익을 남긴 후추와 육계(肉桂) 등 향료를 싣고 다음해에 리스본으로 귀향하였다. 그가 이 새로운 항로에서 보낸 시간은 2년이 넘었으며(그중 해상에서는 약 300일), 항해중에 3분의 1 이상의 선원을 잃었다. 바스꼬 다 가마에 의한 인도 항로의 개척은 서세동점의 효시(嚆矢)였다. 그후 바스꼬 다 가마는 두 차례(1502~1503, 1524)나 인도를 다시 찾았다.

포르투갈 항해가들이 한창 인도 항로를 개척하고 있을 때, 이딸리아 항해가 콜럼버스가 대서양을 횡단해 '신대륙'을 '발견'함으로써 유럽의 대항해시대에 일대 전기가 마련되었을 뿐 아니라, 해로의 서단(西段)이 지중해에서 대서양으로 확대·연장되었다. 1476년 포르투갈에 이주한 이딸리아 제노바 출신의 콜럼버스는 지구의 구형설(球形說)을 믿고 대서양으로 서항(西航)하면 인도나 중국에 도달할 것이라고 생각하여 포르투갈 국왕에게 서항을 건의했으나 거절당하였다. 1485년에 에스빠

콜럼버스와 그의 선단의 기함
싼따 마리아 호의 항해 모습

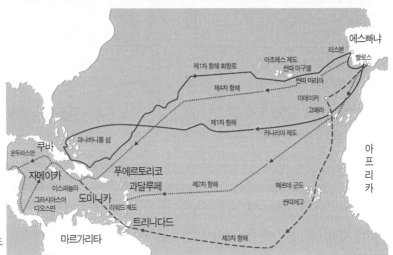

콜럼버스의 항해도

냐로 이주한 콜럼버스의 서항 계획은 이사벨 여왕(Isabel, 1451~1504)과 페르난도 2세(Fernando II, 1452~1516)의 지지를 얻었다. 이에 고무된 콜럼버스는 1492년 8월 3일 3척의 범선에 약 90명의 선원을 태우고 에스빠냐의 서남항 빨로스(Palos)를 떠나, 같은 해 10월 12일 바하마 제도의 어느 섬에 도착하여 이 섬을 '싼쌀바도르'(San Salvador, '성스러운 구세주'란 뜻)라고 이름지었다. 이어 그는 쿠바와 아이티(Haiti)에도 들렀다. 그후에도 그는 3차례(1493, 1498, 1502)에 걸쳐 같은 항로를 따라 자메이카, 푸에르토리코 등 제도와 중남미 연해 일대를 항행하였다. 이 '모기제독'(Admiral of Mosquitoes)은 그가 도착한 곳이 다름아닌 인도의 어느 지방인 줄로 착각하고 향료와 황금을 찾았으나 허사였다.

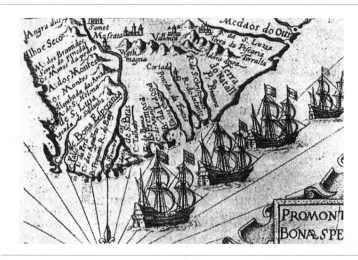

아프리카 남단 희망봉을 통과하는
네덜란드 선단(1596)

그는 그곳이 인도땅이라고 믿었기 때문에 현지인들은 '인디언'으로, 바하마 등 여러 섬은 '서인도제
도'라고 불렀다.

　콜럼버스의 대서양 횡단은 인도를 향한 항로 탐험을 크게 자극하였다. 영국에 이주한 베네찌아
출신의 캐벗(John Cabot)은 1496년에 헨리 7세의 후원을 받아 지금의 캐나다 동해안에 이르렀다.
그에 이어 이딸리아 피렌쩨 출신의 아메리고 베스뿌치(Amerigo Vespucci, 1454~1512)는
1499~1504년에 3번이나 콜럼버스가 '발견'한 중남미 일원을 탐험한 끝에 이곳이 유럽인에게는 미
지의 '신세계'(New World)라는 견해를 발표하였다. 그 결과 이 신대륙을 이른바 최초의 '발견자'인
콜럼버스는 무시한 채 아메리고의 이름을 따서 '아메리카'(America)라고 명명하였으며, 독일의 지리
학자 발트제뮐러(Martin Waldseemüller)는 1507년에 간행한 세계지도에 유럽과 아시아 사이에 길
다란 육지를 하나 그려넣고는 이를 '아메리카'라고 명기하였다.

　그러나 그 누구도 서쪽으로 항해하여 인도에 도달한 사람은 없었다. 1517년에 에스빠냐로 이주한
포르투갈의 항해가 마젤란은 에스빠냐 왕의 명령에 따라 1519년 9월 20일 5척의 범선과 265명의 선
원을 인솔하고 쎄비야(Sevilla)를 출항하였다. 그는 그간의 탐험기록을 검토한 결과 남미의 남단을
에돌아 인도로 가는 항로가 있을 것이라고 추단하였다. 그리하여 그는 대서양을 횡단하여 남미의 브
라질 연안을 따라 남하하여 남미의 남단과 푸에고 섬 사이의 해협(후일 마젤란 해협이라 명명)을 지나
태평양에 진입하였다. 난항 중의 난항인 이 해협을 통과하고 나자 바다는 의외로 평온하고 넓었다.
그리하여 그는 이 바다를 '태평양'(太平洋, Pacific Ocean)이라고 이름하였다. 그는 현 인도네시아 동
부 태평양 위에 있는 몰루카 제도를 목표로 삼고 계속 서항하다가 1521년 3월 우연히 필리핀에 도착
하였다. 그러나 토착민과의 싸움에서 수행원 40명을 잃고 자신도 전사하였다. 잔존 인원은 엘까노

마젤란과 그의 선단의 기함
빅토리아 호

(Sebastián de Elcano)의 지휘하에 2척의 배에 분승하여 몰루카 제도의 티도레(Tidore)에 도착하였다. 여기서 향료를 싣고 한 척은 태평양으로 동항(東航)하다가 포르투갈인들에게 나포되었다. 엘까노가 이끈 다른 한 척(빅토리아 호)은 서항하여 인도양을 횡단, 아프리카 남단의 희망봉을 거쳐 1522년에 마침내 에스빠냐로 회항하였다. 이로써 마젤란은 비록 도중에서 사망하였지만, 그가 발족한 선단은 대서양→태평양→인도양→대서양으로 이어지는 사상 초유의 환지구적 항행을 실현하였다.

이와같이 15~16세기의 이른바 대항해시대를 거치면서 해로는 구세계와 신세계를 망라하는 환지구적 바닷길로 확대·연장되었으며, 이 길을 따라 서세의 동점과 서점이 동시에 진행되었다. 1510년 인도의 고아(Goa)에 대한 포르투갈의 강점을 시발로 18세기 말에 이르기까지 포르투갈에 이어 에스빠냐와 네덜란드, 그 뒤로는 영국과 프랑스 등 서방국가들이 잇달아 이 해로를 통해 동방식민지 개척을 줄기차게 추구하였다. 해로를 통한 서방국가들의 식민지 개척과 그 경영은 동방뿐 아니라 새로 '발견'된 신대륙에서도 마찬가지였다. 특히 에스빠냐는 멕시코를 비롯한 중남미 국가들을 식민지로 만들고, 그 경영을 위하여 대서양 횡단 해로를 적극 이용하였다. 이렇게 근대에 와서 서세의 식민지화 물결을 타고 전개된 환지구적 해로는 동서간에 새로운 교역과 교류 관계를 형성하는 데 가교 역할을 수행하였다.

이 시기 해로는 주로 해외 식민지 구축과 해외 교역에 국운을 걸고 경쟁을 벌인 서방국가들과 그 상대역인 동방 및 신대륙을 연결하는 바닷길이었다. 그러나 여기에서 특기할 것은 그 일환으로서 동방과 신대륙 간에 새로운 항로가 개척된 사실이다. 16세기 멕시코와 페루 등 중남미 지역과 더불어

마젤란과 드레이크의 세계일주로

동방의 필리핀 제도까지 강점함으로써(1571) 유럽 최초의 광대한 식민제국을 건립한 에스빠냐는 필리핀의 마닐라 항을 중간기착지와 중계무역지로 삼아 중국과 이른바 '대범선 무역'을 진행하였다. 에스빠냐 상인들은 주로 페루산 백은(白銀, 16세기 말 전세계 은 생산량의 60% 이상)을 배에 싣고 필리핀에 기착하여 그곳에 반입된 중국산 견직물이나 도자기와 교역하거나, 아니면 중국 동남해안의 장주(漳州)나 천주(泉州), 광주(廣州) 등지에 직접 와서 교역하였다. 그리하여 이 시기 중국과 중남미 간에 대범선 무역이 진행된 항로를 '태평양 비단길' 혹은 '백은의 길'이라고도 한다. 이 '태평양 비단길'을 통하여 중국의 견직물이 중남미로 대거 수출되었다.

　이상과 같은 해로의 전개과정을 통관하면, 기원전 8세기부터 기원후 7세기까지 약 1,500년간은 해로의 개척기라고 볼 수 있다. 초기에는 유라시아의 동서 양단에서 단거리의 접안 항행을 통해 인근 문명과의 교류를 모색하는 수준이었으나 조선술과 항해술의 발달에 따라 항해의 폭이 점차 넓어졌다. 그 결과 기원을 전후한 시기에는 대체로 인도를 중심으로 하여 동서에서 구간별 항행이 성사되며, 그것이 기원후 6~7세기경에 이르면 구간간의 연결 항행으로 확대되어 중국 동남해안에서 페르시아만까지의 직통항로가 개척된다. 이 과정에서 씰란이나 호르무즈 등 항로의 중간기착지가 고정되어 항행이나 중계무역에서 중요한 역할을 수행하였다. 이러다가 8~9세기에 접어들면 동서에 양립한 세계적 제국인 당(唐)조와 아랍-이슬람제국 간의 해상교통이 본격화되면서 해로는 번영기를 맞는다. 대형선박의 건조와 나침반의 도입을 비롯한 조선술과 항해술의 진일보한 발달로 접안 항행이 점차 심해 항행으로 대체되었다. 이에 따라 항행의 속도나 안전성이 획기적으로 향상되고 해로의 이용도가 전례없이 높아졌으며, 그 기능과 역할이 상대적으로 크게 제고되었다. 특히 15세기에 이르러 구대륙에만 국한되어온 해로가 신대륙에까지 연장되어 환지구적 해로로 확대됨으로써 해로는 전성기를 맞았다. 근대는 물론 현대에도 해로는 쇠퇴를 모르고 줄곧 번영기를 누리고 있다.

지금까지 살핀 대로 해로는 전개나 이용 과정에서 초원로나 오아시스로와는 다른 일련의 특성을 보여주고 있다. 그 특성은 우선 변화성(變化性)이다. 초원로나 오아시스로는 자연환경의 제약성 때문에 노정이 거의 변하지 않고, 변하더라도 그 폭이 크지 않다. 이에 반해 해로는 조선술과 항해술의 발달, 그리고 교역의 증진에 따라 노정이 끊임없이 확대·변화하였으며, 이용도 역시 특별한 기복이나 우여곡절 없이 시종 증가추세를 보여왔다. 다음으로 그 특성은 범지구성(泛地球性)이다. 초원로나 오아시스로는 주로 유라시아 대륙(구대륙)에 국한되어 지리적으로나 교류 측면에서 국부적인 기능밖에 수행할 수 없었다. 이에 비해 해로는 모든 면에서 구세계와 신세계를 두루 포괄하는 명실상부한 범지구적 교류통로로 기능하고 있다. 끝으로 항구성(恒久性)이다. 초원로나 오아시스로는 대체로 고대에서 중세까지만 문명교류의 통로로 이용되고는, 근대 이후에는 새로운 교통수단이나 날로 활성화되는 해로에 밀려 불가피하게 쇠퇴기를 맞게 되었다. 이와는 달리 해로는 고대와 중세는 물론 근대와 현대, 나아가 미래에까지도 줄곧 존속하면서 문명교류 통로로서 본연의 역할을 항구적으로 수행할 것이다.

제5절 5대 지선

지금까지 실크로드로 통칭해온 초원로와 오아시스로, 해로에 관하여 그 개념과 전개과정을 살펴보았다. 그런데 이 세 길은 문명교류의 통로 전체가 아니고 그 간선일 뿐이다. 사실 문명교류상을 총체적으로 추적해보면 이 3대로를 제외하고도 지리적으로 유라시아와 아프리카 및 아메리카를 동서로 이어주는 많은 샛길이 있을 뿐만 아니라 유라시아의 남북을 관통하는 교류통로도 여러 개 병존해왔다.

지금까지 학계에서는 실크로드라는 범칭 아래 문명교류의 통로라면 주로 동서를 횡단하는 이 3대로만을 염두에 두었지, 남북을 잇는 여러 길은 도외시하였다. 그런데 최근에 와서 문명교류에 미친 남북 통로의 영향관계가 밝혀짐에 따라 남북로에 대한 관심이 모아지고 있다. 문명교류의 동서 통로를 간선이라고 하면, 남북 통로는 지선(支線)이라고 이름지을 수 있을 것이다. 따라서 이제는 인류문명 교류의 통로를 동서 횡단의 3대 간선에만 국한시킨 종래의 시각에서 탈피하여 남북간의 여러 지선을 포함해 동서남북으로 사통팔달(四通八達)한 하나의 거대한 교통망으로 인식해야 할 것이다.

남북 연결로는 간선인 3대로에 비해 상대적으로 지선이라 불리고 있지만, 문명교류나 교역에서 중요한 일익을 담당하였으며, 그 노선이 또한 복잡다기하다. 고대에서 중세에 이르기까지 유라시아 대륙의 남북 통로는 대체로 5대 지선이 있었다. 아직까지는 연구가 미흡하여 아프리카와 아메리카

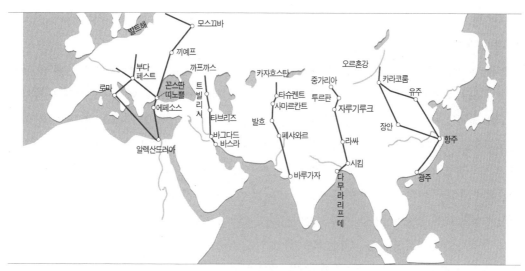

실크로드 남북 5대 지선

(신대륙)의 남북 통로는 구체적으로 밝힐 수 없지만 분명히 있었을 것으로 판단된다. 동서 3대 간선은 주로 동위위도(同位緯度)상에 나타나는 지형적인 특징을 반영해서 초원로, 오아시스로, 해로라고 명명하였으나, 남북 지선에 한해서는 지형적인 공통성을 찾아볼 수 없으므로 주로 교류나 교역의 내역상 특징을 살려 각 지선의 이름을 짓기로 한다. 유라시아를 남북으로 관통한 남북 5대 지선은 다음과 같다.

1. 마역로(馬易路) 남북로의 동단로(東端路)로서 초원로의 동쪽 끝인 막북(漠北)의 오르혼강 유역에서 카라코룸을 지나 장안(長安)이나 유주(幽州, 현 북경)와 연결되며, 여기에서 계속 화남(華南) 일대로 뻗어 항주(杭州)나 광주(廣州)에 닿아 해로와 접한다. 고대에 이 길은 북방 유목민족과 한(漢)민족 간의 동아시아 쟁탈전을 위한 전로(戰路)였으며, 이 길을 따라 이 양대 민족간에는 군사적 및 사회경제적으로 큰 역할을 한 말(馬)이 교역되고 북방 기마유목문화와 남방 농경문화가 교류되었다. 또한 이 길을 따라 북방 기마유목민족 문화가 동북아시아 일원에 유입되었다.

2. 라마로(喇嘛路) 이 길의 북단은 중가리아 분지로서 고창(高昌) 서북의 투르판(吐魯番)과 타림 분지 동편에 있는 자루기루크(若羌, 러쟌)를 지나 티베트의 라싸를 거쳐 히말라야 산록을 따라 북인도의 시킴(錫金)에 이른 후 계속 남하해 인도 갠지스강 어구의 다무라리프데까지 이어진다. 이 길은 기원후 5세기부터 주로 토욕혼(吐谷渾)에 의해 이용되다가, 7~8세기에 와서는 토번(吐蕃, 티베트)이 중국 경내의 라마로 주변을 장악하게 되자 토번의 서역 원정로 역할을 하였다. 당과 토번 간에 화친관계가 유지되는 동안에는 당의 사신이나 구법승들이 지름길인 이 길을 따라 인도에 내왕하였다. 후세에 와서 중가리아 일원에서 통일국가로 출현한 타타르가 가끔 이 길을 따라 티베트와 중

국 서북방에 대한 공략을 감행하기도 하였다. 특기할 것은 티베트에서 발생한 라마교가 바로 이 길을 따라 북상하여 몽골에 널리 전파된 사실이다.

3.불타로(佛陀路) 이 길은 중앙아시아의 카자흐스탄에서 출발해 타슈켄트와 사마르칸트를 거쳐 동서남북의 십자로상에 위치한 아프가니스탄 북부의 발흐(Balkh, 현 Mazāresheif)와 페샤와르(Peshawar)를 지난 후 인더스강 유역을 따라 중인도 서해안의 바루가자(Barugaza, 현 수라트)까지 줄곧 남하하는 길이다. 자고로 이 길은 동서남북 교통로의 중심교차점에 자리잡고 있어 동서 문명교류와 교역에서 중요한 역할을 하였다. 기원전 2천년경의 아리아인들을 비롯해 후세의 알렉산드로스 대왕이나 티무르 등 외래인들의 인도 침입은 모두 이 길을 따라 자행된 것이다. 특히 불교는 이 길을 따라 북상한 다음 중앙아시아를 거쳐 동북아시아에 전파되었으며, 법현과 현장 같은 구법승들이 이 길로 천축(인도)에 가서 수도성불(修道成佛)하였다.

4. 메소포타미아로 흑해와 카스피해 중간지대에 있는 까프까스(Kavkaz, 코카서스) 북부를 기점으로 하여 트빌리시(Tbilisi)와 타브리즈(Tabriz)를 경유해 티그리스강과 유프라테스강 유역을 따라 바그다드와 그 이남에 펼쳐진 메소포타미아를 관통한 후 페르시아만의 바스라까지 이르는 길이다. 일찍이 고대 메소포타미아 문명이 개화한 지대를 지나는 이 길은 수메르 문화와 바빌론 문화, 페르시아 문화, 이슬람 문화 등 고대문화를 전파하는 데 크게 기여하였다.

5. 호박로(琥珀路) 이 길은 북유럽의 발트해에서 시작해 러시아의 모스끄바와 끼예프를 거쳐 유럽과 아시아 대륙의 접지(接地)인 터키의 꼰스딴띠노쁠(현 이스딴불)과 에페소스(Ephesos)를 지나 지중해 연안을 따라 이집트의 알렉산드리아까지 남하하는 길이다. 이 길에는 유럽의 라인강으로부터 헝가리의 부다페스트를 지나 꼰스딴띠노쁠로 이어지는 지선과 발트해에서 부다페스트와 로마를 지나 알렉산드리아까지 연결되는 지선도 포함된다. 이 길은 일찍이 페니키아 시대부터 유럽산 호박(amber)의 교역로였다.

이와같이 동서남북으로 거미줄처럼 뻗어간 교통망을 통해 동서문명은 종횡무진으로 교류해왔다. 이 여러 갈래의 간선과 지선으로 이루어진 망상적 교통망을 통틀어 실크로드라는 하나의 상징적인 아칭(雅稱)으로 부를 수 있을 것이다.

참고자료

『明史』「鄭和傳」.

『三國志·魏書』(卷30)「西域傳」.

『詩經·商頌』.

『魏書』(卷102)「西域傳」.

『漢書』(卷28)「地理志」.

『漢書』(卷96)「西域傳」.

『後漢書』(卷88)「西域傳」.

江上波夫「草原の道とオアシスの道」,『中央アジア史』, 山川出版社 1988.

戈岱司 編·耿昇 譯『希臘·拉丁作家遠東古文獻輯錄』, 中華書局 1987.

藤田豊八『東西交涉史の研究』(南海篇·西域篇), 岡書院 1932, 1933.

松田壽男「イラン南道論」,『東西文化交流史』, 東京: 雄山閣 1975.

深田久彌·長澤和俊『シルクロード: 過去と現在』, 白水社 1968.

劉迎勝『絲路文化·草原卷』, 浙江人民出版社 1995.

張星烺「古代中國與阿拉伯之交通」,『中西交通史料彙編』第3冊, 世界書局, 民國 72年.

陳佳榮『中外交通史』, 學津書店 1987.

黃新亞『絲路文化·沙漠卷』, 浙江人民出版社 1995.

정수일『신라·서역교류사』, 단국대 출판부 1992.

───「비너스 상과 동서교류」,『사학지』제28집, 1995.

Boulnois, L. *La Route de la Soie*. Paris 1963(耿昇 譯,『絲綢之路』, 新疆人民出版社 1963).

Cary, M. & E. H. Warmington. *The Ancient Explorers*. London 1929.

Pumpelly, R. *Explorations in Turkestan, Expedition of 1904. Prehistoric Civilization of Anau*. 2 Vols. Washington 1908.

Rawlinson, S. *The History of Herodotos*. Book V.

Richthofen, F. von. *China*. I. Berlin 1877.

Schoff, W. H. *The Periplus of the Erythraeam Sea*. New York 1912.

제2장 실크로드를 통한 교류의 역사적 배경

제1절 교류의 역사적 배경

교류의 역사적 배경 개념 교류의 역사적 배경이란 교류를 실현 가능케 한 특정 시대의 사회적 환경이나 여건을 말한다. 문명 자체는 하나의 사회현상으로서 모방이라는 속성을 지니고 있기 때문에 전파·수용될 수 있는 객관적 가능성을 간직하고 있다. 그러나 전파와 수용이 현실화되려면 능동적이든 수동적이든 문명간의 교류가 이루어져야 한다. 그런데 이러한 문명교류는 일정한 역사성을 띠고 특정 시대의 사회적 환경 속에서 진행되지 않을 수 없다.

문명교류가 역사성을 띠게 되는 근거는, 우선 문명 자체가 역사적 산물이라는 데 있다. 문명의 탄생과 발달은 제반 사회적 환경과 여건이 갖추어지고 성숙한 역사시대에만 가능한 것이다. 따라서 문명을 전파하고 수용하는 매체로서의 교류도 자연히 문명의 탄생과 발달에 따르는 역사성을 띠게 마련이다. 두번째 근거는, 교류의 내용이나 형식, 방법 등 교류의 실체가 불가피하게 역사적 제약을 받는다는 데 있다. 교류의 실체는 해당 사회의 문명발달 수준과 시대적 수요, 그리고 그에 상응한 수행 방도 등 여러 요인에 의해 결정되는바, 초시대적인 교류란 있을 수 없다. 세번째 근거는, 교류의 영향이나 결과는 오랜 역사시대를 거쳐 검증되고 확인된다는 사실에 있다. 교류에 의한 문명의 전파나 수용은 그 자체가 오랜 역사적 과정일 뿐 아니라 교류가 남긴 흔적, 특히 그 영향관계나 그로 인해 빚어진 결과에 관해서는 역사적 검증이나 확인이 필수적이다. 이러한 역사적 검증이나 확인이 결여되면 교류의 실체를 도무지 규명해낼 수가 없는 것이다.

교류의 이같은 역사성을 규제하는 제반 사회적 환경이나 여건이 바로 교류의 역사적 배경이다. 교류의 역사적 배경은 일반 사상(事象)의 역사적 배경과는 구별되는 몇가지 특성을 지니고 있다. 그 특성은 우선 내용의 다양성이다. 전파와 수용을 담당하는 교류의 주체가 상이하고, 정치·경제·문화·

군사·기술·민족이동·인적 내왕 등 포괄영역이 광범위하기 때문에 교류의 역사적 배경 내용은 다양할 수밖에 없다. 이러한 배경의 다양성은 교류의 다변성(多邊性)을 초래한다. 그 다음 특성은 가변성(可變性)이다. 교류가 항시 유동적인만큼 교류를 실현 가능케 하는 역사적 배경 또한 유동적이고 가변적일 수밖에 없다. 한편 가변적인 역사적 배경만이 그에 상응하는 교류를 수용하고 촉진시킬 수 있는 것이다. 마지막 세번째 특성은 교류에 대한 역동성(力動性)이다. 역사적 배경에 의해 간혹 교류가 차단되거나 소강상태에 빠지는 경우가 있기는 하지만, 총체적으로 볼 때 역사적 배경은 교류에 대하여 긍정적이고 능동적인 역할을 하며, 때로는 교류의 성패를 좌우하기도 한다. 새로운 역사적 배경의 형성이 교류를 가일층 활성화할 수 있고, 역으로 적극적인 교류를 통해서 교류에 한층 유리한 사회적 배경을 조성할 수도 있다. 이렇게 교류와 역사적 배경은 변증법적인 관계에 놓여 있다.

이와같은 다양성과 가변성, 역동성 때문에 교류의 역사적 배경을 구명하는 것은 결코 쉬운 작업이 아니다. 교류의 역사적 배경에 관한 연구는 이같은 일련의 특성을 염두에 두고 그에 맞게 진행해야 한다. 여기에서 중요한 것은 일방적이거나 단면적인 편단(扁斷)을 지양하고 원근(遠近) 배경과 직간접 배경 등 배경의 상관성에 유념하면서 종합적으로 고찰하는 것이다.

교류의 역사적 배경 내용 전술한 바와 같이 역사적 배경은 교류에 대하여 상당히 능동적인 역할을 하기 때문에 그 내용에 대한 정확한 포착은 교류의 실체를 밝히는 데서 중요한 의의를 갖는다. 교류의 역사적 배경이 지니는 제반 특성은 내용의 다양화를 결과한다. 다양한 내용을 배경의 조성 경위에 따라 크게 작위적(作爲的) 배경과 비작위적(非作爲的) 배경으로 대별할 수 있다. 작위적 배경이란 군사적 정복이나 민족이동과 같은 인간의 의식적이고 돌발적이며 단절적인 행위에 의해 조성된 교류의 역사적 배경을 말한다. 이에 반해 비작위적 배경이란 기술의 발달과 같은 인간의 과학적이고 순리적이며 승계적인 행위에 의해 조성된 교류의 역사적 배경을 말한다. 그러나 이렇게 배경의 조성 경위에 따라 교류의 내용을 대별하는 것은 이론상으로는 일정한 의미가 있지만, 교류에 대한 실제적 영향관계에 준해 내용을 구체적으로 구분짓는 데는 한계가 있다.

배경은 주어진 역사시대의 사회적 환경이기 때문에, 배경의 사회학적 기능과 성격에 따라 내용을 분류하여 고찰하는 것이 좀더 합리적인 접근방법일 것이다. 배경의 사회학적 기능과 성격에 따라 그 내용을 식별해보면, 군사정복사적 배경이나 식민지화 등 정치사적 배경, 교역을 중심으로 한 경제사적 배경, 민족이동이나 범민족적 수용 등 민족사적 배경, 과학기술의 전파를 비롯한 문명사적 배경, 교류인들의 내왕사적 배경 등으로 구분할 수 있다.

각 배경의 내용은 이해의 편리를 위해 사항별이나 동서 대응관계별로 서술체계를 잡을 수 있다. 교류의 역사적 배경은 동서고금을 아우르는 방대한 내용이므로, 교류에 직접적인 영향을 미쳐 그에 대한 이해가 선행되지 않고서는 교류 자체를 제대로 파악할 수 없는 핵심적인 내용만을 중점 취급하겠다.

제2절 교류의 정치사적 배경

교류의 정치사적 배경 개념 교류의 정치사적 배경이란 문명간의 교류를 실현 가능케 하는 정치적 환경이나 여건을 말한다. 정치적 환경이나 여건은 다른 문화권에 대한 국가(집단)나 개인의 권력행사를 통하여 작위적으로 조성된 교류의 사회적 환경이나 여건이다. 다분히 무력을 동반한 권력행사에 의해 조성된 정치적 환경이나 여건은 인위적으로 급조되는 것이 상례이다. 이러한 정치사적 배경으로는 주로 군사적 정복과 정치적 경략(經略)이 있다.

교류에 대한 영향관계에서 본 정치사적 배경의 특징은, 우선 가장 역동적인 배경이라는 것이다. 교류사가 보여주다시피 군사적 정복이나 정치적 경략 같은 강행적(强行的)인 정치적 배경에 따라 교류의 양상이 일시에 달라질 수 있다. 즉 새로운 교류의 계기가 마련될 수도 있고, 전래의 교류를 크게 촉진시킬 수도 있다. 그런가 하면 정복이나 경략, 권력자의 의지 등에 따라 전래의 교류가 축소 내지 중도 차단당할 수도 있다. 그러므로 정치적 배경의 변화에 따르는 교류의 변모상에 각별히 유의해야 한다. 그 다음 특징은, 다분히 역기능적인 교류를 초래하는 배경이라는 점이다. 권력행사에 의해 조성된 정치사적 배경은 왕왕 지역(국가)간, 문명간의 정치적 주종(主從)관계를 낳는다. 이러한 주종관계에서는 필연적으로 주동적 지위에 있는 문명이 추종적 지위에 있는 문명에 대하여 역기능적 수용을 강요하게 된다. 그 결과 교류에 일방적이고 단향적인 편향이 생기며 급기야는 동화현상까지 일어나게 된다.

교류의 정치사적 배경은 시공간을 초월하여 동서양 각지에서 다발적으로 발생하는 숱한 정치·군사적 사변들이 그 내용을 이루나, 크게는 군사적 정복과 정치적 경략으로 대별할 수 있다.

군사적 정복 군사적 정복이란 무력을 근간으로 한 군사적 권력행사를 통해 단행되는 정복활동을 말한다. 인류역사에서 강력한 국가권력이 출현하고 기마와 전차 등 군사이동 수단과 전법이 개발·이용됨에 따라 군사적 정복활동은 대외팽창의 주된 수단의 하나로 부상하였다. 이질문명권을 두루 아우른 3대 군사원정을 비롯한 일련의 군사적 정복활동은 그 자체가 하나의 극히 역동적인 역사적 배경으로서 교류에 상당한 영향을 미친다.

인류문명사에서 이러한 군사적 정복은 이집트의 중왕국(中王國) 말기에 처음으로 나타났다. 기원전 17세기에 이집트의 중왕국은 소아시아로부터 전차(戰車)를 끌고 침입해온 아시아계통의 힉소스(Hyksos)인들에게 정복되어 100년간(BC 1680~1580) 그들의 지배하에 있었다. 그러다가 이집트는

고대 전차의 발전상(위)과 우르 유지 전차(아래)

그들을 몰아내고 신왕국을 수립하였다. 힉소스의 군사적 정복을 계기로 이집트에 유입된 새로운 문물은 말이 끄는 전차였다. 신왕국(BC 1580~1090)은 전대의 국력과 번영을 되찾고 크게 발전하였을 뿐만 아니라, 힉소스가 전해준 새로운 문물인 전차로 무장함으로써 전례없이 강화된 군사력을 가지고 대외팽창에 나서 그 세력을 멀리 이라크의 유프라테스강 상류까지 확장하였다. 이 과정에서 찬란한 고대 이집트 문명과 더불어 전차가 서아시아 일원에 널리 재전파되기에 이르렀다.

힉소스의 이집트 침입을 효시로 근대에 이르기까지 국지적으로든 범지구적으로든 수많은 군사적 정복활동이 종횡무진으로 이어지면서 인류의 문명교류에 간과할 수 없는 여러가지 영향을 미쳐왔다. 그중에서도 가히 범지구적인 규모로 동서양 문명교류에 지대한 영향을 끼친 군사적 정복활동은 이른바 '3대 원정', 즉 알렉산드로스의 동정(東征)과 이슬람군의 동·서정(東·西征), 그리고 몽골군의 서정(西征)이다.

1. 알렉산드로스의 동정 기원전 6세기 서아시아에 출현한 강대한 통일제국 아케메네스조(朝) 페르시아 왕국(BC 6세기~330)은 서방에 있는 그리스와 숙명적인 적대관계에 있었다. 장기간의 페르시아 전쟁(BC 490~448)은 비록 평화적인 조정으로 끝났지만, 얼마 후 발생한 펠레폰네소스 전쟁(Peleponnesian War, BC 431~404)에서 페르시아가 스파르타를 일방적으로 지원함으로써 양국간의 적대관계는 여전히 지속되었다. 이러한 적대관계를 종국적으로 불식시킨 것은 알렉산드로스의 동방원정이다. 그리스의 반(反)마케도니아파의 저항을 분쇄한 마케도니아 왕 알렉산드로스(Alexandros, 재위 BC 336~323)는 동방원정에 대한 부왕(父王)의 유지를 받들어 기원전 334년에 마

다리우스 3세 휘하의 아케메네스조 페르시아군과 격전하는 알렉산드로스

케도니아군을 주력으로 한 그리스 연합군을 거느리고 페르시아 원정길에 올랐다. 그해 6월 소아시아에 상륙한 원정군은 그라니코스 강변에서 벌어진 첫 전투에서 페르시아군을 쳐부수고 소아시아 서부 도시들을 하나씩 공략하였다. 이듬해 여름 원정군은 킬리키아 문(門)을 지나 타르수스(Tarsus)에 도달하였으나 알렉산드로스가 열병에 걸려 잠시 진군을 멈추었다. 11월 원정군은 이수스 전투에서 다리우스 3세(Darius III, 재위 BC 336~330) 휘하의 페르시아군을 격파하였다. 이에 고무된 원정군은 이듬해(BC 332)에 지중해 동안을 따라 남하하여 이집트의 멤피스까지 직진하였다. 다음해(BC 331) 초에 알렉산드로스는 나일강 하구에 첫 알렉산드리아 시를 건설하였다. 그해 늦은 봄 원정군은 북상하여 11월 가우가멜라 전투에서 역시 다리우스 3세가 이끈 페르시아군을 대파하고, 이어 바빌론을 점령하였다. 계속하여 아케메네스 왕조의 수도 수사와 페르세폴리스를 함락하고 수사에 4개월간 체류하였다. 한편, 다리우스 3세는 박트리아 지방으로 도주하는 길에 부하 베수스에게 시해당함으로써 사실상 아케메네스조는 멸망하고 말았다.

원래 페르시아에 보복할 생각이었던 알렉산드로스는 아케메네스조를 멸망시킴으로써 당초의 출정목적은 달성하였으나, 아케메네스 왕조가 차지하고 있던 중앙아시아 일대를 정복하고픈 새로운 욕심이 생겨났다. 게다가 다리우스 3세를 시해한 베수스는 페르시아 왕을 참칭(僭稱)하면서 박트리아를 근거지로 삼아 재기를 시도하고 있었다. 이러한 상황은 알렉산드로스로 하여금 중앙아시아 진출을 서두르게 하였다. 기원전 329년 봄 드디어 그는 힌두쿠시 산맥을 넘어 박트리아에 진주하였다. 그런데 이때 베수스가 부하 스피다메누스에게 잡혀 원정군에게 인도되었다. 이로써 장애가 제거된 원정군은 신속히 소그디아나에 진주하여 수도 마라칸다(현 사마르칸트)를 점령하였다. 계속하여 씨르 다리아강 유역의 유목민인 사카족의 반항을 진압하기 위해 북상하여 그곳에 또 하나의 알렉산드리아 시를 건설하였다. 알렉산드로스는 원정군의 침입에 항거하는 소그디아나인 3만명을 학살하였다. 당초 소그디아나인들은 그를 페르시아의 통치로부터 해방시켜줄 '해방자'로 여겼는데, 이 사건을 계기로 그들 속에서 2년간이나 지속된 광범위한 저항운동이 발발하였다. 특히 원정군에 환멸을 느낀 스피다메누스는 소그디아나와 박트리아 주민들을 규합하여 강력한 저항운동을 벌였다. 원정군은 제라프샨강을 따라 전진하면서 스피다메누스를 추적하였다. 그는 초원의 오지로 퇴각하여 계속 항전하다가 제라프샨강 북안에서 진몰(陣歿)하였다. 그리하여 오늘날 우즈베키스탄에서는 그를 위대한 애국자로 추앙하고 있다. 이 추격전에서 원정군은 12만명의 현지인을 살해하였다.

알렉산드로스는 옛 페르시아 왕의 지배권을 인정했던 지역은 당연히 자신의 제국에 다시 편입되어야 한다는 침탈논리를 내세워 인도 원정을 작심하였다. 그는 기원전 327년 6월 인도 침공을 위해 중앙아시아를 떠났다. 떠나면서 박트리아를 중앙아시아와 인도 경략의 요충지로 간주하고 거기에만 13,500명의 수하 원정군을 잔류시켰다. 뿐만 아니라 박트리아와 소그디아나에 12개소의 군사기지를 신설하여 도합 3만명의 병사와 그에 수종(隨從)한 그리스인들을 주둔시켰다. 한편, 5만의 원정군은 험준한 힌두쿠시 산맥을 넘어 기원전 326년 3월에 탁실라(Taxila)로 진격하였다. 원정군은 주변세력들과 반목하고 있던 이 지역의 지배자 암비(Ambhi)의 환영을 받으면서 입성하였다. 암비는 환대의 표시로 원정군에게 도살용 황소 3천 마리와 1만 마리 이상의 양을 선물하였다. 알렉산드로스는 10배의 값어치로 답례하고 암비를 그 지방의 지배자로 유임시킴으로써 주민의 환심을 샀다.

원정군은 계속 남하하다가 포로스(Poros)의 강한 저항에 부딪혔다. 포로스의 병력은 보병 3만, 기병 4천, 전차 300대, 코끼리 200마리로서 원정군의 진격을 저지할 수 있을 만큼의 대병력이었다. 특히 원정군에게는 처음 대전하는 코끼리군단이 대단히 위협적이었다. 양군은 하이다스페스(젤룸)강의 양안에서 대치하다가 원정군이 폭우 속의 야음을 타 진영에서 16마일 떨어진 상류의 강폭이 좁은 곳으로 도하해 배후에서 기습을 가함으로써 격전은 원정군의 승리로 끝났다. 알렉산드로스는 갠지스강 유역까지 진격하기를 원했지만, 5하(河)의 마지막 강에 이르러 8년간의 고된 원정에 지쳐버린 병사들은 진격하라는 왕명을 거부하였다. 알렉산드로스는 조금만 더 전진하면 세계의 끝자락에 이르게 되며, 그렇게 되면 '세계제국'의 야망을 실현할 수 있을 것으로 생각하였지만, 사병들은 미지

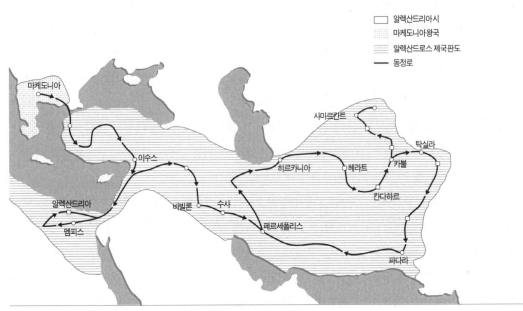

알렉산드로스의 동정로(BC 334~323)

의 세계에 대해서 호기심보다 두려움을 더 느끼고 있었다. 더욱이 사병들 사이에서는 광대한 사막과 사나운 강만이 아니라 대규모 군대를 보유한 부강한 나라가 원정군이 오기를 내심 기다리고 있다는 소문마저 파다하였다. 특히 이미 경험한 대로 코끼리군단은 큰 공포의 대상이 아닐 수 없었다.

결국 알렉산드로스는 철군을 결심하고 원정군의 최종 점령지점을 표시하기 위하여 그들이 섬기는 12신(神)을 상징하는 12개의 석조계단을 쌓아올렸다. 알렉산드로스는 점령지역을 자신이 구상하는 제국의 주(州)로 편입시켜 페르시아나 마케도니아의 지사를 주재시키거나, 아니면 암비나 포로스 등 원주민 지배자들로 하여금 계속 통치하도록 하였다. 포로스는 펀자브 지방의 7개 소국을 지배하는 지사로 임명되었다. 19개월간의 인도 점령을 마감한 원정군은 아라비아해를 통해 귀환하려고 인더스강을 따라 남하하였다. 그러던 중 라비 강변에서 10만 인도연합군의 저항을 받기도 하였으며, 이 전투에서 알렉산드로스는 중상을 입기까지 하였다. 원주민들의 계속적인 저항에 부딪히자 주력군은 서쪽으로 회군방향을 돌리고, 일부는 해로로 철군하였다. 알렉산드로스가 이끄는 주력군은 게드로시아(Gedrosia) 사막을 지나면서 엄청난 희생자를 내고 기원전 323년 초에 가까스로 수사를 거쳐 바빌론에 도착하였다. 그러나 같은 해 6월 알렉산드로스는 갑자기 열병에 걸려 10일간 병고에 시달리다가 33세의 나이로 요절하고 말았다. 이로써 알렉산드로스의 동방원정은 막을 내렸다.

교류의 역사적 배경으로서의 알렉산드로스의 군사적 정복활동은 동서 문명교류에 커다란 영향을 미쳤다. 우선 사상 최초로 서양과 동양 간의 문명교류가 이루어지게 되었다. 알렉산드로스의 동정과 더불어 출현한 알렉산드로스 제국은 유라시아 대륙을 망라한 미증유의 대제국으로서, 그 판도 안에 그리스 문명, 이집트와 메소포타미아의 고대 오리엔트 문명, 페르시아 문명, 인도 문명 등 실로 다양한 주요 문명들을 갈무리하고 있다. 종전에는 여러 왕조들간의 격폐(隔閉)로 인해 이러한 문명들의 상호교류가 방해를 받고 차단되기까지 했다. 그러나 알렉산드로스의 동정과 더불어 대제국이 출현함으로써 장애요인들이 제거되었으며, 제국의 광활한 판도 내에서 초유의 동서 문명교류가 진행될 수 있었다.

다음으로 알렉산드로스의 군사적 정복활동이 동서 문명교류에 미친 영향은, 사상 최초로 동서양 문명의 융합체인 헬레니즘(Hellenism)이 출현하였다는 것이다. 다시 말해 알렉산드로스의 동정 과정에서 서양의 그리스 문명과 동양의 전통문명 간에 융합이 이루어져 헬레니즘이라는 동서 문명교류의 첫 모형이 창출되었다. 헬레니즘이란 본래 고전기(古典期)의 그리스 문화(Hellenedom)에서 유래한 말로 '그리스 정신' '그리스풍의 문화'라는 뜻을 갖고 있다. 이 말은 알렉산드로스의 동정으로 인해 동서문명이 하나로 융합된 새로운 시대와 문명이 출현함으로써 그 개념이 확대되었다. 그리하여 지금까지 이 말은 시대개념인 동시에 문명개념으로도 줄곧 사용되어왔다.

시대개념으로서 헬레니즘은 알렉산드로스의 동방원정(BC 334)으로부터 이집트 프톨레마이오스 왕조가 종말을 고할 때(BC 30)까지의 약 300년간을 말한다. 이에 비해 문명개념으로는 알렉산드로스 대제국과 그를 계승한 왕조들에서 동서문명이 융합되어 개화한 새로운 형태의 문명을 말한다. 이 헬레니즘 문명은 어디까지나 그리스 문명과 오리엔트 문명이 서로 뒤섞여, 즉 융합(融合, fusion)하여 생긴 하나의 복합문명이지 두 문명이 접변하여 생겨난 제3의 새로운 문명, 즉 융화(融化, deliquscence)문명은 아니며, 오리엔트 문명이 그리스 문명에 일방적으로 흡수되어 생긴 동화(同化, assimilation)문명은 더더욱 아니다. 따라서 헬레니즘이 '기본적으로 그리스 문화'라든가 '세계화한 그리스 문화'라는 주장은 일종의 편견이 아닐 수 없다. 사실상 10년간의 군사적 정복활동으로만 일관한 이른바 알렉산드로스 대제국의 판도는 그 대부분이 본래의 오리엔트 국가들인 페르시아제국의 영토였다. 뿐만 아니라, 이 대제국을 계승한 3대 왕조인 시리아의 셀레우코스(Seleukos)와 이집트의 프톨레마이오스(Ptolemaeos), 마케도니아의 안티고노스(Antigonos) 왕조 중 앞의 두 왕조는 분명히 본래의 오리엔트 문명권 내의 왕조들로서, 비록 그리스 문명의 영향을 받기는 했지만 이후의 역사적 사실이 증명하다시피 본래의 오리엔트 문명의 전통은 간단없이 유지되었다. 게다가 헬레니즘 시대에 실제적으로 나타난 정치적 융합이나 사회·경제적 융합, 문화적 융합의 여러 현상은 헬레니즘 문명이 그리스 문명과 오리엔트 문명의 융화나 동화가 아니라 융합이었다는 사실을 극명하게 보여주고 있다.

2. 이슬람군의 동·서정   이슬람교의 창시자 무함마드(Muḥammad, 570경~632)는 생전에 메디나(al-

Madinah)에 정교합일(政敎合一)의 준국가체제인 이슬람 공동체(al-Ummah)를 건설하고, 아라비아 반도의 대부분을 이슬람화하였다. 이슬람 공동체를 계승한 정통 할리파(칼리프) 시대(632~61, 4대 29년간 지속)에는 이미 건설된 공동체를 공고히하는 한편, 이슬람 교세의 확장과 영토 팽창을 목적으로 군사적인 대외정복활동을 개시하였다. 정통 할리파 시대 말기의 내부 갈등과 소요를 일시 수습하고 출현한 우마위야조(al-Umawiyah, 661~750, 13대 89년간 지속)는 세습적인 전제주의적 권력구조를 가진 아랍제국으로서 전대에 시작된 군사적 대외정복활동을 재개하여 유라시아와 아프리카 3대륙을 아우르는 명실상부한 세계적 대제국을 건립하였다. 우마위야조 아랍제국을 이어받은 압바쓰조(al-'Abbāsiyah, 750~1258, 37대 508년간 지속) 이슬람제국은 비록 군사적 정복활동을 새롭게 전개하지는 않았지만, 전대의 정복활동으로 확보한 광대한 판도에 건설된, 아랍-이슬람 역사상 가장 번영한 대제국이었다.

이와같이 한 세기가 될까 말까 한 짧은 기간에 이슬람군의 전격적인 군사적 정복활동에 의하여 이질적인 다양한 동서문명이 하나로 융화된 새로운 이슬람 문명과 그에 바탕한 이슬람세계가 출현하게 되었다. 아라비아 반도를 중심으로 동서로 전개된 이러한 군사적 정복활동(동·서정)은 크게 두 차례의 파고(波高)를 타고 추진되었다. 그 첫 파고는 정통 할리파 시대의 제2대 할리파 오마르 1세('Omar I, 재위 634~44)와 제3대 할리파 오스만('Othmān, 재위 644~56) 시대에 일어났고, 두번째 파고는 우마위야조 시대에 8세기 초를 전후하여 나타났다.

제1차 파고에서 주요한 군사적 정복활동과 그 성공은 오마르 시대에 이루어졌다. 이슬람사에서는 이 시대를 '대정복시대'(634~56)라고 한다. 대정복시대는 634년 8월 비잔띤 치하의 다마스쿠스(Damascus)에 대한 이슬람군의 공격으로 시작되었다. 2년 후인 636년에 이 도시를 함락한 데 이어 638년에는 예루살렘을 공략하였다. 이에 고무된 서방원정군(서정군)은 642년에 이집트의 알렉산드리아를 점령하고, 644년에는 남하하여 카이로를 비롯한 이집트 북부 일원을 석권하였다. 서정군은 여기서 서행하여 리비아 지방으로 진격하였다.

한편, 동방원정군(동정군)은 636년에 다마스쿠스를 함락한 여세를 몰아 야르무끄(Yarmūq) 강반(현 요르단)에서 비잔띤군을 대파하고 시리아 전역에서 패권을 장악하였다. 이듬해에는 히라(Hirah) 부근의 까디시야(al-Qādisiyah)에서 사산조 페르시아군을 격파하고, 이어 수도 쿠데시온(현 이라크, 일명 마다인Madāin)을 장악하였다. 642년에 있은 네하완드(Nehawand) 전투에서는 페르시아군의 최종적인 총반격을 분쇄하였다. 승승장구한 동정군은 기세를 몰아 계속 동진하여 호라싼(Khorasan, 650)·토카리스탄(Tokharestan)·아르메니아·아제르바이잔 등 사산조 치하에 있던 중앙아시아 여러 지역을 장악하였다. 사산조의 마지막 왕 야즈다기르드 3세(Yazdagird III, 재위 632~51)는 호라싼 지방에 피신했으나 651년 메르브(Merv) 부근에서 토착인들에게 암살되었다. 이로써 400여 년간 서아

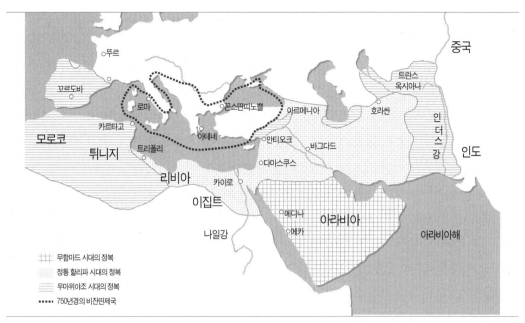

이슬람군의 정복활동도(634~751)

시아와 중앙아시아의 대부분 지역을 통치했던 사산조 페르시아제국(226~651)은 끝내 멸망하고 말았다. 약 16년간(634~50)에 걸친 이슬람군의 동·서정에 의하여 동쪽으로 중앙아시아의 호라싼으로부터 서쪽으로 북아프리카의 리비아까지, 남쪽으로 아라비아 반도로부터 북쪽으로 아르메니아에 이르는 호한(浩瀚)한 지역에 이슬람제국이 건립되었다.

정통 할리파 시대 말기와 우마위야조 초기에 발생한 정국혼란을 수습하고 군사력을 재정비한 우마위야조 할리파들은 8세기 초를 전후하여 일시 중단되었던 군사적 정복활동을 재개하는 제2 파고를 일켰다. 이집트와 리비아에 주둔하고 있던 이슬람군은 서정을 단행하여 687년에 튀니지의 카르타고를 점령한 데 이어 계속 서진하여 모로코를 장악하였다. 북아프리카의 원주민인 베르베르족 젊은이들을 모아 전투력을 보강한 이슬람 서정군은 711년 모로코로부터 지브롤터 해협을 건너 에스빠냐의 꼬르도바(Cordova)를 일격에 공략하고 계속 북상하여 719년에는 삐레네산맥을 돌파하였다. 북진 끝에 730년에는 아비뇽을 공략하였다. 기독교세계에 대한 이슬람군의 위협을 느낀 프랑크 왕국은 마르텔(Karl Martel, Charles Martel) 휘하에 대군을 징집하여 732년 투르에서 이슬람 침략군과 격전을 벌였다. 이 전투에서 패한 이슬람군은 삐레네산맥 이남으로 후퇴하고 말았다. 그리하여 삐레네산맥은 그후 수세기 동안 이슬람세계와 서구 기독교세계를 가르는 분계선이 되었다.

서정과 더불어 이슬람군의 동정은 704년 쿠타이브(Kutaib, 715년 사망)가 호라싼 총독으로 임명되면서부터 본격적으로 재개되어 약 10년간 지속되었다. 705년 메르브에 입성한 쿠타이브 휘하의 이슬람 동정군은 토카리스탄을 제압하고 706년부터 페르가나(Ferghana, 大宛)와 소그디아나 연합군 및 투르크(Turk, 突厥) 지원군과 치열한 공방전을 벌인 끝에 709년에 부하라(Bukhara, 현 우즈베키스탄의 고도)를 점령하였다. 712년에는 사마르칸트를 공략한 데 이어 인도의 인더스강 동안까지 진출하였다. 712년 말부터 씨르다리아강 유역에 진출하여 713년에는 페르가나를 점령한 것을 비롯해 715년까지 트란스옥시아나 일대를 공략함으로써 서투르키스탄 전역을 장악하게 되었다. 쿠타이브는 715년 7월 정적인 쑬라이만이 새 할리파에 등극하자 모반을 시도하다가 부하에게 시해되었다.

영토확장과 정복지의 이슬람화를 사명으로 한 이슬람 동정군은 730년대 말에 씨르다리아 강변에서 투르크군을 격파하고 카자흐스탄 일대까지 진격하였다. 이슬람군의 서투르키스탄 정복은 당시 그 지대를 경략(經略)하고 있던 중국 당조(唐朝)와의 충돌을 불가피하게 하였다. 그로 인해 야기된 것이 바로 751년의 탈라스(Talās) 전투이다. 이 전투에서의 이슬람군의 승리는 중앙아시아, 특히 트란스옥시아나 일대의 이슬람화에 결정적 계기가 되었다.

이상에서 살펴본 바와 같이 시간적으로는 100여 년간 지속되고, 공간적으로는 아시아와 아프리카 및 유럽의 3대륙을 망라한 이슬람군의 동·서정은 이슬람세계의 출현과 이슬람 문명의 전파라는 엄청난 결과를 가져왔으며, 그 영향의 잔영(殘影)은 오늘날에도 확연히 찾아볼 수 있다. 이슬람군의 동·서정은 교류의 정치사적 배경에서 볼 때 인류역사상 발생한 군사적 정복활동 중에서 동서문명의 교류에 가장 심원한 영향을 미친 대정복활동이라고 말할 수 있다.

이슬람군의 동·서정이 동서 문명교류에 미친 가장 큰 영향은 동서문명의 융화에 의해 이루어진 새로운 이슬람 문명권이 하나의 문명교류 주체로 등장하게 된 것이다. 이슬람군이 단행한 동·서정의 결과 중세에 아시아와 아프리카 및 유럽의 3대륙을 600여 년간(정통 할리파시대-압바쓰조 이슬람제국, 632~1258) 아우른 정치적·사회문화적 공동체인 이슬람세계가 출현함으로써 이슬람 문명권의 확고한 기틀이 마련되었다.

이슬람군의 전격적인 동·서정에 의하여 불과 100여년 사이에 전대미문의 대제국이 건설될 수 있었던 것은 주객관적인 제반 요인이 구비되었기 때문이었다. 객관적(대외적) 요인은 당시의 유리한 국제정세이다. 아라비아 반도 북부와 지중해 동안을 사이에 두고 동서에 대치한 사산조 페르시아와 비잔띤(Byzantine, 동로마) 두 대제국은 장기간에 걸친 이전투구(泥田鬪狗)로 서로 피폐해져서 신흥 이슬람세력의 대두와 제패를 막을 수가 없었다. 이와 더불어 이 두 제국의 압제하에 종교적 박해와 무거운 세금 등에 시달리고 있던 피지배국민들은 새로운 종교적·사회적 구원을 고대하고 있었다. 이것은 이슬람군의 승승장구를 가능케 한 유리한 국제적 환경이었다. 다른 한편, 주관적(대내적) 요인은 이슬람군을 비롯한 무슬림들의 고양된 열의와 피정복지에 대한 적절한 시책들이다. 무슬림들은 새로운 종교(이슬람교)로 신앙을 군건히하고 종교적 성전(聖戰, 지하드)에 헌신하였을 뿐 아니라,

이에 바탕하여 정치적·사회적 단합도 이룩하였다. 또 피정복지에서 개종자에게는 면세의 특전을 베풀어주고, 이교도에게는 신앙을 강요하지 않고 종전보다 가벼운 공납만을 요구하는 등 관대한 대민정책을 시행함으로써 피정복지 국민의 환심을 얻어 큰 무리 없이 이슬람화를 촉진시킬 수 있었다. 바로 이러한 복합적인 요인들로 인하여 정·교·군 합일체의 통일적 이슬람세계가 신속하고 공고하게 형성·확대될 수 있었다.

군사적 정복활동을 통하여 서로 다른 문명권간의 장벽을 혁파하면서 이슬람세계라는 하나의 용광로 속에서 여러 문명소재들을 용해·응고시켜 생성된 산품(産品)이 바로 이슬람 문명이다. 요컨대 이슬람 문명이란 이슬람교를 바탕으로 헬레니즘 문명을 비롯하여 페르시아 문명과 인도 문명, 중국 문명 등 주변 문명을 두루 섭취하고, 여기에 아랍–이슬람적인 독창성을 가미하여 융화시킨 높은 수준의 국제적 문명이다. 이슬람 문명은 이슬람교의 창시자 무함마드에 의해 태동된 후 정통 할리파 시대의 여명기를 거쳐 우마위야조 아랍제국 시대에 정초(定礎)되고 압바쓰조 이슬람제국 시대에 전면 개화되었다. 이러한 이슬람 문명에 이슬람세계라는 지역적 범주를 한정시킨 것이 바로 이슬람 문명권이다.

이슬람세계 및 이슬람 문명권의 형성과 더불어 동서 문명교류가 가일층 촉진된 것은 이슬람군의 동·서정이 가져온 또다른 결과이다. 새로 형성된 이슬람 문명권은 권 내의 교류나 다른 문명권과의 교류를 촉발시켰음은 물론이거니와, 동서문명을 이어주는 가교 역할도 수행하였다.

이슬람세계의 범위는 고정불변한 것이 아니라 부단히 변화·확대되어왔다. 대체로 우마위야조 시대(8세기 중반)까지는 군사적 정복활동에 의하여 중앙아시아와 북아프리카 및 서남 유럽에 이르는 광활한 피정복지가 이슬람세계의 판도에 편입되었다. 그러나 그후 압바쓰조 시대부터는 주로 교역을 비롯한 교류활동을 통하여 이슬람교가 전파·수용되면서 동남아시아와 극동, 사하라 사막 이남의 아프리카 지역에까지 이슬람세계의 판도가 확대되었다. 이러한 대이슬람세계의 판도 안에는 원래 이질적인 여러 문명들이 혼재하였으나 상호 교류과정에서 이슬람교라는 신앙적인 공통분모에 바탕하여 하나의 통합적인 이슬람 문명권으로 묶이게 되었다. 이렇게 형성된 이슬람 문명권은 하나의 당당한 문명주체로서 주변의 기독교 문명권이나 힌두 문명권, 불교 문명권, 유교 문명권과 활발한 교류를 진행함으로써 문명의 인류 공유에 나름대로 큰 기여를 하였다. 뿐만 아니라, 이슬람 문명권은 지정학적으로 동서양 문명권의 중간 완충지점에 위치하여 동서문명을 이어주고 교류시켜주는 매개 및 교량 역할도 수행하였다. 이슬람 문명을 매개로 하여 그 원천적 구성요소의 하나인 그리스·로마의 고전문명이나 헬레니즘 문명이 동방에 소개되었다든가, 역으로 동방의 선진 과학기술이나 문물이 서방에 전달되었다든가 하는 실례는 역사에서 수두룩하게 찾아볼 수 있다. 한마디로 이슬람군의 동·서정에 의하여 형성된 이슬람세계와 이슬람 문명권은 인류문명의 교류에 괄목할 공헌을 하였다.

이러한 공헌이 순기능적 역할이라고 한다면, 강행적이고 폭력적인 군사적 정복활동이었던만큼 이슬람군의 군사적 정복활동의 역기능적 역할도 결코 간과할 수는 없다. 일반적으로 이슬람군은 정복지에서 관용적인 정책을 실시하였으나, 유일신 신앙에 위배된다 하여 정복지의 전통적인 다신교 숭배물을 우상이라고 하여 멸시하거나 심지어 파괴해버리는 비행도 저질렀음을 부인해서는 안될 것이다. 그 결과 간혹 작위적인 문화동화 현상도 발생하였던 것이다.

3. 몽골군의 서정 칭기즈칸과 그 자손들은 대몽골제국을 건설하는 과정에서 미증유의 무력적 영토팽창을 단행하였다. 그 요체는 남침서정(南侵西征)이다. 즉 남하(南下)하여 서하(西夏)와 금(金) 및 송(宋)을 침략하고 동남아시아까지 공략하며, 서행(西行)해서는 중앙아시아와 서남아시아 및 유럽까지 정복하는 군사적 활동이다. 이 두 가지 활동 중에서 동서 문명교류에 대한 영향관계로 볼 때 명실공히 서정이 교류의 정치사적 배경으로 등장하게 된다. 몽골은 3차례의 서정을 통해 아시아와 유럽을 아우르는 4대 칸국을, 남침을 통해서는 중국 전역을 석권한 원조(元朝, 1271~1368)를 세움으로써 13세기 후반에 세계적인 몽골 대제국을 건립하였다.

몽골은 40여 년간(1219~60) 3차에 걸쳐 대규모의 서정을 단행하였다. 서정의 표면적 원인은 1219년 오트라르(Otrar)에서 몽골 통상사절단이 피살된 이른바 '오트라르 사건'이지만, 그 근인(根因)은 몽골제국의 건국이념으로 소급된다. 칭기즈칸을 비롯한 몽골제국의 건국자들은 정치적으로 세계대동주의(世界大同主義)를 제창함으로써 정복욕에 불탔고, 경제적으로는 유목국가로서의 숙명인 중상주의(重商主義, mercantilism)를 추구함으로써 상업욕을 충족코자 하였던 것이다. 이와 함께 문화적으로는 개방주의(開放主義)를 표방함으로써 교류와 수용에 적극적이었고, 군사적으로는 기마유목민족의 본성대로 기마병을 핵심으로 한 강력한 무력건설을 견지함으로써 무적의 정복군을 옹유할 수 있었던 것이다.

몽골군의 제1차 서정(1219~25)은 칭기즈칸이 직접 이끈 중앙아시아 원정으로서 일명 '칭기즈칸 서정'이라고도 한다. 1218년 서요(西遼, 카라 키타이)를 공략한 몽골은 서린(西隣)한 중앙아시아의 강국 호레즘에 3명의 사절과 450명의 무슬림 대상(隊商, caravan)을 파견하여 관계수립과 통상을 시도했다. 그러나 호레즘의 오트라르 태수는 그들을 첩보원으로 의심하여 전격 학살하고 상품을 몰수했다. 이것이 이른바 '오트라르 사건'이다. 여기서 겨우 1명의 낙타몰이꾼(혹은 2명의 사절)이 구사일생으로 살아나 사건의 전말을 몽골에 보고하였다. 보고를 받은 칭기즈칸이 3명의 문죄사(問罪使)를 호레즘 쑬퇀(술탄) 무함마드에게 급파하였으나, 쑬퇀은 오히려 그중 1명을 살해하고 나머지 2명은 모욕적으로 수염을 깎아 추방하였다. 이에 격노한 칭기즈칸은 즉시 쿠릴타이(quriltai, 부족 수장들의 집회)를 소집하여 서정을 결정하였다. 1219년 봄에 드디어 제1차 서정이 시작되었다. 칭기즈칸은 친히 20만 대군을 거느리고 넷째아들 톨루이와 함께 서정을 진두지휘하였다. 서정군의 출격은 몇개의

몽골제국의 시조 칭기즈칸
(1162~1227)

진군로로 나뉘어 진행되었다. 칭기즈칸은 넷째아들과 함께 주력군을 이끌고 일격에 부하라와 사마르칸트를 공략했고, 차남 차가타이와 삼남 오고타이(몽골식으로는 우구데이 Ögödei)는 오트라르를 점령하고 오트라르 태수를 처단했다. 장남 주치(Juchi)는 씨르다리아강 하류로 서진하였다. 칭기즈칸이 호레즘의 수도 사마르칸트를 공략하였을 때 쑬퇀 무함마드는 부재중이어서 대장 제베와 수부타이(몽골식으로는 수베에테이 Sübe'etei)에게 추적을 명하였다. 1220년 말 쑬퇀은 카스피해의 소도(小島) 아비스쿰(Abiskum)으로 도망하였다가 거기서 병사했다. 그의 아들 잘랄룻 딘(Jalālu'd Dīn)은 가즈니(Ghazni)에서 병사들을 모아 반몽항전을 계속하였다. 몽골의 주력군은 잘랄룻 딘의 항전을 소탕할 목적으로 1221년 말 가즈니에 도착하였다. 탈리칸(Talikan, 현 아프가니스탄 북동부)을 거쳐 도망가는 잘랄룻 딘을 생포하려고 인더스강까지 추적하였으나, 잘랄룻 딘은 이미 인더스강을 건너 인도땅으로 도주하는 바람에 놓치고 말았다. 그후 칭기즈칸은 여름에는 힌두쿠시 산중에 있는 고원에, 겨울에는 사마르칸트에 번갈아 기거하면서 인도로부터 남러시아에 이르는 광활한 지역에서 진행되는 서정을 총지휘하였다. 잘랄룻 딘은 각지를 전전하면서 반몽 게릴라전을 전개하다가 1231년 소아시아에서 한 쿠르드인에게 암살되었다. 이로써 호레즘조는 완전히 멸망하고 말았다.

칭기즈칸은 1222년 사마르칸트를 떠나 1225년 2월에 귀향하였다. 그후 남방의 서하(西夏)를 멸하고 1227년 중국 섬서성(陝西省)에서 병사하였다. 한편 칭기즈칸이 이끄는 주력군이 회군한 후에도 대장 제베와 수부타이가 지휘하는 일부 잔여부대는 잘랄룻 딘을 추적, 계속 서진하여 카스피해와 흑해 북안에 있는 킵차크(Kipchak, Qïpchaq) 부족들을 토벌하고 북상하였다.

몽골군의 제2차 서정(1235~44)은 바투(Batu, 1208~55)의 통솔하에 진행된 유럽 원정으로서 일명 '바투 서정'이라고 한다. 1227년 칭기즈칸이 사망한 후 4남 톨루이가 임시로 국정을 관리하다가, 1229년에 3남 오고타이(재위 1229~41, 元太宗)가 제2대 칸으로 등극하였다. 그는 선친의 유업을 이어 서정을 계속하기 위해 1235년 큰형 주치의 차남인 바투를 통수로 하고 수부타이를 선봉장으로 한 50만 대군을 서정에 투입하였다. 맏아들을 출정시키면 '인마(人馬)가 늘어나고 위세가 높아진다'는 둘째형 차가타이의 제언에 따라, 오고타이의 장자 구유그와 주치의 장자 몽케 등 칭기즈칸이 낳은 네 아들의 장자들뿐만 아니라, 기타 제후와 부마(駙馬)들의 장자까지도 이 서정에 동참하였다. 그런 까닭에 제2차 서정을 '장자서정(長子西征)'이라고도 한다.

제2차 서정의 목표는 우선 러시아를 공략한 다음 동유럽 나라들을 평정하고 유럽 심장부로 진격하는 것이었다. 몽골 서정군의 각 부대는 주둔중이던 영지(營地)에서 출진(出陣)하여 1236년 볼가 강 좌안에 있는 불가르(Bulgar)에 집결, 출전준비를 한 다음 이듬해 봄부터 본격적인 러시아 원정을 개시하였다. 몽케 부대는 카스피해 연안을 따라 킵차크인들을 추적하던 끝에 그들의 수령 바츠만(Bachman)을 사로잡아 죽였다. 한편 수부타이 부대는 그해 겨울 러시아 국경을 넘어 일거에 랴잔(Ryazan, 모스끄바 동남)과 모스끄바, 블라지미르(Vladimir, 모스끄바 동북부)를 공략했다. 겨울 한달 동안 공파(攻破)한 도시만도 무려 114군데나 되었다. 1238년 봄 서정군은 블라지미르의 대공(大公) 유리(Yurii)를 격살하였다. 원래는 계속 북상하여 노브고로드(Novgorod)를 공략할 계획이었으나, 도로가 진창길이어서 포기하고 서남행하여 7주간의 격전 끝에 꼬젤스끄(Kozelsk)를 장악했다. 1239년에는 흑해 북안의 크림 반도를 점령하고 1240년에는 오랜 포위 끝에 끼예프(Kiev)를 함락하였다.

바투의 지휘하에 러시아 공략에 성공한 서정군은 세 길로 나뉘어 동유럽을 향해 서진하였다. 차가타이의 장자 바이다르(Baidar)와 오고타이의 손자 카이두(Qaidu)가 이끄는 북로군(北路軍)은 폴란드와 독일을 목표로 진격길에 올라, 1240년 겨울 첫 표적인 폴란드의 크라쿠프(Krakuw, Cracow)로 향하였다. 이듬해 봄, 폴란드군과의 시들로프(Szydlow) 전투에서 이긴 북로군은 곧바로 크라쿠프에 입성하였다. 승세를 타고 서진하여 슐레지엔(Schlesien, Silesia)에 이르자, 이곳 대공 하인리히 2세는 폴란드와 독일의 연합군을 조직하여 대항해 나섰다. 1241년 4월 9일 유명한 리그니츠(Liegnitz, Legnica, 폴란드의 서남부) 전투에서 북로군은 연합군을 대파하고 하인리히 2세를 생포하여 효수경중(梟首警衆, 죽인 다음 목을 매달아 군중에게 경고)까지 하였다. 북로군은 이어 모라비아(Moravia, 체코)를 경유해 바투의 주력군과 합류하였다.

한편, 바투가 인솔한 중로군(中路軍)은 1241년 봄 마자르(Magyar, 헝가리) 변경을 돌파했다. 마자르 왕 벨라 4세(Béla IV)는 사요(Sajo) 강변에서 중로군의 진격을 저지하려 하였으나 역부족이었다. 중로군은 도나우(Donau)강을 건너 수도 마다성(馬茶城, 현 부다페스트)에 입성하였다. 때를 같이하여 오고타이의 아들 고단이 이끄는 남로군(南路軍)은 루마니아를 공략했다.

헝가리에서 바투의 주력군과 합류한 3로군은 유럽의 중심부를 향해 서정을 계속하였다. 바투의 명을 받은 고단은 패배한 벨라 4세를 아드리아해(Adriatic Sea) 안에 있는 스팔라트로(Spalatro, Spalato, 유고슬라비아)까지 추격하였다. 이와 때를 같이해 바투의 주력군은 도나우강을 넘어 계속 서진하였는데, 그 선봉부대는 오스트리아를 지나 이딸리아의 베네찌아까지 진출했다.

몽골군의 유럽 심장부 진입은 유럽세계에 커다란 충격과 공포를 불러일으켰다. 혼비백산한 유럽인들은 이 불의의 내습을 '황화(黃禍)'라고 부르면서 불안에 떨었다. 로마교황은 각국에 친서를 보내 공동항전을 호소했다. 이렇게 전유럽이 당황하고 있을 때, 오고타이 칸이 죽었다는 소식을 접한 바투는 진격을 멈추고 회군을 결심하였다. 회군길에 오른 그는 러시아의 남부를 지나면서 볼가강 하류

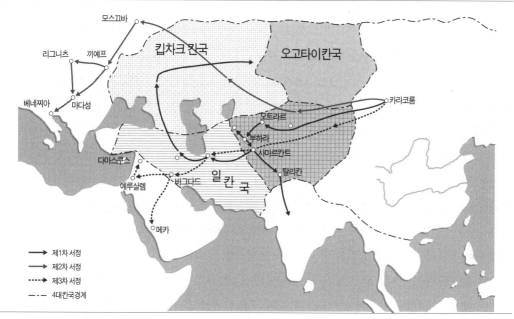

모스끄바

리그니츠   끼예프

베네찌아   마다성

킵차크 칸국

오고타이칸국

카라코룸

오트라르
부하라
사마르칸트

다마스쿠스   탈리칸
예루살렘   바그다드   일 칸 국

메카

→ 제1차 서정
→ 제2차 서정
┅▶ 제3차 서정
—·— 4대 칸국경계

몽골군 서정로 및 4대 칸국도

일원에 사라이(Sarai, 현 카스피해 북단의 아스트라한)를 수도로 한 킵차크 칸국을 세웠다.

몽골군의 제3차 서정(1253~60)은 훌레구(1219~65)의 지휘 아래 진행된 서아시아 정벌로서 일명 '훌레구 서정'이라고 한다. 1241년 오고타이 칸이 죽자 부인이 임시섭정을 하다가 장자 구유그가 왕위를 이었다(재위 1246~48). 그러나 몇년 못가서 퇴위하고 칭기즈칸의 4남 톨루이의 장자인 몽케(元憲宗)가 칸의 자리에 올랐다. 그는 1253년에 동생 훌레구를 서정군 통수로 임명하고 서정을 독려하였다. 서정군은 우선 1257년까지 카스피해 남부에 있는 물라히다(Mulahida)를 비롯한 이란 지역을 평정한 후 서행하여 메소포타미아 지방에 진출하였다. 이듬해 봄, 서정군은 압바쓰조 이슬람제국의 수도 바그다드를 무력으로 함락시키고 제국의 마지막 할리파를 비롯한 많은 관헌과 시민, 그리고 수도의 시설물에 대한 무자비한 살인과 방화, 약탈을 자행하였다. 서정군은 계속하여 메카와 예루살렘을 공격하고 나서 1259년에는 다마스쿠스를 점령하였다. 원래 훌레구는 더 서진하여 이집트(Miṣr)까지 공략할 요량이었으나, 갑자기 몽케 칸이 중국 송나라를 침공하다가 진몰(陳歿)하였다는 비보를 전해듣고 다마스쿠스 일대의 수비병력 일부만 남긴 채 휘하의 주력군을 이끌고 회군하였다. 그는 귀국 도중 이란 고원에서 잠시 체류하는 동안에 이란을 중심으로 한 일 칸국을 건립하였다.

이와같이 칭기즈칸과 그 자손들이 40여 년간에 걸쳐 3차례 단행한 서정이 동서 문명교류에 미친 영향은 지대하다. 그 첫번째 영향은 동서문명의 교류를 촉진시킨 권력구조의 창출이다. 문명은 속성상 자율적으로 교류되기도 하지만 권력의 행사나 위정자의 의지에 의한 타율적인 충동이 크게 작용할 수도 있다. 권력의 행사와 위정자의 의지가 순기능적이고 건설적일 때 교류는 가속화될 수 있다. 몽골군의 서정으로 인해 유라시아를 아우르는 인류사상 전무후무한 세계적인 대제국이 출현하게 되었다. 이 대제국의 판도 내에서 유교 문명·불교 문명·힌두 문명·페르시아 문명·이슬람 문명·기독교 문명·슬라브 문명 등 동서문명이 공존하였을 뿐 아니라, 통일적인 제국의 권력구조 아래 이들 문명간의 교류를 저해하고 차단하던 전래의 작위적인 제요인들이 제거됨으로써 이들 문명간의 교류가 획기적으로 촉진될 수 있었다. 특히 서정의 결과로 출현한 오고타이 칸국(알타이산맥 일대)과 차가타이 칸국(중가리아 분지와 타림 분지 및 아무다리아강 동쪽 지역), 킵차크 칸국(동유럽 지역), 일 칸국(페르시아와 소아시아 지역) 등 4대 칸국은 몽골 대제국의 중요한 구성부분으로서 유라시아의 동서남북에 자리하고 서로 다른 문명에 기반함으로써 동서문명의 융합과 교류에 크게 기여하였다.

다음으로 그 영향은 몽골군의 서정이 동서교통의 창달을 결과하였다는 것이다. 몽골군의 서정으로 출현한 4대 칸국과 몽골, 그리고 중국까지를 포함하여 구성된 몽골 대제국 시대는 동서교통이 전례없이 발달한 문자 그대로의 정성기(鼎盛期)였다. 이 정성기는 우선 유라시아의 광대한 지역에 통일적인 대제국이 건설됨으로써 동서교통에 대한 제반 인위적인 장애가 제거된 데 따른 것이다. 실크로드의 전개과정을 보면 종전에는 실크로드 연변에 자리한 국가나 민족들의 이해관계에 따라 동서교통이 심한 기복과 부침 현상을 보여왔으며, 실크로드의 주역도 변화무쌍하였다. 그러나 유라시아의 광활한 지역에 대한 통치권을 행사한 몽골 대제국 치하에서만큼은 초원로와 오아시스로, 해로를 가릴 것 없이 실크로드 전체가 몽골인들의 관장 아래 놓임으로써 동서교통이 일원화되어 원활하게 소통될 수 있었다. 특히 제국의 중앙정부는 4대 칸국과의 연계를 보장하기 위하여 역체제도(驛遞制度)를 비롯한 교통제도와 수단들을 대거 개발·이용하여 정연한 교통체계를 구축하였다.

동서교통의 정성기가 도래하게 된 다음의 요인은 적극적인 대외경략과 대외교류정책을 추구한 것이다. 몽골제국은 서방의 4대 칸국에 대한 경략은 물론이거니와, 동방의 한국이나 일본, 남방의 동남아시아 제국 진출에도 진력함으로써 이에 필요한 교통도 적극 개발하였다. 이와 더불어 해상교역을 비롯한 대외무역이나 서방과의 문물교류 및 인적 내왕에도 상당한 진취성을 보였다. 그 결과 동서교류가 그 어느 때보다도 활발하게 전개되어 동서교통의 정성기를 맞게 되었던 것이다.

몽골제국 시대 동서교통의 발달상은 우선 육로의 창달에서 나타나고 있다. 실크로드의 초원로와 오아시스로를 포함한 동서간 육로의 동단(東端)은 한(漢)대 이래 줄곧 장안(長安, 혹은 낙양)이었고, 서단(西端)은 로마였다. 그러나 이 시대에 와서는 동단이 더 한층 동쪽의 카라코룸(和林)이나 대도(大都, 북경)로 옮겨졌을 뿐 아니라, 서단도 로마에서 유럽 중부로 이동되었다. 종전에는 이 육로가 왕왕 페르시아나 아랍 등의 간섭·방해를 받아왔으나 지금은 이러한 인위적인 저해요소들이 제거되었다. 동시에 제국의 수요에 따라 육로의 노정이 발전적으로 변화·확대되기도 하였다.

당시 서방에 이르는 육로는 크게 두 갈래였다. 하나는 킵차크로이다. 이 길은 카라코룸이나 대도에서 출발하여 사주(沙州, 돈황)에 이른 후 서북향으로 합밀(哈密, Hami)과 별실팔리(別失八里, 현 중국 신장 우루무치 동편의 嵩嵩 일대)를 지나 계속 서행하여 오트라르와 우르겐치(Urgench)를 경유, 킵차크 칸국의 수도 사라이에 닿는다. 여기서 다시 크림 반도를 거쳐 러시아나 유럽 각지로 이어진다. 이 길의 동단(東段) 구간(오트라르까지)은 대체로 오아시스로의 북도(北道)와 일치하고, 서단(西段) 구간은 초원로에 해당한다. 제2차 몽골 서정군이나 몽골에 왕래한 유럽 사절 또는 여행가들이 주로 이용한 길이 바로 이 길이다. 육로의 다른 하나는 페르시아로이다. 이 길 역시 카라코룸이나 대도에서 출발하여 사주에 이른 후 서북향으로 천산(天山) 남도(南道)를 따라 파미르 고원을 넘은 다음 호라싼과 타브리즈를 거쳐 바그다드나 아야스(Ayas, 현 터키 앙카라 서쪽)에 도착한다. 여기서 다시 이딸리아의 베네찌아 등 유럽 각지로 이어진다. 이 길은 대체로 오아시스로에 해당하며, 아시아 구간은 제1, 3차 몽골 서정군이 주로 이용한 길이다.

육로와 더불어 해로도 상당히 활발하게 이용되었다. 동남아시아 진출과 일 칸국과의 연계, 그리고 대외무역의 전개에서 해로의 이용은 필수적이었다. 해로의 주역은 주로 원조인(元朝人)들이었다. 그들은 전대의 조선술과 항해술을 한층 발전시켜 해로에 관한 새로운 지식과 기술을 습득하였다. 그들은 자신들이 축적한 항해술과 지리지식에 기초하여 사상 처음으로 '동양'과 '서양'의 개념을 제시하였으며, 항해와 해상무역 및 해외사(海外事)에 관한 귀중한 저술도 상당수 남겨놓았다. 그 대표적인 것이 왕대연(汪大淵)의 『도이지략(島夷志略)』(1349)이다. 왕대연은 두 차례에 걸쳐 페르시아만과 홍해, 아프리카 동해안까지 항해하여 직접 목격하고 체험한 99개 국가와 지역의 여러 사정을 이 책에 소상히 기술하고 있다.

몽골제국에서 동서교통의 창달은 정연하고도 신속한 교통제도와 수단에 의거함으로써 비로소 가능하였다. 이러한 교통제도와 수단으로 대표적인 것이 발달된 역체제도이다. 역체제도란 도처에 설치한 역참(驛站, 몽골어로 쟈무치 站赤)들을 서로 연결하여 교통과 통신 수단으로 이용하는 제도를 말한다. 역참에는 수참(水站)과 육참(陸站)의 두 종류가 있는데, 수참은 선박으로 전달하는 역참이고, 육참은 축력이나 인력으로 전달하는 역참이다. 육참은 주로 축력을 이용하였는데, 축력에 따라 마참(馬站), 우참(牛站), 당나귀를 이용한 여참(驢站), 나귀를 이용한 나참(騾站), 양참(羊站), 구참(狗站) 등으로 구분하였다. 인력으로 전달하는 역참에는 걸어가는 보참(步站)과 가마를 이용한 교참(轎站)이 있었다. 중국 경내에만도 역참 수는 1,400여 곳에 달하였다.

이러한 일반적인 역참 외에 송(宋)대의 급각체(急脚遞)를 본받아 발전시킨 이른바 급체포(急遞鋪)도 있었다. 급체포는 주로 조정과 군·읍 등의 지방기관간에 긴급문서를 전달하는 특수 역참을 말한다. 10리나 15리, 20리마다 급체포를 설치하고 10포(鋪)에 우장(郵長) 1명과 포졸(鋪卒) 5명을 배치한다. 문서전달자는 낮에는 허리띠에 매단 방울을 울리고 밤에는 횃불을 들어 전달자임을 알리면서 질주한다. 1주야(晝夜)에 400리를 주파하기로 되어 있다. 호라싼에서 타브리즈까지 일반 역체로는 6일 이상 걸리지만 급체포로는 3,4일도 채 안 걸린다.

그리고 역체제도의 안전한 이용과 이용자의 편리를 위하여 사절이나 상인 등 신분에 따라 금패·은패·해청패(海青牌) 같은 다양한 역참 이용허가증을 발급하였으며, 통화(通貨)로는 교초(交鈔)라는 지폐나 차가타이 화폐가 통용되었다.

끝으로 몽골군의 서정이 동서 문명교류에 미친 영향은 동서간의 문물교류를 추진한 것이다. 우선, 중국 문물이 직접 서양에 전해졌다. 전대인 당·송시대에 제지법·인쇄술·나침반·화약 등 중국의 선진문물이 유럽에 소개되기는 하였지만, 모두가 아랍인들의 중간매개를 통해 이루어졌다. 그러나 몽골제국하에서는 이러한 중간매개 없이 직접적으로 정확하게 전달될 수 있었다. 서구인들은 몽골군으로부터 다량의 화약을 직접 획득함으로써 병기와 전술의 개진에 결정적인 계기를 마련하였다. 유럽의 왕조들은 이러한 화약병기로 그때까지 난공불락으로 여겨왔던 봉건귀족들의 성보(城堡)를 격파함으로써 비로소 통일민족국가를 출범시킬 수 있었다. 그리고 제지법과 인쇄술의 수용은 서구문명의 진보에 크게 기여하였다. 나침반의 사용은 항해술을 획기적으로 발전시킴으로써 미래의 지리상의 발견과 '대항해시대'의 도래를 예비할 수 있었다. 그밖에 이 시기 유럽에 들어온 주산(珠算), 청자(青瓷), 지폐 등은 유럽의 경제·문화 발전에 나름의 기여를 하였다.

이와 더불어 서구문물이 동방에 전해진 것도 서정이 가져온 또 하나의 선과(善果)이다. 원대 이전에는 주로 인도나 페르시아인들에 의해 서역의 문화가 동점(東漸)하였다. 그러나 몽골군의 서정 이후에는 아랍-이슬람 문명과 서구문명이 거침없이 동방에 대거 유입되었다. 천문학과 의약, 건축 등 다양한 방면에서 아랍-이슬람 문명과 서구문명이 영향을 미쳤으며 기독교와 이슬람교 등 종교들도 이 기회를 타고 전입되었다.

이상에서 정치사적 배경으로서의 군사적 정복활동 중에서 이른바 '세계 3대 원정'의 경위와 그것이 동서 문명교류에 미친 지대한 영향을 구명하였다. 이 3대 원정은 가위 범지구적인 군사적 정복활동으로서 동서 문명교류에 지대한 영향을 미쳤다는 사실은 의심의 여지가 없다. 인류역사에는 그밖에도 당군(唐軍)의 서역 원정이나 티무르의 중앙아시아와 서아시아 진출 등 국지적인 군사적 정복활동이 수없이 발생하였으며, 이러한 크고 작은 정복활동도 제한적이기는 하나 문명의 교류에 나름대로 영향을 미친 것도 부인할 수 없는 일이다. 따라서 문명의 전파나 수용 등 교류상을 논급할 때에는 당시의 정치사적 배경으로서의 군사적 정복활동에 관하여 경중을 불문하고 면밀히 고찰해야 한다.

정치적 경략 정치적 경략(經略)이란 다른 국가나 지역을 공략하여 정치적 지배를 강요하는 행위를 말한다. 경략에서의 기본은 정치적 공략이다. 설혹 군사적 공략이나 경제적·문화적 공략 같은 것이 선행할 경우라도 상응한 정치적 공략 없이는 전반적인 경략이 성사되거나 유지될 수 없다. 한편 정치적 공략이 성공하기만 하면, 군사적 공략이나 경제적 및 문화적 공략은 순응적(順應的)으로 실현될 수 있으며, 급기야는 공고한 경략에 이르게 된다.

경략은 경략자와 피경략자 간의 역량관계나 경략의 목적, 그리고 시대상황에 따라 각이한 형태를 취한다. 대체로 고대와 중세에는 영토를 타지까지 확장하거나 기미(羈縻)정책으로 타지를 견제·예속하는 속령화(屬領化) 경략을 추구했다면, 근대에 와서는 식민지화(植民地化) 경략을 위주로 하고 있다. 식민지화란 피경략지에 자국민을 식민시켜 실질적인 모든 권익을 장악케 함으로써 그들을 통해 피경략지에 대한 지배를 실현하는 행위를 말한다. 이렇게 피경략지를 속령화하거나 식민지화하는 것이 경략의 두 기본 형태이다. 그런데 경략사를 살펴보면, 이 두 형태는 상황에 따라 혼용되거나 전후가 뒤바뀌는 경우도 가끔 있다.

경략은 동질문명권 안에서 발생할 수도 있고, 이질문명권 사이에서 발생할 수도 있다. 동질문명권 내의 경략은 해당 문명의 심화나 발달에 유리한 내향적(內向的) 국면을 조성하여 문명의 교류주체로서의 지위와 역량을 한층 강화할 수 있다. 그러나 문명교류의 직접적인 요인으로 작용하지는 못한다. 이에 비해 이질문명권간의 경략은 문명간의 교류를 가능케 하는 외향적(外向的) 환경을 마련함으로써 문명교류를 촉진하는 직접적 요인으로 기능할 수 있다. 문명사적 견지에서 보면 이 경우 다른 문명권에 대한 특정 문명권의 지배행위이기 때문에 경략의 정도와 형태에 따라 융합이나 융화, 동화 등 각이한 접변현상이 발생할 수 있다. 경제적·문화적 공략을 앞세운 경략에서는 순기능적 영향이 두드러지게 나타나지만, 식민지화 경략일 경우에는 동화 같은 역기능적 영향이 우세한 것이 상례이다. 따라서 문명교류의 정치사적 배경으로서의 경략, 특히 이질문명간의 경략이 발생했을 때에는 그것이 문명교류와 맺는 영향관계에 대해 구체적으로 면밀하게 분석·평가해야 한다.

동서고금을 막론하고 이질문명간에는 수많은 경략현상이 나타났다. 그것을 이질문명간의 대응관계에 따라 서방의 동방경략과 동방의 서방경략으로 대별할 수 있고, 형태에 따라 속령화와 식민지화로 구분할 수 있다. 여기에서의 '서방'과 '동방'은 방향적인 개념으로서 현대의 '서양'과 '동양' 개념과 꼭 일치하는 것은 아니다. 그리하여 문명교류의 정치사적 배경의 견지에서 역사상 발생한 각종 경략을 크게 속령화 경략과 식민지화 경략으로 대별하며, 속령화 경략을 다시 서방의 동방속령화 경략과 동방의 서방속령화 경략으로 나누고, 식민지화 경략을 다시 서방의 동방식민지화 경략과 서방의 라틴아메리카 식민지화 경략으로 나누어 고찰할 수 있다.

1. **속령화 경략** 역사적으로 문명교류에 미친 영향을 확인할 수 있는 서방의 첫 동방속령화 경략으로는 페르시아의 중앙아시아 경략을 들 수 있다. 기원전 6세기 중엽에 페르시아의 키루스 2세(Cyrus

II, 재위 BC 559~529)는 오늘의 이란을 본거지로 이집트를 제외한 고대 오리엔트 전역을 정복하고 아케메네스 왕조(Achaemenes, BC 6세기~330)를 건립하였다. 그의 뒤를 이은 다리우스 1세(Darius I, 재위 BC 522~486)는 제국의 영토를 동쪽으로 서북 인도에서 서쪽으로 이집트와 아나톨리아까지, 북쪽으로 씨르다리아강까지 확장하여 전대미문의 페르시아 대제국을 건립하였다. 그는 중앙아시아에 제12(박트리아 등)와 제15(사카 등), 제16(파르티아, 호라싼 등)의 3개 속주(屬州)를 설립하여 경략통치를 실시하였다. 기원전 5세기 후반에 있은 페르시아 전쟁 때, 호레즘과 박트리아, 소그디아나, 파르티아, 사카 등 중앙아시아의 여러 종족들이 페르시아군에 소속되어 그리스 원정에 참가한 사실은 페르시아의 중앙아시아 경략(BC 6~4세기)을 실증해준다. 박트리아와 소그디아나, 마르키아나 등 중앙아시아 일원에서 출토된 기원전 1천년기 전반의 토기들이 원통형 컵 모양의 용기와 몸체가 직선인 발형(鉢型) 용기라는 공통성을 가지고 있는 점으로 미루어보아 이곳은 고대 오리엔트 문명이나 페르시아 문명과는 다른 하나의 문명권을 형성하고 있었음을 짐작할 수 있다.

페르시아의 속령화 경략을 계기로 고대 오리엔트 문명이나 페르시아 문명이 중앙아시아에 속속 유입되었다. 호레즘의 키제리쿠이르나 마르키아나의 에루그 가라(메르브), 박트리아의 가라이마르, 소그디아나의 아프라시압(사마르칸트) 등 고대도시의 건물은 햇볕에 말린 연와(煉瓦)로 짓고 사방에 성벽을 두르는 등 오리엔트의 도시건축 양식을 그대로 따랐다. 기원전 7세기에 출현한 조로아스터교(배화교)의 창시자 조로아스터가 포교활동을 전개한 주무대는 박트리아였으며 이 종교는 중앙아시아 전역에 신속히 전파되었다. 그밖에 시리아에서 기원한 아람(Aram)문자가 중앙아시아에 전달되었으며, 이 문자를 모체로 호레즘과 파르티아, 소그디아나 등 여러 나라의 문자가 창제되었다.

다음으로 문명교류에 영향을 미친 서방의 동방속령화 경략으로는 그리스인들의 동방경략을 들 수 있다. 그리스인들은 알렉산드로스의 동정 결과 출현한 알렉산드로스 대제국 시대와 그를 이은 3대 후계국 시대를 포함한 이른바 헬레니즘 시대(BC 334~30)에 서양인으로서는 사상 처음으로 동방세계에 대한 경략을 시행하였다. 불과 10년밖에 안되는 알렉산드로스 대제국 시대에는 주로 군사적 정복활동을 통하여 서아시아와 중앙아시아 일대에 대한 군사적 경략을 단행하였다. 그러나 알렉산드로스의 사망과 더불어 이러한 군사적 경략 시대는 종언을 고하고 3대 후계국의 분립을 계기로 정치적 경략 시대가 도래하였다.

알렉산드로스가 사망하자(BC 323) 그의 제국 통치권을 둘러싸고 후계자들간에 치열한 분쟁이 계속되다가 결국에는 바빌론을 본거지로 지중해 동안으로부터 서북 인도에 이르는 광활한 지역에 건립한 셀레우코스와 이집트에 건립한 프톨레마이오스, 그리스를 포함한 마케도니아에 건국한 안티고노스 왕조의 3대 왕국으로 분립되기에 이르렀다. 마케도니아의 안티고노스 왕조는 물론이거니와, 셀레우코스 왕조와 프톨레마이오스 왕조의 창건자도 모두 알렉산드로스의 부장(部將)들로서 그리스인이었다. 뿐만 아니라, 이 왕조들에는 그리스 문명이 대거 전입하여 현지 토착문명과 융합된 새로운 형태의 헬레니즘 문명이 창출되었다. 따라서 셀레우코스 왕조나 프톨레마이오스 왕조는 그리스인들의 동방속령화 경략이었음에 틀림이 없다.

프톨레마이오스 왕조는 기원전 30년 멸망할 때까지 지배층이 그리스인이거나 이집트화한 그리스인이었으며, 그리스 문명이 지배적이었다. 이에 비해 셀레우코스 왕조는 헬레니즘 시대라는 총체적인 역사 맥락에서는 프톨레마이오스 왕조와 크게 다를 바가 없으나, 구체적인 경략형태나 그리스 문명의 영향관계에서는 다소 복잡하고 대동소이한 측면이 있다. 셀레우코스 왕조는 사실상 얼마 존재하지 못하고 사분오열되어 군소 제국들이 난립하였다. 그중 중요한 왕조는 박트리아(Bactria, 大夏, BC 255?~139)와 파르티아(Parthia, 安息, BC 250~AD 224)이다.

셀레우코스 사망 후 중앙아시아에 대한 셀레우코스조의 지배력은 약화되었다. 기원전 3세기 반경, 박트리아 태수 디오도투스(Diodotus)는 그리스인들의 지배에 대한 원주민들의 불만을 틈타 셀레우코스 왕조로부터 이탈하여 독립을 선포하였다. 중앙아시아로부터 인도 북부까지를 판도로 한 박트리아의 지배자들은 대체로 이주한 그리스인들의 후예이거나 원주민들과의 혼혈인들이었으며, 그들은 그리스 문명의 전달자 역할을 하였다.

그러나 카스피해 동남부에 출현한 파르티아 왕조의 건국자는 그리스인과는 무관한 원주민인 파르니 종족의 아르사케스(Arsaces, 재위 BC 250~211경) 형제로서, 그들은 박트리아의 태수를 축출하고 파르티아 왕조를 세웠다. 이와같이 파르티아는 비록 그 건국자가 그리스인이 아니고, 건국 후 셀레우코스조와 부단히 분쟁을 벌이면서 그 지배에서 벗어나려고 하였지만, 500년 건국역사의 전반기 동안 헬레니즘의 훈육(薰育) 속에서 그 영향을 많이 받아 특유의 융합형 파르티아 문화를 창출하였다. 초기의 수도인 니사(Nisa, 현 아슈하바트 부근) 유적지에서 출토된 궁전·신전·창고 등 건물과 그리스풍의 대리석상, 도편(陶片)에 아람문자로 쓴 경제문서, 그리스 신화를 주제로 한 인물군상이 조각된 상아제 각배(角杯, rython) 등은 그리스 문명의 짙은 영향을 여실히 보여주고 있다.

이와같이 알렉산드로스의 동정을 계기로 그리스인들의 동방속령화 경략이 이루어졌으며, 이로 인하여 헬레니즘 시대가 열리게 되었는데, 이 시대의 동서 문명교류는 여러 분야의 융합에서 뚜렷이 나타나고 있다.

그것은 우선 정치적 융합에서 나타난다. 헬레니즘 시대에 동서문명권을 두루 아우르는 사상 초유의 대제국이 건설되었으며, 파미르 고원 서쪽에 헬레니즘을 기반으로 한 새로운 정치적 일체화가 재현되었다. 이러한 일체화는 종전의 아케메네스조 페르시아에 의한 정치적 일체화와는 그 양상이 사뭇 다르다. 헬레니즘 세계의 지배자들은 당초 그리스 문명의 세례를 받은 사람들이기는 하였으나, 통치체제에서는 그리스의 폴리스적 민주체제를 지양하고, 오리엔트식 신정(神政) 전제정치를 채택하였다. 알렉산드로스는 이집트에 들어가서는 이집트의 파라오와 마찬가지로 태양신(아몬 라)의 아들이라는 신탁(神託)을 받고 그렇게 행세하였으며, 페르시아와 중앙아시아에서는 현지의 전통적인 군주전제체제를 표방하였다.

그밖에 정치적 융합은 요지마다 그리스식 도시를 건설한 데서도 여실히 나타났다. 알렉산드로스는 정복지에 통치거점을 확보하기 위해 약 70개소에 동명(同名)의 알렉산드리아 시를 건설하였다고 한다. 그러나 실제로 고증된 것은 그중 13개소뿐이다. 도시에는 원정군을 주둔시켰을 뿐만 아니라, 원정군에 종군하거나 이민해온 수많은 그리스 학자나 행정관료, 상인, 공장(工匠)들을 상주시켰다. 그리하여 이러한 도시는 그리스식 시민운영 씨스템을 갖추고 있었다. 이와같이 총체적으로 볼 때 헬레니즘 세계의 정치는 오리엔트의 전통적 전제통치체제를 유지하면서 이에 폴리스식 도시운영과 같은 그리스적인 정치제도를 가미·융합하였던 것이다.

다음으로, 헬레니즘 시대 동서 문명교류는 사회·경제적 융합에서도 나타나고 있다. 알렉산드로스가 도처에 그리스식 도시를 건설하고 이민권장정책을 펴자 당시 경제적 쇠퇴와 정치적 혼란에 시달리고 있던 그리스인들은 궁핍해진 폴리스를 떠나 용병·이민·상인·관리 등 다양한 신분으로 정복지에 대거 이주하였다. 뿐만 아니라 정복지 원주민들과의 통혼도 장려됨으로써 민족적·혈연적 융합도 추진되었다.

이와 더불어 알렉산드로스의 동정은 지중해 세계와 오리엔트 세계를 하나의 거대한 교역권과 경제권으로 결합시켰다. 알렉산드로스 대제국이 분열된 후에도 씨칠리아로부터 흑해 연안, 나일강에서 인더스강에 이르는 광대한 지역은 여전히 하나의 거대한 교역권과 경제권을 유지하고 있었다. 이집트의 프톨레마이오스조를 제외한 헬레니즘 세계에서는 알렉산드로스가 제정한 기준의 주화, 즉 아티카를 통용하였다. 그리스 상인들은 오리엔트의 상술과 관습을 익히면서 교역을 확대해갔다. 상공업의 급속한 발달은 경제활동 중심지로서의 도시, 특히 대외교역 중추로서의 도시를 번영하게 했다. 이집트의 알렉산드리아는 인구 50만을 넘는 대도시로서 헬레니즘 세계의 경제적·문화적 중심지였다. 그밖에 소아시아의 에페소스와 페르가몬, 흑해 입구의 비잔티온, 에게해의 로도스와 델로스섬 등은 교역과 수공업의 중심지였으며, 티그리스강 하구의 셀레우키아(Seleukeia)와 셀레우코스 왕조의 새로운 수도 안티오크(Antioch)는 아시아 및 인도와의 교역 중심지였다. 이러한 사실들은 헬레니즘 시대에 나타난 지중해 세계와 오리엔트 세계 간의 사회·경제적 융합을 말해준다.

끝으로, 헬레니즘 시대 동서 문명교류는 문화적 융합에서도 나타나고 있다. 헬레니즘 시대에 전례 없이 발달한 학문이나 예술은 동서문명간에 발생한 융합의 소산이다. 이 시대를 풍미한 스토아학파(Stoicism)는 그 창설자가 셈족 출신의 제논(Zenon)으로서 보편적인 정의에 의해 지배되는 세계국가를 이상형으로 구상하면서도 현실적으로는 동방적인 전제주의 지배를 인정하고 이에 적응하였다.

아울러 그는 동방적인 금욕주의를 실천적인 생활윤리로 제시하였다.

광대한 헬레니즘 세계의 일체화를 실현하기 위해서 아티카의 방언인 코이네(Koinē)가 공용어로 채택되었다. 이와 함께 그리스 이주민들이 원주민의 의상을 채용한다든가 하는 유화(宥化)정책에서 도 문화적 융합 시도를 찾아볼 수 있다. 그밖에 교류를 통한 문화적 융합 현상은 도처에 그 흔적을 남겨놓았다. 이 시대에 그리스인들이 인도철학을 배워가고, 인도인들이 그리스의 화폐주조법과 천 문학, 건축양식 등을 수용한 것은 그 대표적 실례라고 할 수 있다.

그리스인들의 동방경략은 헬레니즘 시대를 이어 400여 년 후 비잔띤제국(AD 330~1453) 시대에 재 현되었다. 4세기 로마제국의 동서분열은 사실상 로마제국의 영원한 붕괴를 의미하는 것으로서, 비 잔띤제국은 결코 로마제국의 동천(東遷)이나 계승이 아니다. 왜냐하면 비잔띤제국은 그리스인들의 소아시아 속령화 경략에 의해 헬레니즘적인 그리스 문명과 새로운 동방적인 문명요소들이 결합되 어 산생한 신흥 제국이기 때문이다. 이 제국은 국가의 기본이념으로 로마제국의 정통적인 그리스도 교(Christianity) 대신에 그리스정교(Greek Orthodox)를 취하였으며, 공용어는 로마제국의 통용어였 던 라틴어 대신에 그리스어를 택하였다. 뿐만 아니라, 이 제국은 소아시아를 본거지로 하여 시리아 와 팔레스타인, 아르메니아 등 동방국가들을 경략하고 동서간의 각종 교류에 적극성을 보임으로써 동방적인 문명요소들을 수용함은 물론, 동서양 문명교류에 상당한 기여를 하였다.

유라시아를 연결하는 가교적 요지에서 1천년간 존속한 비잔띤제국을 통해 실현된 동서문명의 교 류는 여러 분야의 융합에서 찾아볼 수 있다. 먼저 지적될 것은 정치적 융합으로서, 동방적인 전제주 의를 채택한 점이다. 비잔띤제국에서 황제는 절대적인 지배자였는바, 7세기에 이르러 황제는 스스 로 '바실레우스'(Basileus, 왕 중의 왕)라고까지 칭하였다. 황제는 행정과 군사의 최고권력자임은 물론 이거니와, 종교에서도 꼰스딴띠노쁠의 수좌대주교(首座大主敎, Patriarch)에 대한 임명권을 비롯하 여 종교회의 소집과 회의내용에 대한 결정권 등을 장악하고 있었다. 이와같이 그리스정교회는 서방 교회와 달리 철저하게 황제의 통제하에 있었기 때문에 '황제교황주의'(Caesaro-Papism)라고도 불렸 다. 사실상 동방적인 정교합일의 국가체제인 셈이다. 그리고 황제의 세습제라든가 궁전 중심의 국가 기구 운영 및 환관(宦官)의 중용 등도 동방적인 관권행태임이 분명하다.

다음은 사회·경제적 융합으로서, 비잔띤제국은 로마 말기의 통제경제제도를 계승하여 공업이나 상업에 대해 국가적 통제와 제약을 가하는 한편, 동서방과의 대외교역을 적극 추진하였다. 수도 꼰 스딴띠노쁠은 인구 100만의 국제무역도시로서 각종 동서방 상품의 집산지였으며, 비잔띤의 화폐는 국제무역에서 표준적인 화폐로 인정되었다. 6세기 중엽에는 중국으로부터 양잠기술을 도입하여 견 직물공업을 크게 발전시켰다.

끝으로 문화적 융합에서는 동서문명의 융합상이 더욱 두드러지게 나타나고 있다. 비잔띤 문화는 한마디로 그리스정교를 바탕으로 헬레니즘적인 그리스 문명과 동방적인 문명요소들이 융합된 하나의 복합문화라고 할 수 있다. 비잔띤 문화의 가장 큰 공적은 그리스 고전문명을 보존·재생하여 서방의 로마-게르만 세계와 동방의 사산조 페르시아 및 이슬람 세계, 그리고 멀리는 극동세계에까지 (643~742년 중국 당조에 7차례나 사절을 파견) 전파한 것이다. 비잔띤 문화의 이같은 융합적 특색은 미술에서 가장 뚜렷이 나타난다. 6세기 유스티니아누스(Justinianus, 527~65) 황제에 의해 건조된 아야 쏘피아 성당과 베네찌아의 싼 마르꼬 성당은 오늘날까지도 비잔띤 건축미술의 백미(白眉)로 칭송되고 있는데, 내부의 화려하고 신비로운 상징주의적 모자이크 벽화와 장식은 비잔띤 미술의 독창성을 여실히 보여주고 있다. 비잔띤의 종교미술은 그리스의 종교미술과 시리아 및 팔레스타인의 동방적인 종교미술을 잘 융합시킨 독특한 미술이다.

다른 한편, 비잔띤 문화와 그리스 정교는 발칸 반도와 러시아를 포함한 동유럽의 슬라브 세계에도 큰 영향을 미쳤다. 슬라브 세계는 비잔띤으로부터 그리스정교를 비롯한 문명의 요소들을 받아들임으로써 장차 독자적인 슬라브 문명을 형성할 수 있는 기반을 마련하게 되었다. 그리하여 러시아는 비잔띤제국의 '후계자'로 자처하기까지 한다.

끝으로 문명교류에 영향을 미친 서방의 동방속령화 경략에는 그리스인과 아프간-터키계 무슬림들의 인도 경략이 있다. 인도사상 최초의 통일국가였던 마우리아(Maurya) 왕조(BC 317~180)의 쇠망과 더불어 인도 서북부는 일시 알렉산드로스 대제국의 후계인 셀레우코스 동방제국의 속주가 되었다. 셀레우코스 동방제국이 분열하면서 박트리아에 거주하던 그리스인들은 기원전 2세기에 페샤와르(Peshawar)를 비롯한 인도 서북부의 펀자브 전역을 공략하고, 사갈라(Sagala, 현 시알코트)를 수도로 한 왕국을 건립하였다. 불교 사료에는 불교학자 나가세나(Nagasena)가 이 이방(異邦) 경략국의 왕 메난드로스(Menandros, 혹은 Milinda)를 불교로 개종시킨 사실과 두 사람 사이에 오갔던 대화내용이 전해진다. 불교계에서는 이 대화내용을 불경만큼이나 중시하고 있다. 왕이 입적했을 때 불교의식에 따라 그의 유골은 전국 각지에 뿌려졌다고 한다. 그리스 출신의 메난드로스 왕이 불교로 개종한 사실(추종자들도 있었을 것이다) 자체가 이질문명의 수용을 통한 문명교류의 일단인 것이다.

일찍이 알렉산드로스의 동정군은 인도 서북지방에 진입하여 작은 국가들을 병합하고 19개월이라는 짧은 기간 동안 이곳을 경략한 후 철수하였다. 마우리아조를 세운 찬드라굽타(Chandragupta, 재위 BC 320~293경)는 알렉산드로스의 동정군이 회군함으로써 생긴 정치적 공백을 이용하여 쉽게 이 지방을 장악할 수 있었던 것이다. 이러한 역사적 인연 속에서 약 2세기 후에 다시 이 지방을 경략하게 된 사갈라 왕국의 그리스인들이 오늘날에 이르기까지 남긴 문명교류사적 흔적은 여러 곳에서 출토된 동전 모양의 주화에서 그대로 나타나고 있다. 그들은 제우스·아폴로·헤라클레스 등의 얼굴을 새긴 주화를 만들어 사용하였다. 이렇게 그리스인들의 인도 서북부 경략 시기에 왕권과 교역의 상징이며 필수도구이기도 했던 주화는 인도인들에게로 후일 전승되었다. 이 외래의 그리스 왕국은 흉노의 서천(西遷)에 밀린 월지(月氏, Yuechi)가 아프가니스탄에 정착한 사카족(Saka, 스키타이인)을 압박하자, 사카족이 인도 서북부로 진입하는 바람에 그들에게 멸망당하고 말았다.

이때로부터 1천여 년이 지나서 인도는 이질문명을 가진 새로운 외세의 경략하에 다시 놓이게 되었다. 그것이 바로 650여년(1206~1857, 노예왕조 성립에서 무갈제국 멸망까지)이라는 오랜 기간 지속된 무슬림들의 인도 경략이다. 이슬람 동정군(東征軍)은 일찍이 8세기 초에 씬드 지방을 공략하고, 10세기에는 펀자브 지방까지 진출하였다. 아프가니스탄의 가즈나조(Ghaznavid) 쑬퇀 마흐무드(Maḥmūd)는 11세기 초 10여 차례나 인도 서북부의 페샤와르와 물탄(Multan), 타네스와르(Thaneswar, Thanesar) 등지를 침공하였다. 이 시기 내침한 이슬람군은 힌두교의 성지 마투라(Mathura)를 수주일간 점령하여 힌두 사원을 파괴하고 신상(神像)을 유린하는 비행을 저질렀다. 12세기 후반에 이르러 아프가니스탄의 산악국가인 구르(Ghur) 왕국의 터키족 출신 쑬퇀 무함마드(Muḥammad)는 인접국 가즈니를 정복(1173~74)한 데 이어, 인도를 공략하여 거기에 이슬람 왕국을 건립할 목적으로 우선 펀자브 지방을 점령하고, 인더스강 유역을 확보한 후, 갠지스 평야를 공격하려고 하였다. 그리하여 1191년 델리 북부 타라인(Tarāīn)으로 진격하였으나, 여기에서 프리트비라자(Prithviraja) 휘하의 인도연합군과 접전한 끝에 패전의 고배를 마셨다. 그러나 이듬해 같은 장소에서 벌어진 제2차 타라인 전투에서는 무함마드가 결정적인 승리를 거두었다.

델리 부근까지 접근한 무함마드는 이듬해(1193)에 부하 장군 꾸트붓 딘 아이바크(Qutbu'd Din Aibak)로 하여금 델리를 공략토록 하고 자신은 귀국하였다. 1206년 무함마드가 시해되자 아이바크는 델리를 수도로 한 왕국을 건립하였다. 아이바크뿐만 아니라 그 후계자들이나 고위관헌들 대부분이 터키족 노예(mamlūk) 출신들이기 때문에 인도사에서는 이 왕조를 '노예왕조'(1206~90)라고 부른다. 노예왕조는 외래족의 경략에 의해 성립된 인도 최초의 이슬람 왕조이다. 아이바크는 자신의 통치기반을 굳히기 위해 정략적 결혼을 장려하였다. 자신은 키르만(Kirman) 주지사인 타줏 딘 일디즈(Taju'd Din Yildiz)의 딸을 왕비로 맞아들였다. 이 왕조는 공주 라지야(Raziyya)의 계위에 이어 왕실 수비대 출신의 '40인 노예'의 지배시대를 거쳐 폭군 발반(Balban)의 정권찬탈 등 혼란을 겪다가 발반의 사망으로 쇠망하고 말았다.

발반의 사망으로 인해 발생한 혼란을 틈타서 그의 부하 장군인 터키계 힐지족 출신의 잘랄룻 딘 알 힐지(Jalālu'd Dīn al-Khiljī)가 정변을 일으켜 찬위(簒位)하고 힐지 왕조(1290~1320)를 건립하였다. 그는 인도 무슬림들에게 고위관직을 할애하는 등 이른바 이슬람 왕조의 '인도화'에 관심을 기울였다. 그러나 즉위 6년 만에 조카이자 양자인 알라웃 딘 알 힐지('Alāu'd Dīn al-Khiljī)에게 왕위를 찬탈당하였다. 알라웃 딘은 세제개편 등 국내 개혁을 촉진함과 동시에 강력한 군사력을 바탕으로 대외적으로는 남쪽으로 데칸 고원까지 진출하여 판도를 확대하였다. 뿐만 아니라, 몽골군의 침입에도 성공적으로 대항하였다. 이후 왕자인 꾸트붓 딘 무바라크(Qutbu'd Dīn Mubārak)가 계위하였으나 4년간의 단명으로 힐지 이슬람 왕조는 붕괴되었다.

꾸트붓 딘 무바라크는 후스루 칸(Khusru Khan)에게 왕위를 빼앗겼다. 그러나 후스루 칸도 얼마 지나지 않아 펀자브 지방의 지사인 가지 말리크(Ghāzī Malik)에 의해 축출되었다. 실권을 거머쥔 가지 말리크는 기야숫 딘 투글루끄(Ghiyāsu'd Dīn Tughluq)란 이름으로 1320년에 등위하여 투글루끄 조(1320~1414)를 세웠다. 그는 데칸에 제2수도를 건설하고 남방으로 영토확장을 기도하였다. 그를 계위한 피루즈 샤(Firūz Shāh)는 성군(聖君)으로서 37년간 집권하면서 관개시설 확충을 비롯한 농업개선과 사원·병원·학교 등 문화시설 건설에 관심을 기울였다. 그는 독실한 무슬림으로서 이슬람 교리를 철저히 지키고, 이슬람으로 개종한 하층인에게는 인두세(人頭稅, jizyah)를 면제해주는 등의 정책을 시행함으로써 그의 치세를 계기로 인도의 이슬람화가 크게 추진되었다. 그러나 이 왕조는 티무르(Timūr)의 내침으로 붕괴되었다.

티무르는 델리에 불과 2주일 동안 체류하고 돌아갔지만, 그의 내습에 의해 투글루끄조가 불시에 멸망하여 확실한 후계자의 승계가 불가능함으로써 일시적으로 정국의 혼란상태가 조성되었다. 이 혼란상태를 수습하고 출현한 것이 아프가니스탄계 로디족 출신의 부훌룰 칸(Buhlul Khān)이 세운 로디(Lodi) 왕조(1451~1526)이다. 로디 왕조는 제2대 왕 시칸다르(Sikandar) 때 아그라(Agra)에 새로운 수도를 건설하고 나라의 부흥을 시도하였다. 그러나 1526년 무갈(Mughal, 무굴)제국의 시조인 차가타이 터키계의 바부르(Babūr)의 내침으로 멸망하고 말았다.

이상에서 살펴본 바와 같이 델리를 중심으로 한 인도 서북방에서 300여 년간(1206~1526, 노예왕조 건립에서 로디 왕조 멸망까지) 4대의 이슬람 왕조(노예왕조·힐지 왕조·투글루끄 왕조·로디 왕조)가 연속 출몰하였다. 이 4대 왕조는 분명히 외래의 경략왕조이고 위정자 모두가 무슬림이라는 공통점이 있으나, 지배계층이 아프가니스탄계와 터키계로 대별되는 상이점 또한 가지고 있다. 이러한 공통점과 상이점으로 인해 비록 인도 경략은 이루어졌지만, 경략과정에서 정책의 일관성이 결여되고 내부갈등이 격심하였으며, 따라서 각 왕조의 통치기간도 짧았다. 그 결과 힌두 문명에 미친 이슬람 문명의 영향이나 두 문명간의 교류는 미미할 수밖에 없었다. 그러나 경략기간의 전반(前半)에 일어난 이러한 난맥상을 극복하고 확고한 경략을 실현함으로써 두 문명간의 교류에 뚜렷한 족적을 남긴 것이 후반 300여 년간의 무갈제국이다. 그래서 무갈제국을 인도 이슬람 왕조의 '영광'이라고 평가하기도 한다.

무갈제국의 시조는 차가타이 터키계의 바부르(재위 1526~30)이다. 그는 부계 쪽으로는 차가타이 칸의 지배자였던 티무르의 후예이고, 모계 편으로는 칭기즈칸의 후손이다. 이러한 사족(士族)의 후광 속에서 아프가니스탄의 카불 일원에 지배권을 확립한 그는 서양에서 수입해온 대포 등 신식무기로 무장한 정예보병 12,000명과 기병을 이끌고 4차례의 공격 끝에 델리 부근의 파니파트(Panipat) 전투에서 대승하였다. 이어 델리를 공략한 후 1526년에 로디 왕조의 수도 아그라에 입성하였다. 이 것이 무갈제국(1526~1857)의 기원이다. 뒤이어 등극한 장자 후마윤(Humayun)은 즉위 10년 만에 아 프가니스탄 출신 장군 세르 칸(Sher Khān)에게 쫓겨나 씬드 사막으로 추방되었다. '위대한 인물'이 란 뜻의 이름을 지닌 그의 아들 아크바르(Akbar, 재위 1556~1605)는 13세에 제3대 왕으로 등극하여 강력한 군사력으로 판도를 부단히 확장하였다. 그리하여 북인도 전역을 석권하고 구자라트, 벵골, 오리사, 카슈미르, 씬드 등 광활한 지역도 병탐하여 인도 이슬람 왕조 사상 최대의 제국을 건설하였 다. 이때가 바로 이른바 '대무갈제국' 시대이다.

아크바르는 소수의 지배자인 무슬림과 다수의 피지배자인 힌두 간의 갈등을 해소하고 국민화합 을 도모하기 위하여 일련의 민족유화정책을 실행하였다. 그는 북인도의 가장 유력한 힌두 세력인 라 지푸트족(Rājputs)과의 혼인을 권장하였다. 그 자신이 라지푸트족 공주와 결혼하였고, 왕자도 이 종 족의 힌두 여성을 취하도록 하였다. 그리고 라지푸트족 족장들을 지사나 군 지휘관, 정부요직에 기 용하기도 하였다. 뿐만 아니라, 엄청난 세수(稅收)의 감소를 감내하면서 비무슬림에게만 부과했던 성지순례세와 인두세를 폐지하였다. 그는 힌두 세력과의 화해를 기반으로 하여 국민국가를 유지하 고, 나아가 인도의 통일을 성취하라는 유언까지 남겼다. 이와같은 아크바르의 제반 정책은 비단 무 슬림과 힌두 간의 민족적 화해를 이루었을 뿐만 아니라, 외래의 이슬람 문명과 토착의 힌두 문명 간 의 융합도 촉진시켰다.

아크바르의 민족화해와 문명융합 정책으로 인하여 무갈제국은 강성일로를 걸었다. 제6대 왕 아우 랑제브(Aurangzeb, 1658~1707) 시대에 이르러서는 제국의 전성기를 맞이하였다. 전성기의 제국 판 도는 마우리아조 제3대 아소카(Asoka, 재위 BC 269~232) 대왕 시절의 웅대한 판도와 비견될 정도로, 동쪽으로 치타공에서 서쪽으로 카불까지, 북쪽으로 카슈미르에서 남쪽으로 카베리(Kāverī)까지 이 르는 인도의 대부분 지역을 망라하였다.

무갈제국 전성기를 주도한 아우랑제브의 통치이념은 철저한 이슬람 중심주의였다. 아우랑제브는 제국은 어디까지나 이슬람 국가라는 기본이념에서 출발하여 이슬람법(al-Sharī'ah)만을 유일한 국법 으로 인정하고 그 준수를 강요하였다. 그는 선대(先代) 아크바르의 민족적 화해나 종교적 관용 정책 을 이슬람에 대한 부정으로 판단함으로써 힌두의 종교적 행사를 불법화하고 이교도의 사원이나 학 교를 폐쇄하였으며, 힌두교도에 대한 인두세를 부활시켰다. 뿐만 아니라, 힌두 관리들을 무슬림들로 교체하고 힌두 상인에게는 무슬림 상인의 두 배에 달하는 세금을 부과하는 등 각종 종교적 차별시 책을 강행하였다. 물론 그 자신은 철저한 무슬림으로서 청렴하고 금욕적인 생활을 하고 기념비적 대 건물의 건축을 금지하는 등 긴축정책을 실시하였으며, 데칸에 20여 년간 상주하면서 남인도로의 국

무갈제국도

페르시아
페샤와르　카슈미르
가즈니
얌리차르
히말라야산맥
티베트
브라마푸트라강
인더스강
델리
아그라
카나우지
씬드
알라하바드
파트나
베나레스
구자라트
수라트
캘커타
봄베이
아우랑가바드
치타공
하이데라바드
고아
마드라스
캘리컷
뽕디셰리
코친
탄졸
콜롬보

■■■ 아크바르시의 국경
☐ 아우랑제브시의 제국
▥ 초기 마라타 왕국

무갈제국도

토확장을 보장하는 등 국력신장을 주도한 것만은 사실이다.

아우랑제브의 배타적인 이슬람 중심주의는 여러 종족들과 힌두교도들의 불만과 반란을 불러일으켰다. 특히 이때까지 제국을 지지해오던 유력한 라지푸트족이 이반함으로써 민족적 화해와 종교적 관용에 바탕을 둔 제국의 기반이 크게 흔들리기 시작하였다. 아우랑제브 사망 후 13년 동안 왕위계승을 둘러싼 7차례의 유혈참극이 벌어지는 등 엄청난 혼란이 발생함은 물론, 이슬람 문명과 힌두 문명 간의 관계도 조화·융합에서 대립·반목으로 돌아서고 말았다. 결국 무갈제국은 데칸 고원을 중심으로 한 남인도에서 강적 마라타족(Marāthā)과의 장기간에 걸친 소모전과 페르시아의 내침(1738) 및 아프가니스탄의 내침

(1747)으로 인해 국력의 쇠퇴에서 국운의 경각(頃刻)까지 몰려가다가 영국을 비롯한 근대 서방 식민세력의 쇄도 앞에서 끝내 무너지고 말았다.

무갈 왕조는 인도에서 가장 장수했고(1526~1857, 17대 331년간) 가장 강력했던, 그러나 최후의 이슬람 왕조였다. 그 시조는 아프가니스탄에서 침공해온 터키계의 무슬림 바부르이며, 건국이념이나 통치기조는 외래종교인 이슬람이다. 또한 왕조의 흥망성쇠 과정은 무슬림(외래 무슬림과 현지의 귀의 무슬림)과 힌두, 이슬람교와 힌두교, 이슬람 문명과 힌두 문명 간의 부단한 갈등과 충돌, 화해와 융합의 연속이었으나, 지배자와 주도세력은 시종 외래의 무슬림과 이슬람교 및 이슬람 문명이었다. 따라서 무갈제국은 장기간에 걸쳐 상당히 '힌두화'하였지만, 총체적으로 볼 때 그 이전의 4대 이슬람 왕조(노예왕조·힐지 왕조·투글루끄 왕조·로디 왕조. 1206~1526, 320년간)와 마찬가지로 경략왕조임에는 틀림이 없다. 그러나 무갈 왕조는 인도 아대륙의 대부분 지역을 하나의 통일제국으로서 장기간 통치하면서 중세 인도사의 주역을 담당하였다. 문명사적 견지에서 보면, 이것은 이질적인 이슬람 문명과 힌두 문명 간의 다양한 순응적인 접변이 있어서 비로소 가능하였던 것이다. 달리 말해서 무갈제국을 통한 무슬림들의 인도 경략은 희대(稀代)의 역사적 배경으로서 이슬람 문명과 힌두 문명 간의 교류에 큰 영향을 미쳤다. 이러한 영향은 여러 분야에서 두 문명간의 융합이나 융화 또는 동화로 나타난다.

그 영향은 우선 정치제도의 융합에서 나타나고 있다. 무갈제국은 정교합일의 이슬람제국으로서, 아크바르 왕 시대에 기틀이 잡힌 제국의 통치형태는 이슬람의 힐라파(al-Khilāfah)제도를 표방한 중앙집권적 전제군주제였다. 왕은 행정부의 수반과 군 총사령관을 겸한 최고의 권력자일 뿐만 아니라, 알라의 대리인으로서 최고의 종교적 명분도 갖고 있었다. 한편 원초적으로 외래인과 이질문명에 의한 경략통치이기 때문에 정권의 군사적 성격도 강하였다. 모든 관리는 군인명부에 등록되어 있어서 사실상 군 우위의 군정(軍政)관리였던 탓에 군인들의 세도가 대단하였다. 원래 '관리'를 의미하는 페르시아어의 '만사브다르'(mansabdar)가 '장교'라는 뜻으로 둔갑하였으며, 장교의 위계질서를 확립하기 위해 그 계급을 33등급으로 세분화할 정도였다.

제국의 지방행정조직은 전대의 이슬람 왕조들의 것을 기본은 그대로 유지하면서 일부 개편을 가하였다. 제3대 왕 아크바르 때는 전국을 12개주(후에 15개주)로, 제6대 아우랑제브 때는 21개주로 나누고, 주 예하에는 사카르(Sakar, 지구)를, 사카르 아래에는 몇개의 마을을 통합한 파르가나(Pargana)를 두어 지방행정단위를 일원화하였다. 국가의 사법제도는 철저하게 이슬람 교법에 준해 제정하고 집행하였다. 무슬림들의 민사 안건은 이슬람 교법대로 까뒤(qāḍī, 이슬람의 법관)가 처리하고, 힌두의 민사 안건은 촌민회(村民會, panchayat)의 결정이나 브라만의 의견에 근거하여 해결하였다. 형벌에는 흔히 이슬람에서 상용되는 태형(笞刑)이 유행하였다.

다음으로 무슬림의 인도 경략이 끼친 영향은, 경제생활의 융합에서도 나타나고 있다. 무갈제국은 1억 내지 1억 2천만 인구(17세기 초) 가운데 농촌인구가 85%를 차지한 농업국가로서 국가의 주요 재원은 지세(地稅)였다. 지세는 소출의 3분의 1로서, 단순히 수치로 보면 마우리아조 이래의 6분의 1보다 배나 높지만, 기타 가렴잡세를 다 면제하였기 때문에 결코 종전보다 무거운 세액은 아니었다. 무갈제국 시대는 힌두의 전통적인 상술과 무슬림들의 능란한 상술이 결합되어 대내외 교역활동이 전례없이 활발하게 전개되었다. 수도인 아그라와 펀자브 지방의 라호르는 당대의 런던이나 빠리보다도 더 크고 더 번화하였다. 아크바르 시대부터 유라시아 나라들과의 무역이 대단히 번성하였다. 주요한 무역로는 아그라에서 아라비아 해안의 수라트에 이르는 길로서, 이 길을 통해 유럽이나 서아시아와의 교역을 진행하였고, 무슬림들이 메카로 성지순례를 다녀왔다. 특히 보석과 면직물, 향료 등이 메카를 비롯한 아랍 지역에 다량 수출되었다.

끝으로, 문화분야에서의 영향은 그 어느 분야에서보다도 뚜렷하게 나타나고 있다. 우선 두드러진 것은 종교적 융화이다. 앞서 말했듯이 무갈제국의 건국이념이나 통치기조는 이슬람교이며 권력자는 소수의 무슬림들이다. 이에 반해 대다수 주민들의 종교는 전통적인 힌두교였고, 다수의 힌두교도들은 권력에서 소외되었다. 이러한 부조리 현상은 필연적으로 이슬람교와 힌두교, 무슬림과 힌두교도들 간의 갈등을 야기하고 나아가서는 사회의 불안을 조성하였다. 이와같은 갈등과 불안을 해소하고 두 종교간의 화해를 도모하기 위해 출현한 것이 이른바 시크교(Sikhism)이다.

시크교는 나나크(Nānak, 1469~1539)에 의해 공식 창시되었으나, 나나크는 15세기 초에 활약한 종교개혁자 카비르(Kabir)의 영향을 많이 받았다. 카비르는 이슬람교와 힌두교의 동질성을 역설함과 동시에 두 종교에 공통된 형식적인 종교의식을 부정하였다. 나나크는 카비르의 이러한 주장을 발전시켜 두 종교의 장점을 섭취하고 결점을 척거(斥拒)한 시크교를 창시하여 그 첫 스승(Guru)이 되었다. 그는 일신교(一神敎)를 주창하면서 이슬람교의 유일신 알라를 사트카르타르(Satkartar, 진정한 창조자)로 대체하고 힌두교의 계급차별제도인 카스트제도를 배척하였다. 시크교에서는 종교지도자로서의 계승자를 '스승'이라 칭하고, 제5대 스승 아르준(Arjun) 때에 와서 경전『그란트사히브』(Granth Sāhib, 스승의 책)를 편찬하였다. 요컨대 시크교는 이슬람교와 힌두교를 절충하고 융화시킨 새로운 종교이다. 제10대 스승까지 배출한 시크교는 6대 스승 하르 고빈드부터는 무갈제국에 대항하기 위해 교단을 군사조직으로 개편하여 강력한 응집력을 과시하였다.

무갈제국 시대는 종교적인 융화와 더불어 문화적인 융합도 두드러졌다. 무갈 문화는 한마디로 이슬람 문화를 비롯한 외래문화와 토착 힌두 문화가 융합된 하나의 복합문화이다. 여기에서의 외래문화란 총체적으로 볼 때는 이슬람교에 바탕한 이슬람 문화라 할 수 있겠지만, 그 민족적 양식에서는 터키 문화와 아랍 문화, 페르시아 문화 등 다양하다. 그밖에 그리스·로마 문화나 비잔띤 문화도 직간접적으로 영향을 미침으로써 외래문화의 한 구성요소를 이루고 있다.

외래문화 중 무갈 문화에 가장 많은 영향을 미친 것은 페르시아 문화이다. 무갈제국의 무슬림들은 페르시아에서 유행한 수피즘(Sufism)의 신비주의 영향을 받아, 아크바르 왕 같은 사람은 절충적인 경신교(敬神敎, Dinu'l Llāh)까지 선포하기에 이르렀다. 종교뿐만 아니라, 무갈제국의 궁중문화도 페르시아 문화의 영향을 크게 받았다. 궁내의 장식이나 의상, 의례범절 등은 거의 페르시아의 것을 본받았으며, 궁중문학은 대체로 페르시아어로 씌어졌다. 대표적인 페르시아어 시인으로는 서정시의 거장인 파이지(Faizi)와 비판시인인 베딜(Bedil)이 있다. 페르시아어는 이미 투글루끄 이슬람 왕조 때부터 그 사용이 권장되어 문학이나 상업용 언어로 통용되었을 뿐만 아니라, 궁중용어와 외교용어로서도 각광을 받았으며, 행정과 법률 분야에서도 적지 않은 페르시아어가 차용되었다.

무갈제국 시대의 문화적 융합을 극명하게 보여주는 것은 건축미술이다. 건축미술에서의 문화적 융합은 이질문화간의 단순한 섞임이 아니라 창조적이고 발전적인 융합으로서 중세 인도의 문화전원(文化田園)에 하나의 금자탑을 쌓아놓았으며, 당대의 세계적인 문화유산으로서 오늘날까지 생생히 전해지고 있다. 이 시대의 건축미술은 페르시아를 비롯한 이슬람 세계와 인도 및 로마·비잔띤의 전통적인 건축미술이 조화롭게 융합되어 이루어진 결정체이다. 인도인들은 14세기에 무슬림 건축가들로부터 아치 축조기술을 습득하였으며, 원래 로마·비잔띤의 고유 건축양식이었던 돔 양식을 무슬림들을 통해 전수받았다.

아크바르 왕은 페르시아에서 건축가들을 초빙하여 많은 성채와 학교·묘당·사원·별장·탑·연못 등을 건설하였다. 대표적인 건물이 델리의 후마윤(제2대) 왕묘와 수도 아그라의 서쪽 교외에 지은 궁전도시(1569~84년의 수도) 파트뿌르 시크리(Fathpur Sikri)이다. 후마윤 왕묘는 건축재료로 흰 대리석을 사용하여 순수한 페르시아 양식에서 탈피하였다. 궁전도시 파트뿌르 시크리는 7년에 걸쳐 내구성이 강한 붉은 사암(砂岩)으로 궁전과 사원 등을 지었다. 제5대 샤 자한(Shāh Jahān) 시대는 인도와 페르시아 건축양식과 미술이 가장 잘 조화된 건축미술의 전성기였다. 그 대표적인 것이 유명한 아그라의 타지마할(Tāj Mahal) 능과 모티 마쓰지드(Moti Masjid, 진주사원), 그리고 델리의 레드 포트(Red Fort, Lal Qila)이다. 모티 마쓰지드는 인도와 페르시아 건축양식이 어우러진 대표적인 구조물이고, 타지마할은 샤 자한 왕이 왕비 뭄타즈 마할(Mumtaz Mahal)을 기리기 위하여 매일 2만명 인부를 동원해 흰 대리석으로 500만 루피라는 엄청난 경비를 들여 22년간 건설한 능이다. 타지마할은 사마르칸트에서 일하던 꼰스딴띠노쁠 출신의 터키인이 설계한 것으로 전해지고 있다.

한편, 이 시대에는 이슬람이나 로마·비잔띤의 건축양식이 인도에 전해졌을 뿐만 아니라, 역으로 인도의 건축양식이 그곳에 영향을 주기도 하였다. 가느다란 원주(圓柱)와 도리(서까래 아래 놓는 나무)를 받치는 선반받이, 다양한 무늬양식, 벽면의 돌출양식 등 인도의 전통 건축양식이 이슬람 세계에 전해지기도 하였다.

건축양식과 더불어 회화에서도 문화적 융합의 흔적을 찾아볼 수 있다. 일찍이 중국과 몽골, 박트리아 같은 나라의 미술이 13세기에 있었던 몽골군의 서정을 계기로 페르시아에 전해졌다가 그것이 다시 티무르의 정복활동과 그 후손들에 의해 인도에 도입되었다. 제2대 왕 후마윤은 페르시아에 망명하였다가 돌아올 때 페르시아 화가들을 데리고 와서 힌두 서사시에 나오는 장면들을 소재로 그림을 그리게 하여 궁전을 장식하였다. 아크바르의 궁전에서는 100여 명의 인도와 페르시아 화가들이 활동하고 있었는데, 모자이크식으로 여러 화가들이 전문분야별로 그림을 하나씩 그려 전체 그림을 완성하였다. 대체로 제3대 아크바르 시대까지는 페르시아 미술의 영향을 많이 받았으나, 제5대 샤 자한 시대부터는 명암법(明暗法) 등 유럽 미술의 영향을 받기 시작하였다.

지금까지 역사상 나타난 몇가지 주요한 서방의 동방속령화 경략에 관하여 문명교류사적 시각에서 고찰해보았다. 이와 더불어 동방의 서방속령화 경략도 역사상 여러 차례 발생하여 동서 문명교류의 정치사적 배경으로서 응분의 역할을 하였다. 그 첫 경략은 중국의 서역경략(경영)이다. 중국의 서역경략은 크게 한대(漢代)와 당대(唐代)의 서역경략으로 나누어볼 수 있다.

그런데 서역이란 개념은 역사적으로 고정불변한 것이 아니라, 변화·확대되어 협의와 광의의 이원적 의미를 갖게 되었다. 협의의 서역은 한대의 서역을 말하는데, 그 포괄범위는 대체로 오늘날의 중국 신강성(新疆省) 타림 분지(동투르키스탄)에 해당된다. 이 지역에 전(前)한대에는 36개국이, 후(後)한대 초에는 55개국이 분립되어 있었다. 그런데 『한서(漢書)』 「서역전」을 보면 이례적으로 이 범위를 넘어 안식(安息)과 대월지(大月氏), 강거(康居), 대완(大宛) 등 서투르키스탄 일부까지도 서역에 포함시키고 있다. 이에 비해 광의의 서역은 한대 이후 그 범위가 부단히 확대된 것을 말하는데, 당대에 이르러서는 한대의 서역을 포함해 파미르 고원 서쪽의 중앙아시아(서투르키스탄)뿐만 아니라 인도와 페르시아, 아랍(대식)까지 망라하고 있다.

한대의 서역경략은 전한 무제(武帝, BC 140~87) 때 장건(張騫)의 서역착공(西域鑿空)을 계기로 시작되어 후한 때 반초(班超) 부자에 의한 서역경략에 이르기까지 260여 년간(장건의 제1차 사행에서 반용의 서역 17개국 공략까지, BC 138~AD 127) 단절적으로 추진되었다. 기원전 138년에 장건은 서천(西遷)한 대월지와 결맹(結盟)하여 흉노를 협공할 목적으로 대월지에 무제의 사신으로 파견되었다. 그러나 그는 이 제1차 서역사행의 목적을 달성하지 못한 채 숱한 우여곡절 끝에 13년 만에(BC 126) 귀조(歸朝)하였다. 그가 장기간의 사행과정에서 얻은 서역에 관한 미증유의 지식은 미래의 서역사행과 한조의 서역경략에 적절하게 쓰였다. 귀향 후 1년 만인 기원전 125년에 장건은 서남제이(西南諸夷)와의 통상로인 촉도(蜀道)를 개척하기 위해 사천(四川)에 파견되었으나 토착민들의 거절로 뜻을 이루지 못하고 말았다. 이 제2차 사행 후, 장건은 서역에 관한 자신의 지리지식을 활용하여 기원전 123년에는 세번째 서역사행을 떠나 대장군 위청(衛靑)의 흉노 토벌에 동참하여 큰 전공을 세웠다. 장건은 이 흉노 토벌전에 이어 오손(烏孫)과 결친(結親)하여 막북(漠北)으로 밀려난 흉노를 계속 압박할 목적으로 기원전 119년 다시 한번 오손에 사신으로 파견되었다. 그의 제4차 서역행인 이 오손 유인사행은 소기의 결실을 이루지 못하였지만, 장건 귀국 후 한조의 위세에 눌린 오손은 친한(親漢)을 결단했고, 사행시 서역 여러 나라에 파견한 부사(副使)들도 귀국할 때 해당 나라의 사신들을 대동함으로써 마침내 한과 서역제국 간의 공식적인 관계가 트이게 되었다. 이와같이 장건의 24년(BC 138~115)에 걸친 4차례의 서역사행으로 인해 사상 최초로 중국과 서역 간의 통로가 뚫리고 서역 국가들과의 내왕이 이루어진 것은 물론, 서역에 대한 한의 경략욕도 움트기 시작하였다. 이것이 이른바 장건의 '서역착공'이다.

장건의 서역착공을 계기로 전한(前漢)은 숙적 흉노를 막북으로 몰아내고 서역 일원에 대한 경략권을 일시 확보하였다. 그러나 흉노는 여전히 서역 국가들에 대해 영향력을 행사하면서 한의 서역경략을 계속 위협하고 있었다. 이러한 흉노의 위협에서 서역경략을 보장하기 위하여 한나라는 일련의 행정조처를 취하였다. 우선 무제는 원수(元狩) 2년(BC 121)에 무위(武威)·주천(酒泉) 두 군을 설치하였다. 원정(元鼎) 6년(BC 111)에는 이 두 군을 세분하여 장액(張掖)과 돈황(敦煌)이라는 두 군을 증설함으로써 이른바 하서사군(河西四郡)의 서역 '회랑(回廊)'이 형성되었다.

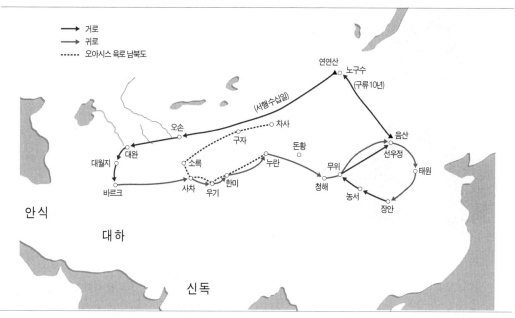

장건 제1차 서역사행 왕복로(BC 138~126)

한편, 한조는 병력을 동원하여 친흉노국들을 제압함으로써 서역경략을 확보하려고 하였다. 원봉(元封) 3년(BC 108)에는 조파노(趙破奴)와 왕회(王恢)를 파견하여 고사(姑師)와 누란(樓蘭)을 각개 격파하고, 태초(太初) 원년(BC 104)과 3년에는 이사장군(貳師將軍) 이광리(李廣利)가 대완(大宛)을 정벌하기 위하여 완도(宛都, 현 러시아 카잔) 외성(外城)에까지 육박하여 윤대(輪臺)·거리(渠犁) 등지에 주병둔전(駐兵屯田, 병력을 주둔시키고 농사를 지음)하면서 사자교위령호(使者校尉領護)를 신설하였다. 이것은 전한이 서역경략을 위하여 설치한 최초의 행정기구이다. 이와같이 전한은 흉노와 서역경략을 둘러싸고 부단한 각축을 벌여오다가 선제(宣帝) 신작(神爵) 2년(BC 60)에 이르러 흉노에서 내란이 일어나 일축왕(日逐王)이 한에 투항해오자 이 기회를 이용하여 오루성(烏壘城)에 서역경략의 전초기지인 서역도호부(西域都護府)를 설치하고 초대 도호로 정길(鄭吉)을 임명하였다

이렇게 '한지호령반서역(漢之號令班西域)' 즉 '전한의 서역경략'은 장건의 서역착공으로부터 하서회랑(河西回廊)의 설치와 고사·누란·대완에 대한 정벌을 거쳐 사자교위령호와 서역도호부를 처음 설치하기까지 전후 약 7,80년간 힘있게 추진되어왔다. 도호부 설치 후, 한조는 그 기능을 강화하기 위하여 총 18명의 도호를 번갈아 임명하였다. 무제 때 한의 경략권에 속한 서역국은 36개국이었으나 전한 말에는 55개국으로 분화되었다.

전한 말과 후한 초의 혼란한 정세를 틈타서 서역 국가들은 속속 한조를 떠나 흉노에 다시 귀속하였다. 그리하여 후한은 건국 초기부터 서역경략을 놓고 흉노 및 서역 국가들과 힘겨운 대결을 벌이

한조의 서역경략자 반초

지 않을 수 없었다. 신망(新莽) 천봉(天鳳) 3년(AD 16)부터 안제(安帝) 연광(延光) 2년(123)에 이르는 100여 년간 벌어진 한조와 서역 간의 이른바 '삼절삼통(三絶三通)', 즉 '세 번 단절되었다가 세 번 재개'된 관계는 이러한 상황을 여실히 반영하고 있다. 이와같은 어려운 여건 속에서도 후한이 서역에 대한 경략을 그나마 유지할 수 있었던 것은 반초 부자의 경략 의지와 노력 덕분이었다.

후한 명제(明帝) 영평(永平) 16년(73)에 한의 군대는 북흉노의 근거지 이오(伊吾)를 공략하고 나서 단절된 서역과의 통교를 회복하기 위하여 서역경략의 웅지를 품고 있던 가사마(假司馬) 반초(班超, 32~102)를 서역에 파견하였다.

우선 그는 '불입호혈언득호자(不入虎穴焉得虎子)' 즉 '호랑이 굴에 들어가야 호랑이를 잡는다'는 용맹한 기개로 오아시스로의 남·북도 길목에 있는 선선(鄯善)을 기습공략한 데 이어, 같은 해에 남도의 우기(于闐, 현 신강성 和闐)에 대한 제2차 서정을 단행하여 이 두 나라를 한조에 복속시켰다. 이듬해에 반초는 서역제국 중 강국의 하나이며 서역경략의 발판으로 삼는 데 적지(適地)인 소륵(疏勒)을 정벌하여 친흉노의 구자(龜玆) 출신 왕을 폐출하고 고왕(故王)의 조카를 즉위시킴으로써 이 나라를 장악하고 소륵인들의 신망을 얻게 되었다. 반초는 이 3차 서정을 계기로 선선과 우기, 소륵 외에 차사전국(車師前國)과 차사후국(車師後國)까지도 공략하여 한에 신속(臣屬)시켰다. 이리하여 50여년 만에 한의 서역 통로가 다시 열리고 서역도호부가 부활되어 한의 서역경략이 다시금 활기를 띠기 시작하였다.

그런데 이때(75) 명제(明帝)가 승하하여 원군을 받을 수 없는 상황에서 흉노가 구자 등을 규합하여 대거 내습해오자 반초는 장제(章帝)의 소명을 받고 귀로에 오르려고 하였다. 그러나 우기와 소륵 등 부속국들의 간절한 만류와 서역경략의 완수라는 명제 앞에서 그는 귀조를 단념하고 영주를 결심하였다. 그는 소륵에 남아서 내정에는 간섭하지 않고 다만 국왕의 군사고문으로서 병마의 실권만을 장악하고 있었으나, 서역경략의 완수라는 일념에서 한조의 원군을 받아들여 화제(和帝) 영원(永元) 원년(89)까지 거의 모든 오아시스로 남도의 국가들을 정토하여 한에 귀속시켰다.

한의 위력에 위압을 느낀 오아시스로 북도의 대국 구자는 영원 3년(91)에 휘하의 소국들과 함께 한조에 투항해왔다. 이리하여 대부분의 서역 국가들이 한의 경략권 내에 들어왔고, 오아시스로의 남·북도도 재개되었다. 이를 계기로 한조에서는 건초(建初) 원년(76)에 개설하였다가 반년도 채 못되어 폐쇄한 서역도호부를 15년 만에(91) 다시 복구하고 반초를 도호로 임명하였다. 영원 6년(94)에 그는 8개국에서 모집한 7만 대군을 이끌고 계속 복속을 거부해온 언기(焉耆)와 언기의 위성국 2곳을 각개격파함으로써 서역 50여 개국 모두가 그의 경략하에 들어와 한조에 내속되었다. 그는 계속 서역도호로서 서역경략에 전념하다가 영원 14년(102)에 30년간 이어온 서역경략자로서의 사명을 마치고 귀조하였다.

그가 돌아간 후, 서역은 다시 혼란에 빠져 한조에 등을 돌리기 시작하였다. 새로운 도호들의 대응력 부족을 절감한 한조는 안제 영초(永初) 원년(107)에 부득이 서역도호와 둔전(屯田)의 관리·병사들을 모두 소환하고 도호부를 폐지하였다. 그러나 서역을 상실하면 하서(河西)를 보전할 수 없음을 깨달은 안제는 연광(延光) 2년(123)에 반초의 아들 반용(班勇)을 서역장사(西域長史)로 임명하고 서역에 파견하였다. 선친을 따라 서역에서 성장하여 그곳 사정에 밝은 그는 선친의 서역경략 의지를 본받아 127년까지 언기·구자·소륵·우기·사차(莎車) 등 17개국을 차례로 정토하여 모두 한조에 재복속시켰다.

기원전 138년 장건의 제1차 서역사행으로부터 기원후 127년 반용이 서역 17개국을 정토할 때까지의 260여 년간은 한조의 서역개통과 더불어 서역속령화 경략기라고 말할 수 있다. 이 기간에 한의 서역경략은 기본상 서역도호부를 거점으로 한 책봉제(冊封制)에 의거하였다. 위진(魏晉)시대까지 지속된, 봉작(封爵)을 기본 내용으로 하는 책봉제는 한 광무제(光武帝)가 사차(莎車) 왕 강(康)을 '한사차건공회덕왕서역대도위(漢莎車建功懷德王西域大都尉)'로 봉한(29) 데서부터 비롯되었으며, 건무(建武) 14년(38) 사차 왕 현(賢, 강의 동생)이 선선 왕 안(安)과 함께 사신을 한조에 보내 조공한 것을 효시로 한조와 서역 간의 공식교역이 시작되었다. 건무 21년(44)에 차사전(車師前)과 선선 등 18개국은 왕자들을 한조에 입시(入侍)시키고 조공하면서 한의 보호를 요청한 바 있다. 이러한 책봉제를 근간으로 하여 서역경략을 주도한 반초는 '이이제이 은위병시 임기응변(以夷制夷 恩威並施 臨機應變)' 즉 서역인으로 서역을 다스리고 은혜를 베푸는 것과 위협을 가하는 것을 병용하여 임기응변하는 능란한 대응책을 써서 서역 국가들로 하여금 종국적으로 흉노의 기반에서 벗어나 한의 품안에 안기게 하였다.

기원을 전후한 시기에 실시된 한조의 서역속령화 경략은 동방문명과 서역문명 간 교류의 초창적인 정치사적 배경으로서 두 문명간의 교류에 획기적인 영향을 미쳤다. 여기에서의 서역문명이란 한대의 서역 일원, 즉 파미르 고원 동쪽 타림 분지(동투르키스탄)에서 생성·발달해온 고유문명을 말하는데, 이 서역문명은 자고로 파미르 고원 서쪽(서투르키스탄)의 여러 문명과 교류해옴으로써 서방문명적인 요소들을 자연히 갈무리하고 있었다. 그러므로 한의 서역경략을 통하여 진행되어온 동방문명과 서역문명 간의 교류는 넓은 의미에서 동서 문명교류로 이해할 수 있다.

이렇게 볼 때 한의 서역경략은 정치사적 배경으로서 동서 문명교류에 커다란 영향을 미쳤다고 할 수 있다. 그것은 우선 동서교류의 가교를 마련했다는 것이다. 일찍부터 동서간에는 접촉이 시도되고 약간의 전문(傳聞)이 오갔으나, 모두가 간접적이고 산발적이며 불확실한 것들이었다. 기원전 4세기에 있은 알렉산드로스의 거창한 동정도 결코 동서간의 직접적인 통교를 실현하지 못하였다. 그러다가 장건의 서역착공으로 말미암아 비로소 유라시아와 아프리카를 잇는 동서 통로가 뚫리게 되었으며, 동방의 한(漢)문명권과 서방의 고전문명권 사이에 사상 처음으로 직접적인 접촉과 내왕이 가능해졌다. 장건의 개통에 이은 반초 부자의 서역경략을 계기로 오아시스로가 개척됨으로써 한대 말엽에는 장안(長安)에서 시발해 파미르 고원을 넘어 서쪽으로 향하는 오아시스로의 남북 양도가 정비되어 본격적으로 가동되기 시작하였다.

한편, 장건 시대에 장건 자신과 그가 파견한 부사들은 고작 파미르 고원을 넘어 대월지 부근까지만 이르렀으나, 서역경략이 공식화된 반초 시대에 와서는 감영(甘英)을 대진(로마)에까지 파견하는 등 서방을 향한 길이 크게 연장되었다. 감영이 시험적으로 파견된 후 약 50년이 지나서 대진국은 정식으로 한조에 사신을 보내고 조공하였다. 이와같이 장건과 반초 부자가 이루어놓은 서역경략으로 인해 동서방을 잇는 가교가 오아시스로를 따라 구축되었다.

다음으로 한의 서역경략은 동서 문물교류의 획기적인 전기를 가져왔다. 장건의 서역착공과 반초 부자의 서역경략을 계기로 문물을 비롯한 서역의 제반 사정에 관한 지식이 전해짐에 따라 문물교류에 대한 의욕이 생겨났다. 이와 더불어 동서간의 내왕과 문물교류를 가로막는 난공불락의 장벽이었던 파미르 고원을 넘나들 수 있는 길이 개척됨으로써 이 길을 따라 동서간의 문물교류가 본격화되었다. 한의 서역경략을 계기로 중국의 비단·철기·청동거울 등의 문물과 착정(鑿井, 우물 파기)·주철(鑄鐵)·제지(製紙) 등의 기술이 서방에 전해졌고, 서역의 각종 식물과 마구(馬具)·유리·불교·미술·음악·역법(曆法)·의약(醫藥) 등이 동방에 소개되었다.

한대를 이은 위진남북조 시대는 국토가 사분오열되어 강력한 통일제국이 없었기 때문에 비록 여러 나라들의 대서역 교류는 간단없이 진행되었으나 각개의 분산적인 교섭에 불과했고, 서역에 대한 경략은 역부족이었다. 그러다가 당대(唐代)에 이르러 강대한 통일제국의 국력을 바탕으로 한대 이후 약 500년간 중단되었던 서역경략을 재개했다. 한의 서역경략이 시종 흉노와의 쟁탈전으로 일관하였다면, 당의 서역경략은 시종 돌궐(突厥)과의 각축 속에서 진행되었다. 수(隋)말 당초까지 서역 국가들은 그 대부분이 서돌궐에 신속(臣屬)되어 있었다. 그러다가 당 정원(貞元) 12년(638)에 서돌궐이 내분으로 동서로 분열되어 국력이 약화되자, 당은 이 기회를 이용하여 서역에 대한 경략을 본격화하였다. 당의 서역경략은 크게 두 시기로 나눌 수 있다. 제1기는 태종(太宗) 시대(재위 627~49)로서, 이 시대에 오늘의 신강성 동부와 중부 일대를 개척함으로써 서역경략의 기초를 닦아놓았다. 제2기는 고종(高宗, 재위 650~83)과 현종(玄宗, 재위 712~56) 시대인데, 이 시기는 당의 서역경략 범위를 페르시아까지 확대해간 전성기이다.

이러한 경략은 군사적 공략과 더불어 기미(羈縻)정책을 통한 정치적 제압방법으로 실현되었다. 기미정책이란 굴레를 씌워 말을 다루듯 책봉이나 숙위(宿衛), 조공 등 여러가지 수단으로 소국을 견제·복속시키는 종주국의 경략정책을 말한다. 640년에 당은 안서도호부(安西都護府)를 신설한 후 얼마 있다가 정주(庭州)에 금산(金山)도호부와 북정(北庭)도호부를 증설하여 천산산맥 북쪽 기슭과 알타이산맥 일원을 통제하에 넣었다. 원래 서주(西州)에 자리하였던 안서도호부를 648년에 구자(龜慈)로 옮겨 예하에 구자와 소륵, 우기, 언기의 4진(鎭)을 두었다. 658년에 당은 서돌궐의 하로(賀魯)를 멸하고 일시 서주로 되돌아갔던 안서도호부의 치소를 구자로 다시 옮겨옴과 동시에 아무다리아강 유역까지의 파미르 고원 서쪽 지방에 이른바 기미주(羈縻州)를 신설하였다. 그리하여 660년대 초까지 당은 중앙아시아의 두 강(씨르다리아 강과 아무다리아 강) 유역 일대까지 경략하여 파미르 고원 서쪽에 있는 서투르키스탄(서돌궐)의 영지 내에 22개의 도호부를 유지하고 있었다. 이것은 중국 역사상 그 강토가 서쪽으로 가장 멀리까지 뻗은 경우다.

그러나 당의 이러한 서역경략은 서진(西進)을 노리는 토번(吐藩, 티베트)과 파죽지세로 동진하는 신흥 이슬람세력의 협공에 직면하여 위험에 처하게 되었다. '안사(安史)의 난'을 계기로 당 서부의 광대한 지역을 점령한 토번군과 아무다리아강까지 동진한 이슬람군은 연합전선을 구축하여 당의 서역경략에 도전하였다. 이러한 도전은 740~50년 기간에 이루어진 고선지(高仙芝)의 4차 서정, 즉 740년의 달해부(達奚部) 원정, 747년의 소발률(小勃律) 원정, 750년의 걸사국(揭師國) 정토, 750년의 석국(石國) 원정으로 일시 제압되고, 서역 제호(諸胡, 달해부 원정시 72개국)는 당에 다시 복속되었다. 그러나 751년 7월 탈라스 전투에서 고선지가 패배함으로써 당은 파미르 고원 서쪽 속령지들을 거의 잃었다. 이리하여 당은 서역경략에서 치명상을 입었다. 사실상 고선지의 패전을 계기로 파미르 고원 서쪽에 대한 당의 경략권은 상실되고 말았다. 반면에 당의 거듭된 서정으로 인해 파미르 고원 동쪽 지역에서 항당(抗唐)세력이 제거됨으로써 이 지역에 대한 당의 경략권은 확보되었으며, 이때부터 오늘날에 이르기까지 이 지역은 줄곧 중국의 판도 내에 편입되었다. 환언하면, 당대 이후 파미르 고원 동쪽 지역은 중국 영토의 한 구성부분으로서 내치(內治)지역이지, 더이상 경략지역은 아니었다.

동방의 통일대제국으로서 진취적인 개방정책을 추구한 당의 서역경략은 중국과 서역 간의 문물교류를 비롯하여 전반적인 동서교류에 적지 않은 영향을 미쳤다. 그 영향은 우선 오아시스 육로의 기능이 강화되고 그 노정이 최종적으로 확정된 데서 찾을 수 있다. 당의 서역경략은 주로 서투르키스탄까지 이르는 오아시스 육로를 통하여 이루어졌다. 따라서 이 육로는 그 어느 때보다도 활발하게 이용되었다. 뿐만 아니라, 당의 서역경략을 계기로 서아시아의 신흥세력인 아랍-이슬람제국과의 접촉이 시작됨으로써 오아시스로 육로의 기능이 전례없이 강화되었다. 종래에는 교역이나 내왕이 구간별로 간접적이며 단절적으로 진행되어왔으나, 이제는 전 노선에 걸쳐 직접적이며 관통적으로 추진되었다. 그 결과 오아시스 육로의 서단(西端)을 타림 분지나 파미르 고원 일대로 한정시키고 그외의 노선은 한낱 연장선이나 보조선쯤으로만 여겨오던 종래의 오아시스로관은 발전적으로 극복되고, 여러 갈래의 길이 크게 남·북 양도로 통합·고착되었다.

오아시스 육로의 북도는 중국의 낙양이나 장안에서 시발해 안서(安西, 돈황 동쪽)에서 남도(南道)와 분기되어 이오(伊吾, 哈密)·고창·언기·구자를 지나 소륵에서 파미르 고원을 넘고 타슈켄트·사마르칸트(아프라시압)·부하라·메르브·니샤푸르·라가에(현 테헤란)·예레반·꼰스딴띠노쁠을 지나 로마에 이르는 길이다. 이에 비해 오아시스 육로의 남도는 역시 낙양이나 장안에서 출발해 안서에서 북도와 갈라진 후 돈황·누란·우기를 지나 피산(皮山)에서 남진해 인더스강 상류를 따라가다가 서행해 카불, 칸다하르(파키스탄 북부), 크레만(Kremān, 이란 고원 남단), 바그다드(이라크), 팔미라(시리아 중부), 베이루트(레바논, 이곳에서 해로로 꼰스딴띠노쁠이나 로마에 이르기도 함)에 도착하여 지중해 동남해안을 따라 알렉산드리아(이집트)에 닿는 길이다.

이 남·북 양도는 오아시스 육로의 주요한 간선이고, 그밖에 숱한 지선들이 종횡무진으로 이 간선과 연결되어 있다. 『신당서(新唐書)』의 「지리지(地理志)」에 '안서입서역도(安西入西域道)', 즉 안서도호부의 소재지 구자로부터 서역의 달라사(呾邏私, 탈라스)에 이르는 길을 명시하고 있는데, 이 길은 대체로 현장(玄奘)이 도축(渡竺, 627~45)시 경유한 노선(장안→돈황→옥문관→이오→고창→阿耆尼→屈支→素葉水城→달라사)과 일치한다. 이러한 간선과 지선을 포함한 오아시스 육로는 당의 서역경략을 계기로 그 기능이 강화됨과 동시에 노선이 최종적으로 확정되었다.

다음으로 그 영향은 중국과 서역 간의 문물교류에 새 장을 열어놓은 것이다. 서역경략을 계기로 당의 비단과 도자기·칠기·금은세공 등이 서역에 다량 수출되었고, 연단술(煉丹術)과 제지술(製紙術)·맥학(脈學) 등 과학기술이 서역에 처음으로 전파되었으며, 회화도 소개되었다. 특히 고선지의 탈라스 원정을 기회로 중국의 제지술이 이슬람세계에 도입(8~9세기)되었고, 다시 이슬람세계를 거쳐 유럽에 전수(12세기)되었다.

한편 서역으로부터도 각종 문물이 당에 대거 밀려들어왔다. 당시 중앙아시아의 상권을 장악하고 있던 소무구성(昭武九姓)의 소그디아나 상인들에 의하여 모직물·향료·주옥(珠玉)·보석·양마(良馬)·약재 등 서역 특산물이 교역되었다. 당 경략하의 서역을 통해 불교, 특히 서역 불교가 큰 폭으로 유입됨은 물론, 새로이 경교(景敎, 네스토리우스파 기독교)·마니교(摩尼敎)·배화교(拜火敎, 조로아스터교)·유태교 등 여러 서방 종교가 동전(東傳)하였으며, 이는 후일 이슬람교의 전입을 위한 길을 틔워놓았다.

이 시기 서역과의 교역이나 인적 내왕을 통하여 다양한 서역 예술이 유입되었는데, 그 흔적은 오늘날까지도 남아 있다. 그중 두드러진 것은 가무와 회화이다. 일반적으로 호악(胡樂)이라 불리는 서역 음악은 한대에 전래되기 시작하여 지속적인 확대과정을 거쳐 수·당대에 이르러 중국 악부(樂府)에서 하나의 중요한 체계로 자리를 잡으면서 중국 악부의 변화·발전에 큰 영향을 주었다. 당대에는 악부에 서역악 주도의 십부악(十部樂), 즉 연악(燕樂)·청악(淸樂)·서량악(西凉樂)·천축악(天竺樂)·고려악(高麗樂)·구자악(龜玆樂)·안국악(安國樂)·소륵악(疏勒樂)·강국악(康國樂)·고창악(高昌樂)을 둠으로써, 중국 전통음악인 종성(鐘聲) 위주의 아악(雅樂)이 구자악 위주의 호악에 밀려나고 말았다. 그리고 이른바 호무(胡舞)도 장안이나 낙양을 풍미하고 있었다. 불화(佛畵)나 불소(佛塑)에서도 인도의 굽타식을 비롯한 서역풍의 조형법이 성행하였다. 돈황 막고굴(莫高窟, 천불동)의 현존 476개 동굴 중 213개가 당대에 축조된 것인데, 대부분 벽화는 서역풍의 불화이다. 그밖에 인도의 천문학이나 의학 등과 같이 서역에서 걸러진 후 전래된 서역 문물도 적지 않다.

끝으로 당의 서역경략이 동서간의 문명교류에 미친 영향은 빈번한 인적 내왕에서도 나타나고 있다. 당대, 특히 당의 서역경략 시기에 많은 서역인들이 당에 내왕하거나 이주하여 여러가지 직종에 종사하면서 두 지역간의 문명 전달자·전파자로서 중요한 역할을 수행하였다. 사실상 두 지역간의 모든 교류는 그들의 활동을 통하여 이루어진 것이다. 이들 서역인을 출신이나 직업에 따라 다음의 다섯 가지 부류로 분류할 수 있다.

첫째 부류는 주로 왕자를 비롯한 귀족 자제들로서 사신(使臣)이거나 숙위질자(宿衛質子)들이다. 8세기 후반에 토번이 하서(河西)지역을 점령하자 서역으로의 통로가 막혀 당조에 잔류하게 된 서역의 사절만도 무려 4천명이나 되었다. 이렇게 부득이한 사정으로 인해 귀국하지 못한 사절들은 대부분 군에 징집되었는데, 왕자인 경우는 병마사(兵馬使)나 압아(押牙) 같은 고위 군함(軍銜)을 받았다. 위정자들이 속민을 이끌고 집단이주하는 경우도 있었다. 예컨대 강국(康國)의 '대수령(大首領)' 강염전(康艶典)은 정관(貞觀) 중(627~49)에 '호인(胡人)'들을 이끌고 선선으로 옮겨가서 오아시스 육로의 남도 요지에 석성진(石城鎭) 등 4개 진(鎭)을 건설하여 강국인들의 집단 이민구를 만들어놓았다.

둘째 부류는 당나라에 와서 군대에 봉직하는 사람들이다. 당조의 무신(武臣)으로 기용된 서역인들이 적지 않았는데, 그중에서 강국과 안국(安國) 출신들이 가장 많았다. 안록산(安祿山)은 원래가 강국인이었으나, 안씨 성을 가진 집안에서 자라났기 때문에 성을 '안'으로 바꾸었다. 부장(副將) 강원보(康元寶)도 강국인이고, 장령(將領) 안흥귀(安興貴), 이포옥(李抱玉) 등은 안국 출신이다.

셋째 부류는 수효에서 가장 많은 호상(胡商)들이다. 그들 중에는 일반적으로 소그드(Soghd)인이라고 부르는 강국인과 안국인이 가장 많았다. 강국의 호상 출신인 강겸(康謙)은 천보(天寶) 연간

(742~56)에 안남도호(安南都護)를 지내다가, 숙종(肅宗) 때는 홍로경(鴻臚卿)으로 승진하여 외국 사절들에 대한 접대업무를 총괄하였다. 당 후기에 재상이 된 필성(畢誠)은 흔히들 '상도(商都)'라고 하는 필국(畢國) 출신이다. 호상들은 상품교역뿐만 아니라, 회흘전(回紇錢)이나 파사전(波斯錢) 등 화폐를 매개로 한 금융업에도 종사하였다.

넷째 부류는 불교와 배화교, 마니교 등 종교계의 승려들이나 전도사들이다. 7세기에 이르러 불교가 중앙아시아 지역에서 쇠퇴하자, 불승들은 전도에 유망한 당으로 향하였다. 당대의 대덕고승들인 화엄종(華嚴宗)의 제3대조 현수대사석법장(賢首大師釋法藏, 643~712)은 강국인이고, 석승가(釋僧伽, 628~710)는 하국(何國)인이며, 석신회(釋神會, 720~94)는 석국(石國)인이다. 7세기 중앙아시아에서 불교가 점차 쇠퇴일로를 걷고 있는 틈을 타서 성행한 배화교와 마니교는 중앙아시아를 거점으로 하여 당에 들어왔다. 특히 배화교는 소그드인들이 신봉하는 주요 종교로서, 그들의 내왕에 따라 신속히 당에 전파되었다. 중앙아시아에서 배화교가 기세를 올리자 이에 밀린 경교와 마니교는 당나라에서 활로를 찾으려고 하였다. 한편, 현장을 비롯한 많은 당승들이 서역에 내왕하거나 서역을 통해 도축구법(渡竺求法)을 하였다. 이들에 의해 서역 불교가 소개되었을 뿐 아니라, 그들이 남긴 여러가지 귀중한 여행기들을 통해 서역에 관한 지식이 전달되기도 하였다.

다섯째 부류는 화가, 악사, 무희 등 예술인들이다. 당의 서역경략 시기를 전후하여 많은 서역 예술인들이 당에 와서 갖가지 서역 예술을 소개·전파하였다. 화가 중에는 강국과 하국, 악사 중에는 미국(米國)·조국(曹國)·안국·강국, 무희 중에는 강국·안국 출신들이 다수를 차지하였다. 당에 유입되어 유행한 호등무(胡騰舞)와 자지무(柘枝舞)는 석국에서, 호선무(胡旋舞)는 강국에서 전래된 것이다. 심지어 현종(玄宗) 때는 강·미·사(史)·구밀(俱密) 등의 나라에서 무희를 예물로 헌상하기까지 했다.

당과 서역 간의 이러한 상호 유민(流民)관계를 입증하듯, 당대 사적에는 '번호(蕃胡)'니 '주번(住蕃)'이니 하는 조어(造語)가 새로이 나오는데, 이는 쌍방향의 이주와 인적 내왕 사실을 반영하는 것으로서 중국 역사상 초유의 일이다. '번호'란 돌궐·회흘(回紇)·토번·소무구성·페르시아·아랍·인도·고구려·신라·일본·곤륜노(昆侖奴) 등 당에 이주해와 사는 외국인들을 지칭한다. 수도 장안에 있는 홍로사(鴻臚寺)가 이들 번객(蕃客)들에 관한 업무를 전담했고, 광주(廣州)에는 호상(胡商)들의 집단거주구역인 '번방(蕃坊)'이 있었다. 이에 반해 주번이란, 당나라 사람들이 외국에 이주하여 거주하는 것을 말한다. 주번하는 당인들로는 상인, 장인(匠人), 범죄를 저지르고 도피한 자, 전쟁포로, 기타 평민 등이 있었다.

동서 문명교류의 정치사적 배경으로 기능한 동방의 서방속령화 경략에는 또한 이슬람 왕조의 에스빠냐 경략이 있다. 이슬람제국의 에스빠냐 경략은 711년 퇴리끄 이븐 지야드(Ṭāriq ibn Ziyād,

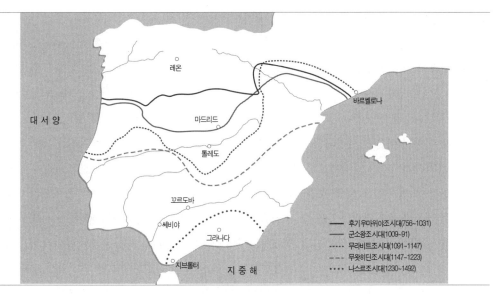

이슬람제국의 에스빠냐 경략도(711~1492)

?~720)의 이베리아 반도 진출로부터 1492년 그라나다(Granada)의 나스르(Naṣr)조가 멸망할 때까지 무려 781년간이나 지속되었다. 이 기간에 무슬림들은 당초에 순수한 지리적 개념으로서 이베리아 반도를 안달루쓰(al-Andalus)라고 지칭하였으나, 이슬람제국에 의한 경략이 점차 정착되면서부터는 반도 내에 있는 이슬람제국의 경략지를 일괄하여 안달루쓰라고 통칭하였다. 따라서 약 8세기 동안 안달루쓰는 이슬람세계의 한 구성부분이었다. 안달루쓰라는 아랍어 명칭은 반달족 국가였던 반달리시아(Vandalicia)에 어원을 두고 있으며, 오늘날 에스빠냐의 안달루씨아란 지명도 이 아랍어 명칭에서 유래한 것이다.

약 800년에 걸친 이슬람제국의 에스빠냐 경략은 크게 속주(屬州)경략과 직접경략의 두 가지 형태로 나누어볼 수 있다. 속주경략은 시리아의 다마스쿠스를 수도로 한 우마위야조의 속주시대(711~50)와 모로코의 마라케시(Marrakesh)를 수도로 한 무라비트(Murābiṭ)조의 속주시대(1091~1147), 무라비트조를 이은 무왓히딘(Muwaḥḥidīn)조의 속주시대(1147~1223)를 포함하고 있다. 이러한 시대의 경략지는 우마이야조와 무라비트조, 무왓히딘조의 3대 이슬람 종주국에 속한 하나의 속주로서 현지에 파견된 총독(amir)에 의해 경략통치가 실시되었다. 이에 비해 직접경략은 에스빠냐 현지에 속주가 아닌 이슬람 왕조가 직접 건립되어 통치를 한 경략이다. 에스빠냐의 꼬르도바를 수도로 한 후기 우마위야조(756~1031) 시대와 에스빠냐 경내의 여러 지방에 난립한 군소왕조(群小王朝, Mamlūku'd Ṭawāif, 1009~91) 시대, 에스빠냐 남부의 그라나다를 수도로 한 나스르조(1230~1492) 시대가 직접경략에 해당된다. 여러 시대에 걸친 속주경략과 직접경략 중에서 이슬람 문명과 서구문명 간에 진행된 교류의 역사적 배경으로서 가장 큰 영향을 미친 것은 후기 우마위야조의 사실상 후기 우마위야조 이후의 경략은 속주경략이건 직접경략이건간에 후기 우마위야조가 실시한 경략의 계승이거나 그 후광을 입은 것이다.

711년 북아프리카 원주민인 베르베르족 출신의 퇴리끄 이븐 지야드가 이끄는 7천명의 이슬람 서정군은 지브롤터 해협을 건너 일격에 꼬르도바를 공략하고 서고트 왕국을 멸하였다. 그의 뒤를 이어 여러 차례 진행된 이슬람 서정군의 정벌에 의하여 에스빠냐 전역은 거의 우마위야조 치하의 속주로 변했다. 그러다가 750년 압바쓰조가 우마위야조를 대체하면서 우마위야조의 전통 가문(무아위야 가)을 탄압하자 그 유족인 압둘 라흐만('Abdu'l Raḥmān, 재위 756~88)이 난을 피해 북아프리카의 모로코를 거쳐 에스빠냐에 망명하였다. 그는 이슬람 원정군으로 그곳에 갔다가 잔류하여 정착한 시리아와 예멘 등 아랍계 무슬림들의 지지를 얻어 756년에 아미르(Amīr)라 자칭하면서 꼬르도바를 수도로 한 이른바 후기 우마위야조(756~1031, 16대 275년간 존속)를 건국하였다. 이 왕조는 당시 동방에 위치해 동할리파국이라 불린 압바쓰조 이슬람제국과 대비하여 일명 서할리파국이라고 하며, 한적(漢籍)에서는 흰옷을 즐겨 입는 아랍인들의 왕조라고 하여 '백의대식(白衣大食)', 혹은 당시 압바쓰조 이슬람제국의 서편에 있다고 하여 '서대식(西大食)'이라고도 한다. 건국자 압둘 라흐만은 잇달아 내습한 압바쓰조의 정벌군과 프랑크 왕국 카를 대제의 원정군을 연속 격퇴하고 이베리아 반도에 첫 이슬람 정권을 수립하였다.

이 왕조의 전성기는 제3대 왕인 압둘 라흐만 3세(재위 912~16)의 치세 시대이다. 그는 주변의 여러 왕후국(王侯國)들을 평정하고 판도의 통일을 성취하였으며, 내치에도 진력하여 체제의 중앙집권화를 완성했다. 그리하여 그는 929년부터는 할리파로 자칭하였을 뿐 아니라, 자신을 '알라 종교의 옹호자'라고 하면서 정교합일의 전형적인 이슬람제국을 건설하였다. 번영일로를 걷던 이 왕조는 무함마드 2세(Muḥammad II, 재위 1009~10) 시대에 이르러 정쟁(政爭)과 내분으로 인해 급격히 쇠퇴하기 시작하였다. 드디어 1031년에는 힐라파제를 폐지함과 동시에 히샴 3세(Hishām III)를 마지막 왕으로 하여 멸망하고 말았다.

이 중앙집권적인 통일왕조가 멸망하자, 에스빠냐에서의 이슬람세력은 사분오열되어 이른바 군소왕조 시대에 접어들었다. 군소왕조들은 북아프리카의 무라비트조와 무왓히딘조의 원정군에게 공략을 당해 132년간(1091~1223) 속지로 남아 있다가 1492년 신흥 기독교세력인 레꽁꾸이스따(Reconquista, '재정복'이라는 뜻)에게 마지막 이슬람 왕조 나스르조가 정복됨으로써 사실상 이슬람제국의 에스빠냐 경략은 막을 내렸다.

약 800년에 걸친 이슬람제국의 에스빠냐 경략은 속주경략과 직접경략을 막론하고 이슬람 문명의 유럽 전파에 가교적 역할을 하였으며, 동서문명의 교류에 적지 않은 영향을 미쳤다. 그 영향은 한마디로 새로운 안달루쓰 문화의 창출이다. 안달루쓰 문화란 이슬람제국의 경략에 의해 에스빠냐에서 반달족을 비롯한 원주민들의 토착문화와 기독교문명이 선진 이슬람 문명에 흡수·동화되어 태어난 새로운 동화문화(同化文化)를 말한다. 약 8세기 동안 존속한 이 문화의 동화 양상은 정치·경제·문화의 여러 분야에서 뚜렷하게 나타나고 있는바, 그것은 유럽 문명에 대한 이슬람 문명의 영향관계를 여실히 입증해주고 있다.

우선, 정치적으로 안달루쓰는 이슬람세계의 한 구성부분으로서 정교합일의 중앙집권적 이슬람 정체(政體)가 수립·운영되었다. 힐라파제를 시행하는 이슬람 종주국에 예속된 속주경략 시대는 물론이거니와, 현지에 수립된 이슬람 정권도 후기 우마위야조의 경우에서 보다시피 사실상 정교합일의 힐라파제를 그대로 수용하여 행정계통을 일원화하였다. 이러한 제도하에서 이슬람 교법에 따라 무슬림들과 기독교도들, 유태교도들은 장기간 평화공존하였으며, 많은 원주민들과 기독교도들이 이슬람교로 개종하고 아랍어를 사용함으로써 아랍-이슬람화가 착실히 추진되었다. 이렇게 아랍-이슬람화된 안달루쓰 사람들을 '모사라베'라고 통칭한다.

다음으로, 경제적으로는 무슬림들의 경제운영 체제와 기술을 그대로 도입하였다. 이슬람세계로부터 피혁업, 제지술 등 선진 제조기술을 수용하고 견직물이나 농산물을 수입하여 다시 유럽의 기타 지역에 보급하고 재수출하였다. 특히 교역의 거점도시를 이슬람식 시장(sūq)과 건축양식을 따라 많이 건설하여 서고트 지배하에서 침체되었던 도시생활을 활성화시켰다. 우마위야조 시대에는 꼬르도바 시에 속지경략의 본산인 총독부가 설치되었는데, 후기 우마위야조 시대에 와서 이 도시는 건국 초기부터 수도로서 일약 번영을 누리게 되었다. 전성기에는 꼰스딴띠노쁠 및 바그다드와 더불어 인구 50만에 상점 4만호를 가진 세계 3대 도시의 하나로 부상하였다. 여기에는 유명한 대사원을 비롯한 1,600개의 사원과 70개의 도서관, 여러 개의 화려한 궁전들이 자리하고 있었다.

안달루쓰는 문화적으로도 확연히 아랍-이슬람화되었다. 직접경략 시대에는 아랍어가 유일한 공용어였으며, 안달루쓰는 이슬람 문명의 한 중심지였다. 무슬림들은 정통 이슬람 법학파 중 말리키파(al-Malikiyah)를 신봉하였으며, 법학과 철학·신비주의·역사학 등 학문분야에서 이븐 하즘(법학), 이븐 루시드(철학), 이븐 아라비(신비주의) 등 발군의 대학자들이 배출되었다. 문학예술 분야에서는 안달루쓰 특유의 시학(詩學)과 문학이 발달하였으며, 건축미술도 고도의 경지를 개척하였다. 대표적인 안달루쓰식 구조물들인 꼬르도바의 대사원과 쎄비야의 히랄드 탑, 자흐라 궁전도시, 그라나다의 알함브라 궁전 등이 지금까지도 그 찬란한 모습을 보여주고 있다.

중세에 있어 이슬람 왕조의 에스빠냐 경략을 이은 대표적인 동방의 서방속령화 경략으로는 몽골 제국의 4대 칸국 경략이 있다. 몽골군이 40여 년간(1219~60) 3차례에 걸쳐 단행한 서정의 결과, 유라시아의 광활한 지역에 몽골 대제국 경략하의 오고타이 칸국, 차가타이 칸국, 킵차크 칸국, 일 칸국의

4대 칸국이 출현하였다. 4대 칸국은 비록 독립왕국이기는 하지만, 원조(元朝)를 종주국으로 하여 칭기즈칸의 직계후예들이 건국하고 통치해온 명실상부한 원조의 경략국들이다.

오고타이 칸국(1223~1310)은 칭기즈칸의 셋째아들 오고타이(우구데이Ögödei, 1186~1241)에게 분봉된, 나이만(Naiman, 乃蠻) 부족들의 고지(故地)인, 오늘의 중국 신강성 북부 이르티시강 상류와 알타이산맥 남쪽 기슭 일원에서 에미르(Emir, 현 신강성 額敏縣)를 수도로 하여 건국된 칸국이다. 오고타이가 몽골의 대칸(大汗)으로 추대되자 그의 자손들이 뒤를 이어 이 칸국을 지배하였다. 칭기즈칸 넷째아들의 장자 몽케가 등극할 당시(1251) 이 칸국의 통치자는 오고타이의 손자 카이두(Caidu, 海都, ?~1301)였다. 카이두가 쿠빌라이와의 대칸위(大汗位) 쟁탈전에서 패하자 국운이 약화되기 시작하여 결국 1310년 차가타이 칸국에 병합되었다.

차가타이 칸국(1227~1369)은 칭기즈칸의 차남인 차가타이에게 분봉된 서요고지(西遼故地, 현 신강성)에서 알말리크(Almalik, 현 신강성 霍城縣 水定鎭 서북부)를 수도로 하여 건국된 칸국이다. 1310년에 오고타이 칸국을 병합한 후, 영토를 오아시스로의 천산(天山) 남북도 일대와 아무다리아강 동쪽 지역에까지 확장하였다. 후에 동서로 양분되어 서차가타이는 1370년 티무르제국에 의해 멸망을 당했고, 동차가타이는 몇개의 소국으로 분열되어 있다가 쇠망하였다.

킵차크 칸국(1243~1480)은 칭기즈칸의 장자 주치에게 책봉된 호레즘과 킵차크 일원에서 사라이를 수도로 하여 건국된 칸국이다. 건국자는 주치가 아니라 그의 차남인 바투다. 바투는 대군을 이끌고 제2차 서정을 단행하면서 선친의 봉지(封地)보다 더 넓은 지역을 공략하여 이 칸국을 세웠다. 킵차크 칸국은 일명 금장(金帳, 황금으로 장막을 만들었다는 데서 유래) 칸국이라고도 한다. 구체적으로 그 판도는 오늘의 카스피해와 흑해 및 유럽 동북부 지역, 즉 키르기스 초원을 중심으로 한 남러시아 일대인데, 서쪽으로는 도나우강 하류, 동쪽으로는 이르티시강(러시아와 중국 신강성 경계), 남쪽으로는 까프까스, 북쪽으로는 러시아의 바이깔(Baykal) 지역까지 광대한 지역을 포괄하였다. 러시아의 여러 공국(公國)은 거개가 이 칸국에 복속되었다. 바투는 아랄해 동북 지방을 형 오르다(Orda)에게 할양하여 백장한(白帳汗)을, 그 이북 지방을 동생 시반에게 할양하여 남장한(藍帳汗)을 각각 세웠으나, 실제로는 여전히 바투의 치하에 있었다. 이 칸국은 원조(1271~1368)가 멸망한 후에도 100여 년간 존속하다가 1480년 모스끄바 대공 이반 3세(Ivan III, 1462~1505)에게 멸망하였다.

일 칸국(1258~1388)은 칭기즈칸의 사남 톨루이의 삼남 훌레구가 제3차 서정(1253~60)에서 서아시아의 광대한 지역을 공략한 다음 페르시아와 소아시아를 중심으로 한 지역에서 타브리즈를 수도로 하여 건립한 칸국이다. 원래 톨루이는 칭기즈칸으로부터 몽골 본토를 책봉받았는데 톨루이의 장남과 차남인 몽케와 쿠빌라이가 연이어 대칸에 등극하자 그 아우인 훌레구는 몽골 본토를 떠나 서정에 나섰다. 그는 정복한 서아시아의 광활한 지역을 경략하기 위하여 거기에 몽골 대제국의 속국으로서 일 칸국을 세웠다. 그 판도는 동쪽으로는 아무다리아강, 서쪽으로는 지중해, 북쪽으로는 까프까스, 남쪽으로는 인도양까지의 서아시아 지역을 망라하였다. 일 칸국의 칸은 반드시 원조 대칸의 책립(冊立)이 있어야 했다. 건국자가 죽은 뒤 아들 아바카(재위 1265~82)가 1265년에 계위하였으나, 대칸으로부터의 책립이 없어 보좌(寶座) 아래의 임시의자에 앉아 국사를 처리하다가 5년이 되어서야 정식 칸으로 책립되었다. 제7대 가잔 칸(재위 1295~1304) 때에 이슬람교 쉬아파를 국교로 선포하였다. 이 나라는 서방 기독교 국가들과 우호관계를 유지하면서 교류를 활발히 진행해오다가 1388년에 티무르제국에게 멸망했다.

이상의 4대 칸국은 몽골 대제국의 중요한 구성부분으로서 중앙아시아와 서아시아 및 동유럽을 망라한 광활한 유라시아 대륙에 위치하고, 유교 문명과 불교 문명, 페르시아 문명, 이슬람 문명, 기독교 문명, 슬라브 문명 등 다양한 문명을 두루 아우르고 있으므로, 이들 나라에 대한 몽골제국의 경략은 중세 동서문명의 교류에 커다란 영향을 미쳤다. 그 영향관계는 대체로 전술한 바와 같이 동서문명의 교류를 촉진시키는 권력구조를 창출하고, 동서교통의 창달을 실현하였으며, 동서간의 문물교류를 추진한 것 등으로 몽골군의 서정이 동서 문명교류에 미친 영향과 크게 다를 바 없다. 그것은 몽골 대제국의 4대 칸국 경략이 몽골군의 3차 서정의 결과로서 서로가 그 맥을 같이하고 있기 때문이다. 4대 칸국에 대한 경략과정을 보면 이러한 일반적인 영향관계 외에 이질문명간의 교류 면에서 그 영향관계가 특별히 두드러지게 나타나고 있다. 특히 원조 치하의 중국(유교) 문명과 킵차크 칸국 치하의 러시아 슬라브 문명 및 일 칸국 치하의 페르시아 문명과 이슬람 문명 사이에는 미증유의 활발한 교류가 진행되어 문명교류의 정치사적 배경으로서의 4대 칸국 경략이 갖는 의의를 더욱 돋보이게 한다.

중국 문명과 슬라브 문명 간에는 원조의 킵차크 칸국 경략을 계기로 사상 처음 직접적인 교류가 이루어졌다. 이전에는 주로 초원로를 통하여 이 두 문명간에 견직물이나 모피 등 약간의 문물이 간접적이고 간헐적으로 교역되어왔으나, 경략시대에 와서는 여러가지 문물이 직접적이고 지속적으로 교류되었다. 공단을 비롯한 견직물과 차, 주판, 조판(雕板)인쇄 등 중국 문물과 기술이 이 시기에 러시아로 유입되었다.

중국 문명과 페르시아 문명이나 이슬람 문명 간에도 원조의 일 칸국 경략을 기화로 좀더 폭넓고 의미있는 교류가 진행되었다. 훌레구는 서정할 때 중국의 천문역산(天文曆算) 학자들을 대동하여 출전할 때마다 점복(占卜)을 보게 하곤 하였다고 한다. 일 칸국이 건립된 후 부만자(傅蠻子)를 비롯한 중국의 천문역산 학자들은 일 칸국 현지에 파견되어 페르시아 및 아랍 학자들과 공동으로 1272년에 유명한 '일칸천문표(天文表)'(al-Ziju'l Ilkhānī)를 완성했다. 일 칸의 말라크 천문대에서 연구활동을 해온 안달루쓰 출신의 아부 슈크르(Abū'd Shukr)는 장기간 중국에 체류하면서 중국의 역법을 연구하였다. 그는 3회(1265~67, 1270~73, 1283~86)나 중국과 일 칸국을 왕래하면서 양국간의 과학기술 교류에 큰 족적을 남겼다. 그는 일 칸국에서 열린 한 국제학술모임에 참석해서 '중국과 위구르 역법'이란 제하의 학술보고까지 하였다. 일 칸국 정부는 1294년에 표면에 한자 '鈔'자를 새겨넣어 원조의 지폐를 모방한 0.5~10디나르의 각종 지폐를 공식 발행하고, 그 사용을 의무화하였다. 일 칸국은 또한 원조의 역체제도를 그대로 도입하여, 전성기인 가잔 칸 치세 때(1295~1304) 주요 간선에 3파르사흐(1 farsakh=6.24km)마다 역참을 설치하고, 역참에는 역마(驛馬)를 15필씩 배치하였다. 사신과 각급 관료들에게는 원조와 마찬가지로 일종의 역참 이용허가증인 은과 동으로 만든 패(牌, pāizah)를 발급하여 사용토록 했다.

한편, 일 칸국을 통해 페르시아 문명과 이슬람 문명이 원조에 대거 유입되었다. 아랍-무슬림들의 천문학·수학·의약·건축미술·포술(砲術)·음악 등 여러가지 문물과 과학기술이 원대의 중국에 전입되었다. 그밖에 일 칸인들을 비롯한 아랍-무슬림들을 통해 중국의 역법·산술·제도(製圖)·의학·미술 등이 서방에 전파되기도 하였다.

2.식민지화 경략 이상에서 문명교류의 정치사적 배경으로서의 경략의 한 형태인 속령화 경략(서방의 동방속령화 경략과 동방의 서방속령화 경략)에 관하여 고찰하였다. 이러한 속령화 경략과 함께 경략의 또다른 형태로는 식민지화 경략이 있다. 대체로 근대가 시작되면서 전개된 식민지화 경략에는 서방의 동방식민지화 경략과 서방의 라틴아메리카 식민지화 경략의 두 가지 내용이 포함된다. 식민지화 경략은 르네쌍스와 종교개혁 및 지리상의 발견을 계기로 서구세력이 일방적으로 팽창·확대되면서 대외식민지를 개척한 결과로 생겨난 현상이다. 따라서 이러한 경략과정을 통하여 근대 유럽 문명이 많은 경우 피경략지에 강박적으로 주입됨으로써 피경략지의 전통문명에서는 융합이나 융화·동화 등 다양한 접변현상이 일어났다. 물론 유럽의 일방적이고도 강제적인 식민지화 경략인 탓에 문명교류의 차원에서 보면 유럽 문명의 단향적(單向的)인 침투가 주류이기는 하나, 경략자가 피경략지의 문명을 흡수·수용한 점도 상당하므로 의당 쌍향적인 상호교류로 이해해야 할 것이다.

서방의 동방식민지화 경략으로는 우선 포르투갈을 비롯한 신흥 서방국들의 동남아시아 식민지화 경략을 들 수 있다. 1498년 4월 포르투갈의 항해가이자 장교인 바스꼬 다 가마(Vasco da Gama, 1469~1524)는 대포로 무장한 120톤급의 배 4척을 이끌고 아프리카의 남단과 동해안을 거쳐 리스본 출항 10개월 만에 인도 서남해안에 있는 캘리컷에 도착하였다. 이것이 이른바 '인도 항로'의 발견으로서 서방의 동방식민지화 경략의 서막이고 서세동점(西勢東漸)의 효시이다. 이를 시발로 포르투갈은 적극적인 동방식민지화 경략에 나섰다.

향료 등 동방의 희귀한 산물을 싣고 돌아가 일거에 60배의 폭리를 취한 바스꼬 다 가마의 성공적인 인도 항해는 포르투갈인들의 동방행을 즉각 촉발하였다. 그리하여 1500년 초에는 까브랄(P. A.

Cabral) 휘하 6척의 상선단이 캘리컷에 내항, 현지 관청을 구슬려 조약을 맺고 도매상점을 매입할 수 있는 권리를 취득하였다. 이때 까브랄은 향료를 선적한 채 캘리컷 항에 정박하고 있는 무슬림들의 상선을 약탈했다. 이에 분개한 무슬림들은 포르투갈 상관(商館)을 습격하고 포르투갈인들을 비롯한 모든 유럽인들을 살해하였다. 그러자 이에 대한 앙갚음으로 바스꼬 다 가마는 1502년에 중무장을 한 15척의 함대를 이끌고 두번째로 캘리컷에 와서 항구를 초토화하고 여러 척의 무슬림 선박을 나포하였으며, 약 800명에 이르는 무슬림 선원들의 귀와 코, 손을 잘라 그곳 지배자에게 보내 위협하였다.

초기 포르투갈인들의 동방경략은 무역거점과 무역로를 확보하는 데 주목적을 두었다. 이러한 목적을 달성하기 위해 인도에 총독을 파견하여 총독제 통치를 실시하였다. 초대 총독 알메이다(Dom Francisco de Almeida, 재임 1505~1509)에 이어 제2대 총독에 부임한 알부께르께(Affonso de Albuquerque, 재임 1509~15)는 1510년에 이슬람 왕국인 비자푸르 치하에 있는 말라바르 해안의 고아를 공략하여 동방경략의 교두보로 삼았다. 수미일관 무슬림에 대해 적대적 감정을 품고 있던 알부께르께는 무슬림들을 관직에서 축출하고, 힌두인 주민들에게는 세금을 반감하여 호감을 얻었다. 1511년에는 9일간의 전투 끝에 동방무역의 해상요로에 있는 말라카 항을 점령(그후 130년간 포르투갈의 속지가 됨)함으로써 자바 섬 부근에 널려 있는 향료제도(香料諸島, Spice Islands)와 극동에 이르는 무역로를 장악하게 되었다.

한편, 동방경략을 실현하기 위해서는 당시까지만 해도 인도양과 아라비아해, 홍해 등 여러 해역의 제해권을 장악하고 있던 아랍-무슬림들에게 타격을 주고 그들의 해상활동로를 차단해야만 하였다. 그리하여 알부께르께는 비록 실패는 하였지만 1513년 홍해 입구에 위치한 아덴(Aden)을 공격하고, 홍해상에 있는 소코트라(Socotra) 섬을 점령하였다. 뿐만 아니라, 1515년에는 페르시아만 병목에 자리한 국제무역항 호르무즈를 점령하고 거기에 요새를 구축하였다. 이어 인도 서해안의 디우(Diu)와 다만(Daman), 봄베이 등 항구도시들을 차례로 공략하여 고아를 중심으로 한 식민지화 경략의 기반을 구축해놓았다.

포르투갈은 고아에 총독부를 설치하여 식민지화 경략을 총지휘하도록 하였다. 총독은 일반행정권뿐 아니라 군통수권까지 장악하고, 사법권에도 깊이 간여하였다. 총독부는 주변 해상의 항해권을 장악하여 항해자들로부터 공물이나 세금을 징수하고 해상무역을 엄격히 통제하였다. 인도인들은 총독부의 허가 없이는 해상교역이나 항해를 할 수 없음은 물론, 심지어 해상을 통해 성지순례를 하는 것마저 통제당하였다. 그리하여 16세기에 이르러 전반적인 인도양 무역은 종전의 아랍-무슬림 상인들을 대체하여 포르투갈인들이 독점하게 되었다. 이와 동시에 알부께르께 총독은 원주민과의 혼인이나 가톨릭 문화의 주입에 의한 식민지화 정책을 적극 추구하였다. 그 결과 '루소-인디언'(Luso-

Indian), 즉 '고아인'이라는 새로운 인종이 나타났다. '고아인'이란 근본 혈통은 인도인이나 혼혈인이면서 종교는 가톨릭이고 사고는 서구적인 사람들을 범칭하는 말이었다. 다른 정책과 마찬가지로 총독부의 종교정책은 아주 편파적이고 억압적이었다.

이렇게 포르투갈은 16세기 내내 동방무역을 독점하고 동방경략에 앞장섰다. 그러나 17세기에 들어서면서 네덜란드와 영국, 프랑스 등 유럽 국가들이 속속 동인도회사를 설립하여 포르투갈의 독주에 제동을 걸고, 그 간섭이나 압력을 배제하면서 동방무역의 무대에 부상하고, 이에 따르는 동방경략에 경쟁적으로 뛰어들기 시작했다. 1600년에는 영국에서, 1602년에는 네덜란드에서, 1664년에는 프랑스에서 각각 동인도회사가 설립되었다. 그 뒤를 이어 덴마크와 스코틀랜드, 에스빠냐, 오스트리아 등 일련의 유럽 나라들에서도 동인도회사가 출범하였다. 이러한 회사들은 주로 인도를 비롯한 동남아시아의 여러 나라 및 지역에서 고소득의 약탈적인 무역을 하기 위하여 설립된 것이다. 이러한 무역을 성공적으로 진행하기 위해서는 일정한 무역거점을 개척·운영하고 무역로를 확보하는 식민지화 경략이 필수적이었으며, 그 과정은 유럽의 여러 경략국들간의 치열한 경쟁과 쟁탈전으로 일관하였다.

포르투갈에 이어 무역을 통한 동방식민지화 경략에 나선 나라는 네덜란드이다. 네덜란드는 1567년에 독립전쟁을 시작하여 1581년에 연방제 공화국을 세움으로써 국력이 일층 강화되었다. 특히 신흥 네덜란드에는 진취적인 신교도(新敎徒) 상인들이 대거 합류하여 해외진출을 적극 부추겼다. 게다가 포르투갈이 1580~1640년 동안에 에스빠냐에 합병됨으로써 동방경략 활동이 위축된 것은 네덜란드의 동방진출에 호기를 조성하였다. 그리하여 16세기 말엽부터 네덜란드 상인들이 개별적으로 인도에 침투하여 무역활동을 벌이기 시작했다. 이들을 통해 동방무역에 관한 정보를 입수한 하우트만(Corneilius de Houtman)은 1595년에 4척의 상선을 이끌고 1년 만에 자바에 도착하여 향료 등 특산물을 다량 매입하였다. 출항 2년 만에 선원의 3분의 1만이 생환하는 모험적인 행각이었지만, 교역에서 큰 이익을 얻은 네덜란드는 1595~1601년에 모두 65척의 선박을 수마트라와 향료제도 등 동남아시아 지역에 파견하여 적극적인 무역활동을 전개하였다.

이러한 바탕 위에서 네덜란드는 1602년에 동인도회사를 설립하였다. 회사의 총자본금은 영국 동인도회사의 10배(54만 파운드)나 되는 거금이었다. 네덜란드의 동인도회사는 아프리카 남단의 희망봉 동부 지역의 무역을 21년간 독점할 권리를 얻었으며, 설립 후 3년 동안에 38척의 선박을 인도양에 파견해서 동방무역에 대한 의욕을 과시하였다. 사실상 이 동인도회사는 네덜란드의 동방식민지화 경략에서 대본산 역할을 수행하였다. 의회로부터 얻은 특허장에 근거하여 타지(他地)와 전쟁을 하고 조약을 체결하여 영토를 획득할 권리까지 가지고 있었다. 네덜란드인들은 인도의 마드라스(현 Chennai) 북부의 풀리카트(Pulicat)를 시작으로 구자라트와 벵골 및 코로만델(Coromandel) 해안에

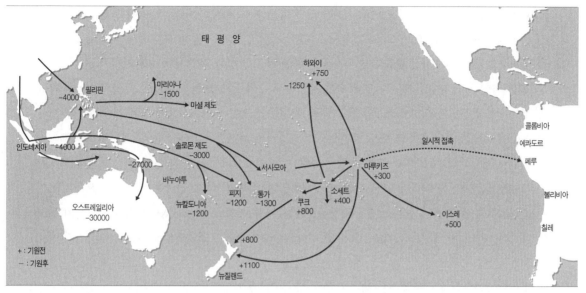

태평양상의 민족이동로(BC 4000~AD 1250)

속속 상관(商館)을 설치하여 후추를 비롯한 인도 물산을 교역할 뿐 아니라, 그곳들을 향료제도 등 동남아시아 지역으로 진출하는 발판으로 삼았다. 강력한 해군력의 뒷받침 속에서 네덜란드는 1605년에 향료제도(몰루카 제도)의 암본(Ambon, 옛 이름은 암보이나) 섬을 장악한 데 이어, 1619년에는 자바의 바타비아(Batavia, 현 자카르타)에 거점을 구축하고 1641년에는 수마트라의 아체 왕국과 연합하여 동방 해상교역의 요로에 있는 말라카를 공격하고 인도 서해안의 고아를 봉쇄하였다. 그리고 포르투갈을 제압하기 위해 포르투갈의 인도양 활동거점인 콜롬보(1655)와 인도의 코친(1659)을 점령하였다. 이리하여 17세기 중엽에 이르러 네덜란드는 포르투갈을 대체하여 명실상부한 동방무역의 패권자로 부상하였다.

포르투갈과 네덜란드에 이어 동방에 대한 식민지화 경략에 뛰어든 유럽 나라는 영국이다. 영국은 인도를 비롯한 서남아시아와 동남아시아 지역에서 전형적인 식민지화 경략정책을 추구하였다. 영국이 세계를 무대로 본격적인 해상활동을 시작한 것은 엘리자베스 1세(Elizabeth I, 1558~1603) 여왕 때부터이다. 1588년에 에스빠냐의 펠리뻬 2세(Felipe II)가 파견한 이른바 무적함대(無敵艦隊)를 격파한 영국은 이에 고무되어 동방(아시아)진출에 눈을 돌렸다.

영국의 동방진출 선봉장은 1600년에 여왕으로부터 동인도(동방) 무역의 독점권을 얻어 설립된 동인도회사이다. 동인도회사 설립 직후, 제임스 랭커스터(James Lancaster)의 지휘하에 4척의 상선이 런던을 출발하여 1602년 6월 수마트라에 도착하였다. 이 영국 상선은 말라카 해협에서 포르투갈 상선으로부터 900톤의 향료와 면직물을 탈취하였다. 그후 1608년에 윌리엄 호킨스(William

Hawkins)가 3척의 배를 이끌고 인도 서해안의 수라트(Surat)에 도착하였다. 이때 호킨스를 비롯한 영국 상인들은 무갈제국의 수도 아그라(Agra)까지 직접 찾아가서 쑬퇀 자항기르(Jahangir)의 궁전을 방문하고 관헌들과 사상 초유의 공식접촉을 하였으나, 별 성과 없이 냉대만 받았다.

그러나 4년 후인 1612년에는 인도 쑬퇀의 허락하에 수라트에 첫 영국 상관이 개설되었다. 이곳을 거점으로 영국 상인들은 마드라스와 캘리컷, 봄베이 등 중요한 해안도시들에 점차 진출하였다. 그들은 이러한 여세를 몰아 몰루카 제도 방면으로 동진하려고 하였으나, 먼저 진출한 네덜란드의 제재를 받아 일시 좌절되었다. 1623년 암본 주재 네덜란드 총독이 그곳에 내항한 영국 상인 18명을 체포하여 그중 9명을 처형한 이른바 '암본 사건'이 발생하였다. 이 사건 이후, 영국은 향료제도 진출을 포기하고 인도 경략에만 전념하였다. 몇곳에 상관을 설치한 후, 동인도회사는 경략거점을 확보하기 위하여 마드라스 부근에 쎄인트 죠지(St. George) 성을, 캘리컷에 포트 윌리엄(Fort William)을 각각 축조하였다.

영국은 동인도회사 설립 후 약 150년 동안 주로 무역활동과 그 거점을 확보하는 데만 주력하고 인도를 복속시켜 식민지화하려는 의도를 노골적으로 드러내지는 않았다. 그러나 1757년 프랑스군의 지원을 받은 벵골의 토후(土侯) 시라줏 다울라와의 플라시(Plassey) 전투에서 클라이브(Robert Clive)가 지휘하는 영국군(3천명, 토후군은 약 5만명)이 승리를 거두자, 이를 계기로 무역 위주의 대인도 정책을 수정하여 직접적인 식민지화 경략으로 방향을 전환하게 되었다. 이때부터 벵골이 영국의 인도 식민지화 경략에서 진원지(震源地)로 부상하였다. 영령(英領) 인도사가 플라시 전투로부터 시작되었다고 하는 까닭이 바로 여기에 있는 것이다.

플라시 전투를 기점으로 막을 연 영령 인도사는 문자 그대로 인도에 대한 영국의 식민지화 경략과 수탈의 역사였다. 군사적 정복자인 클라이브는 벵골 토후 시라줏 다울라를 쫓아내고 꼭두각시에 불과한 자파르를 토후로 내세우고, 자신은 다음해(1758)에 동인도회사에 의해 벵골 지사로 임명되었다. 그 결과, 명목상 벵골 토후의 지배하에 있는 지역인 벵골과 비하르(Bihar) 및 오리사(Orissa)의 3개주는 영국의 실질적인 경략지로 전락하고 말았다.

1773년에 영국 의회는 인도에 대한 식민지화 경략을 공식 법제화하고 총독제 통치를 실시하기 위하여 이른바 '인도통치규제법'(Regulation Act of India)이라는 법을 제정, 반포하였다. 이 법에 따라 1명의 총독과 4명의 참사를 정점으로 한 총독부를 설치하여 이들에게 벵골과 비하르 및 오리사 3주의 민사나 군사·징세 등 행정업무를 관장할 권한뿐만 아니라, 마드라스와 봄베이 등 지방의 행정을 감독·통제할 직권까지 부여하였다. 또한 이 법은 포트 윌리엄에 재판장 1명과 판사 3명으로 구성된 최고 사법재판소를 설치하되, 이들 판사는 영국이나 아일랜드 고등법원의 법정변호사 중에서 영국 왕이 선임하도록 규정하고 있다. 이 재판소는 민사와 형사, 해군, 종교 등 제반 분야에서 발생한 소송에 대한 재판권을 갖고 있었다. 이리하여 18세기 후반부터 인도에 대한 영국의 식민지화 경략은 총독제 통치의 형태로 공식 출범하였다.

유럽 나라들 중에서 가장 늦게 동방경략에 끼여든 나라는 프랑스이다. 네덜란드와 영국이 각각 동인도회사를 설립한 17세기 초엽에 프랑스의 앙리 4세(Henri Ⅳ)가 동방에 관심을 갖기 시작하기는 하였지만, 실제로 동방경략에 참여한 것은 루이 14세(Louis ⅩⅣ) 치세 때 1664년에 중상주의자인 꼴베르(J. B. Colbert) 재무상의 후원으로 동인도회사가 설립된 때부터다. 영국의 동인도회사는 순수한 민간상인들의 조직체인 데 반해, 프랑스의 동인도회사는 설립 당초부터 관영기관이었다. 프랑스인들의 첫 목표는 스리랑카에 활동거점을 마련하는 것이었지만, 네덜란드가 이미 그곳을 장악하고 있어서 여의치 않게 되자, 인도에 눈을 돌렸다. 1674년에 인도 서해안의 항구도시 수라트에 첫 상관을 설치한 데 이어, 마드라스 부근의 뽕디셰리에 거점을 확보하고, 1742년에 뒤쁠레(J. F. Dupleix)를 초대 지사로 파견하여 인도 경략을 본격적으로 시도하였다. 그러나 18세기 중엽, 인도에서의 이권을 둘러싸고 벌어진 영국과의 두 차례 무력충돌에서 모두 패배함으로써 결국 인도로부터 밀려나고야 말았다.

이상은 근대 초 동남아시아 지역에 대한 서방국가들의 식민지화 경략과정에 관한 간략한 서술이다. 서방의 동방식민지화 경략에는 그밖에 중국을 비롯한 극동지역에 대한 식민지화 경략이 있다. 서남아시와와 동남아시아 지역에 대한 서방국가들의 탐욕적인 경략활동은 자연히 '동방대국' 중국을 향해 이어졌다. 그 선봉장은 역시 포르투갈이었고, 그 뒤를 에스빠냐와 네덜란드가 따라나섰는데, 시기는 중국 명대(明代) 말엽이었다. 청대(淸代) 초엽에 이르러서는 영국과 프랑스가 이에 가세하였다.

포르투갈은 1510년에 인도의 고아를 공략하여 동방경략의 1차적 거점을 확보한 후, 이듬해인 1511년에는 동방무역해로의 요로에 있는 중국 명조의 신복지(臣服地) 말라카를 점령함으로써 중국 진출의 발판을 마련하였으며, 중국의 해상활동에 큰 타격을 주었다. 명대 중국인들은 포르투갈을 '불랑기(佛郞機)'라고 불렀는데, 이 말은 중세 아랍인들이 유럽인을 '이프란즈'(al-Ifranj)라고 칭한 데서 유래했다. 그런데 이 '이프란즈'란 말은 중세 초 유럽을 풍미한 '프랑크인'(Franks)에서 연유한다.

1514년부터 포르투갈 상인들은 중국 광동(廣東) 연해 일대에 잠입해서 무역활동을 은밀히 진행하였다. 그러다가 1517년 7월에 말라카 주재 포르투갈 총독이 안드레데(Fernão Peres de Andrede)가 이끄는 선단을 광동 완현(莞縣)의 둔문도(屯門島, 현 九龍 서북부의 蛇口 일대)에 파견하였다. 포르투갈 국왕의 사신 삐레스(Thomé Pirez)가 이에 동행하였다. 그들은 광동지방 관헌의 허가도 없이 공물을 바친다는 구실로 2척의 대형선박을 이끌고 광주에 불법침입하였다. 조공국(朝貢國) 명단에도 없는 이 불청객의 돌연한 출현에 당황한 광동 수신(守臣)은 상황을 조정에 급보(急報)하였다. 그런데 조정이 우유부단한 태도를 취하는 사이 사신 삐레스는 1520년에 상경해서 조정과의 공식접촉을 시도하였다. 바로 이때 말라카 국왕이 명조에 보낸 구원요청서가 도착하여 말라카에 대한 포르투갈의 불법강점 사실이 알려졌다. 이에 분개한 조정은 포르투갈의 이른바 '조공'을 불허하고 삐레스를 광주로 강제 압송하였다. 또 이듬해 광동의 명군은 불법적으로 침입하여 노략질을 일삼는 포르투갈인들을 무력으로 축출하고 '불랑기포(佛郞機砲)' 여러 문(門)을 노획하였다. 이것이 이른바 중국과 포르투갈 간의 '둔문전투(屯門戰鬪)'이다.

1522년에는 포르투갈 국왕의 명을 받은 마르띤(Martin)과 뻬드로(Pedro)가 다시 선단을 이끌고 역시 광동 연해에 침입하여 중국과의 통상조약 체결을 제의하였다. 그러나 광동 수신으로부터 거절을 당하자 무력을 앞세워 광동 신회(新會)의 서초만(西草灣)에 진입하였다. 이에 명군은 반격을 가해 뻬드로 등 42명을 생포하여 그중 35명을 참수형에 처하고, 선박 2척을 노획하였다. 이를 계기로 명조는 포르투갈인과의 무역을 엄금하였으나, 그들은 아랑곳하지 않고 왜구(倭寇)와 결탁하여 절강(浙江)과 복건(福建) 일대의 연해에 무시로 출몰하며 약탈을 계속하였다.

그러다가 1553년에 포르투갈인들은 해도부사(海道副使) 왕백(汪柏) 등을 매수하여 호경오(蠔鏡澳, 현 마카오)에 상륙, 교역할 수 있는 허가를 얻었다. 이듬해부터 포르투갈인들은 호경오에 주택과 상가를 짓고 불법 정주하기 시작하였다. 1563년에 이르러 그들 소유의 각종 가옥이 1천여 채나 되고 상주인구는 약 900명이나 되었다. 그외에 그들이 아프리카나 동남아시아에서 끌고 온 노예도 수천 명이나 되었다. 이로써 호경오는 고아에 이어 포르투갈의 동방식민지화 경략의 제2거점이자 중국 진출의 전초기지가 되었다. 1564년에 호경오의 포르투갈인들은 명조가 조주(潮州)의 해병변란(海兵變亂)을 진압하는 데 협조한 공로로 1년간 화물세를 면제받은 일이 있다. 1572년경부터 이곳 포르투갈인들은 매해 명조에 500냥의 지조은(地租銀)을 상납하기 시작하였다. 1574~82년에는 자치 행정기관으로 의사국(議事局)과 사법관(司法官), 자위대(自衛隊) 등을 조직하여 운영하다가 얼마 후에는 포르투갈 정부에서 총독을 공식 파견하여 관리업무를 총괄하도록 하는 총독제 통치가 실시되기에 이르렀다. 이것은 사실상 중국 영토의 한 부분에 대한 포르투갈의 직접적인 식민지화 경략으로서, 그 여파는 오늘날까지도 미치고 있다. 청초인 1673년과 1676년에 포르투갈은 두 차례나 사신을 북경에 파견해 통상개방을 요구하였으나 번번이 마카오에서만 교역을 할 수 있다는 답변만을 받았다.

포르투갈에 이어 두번째로 중국에 진출한 서방국가는 에스빠냐이다. 포르투갈이 인도의 고아를 거점으로 동진, 말라카를 지나 중국에 진출한 데 반해, 에스빠냐는 대서양을 건너 멕시코를 비롯한 중남미 지역을 점령한 후 서진하여 태평양을 횡단, 필리핀을 거점으로 하여 중국에 진출하였다. 요컨대 에스빠냐는 에스빠냐→멕시코→필리핀→중국을 잇는 이른바 '대범선무역' 항로인 '태평양 비단길'을 통해 중국 경략을 시도하였던 것이다.

에스빠냐는 1571년 명조의 조공국인 여송(呂宋, 현 필리핀)을 점령한 후 수도 마닐라를 기점으로 하여 대만과 민(閩, 복건성)·월(粤, 광동성) 연해에 상인들을 보내 중국과의 교역을 시작하였다. 1575년 7월과 1576년 5월에 필리핀 주재 에스빠냐 총독은 마닐라교구 주교 라다(Martin de Rada)를 단장으로 한 사절단을 두 차례나 중국 복건에 파견하여 그 연해에 있는 한 항구를 에스빠냐 상인들의 무역용으로 개항해줄 것을 요구하였으나, 중국측의 호응을 얻지 못하였다. 1598년에는 다시 필리핀 주재 에스빠냐 총독 자무디오(Don Juan de Zamudio)가 친히 선단을 이끌고 광동에 와서 통상을 요구하였으나 광동 관부(官府)에 의해 축출되었다. 당시 중국인들은 그들을 포르투갈인과 혼동하여 역시 '불랑기'라고 불렀다. 1579년에 에스빠냐 국왕은 칙령을 발표해 멕시코와 페루, 과테말라 등 에스빠냐 속국들의 '대범선무역'을 허용하였다.

한편, 중국 본토의 상인들과 필리핀의 화교 상인들은 중국과 필리핀 간의 무역을 독점했을 뿐만 아니라, 마닐라를 중남미와의 무역중계지로 삼고 활발한 무역활동을 전개하였다. 에스빠냐는 필리핀에서 식민지 통치기반을 공고히하고 무역권을 장악하기 위하여 필리핀 화교를 배척하고 탄압하기 시작했다. 이에 맞선 필리핀 화교들은 1593년 반화오(潘和五)의 영도하에 반(反)에스빠냐 투쟁에 궐기하여 필리핀 주재 에스빠냐 총독을 살해하였다. 그러나 여러 차례에 걸친 화교들의 투쟁은 무참하게 진압되었다. 1603년에 에스빠냐 식민주의자들은 모반을 구실로 2만 5천명의 화교들을 살육하는 만행을 저질렀다. 중국과 필리핀 간의 무역이 날로 확대됨에 따라 에스빠냐는 중국 연해에 무역거점을 마련하기 위해 1626년에 무력으로 대만의 계롱항(鷄籠港, 현 基隆)을 강점하고 싼쌀바도르(San Salvador)라고 개명까지 하였으며, 이어 담수항(淡水港)도 점령하였다. 그러다가 1641년에 네덜란드인들이 무력으로 대만을 강점하자 대만의 일부 지역에 대한 에스빠냐의 15년에 걸친 식민지화 경략은 끝나고 말았다. 청초인 1646년에 에스빠냐는 사신을 북경에 파견했으나 여전히 해금(海禁)에 묶여 별 성과 없이 되돌아갔다.

포르투갈과 에스빠냐에 이어 무역을 통한 중국 경략에 나선 서방국은 네덜란드이다. 명대인들은 네덜란드인들을 모발이 붉은 외방인이라고 하여 '홍모번(紅毛番)' 혹은 '홍모이(紅毛夷)'라고 불렀다. 네덜란드는 1619년에 자바의 바타비아에 상관을 설치하고 이를 거점으로 중국 및 일본과의 교역을 시도하였다.

1601년에 처음으로 반 네크(Van Neck)가 인솔하는 네덜란드 상선이 중국 남해에 나타나 광주(廣州)에서의 통상을 꾀하였으나, 광주에 1개월간 체류하는 것이 허용되었을 뿐, 통상요구는 거절당하였다. 이듬해에 네덜란드는 막대한 자본금을 가진 동인도회사를 설립하여 중국과의 무역활동을 본격화하였다. 우선 중국 진출을 방해하는 포르투갈에 일격을 가하기 위해 1603년에 호경오에 대한 진격을 시도했으나 실패하였다. 1604년 7월에는 와르위크(Wybrand Van Warwick)가 이끄는 무장 함선이 명조의 주둔군 철수를 틈타 팽호도(澎湖島)에 상륙하여 건물을 지으면서 상주(常住)를 기도하였다. 또한 그들은 복건 세감(稅監)에게 '십만금(十萬金)'의 뇌물을 주어 대륙과의 통상을 꾀했지만, 명조의 불허로 결국 3개월 만에 섬에서 철수하고 말았다. 이어 1605년에는 홍에(Comelis Matelief de Jonge)가 7척의 함선을 이끌고 동인도 주재 네덜란드 총독 오렌헤(Willem Van Orenje)가 중국 황제에게 보내는 친서를 휴대하고 와서 통상을 촉구했으나 역시 거절당하였다. 심지어 1609년과 1617년에는 두 차례나 네덜란드 동인도회사의 이사회에서 총독이 직접 나서서 중국과의 무역로를 타개할 것을 제의하기도 했다. 그러나 일방적인 욕망에 그치고 성과는 여전히 미미하였다.

이러한 상황에서 네덜란드는 드디어 무력침공이란 강경수단에 매달릴 수밖에 없었다. 1622년에 동인도 주재 네덜란드 총독 코엔(Jan Pieterszoon Coen)은 레에르츤(Kornelis Reyerszoon)으로 하여금 15척의 전함을 이끌고 호경오로 진격하도록 했다. 그러나 호경오의 포르투갈인들에게 격퇴되었다. 격퇴당한 네덜란드인들은 코벤로엔트(Kobenloent)의 인솔하에 북상하여 팽호도를 다시 점령하고 종전과 마찬가지로 성보(城堡)를 구축하는 등 상주를 꾀하였다. 그러면서 하문(廈門) 등 연해 일대에 무시로 출몰하여 노략질을 자행하였다. 그러나 이듬해 7월 명군의 해상진출 앞에 견디지 못해 팽호도에서 또다시 철수하고야 말았다.

이때 철수한 사람들이 1624년에는 대만의 남부 도시 대남(台南)에 상륙하여 그곳을 강점하고 곤신(鯤身)에 일명 홍모성(紅毛城)이라고 하는 적감성(赤嵌城, Casteel Zeelandia, 1632년 준공)과 적감루(赤嵌樓)에 일명 '홍모루(紅毛樓)'인 프로빈티아 성보(城堡, Casteel Provintia, 1650년 준공)를 각각 구축하고 점령지를 요새화하였다. 그러다가 1641년에는 대만 북부지역을 강점하고 내침한 에스빠냐인들을 몰아냄으로써 한때 대만 전역을 독점하게 되었다. 여기에 불만을 품어오던 명조는 1659년에 정성공(鄭成功) 휘하의 2만 병력을 파견하여 남북 양로로 대만에 상륙토록 하였다. 명군의 우세 속에 무력충돌이 지속되다가 1622년 2월 1일 쌍방간에 체결된 15개항의 조약에 의해 네덜란드인들은 강점 38년 만에 대만에서 물러나고야 말았다. 동남해 연안에서의 해금이 여전하던 청초 1656년에 네덜란드는 다시 사신으로 고예르(Peter de Goyer)와 케그세르(Jacob de Kegzer)를 북경에 파견하여 청조로부터 8년에 한번씩 조공할 수 있다는 허락을 받아냈다. 그러다가 청조가 1683년에 해금을 해제하고 1685년에는 정식으로 해외무역을 개방한다고 선포함으로써 네덜란드의 대중국 교역과 교류는 활기를 띠게 되었다.

포르투갈과 에스빠냐, 네덜란드보다 뒤늦게 동방식민지화 경략에 합류한 영국은 일찍부터 중국에로의 통로개척에 부심했다. 1573년에 윌리엄 본(William Bourne)은 저서 『해상패권을 논함』에서 영국에서 중국으로 통하는 길을 다섯 가지로 구사하고 있다. 즉 포르투갈이 독점하고 있는 아프리카 남단의 희망봉 항로, 에스빠냐가 독점하고 있는 남미 남단의 마젤란 해협 항로, 북미(北美)를 통과하는 서북항로, 러시아를 통과하는 동북항로, 북극을 통과하는 북극항로가 그것들이다. 그중 서북항로에 기대를 걸었던 런던 상인들은 1576년에 '중국회사'를 결성하여 항로개척을 위한 탐험대를 파견했으나, 성공하지 못했다. 그러다가 엘리자베스 1세 때인 1596년에 중국 황제에게 보내는 친서를 휴대한 사신을 파견해서 통상을 논의코자 하였다. 그러나 도중에 사신이 탄 선박이 조난당해 침몰(이 배는 1978년에 건져져 당시 사신이 휴대한 친서가 1982년에 그대로 중국 정부에 전달됨)하는 바람에 중국에 도착하지 못하였다. 후일 제임스 1세(James I, 재위 1603~25) 때도 이와 비슷한 일이 있었다.

1600년에 설립된 영국 동인도회사는 일찍이 국왕으로부터 원동(遠東)무역에 대한 특허를 얻은 후 오랫동안 중국과의 접촉 및 교역을 지향했으나 여의치 않았다. 그리하여 한때는 네덜란드의 동인도회사와 합작하여 대중국무역을 꾀하면서 해상에서 중국 상선을 습격·약탈하기도 하였다. 그러나 양국간의 이권쟁탈로 인해 합작은 잠시일 뿐, 갈등이 지속되었다. 한때 네덜란드는 영국을 동방 향료무역에서 제외시킨 일도 있었다. 영국은 1620년에 상선 유니콘(Unicorn) 호를 통상 목적으로 파견하였으나, 마카오 부근에서 풍랑에 파선된 사건도 일어났다. 1635년 영국과 포르투갈 간에 체결된 수호조약(修好條約)에 따라 포르투갈은 자국의 동방경략지에서 영국 동인도회사가 무역활동을 할 수 있도록 허용했다. 이에 고무된 영국은 그해 7월 상선 '런던 호'를 마카오에 파견했는데, 이로써 영국 상인들은 처음으로 마카오에 상륙해서 무역을 진행했다.

그해에 코틴(William Courtcens)을 비롯해 동인도회사에 소속되지 않은 상인들이 '코틴 상무단(商務團)'을 조직하였는데, 국왕은 동인도회사의 활동이 미치지 않는 동방 각지에서 그들이 무역활동을 하는 것을 허락하였다. 2년 후인 1637년 8월에 이 상무단이 파견한 웨델(John Weddell) 휘하의 함선 2척이 광주 호문(虎門)에 침입하여 중국군과 초유의 무장충돌을 일으켰다. 이 사건 후, 중국 정부는 영국 함선의 중국영해 진입을 엄금하였다. 그 결과 영국 상인들은 포르투갈의 비호 아래 마카오에서만 중국과의 거래를 은밀히 진행할 수밖에 없었다. 청초인 1676년에 영국은 가까스로 하문(廈門)에 상관을 개설했으나 5년 만에 폐쇄되고 말았다.

서방의 동방식민지화 경략에는 주로 해상을 통한 포르투갈·네덜란드·에스빠냐·영국·프랑스 등 서구 나라들의 동방진출 외에, 육상을 통한 러시아의 이른바 '동진(東進)'도 있다. 16~17세기에 신흥 서구 나라들이 주로 해상무역이라는 명목으로 서남아시아와 동남아시아 및 극동지역에 대한 식민지화 경략을 추진하고 있을 때, 제정러시아는 아시아 북방의 광대한 시베리아 지역에서 거의 단독으로 이른바 '동진정책'을 제창하면서 동방경략을 추구하고 있었다.

15세기 말엽에 모스끄바대공국(大公國)을 중심으로 한 통일 러시아제국의 틀이 형성됨에 따라 러시아는 대외팽창에 눈을 돌리기 시작했다. 그 주안점이 바로 시베리아 일원에 대한 '동진'이다. 러시아는 1552년 카잔(Kazan) 칸국에 대한 강점을 시발로 1556년에는 아스트라(Astra) 칸국을, 1582년에는 까자흐의 모험가 예르마끄(Yermak)를 내세워 시비르(Sibir) 칸국을 연이어 평정하였다. 예르마끄는 이 지방을 러시아 황제 이반 4세에게 공물로 바쳤다. 1587년에 러시아가 또볼스끄(Tobolsk) 시를 건설하여 동방진출의 거점으로 삼은 후 까자흐군은 동진을 계속하여 1639년에는 오호츠크해까지 도달하였다. 1613년에 출현한 로마노프 왕조의 뾰뜨르 대제(Pyotr I, 재위 1682~1725)는 시베리아 경략에 대한 강한 의지를 품고 오호츠크해로부터 남하를 시도하였으나 흑룡강 방면에서 청나라 군대의 제지를 받고 양측이 대치상태에 들어갔다.

러시아 동진정책의 주요 대상은 중국이었다. 17세기 초엽부터 러시아에서는 상품경제가 발달함에 따라 중국에 대한 관심이 일기 시작하였다. 풍부한 물산을 가진 중국과 통상할 필요성을 느낀 러시아인들은 중국과의 교역로 탐색에 나섰다. 때마침 영국을 비롯한 서방국가들이 러시아를 통해 중국으로 가는 길을 모색하고 있던 터라, 러시아의 대중국 진출을 한층 고무하였다. 당시 러시아의 시베리아 장관들은 인접국과의 관계를 처리할 수 있는 전권을 부여받고 있었기 때문에 중국에 관한 정보를 적극 수집하면서 관계수립을 시도하였다. 1616년 또볼스끄의 장관 꾸라낀(И. С. Куракин)은 뚜메니츠(В. Туменеч) 등을 몽골 서부의 카브다 지역에 파견해 그곳 부족장들로 하여금 러시아 황제의 치하에 들어갈 것을 종용하는 한편, 그곳에 있는 중국인들을 통해 중국에 관한 정보를 수집해갔다. 그들이 얻은 생생한 정보는 러시아인들의 흥미를 자아내, 마침내 러시아 정부는 시베리아 장관들에게 중국으로 향하는 길을 적극 모색하도록 지시하였다.

1618년에 꾸라낀은 러시아 정부의 지령에 따라 까자흐인 뻬뜰린(Иван Петлин)을 단장으로 하는 외교사절단을 중국에 파견하였다. 사절단은 1618년 5월에 또볼스끄를 출발, 몽골에서 조사활동을 벌인 후 이듬해 9월 장가구(張家口)와 선화(宣化) 등지를 거쳐 북경에 도착하였다. 그러나 그들은 공물과 국서(國書)를 휴대하지 않았기 때문에 명조 만력(萬曆)황제의 접견은 받지 못하였다. 그렇지만 명 정부는 사절단을 예를 갖추어 환대했을 뿐만 아니라, 황제는 러시아 황제에게 친서를 보내 양국간의 평등한 내왕을 건의하고 러시아인들의 내화(來華) 교역을 허용한다는 의사를 표명하였다. 그해 10월에 사절단이 황제의 친서를 휴대하고 귀국하였는데, 중국어로 된 이 친서를 번역할 사람이 없어서 방치해놓고 있다가 50여 년 후인 1675년 청나라 강희(康熙) 14년에 미레스꾸(H. T. Милеcky)가 중국에 출사(出使)하면서 이 친서를 가지고 오던 중 또볼스끄에서 우연히 중국어를 아는 한 퇴역장교를 만나 그에 의해 비로소 번역이 되었다. 그는 이 번역문을 모스끄바에 전했다고 한다.

뻬뜰린 사절단이 다녀간 후 중국에서 명·청 왕조의 교체가 있었기 때문에 약 30년간 양국간에는 사절교환 등 공식적인 관계는 물론, 상인들의 내왕도 일시 중단되었다. 그러다가 1655년에 이르러

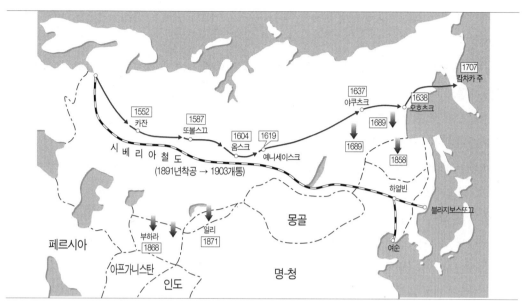

16~17세기의 러시아 동진도

러시아 사절의 북경 방문을 계기로 양국 상인들의 내왕이 재개되었다. 그러나 흑룡강을 사이에 두고 양국간의 군사적 대치상태가 지속되면서 국경분쟁이 무시로 일어나고 러시아의 전진기지인 알바잔에서는 양국군 사이에 공방전까지 발생하였다. 이러한 사태를 해결하기 위해 1689년 7월 24일 양국간에 네르친스끄(Nerchinsk)조약이 체결되었는바, 이 조약에 따라 외흥안령(外興安嶺)이 양국간의 국경선으로 확정되었다. 그후 양국 상인들은 몽골의 구론 등지에서 자유무역을 진행하였다. 이러한 국경무역을 조절하고, 러시아와 몽골 및 중국 간의 국경을 확정하기 위해 1727년에 까흐따(Kyakhta)조약이 체결되었다. 이 조약에 따라 새로이 알쿤강이 국경선으로 확정되고, 국경무역은 까흐따와 다른 한 곳에서만 할 수 있도록 제한되었다. 비록 이렇게 여러가지 제한조치들이 뒤따랐지만, 양국간의 무역은 계속 늘어났다. 18세기 전성기에는 교역액이 8만 루블에 달하였다. 러시아는 모직물과 모피 등을, 중국은 주로 차와 견직물 등을 상대방에 수출하였다.

네르친스끄조약에 의하여 남쪽 진출을 저지당한 러시아는 다시 동진을 계속하여 캄차카 반도와 베링 해협, 알래스카 등지에 대한 탐험에 착수하였다. 이러한 탐험 결과에 기초하여 러시아는 1799년에 이른바 '러시아-아메리카회사'를 설립하여 북태평양 지역에 대한 개발권을 행사하였다. 그러나 캄차카 반도의 모피를 비롯해 개척지의 특산물을 본국으로 운반하는 데는 흑룡강 수로와 광주 등 중국 동남해역의 수로를 이용하는 것이 절실하였다. 그렇지만 중국 청조는 러시아의 광주 교역을 금지하는 등 영해 이용을 불허하였다. 이러한 상황에서 흑룡강 수로의 원활한 이용을 노리던 러시아는 아편전쟁 후의 혼란기를 틈타 중국으로부터 아무르주(州)와 연해주(沿海州)를 탈취하는 데 성공하였다.

이상에서 근대 초엽에 진행된 서방의 동방식민지화 경략에 관하여 지역별로 고찰하여보았다. 정치사적 배경으로서 이러한 경략은 근대 동서 문명교류에 커다란 영향을 미쳤다. 그 영향은 우선 동서 문명교류의 새 전기를 마련하였다는 데서 찾아볼 수 있다. 서방의 동방식민지화 경략을 계기로 동서 문명교류사는 중세에서 근대로 진입하는 획기적인 전환을 겪었다. 교류내용 면에서 상호수급 (相互需給)에 의한 중세적 교류가 이윤추구와 자본축적을 주목적으로 한, 다분히 일방적이고 단향적인 근대적 교류로 대체되었다. 교류형태 면에서는 영토확장 위주의 속령화 경략을 통한 중세적 교류에서 식민지화 경략을 통한 근대적 교류로 모습을 바꾸었다. 따라서 교류성격 면에서는 경략(종주국)문명에 피경략(식민지)문명이 일방적으로 동화되는 현상이 두드러진 것이 특징이다.

문명교류사의 이러한 획기적인 전환은 그 통로인 실크로드의 이용에 새로운 변화를 가져왔다. 서방의 동방식민지화 경략은 인도 항로의 발견을 시발로 한 대항해시대의 도래와 더불어 시작되었고, 러시아의 동진을 제외하면 서방국가들의 동방경략은 모두가 해로를 통하여 전개되었다. 그리하여 실크로드 중에서 해로가 가장 많이 이용되게 되었으며, 오아시스로나 초원로는 상대적으로 그 이용도가 낮아질 수밖에 없었다. 사실상, 이 경략시대를 기점으로 동서 문명교류의 통로로서의 실크로드 3대 간선 중에서 해로가 가장 중요한 기능을 수행하기 시작하였다.

다음으로 그 영향은 동서 문물교류를 전례없이 촉진시킨 점에서 나타나고 있다. 이 시기의 교류는 주로 경략지에 대한 무역과 수탈의 형식으로 진행되었기 때문에 단향적인 성격이 강하다. 그러나 총체적인 물량 면에서는 전례없는 대규모의 교류였다. 서방국가들은 동방경략을 통해 각종 향료와 직물, 도자기, 공예품, 의약품 등 동방의 특산물을 다량 수입해간 반면에, 동방에는 약간의 모직품이나 진기한 물품과 함께 주로 종교(기독교)나 신흥 과학기술, 그리고 무기 따위를 얼마간 제공하였다.

끝으로, 서방의 동방식민지화 경략이 근대 동서 문명교류에 미친 영향은 식민지화 경략을 통하여 동서간의 이해를 증진시켰다는 점이다. 이 경략을 계기로 상인들뿐만 아니라, 많은 공식사절이나 여행자들도 동서를 내왕함으로써 동서간에 있었던 종전의 여러가지 오해를 불식시키고 정확한 이해를 도모할 수가 있었다. 이 경략시기를 기해 동서방에서는 서로를 소개하는 역사지리서나 방문여행기, 예술작품이나 번역서 등이 적지 않게 출간되었다. 특히 이주나 정착, 교역이나 행정관리 등 공동적인 각종 사회참여활동을 통하여 상대방의 문명을 직접 관찰하고 체험할 수 있었다.

이상은 서방의 동방식민지화 경략에 관한 고찰이다. 식민지화 경략에는 그밖에도 서방의 아메리카 대륙 식민지화 경략이 있다. 앞서 말한 바와 같이, 15세기 말엽부터 16세기 초엽까지 주로 에스빠냐의 후원을 받은 콜럼버스와 아메리고 베스뿌치, 발보아(V. N. de Balboa), 마젤란 등 서방 항해가

꼬르떼스 침략군이 자행하는 촐로라 대학살(왼쪽)과
잉까의 아타왈파 황제를 목매다는 삐사로(오른쪽)

들에 의하여 이른바 '신대륙'이라는 아메리카 대륙이 '발견'된 후 이 대륙에 대한 경략권은 우선 에스
빠냐가 장악했다. 에스빠냐는 '꽁꾸이스따도르'(Conquistador, 직업적인 정복자)들을 내세워 적은 병력
으로 짧은 기간에 중남미의 광대한 지역을 강점하고 유럽 최초의 식민제국을 건립하였다.

 원래 아메리카 대륙에는 아득한 옛날에 아시아로부터 베링 해협을 건너온 몽골계 인종의 후예들
이 살고 있었다. 기원전 천년기에 멕시코와 안데스산맥의 중앙고지에는 오리엔트와 유사한 도시문
명이 이미 출현하였으며, 기원후 6세기경에는 중앙아메리카 일원에 장려한 궁전과 독특한 조각미술,
상형문자(象形文字)를 가진 마야(Maya) 문명이 창조되었다. 이 마야 문명은 웅대한 피라미드형 신
전과 달력, 귀금속 장신구 등을 만들어낸 아스떼끄(Aztec) 문명에 의해 계승되었다. 13세기에 이르
러서는 페루를 비롯한 남미 북부의 광대한 지역에 통일제국을 건립한 잉까(Inca) 문명이 번영하였
다. 이들 토착문명에서는 관개농업이 발달하여 옥수수와 감자가 재배되고, 금·은 세공기술이 화려
하였으며, 태양신 숭배 등 종교도 흥성하여 다른 대륙과 마찬가지로 정상적인 자기발전의 궤도를 따
라 역사는 전진하고 있었다. 이렇게 독자적인 문명이 엄연히 존재하던 대륙에 대하여 에스빠냐를 비
롯한 유럽인들은 이른바 새로운 '발견'이랍시고 잔인무도한 식민지화 경략을 자행하였다.

 16세기 초에 벌써 히스빠니올라(Hispaniola, 현 아이티)와 쿠바를 비롯한 서인도제도의 대부분 섬
들은 에스빠냐인들이 강점, 이주하여 문자 그대로의 식민지화가 진척되고 있었다. 발보아의 탐험을
계기로 '신대륙'의 귀금속에 대한 에스빠냐인들의 호기심은 한층 부풀어올랐다. 그리하여 마젤란이
대항해에 나선 바로 그해(1519)에 에스빠냐의 하급귀족 출신의 악명높은 꼬르떼스(Hernando Cortes

1485~1547)는 600여 명의 병력을 거느리고 멕시코를 정복한 데 이어, 중미 전역을 공략하고 마야 문명을 무참하게 유린하였다.

한편, 미천한 출신의 삐사로(Francisco Pizaro, 1471?~1541)는 꼬르떼스보다도 더 적은 병력으로 당시 권력투쟁을 벌이고 있던 잉까제국의 계승자를 간계(奸計)로 속여 제국을 손쉽게 손아귀에 넣었다. 그러나 꽁꾸이스따도르 사이에 내분이 일어나 삐사로는 협력자였던 알마그로(Almagro)를 살해하였으나 자신도 알마그로의 부하에게 피살되고 말았다. 이러한 내분 속에서도 에스빠냐 식민주의자들은 잇달아 일어나는 원주민들의 반항을 잔인하게 진압하고, 1550년경에 이르러서는 아스떼끄와 잉까 문명을 깡그리 짓뭉개고 중남미의 광대한 지역에 대한 식민지화 경략을 최종적으로 실현하였다.

에스빠냐는 이러한 식민지화 경략을 보장하기 위해 국내에는 왕실회의를 설치하고, 현지에는 국왕이 임명하는 총독과 지방장관을 파견하여 행정을 관장토록 하였으며, 도시와 지방에는 자치기구를 운영하였다. 국왕의 신임이 두터운 현지 법관들은 총독이나 지방장관에 대한 감시권능까지도 가짐으로써 식민지화 지배체제를 이중삼중으로 강화하였다. 원주민에 대한 이른바 교화(敎化)사업을 담당한 프란체스꼬파 위주의 수도사와 선교사들의 권한도 막강하였으며, 그들은 식민지화 경략에서 중요한 일익을 담당하였다.

식민지화 경략에서 가장 어려운 것은 원주민에 대한 관리 문제였다. 에스빠냐 정부는 원주민에 대하여 형식상으로는 관대하고 인도주의적인 태도를 표방했다. 예컨대 원주민은 국왕의 직접적인 신하로서 자유로우며 노예화할 수 없을 뿐만 아니라, 토지와 재산을 보유하고, 에스빠냐 법정에 제소할 수 있다고 법률상으로는 규정하고 있다. 그러나 이것은 어디까지나 형식상의 기만적인 규정이고, 실제로는 원주민에 대한 착취와 억압을 무한정 허용하고 차별화정책을 실시하였다. 정부는 정복자나 그 후손들, 그리고 식민지로 옮겨온 본국인들에게는 일정한 영지(領地)를 할양하고, 영지 내의 원주민으로부터 공납을 징수할 수 있는 권리, 즉 엔꼬미엔다(encomienda)를 부여하는 한편, 임의로 원주민에 대해 강제노동을 강요할 수 있게 하였다.

식민지사회의 지배층은 법관을 비롯한 행정관료들과 선교사들, 그리고 정복에 참여한 군인들과 그 후예들로 구성되었다. 이러한 지배층과 일반 입식자(入植者)들도 세월이 흘러감에 따라 원주민과 혼인을 하여 그 혼혈아인 메스띠소(mestizo)가 점차 사회의 주요 구성부분을 이루어나갔다. 그 수효는 원주민과 이주해온 에스빠냐인을 능가하여 오늘날에 와서는 그들이 라틴아메리카 주민의 다수를 차지하고 있다.

정복자들은 주로 목축업을 경영했는데, 왕왕 목장주는 원주민과 메스띠소를 포함한 많은 고용자들을 사유(私有)하고 있었다. 목축업에 부적합한 열대 연해 지대, 특히 카리브해와 멕시코만 일대에서는 사탕수수와 담배를 재배하는 대농장(plantation)이 발달하였는데, 이러한 농장들은 포르투갈 상들로부터 아프리카 흑인 노예들을 구입하여 많이 고용하였다. 경략자들은 목축업을 경영하는 외에, 금·은을 비롯한 귀금속 약탈에도 혈안이었다. 초기에는 원주민들로부터 귀금속을 마구 탈취하다가 점차 귀금속 채굴에 눈을 돌리기 시작하여 16세기 중엽에는 멕시코의 포토시(Potosi)와 같은 풍부한 광맥들이 발견되었다. 에스빠냐 왕실은 이러한 귀금속을 안전하게 운반하기 위해 16세기 중엽부터 전함의 호송하에 20~60척으로 구성된 대선단을 정기적으로 운행했다. 그리하여 막대한 귀금속이 '신대륙'에서 에스빠냐로 운반되어갔다.

정치사적 배경으로서의 에스빠냐의 아메리카 대륙 식민지화 경략은 동서 문명교류에 미증유의 영향을 미쳤다. 그 영향은 우선 실크로드를 환지구적 통로로 확대·연장시킨 것이다. 대항해시대의 개막과 더불어 시작된 서방의 라틴아메리카 대륙('신대륙') 식민지화 경략 이전 시기의 실크로드는 구대륙(유라시아와 아프리카)의 동서만을 잇는 국지적인 교류통로로 이용되어왔다. 그러나 에스빠냐의 '신대륙' 경략을 계기로 중남미와 중국을 비롯한 아시아 국가들 간에 태평양을 횡단하는 대범선 무역이 개발되어, 이른바 '태평양 비단길' 혹은 '백은(白銀)의 길'이 트임으로써 실크로드 3대 간선의 하나인 해로가 구대륙에서 신대륙으로 확대·연장되었다. 그 결과 실크로드는 종전의 구대륙 범위를 벗어나 신대륙까지를 망라하는 환지구적 통로로 변모하게 되었으며, 서구의 식민지화 경략이 심화될수록 실크로드의 범지구성은 보다 명확해져갔다.

두번째 영향은, 구대륙과 신대륙 간의 문물교류를 실현하고 촉진시킨 점이다. 에스빠냐의 신대륙 식민지화 경략과 이에 수반된 신구 대륙간의 무역은 필연적으로 두 대륙산 문물의 호환(互換)을 결과하였다. 신대륙 특산의 감자·고구마·옥수수·낙화생·담배·해바라기·코코아·사탕 등 농작물과 금·은 같은 귀금속이 아시아와 유럽 각지에 신속하게 전래되어 구대륙의 경제생활과 민생에 새로운 변화를 가져왔다. 특히 귀금속의 다량 유입과 신대륙에 대한 새로운 시장개척은 유럽에서 일어난 상업혁명(Commercial Revolution)의 중요한 요인의 하나로 작용하였으며, 근대 유럽경제의 부흥에 상당한 기여를 하였다. '신대륙'이 '발견'된 후 얼마 안 가서 유럽의 경제와 번영의 중심은 지중해에서 '신대륙'을 마주한 대서양 연안으로 이전했던 것이다. 애덤 스미스(Adam Smith)는 저서 『국부론』(*The Wealth of Nations*)에서 이른바 '신대륙'의 '발견'은 "인류역사상 가장 거대하고 가장 중요한 사건"이라고 평가하고 있다.

한편, 에스빠냐 식민주의자들은 경략에 필요한 모든 수단과 방도를 총동원함으로써 구대륙의 여러가지 문물이 신대륙에 전해졌다. 그들은 말·소·양 같은 가축을 들여와 대규모의 목장을 경영했고, 식민지 지배를 유지하기 위해 무기를 비롯한 각종 통치장비를 끌어들였으며, 식민교화 목적으로 서구의 종교(기독교)를 주입시키고, 유럽식 각급 교육기관을 개설하였다. 이러한 식민지화 경략정책이 실시된 결과 중남미의 전통적인 토착문명은 무참히 말살되고 멕시코 문화 같은 전형적인 융화문화가 창출되었다.

제3절 교류의 경제사적 배경

경제사적 배경 개념 실크로드를 통한 교류의 경제사적 배경이란 교류를 실현 가능케 한 경제적 환경과 여건을 말한다. 경제적 환경과 여건이란 타 문명권과 교역을 비롯한 경제적 관계를 맺기 위해 조성된 교류의 사회적 환경과 여건이다. 이러한 환경과 여건에는 우선 상호 교역할 수 있는 호환물(互換物)의 존재와 그에 따르는 교역의 필요성이 전제되어야 한다. 특산물을 비롯해 호환가치가 있는 물품이 존재할 때에만 교역이 필요하고 또 가능한 것이다. 이러한 호환물은 특정 개인(교역자)이나 집단(국가)의 구체적인 행위에 의해서만 교역에 투입될 수 있다. 따라서 교역에 대한 개인이나 집단의 의지와 정책은 교류를 실현 가능케 하는 환경과 여건으로 기능하게 된다.

교류에 대한 영향관계에서 본 경제사적 배경의 특징은, 우선 일반적으로 교류에 대하여 순기능적 역할을 한다는 것이다. 원래 교류를 실현 가능케 하는 경제사적 배경은 유무상통원칙(有無相通原則)에 근거하여 상호 교류할 수 있는 교환물의 존재를 전제로 하기 때문에 그러한 교류는 서로 필요로 하고, 또 서로에게 유익한 것이다. 따라서 그러한 교류는 자율적이고 순기능적일 수밖에 없다. 새 농작물의 전파나 생활필수품 등의 교역은 전파자와 수용자, 그리고 교역자 상호간의 필요에 의해 진행되고 서로의 삶을 다같이 풍요롭게 해주기 때문에 생산적이며 적극적인 교류이다. 그렇지만 교류사에서는 왕왕 이러한 교역 본연의 뜻과는 달리 일방적이며 강제적인 교역, 특히 근대에 와서 자행되는 서구의 식민지적 경제수탈 같은 배리현상이 나타나는데, 이것은 상호성이 배제된 역기능적인 경제사적 배경으로서 의당 지양되어야 할 것이다.

두번째 특징은, 항시적인 기능을 수행하는 배경이라는 것이다. 인류의 문명교류사는 문물의 원시적인 유무상통에서 시작하였으며, 그 전개과정은 교역을 비롯한 경제적 교류와 떼어놓고 생각할 수 없다. 교류사를 통관하면, 정치사적 배경은 한시적이고 간헐적인 배경인 데 비해, 경제사적 배경은 항시적이고 연속적인 배경으로 기능하고 있음을 발견하게 된다. 중세 동서교역의 활성상에서 보다시피, 경제사적 배경은 이러한 항시성으로 말미암아 그 영역이 부단히 확대될 뿐만 아니라 교류 전반에 대한 영향력도 강화된다. 그런데 이러한 영역의 확대나 영향력의 강화는 대체로 작은 권역(圈域)에서 큰 권역으로 지향되는데, 그 과정은 점진적이다.

마지막 특징은, 배경을 이루는 경제주체가 부단히, 연속적으로 변화한다는 사실이다. 문명수준이나 정세의 변화에 따라 개인이나 집단, 국가나 교역권(交易圈) 등 경제주체가 다양해질 뿐 아니라, 끊임없이 변경된다. 이러한 변경은 단절적인 것이 아니라 연속적인 변경으로서, 이에 의해 경제사적 배경은 간단없이 기능하게 된다. 그런데 때로는 쇄국정책이나 해금시책 같은 이변으로 인해 교역이 중단되거나 이전되는 현상에서 보듯이, 경제주체의 의지나 정책에 의해 경제사적 배경이 일시에 돌변할 수도 있다. 이상과 같은 경제사적 배경의 제반 특징을 감안할 때, 교류에 대한 그 영향력은 막강하다고 아니할 수 없다.

고대의 경제사적 배경 고대에 진행된 교류의 경제사적 환경과 여건을 보면, 문명발달의 제약으로 인해 근거리교역이나 권내(圈內)교역이 위주이고, 순기능적 역할이 두드러지며, 교역의 주체가 한정적인 것이 특색이다.

인류 최초의 교역활동은 이집트의 고왕국(古王國)시대(BC 2850~2200)로 거슬러올라간다. 고대의 전제주의 국가이자 단원적 사회(monolithic society)였던 고왕국시대의 교역활동은 최고의 절대적 지배자 파라오(Pharaoh, '큰집'이란 뜻)의 의지에 따라 엄격한 통제하에 진행되었다. 파라오는 이집트의 농산물과 금속공예품을 시나이(Sinai) 반도의 구리 및 레바논의 목재와 교역하기 위해 대상(隊商)이나 상선대(商船隊)를 조직하여 군대의 호위 속에 현지에 파견하였다.

수메르 왕조(BC 2050~1950)를 비롯한 고대 메소포타미아에서는 이집트와는 달리, 정부와 법률, 그리고 군대의 보호를 받으면서 상인과 대상들이 자유롭게 활동할 수 있어서 교역이 신속하게 발달하였다. 통일된 바빌로니아 왕국을 창건한 함무라비(Hammurabi, BC 1728~1686)가 제정한 법전(『함무라비 법전』) 내용 중에 상업과 각종 직업, 대차(貸借)관계 등 경제행위에 관한 조항들이 절반이나 된다는 사실은 당시 교역을 비롯한 경제생활의 발달상을 잘 보여주고 있다. 심지어 도시의 상인에게는 군역(軍役)과 부역(賦役)이 면제되었으며, 도시의 행정도 부유한 상인이 담당하도록 하였다. 그 결과 주변 여러 지역과의 교역이 활발히 진행되어 선진적인 메소포타미아 문명이 널리 전해졌다.

고대 이집트와 메소포타미아의 뒤를 이어 서방에서 활발한 교역활동을 한 사람들은 페니키아(Phoenicia)인과 미케네(Mycenae)인들이다. 셈족 계통의 페니키아인들은 기원전 12세기부터 9세기 사이에 지중해 동쪽 해안에서 시리아의 티루스(Tyrus)와 시돈(Sidon), 비블로스(Byblos), 그리고 튀니지의 카르타고(Carthage)에 상업도시를 건설하고 지중해를 무대로 활발한 교역활동을 전개하였으며, 방직과 조선(造船) 등 제조업 분야에서도 탁월한 기술을 보유

점토판에 새겨진 함무라비 법전의 최초의 한글 완역본. 조철수 박사 옮김.

하고 있었다. 한편, 에게(Aege) 문명의 창조에 큰 기여를 한 미케네인들도 기원전 15~12세기 사이에 에게해를 제패하고 히타이트(Hittite)와 페니키아, 이집트 등과 교역을 진행하였다.

　이상은 교류사의 여명기에 있었던 교역활동으로서 근거리나 소교역권 내에 국한된 원시적 교역이다. 그러나 물질문명이 발달함에 따라 교류의 경제사적 환경과 여건이 개선됨으로써 교역거리가 연장되고 교역권이 확대되었으며 교역내용도 다양해졌다. 문명시대의 이같은 교역변천사에 관해서는 문자기록이나 출토 유물이 있기 때문에 그 면모를 파악할 수 있다. 복잡다단하고 장기간 지속된 이러한 교역활동은 동서교류라는 총체적인 차원에서 서방의 대동방교역과 동방의 대서방교역으로 대별하여 고찰할 수 있을 것이다. 여기에서의 동방과 서방은 오늘날의 동·서양 개념이 아니라, 교역 상대에 대한 단순한 방위적(方位的) 개념일 뿐이다.

　고대에 진행된 서방의 대동방교역은 스키타이의 동방교역과 헬레니즘 시대의 동서교역, 그리고 로마의 동방교역에서 그 전형을 찾아볼 수 있다. 우선 스키타이의 동방교역은 최초로 이루어진 서방의 대동방교역이라고 할 수 있다. 스키타이(Scythai, 스키타이는 그리스인들의 지칭이고 페니시아인들은 사카인이라고 함)는 기원전 8세기부터 3세기 사이에 남러시아 초원지대를 본거지로 하여 활동한 이란계 유목민이다. 그들은 기원전 7세기 전반에 인도-유럽계통의 강대한 유목민인 키메르를 그들의 고향인 북까프까스로부터 축출하고 기원전 625년경에는 메소포타미아에 침입하여 이집트까지 위협하였다. 그후 수차에 걸쳐 서남아시아에 대한 침투를 시도하였으나 여의치 않았다. 강력한 기동력을 보유한 스키타이는 흑해 연안의 그리스 식민지도시들과 교역을 하는 한편, 우랄산맥을 넘어 멀리 알타이 지방까지 진출하는 동방 원거리교역에도 종사하였다.

　스키타이의 동방교역은 역사가 헤로도투스의 『역사』에 기술됨으로써 그 실체가 처음으로 드러났다. 헤로도투스는 말모라도 출신의 아리스테아스(Aristeas)가 동쪽으로 이세트네스인들이 살고 있는 곳까지 왕복한 사실을 전하면서 스키타이인들의 동방교역로를 소개하고 있다. 그에 의하면, 아리스테아스는 흑해 동북방에 있는 아조프해에서 출발하여 돈강을 건넌 후 볼가강을 따라 북상하다가 우랄산맥을 넘어서 줄곧 동진한 끝에 드디어 이세트네스인들이 살고 있는 알타이산맥 지대에 이르렀다. 여기까지 오는 데 7명의 통역원이 필요할 정도로 연도에는 다양한 민족이 살고 있었다. 돈강 유역에는 사우로마다이인이, 돈강에서 볼가강 중류까지의 지역에는 브테노이인과 케로스인이, 그 동북편에는 인구가 많은 두사케다이인에 이어 유르가이인과 스키타이의 분파, 알케바이오이인이 각각 살고 있었으며, 그 동쪽에 이세트네스인들의 거주지가 있었다. 스키타이가 동방 원거리교역을 통해 구체적으로 어떤 물품을 교역하였는지는 헤로도투스의 기록에도 언급은 없으나, 당시 스키타이가 그리스 식민지를 통해 그리스인들과 주고받은 교역품으로 미루어 동방에 가져온 교역품을 추측할 수 있을 것이다. 스키타이는 그리스에 밀·기장·콩류·아마·모피·황금 등을 수출하고 거기서는 금은

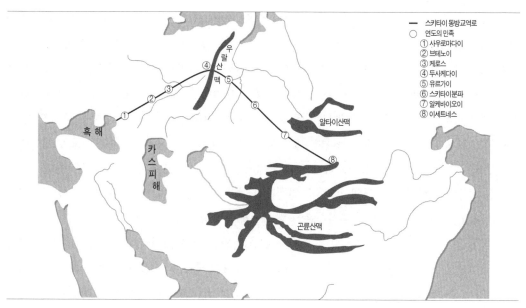

스키타이 동방교역로 전도(BC 8세기~3세기)

스키타이 동방교역로
연도의 민족
① 사우로마다이
② 브테네이
③ 케로스
④ 두시케다이
⑤ 유르가이
⑥ 스키타이분파
⑦ 알케바이오이
⑧ 이세트네스

장식품·상아세공·청동기·도기 등을 수입하였다. 동방에서 가져간 물품은 동방 특산의 모피·견직물·도기·세공품 등일 것이다. 스키타이의 동방교역은 동물문양을 비롯한 특유의 스키타이 문화와 그에 수반한 그리스 문화가 동방에 전해지는 계기가 되었다.

　유라시아의 북방 초원지대를 누비면서 동방원거리 육상교역을 해오던 스키타이의 활동이 점차 쇠퇴해가던 시기에, 지중해와 오리엔트 일원에서는 새로운 동서교역의 열기가 일어났다. 알렉산드로스의 동방원정과 그를 계기로 출현한 헬레니즘 시대에 지중해세계와 오리엔트(서아시아 및 중앙아시아)는 하나의 거대한 교역권을 형성하였다. 멀리 씨칠리아로부터 흑해 연안까지, 나일강 유역으로부터 인더스강에 이르는 광대한 지역이 하나의 공동시장을 이루면서 동서교역이 전례없이 활발히 전개되었다. 이집트의 프톨레마이오스 왕국을 제외한 헬레니즘 세계에서 알렉산드로스가 정한 기준에 따라 만들어진 주화, 즉 아티카가 통용되고, 아티카의 방언인 코이네가 헬레니즘 세계의 공용어로 사용됨으로써 사실상 헬레니즘 세계는 하나의 대교역권을 이루었다. 이 교역권 내에서는 신용거래와 금융(은행)업도 성행하였다.

　이러한 동·서방간의 교역을 실현하기 위해서는 발달된 교역로가 필수적이었다. 셀레우코스 왕국과 인도 간에는 육로뿐만 아니라, 페르시아만을 출발해 인더스강 하구를 비롯한 인도 서해안에 이르는 해로도 개척·이용되었다. 그리고 홍해를 경유하는 지중해와 인도양 간의 교역로도 새로이 등장하였는데, 이 교역로는 해로와 육로의 결합이다. 인도양에서 홍해의 남단 병목에 있는 아덴(Aden)

을 지나 홍해에 진입한 후 북상하다가 아라비아 반도 서안에서 육로와 연결된다. 해로로 운반된 화물은 대상(隊商)에게 넘겨져 육로를 따라 지중해의 동남해안에 위치한 가자에 도착하게 되는데, 여기서 그 일부는 해로로 프톨레마이오스 왕국의 수도 알렉산드리아로 가고, 나머지는 육로로 하(下)이집트 지방으로 운반된다. 요컨대 이렇게 해로와 육로가 결합된 이 교역로에서 인도 상인들이 화물을 아덴까지 해로로 운송하면 거기에서 아랍인이나 그리스인들이 화물을 넘겨받아 지중해 연안 일대에 육로로 운송한다. 그밖에 프톨레마이오스 왕국의 그리스계 상인들에 의하여 인도양 계절풍이 발견됨으로써 인도양에서의 해상교역에 일대 전기가 마련되었다. 프톨레마이오스 상인들은 이 계절풍을 이용하여 멀리 인도 서해안에까지 진출해서 교역을 진행하였다. 인도 서해안에서 프톨레마이오스 왕국의 주화가 다수 발견된 사실은 이를 증명해주고 있다.

교역의 급속한 발달은 제조업을 비롯한 경제 전반의 발달, 특히 도시의 번영을 결과하였다. 이집트의 알렉산드리아는 인구 5만을 넘는 대도시로서 헬레니즘 세계의 경제문화 중심지였다. 소아시아의 에페소스와 페르가몬, 흑해 입구의 비잔티온, 에게해의 로도스와 델로스 섬, 셀레우코스 왕국의 셀레우키아와 새로운 수도인 안티오크 등 신구 도시들은 급속히 성장하여 면모를 일신하고 교역과 공업이 발전하였다.

헬레니즘 시대에 전개된 서방의 대동방교역을 확대·연장시킨 것이 바로 로마의 동방 원거리무역이다. 로마는 이딸리아 반도를 통일한 후 지중해에 진출하여 헬레니즘 세계를 차례로 정복하고 강력한 제정(帝政)을 수립하여 약 200년간 이른바 '로마의 평화'(Pax Romana)를 누리면서 해로를 통한 동방무역에 커다란 관심을 돌렸다. 로마는 인도와 중국을 비롯한 동방 나라들로부터 다량의 진귀품을 수입하여 번영과 호황을 누렸지만, 반면에 사치풍조가 만연하고 대외무역에 많은 재정을 탕진함으로써 결국 제국의 쇠퇴와 붕괴를 가속화하는 결과를 자초하였다.

기원전 64년에 로마는 헬레니즘 세계의 셀레우코스를 멸한 데 이어, 다음해에는 예루살렘을 공략하여 팔레스타인을 복속시켰다. 기원전 31년에는 헬레니즘 세계의 마지막 보루인 프톨레마이오스 왕국을 정복하여 이집트를 로마제국의 속주로 만들었다. 이 정복전을 주도한 아우구스투스 (Augustus)가 기원전 29년에 원로원과 평민회(平民會)로부터 에스빠냐와 시리아, 이집트에 대한 10년간의 군사명령권을 부여받음으로써, 사실상 이때부터 로마제정시대가 시작되었다. 아우구스투스는 제정을 확립하여 국정을 안정시키고 대외무역도 활발히 전개하였다. 약 200년간 지속된 '로마의 평화'는 여기서 비롯된다. 이 시기 로마는 동방제국과의 원거리무역을 통해 세레카(Sereca, 중국)의 생사(生絲)와 견직물, 인도양 연안의 대모(玳瑁, 바다거북의 일종)와 진주, 보석, 향료(후추), 아프리카의 상아와 대모, 아랍의 유향(乳香) 등 동방의 특산물을 다량 수입하였다.

기원전 1세기 중엽에 로마의 항해사 히팔루스(Hipalus)가 아랍인들로부터 인도양 계절풍의 비밀을 알아냄으로써 아테네에서 홍해를 지나 인도양으로 향하는 직항로가 개척되었는데, 이것은 로마의 동방 원거리무역에 획기적인 변화를 몰고 왔다. 인도양에서는 6월 말부터 9월까지 동남계절풍(히팔루스 계절풍)이 부는데, 홍해 입구에서 이 계절풍을 이용해 인도 서해안의 파루가자 항이나 인더스강 하구에 직항할 수 있다. 이 계절풍을 이용함으로써 로마 상인들은 더이상 적대관계에 있는 파르티아의 영내를 통과하지 않고 해로로 직접 인도양을 횡단, 인도의 서해안 일대에 도착하여 교역을 진행할 수 있었다.

기원후 70년경에 동방 해상무역에 종사한 이집트 상인 그레코의 저술이라고 전해오는 『에리트라해 안내기』는 당시 홍해와 페르시아만, 인도양을 중심으로 진행되고 있던 동방 해상무역의 항로와 항구, 운송, 화물 등에 관해 상세하게 기술하고 있다. 이 안내기에는 란(Seilon, 다프로파네, 현 스리랑카) 섬으로부터 현 미얀마의 페구(Pegu, Suvarna Bhumi, 황금국)와 말레이 반도를 지나 데이나(秦尼, 중국)에까지 이어지는 항로도 제시하고 있다. 1775년 이래 지금까지 인도 아대륙의 68곳에서 1~4세기에 통용되던 로마 화폐가 다수 발굴되었다. 그중 57곳이 남부인데, 이것은 당시 로마와 인도 간에 해로를 통해 이루어졌던 활발한 교역관계를 입증해준다.

오늘의 베트남 남부 라츠지아(Rach Gia, 迪石)의 북면 옥에오(Oc-éo)의 구 항구 유적지에서 다량의 로마 제품(염주만도 수천 매)과 함께 로마 황제 마르쿠스 아우렐리우스 안토니누스(Marcus Aurelius Antoninus)와 안토니누스 피우스(Antoninus Pius)의 이름과 서기 152년에 해당하는 로마 기년(紀年)이 새겨진 금박휘장이 각각 1매씩 출토되었다. 또한 같은 곳에서 후한시대 중국의 구리거울인 기봉경(夔鳳鏡) 파편도 발견되었다. 이것은 로마 화물이 인도차이나 반도 남단에까지 운반되어와 이곳에서 중국 화물과 교역되었음을 시사해준다.

로마와 한의 첫 공식교섭도 일남(日南, 현 베트남)을 통해 이루어졌다. 『후한서(後漢書)』의 기록에 의하면 서기 166년(桓帝 延熹 9년)에 대진(大秦, 로마) 황제 안돈(安敦)의 사절이 일남 요외(徼外)로부터 와서 상아·서각(犀角, 무소의 뿔)·대모(玳瑁)를 헌상하였다. 여기에서의 '안돈'은 서기 161~80년에 재위한 로마 황제 마르쿠스 아우렐리우스 안토니누스가 틀림없다. 그는 162년 페르시아 원정을 단행하여 165년에 소아시아를 평정한 후 이듬해(166)에 중국에 사절을 보낸 바 있다. 그런데 이황제의 사절은 공식적인 외교사절이 아니라, 당시 동방무역에 종사하고 있던 한 로마 상인일 개연성이 높다.

이렇게 로마와 한 간의 교역이나 접촉은 해로를 통해 일남을 매개지로 하여 시도된 것도 있지만, 대부분은 인도 서해안의 항구들에서 릴레이식으로 이루어졌다. 『에리트라해 안내기』에서 보다시피 견직물을 비롯한 중국 화물이 오아시스 육로를 통해 인도 서해안까지 운반되면 그곳에서 로마 상인들이 넘겨받아 로마로 운반하곤 하였다. 그래서 당초 리히트호펜(Richthofen)은 이 길을 '실크로드'

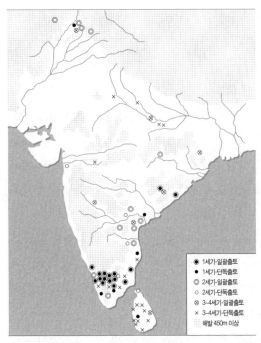

◉	1세기-일괄출토
●	1세기-단독출토
◎	2세기-일괄출토
○	2세기-단독출토
⊗	3·4세기-일괄출토
×	3·4세기-단독출토
▨	해발 450m 이상

로마와 인도 간의 교역을 실증하는 인도의 로마 화폐 출토지
(1~4세기)

라고 명명하였던 것이다. 그밖에 후한시대에는 로마 상인들이 현 미얀마의 이라와디(Irawadi) 강 하구에 도착한 후 강을 따라 미얀마의 북부에 위치한 선국(撣國)까지 와서 그 동북부에 있는 후한 영창군(永昌郡) 상인들과 교역하기도 하였다.

이러한 교역을 통해 로마가 중국으로부터 수입한 물품은 대종인 견직물을 비롯해서 피혁·철·육계(肉桂, 계피)·대황(大黃) 등이며, 로마가 중국에 수출한 물품은 유리, 모직물, 아마포, 홍해산의 진주, 지중해와 홍해산의 산호, 발트해산의 호박(琥珀), 상아, 서각, 대모, 각종 보석, 석면(石綿), 향유, 약품 등이다. 이 수출품 중에는 로마제국 영내 산품이 아닌 것도 있고, 항해 도중 교역용으로 구입한 물품도 있다.

중국과의 교역을 포함한 로마의 동방 원거리무역은 '로마의 평화' 시대가 전성기였다. 그것은 생활이 안정되면서 동방산 희귀사치품에 대한 중산층 이상 사회구성원들의 수요가 급증한 데 기인한다. 사실상 로마 상인들이 동방 원거리무역에 종사한 것은 로마 화물의 수출보다는 수익성이 높은 동방산 물품의 수입을 위해서였다. 그 결과 수입이 수출을 크게 초과하고 다량의 로마 화폐가 동방 각지로 유출되었다. 70년대에는 세레스(중국)와 인도, 아라비아 반도로부터의 수입 총액이 매년 무려 1억 세스테르세스(Sesterces, 2,500만 테나리우스)나 되었다.

어떤 해에는 인도 한 곳에서만 5천만 세스테르세스어치를 수입하였다. 당시 티베리우스 황제 (Tiberius, 재위 14~37)의 유산이 750만 테나리우스(은화)였다는 사실을 감안할 때, 이같은 수입액은 엄청난 양이 아닐 수 없다. 기원전 31년부터 기원후 192년까지 223년간 로마가 동방무역에 탕진한 금액은 1930년의 영국 파운드화로 환산하면 무려 1억 파운드나 된다. 순수 사치성 낭비로 인한 이러한 막대한 입초(入超)현상과 다량의 화폐 및 금은의 동방유출은 로마 경제를 쇠퇴하게 하고 마침내는 로마제국의 붕괴를 다그친 한 요인이었다.

이상에서 경제사적 배경으로서 고대 서방의 대동방교역을 고찰하였다. 스키타이의 동방교역으로부터 로마의 동방 원거리무역에 이르기까지 서방의 대동방교역은 이미 기원전 수세기부터 시작되었고, 기원을 전후해서는 해로를 통한 교역이 상당히 활발한 양상을 보였다. 이에 비해 중국을 비롯한 동방의 대서방교역은 좀 뒤늦게 기원을 전후한 시기에 주로 오아시스 육로를 통해 진행되었다. 대표적인 동방의 대서방교역으로는 한의 대남해교역과 대서역교역 및 흉노의 대서방교역을 들 수 있다.

기원을 전후한 시기에 동아시아와 지중해 일원에는 각각 한(漢)과 로마라는 세계적인 양대 제국이 양립하여 사실상 당대의 문명세계를 주도하고 있었다. '로마의 평화'에 맞먹는 '한의 평화'도 수세기간 지속되어 두 제국은 모두 안정된 환경 속에서 상호 교역을 통한 물질적 부의 향유를 기대하기에 이르렀다. 그러나 서로가 멀리 떨어져 있어 여전히 미지의 대상일뿐더러 중간에 파르티아가 끼여들어 서로의 통교를 차단하였다. 그리하여 로마는 파르티아를 우회하는 해로를 통해 한과의 교역을 시도하였고, 한은 한대로 감영(甘英)을 멀리 지중해 연안에 파견(AD 97)하여 로마와의 통교를 시도하면서 육·해 양로로 대서방교역을 모색하였다.

해로를 매개로 한 한의 대서방교역은 우선 남해로를 통한 인도와의 교역에서 나타나고 있다. 『한서』「지리지」는 기원 전후 일남(日南, 현 베트남)으로부터 인도 동남해안의 황지국(黃支國, 현 칸치푸람)까지의 항해로를 구체적으로 소개하면서 황지국에서의 교역상을 전하고 있다. 즉 중국 선박이 황지에 이르면 황금, 잡회(雜繪, 각종 비단) 등 중국 화물이 다른 '만이고선'(蠻夷賈船, 외국선)에 실려 전송(轉送)된다고 하였다.

이 '만이고선'이 어느 나라 선박인지는 구체적으로 밝히고 있지는 않으나, 당시 인도양에서의 해상활동 상황을 감안하면 십중팔구는 로마 선박일 것이다. 사실 중국의 남해교역은 진(秦)대부터 그 흔적을 찾아볼 수 있다. 진시황이 중국 천하를 통일하여 판도를 남해까지 확장한 후, 번우(番禺, 현 廣州)를 통해 남해교역을 했다고 『사기(史記)』「화식열전(貨殖列傳)」은 전하고 있다. 이에 따르면 번우는 교역도시로서, 거기에서는 주기(珠玑)·은·동·과(果)·포(布) 등이 교역되고 있었다. 이러한 기록은 이미 진대부터 번우를 통한 해상교역이 진행되고 있었음을 시사해준다.

한의 육로를 매개로 한 대서방교역은 다음으로 오아시스 육로를 통한 서역과의 교역에서 한층 뚜렷이 나타나고 있다. 한대의 서역은 대체로 오늘날의 중국 신강성 타림 분지(동투르키스탄)에 해당하는 지역이지만 안식(安息), 대월지(大月氏), 강거(康居), 대원(大宛) 등 서투르키스탄(중앙아시아)의 일부 지역도 포함한다. 한은 장건의 서역사행(BC 138~126)을 시발로 서역과 통교하고, 반초의 서역경영(73~102)을 계기로 서역에 대한 공식적인 영향력을 행사하면서 서역과의 교역을 본격 추진하는 한편, 그 연장선상에서 로마와의 교역이나 접촉도 시도하였다. 한이 서역에 수출한 물품은 견직물을 대종으로 하고, 기타 칠기(漆器)·철기·연옥(軟玉)·마직품(麻織品)·장식품 등이었다. 서역인들과 로마인들에게 가장 인기있는 중국 물품은 단연 견직물로서, 그들은 여러 경로를 통해 대량 수입해갔다. 그 견직물의 대부분은 중국인들의 손을 거친 것이 아니라, 서역인이나 흉노인들에 의해 서역 각지는 물론 로마까지 운반된 것이다. 그중에는 상인들을 통한 교역품도 있지만, 한조가 서역 각국과 흉노에게 사급(賜給)한 것이 그대로 서방에 전출(轉出)될 것도 있다.

견직물은 주로 장거리 대상(隊商)에 의해 운반되는데, 이 대상 가운데는 조정이 공식 파견하는 사절(使節)이란 이름의 대상도 있다. 사절대상은 대체로 규모가 방대하여 보통 수백에서 수천에 이르는 인원으로 구성되며, 다량의 낙타와 소, 그리고 비단·황금 등을 동반한다. 매년 파견되는 대상은 원로의 간난신고도 마다하지 않고 멀리 서진(西進)하여 대월지인(大月氏人), 인도인, 그리스인, 페르시아인들과 현지에서 교역을 하곤 하였다. 이러한 대상은 전한시대에 이미 아무다리아강을 넘어 아랄해 북부나 이란 고원, 메소포타미아, 시리아, 나아가 지중해 연안의 안티오크까지 답지(踏至)하였다. 대상이 출발하여 귀향할 때까지는 보통 8~9년이 걸린다.

한금(漢錦, 한대의 견직물)의 최대 고객은 로마제국으로서, 로마에서 중국 비단은 최상의 기호품으로 진중되었다. 로마공화정 말기, 황제 카이사르가 한금으로 지은 도포를 입고 극장에 나타나 이목을 끌자 모두가 앞을 다투어 중국 비단으로 옷을 해입고 행세하였다. 이때문에 사치풍조가 만연하자 제정 초기 황제 티베리우스는 남자들의 비단옷 착용을 금지했다. 로마의 비쿠스 투스쿠스(Vicus Tuscus) 지역에는 중국 견직물 전문시장이 생겨났으며, 2세기에는 로마제국의 가장 서쪽에 위치한 런던에서까지 중국 비단이 대단한 관심을 끌어, 그 호황은 "중국의 낙양에 못지않았다"고 한다. 4세기에 이르러서는 지난 시기 귀족들만 입던 비단옷을 보통사람들, 심지어 운반부들까지 입고 다닐 지경으로 비단이 흔했다고 한다. 로마제국 곳곳에서 한금 유물이 출토되는 것은 이러한 상황을 증명해 준다.

서역에 수출되는 물품 중에는 또 칠기가 있다. 그 증거로 아프가니스탄의 카불 북쪽 70km 지점에 있는 파그만 유지에서 한대에 제조한 여러가지 칠기유물이 발견되었다. 그리고 호탄(Khotan, 현 중국 신강성 和闐)에서 채굴되는 연옥(軟玉, nephrite)도 중앙아시아와 북인도, 서아시아, 그리고 이집트에까지 반출되었다.

한이 교역을 통해 서역에 수출한 물품에 비해, 서역에서 수입한 물품은 한층 다양하다. 수입품은 중앙아시아산 각종 모피와 모직물, 오손산 천마(天馬, 일명 西極馬)와 대완(大宛)산 한혈마(汗血馬)를 비롯한 서역의 말들, 페르시아제 개갑마구(鎧甲馬具), 포도·석류 등 과실, 호두(胡豆)·호과(胡瓜)·호마(胡麻) 등 농산물, 이집트산 유리(로만글라스)·인도산 후추·아라비아산 유향(乳香)·소말리아산 몰약(沒藥)·동아프리카산 자단(紫檀) 등 각종 향료, 로마산 화완포(火浣布)와 야광벽(夜光璧), 명월주(明月珠) 등 다종다양하다. 한대에 본격적으로 시작된 서역과의 이러한 교역은 한대뿐 아니라, 그 이후에도 중국 사회·경제 발전에 유익한 기여를 하였으며 그 영향은 동아시아 기타 지역에까지도 미쳤다.

중국 서안에서 출토된 사산조 페르시아 호스로 2세(재위 590~628) 때의 은화

고대 동방의 대서방교역으로는 한대의 대서역교역 외에 흉노의 동서교역을 들 수 있다. 기원전 4세기경에 몽골 초원에서 흥기한 기마유목민족인 흉노는 강력한 기마기동 무력으로 전국시대 말엽부터 중국 화북 일대에 침입하여 기원전 3세기 후반에는 오르도스(Ordos, 綏遠) 지방까지 진출하였다. 흉노의 남하는 한조에 대한 커다란 위협으로서 양국간에는 장기간에 걸쳐 대립과 화해의 양면관계가 지속되었다. 그러나 이러한 과정에서도 양국간의 이른바 '견마무역(絹馬貿易)'은 간단없이 진행되었다.

흉노는 강력한 군사력을 보유하였을 뿐만 아니라, 상술에도 능하였다. 기원전 176년경에 흉노는 서진하여 월지(月氏)·누란(樓蘭)·오손(烏孫)·호게(呼揭) 등 26개국을 일거에 평정하고 서역지방을 지배하에 넣은 후, 언기(焉耆, 카라샤르)와 위수(危須, 구르라)에 동복도위(僮僕都尉)를 설치하였다. 흉노는 이 도위를 통해 서역 나라들로부터 세금을 징수하고 대서역교역을 관장했다. 흉노는 한조와의 견마교역을 통해 취득한 다량의 한금을 파르티아를 비롯한 서역제국에 재수출하는 중계무역으로 막대한 이익을 얻었다. 『사기(史記)』「대완전(大宛傳)」에 따르면 흉노가 오손에서 파르티아에 이르는 통로를 장악하고 있기 때문에 흉노의 사신들이 선우(單于)의 서장(書狀)만 휴대하면 통로 주변의 나라들은 의무적으로 숙식을 제공하고 호송까지 맡아준다고 하였다.

이렇게 흉노가 한조는 물론, 멀리 파르티아와도 동서교역을 활발히 진행하고 있었다는 사실은 현 몽골 울란바토르 북방 110km 지점에 있는 흉노의 분묘군(墳墓郡, 총 212기 고분)인 노인울라 유적 출토품이 여실히 입증해주고 있다. 유적에서는 한금과 건평(建平) 5년(BC 2)이라는 글씨가 새겨진 칠기배(漆器杯) 등 한대 유품과 함께 페르시아풍의 카펫과 스키타이의 청동제품, 마노(瑪瑙)와 호박 장식품, 그리고 흉노의 의상과 깔개, 금속제품 등 동서교역상을 보여주는 유물이 대량으로 일괄 반출(伴出)되었다.

중세의 경제사적 배경 고대에 이어 중세에 진행된 동서교류의 경제사적 환경과 여건은 교역이 권외(圈外)로 확대되고, 교역주체가 대체로 아랍과 중국으로 이원화되었으며, 서양에 비해 동양의 교역이 우세한 것이 특색이다. 중세에 접어들면서 유럽은 세계의 교류무대에서 거의 자취를 감추고, 대신 서아시아에서 흥기한 아랍(우마위야조 아랍제국과 압바쓰조 이슬람제국)이 서방세계에서 활동의 주역으로 등장하였다. 한편 동방에서는 중국(수·당·송·원)이 가장 위력적인 세력으로 부상하였다. 그 결과 국제무대, 특히 동서간의 교역분야에서는 아랍과 중국이 이원화된 주체로서 동서교역을 주도하였다. 그러나 그 과정에는 사산조 페르시아의 동서교역이나, 소그디아나인들의 대동방교역, 중세 말엽에 나타난 유럽 국가들의 대동방교역 등 국부적이거나 간헐적인 교역들도 함께하였다.

중세 서방의 대동방교역에서는 아랍의 대동방교역이 단연 주류를 이루었다. 그러나 아랍의 대동방교역은 선행한 페르시아의 대동방교역을 계승하였을 뿐만 아니라, 이 두 교역은 시종 상부상조하면서 병행하고 있었다. 서아시아에서 가장 일찍 중국과 통교한 나라는 전한시대에 안식(파르티아)으로 알려진 페르시아이다. 안식은 지정학적으로 한조와 로마의 중간지대에 웅거하여, 기원을 전후한 시기에 동서 두 지역간의 중계교역을 거의 독점하였으며, 삼국과 위진남북조 시대에도 간단없이 중국과 통교하였다. 파사(波斯, 페르시아)란 명칭은 『위서(魏書)』 「서역전」에 초견되는데, 사산조 페르시아 시대(226~651)인 455~648년의 193년간 중국에 모두 13차례 사신을 보냈다. 수대(隋代)에도 사절단을 보냈으며, 수양제(隋煬帝)는 답례로 이욱(李昱)을 사신으로 파견하기도 했다.

사산조가 멸망한 후 페르시아인들은 아랍의 우마위야조와 압바쓰조의 치하에 있으면서도 654~771년까지의 117년 동안에 여전히 페르시아의 명의로 당나라를 오갔는데, 그 횟수는 모두 31회나 되었다. 사산조는 우마위야조 이슬람제국에게 멸망할 때, 중국 당조에 원군을 요청하기도 하였으며, 마지막 왕비 루스와 왕자 니네스는 장안(長安)에 피난하였다가 그곳에서 객사하였다. 페르시아는 초기 불교의 중국 전파에도 일정한 기여를 했다. 중국 삼론종(三論宗)의 교조는 안식인 길장(吉藏, 549~623)이고, 안식 왕의 태자 안세고(安世高, 후한 말 내화)와 승려 안현(安玄)은 중국 역경사(譯經史)에 족적을 남겨놓았다.

이러한 양국간의 낙역부절(絡繹不絶)한 관계에 수반하여 페르시아인들의 대중국교역은 일찍부터 있어왔다. 특히 사산조 시대에 와서는 비단교역을 비롯한 중국과 로마 간의 중계교역이 활성화되면서 페르시아 대상들이 더 빈번히 중국을 오갔다. 이러한 상황은 사산조가 망한 후 우마위야조 아랍제국이나 압바쓰조 이슬람제국 치하에서도 지속되었다. 그리하여 중국 사서에서는 이들 페르시아인과 아랍인들을 혼동하여 통칭 '상호(商胡)'라고 하였다. 페르시아 상인들은 태반이 부유한 거상들로서 장안의 주보(珠寶)와 향약(香藥) 시장을 석권하였다. 그들 대부분은 육로를 통해 감숙(甘肅)과 섬서(陝西) 등 중국 서북 일원에 유입·정착하였으나, 일부는 사천(四川)이나 양자강(楊子江)

유역에까지도 진출하였다.

해로를 통한 그들의 교역활동도 상당히 활발했다. 8세기 중엽, 한문화권 사람으로서는 최초로 페르시아를 찾은 신라 고승 혜초(慧超)는 그의 현지견문록 『왕오천축국전(往五天竺國傳)』에서, 페르시아인들은 항시 서해(西海, 지중해)에 진출할 뿐 아니라 남해(南海)상에 있는 사자국(師子國, 현 스리랑카)에 가서 보물을 취득하며, 해로로 한지(漢地, 중국)의 광주(廣州)에까지 가서 견직물을 교역해온다고 기술하였다. 남해상에서의 페르시아인들의 활약상은 동로마제국(비잔띤제국)이 에티오피아인들을 부추겨 페르시아인들의 비단무역을 차단하려고 시도한 데서도 찾아볼 수 있다. 동로마의 유스티니아누스 황제는 에티오피아에 사신을 보내 협약을 체결하도록 했는데, 그 내용은 에티오피아인들로 하여금 비단을 인도로부터 구입하여 로마에 다시 넘겨 팔도록 함으로써 비단무역에서 페르시아인들을 따돌리려는 것이었다. 그러나 당시 남해무역을 거의 독점하다시피 한 페르시아의 위세에 눌려 에티오피아인들은 협약을 포기하고 말았다. 페르시아인들은 사자국을 기착점으로 비단교역을 비롯한 남해상의 전반적인 교역을 장악하고 있었다. 그 결과 페르시아의 비단교역 독점을 무마해보려던 동로마의 기도는 수포로 돌아갔다.

6세기 이후 페르시아가 대동방교역의 중심을 해상교역으로 옮긴 것은 돌궐의 흥기로 인해 육상교역이 위협을 받았기 때문이다. 6세기 막북(漠北)에서 세력을 키운 돌궐은 단시일에 요동(遼東)으로부터 멀리 아랄해까지 이르는 초원로와 오아시스 육로 연변을 석권하고 동서교역을 통제하였다. 비단교역의 중계자 역할을 하던 강국(康國) 등 중앙아시아 교역국들도 모두 돌궐에 복속되었다. 이러한 돌궐의 서진 위협 앞에 불안을 느낀 페르시아는 더이상 종전과 같이 육로를 통한 대동방교역을 지탱할 수 없었다. 그리하여 남해를 통한 대동방교역으로 방향전환을 하여 인도양을 거쳐 중국 동남해안까지 진출했던 것이다. 사실상, 8세기경 아랍인들이 해상교역에 등장하기 전까지 남해와 서아시아에서 해상교역의 주역은 페르시아인들이었다. 사산조 페르시아가 멸망하고 아랍인들이 남해교역을 주도하기 시작한 9세기 이후에도 페르시아인들의 교역활동은 크게 위축되지 않고 아랍인들의 교역활동과 더불어 지속되었다. 그리하여 종종 페르시아인과 아랍인들의 교역활동은 혼재했고, 따라서 혼동되는 경우가 있었다. 이러한 사실을 반영하듯, 서안(西安)의 한 당묘(唐墓)에서 사산조 페르시아의 호스로 2세(Khosrow II, 재위 590~628) 이름이 새겨진 은화와 아랍 금화가 반출되었고, 신강 일대에서는 7세기경에 비장(秘藏)된 페르시아와 아랍 은화 947매가 함께 발견되었다.

페르시아에 이어 여러 세기 동안 대동방교역을 주도한 세력은 아랍인들이다. 적지 않은 항해술 관련 아랍어 단어(가령 bandar, 부두)가 페르시아어에서 차용(借用)된 사실이 보여주듯이, '사막의 아들'에서 일약 '바다의 아들'로 변신한 아랍인들은 항해나 해상교역에 관한 한 선행자인 페르시아인들에게서 많은 것을 전수받으면서 함께 대동방교역에 종사하였다.

중세 아랍인들의 대동방교역에서 두드러진 것은 극동에 위치한 중국과의 교역을 적극적으로 벌인 점이다. 고대에 아랍인들은 로마제국의 동방 원거리무역에 편승하여 인도를 비롯한 인도양상의 여러 지방과 해상교역을 진행하였다. 그러다가 중세에 접어들면서 이슬람교세의 동진과 더불어 육·해 양로를 통해 인도 대륙에, 그리고 해로를 통해 동남아시아 지역에 직접 침투하면서 교역을 확대해나갔다. 강대한 세계적 대국을 서방에 건설한 신흥 아랍인들에게 있어서 동방의 또다른 세계적 대국인 중국과의 통교는 불가피한 시대의 요청이 아닐 수 없었다. 그리하여 그들은 중국과의 관계 수립에 각별한 주의를 돌리고 수익성 높은 대중국교역에 적극성을 발휘하였다.

651년에 대식(大食, 우마위야조 아랍제국)이 중국 당조에 첫 사절을 파견한 이래, 798년 흑의대식(黑衣大食, 압바쓰조 이슬람제국)까지의 147년 동안 모두 39차례(평균 3년 7개월에 한번씩)나 중국에 사절을 보냈다. 특히 흑의대식은 건국 다음해인 752년에 곧바로 사절을 보내 당과의 공식수교를 확인하였다. 당조는 사절에게 '좌금오위원외대장군(左金五衛員外大將軍)'이란 작위까지 주었다. 압바쓰조는 753년 한 해 동안에만도 네 차례나 사절을 연속 파견하였다. 이러한 압바쓰조의 주동적인 접근정책이 개방지향적인 당조의 적극적 호응을 받음으로써 동서 양대 제국간의 관계는 시종 우호적이고 협조적이었다. 비록 751년 석국(石國)과 이슬람 연합군을 한편으로 하여, 고선지(高仙芝) 휘하의 당 원정군을 상대로 한 탈라스 전투가 발발하여 당군의 패배로 끝났지만, 양국간의 관계는 큰 손상을 입지 않고 전후에도 계속 발전하였다. 이 전투에서 이슬람군에게 포로가 된 중국인들, 특히 제지공을 비롯한 공장(工匠)과 화가 등 직업인들은 압바쓰조의 후대를 받았다. 그들에 의해 제지술이 이슬람세계에 전파되었고 중국의 회화술(繪畵術)이나 금은기 도안, 도자기 문양 등이 전수되었다. 뿐만 아니라, 당에서 '안사(安史)'의 난'이 일어나자 757년 압바쓰조는 원군을 급파하여 당군의 장안과 낙양 수복에 일조하였다. 후일 잔류한 이들 원군은 중국 무슬림들의 선조가 되었다.

이러한 정치외교적 및 군사적 선린관계에 수반하여 아랍인들의 대당교역도 8세기 이래 육·해 양로를 통해 대단히 활발하게 펼쳐졌다. 오아시스 육로를 통한 대당교역은 주로 중앙아시아 제국을 매개로 한 간접교역이었다. 이에 비해 해상교역은 양국간의 직접교역으로서 교역의 내용이나 규모 면에서 훨씬 우세하였다. 대부분의 아랍 상선은 페르시아만 동북안의 씨라프나 남안의 수하르(Suhar, 오만)에서 출발한 후 인도 서해안과 말라카 해협을 지나 북상하여 중국 동남해안에 종착하였다. 당시 중국 연해 항구들에 도착한 외국상선을 일괄하여 '시박(市舶)' 혹은 '호시선(互市船)'이라고 불렀는데, 그중에는 남해선(南海船)·곤륜선(昆侖船)·파라문선(婆羅門船)·사자국선(師子國船)·파사선(波斯船) 등이 있었다. 여기서 파사선은 페르시아와 아랍 사람들의 선박을 통칭한 것이다. 당대 중국 남방에서는 아랍인을 포함해 페르시아인들을 '박주(舶主)'라고 불렀는데, 그것은 외국 선박 중 페르시아 선박이 가장 많았고, 또한 인도양을 항해하는 중국 선박에서 유능한 페르시아인들을 선장으로 기용하였기 때문이었다.

아랍 지리학자 이븐 후르다지바(Ibn Khurdādhibah, 830~912)는 저서 『제 도로 및 제 왕국지』에서 아랍-무슬림 상인들은 페르시아만에서 해로로 중국 동남해안의 4대 무역항, 즉 교주(交州, Lookin, 현 베트남)·광주(廣州, Khanfou)·천주(泉州, Khandjou)·양주(揚州, Qantu)까지 와서 중국인들과 교역을 한다고 하면서 4대 항구에서의 교역상을 소개하였다. 이 4대 무역항 중 광주와 양주에 아랍 상인들이 가장 많이 내왕할 뿐 아니라 정착까지 하고 있었다. 전신공(田神功)이 양주를 공략할 때 아랍과 페르시아 상호(商胡)들의 사망자가 수천명에 달하였다고 한다. 광주에는 시박사(市舶司, 일명 押蕃舶使 혹은 監舶使)를 상주시켜 상호를 비롯한 외국 상인들의 대당무역업무를 관장하도록 하였다. 대당교역에 종사한 아랍 상인이자 여행가인 쑬라이만 앗 타지르(Sulaimān ad-Tājir)의 저서 『중국과 인도 소식』(851)에 의하면, 외국 상선이 중국 항구에 입항하면 관리들은 적재화물을 6개월간 보관하였다가 계절풍을 이용한 선박들의 입항이 끝나면 30%의 관세를 징수한 후 화물을 물주에게 돌려준다. 그중 진귀한 물품은 당국자들이 우선 비싼 값을 주고 구입해서는 경사(京師)에 상납하곤 한다.

이와같이 당대에는 아랍 상인들이 4대 무역항을 비롯한 중국 동남해안 일대에 대거 진출하여 관방 및 비관방 교역을 진행하였다. 상호들이 가져오는 화물은 주로 아랍이나 페르시아 현지와 인도양 연안 각지에서 성산되는 각종 향료(乳香·蘇木·龍腦·후추·沈香 등)와 서아(犀牙)·대모·진주·산호·호박·면포 등이고, 중국으로부터 가져가는 화물은 주로 비단·도자기·동·철·사향·대황(大黃)·종이·갈포(葛布) 등이다.

아랍인들이 대당교역에서 이용한 아랍 항구들은 대부분이 페르시아만에 집중되어 있었다. 가장 오래된 곳은 유프라테스강 하류에 있는 히라(Hira, 현 쿠파 부근, 『후한서』 속의 于羅)로서, 일찍이 한대부터 대중국교역항으로 이용된 듯하다. 중세에 와서는 히라를 대신해 유프라테스강 하구의 오볼라(Obollah, 烏剌, 고대의 Apollogos)와 입해처의 바스라(Baṣrah, 末羅), 그리고 페르시아만 연안의 씨라프가 대중국무역항으로 부상하였다. 그중 씨라프는 교역화물의 집산지 역할을 하였다. 페르시아만 북단은 수심이 얕기 때문에 중국 선박과 같은 큰 선박들은 접근하지 못하고 씨라프까지 와서 정박한다. 그러면 오볼라나 바스라 등 북변이나 주변에 있는 항구들에서 작은 배로 화물을 씨라프까지 운반하면 거기서 중국 선박에 옮겨싣고 떠난다. 중국으로부터의 박래품(舶來品)도 마찬가지로 씨라프까지 운반해와서는 작은 배로 각처에 배송(配送)한다. 그밖에 아라비아해에 면한 오만의 마준(Majun, 현 수하르) 항도 대당교역품의 집산지 역할을 하였으며, 예멘의 아덴은 홍해에서 진행되는 대당교역의 통로로서 '중국으로 가는 문'으로 불렸다.

이상은 중세 서방의 대동방교역에서 주역을 맡은 아랍인들의 대동방교역에 관한 고찰이다. 이 주역 외에 조역으로는 소그드인들의 대동방교역과 중세 말엽 포르투갈인들을 비롯한 신흥 서구인들의 대동방교역을 꼽을 수 있다. 중앙아시아의 사마트칸트를 중심으로 한 제라프샨강 유역의 소그디아나(Sogdiana, 옛이름 Seghuda의 그리스어형)에 거주하는 이란계의 소그드인들은 일찍부터 동서교역에 종사하여 상술에 능한 사람들로 알려져왔다. 『후한서(後漢書)』「서역전」은 그들을 상호(商胡)라고 부르면서 한나라에 온 사실을 전하고 있다. 한적(漢籍)에 의하면, 그들은 소무(昭武, Shāushu)를 왕성(王姓)으로 한 여러 왕을 섬겨왔기 때문에 6성(姓) 혹은 9성 소무라고 하였다. 비옥한 오아시스 지대의 교통요로에서 활동해온 소그드인들은 역사적으로 주변국들의 치하에서 다양한 문화를 체험하며 동서교역에 종사하였다. 고대에는 아케메네스조 페르시아의 한 속주로 있다가 알렉산드로스 동정군에게 정복되었다. 헬레니즘 시대에는 동남방에 있는 박트리아의 영역에 편입되었으며, 이어 대월지와 쿠샨(貴霜), 사산조 페르시아의 지배를 차례로 받아왔다. 5세기에 유목민인 에프탈에게 강점되었다가 6세기에는 돌궐에게 복속되었다. 8세기부터는 이슬람 문화의 세례를 받아 이슬람화되면서 사만조(875~999)와 카라한조(840~1212)의 지배를 줄곧 받아왔다. 그후 칭기즈칸의 서정으로 인해 거의 황폐해졌으나 1370년에 티무르가 사마르칸트를 수도로 하여 제국을 건립하면서부터 다시 번영하기 시작하였다.

이렇게 기구한 역사 속에서도 오아시스 육로의 요지를 본거지로 한 소그드인들의 교역활동은 간단없이 지속되어 교역을 비롯한 동서 문명교류에 상당한 기여를 하였다. 특히 그들은 대중국교역을 활발히 벌였다. 5호 16국의 분란시기에도 중국 변방뿐 아니라, 내지에까지 침투하여 교역을 계속하였다. 이를 반영하듯 439년 북위(北魏)가 북량(北涼)을 멸할 때, 교역차 북량에 왔거나 상주한 소그드인들이 다수 포로가 된 바 있다.

소그드인들의 동방교역에서 특징적인 것은 중앙아시아에서 중국 경내에 이르는 여러 곳에 식민거점을 건설하여 교역에 활용한 점이다. 『사주이주지지잔권(沙州伊州地志殘卷)』등 서적에 의하면 수·당대에 그들은 이오(伊吾)나 롭 노르 부근의 석성진(石城鎭)·둔성(屯城, 小都善)·신성(新城)·포도성(蒲挑城)·살비성(薩毗城)·돈황(敦煌)·주천(酒泉, 肅州)·장액(張掖, 甘州)·고장(姑藏, 涼州)등 중국 내륙의 여러 곳에 교역과 교통을 위한 활동거점으로서의 식민도시를 확보하고 있었다. 중국 경내뿐 아니라 몽골 고원이나 돌궐, 위구르 등 외지에도 이와같은 식민거점을 보유하고 있었다.

이러한 적극적인 교역활동으로 소그디아나는 10세기의 아랍 지리학자 무카다쉬가 묘사한 것처럼 '신이 창조한 세계 가운데서 가장 아름다운 곳'으로서 일세의 번영을 누렸다. 그리하여 이란어계의 한 방언에 불과한 소그드어는 한때 중앙아시아의 국제상업어로 통용되기까지 하였다. 그들은 페르시아를 비롯한 서아시아 일원에서 유리기구·모직품·보석세공품·향료·약재·악기 등을 수입하여 대상(隊商)으로 파미르 고원을 넘어 당의 수도 장안에 운반해왔다. 역으로 견직물을 비롯한 당의 특산품을 서역에 전출(轉出)하기도 하였다. 그들의 이러한 중계교역을 통하여 여러가지 동서문물이 교류되었다.

　중세 말엽에 이르러 서방의 대동방교역의 주도권은 점차 아랍인들로부터 포르투갈인을 비롯한 서방 식민주의자들의 손으로 넘어갔다. 앞절에서 본 대로 서방의 동방식민지화 경략은 예외없이 대동방무역으로부터 시작했고, 흔히 '무역'이란 미명하에 그 심도를 더해갔다. 1498년 포르투갈에 의해 이른바 '인도 항로'가 개척된 이래 포르투갈과 네덜란드, 에스빠냐, 영국, 프랑스 등 신흥 서방국들은 동방진출을 목적으로 서로 앞다투어 동인도회사를 창설하고는 무엇보다 먼저 무역거점과 무역로 확보에 주력하였다. 이러한 무역거점과 무역로는 점차 인도양에서 태평양으로 확대되어 급기야 극동에 위치한 중국이나 일본에서도 개척·이용됨으로써, 16세기를 기점으로 서방의 대동방무역의 주역이 아랍에서 서구로 이전되었다. 서구 식민주의자들의 주도하에 들어간 대동방무역은 그 단향성과 약탈성, 강제성 등으로 볼 때 쌍향성과 상호성, 자발성에 바탕한 종래의 대동방교역과는 성격을 완전히 달리하고 기형적으로 추진되었다. 그 결과 이러한 식민지화 경략의 동방무역은 서구의 현대화에 결정적인 기여를 한 반면에, 동방의 개화에는 긍정적인 면도 있지만 부정적 요인으로 작용할 수밖에 없었다.

　중세에 행해진 동방의 대서방교역은 총체적으로 보면 중국의 주도하에 진행되었다고 할 수 있다. 진(秦)·한(漢) 이래 중국 역대의 위정자들은 이른바 '중본억말(重本抑末)'을 표방하면서 상업을 홀대하거나 제한하는 정책을 펴왔다. 이에 반해 당조는 상업을 장려하는 정책을 추구함으로써 국내상업이나 대외무역이 전례없이 흥성하였다. 단, 대외무역에서는 육·해로무역에 대하여 각기 다른 정책을 실시하였다. 즉 서북방을 통한 육로무역, 특히 변방무역에 대해서는 엄격한 감시와 제재를 가한 반면에, 남해를 통한 해상무역은 상당히 개방적으로 추진하였다. 당시 당의 서북방에는 강대한 돌궐과 토번(吐蕃)이 접경하고 있으면서 몇차례의 전쟁을 일으키는 등 항시 위협요소로 존재하였다. 그리하여 서북방무역에 대해서는 엄격한 통제를 가하지 않을 수 없었다. '당률(唐律)'에는 무단 월경자는 2년형, 외인과의 사(私)교역으로 말 1필을 얻는 자는 2년 반형, 15필을 얻는 자는 유배형, 그리고 개인 무기거래상은 교수형에 처한다고 규정되어 있었다. 또한 '관시령(關市令)'에 따르면 비단과 면포·진주·금·은·철은 서북 변방관문을 통과할 수 없도록 되어 있다. 특히 철과 무기는 수출을 엄금했는데, 위반자는 즉각 교수형으로 엄단하였다. 이러한 규정은 주로 개인상이나 사무역에 한한 것이고, 관방무역은 여전히 진행되었다.

　이에 비해 남해무역은 특별한 제재 없이 적극 장려되었다. 그것은 남해상에는 직접적인 적대세력이 존재하지 않고 여러가지 진귀한 물품이 있어 교역상 수익성이 높으며, 또한 날로 교역량이 증대되는 도자기 등 파손되기 쉬운 화물은 해로로밖에 반출할 수 없는 등 제반 요인 때문이었다. 그리하여 당조는 내국인들의 해외무역을 권장하고 박고(舶賈, 배로 온 외국 상인)들을 여러가지로 우대하고 보호하였다. 문종(文宗) 대화(大和) 8년(834)에는 외래교역자들의 자유내왕을 보장하고 과중한 징세를 피하라는 칙령까지 반포하였다. 그 결과 당대에는 동남아시아 제국과는 물론이거니와, 남해의 제해권을 장악하고 있는 아랍인들과의 해상교역도 전례없이 번성하였다. 한편, 이러한 해상교역을 보장하기 위하여 동남해안 일대에 무역항구도시들이 속속 출현하고 멀리 서아시아와 동아프리카까지 이르는 해로가 개척·이용되었다.

당대에 가장 번성한 국제무역항은 '천하제일(天下第一)'의 양주(揚州)였다. 양주는 염철전운사(塩鐵轉運使)의 소재지였을 뿐만 아니라, 대외적으로는 일본과 한국 그리고 남해 제국과 해로로 연결되어 있는 당대 최대의 국제무역항이었다. 무역업무를 관장하는 판관(判官)만 해도 수십명에 달했고, 많은 상호(商胡)들이 상주하면서 무역에 종사하였다. 앞에서 말한 바와 같이 전신공(田神功)이 이곳을 공략할 때 수천명의 페르시아와 아랍 상인들이 피살되었으며, 이곳에서 출토된 당대 도용(陶俑) 중에는 심목고비(深目高鼻)의 서역인 얼굴 모습을 한 것이 적지 않다.

다음으로 교주(交州, 현 베트남)인데, 원래 이곳은 한대부터 인도양으로 진출하는 선박들의 출항지이자 외래선박들의 종착지였으며, 수·당대에 이르러서도 여전히 번영하였다. 『수서(隋書)』「지리지(地理志)」에 보면, 이곳에는 서상(犀象)·대모·주기(珠玑) 등 진귀한 물산이 있기 때문에 상인들이 오기만 하면 많은 부를 취득한다고 하였다. 다음으로 거명되는 명주(明州, 현 寧波)는 주로 한국·일본과의 교역 및 내왕에 이용된 항구도시이지만, 아랍의 '화유(火油)'가 이곳으로 운반되었다는 기록(『吳越備史』)으로 보아 아랍 선박들도 내왕하였음이 분명하다. 부두 유지(遺地)의 출토품에서 보다시피 비단과 함께 월요(越窯)가 이곳을 통해 외국에 다량 수출되었다. 그 다음의 항구도시 천주(泉州)는 당대 현종(玄宗) 개원(開元) 6년(718)에 주 치소를 복주(福州)에서 이곳으로 옮겨오면서부터 국제무역항으로 부상하였다. 당대 말엽부터 송·원·명대에 이르기까지 천주는 아랍 상인들의 주요한 내화 무역항이었다. 천보(天寶) 연간에 인구는 23,806호나 되었으며 헌종(憲宗) 원화(元和) 6년(811)에는 중주(中州)에서 상주(上州)로 승격되었다. 아랍 지리학자 이븐 후르다지바는 천주를 중국의 4대 국제무역항의 하나로 지목하였다.

끝으로 한대부터 남해교역의 주요 거점이었던 광주(廣州)는 매일 10여 척의 선박이 드나들 정도로 당대에도 여전히 중요한 국제무역항 구실을 하였다. 당시 세계 여러 항구들 중에서 매해 입항하는 외래선박이 많기로는 광주가 단연 제1위였다. 그리하여 늦어도 714년에는 시박사(市舶司, 市舶務)를 설치하여 무역업무를 전담하였다. 당말 황소(黃巢)봉기 때 12～20만명의 외국인이 죽었다고 전할 만큼 광주에는 아랍인과 페르시아인을 비롯한 외국인들이 많이 거주하고 있었다. 당조는 여기에 번방(蕃坊)을 설치해 교민들끼리 자치행정을 꾸려나가도록 하였다. 아랍-무슬림 번방에는 까뒤(이슬람의 법관)가 번장(蕃長)을 겸하여 모든 행정업무를 총괄하였다.

이러한 항구들을 기점으로 전개된 해외무역은 그에 상응한 해로를 통하여 비로소 실현되었다. 당대에 이르러 해로를 통한 교역이 전례없이 활성화됨에 따라 그 통로도 한층 정비되어갔다. 당대 남해로의 노정을 가장 섬세하게, 그리고 정확하게 밝힌 문헌은 『신당서(新唐書)』 「지리지」에 수록된 가탐(賈耽)의 이른바 동서방 통상해로라는 「광주통해이도(廣州通海夷道)」인데, 여기에는 광주에서 페르시아만 서안, 그리고 아프리카 동안까지 이르는 항정이 구체적으로 기술되어 있다. 즉 광주에서 수마트라와 씰란을 거쳐 페르시아만의 오랄국(烏剌國, 오볼라)에 이르고, 그곳에서 다시 아프리카 동안의 삼란국(三蘭國, 탄자니아의 Bandaru'd Salām)까지 왕복하는 해로노정이 상술되어 있다. 이 노정의 항해 소요시간은 총 133일이고 경유지(국가나 지역)는 무려 33군데나 된다(이 책 제1장 제4절 참고).

이 노정에 따르는 항행은 심해(深海) 항행이다. 전대까지도 해로는 예외없이 연해(沿海) 항행였으나 당대에 이르러서는 항행술과 조선술이 발달됨에 따라 수마트라 서북단에서부터는 미얀마나 인도 벵골만 연해의 항로를 따르지 않고 심해에서 니코바르 제도를 지나 씰란으로 직항하였다. 그 결과 항로와 항행시간이 크게 단축되었다. 전술한 바와 같이 이 노정은 중세 아랍 여행가이며 상인인 쑬라이만 앗 타지르가 견문기 『중국과 인도 소식』에서 언급한, 페르시아만에서 중국에 이르는 항행로와 기본상 일치한다.

9~10세기에 접어들면서 파도에 강한 용골선(龍骨船)을 건조하는 등 조선술이 더욱 발달하고 나침반이 도항(導航)에 이용됨으로써 항해가 한결 안전하고 신속해졌다. 중국의 도자기와 수마트라·자바·말라카의 각종 향료가 다량으로 아라비아를 경유해 유럽에 수출되었다. 그리하여 이때의 남해로를 일명 '도자기로' 혹은 '향료로'라고도 한다. 그 결과 10세기 이후에는 전체 실크로드에서 해로가 차지하는 비중이 크게 높아졌다.

당대를 이은 송대(宋代, 북송 960~1127, 남송 1127~1279)는 비록 국력이나 판도 면에서는 당대에 미치지 못하고 천도(遷都) 등 여러가지 국난을 겪었지만, 아랍을 주대상으로 하는 해상무역 위주의 대서방교역은 당대보다 훨씬 활발하였다. 원래 후한 이래 중국의 경제중심은 북방의 중원(中原)지역(황하 유역)으로부터 점차 양자강을 중심으로 한 남방으로 이전해오다가 송대, 특히 남송시대에 와서는 이러한 중심이전 과정이 완성되어 북방보다 남방이 더 번영하기 시작하였다. 송초, 동북과 서북 지방은 각각 요(遼)와 서하(西夏)에게 점거되고, 후일 북방 지역은 또 금(金)에게 할양됨으로써 육로를 통한 대서역 통교나 교역은 큰 장애에 부딪쳤다. 이러한 상황은 송대에 와서 경제중심의 남방 이전과 해로를 통한 대외활동을 크게 자극하였다.

경제 중심의 남방 이전과 대외무역의 활성화로 인해 남송시대에는 농업을 비롯한 전반적 경제가 상당히 발달하였다. 특히 수공업 상품경제가 대대적으로 발달하여 분업이 세분화되고 광업과 방직, 도자기 제조, 제지, 인쇄, 조선, 병기 제조 등으로 그 분야도 다양해졌으며, 상품의 질도 크게 개선되었다. 이것은 대외무역을 위한 풍부한 상품원천을 제공하였다. 인구도 남방이 북방을 초과하기 시작하여 10만호 이상의 도시가 당대에는 10개밖에 없었던 것이 송대에는 40여개로 늘어났다. '밤낮으로 매매가 끊이지 않는' 남송의 임안(臨安, 현 항주)은 인구가 무려 120여 만명에 달하였다. 이러한 경제발전과 더불어 조선술과 항해술도 크게 발달하여 원거리 해상무역을 가능케 하였다. 특히 나침반의 도입은 항해의 안전과 신속성에 획기적인 전기를 마련하였다.

이렇게 유리하게 전개되는 객관적 환경에 편승하여 송조는 시박사를 통한 해외무역을 적극 권장하였다. 971년 반미(潘美)가 광주를 공략하고 남한(南漢)을 멸하자 조정은 곧 그를 광주 시박사로 임명하여 종래의 시박사 업무를 재개했고, 이듬해에는 명주(明州)와 항주(杭州)에도 시박사를 신설하였다. 이어 천주(泉州, 1087)·밀주(密州, 현 山東 諸城, 1088)·수주(秀州, 현 浙江 嘉興, 1113)·온주(溫州, 1132)·강음(江陰, 1145)·감포(澉浦, 항주 북안, 1246)에도 각각 시박사를 신설함으로써 총 9개소(당나라 때는 1개소)의 시박사를 가동하였다. 시박사를 통한 수입은 송대의 중요한 재정수입원의 하나로서 매해 증가하였다. 영종(英宗) 치평(治平) 기간(1064~67)에 시박사 수입은 매해 63만 관(貫, 엽전 1천개를 꿴 꾸러미)이었으나, 남송 고종(高宗) 때(1127~62)는 무려 200만 관으로 급증하였다. 시박사의 운영체제도 완비되었는데, 그 업무는 출입화물에 대한 검열, 매매허가증 발급, 세금 징수(귀중품은 10분의 1, 일반상품은 15분의 1의 세율), 10종의 향료와 약재 및 보화(寶貨)에 대한 관부(官府)의 박매(博買, 즉 전매), 박고(博賈)들에 대한 접대, 중국 선박 출항허가증 발급 등이었다. 특히 박고들에 대해서는 번방 거주를 비롯한 법적 보호조처까지 취하였다.

이렇게 송조는 박고의 내화를 환영하였을 뿐 아니라, 본국 상인의 해외진출도 적극 권장하였다. 선박의 가동률을 높이기 위하여 항해주기를 될수록 단축하도록 하였다. 출항한 상선이 5개월 내에 회항하면 감세 혜택을 주고 회항기간이 1년을 초과하면 원인을 추궁하여 징벌하기도 하였다. 이와 함께 상인들이 장기간 무역이나 원양해운에 종사하도록 우대조처도 취하였다. 이러한 일련의 시책은 송대에 해외무역을 부흥시키는 데 상당히 긍정적인 역할을 하였다.

송대의 전통적인 주요 수출품은 비단과 도자기이나, 요업(窯業)의 발달(고대 도요 유물이 나온 170개 현 가운데 송대 도요지가 130개 현으로 75%를 차지함)로 인해 도자기가 점차 수출품 중 첫번째 자리에 오르게 되었다. 도자기는 해로를 통해 서방제국에 다량 수출되었다. 당시의 남해로가 도자기로라고도 불린 것은 이 때문이다. 금은이나 민전(緡錢, 꿰미에 꿴 돈), 연석(鉛錫) 등은 초기에는 수출이 허용되었으나, 후에는 금지되었다. 수입품의 대종은 향약(香藥)이다. 대체로 향료가 의약품으로 쓰인다고 하여 수입향료를 '향약'이라고 불렀다. 수입되는 20여 종의 향약은 그 주산지가 아랍 지역이나 인도, 말레이 반도 등지였지만, 무역상은 주로 대식인(아랍인)들이었다. 북송 때는 향약의 연간 수입액이 약 40만 관으로서 전국 세입(歲入)의 2% 정도였으나, 남송에 와서는 5~10%로 급증하였다. 이렇게 향료가 대송무역의 주종을 이루었기 때문에 그 통로인 해로를 '향료로'라고도 한 것이다.

송조를 이어 출현한 원나라는 중상주의 정책을 추구하여 대외무역을 적극 권장하였다. 원조는 2만 병력을 동원하여 자바 원정을 단행함으로써 해외경략을 시도하였다. 이것은 중국 역사상 미증유의 일로서 원조의 대동남아시아 통교와 무역에 활로를 열어놓았으며, 중국인의 동남아시아 이민의 발단이 되었다. 이와 더불어 원조는 4차(1279, 1280, 1281, 1283)에 걸쳐 양정벽(楊庭璧)을 인도 서남단에 위치한 구란(俱蘭, 현 코친)과 마팔아(馬八兒, Maabar)에 파견하여 국력을 과시하는 한편, 통교를 모색하였다. 그 결과 인도양의 20여 개국이 원조에 사절을 보내 조공하고 무역관계를 맺었다.

다음으로 원조는 시박사 제도를 계승·발전시켜 대외무역의 번영을 가일층 기하였다. 1277년 천주(泉州)를 시발로 경원(慶元, 명주)·상해(上海)·감포(澉浦)·광동(廣東)·항주(杭州)·온주(溫州)·뇌주(雷州) 등 8곳에 시박사를 설치·운영하였다. 당시 천주는 중국에서뿐 아니라 세계에서도 가장 큰 무역항으로서 40여개 국가 및 지역과 무역거래를 하였다. 원조는 1293년에 22조로 된 시박조례(市舶條例)를 반포하여 시박사제도를 재정비하고, 시박사를 통한 대외무역을 적극 장려하였다. 이 조례에 준하여 박상(舶商, 用船 상인)이나 소수(梢水, 선원)들에게는 잡역을 면제하는 등 혜택이 주어졌다. 그리하여 박상이나 소수의 수가 급증했는데, 원나라 말에는 7만여 상해 인구 중에서 이러한 사람들이 5,600여명(8%)이나 되었다.

한편, 원조는 외제품의 유치를 위하여 수입품에 대한 관세율을 비교적 낮게 책정하였다. 처음에는 귀중품인 세화(細貨)는 10분의 1을, 일반품인 조화(粗貨)는 15분의 1을 징수하다가, 후에 조화에 대하여서는 일괄적으로 30분의 1을 징수하도록 하였다. 그리고 원조는 전대인 송조가 실시하던 관부전매 제도인 박매(博買)제도를 폐지하고 개인의 무역독점을 제재하였으며 관영(官營)무역을 크게 독려하였다. 그 결과 대외무역이 점차 중앙집권화되어갔으며, 이것은 후일 명·청대의 대외무역정책에 큰 영향을 미쳤다.

원대의 주요 수출품으로는 전통적인 도자기와 비단 외에 차와 칠기 등의 특산물도 있었다. 1236년경 천주(泉州, Zaitūn)를 여행한 아랍 대여행가 이븐 바투타(Ibn Baṭūṭah)의 현지견문에 의하면 그곳에는 페르시아와 아랍 상인들이 많이 와 있으며, 페르시아산 카펫과 병기(兵器), 동기(銅器) 등이 이곳을 통해 중국 경내로 운반되고, 또한 천주의 도자기는 인도와 오만 등지로 수출된다고 하였다. 원대 도자기의 수출 대상지는 송대의 그것에 비해 훨씬 많았다. 『도이지략(島夷志略)』에 의하면 원대에 도자기의 수출국이나 지역은 44개소에 달하였다. 원대의 수입품은 그 대종이 역시 향약이다. 1277년에 시박사가 설치된 경원(慶元, 당대의 명주, 현 寧波) 한 곳으로 들어오는 소목(蘇木)·정향(丁香)·길패(吉貝, 목면) 등 향료와 진귀품 위주의 수입품만도 220여 종이나 되었다. 송대에 비하면 60여 종이 늘어난 셈이다.

근대의 경제사적 배경 근대에 진행된 동서교류의 경제사적 환경과 여건은 서세동점에 편승하여 신흥 서구세력이 동서무역의 주도권을 장악하고, 일방적인 대서방무역이 우세했으며, 동서무역이 치열한 경쟁 속에서 진행된 것이 그 특색이다. 1498년 '인도 항로'의 개척을 기점으로 한 서세동점은 서방의 동방식민지화 경략을 최종 목표로 하였는데, 그 출발기조는 동방 물산의 약탈을 위한 대동방무역이다. 그런데 무력을 자주 동반한 대동방무역은 동방의 요구나 이익은 무시한 채 오로지 서방의 욕구와 이익만을 위해서 단향적이고도 약탈적으로 진행되었다. 그리하여 근대의 동서무역에서 포르투갈을 위시한 신흥 서구 식민세력이 주도권을 장악하고 일방적인 대서방교역이 절대적인 우위를 차지하였다. 또한 고수익성 동방무역을 독점하기 위하여 무역주체간에 치열한 경쟁이 벌어졌다. 동서무역에서의 이러한 불균형성과 편파성은 필연적으로 경제적 이권을 둘러싼 동서간의 갈등을 야기시켰다. 요컨대 이제 동서간의 경제적 관계는 유무상통이나 상호성에 기초한 관계가 아니라, 일방적인 이익 추구를 위한 갈등과 경쟁관계로 변하였다.

근대 서방의 대동방 경제관계는 포르투갈을 비롯한 신흥 서구 식민국가들의 경쟁적이며 약탈적인 대동방무역에서 집중적으로 나타나고 있다. 그들은 이른바 '동인도회사'나 현지의 총독부 같은 식민기구 등을 통해 무력이나 회유의 방법으로 무역거점과 무역로를 확보하는 데 일차적인 관심을 기울이면서 진귀한 동방 물산을 다량 약탈해갔다. 이들 나라의 동방무역은 인도를 비롯한 서남 및 동남아시아로부터 점차 중국을 비롯한 극동아시아까지 확대됨으로써 범아시아적인 동방무역으로 되었다. 이러한 대동방무역을 주도한 세력은 포르투갈과 네덜란드, 에스빠냐, 영국 등 신흥 서구 국가들이었다.

전술한 바와 같이 근대에 대동방무역을 선도한 나라는 포르투갈이다. 포르투갈은 1498년 '인도 항로'를 개척한 후 곧이어 까브랄(P. A. Cabral)이 이끄는 무장선단을 두 차례(1500, 1502)나 인도 서해안의 캘리컷에 파견하여 도매상점을 매입할 수 있는 권리를 취득하고, 당시 그곳 무역을 주도하던 무슬림 상인들의 활동을 제압하였다. 이어 인도에 총독을 파견하여 총독제 경략을 시도하면서 고아를 공략하여(1510) 동방무역의 교두보를 확보하였다. 그 여세를 몰아 동방무역의 해상요로에 있는 말라카 항을 무력으로 점령함으로써(1511) 자바 섬 부근에 널려 있는 향료제도(Spice Islands)와 극동에 이르는 무역로를 장악하게 되었다. 한편, 인도양과 아라비아해 및 홍해상에서 해상무역을 제패하기 위해 홍해 입구의 아덴(1513)과 홍해상의 소크트라(1513), 페르시아만의 병목인 호르무즈(1515)를 각각 공략한 데 이어 인도 서해안의 디우와 다만, 봄베이 등 항구도시들을 차례로 점령하였다. 그 결과 총독부가 있는 고아를 중심으로 서남해상에서의 무역기반을 구축하게 되었다. 총독부는 주변 해상의 항해권을 장악하여 항해자들로부터 공물(貢物)이나 세금을 징수하고 해상무역을 엄격히 통제하였다.

일본에 도착한 포르투갈 선박(남만병풍 중의 풍속화)

　포르투갈의 동방무역 화살은 서남아시아나 동남아시아에 그치지 않고 극동의 대국 중국으로까지 향하였다. 포르투갈은 우선 동방무역의 해상요로에 있는 중국 명조의 신복지(臣服地) 말라카 항을 점령함으로써 중국 진출의 발판을 마련하였다. 1514년부터 포르투갈 상인들은 광동 연해에 잠입하여 암암리에 무역거래를 하다가, 1517년에는 명군과의 '둔문전투(屯門戰鬪)'에서 패해 광동 일대에서 쫓겨나고 말았다. 1522년에도 무장선단을 광동 연해에 파견하여 통상조약 체결을 건의했으나 명측으로부터 거절을 당하였다. 그러다가 이듬해에 그들은 해도부사(海道副使)를 매수하여 호경오(蠔鏡澳, 현 마카오)에 상륙하여 교역하고 상주할 수 있는 허가를 얻어냈다. 이로써 호경오는 고아에 이은 포르투갈의 동방무역 제2거점이자 중국 진출의 전초기지가 되었다. 그후 그곳에 총독부를 설치하고 사실상의 식민통치를 실시해오다가 청초에 전면적인 통상개방을 요구했으나 거절당하였다.

　이와같이 포르투갈은 16세기 전반에 걸쳐 동방무역을 독점하였다. 그러나 17세기에 접어들면서 영국(1600)과 네덜란드(1602) 등 유럽 나라들에서 동남아시아에 대한 고소득의 무역을 목적으로 한 '동인도회사'가 속속 설립됨으로써 포르투갈의 독주에 제동이 걸리고, 이들 나라간에는 치열한 무역

쟁탈전이 벌어졌다.

포르투갈에 이어 동방무역에 나선 나라는 네덜란드다. 16세기 말엽부터 네덜란드 상인들은 개별적으로 인도에 침투하여 무역거래를 시작하였다. 그러다가 1595년에 하우트만(Houtman)이 이끄는 선단이 자바에 도착하여 향료 등을 매입한 것을 계기로, 1595~1601년에 65척의 선박을 수마트라와 향료제도 등 동남아시아 지역에 파견하여 무역활동을 전개하였다. 이에 바탕하여 1602년에는 총자본금이 영국 '동인도회사'의 10배나 되는 대규모의 '동인도회사'를 설립하여 본격적인 동방무역에 나섰다. 네덜란드인들은 풀리카트를 비롯한 인도 동해안 여러 곳에 상관(商館)을 개설하여 후추무역을 하는 한편, 강력한 해군의 뒷받침 속에 무력으로 향료제도의 암본 섬(1650)과 자바의 바타비아(1619)를 강점한 데 이어, 말라카를 공격(1641)하고 인도의 고아를 봉쇄하였다. 계속하여 포르투갈의 인도양 활동거점의 하나인 콜롬보(1655)와 인도 서남단 해변의 코친(1659)을 점령하였다. 이리하여 17세기 중엽에 이르러 네덜란드는 포르투갈을 추월하여 동방무역의 새로운 패권자로 부상하였다.

네덜란드는 1597년에 자바의 바타비아에 상관을 설치하고, 이를 거점으로 중국 및 일본과의 교역을 시도하였다. 1601년에 반 네크가 인솔하는 상선이 광주에 와서 통상을 꾀하였으나 실패한 후, 호경오(1603)와 팽호도(彭湖島, 1604)에 무장선단을 파견하여 통상압력을 가했으나 거절당하였다. 이듬해에도 상선을 파견하여 통상을 촉구했으나 역시 거절당하였다. 이에 불만을 품은 네덜란드는 무력침공이란 강수(强手)에 의존하여 1622년에 15척의 전함을 파견해 마카오로 진격하였으나 격퇴당하였다. 격퇴된 네덜란드인들은 팽호도를 거쳐 대만 남부에 상륙하여(1624) 성보를 구축, 지탱하고 있다가 북부지역을 강점한 에스빠냐인들을 몰아내고 일시 대만 전역을 점령하였다. 그러나 명조에서 파견한 정성공(鄭成功) 휘하의 명군과 대적하다가 쌍방간에 정화협정을 맺고(1662), 이 협정에 따라 강점 38년 만에 대만에서 철수하고 말았다. 청초에는 사신을 파견하여(1656) 청조로부터 가까스로 8년에 한번씩 조공할 수 있다는 허락을 얻어냈다.

시간적으로 보면, 포르투갈에 이어 두번째로 대중국무역에 나선 나라는 에스빠냐다. 포르투갈이 인도의 고아를 거점으로 하여 동진, 말라카를 거쳐 중국에 진출한 데 반해 에스빠냐는 서진해 대서양을 건너 멕시코를 비롯한 중남미지역을 점령한 후 다시 서진하여 태평양을 횡단, 필리핀을 거점으로 하여 중국에 진출하였다. 요컨대 에스빠냐-멕시코-필리핀-중국을 잇는 이른바 '대범선무역'에 의한 '태평양 비단길'을 통해 중국과의 무역을 시도하였던 것이다. 에스빠냐는 1571년에 명조의 조공국인 여송(呂宋, 현 필리핀)을 점령한 후 수도 마닐라를 거점으로 하여 대만과 복건성(福建省) 연해에 상인들을 보내 중국과의 무역거래를 시작하였다. 필리핀 주재 에스빠냐 총독은 두 차례(1575, 1576)에 걸쳐 사절단을 복건에 파견하여 항구개방을 제의했으나 무시당하자 자신이 직접 선단을 이끌고 광동에 와(1598) 통상을 촉구하였다. 그러나 역시 거절당하였다. 한편 에스빠냐는 중국과 필리핀 간의 무역을 주관하고 있는 필리핀 화교들을 배척하고 탄압하면서 동시에 중국 연해에 무역거점을 구축하기 위해 무력으로 대만의 용항(籠港, 현 基隆)과 담수항(淡水港)을 점령하였다. 그러나 얼마 안가서 대만 남부에 웅거한 네덜란드인들에게 쫓겨났다(1641). 청초에도 사신을 파견하여(1646) 통상을 제의하였으나 해금(海禁)에 묶여 역시 무위로 돌아가고 말았다.

영국은 이상의 세 나라에 이어 좀 뒤늦게 동방무역에 뛰어들었다. 1588년에 에스빠냐의 이른바 '무적함대'를 격파한 영국은 이에 고무되어 동방진출에 관심을 갖게 되었다. 그리하여 1600년에 동인도회사를 설립하고 1602년에 처음으로 랭커스터 휘하의 상선을 동방에 파견하여 말라카 해협에서 포르투갈 상선으로부터 900톤의 향료와 면직물을 탈취하였다. 1608년에는 호킨스가 이끄는 선단이 인도 서해안에 도착하여 인도와 접촉을 시도하다가 4년 후에 인도 쑬탄의 허락하에 서해안의 수라트에 첫 상관을 개설하였다. 이를 거점으로 영국 상인들은 인도의 동서해안에 침투하여 활동하다가 동진하여 향료제도 쪽으로 진출하였다. 그러나 영국의 동진은 선행한 네덜란드와의 이해충돌을 야기시켜 급기야는 1623년에 암본 섬에서 네덜란드 총독에게 영국 상인들이 학살되는 '암본 사건'이 일어나고 말았다. 이를 계기로 영국은 동진을 단념하고 인도 경략에만 전념하였다. 영국은 동인도회사를 발족시킨 후 150년간은 주로 인도와의 무역활동과 그를 위한 거점을 확보하는 데 주력하였다. 그러다가 1757년에 프랑스의 지원을 받은 벵골 토호와의 플라시 전투에서 승리하자 대인도정책에서 무역위주의 정책을 수정하여 직접적인 식민지화 경략으로 정책전환을 하였으며, 이 전투를 계기로 영령(英領) 인도사는 막이 올랐다.

영국은 선행한 포르투갈이나 네덜란드와 달리 인도를 주대상으로 하는 대동방무역을 개척하는 한편, 중국으로의 통로를 탐색하면서 독자적인 대중국무역을 구상하였다. 중국으로 통하는 여러 통로 중에서 북아메리카를 통과하는 서북항로를 선택한 영국 상인들은 1576년에 이른바 '중국회사'를 조직하고 서북항로 개척을 위한 탐험대를 파견하였으나 실패하였다. 엘리자베스 1세 때인 1596년에는 중국 황제에게 보내는 친서를 휴대한 사신을 파견해 통상을 논의하려고 하였으나, 사신이 탄 배가 도중에 조난당하는 바람에 뜻을 이루지 못하였다. 영국의 '동인도회사'는 국왕으로부터 원동(遠東)무역에 대한 특허를 얻고 대중국무역을 모색하였으나 여의치 못하였다. 그러자 네덜란드의 '동인도회사'와 합작하여 대중국무역을 꾀하면서 해상에서 중국 상선을 납치·약탈하기도 하였다.

그러나 합작은 잠시일 뿐, 양국간에는 무역권을 놓고 갈등이 발생하였다. 그리하여 한때 네덜란드는 영국을 동방 향료무역에서 제외시킨 바 있다. 그러다가 1635년에 가까스로 포르투갈과 체결한 수호조약에 의하여 영국은 상선 '런던 호'를 마카오에 파견하여 비로소 대중국무역의 길을 타개하였다. 한편, 그해에 코틴을 비롯한 '동인도회사'에 소속되지 않은 상인들은 '코틴 상무단'을 조직하고 2년 후에는 웨델 휘하의 함선을 광주 호문(虎門)에 파견하여 중국군과 초유의 무장충돌을 일으켰다.

이 사건 후 중국측이 영국 함선의 중국영해 진입을 엄금함으로써 영국 상인들은 포르투갈의 비호하에 마카오에서만 중국인들과 은밀히 거래를 하였다. 그러다가 청초에 와서야 겨우 하문(厦門)에 상관을 개설하였으나 5년 만에 폐쇄되고 말았다.

서세동점에 편승한 공격적이고 약탈적인 서방의 이러한 대동방무역에 대응한 동방의 대서방무역은 다분히 방어적이고 피해적(被害的)이었다. 그러나 그 가운데서도 국부적이고 간헐적이긴 하나 특정 국가의 대외정책이나 위정자의 의지, 그리고 내외정세에 따라 진취적인 무역활동을 전개한 경우도 있다. 동방의 대서방 경제관계에서 이러한 무역활동의 전례(典例)는 중국의 명대(明代) 후반과 청대(淸代) 초의 대서방무역에서 찾아볼 수 있다. 전반적인 사회구성체로 볼 때 명대 후반이나 청대 초는 분명 봉건적인 중세사회이나, 명대 후반 이후 특히 1577년 포르투갈이 마카오에 대하여 식민지화 경략을 실시한 이후부터는 무역을 비롯한 교류를 통해 서양의 근대적 물질문명이 도입되면서 중국사회는 점차 근대화되어갔다. 따라서 명대 후반과 청대 초반은 중세에서 근대로의 과도기라고 말할 수 있을 것이다. 특히 서방과의 무역관계에서 보면 이러한 과도기적 성격이 더욱 두드러진다. 이 시기 중국의 대서방무역을 근대의 동방 대서방무역의 범주로 다루는 까닭이 바로 여기에 있다.

명조는 건국 이후 직면한 대내외정세로 인해 무역을 비롯한 대외활동을 전개하는 데 여러가지 한계에 부딪혔다. 북방에는 축출된 몽골이 항시적인 위협으로 남아 있었고, 중앙아시아 일원에 출현한 강력한 티무르제국은 명조의 서역진출을 차단하였으며, 서아시아에서는 오스만제국이 동서교류를 저해하고 있었다. 이러한 사정은 실크로드 육로를 통한 서방과의 교류를 크게 방해하였다. 뿐만 아니라, 동남해안 일대에서 창궐한 해적들과 왜구(倭寇)들의 끊임없는 노략질과 소요는 남해 진출도 위축시켰다. 게다가 16세기 말엽부터는 포르투갈을 비롯한 서방 식민국가들이 앞을 다투어 중국 동남해안 일대에 침입하여 통상압력을 가하고 무력도발까지도 서슴지 않았다.

이렇게 내우외환이 겹친 상황 속에서 명조는 초기의 성조(成祖) 영락(永樂) 연간(1402~24)을 제외하고는 줄곧 해금과 폐쇄적인 쇄국정책을 견지하지 않을 수 없었다. 그리하여 전통적인 관방교역인 조공(朝貢)무역마저도 3~5년마다 1조1공(一朝一貢)토록 하며 조공품이나 조공사 인원도 축소하는 등 제한을 가하기에 이르렀다. 그리고 대외무역의 창구인 천주·명주·광주 등지에 시박사를 개설했다가 곧 폐쇄해버리고 백성들의 출해나 외국인들과의 교역도 엄금하였다. 심지어 외국 조공사의 위작(僞作)을 막는다는 이유로 조공국에 신분확인증을 발급하고는 입조(入朝)시 신분을 대조·확인하는 이른바 '감합제도(勘合制度)'까지 실시하여 외래자들을 엄격히 단속하였다. 청초에도 사정은 비슷하여 해상에 웅거하고 있는 정성공 등 반청(反淸) 잔여세력을 고립·초멸(剿滅)하기 위하여 해안가에서 30리 이내에 거주하는 주민들은 무조건 내지에 이주시키는 이른바 '천해(遷海)' 등 해금단속정책을 단행하였다. 약 300년간 지속된 명·청대의 이러한 해금정책과 쇄국정책은 해외무역을 비롯한 대외관계를 크게 위축시켰다. 물론 일부 관방무역은 허용되었지만, 그것도 제한적이고 부진한 상태였다. 그 결과 종래에는 인도양을 포함한 남해로를 종횡무진으로 주름잡던 중국 선박은 고작 말라카 해협까지만 출항하곤 하였다.

그러나 이러한 전반적인 해금과 위축 속에서도 명나라 초기에 있었던 정화(鄭和)의 돌출적인 7차 '하서양(下西洋)'만은 한때나마 명조의 대외활동을 크게 진작시켰다. 원(元)대부터 명 초까지 '서양'은 인도네시아 순다(Sunda) 해협 이서, 동아프리카까지의 인도양 전체에 대한 지칭이었으며, '하서양'이란 이 서양으로 출항하는 것을 의미한다. 삼보태감 정화는 성조 영락 3년(1405)부터 선종(宣宗)선덕(宣德) 8년(1433)까지 28년간 7차에 걸쳐 대선단을 이끌고 하서양하였다. 성조의 명을 받고 행한 정화의 '하서양' 동기에 관해서는 여러가지 설이 구구하나, 종합하면 정치적으로는 국권을 회복한 한인(漢人)의 '천조상국(天朝上國)'을 만방에 과시하고, 경제적으로는 관방교역을 통해 남해 지역의 보화를 취득하려는 것이었다고 할 수 있다. 실제로 대선단은 동아프리카에 이르는 남해상의 30여 개국을 전전하면서 중국의 도자기와 비단, 동, 철, 금은세공품을 가지고 현지의 향료 등 진귀한 특산물을 다량 교역해서 돌아왔다. 유럽의 '대항해시대'보다도 반세기나 앞선 정화의 '하서양'은 세계항해사에서 미증유의 일대 장거일 뿐만 아니라, 명대의 대외관계에서도 일대 쾌거였다. 그렇지만 명대의 일관된 해금과 쇄국 정책 앞에서 이러한 쾌거는 일회적인 돌출사로 그치고 오래 이어지지 못하였다.

비록 해금과 쇄국의 족쇄에 묶여 명대의 전반적인 해외무역은 부진을 면치 못하고 위축되었지만, 중단된 것은 아니었고, 관 주도의 대외무역은 계속되었다. 명대 전반기의 대외무역(주로 관제무역)은 대체로 상호성에 바탕한 쌍향성 무역으로서, 그 품목은 전대와 크게 다를 바가 없었다. 그러나 후반에 이르러 서구 식민세력들이 주로 해로를 통해 침투하면서부터는 그 양상이 크게 달라졌다. 그들은 중국으로부터 다량의 도자기와 견직물, 칠기, 차, 각종 공예품과 장식품, 사향, 수은, 주사(朱砂), 장뇌(樟腦), 설탕, 황동, 복령(茯笭) 등을 수입해갔다. 중국이 그들로부터 수입하는 것은 고작 모직물이나 진귀품 몇가지였고, 그밖에 그들의 중계무역을 통해 서남아시아나 동남아시아 산 후추와 단향(檀香), 상아 등 특산물을 들여왔다. 그 결과 중국의 대서방무역에서는 엄청난 입초(入超)에 의한 무역불균형 현상이 나타났다.

청초에 이르러 육상을 통한 대서방관계는 호전 기미를 보였다. 동점(東漸)하는 러시아세력을 견제하기 위해 청조는 러시아와 일련의 쌍무협정을 체결하고 양국간의 무역을 확대해나가는 한편, 신강(新疆) 일대를 평정한 후 그곳을 발판으로 까자흐(Kazakh, Qazaq) 등 중앙아시아 여러 칸국들과 직접적인 무역거래를 회복하고, 나아가 서구와의 거래도 시도하였다. 그러나 남해상에 조성된 상황은 이와 달라서 전대부터 실시해온 해금을 해제할 수가 없었다. 남방에는 정성공을 비롯한 반청 세력이 엄존하여 활동을 계속하고, 게다가 서구 식민세력들의 침투와 압박이 한층 더 기승을 부렸다. 이에 청조는 엄격한 해안통제 등 해금과 경계심으로 대응하였다. 일례로 1656년에 네덜란드 '동인도회사'에서 사신을 보내 통상을 촉구했으나, 청조는 8년에 한번씩 조공할 것을 허용하고 조공 인원도 100명을 넘지 못하되 그중 20명만 황제가 있는 곳에 올 수 있게 하였다. 사실상 이것은 통상요구에 대한 거부나 다름없다. 이와같이 청초에 이르기까지도 중국의 대서방관계는 과도기적 진통과 우여곡절을 겪었다.

제4절 교류의 민족사적 배경

민족사적 배경 개념 실크로드를 통한 교류의 민족사적 배경이란 교류를 실현 가능케 하는 민족이동이나 거족적(擧族的) 문명수용을 말한다. 민족이동은 민족구성원이 집단적으로 본향(本鄕)을 이탈하여 타지로 이주하는 것인데, 교류의 배경으로서의 민족이동은 주로 상이한 문명을 가진 민족간의 이동, 즉 문명권간의 민족이동이다. 그것은 상이한 문명을 가진 민족의 이동이라야 그 이동에 수반하여 이질문명간의 교류가 이루어지기 때문이다. 동일한 문명권 내의 민족이동은 비록 개별적 문명 구성요소간의 보완적 교류에는 영향을 미칠 수 있으나, 명실상부한 문명간의 교류는 결과하지 못한다.

교류의 배경으로서의 민족이동에는 거족적 이동과 부분적 이동의 두 가지가 있다. 거족적 이동은 민족구성원의 전체(대부분)가 이동하는 경우이고, 부분적 이동은 교거(僑居)와 같이 민족구성원의 일부만이 이동하는 경우다. 민족이동의 동인(動因)은 각이한바, 대체로 거족적 이동은 전쟁이나 정치적 경략, 자연재해, 생계 추구에, 부분적 이동은 교역이나 선교, 징집, 생계 추구 등에 기인한다. 민족이동사를 통관하면 민족이동의 주체는 정주적 농경민에 비해 유동적인 유목민이나 상업민이 많으며, 거족적 이동은 고대나 중세에 많은 반면 부분적 이동은 근대나 현대에 자주 나타난다. 거족적 이동이건 부분적 이동이건간에 교류에 대한 영향관계의 진폭은 다를 수 있지만 공히 서로 다른 정도에서 영향을 주는 것만은 사실이다.

거족적 문명수용은 민족구성원의 전체(대부분)가 이질문명을 일괄 수용하는 것을 말하는데, 이러한 현상은 가끔 종교문화에 대한 거족적인 수용 등에서 나타난다. 물론 수용하려는 것이 이질문명이기 때문에 전파나 유입 과정은 점진적이고 또 우여곡절을 겪을 수도 있지만, 수용만큼은 결과적으로 거족적이어서 가위 교류의 역동적인 배경이라고 할 수 있다. 교류의 차원에서 볼 때 거족적인 문명수용은 다분히 일방적인 흡수로서 일종의 동화현상이다. 따라서 문명사회에서 이러한 현상은 보편적일 수는 없고 제한적일 수밖에 없다.

교류에 대한 영향관계에서 본 민족사적 배경의 특징은, 첫째로 한시적(限時的)인 작용과 항시적(恒時的)인 작용이 배합된 배경이라는 것이다. 거족적인 민족이동이나 거족적인 문명수용은 교류에 대하여 직접적이고도 역동적인 영향을 미치는 배경이지만, 경상적(經常的)으로 조성되는 배경은 아니고, 전쟁이나 정치적 경략, 자연재해 등 비경상적인 특수한 여건이 마련되었을 때에만 이루어지는 선택적인 배경으로서 그 작용은 한시적일 수밖에 없다. 그런가 하면 부분적인 민족이동은 교류에 대하여 점진적이고 잠식적(蠶食的)인 영향을 미치는 배경이지만, 교거처럼 경상적으로 조성되고 있는 배경으로서 그 작용은 항시적인 것이다. 문명교류에 대한 민족사적 배경은 이렇게 한시적인 영향과 항시적인 영향이 배합된 배경으로서, 총체적으로 보면 끊임없이 작용하는 역사적 배경인 것이다.

두번째 특징은, 여러가지 문화접변 현상을 분명하게 야기하는 배경이라는 것이다. 모든 문명은 인간에 의해 창조되고 체현되며, 발달하고 교류된다. 요컨대 문명의 주체는 인간이다. 그런데 인간은 여러 민족집단으로 구성되며, 문명은 주로 민족집단을 단위로 하여 문명권을 이루면서 구체적으로 표현된다. 따라서 민족의 이동이나 거족적인 문명수용이야말로 문화접변을 그 어느 배경보다도 가장 분명하고 직선적으로 결과할 수 있는 역사적 배경인 것이다. 이러한 특징은 많은 역사적 사실에 의해 입증되고 있다. 고대 그리스인들이 알렉산드로스의 동정과 그 후속 제국 시대에 오리엔트로 대거 이주함으로써 헬레니즘적 융합문화가 발생하였고, 중세에 투르크족을 비롯한 중앙아시아의 여러 종족들이 이슬람 문화를 거족적으로 수용함으로써 중앙아시아의 이슬람적 동화문화가 출현하였으며, 역시 중세에 에스빠냐인들이 멕시코에 대거 이주함으로써 멕시코적 융화문화가 탄생하였던 것이다.

세번째 특징은, 독특한 '혼혈문화'를 창조하는 배경이라는 것이다. 거족적 이동이건 부분적 이동이건 일단 민족이 이동하게 되면 현지인들과의 혼인으로 인해 혼혈인이 생기게 마련이다. 이러한 혼혈인은 비단 생태형질적으로뿐만 아니라, 문화형질적으로도 자연스럽게 혼혈문화인이 되는 것이다. 이들에 의해 탄생하는 혼혈문화는 대체로 초기에는 융합 형태를 취하다가 시간이 흐름에 따라 점차 어느 한쪽의 문화에 동화되는 것이 상례이다. 16세기 전반에 인도 고아에 총독부를 설치하고 식민지화 경략에 착수한 포르투갈은 그곳에 이주한 포르투갈인과 현지인 간의 혼인을 의도적으로 장려하였다. 그 결과 이른바 '루소-인디언', 즉 고아인이라는 신종 혼혈인종이 생겨났다. 그들은 생태형질적으로 혼혈인이면서, 종교는 가톨릭이고 사고는 서구적이지만 인도 토착문화를 완전히 탈피하지 못한 혼혈문화인이었다. 이와같이 민족의 이동으로 말미암아 생긴 혼혈문화는 그 자체가 곧 교류의 산물인 것이다.

이러한 특징을 가진 민족사적 배경으로서의 민족(광의의 민족)이동은 선사시대, 특히 그 말기에 이미 시작되었다. 물론 이 이동에도 문명의 전파나 교류가 수반되었겠지만, 원시인들간의 문명적 차이가 크지 않다 보니 문명의 전파나 교류는 매우 미미했다. 그러나 문명시대에 들어와서 민족간의 문명적 차이가 점차 현격해지면서 민족이동에 따르는 문명의 전파나 교류도 그만큼 가시화되었다. 기원전 5000~3000년에 문명시대로 발전한 오리엔트(특히 메소포타미아) 사회에서 민족이동은 상당히 빈번하였다. 이러한 이동은 대개 정복을 동반하였지만, 그 과정에서 새로운 문명요소의 전파와 수용으로 인해 문명은 부단히 발달하였다. 요컨대 문명시대부터 민족이동은 교류의 민족사적 배경으로 직접 기능해왔던 것이다. 이러한 민족사적 배경은 시대성과는 크게 관계없이 한시적으로, 그리고 특수하게 조성되는 경우가 많기 때문에 시대구분법(고대·중세·근대)이 아닌 방향적(方向的) 구분법, 즉 서방 대 동방의 민족사적 배경과 동방 대 서방의 민족사적 배경으로 나누어 고찰하는 것이 바람직하다.

서방 대 동방의 민족사적 배경 서방 대 동방의 민족사적 배경이란 서방민족의 동방이동(거족적 이동과 부분적 이동)에 따라서 조성된 역사적 배경을 말한다. 여기에는 서방문명에 대한 동방의 거족적 수용도 포함된다. 일반적으로 지중해를 중심으로 한 서방 해양민족과 서아시아 및 중앙아시아의 유목 위주의 아랍족이나 투르크족들은 선천적으로 유동성이 강하기 때문에 서방 대 동방의 민족사적 배경은 상대적으로 시공간적 폭이 큰 것이 특색이다. 시간적으로 고대 아리아족의 인도 침입을 비롯하여 근대 서구의 동방식민지화 경략에 편승한 서구인들의 동방이주에 이르기까지 서방민족들의 동방이동은 장기간 낙역부절하였다. 공간적으로도 초원로를 통한 스키타이들의 동방이동과 오아시스 육로를 통해 동점한 이슬람 문명에 대한 중앙아시아의 거족적 수용, 그리고 해로를 통한 아랍인들과 서구인들의 동방이동 등에서 볼 수 있듯이 서방민족들의 동방이동은 끊임이 없었다. 이와 같이 실크로드의 전반에 걸쳐 시공간적으로 광범위하게 서방인들이 동방으로 이동하고 서방문명이 동진하였다.

서방 대 동방의 민족사적 배경으로 동서교류에 영향을 미친 첫 민족이동은 아리아족의 동진과 인도 침입이다. 인도·유럽어족에 속하는 아리아족은 원래 까프까스를 중심으로 한 카스피해 연안과 남러시아 늪지대에 살던 유목민이었는데, 유럽과 소아시아, 중앙아시아, 인도 등 여러 방향으로 분산 진출하였다. 언어와 신앙의 유사성을 감안할 때, 인도에 침입한 아리아족은 본향을 떠나 페르시아 북부에 체류하다가 동진한 일파였다고 추단된다. 인드라(Indra), 바루나(Varuna), 미트라(Mitra) 등 아리아족의 주신(主神)들이 페르시아어 경전인 『젠드아베스타』(*Zend-Avesta*)에서도 발견된다. 중앙아시아 일원으로 옮겨온 유목민인 아리아족이 기원전 2000년경부터 서서히 동쪽으로 이동하여 아프가니스탄을 거쳐 인도의 서북부 펀자브 지방에 들어온 것이 기원전 1500년경이다. 아리아족이 인도까지 침입하게 된 이유에 관해서는 한발이나 추위, 전염병 등 천재지변이나 외적의 침입 등을

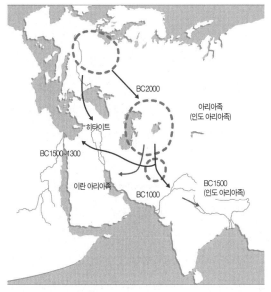

아리아족의 동향 이동도(BC 2000~1000)

거론하기도 하나 신빙성있는 증거는 없다. 이에 비해 주로 유목생활을 해오던 아리아족들이 인구가 증가함에 따라 새로운 목초지를 찾아 동진하여 인도 대륙에까지 이르렀다는 설이 한결 설득력을 지닌다.

아리아족이 인도에 침입하자 찬란한 고대 인더스 문명을 창조한 선주민인 문다족이나 드라비다족들과 충돌할 수밖에 없었다. 결국 말이 끄는 전차로 무장한 아리아족은 농경민인 토착민들을 무력으로 몰아내고 주인으로 둔갑하였다. 본질에서 이 충돌은 유목문명과 농경문명 간의 문명충돌이었다. 아리아족의 이동으로 인해 발생한 이러한 충돌과 그것을 계기로 한 아리아족의 인도 정착은 이질적인 두 문명간의 접촉과 상호영향 속에서 진행되었다. 아리아족은 도시생활 위주의 선주민들에게 소, 말, 양 등 가축과 더불어 철기를 전해주고 성우(聖牛)사상 같은 숭배의식도 주입했다. 한편, 그들 자신은 점차 전통적인 유목생활에서 탈피하여 철제 쟁기로 주식인 밀이나 보리를 경작하면서 정착농경생활을 시작하였다. 이 모든 것은 아리아족의 민족이동에 따른 두 이질문명간의 교류과정이며 문화접변 현상인 것이다.

고대 스키타이들의 동방이동도 서방 대 동방의 민족사적 배경으로서 동서교류에 일정한 영향을 미쳤다. 기원전 1000년경에 흑해 연안을 본거지로 하여 살고 있던 이란계 유목민인 스키타이는 기원전 7세기 중엽에 남하하여 북까프까스를 중심으로 활동하던 강력한 유목민인 키메르인들을 축출한 데 이어 메소포타미아의 앗시리아를 석권하고, 기원전 6세기 초에는 이집트와 아케메네스조 페르시아까지 위협하였다. 이러한 여세를 몰아 그들 중 한 분파는 동진하여 알타이산맥 일원까지 이르는 동방무역로를 개척하고 동서교역을 전개하였다. 그들의 이러한 종횡무진의 이동에 의하여 서아시아(이란)에 기원을 둔 특유의 동물문양을 비롯한 스키타이 유목문화가 몽골과 중국 화북 일대까지 동점하였다.

알렉산드로스의 동정을 계기로 막이 오른 헬레니즘 시대에 그리스인들의 대규모 동방이동은 헬레니즘적 융합문화의 창출에 결정적 역할을 하였다. 헬레니즘 세계의 지배자들은 대체로 마케도니아 태생이거나 그리스 문화의 세례를 받은 사람들로서, 그들은 마케도니아인이나 그리스인, 또는 그리스화한 베르베르인 출신의 용병대에 의존해 통치를 유지하고, 그리스식 도시를 건설하는 등 그리스 문명의 도입을 시종 추구하면서 그리스인과 마케도니아인의 이민을 적극 권장하는 정책을 실시하였다. 이러한 정책은 기원전 4세기를 전후하여 경제적 쇠퇴와 정치적 혼란에 시달리던 그리스인들로부터 큰 호응을 얻었다. 그들은 피폐해진 폴리스를 떠나 희망을 품고 용병으로서, 이민자로서, 상인으로서, 또는 관리로서 새로 정복되고 개척되는 곳으로 자진하여 대거 이주하였다. 사실상 그들의 주도하에 곳곳에 그리스식 도시가 건설되고 그리스 문명이 오리엔트 지역에 유입되어, 헬레니즘 융합문화가 탄생했던 것이다. 이것은 민족사적 배경으로서의 그리스인들의 동방이동이 동서교류에 미친 영향의 결과다.

역대 서역인들의 중국 이동은 민족사적 배경으로서 동서교류에 뚜렷한 자취를 남겨놓았다. 여기서 말하는 서역인은 주로 중앙아시아와 서아시아(페르시아와 아랍 위주) 사람들을 지칭한다. 전한 때 장건의 서역착공과 후한 때 반초의 서역경영을 계기로 중국과 서역 간의 통교가 이루어짐으로써 조공사(朝貢使)들과 상인들을 비롯한 서역 각국인들의 중국 이동이 개시되었다. 한대를 이은 삼국과 위진남북조 시대에도 중국과 서역 간의 통교는 쉼없이 이어졌다. 이에 수반하여 다양한 신분의 서역인들이 중국 내지에 이주·정착하게 되었는데, 그에 관한 최초의 기록은 『위서(魏書)』 「저거씨전(沮渠氏傳)」에서 찾아볼 수 있다. 이 기록에 의하면, 북위(北魏)가 중국 본토와 서역 간의 회랑(迴廊)에 해당하는 북량(北涼, 河西)을 정벌할 때, 수도 양주(涼州)에서 3만호(약 15만명)의 백성을 북위의 수도 낙양(洛陽)으로 이주시켰는데, 그때 통상 목적으로 중앙아시아의 사마르칸트 지방에서 북량까지 온 적지 않은 소그드인들을 체포한 바 있다고 한다. 이들 소그드인들은 상인들이기 때문에 그 대부분은 북량의 수도 양주에 내왕하거나 상주하는 사람들이었을 것이며, 따라서 낙양으로 이주한 3만호 중에는 소그드인을 비롯한 서역인들이 상당수 포함되었을 것으로 추정된다.

북위 태무제(太武帝)는 상거래차 북량까지 온 서역인들을 수도 낙양으로 이주시킴으로써 서역과의 교역 영역을 낙양까지 연장시킬 수 있었으며, 이를 계기로 또한 사문(沙門) 사현(師賢)과 발타(跋陀) 등 서역 불승들도 낙양으로 유치하여 불교의 부흥을 기하였다. 국세가 위풍당당하던 북위는 색외(塞外, 국외)로부터의 이주민이 늘어나자 낙양에 인종별 거주구역으로 귀정리(歸正里, 南人), 귀덕리(歸德里, 北夷), 모화리(慕化里, 東夷), 모의리(慕義里, 西夷)를 설치하였다. 여기서 모의리는 서역인(주로 승려와 상인)들의 특별 거주구역이었다. 이와같이 북위시대에 소그드인을 비롯한 서역인들의 중국 이주는 북위의 대서역교역과 불교의 부흥에 일조를 하였다.

위진남북조 시대에 이어 당·송 시대에 이르러서는 서역인들의 중국 이동이 더욱 빈번해졌을 뿐 아니라 규모도 더욱 커졌으며, 따라서 교류에 대한 영향도 전례없이 확산되었다. 당시 서역인들의 중국 이동 노선은 육로와 해로로 대별할 수 있는데, 육로이동의 주역은 중앙아시아인이나 페르시아인들로서 주로 장안을 비롯한 서북부 내륙 각지에 내왕하거나 이주하였다. 이에 비해 해로이동의 주역은 서아시아의 페르시아인이나 아랍인들로서 주로 중국 동남해안 일대에 내왕하거나 이주하여 번방(蕃坊)이란 외래인의 특별 거주구역 내에 거주하였다.

당대에는 육로를 통해 중앙아시아로부터 중국에 내왕하는 자는 물론, 이주해오는 자들도 상당히 많았다. 그들 중에는 사신이나 숙위(宿衛) 등의 신분으로 당나라에 온 귀족 자제들과 상인(商胡)들, 불교와 배화교(조로아스터교)·마니교·경교(景敎, 네스토리우스파 기독교) 승려들, 화가와 악사·무희 같은 연예인 등 각양각색의 직업인들이 포함되었다. 그밖에 집단이민의 경우도 있다. 8세기 후반 토번(吐蕃)이 하서(河西) 일원을 점령하는 바람에 길이 막혀 귀국하지 못하고 장안에 눌러앉은 서역 사신만도 근 4천명이나 되었다. 후일 그들 대부분은 좌우신책군(左右神策軍)에 징집되었는데, 왕자를 비롯한 귀족 출신의 사신인 경우에는 병마사(兵馬使)나 압아(押牙) 같은 고위 군직을 주고 기타 수행원들은 병졸로 충당하였다. 중앙아시아로부터 이주한 서역인들 중에서는 강국(康國)인이 가장 많았는데, 대부분이 무신(武臣)으로 봉직하였다. 상호(商胡)로는 강국인과 안국인(安國人)이 다수였는데, 그들 중에는 강겸(康謙) 같은 강국 출신의 부호도 있었다. 불교나 배화교·마니교·경교의 동전도 이들 중앙아시아인들의 동방이동과 떼어놓고 생각할 수 없다. 당대 화엄종(華嚴宗)의 제3대조인 법장(法藏, 643~712, 강국인)을 비롯해 승가(僧伽), 신회(神會) 등 중앙아시아 출신의 불승들은 당대 불교 발전에 커다란 기여를 했다. 배화교와 마니교 및 경교의 중국 전파에는 소그드인들의 역할이 상당히 컸다. 그밖에 오아시스로 남도(南道)의 요지인 선선(鄯善) 지방에는 석성진(石城鎭), 포도성(蒲挑城), 살비성(薩毗城) 같은 강국인들의 집단이민지까지 생겨났다.

육로를 통해 당나라로 온 서역인들이 집중적으로 거주한 곳은 수도 장안이었다. 따라서 그들의 이동이 당과 서역 간의 교류에 미친 영향이 가장 뚜렷하게 나타난 곳도 바로 장안이다. 총체적으로 보면 장안에 이주한 서역인들 중 최다는 돌궐인이고, 다음은 소무구성(昭武九姓)들이다. 631년에 동돌궐이 평정된 후 장안에 이주한 돌궐인은 무려 1만호나 되었다. 당에 온 소무구성 중에는 강국과 안국인이 가장 많았으며, 나라마다 각기 다른 기예(技藝)와 신앙을 가지고 있었다. 강국과 안국인들 중에는 대체로 무장(武將)과 거상(巨商)이 많으나, 신앙에서는 강국인 대부분이 마니교를, 안국인은 배화교를 신봉하고 있었다. 조국(曹國)인은 악기와 회화에 능하고, 석국(石國)인은 춤을 좋아하지만 대부분이 마니교도였다. 그런가 하면 미국(米國)인은 음악을 좋아했고, 미·하(何)·사(史)국인 대부분은 배화교 신봉자들이었다.

소무구성 외에 서역에서 장안으로 이주한 사람들로는 페르시아인과 인도인들이 있었다. 페르시아인들은 대부분이 상업에 종사하여 장안의 보석과 향약 시장을 거의 독점하고 있었다. 상인들과 더불어 사산조 페르시아의 마지막 왕 야즈다기르드 3세의 아들인 피루즈(Firūz)는 아들 나르세스(Narses) 및 그 일가족과 함께 장안에 망명하여(674) 만년을 보내다가 그곳에서 사망하였다. 이들에 의해 페르시아 문화가 장안에 유입되었으며, 나아가 그곳을 매개로 한반도나 일본 등 극동지역에까지 전파되었다. 그밖에 장안에 상주하는 인도인들도 있었는데, 그들 대부분은 불승들이고, 극소수만이 상인들이었다. 불승들은 당에 와서 불교 전도나 경전 번역에 종사하면서 인도 고유의 의학이나 천문학 지식도 전달함으로써 양국간의 문화교류에 이바지하였다.

장안에 상주하는 서역인들은 상역(商易)이나 예능 분야에서 두각을 나타냈을 뿐 아니라, 재상이나 장군으로 중용되는 등 권력구조에서도 일익을 담당하였다. 755년에 당 현종은 서역인 후예인 안록산(安祿山)의 건의를 받아들여 번장(蕃將) 32명으로 한장(漢將)을 대체함으로써 '만조(滿朝)에 이족장령(異族將領)'이란 이변이 일어나기도 하였다. 당 말엽인 대중(大中)부터 함통(咸通) 사이(847~73)에만도 재상으로 백행간(白行簡)·화승(華昇)·조확(曹確)·나소권(羅劭權) 등 4명의 번상(蕃相)이 등용된 바 있다.

이렇게 서역인들이 대거 왕래하고 상주함으로써 장안은 여러 인종이 섞여 사는 명실상부한 국제도시로 되었다. 약 100만 인구 중 서역인을 비롯한 외국 교민이 2%쯤 차지했는데, 여기에 돌궐인까지 합산하면 5% 내외를 점하였다. 780년경 완전히 '화화(華化)'되어 당나라식 복장을 하고 당나라 사람과 혼거(混居)하는 외국 상인은 2천명 이상이나 되었으며, 787년 '호객(胡客, 즉 교민) 중 전택(田宅) 소유자만도 4천명에 달하였다. 여러 민족의 혼거를 의미하듯, 장안에 대한 외국어 명칭도 여럿이었다. 인도인들은 '마하지나'(Mahacina)로, 아랍인들은 '훔단'(Khumdān)으로, 비잔띤인들은 '쿱단'(Khoubdan)으로 각각 다르게 지칭하였다.

이러한 서역인들의 당나라 이동은 확연한 민족사적 배경으로서 동서교류에 커다란 영향을 미쳤다. 그 영향은 우선 당나라에 온 번호(蕃胡)들의 화화를 통해 혼혈문화가 창출된 데서 찾아볼 수 있다. '번호들의 화화'란 내화한 서역인들의 중국화를 말하는데, 구체적으로는 그들이 한인들의 성씨와 복식 예의를 채용하고, 한의 전통문화를 따르거나 한인들과 통혼하며, 한식 묘비를 세우고 문무고관으로 기용되는 등에서 나타나고 있다. 성씨에서 보면 소륵(疏勒)인은 배씨(裴氏), 구자(龜茲)인은 백(白)씨, 강국인은 강(康)씨, 안국인은 안(安)씨, 조국인은 조(曹)씨, 석국인은 석(石)씨, 미국인은 미(米)씨, 하국인은 하(何)씨 등을 일괄 채용하였다. 당대에 화화한 이민족은 선비(鮮卑)·흉노·고려(高麗, 즉 고구려)·돌궐·안국·강국인 등 27여 민족이었다. 이러한 혼혈문화인 중에는 출세한 문무고관대작이나 명류들이 수두룩하다. 앞에 든 재상이나 장령 외에 대표적인 명류로는 당대의 대시인 이백(李白, 중앙아시아 胡客의 후예)과 백거이(白居易, 구자인의 후예)를 들 수 있다.

다음으로 그 영향은 각종 서역문화를 전파시켰다는 데 있다. 이로 인해 당대에는 이른바 '서역풍' 혹은 '호풍(胡風)'이 가무·회화·건축·복식·음식·오락 등 사회생활 전반을 풍미하고 있었다. 특히 수도 장안은 그 극치였다. 서역의 호악(胡樂)과 호무(胡舞)는 당대의 가무 분야를 휩쓸다시피 하였다.

구자악(龜玆樂)을 주악(主樂)으로 한 당대 10부기(部伎) 중 7부기가 서역기이며, 유명한 악사들은 대개 강·안·조·미 등 서역국 출신들이었다. 무용에서도 비잔띤의 불름무(拂林舞), 석국의 자지무(柘枝舞)와 호등무(胡騰舞), 강국의 호선무(胡旋舞) 등이 유행하였다. 회화에서는 중앙아시아식 요철(凹凸)화법이 도입되어 당대 화법에 일대 변화를 일으켰다. 건축, 특히 궁전이나 호화주택의 건축에서는 양식뿐 아니라 자재마저도 서역산을 사용하였다. 현종 때에 비잔띤의 건축양식을 본떠 옥상으로 물을 끌어올려다가 낙수(落水)시켜 청량효과를 얻는 이른바 양전(凉殿)을 지은 것을 비롯해 서역산 침향(沈香)이나 단향(檀香)을 자재로 한 호화주택이 도처에 세워졌다. 페르시아식 호모(胡帽)와 호복(胡服), 인도식 숄도 애용되었다. 호병(胡餠)이나 필로(pilau, 인도의 밥)를 비롯한 호식(胡食)이 식탁에 오르고, 포도주 제조법이 소개되었으며, 페르시아 특산의 과실주 삼륵장(三勒漿)도 진중되었다. 페르시아에서 전래한 마상격구(馬上擊球)인 파라구(波羅毬, 일명 擊鞠)는 왕으로부터 서민에 이르기까지 귀천을 가리지 않고 즐기는 오락으로서 인기가 대단하였으며, 장기의 일종인 대식의 쌍육(双陸)도 유행하였다.

당·송대에 서역인들의 동방이동은 육로뿐 아니라 해로를 통해서도 이루어졌는데, 그 주역은 페르시아인과 아랍인들이며 주된 이동지와 정착지는 중국 동남해안 일대였다. 전술한 바와 같이 그들의 거주지를 번방(蕃坊)이라고 불렀다. 번방은 외국 상선인 번박(蕃舶)을 통해 중국에 온 번객(蕃客, 외래인)들이 집중 거주하는 구역인데, 주로 광주나 천주 등 동남해안 일대의 항구도시와 홍주(洪州, 현 南昌)나 양주(揚州) 등 해안 항구로부터 장안이나 낙양으로 통하는 교통요로에 위치한 도시들에 설치되었다. 이러한 번방에는 아랍-무슬림들과 페르시아인들을 비롯한 외국인들이 다수 거주하고 있었다. 당 숙종(肅宗) 상원(上元) 원년(760) 양주에서 변란이 발생하였을 때 대식과 페르시아 상호(商胡) 수천명이 살해된 바 있다. 또 당 희종(僖宗) 건부(乾符) 5년(878)에 황소(黃巢)봉기군이 광주를 공략할 때 무슬림과 유태교도·기독교도·배화교도 12만명이 목숨을 잃었다는 기록이 있다. 이 숫자는 비록 과장된 측면이 없지는 않으나, 당시 그곳 번방에 거주하는 번객들이 상당히 많았음을 시사해주고 있다.

번방이란 명칭이 언제부터 생겨났는지는 알 수 없으나, 개원(開元) 29년(741) 광주에 '번객대수령(蕃客大首領)'이 있었다는 문헌기록으로 보아, 당시 광주에서는 번객에 대하여 모종의 관리를 하고 있었음을 알 수 있다. 그러나 번방이 하나의 정형화된 행정관리체제로 출범한 것은 문종(文宗) 개성(開成) 원년(836)에 노균(盧鈞)이 영남절도사(嶺南節度使)로 부임한 때부터로 추정된다. 영남절도사로 부임한 노균은 입법 공표하여 '화만(華蠻, 중국인과 외국인)'의 혼거와 통혼을 불허하고 번객의 전택(田宅) 소유를 금지했다. 이를 계기로 번객들만이 거주하는 특정 구역, 즉 번방이 생겨났다고 여겨진다. 광주의 번방은 성서(城西)의 현 광탑가(光塔街) 일대에, 천주의 번방은 성남의 빈진강(瀕

쯔쟝(江) 근처에 위치해 있었다.

　번방의 행정은 일반적으로 번객들의 자치원칙에 준해 운영되며, 중국 당국이 임명한 번장(蕃長)이 총괄하고 있었다. 번방의 주요 직능은 상역업무와 일상 형사업무 및 종교활동을 처리·관리하는 것이었다. 번장은 방내의 번박을 관리하고, 번박에 부과된 관세를 정부에 납부하며, 운행이 금지된 물품을 단속하며, 종교활동을 관장해야 한다. 그런데 번객들의 형사소송은 본국의 법규에 준해 처리하였다. 무슬림들의 번방인 경우에는 중국 황제가 무슬림 중에서 법관(까뒤) 1명을 임명하여 번장 역할을 하도록 하였다.

　이렇게 당 중엽에 공식적인 행정관리조직으로 발족된 번방은 송·원대에 이르러 전성기를 맞이하였다. 송조의 대외무역 장려정책에 힘입어 대식 상인을 비롯한 번객들이 대거 번방에 이주함으로써 번방의 규모가 전례없이 확대되고 그 역할이 증대되었다. 북송(北宋, 960~1127) 말엽에 '5대번객(五代蕃客)'·'토생번객(土生蕃客)'이 생겨날 정도로 번객들은 이미 중국땅에 뿌리를 내리고 점차 화화되어갔다. 그 과정에서 사재를 털어 광주나 천주의 성을 증수할 수 있을 정도의 거부들과 명문대족들이 탄생하였다. 그 대표적인 인물이 서역인의 후예로서 송말 광주의 제거시박사(提擧市舶使)를 30년간이나 역임한 포수경(蒲壽庚)과 그 일가이다. 그는 대형 선박 80척을 소유하고 송말과 원초에 남해무역에 종사하면서 남해상에서 발호(跋扈)하였다.

　앞에서 살펴본 바와 같이 당대에는 육로와 해로, 송대에는 주로 해로를 통해 서역인들이 동방으로 이동하여 중국에 내왕 또는 상주하면서 동서교류에 매개역할을 하였다. 이어서 원대에는 서역인들이 전례없는 규모로 육·해 양로를 통해 동방으로 이동하였다. 특히 몽골군의 서정과 4대 칸국 건설 시기에 수많은 서역인들이 동방으로 이동하였거나 원제(元帝)의 치하에 들어가게 되었다. 원조는 서역인을 일괄하여 '색목(色目, 숍色숍目)인'이라고 통칭하였다. 색목인에는 서역 내의 24종 민족이 포함되었는데, 원조하에서 그들은 몽골인 버금가는, 그리고 한인(漢人)보다 더 높은 사회적 지위와 대우를 누렸다. 색목인 중에서 중앙아시아와 서아시아에서 온 무슬림들은 '회회(回回)' 또는 '회회인'이라고 불렸다. 회회인들은 자신들의 발달된 문화를 전파하면서 사회 각 분야에서 중추적 역할을 담당하였다.

　색목인 중에는 회회인 외에 유럽인들도 포함되었다. 1229년에 오고타이는 화림(和林, 카라코룸, 현 울란바토르 부근)에 수도를 건설하면서 기술자나 의장(意匠)들로 위구르인이나 회회인은 물론, 동구의 헝가리인과 러시아인, 그리고 서구의 영국인과 프랑스인까지 다수 유치하였다. 그후 쿠빌라이도 대도(大都, 현 북경)에 도읍을 정하면서 서역제국(서아시아와 유럽 제국)으로부터 건축사·천문학자·의사·작가·시위병(侍衛兵)·악사·화가·무희 등 각종 직업인들을 다수 초모해왔다. 뿐만 아니라, 마르꼬 뽈로를 비롯한 여행가들과 전도사들, 그리고 사신들도 끊임없이 오갔다. 이들 서역인들은 장기간 원나라에 정착하면서 벼슬을 얻고 상역과 기능직에 종사하는 등 생계를 도모하면서 화화해갔다. 그리하여 그들의 '화화문화(華化文化)'는 총체적 원대 문화의 한 장을 이루었다. 전반적으로 볼 때, 남해로를 통한 서방인들의 내왕도 연면부단하였지만, 정비된 육로를 통한 이동도 전례없이 활발하였다. 이러한 서역인들의 동방이동은 원래의 동서교류를 크게 활성화시켰다.

명대와 청초에는 전술한 바와 같이 서세동점에 편승하여 동방무역에 종사하는 서구 상인들이 선봉장이 되어 고아나 마카오 등 무역거점에 집중 이주하였다. 그들에 의해 편파적이기는 하나 근대 동서교역의 길이 트이게 되었다. 상인들의 뒤를 이어 동방이동에 나선 사람들은 기독교 선교사들이었다. 그들은 중국을 비롯한 동방 각국에 장기간 체류하면서 기독교와 함께 서구의 근대 과학기술을 동방에 전달함으로써 근대 동서교류의 선구자적 역할을 하였다.

실크로드를 통한 교류의 민족사적 배경에는 이러한 민족이동과 함께 거족적 문명수용이 있다. 거족적 문명수용은 흔한 일이 아니지만, 가끔 종교문화에 대한 수용 같은 데서 나타난다. 그 대표적 일례로 서방 대 동방의 민족사적 배경으로서 이슬람 문명에 대한 중앙아시아 투르크족의 거족적 수용을 들 수 있다. 중앙아시아 각지에 산재한 투르크족은 7세기 중엽에 동점하는 이슬람 문명을 처음으로 접한 후 10세기경부터 거족적으로 수용함으로써 그들 자신이 이슬람 문명의 전파와 이슬람세계의 건설에서 중요한 일익을 담당하였다. 이슬람 문명에 대한 투르크족의 거족적 수용과정은 크게 세 단계로 나누어 고찰할 수 있다.

제1단계는 접촉단계(7세기 중엽~8세기 중엽)이다. 투르크족이 최초로 이슬람과 접촉한 것은 초기 이슬람의 '대정복시대'(634~56)이다. 이슬람 동정군은 642년에 네하완드 전투에서 사산조 페르시아군의 최종 반격을 분쇄하고, 그 여세를 몰아 계속 동진하여 650년에 사산조 치하에 있던 중앙아시아의 호라싼과 토카리스탄을 점령하였다. 그후 8세기 초에 동정을 재개한 우마위야조 이슬람군은 704년에 호라싼 총독으로 임명된 쿠타이브 이븐 무슬림(Kutaib Ibn Muslim)의 지휘로 10여 년간 중앙아시아 일원에 대한 본격적인 군사적 정복을 단행하였다. 이슬람 동정군은 메르브(705)와 부하라(709), 페르가나(713) 등지를 잇달아 공략함으로써 715년경에 이르러서는 트란스옥시아나 전역을 장악하게 되었다. 이러한 군사적 정복과정은 이슬람교의 전파를 수반하였지만, 당시 토착 투르크족들의 반응은 미미하였다. 그것은 우마위야조가 아랍인 우위정책을 실시하여 이슬람으로 개종한 비(非)아랍인에게 어떠한 혜택도 주어지지 않았기 때문이었다. 일부 개종한 투르크인들에게 인두세를 감면하고 급료를 좀 인상하기는 하였지만, 전반적으로는 과중한 세금이 여전히 부과되고 아랍인에 비해 여러 면에서 차별을 받았다.

제2단계는 전파단계(8세기 중엽~9세기)이다. 우마위야조 다음에 출현한 압바쓰조 이슬람제국 시대에 와서는 상황이 달라졌다. 압바쓰조의 건국 주역이 호라싼의 개종한 비아랍인인 마왈리(Mawālī)

들이었으므로 자연히 그들에 대한 우대책이 뒤따랐다. 압바쓰조는 투르크족 개종자들에게는 인두세를 폐지하고 그들을 요직에 기용하였을 뿐만 아니라, 이슬람 선교사들을 파견하여 투르크인들 속에서 포교사업을 공세적으로 전개하였다. 한편, 9세기 후반부터 압바쓰조와 투르크족 국가들 간에 교역이 활발히 진행되었다. 압바쓰조의 옷감·곡물·금속공예품과 투르크족 국가들의 가축·모피·금속광·노예가 서로 교역되었다. 교역자(상인)들을 통한 선교가 일관하여 이슬람 전파의 주요 수단의 하나였음을 감안할 때, 이러한 교역과정은 곧 투르크인들 속에서의 이슬람교 전파과정이기도 하였다. 그 결과 9세기 전반에 이르러 중앙아시아 투르크족 내부에서는 이슬람교 전파의 붐이 일어났다.

제3단계는 거족적 수용단계(10~14세기)다. 이슬람교가 투르크족 정복지에 광범위하게 전파되고 투르크족 국가들이 속속 이슬람교를 국교로 선포함으로써 이슬람교는 이제 거족적으로 수용되기에 이르렀다. 중앙아시아 투르크족 국가들 중 최초로 이슬람교를 국교로 받아들인 나라는 발라사군(Balasaghun)을 중심으로 한 카라한조(Karakhanid, 840~1212)이다. 893년에 이슬람교로 개종한 카라한조 왕 사투크 부그라 칸(Satuq Bughra Khan, ?~955)은 이슬람교를 공식 국교로 선포하였다. 이것은 중앙아시아 투르크족 사이에 이슬람교가 확산되는 결정적 계기가 되었다. 이어 오우즈 투르크족과 셀주크 투르크족 등 여러 분파의 투르크족들이 연쇄적으로 이슬람교에 귀의하였다. 아랍의 중앙아시아사 대가인 이븐 알 아시르(Ibn al-Athīr)의 기술에 의하면 960년경에 이슬람교로 개종한 투르크족은 20만호(약 100만명)나 된다. 이와 때를 같이하여 발칸 반도에 위치한 투르크족 불가르 왕국도 10세기에 이슬람교를 국교로 수용하였다. 이리하여 14세기에 이르러서는 모든 투르크 세계가 이슬람교를 유대로 하여 통일되었다. 이런 환경에서 투르크족은 오스만제국(1299~1922)을 통해 제1차 세계대전까지의 600여 년간 전 이슬람세계의 지배자로 군림하였다.

투르크족은 이슬람교를 거족적으로 수용함과 동시에 강력한 왕조를 건국하고, 그 과정을 통하여 중앙아시아를 투르크화하였다. 이와 더불어 기마유목민족이던 투르크족은 일단 오아시스 농경지를 점령하고 나서는 그곳에 집단이주하여 국가권력을 수립하면서 점차 정주화(定住化)했다. 요컨대 투르크족은 이슬람화와 정주화를 통해 중앙아시아를 투르크화했던 것이다.

투르크족이 큰 갈등 없이 이슬람 문명을 거족적으로 수용할 수 있었던 데는 주·객관적 요인이 있다. 우선, 주관적 요인은 의식적·도덕적 일체감과 유사성이다. 투르크족은 옛날부터 유일신인 천신(天神) 신앙을 갖고 있었기 때문에 이슬람교의 근본신앙인 유일신 신앙을 별다른 이질감 없이 받아들일 수 있었고, 이슬람의 지하드(Jihād, 성전) 정신도 진취적인 투르크족의 정복정신에 부합했던 것이다. 뿐만 아니라 법질서나 도덕규범의 엄수를 강조하는 이슬람의 도덕관과 투르크족 유목사회의 전통적 관습인 퇴례(Töre)도 일맥상통하였다. 다음으로, 객관적 요인은 이슬람 문명의 선진성과 이슬람교의 관용성이다. 유목민인 투르크족에게 당시 이슬람 문명은 그 선진성과 강대성으로 인하여 필연적으로 추종하고 수용할 수밖에 없는 대상이었다. 이슬람과의 초기 접촉단계에서는 비록 민족적 차별에서 오는 거부감 같은 것이 있었지만, 전파가 심화되면서 점차 이슬람 고유의 관용성이나 평등성에 공감했고 결국은 수용에 자진해서 응하게 되었던 것이다.

동방 대 서방의 민족사적 배경 동방 대 서방의 민족사적 배경이란 동방민족의 서방이동(거족적 이동과 부분적 이동)에 따라서 조성된 역사적 배경을 말한다. 여기에는 동방문명에 대한 서방의 거족적 수용도 포함된다. 과거 동방 대 서방의 민족사적 배경으로서 동서교류에 영향을 미친 대규모의 민족이동으로는 흉노의 서천(西遷)과 월지(月氏)·에프탈(嚈噠) 등의 민족들이 서쪽으로 이동한 것을 들 수 있고, 부분적 민족이동으로는 역대 중국인들의 해외진출이 있다. 동방문명에 대한 서방의 거족적 수용으로는 이슬람 문명에 대한 에스빠냐인들의 거족적 수용을 들 수 있다.

동방민족의 거족적 서방이동으로는 시공간적인 규모 면에서나 동서교류에 미친 영향관계 면에서나 흉노의 서천(西遷)이 단연 으뜸가는 자리를 차지한다. 흉노는 중국 북방에서 첫 유목민족국가를 건립한 민족으로서 기원전 4세기경부터 중국 사서에 등장한다. 흉노의 종족적 기원에 관해서는 여러가지 설이 있다. 중국 학자들은 상대(商代)의 귀방(鬼方)이나 서주(西周)시대의 훈육(薰粥), 혹은 험윤(獫狁)의 후예로 보는가 하면, 서구나 일본 학자들은 주로 언어계통 측면에 착안하여 몽골계통이나 투르크 계통, 몽골-투르크 혼합계통, 슬라브 계통, 이란 계통 등에 속한다고 주장한다. 그러나 지금은 알타이계 언어를 사용하는 투르크족이라는 견해가 우세하다. 즉 몽골과 퉁구스 및 기타 북방 민족들의 혼합체이기는 하지만 지배층과 민족구성원의 본체는 투르크족이라는 것이다. 한편, 문화 면에서는 몽골의 노인울라나 미누씬스끄(Minusinsk) 유적지에서 발굴된 흉노 유물에서 보다시피, 흉노는 한(漢)문화뿐만 아니라, 스키타이 문화와 고대 그리스·로마 문화, 페르시아 문화 등의 영향도 함께 받음으로써 문자 그대로 혼성문화(混成文化)를 이루었다. 그리하여 흉노 문화를 일명 '호한문화(胡漢文化)' 또는 '유럽-아시아 문화'라고도 한다.

한나라 초기 흉노는 막강한 국세로 한을 위협하고 있었다. 묵특(Mote, 冒頓, BC 209~174) 선우(單于) 시대에는 대대적인 정복활동을 벌여 아시아 초원로 연변에 있는 거의 모든 민족을 복속시켰다. 그의 광활한 영토의 경계는 동으로 한반도 북부, 북으로 바이깔호와 이르티시 강변, 서로는 아랄해, 남으로는 중국의 위수(渭水)와 티베트 고원까지였다. 이러한 강대한 유목제국 앞에서 한은 고조(高祖)에서 무제(武帝)까지의 60여 년간 화친정책으로 대응할 수밖에 없었다. 그러나 무제는 흉노에 대한 굴욕적인 화친정책을 지양하고 강경한 정벌정책을 추구하였다. 한무제가 발동한 수차례의 대규모 북벌전 끝에 흉노는 타격을 받고 쇠퇴하기 시작하여 마침내 기원전 57년에는 동·서 흉노로 양분되기에 이르렀다.

얼마 후, 동흉노의 호한야(呼韓邪, BC 58~31) 선우가 한에 투항하자 서흉노의 질지(郅支, BC

56~36) 선우는 일족을 이끌고 서천하여 씨르다리아강 중류에 이르렀다. 그는 서천 도중에 정령(丁零)·오게(烏揭)·견곤(堅昆)·강거(康居)·대원(大宛, 페르가나)·대하(大夏) 등 서역제국을 공략하고 병합하여 견곤(추강과 탈라스강 사이)을 수도로 한 새 흉노제국을 건립하였다. 이를 계기로 이란·아프가니스탄·인도·동서 유럽을 잇는 투르키스탄 일원에 투르크계 종족들이 본격적으로 정착하게 되었다. 이것이 흉노의 제1차 서천이다.

그러나 흉노의 천하는 얼마 가지 못하였다. 원제(元帝) 건소(建昭) 3년 (BC 36)에 한의 서역도호 감연수(甘延壽)가 지휘하는 원정군은 질지를 추격하여 탈라스 강변에서 그를 포함한 요인 1,518명을 살해하였다. 이로써 서천하던 흉노의 주력은 심대한 타격을 받았다. 이를 기회로 한에 투항한 호한야가 잔여인원을 수습하고 동흉노와 합쳐 흉노제국을 재건하였다.

호한야가 사망한(BC 31) 후, 그의 아들의 치하에서 흉노는 소강상태를 벗어나 재기하면서 한을 다시 위협하기 시작하였다. 또 전한 말 왕망(王莽)이 잠시 집권할 당시 흉노에 대한 강경책을 취함으로써 전래의 화친관계는 깨지고 말았다. 후한의 광무제(光武帝)는 다시 화친책을 도모했으나 실효를 거두지 못하였다. 그즈음에 흉노 내부에서 권력다툼이 일어나고, 심한 한발까지 발생하여 정세가 흉흉해지자 48년에 흉노는 다시 남북으로 분열되었다. 남흉노는 전대의 동흉노처럼 한에 투항하여 한 경내로 대거 천입(遷入)하였으나, 북흉노는 전대의 서흉노마냥 불복하고 막북(漠北)으로 이동하여 서역제국을 통제·규합하면서 한을 적대시하였다. 이것이 흉노의 제2차 서천이다.

후한은 명제(明帝, 재위 58~75) 때부터 약 30년간 북흉노에 대한 정벌전을 단행해오다가 화제(和帝) 영원(永元) 원년(元年, 89)에 남흉노를 규합하여 북흉노에게 결정적인 타격을 가했다. 치명상을 입은 북흉노의 잔존세력은 사분오열되었다. 대부분은 선비(鮮卑)에게 예속되었으나, 일부는 막북(漠北)의 서북 일대에 잔류해 있다가 5세기경에 유연(柔然)에 합병되고 일부는 천산산맥 북방으로 이동하여 60여 년간 독립적인 활동을 하였다. 나머지 일부가 91년부터 서천의 길에 올랐는데, 그들은 우선 일리강 상류와 타커스강 및 나린강 유역에 도착했다가 계속 서진하여 페르가나 분지를 지나 발하시호와 아랄해 사이의 강거(康居)땅에 당도했다. 이것이 흉노의 제3차 서천이다. 여기까지는 중국 사서의 기록을 따라 흉노의 서천과정을 추적한 것이다. 그러나 151년의 기록을 마지막으로 중국 사서에는 흉노에 관한 기록이 더이상 나타나지 않는다.

한편, 서구의 문헌기록에 의하면 4세기 후반에 훈족(Hun)이 카스피해 북부에 나타나 서쪽으로 볼가강과 돈강 유역에 있는 알란(Alan)국을 공략하였다. 374년에는 돈강을 넘어 동고트를 정복하고, 이어 드네스트르강을 건너 서고트를 압박하였다. 이에 서고트인들은 도나우강 이남의 로마제국 경내로 밀려들어가게 되었다. 이것이 유럽 민족대이동의 서막이다. 5세기 초, 훈족은 발라니아를 중심으로 중부유럽 일대를 장악하고 아틸라(Attila, 434~53)의 주도하에 훈제국을 창건하였다. 전성기에

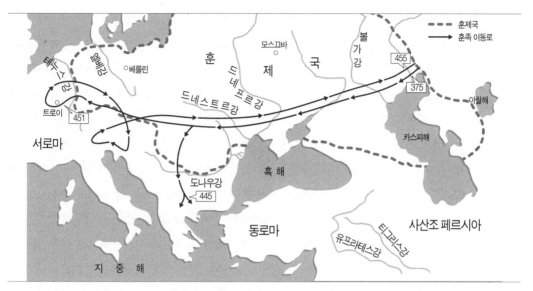

훈족 이동로 및 훈제국도(453년경)

훈제국이 차지한 강역은 동쪽의 아랄해에서 서쪽의 라인강까지, 북쪽의 발트해에서 남쪽의 도나우강에
는 광대한 지역이었다. 한때 훈족은 동로마제국을 공격하여 조공을 바치도록 하였으며, 서로마제국
에 침입해서는 그 멸망을 다그치게 하였다. 그러나 아틸라가 사망하자 내분이 일어나 국력이 급속히
약화되었다. 454년에 드디어 훈제국은 게르만족에게 멸망하고 말았다. 그러자 훈족의 본류는 카스
피해 북부로 귀향하고, 일부는 발라니아에 잔류하였다가 후일 마자르인들과 융합하여 헝가리민족을
구성하였다.

훈족이 유럽에 출현하여 활동한 기간은 전후 80여 년간이다. 그들의 활동은 유럽 민족의 대이동
을 비롯해 유럽 역사에 중차대한 영향을 미쳤다. 유럽 무대에 갑자기 나타나 일세를 풍미한 훈족의
정체에 관하여 일찍이 학자들간에는 여러가지 논의가 있었다. 1750년대에 프랑스의 드 기네(Joseph
de Guignes, 1721~1800)가 처음으로 훈족이 흉노에서 연유했다는 설을 내놓은 이래 그 관계를 놓고
국제학계에서 200여 년간 갑론을박의 치열한 논쟁이 벌어졌으나 아직까지 통일된 견해는 끌어내지
못하고 있다. 그러나 금세기에 들어와서 언어학과 고고학 및 문화인류학 등 학제간의 다양한 연구가
심화되면서 훈족의 출현과 북흉노의 서천 사이에는 일정한 관계가 있다는 것과, 서천한 북흉노가 훈
족의 주요 원류라는 점에서는 견해상 대체적인 합의에 도달하였다.

훈족의 출현과 북흉노의 서천을 관련짓는 근거는 약 2세기에 걸쳐 북흉노를 비롯한 흉노 잔여세
력들이 부단히 서천하여 유럽에까지 이르렀다는 것이다. 즉 기원전 1세기에 서흉노의 패망으로 인
해 새로운 보금자리를 찾아 흩어졌던 흉노들은 서투르키스탄 일원에서 민족적 및 문화적 동질성을

회복·유지해오다가 소그디아나 동부와 까프까스 북부, 드네프르 강변, 아랄해 동부 초원지대에서 새로운 흉노공동체를 형성하였다. 그들은 주변 투르크 종족들을 병합하고, 1세기 말에서 2세기 후반 사이에 동쪽으로부터 이동해온 북흉노 일족을 흡수함으로써 그 세력을 한층 강화되었다. 그들은 그곳에서 약 2세기 동안 주변국가들과 큰 마찰 없이 비교적 안정된 생활을 해왔다. 그러다가 기후의 변동과 생태계의 고갈 등 자연변화 때문이거나, 아니면 350년경에 동쪽으로부터 이동해온 또다른 동족인 우아르–훈(Uar-Hun)의 압력 때문에 다시 서진하여 마침내 카스피해 북부 지방까지 이르러 정착하게 되었던 것이다. 역대 흉노의 이러한 서천과정을 감안하여 유럽의 훈이 아시아 흉노에서 연유했고, 훈제국을 세운 아틸라는 북흉노 선우의 후예라는 주장이 신빙성있는 설로 대두했다.

기원전 1세기 서흉노의 거족적인 서천으로부터 기원후 4세기 유럽에서의 훈족 출현까지 약 400년간 흉노집단은 초원로를 중심으로 한 유라시아 북부지대를 가로질러 서진하면서 수많은 민족들과 혈연관계를 맺고 문화적 융합을 이루었다. 따라서 이 자체가 거족적인 민족이동에 의한 동서문명의 교류과정인 것이다. 유목민인 아시아 흉노는 서천의 대장정에서 호한문화(胡漢文化)를 서방에 전파했을 뿐 아니라, 티베트·인도·페르시아·그리스 등의 문화를 광범위하게 수용하고 다양한 문명 요소들을 유럽에 전해주어 유럽 문명을 가일층 풍부하게 하였다.

한편, 흉노 고유의 문화요소를 수렴하고 계승한 훈족의 맹렬한 활약으로 인해 정치적으로는 유럽에서의 민족대이동을 유발시켜 유럽 민족재편성의 기틀이 마련되고 서로마제국이 멸망함으로써 유럽사에서의 근본적인 전환이 일어났다. 문화적으로는 헝가리를 비롯한 투르크계 종족들의 민족국가가 형성되어 투르크 고유의 문화요소들이 유럽에 이식되고 그것이 장기간 보존되었을 뿐만 아니라, 동물 의장과 문양을 비롯한 유목민족 특유의 예술이 유럽에 전파되고, 강력한 기동력을 바탕으로 한 훈족의 기마유목적인 군사조직과 전술이 유럽에 도입되어 유럽의 군사적 부흥과 전술 개발에 기여하였다.

흉노의 거족적인 서천에 앞서 그의 압박에 못견뎌 서천한 민족은 월지(月氏)다. 월지의 종족적 기원에 관해서는 투르크족설, 이란계 사카족설, 장족(藏族)설, 인도–유럽계 인종설, 동이족(東夷族)설 등 여러 설이 있으나, 그중 투르크족설과 사카족설이 가장 유력한 설로 인정되고 있다. 기원전 3세기 초에 몽골 고원에서 흥기한 월지는 몽골 고원 대부분과 중가리아 분지, 동부 천산산맥 북쪽 기슭, 타림 분지 제국, 강족(羌族)이 거주하는 황하 상류 지방 등을 포함한 광활한 지역에 세력을 뻗은 강대한 유목민족국가였다. 한때는 서쪽에서 흉노를 압박하여 흉노로 하여금 질자(質子)를 보내도록 하였는데, 그 질자가 도망쳐 귀국한 뒤 바로 묵특 선우가 되었다.

묵특은 선우가 되자 동쪽으로 동호(東胡)를 멸하고 나서 서쪽으로 월지를 공격하였다. 이 제1차 타격으로 월지는 몽골 고원을 버리고 감숙성(甘肅省) 서부지역으로 이동하여 오아시스 육로의 요지인 돈황(敦煌)과 감숙 사이에 본거지를 두고 인근 지방을 지배하였다. 그러다가 기원전 176년경에 있는 묵특 선우의 제2차 정토로 인해 감숙성 서부와 황하 상류 지역에서도 쫓겨나 본거지를 천산산맥 북방과 일리강 유역으로 옮겼다. 이곳까지 서천한 월지는 대월지(大月氏)라 하고, 이동하지 않고 남산(南山)과 황하 상류 일대에 잔류한 월지는 소월지(小月氏)라고 한다. 묵특이 사망하자 그의 아들 노상(老上) 선우(BC 174~161)는 월지(대월지)에 대한 제3차 정벌을 단행하여 왕을 살해하고 그의 두개골로 술잔을 만들었다는 일화를 남겼다. 그러나 월지는 여전히 천산산맥 북방에 본거지를 두고 있었다. 그즈음 한무제(漢武帝)는 월지와 결맹하여 흉노를 동서에서 협공할 목적으로 기원전 138년에 장건을 월지에 파견하였다. 그는 도중에 흉노에게 체포되어 10년간 구류되었다가 가까스로 도망쳐 대완과 강거(康居, 씨르다리아강 하류)를 거쳐 기원전 129년에 월지에 도착하였다. 이때 월지는 이미 아무다리아강 이남에 있는 대하(大夏)를 지배하에 두고 유목민에서 농경정착민으로 변신하여 태평성세를 누리면서 흉노에 대한 적의는 털어버린 지 오래였다. 그리하여 장건은 사행 목적을 달성하지 못하고 귀향하였다.

그러다가 기원전 161~160년에 천산산맥 북쪽 기슭에 이주한 흉노의 복속국 오손(烏孫)이 흉노와 연합하여 동쪽에서 월지를 압박하였다. 그리하여 월지는 서투르키스탄의 아프가니스탄 북부지대로 이동하여 아무다리아강 북안에 있는 철문(鐵門, Termid)에 정도하였다. 기원전 90년경에 월지는 힌두쿠시산맥 지방의 교통요지에 휴밀(休密)·쌍미(雙靡)·귀상(貴霜)·힐돈(肸頓)·고부(高附)의 5흡후(翕侯, 즉 총독부)를 설치하고 소그디아나와 박트리아, 파미르 고원 일부 지역을 통치하였다. 기원전 1세기 중엽에 귀상이 나머지 4개 흡후를 병합하여 대월지를 통일함으로써 월지는 멸망하고 귀상(쿠샨)왕국이 등장하였다.

이상은 몽골 고원으로부터 중앙아시아 아무다리아강 유역까지 서천한 월지의 거족적인 이동과정이다. 이 과정에서 월지는 기마유목민에서 농경정착민으로 변신하고, 유목문화를 농경문화에 접목시킴으로써 문명교류에 이바지하였다. 뿐만 아니라, 비단을 비롯한 중국 문물과 알타이 지방의 철기문화를 중앙아시아 일원에 전파하였다.

흉노의 서천에 이어 동방 대 서방의 민족사적 배경으로 기능한 거족적 민족이동으로는 중앙아시아와 서아시아를 향한 엽달(嚈噠)의 서천이 있다. 엽달에 대해서는 동·서양의 각이한 명칭이 있는바, 한적(漢籍)에서는 '활(滑)' '읍달(揖怛, 悒怛, 悒達)' '엽달(嚈達, 厭怛)' 등으로 쓰고, 서양 문헌에서는 Ephtalites, Ephthalitai, Nephthalitai, Ak Hun(白匈), Abdelai 등으로 부르며, 고대인도 문헌에는 Shveta-Huna(투르크어의 白匈)라고 하였다. '에프탈리테'(Ephtalites)란 명칭은 사산조 페르시아를 격퇴한 훈족의 왕 에프탈라노스(Ephtalanos)의 이름에서 유래한 것이라고 한다. 엽달의 종족적 기원에 관해서는 훈설, 이란설, 투르크설, 고차(高車)설, 차사(車師)설, 대월지(大月氏)설 등 10여 가지

설이 있다. 백흉(白匈)에서 '백'은 그들의 피부색의 흰 데서 붙여진 접두사다.

유목민인 엽달의 본향은 금산(金山), 즉 알타이산 이남지방인데, 370년대에 유연(柔然)의 압력으로 서천하여 소그디아나 지역의 제라프샨강 유역에 정착하였다. 420년대에는 세력이 강성해져 아무다리아강을 넘어 사산조 페르시아에 진격했다가 격퇴당한 바 있다. 430년대에는 토카리스탄까지 남하하여 쿠산을 공략하고, 이어 서쪽으로 사산조에 대한 진공을 재차 발동하여 양국간의 분쟁은 1세기 이상 지속되었다. 5세기 중엽에는 힌두쿠시산맥을 넘어 간다라 지방을 석권하고 인도 굽타 왕조의 경내에까지 침투하였다. 484년에는 아무다리아 강변에서 사산조 군대를 패퇴시키고 헤라트 지역을 확보하였다. 그 결과 사산조로 하여금 조공을 바치게 하고 왕자 카와드(Kawad)를 인질로 삼기까지 하였다. 한편, 동쪽으로 천산(天山) 남북에 진출하여 돌궐과 충돌하기도 하였다. 그리하여 그 영토는 카스피해에서 북인도까지, 그리고 내륙 아시아와 사산조 페르시아 지역까지 확대되었으며, 40여 개국으로부터 조공을 받았다. 그러나 엽달은 두 강국인 돌궐과 사산조의 틈바구니에서 부대끼다가 국력이 약화되자, 결국 이 두 나라의 동서협공에 의해 567년에 멸망하고 말았다.

엽달은 당초 유목민족이었으나 중앙아시아 오아시스 지역에 서천하면서 점차 정주농경민으로 변신하였다. 엽달은 동로마와 사산조 페르시아 및 중국 남북조를 연결하는 교통요충지에 위치하여 동서교류의 매개 역할을 하였다. 그리하여 엽달이 중앙아시아 지역을 지배한 5~6세기에는 동서교통이 비교적 원활히 소통되었다.

동방 대 서방의 민족사적 배경에서 역대 한인(漢人)들의 해외진출은 부분적인 민족이동에서 거족적인 이동으로 확대됨으로써 문명교류에 일조를 하였다. 여기에서의 해외진출이란 동서교류사 차원에서 주로 서역과 동남아시아로의 이동을 말하며, 이동한 한인들을 화교(華僑)라고 칭한다. 한적의 기록에 의하면, 이러한 이동은 당대부터 그 흔적이 나타난다. 당대 이후 송·원대에는 이러한 이동이 계기에 따라 간헐적으로 있어왔지만, 명대에 이르러서는 동남아시아 각지에 대대적으로 진출하여 '화교사회(華僑社會)'까지 형성하였다. 명대 이전의 이동은 대체로 우연한 기회에 따른 소규모의 부분적인 민족이동으로서 중국 문물의 전파에는 일정한 기여가 있었지만, 종당에는 혈연적으로나 문화적으로 현지에 동화되었다. 그리하여 문명교류의 민족사적 배경으로서의 흔적은 남겨놓았으나 역할은 지속될 수 없었다. 그러나 명대 이후 한인들의 해외진출, 특히 동남아시아 진출은 가위 거족적 이동이라고 말할 수 있을 만큼 규모가 크다. 그들은 하나의 화교공동체를 이루어 한인 고유의 전통문화를 고수하면서 교역을 비롯한 문명교류에 적극 이바지하였다.

사적에는 당대 한인들의 해외진출에 관한 영성적(零星的)인 기록이 보인다. 현장(玄奘, 600~63)의 『대당서역기(大唐西域記)』에 따르면 서투르키스탄의 천산산맥 서북단에 위치한 달라사성(呾邏私城, 탈라스 성) 남쪽 10여 리에 있는 자그마한 성에 300여 호의 한인들이 모여 살았는데, 그들은 돌궐에 약취당해 이곳으로 강제 이주하게 된 사람들이다. 비록 의상은 돌궐인과 다를 바 없으나 말이나 예의범절은 여전히 본국, 즉 중국 그대로이다. 당시로서는 300여 호면 적지 않은 수로, 그들에 의한 중국 문물의 전파는 십분 가능하였을 것이며, 비교적 장기간 한 민족집단으로 온존할 수 있었을 것이다.

다음으로 두환(杜環)의 『경행기(經行記)』를 보면 대식국(大食國, 여기서는 압바쓰조 이슬람제국)에 화가 번숙(樊淑)과 견직공 여례(呂禮)를 비롯해 여러가지 직능을 가진 한인 공장(工匠)들이 다수 살고 있었다. 두환은 당 천보(天寶) 연간의 탈라스 전투(751) 때 이슬람군에게 포로가 되어 대식국에 12년간 체류한 뒤 해로로 광주에 돌아와 『경행기』라는 현지견문록을 저술하였다. 고선지 장군이 이끈 약 7만명의 당군이 탈라스 전투에 투입되었는데, 패전으로 인해 그중 2만명이나 이슬람군에게 포로로 잡혔다. 이들 포로 중에는 각종 기술자들이 포함되어 있었다. 그들은 이슬람제국 예하의 여러 곳에 끌려가 각종 직업에 종사하면서 중국 기술을 전수하였다. 특히 제지기술자들에 의하여 중국 제지법이 사마르칸트를 비롯해 바그다드·다마스쿠스·카이로·파쓰(페스Fes) 등 이슬람세계 곳곳에 소개되었으며, 12세기 중엽부터 제지술은 중국인들로부터 전승한 아랍인들에 의해 유럽에 전해졌다.

중세 아랍 사학자이며 여행가인 알 마쓰오디(al-Mas'ōdī)는 『황금초원과 보석광』에서 남해의 수마트라 섬을 지날 때 중국인들이 식물을 재배하는 것을 보았다고 하였다. 이것은 당대부터 한인들이 이미 동남아시아 일대에 진출하여 정착하고 생업에 종사하고 있었음을 시사해준다. 당조는 세계적 대제국으로서 해외에 진출한 당인들을 통해 그 위상이 외국인들에게 널리 알려지게 되었다. 그래서 당시 외국인들은 당나라를 곧 중국으로 보아, '당'이라는 이름으로 중국을 지칭하기도 하였다. 송대에 와서 이러한 지칭을 바로잡으려 시도했으나 실효를 거두지 못하였다. 그리하여 송·원대에도 외국인들은 여전히 중국을 가리켜 '당가(唐家)' 혹은 '당가자'(唐家子, Tamghaj, Tomghaj, Toughaj)라고 하였다. 명대 이후 오늘날에 이르기까지도 외국에 있는 화교들은 스스럼없이 자신들을 '당인(唐人)', 자신들이 모여 사는 곳을 '당인가(唐人街)'라고 말한다.

송대에 이르러 대외무역을 권장하는 정책을 실시함에 따라 해외진출이 급증하였다. 우선 자바와 수마트라 등 현 인도네시아 일원에 대거 진출하였는데, 그들을 통해 중국문화가 현지에 소개되어 호응을 얻었다. 송대 조여괄(趙汝适)이 쓴 『제번지(諸蕃志)』의 「발니조(渤泥條)」에 의하면, 인도네시아인들이 그곳 화교들을 통해 알게 된 중국 음식을 선호하기 때문에 그곳에 가는 중국 상인들은 인심을 끌기 위해 꼭 한두 명의 재간있는 요리사를 대동한다고 하였다. 근래에 자바나 칼리만탄 등지에서 당·송대의 고전(古錢)이 다량 발견되었으며, 싱가포르에서는 후량(後梁, 907~23)과 남송 함순(咸淳, 1265~74) 연호가 새겨진 한식묘(漢式墓)가 발굴되기도 하였다. 이것은 중국인들의 현지 진출을 실증해준다.

송대에는 남인도 진출도 빈번하였다. 원대 왕대연(汪大淵)의 『도이지략(島夷志略)』 「토탑조(土塔條)」에 의하면, 남인도 카블리강 하구의 네가파타나(Negapatana) 평원에 한문 제자(題字)가 있는 옛 탑이 하나 남아 있는데, 거기에는 함순(咸淳) 3년(1267) 8월에 화공(華工)이 이 탑을 건립하였다고 명기되어 있다. 그런가 하면 꼬레아(Gesper Correa)의 저서 『바스꼬 다 가마』(Vasco da Gama)에는 남인도의 말라바르에 중국인들의 거주지가 있다는 기록이 있고, 마르꼬 뽈로의 『동방견문록』에는 캘리컷 부근에 '지나한'(支那漢, Chini Bachagan)이라는 한인 후예들의 부락이 있다는 기록이 있다. 썰란의 역사서에 의하면 심지어 썰란 군대에도 한인 병사가 있다고 하였다. 그밖에 송인들은 무역을 위해 아랍 지역의 여러 항구에 내왕하면서 장기간 체류하는 경우도 있었다.

송대에 이어 원대에도 한인들의 해외진출은 계속되었다. 원대 후 명대에 이르러서는 남양(南洋, 즉 동남아시아) 곳곳을 개척할 정도로 한인들이 대거 진출하였다. 특히 정화의 '하서양' 이후 급증하였다. 명초에 자바의 투반(Tuban)이나 그레시크(Gresik, 수마트라의 팔렘방) 등지에는 이미 한인들의 집거지(集居地)가 생겨났다. 『명사(明史)』나 장섭(張燮)의 『동서양고(東西洋考)』 같은 책은 한인들의 남양 진출과 개척 및 활동에 관한 구체적인 기사들을 다수 전해주고 있다.

이상은 동방민족의 서방이동에 관련된 민족사적 배경에 관한 고찰이다. 민족이동과 더불어 동방문명에 대한 서방의 거족적 수용으로는 이슬람 문명에 대한 에스빠냐인들의 수용을 들 수 있다. 약 8세기(711~1492)에 걸친 이슬람 왕조의 에스빠냐 경략은 속주경략이건 직접경략이건간에 에스빠냐인들로 하여금 이슬람 문명을 수용하게 하였다. 반달족을 비롯한 원주민들의 토착문화와 기독교문화가 이슬람 문명에 흡수·동화되어 탄생한 안달루쓰 문화는 이슬람 문명에 대한 그들의 거족적 수용의 결과인 것이다. 이러한 수용으로 인해 이슬람 문명이 유럽에 전파될 수 있는 발판이 마련되었다. 그밖에 유고슬라비아나 불가리아, 알바니아 등 발칸 반도 제국이 이슬람 문명을 수용한 것도 동방문명에 대한 서방의 거족적 수용의 실례라 할 수 있다.

제5절 교류의 교통사적 배경

교통사적 배경 개념 실크로드를 통한 교류의 교통사적 배경이란 교류를 실현 가능케 하는 교통수단의 이용과 발달을 말한다. 교통수단의 이용과 발달이 교류의 배경이 되는 이유는, 우선 교류는 문물의 공간적 이동으로서 교통수단을 필수로 하고 있다는 데 있다. 유형이건 무형이건간에 문물의 교류는 전파지에서 피전파지까지의 물리적 이동에 의하여 실현된다. 그런데 이러한 물리적 이동은 축력(畜力)이나 기계동력에 의한 교통수단을 통해서만 비로소 가능한 것이다. 물론 인력에 의한 문물의 이동도 있기는 하지만, 그것은 극히 제한적인 현상이다. 따라서 교통수단을 떠난 교류란 상상할 수 없는 것이다.

다음으로 그 이유는 교통수단에 따라 교류의 내용이나 규모, 양, 속도 등이 영향을 받는다는 데 있다. 교류는 교통수단에 의한 문물의 이동이기 때문에 교통수단의 제약을 받지 않을 수 없다. 육로(초원로와 오아시스로)에 이용되는 가축이나 차량 같은 교통수단으로는 직물이나 모피, 금은세공품 같은 가볍거나 깨지지 않는 단단한 물품들만이 운반될 수 있다. 이에 반해 해로에 투입되는 선박으로는 도자기나 향료, 금속제품처럼 무겁거나 부피가 크고, 깨지기 쉬운 물품들이 운반된다. 조선술과 항해술의 발달에 따라 해상교통수단인 선박의 규모가 커지고 항속이 빨라지며 항정이 단축됨으로써 육로보다 해로를 통한 교류가 점차 비중이 커졌다. 요컨대 교류의 양상은 교통수단의 제약을 받게 마련인 것이다. 이상의 이유로 교류상을 구명할 때는 여타의 역사적 배경과 함께 교통사적 배경도 반드시 고찰해야 한다.

실크로드를 통한 교류의 교통사적 배경은 나머지 역사적 배경과 구별되는 일련의 특징을 갖고 있다. 그 특징은 첫째로, 교류에 대하여 순기능적 역할을 하는 배경이라는 것이다. 교통수단과 교류는 정비례적인 역학관계에 있다. 즉 교통수단이 발달하면 발달한 만큼 교류에 유리한 배경으로 기능한다. 따라서 교통수단은 교류에 대하여 항시 순기능적 역할을 하게 되는 것이다. 두번째 특징은 교류를 실현 가능케 하는 총체적 역사배경의 매개체라는 것이다. 교류의 정치사적 배경이나 경제사적 및 민족사적 배경 등은 모두가 교통사적 배경의 뒷받침 없이는 배경으로서 기능할 수 없다. 군사정복이나 정치적 경략, 경제적 교역관계, 민족의 이동 등은 그 어느 것이나 상응한 교통수단에 의해서만 실현 가능한 것이다. 교통수단에 의거하지 않고서는 교류에 영향을 주는 어떠한 역사적 배경도 조성될 수가 없다. 세번째 특징은 과학기술의 발달과 직결되는 배경이라는 것이다. 모든 교통수단은 과학기술의 산물이며, 그 변화·발달에 따라 좌우된다. 기마기술의 보급과 차량의 출현은 육로의 교통수단에 획기적인 변화를 가져왔으며, 조선술과 항해술의 발달은 해로의 교통수단(선박)을 부단히 개선시켰다.

실크로드를 통한 교류를 실현 가능케 하는 교통수단은 크게 육로의 교통수단과 해로의 교통수단으로 대별할 수 있다. 육로의 교통수단에는 오아시스 육로의 전통적 교통수단인 대상(隊商, caravan)과 초원로의 말 및 차량이 속하고, 해로의 교통수단으로는 선박이 유일하다. 이러한 교통수단은 기술개발에 따라 부단히 개량되어왔으며, 개량된 만큼 교류를 촉진시켰다.

육로의 교통사적 배경 실크로드의 육로는 오아시스로와 초원로를 포함한다. 오아시스로의 주된 교통수단은 낙타 무리로 편성된 대상이고, 초원로의 주된 교통수단은 말이나 차량이다.

대상이란 사막지방에서 주로 낙타를 이용해 교역을 일삼는 상인들의 무리를 말한다. 사막에 점재

한 오아시스를 연결하여 진행되는 제반 교류는 이들 무리에 의해 이루어지므로 대상은 오아시스 육로를 통한 교류의 주요한 교통수단이라고 할 수 있다. 용수(用水)가 보장된 오아시스의 주민, 즉 오아시스민은 주로 농경민이지만, 그밖에 교역에 전문적으로 종사하는 상인들도 있다. 그런데 오아시스는 어디까지나 사막에 에워싸인 점재적(點在的) 고립지이기 때문에 일반 농경지와는 달리 면적이 협소하고 농작물을 비롯한 물산이 제한적일 수밖에 없다. 그리하여 인근 오아시스, 때로는 멀리 떨어진 오아시스와의 물물교환이 필수적이다. 여기에 교역을 생업으로 하는 일부 오아시스민이 가세함으로써 교역을 비롯한 교류가 오아시스간에 성행하게 되는 것이다. 그런데 오아시스간의 교류활동은 예외없이 결수(缺水)나 열풍 같은 사막의 간고한 자연환경 외에도 왕왕 산적(山賊)이나 유목민들의 상습적인 약탈 속에서 진행될 수밖에 없다. 이처럼 열악하고 위험한 환경은 개별적으로는 대응할 수 없고, 오로지 집단적인 공동방어에 의해서만 극복할 수 있는 것이다. 그 결과 상인들이 무리를 지어 물자를 다량 교역하는 이른바 대상이 출현하게 되었던 것이다.

대상의 운반수단은 주로 '사막의 배'라고 하는 낙타이고, 그밖에 당나귀, 말, 야크 같은 가축도 낄 때가 있다. 대상은 지역에 따라 편성규모가 일정하지 않다. 내몽골을 비롯한 중국 서북지방의 대중앙아시아 대상을 일례로 보면, 낙타 20두를 최소단위로 하는데 그것을 1련(練)이라고 부르며, 이것이 몰이꾼 한 사람의 책임두수이다. 2련을 1파(把, 40두)라고 하며, 5파(200두)를 1정방(頂房)이라고 한다. 일반적으로 200~300두로 하나의 대상이 편성되는데, 그중 4분의 3은 교역품을 운반하고, 나머지 4분의 1에는 식량이나 물, 일용품, 사료 등을 싣는다. 대상은 편대별로 일렬종대를 지어 행진하

오아시스 육로 대상들의 생활상(돈황 막고굴 제420호굴 벽화, 수대)

는 것이 상례다. 대상이 도중에 머무르는 숙관(宿館)을 '캐러밴 사라이'(caravan sarai)라고 하는데, 숙영지가 오아시스인 경우에는 대체로 이러한 숙관이 마련되어 있다. 하물(荷物)을 싣고 가는 거로 (去路)에서는 대상장(隊商長)과 요리장, 그리고 중환자를 제외하고는 모두가 낙타를 따라 걸어가 며, 하물을 처리한 귀로에서는 낙타를 타고 다닌다. 통상 대상은 정오를 지나서 숙영지를 떠나, 해질 무렵까지 약 7,8시간을 행진하여 하루에 3,40km를 답파한다.

이와같이 오아시스 육로에서는 낙타를 주된 운반수단으로 하는 대상을 통하여 교역을 비롯한 일 련의 교류가 진행된다. 사막이라는 자연환경이 변하지 않는 이상, 대상은 동서고금을 막론하고 시종 오아시스 육로의 전통적인 교통사적 배경으로 기능하고 있다. 비록 외래문명의 영향을 받아 오아시 스에도 문화접변이 일어나고, 이에 따라 오아시스간의 교류도 그 내용 면에서는 변화가 불가피하지 만, 불변의 자연환경 때문에 대상 같은 교류(교역)수단에는 큰 변화 없이 여구(如舊)하다. 이것이 바 로 오아시스 육로에서의 교통사적 배경이 갖는 한계성이다.

같은 육로이지만 초원로에서 이용되는 교통수단은 오아시스로와는 달리 주로 말과 차량이다. 말은 유라시아 북방의 초원지대에서 활동한 유목기마민족들에 의해 교통수단을 비롯한 여러가지 용도로 이용되어왔다. 말은 축력으로 농경작업이나 차량을 끄는 데 쓰이기도 하고, 승용(乘用)되기도 하였으며, 전마(戰馬)로 이용되기도 하였다. 고고학적 발굴에 의하면, 기원전 2천년경부터 말이 차량을 끄는 축력으로 이용되었고, 기원전 1500년경에 타고 다니기 시작하였다. 그러다가 기원전 1천년을 전후하여 전마로 각광을 받아 여러가지 기마전술이 개발되고 마구(馬具)가 창안되었다. 스키타이와 흉노를 비롯한 기마유목민족들의 이동과정을 살펴보면 말은 승용뿐만 아니라, 축력이나 전투용으로서도 교류의 교통수단 역할을 해왔음을 알 수 있다.

특히 말이 승용으로 활용되면서부터 인간의 이동이나 문물의 교류에서는 시공간적으로 획기적인 변화가 일어났다. 승마는 시간적으로 인간의 이동과 문물의 교류를 크게 가속화시켰으며, 공간적으로는 원거리로의 이동과 교류를 가능하게 하였다. 물론 사막의 낙타에 비하면 운반수단으로서는 적재량이 적은 것 등 불급(不及)한 점이 있지만, 전반적인 교통수단으로서는 비할 바 없는 우월성을 보여주었다. 말은 기동력이 뛰어난 교통수단일 뿐 아니라, 그 자체가 가치있는 교역품이기도 하였다. 일례로 중국 한대에 서역개통을 계기로 중국에 유입된 오손(烏孫)의 천마(天馬, 일명 西極馬)나 대원(大宛)의 한혈마(汗血馬), 월지마(月氏馬) 등은 사회경제적으로나 군사적으로 중요한 역할을 하였다.

말과 더불어 초원로에서 교류의 교통사적 배경으로 기능한 것은 차량이다. 메소포타미아의 우루크(Uruk, BC 3500~3100) 유적지에서 발견된 이륜차(二輪車) 유물에서 알 수 있듯이, 차량은 인류가 청동기시대인 기원전 4천년기 말엽에 이미 발명한 교통수단의 일종이다. 당초부터 차량은 축력에 의하여 가동되었는데, 처음에는 소나 당나귀가 끌었다. 그러다가 기원전 2천년경에 이르러 말이 끌기 시작하였다. 기원전 1500년경에 속하는 우랄 남방의 유적과 중국의 은허(殷墟)에서도 이륜차 유물이 출토되었다. 순전히 연대기적으로 비교하면, 차량은 서아시아로부터 동전(東傳)했다고 말할 수 있을 것이다. 특히 말이 끄는 차량, 즉 마차는 그 기동력과 운반력으로 인해 문물교류의 교통수단과 전투장비(전차)로 크게 유용되었다.

해로의 교통사적 배경 해로의 유일한 교통수단은 선박이며, 선박은 일정한 길, 즉 항로를 따라 항해하면서 교통수단 역할을 수행한다. 선박은 조선술의 발달에 따라 부단히 개선되어왔고, 이에 상응하여 항해술도 발달함으로써 교류에 대한 해로의 교통사적 배경은 점진적으로 그 기능이 강화되어왔다. 따라서 해로의 교통사적 배경으로는 조선술과 항해술의 변화·발달과정을 고찰하게 되는 것이다.

동서양을 막론하고 바다는 역사시대 이전부터 개발·이용되기 시작하였다. 그런데 그 흔적을 유물로나 기록으로 확실하게 남겨놓은 것은 서양보다는 동양이다. 중국에서는 선박이나 조선술, 항해술에 관한 유물이 연해 도처에서 발굴될 뿐만 아니라, 역대의 여러 사적에도 문자로 명확하게 기록되어 있어서 해로의 역사적 배경이 변천해온 과정을 구체적으로 추적·확인할 수 있다. 한편, 동서양 조선술이나 항행술의 변화·발달과정을 통관하면, 서로가 원리적으로는 크게 다를 바 없이 대동소이하며 보편성을 공유하고 있음을 발견하게 된다. 그리하여 이 절에서는 주로 중국의 조선술과 항행술의 변천과정을 집중적으로 추적하는데, 이것을 해로의 교통사적 배경 일반에 대한 조명으로 간주할 수 있을 것이다.

중국에서의 해상활동은 신석기시대 중기부터 시작된 것으로 추정된다. 이 시기에 속하는 대륙의 채도문화(彩陶文化, 황하 유역)나 흑도문화(黑陶文化, 山東) 유물이 바다 건너 대만과 주산군도(舟山群島)를 비롯한 연해 도서에서 발견되고, 특히 그 시대의 선박유물이 출토된 사실이 이를 입증하고 있다. 1978년에 연해지대인 절강성 여요(余姚)의 하모도(河姆渡) 유적지에서 길이 51cm, 너비 15cm, 두께 1.2cm의 나무로 만든 노가 출토되었는데, 이 노는 지금으로부터 7천년 전에 석기로 다듬은 노로 판명되었다. 요동반도의 황해 연안에 면한 대련(大連)과 안동(安東) 일대에서도 기원전 6~5천년경에 속하는 배 모양의 도기가 여러 점 출토되었다.

역사시대가 열리면서 고대인들은 해상교통수단인 배를 고안해냈다. 『산해경(山海經)』이나 『석문(釋文)』 등 고서적의 기록에 의하면, 최초의 배는 세계 다른 지역과 마찬가지로 통나무배(마상이, 獨木舟)였다. 하대(夏代, BC 21~16세기)의 것으로 전해오는 용감한 배몰이꾼에 관한 전설(『左傳』)이나 제왕(帝王)의 항해기사(『竹書紀年』) 등으로 보아 하대 사람들은 이미 해상에 진출하고 있었음을 알 수 있다. 상대(商代, BC 16~11세기) 때의 갑골문(甲骨文, BC 1300~1100) 중의 '주(舟, 배)'자에 여러 형태(ㅂ ㅂ ㅂ ㅂ ㅍ)가 있는 점으로 미루어 당시의 배는 이미 독목주가 아니라 나무판을 묶어 만든 목판선(木板船)으로 발달된 것으로 짐작된다. 목판선은 독목주에 비해 안정성과 항침성(抗沈性)이 월등하기 때문에 조선술에서는 획기적인 진전이라고 말할 수 있다.

그러다가 은대(殷代)에 이르러서는 드디어 풍력을 이용하는 범선(帆船, 돛단배)이 출현하였다. 은대의 범선에는 초보적인 추진과 조정 장치가 장착되어 있어서 군사와 교역에 다같이 이용되기 시작하였다. 그 결과 은은 세력을 해외에까지 뻗칠 수가 있었다(『詩經·商頌』). 은대를 이은 주대(周代)에는 해상활동이 더욱 활발하게 전개되었다. 그리하여 '주목(舟牧)'이라는 선박관리관을 임명하고 사상 초유의 선박검사제도까지 도입하였다.

춘추전국시대는 중국 역사에서 해상활동이 본격적으로 시작된 시대이다. 사상 처음으로 주사(舟師), 즉 해군을 건설하고 2층 갑판을 가진 전함을 비롯하여 규모가 큰 누선(樓船, 층배)을 건조하였다. 특히 남방 연해 일대에 자리한 오(吳)·월(越)국에서는 조선술과 항해술이 크게 발달하였다. 전쟁상황에 대비하여 오국에서는 기원전 6세기에 이미 대익(大翼)·소익(小翼)·돌모(突冒)·누선(樓

船)·교선(橋船) 등 여러가지 형태의 전함을 건조하였다. '대익'이란 대전함은 길이가 10여 장이고 군대와 선원 90여 명이 승선할 수 있었다. 그리고 절강에서부터 월남(越南) 북부 일대까지 차지한 월국은 해상진출을 위하여 각종 선박을 대량으로 만들어냈다. 민용선(民用船)으로 편주(扁舟)와 경주(輕舟)가 있고, 군용선(軍用船)으로는 익선(弋船)과 누선(樓船) 등이 있었다. 오·월국에는 전문적으로 선박을 건조하는 '주실(舟室)' 혹은 '선궁(船宮)'이라 부르는 조선소가 있었는데, 그 안에는 '목객(木客)'이라고 하는 전문 조선공장(造船工匠)들이 다수 있었다. 그밖에 전국시대에는 내륙의 하천과 운하를 하루 300여 리씩 운행하는 내하선(內河船)도 따로 있었다.

전국을 통일한 진대(秦代)에는 처음으로 남해로를 이용하여 무소의 뿔과 상아 등 남해 물산을 수입하였으며, 조선술에서는 활강로(滑降路) 기법을 도입하였다. 1975년 광주에서 출토된 진말한초(秦末漢初)의 조선소 유적지에서 미끄럼판을 이용한 두 개의 조선대(造船台)가 발견되었다. 그중 한대의 활강로 너비는 2.8m나 되는데, 이 너비로 추산하면 길이 30m, 너비 6~8m, 적재량 28~30톤의 큰 목선을 건조할 수 있는 것이다.

한대에 이르러 조선술에서는 여러가지 새로운 변화가 일어났다. 선박의 형태가 다양화되고, 규모가 커졌으며, 더욱 견고해지고, 구조도 개선되었다. 형태에는 낭추(艎艀, 2층), 비려(飛廬, 3층), 작실(爵室, 4층) 등 누선과 항해용 큰 배인 여발(廬艐), 몽충(艨衝), 선등(先登), 적마(赤馬), 척후(斥候), 함(艦), 익선(弋船) 등 전함(戰艦)이 다양하였다. 한대 조선술에서 특기할 것은 정선(釘船), 즉 못을 사용하여 선체를 조립하는 것과 선미타(船尾舵, 고물키)를 도입한 것이다.

장사(長沙) 203호 한묘(漢墓)에서 출토된 16개의 노를 가진 목선 모형에는 선체에 못구멍이 여러 개 나 있다. 여기에 사용된 못이 철못인지 참대못인지, 무슨 못인지는 분명치 않으나, 아무튼 못을 사용하여 선체를 조립한 것으로서, 이는 조선기술상 초유의 창안인 것이다. 중세의 중국 선박이 아랍이나 서구 선박과 비교하여 조선술에서 가장 뚜렷한 차이를 보이고 있는 것이 바로 이 선체 조립에서의 못 사용이다. 한대부터 도입되기 시작된 이 정선법은 중국 선박의 견고성을 확보한 결정적 요인이었다. 서구의 경우, 로마제국(4~5세기)에서는 가죽으로 선체를 묶었고, 15세기까지만 해도 아랍을 비롯한 인도양 연안의 각국 선박은 야자수 섬유나 호두나무 껍질로 꼰 밧줄로 선체를 묶는 식이었다. 중국의 정선법 도입은 춘추시대부터 주철법(鑄鐵法)이 발달하여 철제품을 다방면에 걸쳐 유용한 결과이다.(유럽은 1380년에 주철법을 도입했다.) 한무제 때 전국 40개군에 49개의 철관(鐵官)을 설치하여 철 생산을 관장토록 하였으며, 공장(工匠)이 300명 이상인 제철소만도 전국에 40여 개나 되었다고 하니 주철술의 발달상을 가히 짐작할 수 있다.

정선법과 함께 선미타의 도입은 한대 조선술에서 또 하나의 특출한 진보였다. 위의 장사 203호 한묘에서 출토된 목선 모형 유물에는 선미타가 분명히 장착되어 있다. 선미타는 전진방향을 비롯해 배

인도 모헨조다로 유적지에서 출토
된 인장의 배 모형 부조(왼쪽)와
자바 섬에서 출토된 8세기의 범선
부조(아래)

의 활동을 원활하게 조종할 수 있는 기구이다. 좀더 뒤인 6, 7세기의 인도 선박 모형 유물에서는 선미노(船尾櫓, 고물노)는 보이나 선미타는 아직 없다. 서구에서는 12세기 말(1180) 벨기에의 한 석각 (石刻) 작품에서 선미타가 처음 보인다. 유럽 선박은 대체로 우현(右舷)에 노를 하나 달아 방향을 조절하였다.

고대 동양의 조선술 실태를 알아보기 위하여 참고로 고대 인도의 조선술을 단편적인 유물로 살펴 보면 다음과 같다. 인도의 가장 오래된 문학작품인 『리그베다』(Rig-Veda, BC 1500~1000)의 송시나 서 사시 『라마야나』(Ramayana), 그리고 『잡부』(雜部, Samyuitha Nikaya)나 『장부』(長部, Digha Sutta)

앗시리아 사르곤 2세 치세시의 건축자재 운반선 부조
(BC 721~705)

등 초기 남전불전(南傳佛典)에는 고대 인도인들의 해상활동에 관한 기록이 나온다. 그러나 조선술이나 항해술에 관한 구체적인 기술은 별로 없다. 다만 몇가지 유물을 통해 고대 인도 조선술의 일단을 엿볼 수 있다.

기원전 3천년경의 모헨조다로 유적에서 배가 새겨진 장방형 인장(印章)이 출토되었다. 배의 형태는 머리와 꼬리가 돌출되고 돛은 없으며 고물에서 사람이 키를 잡고 있다(앞면의 윗그림). 그로부터 오랜 후인 기원전 2세기의 한 암각화(岩刻畵) 중에는 큰 목판선이 하나 있다. 선체는 줄로 묶어서 조립했고, 고물은 물고기 모양을 취하고 있으며, 거기에 한 사람이 앉아 노를 젓고 있다. 그러다가 기원후 굽타시대(AD 320~647)에 축조된 아잔타 석굴의 벽화에는 비교적 발달된 배 모양이 나타난다. 수미가 다같

이 높고, 선체 앞부분에 장방형 돛 3개와 이물에 삼각형 돛 1개가 있으며 뒷부분 좌우에 노가 하나씩 달려 있다. 그리고 이물에 닻구멍이 있고 수미에 널판이 각각 한 장씩 튀어나와 있으며 돛대에는 도르래가 부착되어 있다. 이와같이 인도에서도 원시적인 독목주류에서 목판선으로, 다시 범선으로 이어지는 조선술의 발달과정은 대체로 중국의 그것과 유사하다. 고대 오리엔트인들도 항해에 흔적을 남겨놓고 있다. 목판선의 제작과 노를 이용한 항진은 일찍이 메소포타미아 문명에서도 보이는데, 도해와 해상운송에 이용되었다.

중국의 삼국과 위진남북조 시대는 비록 할거시대로서 국력이 분산되었지만, 오(吳)를 비롯한 연해국들은 여전히 해상활동을 중시하였다. 삼국시대에 동남해 연안에 위치한 오국은 손권(孫權)의 집권을 계기로 대규모의 선박건조와 항해사업을 펼쳤다. 특기할 것은 사상 최초로 소호(巢湖)에 강을 막아 선거(船渠, dock)를 지은 것이다. 손권은 건안(建安, 현 복건 建甌)에 조선소를 세우고 전문적으로 선박을 관리하는 전선교위(典船校尉)라는 관직까지 신설하였다. 오는 약 5천 척의 각종 선박을 보유하고 있었다. 그중에는 두함(斗艦), 몽충(艨冲) 같은 대형전함과 소형전함 가(舸) 등이 있다. 민용선박도 대체로 대형으로서 가장 큰 누선에는 2천명까지 탈 수 있었다.

진(晋)의 선박구조는 고개지(顧凱之, 345~406)의 명화 「낙신부화권(洛神賦畵卷)」에 여실히 드러

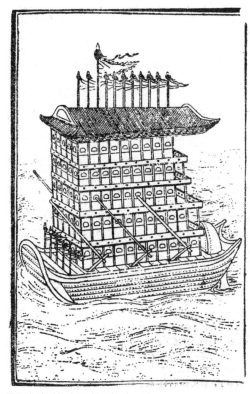
중국 수대 전함인 오아(五牙)의 모형

나 있다. 이 그림에는 화려한 유람선 한 척이 그려져 있는데, 구조를 보면 2중 갑판의 수미에 각각 돛이 한 장씩 있고 고물에는 상하로 움직이는 방향타와 노가 하나씩 달려 있다. 그밖에 『송지(宋志)』에 의하면 진대에 '지남주(指南舟)'라는 배가 있었다고 하는데, 구체적인 설명이 없어 실체는 알 수가 없다. 그리고 제(齊)의 과학자 조충지(祖冲之, 429~500)는 인력으로 항진하는 일종의 윤선(輪船)을 만들었는데, 하루에 천리를 항해한다고 하여 '천리선(千里船)'이라고 칭하였다. 지남주이건 윤선이건간에 진일보한 선박임에는 틀림이 없다. 진대에는 도수사자(都水使者)라는 직책을 두어 조선과 항운을 전문적으로 관장하도록 하였다.

581년에 이르러 수조(隋朝)가 건국되고 전국이 통일됨으로써 근 300년간 지속되어온 분열과 할거의 난세는 사라지고 국력이 전례없이 신장하자, 해상활동도 새로운 전기를 맞이하게 되었다. 수조는 방대한 수사(水師), 즉 수군을 건설하고 용주(龍舟)나 오아(五牙) 같은 대형선박을 건조하였다. 수양제의 강도(江都) 순유(巡遊)를 위해 특별히 건조한 용주는 갑판이 4중이고 배의 높이가 45척, 길이가 200척이나 되는 대형 민용선이다. 상층에 정전(正殿)이 있고 중간 두 층에는 무려 120개의 선실이 배치되어 있다. 영안(永安, 현 四川 奉節)에서 건조한 대형전함인 오아는 5층 누선으로서 높이가 100여 척이나 되며 군사를 800명까지 수용할 수 있었다. 그밖에 부경(浮景), 양채(漾彩), 주조(朱鳥) 등 잡선(雜船)도 수만 척을 보유하고 있었다. 이러한 대형선박의 건조는 그만큼 발달된 조선기술이 없이는 불가능한 것이다. 수대에는 선박운수를 전담하는 도수령(都水令)이란 관리직을 설치하여 선박사업을 총관하였다.

수대를 이은 당대는 조선사업에서의 일대 번영기였다. 정관(貞觀) 22년(648) 한 해에 무(婺)·홍(洪) 등의 주(州)에서 해선과 방(舫, 並·舟, 두 척의 배를 묶어 만든 배) 1,100척을 일시에 건조하고, 다음 해에는 홍주에서 건조한 대형선박만 500척에 달하였다. 북방의 산동 등주(登州)에서 남방의 교주(交州)에 이르는 동남해안 각지에서 조선소가 앞다투어 세워졌다. 양자현(揚子縣, 현 江蘇省 儀征) 한 곳에만도 조선소가 10개나 있었다. 선박의 규모에서도 길이 20장에 600~700명이 승선할 수 있는 대형선박은 보통이었으며, 1만석(1석=120근)을 적재할 수 있는 내하선(內河船)도 수두룩하였다.

당대 조선술에서 특기할 것은 수밀격벽술(水密隔壁術)의 도입과 윤선(輪船)의 본격적인 등장이다. 1960년대 말 여고(如皐)에서 출토된 당목선(唐木船, 길이 17.23m, 너비 2.58m, 적재량 20톤인 내하선) 유물에서 보다시피, 선박의 충돌이나 좌초 등에 의해 선체가 파괴되어 침수할 경우에, 이를 일부분에만 국한시키기 위하여 선박의 내부를 여러 부분으로 나누어서 막는 수밀격벽술이 처음 도입되어 선박의 안정성을 획기적으로 향상시켰다. 이 선진적인 조선술을 유럽에서는 17세기에 와서야 겨우 받아들였다. 또한 당인들은 전대(前代, 즉 齊國)의 기술을 이어받아 인력으로 추진하는 윤선을 본격적으로 만들어냈다. 이 윤선은 항속을 높일 뿐 아니라, 무풍일 때도 항시적으로 가동할 수 있는 장점을 가지고 있다. 그밖에 당선은 선체를 쇠못으로 튼튼히 조립하고 방부제와 방수제로 동유(桐油)를 발랐다. 그리고 도수국(都水局)과 주즙서(舟楫署)를 설치하여 공사(公私) 선박과 조운(漕運)사업을 관장하였다.

당대의 번영기를 이어 해외교역을 대대적으로 장려한 송대에 이르러 조선사업을 비롯한 해상활동은 전례없는 전성기를 맞이하였다. 북송 진종(眞宗, 998~1022) 때 전국의 관영 조선소에서만 매해 2,900여 척의 조운선(漕運船)을 건조했으며, 신종(神宗) 때 건조한 '신주(神舟)'는 길이 약 40장에 너비 7장 5척으로 적재량은 1,100~1,700톤이나 되었다. 보통 큰 선박에 500~600명, 때로는 1천명까지 승선하였다. 이와같이 송나라 배는 규모가 크고 형태가 다양하며 견고하였다. 송선은 조선술상 다음과 같은 몇가지 특징을 지니고 있다.

첫째로 첨저형(尖底型, V형)이다. 이러한 형태의 선박은 부딪치는 항력(抗力)을 줄이고 항속을 높이며 파도를 헤쳐나가기 쉽다. 둘째로 중판(重版)구조다. 선피(船皮)는 목판을 2중 3중으로 덧붙여 만들고 접합부분의 틈은 동유석회(桐油石灰)로 땜질함으로써 선체가 견고할 뿐만 아니라, 침수도 막을 수 있다. 셋째로 수밀격벽 장치의 보편적인 채용이다. 천주만(泉州灣)에서 출토된 송나라 배 (13개의 수밀격 구획)에서 보다시피, 수밀격벽에 의해 만들어진 수밀격 구획은 통상 10개 이상이다. 넷째로 상하로 이동하는 정부타(正副舵, 키)가 장착된 것이다. 이러한 키를 장착함으로써 수심이 얕을 때는 키를 올려 키의 파손을 피하고 항력을 줄이며, 수심이 깊을 때는 키를 내려 고물에서 일어나는 난류(亂流)나 소용돌이의 영향을 줄일 수 있다. 그밖에 역시 상하로 움직이는 평형타(平衡舵)도 장착하여 배의 항진을 조종하였다. 유럽에서는 18세기에 이르러서야 이러한 평형타를 이용하였다. 다섯째로 여러 개의 돛대와 돛을 사용한 것이다. 송선에는 보통 3, 4주의 돛대를 사용하였는데, 주돛대의 높이는 10장(약 30m)이나 되며 돛대를 자유로이 눕혔다 세웠다 하였다. 돛은 풍향에 따라 다른 것을 사용하였는데, 정풍(正風)일 때는 포범(布颿)을, 편풍(偏風)일 때는 이봉(利蓬)을, 무풍일 때는 야호범(野狐颿)을 각각 달았다. 그밖에 배 양쪽에 피수판(披水板)을 설치하여 역풍에도 항진할 수

중국 명대의 누선 모형

중국 청대의 영파선(寧波船) 모형

있게 하였다. 유럽의 선박은 13세기까지도 높이가 약 20m인 돛대 하나만을 달고 다니다가 15세기에 와서야 2, 3개로 늘렸으며, 16세기에야 비로소 중국으로부터 피수판을 배워갔다. 마르꼬 뽈로의 기술에 따르면, 아랍 선박도 당시는 높이 약 25m의 돛대 하나뿐이었으며, 돛대는 입도(立倒)장치 없이 고정해놓았기 때문에 일단 폭풍을 만나기만 하면 돛대가 부러지기 일쑤였다. 여섯째로 흘수(吃水)의 조절이다. 송선은 흘수선의 표시로 선체 양쪽에 큰 대나무 전대(纏帶)를 달아매놓고 흘수상태를 헤아렸다. 중세 아랍 선박들은 종종 흘수 조절이 미흡하여 적재량이 과중한 탓에 침몰사고를 일으키곤 하였다. 일곱째로, 전대의 전승이지만, 선박 건조에서 선거(船渠, 도크)와 활강법(滑降法)을 보편적으로 도입한 것이다.

송대의 전성기를 이은 원대(元代)에는 대외교역의 번성과 더불어 교역품과 식량을 운반하는 해운업이 일정하게 발달하였다. 그러나 14세기 중국을 여행한 마르꼬 뽈로나 이븐 바투타의 현지견문록에서 보다시피, 선박의 건조량이나 규모, 형태 등 조선술에서는 전대인 송대와 큰 차이가 없었다. 단 조선술에서 한가지 주목할 것은 평저선(平底船)과 첨저선(尖底船)을 함께 건조한 사실이다. 주로 수심이 얕은 연해지대에서 식량을 비롯한 화물을 운반하기 위하여 그에 적합한 평저선을 건조하였다. 지원(至元) 19년(1282)에 처음으로 평저선 60척을 만들었는데, 배 1척당 평균운반량은 약 760석(1석은 120근)이었다. 이에 반해 원해 항해에는 첨저선을 투입하였다. 첨저선은 편저선에 비해 규모가 크므로 1척의 평균운반량은 2,100여 석이었다. 개중에는 적재량이 8천석(480톤)이 되는 대선도 있었다.

명대(明代)는 비록 국내외 정세로 말미암아 쇄국적인 해금정책을 실시하지 않을 수 없었지만, 교역을 비롯한 해상활동과 해외진출은 끊임없이 시도하였다. 이 과정에서 조선술이나 항해술에서의 새로운 진전은 별로 없었으나, 규모의 확대나 기술의 완숙은 여실히 보여주었다. 그 대표적인 실례가 명초에 있었던 정화의 '하서양'이다. 정화는 28년간 모두 7차에 걸쳐 대선단을 이끌고 중국에서 동아프리카에 이르는 긴 해로를 성공리에 왕복하였다. 그중 1·3·4·7차의 출항 상황을 보면, 매번 크고 작은 선박 200여 척이 출동했고, 총 승선인원은 2만 7천여 명이나 되었다. 선박 중 가장 큰 것은 보선(寶船, 일명 大船)인데, 매번 20~30척의 보선이 참가하였다. 보선의 길이는 44장 4척(약 138m)이고 너비는 18장(약 56m)이며 적재량은 약 1,500톤으로서 승선인원은 최고 1천명까지 달하였다. 보선은 9주의 돛대에 12장의 대형 돛을 단 대범선이었다.

이러한 보선은 남경(南京)을 비롯한 여러 지방의 보선소에서 건조되었다. 태조 홍무(洪武) 연간에 지은 남경보선소는 공장(工匠)만도 400여 호나 있었으며, 10여 개의 전문 작업장으로 구성되었다. 유적지에서 확인된 바와 같이, 이곳에는 길이 200~240m, 너비 27~35m의 도크가 여러 개 있었는데, 그것으로 최대 길이 160m, 너비 66m의 대형선박도 건조할 수 있다. 이 유적지에서는 그밖에 길이 11.07m의 대형 키 유물이 출토되기도 하였다. 명대의 보선은 이전의 어떤 선박보다도 규모가 크고 설비나 기술이 완벽한 까닭에 조선사상 최대의 범선이라고 말할 수 있다. 청대에 이르면 조선술은 더 한층 정밀해졌다.

이상에서 고대부터 중세에 이르기까지 중국 역대의 조선술 발달과정을 고찰하였다. 그 발달과정은 독목주(선사시대)→목판선(상)→범선(은)→누선(춘추전국)→활강법(진)→정선과 선미타(한)→선거와 윤선(오·제)→오아(수)→수밀격벽법과 방(당)→첨저선, 중판구조, 정부타, 여러 돛대와 돛, 피수판, 흘수조절(송)→평저선(원)→보선(명)으로 이어지는 다단계(多段階)로 요약할 수 있다.

중국에서는 조선술의 이러한 발달과정에 상응하여 항해술도 점진적으로 발달하였다. 항해술은 조선술의 발달과 더불어 항해로의 변화와 각종 항해기술의 도입을 통하여 부단히 개선됨으로써 해로의 교통사적 배경으로 적극 기능하여왔다. 항해술과 조선술은 마치 수레의 두 바퀴처럼 상부상조 관계에 있다. 이러한 관계가 잘 유지될 때만이 해로 전반이 발달하며, 교통사적 배경으로서의 해로의 기능도 강화되는 것이다.

선박은 망망대해에 떠 있지만 반드시 일정한 길, 즉 항해로를 따라 항진하게 마련인데, 항해로는 조선술의 발달이나 각종 항해기술의 도입에 따라 발전적으로 변화한다. 그것은 크게 연해로(沿海路)에서 심해로(深海路)로, 구간로(區間路)에서 전장로(全長路)로 변화하는 모습으로 나타난다.

동서양을 막론하고 해상활동의 초기에는 조선술이나 항해술이 발달하지 못한 탓에 선박은 예외 없이 해안에 가까운 연해로(우회로)를 따라 항해하였다. 중국 전국시대의 해상활동에서 보다시피, 조선술의 발달로 누선 같은 큰 선박이 발명되어 원거리 항해는 가능하였지만 아직은 항해기술이 미흡해서 연해를 따라 항해할 수밖에 없었다. 서양에서는 기원전 1세기 중엽에 로마의 항해사 히팔루스가 아랍인들로부터 여름에는 서남풍이 분다는 등 인도양 계절풍의 비밀을 알아낸 후, 그 계절풍을 이용하여 아테네로부터 홍해를 지나 인도 서해안까지 직항할 수 있었다. 이것은 이미 연해를 벗어나 인도양 한가운데를 횡단하는 심해로(직항로)인 것이다. 그러나 중국에서는 여전히 연해로 위주의 항해를 하다가 6세기에 이르러서야 비로소 말라카 해협에서 인도양을 가로질러 씰란까지 직항하는 심해로를 택하게 되었다. 연해로는 심해로에 비해 항해가 불안전하고 소요시간도 몇배를 요한다.

연해로에서 심해로로 항해로가 발전적으로 변경되는 것과 거의 동시에 구간로에서 전장로로의 변경도 일어났다. 기원 초기까지만 해도 서방 선박은 대체로 홍해나 페르시아만으로부터 인도 서해안이나 씰란까지는 구간별로 항해하였다. 동방선박도 마찬가지로 중국 동남해에서 말라카 해협을 거쳐 인도 동해안이나 씰란까지는 구간별로 항해하였다. 그리하여 항해로상에는 중간기착지 혹은 중계지가 생겨나 연결고리 역할을 하였다. 그러나 6세기경에 이르러서는 중계지를 매개로 하여 구간간의 연계가 유기적으로 이루어지면서 서아시아에서 중국에 이르는 전구간이 하나의 전장로로 연결되었다. 그 결과 장거리항해와 원거리무역이 발생하여 동서교류를 크게 촉진하였다.

항해로의 변화와 더불어 각종 항해기술의 도입은 항행을 편리하고 안전하게, 그리고 정확하고 신속하게 할 수 있게 하였다. 인간이 항해에 도입한 최초의 기술은 풍향에 따르는 풍력의 이용이다. 그런데 풍향은 계절에 따라 변하기 때문에, 이 계절에 따라 풍향이 변하는 바람, 즉 계절풍을 파악하고 이용하는 것은 범선항해시대의 가장 기본적인 항해기술이었다. 인간이 풍향과 계절의 관계를 알아내고, 그것을 일종의 기술로 승화시켜 항해에 도입한 것은 조선술이 일정하게 발달하고 항해경험도 축적된 기원 전후의 일이다.

중국의 경우, 선진(先秦)시대에 이미 4계절에 따라 봄바람은 동풍(東風), 여름바람은 온풍(溫風),

가을바람은 양풍(涼風), 겨울바람은 맹풍(孟風)으로, 그리고 풍향에 따라 바람을 상풍(象風)·명서풍(明庶風)·청명풍(淸明風) 등 8풍으로 분류하는 등 바람과 풍향 및 계절에 관한 지식을 갖고 있었다. 그러다가 최초로 계절풍을 항행에 이용한 것은 기원전 2세기경이다. 전한 무제 원정(元鼎) 5년(BC 112)에 누선장군(樓船將軍) 양부(楊仆)가 남월(南越)을, 6년에 그와 횡해장군(橫海將軍) 한예(韓銳)가 동월(東越)을 원정할 때, 그들의 남향 항진은 모두가 가을과 겨울철에 단행되었는데, 이것은 분명히 이 계절에 부는 북동계절풍을 이용한 것으로 추정된다.

　서양의 경우, 최초로 인도양의 계절풍을 이용한 사람은 기원전 1세기, 프톨레마이오스조 말기의 히팔루스다. 그는 아랍 상인들로부터 여름철에 인도양에서 부는 서남계절풍에 관한 비밀을 알아낸 후, 이 계절풍을 이용하여 아라비아해 북단으로부터 마트라(Matrah) 해안을 지나 인더스강 하구까지 직항하는 데 성공하였다. 이 해로는 이 구간의 최초 심해로(직항로)로서 종전의 연해로보다 항해시간이 크게 단축되었다. 이것은 항해사에서의 일대 사변이었다. 그리하여 후일 서양인들이 첫 이용자의 이름을 따서 이 인도양상의 계절풍을 '히팔루스풍'이라고 명명하였다. 당시 그리스 선박은 일반적으로 7월에 이집트에서 출항하여 서남계절풍이 가장 강하게 부는 8월에 인도양을 횡단, 약 40일간 항해하여 남인도의 무지리스(Muzyrys)에 도착하였다. 그리고 거기에 약 3개월간 정박하였다가 12월이나 이듬해 1월에 북동계절풍을 타고 회항하곤 하였다.

　계절풍의 풍향은 물론이거니와 풍력도 계절에 따라 변화하는 현상을 파악하는 것은 항해에서 아주 중요한 일이었다. 인도양과 중국 남해상에서의 계절풍은 똑같이 여름철과 가을철에는 남서풍이, 겨울철과 봄철(10월~4월)에는 북동풍이 불지만, 바람의 세기에는 차이가 있다. 인도양에서는 여름철의 남서풍이 겨울철의 북동풍보다 강하나, 중국 남해에서는 이와 정반대다. 그리고 계절풍의 전환기에는 왕왕 기상이변이 일어난다. 예컨대 중국 남해상에서 남서풍이 북동풍으로 바뀔 때는 자주 태풍이 일어난다. 법현(法顯)의 『불국기』를 보면, 인도에서 귀국하던 412년 초가을에, 야파제(耶婆提, Yavadvipa, 자바 혹은 수마트라)를 출발, 한달쯤 북쪽으로 항해해서 현 베트남 남부에 이르렀을 때, 바로 그러한 계절풍의 전환기에 이는 태풍을 갑자기 만났다고 한다. 그리하여 그는 적도해류에 휘말려 대만해협에서 표류하다가 간신히 동해를 경유해 예상치 않았던 산동반도 남부에 당도하였던 것이다.

　당대에 이르러서는 지리학의 발달과 더불어 항해나 기타 용도에 필요한 풍력관련 연구도 심화되었다. 당인들은 풍력을 강도에 따라 다음과 같이 8등급으로 세분화하였다. 즉 ①동엽(動葉, 잎 움직임), ②명조(鳴條, 가지 울림), ③요지(搖枝, 가지 흔들림), ④타엽(墮葉, 잎 떨어짐), ⑤절소지(折小枝, 작은 가지 꺾임), ⑥절대지(折大枝, 큰 가지 꺾임), ⑦절목비사석(折木飛砂石, 나무 꺾임과 모래자갈 날림), ⑧발대수급근(拔大樹及根, 큰 나무가 뿌리째 뽑힘). 이런 풍력분급법(分級法)은 근대 영국에서 풍력을 등급화한 것보다 약 1천년이나 앞선다.

　나침반이 도입되기 전에 항해의 방향이나 위치를 정하는 데는 주로 성좌(星座) 등 천문학 지식에 의존하였다. 그리하여 천문학 지식은 일종의 항해기술이기도 하였다. 중국에서는 기원전 2세기 한대부터 북극성을 비롯한 별자리에 준해 항해의 방향이나 방위를 정하는 성좌도항법(星座導航法)이 도입되었다. 마왕퇴(馬王堆)의 3호 한묘(漢墓)에서 출토된 백서(帛書) 중에는 『오성점(五星占)』이란 천문학서가 있다. 이 책은 진시황 원년(BC 246)부터 한문제(文帝) 3년(BC 177)까지 77년에 걸쳐 목성·토성·금성의 위치를 명기하고 있다. 이 책은 금성의 회합주기(會合周期)를 584.4일로 계산하고 있는데, 이것은 현대에 측정한 주기 583.92일보다 다만 0.48일이 더 많고, 토성의 회합주기 377일은 현대의 것보다 1.09일만 적다. 이것은 당시에 행한 천문측정의 정확성을 말해주고 있다. 지금은 대부분이 소실되었지만, 전한시대에 항해에 필요한 천문관측 서적만도 136여 권이나 되었다고 한다. 강소(江蘇) 의정(儀征) 석비촌(石碑村)에서 후한시대의 천문도항(天文渡航)에 사용된 규표(圭表, 해시계)가 발견되기도 하였다.

　그리고 일찍부터 항행에 '견성술(牽星術)'이 도입되기도 하였다. 이것은 일종의 천문도항술인데, 선박에 견성판(牽星板)을 설치해놓고 성신(星辰)의 고도를 관찰한 다음 거기에 준해서 선박의 위치를 확인하는 것이다. 명대 『정화항해도(鄭和航海圖)』에 첨부된 「과양견성도(過洋牽星圖)」는 견성술에 의한 항해도로서 선박의 항해 위치를 구체적으로 정확하게 기록하고 있다. 이 항해도는 현대의 경위도 측정법과 비교해도 큰 오차가 없을 정도로 정확하다.

　항해는 수세(水勢), 즉 조수나 해수의 깊이에도 영향을 받으므로 조수와 수심을 제대로 알고 잘 이용하는 것도 일종의 항해술이다. 잔존 기록에 의하면 중국에서는 삼국시대부터 이미 조수에 관한 연구가 상당히 축적된 것으로 보인다. 오국(吳國)의 엄교(嚴畯)는 『조수론(潮水論)』(소실됨)을 찬술하여 조수의 변화에 관해 언급하였다. 당나라 대종(代宗) 연간(762~91)에 두숙몽(竇叔蒙)이 저술한 『해도지(海濤志)』는 조수현상에 관한 전문연구서로서 조수의 성인(成因)과 만·간조 순환의 규칙 등을 상세히 밝히고 있다. 1회의 조수 소요시간을 12시간 25분 4.02초로, 그리고 2회 조수의 순환지연시간을 50분 28.04초로 계산하였다. 이 수치는 현대의 그것과 매우 근사하다. 그는 조수의 고저계산표까지 작성하였는데, 이것은 영국의 『런던교(橋) 만조시간표』(1213)보다 450년이나 앞선 것이다.

　수심측량은 항해의 안전이나 선박의 위치를 선정하기 위해 반드시 필요한 기술이다. 송대에는 긴 줄 끝에 분동(分銅, 천칭의 저울판에 올려놓는 추)을 매달아 드리워서 수심을 측정하였는데, 분동 밑바닥에 묻은 흙이나 모래를 보고 수심이나 해저상황 및 항해위치를 판단하였다. 명대에는 긴 줄 끝에 주로 연추를 매달고 연추 밑바닥에는 쇠기름을 발라 해저가 흙인지 모래인지 암석인지를 판명하였으며, 수심 단위로 '탁(托)'을 사용하였는데, 1탁은 두 팔을 편 길이이다.

주지하다시피, 항해술에 획기적 변화를 가져온 것은 나침반의 사용이다. 중국인들은 전국시대 말엽에 자석과 그 지극성(指極性), 혹은 지극남성(指極南性)을 알아냈으며, 그후 오랫동안 여러가지 형태로 방위를 판명하는 데 그것을 이용해왔다. 그러다가 11세기 말엽 북송시대에 와서 처음으로 수부법(水浮法)의 형태로 나침반이 항해에 도입되기 시작하였으며, 13세기에는 항행의 유일한 도항용기(導航用器)로 쓰이게 되었다. 이 나침반은 12세기 후반 남송시대에 아랍인들에게 전해졌으며, 유럽인들은 아랍인들을 통해 12세기 말엽에 전수받았다(나침반과 그 교류에 관해서는 이 책 제3장 제10절 참조).

항해의 안전과 도항을 위한 일련의 기술도 개발·도입되었다. 일찍이 8세기에 이집트 알렉산드리아 항에 처음으로 도항등대가 등장하여 야간항해를 보장한 데 이어 페르시아만의 몇군데 항구에도 등대가 설치되었다. 중국에서는 명대부터 이른바 '도항표망(導航標望)', 즉 바라보면서 항행할 수 있는 표식물로서 강안이나 해안가에 등불을 켜놓거나 천조각을 높이 매달아놓든가 하였다. 특히 산 같은 자연 표식물이 없는 곳에 이러한 표망을 많이 설치해놓았다. 그밖에 '입표지천(立標指淺)', 즉 표식물을 세워 얕은 곳을 가리킨다고 하여 여울이나 얕은 물목에 배를 정박시킨다든지, 깃발을 꽂아 위험을 알리면서 안전항해를 유도하기도 하였다.

끝으로, 항해도(航海圖) 역시 항해에 필수적이다. 항해도는 항해술의 결정체이자 그 수준을 가늠하는 척도라고 할 수 있다. 중국에서는 북송 때부터 이미 항해도를 제작하였다. 고려에 출사한 서긍(徐兢)이 1123년에 쓴 『선화봉사고려도경(宣和奉使高麗圖經)』(권34)에 의하면 '신주(神舟)'는 해도(海圖)를 따라 도서들을 빠져나간다고 하였다. 이것은 서긍 일행이 항해도를 구비하고 있었음을 시사한다. 15세기 전반 명대의 『정화항해도(鄭和航海圖)』(원명 『寶船所進水에서 龍江關 出海 및 外國諸番까지의 地圖』)는 중세 항해도의 백미이다. 중국 동남해안에서 아프리카 동안까지의 전 항로에 걸쳐 선박의 항해방향, 정박항구, 각 별자리의 높낮이, 암초, 천탄(淺灘, 여울)의 분포 등 제반 사항을 상세히 기록하고 있다. 지명만도 500여개(그중 외국 지명 300여개)나 된다. 당시 항해도에 표기했던 항행거리 단위는 '갱(更)'인데, 1갱은 약 60리이며 1주야의 항행거리는 10갱으로 계산하였다.

참고자료

『史記・齊太公世家』.

『史記』(卷110)「匈奴傳」.

『宋雲行紀』.

『元經世大典・站赤門』.

『元史・兵志』.

『左傳』「昭公」17年條.

『漢書』(卷28)「地理志」.

『漢書』(卷96)「西域傳」.

『後漢書』(卷88)「西域傳」'大秦國條'.

汶星江『古代中國與亞非地區的海上交通』, 四川省社會科學院出版社 1989.

本田實信『イスラム世界の發展』, 講談社 昭和 60年.

謝海平 撰『唐代留華外國人生活考述』, 臺灣商務印書館, 民國 67年.

沈福偉『中西文化交流史』, 上海人民出版社 1985.

王振鋒「司南, 指南針與羅盤」『考古學報』1951年 第5期.

林星幹『匈奴通史』, 人民出版社 1986.

張星烺『中西交通史料彙編』第1冊~第6冊, 世界書局 民國 72年.

曾問吾『中國經營西域史』, 文海出版社 民國 25年.

陳佳榮『中外交通史』, 學津書店 1987.

馮承鈞『唐代華化蕃胡考』.

許玉林「從遼東半島黃海沿岸發現的舟形陶談我國古代獨木舟的起源與應用」『船史研究』, 1986年 第2期.

護雅夫 編『漢とロマ』, 平凡社 1970.

黃時鑒 主編『中西關係史年表』, 浙江人民出版社 1994.

민석홍『서양사개론』(제2판), 삼영사 1998.

이희수『터키사』, 대한교과서주식회사 1993.

정수일『신라・서역교류사』, 단국대 출판부 1992.

조길태『인도사』, 민음사 1994.

Hudson, G. F. *Europe and China: A Survey of their Relations from the Earliest Times to 1800.* London 1931.

Kulke, H. *A History of India.* London 1986.

Needham, J. *Science and Civilization in China.* Vol. IV.

Schoff, W. H. *The Periplus of the Erythraeam Sea.* New York 1912.

Smith, H. W. *Mast and Sail in Europe and Asia.*

Smith, V. *Early History of India.* Oxford 1962.

Wolpert, S. *A New History of India.* New York 1982.

2부

교 / 류 / 편

제3장 실크로드를 통한 물질문명의 교류

제1절 옥의 교류

옥의 개념 옥(玉, jade)은 보석의 일종으로서 각섬석류(角閃石類)의 연옥(軟玉, nephrite, 경도 5~6)과 휘석류(輝石類)의 경옥(硬玉, jade, 경도 6.5~7)의 두 종류가 있다. 각섬석과 휘석은 성질이 전혀 다른 광물로서, 각섬석은 규산칼슘과 규산마그네슘의 섬유광물이나 휘석은 규산나트륨과 규산 알루미늄의 결정체 광물이다. 재료로서의 옥에는 마노(瑪瑙)·수정(水晶)·호박(琥珀)·매목(埋木) 등 광물성인 것과 진주(眞珠)·산호(珊瑚) 등 동물성인 것이 있는데, 일반적으로 전자를 옥, 후자를 주(珠)라고 하나 엄밀한 구별은 없다. 고대에는 사문암(蛇紋岩)이나 대리석(大理石)도 옥으로 취급 하였으나 지금은 배제된다.

이와같이 옥이란 어떤 한가지의 광물이나 재료가 아니라 복합적인 뜻을 지닌 대상으로서 시대나 지역에 따라 개념을 달리하기도 한다. 그런가 하면 다이아몬드(金剛石, 鑽石), 루비(紅玉), 사파이어 (靑玉)같이 보다 귀중한 옥은 보옥(寶玉)이라 하여 상품(上品)으로 우대시된다.

옥은 광택과 색깔이 아름답고 질이 견고하여 영구적으로 보존할 수 있는 특색을 지니고 있다. 옥 의 색깔은 철분의 함량에 따라 여러가지인데, 색깔에 따라 백옥(白玉)·황옥(黃玉)·적옥(赤玉)·벽 옥(碧玉, 靑玉)·현옥(玄玉, 黑玉) 등으로 구분되며, 개중에는 반점이나 무늬가 들어간 것도 있다. 제 품으로서의 옥에는 그 형태에 따라 굽은 모양의 곡옥(曲玉, 勾玉), 관 모양의 관옥(管玉), 둥근 모양 의 환옥(丸玉), 대추 모양의 조옥(棗玉), 새 모양의 조형옥(鳥形玉), 짐승 모양의 수형옥(獸形玉) 등 이 있다.

자고로 옥은 자체의 이색적인 광물적 성격과 여러가지 상징성 때문에 장식품을 비롯한 각종 기물 에 귀한 소재로 쓰여왔다. 후한(後漢) 때 허신(許愼)이 지은 『설문해자(說文解字)』에 따르면, 옥은 아름다운 돌로서 다섯 가지 덕(德)을 지니고 있다(石之美者 有五德)고 한다. 다섯 가지 덕이란 옥의 특징에 상징적인 의미를 부여한 것인데, 광택이 있고 밝으면서도 온화함은 인(仁), 속의 빛깔과 결을 그대로 내비치는 투명함은 진(眞), 두드렸을 때 생기는 음의 순수함과 낭랑함은 지(智), 깨지더라도 굽지는 않는 것은 의(義), 각은 예리하지만 어떠한 것도 상하게 하지 않음은 공정(公正)함을 상징한다는 것이다.

바로 이러한 상징성 때문에 중국을 비롯한 한문화권에서는 옥을 인간의 고매함, 순결함, 아름다움, 영구함 등 미덕과 결부시켜 귀하게 여겼다. 아름다운 여성을 일컬어 '옥인(玉人)'이라 하고, 순결한 마음씨를 '옥심(玉心)'에 비유하며, '옥수(玉樹)'가 준수하고 유능한 젊은이를 이르는 것은 모두가 이러한 옥의 상징성에서 비롯된 수식이며 비유이다. 바로 이 때문에 일반적으로 옥은 용기나 장식물로 사용하는 외에 미덕과 권위의 징표로, 또한 벽사진경(僻邪進慶)의 부적(符籍)이나 방부(防腐), 초혼(招魂) 등 신기한 효능의 '신물(神物)'로 간주되기도 하였다.

옥의 용도 광물로서의 옥이 가지고 있는 특수한 성격과 그로부터 비롯된 상징성 때문에 옥석은 여러가지 용도로 쓰여왔다. 자고로 옥은 여러 곳에서 각이한 시기에 다채롭게 채용되었지만, 용기로서의 가공은 중국이 그 본산지라고 말할 수 있다. 근래에 중국에서는 '옥기학(玉器學)'이라는 새로운 학문분야를 개척하여 학문적인 정립을 여러 방면으로 시도하고 있다.

지금까지 중국에서는 하남성(河南省) 안양(安陽)과 금촌(金村)의 분묘유지를 비롯하여 은·주 시대부터 명·청대에 이르는 각 시대의 유적지에서 여러가지 용도의 옥기유물이 다량으로 발굴되었다. 그런데 18세기 이전, 즉 명대까지의 유물은 거개가 연옥유물인 것으로 보아 고대에는 아직 경옥이 사용되지 않았음을 알 수 있다. 지금까지의 유물출토 상황을 개괄하여 중국 옥기의 발전과정을 크게 3단계, 즉 상고(上古)단계(신석기시대 말기부터 후한대까지, BC 5000~AD 2세기), 중고(中古)단계(5호16국 시대부터 송대까지, 3~14세기), 근대단계(명대부터 오늘날까지, 14세기~현재)로 나누어 고찰할 수 있다.

그런데 이러한 단계는 그 내용에 따라 다시 세분화할 수 있다. 예컨대 상고시대의 옥기를 살펴보면, 그 발전과정을 다시 4기로 나눌 수 있다. 제1기는 신석기시대 말기부터 상(商)대 초기까지로 옥기 형식은 주로 동물입조(動物立彫)이고, 제2기는 상대 말기부터 춘추시대까지로, 이때가 바로 옥기의 원형이 창조되는 시기이다. 이 시기에 벌써 신물(神物)로서의 제사신축용기(祭祀神祝用器)와 권위의 상징으로서의 규(圭)가 각각 출현하고 동물형 수식품(垂飾品)도 자못 다양하다. 제3기는 전국시대부터 전한시대까지로 옥기의 실용화와 정교한 가공기법이 특징이며, 후대 옥기의 모형이 된 벽(璧)·종(琮) 등 여러가지 기형과 상징물이 창출되었다. 제4기는 후한 200년 동안인데, 기법에서 자연주의적인 색채가 농후한 것이 그 특징이며, 옥선(玉蟬) 같은 상징적인 소동물형 옥기가 많이 만들어졌다.

본래 옥은 단단하기 때문에 세공하기가 무척 힘들다. 그래서 옥의 세공에 비유하는 격언들이 적지 않다. 옥의 세공과 관련하여 『시경(詩經)』에는 '남의 산에서 나온 (거친) 돌이라도 자기의 옥을 가는 숫돌로 쓸 수 있다'는 시구가 있다. 자기보다 못한 사람이라도 내 수양의 거울로 삼을 수 있다는 겸허한 덕성을 뜻하는 말이다. 실제로 옥은 '자르고 닦고 쪼고 갈고 하는', 즉 절차탁마(切磋琢磨)하는 작업을 끊임없이 반복하는 과정을 거쳐야 비로소 값진 옥기로 변한다. 옥을 세공하는 데는 해옥사(解玉砂)라는 연마제를 사용한다. 해옥사에는 네 가지가 있는데, 보통 연옥의 가공에는 석류석(石榴石) 분말인 홍사(紅砂)를, 비취(翡翠) 같은 경옥에는 금강석의 일종인 자사(紫砂)를 연마제로 사용한다.

이렇게 갈고 닦아 만든 옥기는 권위를 나타내는 의장적(儀仗的)인 것으로부터 실용적인 기물에 이르기까지 실로 다종다양하다. 중국 상고시기의 옥기를 주요 용도별로 열거하면 다음과 같다.

전례(典禮)용 옥기 구멍 있는 칼 모양의 홀(笏), 돌도끼 모양의 규(圭), 규를 절반 쪼갠 칼 모양의 장(璋), 원판 중심에 작은 구멍이 난 벽(璧), 원판 중심의 구멍과 신경(身經)이 같은 길이의 환(環), 원판 가운데 구멍이 신경의 배가 되는 원(瑗), 원판 바퀴에 톱이 달린 모양의 선기(璿璣), 차축 모양의 종(琮) 등.

복식(服飾)용 옥기 패옥(佩玉) 상부에 장식하는 활 모양〔弧形〕의 형(珩), 한쌍으로 된 패옥 중부의 황(璜), 패옥의 상부에 흔들리게 된 이빨 모양〔牙狀〕의 아(牙), 패옥 세트의 중간에 넣는 관 모양〔管狀〕의 거우(琚瑀), 조수(組綬)에 꿰는 여러가지 구슬인 빈주(璸珠) 등.

상례(喪禮)용 옥기 고대 중국인들은 사람이 죽으면 영혼이 육체를 떠나지만, 그 유해를 잘 보존하면 영혼이 다시 몸으로 돌아온다는 이른바 환혼사상(還魂思想)을 믿었다. 그런데 신력(神力)을 가진 옥이 유해를 잘 보존시켜준다고 믿어 함선(琀蟬)이란 매미 모양의 옥을 망자의 입 속에 넣고, 옥안(玉眼)으로 눈을 덮고, 진옥(瑱玉)으로 콧구멍과 귓구멍 등 구규(九竅)를 막았다. 그리고 경우에 따라 영양보급의 뜻으로 돼지 모양의 악(握, 일명 玉豚)을 망자의 손에 쥐여주었다.

장검(裝劍)용 옥기 칼이나 검의 머리에 붙이는 봉(琫), 칼이나 검의 손잡이 하부에 붙이는 필(珌), 채찍의 상부 바깥쪽에 매다는 수(璲), 허리띠에 달거나 패검(佩劍)할 때 쓰는 대구(帶鉤), 끈을 풀 때 쓰는 동물 발톱 모양의 휴(觿), 활을 쏠 때 엄지손가락에 끼우는 원통형의 섭(韘).

장신구(裝身具)용 옥기 인재(印材)인 옥새(玉璽), 향이나 거울을 넣는 염(匲), 백옥 귀고리.

각종 옥공예품 옥의 영험(靈驗)을 표현한 각양각색의 공예품.

그밖에 특이한 것은 옥의(玉衣)로 싸면 시체가 온전히 보존될 수 있다고 해서 수의(壽衣, 일명 葬服)의 일종으로 이른바 금루옥의(金縷玉衣)라는 것이 한대의 제왕이나 상류 귀족층 사이에서 유행했다. 금루옥의는 생전의 봉작(封爵)에 따라 금·은·동루의 3종으로 구분되는데, 천자의 옥의는 금루이고 제후왕(諸侯王)이나 초대 열후(列侯)의 옥의는 은루, 기타 귀족들의 옥의는 동루를 사용하여

중국 요녕성 우하량에서 출토된 옥룡(홍산문화 BC 4000~3000, 옆)과
광동성 남월왕묘에서 출토된 전한시대의 사루옥의(絲樓玉衣, BC 2세기, 아래)

신분에 따른 구분이 명확하였다.

1968년 하북성(河北省) 만성(滿城)의 전한 중산왕(中山王) 유승(劉勝)의 묘에서 왕과 비(妃) 두 관(寶縮)의 금루옥의가 발견되었는데, 왕의 옥의에 사용된 옥편만도 2,498매나 된다. 옥의는 옥편의 네 귀에 구멍을 뚫어 금실로 얽어매었는데, 금실의 무게만도 11,002그램이나 된다. 왕비의 옥의는 편 수가 좀 적고 금실의 무게도 이보다는 약간 가볍다. 이때까지 중국에서 발굴된 각종 옥의는 8~9착 이나 된다.

최초의 옥기유물은 심양(瀋陽) 신락(新樂)문화 유지에서 발굴되었는데, 그 제작연대는 지금으로 부터 7,000년 전으로 보인다. 동북(東北) 홍산(紅山)문화와 산동(山東) 대문구(大汶口)문화의 옥기 는 지금으로부터 5,000~6,000년 전, 절강(浙江) 양저(良渚)문화의 옥기는 5,000~3,300년 전, 산동 용산(龍山)문화의 옥기는 4,000~3,500년 전에 만들어진 것으로 짐작된다.

옥의 교류 전술한 바와 같이 옥에는 연옥과 경옥이 있는데, 그 원산지와 사용시기가 서로 다르다. 옥기를 제일 먼저 사용하고 가공기술도 가장 발달했던 곳은 중국이다. 중국의 경우 대체로 근대(18세 기) 이전까지는 연옥을 사용했고, 근대 이후 지금까지는 연옥과 함께 경옥을 사용하고 있다.

상고시대의 연옥은 모두가 서역 타림 분지의 호탄(Khotan, 于闐)에서 채취된 후 중원(中原)으로 수입되어 각종 옥기의 재료로 이용되었다. 『한서(漢書)』에 보면, 파미르 고원(葱嶺)에 위치한 서야국(西夜國, 야르칸드)에서 옥이 나온다고 하였다. 이 책에는 또한 선선국(鄯善國)에서도 옥이 나온다는 기록이 있는데, 이는 오기(誤記)로 판단된다. 왜냐하면 이 나라에서는 자고로 옥이 채집되지 않으며, 다만 호탄이나 체르첸(Cherchen, 且末)의 옥을 중국으로 운반하는 중계교역만 해왔기 때문이다. 물론 그후 섬서(陝西)의 남전(藍田)과 사천(四川)의 충주(忠州)나 가주(嘉州) 등 중국의 기타 지역에서도 연옥이 채취되기는 하였지만, 연옥의 원산지는 호탄 지방임에 틀림없다.

　　『오대사(五代史)』「우기전(于闐傳)」은 938~42년 호탄을 방문한 고거회(高居誨)의 다음과 같은 채옥기(採玉記)를 전한다. 오대(五代)의 후진(後晉) 왕 고조(高祖)는 천복(天福) 3년(938)에 옥새용 옥을 구하기 위해 공봉관(供奉官) 장광업(張匡鄴)과 절도판관(節度判官) 고거회를 타림 분지의 호탄에 파견하였다. 고거회는 약 4년간 옥과 그 채취방법을 숙지한 후 942년에 귀국한 다음 여행기 『거회기(居誨記)』(일명 『于闐國行程錄』)를 썼는데, 그것이 『오대사』에 수록되어 있다. 그 내용을 간추려보면, 호탄 남방 1,300리 되는 곳을 옥주(玉州)라고 하는데, 그곳 산에는 물론이거니와 그 동쪽의 백옥하(白玉河)나 서쪽의 녹옥하(綠玉河)와 오옥하(烏玉河)에서도 각양각색의 옥이 많이 나온다. 해마다 가을이 되어 강물이 마르면 이 나라 국왕이 우선 강가에 와서 옥을 채취한다. 왕이 채취한 다음에야 백성들이 옥을 채취할 수 있다. 이 나라 법에 따르면, 관헌들이 옥을 채집하는 동안에는 백성들이 강가에 가는 것조차 금지된다.

　　다른 사적에는 '고거회의 행정록'이라는 제목하에 앞글보다 더 상세한 내용이 실려 있다. 즉 호탄에서 옥을 채취하는 곳은 옥하(玉何)라는 곳인데, 우기성(于闐城) 밖에 있다. 이 강의 발원지는 곤륜산(崑崙山)인데, 서쪽으로 1,300리 흘러간다. 성 동쪽 30리에 백옥하가 있고 성 서쪽 20리에 녹옥하가 있으며, 녹옥하 서쪽 7리에 오옥하가 흐른다. 이 강들의 원류는 하나이지만, 옥은 땅에 따라 다르며 색깔도 한가지가 아니다. 매년 5~6월 강물이 불어나면 옥수(玉髓, 옥돌)가 흘러오는데, 옥이 얼마나 되는가 하는 것은 수량(水量)에 달려 있다. 7~8월에 물이 빠지면 옥을 채집할 수 있다. 현지인들은 이것을 '노옥(撈玉)' 즉 '옥건지기'라고 한다. 국법에 준하면, 관리가 옥을 채집할 때는 백성들이 강가에 서 있는 것마저도 금지된다. 호탄인들은 왕왕 옥으로 기구나 복식을 만들며 중국에 있는 옥은 대부분 이곳으로부터 온 것이다.

　　이상의 두 내용을 종합해보면, 호탄은 고대 옥(연옥)의 원산지로서 중국의 옥기 재료는 거개가 그곳으로부터 수입한 것이며, 자연옥석은 갈수기를 이용해 강바닥에서 채취한다. 원래 옥은 국법으로 채집을 규제할 만큼 귀중한 보석의 일종이었음을 알 수 있다.

　　호탄의 옥은 연옥으로서 광물성 자연옥이다. 넓은 의미에서 옥에는 동물성 옥, 즉 주(珠)라는 것도 포함되는데, 고대에 이러한 주는 중국뿐만 아니라 기타 지역에서도 채취되었다. 대진국(大秦國, 로마)의 부채옥(符采玉)이나 명월주(明月珠)·야광주(夜光珠)·진백주(眞白珠), 대식(大食, 아랍)이나 페르시아의 진주나 산호는 그 대표적인 실례라고 할 수 있다. 이러한 주류(珠類)는 연옥이나 경옥에 비해 산출량이 제한되고 생산지도 몇곳에 국한되어 있기 때문에 옥기문화에 대한 기여도는 상대적으로 적다. 전술한 바와 같이 고대의 옥은 주로 연옥을 뜻하며, 경옥은 근세에 와서야 비로소 미얀마나 스리랑카 등 일부 지역에서 발견되어 옥기문화에 일조를 하고 있다. 따라서 고대나 중세에 '옥'이라고 하면 주로 연옥을 지칭하며, 옥의 원산지라고 할 때는 자연히 연옥의 원산지인 호탄 지방을 가리킨다. 기타 지역에서는 연옥유물이 아직 발견된 바 없어 호탄이 유일한 원산지로 인정되고 있다.

이와같은 사정을 감안할 때, 옥의 교류는 의당 원산지인 호탄으로부터의 파급으로 이해해야 할 것이다. 그 파급의 수혜자는 우선 중국이었다. 언제부터 호탄 지방의 옥이 중국에 유입되었는지는 확실치 않으나 은·주시대의 묘에서 여러가지 용도의 완벽한 옥기유물이 출토된 사실을 고려하면 그 이전부터 이미 옥의 교역이 이루어졌다고 추단할 수 있다. 그리고 이 교역의 담당자는 월지(月氏)인들이었다.

원래 월지는 감숙(甘肅)으로부터 호탄 지방에 이르는 광활한 지대에 자리잡고 있던 큰 세력이었다. 사서에 보면, 간혹 월지를 '우씨(禹氏)'라고도 지칭하는데, 이를 두고 터키어 '카슈'(kash)의 음사라고 주장하는 설과 호탄의 옛 이름 우기(于闐)의 음역(Y(I)uthu-bi-ni(?))이라고 보는 두 가지 설이 있다. 후자로 인해 중국 고적에는 '우씨의 옥'이라는 합성어가 나오는데, 이것은 곧 '우기의 옥' 혹은 '월지의 옥'이란 뜻으로 이해해도 무방할 것이다.

월지가 호탄과 중국 간 옥의 교역을 전담하다시피 했으므로 동방에서는 월지를 '옥의 민족'이라고 불렀으며, 그들에 의해 옥이 오간 길을 '옥의 길'이라고 하였다. 은·주대에 앞서 열린 이 '옥의 길'은 후일 중국 장안에서 시작하는 오아시스 육로의 남도(南道, 한대 이후)에 해당하는 길로서 이 길이야말로 실크로드의 선구였다고 말할 수 있다.

월지는 옥 교역의 반대급부로 중국으로부터 비단을 가져가 서쪽에 있는 서역제국에 중계하였다. 그리하여 서방에서는 월지가 '비단의 민족'으로 알려지기까지 하였다. 한 민족의 역할을 두고 동방과 서방이 서로 다르게 호칭하고 평가하였다는 사실 그 자체가 동서교류에 대한 월지의 기여도를 입증해준다.

제2절 유리의 교류

유리의 개념 유리는 인공배합물질로서 소재나 가공기술, 제조법이 다양하기 때문에 한마디로 그 개념을 정리하기는 어렵다. 일반적으로 용융물(熔融物)을 냉각하면 일정한 온도에서 결정되거나 또는 용융물에서 결정질이 석출된다. 그러나 어떤 용융물은 온도를 내려도 결정되거나 결정질이 석출되는 것이 아니라, 냉각됨에 따라 점성이 점차 증가하다가 마침내는 고체로 굳어진다. 이러한 용융물의 고체화는 결정고체와는 달리 원자 배열이 불규칙적이며, 재가열하여 온도를 높이면 점차 물러져서 액체상태에 이른다. 일반적으로 이러한 물성을 가진 물질을 유리(琉璃, glass)라고 한다. 유리는 겉보기에는 고체이나, 그 내부구조는 액체와 비슷하다. 그리하여 유리를 일명 과냉각액체(過冷却液體)라고도 부른다.

유리의 원료는 용도에 따라 각이하게 배합하여 사용한다. 유리는 주원료인 산화규소와 붕산·인산에 염기성 산화물(산화나트륨·산화칼슘·산화칼륨·산화마그네슘 등)이나 중성 산화물(알루미늄·산화아연·산화연·산화바륨 등)을 적당히 배합하여 제조하는데, 이것만으로는 질 좋은 다양한 유리가 될 수 없다. 그리하여 용융을 촉진하는 용제(融劑, 초산소다·초산칼리 등)와 용융시 기포를 제거하는 청정제(아비산·산화안티몬·황산나트륨 등), 그리고 점착제(철·망간·코발트·니켈·금·은·셀레늄·유산·탄소·우라늄 등)와 규석(硅石) 같은 원료에 포함된 철분 등으로 인해 생기는 불순 색깔을 제거하는 소색제(消色劑, 산화코발트·산화망간·탄산니켈 등 금속산화물), 유리의 불투명을 보장하는 유탁제(乳濁劑, 규불화소다·골회·산화석 등) 같은 것을 부원료로 사용한다.

이렇게 다양한 소재와 가공기법을 가진 유리는 동서고금을 막론하고 귀중한 보물로 진중되어왔다. 작금 유리는 일상생활의 용기에서부터 첨단과학기술에 이르기까지 모든 분야에서 필수불가결한 물질로 선용되고 있다. 그것은 유리의 독특한 성질 때문이다. '불과 모래의 조화' '모래와 재로부터 태어난 불사조'로까지 묘사되는 유리는 색깔이 아름답고 가벼우며 투명하고 광명 효과가 있으며, 방수성과 불변성까지 지니고 있다. 따라서 유리 유품은 당대의 사회상이나 교류상을 가늠하는 데 중요하고도 확실한 증빙자료가 된다.

유리는 순수한 인공배합물질로서 여러가지 재료의 배합으로 인해 물리·화학적 물성에서나 외형상에서 재료들 본연의 상태와는 전혀 다른 새로운 물질로 생성된 것이다. 이러한 유리의 제조과정은 단순한 천연광석의 채취나 그 가공에 비해 훨씬 복잡하고 우월한 기술과 지식·경험을 필요로 한다. 따라서 유리의 제작수준으로 당대 사회의 과학이나 기술의 수준을 가늠할 수 있다. 특히 유리는 불변의 소재이기 때문에 다른 어떤 물질(거개가 변화)에 비해서 확실한 과학적 검증방법과 증거를 제공해준다.

한편, 유리는 언제 어디에서나 귀중품으로 각광을 받았으므로 중요한 교역품으로 거래되어왔다. 한때는 화폐로 대용되기까지 하였다. 불변의 성질을 가진 유리 유품은 고대 문명교류의 신빙성있고 선명한 흔적으로 남아 있어 교류사 연구에 큰 몫을 차지한다.

유리(琉璃, 流離)의 어원에 관해서는 여러가지 설이 있다. 서양의 경우, 고대 그리스어에서 유리는 '히알로스'($\gamma\alpha\lambda o$, hyalos)인데, 이것은 차용어로서 그 어원은 미상이다. 라틴어에는 그리스어에서 유래된 'hyalus'란 말이 있었으나 일반적으로 '비트룸'(vitrum)이란 단어를 사용하였다. 기타 인도-유럽 어족에 속하는 여러 언어에서 유리를 지칭하는 단어(음사)는 각이한바, 아베스타어에서는 'yama', 산스크리트어에서는 'kaca', 우에르즈어에서는 'gwydr'(라틴어 vitrum의 와전으로 추측)라고 한다. 현대 영어의 'glass'나 프랑스어의 'glace'는 음의 유사성으로 보아 고대 그리스어의 'hyalos'나 라틴어의 'hyalus'에서 유래한 것으로 짐작된다.

동양 한문화권에서 유리에 관한 최초의 문헌기록은 『한서(漢書)』(권96)「서역전(西域傳)」의 '계빈 국조(罽賓國條)'인데, 여기에는 계빈국(Kapisa, 현 아프가니스탄의 베그람 지방)에서 주기(珠璣)·산호(珊瑚)·호백(虎魄)과 함께 벽유리(璧流離)가 나온다고 하였다. 또 같은 책(권28)「지리지(地理志)」에는 무제(武帝, 재위 BC 140~87) 이래 한나라 사신은 황금과 잡회(雜繪) 등을 가지고 황지국(黃支國, 현 남인도 동해안의 칸치푸람)에 가서 명주(明珠)·벽유리·기석(奇石) 등을 구입해온다고 기술하였다. 그런데 후한 때 지어진 허신의 『설문해자』에 의하면, 벽아(璧砑, 즉 벽유리)는 빛을 발하는 돌로 서호(西胡)에서 생산된다고 하였다. 이 최초의 자해(字解)사전을 주해한 청대 단옥재(段玉裁)는 아(砑)와 유리(流離, 瑠璃)는 동음어라고 하였다. 벽아나 벽유리는 접두사인 '벽(璧)'자를 무시하면 고대 그리스어 'hyalos'와 음이 유사하며, 그 전음(轉音)으로 볼 수 있을 것이다. 현대 중국어의 '파리(玻璃)'는 '벽아'와 음이 유사하며, 한국어의 유리는 '유리(流離)'나 '유리(琉璃)', 또는 '유리(瑠璃)'의 습용(襲用)이라 할 수 있다.

그런데 중국의 경우에 유리는 시대적으로 한대 이전인 전국시대에 이미 출현하였다. 당시 유리구 슬을 지칭한 용어로는 화재(火齋), 민괴(玫瑰), 구림(球琳), 민(珉), 무부(碔砆), 벽로(碧盧) 등 여러 가지가 있었다. 이것들은 고유한 한자어로서 서방의 유리 명칭과는 무관함을 알 수 있다. 그밖에 기 원후 중앙아시아인들에 의해 번역된 산스크리트 원전 한역본에는 유리(琉璃), 폐유리(吠琉璃), 비유리(毗琉璃), 폐유리야(吠瑠璃耶) 등 여러가지 유리 지칭어가 보이는데, 이것도 역시 고대 그리스어나 라틴어의 전음으로 추측된다. 그밖에 전국시대 말기부터 사용된 지칭으로는 '야광벽(夜光璧)'이란 단어가 있다. 그 유래에 관한 해석은 두 가지가 있는데, 하나는 '광택(光澤)'을 가졌다는 뜻이고, 다른 하나는 '유색보석'(有色寶石, 속명 風信子石)을 가리키는 산스크리트어의 'jargon'에서 유래되었다는 것이다.

유리의 기원 통상 유리가 처음 출현한 때를 지금으로부터 5천년 전의 청동기시대로 잡고 유행기는 3,500년 전 이후로 보는 데 학계의 견해가 모아지고 있으나, 그 기원에 관해서는 구구불일(區區不一)이다. 유리의 탄생은 다같이 제조에 높은 온도를 요하는 청동이나 철 등의 금속야금기술과 관련이 있는 것으로 보인다. 그러나 구체적으로 유리와 비슷하지만 그보다 먼저 나타났고 유리와는 달리 결정질(結晶質)인 파이앙스(faience)의 제조법이나 토기의 유약인 연유(鉛釉)에서 유래하였다는 주장도 있어 아직은 정설이 없다.

세계 최초의 백과사전으로 알려져 있는 플리니우스(S. Plinius, AD 23?~79)의 『박물지(博物誌)』에 유리의 기원에 관한 다음과 같은 기술이 있다. 어느 날 페니키아의 천연소다 무역상이 오늘의 이스라엘 영내를 흐르는 베루스(나만) 강변에 이르러 식사준비로 솥을 받칠 돌을 찾았으나 종시 찾지 못하여 가지고 있던 소다 덩어리 위에 솥을 얹어놓고 불을 지폈다. 가열된 소다 덩어리가 강변의 백사(白砂)와 혼합되면서 반투명의 액체가 흘러나왔다. 이 액체가 바로 유리였던바, 이것이 바로 인간이 유리란 물질을 알게 된 최초의 계기이며, 따라서 그 기원인 것이다. 이것은 한낱 전설 같은 이야기지만, 당시까지만 해도 유리가 어디에서 언제 어떻게 출현하였는지 밝혀지지 않았기 때문에 일단 유리의 기원설로 간주되어 『박물지』에까지 오르게 된 것이다.

그러나 근세, 특히 1·2차 세계대전 이후 메소포타미아와 이집트를 비롯한 고대문명지에서 유리구슬과 유리용기 등 다량의 유물이 발굴됨에 따라 유리의 기원 문제가 과학적으로 해명되기 시작하였다. 그동안 메소포타미아 기원설과 이집트 기원설 간에 엎치락뒤치락하면서 논쟁이 계속되어왔으나 지금은 대체로 메소포타미아 기원설이 우세를 점하는 추세다.

일찍이 영국의 이집트학 대가인 피트리(F. Petrie)는 저서 『고왕조의 왕묘』에서 데페 왕묘에서 출토된 녹색소옥(綠色小玉, 9×5.5mm)과 하트루신의 두부상(頭部像)이 기원전 3500년경의 것으로서, 세계에서 가장 오래된 유리제품이라고 추정하면서, 그것들이 아시아(메소포타미아)에서 수입된 것이라고 주장하여 유리의 메소포타미아 기원설을 제시하였다. 그러나 일부 학자들은 그것이 유리제품이 아니라 석영질(石英質)의 자연석이라고 반박하기도 하고, 또 유리제품임을 인정하면서도 수입설에는 반대하였다.

피트리가 제시한 위의 두 점 유물이 유리제품인가 아닌가 하는 논의가 일어나자 독일의 화학자 라트겐(F. Rathgen)이 옥화제(沃化劑)를 사용해 검사한 결과 적색반응(석영은 비적색반응이 나옴)이 나와 유리임이 일단 검증되었다. 그리고 나서 불화(弗化)암모늄과 유산실험을 하여 소다와 석회 성분을 검출함으로써 이 유물들이 인공유리라는 것도 판명되었다. 그리하여 수입설의 부정과 더불어 이집트 기원설이 상승세를 타기 시작하였다.

이집트 신왕조 제18왕조 아멘호테프 2세(재위 BC 1436~1411)의 유리제 두상

2차 세계대전 이후에는 출토 유물에 대한 철저한 점검에 초점을 맞추면서 종전의 이집트학이나 메소포타미아학을 재검토하는 학풍이 일기 시작하였다. 그리하여 피트리가 제시한 두 점의 유리유물도 검증을 받게 되었다. 사실 피트리는 본인이 그 유물을 직접 발굴하거나 목격한 것이 아니고 데페고분에서 출토된 작은 병 속에 있는 것을 확인했을 따름이었다. 뿐만 아니라, 과학적인 분석 결과 이집트에서는 신왕국 18왕조(BC 1552~1306) 이전에는 유리가 생성되지 않았다는 것이 밝혀졌다.

한편, 메소포타미아 유지에서는 고대 유리제품이 속속 발견되었다. 바그다드 동북방의 텔아스마르에서 아카드조(BC 2340~2150) 때 만들어진 유리막대기가, 그리고 에리두에서는 우르 제3조(BC 2140~2030) 때의 청색유리 조각이 출토되었다. 유리용기도 이집트에서는 기원전 15세기 이후에야 비로소 유행하게 되지만 메소포타미아에서는 그 이전에 이미 나타나고 있다. 특히 기원전 16세기경부터는 진흙 등으로 심지를 만들어 그 위에 유리용액을 찍어내서 말아붙여 그릇의 형태를 만든 다음 식혀서, 그 속의 흙을 파내는 이른바 코아법(core technique)으로 유리용기를 만들기 시작하였다.

이집트에서는 제21왕조(BC 1085~950) 이후 약 500년간 어떤 이유에서인지 유리 유품이 출토되지 않다가 앗시리아의 속령기(屬領期) 말엽인 아마시스 왕(BC 568~526)대에 와서 다시 나타나기 시작하였다. 그리고 아케메네스조 페르시아의 속지가 된 기원전 5~4세기경에 이르러서는 유리가 크게 성행하였다. 이것은 페르시아의 발달된 유리제조업의 영향을 직접 받은 데 기인한 것으로 보인다. 이집트는 그후 프톨레마이오스조(BC 323~30) 시대에 헬레니즘 문화의 융성을 계기로 지중해 최대의 유리생산지가 되었으며, 이 유리 전통은 로마제국으로 고스란히 이어졌다.

한편, 메소포타미아의 유리 전통은 단절없이 줄곧 전승되었다. 기원전 10세기 전후에 벌써 훌륭한 모자이크유리가 제조되고, 기원전 7세기경 사라공 왕대에는 카트(cat)기법이 개발되어 한층 질 좋고 다양한 유리제품이 생산되기 시작하였다. 아케메네스조 페르시아의 유리공예, 특히 카트유리는 세인의 이목을 끌기에 충분하였다.

그리스의 올림피아와 에페소스 등지의 기원전 5~4세기 유적에서 아케메네스조의 각종 금·은 기명(器皿)과 함께 출토된 카트유리제 바리(鉢)나 고리 등의 유품은 당시 화려했던 페르시아의 유리

메소포타미아 출토 모자이크유리배 조각(7.7×6.0cm, BC 16~15세기, 왼쪽)과
아케메네스조 페르시아 출토 카트유리 바리(오른쪽)

제작기술을 실증해준다. 파르티아(Parthia, 安息, BC 240~AD 226) 시대의 유물은 별로 없어 그 실상을 알 수 없으나, 사산조(Sasan, 226~651) 페르시아 시대에 이르러서는 로만글라스(Roman glass)와 전래의 오리엔트 유리 제조기법을 계승하여 독특한 사산 유리(Sasanian glass)를 탄생시켰으며, 그 전통을 이슬람 유리(Islamic glass)가 이어받았다.

한국을 포함한 동아시아 유리의 기원은 아마도 지금까지의 발굴 유물 중에서 가장 오래된 유품을 갖고 있는 중국에서의 유리 기원과 관련이 있을 것이다. 현재까지도 중국 학자들이나 외국 학자들 사이에서는 중국 유리의 자생과 전래 문제에 관하여 이론이 분분하다. 만일 유리가 중국에서 독창적으로 제조되었다면, 유리의 기원은 결코 일원적(一元的)일 수 없고 다원적(多元的)일 수밖에 없다. 이런 의미에서 중국을 포함해 메소포타미아나 이집트가 아닌 다른 지역에서 유리의 기원을 밝히는 것은 문명사적 의의가 있는 중요한 문제이다.

얼마 전까지만 해도 연구자들은 주대(周代)와 춘추시대 전기의 유적에서 출토된 파이앙스 구슬 (珠玉)류를 유리로 착각하여 유리의 제조 편년을 서주(西周)시대까지 올려잡았다. 그러나 중국에서 유리를 처음으로 만든 때는 이 시대가 아니라 그보다 후대인 춘추전국시대(BC 5~2세기)라는 것이 최근의 출토 유품에 의해 고증되었다.

1927년 기독교 하남관구(河南管區)의 사교(司敎)인 토론토대학 고고학 조교수 화이트(W. C. White)는 시장에 나도는 유리 유품의 출토지를 추적한 끝에 그곳이 주대(周代)의 고성 낙양현(洛陽縣) 금촌(金村)임을 알아냈다. 화이트가 조사한 유리 유품은 주로 잠자리눈 모양의 청령옥(蜻蛉玉, eye bead, 점박이구슬)과 거울, 띠고리, 그리고 동호(銅壺)에다 청령옥이나 모자이크유리를 상감(象嵌)한 구슬들이다. 그 제조연대는 전국시대 말기(BC 3세기 말)로 추정된다. 중국 고유의 동기(띠고리나 동호)에 상감한 점으로 보아, 이러한 유리는 중국 현지에서 제조되었음이 분명하다.

중국 전국시대 말의 청령옥 상감거울

영국의 셀그먼(G. Selgman)과 베크(C. Beck)는 이 유품들의 성분을 분석하여 서아시아의 소다유리와는 달리 바륨을 다량 함유한 납[鉛]유리임을 밝혀냈다. 그런데 그 모양은 서아시아나 지중해 주변의 유리와 아주 유사하다. 그리하여 대부분의 학자들은 이러한 유리의 중국적 독창성을 인정하면서도 모양의 유사성을 근거로 서아시아 유리와의 상관성을 조심스럽게 제기하고 있다.

셀그먼과 베크가 분석한 중국과 서아시아 출토 청령옥의 화학적 성분을 분석한 결과는 다음 면의 표와 같다. 표에서 보다시피, 중국에서 출토된 유리 유품(6종)과 지중해의 로도스 섬(그리스)과 꼰스딴띠노쁠(터키)에서 출토된 유품(각 1종)의 성분에는 차이가 난다. 유리의 기본 원료인 규사(硅砂, SiO_2)를 공유함은 당연하지만, 중국 유리는 산화연(酸化鉛, PbO)과 산화바륨(BaO)을 많이 함유한 것이 특징이다. 이것이 바로 고대 중국 유리의 독창성(고유성)이라고 할 수 있다. 그러나 표(중국 출토 2)에서 알 수 있듯이, 중국 유품 중에 드물기는 하지만 납이나 바륨이 전혀 함유되지 않은 것이 있다.

유리의 기원을 밝히는 데 있어서 출토 유물과 함께 고대 문헌기록은 신빙성있는 전거를 제시해준다. 메소포타미아 유리에 관한 최초의 기록은 기원전 18세기 말경(바빌로니아 제1왕국)의 다루 오마르 점토판(粘土板) 문서이다. 현재 대영박물관에 소장되어 있는 이 점토판은 과학적인 발굴작업에 의해 발견된 것이 아니라 고물상한테 구입한 것이라서 그 신빙성에 의문을 제기하는 학자도 있으나, 판의 제조기법이나 문서내용을 검토해보면 대략 기원전 18세기 말경의 것으로 추정된다. 구입시의 추적조사에 의하면, 이 문서는 티그리스강 기슭의 고대 셀레우키아 도성지(都城址)인 다루 오마르에서 출토되었는데, 크기는 5.2×8.3cm의 장방형이다.

이 문서는 표면 21행, 이면 22행의 설형문자(楔形文字)와 암호, 은어로 구성되었으며 저자는 바빌로니아인 리파리트 마르도쿠이다. 제작일은 쿠르기샤르 왕 즉위 이듬해 데페르월(月)의 24번째 날로 기록되어 있다. 이 왕은 기원전 18세기 말부터 17세기 초에 걸쳐 남부 바빌로니아를 지배한 중기 바빌로니아 왕이다. 문서내용은 투명유리가루에 납·동·초석(硝石)·석회 등을 섞어 채색유약인 연유(鉛釉)를 만드는 법을 소개한 것으로서, 여러 원료의 배합비율이나 제조방법이 상세히 기록되어 있다. 예컨대 5~6행에는 '아카트동(銅)'이란 유약의 제조법을 구체적으로 기술하고 있다. 이와같이 투명유리를 바탕으로 각종 유약을 만들어냈다는 것은 당시 유리제조가 상당한 수준에 이르렀음을 가늠케 한다.

중국에는 후한(後漢)시대부터 이미 유리제조에 관한 명확한 기록이 남아 있다. 최초의 기록은 후한 때의 책인 『논형(論衡)』「솔성편(率性編)」에 나오는데, 거기에는 "도인(道人)들은 다섯 가지 돌

중국·서아시아 출토 청령옥 성분분석 결과(셸그먼, 베크)

유물\성분	중국 출토						로도스 섬 출토	꼰스딴띠노쁠 출토
	1	2	3	4	5	6		
SiO_2	34.42	67.5	42.5	41.9	50.0	30.9	29.0	68.2
PbO	43.20	0	20.5	24.5	25.0	65.1	69.6	0
BaO	12.58	0	4.0	19.2	10.0			0
CaO	0.12	6.8	4.4	4.4	10.0			7.2
Na_2O	4.32	17.7	4.4	4.5	12.0	0.7	0.1	18.5
K_2O	1.02	0.8	4.4	4.5	12.0	0.7	0.1	0.8
Fe_2O_3	0.16	3.7	9.5	4.4	1.0	0.7	trace	3.9
Al_2O_3	0.76	3.7	9.5	4.4	1.0	0.7	trace	3.9
기타	2.97							
	99.56	96.5	89.9	98.9	98.0	97.4	98.7	98.6

을 녹여서[消爍] 5색의 유리를 만드는데, 진옥(眞玉)과 비교해 다를 바 없다"고 언급되어 있다. 기원후 3~4세기에 저술된 『태평어람(太平御覽)』이나 『서경잡기(西京雜記)』에도 한대에 여러가지 유리가 있었다고 전한다. 『태평어람』(권808) 「진보부(珍寶部) 7」 '유리조(琉璃條)'에 의하면 한 무제는 신선을 즐겨 사신당(祠神堂)을 지었는데, 창문은 흰 유리로 만들어 빛이 잘 든다(光照洞澈)고 하였다. 또 이 책은 전한 말 성제(成帝, BC 32~7)가 애비(愛婢) 조비연(趙飛鷰)을 위해 복탕전(服湯殿)을 지었는데, 문을 녹색유리로 만들었다고 전한다. 진(晉)나라 갈홍(葛洪, 290~370)이 지은 『서경잡기』(권1)에도 소양전(昭陽殿)에 기거하는 조비연의 동생이 이 궁전의 창문은 대부분이 녹색유리로 만들어져 머리카락까지 비쳤다고 묘사한 내용을 전재하고 있다. 이러한 기술로 미루어보아 한대에 이미 상당한 수준의 기술로 제작된 각종 유리가 애용되었음을 알 수 있다.

위에서 살펴본 바와 같이, 유리는 대체로 청동기시대인 기원전 3000년경에 메소포타미아 지역에서 만들어지기 시작한 후 급속히 각지에 파급되었다. 따라서 기원론적으로 볼 때, 유리는 메소포타미아에서 발생했다는 일원론이 타당하다고 판단된다. 일부 학자들은 이집트나 중국 등지에서 한때 성행한 유리 제조기법 및 성분상의 특성을 근거로 이원론 혹은 다원론을 주장하고 있으나, 여러가지 유물의 교류관계에 의한 상관성이 입증되면서 일원론이 점차 신빙성을 더해가고 있다.

유리의 교류 유리의 역사를 돌이켜보면 초기에는 주로 구슬 같은 소형 장식품으로 애용되다가 제조기술의 발달로 광택과 불변의 성질을 지닌 다양하고 화려한 제품이 출현함에 따라 보석으로 진중되었다. 그리하여 유리 제조기술이나 제품을 소유하려는 노력이 경주되었고, 급기야 유리는 중요한 교역품이나 증여품으로 사면팔방에 급속히 전파되었다. 이러한 전파과정이 곧 유리의 교류과정인 것이다.

유리의 교류에서 특징적인 것은 중심지의 이동이다. 메소포타미아 지역에서 발생한 유리는 소재

유리제조법에 관한 메소포타미아 점토
판 문서(BC 18세기 말)

나 기법의 변화·발전과 기타 역사적 요인들로 말미암아 제조중심
지가 여러 곳으로 이동·교체되면서 그 교류가 면면이 맥을 이어
갔다. 새로운 중심지는 종래의 중심지에서 무르익은 기법이나 소
재를 전승하는 한편, 현지의 특성에 알맞은 기법이나 소재를 개발
하고 첨가함으로써 유리제조의 다양화를 기할 수 있었다. 출토 유
물과 문헌기록에 의해 고증된 바 있는 유리제조의 중심지가 어떻
게 형성·발달했고 또 어떻게 다른(다음) 중심지로 옮겨갔는가 하
는 것이 유리교류사 연구의 중심과제이다.

유리의 발달사 견지에서 볼 때, 제조중심지 이동은 곧 유리의
발달단계로 이해할 수 있을 것이다. 아울러 중심지이동설(中心地
移動說)은 유리의 교류사를 밝히는 데 준거해야 할 이론이며 방법
이다. 여기에서 유의해야 할 것은, 특정 시대에 유리 제조나 사용
을 주도했다는 의미에서의 중심지 운운이지, 결코 비중심지(주변)

의 역할이나 기여를 무시하는 것은 아니라는 점과 대체로 중심지는 계승적인 전후 이동관계였으나
때로는 일정한 기간 동안 복수 중심지가 병존하였다는 사실이다. 사실상 중심이냐 주변이냐, 또는
병존이냐를 놓고 여러가지 의론이 제기되고 있어 연구의 심화가 시급한 실정이다.

중심지이동설에 입각해 유리의 교류사를 통관하면, 다음과 같은 몇번의 중심이동에 의해 유리가
교류되었음을 발견하게 된다.

우선, 기원전 3000년경부터 1700년경까지는 유리가 처음 출현함으로써 형성된 메소포타미아 중
심지이다. 이 시대에는 유리가 주로 소형 장식품으로 이용되고, 메소포타미아 지역에서만 제조되어
별다른 교류상을 찾아볼 수 없다. 그러나 이 시대에 흥망성쇠를 거듭한 지역 내 여러 왕국들의 고지
(故地)에서 유리 유품이 두루 출토된 점으로 보아 역내에서 얼마간의 교류는 이루어진 것으로 판단
된다.

둘째로, 기원전 16~10세기 기간에 형성된 이집트 중심지이다. 기원전 16세기경에 메소포타미아
지역으로부터 도입된 코아법으로 단순한 장식품이 아닌 작은 유리용기류가 제작되기 시작하였다.
코아법이 도입된 지 불과 한 세기도 못되어 이집트에서는 이 새로운 제조법에 따른 유리용기가 다
량 제작되었다.

셋째로, 기원전 9~4세기 기간에 복구된 메소포타미아 중심지이다. 앞에서 언급한 바와 같이 이집
트에서는 기원전 9세기경부터 약 500년간 유리제조의 공백기가 나타났다. 이 기간에 유리제작은 메
소포타미아를 비롯해 시리아와 그리스 일대에서 성행하게 되는데, 그 대표적인 것이 아케메네스조

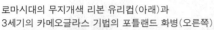
로마시대의 무지개색 리본 유리컵(아래)과
3세기의 카메오글라스 기법의 포틀랜드 화병(오른쪽)

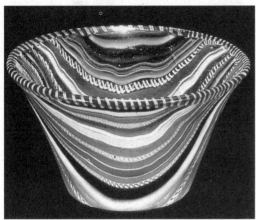

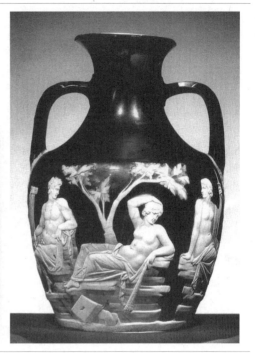

페르시아의 유리공예이다.

넷째로, 기원전 4세기부터 기원후 3세기로 이어지는 기간에 형성된 로마 중심지이다. 이 시대에 해당하는 유리를 흔히 로만글라스라고 하는데, 이때는 유리의 전성기로서 세계 곳곳에 그 흔적을 남겨놓았다. 알렉산드로스의 동정(東征)과 헬레니즘의 도래로 이집트의 알렉산드리아가 유리제조의 중심지로 부상했고, 특히 로마는 기원전 1세기경에 대롱불기(blowing) 기법이 발명되면서부터 명실상부한 유리제조의 중심지 역할을 수행하였다. 그리하여 유라시아의 광활한 지대에 로만글라스가 보급되면서 이 유리를 주종으로 한 교류대(交流帶)가 형성되었다.

다섯째로, 로만글라스 시대에 해당되는 중국 중심지이다. 전국시대부터 유리를 제작하기 시작한 중국은 한대를 전후하여 주로 자체의 힘으로 유리(납유리)를 제작하는 동시에 서역의 유리(로만글라스 등)도 도입하여 유리공예를 발전시켰다. 이 시기 중국은 한국·일본·베트남을 비롯한 주변국가들과의 밀접한 교류를 통해 유리공예를 발전시키고 다양화시켰다.

여섯째로, 기원후 4~7세기 기간에 나타난 사산 중심지이다. 오늘날의 이란을 중심으로 한 사산조 페르시아는 고대 아케메네스조의 유리제조 전통을 이어받고 주변에서 성행한 로만글라스의 영향을 받아 개성있는 페르시아식 사산 유리를 제작하는 데 성공하였다. 로마제국의 분열과 쇠퇴를 틈타 흥성한 사산 유리는 멀리 동방에까지 그 족적을 남겨놓았다.

사산조 페르시아계 감색 유리배(왼쪽)와 이슬람식 카메오 봉수 유리병(1000년경, 오른쪽)

일곱째로, 7세기 이후의 아랍 중심지이다. 7세기 중엽 아라비아 반도에서의 이슬람교 출현과 더불어 전래의 오리엔트 문명(메소포타미아·이집트·페르시아 문명)과 로마의 고전문명을 일괄 흡수·융합한 이슬람 문명이 형성되어 이른바 이슬람 유리가 창출되었다. 사산 유리와 로만글라스를 교묘히 융합시킨 이슬람 유리는 대체로 이슬람의 전파에 편승하여 여러 곳으로 급속히 파급되었다.

물론 이상의 모든 중심지 이동은 유리의 전파에 의하여 비로소 가능한 것이었다. 그러나 여기서는 주로 유리의 동서교류라는 논제와 관련하여 기원을 전후한 시기에 로만글라스를 비롯한 서방유리와 납-바륨 유리를 비롯한 동방유리의 교류 문제에 착안점을 두고 다루려고 한다. 그 가운데서도 동방유리의 서방기원설과 로만글라스를 비롯한 서방유리의 동점(東漸)이 주요한 논제가 될 것이다.

1927년 중국 금촌(金村)에서 청령옥과 상감(象嵌)구슬을 발견한 화이트와 그 성분을 화학적으로 분석한 셀그먼은 청령옥을 비롯한 중국의 유리가 서방에서 전래된 것이라는 주장을 폈다. 셀그먼은 1932년에 발표한 논문 「외래양식을 지닌 중국 고대 유리구슬」(이 논문은 1934년에 출간된 화이트의 저서 『고성 낙양의 고분들』 *Tombs of Old Loyang*에 수록됨)과 1938년 베크와 공저한 『극동유리: 그 서방기원』 (*Far Eastern Glass: Some Western Origin*)에서 납과 바륨 성분이 많은 것이 중국 유리의 '독창성'임을 인정하면서도 그 기원은 서방에서 찾았다. 그 전거는 주로 외형과 문양상의 공통점(잠자리, 점박이 등의 문양), 그리고 희귀하기는 하지만 서방에서도 납-바륨 유리가 제조되었다(로도스 섬 출토 유리)는 사실이다. 이들의 주장은 상당한 과학성을 띠고 있어 중국 학자들을 포함한 적지 않은 연구자들로부터 호응을 얻은 바 있다.

이집트 청령옥(위 2개)과 중국
낙양 출토의 청령옥(아래 2개)

중국 사회과학원의 권위있는 유리연구가 안가요(安家瑤)도 "중국 고대 유리의 기원은 고대 동서 양대 문명간의 접촉과 직접적인 연관이 있다. 중국 최초의 유리주식(珠飾, 즉 구슬장식)은 춘추시대 말부터 전국시대 초까지의 귀족분묘에서 나타나는데, 이러한 주식은 서아시아 제품으로서 중앙아시아 유목민족을 거쳐 중국에 전해진 것이다. 이러한 새로운 재료는 중국 장인(匠人)들로 하여금 현지(중국)의 원료를 이용하여 그것을 모방 제작하도록 자극함으로써 중국 고대 유리제조업이 탄생하게 되었다. 서아시아의 나트륨-칼슘(소다-석회) 유리와는 달리 중국 전국시대의 유리는 납-바륨 유리이며, 이때부터 옥기(玉器)를 모방 제조하기 시작하였다"고 고대 중국 유리의 서방(서아시아)기원설을 긍정하면서 중국 유리의 특색을 지적하였다. 그런데 문제는 유리의 기원과 중국 유리의 탄생 및 그 특색(독창성)과의 상관성을 어떻게 합리적으로 설명할 것인가 하는 점이다.

우선, 소재의 변화 문제이다. 서방(서아시아)의 유리는 대부분이 소다-석회 유리로서 규사(硅砂, SiO_2)와 탄산소다(Na_2CO_3) 등에 석회를 혼합하여 만들지만, 중국 고유의 납-바륨 유리는 규사와 바륨 등에 납을 혼합하여 만든다. 중국에서는 일찍부터 연단술(煉丹術)이 발달하여 산화연(酸化鉛, 密陀僧)이나 일산화연(一酸化鉛, 鉛丹)을 알고 있었을 뿐만 아니라, 소다회나 석회 대신에 납이나 바륨을 투입하여 중국 고유의 납-바륨 유리를 제조하였던 것이다.

다음으로, 유리 제조기법의 전수 문제인데, 서아시아에서도 일찍부터 코아법(BC 16세기)을 비롯하여 제조기법이 발달하여 청령옥이나 납유리를 제조하였다. 그런데 청령옥 제조기법은 비교적 복잡하고 기교를 요하는 기술이기 때문에 서아시아와 중국에서 동시에 이원적으로 발생하기는 어려웠을 것이다. 따라서 중국은 서아시아의 선진 제조기술이 전래되면서부터 청령옥을 비롯한 유리용기를 만들어낼 수 있었을 것이다. 말하자면 전국시대에 서아시아로부터 유리제조법과 청령옥이 중국에 전해진 이래, 전래의 중국 전통기술인 연단술에 이 새로운 유리제조법을 응용·접목시켜 납이나 바륨을 혼합한 결과 중국 고유의 납유리를 소재로 한 신형의 청령옥이 나타났던 것이다.

로만글라스를 비롯한 서방유리의 동점상은 아시아 대륙 곳곳에서 그 흔적을 찾아볼 수 있다. 유리의 동점상을 가장 극명하게 증명해주는 것이 바로 로만글라스의 동점이다. 로만글라스란, 로마제국시대에 그 경내에서 만들어진 유리를 통칭한다. 로만글라스는 기원전 1세기부터 기원후 4세기 로마제국이 분열될 때(395)까지의 전기(前期)와 5세기부터 6세기까지의 후기(後期)의 것으로 나눈다. 따라서 넓은 의미의 로만글라스는 이 두 시기(단계)를 포함하나, 좁은 의미에서는 전기의 것만을 지칭한다. 후기 로만글라스는 서아시아의 특색이 농후하여 이집트-시리아 유리, 혹은 시리아 유리라고도 한다. 또한 이 후기의 유리를 지중해 동안의 시리아 유리와 소아시아의 비잔면 유리로 양분하기도 한다. 로만글라스 시대에는 유리제조법에서 대혁명이라고 할 수 있는 대롱불기법이 발명되어 기종·양식·문양·기법·생산량 등 모든 면에서 전무후무한 발달과 혁신이 이루어졌다.

한편, 이 시대는 장건의 서역착공을 계기로 동서 실크로드 육로가 개통되고 남해로(南海路)를 통한 로마의 동방 원거리무역이 시작되는 등 동서간의 교역과 통로가 트이기 시작한 때이다. 그리하여 도처에서 애용되는 로만글라스는 이러한 시류를 타고 거침없이 동방에 전해졌다.

출토 유물이나 유사품(類似品)들의 분포지를 연결해 로만글라스의 동진 루트를 살펴보면, 전기는 주로 해로와 오아시스 육로이고, 후기는 주로 오아시스 육로와 초원로로 추정된다. 해로를 통한 로만글라스의 동진은 초기 중국인들이 외래 유리를 일괄하여 인도산으로 간주한 점과 중국 동남해 연안 일대에서 전기에 속하는 로만글라스가 발견된 사실로 입증된다. 『서경잡기』(권2)에는 전한 무제가 신독(身毒, 인도)으로부터 암실에서도 십여 장(丈)이나 환하게 비추어주는 백광유리안(白光琉璃鞍)을 진상받은 사실을 전하고 있으며, 『삼보황도(三輔黃圖)』에는 무제가 천도국(千涂國, 인도의 牸陀羅)으로부터 받은 얼음같이 투명한 옥정반(玉晶盤)을 동언(童偃)에게 하사한 내용이 기술되어 있다. 그런데 백광유리나 옥정은 모두 인도의 것이 아니라 당시 로마제국 영내에 있던 이집트 알렉산드리아에서 제조되어 동점한 특유의 값비싼 유리이다.

중국 동남해안 일대에서 발굴된 전기 로만글라스의 대표적인 유물로는 광주(廣州) 부근 한묘(漢墓)에서 출토된 감색 카트유리완(碗, 1세기)과 강소(江蘇) 한강(邗江) 감천이호후한묘(甘泉二號後漢墓, 67년에 졸한 廣陵王 劉荊의 묘로 추정)에서 1980년 출토된 3개의 소다-석회 유리 평저분(平底盆, 동이) 조각과 남경(南京) 상산(象山) 동진(東晋) 호족왕씨칠호묘(豪族王氏七號墓)에서 1970년 출토된 2개의 직통(관)형(直桶[管]形) 흰색 유리잔(두께 0.5~0.7mm)을 들 수 있다.

전기 로만글라스의 동진 남해 루트는 이집트의 알렉산드리아 → 아라비아 반도 남부의 개니(凱尼, 캐니, 빌 알리촌皮爾阿里 서남 3.5km) → 남인도 동안의 아리잡만타(阿里卡曼陀, 알리카만타, 本地治里, 뽕디셰리 남쪽 3km) → 말레이 반도 남단의 유불강(柔佛江, 조호르강) → 캄보디아 용천(龍川, 메콩강) 하구의 옥에오(Oc-éo) → 중국 광주(廣州)와 동남해안으로 이어지는 길로 설정할 수 있다.

미루어 판단컨대 전기 로만글라스는 해로뿐만 아니라 오아시스 육로를 통해서도 전해졌다고 볼 수 있다. 타림 분지 동변의 롭 노르(Lob-nor)호 부근 파격만(帕格曼)에서 기원후 1세기 말부터 3세기 초까지 약 150년에 해당되는 기간의 로만글라스 유물이 다량 발굴되고, 낙양에서도 유리구슬이 출토되었는데, 이들 유리제품은 오아시스 육로를 거쳐 전해졌을 것이다. 앞서 밝힌 대로 『한서』 「서역전」에는 계빈국(罽賓國)에서도 벽유리가 생산되는데, 무제 이래 그 나라와 통교하고 있다는 내용이 있어 계빈국으로부터 벽유리 수입이 있었다는 것을 암시하고 있다. 계빈국은 오늘날의 아프가니스탄 베그람(Begram)을 중심으로 기원전 3세기부터 기원전 1세기까지 존립한 나라였다. 계빈국의 뒤를 이은 나라가 기원후 6세기까지 중앙아시아와 서부 인도를 지배한 쿠샨(貴霜) 왕조이다. 쿠샨 왕조의 하도(夏都)가 바로 베그람인데, 이곳에서 다량의 로만글라스 유물이 출토되어 로만글라스의 보고(寶庫)라는 평을 받고 있다.

베그람은 아프가니스탄 수도 카불에서 북쪽으로 약 60km 거리에 위치한 고도(동서 600m, 남북 450m 의 장방형 도성)로서 알렉산드로스의 동정 이래로 헬레니즘 문화가 번성하던 곳이다. 그리하여 유리를 비롯한 로마제국 문물이 이 고도에 물밀듯이 밀려들어왔다. 베그람 유적은 1937~40년에 프랑스 고고학자 아셍(J. Hachin)에 의해, 1941~42년에 역시 프랑스 고고학자 기르슈망(R. Ghirshman)에 의해 전면 발굴되었다. 유적은 3개의 문화층으로 겹쳐 있는데, 제1층은 기원전 2세기부터 기원후 1세기, 제2층은 2세기 초부터 3세기 중엽까지의 쿠샨 왕조 전성기, 제3층은 3세기 후반부터 4세기 중엽에 해당되는 시기다. 유물로는 이집트의 석제용기(石製用器), 로마의 청동기, 인도의 상아세공, 중국 한대의 칠기(漆器)와 함께 약 70점의 여러가지 모양과 문양의 로만글라스가 출토되었다. 그 가운데는 갖가지 꽃 모양이 그릇 전체에 모자이크된 전형적인 알렉산드리아 제품인 밀레피오리(Millefiori) 그릇과 카트글라스잔, 지그재그 모양의 유리띠를 장식한 잔, 선형용기(船型用器), 금박릴리프(relief)문 장식잔 등 정교하고 화려한 유리용기들이 포함되어 있다. 이러한 유리용기들은 일단 베그람을 중간기착지로 하여 오아시스로를 따라 중국으로 반출되었을 것이다.

전기 로만글라스는 이렇게 주로 해로와 오아시스로를 통해 동방에 전해졌고, 후기의 것은 대개 오아시스로와 북방 초원로를 거쳐 동점한 것으로 보인다. 그것은 전기와 마찬가지로 오아시스로 연도 각지에서 후기에 속하는 로만글라스 유품이 계속 출토되고 있으며, 초원로의 동단(東段)인 중국 동북지방과 하북성 일대의 몇곳에서 후기 로만글라스 유물이 발굴되고 그 유사품이 초원로 주변에서 발견되는 데서 입증된다.

요녕(遼寧) 북표(北票)의 북연(北燕) 권세가인 풍소불 (馮素弗, 381~415) 묘에서 1965년 5점의 투명 유리용기가 발견되었는데, 조형이나 소재가 모두 중국 전래의 것과는 다른 후기 로만글라스 용기들이다. 특히 그 중 압형수주(鴨形水注, 길이 20.5mm, 직경 5.2mm)는 타림 분지 파격만에서 출토된 해돈형수주(海豚形水注, 길이 20.2mm)와 같은 종류로서 모두 후기 로만글라스 용기에 속한다. 하북성 경현(景縣)의 18란총(亂塚)

중국 섬서성 법문사 출토 유리소반(9세기)

봉씨묘군(封氏墓群)의 봉마노(封魔奴, 481년 졸) 묘와 조씨(祖氏) 묘에서도 전형적인 후기 로만글라스 용기인 감색 유리공기(碗)와 바리(鉢)가 출토되었는데, 이러한 용기의 유형품(類型品)은 신라 서봉총(瑞鳳塚), 초원로 주변지대인 남러시아의 노바야 마야치카, 서부 독일의 게룬, 그리고 시리아 해안에서 다수 발견되고 있다.

1984년까지 중국에서 발굴된 전·후기 로만글라스는 모두 12건 21점이다. 여기에 사산 유리 3건 3점과 이슬람 유리 4건 12점을 합치면 외래 유리는 총 19건 36점이 되고, 중국 방조품은 18건 137점에 이르며, 기타 생산지 불명의 것 13건 14점이 또 있다. 이러한 유리제품들은 전국 각지에 고루 분포되어 있다.

중국인들은 서방으로부터 로만글라스 제품을 수입함과 동시에 그 제조법도 전수받아 나름대로 방조(倣造)함으로써 중국 유리의 발달에 새로운 장을 열어놓았다. 이러한 사실을 여러 문헌은 전하고 있다. 저명한 연단가(煉丹家) 갈홍(葛洪)은 저서 『포박자·내편(抱朴子·內篇)』(권2) 「논선(論仙)」에서 "외국에서는 5종의 원료를 합하여 수정완(水晶椀)을 만드는데, 작금 교광(交廣)에서도 많은 사람들이 그 제조법을 얻어 그대로 만들고 있다"고 했다. 여기에서 수정완은 투명한 로만글라스 주발을 뜻하며, 교광이란 225년 교주(交州)로부터 분리된 광주(廣州)와 교주를 말하는 것으로 중국 남방인들이 해로를 통해 습득한 '외국'(로마)의 유리제조법을 모방했음을 알 수 있다.

『위서(魏書)』「대월지전(大月氏傳)」에 의하면 세조(世祖, 재위 424~52) 때 경사(京師)에 온 대진 상인들이 돌을 불려서〔鑄石〕5색유리를 만들 수 있다고 하므로 산중에서 돌을 캐다 만들게 하였더니 광택이 서방의 것보다 더 뛰어나고 광색(光色)이 영철(映徹)하여 놀라움을 금치 못한 관람자들은 신명소작(神明所作)이라고 경탄하였으며, 이로부터 중국(中原) 유리는 천시되어 더이상 제조되지 않았다고 한다. 『위서』의 이 기술은 그때까지도 북방에서는 단색이나 간색(間色)의 단조로운 유리를 제조하고 있었고, 일단 로만글라스의 제조기법을 받아들인 이후에는 투명하고 다채로운 색깔의 유리를 제작했음을 전해주는 것이다.

기원전 1세기에 건국된 제정로마는 급속한 영토확장에 성공하여 기원후 1세기 전반에 이르러서는 아프리카 북안과 이집트를 포함한 근동, 소아시아, 흑해 연안, 발칸 반도, 중서부 유럽 전역을 지배하에 두게 되었다. 이러한 영토의 확장은 로마 상인들의 적극적인 대외무역활동이 수반되었다. 대롱불기 유리 제조기법의 발명은 로마제국의 건립과 시기를 같이하면서 유리의 폭발적 양산을 촉발하였고, 급기야는 로마 상인들에 의해 로마 유리, 즉 로만글라스가 세계에 전파되었다.

다음 분포도에서 보다시피, 로만글라스는 유라시아 대륙의 광활한 지역에 퍼져 있다. 서쪽으로는 이베리아 반도의 대서양 연안으로부터 동쪽으로는 일본과 필리핀에 이르기까지, 남쪽의 말레이 반도 남단으로부터 북쪽의 스칸디나비아 반도 중부에 이르기까지 곳곳에 로만글라스 진품 및 모조품

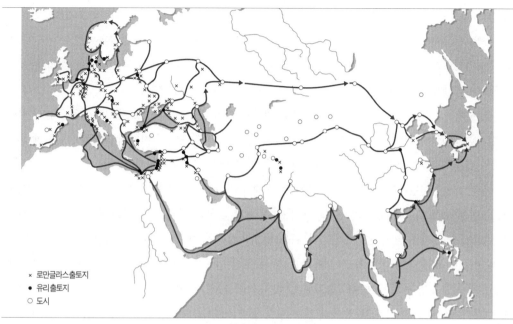

× 로만글라스출토지
● 유리출토지
○ 도시

로만글라스 유물 분포도와 교류로

(模造品), 변형품(變形品) 들이 산재해 있다. 분포밀도를 보면 대체로 카스피해와 페르시아만을 잇는 동경 50도를 기준으로 그 서쪽이 동쪽보다 매우 높은 편이다.

한국의 유리와 그 교류 지금까지 발굴된 여러가지 유리장식품과 유리용기 유물로 미루어보아 한국은 일찍부터 유리를 자체 제작하였거나 외부에서 수입한 것으로 판단된다. 또 유물의 종류나 내용, 수량 면에서 단연 중국을 능가하여 명실상부한 동양의 유리중심지였을 개연성이 높다.

한국에서 발굴된 최초의 유리제품은 1989년에 부여 합송리 석관묘에서 출토된 7개의 불투명 남색유리제 관옥(管玉, 통형구슬)인데, 주조된 쇠도끼와 세형동검(細形銅劍)·동탁(銅鐸)·동과(銅戈) 등이 반출(伴出)되어 초기 철기문화에 해당하는 기원전 2세기의 것으로 판명된다. 길이가 각각 5~6cm 정도인 이 관옥들은 단면이 원형인 것과 약간 각이 진 것, 그리고 흰 반점이 있는 것 등 형태가 다양하다. 그 제작법은 금속봉에 내화점토(耐火粘土)를 이형제(離型劑)로 바르고 그 위에 유리용액을 감아서 만드는 기법(wound bead)으로 추측된다. 조성성분으로 보아 규사(硅砂, SiO2, 51.38%)가 주성분이고, 그밖에 산화연(酸化鉛, PbO, 26.73%)과 산화바륨(BaO, 11.98%), 산화나트륨(Na2O, 6.28%)이 함유되어 있어 납-바륨계 유리라는 것을 알 수 있다.

그런데 중국에서는 이 시대(BC 2세기, 전한시대)를 전후하여 고유의 납-바륨계통의 유리가 성행하였으므로, 당시 한국에 납-바륨 유리 소재의 존재 여부가 확인되지 않은 조건에서, 이러한 한국의 관옥은 중국에서 가져온 소재를 녹여서 전대(前代)인 청동기시대에 유행했던 벽옥제(璧玉製) 관옥의 형태를 본떠 만들어진 것으로 한국 유리연구의 권위자인 이인숙 박사는 추정하고 있다. 일본 큐우슈우의 야요이 시대 중기에 속하는 요시노가리 유적에서 1989년 합송리 관옥과 색깔이나 형태, 특히 구성성분(SiO2 41.20%, PbO 35.72%, BaO 11.43%, Na2O 6.82%)이 유사한 48점(길이 1.8~6.7cm)의 유리제 관옥이 발굴되었는데, 이것들은 한반도로부터 전입된 것이 분명하다.

유리제품은 크게 유리장식품과 유리용기로 대별할 수 있다. 일반적으로 유리생산은 구슬을 비롯한 장식품에서 시작하여 제조법과 기법의 발달에 따라 각종 형태의 용기제작으로 발돋움하게 된다. 한국의 경우도 예외는 아닌바, 최고의 유리제품은 역시 장식품인 관옥이다.

기원전 2세기 전반부터 삼국시대 전반에 걸쳐 제작된 각양각색의 유리장식품이 발견되었는데, 구슬(玉)이 주종을 이룬다. 합송리 관옥을 비롯하여 경남 의창군 다호리 1호 목관묘에서 출토(1988)된 납-바륨계통의 각종 남색 환옥(丸玉)과 환옥(環玉)·삼화형옥(三花形玉)·각옥(角玉, BC 1세기), 경남 의창군 진북면 대평리 토광묘(土壙墓)에서 출토된 납-바륨계통의 작은 담록색 유리관옥(길이 2.2cm), 경주시 조양동 토광묘에서 출토된 남색 유리구슬들(AD 1세기 말~3세기), 전남 해남군 군곡리 패총에서 출토(1986)된 남색 및 초록색 관옥과 초록색 소환옥(小環玉, AD 1세기 중엽), 제주도 용담동 옥관에서 나온 남색 및 초록색 유리구슬들, 김해 양동리 7호와 21호 목곽묘에서 출토된 남색 및 초록색 유리구슬들, 서울 석촌동 적석총(積石塚, 초기 백제유적) 부근 표토(表土)에서 채집된 갈색 유리구슬, 부산 노포동 토광 목곽묘 출토의 청색 및 적갈색 유리구슬, 김해 예안리 고분군과 창원 삼동동 옹관묘(甕棺墓)에서 출토된 청색 및 적색 유리구슬(AD 2~3세기), 김해 회현리 패총 출토의 적색·청색 및 황색 유리소옥들은 모두 초기의 유리구슬군으로 묶을 수 있을 것이다.

중국『삼국지·위지』「한전(韓傳)」에 따르면, 한(韓)민족은 자고로 금이나 은보다 구슬(玉)을 더 귀하게 여겼다. 그리하여 일찍부터 다양하고 화려한 유리구슬을 독창적으로 개발하거나 장식화하여 구슬문화를 찬란히 꽃피웠다. 한국 특유의 구슬로는 곡옥(曲玉, 굽은 옥, 마가다마, curved or comma shaped bead)이 있다. 진흙틀(mould)에 유리를 부어 만든 유리곡옥은 다른 소재의 곡옥보다 꼬리부분이 조금 뾰족한 것이 특징이다. 한국 외에 유일하게 일본에서 곡옥이 발견되는데, 한국의 것을 받아들인 것으로 추측된다.

대표적인 장식무늬 구슬로는 연리문(練理文)구슬과 점박이구슬, 상감(象嵌)구슬을 들 수 있다. 연리문구슬은 다른 색의 줄무늬를 넣어 결이 보이게 하는 장식문구슬이고, 점박이구슬은 다른 색의 작은 점무늬를 표면에 나타내든지 혹은 둥근 점무늬가 여러 개의 동심원(同心圓)을 그리는 장식문구슬로서 일명 청령옥(蜻蛉玉, 잠자리눈 구슬eye bead)이라고도 한다. 상감구슬은 인면(人面)이나 동물·꽃·새 등의 형상을 내부에 상감하는 일종의 모자이크 문양의 구슬을 말한다. 이러한 장식무늬 구슬은 대체로 메소포타미아나 이집트, 중앙아시아 일대에서 일찍이 발생한 것으로서, 이 지대와 상관

신라 미추왕릉지구 출토 인물문 상감구슬

성이 있는 것으로 해석할 수 있다. 그 뚜렷한 일례로 경주 미추왕릉지구 고분에서 출토된 인물문 상감구슬을 들 수 있다. 목걸이의 중심옥(中心玉)으로 쓰인 이 구슬에는 사람의 얼굴과 새, 그리고 꽃무늬가 검정·빨강·흰색 등 색깔로 아주 정교하게 묘사되어 있다. 얼굴의 생김새나 길고 짙은 눈썹 등으로 보아 아리안계통의 서역인임에 틀림없으며, 이 점으로 보아 이 유물은 서역으로부터 수입된 것으로 일단 짐작된다.

6세기 전반에 축조된 백제 무령왕릉에서 출토된 각종 구슬(보통 구슬과 장식무늬 구슬)은 그 모양이나 화려함에 있어서 동양에서는 미증유의 것이다. 크기·색·형태가 매우 다양하고 화려하며 구성성분에서는 소다-석회 유리계로 분류되나 칼슘이 적고 알루미늄이 많이 함유된 점으로 보아 전형적인 서방형이 아닌 동방형 소다-석회 유리로 간주된다. 이러한 유리는 인도나 동남아시아 특유의 것으로서, 이 지역과 교류(제품이나 소재의 교류)가 있었던 결과라고 사료된다.

이밖에도 장식무늬 구슬 중에는 무령왕릉과 나주 반남면 백제 고분, 천안 청당동 고분에서 출토된 금박구슬(gold-foil glass bead, gold-sandwich glass bead)이 있다. 이러한 구슬은 주로 금박을 붙인 가는 유리관을 굵은 유리관 속에 넣어 성형하는 기법(기원 전후에 최초로 나타남)에 의해 제작된 것으로서 2세기 이후 동남아시아, 특히 타이에서 유행한 기법과 유사하다.

장식용 유리제품에는 구슬 외에도 여러가지가 있다. 흔히 쓰인 것들로는 각종 공예품의 감입용(嵌入用) 장식품(예컨대 경주 미추왕릉지구 계림로 14호분에서 출토된 鬼面의 눈이 유리로 장식됨)과 운주(雲珠)나 행엽(杏葉) 등 마구(馬具)장식품(예컨대 경주 금관총 출토 운주), 허리띠(銙帶)의 패식구용(佩飾具用) 요패(腰佩)장식품(예컨대 경주 금관총과 천마총 출토 타원형 요패유리) 등이 있다. 특이한 것은 공주 무령왕릉에서 출토된 높이 2.5cm의 유리동자상(童子像)이다. 지금까지 남아 있는 유리제품 가운데서 가장 확실하게 한국적인 이미지를 보이는 이 동자상은 왕비의 허리 부분에서 나온 것으로서 일종의 신앙 대상물로 추측되며, 구성성분으로 보아 유리곡옥들처럼 비중 2.2 내외의 알칼리계 유리제품으로 밝혀졌다.

여러 곳에서 출토된 이상의 장식용 유리제품을 통관하면 다음과 같은 두 가지 특색을 발견하게 된다. 첫째로 형태의 다양성이다. 관옥(管玉, 통형구슬tubular bead)을 비롯해 환옥(丸玉, 둥근 모양round bead, spherical bead), 환옥(環玉, 고리모양annular bead), 화형옥(花形玉, 꽃잎모양floral bead), 각형옥(角形玉, 모난 구슬multi faceted bead) 등 형태가 다종다양할 뿐만 아니라, 기타 장식용으로서도 감입(嵌入)이나 운주(雲珠), 행엽(杏葉), 팔찌, 요패(腰佩) 등에 여러가지로 이용되고 있다. 이것은 용도의 다양성과 제작기술의 숙련성을 의미한다.

둘째로 여러 계통 유리의 복합적 존재양상이다. 납-바륨계 유리가 대부분이지만 군곡리 패총 출토의 초록색 투명 4각관옥은 소다계 유리로 밝혀졌다. 한편 경주시 조양동 목곽묘와 제주시 용담동 옹관묘 출토의 남색 구슬은 산화칼륨(K₂O)을 14.5%, 그리고 서울 석촌동 적석총 부근에서 채집한 갈색 구슬은 산화칼륨을 6.95% 함유하고 있어 칼륨(포타슘)계 유리에 속하는가 하면, 공주 무령왕릉 출토의 동자상은 알칼리계 유리에 속한다.

더욱 특이한 것은 같은 유적에서 서로 다른 계통의 유리가 발견된다는 점이다. 예컨대 군곡리 패총에서 출토된 2개의 관옥 중 한 개는 남색 불투명의 납-바륨 유리이고 다른 것은 초록색 투명의 소다 유리이다. 이와같은 다른 계통 유리의 공존현상은 생산지나 원산지가 다르다는 것을 말한다. 납-바륨계 유리와 칼륨계 유리는 중국산이거나 중국 소재를 수입하여 제작한 것이고, 소다계 유리는 서방 로만글라스의 수입품일 것이다. 또한 보편적인 남색·녹색 계열의 구슬 외에 동남아시아에서 성행한 적색이나 적갈색 계열의 소옥(小玉)과 금박구슬이 나타난 것은 동남아시아와의 교류관계를 시사해준다.

이상의 장식품과 함께 용기류는 고대 유리공예품의 2대 구성요소의 하나이다. 대체로 4세기 이후 삼국이 국가체제의 정비를 완성하고 대내외적으로 문화의 발달에 관심을 돌리기 시작함에 따라 전래의 제조기술에 바탕하여 유리를 자작(自作)하거나, 로만글라스를 비롯한 외국의 제품과 기법을 적극 수용함으로써 유리용기류의 제작은 급속한 진전을 보게 되었다.

지금까지 출토된 한국 고대 유리용기류는 고분 출토품과 사리(舍利)관련품으로 대별할 수 있으며, 발굴된 유리용기는 80여 점에 달한다. 그중 학술발굴에 의해 출토지가 분명한 22점은 모두가 9기의 신라고분에서 출토된 것이다. 이들 고분은 모두 경주지역에 집중되어 있는 적석목곽분으로서 그 연대는 4세기 말에서 5세기 말까지 약 100년간에 걸쳐 있다. 유일하게 경주 이외의 지역에서 출토된 용기로는 합천 옥전 M1호 고분에서 발굴된 유리완(碗) 1개가 있다.

고분 출토 유리용기의 내역을 편년순으로 따져보면, 4세기 후반의 황남대총(皇南大塚, 경주 98호분) 남분(南墳)에서 5개, 5세기 후반 초의 천마총(天馬塚)에서 2개, 5세기 후반 중기의 금관총(金冠塚)에서 2개, 5세기 말의 금령총(金鈴塚)에서 2개가 각각 발굴되었다. 그밖의 고분 출토 용기로는 경북 월성군 안계리 4호분에서 1개, 경주 월성로 가-13호분에서 2개, 합천 옥전 M1호 가야고분에서 1개가 출토되었다.

위에 열거한 고분 출토 유리용기들은 소재나 제조기법, 장식문양과 색깔로 보아 대체로 후기 로만글라스계에 속한 것으로서, 4~5세기경에 지중해 연안 지방에서 제작된 후 흑해를 북상해 남러시아에서 초원로를 따라 북중국을 거쳐 신라에 유입된 것으로 추정된다. 이러한 추정을 가능케 하는 것은 초원로를 낀 여러 곳에서 유형품이 출토된다는 사실이다.

금관총의 족대부배(足台付杯)와 비슷한 잔이 중앙아시아 카자흐스탄의 사리코트(Sarykot) 호반의 가라 아키치에서 1904년 5세기의 고분으로부터 발굴되었으며, 중국 하남성 경현의 봉마노 묘(483년 魏都 平城에 매장되었다가 512년 경현으로 이장)에서 출토된 망상문완(網狀文碗)이나 북연의 권세가 풍소불 묘에서 출토된 유리용기들의 망상문장식은 서봉총이나 98호 남분의 그것과 아주 흡사하다. 금령총에서 나온 감색 반점문완(斑點文碗)의 유사품은 남러시아 돈강 하구의 로스토프 유적(4~5세기), 끼예프 남방의 조르카스카 지구, 그루지야의 키라야추, 아제르바이잔의 스마타부로와 기타 우끄라이나 지방이나 크림 반도의 유적지에서 약 50점이나 발굴되었다. 천마총에서 출토된 감색 구갑문완(龜甲文碗)의 유형품은 동양에서는 아직 출토된 예가 없으나 남러시아로부터 서아시아와 유럽에 이르는 여러 지역에서는 비교적 많이 발견되었다.

이와같이 신라고분에서 출토된 유리용기들은 98호 북분(北墳)의 출토품 4점을 제외하고는 그 유형품들이 남러시아나 지중해 주변, 그리고 중부 유럽의 광범위한 지역에서 발견되고 있는데, 모두가 전형적인 로만글라스계 유리용기들이다. 이러한 유형품들이 남러시아의 여러 지역과 북중국 일대에서 출토되었다는 사실은 초원로를 통한 유리의 동전설을 뒷받침해준다. 따라서 신라고분에서 출토된 유리용기는 신라문화가 초원로를 통해 로마 문화와 접촉했음을 시사해준다.

위에서 열거한 고분 출토의 유리용기 외에 외래품(주로 로만글라스)으로 간주되는 몇개의 유리용기가 여러 경로를 통해 발굴·수집되었다. 대체로 출토지나 수집과정이 명확치 않아 그 실체를 밝히는 데는 다소 어려움이 있으나 유형품과의 비교를 통해서 감정할 수 있다. 그 대표적인 실물로는 국립중앙박물관이 소장하고 있는 경주 출토의 밀레피오리배(杯)와 숭실대학교 박물관이 소장하고 있는 경주고분 출토(?)의 반점문배(杯) 4개를 들 수 있다. 통일신라시대의 것으로는 국립중앙박물관 소장의 수주(水注, 높이 5.6cm, 직경 5.6cm, 개성 부근 출토), 일본 소창(小倉) 컬렉션의 청색 반점문배 2개(황해도 연백군 출토)와 수주 2개가 있다.

이상의 유리용기들은 1세기 전후에 유행한 전기 로만글라스에 속하는 밀레피오리배를 제외하고는 대체로 서양유리(로만글라스·사산 유리·이슬람 유리)계에 속한다고 말할 수 있다. 그러나 그것이 수입품인지 아니면 모조품인지에 대해서는 아직 연구가 미흡해 확인하기 어렵다.

끝으로, 고대 유리용기 가운데는 그 형태나 소재, 기법으로 보아 외래품이 아니고 국내산(모조품이나 창작품)으로 보이는 것들도 몇개 있다. 그 대표적인 것이 경주 98호 남분과 북분에서 외래 용기들

경북 칠곡군 송림사 5층 전탑에서 발견된
금동제 사리장치(왼쪽)와 그 속의 유리배와 사리병(오른쪽)

과 반출(伴出)된 5개의 용기와 용기파편이다. 남분 출토의 감색완(紺色碗)과 담녹색배(淡綠色杯), 북분 출토의 감색배, 그리고 경북 월성군 안계리 4호분 출토의 감청색배는 대체로 표면에 기포가 많고 매끄럽지 못하며, 구연부(口緣部)의 외반(外反)이 짧아서 기법과 기형(특히 반구형 대접 형태의 남분 출토 감색완은 유사품이 없음)에서 독특하다. 북분에서 나온 2개의 감색배 파편과 감색 대부배(台付杯) 파편은 납 성분이 뚜렷하다. 이러한 점들을 감안할 때, 이상의 유리용기들은 늦어도 5세기경까지 한반도에서 자체 제작한 국산품으로 볼 수 있을 것이다.

통일신라시대에도 여러가지 유리용기들이 사용되었음을 유물로 알 수 있다. 대표적인 유물로는 칠곡군(漆谷郡) 송림사(松林寺) 전탑(塼塔) 속의 병 1점과 배 1점을 비롯해 경주군(慶州郡) 황룡사(皇龍寺) 탑지(塔址)의 병 1점, 같은 군 분황사(芬皇寺) 석탑 속의 병 1점, 같은 군 황복사(皇福寺) 삼중탑(三重塔) 속의 병 1점, 불국사(佛國寺) 석가탑(釋迦塔) 속의 병 1점, 전북 익산시(益山市) 오중석탑(五重石塔) 속의 병 1점, 남원(南原)의 이름이 밝혀지지 않은 사지(寺址)의 병 1점 등 총 7점의 유리병과 1점의 유리배가 있다. 고신라 유리용기가 비교적 정교하고 다채로운 형태로 고분의 부장품으로 출토된 데 반해, 이러한 유리용기들은 소박하고 간소한 형태로서 주로 불사의 사리장치 용기로 발견되었다. 그중 전형적인 유물로서 송림사 전탑 속의 유리용기(병과 배)를 들 수 있다. 1959년 송림사 5층 전탑(통일신라 초기 건조)의 방형금동제(方形金銅製) 사리탑 속에서 나온 7세기 초의 작품으로 보이는 유리공예품은 방형 탑의 중앙부에 안치되어 있는데, 큰 유리잔 속에 다시 작은 녹색유리 사리병(높이 7cm)이 들어 있다. 큰 유리잔 표면에는 사산계의 환문(環文)장식(고리모양의 유리띠를 3단으로 엇갈리게 부착)이 있어 매우 희귀한 유리제품으로 학계의 주목을 끌고 있다.

통일신라시대에는 중국과 밀접한 관계를 유지하고 불교문화를 적극 수용함으로써 동로마(비잔면 제국)를 비롯한 서방으로부터의 직접적인 문물의 유입은 일단 중지되었다. 그 대신 주로 중국을 경유 해 서역제국의 문물, 특히 당나라에서 성행한 페르시아 사산계 문물이 유입되기 시작하였다. 앞서 말한 통일신라시대 유리유품의 유형품이 중국에서 출토되었다는 사실(예컨대 西安 何家村에서 출토된 平底廣口의 杯身에 환문이 3단으로 장식된 무색 투명의 環文杯, 756년 제작)은 이와같은 문화교류의 변천추 세에 부응하여 환문장식을 특색으로 하는 페르시아계 유리제품과 제조기법이 중국을 통해 한반도 에 들어왔음을 입증한다. 이처럼 로만글라스 용기가 고신라고분에서 출토되고, 페르시아 사산계 유 리용기가 통일신라시대의 사리탑에서 발견되었다는 사실은 동서 문명교류라는 큰 흐름 속에서 고 신라문화와 통일신라문화가 보여준 상이성과 그 변모를 상징적으로 시사해준다.

제3절 보석류의 교류

보석의 개념 광택과 색깔이 아름답고 질이 견고하며 영구적으로 보존할 수 있고, 또한 산출이 희 귀하고 장식용 가치가 있는 광물 및 그 가공품을 통칭 보석(寶石, jewel)이라고 한다. 따라서 보석이 갖추어야 할 조건은 ①광택과 색깔이 아름다워야 하며, ②경도가 높고 열에 강하며 산이나 알칼리 등 약품에 의해 변색·변질되지 않으며, ③산출이 희귀하여 값어치가 있어야 한다. 이러한 조건을 두 루 갖춘 호박(琥珀, amber)이나 산호(珊瑚, coral), 진주(眞珠, peal)는 비록 생물에서 비롯된 것이 지만 편의상 보석에 포함시킨다. 근래에는 인공적으로 보석을 합성하는 기술이 발달하여 합성보석 이나 인조보석도 많이 생산되고 있다.

보석의 종류는 다양하여 100여 종에 이른다. 이러한 보석을 경도와 광택, 색깔에 따라 크게 보석과 귀석(貴石, 半寶石)으로 구별한다. 경도가 7도 이상으로서 광택과 색채가 아름다운 것을 보석이라고 하는데, 여기에는 금강석(金剛石, 혹은 金贊石, 다이아몬드), 강옥(鋼玉, 루비, 사파이어), 녹주석(綠柱石, 에메랄드, 아콰마린), 황옥석(黃玉石, 토파즈), 단백석(蛋白石, 오팔), 금록석(金綠石, chrysoberyl), 묘안 석(猫眼石, cat's-eye), 첨정석(尖晶石, 스피넬), 지르콘(zircon), 감람석(橄欖石, peridot) 등이 포함된 다. 귀석은 경도가 7도 이하로서 광택과 색채가 덜 아름다운 보석인데, 여기에는 비취(翡翠, jade), 연옥(軟玉), 터키석(turquoise), 공작석(孔雀石, malachite), 장석(長石, feldspar), 수정(水晶, crystal), 마노(瑪瑙, 혹은 玉髓, agate), 청금석(靑金石, lapis lazri), 사문석(蛇紋石, serpentine), 호박, 산호, 진주

남러시아 노보치루가츠 출토 보석장식 왕관

등이 속한다.

보석은 그 이채로움으로 인해 예부터 벽사진경(僻邪進慶)의 호신부(護身符)처럼 여러가지 상징적 의미로 애용되었다. 고대 인도에서는 강옥을 몸에 지니면 건강·지혜·부·행복이 깃든다고 믿었으며, 중세 유럽에서는 해독(解毒)이 되고 벼락을 피할 수 있다고 믿었다. 어떤 민족은 부정한 여인이 보석을 지니면 부서지기도 하고, 또 보석이 전

염병·부상·난산·악몽, 그리고 재산·명예·우정의 상실과 재판에서의 패소(敗訴) 등을 막아준다고 생각하였다. 그런가 하면 푸른 에메랄드는 눈의 피로를 가시게 하고, 다이아몬드는 여자가 정조를 지키게 하며, 사파이어는 정신과 육체를 건강하게 하며 암흑의 정령을 퇴치하고 빛과 지혜의 정령으로 하여금 도와주게 한다고 믿어, 기독교 성직자들이 흔히 이러한 보석을 가락지에 장식했다.

오늘날까지도 유럽인들 사이에서는 연중 매월 상징적인 보석을 정하고 '월석(月石)'으로 배당하여 기원의 뜻을 표하고 있다. 즉 1월석 가넷(石榴石)은 성실과 불변의 마음, 2월석 아메시스트(amethyst, 紫水晶)는 성실과 높은 덕 및 이상, 3월석 산호는 용기, 4월석 다이아몬드는 결백과 청정, 5월석 에메랄드(碧玉)는 사랑의 성취, 6월석 진주는 건강과 장수, 7월석 루비는 만족, 8월석 홍마노(紅瑪瑙)는 부부간의 행복과 우정, 9월석 사파이어(靑玉)는 명석한 사고력, 10월석 오팔(蛋白石)은 희망, 11월석 토파즈(黃玉)는 충성과 성실, 12월석 터키석은 번영과 성공 및 행운을 각각 상징한다고 한다.

보석류의 교류 보석이 갖고 있는 진귀함과 상징성 때문에 인류는 태고부터 보석을 애용하고 진중하여왔다. 기원전 3000년경 이집트 제1왕조의 왕비 투에르의 묘에서 팔찌로 사용된 청금석, 터키석, 자수정 등의 구슬이 출토되었으며, 동시대의 수메르 우르 왕조의 시프 아트 여왕의 황금제 수식(首飾)에는 청금석과 홍옥수(紅玉髓, carnelian)가 박혀 있었다. 이집트 신왕조의 유명한 투탕카멘 왕(재위 BC 1358~1349)의 장신구(카이로 박물관에는 그의 장신구만 전시한 방이 있다)에는 청금석과 홍옥수가 많이 사용되었으며, 메소포타미아 각지의 유적에서 출토된 장신구나 조각품에도 청금석과 마노, 터키석이 발견되었다.

북방 유라시아에 널려 있는 스키타이계의 황금제 장식품에는 여러가지 터키석이나 귀석이 상감되어 있다. 특히 남러시아에서 출토된 스키타이 유물에는 각종 귀석 장식품이 많이 포함되어 있는데, 그중에서 노보치루가츠 출토 왕관은 유명하다. 왕관의 상부에는 나무와 사슴, 새가 황금으로 장

식되었고 중앙부에는 루비와 몇가지 보석들이 박혀 있다.

아시아에서는 기원전 2000년으로 추정되는 인도(현 파키스탄) 모헨조다로 유적에서 터키석·마노·에메랄드 등의 유품이 나왔고, 기원전 1500년경의 중국 은대(殷代)의 청동기에 터키석이 상감된 것이 발견되었다. 화북 각지와 누란(樓蘭), 투르판 등지에서는 마노·수정·옥·에메랄드 등의 구슬류가 다량 출토되었다.

일반적으로 다이아몬드나 루비, 사파이어처럼 땅속 깊은 곳에서 채굴되고 가공도 어려운 보석은 고대에는 별로 알려지지 않았고, 청금석·터키석·마노·연옥 같은 귀석이 고대 보석의 주종을 이루었다. 그리하여 중세까지도 아프가니스탄의 동북부에서 채굴되는 청금석이나 이란에서 산출되는 터키석 등 몇가지 귀석류가 크게 인기를 얻어 보석교류의 주역을 담당하였다.

보석은 원석(原石)만으로는 장식품이 될 수 없다. 원석은 반드시 갈고 닦는 가공작업을 거쳐야만 아름다운 보석이 되며, 또한 보석은 금·은 등 귀금속으로 장식할 때라야만 비로소 보석장식(jewellery)으로서의 가치를 발휘하게 된다. 따라서 보석의 제조는 귀금속공예의 발달을 수반하게 마련이다. 가는 금줄(細線)이나 작은 알(微粒)을 늘여붙여서 물형을 만드는 누금세공(鏤金細工, filigree)이나, 금테두리 안에 여러가지 색깔의 옥을 박는 감옥기법(嵌玉技法)은 원래 이집트에서 발생한 후 로마·그리스·메소포타미아·중앙아시아·중국·한국·일본에까지 전파되었다. 일반적으로 보석은 연마와 누금, 감옥 공정을 거쳐 귀고리, 목걸이, 가락지, 팔찌 등 보석 장신구로 만들어져 사람들이 애용하게 된다.

고대 보석은 대체로 구슬류로서 그 형태는 둥근 구슬, 파인 구슬, 관(管)구슬, 대추구슬, 주판알구슬 등 다양하였다. 보석이 장신구 구실을 하자면 연마도 연마지만 구멍을 뚫는 것이 필수적인데, 고강도의 찬공기(鑽孔器)가 없는 당시로서는 구멍을 뚫는 것이 어려운 공정일 수밖에 없었다. 그리하여 결국 경도가 낮은 귀석을 채용하기에 이른 것이다.

고대에 흔히 채용된 귀석은 청금석·터키석·호박·마노 같은 것인데, 이러한 귀석은 주로 서역 일원에서 채취되어 동서에 보급되었다. 『한서』「서역전」에는 선선(鄯善), 우기(于闐), 사차국(沙車國)에서 옥이나 청옥이 나오고, 계빈국(罽賓國)과 오익산리(烏弋山離)에서는 금·은·동·석과 함께 주기(珠璣)·산호·호백(虎魄, 즉 호박)·벽유리(璧流離)가 산출된다고 기술되어 있다. 『후한서』「서역전」에 따르면, 대진(大秦, 로마)에서는 야광벽(夜光璧), 명월주(明月珠), 산호, 유리, 청벽(靑碧) 등 보석이 나온다. 『위략(魏略)』「서융전(西戎傳)」'대진국조(大秦國條)'는 보다 구체적으로 대진 산출의 보석을 전하고 있다. 즉 이 나라의 산에서는 청·적·황·백·흑·녹·자·홍·감색 등 아홉 가지 색깔의 차옥(次玉, 옥 버금가는 돌이라는 뜻)이 나오며, 보석으로는 마노, 남금(南金), 부채옥(符采玉), 명월주, 야광주(夜光珠), 진백주(眞白珠), 호박, 산호와 함께 적·백·흑·녹색의 10여 가지 유리(流離), 구림(璆琳), 낭간(琅玕), 수정(水精), 민괴(玫瑰), 벽(碧), 오색옥(五色玉) 등이 채취된다.

이러한 보석은 장신구로만 쓰인 것이 아니라 잔이나 병 같은 용기로도 유용되었음을 북량(北涼)의 단구용(段龜龍)이 펴낸 『양주기(涼州記)』에서 찾아볼 수 있다. 이 책의 기술에 의하면, 함녕(咸寧) 2년(400)에 양주 일대를 지배하던 전양(前涼)의 왕 장준(張駿, 재위 324~345)의 묘를 파헤쳐보니 그 속에는 진주렴(眞珠簾, 발), 박운모병풍(箔雲母屛風), 유리합(琉璃榼, 완), 3승(升)들이 백옥준(白玉樽, 술단지), 적옥소(赤玉簫, 통소), 자옥적(紫玉篴, 피리), 산호편(珊瑚鞭, 채찍), 마노종(瑪瑙鐘, 잔) 등 보석용기가 매장되어 있었다. 이것은 고왕(故王)이 생전에 값진 보석용기들을 사용했음을 말해준다. 1970년 서안(西安) 남교(南郊)의 하가촌(何家村)에서 발견된 빈왕(邠王) 이수례(李守禮)의 보장물(寶藏物) 중에는 귀중한 양수마노각배(羊首瑪瑙角杯) 1점이 들어 있다. 수양제(隋煬帝, 재위 605~617)가 서역제국에 파견한 사신 위절(韋節)이 계빈국에서 마노배(杯, 잔)를 가지고 돌아왔다는 기사에 비추어보면, 이러한 보석용기는 서역으로부터 완성품을 그대로 수입하였을 것으로 짐작된다.

중요한 몇가지 보석들의 원산지와 교류상황을 살펴보면 다음과 같다.

우선 터키석인데, 이 보석은 함수인산염광물(含水燐酸鹽鑛物)로서 변성작용(變成作用)을 받은 암석 중에서 채취되는 이차(二次)광물이다. 감청색에서 회녹색까지 여러 색조를 띠며 경도는 5~6이다. 고대 터키석의 주산지는 실크로드 오아시스 육로의 요지에 위치한 이란의 호라싼 지방으로서 유명한 이곳 터키석이 터키인들에 의해 유럽에 유입되었다. 유럽인들은 그 원산지도 제대로 알지 못한 채 중간교역자인 터키인들의 이름을 따서 '터키석'이라고 이름지었다. 터키석의 산지는 그밖에 서아시아 시나이 반도의 와디 마가라와 시베리아의 칼가리니스크 지방, 중앙아시아 우즈베키스탄의 쿠리민스크 등 몇곳이 있다.

중국의 경우 고대의 산지는 알 수 없으나, 로퍼(B. Laufer)의 연구(1913년에 발표한 논문 「동방 터키석에 관하여」)에 의하면 원대에 호북(湖北), 운남(雲南), 사천(四川)에 4개소의 산지가 있었다. 마르꼬 뽈로도 『동방견문록』에서 사천의 공도(邛都, 현 사천성 西昌縣)를 터키석 산지로 지목한 바 있다. 중국에서는 신석기시대 말기부터 초기 금속기시대에 이르는 기간의 유적 33개소에서 179점의 터키석 유품이 출토되었다. 출토 유적은 주로 화북 지대를 비롯해 황하 유역인데, 이 지대에는 터키석 산지가 별로 없는 것으로 알려져 제품은 십중팔구 외래품일 것이다. 제품은 주로 장신구인데, 그 형태는 수식(垂飾, pendant), 관옥(管玉), 주(珠), 소옥(小玉, bead), 상감세공물(象嵌細工物, inlaid matter) 등 다양하다.

청금석은 석회암 중에서 덩어리로 채취되는 정규산염광물(正硅酸鹽鑛物)로서 경도는 5~5.5이며 청색이나 청자색을 띠고 유리처럼 광택이 있다. 앞에서 언급한 투탕카멘 왕의 묘를 비롯한 고대

중국 출토 터키석 장신구류(신석기시대 말)의 모양

이집트와 메소포타미아(예컨대 우르 왕조)의 유적에서 청금석이 적지 않게 발견된다. 고대 페르시아에서는 청금석의 분말을 조상(彫像)의 원료로 사용하기도 하였다. 일반적으로 알려진 원산지는 아프가니스탄 동부의 바타브샨이다. 기원전 6세기 아케메네스조 다리우스 왕이 세운 고도인 수사에서 발굴된 한 비문에는 청금석을 소그디아나에서 가져다가 가공한다고 기술되어 있다. 따라서 청금석의 산지는 아프가니스탄 동부와 그에 인접한 양하(兩河, 즉 씨르다리아강과 아무다리아강) 지역(소그디아나)으로 추정된다. 이딸리아의 고고학자 마우리지오 토시는 1967년 이란을 탐사하던 중 할만드(Halmand)강 하류의 사브리 소프타 유적이 청금석이나 홍옥수(紅玉髓)의 가공장이었다는 사실을 밝혀냈다. 아마 바타브샨 일대에서 채굴된 청금석이 이곳으로 운반되어 가공된 후 메소포타미아나 이집트로 수출되었을 것이다. 일본 정창원(正倉院) 소장의 감옥대(紺玉帶)나 반서여의(班犀如意), 보선경(寶鈿鏡) 등에 청금식이 장식이나 상감으로 사용된 짐으로 보아 이 보식의 동짐성을 찾아볼 수 있다.

마노는 석영, 단백석(蛋白石) 등의 집합체로서 투명한 귀석이며 대개 구슬류로 사용된다. 마노 중에서도 홍백색 얼룩이 있는 얼룩마노(onyx)를 가장 귀한 것으로 친다. 고대에는 인도 데칸 고원이 유명한 산지로 알려졌으며, 중국의 금릉(金陵) 우화대(雨花台)나 상남(湘南) 도원현(桃源縣), 일본의 부산(富山)과 북해도(北海島), 석천(石川) 등지에서도 마노가 산출되었다. 신라고분을 비롯해 여러 나라의 고분에서도 빠짐없이 유품이 출토되는 점으로 보아 산지가 비교적 많았을 뿐만 아니라 교류도 활발하였음을 알 수 있다.

수정은 규산이 결정된 석영류(石英類, quartz)로서 경도가 7인 아주 단단하고 투명한 보석이다. 원산지는 알 수 없으나 희귀한 보석으로서 주로 수식용(首飾用) 구슬로 사용되었다. 기원전 3000년 이집트 제1왕조의 왕비가 팔찌로 자수정(紫水晶, amethyst)을 쓴 것으로 보아 일찍부터 고급보석으로 진중되었음을 짐작할 수 있다.

호박은 송백과(松柏科) 식물수지(樹脂)의 비광물성 화석이며, 고대 페니키아인이나 로마인들이 애용하였다. 주산지는 발트해 연안 지방으로서 고대로부터 중세까지 발트해와 비잔띤 지방을 연결하는 이른바 호박로(琥珀路, 실크로드 5대 지선의 하나)가 존재하여 그 길을 따라 교류되었다(제1장 제5절 중 '호박로' 참조).

제4절 비단의 서전

비단의 시원 비단의 서전(西傳)에서 비롯되어 동서 문명교류의 통로가 실크로드(Silk Road, 비단 길)라고 명명된 사실 하나만 보아도 문명교류사에서 비단이 차지하는 중요한 위상을 충분히 가늠할 수 있다. 따라서 비단의 실체와 그 전파과정을 구명하는 것은 실크로드 연구에서 특별한 의미가 있다.

비단의 원산지가 중국이라는 데는 이의가 없지만, 그 시원이나 전파과정에 관해서는 아직까지도 해명되지 않은 문제가 적지 않고 이론도 분분하다. 지난 시기에는 주로 문헌학적 기록에만 의존하여 여러가지 문제에 대한 해명을 시도하였기 때문에 그 신빙성이 높지 않았다. 그러나 금세기에 유라시 아의 광활한 지역에서 비단유물이 다량 발굴됨에 따라 베일에 가려졌던 비단 역사의 실체가 하나하 나 밝혀지고 있다.

주지하다시피 피륙은 크게 베(麻布)와 무명(木棉布), 비단(緋緞, 견직물)의 세 가지로 나뉜다. 베 는 식물섬유인 베실, 무명은 솜실, 비단은 명주(明紬)실로 짠 피륙이다. 세 가지 피륙 가운데서 비단 은 질이나 문양 면에서 단연 으뜸이다. 그리하여 동서고금을 막론하고 세인 모두가 애용하고 귀중히 여기는 진품으로서 인류문명사나 문명교류사에서 시종일관 독특한 위치를 차지한다. 일반적으로 비 단은 누에를 길러서[養蠶] 그 고치에서 실을 뽑은[繰絲] 다음, 그 실로 피륙을 짜는[織絹] 공정을 거쳐 생산되는데, 이 생산공정이나 직업을 통칭 견직업(絹織業), 그 생산물을 견직물이라고 한다.

비단이 구체적으로 어디에서 누구에 의해 발명되었는지는 아직 알 수 없으나, 그 원산지가 중국이 라는 데는 견해가 일치한다. 다만 비단은 누에고치에서 뽑은 실로 짠 피륙이기 때문에 그 시원은 당 연히 누에를 치기 시작한 때로 거슬러올라가 추정해야 할 것이다.

중국인들은 흔히 선사시대부터 문명의 태동기(은·주 시대)까지의 문명발전을 고제왕(古帝王)의 문명창조 과정으로 설명하는데, 이것이 바로 이른바 삼황오제(三皇五帝)의 문명전승설이다. 얼마 전까지는 대체로 이 전승설을 가공적인 허구라고 일축해버리는 견해가 지배적이었으나, 근래에는 이러한 전승설이 성립된 역사적 배경을 냉철하게 분석하면서 어느정도의 사실성(史實性)을 인정하 려는 주장이 대두되고 있다. 비록 설화적인 요소가 다분하지만, 삼황 전설은 한(漢)민족의 생활수단 과 방법을 단계적으로 창조한 황하문명의 바탕을 비추어주고, 오제 전설은 이 바탕 위에서 황하문명이 한층 발전되었음을 시사하고 있다. 따라서 중국의 4대 발명보다도 더 유구한 역사를 가진 양잠의 시원을 이 전승설과 결부시키는 것은 어떻게 보면 당연한 일이다.

우선 『잠상췌편(蠶桑萃編)』의 기술에 따르면, 삼황제 중 수렵기술을 창안한 복희씨(伏羲氏)는 뽕나무 누에고치에서 켜낸 실로 가늘고 성긴 세백(繐帛)을 짜냈으며, 농경생활을 가르친 신농씨(神農氏)는 명주실이나 베실로 천을 짜는 법을 가르쳤을 뿐만 아니라, 남자는 밭을 갈고 여자는 천을 짜도록 사회분업까지도 마련했다고 한다.

삼황시대에 이어 오제시대에는 일정한 생산공정을 거치는 견직업이 이미 출현한 것으로 전해지고 있다. 회남왕(淮南王)의 『잠경(蠶經)』에는 황제(黃帝)의 원비(元妃) 서릉씨(西陵氏)가 양잠을 권장하고 친히 잠업을 개창하였다고 기술되어 있다. 바로 여기에 전거를 두고 중국인들은 서릉씨를 잠업의 시조로 인정하여 대대로 제잠(祭蠶)의식까지 치르면서 그녀를 기리고 있다. 이것은 아마 중국의 문물제도를 최초로 마련하였다는 황제를 한민족의 공동조상, 중국문명의 창시자로 인지하는 전통의식과 관련될 것이다. 물론 양잠이나 견직 같은 기술공정이 하루아침에 어떤 특정 인물, 특히 황제나 제비(帝妃)에 의해 개척될 수는 없다. 그러나 이러한 유력자에 의해 권장될 때에는 큰 자극을 받아 발전할 수 있다는 것은 부인할 수 없는 사실일 것이다.

이처럼 전설로만 알려졌던 삼황오제의 양잠견직 전승설은 근래에 와서 선사시대(신석기시대)의 견직물로 추정되는 유물이 발굴되어 그 실체에 관한 논란이 일고 있다. 1921년 하남성 민지현(澠池縣) 앙소촌(仰韶村)에서 발굴된 신석기시대 후기의 문화(앙소문화)유물 중에는 돌물레바퀴(石紡輪)와 뼈침이 포함되어 있다. 또 하남성 준현(浚縣)의 대뢰점(大賚店) 유적에서도 같은 유물이 출토되어 당시 방적과 바느질이 이미 알려져 있었음을 시사해준다.

1928년 산동성 장구현(章丘縣) 용산진(龍山鎭) 성자애(城子崖)에서 발견된 용산문화 유물 중에는 뼈침과 함께 뼈북(骨梭)까지 나왔다. 그 형태는 한쪽이나 양쪽 끝에 구멍이 있는 편평형(扁平型)과 가운데에 구멍이 있고 한쪽 끝이 뾰족한 공통형(空筒型)으로 대별되는데, 이러한 뼈북은 틀림없이 실을 뽑거나 천을 짜는 데 사용되었을 것이다. 그러나 이러한 유물이 식물섬유를 원료로 한 방적과 관련된 유물인지, 아니면 양잠에 기초한 견직과 관련된 유물인지는 확인되지 않고 있다.

한편, 1926년 산서성(山西省) 하현(夏縣) 성북(城北) 쪽 14km 지점에 있는 서음촌(西陰村)의 신석기유물 중에서 인공적으로 쪼개서 실을 뽑아낸 듯한 고치 껍질(蠶殼) 반쪽과 돌 혹은 도자기로 만든 물레(紡錘)가 발견되었다. 이 놀라운 발견을 놓고 그것이 고치이기는 하나 누에고치인지 여부와 언제 것인지 하는 편년 문제에 관해서는 학자들간에 상이한 견해를 보이고 있다. 발굴자인 이제(李濟)는 누에고치라고 단정할 수는 없으나, 그렇다고 누에고치가 아니라는 증거도 없다는 반신반의의 견해를 피력했다. 그러나 그는 앙소문화기에 잠업이 이미 발생하였음을 긍정하고 있다. 이상의 출토 유물들은 비록 명시적이지는 않지만 방적이나 양잠에 관한 고대 문헌기록이나 삼황오제 전승 내용의 사실성(史實性)을 짙게 시사해준다.

선사시대를 지나 은·주의 역사시대에 접어들면 양잠이나 견직물의 실상은 유물이나 기록에 의해 확연히 입증된다. 대표적인 유물로는 공예품인 구슬누에고치(玉簪)와 누에고치 문양(蠶紋)을 들 수 있다. 1953년 안양(安陽) 대사공촌(大司空村)에서 발견된 은묘(殷墓)의 부장품 중에는 비교적 완전한 형태의 7절백색옥잠(七節白色玉蠶, 길이 3.15cm)이 있고, 1966년 산동성 소부둔(蘇埠屯)의 은묘에서도 정교한 옥잠이 출토되었다. 옥잠과 함께 은대(BC 1500~1100) 청동기에는 주로 족부와 구부·복부에 둥근 머리에 튀어나온 눈망울을 가지고 꿈틀거리며 기어가는 생동한 형상의 잠문도 선명하게 나타난다. 이러한 잠문은 북방에서는 물론, 남방의 흑도(黑陶)에서도 찾아볼 수 있다. 한 예로 1959년 강소성(江蘇省) 오강매언(吳江梅堰) 유지에서 출토된 흑도(양저문화)에 나타난 잠문을 들 수 있다.

옥잠이나 잠문 외에도 여러가지 청동기 표면에 부착되었던 견직물의 흔적이 그대로 남아 있는 것도 여러 점 발견되었다. 1950년 안양 은허(殷墟)에서 출토된 3개의 동과(銅戈, 구리창)와 1955년 정주(鄭州)에서 출토된 상대(商代)의 동분(銅盆, 구리동이)에 남아 있는 견직물의 흔적은 그 대표적 예이다. 스웨덴의 견직물 학자 씰반(Vivi Sylwan)은 스톡홀름의 말모 박물관(Malmo Museum)에 소장된 은대의 청동치(靑銅觶, 둥근 모양의 청동기 술잔)와 극동고물박물관(The Museum of Far Eastern Antiquities)에 소장된 은대의 청동월(靑銅鉞, 큰 도끼 모양의 청동무기)에도 견직물 흔적이 있다고 밝히면서, 그 기술이 이미 능직(綾織, 무늬가 있는 얇은 비단, 고급비단의 일종)을 짜는 수준에 이르렀다고 지적한 바 있다.

은대에 잠업이나 견직물이 성행하였다는 사실은 은허 출토 갑골문(甲骨文)의 기록에 의해서도 충분히 실증된다. 갑골문 중에는 상(桑)·잠(蠶)·사(絲)·백(帛)·건(巾) 등의 문자가 있는가 하면, 실을 끊는다는 절(絶)자, 실을 묶는다는 속(束)자, 실로 낚시질한다는 민(敏)자, 실그물로 사냥한다는 (罘)자 등 방적과 관련된 문자가 여럿 있다. 상형문자인 갑골문자는 수천자에 불과하고, 또 주로 당시 사회에 존재했던 보편적인 사물이나 현상만을 표현한 제한된 문자였다는 사정을 감안할 때, 잠업이나 방적, 직견과 관련된 문자가 다수라는 것은 그만큼 잠업이나 견직물이 보편적이었음을 말해준다.

주대(周代)에 이르러서는 견직업이 더욱 발달하여 생산규모가 확대되고, 이에 따라 관리운영제도도 정립되었다. 『주례(周禮)』의 기술에 따르면, 방적을 '부공(婦功)'이라 하여 왕공(王公), 사대부(士大夫), 백공(百工), 상려(商旅), 농부(農夫) 등과 함께 국가적인 6대 직종[國之六職]으로 규정하고 전문적인 관리기구와 제도를 마련해 방적생산을 국가적으로 통제하였다. 천관(天官) 산하에 전부공

(典婦功), 전사(典絲), 전시(典枲), 내사복(內司服), 봉인(縫人), 염인(染人) 등 6개 생산관리부서를 두어 방적원료의 구입과 저장·이용에서부터 염색과 의류봉제에 이르기까지 분공 관리하고 전담요원을 배치하였다. 방적을 전담하는 전사인 경우 전사관(典絲官) 예하에 사(土), 부(府), 사(史), 고(賈) 각각 2명과 도(徒) 12명을 채용하여 업무를 구체적으로 분담수행케 하였다.『상서·우공(商書·禹貢)』의 기재에 의하면, 전국 9주(州) 중 6주(兗州, 靑州, 徐州, 揚州, 荊州, 豫州)에 잠사(蠶絲)가 분포되었다고 하니, 당시 견직업이 널리 성행했음을 알 수 있다.

이상에서 열거한 여러가지 고문헌기록과 출토 유물로 미루어보아 양잠은 중국에서 최초로 신석기시대 후기에 출현하였고, 청동기시대인 은·주대에 이르러서는 견직업이 일정한 규모를 갖추고 보편화된 일종의 수공업으로 정착된 것으로 추정할 수 있다. 말하자면 중국은 3천여 년 전에 처음으로 누에를 길러서 비단을 짠 나라인바, 양잠과 비단의 시원을 중국에 두는 까닭이 바로 여기에 있다.

위에서 지적한 주대의 잠사 분포지 6주 중 형(荊)·양(揚) 두 주를 제외하고는 4주 모두가 북방에 위치해 있다. 이것은 주대까지만 해도 견직업의 중심이 북방이었음을 말해주는데, 6주 중에서도 곤주가 가장 번성하였다. 부국강병책을 추구한 춘추전국시대에도 이러한 상황은 지속되어 곤주를 중심으로 한 제(齊)나라와 노(魯)나라에서 견직업이 제일 번성하였다.

한대(漢代)에 이르러서는 견직업이 한층 발전하여 산동과 하남 일대를 중심으로 한 중원 지역에서 양잠과 방적이 성행하였다. 산동 제군(齊郡)의 임치(臨淄)와 하남 진류군(陳留郡)의 양읍(襄邑)에는 왕실 전속의 직물공장인 '삼복관(三服官)'이 설치되었고, 장안성(長安城) 내에는 동·서직실(織室)이 있어 천자나 왕실의 어복을 전문 제작·공급하였다.

한대에는 거좌기(居坐機, 平絹)와 제화기(提花機, 紋絹) 같은 견직기(絹織機)가 발명되고 염색기술도 발전하여 견직물(세칭 漢絹)은 실로 다양하였다. 사적에 의하면, 한대에 유행한 견직물은 금(錦), 수(繡), 능(綾), 곡(縠), 미윤(靡潤), 선(鮮), 락(絡), 연(練), 소(素), 백(帛), 주(紬), 사(絲), 서(絮), 호(縞), 증(繒), 나(羅), 견(絹) 등 무려 28종으로서 춘추전국시대의 금(錦), 호(縞), 소(素), 백(帛), 기(綺), 곡(縠), 나(羅), 사(紗), 환(紈), 수(繡), 아(阿)의 11종에 비하면 대단한 발전이었다.

견직업 발전사상 특기할 것은, 전한시대까지는 북방이 견직업을 독점하였으나 후한시대부터는 견직업이 점차 남방으로 전해지기 시작하였다는 사실이다. 위진남북조 시대에는 중원지대의 전란을 피해 북방인들이 남쪽으로 이주하여 남방 각지에 견직업이 널리 퍼지기 시작하였으며, 마침내 수·당 시대의 전성기를 맞게 되었다. 그 결과 견직업은 국민생활과 직결되는 전국적인 업종으로 자리잡게 되고, 그 역할과 용도도 전례없이 높아졌다.

비단에 관한 서방인들의 지식 피륙 중에서 최상품인 비단은 고가의 화려한 의상의 재료일 뿐만 아니라, 국가나 개인간의 교제용 증여품이나 통화(通貨)를 대신하는 지불수단으로까지 그 역할과 용도가 확대되었다. 그리하여 국내에서 애용됨은 물론, 멀리 서방세계에까지 희귀한 진품으로 알려져서 일찍부터 교역품으로 각광을 받았다.

비단으로 인해 처음으로 중국을 알게 된 서방인들은 수세기가 지나서야 비로소 원산지 중국으로부터 양잠을 비롯한 비단의 비밀을 알아내는 데 성공하였다. 그 과정이야말로 동서 문명교류의 여명기적 특성과 형태가 함축적으로 반영된 과정이라고 말할 수 있다.

기원을 전후한 시기의 저명한 로마 지리학자이며 역사가인 스트라본(Strabon)은 기원전 327년 동정(東征)에 나선 알렉산드로스의 부장인 네아르코스가 인더스강을 넘어 펀자브 지방을 공격할 때 처음으로 목면(木棉)과 가벼운 세리카(Serica)라는 견직물을 목격한 사실을 전하면서 이러한 견직물은 모종의 나무껍질에서 얻는다고 하였다.

그러면 '세리카'란 이름은 어디서 연유했을까? 해답은 확연치 않으나 그 이전부터(BC 5세기) 전해오는 '세르'(Ser, Serige의 준말)나 '세라'(Sera) '세레스'(Seres)에 그 어원을 둔 것으로 짐작된다.

기원전 400년경에 페르시아군의 포로가 되어 아케메네스조 왕실의 어의(御醫)로 근무한 그리스 역사가 크테시아스(Ctesias)의 전언에 의하면, 왕실에서 가끔 '세레스'인에 관한 이야기가 오갔는데, 그들의 신장은 13코비트(약 6.5m)나 되며 북인도인들과 마찬가지로 등이 높고 수명은 200년이 넘는다고 하였다. 스트라본도 그의 『지리서』에서 세레스인들은 200여 세의 장수를 누린다고 하였다. 세레스란 명칭의 어원에 대해서는 여러가지 설이 구구한데, 비단을 가리키는 중국어 '사(絲)'나 '사주(絲綢)'에서 유래되었다는 설이 가장 유력하다. 그러나 음사에 와전적 요소가 엿보여 신빙성있는 설은 아니다.

2세기까지만 해도 로마인들은 '세레스'라는 말을 생사나 견직물과 관련시키면서 그 생산자들을 '세레스인', 생산국을 '세레스'로 불러왔다. 그러나 세레스로 지칭된 생사나 견직물에 관한 그들의 지식은 5세기 전 네아르코스의 오해 범위를 크게 벗어나지 못하였다. 로마의 시종(詩宗) 베르길리우스(Maro Vergilius, BC 70~19)는 시 「농경부」(農耕賦, Georgica)의 2장 5절에서 세레스인들은 삼림 속의 나뭇잎에서 비단을 짜낸다고 읊었고, 스트라본도 『지리서』에서 비단은 아마(亞麻)의 표피를 빚어 만든다고 하였다. 또 1세기 로마의 지리학자인 플리니우스도 역시 세레스인은 동방에 사는 부족인데, 나무에서 털실을 뽑는다는 등 착각을 반복하였다.

그러나 비단에 관한 정확한 지식을 가진 학자가 없지는 않았다. 2세기 후반의 그리스 지리학자 파우사니아스(Pausanias)는 세레스인들은 "일정한 목적을 가지고 사육한 곤충에서 비단실을 뽑는다"고 믿었다. 그가 어떤 경로를 통하여 이러한 지식을 습득했는지는 알 수 없으나, 양잠이나 견직물에 관한 오해와 무지가 만연했던 당시로서는 획기적인 탁견(卓見)이었다. 그러나 전파매체나 인쇄술이 발달하지 못한 당시의 여건하에서 그의 이러한 탁견은 묵살되고 말았다. 그리하여 6세기 중엽 양잠기술이 유럽에 전파될 때까지 서방인들은 여전히 세레스나 비단에 관해 오해할 수밖에 없었다.

이와같이 세레스의 실체가 오랫동안 서방에 정확하게 전해지지 않은 것은, 실크로드의 서단(西段)을 장악하고 있던 파르티아(安息)가 막대한 이윤추구를 목적으로 비단무역을 독점하고 그 비밀을 서방에 알려주지 않았기 때문이다. 이에 대해『후한서』「서역전」은 다음과 같이 기술하고 있다.

이 나라(로마) 왕은 사신을 한에 보내려고 하였으나 안식이 한의 증채(繒綵, 즉 견직물)를 가지고 그와 교역하려고 함으로써 차단되어 스스로는 얻을 수가 없었다.

이 글에서 알 수 있듯이 로마는 한에 사신을 파견하여 직접통상을 시도했으나 파르티아가 중간에서 차단하곤 하여 여의치 않았으며, 그 결과 비단의 비밀을 오래도록 알아낼 수가 없었다. 뿐만 아니라, 한의 로마와의 직접통사(通使)도 안식의 고의적인 방해로 말미암아 성사될 수가 없었다. 이러한 사실을 전해주는 일례로 감영(甘英)의 대진견사(大秦遣使) 실패건을 들 수 있다.

영원(永元) 9년(AD 97)에 서역도호(西域都護) 반초(班超)에 의해 대진으로 파견된 감영이 지중해 동안의 조지(條支, 현 시리아)에 도착하여 바다를 건너려고 하였다. 그러자 안식의 배꾼들이 위협조로 바다가 넓어서 건너는 데 순풍이면 3개월이 걸리나, 만일 역풍을 만나면 2년이나 걸리므로 적어도 3년분의 식량은 준비해야 하며, 항행중 조난 사망자가 부지기수라고 엄포를 놓았다. 이 말을 들은 감영은 겁에 질려 그만 대진으로의 사행을 단념하고 귀향했다.

바로 이러한 안식의 중간차단으로 인해 한과 로마 간의 직접 교역이나 내왕은 이루어질 수 없었으며, 따라서 로마가 비단을 대량 수입해가면서도 그 비밀을 오랫동안 알아낼 수 없었다.

양잠기술의 서전　비단은 출현 초기부터 교역이나 증여의 명목으로 주위의 여러 나라에 수출되었다. 이러한 과정은 외국에서 양잠기술을 도입하여 스스로 견직물을 생산할 때까지 오랜 세월 계속되었다. 외국에 양잠직견기술이 도입됨으로써 비록 중국 비단의 수출은 상대적으로 감소되기는 하였지만, 반면에 양잠직견의 세계화가 이루어졌다. 서방인들은 중국 비단이 서방에 알려질 때부터 비단의 수입에만 만족하지 않고 양잠직견의 기술까지도 도입하여 비단에 대한 수요를 충족시키려고 하였다. 그리하여 원산지인 중국측의 의도와는 무관하게 각이한 방법과 루트를 통해 양잠직견기술이 서방 각지에 유입되었다.

1. 서역으로의 전파　서역은 원래 양잠이나 직견을 몰랐는데, 중국으로부터 전수받아 알게 되었다. 견직물 서역 초전은 중국 제왕으로부터의 증여나 하사 형식이 기본이었던 것으로 보인다. 사적에 따르면 하걸(夏桀) 때부터 벌써 융왕(戎王, 서역 제왕, 예컨대 倮氏)에게 증(繒)을 하사하였으며, 한의 천자는 부유함을 과시하려고 대완(大宛, 중앙아시아 부르가나 지방)에 정기적으로 '재백(財帛)'을 시여하

였다. 전한 때 장건은 '거만(巨萬)'의 금잡백(金帛)을 가지고 오손(烏孫, 현 신강성 伊梨河 유역)에 가서 친한회유를 시도했으나 실패했는데, 오히려 이것이 계기가 되어 비단이 오손에 전파되었다. 그 밖에 한제가 흉노 선우(單于)에게 '황금금수 증포만필(黃金錦繡 繒布萬匹)'을, 선우모 알씨급(閼氏及)에게 '증채천필 금사단(繒綵千匹 錦四端)'을 사급(賜給)하였다는 『후한서』 「남흉노전(南匈奴傳)」의 기록을 비롯하여 『진서(晉書)』 「부견전(符堅傳)」, 『구당서』 「고선지전(高仙芝傳)」, 『신당서』 「서역전」, 『책부원구(冊府元龜)』(권964), 『북사(北史)』 「서역전」, 『주서(周書)』 「이역전(異域傳)」 등 역대의 사서에 각종 견직물의 증여나 사급에 관한 여러가지 기사가 수록되어 있다. 물론 이러한 증여나 사급은 일부 제왕이나 귀족들에게만 제한됨으로써 그들만 '능라금단의(綾羅錦緞衣)'를 입고 호의호식하였다.

일부 문헌기록을 살펴보면, 일찍이 서역에도 누에고치나 뽕나무가 없지는 않았다. 다만 잠사로 비단 짜는 법을 모르고 있었을 뿐이다. 요컨대 '야잠(野蠶)'이 '가잠(家蠶)'으로 발전하지 못한 것이다. 그러나 중국의 가잠법(家蠶法)을 받아들인 후부터는 서역에서도 견직물이 생산되기 시작하였는데, 오아시스로 요지에 위치한 우기(于闐)가 중국과의 정략적 친혼(親婚)을 통해 중국의 양잠기술을 받아들인 것이 그 효시이다.

7세기 중엽 구법차 천축(天竺, 인도)에 갔다가 귀국 도중 우기에 들른 현장삼장(玄奘三臧, 600~64)은 탐방기 『대당서역기(大唐西域記)』(권12)에서 잠종서점전설(蠶種西漸傳說)을 다음과 같이 전하고 있다. 구살단나국(瞿薩旦那國, 즉 우기) 왕성에서 동남쪽으로 5~6리에 마사승가람(麻射僧伽藍)이란 불묘(佛廟)가 있는데, 이 불묘는 이 나라 선왕의 비(妃)가 건립한 것이다. 옛날에 이 나라는 뽕나무를 심고 누에를 기르는 것(種桑養蠶)을 몰랐다. 국왕은 동방 일국(중국)에 상잠(桑蠶)이 있다는 것을 전해듣고는 사신을 보내 구하려고 했으나 그 나라 군주는 상잠 종자의 외류(外流)를 엄격히 통제했다. 그리하여 선왕이 군주에게 구혼하자 군주는 이를 기꺼이 승낙했다. 미래의 왕비를 맞으려고 간 사신은 왕의 분부대로 왕비에게 "우리나라에는 상잠 종자가 없으니 비께서 친히 휴대하시어 옷을 지어 입으소서"라고 말했다. 그러자 그녀는 상잠 종자를 남몰래 구해서 모자솜 속에 감추고 무사히 변방검색을 통과하여 드디어 우기에 잠종을 가져왔다. 왕비는 누에고치 살상을 금지하는 등 규정을 돌에 새겨 양잠직주법(養蠶織綢法)을 제도화하였다. 선왕은 이를 기리기 위해 가람을 세웠다. 경내에 남아 있는 몇그루의 고상(古桑)은 최초로 심은 뽕나무라고 한다.

이와같은 전설 내용은 『신당서』 「서역전」도 전하고 있으며, 티베트어로 씌어진 『우기국사』(于闐國史, Li yul Lun-bstan-pa)에도 대체로 같은 내용이 실려 있다. 즉 비자야 자야(Vijaya Jaya) 왕은 푸네스바라(Punyesvara)라는 중국 황제의 딸을 비로 맞이했는데, 이 공주가 잠종을 리국(Li, 즉 우기)에 가져와 마자(Ma-Za, 麻射) 지방에서 누에를 쳤다는 것이다. 일찍이 영국의 저명한 중앙아시아 탐험

호탄에 잠종을 밀반하는 내용의
「견왕녀도」(판화)

가 스타인(A. Stein)은 호탄강 강안에 위치한 단단 오일리크(Dandan Oylik, 丹丹烏里克)에서 이 전설의 주인공의 잠종 반출 내용을 형상한 판화(「絹王女圖」)를 발견하였다.

위의 문헌들에는 잠종의 우기 전파 사실은 기록되어 있으나 구체적인 전파연대는 밝혀지지 않고 있다. 보통 뽕나무의 수령이 100～200년이나 된다는 점을 고려할 때, 7세기 중엽에 현장이 현지에서 목격한 그 늙은 뽕나무는 분명히 5～6세기에 심어진 것으로서, 이 시기에 이미 이 지방에서 종상양잠이 진행되고 있었음은 의심의 여지가 없다. 우기 동쪽 320km에 위치한 민풍현(民豊縣) 북방 110km 지점의 니야(Niya) 유적지를 1901년부터 3차례나 탐사한 스타인은 그곳에서 몇군데의 상원(桑園) 유적지를 발견했다. 니야 유적지는 3세기 말에서 4세기 초에 사라진 것으로서, 이곳에 잠상 흔적이 남아 있는 것으로 미루어보아 이곳에 잠상이 최초로 전래된 시기는 후한시대(1～3세기)로 잡아도 무리가 없을 것이다.

제2차 세계대전 후 고대 서역의 심장부였던 타림 분지를 비롯한 신강성 여러 곳에서 다양한 견직유물이 출토되었다. 대표적인 유물로 투르판현 아스타나(阿斯塔那) 출토의 대조대양수문금(對鳥對羊樹紋錦, 수대), 각사(刻絲, 당대), 천청색부금채경용(天靑色敷金彩輕容, 당대), 견화(絹畵, 당대), 견화(絹花, 당대), 니야 유지의 만세여의금포(萬世如意錦袍, 신장 133cm, 후한) 등을 들 수 있다. 이러한 유물 가운데서 특이한 것은 비단그림〔絹畵〕과 비단꽃〔絹花〕이다.

이처럼 중국 견직물은 상역(商易)이나 증여의 형식을 통하여 전한시대부터 이미 서역에 수출되었으며, 양잠직견기술도 기원 초에 우기를 시발로 여러 곳에 전파되었다.

2.인도로의 전파 인도의 고대문헌은 기원전 4세기경에 이미 중국의 잠사가 인도에 전해진 것으로 기록하고 있다. 인도의 고서인 『치국서(治國書)』에 의하면, 기원전 4세기에 중국 비단이 인도에 수입되었다. 기원전 4세기경 인도 학자 코디리아(考梯利亞)는 저서 『실례론(實例論)』에서 '지나'(Cina, 중국의 秦)의 견직에 관해 언급하고 있다. 중국 학자들인 서야(徐冶), 왕청화(王淸華), 단정주(段鼎周)도 공저 『남방육상사주로(南方陸上絲綢路)』에서 기원전 4세기 중국 촉지(蜀地, 현 成都盆地를 중심으로 한 川西 일대)의 대상들이 남방 육상 비단길을 따라 비단을 인도로 가져가서 장사를 하였다고 기술하고 있다.

인도어로 실을 'cinapatta'라고 하는데, 이는 'cina'(중국)와 'patta'(띠, 짜은 끈)라는 두 글자의 합성어로서 '중국의 짜은 실'이라는 뜻이다. 이 글자의 어의만 보아도, 인도인들은 일찍이 중국으로부터 실〔蠶絲〕을 수입했다는 것을 알 수 있다. 그런데 인도 고전에는 실을 뜻하는 또 하나의 단어 'kauseya'가 있다. 이는 중국에서 수입된 실이 아니라 인도 본산의 야잠사(野蠶絲)를 뜻한다.

이와같이 중국 비단은 기원전 4세기경에 이미 인도로 수출된 것으로 보이며 그 통로로는 다음과 같은 네 길이 있었다.

1) 남해로: 전한시대부터 개통되어 줄곧 이용된 바닷길이다. 이 길은 중국 남단의 번우(番愚, 현 廣州)에서 시작되는 길로서 고대 실크로드 해로의 동단(東段)에 해당된다. 『한서』에 의하면, 전한시대 중국 무역선이 일남(日南)을 떠나 인도 동남부에 있는 황지국(黃支國, 建支補羅國)에 도달하는 데는 약 1년이 걸렸다. 인도로부터의 수입품은 명주(明珠)·벽유리·기석이물(奇石異物) 등이고, 수출품은 황금과 각종 방직품(雜繪)이었다.

2) 서역로: 주로 오아시스 육로의 남도(南道)에 해당되는 길이다. 이 길의 요지에 서역 나라들 중 양잠기술을 최초로 받아들인 우기가 있는데, 이곳의 색족(塞族, 즉 사카족)은 인도 서북부의 색족과 동족으로서 이들을 통해 비단교역이 자연스럽게 이루어졌을 것이다. 『에리트라해 안내기』(제64절)에 따르면, 중국(Thinai)의 양모나 비단은 박트리아(大夏)를 거쳐 서북 인도의 항구 바리가자(Barygaza)에 운반된 다음 인더스강을 따라 리미리케(Limyrike, 현 인도 서남부의 말라바르 해안)에 이른다. 이 길이 바로 서역로인데, 앞에서 밝힌 대로 네아르코스가 서북 인도의 펀자브 지방을 공격할 때 목격한 세레스가 바로 이 서역로를 통해 인도에 반입된 중국 비단인 것이다.

3) 티베트로: 당대에 개척된 이 길을 따라 현장은 천축으로 갔다. 길이 워낙 험해서 개척은 되었으나 많이 이용되지는 못하였다. 당 고종(高宗)이 즉위(650)하면서 티베트로부터 잠종(蠶種)과 양주장인(釀酒匠人)을 보내달라는 청을 받고 허락했다는 『구당서(舊唐書)』의 기록으로 보아 중국의 잠사가 이 길을 따라 티베트를 거쳐 인도에 수출되기도 하였을 것이다.

4) 선국로(撣國路): 선국(현 미얀마)로는 중·인통로의 지름길로서 이전부터 많이 이용되었다. 한대에 이미 선국은 견사(遣使) 조공(朝貢)을 통해 한과 통교하였다. 진(晋)대의 상거(常璩)가 쓴 『화양국지(華陽國志)』에 의하면, 신독(인도)인들은 영창군(永昌郡, 현 중국 雲南 騰沖과 미얀마 八莫 지대)에 상주하면서 중국이나 인도뿐만 아니라, 멀리 남해 각국이나 로마와도 교역을 진행하였다. 선국에 수입된 중국산 견직물은 일부는 현지에서 소비되고 나머지는 인도나 남해 각국에 운반되었다.

이 선국로는 일명 '남방비단길'〔南方絲綢之路, 남방 실크로드〕이라고도 하는데, 중국 경내에서는 영관도(靈關道)와 오척도(五尺道), 영창도(永昌道)의 세 길로 나뉜다. 영관도는 촉(蜀, 즉 成都)에서 남행하여 임공(臨邛, 현 邛崍), 청의(靑衣, 현 雅安), 농도(籠都, 현 漢源), 공도(邛都, 현 西昌)를 지나 금사강(金沙江)을 건너 청령(靑嶺, 현 大姚)을 경유해 엽유(葉楡, 현 大理)에 이르는 길이다. 오척도는 촉에서 남하하여(僰道, 현 宜賓), 주제(朱提, 현 昭通), 야랑서북(夜郞西北, 현 威寧 일대), 미현(味縣, 현 曲靖)을 경유해 전지(滇池, 현 昆明)에 다다른 다음 서쪽으로 초웅(楚雄), 운남(雲南, 현 祥雲縣 雲南驛)을 지나 엽유에 도착하여 영관도와 합류하는 길이다. 영창도는 엽유에서 서행하여 박남(博南, 현 永平), 쉬당(嶲唐, 현 保山)을 지나 전월(滇越, 현 騰沖)을 거쳐 미얀마에 이르는 길이다.

3. 페르시아로의 전파　고대에 중앙아시아와 서아시아에서 막강한 통일제국을 세운 페르시아(波斯)는 일찍부터 중국과 경제·문화적으로 밀접한 관계를 유지하고 있었다. 또한 지리적으로 중국과 유럽 간의 교통의 요지에 위치하고 있어 비단의 서전을 비롯해 동서교류에 상당한 영향력을 행사하였다.

페르시아제국은 기원전 224년부터 129년까지 거의 100년간 실크로드의 서단(西段) 요로를 통제했으며, 7세기 중엽 사산조가 아랍인들에게 패망할 때까지 중앙아시아와 서아시아에서 실권자로 군림하여 중국과 서역 간의 교역을 중간조절하면서 비단무역을 독점하였다. 앞서 말한 대로 파르티아조(페르시아)는 어부지리를 얻기 위해 중국과 로마 간의 직접교역이나 내왕을 각방으로 방해하였을 뿐만 아니라, 중국 양잠기술의 로마 전파도 극력 저지하였다. 그리하여 비단교역을 둘러싼 페르시아와 로마제국 간의 갈등도 때로는 대단히 첨예하여 앙숙관계가 더욱더 심화되었다.

528년(중국 梁武帝 大通 2년)에 발발한 사산조 페르시아와 비잔띤 간의 전쟁으로 인해 비단 수입이 위축되자, 비잔띤은 에티오피아와 동맹을 맺어 그들을 통해 비단을 확보하고자 시도했으나 여의치 않았다. 그후 얼마 지나지 않은 540년에 재발한 전쟁으로 비잔띤은 비단 수입에서 또 한차례의 타격을 받고 비단시장이 폐쇄되는 지경에까지 이르렀다.

페르시아는 중국 비단의 중계자였을 뿐만 아니라, 직접적 수용자와 소비자이기도 했다. 중국 비단은 교역을 통해서도 페르시아에 전해졌지만, 중국측의 증여나 사급(賜給) 또한 이면에서 큰 역할을 하였다. 따라서 서역의 경우처럼 페르시아의 제왕과 귀족들만은 화려한 금관에 비단옷(錦袍) 차림으로 사치를 누렸다. 이러한 사실은 『위서』「서역전」이나 『주서(周書)』(권5) 「이역전(異域傳)」, 『수서(隨書)』(권83) 등에 생생하게 묘사되어 있다.

페르시아인들은 초기에는 중국에서 수입한 비단을 사용하였으나 수요가 점차 증가함에 따라 중국으로부터 양잠직견기술을 도입하여 각종 질 좋은 비단을 자체 생산하게 되었다. 중국의 양잠직견기술 도입연대를 로퍼(B. Laufer)는 사산조(226~640) 말엽으로 보았다. 그러나 『수서』「서역전」이나 『위서』「서역전」, 그리고 『남사(南史)』(권79)와 『북사(北史)』(권90)에 각각 질 좋은 페르시아산 금(錦)이나 능금(綾錦)에 관한 기사가 있는 점으로 보아, 늦어도 6세기 초 이전에 전수받은 것으로 추정된다. 좀 후대의 일이지만 명(明)대에 이르러서는 페르시아가 생산하는 고급비단인 기환(綺紈, 무늬 있는 흰 비단)은 그 섬세함이나 짜임새에서 원산지 중국을 능가하였다고 한다.

이와같이 페르시아는 중국 비단의 대서방 교역의 중계자 역할을 하였으며, 양잠직견기술을 직접 받아들인 후 발전시켜 질 좋은 견직품을 생산해서 외국에 수출까지 함으로써 견직업의 발전에 나름대로 기여하였다.

4. **로마로의 전파** 서구인들이 최초로 비단을 세레스라고 지칭한 것은 기원전 5세기경으로 아마 이 때부터 중국 비단이 서구에 전해졌다고 볼 수 있을 것이다. 중국 비단의 서방 전달자는 우선 서방에 '비단족'으로 알려진 월지(月氏)인들이다. 그들은 은·주 시대부터 춘추전국시대에 이르기까지 서역 동부의 하서(河西)·감숙(甘肅) 지역에서 대국을 세웠고, 한대에는 파미르 고원 서쪽으로 옮겨 활약했다. 월지는 실크로드 오아시스로의 남도에 위치한 우기산 연옥을 중국에 수출함으로써 중국(특히 은·주 시대)의 옥문화를 개화시킨 장본인이다. 그리하여 동방에서는 '옥의 민족'으로 알려졌다. 그들은 중국에 옥을 수출하는 대가로 중국 비단을 서방에 중계수출하였던 것이다.

다음으로 중국 비단의 서방 전달자는 흉노인들이다. 기원전 3세기 말 막북(漠北)의 몽골 일원을 통일하고 흉노제국을 건립한 묵특(冒頓) 선우는 중원에 군림한 한 고조(高祖)를 백등(白登)에서 격파한 후 형제동맹을 맺고 한으로부터 매해 다량의 증견(繒絹)을 공물로 받았다. 한 고조가 묵특에게 보낸 증견의 수량은 알 수 없으나 정화(征和) 4년(BC 89, 무제 사망 2년 전)에 흉노의 고록고선(孤鹿姑單)이 무제에게 보낸 편지에 따르면, 매년 '벽주오천곡 잡증만필(蘗酒五千斛 雜繒萬匹)'이 방물로 제공되었다. 또한 감로(甘露) 3년(BC 51) 정월과 황룡(黃龍) 원년(BC 49)에 입조한 호한야(呼韓邪) 선우는 한제로부터 각각 '의피칠십칠습 금수기곡잡백팔천필 서육천근(衣被七拾七襲 錦繡綺縠雜帛八千匹 絮六千斤)'과 '의백일십습 금백구천필 서팔천근(衣百一十襲 錦帛九千匹 絮八千斤)'을 받았다.

흉노는 한으로부터 얻은 비단을 모두 자체 소비하지 않고 일부를 서방과의 교역품으로 충당한 것 같다. 파지리크(Pazyrik)나 노인울라 고분군 유적지에서 비단유물과 함께 서방유물이 반출된 사실은 이를 증명한다. 당시 승승장구하는 흉노는 대완·안식 등 서역제국과 활발한 교역을 진행하고 있었다.

한대부터 중국 비단[漢錦]은 월지나 흉노들의 중계로 로마에 대대적으로 유입되어 사치품으로 큰 인기를 모았다. 질이나 문양이 워낙 뛰어나고 이색적인데다가 멀고 먼 험산준령을 넘느라 운반비가 많이 들고, 거기에 경유국마다에서 부과된 세금까지 합치니 로마 현지에서 비단은 실로 '금과 같이 취급'되는 고가의 귀중품 중의 귀중품이 되었다.

로마공화정 말기 카이사르(BC 100~44)는 극장에 나타날 때면 꼭 비단옷[綢袍]을 입곤 하였다. 그 후 로마의 남녀 귀족들 사이에 비단옷만을 입는 풍조가 일어 비단이 고갈될 우려가 생기자, 제정 초기 황제 티베리우스(재위 14~37)는 남자들의 비단옷 착용을 금지하는 칙령까지 내린 바 있다. 그러나 비단 애용의 기세는 줄지 않고 더더욱 기승을 부렸다.

1세기경부터 몇세기 동안 로마의 비쿠스 투스쿠스(Vicus Tuscus) 지역에는 전문 비단시장이 개설되어 성황을 이루었고, 시돈(Sidon) 등 도시에는 중국의 겸소(縑素, 서화용 흰 비단)를 수입해다가 이를 풀어서 다시 능기(綾綺, 무늬 있는 얇은 비단)를 짜거나 염색하고 누금(縷金)하는 가공공장이 있었다. 2세기 때 로마제국의 극서 도시인 런던에서 비단이 성행한 것을 '중국 낙양에 비견된다'고 하였으니, 당시 비단이 로마인들에게 얼마나 큰 인기가 있었는지 가위 짐작할 수 있다.

비단 선호의 풍조는 아우렐리아누스(Aurelianus, 재위 270~75) 황제 시대에 더 심하게 만연되었다. 380년경 꼰스딴띠노쁠에서는 "귀족들에게만 사용이 허용되던 비단이 이제는 귀천을 가리지 않고 최하층까지 퍼졌다"고 4세기 로마 역사가 암미아누스 마르첼리누스(Ammianus Marcellinus)가 지적한 바 있고, 410년 테오도시우스 2세의 세례식(洗禮式)에는 전시민이 비단과 보석으로 장식한 의상을 입고 참석했다. 6세기의 유스티니아누스 2세(재위 565~78) 때 메난드로스(Menandros)는 "로마인들은 비단을 어느 민족보다도 더 많이 소비한다"고 기술하면서 동방령(東方領)의 장군 제마르코스(Zemarchos)가 사산조 페르시아를 우회하여 서돌궐과의 비단무역로를 뚫기 위해 천산(天山)지방으로 파견된 사실을 전하고 있다.

이렇게 비단을 다량으로 소모한 로마인들은 일찍부터 비단 생산의 비밀을 알아내려고 애썼다. 그러나 페르시아인들의 중간 차단과 중국인들의 비단유출 통제 때문에 뜻을 이루지 못하고 고작 수입된 비단을 해체하여 재가공하는 정도에 머물렀다. 그러다가 드디어 6세기 중엽에 이르러 비밀리에 누에고치를 반입해옴으로써 그토록 희구하던 자체의 양잠직견이 비로소 가능하게 되었다.

6세기의 비잔띤 역사가 프로코피오스(Prokopios, 500~65, 벨리사리우스제의 비서 겸 법률고문 역임)의 기술에 의하면, 유스티니아누스 1세(재위 527~65) 시대에 인도 북부의 세린다(Serinda, 賽林達)국에 다년간 체류한 몇명(2명?)의 경교(景敎) 신부에 의해 잠종이 로마에 밀반입된다. 그들은 이들은 적국인 페르시아로부터 비단을 구입해오는 것을 원치 않는 황제의 의중을 헤아리고, 그를 알현하는 자리에서 양잠견직 과정을 상술한 후 잠종(蠶種)을 몰래 지팡이 속에 숨겨넣고 몰래 세린다로부터 반입하는 데 성공하였다. 이리하여 로마의 비단문화는 비로소 발아하기 시작하였다.

그런데 세린다국의 위치 비정 문제에서는 견해가 상이하다. 프랑스의 지리학자 앙빌(J. B. d'Anville, 1697~1782)은 세린다는 하나의 복합명사로서 서북 인도의 시르힌드(Sirhind)라고 주장했고, 영국의 동양학자 율(H. Yule)은 세리카(Serica, 중국)와 인도의 중간지대나 우기(于闐, 호탄)일 가능성을 지적하였다. 일본의 나가사와 카즈또시(長澤和俊)는 서북 인도나 카슈미르에 비정하고 있다. 프로코피오스의 원서를 접하지 못한 필자로서는 판단을 유보하고 연구과제로 남길 수밖에 없다.

이렇게 잠종의 밀반입은 6세기 중엽에 이루어졌지만, 뽕나무는 이미 지중해로부터 아나톨리아에 이르는 광활한 지역에서 자생하거나 재배되고 있었다. 그리하여 일단 잠종과 양잠법이 전해지자 양잠업이 신속히 발전할 수 있었다.

이상에서 고찰한 바대로 선사시대 중국에서 발생한 양잠법은 각이한 방법과 루트를 통한 잠종의 전파와 더불어 2~3세기경에 실크로드 오아시스 육로 남도(南道) 주변 여러 나라에 전해졌고, 3세기 말에는 서북 인도와 카슈미르, 4~5세기경에는 페르시아와 시리아, 끝으로 6세기 중엽에는 비잔띤에 각각 전파되었다.

비단의 서전 루트 19세기 말 이래 스웨덴의 헤딘(S. Hedin)과 영국의 스타인을 비롯한 서구 탐험가들과 중국 고고학자들의 노력으로 서역 일대에서 한대부터 당대에 이르는 시기에 생산된 견직 유물이 대량 출토됨으로써 비단의 서전상과 그 루트가 점차 밝혀지고 있다.

우선 동·서방 여러 지역에서 고대 비단유물이 출토된 주요 유지와 출토상황을 살펴보면 다음과 같다.

1) 에치나강 유역 유적지: 현 중국 내몽골자치구 서부에 있는 에치나(Echina, 額濟納)강 유역에 대하여 1930~31년에 베리만(F. Bergman)을 위시한 서북과학조사단이 발굴작업을 진행한 결과 한대 유지 43개소 중 17개소에서 다량의 견직물을 발견하였다. 현재 유품은 스톡홀름 국립인류학박물관에 소장되어 있다.

2) 누란(樓蘭) 유적지: 누란 왕국의 도성 그롤라이나(Grolaina)와 그 주변에 있는 유지인데, 1900년 헤딘이 도성지를 발견하고 다음해 3월에 여기서 다수의 한문 고문서와 5점의 평견(平絹)을 발견하였다. 그후 1914년 스타인은 이 도성지 동북방 3마일 지점에 있는 한묘(漢墓)에서 12점의 비단조각을 또 발견하였다. 1934년 헤딘과 베리만은 또다시 굼타리아강 유역에서 다수의 견직물 조각을 발견했고, 이때 동행한 황문필(黃文弼)도 11점의 비단조각을 발견하였다.

3) 니야 유적지: 1959년 신강(新疆) 위구르자치구 박물관 고고대(考古隊)는 니야(Niya) 유지 북방 사막 가운데서 후한시대의 부부합장묘를 발굴했는데, 여기에서 '만세여의(萬世如意)' 금포(錦袍)와 '연년익수대의자손(延年益壽大宜子孫)' 금화(金靴), 손가방〔手袋〕 등 여러 점의 견직물 유품을 발견하였다.

4) 노인울라 유적지: 1923년 소련 꼬즐로프 조사대는 울란바토르에서 북쪽으로 약 110km 지점에 있는 노인울라(Noin-Ula)에서 212기 고분 중 12기를 발굴했는데, 여기에서 운악금문금(雲岳禽紋錦), 수화운문금(獸華雲紋錦), 산악쌍수목문금(山岳雙樹木紋錦) 등 여러 점의 유물을 발굴하였다.

5) 오글라크티 유적지: 남러시아 미누쎈스끄 북방 약 60km의 북예니쎄이강 우안에 있는 오글라크티(Oglakty) 유적지에서 1930년 소련 고고학자 아똘리아노브가 발굴한 9기의 한묘(漢墓)에서 유

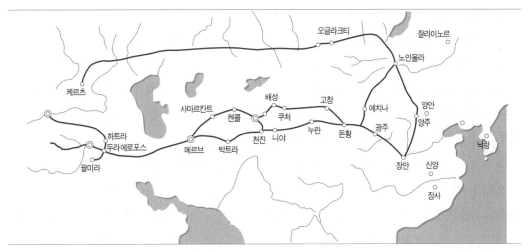

비단의 서전 루트

운문금(流雲紋錦), 연년익수금(延年益壽錦) 등이 나왔다. 한가지 주목되는 것은, 이 유지에서 발굴된 연년익수금과 누란이나 니야 유적지에서 출토된 연년익수금이 재질이나 문양에서 매우 유사하다는 점이다. 이러한 제품들은 같은 곳에서 생산되어 각지 제왕과 유력자들에게 증여된 것으로 사료된다.

6) 케르츠 유적지: 멀리 흑해(黑海) 북안의 크림 반도 케르츠(Kerch)에서 1842년 코레이샤에 의해 능형(菱形) 무늬의 비단천이 발견되었다. 이것은 지금까지 발견된 비단유물 중에서 가장 먼 곳에서 발견된 것이다.

7) 켄콜 유적지: 중앙아시아 키르기스스탄 탈라스 강안의 톨로촌에 위치한 켄콜(Kenkol)고분 9호분에서 1938년 페른슈타임이 남녀 비단옷을 발견하였다.

8) 팔미라 유적지: 시리아의 팔미라(Palmyra) 유적지에서 1925~45년에 프랑스 고고탐험대가 장프리크탑(塔) 등에서 50점에 달하는 중국산 견직물 유품을 발견하였다.

9) 가욕관 유적지: 1927년 감숙성(甘肅省) 가욕관(嘉峪關) 서쪽 후한묘에서 기의(綺衣)와 기(綺, 무늬 있는 비단) 조각과 함께 잠상(蠶桑)·견백(絹帛) 등을 그린 벽돌〔畵像磚〕이 발견되었다.

10) 무위현 마저자 유적지: 감숙성 무위현(武威縣) 남쪽 15km 지점에 있는 마저자(磨咀子) 한묘군(漢墓群)에서 1957~59년에 진행된 3차례의 발굴에서 근 10점의 금(錦), 나(羅, 얇고 성기게 짠 명주)가 출토되었다.

그밖에 북시베리아의 잘라이 노르(Jalai Nor), 알타이 이북의 파지리크, 돈황(敦煌), 신강성의 투르판, 쿠처, 배성(拜城), 중앙아시아의 사마르칸트, 아프가니스탄의 박트라(발흐), 메소포타미아의 하트라(Hatra)와 두라 유로포스(Dura Europos), 장안(長安), 낙랑(樂浪) 등 여러 곳에서도 적지 않은 견직유물이 발굴되었다.

이렇게 한금(漢錦)이나 당금(唐錦) 유물은 장안을 중심으로 동쪽으로는 한반도의 낙랑에서 서쪽으로는 시리아의 팔미라까지, 북쪽 잘라이 노르로부터 남쪽 장사(長沙)에 이르기까지 유라시아의 광활한 지역에서 두루 출토됨으로써 고대 중국 비단의 종횡무진한 전파상을 확인할 수 있다.

이 발굴유지들을 연결해놓으면 바로 비단의 서전(西傳) 루트가 설정될 수 있을 것이다. 그런데 이 루트는 세칭 비단길(실크로드)의 주로(主路, 오아시스 육로와 초원로)와 대체로 일치한다. 따라서 한금의 출토지를 연결한 비단의 서전 루트를 지도상에 표시하면 다음과 같다.

즉 실크로드의 북로인 초원로(스텝로)를 따른 비단의 서전 루트는 장안→양고(陽高)→노인울라→오글라크티→파지리크→케르츠로 이어지는 길이고, 실크로드의 중추인 오아시스 육로를 따른 비단의 서전 루트는 장안→양주(凉州)→돈황에서 남·북 루트로 갈라진다. 여기서 북방 루트는 고창(高昌, 투르판)→쿠처→배성→켄콜→사마르칸트→메르브→두라 에로포스까지의 길이고, 남방 루트는 누란→니야→박트라→메르브→두라 에로포스까지의 길이며, 두라 에로포스에서 북행으로 하트라와 로마로, 남행으로 팔미라로 이어진다.

이상에서 중국에서 처음으로 생산되어 서전된 비단의 전파상을 고찰하였다. 물질문명이 고도로 발달하여 면직물이나 모직물은 물론, 각종 화학섬유로 만든 첨단직물이 쏟아져나오는 오늘날에도 비단은 여전히 질이나 문양에서 피륙의 으뜸 자리를 지키고 있다. 그 역사가 자그마치 3,4천년을 헤아리는 이 진품이 인류의 물질생활 향상과 동서간의 문명교류에 미친 영향이나 기여한 바는 실로 지대한 것이다. 사실상 중국의 4대 발명품보다도 더 유구하고 위대한 발명품인 것이다.

동서고금 누구나 애용하고 귀중히 여기는 비단은 자연이 인간에게 베푼 최초의 수혜(受惠)다운 수혜로서 인류문명의 여명기에 중국에서 발생한 후 선진(先秦)시대에 벌써 그 명성이 서방에 알려졌고, 한대에 이르러서는 다양한 통로로 그 실물이 서역을 비롯한 서방으로 대량 유출되었다. 그리하여 '비단이 곧 중국' '중국이 곧 비단'이라는 등식이 성립될 만큼 비단과 중국은 따로 떼어놓고 생각할 수 없게 되었고, 중국의 위상은 그만큼 높아졌다. 또한 비단은 서방인들이 동방으로부터 가져간 최초의 값진 문물로서 동서교류사의 한 장을 장식한 동시에 동서교류의 가교인 비단길의 어원이 되었다.

그러나 초기 중국 비단의 서전은 어디까지나 공·사간의 증여나 교역의 범위를 벗어나지 못함으로써 교류사적 차원에서는 일정한 한계를 지닐 수밖에 없었다. 원래 전파문명이란 전파 자체에 큰 의의가 있는 것이 아니라 피전파지 문명과 융합해 토착화되었을 때에야 문명가치를 인정받는 법이다.

제5절 종이의 교류

종이의 개념　문화의 전승수단이며 문화발달의 척도라고 할 수 있는 종이는 주로 문자를 기록하는 재료로서 넓은 의미의 종이와 좁은 의미의 종이로 구분할 수 있다. 넓은 의미의 종이는 서사(書寫)재료 일반을 말한다. 여기에는 서방의 점토판(粘土板), 파피루스(papyrus), 피혁지(皮革紙)와 동방의 타리지(紙), 귀갑수골(龜甲獸骨), 목간(木簡), 죽간(竹簡), 채후지(蔡侯紙) 등 서사재료 전반이 포함된다. 이에 비해 좁은 의미의 종이는 식물성 셀룰로오스(cellulose)를 주원료로 하여 만든 현재의 종이, 즉 채후지를 말한다.

인간은 진화과정에서 기억의 필요성을 절실히 느껴 기억을 유지할 수 있는 수단과 방법을 고안해냈다. 그러한 방법으로 고대의 중국이나 유구열도(琉球列島) 주민들, 남미의 잉까족, 서아시아의 페르시아인들은 결승(結繩, 노끈으로 매듭 맺기)을, 그리고 아메리카 인디언들은 조개 기호를 사용하였다. 그런가 하면 어떤 곳에서는 나무막대기에 금을 긋거나 간단한 그림을 그리는 식도 있었다. 이런 과정에서 기억보조수단으로서는 최고형태라고 할 문자가 발명되었다. 문자가 발명된 시기는 지역에 따라 다르다. 대체로 기원전 4000～3000년기에 여러 곳에서 다발적으로 발명되었다. 문자의 발명과 더불어 문자를 기록·보존해야 할 서사재료, 즉 넓은 의미에서의 종이 문제가 자연스럽게 제기되어 제지술이 발달하게 되었다.

서방에서 고대문자의 서사재료로 사용된 것은 점토판과 파피루스, 양피지(羊皮紙) 등이다. 세계에서 최초로 설형문자(楔形文字)를 발명한 메소포타미아에서는 기원전 3천년기 초에 서사재료로 점토판이 창안되어 약 3천년간 메소포타미아를 중심으로 한 중근동 일대에서 줄곧 사용되었다. 그 대표적인 유물로 앗시리아의 고도(古都) 니네베(Nineveh)에서 발견된 아슈르바니발 왕궁문고와 터키의 카프토키아 문서, 히타이트 문서 등이 있다.

고대 이집트에서는 나일강 하류의 델타 지역에 자생하는 수초(水草)인 파피루스를 이용하여 이른바 '파피루스지'를 만들어 서사재료로 사용하였다. 파피루스(학명 Cyperus Papyrus)는 방동사니과에 속하는 다년생 수초로서 수심 1m 이내의 진창에서 서식하며 키는 2～3m 가량이다. 줄기는 녹색이며 기부(基部)에는 비늘조각이 있고 상부에는 다수의 포엽(包葉)에 가는 화서(花序)가 늘어져 꽃이삭을 이루고 있다. 고대 이집트인들은 이 파피루스의 순백색 섬유를 종횡으로 배열하여 종이를 만들었다. 그들은 또한 파피루

메소포타미아 출토 점토판

파피루스와 파피루스지

스를 식료로 하는가 하면 천을 짜고, 신발이나 배, 범포(帆布)를 만드는 데도 이용하였다. 원래 고대 이집트인들은 파피루스를 '트프'(tf) 또는 '투프'(tuf)라고 불렀는데, 그 뜻은 '흔들리다'이다. 이 말은 이 식물이 물속에서 자라면서 연신 흔들린다는 데서 유래된 듯하다. 후일 그리스인과 로마인들은 이것을 '파피루스'로 불렀다. 이 말은 '강에 속하는 것'(강물 속에서 자란다는 뜻)이라는 '파피오르'(Pa-P-iaur)에서 연원했다고 한다. 헤로도투스는 『역사』에서 '푸프로스'(Pupros)라고 달리 불렀다. 그것은 당시 그리스인들이 이 종이를 수입했던 페니키아의 항구도시 피프로스(Pipros)에서 연원한 말이라고 한다. 그러나 지금은 고대 그리스인과 로마인들이 부른 대로 '파피루스'로 통용한다. 영어의 'Paper'는 여기에서 나온 것이다.

서방에서 파피루스를 대신하여 출현한 것이 피혁지(皮革紙)이다. 피혁지에는 양피지(Parchment)와 독지(犢紙, vellum, 송아지가죽 종이) 등이 있다. 피혁지는 일찍이 소아시아와 페르시아, 중앙아시아 일원에서 사용했는데, 독지는 고가여서 양피지가 주로 사용되었다. 양피지는 새끼양가죽을 석회수에 담갔다가 털과 살을 제거한 다음 경석(輕石)으로 갈아 다듬고 거기에 석고나 백색 탄산석회로 된 초크(chalk)를 발라 만든 것이다. 이 양피지는 지금까지의 여러 서사재료 중에서 내구력(耐久力)이 가장 강하고 표면도 희고 매끈하며 잉크의 흡수성도 좋다. 파피루스에 비해 자유로이 접을 수 있는 것도 그 우월성의 하나이다. 그러나 한 장의 양피지를 만드는 데 한 마리의 새끼양이 필요하므로 그 값이 엄청나게 비싼 것이 흠이다. 파피루스는 로마제국의 멸망과 함께 사라졌지만, 양피지는 13~14세기 중국의 제지술이 전해질 때까지 서방에서 서사재료로 장기간 사용되었다.

서방과는 달리 동방에서 고대문자의 서사재료로 사용한 것은 타리지와 귀갑수골, 목간, 죽간 등이다 인도와 카슈미르, 파키스탄, 티베트, 미얀마, 스리랑카 등 서남아시아 지역에서는 종려과(棕櫚科)에 속하는 탈라(tāla, tār, 학명 Borassus fla-belliformis, 多羅)나무의 잎사귀를 종이로 사용하였다. 이 나뭇잎을 가로 7~8cm, 세로 50cm 정도로 잘라서 그 위에 경전 같은 것을 필사하였다. 통상 글자를 쓴 다음에는 여러 장을 한데 모아 네 귀에 금박칠을 한 다음 위아래에 두꺼운 판대기를 대고 양끝을 묶어 보관하였다. 이러한 서사자료를 한적(漢籍)에서는 패다라엽본(貝多羅葉本), 혹은 패엽본(貝葉本)이라고 한다. 타클라마칸 사막에서 기원 전후 시기에 속하는 이러한 패엽본이 다수 출토된 바 있다. 인도에서는 그밖에 히말라야 산록에서 자라는 화수(樺樹, 벗나무, bhūrja, Baetula Bhojpatra)의 껍질을 벗겨 거기에 기름을 바른 후 연마해서 서사재료로 이용하기도 하였다. 그 유품이 서역(西域)에서 출토된 바 있으며, 이른바 보위 문서(Bower Mss)가 그 일종이다. 그밖에 인도에서는 왕의 칙령이나 중요한 계약서 같은 것은 철판이나 동판에 새기기도 하였다.

중국의 경우, 은대(殷代, BC 1500~1027)에 이르러 갑골문자(甲骨文字)가 생겨나자 글자를 귀갑(龜甲, 거북의 등딱지)이나 짐승뼈에 적었고, 주대와 춘추전국시대에는 청동기에 명문을 새겼다. 그러다가 문자가 보급되면서 서사재료는 죽간이나 목간으로 변하였다. 호북성(湖北省) 운몽현(雲夢縣) 수호지(睡虎地) 제11호 진묘(秦墓)를 비롯해 중국 각지에서 진한(秦漢)대의 죽간이 다수 출토되었다. 대를 적당한 길이로 잘라서 쪼갠 다음 불에 달구어 살청(殺靑)한 후 거기에 글자를 쓴 것이 바로 죽간이다. 일명 죽간서(竹簡書) 혹은 죽서(竹書)라고 한다. 그러나 화북(華北)이나 색외(塞外) 지역에는 대나무가 없기 때문에 일반 목간(일명 書契 혹은 木牘)을 사용하였다. 죽간이나 목간은 여러 조각을 묶어서 책(冊)으로 엮는다. 그밖에 비단천에 글자를 쓴 백서(帛書)도 있었다. 죽간이나 목간은 부피가 크고 무거울 뿐만 아니라 많은 글자를 써넣을 수 없으며, 백서는 값이 비싸다. 이러한 문제점을 극복하고 출현한 서사재료가 바로 채후지(蔡侯紙)이다.

『후한서』에는 원흥(元興) 원년(105)에 후한의 채륜(蔡倫)이 수부(樹膚, 나무껍질)나 마두(麻頭, 삼베 자락), 패포(敝布, 해진 천), 어망(魚網, 고기그물) 등을 원료로 이른바 '채후지'라는 종이를 만들었다고 기술되어 있다. 이를 근거로 일반적으로 채륜이 종이의 발명가라고 알려졌는데, 실은 그는 오늘날 쓰이고 있는 식물성 셀룰로오스를 주원료로 하는 종이를 발명했을 뿐이다. 앞에서 말한 바와 같이 그 이전에도 종이는 있었으며, 이 사실을 여러 사적이 전한다. 채륜과 동시대인인 허신은 『설문해자』(100~21년에 찬한 목간고서)에서 종이는 이미 서(絮, 솜)를 다듬어서 만들어왔다고 하였다. 제지술에 대한 채륜의 획기적인 기여는 흔한 식물성섬유를 원료로 종이를 양산함으로써 서사재료로서의 종이가 문명발달을 크게 촉진하도록 한 점에 있다.

종이의 교류 넓은 의미에서의 종이의 교류는 채후지 이전에 사용된 서사재료의 교류로부터 시작된다. 점토판은 메소포타미아에서 창안되었으나, 이집트의 아마르나(Amarna) 문서 유품에서 알 수 있듯이, 이집트에까지 서전(西傳)되었다. 그런가 하면 이집트의 파피루스는 페니키아인들을 매개로 기원전 7세기경부터 그리스로, 그리고 기원전 3세기경부터는 로마로 수출되었다. 파피루스가 가장 많이 쓰인 시기는 로마가 이집트를 통치한 기원후 1~4세기였다. 이때 이집트에서 이른바 그레코로만 문화가 전성기를 맞아 호메로스, 데모스테네스, 아리스토텔레스, 플라톤 등 문인들의 작품이 널리 읽히면서 종이에 대한 수요가 급증하였다. 그러다가 4세기 이후부터 파피루스는 점차 사양길에 접어들었다. 기독교가 공인되면서 많은 성서를 필사해내야 하는데, 파피루스 두루마리 같은 서사재료로는 도저히 그러한 수요를 충족시킬 수 없었기 때문이다. 한편, 피혁지 제조술이 발달하면서

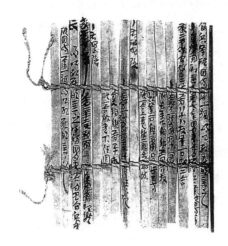

중국 거연(居延) 출토 목간(왼쪽)과
중국 우표에 보이는 채후지 발명자 채륜(오른쪽)

피혁지가 새롭고 보다 효율적인 서사재료로 부상함으로써 파피루스는 자연히 인기를 잃게 되었다.

이와같이 채후지 이전에 출현한 서사재료의 교류는 주로 교역적 성격을 띠고 국지적으로 진행되었다. 그러나 채후지가 발명된 이후 그 교류는 교역과 더불어 제지술이 동서 각지로 급속히 전파되는 데서 뚜렷이 나타난다. 제지술은 동으로는 한반도(韓半島)를 거쳐 7세기 초에 일본에 알려지게 되었다. 서역과 유럽에 이르는 서전(西傳)의 경우는 동전(東傳)보다 훨씬 광범위한데, 그 과정은 크게 두 단계로 나눌 수 있다. 첫단계는 기원초 파미르 고원 이동(以東)의 서역(西域)에 전파된 것이고, 둘째 단계는 8세기부터 13, 14세기 사이에 서아시아와 아프리카 및 유럽 제국에 전파된 것이다.

우선 첫단계인 서역 전파는 주로 교역에 의해 채후지가 전해진 것으로 보이나, 아직 사료가 미비해 포괄적인 고찰은 어렵다. 그러나 그동안 몇군데에서 발견된 종이유물에 근거하여 그 윤곽을 대략 짐작할 수 있다. 1900년 3월 제2차 중앙아시아 탐험(1899~1902)에 나선 헤딘은 우연히 누란(樓蘭) 왕국의 고도 크롤라이나를 발견한 다음 그 이듬해에 이곳을 발굴 조사하다가 목간과 종이문서를 다량 수집하였다. 이어 영국의 스타인도 제2차(1906~1908)와 제3차(1913~16) 중앙아시아 탐험중 타림 분지 여러 곳에서 역시 종이 고문서를 다수 발견하였다. 일본 오오따니(大谷) 탐험대의 타찌바나 치조(橘瑞超)도 1909년 누란 부근에서 이른바 '이백문서(李白文書)'를 찾아냈다. 그후 1930년에는 헤딘이 조직한 서북과학조사단이 카라호토(Qarakhoto) 지방에서 무려 1만점에 달하는 '거연한간'(居延漢簡, 한대의 목간)을 발견하였다. 2차 세계대전 후 중국 고고학자들도 돈황(敦煌) 부근과 카라호토, 누란, 고창(高昌) 등지에서 많은 고문서를 수집하였다.

이상의 고문서와 목간은 대체로 3세기 이후 당대까지 중원으로부터 전해진 서사재료들이다. 3세기경으로 추정되는 누란 유지에서 목간과 종이가 반출(伴出)된 사실은 목간에서 종이로 옮아가는 과정을 시사해준다.

다음으로, 둘째 단계인 서아시아와 아프리카 및 유럽 전파는 주로 제지술의 서전인데, 그 결정적 계기는 751년 7월에 고선지(高仙芝)가 이끄는 당군(唐軍)과 석국(石國)·이슬람연합군 사이에 벌어진 탈라스 전투이다. 이 전쟁에서 당군이 패하여 2만명이나 포로가 되었는데, 그중에는 제지기술자를 비롯하여 여러 직종의 기술자들이 포함되어 있었다. 이들 제지기술자들에 의해 처음으로 강국(康國)의 수도 사마르칸트에 제지소가 생겨났다. 이것이 효시가 되어 서아시아 및 아프리카의 이슬람제국에 제지술이 점차 전파되고, 급기야는 곳곳에 제지소가 건설되었다. 서아시아 및 아프리카 이슬람제국의 주요 제지중심지와 생산상황을 살펴보면 다음과 같다.

1) 사마르칸트: 사마르칸트는 중세 이슬람 문화의 중심지의 하나였다. 이곳은 수원이 풍족하고 수리관개가 발달하여 자연조건으로 보아 종이 원료인 대마(大麻)나 아마(亞麻)를 재배할 수 있는 적지였다. 이곳에 진출한 아랍인들은 탈라스 전투에서 생포된 중국인 제지기술자들의 지도와 전수를 받아 처음으로 종이를 만들기 시작하였는데, 얼마 안가서 제지업의 중심지가 되었다. 당시 외지인들은 이곳에서 생산되는 종이를 산지명을 따서 '사마르칸트지'라 명명하고 선호하였다. 제지술은 이곳으로부터 점차 이슬람제국 각지에 전파됨으로써 사마르칸트는 이슬람제국의 제지업 산파가 된 셈이다.

2) 바그다드: 바그다드는 압바쓰조 이슬람제국의 수도(762~1258)였으며, 중세 이슬람세계의 문화와 과학(천문·수학·의학·지리 등)의 중심지였다. 전성기에 인구가 무려 200만명에 달하였으며, 시내에는 마쓰지드(사원), 궁전, 학교, 상가 들이 즐비하여 문자 그대로 중세 이슬람 문화의 진열장이었다. 탈라스 전투에서 포로가 된 일부 중국인 제지기술자들과 사마르칸트에서 제지술을 익힌 아랍인들이 이곳에 와서 제지술을 전파하여 바그다드는 이슬람세계에서 사마르칸트에 이어 두번째로 큰 제지중심지가 되었다. 794년부터 795년까지 할리파 하룬 알 라시드(Harūn al-Rashīd, 재위 786~809)는 바그다드를 확충·재건하면서 중국과 사마르칸트뿐만 아니라, 기타 아랍지역으로부터도 우수한 제지기술자들을 징집하여 관영 제지공장을 건립하였다. 이 공장에서는 질 좋은 '바그다드지'를 대대적으로 생산하였다.

3) 다마스쿠스: 우마위야조 아랍제국(661~750)의 수도였던 다마스쿠스는 탈라스 전투 직후까지만 해도 이슬람세계의 중추로서 외계와의 교류가 활발하였으며, 이곳에는 우수한 예능인들이 집중되어 있었다. 이들이 동방으로부터 제지술을 쉽게 받아들임으로써 얼마 지나지 않아 이곳을 제지업의 한 중심지로 변모시켰다. 특히 이곳은 유럽과의 교통요지에 위치하고 있어 현지에서 생산된 종이가 다량으로 유럽에 수출되었다. 유럽인들은 이곳에서 생산된 종이를 '다마스쿠스지'(Chareta

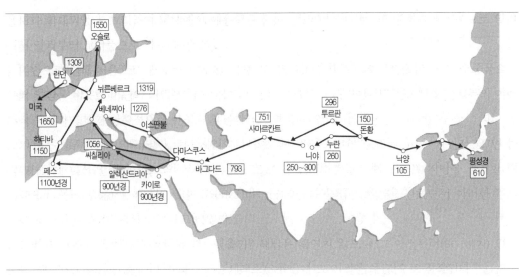

종이 전파도

Damascena)라고 불렀다.

4) 카이로: 이집트는 641년에 아랍인들에게 정복된 후 줄곧 아랍제국과 이슬람제국의 지방주(地方州)로 있다가 969년에 파티마조(969~1170)가 분립하면서 973년에 카이로를 수도로 건설하였다. 카이로는 당시 아랍·이슬람세계의 3대 문화중심지(바그다드·꼬르도바·카이로)의 하나로서 각종 공예가 번성하였다. 중국 종이가 사마르칸트, 바그다드, 다마스쿠스를 거쳐 전래되기 전까지 이집트인들은 파피루스를 사용했다. 그러다가 질 좋고 사용이 편리한 마지(麻紙)의 유입으로 거칠고 무거운 초지인 파피루스는 자연적으로 도태되었다. 1884년 카라바세크(J. Karabacek)는 오스트리아 빈 도서관에 소장된 약 4만건의 중세 이집트 공문서의 지질을 감정하여 935년(이슬람력 323년) 이후의 공문서는 모두 마지를 사용하였음을 밝혀냈다. 이것은 이때를 기해 전래의 초지 대신 새로운 종이(마지)가 생산·사용되기 시작하였음을 의미한다.

5) 페스: 페스(Fes, 파쓰)는 현 모로코 왕국의 고도로서 아프리카 서북단에 위치해 있다. 페스는 마그리브(al-Maghrib, 서방 아랍)의 이슬람 문화 중심지로서 793년에 축성되었다. 이슬람 서정군의 마그리브 정복 및 이슬람 문화의 서점(西漸)과 더불어 마슈리끄(al-Mashriq, 동방 아랍)의 제지술이 이곳에 알려진 것은 9세기 초의 일이다. 1202년 이 도시에 무려 472개소의 수차(水車)가 제지업에 전용되었다는 기록으로 이곳 제지업의 규모를 가히 짐작할 수 있다. 15세기 이전까지 페스는 아프리카와 유럽을 연결하는 교통요지에 위치한 최대 규모의 제지도시로서 유럽에 종이를 공급하였다. 19세기 말엽까지도 종이는 페스의 주요 대외수출품이었다.

이와같이 이슬람세계에서 제지업이 광범위하게 발달함에 따라 이슬람세계와 밀접한 관계에 있던 유럽에서도 12세기 중엽부터 아랍인들로부터 제지술을 전수받아 제지업이 일기 시작하였다. 아랍에서 유럽으로 제지술이 전파된 루트는 크게 세 갈래였다.

첫째 루트는 시리아의 다마스쿠스에서 바다로 이집트의 알렉산드리아나 지중해의 씨칠리아를 거쳐 아프리카 서북단의 페스로 이어진 후, 거기서부터 지브롤터 해협을 건너 안달루쓰(현 에스빠냐)에 상륙한 다음 육로를 통해 프랑스 각지에 뻗어나간 길이다. 두번째 루트는 다마스쿠스에서 터키의 이스딴불에 이른 후, 거기서부터 육로로 발칸 반도를 지나 이딸리아의 베네찌아에 도착하는 길이다. 세번째 루트는 다마스쿠스나 알렉산드리아로부터 바다로 씨칠리아를 거쳐 이딸리아나 마르세유에 상륙해 프랑스로 들어가는 길인데, 여기에서 다시 유럽 내륙 각지로 이어진다.

이러한 세 루트를 통해 제지술이 유럽에 전해진 후, 유럽 각지에서 제지업이 경쟁적으로 흥기하였다. 유럽 주요 지방(도시)의 제지업 개시연대를 보면 다음과 같다.

에스빠냐: 하티바 1150년, 발렌시아 12세기 하반기, 꼬르도바 12세기 하반기, 똘레도 12세기.

이딸리아: 몬떼파노 1276년, 파브리아노 1293년 이전, 안카노 1293년, 베네찌아 13～14세기, 빠도바 1340년, 싸보이아 13세기.

프랑스: 에로 1189년, 끌뤼니 1122～56년, 트루아 1350년, 마르쎄이유 13세기.

독일: 카우프보이렌 1312년, 뉘른베르크 1319년, 마인쯔 1320년, 쾰른 1320년, 레벤스부르크 1407년, 베를린 1781년.

오스트리아: 빈 부근의 레스도르프 1356년.

스위스: 바젤 1380년, 칸톤 프라이부르크 1440년.

네덜란드: 도르트레히트 1586년.

덴마크: 1540년.

스웨덴: 1550년.

영국: 런던 1309년, 스테벤지 1460년, 캐스턴 1494년, 다트퍼드 1558년.

미국: 필라델피아 1690년.

제6절 도자기의 교류

도자기의 개념 도자기(陶瓷器, ceramics)란 가소성(可塑性)이 강한 점토를 소재로 여러가지 기형(器型)을 만들어 고온에서 소성(燒成)한 그릇을 말한다. 도자기에는 토기(土器, 질그릇, clayware)와 도기(陶器, 오지그릇, pottery), 자기(瓷器, 사기그릇, porcelain) 등이 포함된다. 토기는 유약(釉藥, 잿물)을 입히지 않고 소성한 그릇이고, 도기는 소성한 토기에 유약을 입혀 다시 약 800도의 저온에서 소성한 그릇이며, 자기는 점토에 석영(石英)·장석(長石)·도석(陶石) 등을 배합하여 약 1,300도의 고온에서 소성한 그릇으로서 투명하고 흡수성이 없다.

도자기 중 가장 먼저 출현한 것이 토기이다. 지금까지의 토기유물 중에서는 서아시아의 자모르 유적에서 나온 기원전 5천년경의 각문(刻文)토기가 가장 오래된 것으로 알려져 있다. 토기는 각지에서 다발적으로 발생한데다가 쉽게 깨지기 때문에 즐문(櫛文, 빗살무늬)토기 같은 특수 토기를 제외하고는 일반적으로 교류에는 인입되지 못하였다. 토기와 달리 도기와 자기는 고대에도 일부 지역에서 약간 만들어지기는 하였지만, 주로 중세에 다량으로 제작되어 주요한 교역품의 하나로 활발하게 교류되었다.

세계에서 최초로 다양한 도기를 만든 곳은 이집트이다. 기원전 3천년기 초에 아름다운 청색 알칼리유(釉) 도기가 만들어졌는데, 기본 소재는 규석(硅石)가루였다. 비슷한 시기에 메소포타미아에서도 동류의 알칼리유 도기가 제작되었다. 두 곳 도기의 선후관계나 상호 영향관계에 관해서는 아직 미상이다. 이집트의 중왕국(中王國)시대(BC 2160~1580)에는 전래의 청색도기 외에 망간을 소재로 한 흑자색(黑紫色) 도기가 출현하였으며, 신왕국(新王國)시대의 18~19조 때에는 도기제작술이 진일보하여 채색(彩色)타일(아마르나 궁전)이나 상감(象嵌)타일(람세스 2세의 칸디르 궁전) 같은 여러 이색도기가 만들어졌다. 한편, 메소포타미아에서도 기원전 1700년경에 이르러 종전의 알칼리유 도기와는 달리 녹색이나 황색의 금속산화물에 의한 채색연유(彩色鉛釉) 도기가 사용되었는데, 그 구체적 제작방법이 다루 오마르(앗시리아 왕국의 옛 수도)에서 출토된 점토판 문서에 소개되어 있다.

기원전 12세기 이후 이집트와 메소포타미아의 건축유물에서 나온 각종 연와(煉瓦)는 다양한 유약에 의한 도기의 발달상을 여실히 보여준다. 기원전 1천년기에 들어오면서 이 두 곳에서는 청·황·녹·다색(茶色) 등 여러가지 채색유약을 사용하고 복잡한 문양을 새겨넣은 연와들이 많이 나타난다. 그 대표적인 유물로는 기원전 9세기에 출토된 님루드 유적지 유물, 기원전 8세기에 출토된 코르사바드 유적지 유물, 기원전 7세기의 바빌론 왕궁과 성벽, 기원전 6세기의 아케메네스조의 수사 궁전 등이 있다. 기원전 2세기에 동지중해 연안 일대에서는 전래의 것과는 달리 도토(陶土)를 소재로 하고 기형이 비교적 자유로우며 녹색(구리), 황갈색(철), 자색(망간) 등 여러가지 색깔로 선명한 문양을 넣은 연유(鉛釉)도기가 출현하였다. 이로써 중근동 지방에서는 도기제조에서 소재를 달리하는 이집트계의 알칼리유 도기와 메소포타미아계의 연유도기의 2대 계통이 형성되었다.

중국은 기원전 1500년경인 은대 중기(鄭州期)부터 회유(灰釉, 잿빛유약)를 올린 도기를 제작하기 시작하였는데, 기형에는 존(尊, 술잔)·호(壺, 단지)·두(豆, 굽이 높은 제기) 등 몇가지 형태가 있었다. 회유는 1,100도 이상의 고온에서만 용해가 가능한 것이다. 이와같이 중국에서는 알칼리유(일명 소다·유리유)나 연유 같은 저온유약에 앞서 처음부터 고온유약을 개발하여 사용했다. 이것은 중국인들이 일찍부터 고온에 견디는 가마와 화력이 센 연료를 독창적으로 개발하였기 때문이다. 은대 후기(安陽期)에도 회유도기가 계속 제작되었는바, 정주(鄭州)와 더불어 안양(安陽)을 중심으로 한 중원 일대에서 그 유물이 다수 출토되었다. 최근 중국 학자들의 연구에 의하면, 성분분석 결과나 이러한 도기가 절강(浙江)이나 강소(江蘇) 등 강남(江南)의 여러 곳에서 다량 출토되는 점을 감안할 때, 은대의 회유도기는 중원에서 제작된 것이 아니라 강남으로부터의 교역품이라는 설이 설득력이 있다. 춘추전국시대에 이르러 도기제작에서 특이한 것은 이른바 방동도기(仿銅陶器)니, 방칠(仿漆)도기니 하는 동기나 칠기를 모방한 회도를 고안해낸 것이다. 그 대표적 유물이 하북성 중산왕묘(中山王墓)에서 출토된 흑칠조형존(黑漆鳥形尊)과 흑칠호(黑漆壺) 유물이다.

한대는 도기제작에서 새로운 변화가 일어나는 한편 자기(瓷器)가 등장한 시대이다. 따라서 이때부터 도기와 자기의 합성어인 '도자기(陶瓷器)'란 용어가 쓰이기 시작하였다. 기원후 2세기(후한)에 접어들면서 전통적인 회유도기와는 성격을 달리하는 새로운 도기가 출현하였다. 즉 구리나 철을 정색료(呈色料)로 사용하는 연유도(鉛釉陶, 일명 綠釉陶 혹은 褐釉陶)가 제작되기 시작하였다. 이것은 동지중해 연안에서 고대 메소포타미아의 연유도를 계승한 이른바 로마계 도기와 유사한 것으로, 기원을 전후한 시기에 진행된 로마와 한(漢) 간의 교류와 무관하지 않을 것이다. 한편, 자기가 언제 어떻게 발생하였는가 하는 문제는 아직 밝혀지지 않고 있으나, 후한대의 유물에 의하여 이 시기에 이미 상당한 수준의 자기가 제작되고 있었음을 알 수 있다. 절강성(浙江省)의 상우(上虞), 자계(慈溪), 영가(永嘉) 등지에서 자기요지(瓷器窯址, 자기 가마터)가 발굴되었는데, 거기서 연속적인 스탬프무늬에 아름다운 투명유약을 올린 단지와 병, 오련호(五連壺), 벼루 같은 자기유물이 출토되었다. 이것은 3세기에 발달한 고월자기(古越瓷器)의 맹아라고 볼 수 있다.

위진남북조 시대에는 남북분열 상황을 반영하듯, 도자기 제조도 화북(華北)과 화남(華南)으로 크게 나뉘어 서로 독자적인 발전의 길을 걸어갔다. 화북에서는 녹유도나 갈유도 같은 연유도가 성행하였는바, 그 일례가 5세기 말엽의 북위(北魏) 사마금룡묘(司馬金龍墓)에서 출토된 인마용(人馬俑)이다. 그리고 하북(河北)이나 산서(山西)의 북위묘에서 출토된 청자(靑瓷)나 황유자(黃釉瓷) 유물에서 보다시피, 화북의 자기 제조는 화남보다 늦은 6세기 후반에야 비로소 시작되었다.

화남에서는 화북보다 먼저 자기가 제작되었을 뿐만 아니라, 양이나 질 면에서도 훨씬 앞섰다. 절강성 항주만(杭州灣) 남안의 월주(越州)를 중심으로 한 지역에서 일찍부터 청자와 흑유자(黑釉瓷)가 제작되었다. 특히 청자로 각종 단지나 등잔, 벼루, 용(俑, 인형) 등을 만들었는데, 이 월주 중심의 자기를 '고월자(古越瓷)'라고 부른다. 청자는 그밖에도 복건(福建), 광동(廣東), 강서(江西) 등지에서도 제작되었다. 수대(589~618)부터 북송(960~1127)에 이르기까지 동남아시아와 중근동 지역에 다량 수출된 올리브색이나 청록색 청자는 그 대부분이 이 월주요(越州窯) 청자이다.

당대(618~907)에 화남에서는 청자가 성행한 반면 화북에서는 도기인 백유도(白釉陶)나 흑유도(黑釉陶), 특히 당삼채(唐三彩)가 주로 제작되었다. 그런가 하면 하북성 임성현(臨城縣)에서는 백자요지(白瓷窯址)가 발견되어 당대에 이미 백자도 출현하였음을 알 수 있다. 당대 도자기에서 특기할 것은 당삼채이다. 당삼채는 납을 용매제(熔媒劑)로 하여 800도 정도의 저온에서 소성한 연유(鉛釉)도기이다. 그 색깔이 일반적으로 녹색, 다색(茶色, 적색과 황색의 중간색으로서 홍색이나 황색, 갈색이라고도 함), 백색의 3색을 띤다고 하여 '삼채(三彩)'라고 하였다. 이 기본 3색 외에 남색이 끼는 경우도 있다. 당삼채의 기형은 크게 병·단지·술잔·사발·물병·벼루 등 생활용품과 소녀·문무관·마부·악사 등 용(俑), 그리고 말·낙타·소·사자·개·토끼·닭·원앙새 등 짐승의 3대 부류이다. 당삼채는 주로 귀인들의 묘장명기(墓葬明器)로 쓰였다. 그리하여 처음에는 장안이나 낙양 등 북방도시 주변에서 8세기 초까지 다량 제조되었다. 그러나 '안사(安史)의 난'을 계기로 중당(中唐) 때에는 일시 부진을 보이다가 만당(晩唐) 때에 다시 부활했다. 대표적인 당삼채 요지(窯址)가 하남성 공현(鞏縣)에서 발견되었다.

당대에서 오대(五代)를 거쳐 송대에 이르러 사회경제적 안정이 이루어지면서 도자기업도 크게 번성하기 시작하였다. 만당(晩唐)과 오대 때에는 월주요(越州窯)에서 이른바 '비색청자(秘色靑磁)'라는 양질의 청자를 만들어냈고, 오대십국(五代十國)의 하나인 오월(吳越)에서는 월주요를 관요(官窯)로 지정하여 국가가 관리하였으며, 호남(湖南) 장사(長沙)의 동관요(銅官窯)에서는 '유하채도(釉下彩陶)'라는 도기도 제조되었다. 그리하여 이 시기부터 중국의 도자기가 동남아시아와 서남아시아 일대로 수출되기 시작하였다. 그 수출업무를 관장하기 위하여 절강성 영파(寧波)에는 시박사(市舶司)까지 설치하였다.

송대는 중국 도자기 제조의 전성기로서 각종 질 좋은 도자기가 선을 보인 것은 물론, 관부의 대외교역 권장정책에 힘입어 주로 해로를 통해 세계 각처에 대대적으로 수출되었다. 월주요에서는 북송시대에도 여전히 청자를 다량 생산하였다. 이와 함께 북송 후기에 절강성 남부의 용천요(龍泉窯)에서는 그 색깔이 마치 가을하늘빛같이 새파란 유명한 용천청자(龍泉靑瓷)를 만들어냈다. 그밖에 복건과 광동의 여러 곳에도 가마터가 있어 청자와 백자, 청백자를 제작하였다. 북송 때 강서성(江西省)의 경덕진(景德鎭)은 요업(窯業)의 중심지로서 거기서는 해맑은 청백자(일명 影靑)와 백자를 제작하였고, 복건의 영길현(永吉縣) 지방에서는 흑유자(黑釉磁, 일명 天目)가 나왔다. 당시 화남(華南)의 청백자나 백자는 특이하게도 도석(陶石)을 소재로 하여 소성했는데, 이를 계기로 중국의 자기업은 획기적으로 발전했다. 이때를 기해 외국에서도 중국의 자기를 다량 수입해갔을 뿐만 아니라, 모방하기 시작하였다. 남송대에도 복건·광동·강서를 비롯한 화남에서 자기업이 계속 성황을 이루었다. 복건성에 있는 건요(建窯)의 천목(天目)과 덕화요(德化窯)의 청백자·청자, 보전(莆田)과 동안(同案)·안계요(安溪窯)의 청자, 천주요(泉州窯)의 황유철회(黃釉鐵繪), 광동성에 있는 조주요(潮州窯)와 서촌요(西村窯)의 백자·청백자, 강서성 경덕진의 백자·청백자, 길주요(吉州窯)의 천목·백유철회(白釉鐵繪)·녹유(綠釉)가 그중 유명한 자기로 알려졌다. 송대에는 자기를 비롯한 이러한 도자기를 일괄하여 '무역도자기' 혹은 '수출도자기'라고 하여 동남아시아와 서아시아를 비롯한 세계 각지에 다량 수출하였다.

원대(1271~1368)에 이르러서는 전대의 청자나 백자 외에 백자청화(白瓷靑花, 일명 染付)나 백자오채(白瓷五彩, 일명 赤繪) 같은 새로운 형식의 자기가 가미되었다. 염부(染付)는 백자 위에 코발트유약으로 글이나 화초(花草) 또는 당초문(唐草文) 같은 것을 그려넣는 기법이며, 적회는 코발트유약이 아니라 적·녹·황색 등의 안료(顔料)로 다채로운 그림을 그려넣는 기법이다.

명대(1368~1644)에도 원대를 이어 여러가지 도자기가 만들어지기는 하였으나, 15세기 이후에는 장기간 중국 도자기의 주류였던 청자가 점차 퇴색하고 나중에 등장한 청화(靑花, 즉 염부)가 그것을 대신하였다. 이와 더불어 오채(五彩, 즉 적회)도 계속 발전하여 보다 화려해졌다. 명대 후기에는 금색 안료를 사용한 '금란수(金襴手)'란 기법도 도입되었다. 청대(1616~1912)에도 이러한 추이는 계속되어 중국의 도자기는 점차 호화풍을 띠게 되었다. 백자의 표면에 여러가지 색채로 정교하게 화조화(花鳥畵, 일명 豆彩)를 그려넣기 시작한 것도 바로 이때부터이다.

명·청대에는 유명한 경덕진요가 정부의 관리하에 들어가 관요가 되는 바람에 제품이나 생산량이 엄격히 규제되었다. 이를 계기로 오히려 염부나 적회·두채 등 신흥 기법의 자기가 더욱 완성도를 높여갔다. 한편 경덕진 부근에 많은 민요(民窯)가 생겨나 자기의 생산은 계속 활기를 띠었다. 그 결과 명·청대에도 경덕진 자기는 여전히 세계적인 명성을 누리면서 세계 각지에 수출되었다.

도자기의 교류 앞서 밝힌 대로 도자기는 고대 오리엔트 문명기에 이미 출현하여 이집트계의 알칼리유도와 메소포타미아계의 연유도로 2대 계통을 형성하였다. 그러나 소재와 가공기술의 개발이 미흡하여 중국 도자기처럼 계속 발달하지 못하였다. 비록 로마시대에 메소포타미아계의 연유도를 계승한 이른바 '로마계 연유도'를 제작하고, 이슬람시대에는 다시 그것을 '이슬람 도자기'로 전승했다고는 하지만 간신히 명맥이나 이었을 뿐 큰 진전을 보지 못하였다. 서아시아 일원에서 병존해온 이 두 계통간의 교류나 상호 영향관계에 관해서는 구체적으로 구명된 바는 없으나, 이집트와 메소포타미아에서 각각 다른 계통의 도자기유물이 발견된 점으로 보아 상호 교역을 통한 교류는 있었을 것으로 보인다.

한편, 동방에서는 도자기 제작에 관한 한 제작기술이나 제품의 질, 특히 대외수출 면에서 중국이 단연 독보적인 존재였다. 은대의 고온회도(灰陶)를 시발로 3천년간 부단한 갱신을 거듭하면서 독자적으로 발달해온 중국 도자기는 명실상부한 세계적 명품으로서 8세기 중엽부터 주로 해로를 통하여 세계교역을 석권했다. 그러나 그것은 독선적이고 폐쇄적인 과정이 아니라 교류를 통해 자신을 더욱 충실하게 해가는 과정이었다. 기원후 2세기경(후한)에는 중국인들이 느닷없이 전통적인 회도와는 다르게 서방 로마의 연유도와 유사한 녹유도와 갈유도를 만들어내기도 했다. 이것을 당시 개통되기 시작한 로마와 한 간의 교류와 상관지어 생각해볼 수도 있을 것이다. 뿐만 아니라, 후일 당삼채나 원대의 백자청화와 오채는 서역의 도자기 제작기법에서 영향을 받은 흔적이 역력하다.

도자기유물은 유리유물과 더불어 당대 역사상을 가장 명백하고 자신있게 실증해주는 전거유물로 인정되고 있다. 비록 쉽게 깨져 유물의 완전성을 보존하기 어렵다는 단점이 있지만, 변형이나 부식이 별로 없이 원형이 유지될 뿐만 아니라 소재와 기형, 기법에서 지역적 특색이 뚜렷하기 때문에 유물 식별이 용이하고 판명의 정확성을 기할 수 있다. 이러한 특징 때문에 도자기유물이 고고학이나 역사학, 미술사에서 중시되는 것이다. 세계 어느 나라 박물관치고 도자기유물이 전시되지 않은 곳이 없다. 지금까지 세계 도처에서 발굴·수집된 도자기유물 가운데서 중국 도자기유물이 절대적으로 많고 상태도 선명하여 그 분포상을 통해 도자기 교류의 실상을 파악할 수 있다.

중국 도자기유물은 동쪽 일본열도로부터 서쪽 아프리카 동남해안에 이르기까지 광범위하게 분포되어 있다. 필리핀의 루손 섬에서는 묘장품(墓葬品)으로 9세기의 월주요 청자를 비롯해 16~17세기까지 성행하던 백자·청백자·염부·적회 등 각종 유물이 출토되었으며, 수르와 세브, 민다나오 등 기타 도서들에서도 유사한 유물들이 발견되었다. 그 이남인 브루나이와 인도네시아 각지에서도 중국 도자기유물이 다수 출토되었다. 말라카 해협을 지나 인도에서는 동남부의 고도 마드라스 남방에 위치한 아리가메토에서 북송대의 용천요(龍泉窯) 청자가 출토된 것을 비롯해 여러 곳에서 중국산 도자기유물이 발견되었다. 스리랑카에서는 데데이가마와 야후후바 등지에서 10~13세기의 중국 도자기 유품이 나왔다. 더 서쪽으로 페르시아만의 호르무즈와 씨라프 등지에서도 당·송대의 청자와 원대의 염부 파편이 출토되고, 이란 내륙부에서는 아프가니스탄과 인접한 니샤푸르에서 중국 도자기가 다량 발굴되었다. 아라비아 반도 남안과 이라크, 시리아, 레바논을 비롯한 서아시아 및 지중해 동안의 여러 곳에서도 예외없이 각종 중국 도자기가 발견되었다. 아프리카 동안의 소말리아와 케냐, 탄자니아는 물론, 그 동남단의 섬 마다가스카르에서도 송·원대의 도자기가 묘중에서 부장품으로 나왔다.

이와같이 동남아시아로부터 서아시아 및 아프리카 동안에 이르는 광활한 지역 곳곳에 중국 도자기가 널려 있지만, 그중에서 유물이 집중적으로 가장 많이 출토된 곳은 이집트의 푸스퇏트(Fusṭāṭ) 유지이다. 푸스퇏트는 현 카이로의 남방에 인접했던 고도로서 12세기 말에 쇠퇴하면서 그 터전에 카이로가 들어섰다. 그리하여 푸스퇏트의 구지(舊址)와 신흥 카이로에서 반출된 폐토(廢土) 중에 무수한 도자기 파편들이 묻혀 있었다. 1912년부터 발굴작업을 개시한 이래 무려 60만점의 각종 도자기 파편이 출토되었는데, 그중 중국 도자기는 약 12,000점이다. 이렇게 많은 도자기유물 중에서 중국 도자기가 단연 종류가 다양할 뿐만 아니라 질도 우수하여 두각을 나타낸다.

8세기부터 17세기까지 근 1천년간 제작된 이 중국 도자기유물 중에 당대(唐代)의 것으로는 당삼채, 형주(邢州) 백자, 월주요(越州窯) 청자, 황갈유자(黃褐釉磁) 등이 있는데, 월주요 청자가 가장 많다. 송대의 것으로는 유명한 용천요 청자와 경덕진 백자 외에 복건과 광동산의 청자와 백자가 들어 있다. 원대의 것으로는 청자와 백자 외에도 염부가 적지 않으며, 명대의 오채도 있다. 이렇게 보면 중국 역대 주요 도자기가 다 망라된 셈이다. 출토품 중에는 9~11세기에 당삼채를 모방한 것을 비롯해 중국 도자기의 모조품도 적지 않다. 이러한 사실은 중세에 이루어진 1만 5천km나 되는 긴 해로를 통한 도자기의 동서교류상을 여실히 입증하는 것이다.

이와같은 도자기의 교류는 필히 일정한 길을 따라 이루어지게 마련이다. 8세기 중엽에 이르러 동서교류사에서 두 가지 중요한 변화가 일어났다. 그 하나는 도자기가 교류품의 대종으로 부상한 것이다. 그 이전까지는 비단이 동서교역품의 주종이었으나 8세기에 들어서면서 중국 도자기가 대량 수출되기 시작하면서 도자기가 비단과 더불어 동서교역품의 대종을 차지하게 되었다. 그 변화의 다른 하나는 실크로드 육로(오아시스로)에 비해 해로가 우위를 점하게 된 것이다. 중세에 접어들면서 오아시스로 연변에서 일어난 일련의 정세변화는 육로를 통한 교류를 어렵게 만든 반면, 신흥 아랍-이슬람 세력이 해상에 적극 진출함으로써 해로가 미증유의 활기를 띠게 되었다. 또한 이즈음에 조선술과 항해술이 급속히 발달하여 해로의 역할 증대를 가능케 하였다.

이러한 두 가지 변화는 상보상조적 관계로 상호작용하여 급기야는 '도자기로(陶瓷器路)'가 출현하였다. 교역품의 대종으로서 도자기가 급부상하니, 그 운반을 위한 해로의 기능과 이용도는 전례없이 높아졌다. 왜냐하면 도자기의 경우 해운이 육운에 비해 안전할 뿐만 아니라, 운반량도 더 많아

이집트 푸스타트 출토 중국 도자기 파편

자연히 해운에 크게 의지하게 되기 때문이다. 상대적으로 해로의 역할 증대는 도자기의 교역 규모를 끊임없이 확대할 수 있게 하였던 것이다. 바로 이러한 상호 역학관계 속에서 중국 도자기가 해로를 통해 다량 반출됨으로써 중세 해로를 일명 '도자기로'라고도 칭하였던 것이다. 이 '도자기로'야말로 중세 동서교류의 주요한 통로였다. 그 항로는 제1장에서 밝힌 당대의 해로와 다를 바 없다. 물론 이 '도자기로'는 해로로서 도자기 교역의 주로(主路)이기는 하였지만 유일한 길은 아니었다. 도자기는 제한적이긴 하지만 해로 외에 육로를 통해서도 대상(隊商)들에 의해 서역으로 반출되고 있었다.

도자기 교류는 중국 도자기의 대외수출에 의해 주도되었지만, 그 과정에서 도자기문화에는 모조나 변형 등 수용과 접변(接變) 현상이 발전적으로 일어나고 있었다. 이집트 푸스타트 유적지에서 출토된 중국 도자기유물 중에는 당삼채 모조품이 상당히 포함되어 있으며, 백유도(白釉陶) 같은 이슬람 도자기는 소재나 기법에서 중국 도자기의 영향을 받아 제작된 것이다. 그런가 하면 당대의 대표적인 도자기인 당삼채는 사실상 교류에 의한 문화접변의 융합물이라 할 수 있다. 바로 그러한 융합물이기에 세인의 인기를 끌 수 있었을 것이다. 당삼채는 기형이나 내용, 기법에서 한마디로 '이국정취'가 물씬 풍기는 진품이다. 삼채편호(三彩扁壺, 납작한 오지)는 기형에서 이란형을 모방한 것이고, 인물삼채에는 호인(胡人, 서역인) 형상이 유난히 많다. 마부나 낙타몰이꾼 용(俑) 등 호인삼채(胡人三彩)에 등장하는 인물은 대부분 심목고비(深目高鼻)한 서역인이며, 그 복식 또한 전형적인 호복(胡服)·호모(胡帽)·호화(胡靴)이다. 유명한 '낙타를 탄 악사용(樂師俑)'은 그 대표적인 작품이다.

동서 문명교류의 상징적 융합물인 당삼채의 연장선상에서 원대의 중국 도자기와 이슬람 도자기를 비교연구해보면, 문화의 순류(順流, 즉 전파)와 역류(逆流)라는 흥미로운 현상을 발견하게 된다. 7세기 중엽에 서아시아 신흥세력으로 등장한 이슬람세계는 발달된 동방문명의 수용에 주저하지 않았다. 11~12세기에는 싸마라와 니샤푸르를 중심으로 한 지역에서 중국 도자기의 영향을 받아 백유도와 이른바 '페르시아 삼채(三彩)'가 제작되었다. 이어 12~13세기에는 카스피해 남안의 코르칸, 사리, 아모르와 테헤란 남부의 라이, 카샨 등지에서 페르시아의 전통 공예기법을 계승한 백유도와 다채도기(多彩陶器), 라스타채도(彩陶), 아름다운 부인을 그린 미나이도기, 라가피채화(彩畵), 선각문도기(線刻紋陶器) 등 다채로운 도기가 출현하였다. 13세기에 건국된 원제국은 발전된 이슬람 문명을 적극 수용하여 이채로운 이슬람 도자기의 소재(유약이나 안료 등)나 기법·기형을 도입하였다. 그 결과 탄생한 것이 바로 원대 특유의 백자청화(白瓷靑花, 즉 염부)와 백자오채(白瓷五彩, 즉 적회)이다. 말하자면 페르시아를 비롯한 이슬람세계는 중국으로부터 도자기를 다량 수입하고 모조하는 한편, 고유의 소재나 전통기법에 의거하여 보다 다채로운 도자기를 창출하여 도자기문화를 일층 풍성하게 만들었다. 그렇게 이슬람세계에서 발전한 도자기문화는 다시 원대에 중국으로 역류(逆流)하여 중국 도자기문화를 한층 더 발전시키고 풍부하게 했다.

유럽은 15세기부터 동방경략을 단행하는 과정에서 당시로서는 진품인 중국 도자기에 큰 관심을 가지고 대량 수입했을 뿐만 아니라, 도자기 제조소를 곳곳에 세워 중국 도자기를 모방하는 한편, 서구적 요소들을 가미·융합한 서구식 도자기를 자체 생산하기도 하였다. 유럽에 전해진 중국 도자기의 현존 유물 중 가장 오래된 것은 독일 카이젤(Keisel) 박물관에 소장된 명(明)대의 청자완(青瓷碗)인데, 기면에 커즈룬버그 백작(15세기 전반)의 휘장도안이 새겨져 있다. 영국 옥스퍼드대학에도 16세기 초 와함 주교가 기증한 홍치연호(弘治年號)의 이른바 '와함배'(杯, Warham Cup)라는 청자완 1점이 소장되어 있다. 당시 중국 자기 1점의 값어치가 7명의 노예와 맞먹었으니 대단한 귀중품이었다. 17세기에 접어들면서 포르투갈에 이어 네덜란드와 영국이 속속 동방무역에 진출하면서 '무역도자기'(일명 洋器)의 수출이 급증하였다. 1602년부터 1682년까지 네덜란드 동인도회사가 수입한 각종 중국 자기는 무려 1,600만건 이상이나 되었다. 17세기 중엽부터는 유럽의 대동방수입품 중에서 도자기가 대종을 차지하였다. 수입자들은 왕왕 중국 현지의 제조소에서 기면에 본인이나 가문의 휘장을 새겨넣기도 하였다. 1722년에 영국이 수입한 40만건 자기의 다수는 이러한 휘장이 새겨진 식기류나 다구(茶具)였다.

중국 도자기에 대한 수요가 계속 늘고 도자기 제조법까지 알게 되자, 서구인들은 16세기 말엽부터

당삼채 낙타상(중국 낙양 안보부부묘 출토)과 페르시아 다채 도기병(11~14세기)

자국 내에 제조소를 세워 중국 도자기를 모방한 도자기를 생산하기 시작하였다. 최초의 제조소는 이 딸리아 베네찌아에 세워졌는데, 여기서는 연질(軟質)의 채색자기를 만들어냈다. 이어 네덜란드·프랑스·독일 등 여러 나라에도 이러한 제조소가 속속 출현하였다. 프랑스는 중국 경덕진 일대에서 활약하던 자국의 신부 당트르꼴르(Pére d'Entrecolles)의 도움을 받아 자기 제조에 성공하였다. 프랑스는 이 신부가 1717년에 보내온 경덕진의 고령토(高嶺土) 표본에 근거해 1750년부터 자토(瓷土)의 조사 및 개발에 착수하였다. 드디어 1768년에 자토층을 발견하여 경질(硬質)자기 제조소를 세워 본격 제조하였다. 영국에서도 1750년에 연질(軟質)자기를 제조한 데 이어 1768년에 경질자기를 처음으로 제작하였다.

유럽인들은 이렇게 자국 내에 제조소를 건립하여 중국 도자기를 모방한 도자기를 자체 제조하는 한편, 중국 현지에 대리점을 설치해 주문구매도 하였다. 영국(1715), 프랑스(1728), 네덜란드(1729), 덴마크(1731), 스웨덴(1732)은 각각 광주(廣州)에 대리점을 개설하여 경덕진 자기를 비롯한 중국 도자기를 주문 구입함과 동시에 필요한 기형이나 양식의 모본(模本)을 보내 그대로 제작하도록 주문하기까지 하였다. 따라서 유럽에 수출하는 이른바 '무역도자기'는 소성법이나 기형, 문양 등에서 유럽 공예기법의 영향을 받게 되었다. 소성법에서 중국 전통도자기와는 달리 활석(滑石)을 이용하고, 기형은 식기류나 다구(茶具), 커피구(具) 등 서구인들의 기호품에 따른 것이며, 문양에서는 서구의 신화나 종교, 풍습 내용 및 갑주(甲胄)문양과 인물상이 등장하였다. 이것은 도자기를 통한 동서문명의 융합상이라고 하겠다.

제7절 향료의 교류

향료의 개념 향료란 한마디로 향내를 내는 물질에 대한 통칭이다. 그러한 물질에는 연기를 피워 향내를 내는 향목(香木)이나 수지(樹脂), 뿌려서 향내를 발산하는 향수(香水)가 있고, 또 음식에 섞어 맛을 돋우는 향신료(香辛料, 혹은 조미료spices) 등 여러가지가 있다. 다종다양한 향료는 출처나 용도에 따라 몇가지로 분류한다.

우선 출처에 따라 천연향료와 합성향료로 대별되는데, 그것을 구체적으로 분류하면, 식물에서 채취하는 식물성 향료와 동물에서 채취하는 동물성 향료, 그리고 화학적 방법으로 제조하는 인조합성(人造合成) 향료의 세 가지가 있다. 이 세 가지 가운데서 가장 많이 쓰이는 것이 식물성 향료인데, 그 주산지는 동남아시아와 인도, 아랍 등 열대아시아 지역이다.

각종 식물성 향료는 채집하는 식물의 부위가 서로 다르다. 부위별 식물성 향료와 그 주산지를 밝히면 다음과 같다.

1) 꽃향료: 장미(불가리아, 이란), 재스민(인도, 이란, 남프랑스), 존키르, 수선(水仙), 히아신스, 바이올렛, 주페로즈, 헬리오트로프, 귤꽃(이상 주로 남프랑스), 일랑 일랑(필리핀, 자바). 2) 꽃과 잎 향료: 라벤더(남프랑스, 영국), 박하(일본, 중국, 북미, 영국), 로즈메리(남프랑스, 에스빠냐), 제충국(除忠菊, 일본). 3) 잎과 줄기 향료: 레몬그래스(인도, 동남아), 시트로넬라(인도, 동남아, 대만), 유칼리(오스트레일리아), 시나몬(스리랑카), 흑문자(黑文字, 일본), 제라늄(알제리), 파출리(말레이시아). 4) 나무껍질 향료: 갓샤(남중국), 시타(북미), 단향(檀香, 자바, 수마트라), 장뇌(樟腦, 중국, 일본), 삼나무와 전나무(일본). 5) 뿌리와 땅속줄기 향료: 베치파(자바, 인도), 오리스(남프랑스, 이딸리아), 생강(인도). 6) 과피(果皮) 향료: 베르가모트, 레몬, 오렌지(이딸리아, 지중해 연안). 7) 종자 향료: 아니스(남중국), 후추(胡椒, 인도, 자바), 파니라(남미, 동남아), 육두구(肉荳蔲, 동남아). 8) 꽃봉오리 향료: 정자(丁字, 일명 丁香, 동남아, 아프리카, 마다가스카르). 9) 수지(樹脂) 향료: 유향(乳香), 몰약(沒藥, 아랍, 소말리아), 안식향(安息香, 동남아), 용뇌(龍腦, 자바, 수마트라), 소합향(蘇合香, 터키), 페르바르삼(남미), 라타남(남유럽), 침향(沈香, 海南島, 베트남, 타이, 말레이시아, 수마트라, 미얀마, 부탄, 아삼).

동물성 향료는 종류가 많지 않다. 출처에 따라 생식선 분비물(生殖腺分泌物) 향료와 병적(病的) 결석(結石)에 의한 향료의 두 가지로 나누는데, 그 종류와 주산지는 다음과 같다.

1) 동물의 생식선 분비물 향료: 사향(麝香, 중국 운남, 미얀마, 히말라야), 시베트(에티오피아), 해리향(海狸香, 북미). 2) 동물의 병적 결석 향료: 용연향(龍涎香, 인도양, 태평양). 현재 사향과 용연향은 채취가 어려워 인조향료로 대용하고 있으며, 해리향은 거의 자취를 감추었다.

화학적 방법에 의해 제조되는 인조합성 향료는 화학이 발달함에 따라 날로 다양해지고 있다. 물론 이러한 인조합성 향료도 교역품으로 교류에 인입되기는 하지만, 자고로 실크로드를 통해 진행된 동서 향료교역에서 취급된 향료는 이러한 향료가 아니라 천연향료, 그중에서도 특히 식물성 향료였다. 따라서 향료교류라고 할 때는 주로 식물성 향료의 교류를 뜻한다.

다음으로, 향료는 용도에 따라 분향료(焚香料, incense)와 화장료(化粧料, cosmetics), 향신료의 세 종류로 나뉜다. 분향료는 불에 태워 향기로운 연기를 내는 향료를 말한다. 동서고금을 막론하고 분향료는 제사용 분향이나 방향(芳香)에 주로 쓰였는데, 서방에서는 유향·몰약·소합향·안식향 등 수지 향료를, 동양에서는 침향·단향 등 향목 향료를 사용하였다. 그리하여 분향료는 고대 오리엔트―그리스―로마로 이어지는 수지 향료 계통과 인도―동남아―중국―한국―일본으로 이어지는 향목 향료 계통으로 대별된다.

화장료는 주로 백색이나 흑색 인종들이 그들 특유의 체취(體臭)를 제거하려고 사용하는 향료를 말한다. 화장료로 그리스에서는 방향성 화초, 서아시아나 인도, 동남아시아에서는 백단(白檀)이나 감송향(甘松香), 재스민, 용뇌(龍腦) 등을 사용하였다. 인도에서는 그밖에 방향성 화초나 향목도 사용하였다.

향신료는 음식물의 냄새를 없애고 맛을 돋우려고 사용하는 향료를 일컫는다. 향신료는 분향료나 화장료에 비해 생산량이나 소비량이 월등히 많으며, 따라서 향료교역에서 절대적인 비중을 차지한다. 특히 비린내가 나는 물고기를 많이 소비하는 유럽인들에게 향신료는 필수불가결하다. 중세 말에 포르투갈과 에스빠냐인들이 모험적인 지구탐험에 나선 것도 바로 향신료를 구하기 위함이었다. 대표적인 향신료는 열대아시아에서 생성하는 후추(pepper)와 카시아(cassia), 시나몬(cinnamon), 정자(clove), 육두구(nutmeg), 소두구(小豆蔲, cardamon), 생강(ginger) 등이다. 이러한 향신료는 해당 식물의 꽃이나 과실, 종자, 뿌리, 줄기, 껍질로 만든다.

향료의 교류 예부터 향료는 단순한 사치성 소비품이 아니라 생활의 필수품이며 제사 같은 의례 행사의 관용품(慣用品)이었기 때문에 그 수요는 날로 늘어났다. 그러나 향료, 특히 식물성 향료는 그 산지가 자연환경에 의해 제한되기 때문에 채집이나 생산이 한정적일 수밖에 없었다. 여기에 특정 향료의 원산지인들은 그 향료의 타지역 이식을 극력 제재하면서 장기적인 독점을 시도하는 것이 관례였다. 이와같은 수요와 공급의 미묘한 역학적 관계로 인해 향료교역은 시종일관 고수익성 교역으로서 그 교류는 부단히 확대되어왔다.

향료의 교류는 주로 식물성 향료인 분향료와 향신료의 교류이다. 그러나 그중에서도 향신료의 교류가 기본이었다. 우선 분향료의 교류에서는 서방의 유향과 몰약, 동방의 침향과 단향(檀香)의 교류가 대표적이다.

유향(儒香, 즉 乳香)은 감람과(橄欖科)에 속하는 열대식물인 유향수(乳香樹)의 분비액을 말려서 만든 유백색의 수지(樹脂)이다. 유향은 보통 방향제나 방부제, 혹은 부스럼이나 복통 등에 약재로 쓰이기도 한다. 주산지는 아라비아 반도 남부의 하드라마우트(Hadramaut) 연안과 아프리카 소말리아 해안지대다. 유향은 히브리어로 레보나(lebonah), 아랍어로 루반(lubān), 그리스어로 리바노스(libanos), 라틴어로 올리바눔(olibanum)이라고 하는데, 모두가 '유백색'이라는 뜻이다. 그 어원은 고대 아카드어의 '라바나툼'(la-ba-na-tum), 즉 '신관(神官, la-bi)이 수지(na)를 태우다(tum)'에서 연유한 것이라고 한다. 남송(南宋) 때 조여괄(趙汝适)이 지은 『제번지(諸蕃志)』에 따르면, 유향은 일명 훈륙향(薰陸香, 그밖에 馬尼香, 天澤香, 摩勒香, 多伽羅香 등 이명이 있음)이라고 하는데, 대식(大食, 아랍)의 마라발(麻囉拔, Mirbah, 현 아라비아 반도 남부의 하드라마우트 연안), 시갈(施曷, Shehr 혹은 Esher, 현 하드라마우트 연안), 노발(奴發, 현 아라비아 반도 남부의 Dhofar) 등지의 심산벽곡에서 자라는 용(榕)나무 비슷한 나무의 줄기를 도끼로 잘라 수지를 흘러나오게 한 후 응결시켜 만든다. 유향의 종류로는 최상급 간향(揀香, 일명 滴乳)이 있고, 다음으로 병유(餠乳)·병향(餠香)·대향(袋香)·유탑(乳榻)·흑탑

(黑楊)·수습흑탑(水濕黑楊) 등 모두 10여 종이 있다.

몰약도 유향과 함께 서방에서는 주요한 분향료로 사용했다. 몰약(학명 Commiphora abyssinica)은 감람과에 속하는 관목으로서 잎은 겹잎이고 꽃잎은 넷이며 열매는 핵과(核果)이다. 원산지는 아랍과 소말리아를 비롯한 아프리카 일대다. 줄기에서 나오는 즙을 말린 적황색 덩어리는 특이한 향기와 쓴맛이 있어 방향제나 방부제로 사용하였다. 또한 구강소독제, 건위제, 통경제(通經劑), 과다분비억지제 등 의약품으로도 유용하였다. 히브리어로 모르(mor), 아랍어로 뭇르(murr), 그리스어로 미라(myrra)라고 하는데, 모두가 고대 아카드어 무루(murru)에서 파생된 것이다. '몰약'은 그리스어 '미라'의 한역음(漢譯音)이다.

유향을 채집하는 아랍인

유향은 당초부터 고대 메소포타미아나 이집트, 그리스, 로마에서 향료로 각광을 받았다. 이에 비해 몰약은 주로 의약으로 쓰이면서 향고(香膏)나 향유(香油)의 주원료로 이용되었다. 고대 이집트나 그리스, 로마에서 유행된 향고나 향유는 고대 유럽 화장료(化粧料)의 원류가 되었다. 이렇게 서아시아 일원에서 성행하던 유향과 몰약이 실크로드를 따라 서쪽으로는 그리스와 로마, 동쪽으로는 페르시아와 인도로 각각 전파되었다. 그런데 인도에서는 아랍산 유향이나 몰약이 유입되기 전에 이미 이른바 '군즈루'라는 '위(僞)유향'과 '구구르'라는 '위몰약'이 대용되고 있었다.

주요한 분향료인 유향은 인도에 전파된 후 불교의 동전과 함께 기원후 2~3세기에 인도로부터 중국에 처음 전해졌다. 그러나 8세기 이후에는 아랍 유향이 해로를 통해 직접 동남아시아나 중국에 수출되었다. 『제번지』에 의하면, 유향은 대식 상인들이 배로 삼불제(三佛齊, 현 수마트라)까지 운반하면 거기서 번상(蕃商)들에 의해 교역된다고 하였다. 유향은 당대를 이어 송·원대에도 계속 중국에 유입되었다. 남송 정부는 유입된 유향을 독점관리하면서 민간인들에게 고가로 매출하여 수익을 챙기기도 하였다. 『오해관지(奧海關志)』 권2에는 희녕(熙寧) 9년(1076)부터 원풍(元豊) 원년(1078)까지 3년간 명주(明州), 항주(杭州), 광주(廣州) 3개주의 시박사(市舶司)가 방매한 유향량을 총 894, 710관(貫) 305문(文)으로 집계하고 있다. 이것은 중세에 성행한 아랍산 유향의 대중국 교역상을 여실히 보여준다. 중국뿐만 아니라 그 동쪽에 있는 한반도에서도 1966년 경주 불국사 석가탑에서 3포(包)의 유향이 발견된 바 있어 아랍산 유향은 신라에까지 전파되었음을 알 수 있다.

서방에서 유향과 몰약을 주분향료로 사용한 데 비해, 동방에서는 침향과 단향을 주된 분향료로 썼

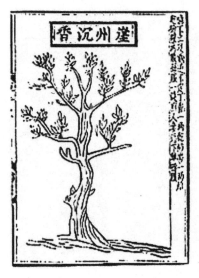

침향나무

다. 침향(학명 Aguilaria Agallocha)은 팥꽃나무과에 속하는 상록교목으로서 키는 20m 이상이고 줄기의 지름은 2m나 된다. 잎은 어긋맞게 나는데, 가죽같이 질기며 긴 타원형으로서 길이는 5~7cm이며 결은 광택이 난다. 주산지는 해남도(海南島), 베트남, 타이, 말레이시아, 수마트라, 미얀마, 부탄, 아삼 등 말레이 반도를 중심으로 한 지역이다. 원래 침향의 원목(原木)은 향기가 없으나, 나무에 상처가 생기면 그곳에 수지가 배어나와 굳으면서 비로소 침향목(沈香木)이 되는 것이다. 그러다가 그 나무가 쓰러져서 땅속에 묻히면 다른 부분은 다 썩어버리는데 수지가 응결된 부분만 썩지 않고 단단해지고 무거워져서 태우면 향기로운 연기를 뿜는다. 이렇게 땅속에 파묻혀 있던 침향목은 비중이 커서 물에 넣으면 가라앉는다. 그것이 바로 침향이다. 침향은 형태에 따라 서각침(犀角沈), 연구침(燕口沈), 부자침(附子沈), 사침(梭沈), 횡격침(橫隔沈) 등으로 구분한다.

침향을 분향료로 가장 먼저 사용한 나라는 인도로서, 산스크리트로 침향을 '아가루'(agaru)라고 한다. 그런데 침향의 가장 중요한 산지인 말레이시아에서는 침향을 말레이어로 '가하루'(gaharu) 혹은 '카유 가루'(kayu gharu)라고 하는데, 이는 '아가루'라는 산스크리트에 어원을 두고 있다. 이것은 인도가 말레이시아보다 먼저 침향을 사용했음을 시사해준다. 고대 인도의 약법서(藥法書)인『사슈루다』에는 침향의 연기를 상처의 진통제로 쓴다는 기록이 있다.

분향제로 쓰이던 이 침향이 불교의 동전과 더불어 중국에 유입되었다. 기원후 3세기 전반의 오(吳)나라 만진(萬震)이 저술한『남주이물지(南州異物志)』에는 침향의 산지와 형성법 및 종류 등에 관해 정확히 기술하고 있다. 이러한 점으로 보아 3세기 이전에 이미 중국인들이 침향을 사용하고 있었음을 알 수 있다. 그들은 주로 해남도와 말레이 반도, 수마트라 등 동남아시아산 침향을 수입하여 사용하였다.

침향은 중국에만 한정되지 않고 한반도에까지 전래되었다. 신라 경덕왕(景德王) 11년(752)에 도일(渡日)한 신라 사절의 대일매물명세서(對日賣物明細書)에 매물로 침향이 포함되어 있으며,『삼국사기(三國史記)』에도 신라 흥덕왕(興德王) 9년(834)에 침향을 차재(車材)로 쓰는 것을 엄금한 금령(禁令)이 기록되어 있다. 이와같이 신라시대에 한국도 이미 출처는 미상이나 침향을 수입하여 분향료뿐만 아니라 기재(器材)로도 이용했고, 또한 중계교역 형식으로 타국에 재수출까지 하였던 것이다.

동방에서 침향과 함께 분향료로 널리 사용된 것은 단향이다. 단향(학명 Pterocarpus Satarinus)은 태우면 향내를 내는 향나무를 두루 일컫는 말로서 일명 단향목(檀香木)이라고도 하며, 불서에서는 전단(旃檀) 혹은 진단(眞檀)이라고 한다. 전단은 산스크리트의 '찬다나'(chandana)의 한역음이다. 단향에는 백단(白檀), 황단(黃檀), 자단(紫檀)의 세 종류가 있으며, 수종은 약 8종이다. 『제번지』에 의하면 단향의 원산지는 사파(闍婆, 현 자바)의 타망(打網, 현 사마랑)과 저물(底勿, 현 티모르), 삼불제(三佛齊, 현 수마트라)인데, 그 형태는 중국의 여지(荔支, 荔枝, 박과에 속하는 1년생 蔓草)와 비슷하며 가지를 잘라 음지에서 말리면 향기를 뿜는다.

단향 중 백단(santalum album)은 일찍부터 인도에서 사용되었다. 그렇지만 그 원산지는 인도가 아니라 말레이시아나 자바 동쪽에 있는 도서들로서, 이 원산지로부터 인도에 이식되어 인도인들이 분향뿐만 아니라, 해독제 등 약품으로 선용하였던 것이다. 단향도 불교와 함께 중국이나 한반도, 일본에까지 전파되었다.

이상에서 몇가지 주요한 분향료의 실체와 그 교류상에 관하여 고찰하였다. 물론 향료교류 전반에서 이러한 분향료의 교류가 일정한 비중을 차지하는 것은 사실이지만, 그 기본(주류)은 어디까지나 향신료의 교류다. 예부터 향신료는 동·서양 모두가 나름대로의 구미에 따라 다양하게 선용(選用)하여왔다. 전통적인 향신료를 보면, 동양에서 향신료를 가장 많이 쓰는 중국의 경우에는 산초(山椒)·양하(蘘荷)·육계(肉桂)·파·겨자·마늘·차조기·부추·염교 등이 있었으며, 서양에는 월계엽(月桂葉)·편도(扁桃)·사프란·회향(茴香)·마근(馬芹)·시라(蒔羅)·하프 등이 있었다. 그외에 심황, 셀러리, 앵속, 호마(胡麻), 감초(甘草), 레몬, 호프 등도 향신료로 사용되었다. 그러나 동·서양을 막론하고 가장 애용된 향신료는 열대아시아산의 후추, 육계(肉桂, cinnamon), 정향, 육두관(肉豆蔲, nutmeg), 두구화(荳蔲花, mace), 소두구, 생강 등인데, 그중에서도 특히 후추와 육계, 정향, 육두구가 가장 많이 선용되는 향신료였다.

이러한 향신료가 교역품으로 각광을 받으면서 동서 문명교류의 한 주역으로 부상한 것은 중세 말엽부터이다. 14세기 이후 유럽에서는 북해(北海)어업이 번창하면서 어물식료(漁物食料)가 크게 늘어났으며, 이에 부응하여 어물식료에 필수적인 향신료에 대한 수요가 급증하였다. 당초 유럽인들은 전래의 향신료보다 훨씬 우월한 아시아산 향신료를 인도나 이집트, 베네찌아의 상인들을 통해 간접 수입하였다. 그러나 그들 중개상인들이 부당하게 중간이윤을 가로채고, 게다가 과중한 통과세까지 부과되어 수입 향신료의 값은 원가의 수십배에 달하였다. 그리하여 16세기에 들어서 유럽인들은 이러한 고가 수입에서 탈피하고자 향신료의 원산지를 찾아나섰다. 그 진두에 선 포르투갈인들은 몇차례의 모험적인 탐험항행을 계속한 끝에 드디어 '인도 항로'를 개척하고 향신료의 원산지인 인도에 도착하는 데 성공했다. 그후 그들은 그곳을 발판으로 향신료의 성산지인 동남아시아까지 진출하였다.

그들이 구해간 향신료는 인도 말라바르 해안의 후추와 스리랑카의 육계, 몰루카 제도의 정향, 육두구 등이었다. 포르투갈인들이 구해간 이러한 향신료가 유럽에서 큰 인기를 끌고, 그 교역이 엄청난 이윤을 내자 유럽 국가들은 앞을 다투어 향신료무역에 뛰어들었다. 포르투갈에 이어 에스빠냐와 네덜란드, 영국이 이른바 '동인도회사'를 속속 설립하여 동남아시아와의 향신료무역에 주력하였다. 그 결과 17세기를 전후하여 실크로드의 해로를 통한 향료무역이 대단히 흥성하여 향료가 무역품의 한 대종을 이루게 되었다. 이로부터 이때의 해로를 일명 '향료로(香料路)'라고도 칭한다. 이와같이 유럽인들은 동방의 향료를 구하려고 동방으로의 '인도 항로'를 개척하였으며, 그것이 마침내는 서세동점의 기점이 되어 교류를 포함한 동서관계는 새로운 역사시대에 진입하게 되었다.

　　'향료로'를 따라 전개된 향료교류는 주로 서방이 동방에서 향료를 수입해가는 것이며, 그 주종은 향신료인데, 그중에서도 대표적인 것은 유럽인들이 가장 선호하는 후추와 육계, 정향, 육두구 4종이다. 우선, 후추는 후추나무의 열매다. 후추나무(학명 Piper nigrum)는 후추나무과에 속하는 상록교목으로 줄기는 지름 2cm 가량의 둥근 기둥 모양인데, 조금 덩굴이 지는 성질이 있고 잎은 끝이 뾰족한 달걀 모양이다. 후추나무의 원산지는 서남인도 말라바르 해안의 습지 정글지대였으나, 오늘날에는 지구 남·북반구의 열대지방에서 널리 재배된다. 후추에는 보통 흑(黑)후추와 백(白)후추가 있는데, 채 익지 않은 열매를 따서 건조시킨 것이 흑후추이고 익은 열매를 따 껍데기를 벗겨 건조시킨 것이 백후추이다. 그밖에 보통 후추보다는 모양이 길게 생긴 장(長)후추(蓽茇)가 있다. 자고로 후추는 조미료로 쓰일 뿐만 아니라 구토, 위한(胃寒), 심복통(心腹痛), 적리, 소화불량, 콜레라, 관절염 등을 치료하는 약재로도 널리 효용되어왔다. 후추를 휴대하고 다니면 콜레라나 페스트를 예방한다는 속설까지 있다.

　　후추는 유럽에서 일찍부터 귀중품으로 진중되었다. 기원후 1세기 로마의 플리니우스는 『박물지』에서 로마인들은 '절대적인 인기'를 끌고 있는 후추를 인도에 가서 구해오는데, 로마에서는 '금·은과 동등한 가치'가 있다고 기술하고 있다. 금·은과 맞먹는 가치가 있기 때문에 후추는 화폐처럼 지불수단으로 이용되기도 하였다. 로마황제 도미티아누스(Domitianus, 재위 81~96)는 92년 로마 시에 전문적으로 후추를 취급하는 향신료구역을 설치하고 후추를 국고의 일부로 비축하였다. 그로부터 300여 년 후인 408년에 로마가 서고트족에게 포위되었을 때, 로마 시민의 속금(贖金)으로 금과 함께 3천 폰드의 후추를 서고트족의 지휘관 알라리크(Alaric, 376~410)에게 지불한 바도 있다.

　　이렇게 진중된 후추는 모두 인도에서 수입한 것인데, 그 수입 루트는 세 갈래였다. 첫째 루트는 인도로부터 페르시아를 경유하여 시리아에 이르는 육로(대상로), 둘째 루트는 인도로부터 페르시아만을 경유하여 시리아에 이르는 육해로(陸海路), 세번째 루트는 인도로부터 홍해까지 직항하여 이집트의 알렉산드리아에 이르는 해로이다. 이 가운데서 첫째와 둘째 루트는 중간에 항시 로마와 갈등관계에 있는 페르시아(안식)를 경유하므로 순탄할 수가 없었다. 그리하여 로마는 셋째 루트를 개척하는 데 진력하였다.

일찍이 기원전 1세기에 히팔루스가 아랍인들이 계절풍을 이용해 인도양을 항행한다는 사실을 알아내고 아라비아해에서 인도 서해안까지 심해로 직항하는 해로를 개척하였다. 플리니우스의 『박물지』에 의하면, 기원전 4세기 후반 알렉산더의 부장 네아르코스가 페르시아만에서 홍해까지 내왕한 연해로말고도 기원전 1세기경에는 아라비아 반도 남부로부터 인더스강 하구

후추나무와 열매

와 인도 서해안의 시그루느 항(봄베이 부근)이나 무지리스 항(Muzyrys, 말라바르 해안의 요항)까지 직항하는 직항로(횡단로)가 개통되고 있었다. 기원 전후의 로마 지리학자 스트라본의 기술에 따르면, 홍해 연안에서 출항해 인도로 가는 대선박이 프톨레마이오스조 말기에는 연간 20척에 불과하였으나, 기원 초기에는 120척까지 늘어나 '고가 상품'을 수입하고 있었다고 한다. 플리니우스의 전술로 보아 이 '고가 상품'은 십중팔구 후추였을 것이다.

1세기 중엽에 씌어진 『에리트라해 안내기』에는 인도양을 중심으로 한 각지의 수입품과 수출품 품목이 구체적으로 열거되어 있다. 그에 의하면, 파루가자 항(인도 서해안 북부의 크제라트 부근)의 수출품은 장(長)후추이고, 수입품은 은화(데나리우스)와 금화(金貨)였다. 또한 무지리스 항에서도 후추가 '다량으로' 수출되고 대형선박이 홍해로부터 직접 내항함으로써 '매우 많은 양'의 로마 화폐가 유입되고 있었다. 이러한 로마 화폐는 무엇보다도 금·은과 같은 가치를 가진 후추를 구입하기 위해 지불되었던 것으로 보인다. 오늘날 인도양 연안 각지와 말레이 반도, 인도차이나 반도, 특히 인도 남부의 말라바르 지방에서 많은 로마 화폐가 출토되는 것은 이러한 후추무역의 성황을 실증하는 것이다.

이상은 대규모 교역을 통한 후추의 서전(西傳)이다. 후추는 인도를 비롯한 원산지에서 서전하였을 뿐만 아니라, 중국을 비롯한 동방제국에도 전해졌다. 중국어로는 후추를 '호초(胡椒)'라고 하는데, 이것은 '호(胡)' 즉 '서역(西域)'의 '고추'라는 뜻이다. 중국에 알려진 최초의 후추는 페르시아를 경유해 진(晉)대에 들어온 인도산 후추이다. 이러한 사실을 반영하듯 후추의 산지에 관해 『후한서』(권118) 「서역전」에는 정확하게 인도라고 했으나, 『송서(宋書)』 『위서(魏書)』 『수서(隋書)』(각서의 「서역전」)는 페르시아라고 오인하고 있다. 당서(唐書)에서부터는 비교적 정확하게 그 산지와 용도를 기술하고 있다. 이것은 당대부터 후추가 본격적으로 수입되어 나름대로 사용되기 시작하였음을 시사하는 것이다. 당대의 『신수본초(新修本草)』(659)를 보면, 후추는 '서방의 만국(蠻國)에서 생산되는데 맛은 대단히 매우며, 해열과 지해(止咳), 건위제(健胃劑), 조미료로 사용한다'고 하였으며, 단성식(段成式)의 『서양잡조(西洋雜組)』에 후추는 '마가타국(摩伽陀國)에서 나는데, 매리지(昧履支)라고 부

른다'고 하였다. '서방의 만국'이란 지칭은 애매하지만 '마가타국'은 분명히 인도를 가리킨다. 그리고 인도에서 후추를 부르는 명칭이라는 '매리지'는 보통 후추의 산스크리트명의 하나인 '마리쟈'(marijya)의 와전음(訛轉音)으로 사료된다. 산스크리트로 보통 후추를 '마리쟈'라고 부르는 데 비해, 장(長)후추는 '피팔리'(pippali, 즉 필발)라고 한다.

송대에는 후추의 수입원이 다양해졌다. 주거비(周去非)의 『영외대답(嶺外代答)』(1178)은 후추를 자바의 명산물의 하나로 열거하고 있으며, 조여괄의 『제번지』(1225)에는 자바산 후추의 구체적인 산지와 품질등급 등에 관하여 상세하게 서술되어 있다. 이것은 당시 후추를 인도뿐만 아니라 자바로부터도 수입하고 있었음을 말해준다.

원대에 와서도 후추에 대한 관심이 여전히 높았으며 소비량도 상당히 많았음을 사적은 전하고 있다. 14세기 전반에 동남아시아 여러 곳을 역방(1330~44)한 왕대연(汪大淵)은 여행기 『도이지략(島夷志略)』(1349)에서 인도 캘리컷이 세계 최대의 후추산지이며, 그 다음이 역시 인도의 퀼론이라고 지적하면서 그 수출상황을 상술하고 있다. 그는 또한 자바나 미얀마 남부도 후추의 산지라고 덧붙였다. 원대인들의 후추 소비에 관해서는 마르꼬 뽈로의 『동방견문록』에 그 일단이 소개되어 있다. 그는 관헌들에게서 들은 바라고 하면서, 항주시(杭州市)의 하루 후추 소비량은 '놀라울 정도'로서, 자그마치 43포대(1포대는 243파운드에 해당, 총 10,449파운드, 약 4,740kg)나 된다고 하였다. 당시 항주시 인구를 약 160만호로 잡으면 호당 매일 3그램쯤 소비한다는 계산이 된다. 기실 이것은 상당한 소비량이라고 할 수 있으며, 그만큼 후추가 원대인들의 기호품이었다는 것을 말해준다.

다음으로, 향료교류에서 대종을 이룬 향신료로는 육계(肉桂)가 있다. 육계는 녹나무과에 속하는 상록교목인 녹나무(학명 Cinnamomum camphora) 껍질로 만든 향신료다. 녹나무 껍질을 벗겨서 껍질 외측의 거칠거칠한 부분은 제거하고 내측의 껍질만 건조시켜 만드는데, 건조되면 껍질이 휘말려서 황갈색의 관상(管狀)이 된다. 보통 1m 길이로 잘라서 여러 대를 한데 묶어 출하한다. 대체로 맛은 감미로운 편이나 약간 매우며 향기가 난다. 이러한 맛은 산지에 따라 조금씩 차이가 있다. 육계의 산지는 인도와 스리랑카, 중국, 일본 등지로서 인도 이서에서는 나오지 않는다. 그중 통상 인도(스리랑카 포함)산을 '시나몬'(cinnamon), 중국산을 '카시아'(cassia)라고 부르며, 모두 합쳐 육계라고 통칭한다.

육계의 시용(始用)에 관해서는 아직 미상이다. 기원전 4천년에 이집트인들은 유해를 미라로 만들었는데, 처음에는 아니스나 다민을 소재로 사용하다가 후에는 시나몬이나 카시아로 대체하였다고 전한다. 『구약성서』 「출애굽기」(30장 22~25)에 보면, 몰약과 함께 시나몬과 카시아로 성스러운 향유를 만든다고 나온다. 이로부터 고대 이집트나 헤브라이(현 이스라엘)에서는 육계가 중요한 향료로 쓰였음을 알 수 있다.

그러나 고대 이집트나 헤브라이에서 사용된 육계의 실체에 관해서는 두 가지 설이 있다. 통설로는 인도나 중국의 육계가 아랍이나 아프리카에 운반된 후 이집트나 시리아를 경유해 헤브라이까지 전해졌다는 것이다. 이에 대해 성서나 고전작가들이 말하는 '시나몬'이나 '카시아'는 인도나 중국산 육계가 아니라 동아프리카에서 나는 다른 식물이라는 이설도 있다. 그 근거는 중국은 물론 남아시아와 아랍, 아프리카 간의 교통이 그렇게 오래 전에는 있을 수 없으며, 또한 서로의 용도가 상이하여 중국이나 인도에서는 향신료로 사용되었으나 이집트나 헤브라이에서는 일반 향료로 사용되었다는 점이다. 이 이설에도 일리는 있으나 구체적인 실체는 밝혀내지 못하고 있다. 통설에 준하면, 육계는 고대부터 향신료뿐만 아니라 일반 향료로서도 멀리 이집트까지 전해졌다고 말할 수 있다.

향료교류에서 중요한 일익을 담당한 향신료로는 정향이 있다. 정향은 정향나무의 꽃봉오리를 건조시킨 것이다. 정향나무(학명 Syringa palibiniana)는 목서과에 속하는 낙엽교목으로서 키는 4~7m 정도이다. 잎은 마주 나고 타원형이며 끝이 뾰족하다. 이 나무는 열대나 아열대 지방에서 서식하는데, 조풍(潮風, 바닷바람)을 맞아야 잘 자라며, 그 원산지는 몰루카 제도이다. 꽃봉오리는 핑크색으로 약 2cm쯤 컸을 때 자르면 암갈색으로 변하며, 그것을 수일간 햇볕에서 말린다. 이렇게 말린 꽃봉오리가 바로 향신료인 정향이다. 정향을 '클로브'(clove)라고 칭하는 것은 '못'이라는 뜻의 프랑스어 '클루'(Clou)에서 유래한 것이다. 이는 꽃봉오리가 못처럼 생겼기 때문이다. 정향을 일명 '정자(丁字)'라고 하는 것도 꽃봉오리가 '정'(丁)자 모양을 한 데서 그러는 것이다.

약간 매운 듯하면서 향기를 내는 정향은 원래 화장료나 향료, 구충제, 전염병 예방제 등으로 줄곧 쓰이다가 근대에 와서야 주로 향신료로 사용되었다. 특히 햄이나 소스, 수프 등 여러가지 서양요리에서는 필수적인 조미료로 각광을 받고 있다. 그리하여 근세 초 유럽인들은 정향을 찾아 유일한 산지인 동남아시아의 오지 몰루카 제도의 작은 섬들로 앞다투어 몰려들었다. 보통 좁은 의미의 스파이스(spice)는 정향과 육두구를 지칭하며, 후추와 육계는 별칭(別稱)한다. 18세기 말엽에 정향나무가 자연조건이 비슷한 동아프리카의 잔지바르에 이식되기 전까지는 몰루카 제도가 유일무이한 산지였다. 정향은 기원 전후에 인도에 알려졌으며, 기원후 2세기에는 동으로 중국, 서로는 로마까지 전해졌다.

정향과 함께 인기를 끈 향신료는 육두구이다. 육두구는 육두구나무의 과실 종자를 말한다. 육두구나무(학명 Myristica fragrans)는 육두구과에 속하는 상록교목으로서, 키는 20m 가량이며 잎은 가죽질로 길이가 10cm쯤 되고 표면은 짙은 녹색으로 광택이

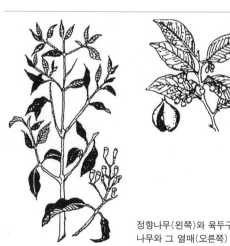

정향나무(왼쪽)와 육두구나무와 그 열매(오른쪽)

있다. 열매는 장과(漿果)로 둥글고 세로의 고랑이 있으며, 익으면 두 조각으로 갈라져 씨를 토한다. 원산지는 말레이 반도의 반타 섬이며, 스파이스 중에서 최우수품으로 인정된다. 육두구와 매우 비슷하여 대용품으로 쓰이는 것으로 다년생 나무인 카르다몬(학명 Elettaria cardamonus)의 종자(보통 카르다몬으로 칭함)가 있다. 중국에서는 백두구(白荳蔲), 혹은 소두구(小豆蔲)라고 부른다. 카르다몬의 원산지는 인도 남부의 말라바르 고원지대였으나, 후일 말레이 반도와 인도차이나 반도 동남부 일대로 번식·확산되었다.

육두구는 5세기경에 반타 섬에서 인도로 전해졌으며, 10세기 전후에 아랍인들을 통해 유럽에 알려지게 되었다. 육두구가 알려진 후 13~14세기에 이르러 육두구와 정향에 대한 유럽인들의 수요는 폭발적으로 늘어났다. 그것은 이 두 가지 향신료가 강력한 방부제일 뿐만 아니라, 염장한 어물(漁物)과 육류 요리에 필수불가결한 최상의 조미료이기 때문이다.

1498년 5월 바스꼬 다 가마가 '인도 항로'를 개척하여 인도의 캘리컷에 도착한 후, 포르투갈인들은 우선 고아에 식민기지를 마련하고 그곳을 거점으로 스파이스에 관한 정보를 수집하기 시작하였다. 16세기 초부터 포르투갈인들이 앞장서서 아시아에 극성스레 진출한 목적은 무엇보다도 후추와 육계, 정향과 육두구 같은 향신료를 교역하여 막대한 이윤을 획득하려는 것이었다. 그리하여 그들은 1511년 말레이 반도의 말라카를 무력으로 점령하여 동남아시아 진출의 발판을 마련해놓고는 곧바로 몰루카 제도에 원정대를 파견해 일거에 향료무역을 독점하였다. 요컨대 16세기에는 포르투갈에 의해 리스본─희망봉(아프리카 남단)─고아(인도)─말라카(말레이 반도)─몰루카 제도로 이어지는 향료무역로가 생겨났던 것이다.

포르투갈에 이어 동방의 향료무역에 나선 나라는 네덜란드였다. 1595년에 네덜란드는 4척의 선박을 자바에 보내 처음으로 동방의 향료를 구입한 것을 계기로 포르투갈의 동방 향료무역에 도전하여 나섰다. 그리하여 그해부터 1601년까지 전부 65척의 상선을 향료무역차 자바에 보내 막대한 이득을 얻었다. 이에 고무된 네덜란드는 마침내 수마트라 서북부의 아체 왕국과 결탁하여 포르투갈인들을 향료무역에서 축출하고 17세기부터는 동방의 향료무역을 일시 독점하게 되었다.

포르투갈과 네덜란드를 비롯한 유럽 국가들의 동방 향료무역은 15세기 말 '인도 항로'가 개척된 이래 모두가 해로를 통해 진행되었다. 특히 17세기를 전후로 네덜란드에 이어 에스빠냐, 영국, 프랑스 등 신흥 유럽 국가들이 고수익성의 동방 향료무역에 경쟁적으로 뛰어들어 향료는 해로를 통한 교역품의 주종을 이루었다. 그리하여 이때의 해로를 일명 '향료로'라고도 한다.

제8절 인쇄술의 교류

인쇄술의 개념 인쇄(printing)란 판면(版面)에 잉크를 묻혀 판면에 새긴 문자나 그림 등을 종이나 깁 같은 데 눌러 문질러서 박아내는 일이며, 인쇄술은 그러한 기술을 말한다. 인쇄는 인쇄술의 부단한 발달과정을 거쳐 오늘의 수준에 이르렀다. 동서고금의 인쇄술 연혁사를 통관하면, 근세에 이르기까지 인쇄는 크게 단순(單純)인쇄와 조판(彫版)인쇄의 두 단계를 거쳐 발달했다. 첫째 단계인 단순인쇄 단계는 인쇄의 시원이라 할 수 있는 날인(捺印)과 탑본(搨本, rubbed copy)과 같은 원시적 인쇄 단계이다. 인쇄의 최고(最古)형태이자 원류는 도장을 찍는 날인이다. 메소포타미아에서는 기원전 3천년경에 점토나 구리로 도장을 만들었으며, 그 영향을 받아 모헨조다로 유물에서 보다시피 고대 인더스 문명에서도 원통(圓筒)도장이 사용되었다. 중국의 경우 전국시대부터 구리를 비롯한 금속으로 도장을 만들어 사용하였다. 날인은 도장뿐만 아니라 호부(護符)나 경문(經文), 불인(佛印) 같은 것을 찍어내는 데 이용되기도 하였다.

날인과 함께 탑본(혹은 拓本)도 단순인쇄의 한 형태이다. 탑본은 금석(金石)에 새긴 글씨나 그림을 재현물(再現物)을 이용해 종이에 박아내는 일종의 인쇄이다. 중국에서는 유교경전을 비롯한 귀중한 기록물을 보전하기 위하여 석비(石碑)나 금속판에 글을 새겨넣는 금석문(金石文)이 일찍부터 출현하였다. 기원전 175년에 채옹(蔡邕)이 제작한 가평석각(嘉平石刻)은 그 대표작이다. 후세들이 그 금석문을 탑본(인쇄)하여 판독하게 되는 것이다. 수많은 고암각화(古岩刻畵)의 탑본은 우리에게 귀중한 사료를 제공해준다.

단순인쇄는 원시단계의 인쇄로서 간단한 내용만을 재현할 수 있고, 특정 용도에만 제한되어 실용화할 수 없으며, 다량 인쇄가 불가능하다. 그리하여 단순인쇄물 유품은 희소하다. 그러나 이러한 제약에도 불구하고 고대 메소포타미아 문명과 인더스 문명 간에 인장(印章)의 교류가 이루어졌던 사실에서 알 수 있듯이 문명권 사이에서는 물론이고 문명권과 비문명권 간에도 단순인쇄술의 교류는 있었다.

인쇄술 발달의 둘째 단계는 나무판이나 금속판 등에 각자(刻字)를 하여 인쇄하는 조판인쇄 단계이다. 이 단계는 목판(木板)인쇄와 활자(活字)인쇄의 전·후단계로 나눌 수 있다. 조판인쇄의 출현시기와 구체적인 발달과정, 특히 동·서방 조판인쇄의 상호관계 등에서는 아직까지 해명되지 못한 문제가 많으며, 이설도 분분하다. 그러나 지금까지의 문헌기록과 출토 유물에서 확인된 바에 따르면 조판인쇄술에서 동방은 서방에 비해 확실히 앞섰으며, 동방의 조판인쇄술이 서방의 조판인쇄술에 상당한 영향을 주었다.

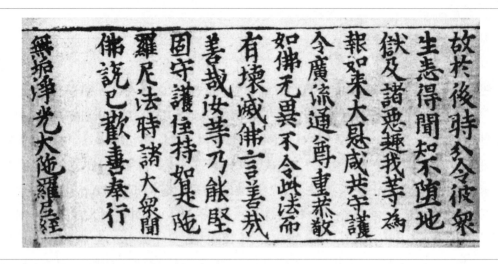

한국 불국사 발견 『무구정광대다라니경』(목판인쇄, 8세기경)

조판인쇄의 전단계인 목판인쇄가 언제 어디서 시작되었는지에 관해서는 아직 일치된 견해가 없다. 그러나 지금까지 가장 오래된 목판인쇄물이 발견된 곳은 한국이다. 1966년 경주 불국사의 석가탑 탑두부(塔頭部)에서 폭 6.65cm, 길이 6.3m의 종이에 목판인쇄된 『무구정광대다라니경(無垢淨光大陀羅尼經)』(706)이 발견되었다. 불국사는 신라 법흥왕(法興王) 15년(528)에 창건되었다가 경덕왕(景德王) 10년(751)에 중수하였는데, 석가탑은 이때 증축되었다. 이 경문 중에 측천문자(則天文字)가 있는 점으로 보아 8세기 전반에 인쇄된 것으로 판명된다. 이것은 중국의 가장 오랜 인쇄물 유품보다 100여 년 앞선 것으로, 현존 유물로만 비교해보면 한국은 세계에서 조판인쇄(목판인쇄)를 가장 먼저 시작한 나라가 된다.

중국에서 조판인쇄술이 언제 출현했는가에 관해서는 한대설(漢代說), 진대설(晋代說), 육조설(六朝說), 북제설(北齊說), 수조설(隋朝說), 당조설(唐朝說), 오대설(五代說) 등 여러 설이 있으나, 당대설이 가장 유력하다. 그 주요 근거는 지금까지 중국에서 발견된 인쇄물 유품 중 최고(最古)의 것이 당대의 것이기 때문이다. 그 유품이 바로 1907년 영국의 중앙아시아 탐험가 스타인이 돈황문서(敦煌文書) 중에서 발견한, 당 함통(咸通) 9년(868) 4월 15일자에 인쇄된 폭 30cm 길이 5m 이상의 『금강반야바라밀경(金剛般若婆羅密經)』이다. 그밖에 중국 학자들은 신강(新疆)에서 발견된 『묘법연화경(妙法蓮華經)』이 690년대에 인쇄된 것으로서 세계 최초의 인쇄물이라고 주장하지만, 서체가 후출(後出)한 것이고 또 인쇄 연도도 명기되지 않은 점 등을 감안할 때, 이 주장은 신빙성이 별로 없다. 중국에서는 대체로 9세기 중엽부터 목판인쇄한 세속작품들이 선을 보이기 시작하였으며, 성도(成都)가 가장 중요한 인쇄중심지였다. 10세기 전반 오대(五代)의 분열기에 후당(後唐)에서 후주

(後周)까지의 4대 왕조에 봉사한 바 있는 풍도(馮道)는 당시 강소(江蘇)와 사천(四川) 일대에 흥기한 인쇄업을 이용하여 유교경전을 대량 인쇄하였다. 송대는 인쇄술의 전성기로서 사천에서 『대장경(大藏經)』이 인쇄된 것을 비롯해 경서와 사적들이 많이 인쇄·출간되었다.

조판인쇄의 후단계는 활자인쇄 단계인데, 여기에는 목(木)활자 인쇄와 금속활자 인쇄가 포함된다. 특수하게는 진흙활자 인쇄도 있다. 활자는 활판(活版)인쇄에 쓰는 자형(字型)을 말하는데, 보통 모난 기둥 모양의 나무나 금속의 한끝에 글자를 좌향(左向)으로 철각(凸刻)한다. 이러한 자형으로 활판인쇄하는 것을 활자인쇄라고 한다. 목판인쇄가 발달한 중국에서는 이를 바탕으로 1313년에 왕정(王楨)이 처음으로 목활자(木活字)를 창제하여 『대덕정덕현지(大德旌德縣志)』100부 6만여 자를 인쇄하였다. 돈황에서는 14세기 초의 고회골문(古回鶻文)으로 된 목활자가 발견되었다. 목활자는 후일 금속활자를 제작하는 데 하나의 모형 역할을 하였다고 볼 수 있다.

인쇄술에서 획기적 변혁을 가져온 금속활자도 최초로 한국에서 고려(高麗)시대에 창제되었다. 고종(高宗) 치세 때인 1230년경에 이미 금속활자가 출현하였으며, 1377년에는 금속(동)활자로 불전(佛典)을 인쇄하였다. 이것은 지금까지 발견된 금속활자 인쇄물 중 가장 오래된 금속활자본이다. 유럽에서는 독일의 구텐베르크(J.G. Gutenberg)가 1438년경에 납활자를 주조하고 인쇄기를 발명하여 1454년 처음으로 『31행속유장(三十一行贖宥狀)』을 인쇄한 데 이어 『42행성서(四十二行聖書)』등 성서를 인쇄·출간하였다. 첫 금속활자 인쇄물의 출간연대를 비교하면 한국이 독일보다 거의 80년 앞선 것으로 된다.

목활자와 금속활자 외에 이른바 '진흙활자'도 중국에서 만들어진 바 있다. 송대 경력(慶曆) 연간(1041~48)에 필승(畢昇)이라는 민간인이 진흙을 군혀 활자를 창안하였으나 조판기술도 유치하여 결국 실용화되지 못하였다. 그 밖에 중국에서는 13세기(원대)에 철과 주석으로 주조한 활자로 인쇄를 시도했으나 역시 성공하지 못하였다.

인쇄술의 교류 고대의 단순인쇄술도 문명권간에 교류가 있었지만, 그것은 극히 미미하고 한정적이었다. 그러나 중세의 조판인쇄 단계에 들어오면, 인쇄술의 교류는 갈수록 활발해진다. 특히 금속활자가 발명·이용되면서부터 인쇄술은 문명발달에 사활이 걸린 문제인만큼 급속하게 전파되었다. 그러나 아이러니하게도 이러한 급속한 교류로 인해 인쇄술의 교류에 관해서는 상대적으로 애매모

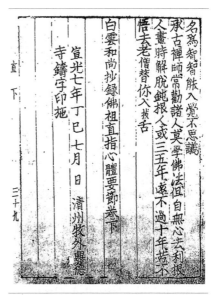

세계 최초 금속활자 인쇄본인 『불조직지심체요절』
(청주목 흥덕사 인쇄, 1377)

이집트 파윰 출토 목판인쇄물(10세기 초)

호한 점과 이론(異論)이 많이 생겼다. 물론 총체적인 면에서 동방의 조판인쇄술이 서전(西傳)하여 서방의 인쇄술 발달에 상당한 영향을 미쳤다는 데는 동·서양 학계가 여출일구(如出一口)다.

우선, 목판인쇄술을 비롯한 중국의 조판인쇄술이 13~14세기에 몽골세력의 서점(西漸)에 편승하여 중앙아시아와 서아시아, 북아프리카 및 유럽에까지 전파되었던 것이다. 1880년 이집트 파윰(Fayum)의 아르시나(Arsinae) 유적지에서 중국 신강 투르판 지역에서 발견된 회골문(回鶻文) 인쇄품과 아주 유사한 약 50점의 아랍어문 인쇄품(900~1350년 제품)이 출토되었다. 이것은 돌궐족이 중앙아시아를 거쳐 서아시아와 이집트(1172년 카이로에 아이유브 왕조 건립)까지 서천(西遷)하면서 중국의 조판인쇄술을 전해준 것으로 추측된다. 그런가 하면 13세기 말(1292) 마르꼬 뽈로가 귀향하면서 휴대한 몇점의 조판인쇄물에서 유럽인들이 영향을 받았다는 일설도 있다.

사실 13~14세기에 중국 조판인쇄술이 서전될 계기는 여러번 있었다. 이것이 중국 인쇄술의 서전에 객관적인 환경과 여건을 마련해주었던 것이다. 그 계기는 우선 유라시아의 광활한 지역에 건립된 몽골 대제국의 대서방 교류이다. 몽골은 일 칸국(현 이란 중심)의 수도 타브리즈와 니주니 노브고로드(Nizhny Novgorod, 현 러시아 고리끼 시)를 중계지로 하여 유럽과 접촉하면서 동방문명을 전파시켰다. 당시 타브리즈는 명실상부한 국제도시로서, 여기에는 이딸리아와 프랑스, 영국 등 유럽 국가들과 교황의 사절이 상주하고 있었으며 유럽 상인들도 많이 활동하고 있었다. 일 칸국은 1294년에 원조의 지폐(紙幣)를 본받아 한자 '초(鈔)'자와 페르시아문이 합인(合印)된 지폐를 인쇄·발행하였으며(단 2개월간 유통), 14세기 초 일 칸국의 재상 라시둣 딘(Rashīdu'd Dīn)은 역작 『집사(集史)』(1310)에서 중국의 목판인쇄에 관해 언급하였다.

한편, 모스끄바의 동편에 위치한 니주니 노브고로드는 동아시아와 북유럽 제국의 물산 집산지이고 교역장이었다. 이곳을 통해 중국의 카드(紙牌, 南唐시 제작, 원명은 金葉子格, 일명 扇牌)와 카드인쇄술이 늦어도 14세기 후반에 서전하였다. 그리하여 15세기 초에 이르러 이딸리아의 베네찌아와 남부독일 일대에서는 카드의 목판인쇄가 하나의 중요한 산업으로까지 부상하였다. 카드가 다량 인쇄되어 카드놀이가 성행하자, 독일(1377), 에스빠냐(1377), 프랑스(1397), 이딸리아(1423) 등에서는 카드놀이 금지령까지 반포하였다.

중국 조판인쇄술이 서전될 수 있었던 또다른 계기는 유럽인들의 중국 내왕이다. 13세기 중엽부터 유럽의 사절이나 선교사, 여행가, 상인 등이 원조에 다녀가서 중국의 인쇄술과 지폐를 포함한 인쇄품들을 유럽에 소개하였던 것이다. 그들 중에는 교황의 사절 까르삐니(1245)와 프랑스 루이 9세의 사신인 뤼브뤼끼(1253), 여행가 마르꼬 뽈로(1292년 귀국), 선교사 꼬르비노(1294) 등 명사들이 포함되어 있다. 이들의 소개를 통해 중국의 조판인쇄술을 알게 된 유럽인들은 여러 방면으로 그 모조를 모색하던 끝에 14세기 말엽 드디어 목판인쇄에 성공하게 되었다.

투르판 근처에서 출토된 중국 놀이카드(1400년경)

이렇듯 중국 목판인쇄술이 서전하여 유럽 목판인쇄를 탄생시켰다는 데 대해서는 동·서양 학계가 대체로 일치된 견해를 보인다. 반면 활자 인쇄술의 교류 문제는 많은 이론(異論)의 여지가 있다. 문제의 요체는 동·서방에서의 활자인쇄가 각각 독자적으로 창안되었는가, 아니면 상호 영향하에 창안되었는가 하는 것이다. 즉 독립기원설과 상호영향(교류)설의 택일 문제인 것이다.

카터(T.F. Carter, 1882~1925)를 비롯해서 독립기원설을 주장하는 사람들은 한국을 비롯한 극동의 활자인쇄와 독일을 비롯한 유럽의 활자 인쇄는 약간의 시차를 두고 각각 독립적으로 창안되었으며, 거의 동시대에 출현한 것은 우연한 일치라고 본다. 그 근거는 한반도에서 활자인쇄가 성행한 15세기 초엽부터 유럽에서 활자인쇄가 발명된 15세기 중엽까지 '유럽과 극동 간의 교섭이 거의 존재하지 않았다'는 것이다. 이것이 대체로 이때까지의 통설이었다. 그러나 이 통설이 오늘날에 와서 도전을 받고 있다.

영국의 동양학자인 허드슨(G.F. Hudson, 1903~74)은 독립기원설의 '근거'라고 제시된 이른바 '유럽과 극동 간의 교섭 부재'에 의문을 제기하고 '볼가강 유역과 몽골 고원 사이에 넘을 수 없는 장애란 아무것도 없었다'고 지적하면서 이 통설에 대한 재고를 주장하였다. 이것은 일리가 있는 주장으로 보인다. 물론 아직은 사료의 미흡으로 상호영향설을 단정할 만한 명확한 전거는 별로 없지만, '통설의 근거'가 부당한 데서 오는 독립기원설의 허구는 자명한 것이다. 반면에 상호영향설의 개연성을 뒷받침할 수 있는 객관적 사실들은 여러가지 제시할 수 있다.

금속활자 인쇄는 한국에서 발명된 후 곧바로 중국에 전수되었으며, 토요또미 히데요시(豊臣秀吉)의 조선원정을 계기로 1593년에는 일본에 전해졌다. 금속활자 인쇄술을 전수받은 중국인들은 이 새로운 문명수단으로 서방과 통교하였던 것이다. 그 통교의 중개자는 광대한 중앙아시아 일원을 아우른 티무르제국(1369~1500)이었다. 14세기 말엽부터 15세기 중엽까지 티무르제국의 수도 사마르칸트는 동서교통의 요로에 있는 국제도시로서 동서교류의 교량 역할을 하였다.

1413년 명 영락제(永樂帝)가 티무르제국에 사신 진성(陳誠)과 이섬(李暹)을 파견하고, 티무르제국은 1419년에 회사(回謝)로서 명에 건사하는 등 양국간에는 공식적인 내왕과 더불어 교역을 비롯한 여러 교류가 빈번하였다. 그밖에 15세기 초에는 명나라 정화(鄭和)가 7차에 걸쳐 '하서양(下西洋)'함으로써 해로를 통한 명대의 대서방 교류도 전개되었다.

한편, 티무르제국의 수도 사마르칸트는 서북향으로 카잔과 니주니 노브고로드를 거쳐 멀리 독일의 여러 도시와 대상로(隊商路)로 연결되어 있었다. 이 대상로는 사마르칸트를 중계지로 동방과 서방을 잇는 통상교역로였을 뿐만 아니라 동서 정보교환의 통로이기도 하였다. 이와 더불어 티무르제국은 에스빠냐를 비롯한 유럽 국가들과의 통교도 중시하였다. 1404년에 에스빠냐는 끌라비호(Clavijo)를 특사로 파견하여 양국간의 우호관계를 확인하였다. 그는 사마르칸트에 체재하는 동안에 명나라에서 온 사절과 사절을 수행한 대상(隊商)을 만나봤으며, 타타르(몽골) 상인들로부터 명나라의 수도 남경과 황제에 관한 정보를 얻었다고 여행기에서 밝히고 있다.

이상의 제반 사실은 13~14세기 몽골제국의 위세로 인해 전개되었던 극동과 유럽 간의 통교와 교류관계가 15세기에 접어들면서 몽골제국의 붕괴와 더불어 어느정도 위축되기는 하였지만 결코 단절되어 '부재'한 것은 아니었으며, 새로운 국제적 환경 속에서 계속 이어졌다는 사실을 입증한다. 따라서 이러한 관계 속에서 동방의 선진적인 금속활자 인쇄술이 유럽에 전입되었을 개연성은 충분히 존재했다고 말할 수 있다. 이미 동방의 목판인쇄술을 수용한 유럽인들로서는 같은 조판인쇄술의 범주에 속하는 새로운 동방의 금속활자 인쇄술을 불과 80년 사이에 전해듣고 인쇄기를 본떠 만들어 책을 찍어낼 수 있었던 것이다.

제지술의 확연한 서전과는 달리 연구의 미흡으로 금속활자 인쇄술을 포함한 조판인쇄술의 서전은 명확하지 못한 점이 있다. 그러나 목판인쇄술의 서전만큼은 확실하기 때문에 총체적으로 서방인쇄술에 대한 동방인쇄술의 선행이나 영향관계는 긍정할 수 있다. 제지술의 서전과 함께 인쇄술의 서전(혹은 영향)은 유럽의 르네쌍스와 종교개혁 등 지적 개화를 촉진함으로써 유럽의 근대화에 지대한 기여를 하였던 것이다.

제9절 연단술과 화약의 교류

연단술의 개념 연단술(煉丹術)이란 옛날 중국에서 도사(道士)들이 진사(辰砂, 일명 丹朱, 수은의 가장 중요한 광물성분)로 황금이나 선약(仙藥)을 만들었다고 하는 연금술의 일종을 말한다. 일반적으로 연금술(鍊金術, alchemy)은 두 가지 화학기술로 구분된다. 하나는 비금속(卑金屬)을 동·연·주석·금·은 같은 귀금속으로 변화시키는 기술이고, 다른 하나는 이른바 불로장생의 선약을 제조하는 기술이다. 연금술의 기원은 로마시대의 이집트(알렉산드리아)와 중국 도가(道家)의 출현 시대로 소급되는데, 전자는 귀금속의 제조에 주력하고 후자는 선약의 제조에 역점을 두었다. 그러다가 자비르 이븐 히얀(Jābir Ibn Ḥayān, 일명 Geber, 723~815) 등 중세 무슬림 화학자들에 의해 양자가 비로소 결합되어 의학과 화학의 발전을 촉진시켰으며, 그것이 13세기 이후 유럽에 전파되어 현대 실험과학(scientia experimentalies)의 기초가 마련되었던 것이다.

중국을 비롯한 한국·일본 등 동양 여러 나라에서의 연금술은 도가의 불로장생 사상에 힘입어 발생·발달하였는데, 주로 도사(일명 方士)들이 진사로 황금이나 선약 등을 만들었기에 연단술이라고 일컬었다. 따라서 연단술은 연금술의 일종 혹은 동양식 연금술이라고 말할 수 있다. 중국의 경우, 기원전 4세기경(전국시대) 산동성과 하북성 해안 일대에서 소위 신선술(神仙術)을 연마하는 방사(方士)들이 단(丹), 즉 수은화합물(硫化水銀)로 이른바 불로장생의 선약을 만드는 연단술을 창안하였다. 이와같은 연단술은 신비사상과 결합하면서 한국이나 일본에서도 상당히 발달하였다. 선약은 연단술로 제조할 수 있을 뿐만 아니라, 자연생장하는 선경(仙境)에서도 찾을 수 있다고 믿은 진시황은 한반도를 중심으로 한 동해(東海)에 이를 구하러 사람을 보내기까지 하였다. 후한 말부터 도교가 민간에 유포되고 위진남북조 시대에는 널리 보급됨으로써 연단술은 더욱 성행하였다. 동진(東晉) 갈홍(葛洪)의『포박자(抱朴子)』에는 연단술에 관한 여러가지 기록이 있다.

연금술에서는 귀금속 제조든 선약 제조든간에 모두 금을 기본소재로 한다. 연단술과 관련된 약물학적 지식을 집대성한 중국의 대표적 본초학서(本草學書)의 하나인 진(晋)대 도홍경(陶弘景, 281~361)의『신농본초(神農本草)』에는 인삼과 금설(金屑)을 포함한 11종의 고구려 약재를 소개하고 있다. 금설이란 금가루(gold dust)인데, 광물성 선약의 일종으로 옛날부터 알려져왔다. 항상 불변의 성질을 띤 금가루나 금액(金液, 금물)은 직접 복용하면 인간의 몸을 불변의 성질로 승화시켜 선인(仙人)이 될 수 있게 하는 주요한 선약으로 취급되었다. 도홍경은 이 책에서 일반 금설은 유독하여 정련되지 않은 것을 먹으면 죽지만, 고구려의 금설은 잘 정련되어 그대로 먹을 수 있는 진약이라고 하였다. 이것은 예부터 '황금의 나라'로 알려진 고구려의 연단술이 중국에서 높이 평가되었으며, 따라서 그 기술과 함께 금설을 비롯한 소재가 중국에 전입되었음을 시사한다.

연단술의 교류 중국의 연단술은 8세기 이후 아랍-무슬림 상인들과 마니교도들에 의해 점차 중앙아시아와 아랍 지역에 소개되었다. 특히 8세기 중엽에 이르러 우마위야조 아랍제국의 귀족 상층들은 장생을 갈구하여 연단술에 큰 관심을 보이기 시작하였다. 그리하여 기독교의 수사(修士)이며 연금술사인 마리아누스(Marianus)를 자고로 연금술의 본거지로 알려진 이집트의 알렉산드리아로부터 수도 다마스쿠스로 소환하여 연금술 연구를 전담시켰다. 이를 계기로 이슬람세계에서의 연금술 개발은 본격화되었다.

당시 중앙아시아의 호라싼(Khorasān)에서 약초상(藥草商)의 아들로 태어난 최초의 무슬림 연금술사인 자비르는 그 무렵 중국에 내왕하던 무슬림 상인들이나 중국 연단술을 수용한 마니교도들로부터 연금술을 전수받아 큰 각광을 받았다. 그러자 압바쓰조 이슬람제국의 할리파 라쉬드(Rashīd, 재위 786~808)는 그를 궁전어의로 기용하였다. 사료에 따르면, 자비르는 이릭시르(Elixir)라는 연금영약(鍊金靈藥)으로 재상 바르마크 애처의 중병을 치유했다고 한다. 이릭시르란 본래 비금속(卑金屬)을 황금으로 만드는 연금약액(鍊金藥液)이었으나, 일반적으로 불로불사의 만병통치약으로 신성시되고 있었다. 자비르에 관한 이러한 전언은 이제 아랍-무슬림들의 연금술이 종래의 순수 금속제조술에서 탈피하여 동양식 선약제조술로 변했음을 말해준다.

화약의 개념 화약(火藥)이란 충격이나 마찰·압력·열·전기 등 가벼운 자극으로 인해 급격한 화학변화를 일으켜 원래의 체적에 비하여 많은 가스와 열을 발생하는 화합물이나 혼합물에 대한 총칭으로서 주로 폭약(爆藥)이나 화기(火器)에 사용한다.

화약은 중국 연단술사들이 단약(丹藥)을 제조하는 과정에서 우연히 발명하였다. 갈홍의 『포박자』에는 단약제조에 유황(硫黃)과 초석(硝石)이 사용된 사실이 언급되어 있지만, 아직 화약과는 무관하다. 그러나 당(唐)초의 약학자(藥學者) 손사막(孫思邈, 589~682)이 지은 『단경(丹經)』 「내복유황법(內伏硫黃法)」에는 이른바 '복화(伏火)'를 제조하는 처방이 상술되어 있다. 그에 따르면, 유황과 초석이 각각 2냥(兩)씩 든 항아리에 조각자(皂角子, 쥐엄나무 열매의 씨) 3개를 넣고 불을 지펴 불꽃이 일어날 때 목탄(木炭) 3근(斤)을 넣는다. 목탄이 3분의 1쯤 탔을 때 불을 끄고 혼합물을 꺼내는데, 그것이 바로 '복화'다. 이렇게 복화는 그 소재가 유황·초석·목탄이라는 데서 흑색화약과 기본성분이 동일하다고 할 수 있으나, 아직 완전한 화약은 아니다. 그렇지만 열을 발생하는 같은 소재의 혼합물이라는 데서는 화약의 성질을 갖고 있다. 따라서 복화는 화약의 시초라고 말할 수 있을 것이다.

그러다가 중당기(中唐期, 8세기 이후)에 오면 화약제조가 본격적으로 시도된다. 중당기에 씌어진 도가의 책인 『진원묘도요략(眞元妙道要略)』은 유황과 자황(雌黃, 비소와 유황의 혼합물), 초석을 혼합하여 태우면 강렬한 화염이 발생한다고 기술하고 있다. 또 도교의 경전을 집대성한 『도장(道藏)』에는 연단술과 더불어 화약에 관하여 여러가지로 언급하고 있으며, '화약(火藥)'이란 단어가 초견된다. 당시는 물론이고 오랫동안 화약은 일종의 '약'으로 인식되고 있었다. 명대 이시진(李時珍)의 『본초강목(本草綱目)』 「화약」조에서도 '화약은 창선(瘡癬)과 살충에 주효(奏效)하며 습기와 온역(溫疫)을 제거하기도 한다'고 일종의 약재로 소개하고 있다.

화약이 각광을 받게 된 것은 약용보다는 군사상 화기(火器)로 쓰이면서부터이며, 또한 그로 인해 대외에 전파되고 교류에 인입되었던 것이다. 그러나 화약이 언제부터 어떻게 화기로 이용되었는지는 아직 미상이다. 다만 문헌기록상으로는 당 덕종 흥원(德宗 興元) 원년(784)에 이희렬(李希烈) 반란군이 사용한 '방사책(方士策)'이 화기의 최초 사용으로 간주되고 있다. 『신당서(新唐書)』「이희렬전」에 의하면 변(汴, 현 開封)에서 황제를 참칭(僭稱)하고 국호를 초(楚)라고 한 이희렬은 반군을 이끌고 유흡(劉洽)이 사수하는 송주(宋州, 현 商邱)를 공파할 때 '방사책'으로 병영과 성벽 위의 방어물을 불태워버렸다고 한다. 방사책의 실체는 밝혀진 바 없으나, 화약에 의한 화공법(火攻法)으로서 일종의 화기임에는 틀림이 없는 것 같다.

송대의 노진(路振)이 쓴 『구국지(九國志)』(권2)에는 당 애제(哀帝) 천우(天祐) 초(904~906년경)에 정번(鄭璠)이 예장(豫章, 현 江西省 南昌)을 공격할 때 '발기비화(發機飛火)'를 사용해 예장의 용사문(龍沙門)을 소각하였다는 기사가 있다. 이 '비화(飛火)'는 화약이고 '발기(發機)'는 투석기나 쇠뇌로서, '발기비화'는 화기일 것이다. 아마도 화살 끝에 화약을 장착하여 발사하는 일종의 화전(火箭, 불화살)일 것이라고 추측된다.

북송대에 이르면 화전, 화구(火球), 화질려(火蒺藜), 화구(火毬), 수포(手炮), 화포(火炮) 등 다양한 이름의 여러가지 화기가 제조되어 송군이 상비하고 있었다. 수도 변량(汴梁, 현 開封)에는 11개의 작업장을 가진 '광비공성작(廣備攻城作)'이라는 대형 병기공장이 있었는데, 그중에는 전문적으로 화약과 화기를 제작하는 '화약요자작(火藥窯子作)'이라는 작업장이 있었다. 이렇게 각종 화기가 제작되었지만, 아직까지는 모든 화기가 연소성(燃燒性) 화기에 불과하였다. 그러나 화약제조술이 발달함에 따라 11세기 중엽에는 폭발성 화기인 벽력화구(霹靂火毬)가 제작됨으로써 화기의 위력이 한층 강화되었다. 얼마 후 이 화구는 보다 위력적인 벽력포(霹靂炮)로 발달하였으며, 각종 화기가 다량 제작·이용되었다. 신종(神宗) 원풍(元豊) 6년(1083)에 서하군(西夏軍)이 난주(蘭州)를 진공할 때 북송군이 사용한 화전은 무려 25만개나 되었다고 한다. 1126년 금군(金軍)이 남하하여 수도를 위협할 때 북송군은 벽력포로 대항하였고, 1161년 금군이 다시 60만 대군으로 남하할 때 남송군은 또다시 이 벽력포로 격퇴하였다. 이 벽력포의 탄환에는 화약과 석회가 들어 있는데, 화약이 폭발하면 석회가루가 사방에 흩어지면서 적군의 눈을 못쓰게 만든다.

남송에서는 금군의 부단한 공격에 대처하여 화기를 한층 개량하였다. 그리하여 나온 것이 화창(火槍)이다. 1132년에 진규(陳規)가 덕안(德安, 현 湖北省 安陸)을 수비할 때 화창을 제작하였는데, 그것은 원형 죽통(竹筒)에 화약을 장착한 후 점화·발사하여 적을 소살(燒殺)하는 화기로서 최초의 관형(管形) 화기다. 이것은 구래(舊來)의 투사식(投射式) 화기로부터 근대의 창포식(槍炮式) 화기로 옮겨가는 과정으로서 무기제조사에서 일대 거보였다. 이 화창을 다시 개량한 것이 남송 말에 나온 돌화창(突火槍)이다. 돌화창은 굵은 죽통에 화약과 함께 자과(子窠, 일종의 탄환)를 장착하여 발사하는 한층 위력 있는 화기이다.

송대 전시기에 걸쳐 항시 적대관계에 있던 북방의 금(金)도 송 못지않은 화약과 화기 제조술을 보유하고 있어 대송전(對宋戰)에 매번 사용하곤 하였다. 13세기 초에 이르러서는 송·금 쌍방 모두 금속제 화기를 제작·사용하기 시작하였다. 송말 영종(寧宗) 가정(嘉定) 14년(1221)에 금군이 점주(蘄州)를 공격할 때 많은 철화포(鐵火炮)를 사용하였다고 문헌은 전한다.

중국 송대의 화전(火箭)과
돌화창(突火槍)

몽골도 금으로부터 화약과 화기 제조술을 전수받아 1231년 하중부(河中府)의 금군을 공격할 때는 진천뢰(震天雷)라는 화기를 사용하였다. 진천뢰나 철화포는 이름은 다르지만 다같이 철구(鐵球)에 화약을 장착한 다음 점화하여 발사하는 것인데, 터질 때는 큰 소리를 내면서 작렬하는 일종의 철제(鐵製) 화기이다. 그밖에 몽골군은 처음으로 죽통(竹筒) 대신에 금속(동)제 관형(管形) 화기를 사용하였다. 이렇게 금속제 관형 화기에 탄환이나 포탄을 장착한 것은 몽골시대부터로, 이것이 바로 대포(大砲)의 효시이다.

이와같이 단약(丹藥)의 제조과정에서 발명된 화약은 중당기에 본격적으로 제조하기 시작하였으며, 만당기에 이르러 드디어 방사책이나 비화라는 이름으로 군사용 화기로 쓰이게 되었다. 북송대에는 대규모의 화약제조공장에서 화전과 화구, 화포(火砲) 등 각종 연소성 화기가 제작·사용되었다. 11세기 중엽에 와서는 벽력포 같은 한층 위력적인 폭발성 화기로 발달하여 전장에서 대거 사용되었다.

12세기 전반 남송에서는 보다 위력 있는 돌화창 등 관형 화기가 제조됨으로써 전래의 투사식 화기로부터 근대의 창포식 화기로의 획기적 전환이 일어났다. 13세기 전반기에는 금과 원에서 각각 철화포와 진천뢰 같은 금속제 화기가 창제되고, 이어서 원에서는 근대 대포의 비조라고 할 수 있는 금속제 관형 화기가 만들어졌다. 이 모든 화기는 화약에 의해서만 작동 가능한데, 중국 화기가 외국에 알려지면서 화기와 화약에 대한 그들의 수요는 절박하였던 것이다.

화약의 교류 화약과 화기는 발명된 후 당시 중국의 주요 교류상대였던 아랍-이슬람세계에 전파되고, 그곳을 통해 유럽에 다시 전해졌다. 아랍-이슬람세계에 대한 화약과 화기의 전파는 1258년 몽골 서정군에 의한 압바쓰조 이슬람제국의 붕괴를 전후하여 두 단계

중국 명대의 철포

로 나누어 고찰할 수 있다.

첫단계는 중국의 화약제조법을 수용하여 화약을 자체 제조한 단계다. 중국 화약제조법의 수용은 화약의 주소재인 초석(硝石)에 관한 아랍–무슬림들의 인식변화와 관련되어 있다. 원래 아랍–무슬림들은 유황에 대해 알고 있었지만, 초석에 관해서는 무지한 상태였다. 그러다가 8세기경 중국의 연단술을 받아들이면서 처음으로 초석을 접하게 되었다. 그들은 초석을 중국의 특산물로만 알았으므로, 유입되는 초석을 페르시아인들은 '중국 소금'이라고 불렀으며 아랍인들은 '중국 눈'(thalju'd Ṣin)이라고 불렀다. 그

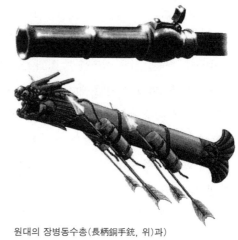

원대의 장병동수총(長柄銅手銃, 위)과
명대의 2단식 로켓포인 화룡출수(火龍出水, 아래)

것은 초석(질산칼륨)이 소금처럼 짭짤하고 눈처럼 희기 때문이었을 것이다. 당초 그들은 초석을 주로 설사제 등 의약품과 연단술 소재로만 써오다가 현지에서도 초석이 채굴되자 유리제조 재료로 이용하여 질 좋은 '대식(大食) 유리'를 만들어냈다.

그러다가 13세기 초엽에 이르러 초석이 연화(烟火)나 폭죽(爆竹), 불놀이 등에 약간 이용되기도 하였으나 아직 화약제조에는 사용되지 않았다. 1225년에 저술된 아랍 화공법관련 서적이 레이덴대학에 소장되어 있는데, 거기에는 화공법이나 인화물(引火物)에 초석이 이용되었다는 기록은 전혀 없다. 그러나 그로부터 20여 년 후인 1249년에 이집트 아이유브조의 재상이 주도하여 초석 등으로 화약을 제조하였다는 아랍 문헌기록이 전해지고 있다. 말하자면 이집트인들은 13세기 전반에 초석으로 화약을 제조하였던 것이다. 그 화약제조법은 남송과 아덴 등 아라비아 반도 남부와 홍해 사이를 연결하는 해로를 따라 이집트에 전해졌을 가능성이 높다. 당시 해로를 내왕하는 남송의 선박들은 항시 화기를 적재하고 다녔던 것이다. 또한 이러한 전파에는 항주(杭州)나 천주(泉州) 등 중국의 동남해안 여러 곳에 내왕하거나 정착했던 이집트인들의 기여도 있었을 것이다.

아랍–이슬람세계에 대한 화약과 화기 전파의 둘째 단계는 중국의 화약과 화기가 직접 전입된 단계이다. 몽골의 서정과 그로 인한 압바쓰조 이슬람제국의 붕괴(1258), 그리고 그 연장선상에서 일 칸국의 건립 등 몽골제국의 군사적 서행(西行)과 서아시아에 대한 경략은 중국의 화약과 화기가 아랍–이슬람세계에 직접 전파되는 계기가 되었다. 그 결과 아랍–이슬람세계에서는 중국의 각종 화기가 속속 모조되었다. 1285~95년에 저술된 아랍어 병서 『기마술과 병기』(Kitābu'l Furūsiya wa'l Munāsibul Ḥarbiya, 저자는 Ḥasan al-Rammāḥ al-Aḥdab)에는 중국 화약(契丹花)의 성분과 화기(契丹火槍, 契丹火箭) 제조방법이 구체적으로 소개되어 있다. 14세기 초에 나온 다른 아랍어 병서는 육전과

해전에서 사용되는 각기 다른 거란화전에 관해 기술하고 있다.

중국의 화약과 화기 제조법을 전수받은 아랍-무슬림들은 단기간에 위력적인 여러가지 화기를 만들어냈다. 화약을 자체 제조한 지 불과 반세기 만인, 13세기 말엽부터는 관형(管形) 화기를 제조하기 시작하였으며, 14세기 초에는 몽골인들이 전한 화통(火筒)과 돌화창을 개조하여 보다 위력적인 아랍식 화포(火炮, madfa'a) 2종을 제작하는 데 성공하였다. 단통(短筒)과 장통(長筒)으로 된 2종의 화포에 사용한 화약성분을 보면 초석 10, 목탄 2, 유황 1의 비율이다. 14세기 중엽 이집트 맘루크조 군대의 화기 장비 중에 이미 대형 동포(銅炮)가 있었을 정도로 아랍-이슬람세계에서 화기는 급속히 발달하였다.

이렇게 아랍-이슬람세계에 보급된 화약과 화기는 여러 계기를 통해 유럽에 전파된 후 신속하게 확산되었다. 중세의 암흑기 침체상태에 있던 유럽은 12~13세기부터 선진 이슬람 문명을 수용하기 위하여 아랍어 서적들을 라틴어로 다량 번역하기 시작하였다. 그중에는 13세기 중엽에 저술되고 후반에 번역된 『항적연소화공서』(抗敵燃燒火攻書, Liber Ignium ad Comburendos hostes)라는 병서가 있다. 이 병서에서 유럽인들은 처음으로 화약과 화기에 의한 화공법을 알게 되었다. 이 책에는 유황 1파운드, 레몬나무나 버드나무 목탄 2파운드, 초석 6파운드를 섞어서 대리석 위에 놓고 간 다음 기화통(起火筒)이나 화포통(花炮筒) 안에 정착하여 화기인 비화(飛火)를 제조한다는 내용이 상세히 소개되어 있다. 그밖에 『88자연실험법』이란 책도 『항적연소화공서』와 비슷한 내용으로 화공법을 기술하고 있다. 이와같이 유럽인들은 아랍인들보다 수십년 후인 13세기 후반부터 화약과 화기에 관해 알게 되었던 것이다.

한때 영국에서는 영국의 학자이자 연단술사인 페컨(1214~94)을 '화약발명가'라고 주장한 바 있다. 그가 양피지(羊皮紙)로 초석을 감싼 다음 점화시키면 폭음을 내면서 작렬한다고 한 것이 바로 화약의 발명이라는 것이다. 사실 이것은 일종의 어린이 장난감에 불과한 것으로서, 그러한 지식은 아랍어 병서의 라틴어 역서에서 얻어낸 것이다. 그러나 일반적으로 유럽인들은 독일의 프란체스꼬파 수도사인 슈보르츠(Berthold Schworz, ?~1384)를 화약의 발명가라고 한다. 그러나 그 역시 화약에 관한 아랍어 서적의 라틴어 역서에서 얻은 지식을 활용하여 수차례의 실험 끝에 14세기 중엽에야 흑색화약을 만드는 데 성공하고, 1380년 베네찌아에 가서 유럽에서는 처음으로 금속제 관형 화기인 대포를 시제(試製)하였던 것이다.

사실 이딸리아를 비롯한 영국·독일·프랑스·에스빠냐 등 유럽 나라들은 대체로 1348년 이전 수십년간 화약과 동총(銅銃), 철포(鐵炮) 등 화기를 집중적으로 만들어냈다. 이것은 그 사이에 유럽국가들이 아랍-무슬림들과 몇차례의 무장충돌 과정에서 화기의 위력을 체험하면서 그들로부터 화약이나 화기 제조법을 알아냈기 때문이다. 그리하여 1326년에 이딸리아가 최초로 금속 관형 화기인 철포를 제조한 데 이어 영국도 1342년경에 철포와 1347년에 아랍의 '마드파아'를 모조한 화포(火炮)를 제조하였다. 독일은 1348년에 장형홍동총(長形紅銅銃)을 만들어냈다. 당시 유럽에서의 관형 화기는 대체로 철관이었다. 그런데 이 철관은 13~14세기 중국에서 만든 동관(銅管)에 비해 주조가 어렵고 무거우며 파열되기 쉽다.

이와같이 중국으로부터 아랍-이슬람세계에 전해진 화약이 13세기 후반에 유럽에 알려지면서 유럽에서는 비로소 화약과 화기를 제조하기 시작하였다. 그러다가 14세기 전반에 아랍-이슬람세계와의 군사충돌을 비롯해 전황(戰況)이 빈발하면서 화약과 화기 제조는 급속히 확산되었다. 유럽에서 화약과 화기는 중세 봉건귀족들의 난공불락의 근거지라던 성채(城砦)를 일격에 파괴할 수 있는 위력 있는 무기였기 때문에 유럽 봉건제도를 해체함과 동시에 중세에서 근세로 옮아가는 데 촉매 역할을 하였다.

제10절 나침반의 교류

나침반의 개념 나침반(羅針盤, 일명 羅針儀, 약칭 針盤, compass)이란 자침(磁針)이 남북을 가리키는 특성을 이용하여 만든 지리적 방향지시 계기다. 나침반에는 자석의 지극성(指極性)을 이용하여 방위를 결정하는 자기(磁氣)나침반과 자석의 고속회전운동을 이용하는 회전(回轉)나침반(gyro-compass) 두 가지가 있다. 자석의 지극성을 최초로 발견하고 그것을 선박의 항행에 이용한 사람은 중국인들이었다.

중국인들이 자석과 그 지극성을 언제 어떻게 발견하였는가는 아직 명확하게 밝혀진 바 없다. 전설에 의하면 황제(黃帝)와 치우(蚩尤)가 탁록평야(涿鹿平野)에서 회전할 때 '지남차(指南車)'가 발명되었다고 하는데, '지남차'가 자석을 이용한 어떤 도구인지, 아니면 무엇인지 그 실체에 관해서는 아직 미상이다. 그러나 전국시대 말엽에 와서는 자석과 그 지극성, 즉 지남성(指南性)이 차츰 알려지기 시작하였다. 기원전 3세기 전반에 나온 『관자(管子)』에 처음으로 '자석(慈石)'에 관한 언급이 있고, 그 후반에 진시황의 재상인 여불위(呂不韋)가 찬한 『여씨춘추(呂氏春秋)』 「계추기정통편(季秋紀精通篇)」에는 '자석소철'(慈石召鐵, 자석은 철을 끈다)이라고 하면서 어린애가 자모(慈母)를 따르듯 철조각을 끌어당기는 것을 '자석(慈石)'이라 한다고 설명하였다. 이런 의미에서 '자(磁)'자 대신에 '자(慈)'자를 쓴 것으로 보인다. 진시황이 함양(咸陽)에 지은 아방궁(阿房宮)에는 '자석문(磁石門)'이란 문이 있었는데, 철기 소지자가 지나가면 곧 흡착되게 하였다는 일화가 전해진다.

자석과 그 이용에 관해서는 기원전 2세기 말의 『회남자(淮南子)』나 기원전 1세기 말의 『논형(論

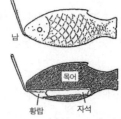

중국 한대의 사남지작(司南之杓)과
송대의 철제 지남어(指南魚) 및 목제 지남어 모형

衡)』이 처음으로 기술하고 있다. 특히 『논형』 「시응편(是應篇)」에는 자석의 지극성을 이용하여 만든 기구인 '사남지작'(司南之杓, 남쪽을 가리키는 국자)에 관해 '땅에 던지면 손잡이가 남쪽을 가리킨다'고 하였다. 이 '사남지작'은 자철광(磁鐵鑛)을 국자 모양으로 잘라서 만든 것인데, 긴 손잡이 쪽이 자화(磁化)되면서 남쪽을 가리켰을 것으로 보인다. 이

것은 자석의 지남성에 대한 최초의 발견인 것이다.

이러한 '사남지작'이 육조(六朝)시대에 와서는 자침(磁針, 즉 指南針)으로 바뀐다. 자침을 만드는 방법으로는 철침을 자석과 마찰시켜 자화하는 방법과 철침을 가열한 다음 남북 방향으로 놓고 급냉각시켜 지구의 자기마당 작용으로 자화하는 방법이 있었다.

자석의 지남성을 발견함에 따라 우선 그것을 방향 판별에 효용하기 시작하였다. 방향 판별에 이용된 최초의 지남성 계기는 송대의 지남차(指南車)와 지남어(指南魚)이다. 이에 관한 최초의 기록은 북송 인종(仁宗) 천성(天聖) 5년(1027)에 공부랑중(工部郎中) 연숙(燕肅)이 '지남차'를 사용하였다는 『송사(宋史)』 「여복지(輿服志)」조에 보이며, 북송 경력(慶曆) 4년(1044)에 저술된 병서 『무경총요(武經總要)』(권15) 「향도(嚮導)」조에는 그 용도와 제작방법이 상세히 소개되어 있다. '날씨가 몹시 흐린 날이나 야간에 행군할 때는 방향을 가리기 어려워서 노마(老馬)를 앞장세우거나, 아니면 지남차나 지남어를 이용해 방향을 판별하는데, 지남차법(指南車法)은 전해지지 않아 알 수 없으나, 지남어는 얇은 철조각으로 만든다고 하였다. 철조각은 길이 2촌, 너비 5푼 정도의 앞뒤가 뾰족한 물고기 모양이다. 이 철조각을 탄불에 벌겋게 달군 후 끄집어내어 머리는 남쪽, 꼬리는 정북쪽을 향해 놓고 꼬리를 물속에 넣어 급냉각시키면 곧바로 자화가 된다. 이 자화된 지남어를 무풍지에서 물그릇에 넣으면 물 위에 뜨는데, 이때 머리는 남쪽을 가리킨다.'

그밖에 목제 지남어와 지남구(指南龜, 거북 모양) 같은 것도 있었다. 목제 지남어는 나무로 물고기 모양을 만들어 복부에 자석을 집어넣고 아가리에는 황랍(黃蠟)을 바른다. 그런 다음 목어(木魚)를 물 위에 띄우면 머리는 남쪽을 가리키게 된다. 목제 지남구는 미부(尾部)에 자석을 집어넣고 복부에 홈을 파서 매끈한 대나무 장대에 올려놓으면 자유로이 회전하다가 미부가 정지하면서 남쪽을 가리킨다.

북송의 과학자인 심괄(沈括, 1031~95)은 저서 『몽계필담(夢溪筆談)』(권24) 「잡지(雜誌)」조에서 지남침의 사용방법으로, 지남침을 심지(燈草)에 꿰어 물 위에 띄우는 수부법(水浮法), 지남침을 손

톱 위에 올려놓는 지갑선정법(指甲旋定法), 지남침을 주발의 가장자리에 놓는 완진선정법(錠唇旋定法), 실오리로 지남침 중간을 매어 무풍지에서 매달아놓는 누선법(縷旋法)의 네 가지 방법을 소개하고 있다. 그러면서 '자침(磁針)은 남향을 가리키지만 늘 약간 동쪽으로 기울어짐으로써 완전한 정남(正南)을 가리키지는 않는다'는 지남침의 편각(偏角)현상을 사상 처음으로 밝혔다. 유럽에서 이러한 편각을 알게 된 것은 그로부터 400년 후인 15세기의 일이다.

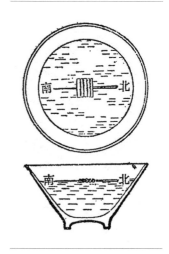

중국 송대의 수부법(水浮法)

언제 어디서나 고정된 방향을 정확히 가리키는 자침(지남침)이 가장 필요한 곳은 그때까지만 해도 지형지물이나 별자리 같은 것에만 의지해 망망대해를 어림잡아 항행하던 선박이었다. 이러한 선박의 항행에 최초로 지남침을 도입한 것도 역시 중국인들인데, 시기는 11세기 말엽으로 추정된다.

북송 선화(宣和) 연간(1119~25) 주욱(朱彧)이 저술한 『평주가담(萍洲可談)』(권2)에는 '주사(舟師, 수군 또는 뱃사공)들은 지리를 알고 있으므로 밤에는 별을 보고 낮에는 해를 보며 흐린 날에는 지남침을 본다'고 하였다. 그런데 그가 이 책에서 기술한 내용은 주로 원부(元符) 숭녕간(崇寧間, 1098~1102)에 광주(廣州)에서 벼슬을 지낸 부친 주복(朱服)의 현지견문을 인용한 것이다. 따라서 지남침은 주복의 재직시인 11세기 말엽에 이미 사용되고 있었다고 추정할 수 있다.

이로부터 20여 년 후, 고려에 출사한 서긍(徐兢)은 선화(宣和) 5년(1123)에 지은 『선화봉사고려도경(宣和奉使高麗圖經)』(권34)에서 밤에는 별을 보고 항해하며 흐린 날이면 '지남부침(指南浮針)'으로 남북을 헤아린다고 기술하고 있다. 이상의 기록에서 당시는 주로 천문기상에 의지하여 항진하다가 날씨가 흐리게 되면 지남침을 사용하는데, 그 사용법은 심괄이 말한 수부법(水浮法)이었음을 알 수 있다. 일반적으로 이러한 수부법에 쓰이는 나침반을 수침반(水鍼盤, 혹은 水針)이라고 하며, 이에 비해 오늘날처럼 자침을 핀으로 고정한 나침반을 한침반(旱鍼盤, 혹은 旱針)이라고 한다. 그러다가 13세기에 이르러서는 지남침이 항해의 유일한 도항용기(導航用器)가 되었다. 함순(咸淳) 연간(1265~74)에 오자목(吳自牧)이 저술한 『몽량록(夢梁錄)』(권12)「강해선함(江海船艦)」조에서는 이러한 용기를 '침반(針盤)'이라고 명명하였다. 보통 이것을 '나반(羅盤)'이라고도 한다. 나침반은 이러한 수침반이나 한침반, 침반 혹은 나반에 대한 범칭이다.

중국의 나반은 8간(干) 12지(支) 4괘(卦)의 24방위로 구성되어 32방위인 아랍이나 유럽의 그것과는 다르다. 중국에서는 매방위를 또 '정침'(正針)과 '봉침'(縫針)의 두 부분으로 나누기 때문에 실제

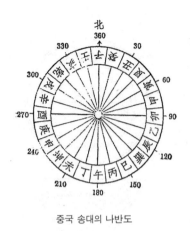

중국 송대의 나반도

로는 48방위인 셈이다. 그리하여 매방위의 방위각은 7도 30분이다.

나반이 항해에 널리 도입되면서 침로(針路, ship's course)를 표시한 항해도(航海圖)가 제작되기 시작하였다. 침로란 나반의 지시에 따라 선박이 다니는 항로를 말한다. 침로를 명시함으로써 항행이 안전해짐은 물론, 항진 방향을 예정하고 항행 소요시간을 정확히 산출할 수 있다. 침로가 표시된 항해도는 남송 말엽에 출현한 후 원대에는 다양하게 제작·이용되었다. 특히 명초에 정화의 7차 '하서양' 항로를 상세히 기술한 『정화항해도』는 그때까지의 항해도 제작기술을 집대성한 것으로 원도(原圖)의 분량은 120여 면이나 된다. 남경(南京)을 기점으로 하여 양자강(楊子江) 하구를 빠져나와 동해와 남해, 말라카 해협을 경유하여 인도양을 횡단, 페르시아만의 호르무즈와 아라비아 반도 남부를 지나 동아프리카 케냐의 몸바사(Mombasa)에 이르기까지 항행방향과 항해일정, 천체성상(天體星像) 등이 구체적으로 표시되어 있다. 이 항해도에 올라 있는 지명만도 500여개나 된다. 중국 항해도의 영향을 받아 유럽에서는 1300년을 전후하여 여러가지 항해도가 나타났다.

나침반의 교류 나침반이 남해의 항행에 도입되면서 우선적으로 그것을 수용한 사람들은 남해를 주름잡던 아랍 항행가들이었다. 남송 당시 많은 아랍 선박들이 광주를 비롯한 동남해안 일대에 내왕하였으며, 그곳에는 또한 많은 아랍-무슬림들이 '번객(蕃客)'으로 상주하고 있었다. 그들에 의해 중국의 지남침이나 나침반이 아랍 항행가들에게 알려지고, 이어 그들을 통해 아랍-이슬람세계에 전해졌다.

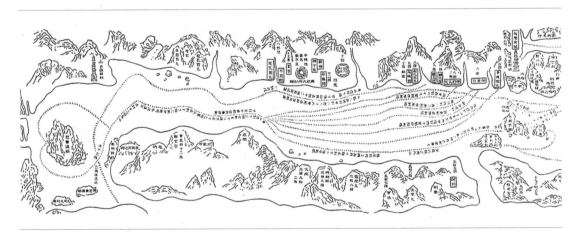

중국 명대의 「정화항해도」(아라비아해)

그리하여 1180년대에 아랍세계에서는 나침반이 '배꾼들의 벗'으로 불렸으며, 13세기 초의 아랍 지리학자 아불 피다(Abu'l Fidā)는 그의 지리학 저서에서 중국의 나침반을 소개하고 있다. 이러한 점으로 미루어 아랍인들은 중국보다 80년 혹은 한세기 후에 지남침과 나침반을 알고 있었을 뿐만 아니라, 수용하여 이용하였다고 추정할 수 있다. 1281년에 킵자키(Bailak Kibdjaki)는 저서『상인보감』(商人寶鑑, *Merchant's Treasure*)에서 이집트의 알렉산드리아로부터 인도양으로 항행하는 배꾼들은 수부자침(水浮磁針)을 능숙하게 다루었으며, 수미(首尾)가 남북을 가리키는 자침지남어(磁針指南魚)도 사용하고 있다고 하였다.

　라틴어 문헌은 아랍에 전해진 시기와 거의 같은 시기인 12세기 말엽에 중국의 나침반이 아랍인들을 통해 유럽에 전해졌다고 기록하고 있다. 유럽 최초의 전수국인 이딸리아는 중국식 나침반을 한침반으로 개량하여 14세기 초부터 사용하기 시작하였다. 한침반은 핀의 뾰족한 끝으로 자침의 한가운데를 받쳐서 자침이 수평으로 회전하도록 하는 일종의 나침반인데, 중국의 수침(水針)보다 사용이 편리하다. 기록에 의하면, 13세기 남송에도 이와 유사한 받침대 자석지남기가 있기는 하였으나 마술에서나 선을 보이고 항해에는 쓰이지 않았다고 전한다.

　아이러니하게도 중국의 나침반이 아랍인들을 통해 유럽에 전해진 후, 그것을 개량한 한침반이 다시 아시아로 역류하였다. 한침반은 15세기 말이나 16세기 초에 포르투갈과 네덜란드의 대동방 무역선에 의해 일본에 전해졌다. 명대의 이예형(李豫亨)은 저서『청도서언(青島緖言)』에서 한라반(旱羅盤, 즉 한침반)은 가정(嘉靖) 연간(1522~66)에 일본으로부터 중국에 전해졌다고 하였으며, 그가 융경(隆慶) 4년(1570)에 저술한『추봉오어(推篷寤語)』에서는 '근래에 오(吳)·월(越)·민(閩)·광(廣)에서 누차 왜요(倭擾)를 당했는데, 왜선(倭船)의 선미(船尾)에 달린 한침반(旱鍼盤)이 항로를 판별하고 있었다. 그래서 그것을 노획한 후 방조(仿造)하여 오인(吳人)들이 많이 시용(始用)하였다. 그런데 … 수침반(水鍼盤)보다는 세밀하지 못하다'고 기술하고 있다.

　그밖에 청대 건륭(乾隆) 연간(1736~95)에 왕대해(王大海)가 저술한『해도일지적략(海島逸志摘略)』에는 화란(和蘭), 즉 네덜란드인들이 사용하는 항해용 나침반에는 양끝이 뾰족하고 중간이 넓적한 핀식 능형(菱形) 자침과 우산 모양의 면에 네덜란드 글자로 16방위를 표시한 한침반 두 가지가 있다고 하였다. 중국이 일본을 통해 받아들인 것은 대체로 후자였다. 사실 이 16방위 한침반은 전래의 48방위 수침반보다 정밀하지 못하였다. 이와같이 나침반은 중국에서 발명된 후 유럽에서 개량과정을 거쳐 현대의 도항기(導航器)로 발달하였던 것이다.

참고자료

『史記』「貨殖列傳」.

『詩經』「小雅」,「衛風」.

『五代史』(卷74)「四夷付錄」'于闐條'.

『魏略』「西戎傳」'大秦國條'.

『魏書』(卷102)「西域傳」'焉耆國條'.

『重修政和經史證類備用本草』(卷3)「玉·石部上品條」.

『太平御覽』(卷808)「珍寶部」'琉璃條'.

『漢書』「食貨志」.

『後漢書』(卷118)「西域傳」'大秦條'.

『後漢書』(列傳 第68卷)「蔡倫傳」.

『後漢書』「禮儀志」.

干福熹 編 「中國的早期(西漢~北宋)玻璃器皿」『中國古代玻璃研究』(1984年 北京國際玻璃學術討論會論文集), 中
　　　國建築工業出版社 1986.

葛葛洪『抱朴子·內篇』(卷2)「論仙」.

季羨林「中國蠶絲輸入印度的初步研究」『歷史研究』, 1955年 第4期.

毆陽詢 輯『藝文類聚』(第11卷)「呂氏春秋」.

梅原末治『蒙古ノインウラ發見の遺物』, 東洋文庫 1960.

山田憲太郎『香料博物事典』, 同朋舍 1979.

_____『スパイスの歷史』, 政法大學 出版局 1979.

三上次男『陶磁の道: 東西文明の接點をたずねて』, 岩波新書 1969.

小玉新次郎「バルミュラ發見の漢代絹布につりこ」『關西學院史學』第3號.

松本文三郎「琉璃考」『東洋古文化の研究』, 1926.

沈福偉『中西文化交流史』, 上海人民出版社 1985.

安家瑤「中國古代琉璃的考古學的發現和研究」, 고려대학교 한국학연구소 제5회 학술강연회 발표문, 1993.

王振鋒「司南, 指南針與羅盤」『考古學報』, 1951年 第5期.

王充『論衡』「率性編」.

姚從吾「唐客鄉高仙芝遠征怛羅斯與中國造紙術的西入歐洲」『中韓文化論集』(2), 現代國民基金知識叢書 第3集,
　　　1955.

衛傑 編『蠶桑萃編』.

由水常雄『ガラスの道』, 中公文庫, 昭和 63年.

_____「古新羅古墳出土のローマン·グラスについて」『朝鮮學報』第80集, 天理大學 朝鮮學會 1976.

張廣文『玉器史話』, 紫禁城出版社 1989.

張保豊『中國絲綢史稿』, 學林出版社 1989.

長澤和俊『シルクロード博物誌』, 靑土社 1987.

程溯洛「中國古代指南針的發明與航海的關係」『中國科學技術與科學技術人物論集』.

趙汝适『諸蕃志』(下)「乳香條」.

馮家昇『火藥的發明和西傳』, 上海人民出版社 1954.

馮先銘「新中國陶瓷考古的主要收獲」『文物』, 1965~69.

許燕貞 編譯『中國玉』(2版), 藝術圖書公司 1989.

玄玄奘『大唐西域記』(卷12)'瞿薩旦那國條'.

護雅夫「古代における東西文物の交流」『漢とローマ』, 平凡社 1970.

胡厚宣 「殷代的蠶絲和絲織」, 『文物』, 1972年 11月.

黃文弼 『羅布淖彌考古記』, 民國 37年.

黃時鑒 主編 『中西關係史年表』, 浙江人民出版社 1994.

黃贊雄 「我國古代絲綢生産技術的外傳」 『海交史研究』, 1992年 第1期.

淮南王 『潛經』.

이인숙 『한국의 고대 유리』, 창문 1993.

Bergman, F. *Archaeological Researches in Sinkiang*. Stockholm 1939.

Carter, T. F. *The Invention of Printing in China and its Spread Westward*. New York 1925, 1955(2ed.)(胡志偉 漢譯 『中國印刷術的發明及其西傳』, 臺灣商務印書館 1980年 第2版; L. C. 구드리흐 개정, 강순애·송일기 공역 『인쇄문화사』, 아시아문화사 1995).

Emmerick, R. E. *Tibetan Texts Concerning Khotan*. London 1967.

Frank, W. *China and West: the Cultural Encounter, 13th to 20th Centuries*. New York & Evanston: Harper and Row Publishers 1967(김원모 옮김 『동서문화교류사』, 단국대 출판부 1977).

Hirth, F. *Erfindung des Papiers in China*. TP.I. 1890.

Hudson, G. F. *Europe and China: A Survey of their relations from the Earliest Times to 1800*. London 1931.

Laufer, B. *Notes on Turquoise in the East*. Vol. 13. Chicago: Chicago Natural History Museum 1913.

Miller, J. I. *The Spice Trade of the Roman Empire 29 BC to AD 641*. London 1969.

Needham, J. *Science and Civilisation in China*. Vol. IV. Cambridge 1971.

Oliver, A. Jr. "Persian Export Glass." *Glass Studies*. Vol. 12. 1972.

Rathgen, F. *Über Ton und Glas in Alter und Uralter Zeit*. Berlin 1913.

Rogers, F. & A. Beard. *5000 years of Glass*. New York 1938.

Salmony, A. *Carved Jade of Ancient China*. 1937.

Seligman, C. G. & H. C. Beck. "Far Eastern Glass: Some Western Origins." *The Museum of Far Easten Antiquities*. No. 10. Stockholm 1938.

Stein, A. *Innermost Asia*. 4 Vols. London 1928.

Strabon. *Geography*. XV.

Sylwam, V. *Investigation of Silk from Edsen-gol and Lop-Nor*. Stockholm 1939.

──────. *Silk from Yin Dynasty*. No. 9. BMFEA 1937.

Tsuen-Hsuin Tsien. *Written on Bamboo and Silk the Beginning of Chinese Books and Inscription*. University of Chicago 1962.

Warmiton, E. H. *The Commerce between the Roman Empire and India*. Cambridge 1928.

Yule, H. & H. Cordier. *Cathay and the Way Thither*. Vol. I. London 1913~16.

제4장 실크로드를 통한 정신문명의 교류

제1절 문학의 교류

문학교류의 개념 문학의 교류란 이야기, 소설, 시가, 희곡, 여행기, 평론문, 수필 등 미적 가치를 지닌 정신적 표현물의 이질문명간 상호 소개와 수용을 말하는 것으로 정신문명 교류의 한 분야이다. 문학은 고도의 정신문명의 발현으로서 문학의 교류를 통하여 상대방의 가치관, 인생관, 우주관, 이데올로기 등 정신세계를 가장 예리하게 이해할 수 있을 뿐만 아니라, 자신의 정신세계도 풍성하게 할 수 있다. 그리하여 예나 지금이나 동·서양인들은 공히 정신세계의 확대나 함양과 직결되는 서로의 문학을 소개·전달하고 수용하는 데 인색하지 않았다.

이러한 소개와 수용을 통한 문학교류는 주로 문학작품의 번역이나 소재의 취급, 그리고 작품을 통한 인문(人文) 소개 등을 포함하고 있다. 문학작품의 번역은 문학교류에서 그 전제이자 가장 기초적이고 광범위하게 채용되는 내용이며 형태이다. 정신세계의 표현·전달 수단인 언어가 서로 다른 문명권간의 문학교류는 작품의 번역이 필수이다. 번역의 기교에 따라 일정한 한계와 차이는 있지만, 독자들은 번역작품을 통해 원작이 반영하는 현실에 근접할 수 있는 것이다. 따라서 번역은 문학교류를 가능케 하는 필수불가결의 매체이다. 번역은 원어에 대한 정확한 대역(對譯)에 그치지 않고 원문의 내재적 함의까지도 명확하게 전달해야 하기 때문에 언어 대 언어의 단순한 자리바꿈이 아니라 일종의 창작작업이라고 할 수 있다. 이러한 창작적 입장에 설 때만이 번역은 문학교류에 응분의 기여를 할 수 있는 것이다.

번역과 더불어 문학적 소재의 취급 또한 문학교류의 중요한 내용이다. 문학적 소재의 취급이란, 내용이나 형식 면에서 상대방의 문학적 소재를 활용하는 소재의 호환(互換)을 말한다. 동서고금을 막론하고 많은 문학작품에서 동질문명권 안에서는 물론 이질문명권간, 특히 동·서문명간에도 문학적 소재의 취급을 많이 발견하게 된다. 문학적 소재의 취급은 왕왕 이질적 문학을 이해하고 소개하는 데 부득이하기도 하거니와 자신의 문학영역에 새로운 소재를 첨가시킴으로써 그 문학을 더욱 다양하고 풍부하게 만드는 긍정적인 결과를 가져온다. 고대와 중세에 서방이 동방의 다양한 문학 장르와 내용을 섭취하여 근대문학을 개화시킨 것은 그 전형적인 일례라고 할 수 있다. 문학적 소재는 무척 다양하기 때문에 소재의 취급을 통한 문학교류의 영역도 대단히 광범위하며, 그만큼 문학교류에 주는 영향도 크다. 그런데 이러한 소재의 취급(호환)은 어디까지나 능동적이고 창조적이어야 한다. 전통문학을 바탕으로 하여 그것을 발전시키고 풍부하게 하려는 일념에서 다른 문학의 소재를 활용할 때는 창조적이고 긍정적인 문학교류를 결과하지만, 그렇지 않고 전통문학을 무시한 채 교조적이며 허무주의적으로 무턱대고 이식하거나 모방·표절할 경우엔 파괴적이고 부정적인 결과를 낳을 수밖에 없다.

문학교류에서 다른 중요한 내용은 문학적 형식을 통한 인문 소개이다. 여기에는 주로 여행기나 탐방기를 통해 상대방의 역사나 지리, 문화, 생활전통 등 인문상황을 소개하고 전달하며 이해하는 문학적 교류가 포함된다. 자고로, 특히 중세에 이르러서는 상호이해와 교류를 목적으로 많은 사람들이 동서를 오가면서 견문하였거나 전문(傳聞)한 것을 기록하여 다양한 견문록과 여행기를 후세에 남겼다. 그들 중에는 공식적인 사절과 전문적인 여행가, 탐험가 들이 있는가 하면, 선교사나 상인 들도 있었다. 그들이 남긴 대부분의 견문록이나 여행기는 귀중한 여행문학작품으로서 문학교류에 이바지한 바가 크다. 물론 개중에는 왜곡되거나 허황된 것이 없지는 않지만, 그래도 견문록이나 여행기는 그 어느 문학작품보다도 견문지나 여행지의 실상을 정확하고 생생하게 전달함으로써 문학교류의 일익을 충실하게 담당했다. 중세 작품인 마르꼬 뽈로(Marco Polo)의 동방여행기(『동방견문록』)와 이븐 바투타(Ibn Baṭūṭah)의 동서방여행기(『이븐 바투타 여행기』)는 그 백미라고 할 수 있다. 문학의 당당한 한 장르인 여행문학은 사실상 일종의 '교류문학'으로서 그 자체가 곧 문학의 교류이다. 그밖에 견문록이나 여행기는 문학의 창작에 이질문명에 관한 소재원(素材原)을 제공함으로써 문학교류의 매체 역할도 했다.

이와같은 문학교류는 교류의 내용이나 형태 및 역사성에서 다른 종류의 교류와는 구별되는 몇가지 특징을 가지고 있다. 그 특징은 우선, 간접교류라는 것이다. 문학교류는 통상 중간매체를 통하여 간접적으로 실현된다. 문학작품의 번역은 언어매체를 통해서만 비로소 가능하고, 문학적 소재의 취급도 취급자(문학가)의 주관적 선택을 거쳐 간접적으로 이루어진다. 여행문학을 통한 인문 소개도 당사자의 직접적인 토로가 아닌 제3자(여행자)의 주관적인 판단에 의한 자체 지견(知見)의 전달에 불과하다. 뿐만 아니라, 문학작품은 시·공간적으로 여러 매체나 단계를 거쳐 부단히 가공·윤색되면서 상대방에게 전해진다. 바로 이러한 사실들 때문에 문학교류는 다분히 간접적으로 진행될 수밖에 없으며, 따라서 문학교류는 일정한 한계성과 굴절을 면할 수 없다.

두번째 특징은, 교류의 다양성과 광범위성이다. 문학교류는 내용과 형식이 아주 다양하고 역동적이다. 번역처럼 원형에 가까운 형태가 있는가 하면, 소재의 취급 같은 변형적인 형태도 있다. 소재의 취급에서는 가공하고 윤색할수록 그만큼의 변형이 일어나게 된다. 내용이나 형식 면에서 볼 때 정신문명이라는 큰 틀 안에서는 하나의 통일성을 이루고 있지만, 그러한 정신문명을 창출하는 데서 문학이 수행해야 할 기능은 구체적이어야 하고, 또 미적 감흥을 자아내야 하기 때문에 내용과 형식이 다양하고 역동적으로 될 수밖에 없다. 더욱이 문학교류는 이질문학간의 교류이므로 각이한 내용과 형식의 문학이 교류에 인입되는 것은 당연한 일이다. 따라서 내용이나 장르의 다양성은 말할 나위도 없고, 문학적 기교 면에서도 '이색적' 요소가 끼여들지 않을 수 없다. 이러한 교류의 다양성은 문학교류의 광범위성을 필연적으로 낳게 된다. 종교나 학문 같은 동류의 정신문명에 비하면 문학에 대한 이해나 수용은 훨씬 용이하고 자유로우며 정서적이기 때문에 다수의 수용자나 공감자를 확보할 수 있다. 이것이 바로 문학교류만의 우월성이다.

문학교류의 세번째 특징은, 고대와 중세라는 한시적(限時的)인 역사성에서 볼 때 거의 동방에서 서방으로 흘러간 단향적(單向的)인 교류라는 것이다. 고대에서 중세를 거쳐 근대 초기까지만 해도 동서간의 문학교류는 대개 '동세서점(東勢西漸)'의 양태였다. 문학교류가 시작된 기원전 6세기경부터 기원후 18세기까지의 역사시대(고대-중세-근대 초)에 진행된 문학교류 과정을 통관하면, 이야기문학이나 시가(詩歌), 여행문학을 가리지 않고 동방문학이 일방적으로 서방에 유입되어 서방문학에 자양분을 공급하는 과정일 뿐, 그 반대현상은 거의 없었다. 그 원인은 동방의 선진성과 서방의 후진성에서 오는 자연적인 순류(順流)와 동방의 보수적인 자폐증(自閉症)으로 설명할 수 있을 것이다. 동방이 자폐증에 걸려 서방에 대해 무덤덤한 반응을 보일 때, 서방은 열심히 동방문학에서 활력소를 뽑아 자기 문학을 키워 급기야는 문학의 르네쌍스를 맞아 소설 같은 근·현대문학의 지평을 열었던 것이다. 유럽의 학자나 문호들이 '빛은 동방으로부터'(Ex Oriente Lux), 또는 '동양은 아침의 땅'(The East is the land of the morning)이라고 말했던 까닭이 바로 여기에 있다.

고대부터 동서간에는 끊임없이 문학교류가 진행되어왔다. 문학교류는 번역이나 소재의 취급, 인문소개 등 어느 것이든간에 결국 문학작품의 소개와 수용이다. 따라서 문학작품이 최초로 소개되고 수용된 시점이 곧 문학교류의 시원(始源)이 된다. 한편, 이 책에서는 문학교류의 상대는 동방과 서방의 이질문명권이라는 대전제 아래 문명의 대표성과 중요성, 그리고 연구의 한계성 등을 감안하여 인도·중국·아랍을 한쪽(동방)으로 하고, 영국을 비롯한 유럽을 다른 한쪽(서방)으로 하는 동·서방간의 교류에 한정하였다. 특히 서방의 경우에는 비교적 보편성을 띤 영문학의 교류상을 주로 취급하였다.

고대에서 근대 초기에 이르기까지 동서간의 문학교류는 거의 동방에서 서방으로 흐르는 단향적인 유입이었지만, 동방의 주체는 시대에 따라 달랐다. 고대에는 대체로 인도가 그 역할을 하였다면, 중세 초기와 중기에는 아랍이, 중세 후기와 근대 초에는 중국이 각각 주역 노릇을 하였던 것이다. 이런 사정을 감안하여 이 절에서는 동서간의 문학교류를 고대와 중세, 근대 초로 구분하여 시대별로 고찰할 것이다.

고대문학의 교류 고대의 동서 문학교류는 고대 인도 문학에 관한 연구에서 그 윤곽이 드러나기 시작하였다. 19세기에 유럽 학자들이 인도에 관한 비교언어학적 및 비교문헌학적 연구를 진행한 결과 인도-유럽어계의 언어계보가 확립되었고, 문학교류의 시원을 비롯한 동서간의 고대문학 교류상도 어느정도 밝혀지게 되었다. 인도가 동방의 그 어느 지역보다도 먼저 서방과 문학교류를 할 수 있었던 것은 언어나 종족, 문화의 상관성 때문이라고 볼 수 있다. 일찍이 까프까스 일원에 본향(本鄉)을 둔 백인종 아리아인들 중 일파가 서행하여 유럽으로 이동했고, 다른 일파는 동행하여 인도에 침입해서 고대 인도의 역사무대에 주역으로 등장하였던 것이다. 인도 아리아인들은 장기간에 걸쳐 토착인들과 공동으로 인도 고유의 융화문화를 창출하였지만, 언어(산스크리트)를 비롯한 문화영역에서 유럽 아리아인들과의 상관성은 완전히 단절할 수가 없었다. 이러한 상관성이 있음으로 하여 인도가 동방 그 어느 나라보다도 앞서서 서방과 문학교류를 할 수 있었던 것이다.

동·서간의 문학교류를 상징하는 최초의 문학작품은 우화집인 『이솝이야기』(Aesop's Fables)이다. 이솝(Aesop, BC 619?~564)에 관해서는 인도인설과 그리스인설 두 가지가 있다. 웰커(Welcker)는 비교언어학적 고찰에 근거하여 이솝이 '흑인'이라는 뜻인만큼 인도 출신의 흑인이라고 주장하나, 대부분의 연구자들은 그리스인으로 보고 있다. 그리스인설에 의하면, 이솝은 소아시아의 프리지아 섬에서 출생한 후 사모스 섬에서 살았는데, 비천한 목민(牧民)의 가정에서 태어났기 때문에 어릴 적에 노예로 팔려갔다. 비록 그는 '천하에 둘도 없는 추남'이었으나 이야기꾼으로서의 천부적인 자질이 있었기 때문에 주인은 그를 자유인으로 승격시켜주었다. 그러자 그의 명성은 인근 섬들만 아니라 그리스 전역에 퍼지게 되었으며, 그의 이야기집도 그리스 문화의 전파와 더불어 세계에 널리 알려지게 되었다.

막스 뮐러(Max Müller)의 비교언어학적 연구에 의하면, 『이솝이야기』는 인도 현지에서 씌어진 후 소아시아의 그리스 식민지를 거쳐 그리스인들에게 알려졌다. 이야기의 내용은 대부분이 인도를 비롯한 동방 여러 나라의 전설이나 우화, 풍물에 관한 것이며, 그리스적인 것은 별로 없다. 당초에는 이야기들이 흩어져 있었으나 기원전 317년경에 데메트리우스(Demetrius)가 한 권으로 묶었다고 한다. 로마시대를 거쳐 중세에 라틴어로 된 이 동양적인 우화집이 유럽 여러 나라 언어로 번역되자, 성서보다도 더 많이 읽히는 선풍적인 인기를 얻었다. 일찍이 여러 동양어로도 번역·출간되었는데, 일본의 경우 1593년(文祿 2년)에 영역본을 번역하여 초간(天草版)된 후 경장(慶長), 원화(元和) 등 여러

판으로 재간되었다.

유럽인으로서 최초로 인도를 여행(항해)하고 항해견문기를 남긴 사람은 그리스 출신의 스킬락스(Scylax)로 알려져 있다. 그는 기원전 510년경에 페르시아의 아케메네스조 다리우스 1세의 명을 받고 인도에 항행하여 인더스강 하구지대를 발견하고 항해기를 썼다고 하나 미전(未傳)이다. 스킬락스에 이어 소아시아 밀레투스(Miletus) 출신의 헤카타이오스(Hekataios, ?~BC 486)도 인도에 관한 책을 썼다고 하나 역시 미전이다.

이 시기 중국을 다룬 독보적인 기사가 그리스 역사가인 헤로도투스(Herodotus)의 동방무역로에 관한 기술에서 보인다. 헤로도투스는 프로코네수스(Proconnesus) 출신의 아리스테아스(Aristeas)란 사람이 그의 시가(詩歌)에서 동방무역로를 따라 멀리 잇세돈(Issedon)이란 나라에 도착한 사실을 구가했다고 하였다. 헤로도투스가 기술한 동방무역로는 돈(Don)강을 출발하여 볼가(Volga)강 유역을 따라 동쪽으로 나아가다가 대산림지대를 지나 우랄산맥을 넘은 다음 천산(天山)산맥을 거쳐 알타이산 지대까지 이르는 길이다. 그렇다면 이 알타이산 지대의 끝머리 어딘가에 '잇세돈'이란 곳이 있을 텐데, 그 위치에 관해서는 현 중국 신강 위구르 자치주 합밀(哈密, 옛 高昌) 부근 오손(烏孫) 구지(舊址)라는 설(싸이커 경Sir Percy Syker의 설)과 티베트라는 설(시라또리 쿠라끼찌白鳥庫吉의 설)이 있다. 티베트설은 주로 어원적 고찰에 의거하고 있는데, 티베트어로 '잇세'(Isse)는 '티베트족'이고, '돈'(don)은 '거주지'라는 뜻이므로, '잇세돈'은 '티베트족의 거주지', 곧 티베트라는 것이다. 여기에서 중요한 것은 헤로도투스가 유럽인으로서는 처음으로 중국에 관해 언급하였다는 사실이다.

후세인들이 고대 인도의 사정이랍시고 자주 인용하는 이른바 최초의 원전은 크테시아스(Ctesias)의 『인도국민』이라는 책이다. 소아시아의 고도 크니두스(Cnidus) 출신의 크테시아스는 페르시아의 아케메네스조 네몽(Mnemon, BC 405~361) 왕의 어의(御醫)로 20년간 봉직하면서 수도인 수사(Susa)에 거주하다가 기원전 398년에 사직하고 그리스에 돌아가 은거하였다. 은거하면서 그가 쓴 이 책의 원본은 소실되고 일부 단편적인 내용만이 전해진다. 크테시아스는 인도 현지에서 직접 견문한 것을 적은 것처럼 이야기하고 있지만, 흥미본위적으로 인도인은 모두가 '괴물' 같다든가, 인도에는 '기수(奇獸)'가 많다는 식의 황당무계한 기담들로 내용을 꾸미고 있다. 그리하여 후일 그 실체가 밝혀지면서 크테시아스는 '문단의 기만자', 허언가(虛言家)로 낙인이 찍혔다. 그럼에도 후학들은 이 책이 갖는 초창적(草創的) 가치를 인정하여 잔본들을 수집·정리하였다. 9세기 말엽에 꼰스딴띠노쁠 출신의 문헌수집가 포티우스(Photius, ?~892)가 편찬한 『고전초록(古典抄錄)』에 잔본의 일부가 수록되어 있으며, 19세기에 와서는 막스 뮐러가 다시 교정한 것을 마크린들(Mccrindle)이 영역(英譯)하였다. 마르꼬 뽈로의 여행기나 셰익스피어의 작품에 인용된 인도의 기담은 그 대부분이 이 '원전'에서 원용한 것이다.

크테시아스보다 약간 뒤에 같은 유의 인도관련 서적을 썼다고 하는 사람은 알렉산드로스 대왕의 부장(部將) 셀레우코스(Seleukos, BC 358~280)를 따라 인도 원정에 참가했던 메가스테네스(Megasthenes, 기원전 4세기 전후에 활동)이다. 그는 참전중에 목격한 인도의 사정을 그리스어로 엮었는데, 인도는 '괴물의 생성국(生成國)'이라느니, 인도에는 '무정형(無定型) 인간이 산다'느니, '양다리가 굽은 인간들이 우글거린다'느니 하는 등 황당무계한 내용들이 상당히 많아 현지견문인지 의심스러울 정도이다. 그럼에도 후세 유럽인들은 이 내용을 가끔 사실인 양 인용하기도 하였다. 기원전 3세기 후반의 그리스 역사가로서 앗시리아 역사를 연구한 아비데누스(Abydenus)도 메가스테네스의 인도관련 저술을 애독하였다고 한다.

이상과 같은 허황된 저술이 있는가 하면 진지한 연구도 있었다. 로마의 학자 플리니우스(Plinius, 23~79)의 저서 『박물지(博物誌)』에 의하면, 기원전 3세기경에 인도 연구의 권위자인 디오니시우스(Dionysius)가 이집트의 프톨레마이오스(Ptolemaeos Philadelphos, BC 309~247) 왕의 명을 받고 연구차 인도에 파견되었다. 그의 연구결과는 전하지 않으나, 그의 『지지(地誌)』(3권)를 보면 허황한 기담 같은 것은 없고 사실성이 높은 기록들이 실려 있다. 이에 대해서는 기원 전후의 지리학자 스트라본(Strabon)도 저서에서 지적하고 있다.

한편, 초기불교의 서전(西傳)과정에서 불전의 번역이나 소개를 통한 문학교류의 일단도 찾아볼 수 있다. 불교의 공식적인 서전〔公傳〕은 인도사상 최초의 통일국가였던 마우리아조(Maurya, BC 321~184)의 제3대 왕 아소카(Asoka, 阿育王, 재위 BC 268~232) 치세 때부터이다. 독실한 불교도였던 아소카는 불교의 세계적 전파를 위하여 전도 불승들을 씰란(현 스리랑카)을 비롯한 동남아시아 여러 나라와 멀리 이집트, 그리스에도 파견하였다. 아소카 시대에 건립한 석주칙문(石柱勅文)에는 왕이 많은 전도승들을 그리스의 여러 곳에 파견하였다고 기록되어 있다. 칙문에는 또한 안티오쿠스(Antiochus), 안티쿠누스(Antigonus), 마가스(Magas), 프톨레마이오스, 에피루스(Epirus)의 알렉산드로스(Alexandros) 등 그리스인들이 불자로서 거명되고 있다.

릴리(Arteur Lillie)는 저서 『기독교국에서의 불교』(Buddhism in Christendom)에서 기원후 5세기경에 씰란 왕족 출신인 불승 마하나마(Mahanama)가 바리어로 편찬한 연대기적 씰란 고대사 『마하완사』(The Mahawansa)에서 언급한 다음과 같은 불교의 서전관련 기사를 인용하고 있다. 즉, 씰란 섬의 콜롬보 동쪽 게라니강 유역에 위치한 루완웰라(Ruwanwella)에서 불탑을 세울 때(AD?) 요나(Yona, 그리스)국의 수도 라삿다(Lasadda) 부근에서 3만명의 불승들이 왕림(枉臨)하였다고 한다. '라삿다'의 위치에 관해서는 아프가니스탄의 카불(Kabul)에서 25마일 떨어진 고도 알렉산드리아 앗 코카숨(Alexandria ad Caucasum, 아시아의 알렉산드리아)이라는 설(라이트풋Lightfoot의 설)과 이집트의 알렉산드리아라는 설(쾨펜Köppen과 헬겐펠트Helgenfeld의 설)이 있다. 내빈 승려가 3만명이었다는 것은 과장된 숫자로 보이며, 콜롬보로 오는 교통상황으로 보면 카불을 통하는 육로보다는 이집트를 경유하는 해로가 더 편리하므로 후자의 설에 신빙성이 더 있다.

이러한 기록으로 보아 아소카 시대를 기점으로 불교가 멀리 그리스까지 서전되어 일부 그리스인들이 불교에 귀의한 것은 사실인 듯하다. 포교를 위해서는 불전이 필히 그리스어로 번역되었을 터인데, 아직까지는 그 흔적이 발견되지 않고 있다. 그러나 이와같은 포교과정에서 불교와 기독교, 인도 사상과 그리스 사상의 만남이 이루어졌고, 경문의 번역을 통한 문학교류가 이루어졌음은 몇가지 사실에서 엿볼 수 있다. 그 대표적인 것이 『밀린다 왕 질문기(質問記)』(Milinda Panha)의 출현과 그 번역이다.

밀린다(Milinda, Menander, 그리스명 메난도로스Menandoros)는 기원전 2세기 후반에 인도 서북부에 출현한 그리스 식민지왕국의 국왕으로서 열렬한 불교신자(『大藏經 彌蘭陀王問經』)였다. 밀린다 왕은 500명의 그리스인을 대동하고 왕도 사게라성(奢揭羅城) 교외의 한 암자에 주석(駐錫)하고 있던 당대 인도의 최고 대덕인 나선화상(那先和尙, 龍軍和尙)을 찾아가 불교의 교의에 관해 여러가지 질문을 하고, 이에 화상이 응답하였다. 그 질문과 응답의 내용은 왕과 화상의 전생담(前生譚), 법(法, 質)과 상(相, 形)에 관한 문답, 대품(大品)문답, 출가생활문답, 추론(推論)문답, 은유(隱喩, 比喩)문답, 기타 왕의 의문 등이다. 특히 그중 무려 105종에 달하는 은유문답은 불교도덕의 실천성을 생생하게 설명하는 내용으로서, 불타의 생전 설교를 방불케 한다. 후일 이 내용이 경문으로 인정되어 동남인도의 불전용어인 바리어로 씌어진 것이 바로 『밀린다 왕 질문기』이다. 이 책은 『나선비구경(那先比丘經)』(大藏經補遺)이라는 제목으로 한역되어 나왔는데, 모두 7권 25장이며 262종의 질문과 응답이 포함되어 있다. 또 트렌크너(Trenchner)가 초역한 『밀린다 왕 문기(問記)』(The Questions of King Milinda)라는 영역서가 있다. 비록 영역본과 바리어 원본 사이에는 내용상 다른 점이 적지 않으나 (한역본도 마찬가지), 이 역서가 출간된 후 『밀린다 왕 질문기』는 '세계문학의 왕좌' 혹은 인도 사상과 그리스 사상을 연결하는 '고리'라는 높은 평가까지 받았다.

자고로 인도는 우화를 비롯한 일반 설화문학과 함께 교훈(敎訓) 설화문학이 상당히 발달하여 문학교류에서 그 빛을 발하였다. 그중 가장 유명한 것이 『판차 탄트라』(Pancatantra)이다. '판차 탄트라'는 '5종의 설화집'이라는 뜻이다. 당초에는 11종, 12종 혹은 13종의 설화집이었으나, 점차 결락(缺落)되어 현존 5종 설화집으로만 남게 되었다. 이 설화집의 저자나 저작연대는 알 수 없다. 불교적 설화가 많은 점으로 보아, 석가 입적 후인 기원전 5세기 이후에 씌어진 것으로 추정할 따름이다.

교훈적 가치가 많은 이 설화집은 점차 서전되면서 여러 언어로 번역되어 아랍과 서구 문학에 간과할 수 없는 영향을 미쳤다. 우선 기원후 550년경에 킴르(Buzur Kimr)에 의해 페르시아어계의 페흘러비(Pehlevi, Pahlavi)어로 비교적 충실하게 번역되었다. 이에 준한 시리아어 역본도 750년경에 나왔다. 거의 같은 시기인 압바쓰조 이슬람제국 제2대 할리파 만수르(al-Manṣūr) 재위(754~75) 기간에 페르시아인 압둘라 이븐 알 무깟파('Abdu'l Lāh Ibn al-Muqaffa, ?~760경)가 『칼릴라와 딤나 이야기』 (*The Fables of Kalila and Dimnah*)라는 제목을 달아 아랍어로 번역하였다. 11세기에는 안타키아 (Antakya)인 시메온 세스(Simeon Seth)의 그리스어 역본과 조엘(Joel)의 헤브루어 역본이 각각 출 간되었다. 이어 지오반니 디 까뿌아(Giovanni di Capua)의 라틴어 역본이 나왔는데, 이 역본이 이딸 리아와 프랑스 등 유럽 각국 문학에 신이(新異)한 동방적 소재를 제공하였다. 보까치오(Boccaccio) 나 라 퐁뗀(La Fontaine), 아리오스또(Ariosto) 등의 작품에는 이러한 소재가 역력히 반영되어 있다.

고대에 인도와 서방 간에 여러 형태와 내용의 단향적(單向的)인 문학교류가 진행된 데 비해 극동 에 자리한 중국과의 문학교류는 거의 전무한 상태였다. 기원을 전후하여 한(漢)과 로마 간에 실크로 드를 통한 접촉이 시작되고, 『한서(漢書)』를 비롯한 몇몇 한적(漢籍)에 '대진'(大秦, 로마)에 관한 기 사가 약간 나오기는 한다. 그러나 문학적 소재나 내용은 아니다. 한편, 서방측에서도 중국에 대한 몰 이해 때문에 문학교류라고 말할 수 있는 흔적은 별로 남겨놓은 것이 없다. 서구인들의 중국에 관한 지식은 고작 지구의 동쪽 끝에서 비단이나 생산하는 곳쯤이라는 것이 전부였다. 그것마저도 대개 부 정확한 억측에 지나지 않았다. 그리하여 중국(Seres)을 소재로 한 작품으로 알려진 것은 기원전 1세 기 로마의 농학자이자 시인인 베르길리우스(Vergilius)가 비단실을 소재로 쓴 시 한 수뿐이다. 그는 허황하게도 나뭇잎을 빗질하고 다듬어서 비단실을 뽑아낸다고 읊조리고 있다. 물론 2세기 후반의 그리스 지리학자 파우사니아스처럼 곤충을 길러서 비단실을 뽑아낸다고 비교적 정확하게 알고 있 는 사람도 있었지만, 대부분의 로마인들은 6세기 중엽에 양잠술이 전해질 때까지 베르길리우스처럼 잘못 알고 있었다. 중국 일반에 대한 로마인들의 지견도 '베르길리우스식'의 오해나 무지를 크게 벗 어나지 못하였다. 그러다 보니 양자간의 문학교류는 아직 불모상태였다.

고대에 인도 문학을 위주로 한 동방문학의 서전과 더불어 영국을 비롯한 서방제국의 문학에 동방 적 소재가 인입됨으로써 동방에 대한 인식이 싹트기 시작하였다. 그 대표적인 것이 4~5세기경에 한 유랑시인이 쓴 영국 최고(最古)의 시가라는 『원방여행자』(遠方旅行者, *Widsith*)이다. 당시 유랑시 인들은 악기를 들고 각지를 돌아다니면서 영웅담이나 기담 같은 것을 악기의 반주에 맞추어 노래하 고 읊기도 하였다. 이 시가는 그 내용으로 보아 저자가 유럽 여러 나라의 왕족들을 찾아다니며 읊은 것이다. 그중 하나는 비스툴라(Vistula)강 연안의 산림 부근에서 고트족이 내침한 동방의 훈족(흉노) 에 저항하여 고전했다는 사실을 전하고 있다(*Widsith*, II, 119면 이하). 이것은 흉노의 서천(西遷)이란 역사적 사실에 부합하는 내용이다. 시가에서는 동양인인 훈족을 대단히 흉포하고 호전적인 인종으 로 묘사하고 있다. 훈족은 영국의 문학작품에 소재로 등장한 최초의 동방인이다.

특히 5세기 전반 중유럽 일원에 훈제국을 건국한 훈족의 전설적 영웅 아틸라(Attila, 406?~53)는 근대에 이르기까지 유럽 여러 나라의 문학작품에 다양하게 취급되어 갖가지 형상으로 묘사되었다. 13세기 중엽에 편집된 스칸디나비아와 아이슬란드의 고대 시집 『고(古)에다』(The Elder Edda, 일명 『시편(詩篇) 에다』The Poetic Edda)에 사나운 맹장으로 등장하는 아틀리(Atli)는 바로 아틸라이며, 17~19세기 영국과 독일, 프랑스 등의 문학작품에도 여러가지 형상으로 각색되어 있다. 17세기 프랑스 연극계의 거장 꼬르네이유(P. Corneille)는 1667년에 아틸라를 주인공으로 한 비극을 창작하여 일세의 주목을 받았다. 영국에서는 1838년에 허버트(W. Herbert)가 아틸라의 일생을 그린 자전적 장편 서사시 『아틸라, 기독교의 승리』(Attila, or The Triumph of Christianity)를 발표하였다.

훈족이나 아틸라를 소재로 한 유럽 각국의 작품들에 관류된 주제의 공통점은 그들의 용맹성 같은 것을 은연중 다루기는 하나, 주로 유럽인들의 피해의식에서 출발하여 흉포하고 잔인하며 비문명적인 동양인의 전형으로 묘사한 것이다. 동양인에 대한 유럽인들의 이같은 편견은 후세에 와서 몽골의 서정(西征)이나 터키인들의 유럽정복 등 일련의 동세서점 과정을 통하여 더욱 굳어졌으며, 근대에 이르기까지 하나의 고정관념으로 뿌리깊이 박혀 있었다.

고대의 동서 문학교류는 인도 문학의 서전이 주류를 이루었으며, 페르시아나 아랍을 통한 간접전파와 그리스나 로마에 직접 전해진 직접전파의 두 가지 형태가 있었다. 고대 동·서간의 교류문학은 비록 제한적이긴 했어도 번역이나 소재의 취급, 인문 소개 등 당초부터 그 형식이 다양하였으며, 문학교류의 맹아기에 걸맞은 원초적 기능을 수행하였다. 그러나 교류문학의 내용 면에서는 무지에 따른 비사실성이나 편파성 등을 면할 수가 없었다.

중세문학의 교류　동서 문학교류에서 고대를 맹아기(萌芽期)라고 하면, 중세(5~16세기)는 전개기라고 말할 수 있다. 중세 초엽에는 비록 동방에 아랍-이슬람제국과 당(唐)제국이란 강대한 2대 문명제국이 출현하였으나, 서방은 암흑기의 늪에 빠져들어 동·서간의 문학교류는 일시 침체상태에 처해 있었다. 그러나 중엽에 접어들면서 170여 년간(1095~1272)의 십자군원정을 계기로 동·서간에 새로운 접촉이 이루어지고, 아랍-이슬람제국의 지배 아래 있던 에스빠냐가 아랍-이슬람 문명을 유럽에 전파하는 데 교량 역할을 하였다. 또 동방의 당·송제국이 진취적인 대외개방정책을 실시하는 등 동·서간의 전반적인 교류가 활성화됨에 따라 문학교류도 점차 재개되었다. 그러다가 말엽에 이르러서는 유럽이 선진적인 아랍-이슬람 문명을 적극 수용하고 그리스·로마의 전통문화를 부활시켜 문예부흥을 일으켰으며, 동방에서는 몽골의 서정(西征)으로 유라시아를 망라하는 세계적인 원(元)제국이 출현하였다. 뿐만 아니라, 지구 전체를 아우르는 대항해시대가 열림으로써 동서교류는 미증유의 규모로 확대되었다. 이러한 새로운 국제적 환경 속에서 동서 문학교류도 활발히 전개되었다.

중세에 동서 문학교류의 선봉장은 아랍-무슬림들이었다. 10세기를 전후한 시기는 이슬람 문명의 전성기로서, 당시 가장 선진적인 과학기술과 학문의 소유자는 다름아닌 아랍-무슬림들이었다. 수세기 동안의 암흑기 속에서 몸부림치던 유럽인들이 선진적인 이슬람 문명을 접하고 알게 된 계기는 십자군원정이었다. 유럽인들은 비록 군사적인 원정에서는 실패했지만, 그것을 계기로 이슬람 문명을 적극 수용하기에 이르렀다. 따라서 유럽과 아랍–이슬람 간의 문학교류도 자연히 이에 수반되었던 것이다.

중세 전반에 걸쳐 유럽 문학에 가장 많은 동양적 소재를 제공한 장본인은 아랍인들이다. 아랍인들은 이슬람 문명의 전성기를 전후하여 주로 지중해의 씨칠리아(Sicilia) 섬과 이베리아 반도의 에스빠냐를 중계지로 다른 문물과 더불어 다양한 문학적 소재를 유럽에 제공하였다. 우선 씨칠리아 섬은 지리적으로 아랍과 가장 가까이에 있었기에 일찍부터 아랍인들이 이주하였고, 이슬람 문명의 남유럽 전파를 위한 교두보 역할을 하였다. 특히 프리드리히 2세(Friedrich II) 시대에는 많은 아랍 학자들을 조정의 관리로 기용하기까지 해서 이슬람 문명의 영향은 극치에 달하였다. 프리드리히 2세 자신은 성모의 무원죄(無原罪) 잉태를 조소하고 예수와 모세, 무함마드를 동일시하였으며, 그의 신앙과 생활양식은 무슬림들과 별로 다를 바가 없었다. 이러한 상황에서 씨칠리아 문학은 자연히 아랍 문학의 영향을 받게 되었으며, 그것이 곧장 이딸리아 문학으로 파급되었다. 따라서 이딸리아 문학의 영향을 받은 영국과 프랑스 문학에는 아랍 문학적 요소가 잠입·가미되게 되었던 것이다.

다음으로 영국 문학을 비롯한 유럽 문학에 직접적인 영향을 준 곳은 이슬람화한 에스빠냐(안달루쓰)였다. 사실상 이슬람화한 꼬르도바(Cordoba) 등 에스빠냐 도시들은 동방 이슬람 도시의 축도(縮圖)였다. 터커(I.G. Tucker)가 지적한 바와 같이, 8세기부터 12세기까지 에스빠냐의 학문이나 문학 예술은 모두가 무슬림의 손에 장악되어 있었다. 당시 에스빠냐에서는 무슬림 학자들이 유럽 학자들과 협력하여 이슬람 문명에 관한 많은 서적들을 유럽 각국 언어로 번역하여 유럽에 소개하였다. 뿐만 아니라, 영국을 비롯한 유럽 각국은 에스빠냐에 유학생을 파견하여 이슬람 문명을 탐구하고 필요한 것들을 전수하여갔다.

물론 아랍인과의 직접적인 내왕을 통한 전파도 있었지만, 주로 이 두 중계지를 통하여 아랍 문학이 점차 유럽에 전해져 내용과 형식 면에서 유럽 문학에 일정한 영향을 미쳤다. 그 영향은 우선, 유럽 문학에서 낭만주의의 탄생을 유도한 것이다. 유럽 문학에서 낭만주의의 온상인 설화의 원류에 관해서는 여러 설이 있다. 그중 하나는 씨칠리아나 에스빠냐를 거쳐 아랍인들의 환상적인 설화문학을 수용한 결과로 출현하였다는 아랍기원설(Warton, Huet, Warburton의 설)이고, 다른 설은 북방의 스칸디나비아에서 발원하였다는 스칸디나비아설(Bishop Percy, H.G. Leach의 설)이다. 또 그리스나 로마의 고전신화가 변형되어 나온 것이라는 그리스–로마설이 있다. 물론 저마다 일리가 없는 것은 아니지만, 중세 유럽 문학 특히 영국 문학의 낭만주의에 아랍적인 요소가 적지 않음은 부인할 수 없는 사실이다. 따라서 유럽 문학에서의 낭만주의 탄생은 아랍 문학의 영향과 상관되어 있다고 해도 큰 무리는 아니다.

다음으로 아랍 문학의 영향은 시형(詩形)의 변화에서 나타난다. 중세의 아랍 시는 전형적인 율어체(律語體)의 압운시(押韻詩)인데, 이러한 시형이 이딸리아를 비롯한 유럽 시단에 영향을 미쳤던 것이다. 이딸리아 역사가인 아마리(Michele Amari, 1806~89)는 저서 『씨칠리아 무슬림 역사』(*Storia bei Musulimanni di Sicilia*)에서 이슬람 문명의 감화력과 유럽 문명에 대한 영향력을 긍정하면서, 단떼(1265~1321)가 처음 구사한 '깐쪼네'(canzone)란 압운시형(押韻詩形)은 아랍 시형에서 배워왔을 것이라고 추론하였다. 쾨펜(Köppen)도 19세기 영국 시인 테니슨(A. Tennyson)의 시편 「록슬리 홀」(The Locksley Hall)에는 아랍의 압운시형을 본뜬 것이 있다고 주장하였다.

이러한 문학작품의 내용이나 형식과 더불어 설화식(fablian), 우화식 문학장르에서도 아랍 문학의 영향을 받은 흔적이 역력하다. 중세 영국과 프랑스를 비롯한 유럽 각국에서 유행한 설화문학의 뿌리를 추적하면 결국은 인도의 고대 설화문학작품인 『판차 탄트라』로 소급된다. 그러나 그것을 『비드파이 이야기』(*The Fables of Bidpai*)나 『필파이 이야기』(*The Fables of Pilpay*) 혹은 『칼릴라와 딤나 이야기』라는 이름으로 유럽에 전하여 유럽 설화문학의 정립에 기여한 것은 아랍인들이다. 전술한 바와 같이 산스크리트로 된 『판차 탄트라』 원본이 기원후 550년경에 페르시아어로 번역된 것을 아랍인들이 다시 아랍어로 번역하였다. 이 아랍어 역본을 대본으로 하여 유럽 여러 언어로 번역되어 나온 것이다. 『비드파이 이야기』의 영향을 받아 라틴어로 씌어진 『7현(賢)이야기』(*Historia Septem Sapientum*)에는 '아라비안나이트'식 설화가 많이 가미되어 있다.

중세 유럽에서 유행한, 금수(禽獸)를 주인공으로 하는 교훈적인 우화문학이 아랍 문학에 뿌리를 두고 있다는 것은 하나의 통설이다. 그런데 유럽의 우화는 전래의 설화 형식에만 국한되지 않고 새로이 시의 형식까지도 취하고 있다. 그 대표적인 것으로 『불사조』(不死鳥, *Phoenix*), 「표범」(The Panther), 「고래」(The Whale) 등 영국의 시작(詩作)들을 들 수 있다. 한편, 내용 면에서도 일반적인 교훈이나 해학(諧謔)의 성격을 떠나 기독교적인 윤리도덕이나 교훈에 초점을 맞추고 있다. 이와같이 중세 유럽의 우화문학은 아랍 우화문학의 영향을 다분히 받았으나, 형식이나 내용 면에서 단순한 모방이나 이식이 아니라 창조적으로 변형·발전시켰다.

아랍에 이어 중세 동서 문학교류에 기여한 나라는 중국이다. 중세에 접어들면서 중국의 실체가 점차 유럽에 알려지기 시작하였으며, 당·송대에 이르러서는 세계적 위상이 높아짐으로써 관심의 대상이 되었다. 그러다가 원제국 시대의 동·서 소통은 유럽인들의 동방진출을 크게 독려하고 그 길을 터놓았다. 그 결과로 중세 말엽(원대 말~명대 중엽)에는 중국과 유럽 간에 문물교류와 인적 내왕이 전례 없이 활발해졌다. 그 과정에서 여러 사람들의 견문록이나 여행기가 나와 비교적 정확한 중국의 실태가 유럽에 전해졌으며, 중국과 유럽 간에 명실상부한 문학교류가 시작되었다.

중세에 들어 최초로 중국을 하나의 국가 실체로 소개한 사람은 '인도여행가'(Indicopleustes)라고 불린 이집트의 지리학자 코스마스(Cosmas)이다. 그는 상인의 신분으로 이집트를 출발한 후, 에티오피아와 페르시아만을 경유해 인도에 도착하였다. 그는 인도 여행기(530~50년 사이에 저술, 소실됨)를 썼는데, 중국을 인도와 더불어 동방국가로 묘사하고 있다. 코스마스에 이어 중국을 비교적 정확하게 소개한 사람은 중부 그리스 출신의 사학자 세오필락투스 시모코타(Theophylactus Simocotta, 580~630)이다. 당시 유럽인들은 그즈음 중국 북방에서 강력한 제국을 세운 돌궐(突厥, Taugs, Taugast)을 중국으로 알고 있었다. 시모코타도 마찬가지여서 돌궐의 건국과 동로마와의 관계, 그리고 고도 장안(長安, Kubdan) 등에 관해 기술하였다.

중세 유럽인들의 중국에 대한 인식은 기독교의 동전과 선교사들의 활동으로 한층 심화되었다. 근대에 이르러 기독교가 중국에 정착하기까지는 역사상 세 번의 큰 계기가 있었다. 첫번째는 당대(唐代)에 경교(景敎, 네스토리우스파)의 명의하에 들어온 것이고, 두번째는 원대에 야리가온(也里可溫)이라는 이름으로 유포된 것이며, 세번째는 명대(중엽)에 천주교가 본격적으로 유입된 것이다. 이 모두가 중세의 일로서 이는 중세 기독교의 중국 침투가 얼마나 집요하였는지를 입증하는 동시에 기독교를 매개로 한 중국과 서방 간의 교류관계를 시사한다. 전도를 목적으로 파견된 선교사들이나 사절들은 거의 고급 식자층으로 온갖 고난을 무릅쓰고 임무수행에 진력하면서 탐구심을 갖고 이역에 대하여 세심한 관찰을 하였다. 그리하여 귀국 후에는 귀중한 견문록이나 여행기를 저술하여 중세 동서 문학교류에 괄목할 만한 업적을 남겨놓았다.

중세에 가장 먼저 동아시아(몽골)에 파견된 기독교인은 천주교 프란체스꼬회 지도자로서 교황의 특사로 몽골에 온 이딸리아 출신의 까르삐니(Giovanni de Piano Carpini, 1182~1252)이다. 그는 유럽 기독교 국가들에 대한 몽골의 서정을 저지시킬 목적으로 1245년 4월 프랑스의 리옹을 떠나 유라시아 북부의 초원로를 따라 1246년 7월 몽골의 수도 카라코룸(Karakorum, 和林) 부근에 도착하였다. 그는 교황이 '타타르 황제'에게 보내는 서한을 전달하고, 돌아갈 때는 몽골 구유그(Güyüg, 貴由) 칸의 회신을 가지고 갔다. 이듬해에 리옹에 도착한 그는 복명(復命)하면서 구유그 칸의 회신과 함께 라틴어로 된 출사(出使)보고서를 진정하였다. 1838년에 그 보고서가『몽골사』(Liver Tartarorum) 혹은『소사(小史)』라는 제목으로 출간되었다. 그 보고서는 서언과 본문 9장으로 구성되었는데, 몽골의 국토·인종·종교·풍습·정치체제·전쟁·정복국·궁전, 그리고 여행노정 등을 기술하고 있다. 몽골의 실상을 유럽에 비교적 상세히 알린 첫 견문록이다. 몽골의 서정에 항시 불안을 느끼던 유럽인들에게는 때맞춘 소개서였기에 곧바로 유럽 각국의 언어로 번역되어 몽골관련 첫 견문록으로서의 가치를 인정받았다.

다음으로 동아시아에 온 기독교인은 까르삐니와 마찬가지로 프란체스꼬회 선교사인 프랑스 출신의 뤼브뤼끼(Guillaume de Rubruquis, 1215~70)이다. 제7차 십자군원정이 실패하자, 그 지휘자였던 프랑스의 루이 9세는 뤼브뤼끼를 몽골 칸에게 파견하였다. 파견 목적은 몽골과 협력하여 이슬람제 국을 협공하자는 제의를 전달하는 것이었다. 뤼브뤼끼는 1253년에 지중해 동안의 아크르(Acre, 현 하 이파 북쪽)를 출발하여 흑해와 볼가강을 지난 후 까르삐니와 같은 노정을 밟아 1254년 3월에 카라코 룸에 당도하였다. 임무수행에 실패한 그는 남아서 전도사업이나 하려다가 포기하고 그해 5월 귀로 에 올라 1255년 6월 키프로스에 도착하였다. 그리고 이듬해에 라틴어로『동유기(東遊記)』를 저술하 였다. 그후 이 진귀한 동방여행기가 널리 알려지면서 영국의 해클루트(R. Hakluyt, ?~1616)가 1600 년에 그 일부를 자신의 여행기모음(*Collection of the Early Voyages, Travels and Discoveries of the Engilsh Nation*, 5 Vols., London, 1809년판)에 수록하였다. 이어 1625년에는 퍼처스(Samuel Purchas)가 전문을 영역하였다(*Pilgrimes*, London). 본문 38장으로 된 이 여행기는 각 경유지의 지리환경과 주민생활, 타타 르인(몽골인)들의 의식주·풍습·사법심판·종교신앙·궁정행사·카라코룸의 풍경 등을 세련된 언어로 자세하고 생동감있게 묘사하고 있다. 그는 동방 여러 민족어, 특히 어려운 한자까지도 비교언어학적 견지에서 소개하고 있다. 그리하여 이『동유기』는 가장 우수한 중세 여행문학작품의 하나로 평가되 고 있다.

뤼브뤼끼에 이어 동방에 전도와 여행의 족적을 남긴 사람은 오도리끄(Odoric, 1286?~1331)이다. 이딸리아 출신의 프란체스꼬회 선교사이며 청렴한 탁발승인 오도리끄는 1318년 동유(東遊)의 장정 에 올랐다. 베네찌아에서 서아시아를 지나 1321년에 인도에 도착한 그는 여러 곳을 돌아본 후, 다시 씰란·말라카·자바·참파(Champa)를 거쳐 1322년에 중국 광주(廣州)에 도착하였다. 그후 6년간 중 국에 체류하면서 천주(泉州)·남경(南京)·북경·내몽골·감숙(甘肅)·티베트에 이르기까지 여러 곳 을 주유하고 육로로 귀국하였다. 귀국 후 병석에서 동방여행담을 구술한 것이 1513년에 이딸리아에 서『오도리끄 동유기』로 집성·출간되었다. 오도리끄는 독실한 기독교 전도사이면서 여행가였다. 그 리하여 그는 여행기에서 기독교 전도사들이 동방에서 전개한 포교활동에 관하여 열정적으로 기술 하는 한편, 여행가로서 여러가지 신기하고 독특한 견문들을 적지 않게 전해주었다. 티베트의 천장 (天葬)이나 중국 부인들의 전족(纏足), 강에서 물새(가마우지)로 물고기 잡기, 우상교도(불교도)·기독 교도·이슬람교도 등 다양한 종교인들의 어의(御醫) 기용 같은 내용들이 유럽인들에게는 초문이자 기문이 아닐 수 없었다. 이 여행기는 라틴어와 영어, 프랑스어, 독일어로 번역되어 유럽에서 널리 읽 혔으며, 여행문학으로서의 가치도 인정받았다.

다음으로 동방여행기를 남긴 사람으로는 역시 프란체스꼬회 선교사로 14세기 중엽에 활동한 이 딸리아 출신의 마리뇰리(Giovanni dei Marignolli, 생몰연대 미상)가 있다. 1336년 6월 원(元) 순제(順 帝)가 교황에게 친선사절을 파견한 데 대한 회례(回禮)로 1338년 말 교황 베네딕뜨 12세는 32명의 사절단을 원나라에 파견하였다. 마리뇰리는 사절단의 일원으로 프랑스 남부의 아비뇽을 출발하여 킵차크 칸국과 차가타이 칸국을 거쳐 1342년 8월에 원나라 상도(上都)에 도착하였다. 사절단은 순제에게 몸길이 1장 1척에 키가 6척 4촌에 이르는 검정색 준마 한 필을 선물하였다. 순제는 대단히 흡족한 나머지 '천마(天馬)'로 명명한 이 서양 준마를 탄 모습을 그림으로 그리게 하고, 이 말을 칭송하는 시까지 지어 음시(吟詩)토록 하였다. 그 그림과 송시는 원대 동서교류상의 한 상징물로 전해지고 있다. 마리뇰리는 각파 종교인들과 변론을 하는 등 포교활동을 하다가 1346년 천주를 거쳐 해로를 통해 1353년 아비뇽으로 귀환하여 교황에게 복명하였다. 다음해에 교황의 부름을 받고 보헤미아 편년사(編年史) 교정사업에 참가하였는데, 그 책 속에 자신의 동방여행기인 『마리뇰리 여행기』를 첨부하였다. 그후 1768년에 도브너(G. Dobner)가 프라하대학 도서관에 소장된 이 여행기 원본을 『보헤미아 역사문헌』(*Monumenta Historica Bohemiae*) 제2권에 수록하여 출간하였다. 이 수록본이 유럽 각국 언어로 번역되어 알려지게 되었다. 이 여행기에는 원대 중국의 일반 사정이 약술되어 있다.

지금까지 13~14세기 동방에 파견되어 활동한 기독교 선교사들이 귀국 후 남긴 견문록이나 여행기를 통한 동서 문학교류를 살펴보았다. 이러한 여행문학작품들은 저자들이 현지의 견문이나 전문을 소재로 직접 엮은 것이기 때문에, 초기 유럽인들이 중국을 비롯한 동방을 이해하는 데 길잡이가 되었다. 그러나 그들 대부분이 동방 체류기간이 길지 않고 이질적인 동방문명에 대한 사전 이해가 거의 없었다. 게다가 선교사로서의 종교적 편견이 작용한 탓에 기술이나 묘사에서 허구나 오해, 과장이나 편견 등 일련의 미흡한 점을 면할 수가 없다. 이러한 허물들을 어느정도 극복하고 좀더 폭넓고 깊게, 그리고 더욱 사실적으로 동방의 실상을 명실상부한 여행문학작품에 담아 전하여 중세 동서 문학교류에 불멸의 업적을 남긴 사람은 동시대의 마르꼬 뽈로이며, 그 작품이 바로 『동방견문록(東方見聞錄)』이다.

세계적인 대여행가 마르꼬 뽈로는 몽골 쿠빌라이 칸의 특사로 로마 교황청에 파견되었다가 복명차 몽골에 돌아가는 부친과 삼촌을 따라 1271년(당시 15세) 여름에 고향 베네찌아에서 아크르로 가서 교황 그레고리우스 10세를 알현한 후 여정에 올랐다. 일 칸국을 경유해 오아시스 육로로 파미르 고원을 넘은 다음, 감숙성(甘肅省)과 내몽골을 지나 4년 만인 1275년에 원나라 상도(上都)에 도착하였다. 그는 원나라에 17년간 체류하면서 쿠빌라이의 총애를 받고 고관으로 봉직하였다. 몽골어와 중국어를 습득하고 현지생활에도 숙달한 그는 수차 각지에 출사(出使)하고, 전국 주요 도시와 지방들을 역방하면서 많은 것을 보고 들었다. 그러다가 뽈로 일행은 일 칸국 아르군(Arghun, 1284~88) 칸에게 출가하는 코카친(Kokachin) 공주의 호송을 기회로 1291년 초 천주를 떠났다. 해로로 2년 2개월 만에 페르시아만의 호르무즈 항에 도착한 후, 육로로 일 칸국을 지나 1295년에 드디어 베네찌아로 귀향하였다. 그리하여 뽈로의 동방여행에는 무려 24년이란 긴 세월이 걸렸다.

이듬해 그는 베네찌아와 제노바가 벌인 해전에 참전하였다가 제노바군의 포로가 되어 투옥되었다. 그가 옥중에서 동료 수감자인 삐사(Pisa) 출신의 작가 루스띠치아노(Rusticiano, 일명 루스띠첼로 Rustichello)에게 동방여행에 관해 구술한 내용이 1298년에 여행기로 집성되었다. 여행기 원본은 중세의 프랑스어-이딸리아어 혼성어로 씌어졌는데, 그후 전사(轉寫)되는 과정에서 라틴어와 이딸리아어의 여러 방언, 그리고 유럽 각국 언어로 속속 번역되었다. 원본은 소실되었으나 지금 전하는 각종 문자의 사본은 약 140종이나 되며, 각국어의 역본은 120여 종(그중 한국어 역본 5종)에 달한다. 이에 따라 여행기의 제목도 『세계의 서술』(*Divisament dou Monde*, 영어로는 *Description of the World*), 『베네찌아 시민 마르꼬 뽈로의 생활』, 『베네찌아의 마르꼬 뽈로 각하의 동방 각국 기사(奇事)에 관한 책』, 『마르꼬 뽈로의 여행』(*The Travles of Marco Polo*) 등 다양하다.

여행기의 내용은 크게 두 가지인데, 하나는 전체 여행과정의 개요로서 마르꼬 뽈로의 개인적인 담화 형식으로 씌어진 것이고, 다른 하나는 여행중에 견문했거나 전문한 것을 여행순서에 따라 상세하게 기술한 것이다. 이 여행기는 13~14세기 서아시아와 중앙아시아, 몽골과 중국 등 동방 전반의 사정을 간결한 필치로 생생하게 서술하고 있는 귀중한 여행문학작품이다. 그 내용이 매우 신기하고 처음 듣는 것이라 유럽인들이 처음에는 믿지 않았다. 심지어 그 내용이 '허위'임을 선언하고 자성하라며 뽈로에게 압력까지 가하였다. 그러나 그후 수세기에 걸친 사실 확인에서 이 여행기의 진가가 공인되었다. 이 여행기는 편견과 무지에 빠져 있던 유럽인들로 하여금 동방에 대하여 눈을 뜨게 하고 관심을 갖게 하였으며, 중세 후반의 신대륙 발견과 대항해시대의 도래에 지침서와 같은 역할을 하였다.

중세에 몽골을 소재로 한 유럽인들의 작품으로는 이상의 여러 여행기 외에 다른 장르의 작품들도 여럿 있다. 각 저자들은 몽골인을 '타르타르'(Tartar) 혹은 '타타르'(Tatar)라고 일률적으로 칭하였는데, 그 어원은 그리스 문학의 시조인 호메로스(Homeros)의 『일리아드』(*Iliad*)에서 언급된, 그리스 신화에 나오는 지옥의 악마 이름에서 유래한 것이다. 중세 영국의 유명한 연대기 작가인 매슈 패리스(Matthew Paris, 1200경~59)는 1240년에 쓴 『히스토리아 마조르』(*Historia Major*, 일명 *Chronica Major*)에서 그해에 지옥의 악귀처럼 유럽에 내습한 무리가 바로 '타르타르인'들이라고 쓰고 있다. 그러면서 그는 타르타르인을 기독교의 공적(公敵)으로 간주하고 일치단결하여 축출해야 한다고 역설했다. 이러한 시류에 편승하여 신성로마제국의 황제 프리드리히 2세는 1241년 7월 3일 영국 왕 헨리 3세(재위 1216~72)에게 보낸 서한에서 "타르타르인들이 지옥의 나라에서 온 사람들은 아니지만, 도대체 어디에서 왔는지는 유럽인들에게 알려지지 않고 있습니다. 그러나 이 민족이 서방을 정복하여 기독교를 근절하려고 하는 것만은 분명한 사실이기 때문에 기독교국가들은 하루 빨리 협력하여 이 야만족을 본국으로 축출해야 합니다"라고 호소하였다.

'황화(黃禍)'를 막기 위한 유럽인들의 성전

　몽골인에 대한 유럽인들의 관심은 원제국뿐만 아니라, 칭기즈칸의 후예로 자칭한 티무르(Timūr, 1336~1405)와 티무르제국(1369~1500)에까지 이어지면서 계속 작품의 소재로 삼았다. 영국 엘리자베스 여왕(재위 1558~1603) 시대의 문호인 말로(C. Marlowe, 1564~93)는 희곡 『탬벌레인 대왕』 (*Tamburlaine the Great*)이란 걸작을 내놓아 유럽 문단에서 큰 인기를 얻었는데, 이 탬벌레인 대왕이 곧 티무르이다. 말로는 티무르의 형상을 통하여 몽골인이야말로 '무서운 인종'이라는 인상을 유럽인들에게 유포시켰다. 요컨대 타르타르—티무르—터키인으로 이어지는 동방 여러 민족이 중세 유럽 문학에서는 언제나 공포의 대상으로 형상화되었다.

　이러한 흐름 속에서 동방의 소재나 사상을 수용한 영국 문학도 동서 문학교류에 일조를 하였다. 영국에서 가장 오래된 영웅서사시인 『베어울프』(*Beowulf*, 7~8세기)에는 뉴플라톤파 철학자와 시인들의 사상적 경향이 다분히 반영되어 있다. 이 시의 전편은 주인공 베어울프가 한 노왕(老王)의 궁전을 수중악룡(水中惡龍)으로부터 구출하는 영웅상을 묘사하고, 후편은 양민들의 고통을 덜어주기 위해 노구를 이끌고 화룡(火龍)과 단신으로 분투하다가 그 독기에 독사하는 비운으로 끝을 맺는다. 이와같이 시 전편(全篇)에는 중세 초기 유럽에 상당한 영향을 미친 뉴플라톤파 철학자 보에티우스 (Boethius, 480~524)의 숙명사상, 숭배관념, 금욕주의적인 고행, 명상주의 등의 사상적 경향이 짙게 투영되어 있다. 그런데 이러한 일련의 사상적 경향은 그 근원이 고대 인도 사상으로 소급된다는 것이 학자들의 중론이다. 즉 『베어울프』의 주제적 모티프는 동양사상의 영향을 받았다는 것이다.

『베어울프』와 거의 동시대에 나온 캐드몬(Cadmon)의 『창세기』(Genesis, 660~70경)도 동방적인 이원론(二元論)이 여실히 반영된 작품이다. 이 종교적 시편은 비록 기독교의 호교론적 입장에서 출발하지만, 그 전개방법은 이원론적이다. 즉, 시의 전편에 흐르는 사상은 선과 악(악마)의 이원론적 대립이다. 그는 우주에는 유일신의 힘만이 존재하는 것이 아니라, 마귀의 힘도 유일신과 대등하게 존재하여 우주를 움직이고 있다고 믿는다. 오로지 유일신을 믿고 절대화하는 기독교의 보편사상과는 분명히 이질적인 관점이다. 이러한 이원관은 고대 페르시아 철학에서 연유되는데, 후세에 이집트의 알렉산드리아 학맥을 통하여 유럽에 전해진 것으로 14세기 단떼의 『지옥편(地獄篇)』이나 17세기 밀턴(영국)의 『실락원』(失樂園, Paradise Lost)에서도 나타난다.

동방적인 사상과 함께 동방적인 상징물을 소재로 한 작품도 선을 보였는데, 대표적인 것이 8세기 영국 시인 기네울프(Gynewulf)가 지었다는 고시(古詩) 『불사조』(Phoenix)이다. 기네울프가 과연 이 시의 저자인가에 관해서는 이설이 있다. 즉, 전해오던 같은 내용의 라틴어 시를 누군가가 '교묘하게 번역'하였다는 것이다. 시의 내용은 영생불멸의 생명력을 가진 불사조를 묘사하는 것이다. 불사조는 500년 동안 살다가 자소(自燒)하여 재가 되었다가 그 속에서 다시 환생하는 식으로 세세생생(世世生生) 순환하는, 생사를 무한히 반복한다는 것이다. 어떤 연구자들은 이러한 불사조의 소생이 곧 예수의 부활을 뜻하는 것으로 보고 『불사조』는 순수기독교적인 작품이라는 아전인수(我田引水)의 해석을 하기도 한다. 그러나 영조(靈鳥)인 불사조는 고대 이집트나 인도, 중국의 전설에 등장하는 상징물로서 기독교와는 전혀 무관한 것이다. '자소'(스스로 불타다)는 일종의 자아정화(自我淨化)로서, 이 역시 고대 시리아나 페르시아의 전통사상이다. 또한 이 작품은 독선적인 인생관을 추구하던 나머지 세속을 떠나 금욕적인 삶을 지향하는 경향도 보이고 있다. 그런가 하면 시리아나 아랍, 인도 등 동방 여러 나라의 지명이 나올 뿐만 아니라, 동방의 '난쟁이 민족'(pygmaean nations)에 관해서도 언급하고 있다. 이 모든 사실은 『불사조』야말로 동방적인 상징물을 소재로 한 작품임을 말해준다.

영국에서 9세기 앨프리드 대왕(Alfred the Great, 849~99) 시대는 번역의 시대다. 왕은 국어를 통일하고 뉴플라톤파 철학자인 보에티우스의 숙명론적인 『위안철학』(慰安哲學, De Consolation Philosophiae, 라틴어)을 비롯하여 동방적인 사상이 내재된 서적들을 다량 번역하였다. 한편, 왕은 동방에 관해서도 관심을 갖고 있었다. 영국 연대기인 『앵글로색슨연대기』(The Anglo-Saxon Chronicle)의 883년조 기록에 의하면, 앨프리드 대왕은 시그헬름(Sighelm)과 아셀스탄(Athelstan)이란 두 사신을 인도에 파견해 일찍이 인도에서 포교활동을 한 성 토머스(St. Thomas)의 묘소를 참배토록 하였다. 성 토머스는 예수의 12제자 중 전도를 위해 동방에 파견된 사람으로서 인도에서 교회를 짓고 포교활동을 하다가 현지 이교도들에게 살해된 것으로 전한다. 성 토머스 활동의 진위 여부를 떠나서 영국의 연대기에 이러한 기사가 기록되어 있다는 사실은 인도가 이미 영국인들에게 관심의 대상이 되고 있었다는 증좌이다.

중세 유럽에서는 알렉산드로스 대왕에 관한 여러가지 장르의 작품들이 많이 나왔다. 이러한 작품들에는 알렉산드로스의 활동무대였던 중앙아시아나 인도에 관한 묘사가 반드시 들어 있다. 그 대표적인 작품이 10세기경에 라틴어 원본을 영역(英譯)한 『아리스토텔레스의 서한』(The Letter from Aristotle)과 『동양기담』(東洋奇譚, The Wonders of the East, 라틴어 원제는 『東洋土産奇譚』De Rebus in Oriente Mirabilibus)이다. 두 작품 모두 알렉산드로스의 업적을 구가하는 데 초점을 맞추면서도 그 활동무대인 중앙아시아와 인도 서북부에 관해 대체로 흥미본위적으로 기술하고 있으며, 가끔 황당한 내용도 섞여 있다.

10세기에 출간된 동방관련 서적 중에서 이색적인 것으로는 코케인(Thomas Oswald Cokayne)이 편찬한 고서(古書) 『코케인 총서』(Cokayne)가 있다. 이 총서 중에서 의약에 관한 부분이 유럽인들의 큰 감흥을 불러일으켰다. 이 책은 약용식물 185종의 효용을 설명하고(Herbarium권), 동물로부터 얻은 약제(藥劑)도 소개하며(Medicina de Quadr-upedibus권), 2백 수십 종의 병에 대한 처방(Leechdoms 권)도 제시하고 있다. 이와같은 의약지식은 대체로 아랍이나 헤브루(이스라엘)의 것을 골자로 하고 있다. 뿐만 아니라 이 책에는 동양적인 점복(占卜)이나 해몽법 같은 것도 싣고 있다. 그리하여 당시 이 책은 대단히 유용한 백과전서로 인정되어 영국의 가정에서는 필독서로 상비하고 있었다.

중세에 동양적인 소재를 담아서 영국과 프랑스를 비롯한 유럽 문단에 적지 않은 영향을 준 작품으로는 『7현이야기』라는 설화문학작품이 있다. 그 원본은 라틴어로 씌어진 『7현이야기』인데, 12세기 이후 유럽의 각국 언어로 번역되었다. 영국에서는 14세기 초 『7현이야기』(The Proses of the Seven Sages)라는 제목으로 초역(初譯)된 후 16세기까지 7종의 역본이 나왔다. 이야기의 줄거리는 이러하다. 어떤 왕이 왕비의 간지(奸智)에 넘어가 이복왕자를 사형에 처하려고 하자, 그 왕자의 교육을 담당한 7명의 현자(賢者)가 왕자의 무고를 주장하여 변호한다. 현자들은, 원래 여성은 본능적으로 간지에 능해 선량한 사람들을 해코지하게 마련이라는 여러 사례들을 열거하면서 왕을 설득한다. 그 결과 왕자는 사형을 면하고 왕비가 도리어 처벌을 받는다. 이러한 여악성관(女惡性觀) 이야기는 기원전 5세기의 인도 설화작품 『쿤라와 아소카』(Kunla and Asoka)에서 그 원형을 찾아볼 수 있다. 따라서 유럽에 전래된 『7현이야기』는 고대 인도의 설화문학에서 소재를 취해 엮어진 것이라고 말할 수 있다. 이 작품은 꼰스딴띠노쁠이나 시리아, 혹은 예루살렘으로부터 북아프리카 무슬림들에 의해 에스빠냐에 알려진 후, 거기서 영국과 프랑스 등 유럽 여러 나라에 전해진 것으로 보인다.

『7현이야기』와 모티프가 유사한 작품은 13세기 중엽에 씌어진 시편 『시리즈 부인 이야기』(The Lai of Dame Siriz)가 있다. 『시리즈 부인 이야기』의 내용은 다음과 같다. 한 젊은이가 다른 사람의 부인을 너무나 연모한 나머지 그의 영혼이 개의 뱃속에 잠복하여 여인을 보기만 하면 개는 눈을 붉히면서 눈물을 흘린다. 간지에 능한 시리즈 부인은 이 사연을 알자, 그 여인을 유혹하여 젊은이와 부정한 관계를 맺게 한다. 이 내용에서 보다시피, 시리즈 부인(여성)의 간지는 『7현이야기』에 나오는 왕비(여성)의 간지와 여악성관이라는 데서 일맥상통하고, 젊은이의 영혼이 개의 뱃속에 잠복했다는 것은 다분히 동방적인(북유럽에도 있기는 하지만) 영혼전생설(靈魂轉生說)의 표현으로서 동방사상의 영향을 받은 것이 분명하다.

한편, 인도의 『이솝이야기』나 아랍의 『아라비안나이트』 같은 동방의 유명한 설화문학작품도 유럽 문학에 많은 동방적 요소들을 수혈하였다. 『이솝이야기』가 최초로 유럽에 알려진 것은 900년경에 출간된 라틴어 역본 『로물루스 프리미티부스』(*Romulus Primitivus*)에 의해서이다. 이 최초의 역본은 소실되어 미전이다. 이어 역시 라틴어 역본으로 950년경에 『로물루스 불가리스』(*Romulus Vulgaris*), 1050년경에 『로물루스 닐란티』(*Romulus Nilantii*)가 각각 상재(上梓)되었다. 영국에서는 1050년경의 이 라틴어 역본을 약 반세기 뒤인 1100년경에 고대·중세 영어인 앵글로–라틴어로 처음 역출하였는데, 역서명은 『이솝』(*Aesop*)이었다. 그러다가 앨프리드 왕이 생전에 제정한 영국 공식어(국어)로 그의 사후인 1150년경에 『이솝이야기』(*Aesop's Fables*, 앨프리드 역본)이라는 제목으로 영역되었다. 이 두 역본의 원본은 다 소실되어 전해지지 않고 있다. 그러나 앨프리드 역본을 대본으로 한 『로물루스 트레베렌시스』(*Romulus Treverensis*)가 1175년경에 나왔고, 이어 13세기 초에는 유명한 여류시인 마리 드 프랑스(Marie de France)가 편찬한 『이솝이야기』(*Ysopet*, 마리본)가 출간되었다. 여기에 자극받아 오도(Odo of Sherington)의 『이솝이야기』(1250경)와 데브로(D'Evreux)의 『이솝이야기』(1275경)가 속속 나왔고, 1320년에는 니꼴 보쏭(Nicole Boson)의 역본 『로물루스 하를레이아누스』(*Romulus Harleianus*)가 출간되었다. 이상의 여러 역본 중에서 마리와 니꼴의 역본이 단연 돋보였고, 이 설화문학작품의 연구에 가장 큰 영향을 주었다. 그러다가 마침내 이 모든 역본을 집대성한 캑스턴(Caxton)의 역본 『이솝이야기』가 1484년에 출간됨으로써 영국 문학에서 '이솝이야기'의 역출사업은 일단락되었다.

『이솝이야기』와 함께 세계 최고의 '기서(奇書)'이며 세계 설화문학의 '왕좌(王座)'라고 하는 『천일야』(아랍어 원명 *Kitāb Alf Laylah wa Laylah*, 영역명 *The Arabian Nights*)는 동서 문학교류에서 특수한 위치를 차지하고 있다. 작품의 소재가 인도와 페르시아, 아랍을 망라한 범아시아적일 뿐만 아니라 내용 또한 다양하고 흥미로워 중세 전기간에 걸쳐 수많은 역본이 출간되어 유라시아에서 그 어떤 경전보다도 많이 읽힌 인기작품이었다. 이 작품의 원형은 7세기 중엽에 사산조 페르시아에서 페르시아어로 유행한 『1천 가지 이야기』(*Hazâr Afsâna*)이다. 페르시아 문화를 수용하여 자신의 문명을 개화시킨 압바쓰조 이슬람제국 시대(750~1258)의 아랍인들은 이 원형에 여러가지 아랍적인 소재와 내용을 가미하고 윤색하였다. 그리하여 완성된 작품 형태로 묶어 1450년경 이집트 카이로에서 아랍어로

『천일야』란 제목으로 초간(初刊)하였다. 이 초판이 다시 수정·보충되어 1600년에 다마스쿠스에서 같은 제목으로 재간되었다.

『천일야』가 유럽에 알려진 것은 당대 프랑스의 동양학 권위자 앙뜨완 갈랑(Antoine Galland, 1646~1715)에 의해서다. 그는 아랍어로 된 여러 종의 판본을 종합하여 무려 13년간 심혈을 기울여 이를 완역하였다. 이는 문학번역사상 특기할 초유의 장거였다. 이 프랑스어 초역본(初譯本)을 대본으로 프랑스와 영국에서 일련의 완역본(完譯本)과 초역본(抄譯本)이 속출하였다. 후일 프랑스에서는 마르드라(Dr. Mardras)의 또다른 완역본이 출간되기도 하였다. 영국에서는 19세기 후반에 와서야 존 페인(John Payne)의 완역본(전13권, 1882~84)과 리처드 버튼(Richard Burton)의 완역본(전17권, 1885~88)이 각각 나왔다. 페인본에는 353가지의 이야기가 수록되어 있지만, 버튼본에는 원본(갈랑본) 외에 보유(補遺)가 첨가되어 총 426가지의 이야기가 수록되어 있다. 그리하여 버튼본이 가장 완벽한 영역본으로 평가되고 있다. 그밖에 초역본도 여러 종 있으며, 스코틀랜드의 앤드루 랭(Andrew Lang)이 아동용으로 40여 가지의 이야기를 추려 평이한 말로 번역한 것도 있다.

『천일야』는 페르시아에서 원형이 갖추어졌지만, 그 내용은 인도와 페르시아, 아랍에서 유행하던 민간설화들을 한데 엮은 일종의 '혼성작품(混成作品)'이다. 자고로 페르시아는 인도와 접경하여 끊임없이 교류해오면서 인도인들의 설화를 자체의 설화문학 속에 수용하고 융합하였던 것이다. 한편, 이슬람 문명의 '용광로' 속에 용해된 페르시아 문화는 아랍인들에 의해 그 정수가 계승될 수 있었다. 그 과정에서 아랍인들은 페르시아적인 '천일야'를 아랍적인 '천일야'로 확대·발전시켰다. 그 결과 하나의 혼성작품으로 완성된 『천일야』에는 소재나 내용 면에서 인도, 페르시아, 아랍적인 것이 뒤섞일 수밖에 없었다. 그 혼성상을 보면 대체로 비유담(比喩譚)이나 우의담(寓意譚)은 인도에서 왔고, 애정담(愛情譚)·희극담(戱劇譚)·엽기담(獵奇譚)·실패담(失敗譚) 같은 것은 페르시아나 아랍적인 소재가 가미·윤색된 것이다.

『천일야』가 유럽 문학에 끼친 영향은 여러 작품에서 그 흔적을 찾아볼 수 있다. 영국의 경우 문호 가워(J. Gower)의 『연인의 고해』(*Canfessio Amantis*)나 보까치오(Boccaccio)의 『데까메론』(*Decameron*), 초서(G. Chaucer)의 『캔터베리 이야기』(*Canterbury Tales*) 등 세계적 명작에도 '천일야'적인 요소들이 곳곳에 묻어 있다. 물론 그 요소들은 『천일야』의 것을 그대로 모방한 것이 아니라 적절히 차용(借用)한 것이다. 심지어 『로마의 7현이야기』(*The Seven Sages of Rome*) 같은 역서에서도 그러한 요소들이 감지된다.

앞서 밝힌 대로 기독교 선교사들이나 사절, 그리고 마르꼬 뽈로 같은 여행가들이 사실적으로 동방을 서술한 여행기들이 있는가 하면, 이와는 달리 허구적이고 환상적인 동방여행기도 나돌았다. 그 전형적인 것이 중세 중기 유럽 문단에 큰 파문을 던진 『몬더빌 여행기』(*Maundeville's Travels*)이다.

저자 몬더빌의 자술에 의하면, 그는 1322년(1332?)에 영국을 떠나 해외여행길에 올랐는데, 터키와 아르메니아, 페르시아, 시리아, 아라비아 반도, 이집트, 리비아, 에티오피아, 인도 등 여러 곳을 두루 주유하면서 직접 보고 들은 것을 기록하였다고 한다. 그러나 여행기의 내용을 검토해보면 극히 일부분만이 사실에 부합되고, 대부분은 환상적인 억측이거나 타인의 기사를 표절한 것이 분명하다. 그러나 사실성은 없어도 흥미본위로 문학적인 윤색을 가하였기 때문에 독자들로부터 상당한 호감을 샀다. 저자는 1371년에 프랑스어로 초간한 데 이어 라틴어와 영어로도 발간하였다. 이렇게 세 언어로 발간하다 보니 독자가 그만큼 많아져서 당시 최다 발행부수를 기록하였다.

이 여행기에는 동방 여러 나라의 기담이 상당히 많은데, 황당무계한 내용이 많아서 유럽인들로 하여금 동방에 대한 전래의 편견과 오해에 계속 머물도록 했다. 인도는 대인도·소인도·북방 지방으로 나뉘어 있으며 해저에는 자석암(磁石岩)이 많아 선박들이 쇠붙이를 쓸 수 없다는 기문, 자바의 왕궁은 세계에서 가장 화려해 길마저도 금·은으로 포장하였다는 이야기, 인도 남부의 돈둔(Dondun) 섬에는 부자와 부부가 서로 잡아먹는 식인종이 산다는 허담(虛談), 중국(Cathay) 황제의 연회 식탁에 놓인 장식용 금제 공작새가 '기묘한 마술'에 의해 소리를 내고 춤을 추며, 중국인들은 자신들에게는 눈이 둘 있으나 기독교인들에게는 하나밖에 없다고 하면서 거드름을 피운다는 식의 기담 등 기상천외한 기담괴설로 일관하고 있다.

이러한 기담괴설과 더불어 유럽인들의 특별한 관심을 끈 내용은 한동안 그들을 크게 흥분시켰던 이른바 프레스터 존(Prester John, 일명 프레스비다 요하네스) 제국에 관한 기사다. 그 기사에 따르면, 프레스터 존 제국은 동방의 유일한 기독교 국가로서 황제 프레스터 존이 다스리는 영토가 12곳이나 되는데, 그 폭만도 4개월 여정의 거리이고 길이는 이루 헤아릴 수 없다. 중국이 제노바나 베네찌아에서 육·해로로 11~12개월 걸리는 거리에 있다면, 이 기독교국은 그보다 더 먼 곳에 있다. 황제 프레스터 존과 그 국민은 모두 기독교 신봉자이고, 궁전에는 매해 12명의 대승정(大僧正)과 20명의 승정(僧正)이 출근하여 종무(宗務)를 처리한다. 또한 성 토머스가 파견한 교주는 유럽의 교황과 동등한 지위에 있다.

이런 유의 신통한 이야기는 항시 동방 이교도들을 경계해온 유럽 기독교인들에게 상당히 희망적인 충격을 주었으며, 아울러 흥미있는 문학적 소재로 널리 이용되었다. 사실 이 여행기가 나오기 이전에도 프레스터 존은 전설상의 기독교 군주로 전해오고 있었다. 이와 관련된 기록은 독일의 역사가이며 기독교 승정인 오토 폰 프라이징(Otto von Freising, 1111~58)의 연대기에서 처음 보인다. 그 기록에 의하면, 프레스비다 요하네스(프레스터 존)는 극동 대제국의 황제로서 네스토리우스파(景敎)의 신봉자인데, 이러한 사실은 그가 1144년 비테르보(Viterbo)에서 만난 시리아 출신의 기독교 승정으로부터 전해들었다고 한다. 그후 유럽에서는 프레스터 존에 관한 갖가지 전설과 위서(僞書)가 나돌았다.

프레스터 존의 실체에 관해서 확실하게 밝혀진 바는 없지만, 서양 역사가들 중에는 그를 서요(西遼), 즉 흑거란(黑契丹, Kara Kitai)의 야율대석(耶律大石)으로 보는 견해가 많다. 중국 북방에서 916년에 건국한 요(遼, 거란)가 송(宋)과 금(金)의 협공을 받아 위험에 처하자, 종실(宗室)의 야율대석은 백성들을 이끌고 서행[率衆西行]하여 1132년 엽밀립(葉密立, 야밀)에서 건국(서요)을 선포하고 계속 서진하여 중앙아시아 일원에 약 80년간(1132~1211) 존속한 강력한 서요제국을 건설하였다. 야율대석과 그 백성들은 경교(景敎, 네스토리우스파)를 신봉하고 서방 기독교 국가들과 제휴하여 이슬람세력의 압력에 대항하려고 하였다. 추측컨대, 이 때문에 기독교 서방국가들과 교섭이 있었을 것이고, 그 과정에서 야율대석의 존재가 전설처럼 유럽에 알려졌을 것이다. 따라서 여러 상황으로 보아 프레스턴 존이 야율대석이란 견해는 개연성을 넘어 상당한 신빙성이 있는 것으로 사료된다.

중세 말엽(15~16세기)에 이르면 강력한 오스만제국의 대두와 서구 신흥세력의 동점(東漸)이라는 새로운 국제정세 아래 터키를 비롯한 동방제국에 관한 서구인들의 관심이 한층 높아졌다. 따라서 영국을 비롯한 서구 각국의 문학에 이러한 시대적 상황이 그대로 반영되어 다종다양한 동방관련 문학작품이 번역 및 창작되었다. 그 대표적인 것이 영국의 캑스턴에 의해 주도된 번역활동이다. 그는 1481년에 고대 인도의 설화집인 『판차 탄트라』의 소재가 담긴 도덕적 교훈서 『세계의 거울』(The Mirror of the World, 대본은 라틴어 원본의 프랑스어 역본)을 비롯하여 동방의 전설이 간간이 삽입된 『기독교 명승전(名僧傳)』(The Golden Legend, 1483), 『이솝이야기』(The Aesop's Fables, 1484), 이집트 알렉산드리아 학파의 도덕관이 부분적으로 반영된 교훈서 『왕서』(The Royal Book, 1487, 원본은 La Somme des Vices et des Vertus), 동방적 소재가 삽입되어 널리 애독된 『예법서』(禮法書, The Book of Good Manners, 1487, 원본은 프랑스 자끄 르그랑Jacques Legrand의 Le Livre des Bonnes Meurs) 등 다양한 서적들을 영역·출간하였다.

그밖에도 중세 말엽에는 동양적 요소가 투영된 작품들이 다수 번역·출간되었다. 여성의 정절(貞節)관념을 강조한 시편 『천한 방패지기』(The Squyr of Lowe-Degre, 역자와 원본 미상, 15세기), 시리아 왕의 로맨스를 주제로 한 『타이르 왕 아폴린』(The Kynge Apolyne of Tyre, 역자 미상, 아랍어 원본, 대본은 라틴어 역본의 프랑스어 중역본, 16세기 초), 뉴플라톤파의 숙명관이 반영된 『왕의 서(書)』(The King is Quair, 스코틀랜드 왕 저, 1423경), 『이솝이야기』와 이집트 목가문학의 영향이 역력한 『로버트 헨리슨』(Robert Henryson, 1425~1500경) 등이 그 대표적인 작품이다. 이러한 작품들을 살펴보면, 동방적인 소재나 사상을 취급하거나 차용하는 데서 종전과 같은 생경함이 줄고 자못 조화를 이루어 수용에서 성숙도를 보여준다.

중세 말엽에 이르러 동서 문학교류에 나타난 새로운 경향은 오스만제국의 흥기(興起)와 서세동점의 정세에 편승하여 터키를 비롯한 동방관련 소재가 급증한 것이다. 1453년에 동로마제국(비잔틴 제국)을 공략한 터키인들은 16세기에 서아시아 전역과 유럽 동남부를 석권하고 이슬람세계의 종주 국으로 부상하였다. 이러한 국면은 터키의 '동족(同族)'으로 알아온 몽골인들의 서정을 악몽으로 여 기는 유럽인들에게 새로운 위협일 수밖에 없었다. 그리하여 18세기까지 약 200년간 유럽에서는 터 키 연구붐이 일어났으며, 유럽 문단에서는 터키인들의 '잔인성'과 그들의 서진을 막는 방안을 논한 연구서와 작품들이 속출하였다. 오스트리아 출신의 동양사 대가인 폰 함머(von Hammer, 1774~1856)의 『오스만제국사』(*Geschichte des Osmanischen Reiches*)에 의하면, 이 책을 집필할 때까 지 출판된 터키관련 연구서는 무려 3,176종에 달하며, 그중 1500년부터 1640년 기간에 나온 것이 1,600여 종이나 된다. 대표적인 연구서는 놀레스(R. Knolles)의 『터키인의 역사개설』(*The General History of Turks*, 1603)이다. 이러한 서적 가운데는 터키인을 소재로 한 시나 설화, 희곡, 평론 같은 작 품들도 다수 포함되어 있다.

영국 문학에 등장한 터키인은 대체로 흉포하고 복수에 집착하며, 배은망덕하고 음란방탕한 부정 적인 인간형으로 형상화된다. 토머스 키드(Thomas Kyd)의 희곡인 『스페인 비극』(*The Spanish Tragedy*, 1599)은 한 터키계 노인이 친자식에게 복수하는 비정한 내용이고, 문호 말로의 수작 『탬벌 레인 대왕』도 역시 터키인의 복수심을 노골적으로 부각시킨 작품이다. 셰익스피어의 『오셀로』(*The Tragedy of Othello, the Moor of Venice*, 1604)나 데넘(Sir John Denham)의 『소피』(*The Sophy*, 1642)에 등장한 인물들도 예외없이 잔인하고 복수심이 강하거나 음탕하고 비이성적인 인간으로 묘사되어 있다. 그밖에도 이와 유사한 작품들이 상당수 있다.

이러한 터키 연구붐과 더불어 16세기 초부터 포르투갈과 영국을 비롯한 신흥 서방국가들이 동방 진출에 경쟁적으로 나섬으로써 또다른 붐이 일기 시작하였다. 그 과정에서 동방의 실상을 소개하거 나 동방을 소재로 한 작품이 다양한 장르로 출간되었다. 영국의 경우, 엘리자베스 여왕 시대는 전술 한 두 붐이 합류됨으로써 명실공히 동방연구와 동방문학의 전성기였다. 이 시기에 나온 동방관련 서 적으로는 리처드 윌리스(Richarde Willes)의 『동서 인도와 기타 지방으로의 여행역사』(*The History of Travelling in the West and East Indies and Other Countries*, 1577), 파크(R. Parke)의 『위력한 중화제 국의 역사와 당면정세』(*The History of the Great and Mighty Kingdome of China and the Situation there of*, 1588, 에스빠냐어 원본의 영역본), 토머스 노스(Thomas North)의 『도니의 교훈서』(*The Morall Philosophie of Doni*, 1570, 고대 인도의 『비드파이 이야기』의 이딸리아어 역본의 영역), 『루뱅 콜렉션』(*Louvain Collection*, 1569. 기독교 선교사들의 동방 포교활동 상황) 등 다양한 내용의 저서와 역서들이 있다.

근대 초 문학의 교류 동서 문학교류에서 중세를 전개기(展開期)라고 하면 근대는 개화기(開花期) 라고 말할 수 있다. 실크로드의 전개를 근대 초(17~18세기)까지 한정하기 때문에 이 절에서 살펴볼 동서 문학교류의 시간적 하한(下限)도 근대 초로 잡았다. 근대 초기의 동서 문학교류는 중세 말엽의 동방연구붐에 편승해서 나타난 문학교류의 성황(盛況)을 계승하여 바야흐로 그 꽃을 피우는 개화기에 진입하였다.

근대 초는 서세동점이 의욕적으로 추진되어 서구의 동방경략이 실현되기 시작한 시기다. 산업혁명을 비롯한 서구의 부흥은 동방으로부터의 막대한 수익에 절대적으로 의존해야 하기 때문에 이제 동방을 떠난 서방의 존재는 상상할 수가 없게 되었다. 따라서 동방을 대상으로 신흥 서방국가간에 치열한 쟁탈전이 벌어졌다. 신흥 서방국가들이 변화된 상황에 능동적으로 대처하기 위해서는 동방에 대한 정확한 이해가 필수였다. 구래의 환상적이고 편파적인 착각이나 오해는 더이상 용납될 수 없었다. 그리하여 동방에 관한 진지한 연구기풍이 서기 시작하였으며, 아울러 동방문학에 대한 시각이나 수용관도 점차 달라졌다. 물론 이것은 점진적인 과정이었으며 전래의 인식이나 시각이 일시에 바뀔 수는 없었기 때문에 이전의 여독이 아직은 이러저러한 작품에서 드러나고 있다.

17세기 전반 영국에서는 인도를 비롯한 동방의 소재로 문단을 빛낸 일련의 작품들이 창작되었다. 그중에는 인도를 소재로 한 플레처(J. Fletcher)의 『섬의 여왕』(*Island Princess*, 1621)과 드라이든(J. Dryden)의 『오렝 제브』(*Aureng Zebe*, 일명 *The Great Mogul*, 1675), 그리고 기타 동방 각국을 소재로 한 채프먼(Chapman)의 『명예복수』(*The Revenge for Honour*, 1633), 브룩 경(Lord Brooke)의 『알라함』(*Alaham*), 써클링(Sir John Suckling)의 『아글로라』(*Aglaura*, 1638), 데넘의 『소피』 등이 있다. 그밖에 프랑스 여류작가 마들렌 드 스뀌데리(Madeleine de Scudéry)가 1641년에 발표한 『이브라힘』(*Ibrahim, ou L'illustre Bassa*)을 그 동생인 조르주(Georges)가 극본으로 각색한 것이 영역되기도 하였다. 스뀌데리는 이어 10부작 장편소설 『아르타멘』(*Artamène*, 1649~53)과 소설 『알마이드』(*Almahide*, 1660)를 발표하였는데, 여기서 다룬 동방적인 소재가 영국의 문학작품에 적지 않게 유입되었던 것이다.

18세기는 유럽인들이 동방을 '진지하고 이성적으로' 연구하는 시기였다. 이때 동방연구의 선도자는 영국에서 창립된 '아시아학회'(The Asiatic Society)이며, 이 학회를 이끈 사람은 윌리엄 존스 경(Sir William Jones, 1746~94)이다. 아랍과 페르시아, 인도 등 동방의 고전문학이 존스와 그 학회 회원들에 의해 연구되고 영역되었다. 존스는 1783년에 6~7세기의 아랍 고전시집인 『무알라까트』(*Mu'allaqāt*)를, 1789년에는 기원전 인도의 대시인 칼리다사(Kalidasa)의 역작 『샤꾼탈라』(*The Shakuntala*)를 역출하여 서구 학계를 놀라게 하였다. 그는 또 인도나 페르시아의 법률서적도 번역·소개하였다. 존스가 내놓은 미증유의 연구업적은 유럽 학계, 특히 독일 학계를 크게 자극하였다. 당시 독일 언어학계의 귀재인 슐레겔(Friedrich von Schlegel)은 존스의 연구에 힘입어 인도어 연구에 전념하였다. 그 결과 1808년에 『인도의 언어와 지식』(*Sprache und Weisheit*)이란 명저를 저술하여 인도어와 유럽어의 비교언어학적 상관성을 밝혀냈다. 그의 연구는 비교언어학과 비교신화학, 비교문학, 비교문헌학을 탄생시킨 밑거름이 되었다.

18세기 영국 문단에 산문 형식이 유행하기 시작하였는데, 이것은 동방의 소재가 도입된 것과 관련이 있다. 즉 동방의 소재를 차용하여 도덕이나 철학을 논하며 사회를 풍자하는 데서 비롯된 것이다. 1743년에 출간된 『고대 인도철학자 필페이의 교훈집』(*The Instructive and Entertaining Fables of Pilpay, Ancient Indian Philosopher, Containing a number of Excellent Rules for the Conduct of Person of All Ages*)은 고대 인도인들의 생활철학을 소개하고 있다. 이어 1750년에 출간된 『효행과 어버이 사랑』(*The Filial and Paternal Love*, 일명 *The History of Abdalla and Zoraide*)은 자식의 효행과 부모의 사랑을 가르쳐주는 일종의 도덕교양서이다. 이 교양서의 소재는 18세기 영국의 문학가이며 정치가인 리텔턴(G. Lyttelton)의 『페르시아 서간집』(*The Persian Letters*)에서 취한 것이다. 동방의 도덕적·철학적 소재를 활용한 수필 형식의 산문은 18세기 전반에 창간된 『스펙테이터』(*The Spectator*)『태트』(*The Tatte*)『프리홀더』(*The Freeholder*) 등 교양 및 문학잡지들에 많이 실렸다. 이와같은 동방의 교훈주의적 문학은 18세기 영국에서 계몽주의 문학이 탄생하는 데 일정한 영향을 미쳤던 것이다.

동방의 도덕적·철학적 내용과 더불어 18세기에 유행한 산문 형식의 문학작품에는 풍자가 들어있다. 주로 동방의 소재를 활용하여 정치적·사회적 현상을 풍자하는 내용인데, 유럽의 이러한 문학경향은 프랑스에서 그 효시를 찾아볼 수 있다. 1684년에 마라나(Giovanni Palo Marana)가 창작한 『터키 정탐』(*L'Espion Tarc*)은 전형적인 산문 형식의 풍자작품으로 곧바로 영역되었다. 이러한 풍자작품에는 서간체(書簡體) 형식의 작품이 많다. 프랑스에서 1721년에 문호 몽떼스끼외(Montesquieu)가 『페르시아인의 편지』(*Lettres Persanes*)란 풍자작품을 발표한 데 이어 영국에서는 1757년에 월폴(Horace Walpole)이 『중국의 철학자가 런던에서 북경의 지우(知友)에게 보낸 서신』(*A Letter from Xo-Ho, a Chinese Philosopher at London to his friend Lieu Chi at Peking*)이란 풍자물을 발표하였다. 월폴의 이 작품은 대단히 흥미진진해 초간 후 2주 만에 5판까지 간행되었다고 한다. 뒤따라 동류의 작품으로 1762년에 『런던 거주 중국철학자가 동방 지우에게 보내는 서신』(*Letter from a Chinese Philosopher Residing in London to his friend in the East*)과 1785년 『성현 공자의 유저역서(遺著譯書)』(*The Oriental Chronicles of the Times : Being the Transration of a Chinese Manuscript Supposed to Have Been Written by Confucius the Sage*)가 출간되어 화제가 되었다.

18세기에 창작된 동방적 소재를 다룬 시가(詩歌)에는 정서까지도 동방적인 것을 그대로 진실하게 담아보려는 노력이 엿보인다. 그 대표적인 작품으로는 콜린스(William Collins)의 『페르시아 목가(牧歌)』(*The Persian Eclogues*, 1742. 1757년에 『동양목가』 *The Oriental Eclogues*로 개명)와 채터튼(Thomas Chatterton)의 『아프리카 목가』(*The African Eclogues*, 1770), 존 스콧(John Scott)의 『동양목가』(*The*

Oriental Eclogues), 그리고 몽골의 쿠빌라이 칸을 묘사한 콜리지(S. T. Coleridge)의 54행(行) 몽환시(夢幻詩)『쿠블라 칸』(*Kubla Khan*, 1816) 등이 있다.

근대 초의 동서 문학교류에서 특기할 사항은 중국 문학의 유럽 전파와 그 적극적인 수용이다. 전술한 바와 같이 유럽인들은 중세에 마르꼬 뽈로를 비롯한 서방 여행가들이나 선교사들, 사절들이 저술한 견문록이나 여행기를 통하여 비로소 동방의 대국인 중국에 관하여 초보적인 지식과 정보를 얻게 되었다. 그러다가 중세 말엽 서세동점이란 새로운 정세가 도래함으로써 중국에 관한 정확하고 많은 지식이 필요하게 되었다. 이러한 수요를 만족시키는 일에 앞장선 사람들은 중세 말엽과 근대 초에 중국에 대거 파견된 선교사들이다. 그들의 활동으로 과학기술을 비롯한 서양문물이 중국에 유입되었을 뿐만 아니라, 중국의 문물과 사정도 서양에 전해졌다. 이 과정에서 18세기를 전후로 유럽에서 중국에 관한 연구가 본격적으로 시작되었다. 그로 인해 중국 고적(古籍) 번역이 시도되고, 중국을 소재로 한 작품들이 창작되었으며, 중국을 연구하고 소개하는 서적들이 줄지어 출간되었다. 말하자면, 유럽에서 중국학 연구의 물결이 일면서 중국과 유럽 간의 문학교류에 새로운 전기가 찾아온 것이다.

16~17세기에 내화한 선교사들의 중국관련 보도와 저술은 유럽인들의 중국 연구에 길잡이가 되었다. 18세기에 접어들면서 선교사들의 중국관련 보도와 저술이 더욱 증가하고, 서구 학술계의 연구 활동이 본격화됨에 따라 18세기는 유럽에서 중국학 연구가 기반을 다지는 정초기(定礎期)라고 말할 수 있다. 여기서 견인차 역할을 한 것은 『예수회 선교사 서간집』과 『중화제국전지(中華帝國全志)』『중국논총(中國論叢)』 등 3대 문헌이다. 『예수회 선교사 서간집』은 재화 선교사들의 서간모음집으로서 1702~76년까지 빠리에서 총 34권이 발행되었다. 1702년에 초간된 첫권의 제목은 『중국과 동인도의 예수회 선교사 서간집』이었으나, 제2권부터는 『예수회 해외선교사들이 쓴 교육적이고 매력적인 서간들』(*Lettres Édifiantes et Curieuse Écrites ders Missions Etrangères Par quelques Missionnaires de la Conpagnie de Jésus*)이라는 제목으로 발간되었는데, 약칭 『예수회 선교사 서간집』이라고 한다.

같은 시기인 1735년에 프랑스 루이 14세의 참회신부 비서 할드(Jean Bapt du Halde)가 주로 재화 선교사들이 보내온 서한과 보고문에 근거하여 4권의 『중화제국과 그 소속 타타르의 지리, 역사, 편년기, 정치 박물지』(*Descriptions Géograpique, Historique, Chronologique, Politique et Physique de l'Empire de la Chine et de la Tartarie Chinoise*, 약칭 『중화제국전지』)를 저술하여 중국의 전반적인 상황을 개술하였다. 중국 백과전서로 평가된 이 대작은 1735년에 빠리에서 초간된 후 이듬해에는 헤이그에서 재간되었으며, 브룩스(R. Brookes)가 영역하였다(영역본은 『중국통사』 *The General History of China*). 제1권은 각 성(省)의 지리와 편년사이며, 제2권은 정치·경제·경전·교육을, 제3권은 종교·도덕·의약

·박물 등을, 제4권은 만주·몽골·티베트·조선에 관해 종합서술하고 있다. 이 두 문헌의 속편 격이라 할 수 있는 문헌으로 1776년부터 1814년까지 총 16권의『북경 주재 선교사들의 중국 역사, 과학, 예술, 풍속, 습관 관련 논총』(*Mémoires Concernantes l'Histoire, les Sciences, les Arts, les Moeurs, les Usages, etc. des Chinois par les Missionaires de Peking*, 약칭『중국논총』)이 출간되었다.

이 3대 문헌의 출간을 계기로 18세기에는 프랑스를 비롯한 유럽에서 중국학 연구의 토대가 마련되었으며, 19세기에 와서는 드디어 중국학이 하나의 학문으로 정립되기에 이르렀다. 1815년 프랑스 과학원 산하에 레무자(A. Remusat, 1788~1832) 교수가 주도하는 중국과 타타르 및 만주어 문학강좌가 신설되었다. 이어 레무자는 독일 한학자(漢學者)인 클라프로트(H. J. Klaproth, 1788~1830)와 함께 1822년 빠리에서 '아시아학회'를 창립하고『아시아학보』(*Journal Asiatique*)를 발간하였다. 그 결과 19세기 중엽부터 프랑스를 필두로 독일과 영국, 네덜란드, 러시아, 스웨덴 등 여러 유럽 나라에서 중국학(일명 한학) 연구가 활발히 진행되었다.

유럽에서 중국에 대한 관심이 높아지고, 특히 중국학 연구가 활성화됨에 따라 중국과 유럽 간의 문학교류에서 새로운 면모가 나타났다. 우선, 중국 이해를 위한 기초작업인 중국어문학에 관한 연구와 더불어 유럽인들이 중국어를 습득하기 시작하였다. 그 효시는 1643년부터 1650년까지 중국에서 포교활동을 한 이딸리아 출신의 선교사 마르띠니(Martino Martini, 衛匡國, 1614~61)가 귀향 후 독일에서 편찬한 라틴어의『중국어 문법』(*Grammatica Sinica*)이다. 이어 벨기에 출신의 중국 선교사였던 쿠플레(Philippe Couplet, 柏應理, 1632~92, 중국 체재 1659~81)의 지도 아래 중국어(漢語)를 배운 독일 의사 멘첼(Chirstian Mentzel)이『중국어 입문』(*Clavis Sinica*)과『라틴어–한자 어휘수첩』(*Sylloge Minutiarum Lexici Latino-Sinico Characteristici*, 1685)을 편찬·출간하였다. 같은 시기에 에스빠냐 출신의 선교사 바로(Franciscus Varo)는『쉬운 관방어(官方語) 독법』(*Facilis Perspicua Methodus ad Linguam Mandarinam Addiscendam*, 1684)을 펴냈다. 프랑스 출신의 선교사인 프레마르(Jos-Maria de Prémare, 馬若瑟, 1666~1735)는 유럽인으로서는 최초로 1728년에 중국 문자학 연구서인『중국어 찰기(扎記)』(*Notitia Linguae Sinicae*)를 저술하였다. 짜르 러시아의 바예르(Bayer)는 1730년에 저술한 2권의『중국대관(大觀)』에서 중국 문학의 유럽 전파와 중국어 문법, 중국어 자전, 방언 등에 관하여 논급하였다.

프랑스 루이 14세의 고문인 푸르몽(E. Fourmon, 1683~1745)은 한학의 대가로서『중국어 문법』(*Grammatica Sinica*)을 찬술하고 프랑스에서 한학 연구를 주도하였다. 이딸리아의 까스따라노(Fr. Carolus Horatius da Castarano)는 1732년에 북경에서 라틴어–이딸리아어–중국어 자전을, 글레모나(P. Bazilius da Glemona)는 1733년 마카오에서 중국어–라틴어 자전을 각각 편찬·출간하였다. 주로 한학자들에 의한 중국어문의 연구와 그 결과물은 유럽인들이 중국을 이해하는 데 중요한 수단과 기

326

초를 제공하였다.

중국 연구자들이 언어수단을 장악한 뒤에 착수한 첫 작업은 사서오경(四書五經)을 비롯한 중국 고적(古籍)의 번역이었다. 중국의 전통사회와 문화를 제대로 이해하기 위해서는 무엇보다도 먼저 그 뿌리인 경적(經籍)부터 이해해야 했기 때문이다. 경적 번역에 처음 손을 댄 사람은 재화 이딸리아 선교사인 마테오 리치(Matteo Ricci, 利瑪竇, 1552~1610)이다. 리치는 1593년에 사서(四書)를 라틴어로 번역하여 이딸리아에 보냈으나 출간되지 않았다. 그러다가 1626년에 프랑스 선교사 트리고(Nicolas Trigault, 金尼閣, 1577~1628)가 오경(五經)을 라틴어로 번역하여 항주(杭州)에서 상재(上梓)하였다. 이것이 중국 경적의 최초 유럽어 역본이다. 그후 『대학』(1662)과 『논어』는 이딸리아 선교사인 인떼르체따(Prosper Intercetta, 殷鐸澤, 1625~96)와 포르투갈 선교사 꼬스따(Ignatius da Costa, 1599~1666)의 공역(共譯)으로 출간되었으며, 『중용』은 인떼르체따가 『중국 정치윤리학』(Sinarum Scientia Politico-moralis)이라는 제목으로 번역하여 1667년에 광주(廣州)에서 출간하였다.

유럽에서 공자에 관한 경서를 처음으로 번역·출간한 시기는 1687년인데, 이 해에 벨기에 선교사 쿠플레가 빠리에서 『중국 철학가 공자』(Confucius Sinarum Philosophus)를 간행하였다. 이 역서에는 『중국 경적도론(經籍導論)』『공자전(孔子傳)』『대학』『중용』『논어』 등의 라틴어 역문이 포함되어 있다. 같은 해에 로마교황을 위해 유라시아 육로를 탐색한 바 있는 오스트리아 선교사 그뤼버(Joannes Grüber, 白乃心, 1623~80)가 이딸리아어로 쓴 『중국차기』(中國箚記, Notizie Varie dell Inperio dell Cina)가 유작(遺作)으로 출판되었는데, 책의 말미에 『공자전』과 『중용』의 역문이 첨가되었다. 사서의 완역본은 벨기에 선교사 노엘(Franciscus Noël, 衛方濟, 1651~1729)이 1711년에 프라하대학에서 출간한 라틴어 역본이다. 그는 이 역본과 함께 『중국철학』(Philosophia Sinica)을 저술하여 유가의 경전과 중국 고대철학사상을 체계적으로 소개하였다.

오경 중에서 유럽인들이 가장 주목한 것은 『역(易)』과 『상서(尙書)』였다. 강희(康熙) 연간에 부베(Joachim Bouvet, 白晋, 1656~1730)와 비스델루(Claude de Visdelou, 劉應, 1656~1737), 프레마르, 레지스(Jean-Baptiste Régis, 雷孝思, 1663~1738) 등 프랑스 선교사들에 의해 오경이 연구 및 번역되었다. 천문과 역산(曆算) 업무에 종사했던 부베는 1710년부터 6년간 『역경』을 집중적으로 연구한 끝에 라틴어로 『역경요지』(易經要旨, Idea Generalis Doctrinae Libri Iking)를 저술하였고, 『시경연구(詩經研究)』라는 연구초고도 남겼다. 비스델루는 『역』『시(詩)』『찰기(扎記)』를 연구하여 1728년에 『역경개설(易經槪說)』을 저술하고, 이어 라틴어로 『서경(書經)』을 번역·출간(4권 6책)하였다. 레지스도 『역경』을 연구하여 사후인 1834~39년에 주소(注疏)가 첨부된 유작 『중국 최고전적·역경(最古典籍·易經)』(I-King, Antiquissimus Sinarum Liber)이 2책으로 출간되었다. 프레마르는 또 『경전의론(經傳議論)』(12편)을 저술하여 강희제에게 바치고, 『서경』과 『시경』도 선역(選譯)하였으며, 『중국경학 연구도언』(中國經學研究導言, *Essai d'Introduction Préliminaire à l'intelligence des King*)이란 초본(抄本)도 남겼다. 그밖에 프랑스 선교사들인 드 라 샤름(Alexander de la Charme, 孫璋, 1695~1767)의 라틴어 『시경』 역본, 아미오(Jean-Joseph Marie Amiot, 錢德明, 1718~93)의 프랑스어 『공자전』(*Vie de K'ong-tse*, 북경 출판)과 『공자 제자 약전』(*Abrégé de la Vie des Principaux Disciples de K'ong-tse*) 등 역서와 저서들도 있다.

경적의 번역·연구 및 중국어문의 습득과 함께 유럽의 중국 연구가들이 주목한 분야는 중국의 인문상황에 관한 이해였는데, 그 중심은 중국 역사와 지리에 관한 연구였다. 중국 역사에 관한 최초의 연구서는 선교사 멘도사(Juan Gonzalez de Mendoza, 1545~1618)가 1585년에 에스빠냐어로 저술한 『중화대제국사』(中華大帝國史, *Historia de las Cosas Mas Notables, Rito y Costumbres del Gran Reyno de la China*)이다. 이 책은 초간 후 5년 동안 이딸리아어와 프랑스어, 영어, 라틴어, 독일어로 연속 번역되어 처음으로 유럽에 중국 역사 개관이 소개되었다. 70여 년 후인 1658년에 이딸리아 선교사인 마르띠니가 독일 뮌헨에서 라틴어로 된 『중국역사 제1부』(*Sinica Historiae Decas Prima*)를 출간하였는데, 10권으로 된 이 책은 전설시대부터 서한(西漢) 말까지의 고대사 부분만 다루고 있다. 1667년에는 이 책의 프랑스어 역본이 빠리에서 출판되었다. 이어 재화 프랑스 선교사 멜라(Joseph Marie de Mailla, 馮秉正, 1669~1748)가 프랑스어로 12권의 『중국통사』(中國通史, *Histoire Générale de la Chine*)를 번역하였다. 이 책은 1692년에 강희제의 하교(下敎)에 따라 만주어(滿州語)로 역출된 『통감강목(通鑑綱目)』에 준해 편찬된 것으로서 청(淸)나라 역사 부분이 비교적 상세히 기술되어 있는 것이 특색이다. 후에 저자는 제13권으로 『중국개황(中國槪況)』을 첨부하여 청대 15개 성의 인문지리를 소상히 소개하였다.

중국 지리에 대한 연구에서 특출한 성과는 중국 지도의 제작이다. 그 선구자는 선교사인 마르띠니인데, 그는 1654년에 『중화제국도(中華帝國圖)』(일명 『신중국도』)와 『중화제국신도(中華帝國新圖)』를 제작·출간하였다. 『중화제국도』는 8폭의 대형 걸개지도이며, 1655년에 암스테르담에서 간행된 『중화제국신도』(*Novus Atlas Sinensis*)는 중국 전도(全圖) 1폭과 15개의 성분도(省分圖), 그리고 일본 지도 1폭을 포함해 지도 17폭과 지지(地志) 171면으로 구성되어 있다. 18세기 초 프랑스 궁전지리학자이며 유럽 지리학의 태두인 앙빌(J. B. Bourguignon d'Anville, 1697~1782)은 오스트리아 선교사 프리델리(Ehrenbert Xaver Fridelli, 費隱, 1673~1743)가 중국에서 보낸 『황여전현도(皇輿全賢圖)』에 근거하여 각종 중국 지도를 제작, 빠리와 헤이그에서 간행하였다. 1734년 앙빌은 이 판본을 보충하여 중국 15개 성과 몽골, 신강(新疆), 청해(靑海), 티베트, 부단(不丹, 현 부탄)을 포괄한 이른바 『중국, 타타르, 티베트 전도』까지 제작하였다. 지금 빠리 국립도서관에는 모두 42폭의 당시 지도가 소장되어 있다. 또 로마의 한 박물관에는 선교사들이 제작한 폭 3.5m의 만리장성(萬里長城) 전도가 소장되어 있기도 하다.

중국 문학도 18세기를 기점으로 경서나 역사, 지리에 대한 연구와 더불어 유럽에 알려지기 시작하였다. 그 출발은 역시 재화 선교사들에 의한 중국 문학작품의 번역이었다. 재화 프랑스 선교사 프레마르는 1732년 기천상(紀天祥) 원작의 원대 희곡인 『조씨고아(趙氏孤兒)』를 『중국 비극 조씨고아』(Tchao-Chi-Cou-euih, ou l'Orphelin de la Maison de Tchao, Tragedie Chinoise)라는 제목을 달아 프랑스어로 출간하였다. 그로부터 2년 후에 빠리의 『프랑스 시보』(Mercure de France)에 그 일부가 게재되었으며, 그 이듬해에 할드가 『중화제국전지』를 출간할 때 제3권에 그 전부를 수록하였다. 『중화제국전지』의 영어 역본(1736), 독일어 역본(1747), 러시아어 역본(1774)이 속속 출간됨에 따라 『조씨고아』는 유럽에 널리 알려지게 되었다. 1741년에는 프레마르가 미처 번역하지 못했던 가사(歌辭)의 역문까지 첨가된 영어 완역본이 영국에서 출간되었다. 후에 프랑스 백과전서파(百科全書派)의 볼떼르(Voltaire, 1694~1778)가 『중국고아』(L'Orphelin de la Chine)라는 극본으로 개작하였는데, 그것이 각색되어 1755년 8월 22일 빠리에서 처음 공연되었다. 볼떼르는 극본에 '공자의 교도(敎道)에 근거하여 개작된 5막극'이란 부제(副題)를 붙이고, 이 극이야말로 "이성과 지혜가 종국적으로 우매와 야만을 제압한다는 것을 명증(明證)"하는 극이라고 서문에서 평하였다.

유럽에 전해진 첫 중국 소설은 1761년 영국에서 출간된 『호술전(好逑傳)』의 영역본이다. 출판인은 영국 문인 퍼시(Thomas Percy)였으나, 역자는 광동(廣東)에 다년간 거주한 바 있는 영국 상인 윌킨슨(James Wilkinson)이었다. 윌킨슨이 1719년에 영역한 이 소설 중 4분의 1은 포르투갈어 역본이었는데, 퍼시가 그것마저 영역을 하여 완역본이 된 것이다. 이 영역본을 대본으로 1766년에 프랑스어와 독일어로 역출되어 유럽에 널리 알려졌다. 역서의 말미에 부록으로 『중국희곡제요(中國戲曲提要)』『중국어속담집(中國語俗談集)』『중국시선(中國詩選)』을 주해와 함께 첨부하였다. 18세기 독일의 괴테(Goethe, 1749~1832)는 『호술전』을 읽고 "중국인들이 창작활동을 할 때 우리네 조상은 숲속에서 생활하고 있었다" "소설 중의 인물, 사상, 행동, 감수성이 우리와 매우 흡사하다. … 한가지 다른 점은 그들은 외계의 자연이나 인물과 항시 함께 생활하는 것이다"라고 소감을 피력하였다. 괴테는 중국의 시가나 소설에 찬사를 보내면서 영역된 중국 시가를 독일어로 옮기기도 하였다.

제2절 학문의 교류

학문교류의 개념 학문의 교류란 문명발달에 필요한 실용학문(實用學問)의 상호 전파와 수용으로서 정신문명교류의 한 분야이다. 체계적 지식으로서의 학문은 문명발달의 필수적 전제이다. 학문의 도입을 떠난 문명발달은 상상할 수 없으며, 문명발달의 척도는 학문의 수준이다. 따라서 문명이 발달하기 위해서는 문명권의 이질성에 관계없이 선진적인 학문을 수용하여야 한다. 이것이 학문교류의 당위성이다. 그런데 교류에 인입되는 학문은 수용자의 문명발달에 실제적으로 이바지하는 실용학문이어야 한다. 실용성이 없는 학문은 교류에 인입되기도 어렵거니와, 설혹 인입되었다고 하더라도 문명발달에 기여할 수 없음은 물론, 오히려 부정적인 영향을 미치고 역기능을 할 수도 있다. 때문에 교류에 인입되는 학문은 반드시 실용성을 갖춘 학문이어야 한다.

근대 초까지의 학문교류사를 통관하면, 학문교류에는 주로 생존과 문명발달에 절실히 필요한 기본적인 학문분야가 두루 망라되어 있다. 인간의 자연정복에 필요한 천문지리학과 생명의 유지에 필수인 의학(약학과 생물학 포함)은 가장 오래된 교류학문이다. 보다 실용적인 학문인 자연과학에서 그 이론적 기초가 되는 수학과 물리학은 일찍부터 필수 교류학문으로 부상하였으며, 그 바탕 위에서 공학 계통의 학문도 교류되었다. 그밖에 역사학이나 철학, 예술, 미학 등 인문사회학 계보의 학문들도 정신문명의 발달과 더불어 상호 교류되었다. 인류문명이 발달할수록 교류학문은 다양화, 보편화된다.

학문교류는 여타의 교류와 구별되는 몇가지 특징이 있다. 그 하나는, 교류의 한계성(限界性)이다. 학문교류에 참여하는 교류인(交流人)은 원칙적으로 전문지식과 학자적 소양을 갖춘 식자층이어야 한다. 학문 자체가 체계적이고 논리적이며 전문적인 지식인만큼 일반인들이 쉽게 습득할 수 있는 것이 아니어서 그 소유에는 한계성이 있을 수밖에 없다. 학문교류에 인입되는 당사자, 즉 학문교류인에게 이러한 한계성은 두드러지게 나타난다. 뿐만 아니라, 학문교류는 그 수용에서도 한계성이 있다. 수용자의 자세와 능력에 따라 유입되는 학문에 대한 수용 여부와 정도가 결정되는 것이다. 근대 초에 서양의 과학기술, 즉 서학(西學)에 대하여 중국·일본·한국이 보여준 상이한 자세는 그 대표적인 예라 할 수 있다. 중국은 중국 본래의 유학을 중심으로 서구문물을 받아들인다는 '중체서용(中體西用)'의 정신에 입각해 서구문물을 수용했고, 일본은 일본정신을 바탕으로 서양과학을 수용한다는 '화혼양재(和魂洋才)'를 내걸고 서구의 과학기술을 받아들여 근대화에 성공하였다. 그러나 한국은 문치주의(文治主義, 성리학)라는 대의명분만 강조하면서 서학을 멸시하였다. 비록 남인계(南人系)의 북학파(北學派) 같은 '채서주의자(採西主義者)'들이 조선 고유의 전통사상을 고수하면서 서양의 과학기술을 받아들인다는 '동도서기(東道西器)'를 주장하였지만, 위정자들이 받아들이지 않아 근대화를 이루지 못하였던 것이다.

학문교류의 다른 한 특징은 교류의 실효성(實效性, 혹은 실용성)이다. 학문은 선진성과 더불어 실효성을 구비할 때만이 전파되고 수용되며, 따라서 교류학문으로서의 의미를 갖는다. 실효성은 학문교류의 생명이라고 할 수 있다. 인문과학이든 사회과학이든 혹은 자연과학이든간에 인간의 생존과 문명발달에 절실히 필요한 학문만이 선택적으로 유입되고 수용되며 생명력을 유지하게 된다. 그리하여 학문교류의 영향관계나 가치 여부는 실효성에 의해 좌우된다. 그런데 학문의 실효성은 거시적(巨視的)으로 관찰해야 한다. 실효성은 수용 즉시 나타날 수도 있고, 잠재적으로 또 미래지향적으로 서서히 나타날 수도 있기 때문이다.

학문교류가 갖는 마지막 특징은, 접변(接變)이 상대적으로 적다는 것이다. 학문교류는 여타의 물질문명이나 정신문명의 교류에 비해 전파나 수용 과정에서 일어나는 접변현상이 적으며 융합(融合)에 의한 원형보존력이 강하다. 물론 인문과학이나 사회과학의 경우에는 접변현상이 어느정도 일어나지만, 자연과학의 경우에는 언어적 표현수단 같은 것이 달라질 뿐, 과학적 원리는 그대로 수용·보존된다. 다시 말해 학문의 공리성(公理性)은 교류에 의한 이동에 관계없이 불변하는 것이다. 이러한 불변성은 인류문명의 공존공영(共存共榮)을 결과하는 한 요인이다.

이상과 같은 특징을 지닌 학문교류는 인류문명의 발달과 공영에 지적 바탕을 제공한다. 교류의 궁극적 목적은 문명의 발달과 공영이며, 문명의 모태(母胎)인 학문의 교류 없이는 결코 이러한 목적이 달성될 수 없다. 그리고 진정한 의미의 교류가 성사되려면 교류물에 관한 파악이 있어야 하는데, 그러자면 학문교류가 뒷받침되어야 한다. 따라서 학문교류는 교류 전반의 기틀을 잡아주는 역할을 한다고 말할 수 있다. 비록 여타의 교류에 비해 한계성이 있고 또 지적 수준의 차이에서 오는 난관이 있지만, 문명교류의 성과적 보장을 위해서는 학문교류를 병행하여야 한다.

천문학의 교류 고대문명의 전통을 이어받은 중국·인도·아랍 사이에는 중세에 와서 역법(曆法)과 점성술을 비롯한 천문학 방면의 교류가 활발히 진행되었다. 일찍이 인도 천문학은 중국에 전입되어 중국 천문학의 발달에 크게 기여하였다. 한역(漢譯)된 인도 역법 서적으로 7세기 초의 『파라문천문』(婆羅門天文, *Varaha-mihira Brihat-sanhita*)을 비롯해 그 이전에 역출된 7종 60권이 『수서(隋書)』에 소개되어 있다. 당(唐)대 전반에는 중국에 들어온 인도 천문학자들이 중국의 천문학과 천문관측 활동을 주도하였다. 장안에 상주하면서 명성이 높았던 대표적인 인도 천문학자들은 가섭(迦葉, Kasyapa)과 구담(瞿曇, Gautama), 구마라(俱摩羅, Kumara)의 3대 가문에 속해 있었다. 그중 구담 일가는 구담과 그 후손이 4대를 이어 무려 110년간이나 사천감(司天監, 천문대의 총감)을 맡으면서 『경위력(經緯曆)』(9권, 2대인 瞿曇羅 지음) 등 유명한 천문학 저서들을 찬술하여 당대 천문학의 이론 발전에 크게 이바지하였다.

당대의 역법에 큰 영향을 미친 인도 역법으로는 구집력(九執曆)이 있다. 구집력은 718년 구담의 손자 구담실달(瞿曇悉達)이 현종(玄宗)의 칙령을 받고 인도의 『구집력』(*Navagraha*)을 한역하여 그가 편찬한 『대당개원점경(大唐開元占經)』(120권)에 수록하였다. 구집(九執)은 구요(九曜)라고도 하는데, 월화수목금토일 등 일곱 요일 외에 일월교차처(日月交叉處)의 은요(隱曜, 숨어 있는 요일)를 용수(龍首, 羅喉, Rāhu)와 용미(龍尾, 計都, ketu)로 나누어 모두 구요로 보는 역법으로서, 인간의 길흉을 점측(占測)하는 데 쓰였다. 이 구집력에 이어 구담실달은 721~27년에 다시 대연력(大衍曆)을 제작하였다. 그후 그의 아들인 구담선(瞿曇譔)의 증보를 거쳐 733년부터 이 대연력이 공식적으로 시행되었다. 그러나 민간에서는 여전히 구집력이 유행되었으며, 이 역법은 고구려까지 전해졌다.

당대에는 역법과 함께 인도의 점성술도 중앙아시아의 소그디아나를 거쳐 중국에 소개되었다. 인도의 점성술에 관한 역서(譯書)와 저서도 적지 않다. 역서로는 759년 북천축(北天竺)의 사문 불공(不空)이 한역하고 그의 제자인 양경풍(楊景風)이 주석한 『문수사리보살급제선소설길흉시일선악숙요경(文殊師利菩薩及諸仙所說吉凶時日善惡宿曜經)』과 거공(璩公)이 한역한 서천축(西天竺)의 『도리경(都利經)』과 『율사경(聿斯經)』 등이 있다. 저서로는 승일행(僧一行)이 찬술한 『범천화요구요(梵天火曜九曜)』와 『칠요성신별행법(七曜星辰別行法)』 등이 있다. 그밖에 토화라(吐火羅) 등 서역제국에서 가져온 점성술관련 서적도 다수 있다.

인도 점성술이 동진하는 데 있어 중간거점은 중앙아시아의 소그디아나로서 점성술관련 서적이나 용어는 대개 당시 중앙아시아에서 통용되던 소그드어로 씌어졌다. 예컨대 점성술에 사용되는 칠요(七曜)의 명칭은 소그드어에 그 어원을 두고 있다. 즉 월요일은 막(莫, Māg), 화요일은 운한(云漢, Wnqān), 수요일은 질(咥, Tīr), 목요일은 온몰사(溫沒司, Wrmzt), 금요일은 나힐(那頡, Nāqit), 토요일은 계완(鷄緩, Kēwān), 일요일은 밀(蜜, Mīr)로 음사하였다. 소그드어로 된 칠요력(七曜曆)은 7~8세기에 이미 중앙아시아 각지에서 사용되고 있었다. 투르판에서 발견된 돌궐의 역서에도 행성(行星)들의 이름이 소그드어로 명기되어 있으며, 돈황(敦煌)에서 발굴된 9~10세기의 역서와 점성학 서적들도 모두가 칠요력에 준한 것으로서 일요일 끝에는 '밀(密)'자를 찍어놓았다. 후일 『송사(宋史)』「역지(曆志)」에도 소그드어 칠요명을 그대로 음사하였는데, 근대에까지 그것이 습용되어왔다.

원·명대에 이르러 중국과 아랍-이슬람세계 간에 천문학 방면의 교류가 활발히 진행되었다. 제1차 서정(西征, 1219~55)에 나선 칭기즈칸은 중앙아시아의 호레즘 왕국을 공략하면서 천문학을 비롯한 선진 이슬람 학문에 상당한 관심을 보였다. 칭기즈칸을 따라 서정군에 종군한 야율초재(耶律楚材)는 1220년 5월부터 1221년 10월까지 호레즘의 수도인 사마르칸트에 머물면서 그곳 천문대의 의기(儀器)를 사용하여 천문관측을 했다. 그리고 이슬람 역법의 지구경도 개념을 받아들여 『서정경오원력(西征庚午元曆)』을 제작해서 채용은 되지 않았지만 칭기즈칸에게 헌상하였다. 이어 그는 페르시아 등 이슬람 나라들의 역법을 참고하여 이른바 '마답파'(麻答巴, 이슬람 역서)란 역서를 제작하였다. '마(麻)'는 이슬람교의 선지자 '무함마드'의 어두음자(語頭音字)이고, '답파'(答巴, 명대는 土板 혹은 土盤)는 아랍어로 '역서'(?)란 뜻이라고 한다. 몽골제국 초기에는 전래의 대명력(大明曆)과 함께 이 '마답파'력이 유행하였다.

원의 대도에 설치된 회회사천대 천구의(1271)

원조는 시종 회회(回回, 이슬람) 천문학을 중시하면서 그 성과를 적극 도입하였다. 쿠빌라이가 등극하기 이전에 이미 페르시아의 천문학자 자말릇 딘(Jamālu'd Din)을 비롯한 이슬람 천문학자들을 초빙하였고, 쿠빌라이 등극 후에는 1263년에 불름(拂菻), 즉 시리아에서 천문학자이자 명의인 이사('Īisā, 1226~1308)를 초청하여 서역성력사(西域星曆司)와 의약사(醫藥司)를 관장하도록 위촉하고, 자말릇 딘으로 하여금 만년력(萬年曆, al-Zijāh al-Shāmilah)을 편찬하도록 하였다. 자말릇 딘은 이 역법을 1267년에 완성하여 시행(試行)하였다. 1271년에는 대도(大都, 현 북경)에 회회사천대(回回司天臺, 천문대)를 건립하여 회회력을 제작해서 무슬림들에게 제공하였다. 1273년에는 기존의 한인(漢儿)사천대와 회회사천대를 비서감(秘書監)에서 통합관리하도록 조처하고, 자말릇 딘을 두 명의 비서감 중 한 사람으로 임명하였다. 회회사천대는 원나라 말까지 존속하였다.

명(明)초에는 전대의 사천감을 흠천감(欽天監)으로 개명하고(1370) 흠천감 산하에 회회과(回回科)를 두었는데, 전대에 회회사천대에서 봉직하던 14명의 무슬림 천문학자들을 그대로 기용하여 역법의 개편작업에 종사토록 하였다. 1382년 주원장(朱元璋)의 하명에 의해 이슬람 역서가 한역되었으며, 흠천부감 패림(貝琳)의 주도 아래 회회력을 수정하였다. 이때 수정된 회회력은 대통력(大統曆)과 함께 약 270년간 통용되었다.

역법의 편찬과 더불어 무슬림 천문학자들에 의하여 여러가지 천문의기들도 제작되었다. 자말릇 딘은 만년력을 편찬하면서 대도에 관상대(觀象臺, 천문대)를 세우고 지구의(地球儀)·혼천의(渾天儀)·경위의(經緯儀)·천구의(天球儀)·관상의(觀象儀) 등 7종의 천문관측의기를 제작하였다. 이 의기들은 페르시아의 저명한 천문학자 나스릇 딘 투시(Naṣru'd Dīn Tusī, 1201~74)가 훌레구의 명을

일 칸국 말라크 천문대 유지(13세기)

받아 일 칸국에 건립한 말라크(Malāk, 현 마라게) 천문대에 설치되었다.

아랍–이슬람세계 천문학자들의 내화 활동으로 귀중한 천문학 서적이 동전되었다. 원대의 『비서감지(秘書監志)』(권9) 「회회서적(回回書籍)」조에는 1273년 10월 북사천대(北司天臺)에 소장된 페르시아어와 아랍어 서적 총 23종이 열거되어 있는데, 그중에는 천문·역법·점성·산학(算學) 관련 서적 14종이 포함되어 있다. 그 가운데서 『마제스트(Magest) 사천의제작법(司天儀製作法)』(15부)과 『적척제가력(積尺諸家曆)』(48부)은 천문학 전서이다. 앞의 것은 그리스 천문학자 프톨레마이오스의 명저 『알마게스트』(Almagest, 『行星體系』 혹은 『天文全集』)의 아랍어 초역본(抄譯本)인데, 아랍어 역본 제목은 『마제스트적요(摘要)』(Khulāṣatu'l Mijisṭī)이다. 뒤의 것은 페르시아어 천문표(al-Zijāh)인데, 1272년에 완성된 유명한 『일칸천문표』(al-Zijāh al-Ilkhānī)로 추정된다. 제목에서 '제가력(諸家曆)'이라고 한 것은 그리스와 아랍, 페르시아, 심지어 중국의 천문학 연구성과를 두루 망라하였기 때문이다.

원대에 공식적으로 시행된 수시력(授時曆)은 이슬람력과 중국 전통력의 합작품이라고 할 수 있다. 이 작품의 성공에는 시리아 출신 천문학자인 이사의 기여가 크다. 그는 그리스와 아랍 및 페르시아의 천문학 성과를 중국에 소개하고 중국 천문학자들이 일 칸국 말라크 천문대 건설사업에 동참하도록 이끄는 안내자 역할을 하였으며, 원조로 하여금 새로운 역법을 채택하도록 하였다. 이사가 말라크 천문대를 고찰하고 돌아온 이듬해(1275)에 회회사천대와 한인사천대가 협력하여 역법 수정작업에 착수하였다. 그리하여 1281년에 드디어 곽수경(郭守敬)과 왕순(王恂)의 책임하에 편수(編修)된 수시력이 정식으로 공포·시행되었다. 수시력은 1년을 365.2425일로 정하고 있어서 지구의 실제 공전주기와는 단 26초의 시차만 있는 대단히 정밀하고 정확한 역법이다. 후일 곽수경이 지은 『오성세행고(五星細行考)』(50권)는 앞서의 『적척제가력』과 회회력의 특징인 오성위도계산법(五星緯度計

算法)을 참고하였으며, 그가 1276년 이후에 제작한 13종의 천문의기도 말라크 천문대의 의기들을 본떠 제작한 것이다.

명대 영락제(永樂帝, 1403~24) 때에 패림이 편찬한 천문서인『칠정추보(七政推步)』를 보면, 아랍 천문학을 상세히 소개하고 중외항성대역표(中外恒星對譯表)를 열거하면서 황도대(黃道帶)상의 성좌를 중외(中外)로 2분하여 배열하고 있다. 이는 중국 천문학자들이 아랍 천문학의 성과를 완전히 소화하고 중국의 천문관측에 활용하였음을 말해준다.

원·명대에는 이렇게 아랍–이슬람 천문학이 중국에 유입되고, 중국 천문학도 아랍–이슬람 천문학에 영향을 미쳤던 것이다. 일·월식의 예측과 항성(恒星) 관측에서는 중국 천문학이 아랍–이슬람 천문학보다 앞섰다. 그리하여 원대에 야율초재가 사마르칸트에 체류할 때(1220. 5~1221. 10) 그곳 천문학자들은 중국의 일·월식 예측법과 항성관측법을 전수받았으며, 후일 일 칸국의 말라크 천문대가 편찬한『일칸천문표』에도 중국의 선진적인 관측법과 역법이 반영되어 있다. 15세기에 중앙아시아에 건립된 티무르제국은 중국의 천문지식을 적극 수용하고 활용하였다. 당시의 저명한 천문학자이며 수학자인 아랍 출신의 알 카쉬(al-Kashī, ?~1436)는 중국 역법에 정통하였다. 그가 편찬한『올로백성좌표(兀魯伯星座表)』(4권)의 제1권에는 중국 역법의 기년법(紀年法)과 윤월(閏月)의 원리가 상술되어 있다. 그후 이 성좌표는 아시아와 유럽에서 광범위하게 통용되었다.

명말 청초에 마테오 리치와 아담 샬(Johann Adam Schall von Bell, 湯若望, 1592~1666), 지아꼬모 로(Giacomo Rho, 羅雅各, 1592~1638) 등 서방 선교사들이 근대적 서방 천문학을 중국에 전파하고, 그것을 수용한 서광계(徐光啓)와 이천경(李天經), 이지조(李之藻) 등 중국 지식인들이 선교사들의 협력을 받으며 역법개혁운동을 전개하였다. 이들은 명대에 통용된 대통력(大統曆)을 이용하여 명말의 신종(神宗) 만력(萬曆) 38년(1610)까지 발생한 10여 차례의 일식을 관측하였는데, 매번 오차가 무려 30분 내지 1시간씩이나 생겼다. 이에 이들 역법개혁파들은 1611년 신종에게 서양 역법에 준한 역법개혁을 제의했으나 거절당하였다.

그러나 그들의 꾸준한 노력은 사종(思宗)대에 와서 결실을 보게 되었다. 숭정(崇禎) 2년(1629) 7월 사종은 서광계에게 개혁의 총괄을 위임하고 9월 역국(曆局)을 신설했다. 역법개혁에 관심이 있는 여러 선교사들과 중국 학자들이 이 기구에 망라되어 역서(曆書) 편찬에 착수하였다. 이들은 1631년 1월부터 1634년 11월까지 모두 5차례에 걸쳐 각종 역서 총 137권(11부)을 편찬하여 사종에게 진정하였다. 이 역서들을 통칭『숭정역서(崇禎曆書)』혹은『서양신법역서(西洋新法曆書)』라고 한다. 사실상 이것은 서양 역법에 준해 제작된 신역법이다. 그러나 1644년에 명이 멸망해 신역법은 빛을 보지 못했다. 청초인 1645년에 청나라 정부는 임시로『시헌력(時憲曆)』을 채택하였다가 1678년에 이르러 공식『강희영년역법(康熙永年曆法)』(32권)을 반포하였다. 이 역법은 일명『어정사여칠정만

년서(御定四余七政萬年書)』(약칭『영년력(永年曆)』)라고도 하는데, 이 역시 서양 역법에 준한 것이다.

서양 역법에 준한 역법개혁과 더불어 내화 선교사들에 의해 서방의 천문의기가 들어오면서 그 제작법이 소개되었으며, 그들에 의해 방조(仿造)되기도 하였다. 1583년에 마테오 리치는 간제지도(間制地圖)·혼의(渾儀)·천지구고(天地球考)·시귀(時晷) 등 천문관측의기와 망원경(望遠鏡, 처음에는 千里鏡이라 칭함)을 가지고 왔다. 아담 샬의 경우, 1622년에 신식 천문망원경을 유럽에서 재래(齎來)하고, 4년 후에는 시르투리(Girolamo Sirturi)가 지은『망원경』(Telescopio, 1626)이라는 책을 한역하였다. 또 1634년에는 그의 감독 아래 제작된 첫 망원경 '규용(窺筩)'이 관상대에 설치되었다. 아담 샬은 그후 1644년에 혼천성구(渾天星球), 지평일귀(地平日晷), 원규경(遠窺鏡) 등 천문의기도 제작하였다. 강희 연간(1662~1722)에는 흠천감 감정(監正)인 벨기에 출신 선교사 베르비스트(F. Verbiest, 南懷仁, 1623~88)의 주도하에 천체의(天體儀), 적도경위의(赤道經緯儀) 등 6종의 대형 동의(銅儀)를 제작하였으며, 1752년에는 독일 선교사 쾨글러(I. Koegler, 戴進賢, 1680~1746)가 생전에 설계한 기형무신의(璣衡撫辰儀)가 10년 만에 제작·설치되었다.

서방의 역법이나 천문의기가 전해짐에 따라 서방의 이러저러한 천문관련 학설들도 중국에 소개되었다. 명대의『숭정역서』는 서방 천문학원리와 관측방법들을 체계적으로 기술하면서 덴마크 천문학자 티코 브라헤(Tycho Brache, 1546~1601)가 1582년에 제시한 지구중심설을 소개하고 있다. 그런가 하면 일부 선교사들은 교회의 공식입장과는 다른 지구중심설과 대립되는 태양중심설도 아울러 소개하고 있다. 지아꼬모 로는 저서『오위역지(五緯曆指)』(권8)에서 처음으로 갈릴레이(Galileo Galilei, 1564~1642)의 태양중심설을 설명하였다. 아담 샬도 저서『역법서전(曆法西傳)』(1640)에서 갈릴레이가 천문관측에서 달성한 성과를 긍정하였다. 약 1세기 후에 프랑스 선교사 베느와(Michael Benoist, 蔣友仁, 1715~74)는 1767년에 간행한『곤여전도(坤輿全圖)』의 부본『곤여도설(坤輿圖說)』에서 꼬뻬르니꾸스(Copernicus, 1473~1543)의 태양중심설과 지동설(地動說)을 자세히 소개하였다. 이것을 계기로 꼬뻬르니꾸스와 갈릴레이의 태양중심설과 행성(行星)체계가 중국에서 공인되기에 이르렀다. 18세기에 꼬뻬르니꾸스의 학설을 실물로 설명하는 '오레리'(Orrery, 일명 Planelarium, 太陽系儀)라고 하는 영국제 의기가 중국에 반입되기도 하였다.

지리학의 교류　천문학과 밀접한 관계가 있는 지리학에서도 동·서간에 의미있는 교류가 진행되었다. 지리학에서는 지도의 제작에서 가장 활발한 교류상이 나타났다. 지도의 원형은 멀리 바빌로니아 시대로 거슬러올라간다. 바빌로니아인들은 사상 최초로 점토판 세계지도를 그렸는데, 원형 지구는 온통 대양으로 에워싸여 있으며, 그 중심에 바빌론이 자리하고 있다. 중국의 전통적인 제도법은 배수(裵秀, 223~71)가 정초(定礎)한 망격제도법(網格製圖法)으로 원대까지 줄곧 사용되어왔다. 한편, 유럽에서는 중세 암흑기에 접어들면서 점·선·면의 정성적 기호(定性的記號, qualitative symbol)에

먼곳→
유프라테스강→
손강→
도시→
비트야킨→

←바빌론
←앗슈르

←두르안키
←아래 늪

바빌로니아 점토판 세계지도

준한 제도법을 버리고 기독교 종교관에 입각한 환우(寰宇)제도법에 의하여 이른바 '윤형지도'(輪形地圖, 일명 T-O지도)를 제작하였다.

중세 전반에 걸쳐 지도제작법에서는 중국의 망격제도법이 가장 선진적인 것이었다. 그리하여 이 제도법이 아랍과 유럽의 지도 제작에 일정한 영향을 미쳤던 것이다. 중세 이슬람 지리학의 거장인 알 이드리씨(al-Idrīsī, 1099~1166)가 1154년에 제작한 세계지도는 9줄의 위선(緯線)과 11줄의 경선

(經線)을 종횡으로 배치하여 그린 것으로 망격제도법의 흔적이 엿보인다. 다른 이슬람 지리학자인 무스타파 까즈위니(Muṣṭafā al-Qazwīnī)가 1330년경에 제작한 이란 지도 역시 망격제도법을 이용한 것이다. 망격제도법은 아랍–이슬람세계를 통해 이딸리아를 비롯한 유럽지역에 전해졌다. 이딸리아 지리학자인 싸누또(Marino Sanuto)가 1306년에 십자군원정을 위해 제작한 팔레스타인 지도는 83줄의 위선과 28줄의 경선을 오밀조밀하게 배치한 망격제도법에 따라 그린 지도다. 망격제도법은 유럽에서 13세기 말부터 출현하기 시작한 항해도(航海圖)의 제작에도 이용되었다.

명말 청초에는 내화한 선교사들에 의해 투영법(投影法) 같은 선진적인 제도법에 준해 제작된 서방 세계지도가 소개·간행되었을 뿐만 아니라, 중국의 지도도 새로이 제작되었다. 또한 현지측량에 의한 중국 지도 제작사업도 추진되었다. 지도 제작을 포함해 서방의 선진 지리학을 중국에 전파하는 데 시조 역할을 한 사람은 선교사 마테오 리치다. 그는 1583년 광동(廣東) 조경(肇慶)에 도착한 후 영서안찰사부사(嶺西按察司副使) 왕반(王泮)의 요구로 자신의 숙소에 걸어놓은 세계지도를 한역하여 간행(『왕반본』)하였다. 그는 지도상의 지명을 전부 중국어로 번역하고 거리도 화리(華里)로 표기하였다. 다음해(1584) 11월 30일에 그는 이렇게 번역된 세계지도 한 폭을 로마의 예수회 총감(總監)에게 보냈다. 세계 최초로 한역된 이 세계지도를 『산해여지전도(山海輿地全圖)』라고 한다.

그후 이 지도는 왕반과 기타 여러 사람에 의해 거듭 재간되었다. 1595~98년에 응천순무(應天巡撫) 조가회(趙可懷)에 의해 소주(蘇州) 고소역(姑蘇驛)에 석각(石刻)되고, 1600년에는 남경이부주사(南京吏部主事) 오중명(吳中明)이 마테오 리치로 하여금 증정(增訂)케 한 후 남경에서 간행(『오중명본』)하였으며, 1601년에는 풍응경(馮應京)이 무창(武昌)에서 『여지전도(輿地全圖)』란 이름으로 재간(『풍응경본』)하였다. 이어 1602년에는 이지조가 북경에서 『곤여만국전도(坤輿萬國全圖)』란 이름

으로 재간(『이지조본』)하였는데, 이 지도가 가장 널리 유행되었다. 그리고 1603년에는 이응시(李應試)가 북경에서 『이지조본』을 증보하여 『양의현람도(兩儀玄覽圖)』(『이응시본』)를, 1604년에는 곽자장(郭子章)이 귀주(貴州)에서 『오중명본』을 축략하여 『산해여지전도』(『곽자장본』)를 각각 출간하였다. 이렇게 마테오 리치의 한역 세계지도는 모두 7종의 간본이 있다. 그중 『이지조본』이 중외 여러 도서관에 가장 많이 소장되었는데, 그에 준해 1936년에 우공학회(禹貢學會)가 영인 출간한 전도는 18폭에 합산하면 148×67cm 크기이다.

그밖에 마테오 리치는 1595년에 남창(南昌)에서 건안왕(建安王)에게 『세계도지(世界圖志)』라는 지도책을 헌상하였다. 이 지도책에는 5대주의 분도(分圖)가 들어 있으며, 중국어 해석까지 곁들여 있다. 1601년에 그는 북경으로 상경하여 신종에게 『만국도지(萬國圖志)』를 진정하였는데, 『만국도지』는 전술한 『세계도지』와 같은 유의 지도첩이었다. 이 지도첩에는 유럽에서 출간된 53폭의 지도가 실려 있다.

마테오 리치는 비록 지구의 구형설(球形說, 地圓說)에 입각하여 세계지도를 제작하였지만, 초기의 선교사들처럼 지구중심설을 신봉하고 있었다. 그는 프톨레마이오스의 경도계산법에 따라 지구의 반경을 6,682km로 계산하였는데, 이것은 실제의 6,378km보다 큰 수치였다. 마테오 리치가 세계지도에 표기한 한역 지명 중에는 오늘날까지도 계속 쓰이는 것이 상당수 있다. 예컨대 아세아(亞細亞, 아시아)·구라파(歐羅巴, 유럽)·라마(羅馬, 로마)·가나대(加拿大, 캐나다)·대서양(大西洋)·지중해(地中海)·북극(北極) 등이다.

마테오 리치는 세계지도뿐만 아니라, 중국의 전통적 제도법을 참고하면서 서방의 선진적 투영법에 준해 독립적인 중국 지도도 제작하였다. 그는 1582년 마카오에 도착하자마자 라틴어로 『중화기관』(中華奇觀, *Admiranda Regni Sinensis*)을 저술하였는데, 그 속에 중국 지도를 그려 첨부하였다. 그는 세계지도에서도 중국 부분만은 특별히 상세하게 표기하거나 설명하고 있다. 그리고 마테오 리치가 제작한 세계지도상의 중국 부분이나 중국 지도에서는 중국의 역대 지도나 지도제작법을 참조한 흔적이 역력히 나타난다.

마테오 리치 후에도 여러 선교사들이 계속해서 세계지도를 제작·출간하였다. 그 대표적인 것이 이딸리아 선교사인 알레니(Julio Aleni, 艾儒略, 1583~1649)의 『만국전도(萬國全圖)』, 같은 이딸리아 선교사 쌈비아씨(Francesco Sambiasi, 畢方濟, 1582~1649)의 『곤여전도』, 벨기에 선교사 베르비스트의 동명의 『곤여전도』(1674), 프랑스 선교사 베느와의 역시 동명인 『곤여전도』 등이다. 베느와는 이 『곤여전도』를 1767년에 강희제에게 바쳤는데, 양반구도(兩半球圖)로서 높이 6척에 너비가 14척이나 되는 대형 세계지도였다.

선교사들은 인문지리학에 관한 저술도 하여 유럽을 비롯한 세계의 인문 상황을 소개하였다. 마테오 리치는『건곤체의(乾坤體義)』라는 천문지리서를 남겨놓았다. 지리학 저술활동에서 출중한 사람은 알레니였다. 그는 1623년에『서학범(西學凡)』을 저술하여 서방학문의 대강(大綱)을 소개하였다. 그에 따르면 당시 서방대학의 교과목은 문과(文科, rethorica), 이과(理科, philosophia), 의과(medicina), 법과(法科, leges), 교과(敎科, canones), 도과(道科, cheologia)의 여섯 과목이었다. 같은 해에 그의 주도 아래 편찬된『직방외기(職方外記)』(6권)는 5대주 각국의 풍토·민속·기후·명승 등을 개술하고 있다. 첫권에는 만국여도(萬國輿圖)와 남북반구도(南北半球圖), 각 권에는 주별 분도(分圖)가 첨부되어 있다. 이 책은 5대주의 인문지리를 체계적으로 소개한 최초의 한문 전문서이다. 알레니는 그밖에도 1637년에『서방답문(西方答問)』(2권)을 지어 조목별로 서방의 풍토지리를 소개하였다.

한편, 베르비스트는 1673년에 상·하권으로 된『곤여도설』을 찬술하여 같은 해에 자신이 제작한 세계지도『곤여전도』를 구체적으로 해설하였다. 상권은 자연지리 일반을 서술하고, 하권은 5대주별로 해설을 하면서 권미(卷尾)에 4해(海)까지 언급하였으며, 세계 7대 기적도 그림을 곁들여 소개하였다.

18세기 초에 이르러 선교사들과 중국 학자들이 공동으로 전국적인 대규모 측회(測繪), 즉 측량제도(測量製圖) 작업을 진행하여 정밀하고도 정확한 전국지도를 제작하는 데 성공하였다. 이들은 11년 동안(1707~18)에 북으로 동북 흑룡강(黑龍江)에서 남으로는 대만, 서로는 티베트에 이르기까지 삼각측량법(三角測量法)을 이용해 전국을 측량하였다. 그리고 그 결과를 종합하여 프랑스 선교사 자르뚜(Pierre Jartoux, 杜德美, 1669~1720)의 지휘(편집장) 아래 총 32폭의『황여전람도(皇輿全覽圖)』(일명『皇輿全圖』, 혹은『大內輿圖』)를 제작하였다. 이 지도는 1718년에 선교사 리빠(Matteo Ripa)가 유럽에서 48폭의 동판으로 각인하기도 하였다. 그후 1756년에는 주로 선교사들을 멀리 서역의 이리(伊犁)와 천산산맥 일대에 파견하여 측량작업을 진행하고, 1761년에 이 작업에 직접 참여했던 베느와가 총편집의 책임을 맡아『서역도지(西域圖志)』를 편찬하였다.

의학의 교류 의학은 인간의 생명 보존과 직결되는 가장 실용적인 학문으로서 동·서간 교류가 활발히 진행되었다. 의학의 교류에는 의학이론의 전파나 수용과 함께 필요한 약재의 호환(互換)이나 의약서적의 소개가 포함된다. 고대의 여러 문명은 예외없이 의학이 발달하였으며, 서로의 절실한 필요에 따라 교류를 해왔다. 그리하여 일찍부터 중국과 인도, 아랍, 로마(비잔띤 포함) 간에 의학교류가 낙역부절(絡繹不絶)하였다.

원래 의학은 불교 구법승들의 필수적인 연수과목으로서 서역승들은 대개가 승의(僧醫)를 겸행(兼行)하는 고승들이었다. 전하는 사료에 의하면 최초로 중국에 온 서역 승의는 후한 말의 안세고(安世高)로서, 그는 전법과 역경에 병행하여 고대 인도의 의약술도 전수하였다. 진(晉)대 갈홍(葛

洪, 283~343)이 편찬한 『주후비급방(肘後備急方)』과 이를 보완한 양(梁)대 도굉경(陶宏景, 452~536)의 『주후백일방(肘後百一方)』에 있는 오행진단법(五行診斷法)과 연단법(煉丹法, alchemy) 등은 인도 불교의학의 영향을 받은 것으로 추정된다. 이른바 '백일방(百一方)'은 사행론(四行論)에 기초한 불교의 '사백사병(四百四病)'에서 나온 것이다. 불전의 사행(四行, 地·水·火·風)으로 인체의 발병을 설명한 당대 명의 손사막(孫思邈, 581~682)에 따르면, 인체는 지·수·화·풍의 사대행(四大行, 氣)으로 구성되어 있는데, 4행이 조화로워야 사신(四神) 인체가 안화(安和)하며, 매 행은 101가지 병을 발생시키는 요인이 된다. 이것이 바로 사행론에 입각한 불가의 기본 의학이론인 것이다.

고대 인도 의학은 장수폐타(長壽吠陀, Ayur-veda)라는 명칭이 말해주듯이, 인간의 장수를 도모하는 데 그 목적을 두었다. 고대 인도 의학은 총 8과(科, 八分醫 혹은 八醫)로 분류되었는데, 이 중 제7과가 장수약론(長壽藥論, Rāsāyanatantra)이다. 이 약론에 따라 제조된 장생불로의 영약(靈藥, Rāsāyana)은 위(魏)·진(晋)대부터 수(隋)·당(唐)대에 이르기까지 역대 제왕들의 큰 관심을 끌었다. 648년에 왕현책(王玄策)이 두번째로 인도에 출사하여 아라나순(阿羅那順)을 격파하고 돌아오면서, 인도의 장생술사(長生術士) 나라연사파매(那羅延娑婆寐, Nārāyanasvāmin)를 데리고 왔다. 당 태종은 그에게 장생불로의 선약(仙藥, Chemical Elixis)을 만들도록 명하였다. 그리고 전국 각지에 사람을 보내 괴약기석(怪藥奇石)을 채집케 하는 한편, 인도에 사신을 보내 명약을 구해오도록 하였다. 그러나 이 인도 장생술사가 만든 약이 별다른 효험이 없어 태종은 선약의 제조를 포기하고 말았다.

고종(高宗) 또한 동천축에서 방사(方士) 노가일다(盧迦逸多, Lokaditya)가 오자, 그를 회화대장군(懷化大將軍)에 임명하고 인도에 사람을 보내 장생불로약을 구해오도록 하였다. 그러나 선친인 태종의 폭사(爆死)가 인도의 기약(奇藥)을 복용한 것 때문이라는 의론에 겁을 먹고 노가일다를 통해 구해온 '명약'을 쓰지 않았다. 그럼에도 미련을 버리지 못한 고종은 664년에 다시 인도 사정에 밝은 현조(玄照)를 카슈미르와 북인도에 보내 명약을 구해오도록 했으나, 현조의 도중 객사로 뜻을 이루지 못하였다. 그후 도교의 승천성선(昇天成仙) 사상에 현혹된 현종(玄宗)은 716년 사자국(師子國, 현 스리랑카)에 영약이 있다는 한 인도인의 말을 듣고 감찰어사(監察御史) 탕범신(湯范臣)과 인도 상인을 그곳에 급파했으나 결과는 오리무중이었다.

문헌 기록을 보면 토화라(吐火羅, 토카라)를 비롯한 서역제국은 당조에 귀중한 약재를 많이 진공하였다. 720년에 계빈(罽賓)이 비방(秘方)과 번약(蕃藥)을, 724년에 토화라가 호약(胡藥)과 건타파라(乾陀婆羅) 등 300여 종을 각각 헌상하였다. 토화라는 다시 729년과 730년에 승려인 난타(難陀)를 사신으로 보내 수나가(須那伽), 제석릉(帝釋陵), 서표향약(瑞表香藥) 등 약품을 바쳤다. 또 741년에도 질한(質汗, Vājikarana, 일종의 향약) 등 약품을 진상하였다. 729년에 북천축 삼장사문승(三藏

沙門僧) 밀다(密多)와 746년에 계빈의 사신, 737년에 동천축 삼장대덕승 달마전(達磨戰) 등도 진귀한 약품과 호약을 가지고 왔다. 이와같은 다종다양한 약품은 중국의 약학이 발전하는 데 일정한 기여를 하였다.

인도의 고대의술 중에서 뛰어난 것은 안과의술로서, 많은 승려들이 안과의를 겸하고 있어 이들이 중국에 올 때 함께 전래된 인도의 안질치료술은 큰 각광을 받았다. 소주(韶州) 현호(懸壺)에서 활동하던 한 호승(胡僧)의 고명한 안과술에 관해 당대 시인 유우석(劉禹錫)은 『증안과의바라문승시(贈眼科醫婆羅門僧詩)』에서 오랫동안 실명하여 실의에 빠져 고심하던 한 안질환자가 치안(治眼)의 묘술인 금비술(金篦術)을 가진 바라문 안과의를 만나 치유된 감격적인 사연을 읊고 있다. 이 한 수의 시에서 당시 인도 안과의술의 높은 수준과 인기도를 엿볼 수 있다.

그밖에 최면술이나 안마법도 인도에서 전래된 것으로 알려진다. 당대의 명의인 손사막의 『천금요방(千金要方)』(권27)에는 천축 안마법(바라문법)에 관해 한 장을 할애해 소개하면서 총 18세(勢)의 인도 안마법을 상세히 설명하고 있다.

인도 의술과 함께 특히 눈병과 이질 치료에 뛰어난 비잔띤 의술도 중국에 전파되어 상당한 명성을 얻었다. 당 고종의 시의(侍醫)였던 진명학(秦鳴鶴, 비잔띤인)은 683년에 백회(百會)와 뇌호(腦戶) 두 혈(穴)을 찔러 피를 뽑아내는 의법으로 고종의 실명증을 치유하여 세상을 놀라게 한 바 있다. 이는 '뇌를 열고 벌레를 제거하여 실명을 치료할 수 있다'는 이른바 천로술(穿顱術, trepanation)로서, 당시 비잔띤인들의 뛰어난 안과의술과 함께 이 의술이 동방에 전해져 중국에서 활용되었음을 입증해준다.

그리스-로마인들의 전통의술을 전승한 비잔띤인들의 의술은 인도 간다라에 들어와 인도 의술과 융합된 후 다시 중국에 전해졌다. 한편 7세기 중엽부터 중국에 전도된 경교를 따라 비잔띤 의술이 소개되기도 하였다. 그 일례로 경교 전도사이자 의사였던 숭인(崇人)은 현종의 맏형 이헌치(李憲治)의 난치병을 치유해 이름을 날린 일이 있다. 667년에 비잔띤제국의 사절이 고종에게 테리아카(theriaca, 底也伽)라는 이른바 만능 복합해독제를 헌상하였다. 이 약제는 동물에게 물린 데 특히 효험이 있는데, 그리스시대에 제조되어 비잔띤인들이 그 제조법을 이어받아 중국을 비롯한 극동지역까지 전파시켰다.

이슬람제국에서 발달한 이슬람 의약도 수·당 이래 활발한 교역의 물결을 타고 중국에 많이 전파되었다. 『천금요방』『천금익방(千金翼方)』『외치비요(外治秘要)』 등 여러 의학서적에 이러한 사실이 명기되어 있다. 『천금익방』에는 보허강장제(補虛强臟劑)로 패산탕(悖散湯)이란 페르시아 처방을 상세히 소개하고 있다. 일명 복우유보허파기방(服牛乳補虛破氣方)이라는 패산탕은 우유 3승(升)과 필발(蓽撥, 후추과에 속하는 풀로서 溫中과 下氣劑로 사용) 반냥을 섞어 만든 탕약이다. 대업(大

業) 연간인 610년에 태의박사(太醫博士) 소원방(巢元方)이 쓴 유명한 병리학서『소민제병원후총론(巢民諸病源候總論)』(50권 67류 1,720장)에는 탈모증(脫毛症, 禿頭病)의 치료약품으로 아랍에서 수입한 한 특효약을 지목하고 있다.

당·송 시대에 유행한 향약(香藥)은 그 대부분이 아랍과 동남아시아에서 수입한 것으로, 당대에 많은 상주 아랍인과 페르시아인들이 향약무역에 종사하였다. 824년에 경종(敬宗)에게 침향정자(沈香亭子)를 바친 이소사(李蘇沙)는 귀화한 페르시아 상인이었으며, 오대(五代)의 왕촉(王蜀)과 이순(李珣), 그의 동생 이현(李玹)은 페르시아나 아랍에서 온 향약 판매상들이었다. 당대에 편찬된『신수본초(新修本草)』나『본초습유(本草拾遺)』등 약전(藥典)에는 많은 외래(주로 서역) 약품목이 기재되어 있다. 당 현종 때(712~56) 광문(廣文)박사를 역임한 정건(鄭虔)이 쓴『호본초(胡本草)』(7권)는 전래된 서역약품에 관한 전문서이다. 이순의 명저『해약본초(海藥本草)』(6권)에는 해물(海物) 약방이 자세히 기록되어 있는데, 모두가 중세 이슬람의 약술을 전거로 삼고 있다.

10세기 초 중국의 한 총명한 의학자가 압바쓰조 이슬람제국의 수도 바그다드에 가서 당시 이슬람 의학의 태두인 알 라지(Muhammad Ibn Zakarīyā al-Rāzī, 865~925)의 문하에서 약 1년간 연수하였다. 그는 귀국 한달 전에 그리스의 명의인 갈레노스(Galenos, 129~99)의 의서 16권을 20년간이나 배워야 장악할 수 있다는 속기법으로 전부 베껴서 중국에 들어왔다. 이 기사는 이슬람 의학과 중국 의학 간의 교류상의 일단을 말해준다.

서역 의약술의 동전은 의학서적의 번역작업과 떼어놓고 생각할 수 없다. 사라가(闍羅迦, Charaka, 기원 초의 저명한 약물학자이자 의사로 聖醫라 불림), 묘문(妙聞, Susruta, 5세기), 벌파달(伐婆達, Vagbhata)을 비롯한 고승 명의는 의술을 베풀면서 동시에 의학서적을 번역·소개하였다. 사서에 전해오는 6~7세기 의학서적 역본으로는『용수보살약방(龍樹菩薩藥方)』(4권),『서역제선소설약방(西域諸仙所說藥方)』(23권),『바라문약방(婆羅門藥方)』(5권),『건타리치귀방(乾陀利治鬼方)』(10권) 등 총 15종 91권이 있다.

서역 의술의 전파는 필연적으로 치료용 약재나 약초의 유입을 동반하였는데, 이러한 약재와 약초는 크게 아랍산과 인도산으로 대별할 수 있다. 중세 아랍 상인들은 일반상품뿐만 아니라, 약재나 향료의 무역에도 능란하였다. 그들은 중국의 동남해안과 장안, 인도의 파라주(婆羅州) 등지에서 약재 시장을 독점하고 동서 약재교역에 종사하였다. 중세 아랍 의학자인 이븐 알 바이톼르(Ibn al-Baiṭar, 1197~1248)는 저서『약초의 형질(形質)』(The Corpus of Simples)에서 아랍의 약재품목은 총 1,400여 종에 이른다고 하면서, 그중 300종을 골라 소개하였다.

아랍만큼은 아니지만 인도에도 약초품목은 상당히 다양하였다. 명의였던 사라가는 인도의 약초 품목을 약 500종으로 헤아렸으며, 묘문은 760종이나 된다고 주장하였다. 이상의 대략적인 추산에 비추어보아도 『신농본초경(神農本草經)』에 서술된 360종의 중국 약재에 비하면 아랍이나 인도의 약재는 그 수효가 훨씬 많았음을 알 수 있다.

약재 가운데서 주종을 이루는 것은 약초, 즉 약용식물이다. 어떤 식물이 약재로 쓰였는지는 분명치 않지만, 여러 사적을 종합해보면 중세에 중국에 전래된 식물 및 약초는 약 92종에 달한다.

동서 의학교류는 송대까지 대체로 이전의 양상을 유지해오다가 원대에 이르러 새로운 국면을 맞이한다. 원대에는 중앙아시아 및 서아시아와 소통이 원활해짐에 따라 통칭 회회의약(回回醫藥)이라는 아랍-이슬람 의약이 많이 전해졌으며, 그 효험이 좋아 대단히 중시되었다. 그리하여 회회의약을 전문적으로 관장하는 기구가 설치되었다. 1263년 쿠빌라이는 그해에 시리아에서 온 천문학자이자 명의인 이사(Tisa)를 서역(西域, 회회) 성력사(星歷司, 天文司)와 의약사의 총감(總監)으로 임명하였다. 그러다가 1270년에는 의약사를 광혜사(廣惠司)로 확대·개명하고 정삼품(正三品)으로 승격시키면서 그를 총감으로 유임시켰다. 광혜사의 직능은 궁중에서 사용하는 회회약의 처방과 조제를 관리하며, 원나라에 와 있는 아랍-무슬림 숙위(宿衛)들과 외국인들의 질병치료를 전담하는 것이다. 광혜사의 주요 역원은 20여 명에 달하는 회회의약자들로서, 그들은 아랍식으로 병을 치료하고 약을 제조하였다. 이사의 부인도 의사로서 아랍식 병원인 경사의약원(京師醫藥院)을 운영하다가 1273년에 광혜사와 통합하였다.

회회의사들의 의술은 대단히 고명하여 인기가 높았다. 『철경록(輟耕錄)』(권22)에는 회회의사들의 의술과 회회약으로 난치병까지 치유한 '기술(奇術)'에 관하여 여러 사례를 들어 소개하고 있다. 이리한 기술에는 사람의 병뿐만 아니라, 가축의 병도 고친 사례가 들어 있다. 회회약은 효험이 좋아 상당한 신망을 얻고 있었으므로, 아랍 현지에서 생산되는 각종 향약초(香藥草)를 직접 수입하여 처방에 따라 아랍식으로 조제하였다. 1292년에 태의원(太醫院) 산하에 아랍 약재의 전문 관리기구로 회회약방원(回回藥方院)과 회회약물국(回回藥物局)을 설치하여 대도(大都)와 상도(上都)의 궁전용 약품을 분담하여 관리시켰다. 1322년에는 이 두 기구가 광혜사에 통합되었다. 민간에도 회회의약은 널리 유행되고 있었다. 강남(江南) 각지에서는 회회의사들이 거리에 나와 창상에 특효인 금사고(金絲膏) 같은 약품을 팔면서 의료행위를 하는 것이 흔한 현상이었다. 항주(杭州)에는 이집트 호상이 경영하는 회회병원도 있었다.

회회의약의 전파와 더불어 아랍 의약서도 번역되었다. 현존 『회회약방(回回藥方)』 잔본 4책은 원말에 아랍어를 번역하여 명초에 목각인쇄한 것으로, 원대 비서감(秘書監)에 보관된 회회서적 중 유일한 의학서적인 『특필의경(忒畢醫經)』 13부를 편역한 책이다. '특필'(tibb)은 '의학'이란 아랍어 단어로서, 『특필의경』은 중세의 걸출한 아랍의학자인 이븐 씨나(Ibn Sīnā, 980~1037)의 『의전』(醫典, al-Qānūn fi'l Tibb)을 말한다. 『의전』은 의학백과전서로서 12~17세기 유럽 의학의 지침서였다. 『회회약방』은 이 유명한『의전』의 초역본(抄譯本)인 것이다.

원대에는 회회의약이 중국에 유입되는 한편으로 중국 의약도 서아시아, 특히 일 칸국(이란 지방)에 전해졌다. 훌레구는 제3차 서정(1253~60) 때에 많은 중국 의사들을 대동하여 중앙아시아와 서아시아 일원에 중국 의술을 전파하였다. 특히 일 칸국이 자리한 이란에서는 중국 의술을 적극 수용하여 당대 명의인 손사맥의『천금요방』이 페르시아어로 번역·간행되었다.

일 칸국의 재상을 지낸,『집사(集史)』의 저자 라시둣 딘(Rashīdu'd Dīn)의 주도 아래 1313년에 『일칸의 중국과학 보고(寶庫)』(Tanksuq namah-i Ilkhan dar Funun-i Ulum-i Khitai)라는 중국 과학 백과전서를 편찬하였다. 그 책에는 맥학(脈學), 해부학, 산부인학, 약물학 등 중국 전통의학이 상술되어 있다. 특히 맥학에 대한 관심이 높아 진대(晋代) 명의였던 왕숙화(王淑和, 265~317)와 그의 명저『맥경(脈經)』까지 논급되어 있다. 또한 24등분한 팔괘도(八卦圖)와 내장도(內臟圖), 맥경(脈經)을 표시한 손바닥과 완부도(腕部圖) 등 3장의 전형적인 중국 의학 도해도 첨부되어 있다. 의학을 포함한 중국의 과학 전반을 논급한 이 페르시아어 역작을 터키 이스딴불대학의 수헤일 운버(Suheyl Unver) 교수가 1939년에 터키어로 번역·출간하였다. 역서명은 *Tanksuk namei Ilhan der Fününu Ulumu Hatai Mukaddimesi*(Istanbul 1939)이다.

명말 청초에 이르러서는 선교사들이 중국에 들어오면서 서양의 근대의학이 중국에 전해졌다. 초기에는 주로 선교사들의 설교나 선교용 책자에 간헐적으로 서양의학에 관한 약간의 언급이 있다가 점차 전문의학서가 출간되기 시작하였다. 최초의 서양 의학전서는 독일 선교사 슈레크(Johann Terrenz Schreck, 鄧玉函, 1576~1630)가 저술한『태서인신개설(泰西人身概說)』(2권)이다.『태서인신개설』은 인체해부에 기초한 일종의 해부생리학 논저로서, 중국인들은 이때 처음으로 근대적 해부생리학 지식을 접하게 되었다.

해부생리학 지식과 함께 서약(西藥) 제조법도 소개되어 서약도 제조되기 시작하였다. 이딸리아 선교사인 우르씨스(Sabatino de Ursis, 熊三拔, 1575~1620)는 1618년에『약로설(藥露說)』을 저술하여 주로 증류(蒸溜)하여 약을 만드는 서방의 약품제조법을 처음으로 소개하였다. 선교사들로부터 이러한 제조법을 전수받은 중국인들은 청초부터 연해지대에서 약로(藥露), 즉 증류법으로 약을 제조하기 시작하였다. 강희 연간(1662~1722)에는 궁중에서도 선용할 정도로 서양의 약품이 중시되고, 중국인들 가운데 서양의 의술과 약품을 연구하는 전문가들이 배출되었으며, 서양 의술의 원리에 관한 이론서적도 출간되었다. 1688년에 저술된『의학원시(醫學原始)』(4권)를 비롯해 명말 청초에 모두 15종 170권의 서양 의학전서가 출간되었다. 그밖에 서양식 병원의 건설은 마카오에만 한정했는데, 거기에는 주교 까르네로(D. M. Carneiro)가 1569년에 건립한 쌴따 까사 병원(Santa Caza da Mizericordia)을 비롯해 3개의 병원이 운영되고 있었다.

서방의약과 더불어 서방의 생물학도 중국에 소개되고, 이를 계기로 중국의 동식물에 관한 연구도 진행되었다. 이러한 학문연구 활동의 진두에는 역시 내화 선교사들이 있었다. 최초로 서방의 생물학을 소개한 한적(漢籍)은 1593년 민희랍(民希臘, 마닐라)에서 출간된『무극천주정교진전실록(無極天主正敎眞傳實錄)』이다. 이 책은 에스빠냐어로 출간되었던『자연법의 수정과 개진』(*Rectification y Mejora de Principios Naturales*)의 한역본이다. 총 9장으로 구성된 이 책의 5, 6, 7장은 생물지식을 다루었으며 8, 9장은 의약에 관해 논술하고 있다.

이딸리아 선교사 부글리오(Lodovico Buglio, 利類思, 1606~82)는 알드로반디(Aldrovandi, 1522~1607)의 박물학 백과전서 중에서 사자와 매[鷹] 조항만을 한역한 데 이어, 1678년에 포르투갈 사신이 연해지방의 통상을 요구하면서 아프리카산 사자를 예물로 청조에 헌상하자, 이를 계기로 『사자설(獅子說)』이란 책을 지어 북경에서 출간하였다. 폴란드 선교사인 보임(Michael-Pierre Boym, 卜彌挌, 1612~59)은 라틴어로『중국식물』(*Flora Sinensis*)을 저술하여 1656년에 빈에서 출간하였다. 프랑스 선교사이며 빠리과학원 중국 주재 통신원이기도 한 댕까르비유(Pierre d'Incarville, 湯執中, 1706~57)는 프랑스의 저명한 식물학자인 쥐씨외(B. de Jussieu)의 학생으로서 여러가지 진귀한 식물 표본을 채집하여 빠리과학원에 보내고, 『북경 식물과 기타 생물학 유물 색인』(*Cataloque Alphabetique des Plantes de Peking et d'autres Objets d'Histoire Naturelle*)이란 책을 편찬하였다. 선교사들을 비롯한 서구인들의 이러한 활동으로 중국 근대 생물학의 기초가 마련되었다.

수학의 교류 자연과학 분야는 물론 인문사회과학 분야까지 통틀어 모든 학문의 주춧돌인 수학은 인도와 중국, 이집트 등 고대 문명국에서 그 원리가 싹터 아랍인을 비롯한 중세인들에 의해 일련의 기본원리가 밝혀졌다. 이에 따라 동·서간의 수학교류가 진행되었으며, 급기야는 근대 수학의 학문적 정립이 이루어졌다. 학문으로서의 수학의 교류사를 통관하면, 대체로 중세 초기에는 중국과 인도 간의 고대수학 교류가 나타났고, 중세 중기에는 아랍 대 중국이나 인도의 중세적인 수학교류가 주류였다. 이후 중세 말과 근대 초에 이르러서는 서구를 한쪽으로 하고 동방을 다른 한쪽으로 하는 근대적인 수학교류로 확대되었다.

연구가 미흡하여 상호간의 교류관계를 명시할 수는 없으나, 중세에 중국과 인도의 수학에는 여러 가지 상관성이 있던 것으로 보인다. 6세기부터 인도인들이 사용한 토반(土盤, 모래를 채운 용기) 산술의 가감승제 산법은 당시 중국의 주산법(籌算法)과 아주 흡사하다. 중세 중엽에 이슬람세계에 유입된 인도의 십진법(十進法), 그로부터 산생된 가감승제 산법 및 분수기법(分數記法) 등은 중국 수학의 영향을 받은 것이다. 특히 10세기경 아랍 수학자 알 바타니(al-Baṭānī)가 인도에서 전수한 싸인(sine)과 코싸인(cosine), 탄젠트(tangent)와 코탄젠트(cotangent) 개념은 중국 수학의 '중차술(重差術)'과 상관있는 것으로 짐작된다.

1세기에 편찬된 중국의 수학서 『구장산술(九章算術)』에서 밝혀진 '영부족'(盈不足, 즉 滿數와 缺數)이 9세기의 저명한 아랍 수학자 알 하와리즘 (al-Khawārizm, 780~850)의 저서에 인용되고 있으며, 15세기의 아랍 수학자 알 카쉬(al-Kāsī)의 저서 『산술의 열쇠』(*Miftāhu'l Hisāb*, 1427)에서는 이 '영부족술'을 '거란산법'(契丹算法, al-Khattaayn)이라고 칭하였다. 이러

4	9	2
3	5	7
8	1	6

중국의 9궁수

한 지칭으로 미루어보아 '영부족'의 개념은 중국 북방에서 일세를 풍미하던 거란에 의해 아랍에 전해진 것으로 판단된다. 13세기 초에 이딸리아 수학자 비파나시도 『산술서(算術書)』(1202) 제13장에서 알 카쉬와 마찬가지로 중국의 이 산법을 '거란산법'이라고 설명하였다. 비파나시는 일찍이 이집트와 시리아 등 아랍에서 수학을 깊이 연구한 수학자로서, 그곳에서 이 '거란산법'을 전수받았을 것이다. 그밖에 알 카쉬의 평방근(平方根)이나 입방근(立方根) 산출법이 중국의 수학자 가헌(賈憲)이나 진구소(秦九韶, 1202~61)의 그것과 같다는 사실은 두 지역간에 있었을 수학교류의 개연성을 짙게 시사한다.

아랍 수학자들은 한대에 정립된 삼행종횡도(三行縱橫圖)를 비롯한 중국 수학 중의 9궁수(九宮數)를 수용하여 한층 발전시켰다. 알제리아 수학자 알 부니(al-Būnī, ?~1225)는 자신의 저서 『지혜의 빛』과 『기술(奇術)』에서 중국 9궁수를 활용하여 여러가지 종횡도(magic squares)를 작성하였다. 이 것이 발전하여 아랍 수학의 '격자산법(格子算法)'이 출현하게 된 것이다. 이상은 주로 중국 수학이 인도나 아랍 수학에 미친 영향관계이다. 그러나 역으로 아랍 수학이 중국 수학에 미친 영향도 적지 않다.

13세기는 중국 수학사에서 빛나는 업적을 남긴 세기인데, 그것은 아랍 수학의 영향과 떼어놓고 생각할 수 없다. 중국의 진구소와 이치(李治, 1192~1279), 이딸리아의 비파나시, 독일의 나멀라리, 아랍 (모로코)의 하싼 마라키쉬는 13세기의 5대 수학자이다. 중국이 2대 수학자를 배출하게 된 것은 발달된 아랍의 대수와 기하, 삼각, 역산(曆算) 등 수학지식을 수용하여 활용하였기 때문이다. 당시 중국에는 수학에 능한 아랍인들이 다수 교거(僑居)하고 있었으며, 그들은 아랍 수학의 전도사 역할을 하였다. 사천(四川)에서 출생한 진구소는 아랍 학자들과 상인들이 많이 거주하던 항주(杭州)에 가서 '은군자'(隱君子, 아랍 학자)들로부터 수학을 배웠던 것이다.

고대기하학의 비조(鼻祖) 격인 유클리드(Euclid)의 『기하원리』도 아랍인들을 통해 중국에 전해졌다. 『기하원리』의 아랍어 역본은 압바쓰조 이슬람제국 시대에 이미 4종(그중 2종은 완역본)이나 되었다. 원대 비서감이 1273년에 소장한 도서 중에는 이 아랍어 역본(한역되었는지는 미상)이 들어 있었다. 이것은 『기하원리』의 최초 중국 유입으로서, 마테오 리치가 1605년에 이 책에 관해 구술(서광계 기록)한 것보다 300년 이상 앞선 일이다.

13세기 40년대부터 중국 수학자들은 비로소 숫자(아라비아숫자)와 공위(空位, 빈 자리)로서의 영(0)을 사용하기 시작하였다. 당·송대까지만 해도 역법계산에서 천문수치상의 공위는 'ㅁ'로 표기하였다. 그러나 진구소의『수서구장(數書九章)』(절강에서 1247년 간행)과 이치의『측원해경(測圓海鏡)』(하북에서 1248년 간행),『익고연단(益古演段)』(하북에서 1259년 간행)에서는 모두 'ㅁ' 대신 '0'을 쓰고 있다. 원대에는 회회천문대의 운영을 비롯해 아랍–이슬람 학문을 적극 수용하였기 때문에 영(0)을 포함한 아라비아숫자가 공식적으로 사용되었다.

천문관측에서 구면삼각법(球面三角法)을 채택한 것은 원대에 와서 처음이다. 고대 그리스 시대부터 사용된 구면삼각법은 아랍 천문학자들에 의해 계승·발전되었으며, 원대에 기상관측에 도입되어 그 정확성이 실증되었다. 특히 아랍 수학자인 하싼 마라키쉬가 고안한 삼각함수법(三角函數法)은 천문관측에서 대단히 유용하였다. 그의 역작『시종귀원론』(始終歸元論, *Jami' al-Mabādī wa'l Ghāyat*, 일명『원리와 답안』, 한역명『윤해산법(允解算法)』, 1229)은 중세에 가장 뛰어난 실용 천문학의 명저로 평가되었다.

원대 비서감에는 중세 아랍의 대수학자 알 하와리즘의 수작『적분과 방정식 산법』(*Hisābu'l Jabr wa'l Muqābalah*)을 비롯해 4부의 중요한 아랍 수학서가 소장되어 있었다. 주지하다시피『적분과 방정식 산법』은 중세의 가장 걸출한 대수학(代數學) 전서이다. 이러한 아랍 수학의 전파와 명저들의 소개는 의심할 바 없이 중국 수학의 발달을 촉진하였다. 명대 영락제 때 패림이 편찬한『칠정추보』에는 구면삼각법을 정식으로 사용하여 달의 황위도(黃緯度)를 관측하였다는 기사가 있으며, 아울러 아랍의 60진법을 소개하고 있다.

명말 청초에는 주로 선교사들을 통하여 서구의 근대적 수학이 소개되면서 현대학문으로서의 수학이 체계화되고 중국의 전통수학과 결합하는 현상도 나타났다. 마테오 리치는 1605년 5월 10일 로마에 보내는 한 보고서에서 "수학만이 중국인의 마음을 사로잡을 수 있다"며 수학 전파의 필요성을 역설하였다. 리치는 중국에 오기 전 로마신학원에서 5년간(1572~77) 수학을 공부하였다. 그는 중국에 온 후 우선 서광계와 함께 1603년부터 1607년 5월까지 유클리드의『기하원리』를 한역하였다. 한역 대본은 15권으로 된 독일 수학자 클라비우스(C. Clavius)의 주석본(*Euclidis Elementorum Libr. xv.*)인데, 그중 6권만 한역하였다. 이 역서는 비록 완역본은 아니지만, 중국 수학자들로 하여금 기하학의 기본원리를 체계적으로 습득케 함으로써 중국 수학 발전에 큰 기여를

아랍 대수학자 알 하와리즘(9세기)

하였다. 그 결과 청초에는 방중통(方中通)의 『기하약(幾何約)』(1661), 매문정(梅文鼎)의 『기하통해(幾何通解)』(1692) 등 중국인들의 기하학 전문 논저가 여러 편 발표되었다.

『기하원리』의 한역에 이어 이지조는 리치 등 선교사들로부터 수강한 내용과 클라비우스의 『실용산술개론』(實用算術概論, Epitome Arithmeticae Practicae, 1585)을 참고하여 1614년에 『동문산지(同文算指)』를 편찬·출간하였다. 전편(前編, 2권)과 통편(通編, 8권), 별편(別編)으로 구성된 이 책은 서구의 필산법(筆算法)을 처음으로 소개하고 중국 전통수학과 서구 근대수학의 결합을 시도한 최초의 수학전서이다. 전편에서는 주로 정수와 분수의 가감승제 산법과 기법(記法)을 소개하고, 통편에서는 비례와 비례배분, 영부족, 급수(級數), 다원일차방정식, 개방법(開方法, 평방근과 입방근 계산법) 등을 개괄하고 있다. 이 책에 소개된 필산법은 현행 산법과 매우 흡사하다. 수학을 비롯한 서구학문을 앞장서서 받아들인 서광계는 『측량이동(測量異同)』이란 책을 지어 중국과 서구의 수학원리를 비교연구하였다. 그 결과 그는 기본원리에서는 대동소이하다는 결론을 얻었다. 그밖에 17세기에 쓰인 계산수단으로는 주산(珠算)·필산(筆算)·주산(籌算)·척산(尺算)의 4가지가 있었는데, 주산(珠算)을 제외한 3종은 모두가 서구에서 들어온 것이다.

선교사들에 의해 서구의 삼각학(三角學)도 유입되었다. 독일 선교사인 슈레크의 『대측(大測)』(2권, 1631)과 이딸리아 선교사 지아꼬모 로의 『측량전의(測量全義)』(10권, 1631)는 삼각학을 소개한 대표적 전서이다. 『대측』은 프톨레마이오스의 『수학대전』(數學大全, Syntaxis Mathematica)을 주요 참고서로 삼아 편찬한 개설서이다. 이에 비해 『측량전의』는 삼각학을 심도있게 다룬 것으로서, 특히 평면삼각학과 구면삼각학을 상당히 구체적으로 다루고 있다. 『측량전의』 제5권은 아르키메데스(Admiradi Archimedes, BC 282~212)의 『수론』(數論, Syracusani Monumenta Omnia Mathematica) 중 「환편(圓篇)」(권1)과 「원구원주편(圓球圓柱篇)」(권2)을 소개하고 있다. 이로써 유명한 아르키메데스의 3대 정률(定律)이 처음으로 중국에 알려지게 되었다. 또 폴란드 선교사 스모골렌스키(J. N. Smogolenski, 穆尼閣, 1611~56)가 전수한 내용을 모아 엮은 『역학회통(曆學會通)』(1664) 중에도 『삼각산법(三角算法)』 1권이 포함되어 있다.

강희 연간(1622~1722)에는 그때까지 중국에 유입된 서구의 학문서적을 집대성하여 강희제가 사망한 다음해인 1723년에 『율력연원(律曆淵源)』이란 제목을 달아 총 100권으로 출간하였다. 그중 절반이 넘는 『수리정온(數理精蘊)』 53권이 수학에 관한 전문적 논저들인바, 이는 당시 수학을 얼마나 중시하였는가를 입증한다. 수학과 천문학 등 자연과학에 큰 관심을 가지고 있었던 강희제는 프랑스 선교사 제르비옹(J. F. Gerbillon, 張誠, 1654~1707)과 부베를 소견(召見)하는 자리에서 만주어를 배워서 수학강의를 해달라는 부탁까지 하였다. 이에 제르비옹은 프랑스 수학자 빠르디(P. Pardies)의 『응용기하』(Geometrie Practique et Theorique, 1671)를 만주어로 번역하여 교본으로 사용하였다.

1713년에는 궁 안에 산술관(算術館)을 개설하여 귀족 자제 30여 명이 수학을 공부하도록 하였다.

공학의 교류 유럽의 선진 공학도 주로 선교사들을 통해 중국에 전해졌다. 농업국가인 중국에서 가장 절실한 것은 수리공학(水利工學)이었다. 1606년에 중국에 온 이딸리아 선교사 우르씨스는 마테오 리치와 함께 중국어를 배운 다음 1612년에 서양의 농업수리기술을 소개한 『태서수법(泰西水法)』(6권)을 북경에서 출간하였다. 이 책에서 그는 태서(泰西), 즉 서양의 수리공학을 요약하여 설명하고 용골차(龍骨車)·옥형차(玉衡車)·항승차(恒升車)·저수지 등 수리관련 시설들을 도해를 곁들여 소개하였다. 이것은 서양의 농업수리기술을 중국에 소개한 첫 전문서이다. 서학(西學)의 수용에 앞장선 서광계는 1633년에 60권으로 된 『농정전서(農政全書)』를 간행하였다. 고대 농업과학기술을 집대성한 이 총서 중에서 수리(水利) 부분은 대부분 우르씨스의 『태서수법』의 내용을 그대로 채용한 것이다.

수리공학과 더불어 서방의 근대적 기계공학도 유입되었다. 독일 선교사 슈레크는 1621년에 내화한 후 저술한 『원서기기도설록최(遠西寄器圖說錄最)』(3권, 약칭 『기기도설』)를 중국 학자 왕징(王徵, 1544~?)과 함께 한역하여 1627년 북경에서 출간하였다. 이 책은 네덜란드의 수학자이자 공학자인 스터빈(Simon Stevin, 1548~1630)의 『수학통론』(*Hypomnenemata Mathematica*, 5권, 1608)과 독일 광물학자 바우어(Georg Bauer, 1494~1555)의 『광야전서』(礦冶全書, *De Re Matallica*, 12권, 1556) 등 서구의 주요 공학관련 서적 4부를 참고하여 편찬한 중국 최초의 기계공학서이다. 이 책에는 서구에서 제작된 '기기(奇器)', 즉 기묘한 기기들의 제작 원리와 방법들을 기술하고 있다. 왕징은 역자 서문에서, 이러한 기기들은 절(切)·편(便)·정(精)의 3대 원칙에 준하여 제작된다고 하였다. 즉 절실히 필요하고(切) 제작이 간편한(便) 기기들을 정밀하게(精) 제작한다는 것이다.

기계공학의 전입에서 특기할 사항은 증기터빈 원리의 도입이다. 청초에 흠천감과 공부(工部)에 봉직하던 벨기에 선교사 베르비스트는 이딸리아 기계공학자 브란까(Branca)가 발명한 충동식(冲動式) 터빈을 그의 저서 『증기터빈』(*La Machine*, 1629)과 함께 소개하였다. 그리고 1678년에 브란까의 공학원리에 따라 증기터빈 실험을 하였다. 목제 4륜차에 화로를 싣고 석탄연료로 얻은 동력으로 차륜에 의해 추진되는 증기터빈이었는데, 브란까의 충동식 터빈보다 진일보한 것이었다.

서구의 기계공학을 전수받은 중국인들 중에서 재간있는 공학자들이 배출되었다. 대표적인 공학자로는 왕징과 황리장(黃履庄, 1656~?)을 들 수 있다. 왕징은 저서 『신제제기도설(新製諸器圖說)』(1권)에서 자신이 발명한 사이편(siphon)과 윤호(輪壺), 연노(連弩) 등 9종의 기기들을 도해와 함께 설명하고 있다. 이후 그는 수십 종의 기기를 더 발명하였는데, 그중에는 7천여 근의 무게를 들어올릴 수 있는 기중기와 천보노(千步弩), 생화기(生火機) 등 무기도 있다. 왕징의 뒤를 이은 공학자는 황리장이다. 그는 28세의 젊은 나이에 벌써 27종의 기기를 발명하였거나 모조하였는데, 그중에는 현미

경·천리경(千里鏡)·취화경(取火鏡)·자동부채·폭포수(瀑布水) 등 실용적인 기기들과 일용품들도 있다. 황리장은 그밖에 목구수문(木狗守門, 나무로 만든 문지기 개로 문이 열리면 짖어댐), 일선천(一線泉, 5~6척 높이의 분수), 험냉열기(驗冷熱器, 체온 및 기온 측정기) 등도 제작하였다.

청초에는 궁중에 시계를 비롯한 여러 기기와 용구를 수리·제작하는 부서까지 설치하여 서방의 근대적 기계공학에 큰 관심을 보였다. 선교사들은 자명종을 비롯한 각종 시계와 기기들을 가지고 들어와 유행시켰다. 강희제의 초빙을 받고 1701년에 중국에 온 선교사 겸 기계공학자인 브로카드(Jacobus Brocard)는 1718년 사망할 때까지 궁중에서 전문적으로 시계와 기타 자동기기들을 수리하고 제작하는 일에 종사하였다. 건릉제(乾陵帝, 1736~95) 때에는 궁내 원명원(圓明園)에 종방(鐘房)을 설치하여 시계의 수리와 제작을 전문적으로 관장하게 했다. 종방의 방장(房長)은 기계공학에 능한 프랑스 선교사 떼볼트(Gilles Thébault, 楊自新, 1703~66)를 비롯한 선교사들이 역임하였다. 떼볼트는 1738년부터 1766년 사망할 때까지 종방에 봉직하면서 시계 외에 40발자국까지 걷는 자동사자와 호랑이 같은 완구도 만들었다.

이렇게 명말 청초에 선교사들이 중국에 들어옴과 동시에 서방의 근대적 공학이 유입됨으로써 중국 근대화의 길이 트이게 되었다. 수리공학과 기계공학을 비롯해 산업경제와 민생에 필요한 근대적 기기나 용구들이 하나씩 제작되었다. 뿐만 아니라, 시계나 풍금, 완구 같은 근대적 사치품이나 장식품 같은 것도 만들어져서 근대문명의 면모가 갖추어지기 시작하였다.

인문학의 교류 중세 말과 근대 초 서세동점의 정세 속에서 서방의 능동적인 활약에 의하여 동·서간의 학문교류가 본격화되었다. 그 과정을 통관하면, 대체로 물질문명과 직결되는 근대적인 자연과학은 서방이 동방에 전파하고, 정신문명과 관련되는 전통적인 인문사회과학은 서방이 동방으로부터 수용하였다. 이러한 동·서간의 교류상은 당시 선교사들을 위시한 서구인들이 중국에서 행한 학문보급과 연구 및 저술활동, 그리고 17~18세기 유럽의 중국학 연구의 활성화(이 장 제1절 '문학의 교류' 참조) 등 여러 사실에서 나타나고 있다.

그밖에 당시 동·서간의 학문서적 호환에도 이러한 교류상이 그대로 반영되고 있다. 프랑스 선교사 트리고가 가지고 들어온 7천권의 서방 서적은 대개 자연과학 서적이었다. 이에 반해 벨기에 선교사 쿠플레가 1682년에 로마로 가져간 중국 내 선교사들의 저서 400여 권과 프랑스 선교사 부베가 1694년 귀국하면서 루이 14세에게 증정한 중국 서적 300권은 그 대부분이 중국관련 인문서적이다. 광주(廣州)에서 중국의 경학(經學)을 깊이 연구한 프랑스 선교사 프레마르가 프랑스 황실문고에 보낸 수천권의 서적도 사정은 마찬가지였다. 이와같은 동·서간 서적의 교류는 학문연구의 밑거름이 되고 학문교류의 견인차 역할을 하였다.

이러한 교류과정에서 유럽은 중국의 전통사상과 학문을 이해하고 합리적 요소들을 받아들여 근대 인문학의 정립에 적절히 활용하였다. 그 대표적인 것이 18세기에 유럽이 중국의 전통 유교사상에서 필요한 자양분을 섭취하여 선진적인 계몽운동을 전개한 사실이다. 그것은 구체적으로 중국 유교사상이 라이프니츠(G. W. Leibniz, 1646~1716)의 고전사변철학(古典思辨哲學)과 볼떼르의 자연신관(自然神觀), 께네(François Quesnay, 1694~1774)의 중농주의(重農主義)에 미친 영향에서 여실히 나타난다.

독일 고전사변철학의 창시자인 라이프니츠는 21세 때부터 중국철학을 연구하기 시작하여 빠리에서 출판된 유교경전들을 탐독하였다. 그는 재화 선교사들의 저서와 보고서 등을 참고하여 1697년에 『중국근황』(中國近況, *Novissima Sinica*)을 저술·출간하였고, 재화 프랑스 선교사 부베와 6년간 통신하면서 이진제(二進制) 산술(算術)과 역괘(易卦) 문제를 탐구하였다. 그리고 1699년에는 부베의 라틴어 저서 『강희제전』(康熙帝傳, *Histoire de l'Empereur da la Chine*)을 프랑스어로 번역하였다. 라이프니츠는 당대의 일가를 이룬 저명한 철학자로서 평생 중국에 관한 연구에 전념하였다.

라이프니츠는 송유이학(宋儒理學, 일명 宋學)에 심취하여 자연신관과 자연법칙론을 신봉하면서 서구 교회의 계시신학(啓示神學)을 비판하였다. 그는 중국 문명이 서구 문명의 발달에 유용함을 주장한 최초의 서구 철학가다. 『중국근황』 서문에서 그는 서구인들의 무지와 오만을 이렇게 개탄하고 있다. "이때까지 우리들 중 그 누구도 이 세상에 우리의 윤리보다 더 완벽한 윤리를 갖고 있으며, 우리의 처세지도(處世之道)보다 더 진보한 처세지도를 걷고 있는 민족이 존재하고 있다는 사실을 믿지 않았다. 그러나 이제 동방의 중국은 우리로 하여금 각성토록 하고 있다." "내가 보기에는 지금 우리의 도덕은 자구(自救)할 수 없는 지경으로 타락하였다. 심지어 나는 중국에서 사람을 보내와 우리에게 자연신학의 목적과 실천을 가르쳐주어야 한다고 주장하는 바이다. 마치 우리가 선교사를 중국에 파견하여 하느님이 계시한 신학을 전수하는 것과 마찬가지로 말이다." 그러면서 그는 서구 문명과 중국 문명을 비교하여 이르기를 "유럽 문화의 장점은 수학적이고 사변적인 과학이라는 데 있으며, 군사 면에서 중국은 유럽만 못하다. 그러나 실천철학 면에서는 유럽인들이 중국인들보다 퍽 못하다"고 하였다. 그는 중국의 '실천철학'을 실제 적용하기 위하여 베를린과 빈, 뻬쩨르부르끄에서 과학원 설립을 창도하고 베를린과 뻬쩨르부르끄 과학원 내에 중국학 연구를 필수항목으로 설정하도록 하였다.

라이프니츠의 국가관은 인애(仁愛)와 정의, 의지력과 박식함을 지닌 개명한 군주의 치하에 통일국가를 건설하는 것이었는데, 개명한 군주의 표본으로 그는 중국의 강희제를 삼았다. 그가 1703년에 발표한 『논이진제계산(論二進制計算)』은 송유(宋儒)의 『복희육십사괘차서도(伏羲六十四卦次序圖)』『복희육십사괘방위도(伏羲六十四卦方位圖)』와 완전히 일치하고, 1714년에 저술한 『단자론(單子論)』에는 노자와 공자의 '도(道)' 개념이 반영되어 있다. 라이프니츠 사상의 2대 연원은 플라톤과 중국철학이었다. 이 점에 관해서는 독일 철학자인 루도비시(C. Günther Ludovici)가 저서 『라이프니츠 철학발전사』(Ausfuhrlicher Entwurf einer Vollstä udigen Historie der Leibnitzischen Philosophie, 1737) 서문에서 명백히 지적하고 있다.

근대 프랑스의 사상 및 정치혁명을 주도한 백과전서파도 중국의 인문사회학에 대하여 큰 관심을 가지고 연구하였으며, 그 합리성과 보편성을 인정하고 수용하는 데 인색하지 않았다. 볼떼르, 몽떼스끼외, 돌바크(P.-H. d'Holbach)를 비롯한 백과전서파 주역들은 재화 선교사들의 저서와 보고서, 그리고 유럽에서 출간된 중국관련 서적들을 섭렵하면서 중국의 역사·사상·정치제도·형법·사회풍습 등 여러 방면에 관해 깊이 연구하였다. 그들 중 볼떼르의 연구와 대중국관이 전형성을 띠고 있다.

볼떼르는 중국 역사와 도덕경에 조예가 있는 프랑스 선교사 푸께(Jean-François Fouequet, 傅聖澤, 1665~1741, 1699년 내화)와 교분을 유지하고 중국 문명에 관해 연구하면서 폐쇄적인 기독교 신학으로 인해 일그러진 유럽사회를 비판하였다. 그는 저서 『철학사전(哲學辭典)』의 「영광(榮光)」 항목에서 중국을 "세계에서 가장 아름답고, 가장 유구하며, 가장 넓으며, 인구도 가장 많은, 그리고 치세도 가장 잘된 국가"라고 격찬하였다. 그는 중국의 유구한 연대기를 근거로 성서의 하느님 창세설을 논박하였다. 『구약성서』에 나오는 창세연대는 기원전 3761년이지만, 중국이 하나의 민족으로 집거(集居)하고 번영을 누린 지는 50세기 이상이나 된다. 중국인들이 중국의 드넓은 땅에서 완벽하고 명철한 제도를 가지고 국가를 다스리고 있을 때, 유럽인들은 소군(小群)으로 떼지어 '산림 속을 방랑하는 야인(野人)'에 불과하였다. 인류의 문명이나 과학기술의 발달사는 모두 중국에서 시작되었으며, 중국은 장기간 앞서갔다. 중국의 역사기록에는 "조그마한 허구나 기담괴설(奇談怪說)이 거의 없다. 중국인들은 이집트인이나 그리스인들처럼 자신들을 신의 계시를 받은 하느님의 대변인이라고 절대로 말하지 않는다. 중국인들의 역사는 처음부터 이성에 맞도록 씌어 있다." "전세계 민족들 중에서 유독 그들(중국인)의 사적(史籍)에만은 일식(日蝕)과 성구(星球)의 회합이 끊이지 않고 지속적으로 기록되어 있다. 우리의 천문학자들이 그들의 계산을 검증하고 나서는 깜짝 놀라는데, 모든 기록이 거의 진실하여 신뢰할 수 있는 것이다." 중국 문명에 관한 볼떼르의 몇가지 논평이다.

볼떼르는 공자의 유학이 일종의 자연신론(自然神論)으로서 유럽에서 성행하는 미신적인 '신계시종교(神啓示宗敎)'와는 완전히 다른 '이성종교(理性宗敎)'라고 하면서, 그 자신은 숭고한 이성을 가지고 자연과 도덕에 부합되는 이러한 '이성종교'의 신봉자라고 자처하였다. 볼떼르가 말하는 자연신론은 천부적인 자연도덕과 상관성이 있는 개념으로, 천부(天賦)와 이성, 문명의 발달과 이성의 통일을 뜻한다.

백과전서파들은 중국의 도덕정치를 찬양하면서 신권통치를 부르짖는 유럽의 군주정치를 부정하였다. 돌바크는 『덕치 혹은 도덕을 기초로 한 정부』라는 정부론에 관한 책을 저술하였는데, 그 속에서 그는 '덕치'(德治, ethocratie)라는 용어를 쓰면서 중국의 덕치주의를 찬양하였다. 그는 "중국은 세계에서 유일하게 정치와 윤리도덕을 결합시킨 나라이다. 이 제국의 유구한 역사는 모든 위정자들로 하여금 나라가 번영하려면 반드시 도덕에 의거해야 한다는 것을 명료하게 인식케 하였다"고 하면서 "유럽 정부는 중국을 귀감으로 삼아야 한다"고 주장하였다. 이와같이 중국 유가의 자연관과 도덕관, 정치관은 백과전서파의 지지와 공감을 얻었으며, 또 그들의 사상을 형성하는 데 직접적인 영향을 주었다.

백과전서파를 이어 18세기 중엽에 께네를 위시한 중농학파(重農學派, Physiocratis)에 의하여 중국 문명 연구붐이 새로이 일어났다. 'Physiocratis'는 원래 그리스어의 '자연주재학파(自然主宰學派)'라는 뜻으로서, 이 학파의 학문적 종지(宗旨)는 자연법칙과 질서가 하느님의 신적 계시를 대체한다는 것이다. 이들은 농업을 천하지대본(天下之大本)으로 중시하기 때문에 '중농학파'라고 이름하였다. 1767년에 께네는 『중국의 전제제도』를 발표하였는데, 중국의 정치는 '합법적인 전제정치'이며 중국 황제는 '합법적인 전제군주'라고 지적하였다. 그는 또 『자연법칙』이란 저서에서 "자연법칙은 인류의 입법기초이고 인간행위의 최고준칙"인바, 중국을 제외한 모든 나라들이 이 점을 소홀히한다고 하면서 중국이야말로 "자연법칙에 준해 건립된 국가의 모범"이라고 설파하였다.

께네는 농업이 모든 것의 근본이며 농업만이 부를 증진시킨다고 하면서 화폐나 상업자본의 역할을 폄하하고 농업을 경시하거나 속박하는 일체 사상을 제거해야 한다고 주장하였다. 그는 중국의 중농주의와 역대 중국 황제의 농업중시정책을 높이 평가하여, 어의(御醫)로 재직할 때인 1756년에는 프랑스 루이 15세를 설득하여 황제가 직접 춘경 파종의식을 집전하도록 하였다. 그는 중국의 고대 세제(稅制), 특히 『주례(周禮)』의 균전공부법(均田貢賦法)에서 영감을 받아 토지단일세제를 주창하였다. 그는 자신의 경제사상을 집대성한 명저 『경제도표의 분석』을 1758년에 발표하였다. 그가 서거했을 때 문하생들은 추모사에서 께네는 공자의 교도와 도덕규범을 실현하기 위하여 필생의 노력을 경주한 '유럽의 공자'라고 평가하였다.

께네의 뒤를 이은 중농학파의 중진은 재정대신을 지낸 뚜르고(Turgot, 1727~81)였다. 그는 주지사로 있을 때 두 명의 중국 유학생과 교제하였는데, 그들이 중농학파의 이론을 이해할 수 있도록 『재부의 형성과 분배에 관한 고찰』이란 책을 지었다. 1764년에 유학생들이 귀국할 때는 『중국문제 연구에 관하여 두 중국인에게 주는 지시』라는 서한을 주기까지 했다. 이 서한에는 52개 문제의 조사요강을 열거하였는데, 그중 30개는 중국의 토지·자본·지조(地租)·부세(賦稅) 등 농업경제에 관련된 문제이고, 15개는 제지·인쇄·방직 등 공업 관련 문제이며, 나머지 7개는 자연지리·물산·역사 관련 문제였다. 유학생들은 귀국 후 정기적으로 조사보고를 프랑스 국무대신에게 보냈으며, 재화 선교사들의 연구활동에도 협조하였다.

한편, 중농학파의 요구에 따라 재화 선교사들은 중국의 농업경제에 관한 연구조사와 자료수집을 열심히 하였다. 그들의 연구중심은 벼와 뽕나무, 차의 재배였다. 그밖에 그들은 프랑스 국무대신의 요청으로 중국의 농기구와 식량저축방법을 조사하고 곡식의 종자를 보내기도 하였다. 프랑스 선교사 아미오(Jean-Joseph Marie Amiot, 錢德明, 1718~93, 1750년 내화)는 『중국 건륭제(乾陵帝)와 타타르 현귀(顯貴)들의 농업관(農業觀)』이란 책을 저술하여 1770년 빠리에서 출간하였다. 1727년에는 중국의 낟알 어레미가 프랑스에 보내져 30년 후에는 전국에 보급되었으며, 같은 시기에 중국의 보습도 유럽에 전해졌다. 또한 중국의 화초와 접목(接木)에 관한 기술자료가 유럽에 유입되어 활용됨으로써 18세기 유럽 화원의 면모가 크게 변하게 되었다.

제3절 예술의 교류

예술교류의 개념 예술의 교류란 인간의 정신문명 창조와 발달에 필수불가결한 예술의 상호 전파와 수용을 말하는 것으로서 정신문명 교류의 중요한 한 분야이다. 인간의 활동과 자연현상을 미적으로 창조·표현하는 예술은 인간의 정신문명 창조와 발달에 절대적으로 필요한 것이다. 아울러 문명이 발달하고 인간의 물질생활이 향상되면 될수록 예술에 대한 인간의 욕구는 그만큼 커지고 절박해지는 법이다.

그런데 예술에 대한 이러한 욕구는 주체예술의 발달이나 완성으로 충족될 수도 있지만, 상호보완적인 객체(이질)예술과의 교류를 통하여 좀더 원만하게 충족될 수 있다. 때로는 교류를 통해 수용한 다른 쪽의 새롭고 앞선 예술이 주체예술에 신선한 충격을 줄 수도 있다. 한편, 예술의 교류는 인위적으로 강요되는 교류가 아니라 자발심(自發心)에서 능동적으로 행해지는 순기능적 교류로서 여타의 교류와 더불어 자연스럽게 이루어진다. 인간의 욕구에 대한 충족성과 교류의 순기능성, 바로 여기에 예술교류의 당위성이 있다.

근대 초기까지 동·서양을 오간 교류예술에는 음악·무용·곡예·회화·조각·문양·건축 등 여러 방면의 내용이 포함된다. 이러한 교류를 담당하는 교류인은 대체로 전문 예능인인데, 부분적으로는 예술품의 호환(교역이나 증정 등)에 종사하는 비전문 예능인도 있었다. 그러나 전문 예능인에 의한 예술의 전파나 수용만이 명실상부한 예술의 교류로서 응분의 기능을 수행할 수 있는 것이다. 물론 예술품의 호환도 예술의 교류이기는 하지만, 기능이나 영향 면에서 상당히 한정적일 수밖에 없다. 전문 예능인에 의한 예술의 교류는 다양한 접변을 거쳐 시·공간적으로 파급적인 영향력을 발휘하지만, 예술품의 호환에 의한 예술의 교류는 기껏해야 일회적인 전시나 모작(模作)으로 끝나는 수가 많다.

예술의 교류는 정서적이고 미적 감흥을 불러일으키는 일종의 정신문명 교류이기 때문에 다른 교류와 구별되는 두 가지 특징이 있다. 첫번째 특징으로는 다양한 접변현상을 들 수 있다. 예술의 교류는 정형화된 현물(現物)의 교환이나 위치이동이 아니라, 무정형적(無定型的)인 미의식(美意識)의 전화(轉化)인 것이다. 전파예술은 비록 정형적인 실체라고 하더라도 그에 대한 수용은 그대로의 주입이 아니라, 재현이나 모방 과정에서 일어나는 각이한 변형, 즉 접변현상을 수반하게 된다. 때로는 장기간 공존하기도 하고, 서로가 융화되어 새로운 예술을 창조하기도 한다. 그런가 하면 전파예술에 일방적으로 동화되는 경우도 있다. 설혹 예술품의 호환일지라도 그것이 어떤 접변현상을 일으켰을 때는 교류예술로서의 가치가 인정된다. 따라서 접변현상은 예술교류의 필연이며, 또한 예술교류의 생명이라고 말할 수 있다.

두번째 특징은 전파와 수용 간의 갈등과 조화이다. 미의식에 바탕을 둔 예술은 오랜 역사과정을 통하여 고유의 체계로 창조·형성·발달함으로써 상당히 깊고 굳은 뿌리를 가지고 '외풍'(外風, 전래의 이질예술)에 대응한다. 이것이 예술 특유의 전통성과 착근성(着根性)이다. 따라서 전래예술(전파예술)에 쉽사리 자리를 양보하지 않는다. 그러나 또 한편으로 예술은 새것에 민감하여 항시 다양함을 추구하므로 '외풍'에 능동적으로 대처하려고 한다. 이것이 예술의 감수성과 다양성이다. 바로 이러한 예술의 전통성과 착근성으로 인해 예술의 전파와 수용 간에는 갈등이 생기게 마련이지만, 또한 역설적으로 예술의 감수성과 다양성 때문에 접변현상이 일어나고 전파와 수용 간에 조화가 이루어지며, 급기야는 갈등을 극복하게 된다. 이러한 과정을 통해야만 비로소 진정한 의미에서의 예술교류가 진행되는 것이다. 이와같이 예술교류의 전과정은 항상 전파와 수용 간의 갈등과 조화를 동반한다.

이러한 특징을 지닌 예술의 교류는 인류의 정신문명 발달에 크게 기여한다. 이질문명의 색다른 예술을 받아들임으로써 주체예술을 보다 풍부하게 하고 미의식을 제고하며, 나아가서 인류간 정신문명의 공영을 도모할 수 있다. 뿐만 아니라, 예술의 교류는 전반적인 문명교류의 활성화에 일조한다. 일반적으로 예술의 교류는 순기능적 교류로 대가성을 띠거나 강요되는 교류가 아니기 때문에 문명 간의 여타 교류와 공감대를 자연스럽게 유도·형성한다. 또한 예술은 문명의 주요한 징표의 하나이므로 교류를 통하여 문명의 실체를 확인하고 교류상을 가늠해볼 수 있게 한다.

음악의 교류 일찍이 한대에 중국과 서역 간에 음악의 교류가 시작되었다. 서역의 음악은 비록 이질적인 문화양상이기는 하나, 오히려 그 특이성 때문에 중국인들의 호기심을 불러일으켜 기꺼이 받아들여지게 되었다. 그리고 그 수용과정에서 서역적인 음악요소와 중국의 전통적인 음악요소가 융화되어 새로운 음악이 창출됨으로써 중국 음악의 영역을 넓히는 데 커다란 기여를 하였다.

일반적으로 호악(胡樂)이라 불리는 서역 음악의 전래는 한대에 시작하여 위진남북조 시대의 지속적인 확대과정을 거쳐 수·당대에 이르러서는 전성기를 맞이하였다. 한악부(漢樂府)에 나오는 고

취곡(鼓吹曲) 등 악곡은 대부분이 서역의 것으로 반초(班超)의 서역개통을 계기로 중국 내륙에 유입되었다. 그 내용이 변환적(變幻的)이고 음조가 우람하여 송대에 이르기까지 '구곡신사(舊曲新詞)', 즉 낡은 곡에 새 가사를 붙이는 방법으로 줄곧 연주되었다. 특히 남북조 시대에 북위(北魏)와 북주(北周)에서 호악이 성행하였는데, 북위는 악서(樂署)라는 전문 관리부서까지 설치하여 사이악무(四夷樂舞)를 적극적으로 수용·권장하였다. 마단림(馬端臨)의 『문헌통고(文獻通考)』(권129, 「악(樂)」 2)에 따르면, 북위 선무제(宣武帝) 이후 호무(胡舞)를 곁들인 호성(胡聲), 즉 서역악을 즐기기 시작하였는데, 굴자(屈茨)·비파(琵琶)·오현(五絃)·공후(箜篌)·호고(胡鼓)·동발(銅鈸)·타사라(打沙羅) 등의 악기가 사용되었으며 그 음조가 비감하고 처량하였다. 그런데 이러한 음악은 음소로 보아서는 분명히 서역제국에서 유래된 것이지만, 거기에 여러가지 불교적 음조나 호어(胡語, 서역 언어)까지 혼잡되다 보니 난삽할 수밖에 없었다. 이로써 서역 음악의 흐름에는 불교적 음악요소가 가미되어 있음을 알 수 있다.

북주의 경우, 무제(武帝, 543~78)가 돌궐녀를 왕후로 취한 후 서역제국과의 친교가 이루어져 구자(龜玆)·소륵(疏勒)·안국(安國)·강국(康國) 등의 악사들이 대거 몰려와 서역악의 판도를 더욱 넓혀 갔다. 무제는 흉노 출신의 백지통(白智通)에게 명하여 장안에 거주하는 호아(胡兒), 즉 서역인들에게 서역악을 교습시킬 정도로 호악의 보급에 열성을 다하였다. 남북조 시대에 서역에서 유입된 악무를 통칭 산악(散樂) 혹은 백희(百戲)라고 하였는데, 그 종류가 수백 종에 달하였다.

수·당대에 이르러서는 호악이 중국 악부(樂府)에서 하나의 체계로 자리를 잡아 중국악의 변화·발전에 큰 영향을 미쳤다. 수대에는 9부악(九部樂)이 있었으나, 당 정관(貞觀) 16년(642)에 고창악(高昌樂)을 첨가하여 모두 10부악, 즉 연악(燕樂)·청악(淸樂)·서량악(西涼樂), 천축악(天竺樂)·구자악(龜玆樂)·안국악(安國樂)·소륵악(疏勒樂)·강국악(康國樂)·고창악(高昌樂)·고려악(高麗樂)을 두었다. 본래 중국 고유의 음악은 종성(鐘聲) 위주의 아악(雅樂)이었으나, 9부악과 10부악을 두면서 호악에 밀려 종묘제사 때나 선을 보이는 특수악으로 전락하였다. 당 현종 때는 10부악을 다시 입부기(立部伎)와 좌부기(坐部伎)로 나누었지만, 여전히 구자악이 주류를 이루었다. 10부악의 정착과 발달은 중국 음악사에서 하나의 획기적인 변화가 아닐 수 없었다.

수·당대에 유행한 서역악 중에서 주류를 이룬 것은 구자악이다. 구자악은 그 유입시기의 선후에 따라 서국(西國)구자악과 제조(齊朝)구자악, 여토(與土)구자악의 3부로 나눈다. 수대의 9부악이나 당대의 10부악을 막론하고 구자악은 모든 악부 중에서 언제나 수위를 차지하였다. 구자악은 북주 무제 이후에 장안에 유입된 후 독특한 음률로 인해 급속히 전파되었는데, 수 개황(開皇)시대에 이르러서는 장안의 골목마다 구자악성이 끊이는 날이 없을 정도로 큰 인기를 모았다.

그런데 구자악이나 구자음률은 구자의 고유한 것이라기보다는 인도나 페르시아, 아랍(이집트) 음악의 영향을 받아 형성된 것이다. 이러한 의미에서 구자악은 중국악을 비롯한 동양악과 서양악 간의 가교 역할을 하였다고 말할 수 있다. 구자악의 한 조는 악사 20명과 악기 15종으로 구성되는데, 사용한 악기는 수공후(豎箜篌)·비파·오현·생(笙)·적(笛)·소(簫)·필률(篳篥)·갈고(羯鼓, 흉노 갈족의 兩搥 타악기)·요고(腰鼓)·답랍고(答臘鼓, 指彈 타악기)·모원고(毛員鼓)·도담고(都曇鼓, 單搥 타악기)·계루고(雞婁鼓, 일명 圓鼓, 타악기)·동발·패(貝) 등이다.

구자악곡으로는 「선선마니해곡(善善摩尼解曲)」「파가아무곡(婆伽兒舞曲)」「소천곡(小天曲)」「소륵염곡(疏勒塩曲)」 등이 알려져 있다. 구자음률은 본래 인도 북종(北宗) 음악에 그 뿌리를 두고 있는데, 북주 때 중국 북방 일대에 유입되어 중국 음률의 정립에 결정적인 역할을 하였다. 이 점을 기술한 『자치통감(資治通鑑)』(권177)에 의하면, 북주 무제 재위시(561~78) 그의 돌궐후를 수행해 장안에 온 구자악사 소저파(蘇祗婆)가 연주하는 악곡의 각 균(均, 旦 혹은 調)에는 7성(聲)이 내포되었는데, 수 개황 9년(589)에 정역(鄭譯)이 소저파 7균과 중국 고유의 7음(音) 84조(調)를 결합해서 중국 음률을 정립하였다. 이때부터 아악(雅樂)이나 속악(俗樂)은 모두 이른바 7단(旦, 調)음률을 사용하기 시작하였다.

서역에서 들어온 음악으로는 구자악 외에 천축악, 소륵악, 서량악 등이 있다. 천축악은 기원후 345~53년에 처음으로 유입되었는데, 악곡으로는 「사석강무곡(沙石疆舞曲)」과 「천곡(天曲)」, 악기로는 봉수공후(鳳首箜篌)·비파·오현·적·동고(銅鼓)·모원고·도담고·동발·패 등 9종이 있으며, 12명의 악사가 한 조로 구성되었다. 소륵악의 악곡으로 전해오는 것은 「항리사양악무곡(亢利死讓樂舞曲)」「원복해곡(遠服解曲)」「감곡(監曲)」이 있고, 악기로는 수공후·비파·오현·적·소·필률·답랍고·요고·갈고·계루고 등 10여 종으로 악사 12명이 한 조를 이루었다. 서량악은 전진(前秦) 왕 부견(符堅) 말엽에 여광(呂光) 등이 감숙(甘肅), 양주(涼州)를 중심으로 음악활동을 전개하면서 구자악을 개조·변형시켜 이른바 진한기(秦漢伎)를 창안한 데서 비롯된다. 북위(北魏) 태세(太歲) 연간에 하서(河西)가 평정된 후 서량악으로 개명되었다가 위(魏)·주(周)대에 다시 국기(國伎)로 불리기도 했지만 세칭 서량악으로 전해오고 있다. 악곡으로는 「영세악해곡(永世樂解曲)」「만세풍무곡(萬世豊舞曲)」「우기불곡(于闐佛曲)」이 전하며, 악기로는 종(鐘)·형(馨)·탄쟁(彈箏, 12현)·추쟁(搊箏, 15현)·와(臥)공후·비파·오현·생·소·대필률·소필률·횡적(橫笛)·요고·제고(齊鼓)·단고(担鼓, 小鼓)·동발·패 등 17종이 있다. 한 조의 악사는 27명으로 구성되어 서량악은 다른 악에 비해 규모가 컸다.

한대부터 여러 악부에 사용한 주요 서역악기의 전래 및 개조·변형 과정을 살펴보면 서역악이 중국 음악에 미친 영향을 헤아릴 수 있다.

우선, 모든 악부에서 주도적 역할을 한 악기는 비파다. 비파의 최초 명칭은 비파(批把)인데, 본래 말 위에서 다루는 호(胡, 서역)악기였다. 자의적(字意的)으로 보면 손으로 미는 것을 '비(批)'라 하고,

당나라식 5현비파

손으로 끄는 것을 '파(把)'라고 하는데, 이 악기의 연주법이 바로 손으로 밀고 끌고 하는 것이라서 이런 이름이 생겼다. 그후 '비파(枇杷)' '비파(鞞婆)' 등으로 불리다가 진대(晋代) 이후에 '비파(琵琶)'로 고정되었다. 비파와 비슷한 현악기가 인도와 페르시아, 그리스에도 있었는데, 명칭들이 비슷한 것으로 보아 서로의 연유관계를 추측케 한다. 즉 산스크리트어로는 '바르부'(bharbhu), 페르시아어로는 '바르보트'(barbot), 고대 그리스어(기원 전후)로는 '바르비톤'(barbyton)이다.

비파는 여러 형태가 있는데, 당대 이전의 것으로는 전통적인 진한자(秦漢子, 진한시에 사용, 후에 阮咸으로 개칭)와 서역에서 들어온 4현, 5현 비파가 있었다. 미란(米蘭)의 목판화에 보이는 4현비파(일명 구자비파)는 페르시아에서 구자를 거쳐 중국 내륙으로 유입된 것이고, 형체가 좀 작은 5현비파는 인도에서 전입된 것이다. 북조 때의 4현, 5현 비파는 북방에서 성행하다가 양(梁) 간문제(簡文帝) 때 4현 비파만이 남방에 처음으로 전해졌다.

공후(箜篌)는 본래 인도 라지푸타나조 시대의 대표적인 현악기로서 산스크리트어로 'vina'라고 하였다. 한대에는 '공후(空侯)'라고 하다가 후에 '감후(坎侯)' 또는 '공후(箜篌)'로 음사하였다. 모양은 슬(瑟)과 비슷하나 좀 작고, 연주법은 비파와 같다. 공후는 한 무제(武帝)가 남월(南越)을 정복할 때 들여와 악무에 처음으로 도입하였다. 그러므로 공후는 당초부터 중국 고유의 악기가 아니라 서역에서 들어온 외래악기이다.

공후는 유입되자마자 인기를 얻어 후한에서는 「공후인(箜篌引)」이라는 전용 악곡까지 만들어졌다. 북위(北魏)의 운강석각(雲崗石刻)에 악사가 공후를 껴안고 있는 그림과 돈황 천불동 249호 북위 동굴 북벽의 공후연주도는 이 악기에 관련된 귀한 유물이다. 인도 부다가야의 석각에도 4세기 중엽부터 5세기 초의 것으로 보이는 공후연주도가 있다. 후한 때 공후와 비슷한 수공후가 원산지인 이집트에서 페르시아를 거쳐 신강에 전래되었다. 그 형태가 장곡형(長曲形)으로 22현을 써서 두 손으로 연주하기 때문에 속칭 벽(擘)공후라고도 하였다. 북조 때 공후와 비파는 현악기 중에서 중심 악기였으며 주·수대의 천축악에는 그 변형인 봉수공후가 사용되었다.

필률(篳篥, 일명 觱篥 혹은 笳管, 송대는 頭管)은 구자악기에 속하지만, 원래는 천축(인도)에서 중앙아시아를 거쳐 들어온 황관(簧管)악기로서 『통전(通典)』에는 '비율(悲篥)'로 음사하고, 호(胡, 서역)에

한국 상원사 범종의 공후와 생 연주 부조(왼쪽)
와공후(오른쪽)

서 들어왔다고 기술하고 있다. 한대에 중국에 유입된 이 악기의 형태는 관 모양으로 구멍이 있으며, 처음에는 골제(骨製)였으나 후에는 죽제(竹製)로 바뀌었다.

가(笳, 호드기, reed pipe, 일명 葭 혹은 吹鞭)는 본래 흉노 유목민들이 관은 양뿔로, 머리는 갈대로 만든 관악기로서 보통 호가(胡笳)로 불렸다. 한대 장건이 서역에서 돌아온 후 보급되었다고 하는데, 대호가(大胡笳, 大笳)와 소호가(小胡笳, 小笳) 두 종이 있었으며, 군악에서 주요 악기로 사용되었다. 흉노 기마인들도 애용했다. 후한 때에 저자는 미상이나 호가의 연주법과 곡을 소개한 『호가조(胡笳調)』『호가록(胡笳錄)』 각 한 권씩이 있었고, 이보다 좀 뒤늦게 호가악을 집대성한 『가취악장(笳吹樂章)』이 편찬되었다. 이 책에는 총 67장이 수록되어 있는데, 그중에 「파라문인(婆羅門引)」 「명광곡(明光曲)」 「법좌인(法座引)」 등 범곡(梵曲)이 들어 있는 점으로 보아 불교가 성행한 중앙아시아 일대에서 널리 사용된 것으로 짐작된다.

호각(胡角, 일명 橫吹)은 본래 호가의 반주악기로서 강족(羌族) 유목민들이 소뿔로 만들어 사용하였다. 『고금주(古今注)』에 의하면, 장건이 서역에서 이 악기를 가지고 들어왔다고 한다. 당시에는 연주곡으로 「마하두륵곡(摩訶兜勒曲)」 하나뿐이었으나, 이연년(李延年)이 28개(介, 곡)로 발전시켜 무악(武樂)으로 이용하였다. 이것은 아마 호각이 반주악기인 동시에 『호엄집(胡儼集)』에서 지적했다시피 "군사를 놀라게 하는 음을 내는" 위력있는 악기였기 때문일 것이다. 이연년의 28개 중 위진(魏晉) 이래 사용된 「출관(出關)」 「입관(入關)」 「출색(出塞)」 「망행인(望行人)」 등 몇곡만 남아 있다. 원래 소뿔로 만들던 호각이 고창악에서는 소뿔형 동각(銅角)으로 소재가 바뀌었고, 송대에는 가죽과 참대로 만들기도 하였으며, 후에는 민간 취악기의 일종인 대라팔(大喇叭, 일명 號筒)로 발전하였다.

적(笛, 일명 篴)은 천축 서북부에서 흥기한 라지푸타나조 시대에 처음으로 사용한 흔적이 보이는데, 당시는 'vana'로 불렸다. 이것이 중국 서남부에 살고 있던 강족(羌族)을 거쳐 중국 내륙에 알려졌다. 한무제 때 구중(丘仲)이 강적(羌笛)을 개조하여 호적(胡笛)을 제작하였는데, 그 소리가 절묘하여 인기가 높았다고 한다. 마융(馬融)은 『장적부(長笛賦)』에서 강족으로부터 적이 들어왔다는 것을 확인하였다. 초기의 적은 양뼈나 새뼈로 만들었으나 점차 참대가 주된 소재로 되었다.

당·송대를 이어 원대에도 여전히 서역, 특히 이슬람(回回) 악기가 많이 유입되었다. 그중 대표적인 것이 공후·화불사(火不思, gubuz)·호금(胡琴)·흥륭생(興隆笙)이다. 전한 무제 때 인도에서 들어온 현악기인 공후는 역대 악부에서 줄곧 주요한 악기로서 각광을 받았다. 공후는 송대에 이르러 위구르족이 애용하는 민족악기가 되었으며, 돌궐족들도 즐겨 사용하였다. 송대 이주(伊州)와 양주(涼州, 梁州)의 악곡이 이른바「대곡(大曲)」으로 음악계를 풍미할 때 공후는 그 주악기의 하나였다. 원대에도 연악(宴樂)의 주악기였던 공후는 진(軫, 줄감개)이 모두 24개 달려 있는 목제 현악기로서 현대 페르시아의 수금(竪琴, tchenk, tching)과 비슷하다. 명대에는 20개 현을 가진 악기로 '대악(大樂)'에 사용되었다.

돈황 막고굴 제220호 벽화의 악기 연주도(초당)

화불사는 무슬림들이 애용하는 3현금(弦琴)으로 호금과 비슷하다. 역시 3현금인 호금은 본래 서역에서 들어온 현악기인데, 널리 보급·계승되어 오늘날엔 중국인들의 가장 보편적인 민족악기가 되었다. 흥륭생은 90개의 작은 관이 달린 2인 연주용 리드(reed)악기로서 연악(宴樂)이나 대조회(大朝會) 때 사용되었다. 원래는 서역 무슬림들의 악기로서 중통(中統) 연간(1260~63)에 유럽에 전해지기도 하였다. 원대에는 왕신악원(王宸樂院) 판관(判官) 정수(鄭秀)가 음률을 조율할 수 있도록 개량하였다. 그밖에 흥륭생을 개량한 전정생(殿庭笙)이란 악기도 있었다. 90개의 작은 관을 가로로 15줄에 배치한 이 악기는 3명의 악사가 다루게 되어 있으며, 높이가 5척이나 된다. 연악에서는 이 악기가 지휘악기의 구실을 하였다.

원대에는 회회(이슬람)악기들이 많이 보급되고 귀족들이 회회악 연주를 즐겼기 때문에 궁중에는 전문 회회악대까지 있었으며, 1312년에는 관구사(管勾司)를 설치하여 회회악사들을 관리하였다. 1316년에는 관구사를 상화서(常和署)로 개명하여 서령(署令), 교사(教師) 등 전문 관리들을 배치하여 운영하였다. 타타르악(몽골악)에도 「항리(伉里)」 「마흑모당당(馬黑某當當)」 「청천당당(清泉當當)」 등 회회곡이 뒤섞여 연주되기도 하였다.

회회악과 더불어 서방 선교사들이 중국에 들어오면서 서방 기독교악도 최초로 전해지게 되었다. 특히 대도(大都, 현 북경)의 수임 대주교인 꼬르비노(Giovanni di Monte Corvino, 1247~1328)는 포교를 목적으로 기독교 성가를 적극 보급하였다. 그는 교회에 아동성가대 2대를 조직하여 예배 때마다 성가를 따라 부르도록 하였다. 이 성가는 중국에 전파된 첫 유럽 가요이다. 성종(成宗)은 성가를 즐겨 경청하곤 하였다.

명말 청초에 이르러서는 선교사들의 대거 내화에 편승해, 서방의 근대적 음악이 중국에 흘러들어 왔다. 서방음악이 중국에 유입되는 전초기지는 마카오였다. 일찍이 교회가 문을 연 이곳에서는 풍금을 비롯한 서양악기가 교회의 집회 등에서 연주되었다. 마테오 리치는 마카오에서 제작된 서양 철현금(鐵絃琴) 한 대를 신종(神宗)에게 헌상하였으며, 신종의 요청에 따라 『서금곡의(西琴曲意)』란 악서를 저술하여 서양음악과 악기를 소개하였다. 동선이나 철선 재질의 현이 달린 철현금은 손가락으로 치지 않고 작은 판대기로 눌러 연주하는 악기로서 일종의 서양 현악기이다. 신종은 악사 4명을 에스빠냐 선교사 빤또하(Diego de Pantoja, 龐迪我, 1571~1618)에게 보내 일종의 손풍금인 무금(撫琴, manucordium, 혹은 épinette)을 전수받도록 하였다. 『속문헌통고(續文獻通考)』(권120, 「악(樂)」 20)에 따르면, 이 악기는 72개의 금·은이나 연철(煉鐵)로 된 현이 있는 일종의 풍금으로 길이 5척에 너비가 3척이나 되었다.

선교사들의 포교활동이 지방으로 확산됨에 따라 성가를 비롯한 종교음악과 서양식 관현악기들이 점차 지방에도 알려지게 되었다. 그 과정에서 주로 라틴어로 된 성가가 한역되기 시작하였다. 이러한 한역 성가를 수록한 『진정서상(進呈書像)』이라는 책이 1640년 9월 8일 사종(思宗)에게 진상되었다.

청대에는 궁중에서 서양음악을 적극 수용하고 악리(樂理)관련 전문서도 출간됨으로써 서양음악의 영향이 날로 커졌다. 포르투갈 선교사 뻬레이라(Sancho Pereira, 徐日升, 1645~1708)는 음악에도 조예가 있어 강희제의 총애를 받았다. 그는 대형 풍금을 만들어 북경 천주당(天主堂)에 비치하고, 그 종루(鐘樓)에 자그마한 시계와 중국징을 만들어 달아놓았다. 그리고 이 시계를 기어로 연결시켜 정시에 중국 멜로디가 울려나오도록 하였다. 이 신기한 물건은 일시에 온 장안의 화제가 되었다. 구경하려는 사람들로 교회당은 늘 발디딜 틈이 없었다고 한다.

1699년에는 궁내에 소규모 서양악단이 조직되었는데, 뻬레이라가 수석악사를 맡았다. 그는 혼자서 몇가지 악기를 다루었다. 1698년에 중국에 온 프랑스 선교사 9명 중 3명은 음악에 장기를 가지고 있었다. 특히 뻬르농(Ludovicus Pernon, 南光國)은 바이올린과 장적(長笛)에 능했으며, 궁중에서 끌라브쌩(clavecin, 클라베이스)·에삐네뜨(épinette, 撫琴)·땡빠농(timpanon, 팀파니) 같은 악기를 손수 제작하기도 하였다. 이들 선교사들은 악단에 합류해 합주를 하였다. 그밖에 선교사 리프슈타인(Leopoldus Liebstein, 石可聖)과 슬라비체크(Slaviczek, 嚴嘉祿)는 각각 1707년과 1717년에 중국에 들어와 궁중에서 연주한 바 있다.

연주나 악기제작과 함께 악리(樂理)를 소개하는 음악전서도 잇달아 출간되었다. 악리에 밝은 뻬레이라는 악서 『율려찬요(律呂纂要)』를 저술하였다. 이것은 강희어정(康熙御定)인 『율려정의속편(律呂正義續編)』(상·하편)의 조본(組本)인데, 뻬레이라와 뻬드리니(Pedrini) 두 사람이 공동으로 편찬하였다. 이 책은 서양음악의 악리와 5선보(線譜)의 용법 등을 소상히 소개하고 있다. 뻬드리니는 궁중에서 셋째와 열다섯째, 열여섯째 황자(皇子)들에게 서양악리를 강의하였으며, 서양악기로 중국 곡을 연주하기도 하였다.

회화의 교류 평면 위에 색과 선을 써서 사람이나 사물의 형상 등을 나타내는 조형미술의 일종인 회화(繪畵)는 예부터 예술교류에서 중요한 일익을 담당하였다. 재료에 따라 유물의 보존 정도는 다르지만, 다행히 벽화 같은 내구재료에 그려진 회화는 장기간 유물로 남아 역사상이나 교류상을 여실히 증언한다. 물론 벽화의 경우에도 시간의 세례는 피할 수가 없어 마모나 손상을 입기는 하지만, 그 나마도 보존되어 주제나 화법의 비교를 통해 교류상을 밝혀낼 수 있다. 한편, 문양은 회화의 한 형식으로 소지(素地, 피륙·공예물·건축물 등)의 전파나 보급, 존속과 더불어 오래도록 전승되기 때문에 회화의 교류상을 밝히는 데 좋은 전거가 된다. 사실 회화를 포함한 예술영역에서 문양만큼 신속하고 광범위하게 전파되고 접변되며 오래도록 전승되는 교류물은 드물다.

동·서간의 회화교류는 기원을 전후한 시기에 인도의 불상(佛像)이 중국(한대)에 유입된 데서 대표적인 초기상을 찾아볼 수 있다. 후한 명제(明帝, 재위 58~75)는 채음(蔡愔) 등 18명을 구법차 천축(天竺, 현 인도)에 파견하였는데, 그들이 돌아올 때 백첩(白疊, 면포)에 그린 불상을 가지고 왔다. 이것은 불상회화의 최초 중국 유입이다.

한편, 불교미술의 동전과 더불어 각종 문양의 교류도 시작되었다. 동·서간 문양교류에서 가장 오래되고 널리 유포된 것은 연화문(蓮花紋)이다. 연화문은 인도와 중국, 한국, 일본을 비롯한 불교문명권과 이집트를 비롯한 고대 오리엔트 문명권, 그리고 그리스-로마 문명권 등 광대한 지역에서 공예품과 건축에 사실적인 묘사와 도식화된 문양으로 널리 사용되었다. 연화문의 최초 출현은 고대 이집트로 거슬러올라가는데, 그 상한은 기원전 4900년으로 추산된다. 숙근초(宿根草)의 수생(水生)식물인 연(蓮)은 장식미술에서는 국제적으로 '로터스'(Lotus)로 통칭하고 있다. 나일강이 범람한 뒤에 수

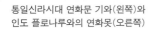
통일신라시대 연화문 기와(왼쪽)와
인도 플로나루와의 연화못(오른쪽)

려하게 피어나는 연꽃에 여러 상징적 의미를 부여하여 재생·부활·불멸의 표상으로 내세에 신성한
생명력을 가져다주는 행운의 꽃으로 간주되었다. 고대 이집트의 국화인 연꽃의 문양은 고분벽화와
금은세공을 비롯한 회화·건축·공예 등에 다양하게 표현되었다. 고대 인도에 아리아인들이 이주해
오기 이전의 원주민 사회에서는 태양과 연관시켜 연꽃에 대한 숭배의식이 나타났으며, 기원전 10세
기 이후의 힌두교에서는 태양신(Surya)의 소유물이라고 여길 만큼 신성시되고 만물을 잉태하는 상
징으로 여겨졌다.

이같은 상징성을 띤 연꽃은 기원전 7세기경에 페르시아인들에 의해 이집트와 인도 사이에 교역이
이루어짐에 따라, 이집트의 수련(睡蓮, 白蓮과 青蓮)과 인도 원산의 홍련(紅蓮)이 서로 교류되었다.
그러다가 인도에서 불교가 일어나면서 이 꽃의 상징성이 불교의 교리와 문합(吻合)되어 불교의 상
징화가 되었을 뿐만 아니라, 대표적인 불교회화의 공예문양으로 발전하였다. 가장 오래된 인도의 연
화문은 마우리아조의 제3대 아소카 왕을 기리기 위해 세운 기념석주의 연화좌(蓮華座, BC 3세기)에
서 나타난다. 이것이 불교문명권에서는 연화문의 시원이라고 말할 수 있다. 불교의 동전과 함께 서
역을 거쳐 중국을 비롯한 극동지역까지 전파된 연화문은 주로 와당(瓦當)이나 불상, 벽화에서 장식
문양으로 사용되었는데, 불교와 관련되기 때문에 인도가 원산지인 홍련을 모본(模本)으로 삼고 있
다.

고대 이집트에서 생겨난 후 그리스·로마·중앙아시아 일원에서 유행하다가 인도에 전해진 인동문
(忍冬紋)이 한대에 와서 중국에 전입되었다. 낙양(洛陽)의 전한 복천추묘(卜千秋墓)의 벽화 운채
(雲彩)에 보이는 최초의 인동문을 비롯해 무위(武威)의 한묘 병풍과 민풍(民豊)의 후한묘 견직물에
서도 초기 인동문이 분명히 나타나고 있다. 위진남북조 시대에 이르러서는 인동문이 불교 석굴의 주

인동문 도안(위)과 포도문(아래)

요한 장식문양으로 부상하였다. 이 시기에 축조된 돈황 석굴은 인동문의 대본영이라 말할 수 있다. 인동문은 전파되어 유행되는 과정에 다른 문양들과 조화를 이루면서 민간 장식 문양으로까지 자리를 잡아갔다.

한대에는 인동문 외에 서역산 포도와 짐승들을 도상화(圖像化)한 문양도 나타났다. 호탄(Khotan, 于闐)의 니야 유적을 비롯한 여러 유적과 묘관(墓棺)에서 출토된 후한의 기(綺)나 계(罽) 같은 견직 및 모직물에는 풍요와 다산을 상징하는 포도문양이 수놓아져 있다. 그리고 한대의 동경(銅鏡)에는 대체로 포도문이나 사자·코끼리·공작 등 서역산 짐승의 문양이 새겨져 있다. 가끔 비마(飛馬) 같은 환상적인 동물을 형상화한 무늬도 눈에 띈다. 인동문이나 포도문, 짐승문(사자·공작·비마 등)은 그리스-로마나 사산조 페르시아의 회화에서 그 원형을 찾아볼 수 있다. 이상은 기원 전후 시기 동·서간에 진행되던 회화의 교류상을 말해준다.

위진남북조 시대에는 불교와 함께 간다라식 회화가 오아시스 육로를 따라 지금의 신강(新疆) 위구르 자치주 일대에 전파되었다. 대체로 회화의 주제는 불교와 관련된 것이고 기법은 그리스-로마식이었다. 회화는 주로 건축물의 목판화나 벽화, 조정(藻井, 소란반자)의 장식화였으나, 종이나 직물에 단독으로 그린 그림도 있었다. 이런 회화는 대개 녹인 소석회에 색깔을 부착시켜 그리는 그리스-로마식 수분화(水粉畵)이다. 그 대표적인 것이 타림 분지 남쪽에 있는 미란(Miran) 유지의 벽화이다. 벽화의 주제는 불교이야기이나, 화법과 형상은 로마식으로서 신상(神像)이나 인물상은 셈족이나 아리아인의 용모이다. 그런가 하면 목판화 중에는 날개 달린 천사를 그린 것이 있는데, 이것은 서구의 기독교적 회화임이 분명하다. 말하자면 미란의 벽화는 화법에서 초기 간다라 미술에 속하는 것으로 이집트 파윰(Fayum)벽화(로마시대 벽화)와 회화적 맥을 같이하고 있다.

쿠차 부근의 키지르 천불동(千佛洞)은 전형적인 간다라 미술의 보고로서 동서 회화교류의 실상을 여실히 보여주는 곳이다. 화가동(畵家洞)에는 한 화가의 자화상이 있는데, 그리스인의 이름인 미트라다타(Mitradatha)라는 화가의 서명이나 복식으로 봐서 주인공은 5~6세기의 비잔띤인으로 판단된다. 호탄의 단단 오일리크(Dandan Oylik) 유적의 벽화에는 연꽃 위에 떠 있는 여인의 나체화가 있는데, 흡사 그리스 신화의 비너스를 방불케 한다. 돈황 벽화의 지장보살상이나 비구의 의상에서도 그리스-로마풍의 회화기법을 찾아볼 수 있다.

당시 신강 일대는 문자 그대로 동서 회화의 만남의 장이었다. 기원후 3~4세기를 기해 그리스-로마풍의 간다라 미술이 유입되고, 6세기부터는 토화라(吐火羅, 토카리스탄)인들에 의해 사산조 페르시아 미술이 전해졌는가 하면, 7세기부터는 불화(佛畵)를 비롯한 중국 전통화도 이곳으로 서전(西傳)하였다. 신강 일대에서 출토된 많은 벽화나 목판화 유물에는 이같은 동서 회화의 교류상이 뚜렷이 나타난다.

그리스-로마풍의 간다라 미술의 동전과 함께 사산조 페르시아풍의 회화도 6세기경부터 동방에 전해졌다. 키지르 천불동을 비롯한 오아시스 육로 연도의 여러 유적에서 사산조풍 회화유물이 많이 발견되었다. 불교유지뿐만 아니라, 마니교(摩尼敎) 사원의 벽화에 등장한 인물의 용모나 복식, 색조, 도안 등에서 분명한 사산조 회화풍을 찾아볼 수 있다. 화법에서 선을 많이 쓰고 백색을 선호하는 것 등으로도 사산조풍 회화를 식별할 수 있으나, 더욱 뚜렷한 특징은 능형인상(菱形鱗狀)과 연주문(聯珠紋) 및 대칭(對稱)문양(구도)을 쓰는 도안에서 찾을 수 있다.

능형인상이란, 마름모꼴의 격자(格子)를 겹쳐서 고기비늘처럼 이어붙이고는 그 위에 인물이나 동·식물을 그려넣는 도안이다. 키지르 천불동의 궁륭천정(穹窿天井) 도안이 그 대표적인 예이다. 이러한 도안은 쿠차 미술의 특징이기도 한데, 그곳에서 약 2세기간 성행한 것으로 보인다. 연주문은 외주(外周)에 두 개의 크고 작은 원형테를 두르고, 두 테 사이에 원주(圓珠)를 이어받고는 안쪽에 주로 새나 짐승을 그려넣는 도안을 말한다. 끝으로 앞의 연주문 속의 동물들은 대체로 나무 같은 것을 사이에 두고 대칭적으로 배치되어 있는데, 이러한 도안을 대칭문양이라고 한다. 때로는 연주문과 대칭문양을 합쳐서 연주대칭문(聯珠對稱紋), 혹은 구체적으로 내용에 따라 연주대조문(聯珠對鳥紋, 혹은 聯珠對獸紋)이라고도 한다. 사산조 미술의 특징인 연주대칭문은 6~7세기 북중국 일원에서 유행하였는데, 벽화·조소(彫塑)·도자기공예·견직물 등 다양한 소재에 문양으로 사용되었다. 이러한 문

한국 경주 출토 입수쌍조문 석조유물(왼쪽)과 아케메네스조 페르시아의 대칭형 금팔찌(BC 5세기, 오른쪽)

양은 키지르 천불동 벽화에서는 물론, 중당기(中唐期)에 속하는 돈황 천불동 220호굴과 361호굴 벽화에서도 찾아볼 수 있다. 뿐만 아니라, 한국(立樹雙鳥紋 石造遺物)이나 일본(花樹對鹿文錦)까지도 전파되었다.

인도를 통해 로마의 음영화법(陰影畵法)을 도입한 것은 중국 화단사에서 획기적인 의의를 가진다. 음영화법의 도입은 불화의 유입 및 제작에서 비롯되었다. 기록에 의하면, 인도승 강승회(康僧會)가 247년에 교지(交趾)로부터 건업(建業)으로 맨 먼저 불화를 가지고 왔다. 그후 인도와 서역의 내화승이나 법현(法顯)을 비롯한 중국 도축구법승들도 불화를 재래하였다. 이를 계기로 진대(晉代)부터 화성(畵聖) 위협(衛協)을 비롯한 중국 화가들이 불화를 그리기 시작하였지만, 여전히 전통적인 평면화법을 따랐다. 그러다가 인도 불화를 접하는 과정에서 점차 입체기하화법(立體幾何畵法)인 음영화법에 흥미를 갖고 수용하기에 이르렀다. 6세기부터는 이러한 화법을 통칭 요철화법(凹凸畵法)이라고 하였다. 이 화법은 명암을 구사하여 가까이 보면 평면이지만 멀리서는 요철이 있는 것처럼 보이는 입체감을 주는 화법으로서, 중국에서 이 화법의 비조는 양(梁)대의 화가 장승요(張僧繇)이다.

장승요를 이어 수대의 전자건(展子虔)과 당대의 오도현(吳道玄, 700~60) 등 일세의 명화가들도 요철화법으로 명작을 남겼다. 그들은 요철화법으로 불화뿐만 아니라, 일반 인물화나 산수화도 그렸다. 오도현이 장안과 낙양의 유명 사찰에 그린 벽화만도 3만여 점에 달한다. 불화는 당대 전반에 걸쳐 벽화가 위주였지만, 말엽에는 비단천 같은 데 아미타불이나 관세음, 지장보살 등을 그리는 번화(幡畵, 깃발그림)가 유행하기 시작하였다.

원대에 이르러서는 멀리 서아시아에 위치한 일 칸국과 교류가 빈번해짐에 따라 중국 회화가 이란을 비롯한 이슬람세계에 알려지게 되었다. 그리하여 이슬람 회화는 주제나 소재, 화법에서 중국 회화의 영향을 받게 되었다. 우선 주제에서 이때부터 무슬림들의 회화에 인물상이 등장하기 시작했다. 원래 이슬람 회화에서는 우상화란 이유로 인물상이 금기시되었다. 일찍이 9세기 후반에 압바쓰조 이슬람제국의 사절인 이븐 와하브(Ibn Wahāb)가 장안에 와서 희종(僖宗, 재위 874~79)을 알현할 때 궁정 보고(寶庫)에서 이슬람교조 무함마드의 초상화를 봤다고 한다. 이 초상화는 중국 무슬림 화가의 작품이라고 전한다. 이것은 일찍부터 중국 화풍의 영향으로 이슬람 회화에 인물상이 등장하였음을 시사해준다.

14세기 후반부터 이란을 비롯한 서아시아의 무슬림 화가들은 중국 화풍의 영향을 받아 인물뿐만 아니라, 화초·연꽃·부평초·갈대·목란 등 식물과 용이나 봉황, 기린 같은 동물들도 그림의 소재나 장식문양으로 도입하였다. 심지어 바그다드의 성문이나 마쓰지드(이슬람 사원)의 문, 그리고 책표지 같은 데도 용이 장식문양으로 등장하기까지 하였다.

이란의 주단에는 중국 문양을 본떠서 수렵도나 짐승도를 그대로 그려넣었다. 그밖에 중국풍인 구름, 태극도(太極圖), 평안을 상징하는 사과, 장수를 예시하는 선도(仙桃) 등도 이란 화단에서 소재로 유행하였다. 화법에서도 중국 고유의 곡선이나 단선(斷線), 시공(匙孔, 자물쇠 구멍), 심장 모양 같은 기하학적 문양이 14세기 이후 본격적으로 도입되었다. 티무르제국 시대에는 중국으로부터 유칠(油漆, 유성페인트)로 집의 문이나 서적에 그림을 그려넣는 화법을 배워갔다. 이와같이 원대에는 중국 화풍이 이란을 비롯한 서아시아 지역에 전파되어 이슬람 화단에 상당한 변화를 일으켰다.

명말 청초에는 선교사들이 중국에 들어오면서 서양 회화작품도 처음으로 직접 중국에 반입되었다. 그들이 반입한 작품은 주로 천주(天主, 예수)나 성모 마리아의 초상화를 비롯한 종교화였다. 마테오 리치는 1600년에 가지고 온 천주상 한 폭과 성모상 두 폭을 신종(神宗)에게 바쳤고, 독일 선교사 아담 샬은 1640년에 천주상 한 폭을 사종(思宗)에게 헌상하였다. 선교사들 중에는 재간있는 화가들도 있었다. 명말의 로샤(Joannes de Rocha, 羅如望)와 청초의 베르비스트, 까스띨리오네(Joseph. Castiglione, 郎世寧, 1688~1766) 등이 그 대표적 인물이다.

이들 선교사들은 직접 창작활동을 하면서 서양화법을 소개하는 저술활동도 겸하였다. 그들은 주로 예배당에 비치할 천주상이나 성모상, 성경을 주제로 한 그림 등 종교화를 그리면서 서양화법을 보급하였다. 아울러 그들은 서양화법으로 중국 주제를 다룬 작품을 창작하기도 하였다. 1765년(건륭 30년)에 까스띨리오네와 쌀루스띠(J.D. Salusti) 등 4명의 선교사가 합작하여 이른바 「건륭전공도(乾隆戰功圖)」, 즉 중가리아부(部)와 회부(回部) 평정 전투도 16폭을 그렸다. 까스띨리오네는 이에 앞서 1723년에 북경에서 「취서도(聚瑞圖)」를 처음으로 그렸는데, 이 작품은 '비단천 위에 중국 화구를 써서 중국 주제를 서양화법'으로 그려낸 걸작이었다. 여기에서 서양화법이란 음영입체기법으로 수채화(水彩畵)를 그리는 화법으로서, 평면기법으로 수묵화(水墨畵)를 그리는 중국 화법과는 분명히 다르다. 이러한 서양 특유의 화법을 소개하기 위하여 포르투갈 선교사 로샤는 1609년에 『천주성상약설(天主聖像略說)』을, 이딸리아 선교사 쌈비아씨는 1629년에 『화답(畵答)』을 각각 저술하여 서양화법을 이론적으로 해설하였다.

전술한 바와 같이 중국 화단은 일찍부터 로마의 음영화법(요철화법)을 도입하여 전통 서양화풍을 알고 있었다. 그러다가 명말에 와서 서양화의 본격적인 유입과 보급으로 서양화법을 적극 수용하는 이른바 강남화파(江南畵派)가 출현하였다. 명말의 조경(曹鯨)을 위시한 강남화파는 전통적인 서양화의 음영투시법(陰影透視法)과 가장자리를 엷게 칠하는 홍염(烘染)기법을 채용하였다. 이어 청초 강희·건륭 시대에는 초병정(焦秉貞)을 개조로 하는 이른바 '신화파(新畵派)'가 등장하였다. 그들은 중국과 서양의 화법을 결합하여 범동서양적인 주제나 소재로 그림을 그렸다. 초병정의 「경직도(耕織圖)」 46폭은 그 대표작이다.

청초에 이르러서는 동서간의 예술 및 학문의 교류가 확대됨에 따라 중국의 전통적 산수화풍이 서구에 전해져 공감을 얻으면서, 그것을 수용하는 화가들이 나타나 서구 화단에 새로운 화풍이 일어났다. 프랑스의 걸출한 화가 와또(Jean Antoine Watteau, 1684~1721)의 산수화는 연한 색상에 은은한 풍광이 감돌아 중국 화법 그대로라는 평을 받았다. 「고도범음(孤島帆陰)」은 그의 이러한 화풍이 나타난 대표작이다. 그밖에 중국 산수화풍의 영향을 많이 받은 프랑스 화가로는 베랭(Berain), 질로(Gillot), 삘레망(Pillement) 등이 있다. 영국의 코젠(John Robert Cozen, ?~1794)도 중국의 산수화풍을 그대로 수용한 풍경화의 대가였다. 이들은 중국의 전통적 수묵(水墨)화법도 수용하여 창작에 활용하였다. 말리스(Malisse)를 비롯한 19세기 프랑스 인상파 화가들의 작품에도 수묵화법 등 중국 화풍의 흔적이 역력하다.

조각의 교류 조각의 동서 교류상은 우선 석조각(石彫刻)에서 풍부하고 명확하게 나타나는바, 그것은 석조각이 금속조각에 비해 새김질이 쉬울 뿐만 아니라 소재(돌)가 흔하고 싸며, 나무와는 달리 부식성이 적어 장기간 보존할 수 있기 때문이다. 조각의 동서교류는 기원을 전후한 시기부터 나타나고 있다. 한대의 석조각품에는 북방 스키타이 동물문양이 보이고, 페르시아를 비롯한 서역산 동물 및 형상동물들이 주제로 등장하기도 한다. 능묘 앞의 석수(石獸)로는 사자나 코끼리, 낙타 등이 등장하는데, 이 동물들은 모두가 서역 특산물이다. 그중에서도 석사(石獅)가 많다. 사자의 원산지는 서아시아의 시리아나 안식(安息, 페르시아), 북인도 등지로서 87년에 대월지(大月氏)와 안식에서 한조에 사자를 선물한 바 있다. 사천(四川) 신도왕(新都王) 치자이궐(稚子二闕)에 있는 석사와 석상(石象), 산동(山東) 효당산(孝堂山) 석실의 석낙타와 석상은 그 대표적인 실례이다. 또한 산동 양성산(兩城山)을 비롯해 한대의 여러 유적에서 유익수(有翼獸, 날개 달린 짐승) 석상이 발견되는데, 이는 전형적인 페르시아의 조형예술이다. 그런가 하면 서주(徐州) 고왕(賈旺)의 동한묘에는 장경록(長頸鹿), 즉 아프리카의 에티오피아나 소말리아 특산의 기린상도 보인다. 이 모든 사실은 한대에 서역, 심지어 멀리 아프리카와도 석조각을 비롯한 조형예술의 교류가 있었음을 시사한다. 이러한 교류를 담당한 교류인은 당시 중앙아시아와 오아시스로 남북도 연변에서 활동하던 페르시아계의 사카(塞)인들이다.

그밖에 한대의 석조각에는 우화등선인(羽化登仙人)상이나 나체상도 가끔 발견된다. 우화등선인상을 형상한 대표적인 석조각 유물로는 147년에 건조한 산동 가상무씨사(嘉祥武氏祠)가 있다. 이곳 석실의 사면에는 유익우인(有翼羽人)상이 여러 점 새겨져 있다. 이러한 형상은 고대 앗시리아나 페르시아의 조형미술에서 유래된 것이다. 그리고 강소(江蘇) 패현(沛縣) 서산(栖山)을 비롯한 여러 곳의 후한 초기묘에서는 인수사신(人首蛇身)·마수인신(馬首人身)·조수인신(鳥首人身) 등 수인상(獸人像)이 다수 발견되는데, 고대 메소포타미아나 그리스 미술에서 그 원형을 찾아볼 수 있다. 그밖에 후한 말기에 속하는 신강(新疆) 화기(和闐)의 마리크아와티 유적과 하남(河南) 제원(濟源) 사간구(泗澗溝) 묘에서는 각각 니소(泥塑, 진흙조소) 나체상과 도토(陶土) 나체상이 출토되었다. 이러한 나체상은 그리스나 로마의 신화에서 비롯된 것이다. 아직은 기원을 전후한 시기의 조각, 특히 석조각에서의 동·서간 교류상을 구체적으로 밝힐 수는 없으나, 상관성은 부정할 수가 없다.

동서 조각교류에서 뚜렷한 흔적을 남긴 것은 이른바 '간다라 미술'에서 나타난 조각교류의 융화상이다. 간다라 미술이란 기원 전후의 수세기 동안 페샤와르(Peshawar, 현 파키스탄 북서부)를 중심으로 한 간다라 지방에서 성취된 그리스풍의 불교미술을 말한다. 이 새로운 미술은 기원전 4세기 알렉산드로스의 동정(東征)을 계기로 이 지방에 정착한 박트리아(大夏)계 그리스인들의 그리스 문화와 전래(토착)의 인도 불교문화가 만나서 생긴 일종의 융화문화 현상이다. 간다라 미술은 헬레니즘 미술의 양식과 수법으로 불교의 주제를 표현한 조각 위주의 미술로, 조각(주로 불상 조각) 외에도 불탑(stupa, 대표적인 것이 20세기 초 발견된 카니슈카 대탑)을 위시한 건축과 회화(상당한 발달이 추측되나 유물이 없음) 등이 포함된다.

간다라 미술의 특징은, 첫째가 내용 면에서 불상을 제작했다는 점이다. 초기 불교도들은 부처를 너무 숭배하고 사모한 나머지 감히 인간 형체(形體)의 불상을 만들지 못하고 단지 발자국 혹은 빈 좌석 등으로 표현하였다. 그러나 그리스인들은 인간의 육체나 정신과 다를 바 없는 속성을 신에게 부여해 신상(神像)을 제작하여 숭상하고 있었다. 이러한 신이(新異)한 현상을 목격한 불교도들은 그 영향으로 불상을 제작하기 시작하였다. 이로써 무형적(無形的)인 불교정신이 그리스식 조각으로 말미암아 유형적(有形的)인 예배대상을 갖추게 되었으며, 불전도(佛傳圖)의 주역으로 등장하던 석존상(釋尊像)이 점차 독립된 예배상인 불상(佛像)으로 제작되기에 이르렀다. 아울러 석존의 모습에서 초인간적인 존재로서의 특성을 상징적·조형적으로 나타내기 위해 특별한 형상(形相)을 표현하는 여러가지 약속이 이루어졌다. 그러한 약속이 바로 석존의 32상(相) 82종호(種好)이다. 간다라 미술의 다음 특징은, 기법에서의 섬세함과 현실성이다. 전래의 인도 조각이 단순한 웅장함과 정신적인 표현만을 추구했던 반면에, 간다라 조각은 인체를 아주 섬세하고 아름답게 표현하면서 현실감을 살려냈다. 그리하여 조각을 비롯한 간다라 미술에서는 예술성을 각별히 중시하는데, 이것은 그 발달과 전파를 추진하는 원천이면서 원동력으로 작용하였다.

간다라 미술의 발달과정은 크게 전기와 후기로 나눌 수 있다. 전기는 기원전 1세기부터 기원후 4세기 초까지로, 그 주류는 인도 특산의 청흑색(靑黑色) 돌로 석상(石像)을 조각하는 석상미술이다. 4세기 초부터 6세기 초까지의 후기에는 스투코(stucco, 석회석가루 반죽)와 점토(粘土)를 소재로 하여 소상(塑像)을 만드는 소상미술이 주류를 이룬다. 이러한 과정을 살펴보면, 간다라 미술은 기원전 1세기에 출현하여 기원후 1세기의 전성기를 지나 4세기부터는 석상조각이 퇴보하고 소상조각이 대

간다라 출토 고행도(왼쪽)와 간다라 불상(2세기, 오른쪽)

두하면서 사양길에 접어든다. 그러다가 6세기 초 인도에 침입한 흉노의 제2의 맹주(왕)인 미히라쿨라(Mihirakula, 재위 510~28)가 폐불(廢佛)정책을 강행하면서부터 드디어 명맥이 끊어지는 위기를 맞게 되었다.

1세기 이후의 전성기를 거치면서 니소상(泥塑像)을 위주로 한 간다라 미술이 오아시스 육로의 남북도 연변에 널리 전파되었다. 간다라식 니소상에는 불상을 비롯한 인물상이 많다. 이러한 인물소상은 콧마루가 높고 입술이 엷으며 어깨가 넓고, 의상은 짧고 좁아 발등이 노출되면서 평행주름무늬가 나 있다. 이러한 특징 때문에 간다라식 소상은 금세 식별할 수 있다. 후진(後秦, 384~417)과 서진(西秦, 385~431) 때에 축조된 감숙(甘肅) 천수(天水)의 맥적산(麥積山) 석굴 소상과 5세기 중엽 북위(北魏)의 조각에서 간다라식 소상풍이 여실히 나타나고 있다. 간다라식 소상은 6세기경부터 하서주랑(河西走廊)을 거쳐 중원(中原)으로 동점하였으나 7~8세기에 서점하는 당(唐)풍의 조형예술에 흡수되어 더이상 동전하지 못하였다.

간다라식 조각과 더불어 사산조식 조각도 유입되었는데, 그 특징은 사산조식 회화에서 그런 것처럼 연주문이나 유익수 석상이 새겨져 있는 것이다. 키지르 천불동 기린굴 불상의 좌신과 돈황 천불동 420호굴 서벽의 보살상에 새겨진 연주문은 그 대표적 실례이다. 6조시대의 능묘 석각품 중에는 유익수 석상이 적지 않은데, 남경(南京)과 단양(丹陽) 부근에만도 유익수 석상이 있는 능묘가 35기나 된다. 유익수 석조예술은 고대의 앗시리아에서 발원하여 페르시아인들에 의해 계승·발전되었다. 기원후 사산조 페르시아 시대에 성행한 이 조각예술은 인근 인도에 파급되었다가 다시 중국에 전해지게 되었다. 이러한 조각품이 6조시대의 유물로 많이 남아 있는 점으로 보아 그 도안이나 유품이 주로 해로를 통해 인도에서 중국으로 전해진 것으로 보인다.

그밖에 금속조각에서 나타난 동서교류상은 주로 공예기법에서 찾아볼 수 있다. 그중 가장 뚜렷한 것은 누금(鏤金)과 감옥(嵌玉) 기법이다. 일반적으로 어떤 바탕에 금으로 아로새기는 '누금'은 이른바 세선세공(細線細工, 필리그리filigree) 수법에 의한 장식기법으로서 이집트에서 발생한 후 중앙아시아를 거쳐 중국과 한국 등 극동지역까지 전파되었다. 이 기법은 가는 금줄과 작은 금알을 늘여붙여서 물형을 만드는 정교한 세공기법으로 금속조각에 많이 이용되었다. '감옥'은 금테두리 안에 여러 가지 색깔의 옥을 박는 공예기법으로서 이른바 다채장식(多彩裝飾) 양식으로 알려져 있는데, 이집트와 그리스, 로마를 거쳐 페르시아와 중앙아시아에서 유행한 후 극동지역에 전파되었다.

건축의 교류 초기 건축술의 교류는 종교의 전파와 밀접한 관계가 있어 종교건축 양식이 주를 이루었다. 중국의 경우 외국 건축술의 최초 도입은 불교건축의 도입에서 비롯되었다. 인도에서 유입된 불교건축으로는 석굴(石窟, chaitya)과 불탑(佛塔) 및 사리탑(舍利塔)이 있다. 그중 대표적인 것은 불탑이다. 불탑의 원형은 인도에서 발생한 정방형과 반원형(半圓形)의 스투파(stūpa)이나, 중국에 전해진 다음에는 중국식 조형예술이 가미되어 여러 형태를 취하였다. 그 형태를 대별하면 누각식(樓閣式)과 밀첨식(密檐式), 스투파식의 세 종류이다.

이 불탑형식 중에서 누각식 탑이 초기의 탑 형식이면서 가장 널리 유행되었다. 중국 최초의 누각식 목탑은 후한 때 지은 낙양(洛陽)의 백마사(白馬寺) 탑이다. 그리고 항안(恒安, 현 大同) 영녕사(永寧寺) 7층탑(467)과 낙양 영녕사(永寧寺) 9층탑(516, 탑고 90장)은 대표적인 초기의 누각식 탑이다. 당대에 이르기까지 누각식 탑은 서안(西安) 대자은사(大慈恩寺)의 대응탑(大雁塔)에서 보다시피 주로 정방형 전탑(磚塔)이었으나, 10세기경부터는 8각형 누각식 탑으로 변형되면서 동시에 서안 천복사(薦福寺) 소응탑(小雁塔)과 같이 밀첨식 전탑도 선을 보이기 시작하였다. 이처럼 누각식 탑과 더불어 밀첨식 탑도 건조되었는데, 현존 최고(最古)의 밀첨식 탑은 524년에 지은 낙양 숭옥사(嵩獄寺) 15층 전탑이다. 이 탑의 외관은 포물선형 12면체이며, 중국식 스투파로 평가되고 있다. 순수 스투파식 불탑도 몇기 있는데, 그중 하나가 현존 최고의 스투파식 탑인 산서(山西) 오대산(五臺山) 불광사(佛光寺)의 묘탑이다. 중인도 고승인 선무외(善無畏)가 장안 보리원(菩提院)에 세운 동탑(銅塔)은 전형적인 인도식 스투파이다.

인도 아잔타 석굴 전경(위)과
요르단 페트라 석굴군(아래),
그 부분 확대 모습(맨아래)

사리탑도 흔히 볼 수 있는 불교건축의 일종이다. 수(隋) 문제(文帝, 재위 581~600) 때 조성한 남경 섭산(攝山)의 서하사(栖霞寺) 사리탑은 현존 사리탑 중에서 가장 정교한 것으로 대리석 8각 5층 석탑이다. 수 문제는 전국 83개주에 주마다 사리탑을 한 기씩 축조하도록 하였다.

불탑이나 사리탑과 더불어 석굴도 대표적인 불교건축의 하나이다. 원래 석굴은 기원전 350년경에 인도에서 처음으로 만들어졌는데, 예배처(禮拜處)와 수도처(修道處)의 용도로 쓰였다. 불교가 전파되면서 도처에 현지의 자연지세(地勢)와 불교이념에 부응하는 크고 작은 석굴들이 수없이 생겨났다. 대표적인 것으로 5세기 전반에 굴조(掘造)된 아프가니스탄의 바미얀(Bamiyān) 석굴군과 중국의 3대 석굴이다. 석굴건축은 기원전 4세기에 인도에서 생겨난 후 중앙아시아를 거쳐 중국에 전파되고, 그 맥이 한국까지 이어졌다. 중국에서는 4세기 중반부터 석굴을 짓기 시작하여 5세기 후반부터는 대대적인 개굴(開掘)공사를 벌여 감숙 돈황의 천불동(일명 莫高窟)과 산서 대동(大同)의 운강석굴(雲崗石窟), 하남 낙양의 용문석굴(龍門石窟) 등 3대 석굴이 출현하였다. 8세기 후반에 완공된 한국 경주의 석굴암도 불교 석굴건축의 걸작이다.

중국 내 불교건축물의 초기 설계나 건조는 현지에 들어온 인도승이나 중국의 도축승들에 의해 주도되었다. 북위 태무(太武) 말년(451)에 북인도에 간 승려 도영(道榮)은 간다라식 불탑에 관한 자료를 녹취하여 가져왔고, 522년에 환국한 혜생(惠生)도 북인도에 있는 4개 탑의 모형을 모사해왔다. 이들이 재래한 도안은 불탑 건조의 남본(藍本)이 되었던 것이다.

당대에는 불교건축의 흥행과 함께 이슬람 건축술도 유입되었다. 8~9세기 때 광주(廣州)에 건조한 회성사(懷聖寺) 광탑(光塔)은 가장 오래된 이슬람 건물이다. 당대에 회성탑(懷聖塔)이라고 부른 이 탑은 일종의 기원탑(祈願塔)으로서 탑 꼭대기에 남북을 가리키는 금계(金鷄)가 설치되어 있다. 해마다 5~6월이 되면 각지 무슬림들이 이곳에 모여 날이 밝기 전에 탑의 정상에 올라가서 항행의 안전을 기원하곤 하였다. 송대에는 번탑(番塔)이라고 칭하였다.

원대 건축교류에서의 특징은 아랍식 건축양식의 도입이다. 원조는 아랍 건축사들을 대거 초빙하여 몽골식 건물을 아랍식으로 개량하는 한편, 도처에 아랍식 이슬람 사원을 건립하였다. 원초에 아랍 건축사인 야하디르(Yaḥādir)와 그의 아들 마흐마샤(Maḥmasha)가 중요한 건축공사를 도맡아 지휘 감독하였다. 쿠빌라이는 등극 후 야하디르를 정삼품의 다질아국(茶迭兒局) 감관(監官)에 임명하였다. '다질아'(dader)는 몽골식 천막집 파오를 말하는데, 다질아국을 신설하여 전통적 몽골식 천막집을 아랍식 천막집으로 개조하도록 한 것이다. 야하디르는 1266년 대도(大都, 현 북경)에 들어온 후 그해 8월에 여러 색목인 공장(工匠)들을 총관하는 총관부(總管府) 달로화적(達魯花赤, 다루하치)에 임명되어 궁전 증축공사의 총책을 맡았다. 그는 요금고성(遼金故城)의 동북방에 신성을 축조하고 동·서·남향에 각각 성문 하나씩과 북향에 성문 2개를 내는 등 궁전의 전면적인 개건·확충공사를 직

접 설계하고 시공을 총감독하였다. 야하디르 사후에 그의 아들인 마흐마샤가 대를 이어 대도 건설을
지휘하였다.

 궁전과 수도의 재건공사와 더불어 이슬람의 교세가 급속히 확장됨에 따라 무슬림들이 모여사는
곳에 아랍식 이슬람 사원이 속속 건립되었다. 광주의 회성사를 제외하고 가장 오래된 사원은 무슬림
들이 많이 들어와 교거(僑居)하고 내왕한 천주(泉州)의 성우사(聖友寺, Aṣḥāb寺)이다. 석벽에 새겨
진 명문에 의하면, 이 사원은 이슬람력 400년(서력 1009~10)에 지어졌다가 300여 년 후인 이슬람력
711년(1310~11)에 증수되었다. 그밖에 원대에 천주에는 5개의 사원이 더 있었다. 천주 외에 항주(杭
州)의 청진사(淸眞寺, 1314~20, 높이 56척), 영파(寧波)의 예배사(禮拜寺) 2개소(한 곳은 962, 다른 곳은
1078~85, 모두 원대에 증수), 양주(揚州)의 예배사(1275, 1380년에 증수), 서안(西安)의 청정사(淸淨寺,
1263, 1297년에 증수) 등 도처에 이슬람 사원이 산재하였다. 이러한 사원은 예외없이 외형은 돔식이고
내면은 화려한 기하학적 조각무늬인 사푸사파문(safsafa, 일명 아라베스크)으로 장식된 전통적 아랍식
건축물이다.

 명말 청초에 서방 선교사들이 포교활동을 전개함에 따라 서구식 건축물이 점차 나타나기 시작하
였다. 서구식 건축물은 교회당 건립에서 민간주택을 건조하는 데로 파급되었으며, 급기야는 서구식
으로 궁전을 꾸미는 데까지 이르렀다. 최초의 서구식 건축물은 16세기 중엽 마카오에 건립된 6개소
의 교회당이다. 그중 망덕당(望德堂)은 1576년에 마카오가 주교구(主教區)로 승격됨에 따라 주교
당(主教堂)이 되었다. 교회당 건물은 모두가 서구 교회당의 구조와 형태를 본받아 지어졌다. 북경
선무문(宣武門) 안에 있는 교회당은 당초 1650년에 독일 선교사 아담 샬이 중국 전통식으로 지었으
나, 후에 포르투갈 선교사 뻬레이라와 이딸리아 선교사 그리말디(Grimaldi, 閔明我)가 서구식으로
개축하였다. 뻬레이라와 그리말디는 교회당을 원형구도로 개조하여 실내에 각종 천문의기와 지도,
자명종, 가구들을 설치하고 정원에는 분수대까지 만들어놓았다. 북경 남당(南堂, 길이 80척, 너비 45척)
은 1721년에 포르투갈 국왕의 찬조하에 수사이며 건축사인 마기(Fr. F. Maggi)가 바로끄식으로 개축
하였으며, 그 옆에는 탑 2기를 세웠다. 그리고 전국에서 가장 크고 가장 화려한 항주 천주당은 이딸
리아 선교사인 마르띠니가 세운 교회당인데, 외형은 서구식이나 내부에는 중국식으로 나무기둥을 4
줄로 세우는 등 서구와 중국의 건축술이 결합된 건물이다.

 교회당 건물과 함께 선교사들을 비롯한 서구인들이 거주하는 곳에는 서구식 주택도 건조되었다.
서구인들의 근대식 주택은 중국인들의 호기심을 끌어 점차 확산되었다. 마카오인들은 일찍부터 서
구식 주택을 본받아 정원과 지하창고가 달린 여러 형태(정방형, 원형, 다각형 등)의 다층주택을 짓고 살
았다. 이러한 주택은 광주, 양주, 안경(安慶) 등 도시지역으로 퍼졌는데, 특히 광동(廣東) 일대에 급
속히 파급되어 18세기 중엽 광주에서는 대대적인 주택개조붐이 일어났다. 이에 당황한 관부는 주택

청대 궁성 내의 원명원(위)과
서양식 누각 유적(아래)

개조금지령까지 내렸으나 막을 수가 없었다.

청초에 가장 큰 서구식 건축공사는 궁성 내에 서구식 장춘원(長春園)을 조성하는 것이었다. 원래 장춘원은 원명원(圓明園) 동편에 있는 한 분원이었다. 1709년에 시공된 원명원이 부단히 확충되어 오다가 1726년에 세종(世宗)이 원내의 장춘선관(長春仙館)으로 이주하게 되면서 이곳을 장춘원으로 개명하였다. 1747년부터 장춘원 건물을 서구식으로 개조하기 시작하였는데, 그 설계는 이딸리아 선교사 까스띨리오네가 맡고, 프랑스 선교사 아띠레(Jean-Denis Attiret, 王致誠, 1702~68)와 베느와가 협조하였다. 현장공사는 프랑스 선교사인 떼볼트와 벤따봉(Joannes M. de Ventavon) 등 궁전기사들의 지휘 감독으로 진행되었다. 장춘원 건물은 이딸리아와 프랑스의 바로끄식 건축술의 혼합물이다. 전반적인 구조와 문이나 창문, 회랑은 보로미니(Borromini)식 이딸리아 건축양식이고, 장식문양이나 벽난로, 벽기둥은 루이 14세 시대의 프랑스 건축양식이다.

장춘원 안의 개별 건물들은 모두가 서구식으로 설계·개축되었으나, 간혹 중국식 건축양식도 약간씩 가미되었다. 그리고 구체적인 시공은 중국인 공장들이 맡아 하였다. 이렇게 장춘원이 서구식 건물로 화려하게 개축됨으로써 원명원은 그 면모가 일신하였다. 아띠레는 1743년에 유럽의 지우(知友) 다쏘(M. d'Assaut)에게 보낸 서한에서 원명원이야말로 '원중원'(園中園, Jardin des jardins)이라고 극찬하였다. 화가 심원(沈源)과 당대(唐岱)가 1744년에 공동으로 그린 「원명원사십경도(圓明園四十景圖)」와 중국 화공들이 1786년에 동판에 새긴 전경도 20폭이 남아 있어서 원명원의 당시 모습을 알 수 있다. 그러나 1860년 9월 영국과 프랑스 연합군의 침범 때 방화로 인해 폐허가 되었다.

한편, 18세기 중엽부터 서구인들은 회화를 비롯한 중국 예술에 점차 공감하여 중국의 건축술, 특히 정원(庭園) 건축술에 큰 흥미를 가지고 수용하기 시작하였다. 자연과의 조화를 강조하는 동양의 전통 정원술은 단조로운 서구식 정원술에 권태를 느낀 서구인들에게 새로운 충격을 주었다. 그리하여 그들은 중국의 정원술을 연구하고 본뜨기에 이르렀으며, 영국이 그 선두에 섰다.

영국의 건축사인 챔버스(William Chambers)는 중국을 다녀간 후 왕궁 건축사가 되자 연구를 목적으로 재차 중국에 왔다. 귀국한 후 그는 1757년에 유명한『중국의 건축, 가구, 복식, 기물 도안』(Designs of Chinese Building, Furniture, Dresses, Machines and Utensils)을 출간하였다. 그는 또 1772년에 출판한 저서『동방원예』(東方園藝, A Dissertation of Oriental Gardening)에서 중국 원예술을 극찬하였다. 그는 "중국인이 설계하는 원예술은 무엇과도 비교할 수 없다. 유럽인들에게는 예술방면에서 동방의 찬란한 성과와 견줄 만한 것이 아무것도 없다. 그들은 태양으로부터 마냥 휘황한 빛을 흡수하는 성싶다"라고 하였다. 그는 1750년 큐(Kew)에 최초로 중국식 정원을 꾸려놓았다. 정원 안에 호수와 정자를 만들고, 호수 옆에는 높이 163척의 10층 4각형 탑을 세웠는데, 탑 꼭대기를 은방울을 입에 문 용(龍)으로 장식하였다. 그리고 탑 옆에는 공자의 업적을 소개한 그림이 비치된 공자각(孔子閣)까지 지어놓았다. 그후 그는 1763년에『큐 정원설계도』(Plans, Elevation, Sections and Perspective Views of the Garden and Buildings at Kew in Survey)를 출간하기까지 하였다.

중국 정원술에 관한 영국인들의 연구성과와 수용은 곧바로 프랑스인들을 자극하였다. 프랑스에서는『중영식정원』(中英式庭園, Le Jardin Anglo-Chinois, 1770~87)이라는 정기간행물이 간행될 정도로 영국인들의 중국 정원술 연구와 수용에 큰 관심을 보이면서 중국의 정원술을 받아들이기에 급급하였다. 이러한 관심과 호응은 독일이나 네덜란드에서도 마찬가지였다. 독일에서는 1773년에 원림설계사인 제켈(F.L. Sekell)을 영국에 파견하여 중국 정원술을 연수하게 하였으며, 같은 해에 운쩌(Ludaig A. Unzer)는『중국정원론』(中國庭園論, Über die Chinesischen Gärten)을 출간하였다. 이 책에서 그는 독일은 반드시 영국의 신종 건축술인 정원술을 하루 빨리 따라잡아야 한다고 역설하였다.

제4절 종교의 교류

종교교류의 개념 종교의 교류란 인간들의 초인간적인 실재(實在)와의 신앙적 관계인 종교와 그에 수반된 종교문화의 상호 전파 및 수용을 말하는데, 이러한 교류는 정신문명 교류의 중요한 한 분야이다. 종교는 인간의 주관적인 심적 현상으로 나타나지만 초인간적 실재에 대한 믿음이나 기원을 표백하기 위한 객관적인 사회공동체 형태와 표현수단으로서도 나타나는바, 이러한 형태와 수단을 종교문화라고 한다. 따라서 종교의 교류에는 주관적인 심적 현상과 객관적인 사회공동체 형태 및 표현수단이 포함된다.

종교의 교류가 당위적인 것은 원초적인 종교간의 상차성(相差性) 때문이다. 여러 종교가 학문이나 예술, 도덕과는 달리 삶의 근본적인 교훈을 초인간적인 실재로부터 얻으려고 하는 점은 서로 큰 차이가 없다. 그렇다고 그 과정이 동일한 형태와 내용으로 이루어지거나 나타나는 것은 아니다. 신앙의 대상이 되는 초인간적(혹은 초속적) 실재의 본질, 또는 그것을 신봉하는 인간의 심성이나 태도에 따라서 서로 다른 종교가 형성되고, 신관(神觀)을 비롯해 그 내용과 의식(儀式)도 고유의 특성을 지니게 된다. 흔히 여러 종교들을 대별하여 원시종교와 이상종교, 유일신교(唯一神敎)와 다신교(多神敎)로 분류한다. 전자는 신앙의 내용과 형태가 문화적인가 현대적인가에 따라 구별되고, 후자는 신앙의 대상이 유일한 절대자인가 아니면 여러 신을 섬기는가에서 차이점을 찾는다. 종교간의 이러한 상차로 인해 종교의 교류는 필연적이며 또 가능해진다. 이렇게 상차가 없다면, 종교는 동수위(同水位)의 고인 물처럼 자생지에 그대로 머물러 있을 뿐, 타지에 '유입'되는 교류현상은 없을 것이다.

당위적으로 발생한 종교의 교류는 신앙적 관계의 심리활동으로서의 종교와 그에 수반되는 신앙적 관계의 사회공동체 형태와 표현수단으로서의 종교문화의 두 가지 내용의 교류를 포함한다. 종교에는 교리와 교법, 계율, 의식 등이 속한다. 이에 비해 종교문화는 종교철학·종교윤리·종교예술(미술·음악 등)·종교건축·교단 등으로 구성된다. 교류의 입장에서 보면, 종교와 종교문화는 상호의존적 관계에 있다. 교리를 비롯한 종교내용은 종교문화의 내용과 형태를 규제하고, 종교문화는 종교의 내용을 구현한다. 아울러 종교 없는 종교문화의 교류란 있을 수 없고, 종교문화가 결여된 종교의 교류는 명실상부한 종교의 교류라고 말할 수 없다.

이러한 내용을 포함한 종교의 교류는 여타의 교류와 뚜렷이 구별되는 세 가지 특징을 지니고 있다. 그 첫째 특징은 강력한 문화접변을 초래한다는 것이다. 세계 3대 종교(기독교·불교·이슬람교)를 비롯한 종교의 전파사에서 알 수 있듯이, 종교의 교류는 정신문명뿐만 아니라 물질문명의 변화에도 큰 영향을 미친다. 기독교의 동전에 의한 서기(西器, 서양의 과학기술) 수용은 일종의 순기능적 수용이 결과한 큰 문화접변이다. 그런가 하면 종교의 교류사에는 가끔 타종교의 전입으로 전통 종교나 가치관이 송두리째 파괴되는 역기능적 융화나 동화 현상이 일어나기도 한다. 때로는 민족구성원 전체가 외래종교에 귀의함으로써 구래(舊來)의 종교에는 물론, 사회 전반에 엄청난 변화를 초래하는 경우도 있다. 이와같이 종교의 교류는 종종 여타의 정신문명이나 물질문명의 교류에서 볼 수 없는 강력한 문화접변을 가져온다.

종교교류의 둘째 특징은 교류의 다양성(多樣性)이다. 종교와 종교문화의 내용이 다종다양한만큼 종교의 교류 내용도 그러하다. 신앙의 대상이 다양할 뿐만 아니라 사회공동체적 표현형태도 상이한데, 종교에서 흔히 볼 수 있는 종파활동은 이러한 다양성을 가중시킨다. 종교의 교류 수단과 양상도 내용만큼이나 다양하다. 평화적인 포교가 있는가 하면, 전쟁이나 폭력수단에 의한 강압적인 주입도 불사하는 경우가 있으며, 공전(公傳)에 앞선 갖가지 사전(私傳)도 불가피하다. 통상적인 포교도 설교나 역경(譯經), 종교문화시설의 가동 등 갖은 수단을 통해 진행된다. 뿐만 아니라, 종교의 교류인에는 선교사를 비롯한 전문적인 성직자와 더불어 상인이나 여행자 등 보통 신자들도 두루 망라된다.

종교의 교류가 갖는 마지막 특징은 교류의 비한계성(非限界性, 무한성)이다. 전술한 바와 같이 문학이나 학문, 예술의 교류는 그 수단이나 담당자의 자질이나 능력 면에서 한정적일 수밖에 없다. 그러나 종교의 교류만은 초지역적·초국가적·초민족적·초계급적으로 거의 무한계, 무한대로 진행된다. 종교의 교류 대상에는 인간집단의 하층으로부터 상층에 이르기까지, 식자건 문맹자건 할 것 없이 민족이나 사회구성원 전체가 포함되어 있다. 이와같이 종교의 교류는 선택적이 아니라 무소불위(無所不爲)로 시·공간을 초월해 끊임없이 이어진다.

종교의 교류는 항시 보편성과 포괄성을 띤다. 따라서 인류의 문명사는 종교의 교류사를 떼어놓고 생각할 수 없다. 종교의 교류사가 증언하다시피, 종교의 전파와 수용은 인간의 정신세계뿐만 아니라, 물질세계에도 큰 충격을 주고 변화를 불러왔다. 시대를 소급하여 올라갈수록 이러한 충격과 변화는 더 컸다는 것을 발견하게 된다.

문화현상 가운데서 종교는 전파성이 가장 큰 분야이다. 특히 기독교나 불교, 이슬람교 같은 보편종교에서는 지연이나 혈연 구조에 입지(立地)한 자연종교와는 달리 자신뿐만 아니라 타인의 종교적 이상까지도 추구하려는 노력, 즉 포교 혹은 전도(mission)를 통한 전파가 계속 진행된다. 이러한 종교의 전파는 자연적으로 전달(傳達, transmission)과 변용(變容, metamorphosis)의 과정을 거친다. 따라서 타지에 대한 종교의 전파 시원(始原)은 의당 초전(初傳)단계인 전달에서 찾아야 하며, 초단계적으로 변용을 그 시원으로 간주할 수는 없는 것이다. 요컨대 종교의 전파는 전달에서 비롯되는 초전과 변용을 수반한 공전(公傳)의 두 단계를 거쳐 점진적으로 이루어지는 것이다.

종교의 전파과정에서 공전을 결과하는 변용은 주로 종교의 전달과 확산으로 인해 초래되는 문화

(또는 생활양식)의 재조정, 즉 문화접변으로 표현된다. 일반적으로 문화접변의 현상에는 문화민족간에 생기는 균형성(balance type of acculturation)과 문화민족과 미개민족 간에 있게 되는 불균형성(unbalance type of acculturation)의 두 종류가 있다. 대체로 종교의 전파에 의한 문화접변은 국가가 공식적으로 새 종교를 받아들임으로써 성사 가능한 것이다. 국가에 의한 이러한 공식적인 수용을 공허(公許) 혹은 공인(公認)이라고 하는데, 공허는 공전의 기점이 된다. 이러한 공인과 공전에 앞서 주로 민간에 잠행적(潛行的)으로 전파되는 것을 사전(私傳) 혹은 초전이라고 말할 수 있다.

불교의 전파사에서 그러한 것처럼, 종교의 전파 시원을 어느 때로 잡는가 하는 것이 시종 문제시되고 있다. 중국이나 한국의 실례에서 보다시피, 지금까지는 대체로 공전의 시초, 즉 공허를 불교 전래의 시초로 삼고 있다. 실제적으로 왕명이나 공권력에 의한 국가적인 수용은 이미 초전단계의 전달(전파)이 아니라 변용단계에서 이루어지는 일로서 초전이라고 볼 수 없으며, 따라서 그것을 전래의 시원으로 보는 것은 무리가 아닐 수 없다.

일반적으로 외래종교는 이질감에서 생기는 냉대 때문에 쉽게 수용되지 않으며, 그 전파과정은 순조롭지 못하고 우여곡절을 겪게 마련이며 오랜 기간을 필요로 한다. 모든 종교의 전파사가 실증하는 것처럼 한 종교가 이역에 정착함을 고하는 공허나 공인에 이르기까지는 초전자들의 헌신적인 포교활동이 필수이다. 엄격히 말하면, 전달단계에서 이들 초전자들이 전도활동을 개시한 시점이 바로 해당 종교의 전래 시원이며, 그들이 바로 다름아닌 전래의 시조(始祖)들이다. 그런데 초전자들은 대개 사회적인 비난과 저항에 부딪혀 비밀리에 포교활동을 전개해야 하므로 공개성이 적고 기록에 남지 않게 된다. 그러므로 그들에 의한 전래의 시원이나 과정을 구체적으로 명백하게 추적한다는 것은 매우 어렵고, 때로는 거의 불가능하기까지 하다. 그 결과 흔히 초전(전달)활동은 무시된 채 기록, 그것도 공전을 기준으로 한 기록에만 의존해 전래의 시원을 판단하는 편향을 범하게 된다.

이와같이 외래종교는 일반적으로 전달(초전·사전)과정을 거친 후 확산과 진흥에 의한 변용단계에 이르러 정착되면서 종합문화체로서의 면모를 갖춘다. 모든 외래종교가 일률적으로 이러한 과정(단계)을 거치는 것은 아니다. 전달에만 그치고 생명력을 잃어버린 나머지 변용을 초래 못하는 경우도 있다. 그러나 통상 변용까지 가져온 전파는 그 전제인 전달과정을 거치는 법이다. 종교가 전파되는 일반적인 양상을 살펴보면, 대체로 전달(초전·사전)→변용(공허·공전)이라는 종교전파의 일반 원리나 과정을 따라 순리대로 진행되었음을 발견하게 된다.

종교는 일종의 문화현상이기 때문에 그 전파과정이나 전파 결과에 대해서는 문명교류적 시각에서 접근하되, 특히 불교 같은 보편종교인 경우에는 반드시 하나의 종교적인 종합문화체로 인식하여야 한다. 문명사적 의미에서의 불교는 불[佛像]·법[經典]·승[僧尼]의 삼보(三寶)와, 삼보를 안치하는 가람(伽藍)과 승원(僧院), 또는 그 속에서 거행되는 각종 종교의식과 연찬되는 학문, 그리고 가

세계 주요 종교의 교류개황

종교명	교조	경전	발생시대	발생지	전파지
불교	석가모니	삼장(三藏)	BC 6세기	북인도	인도·중앙아시아·동남아시아·중국·한국·일본
기독교	예수 그리스도	신·구약성서	AD 1세기	팔레스타인	유럽·아시아·아프리카·아메리카 등 세계 각지
이슬람교	무함마드 (Muhammad)	꾸란 (al-Qurān)	AD 7세기	아라비아 반도	아랍국가·이란·인도·파키스탄·중앙아시아·중국·말레이시아·인도네시아
유태교	모세 (Mose)	탈무드 (Talmud)	BC 5세기	팔레스타인	이스라엘, 세계 각지 유태인 거주지
힌두교		베 다 (Veda)	BC 15세기	인도	인도·동남아시아
유교	공자 (孔子)	사서오경 (四書五經)	BC 6세기	중국	중국·한국·일본·베트남
조로아스터교 (Zoroaster)	짜라투스트라 (Zarathustra)	아베스타 (Avesta)	BC 7세기	페르시아	이란·중앙아시아
마니교 (Mani)	마니 (Mani)	칠부서 (七部書)	AD 3세기	바빌론	페르시아·인도·중앙아시아·중국
경교 (景敎)	네스토리우스 (Nestorius)	대진경교선원본경 (大秦景敎宣元本經)	AD 5세기	동로마	페르시아·중앙아시아·중국
모르몬교 (Mormon)	요셉 스미스 (Joseph Smith)	모르몬경	AD 1820	미국	미국·유럽
바하이교 (Bahai)	알리 무함마드 (Ali Muhammd)	오단계(五段階) 광서(光書)	AD 1848	페르시아	페르시아·미국

람·승원·불구(佛具)·승려 등을 건조하고 장식하는 각양각색의 회화나 조각·복식·음악·무용 등 건축 및 공예술을 총망라하는 불교적인 종합문화를 말한다. 그러므로 불교의 전파나 홍통(弘通)을 거론할 때에는 불교적인 종합문화체의 여러 구성요소를 두루 다루어야 한다.

　수많은 교류종교들 중 광범위한 세계성을 띤 종교는 흔히들 보편종교라고 하는 불교와 기독교, 이슬람교의 이른바 세계 3대 종교이다. 대략 600년을 사이에 두고 출현한 이 3대 종교는 전파지역이 광대함은 물론, 신자 수에서도 단연 기타 종교들을 능가하고 있다. 따라서 세계 각지를 향한 이들 3대 종교의 교류와 전파가 가장 활발히 전개되었으며 그 영향도 가장 심원하였다.

　기독교의 전파　기독교와 기독교 문화는 로마를 중심으로 한 서방 라틴권(the Latin West)과 꼰스딴띠노쁠을 중심으로 한 동방 그리스권(the Greek-Speaking East), 그리고 에뎃사를 중심으로 한 동방 시리아권(the Syriac East) 등 다양한 문화의 자양분을 받아 출현하고 성장하였다. 그리하여 출현 초기부터 자기이해(self-understanding)의 다양성을 지니게 되었으며, 급기야는 동방기독교와 서방기독교라는 두 개의 큰 흐름으로 갈라져서 동·서방 각지로 널리 확산되었다. 그 과정에서 로마가톨릭(Roman Catholicism)과 동방정교회(東方正敎會, Eastern Orthodox), 프로테스탄티즘

(Protestantism)의 3대 종교적 사회공동체(교단)가 형성되어 기독교의 동서방 전파를 주도하였다.

이렇게 원초적인 다양성을 온축(蘊蓄)하고 있는 기독교는 4세기 초 로마제국의 정치질서와 타협함으로써 라틴 서방을 중심으로 한 서방기독교가 형성되어 동방기독교와 양립하는 국면이 나타났으며, 이를 기점으로 동·서방 기독교간에는 줄곧 교권을 둘러싸고 대립하는 양상을 보여왔다. 이러한 대립상은 867~900년까지 벌어진 이른바 '포티우스 분열'(Schism of Photius)에서 여실히 드러났다. '포티우스 분열'의 주된 쟁점은 로마가 모든 교회에 대한 군주적 관할권을 소유하느냐 하는 문제였다. 꼰스딴띠노쁠의 총대주교인 포티우스가 로마교황에 대한 예속을 부인함으로써 발생한 이 사건을 계기로 동·서방 기독교간의 갈등과 대립은 더욱 심화되었고, 마침내 11세기에 이르러 결별로 낙착되었다. 당시 로마교황이 남부 이딸리아의 그리스인들에게 라틴 습관을 강요하자, 꼰스딴띠노쁠 총대주교인 미카엘 체룰라리우스(Michael Cerularius)는 꼰스딴띠노쁠에 있는 라틴 교회들을 폐쇄해버렸다. 이에 항의하기 위해 로마의 훔베르뜨(Humbert) 추기경이 꼰스딴띠노쁠에 옴으로써 양자의 대결은 표면화되었다. 드디어 1054년 6월 16일 체룰라리우스 총대주교가 성찬식 준비를 하고 있을 때, 훔베르뜨 추기경은 아야 쏘피아 성당 제단에 '교황의 이름으로 이단자 미카엘 체룰라리우스 및 그를 추종하는 모든 자들을 파문한다'는 파문칙서를 내놓았다. 이로써 동·서방 기독교는 최종적으로 분열되어 각자의 길을 가게 되었다. 그러다가 1965년 로마교황 빠울루스 6세와 동방정교회의 전교회 총대주교 아테나고라스 1세가 1054년의 파문처벌을 폐지한다는 데 합의함으로써 900여년간 지속되어온 동·서방 기독교간의 결별은 공식적으로 폐기되고 갈등은 봉합되었다.

동·서방 기독교의 이와같은 역사적인 갈등과 대립, 결별은 기독교의 동·서방 전파에 직접적인 영향을 미쳤다. 결별 후 서방기독교는 크게 로마가톨릭과 프로테스탄티즘으로 양분되어 오늘에 이르기까지 서방기독교권을 이루고 있다. 한편, 동방기독교는 크게 동방정교회와 동방독립교회(東方獨立敎會, the Separated Eastern Churches), 동방귀일교회(東方歸一敎會, the Uniate Eastern Churches)로 구분되어 지금까지 동방기독권의 맥을 잇고 있다.

예수 사후 기독교는 여러 지방으로 파급되어 신자가 늘어나고 예수의 사도나 제자들을 중심으로 초기의 교회가 조직되었다. 「사도행전」(2:8~11)에 보면 각기 다른 방언을 쓰는 16개국(지방)에서 온 신자들이 사도 베드로가 예루살렘에서 행한 설교를 경청하였다고 하니, 당시의 포교상황을 가히 짐작할 수 있다. 그러나 신자들이 집중되어 있는 곳은 예루살렘, 안디옥(Andioch, 안티오크), 에페소스, 꼰스딴띠노쁠, 로마, 칼테이지, 알렉산드리아, 에뎃사 등 몇군데뿐이었다. 이 중 에뎃사를 제외하고는 모두가 헬레니즘의 영향을 받은 그리스어권에 속하고, 유독 에뎃사만이 시리아권의 문화적 배경을 갖고 있었다. 이같은 사실은 기독교가 출현 초기부터 상이한 문화적 배경을 갖고 동·서방 기독교로 그 흐름을 달리하면서 성장했음을 말해준다.

서방기독교는 로마를 중심으로 한 서방세계를 무대로 확산되었다. 초기에 로마제국은 기독교를 유태교의 한 종파쯤으로 간주하였기 때문에 유태교와 마찬가지로 기독교에 대해 방관, 무시하는 입장을 취하였다. 그리하여 기독교인들을 의도적으로 색출하지는 않고 일단 소환되었을 경우에만 처벌하는 정도였는데, 이러한 대기독교정책은 2세기 말까지 지속되었다. 그러다가 2세기를 넘어서면서 기독교는 강력한 지도체제를 갖춘 종교조직으로 성장하고, 전통적인 로마의 종교에 대해서도 점차 도전적인 태도를 취하였다. 이에 대응해 3세기 초(202) 로마 황제 셉티미우스 세베루스(Septimius Severus)는 절충적인 종교정책을 채택하였다. 이 정책에 따르면 국민들은 '쏠 인빅뚜스'(Sol inbictus), 즉 '정복되지 않은 태양'에 예배하도록 되어 있으며, 그렇게만 하면 다른 신들에 대한 신앙이 허용되었다. 이 정책은 당연히 유태인들과 기독교인들의 반발을 불러일으켰다. 그러자 쎄베루스는 불만을 무마하고 교세의 확산을 막기 위해 유태교와 기독교로 개종하는 자는 가차없이 사형에 처하도록 하였다. 그후 로마제국과 기독교 사이에 얼마간의 평화공존이 유지되기는 하였으나 4세기 초 디오클레티아누스(Diocletianus) 황제 치세 때 기독교는 다시 한번 박해를 받게 되었다. 303년에 디오클레티아누스 황제는 칙령을 반포하여 기독교 신자들을 모든 공직에서 파면하고 기독교관련 건물과 서적을 파괴, 폐기토록 하였다.

　　통일로마제국은 디오클레티아누스가 퇴위한 후인 311년경에 리키니우스, 막시미아누스, 콘스탄티누스, 막센티우스 등 4명에게 분할되었다. 313년에 콘스탄티누스는 밀라노(Milano)에서 리키니우스와 동맹을 맺고 이른바 '밀라노 칙령'(Edict of Milan)을 반포하였는데, 이 칙령에 따라 기독교에 대한 박해가 종식되고 기독교 소유의 교회들과 묘지, 재산이 주인에게 반환되었다. 이는 사실상 기독교에 대한 공허(公許)이며, 그 연장선상에서 드디어 392년에 기독교가 로마제국의 국교로 공식 인정되었다.

　　그러나 로마제국이 동서로 분리되고 수도가 로마에서 꼰스딴띠노쁠로 옮겨감에 따라 기독교의 중심은 동방으로 이전하게 되었다. 이를 입증하듯, 기독교의 교의를 결정하는 공의회(公議會)인 325년의 니케아 공의회로부터 869년의 제4차 꼰스딴띠노쁠 공의회까지 1~8차 공의회는 모두 동로마 지역에서 동로마 황제의 주재 아래 개최되었다. 그럼에도 서방에서는 아우구스티누스(354~400) 등 교부들의 노력에 의해 교회가 하나씩 형성되었으며, 기독교가 국교로 공인된 후에는 각 지역의 속신(俗信)과 습합되어 점차 통속화되었다.

　　유럽 역사에서 5세기 서로마제국의 멸망에서 15세기 동로마제국의 붕괴까지 약 1천년 동안의 중세는 기독교가 게르만과 슬라브민족 속에 전파되고 지중해지역의 국지적 종교에서 유럽세계 전체의 범지역적 종교로 확산되는 시기였다. 이 시기에 동방기독교와 서방기독교, 즉 동방정교회와 로마가톨릭 교회가 결별(1054)함으로써 명목상으로나마 지탱해오던 기독교의 통일이 깨지고 그 중심이 지중해지역에서 유럽 내륙으로 옮겨지게 되었다. 이에 따라 중세 기독교 교회는 이딸리아와 갈리아를 중심으로 한 로마가톨릭 교회와 프로테스탄티즘, 동방교회에서 독립한 에티오피아·아랍·페르시아·아르메니아 등지의 동방교회, 꼰스딴띠노쁠을 중심으로 한 소아시아·그리스·발칸 등지로부터 동유럽에 전파된 동방정교회 등 여러 계통으로 사분오열되었다.

유럽의 지배종교로 변한 서방기독교는 16세기를 전후로 마르틴 루터(Martin Luther, 1483~1546)와 존 깔뱅(John Calvin, 1509~40)의 종교개혁을 비롯한 일련의 변혁을 맞게 되는데, 이를 계기로 기독교에는 로마가톨릭과 프로테스탄티즘의 두 주류가 형성되었다. '모든 곳에 있는', 혹은 '보편적인'이란 뜻의 그리스어 '카톨리코스'(καθολικος)에 어원을 둔 가톨릭은 기독교 초창기부터 있어왔던 여러 교회세력 가운데서 가장 위력한 교회에 붙여진 명칭이었다. 로마가톨릭은 엄격한 중앙집권적 구조와 교리의 통일성, 전례(典禮)의 균일성, 전통과 성례(聖禮)에 대한 의존, 교계제도와 성직자의 위계, 성직자와 평신도의 분명한 구분 등을 특색으로 하는 기독교의 한 주류이다.

'항거하는 이들', 혹은 '저항하는 이들'이란 뜻의 '프로테스탄트'(Protestant, 신교의, 신교도)에서 파생된 프로테스탄티즘(Protestantism, 신교)은 16세기에 발생한 종교개혁의 결과로 독일·스위스·네덜란드·영국 등 북유럽 일원에서 출현한 기독교의 신흥 교파이다. 당시는 주로 종교개혁으로 인해 출현한 유파들과 관련하여 프로테스탄트란 명칭을 사용하였다. 17세기에 와서는 영국 성공회(聖公會, Anglican Church)의 신자들이 자신들이 비정통적이라고 생각하는 유파들을 비난하는 의미에서 일괄하여 '정통 프로테스탄트'라는 명칭을 사용하였다. 그런가 하면 로마가톨릭측에서는 가톨릭주의에 반대하는 모든 사람들에 대한 범칭으로 이 말을 쓰기도 하였다. 프로테스탄트 교회의 탄생은 11세기 동지중해지역의 동방정교회에서 분리독립한 로마가톨릭 교회로부터 게르만적·앵글로색슨적인 기독교 교회가 독립되었음을 뜻하며, 이로써 기독교 역사에서 성서의 가르침을 유일의 규범으로 하는 교의(敎義)와 전례(典禮) 및 교회제도를 가진 새로운 형태의 기독교 교회 전통이 세워지게 되었다. 프로테스탄티즘은 종교개혁의 산물로서 로마교황권의 쇠퇴와 십자군운동의 여파, 르네쌍스의 도래, 영국과 프랑스 등 유럽 여러 나라에서의 민족주의 대두 등 주·객관적 요인들이 복합적으로 작용함으로써 비로소 출현하였다. 이러한 프로테스탄티즘은 성서의 가르침에 대한 유일 규범화, 성서의 권위에 대한 강조, 보편적 제사장직에 대한 신자들의 신앙 등을 특색으로 한다.

이상은 기독교의 서전(西傳)에 의해 출현 및 발전한 서방기독교의 전파에 관한 개괄적인 고찰이다. 기독교 전파사를 훑어보면, 서방 전파는 초기의 형극(荊棘)을 극복한 이후는 비교적 순조로워서 짧은 기간에 서구문명의 바탕으로 착근(着根)하였지만, 동방 전파는 서방 전파와는 달리 문명간의 이질성과 이교(異敎)의 '색로(塞路)'로 인해 많은 우여곡절을 겪는 문자 그대로 부침(浮沈)의 연속이었다.

오늘날 기독교는 서구의 종교처럼 인식되고 기독교 문명은 곧 서구문명이라는 등식 개념이 정확무오(正確無誤)인 양 비쳐지고 있다. 그러나 기독교는 근원을 소급해보면 동방종교이지 결코 서방종교는 아니다. 그 이유는 첫째로 교조 예수의 탄생지와 활동지 및 그에 의한 기독교의 발상지가 다름아닌 동방, 즉 오리엔트의 중간 요지인 팔레스타인이고, 둘째로『신약성서』에도 명시되어 있다시피 기독교인들의 최초 종교단체(교단)가 조직된 곳이 바로 소아시아 지방(현 아시아 서단인 터키 지방)의 안디옥이며(『사도행전』 11:26), 셋째로는 기독교가 국가종교로서 처음 공인(公認)을 얻은 곳도 서구의 어느 곳이 아니라 바로 메소포타미아의 에뎃사라는 사실에 있다. 바로 이 때문에 에뎃사 교회의 초기기독교 학자인 타티안(Tatian, 107~80)도 기독교는 서양인의 종교라기보다 동방인의 종교라고 하는 것이 타당하다고 강력히 주장하였다.

기독교의 동방 전파는 전도의 주역과 대상지에 따라 크게 11세기 기독교의 동·서 분리 이전과 이후의 두 단계로 구분할 수 있다. 전자를 고대 기독교의 동전 단계(전단계)로, 후자를 근대 기독교의 동전 단계(후단계)로 명명할 수 있을 것이다. 전단계에서 전도의 주역은 초기 서아시아 일원에서 흥기한 여러 교파나 교단들로서 후일 동방기독교권의 구성원이 된 동방독립교회(네스토리우스파 등)와 동방귀일교회(동방가톨릭 등)의 전신들이다. 그들이 전도한 기독교는 중국 당(唐)대의 동방기독교인 이른바 '경교(景敎)'에서 보다시피 초기(원시)기독교의 성격을 띠고 있다.

전도 대상지는 고대 기독교의 발상지와 인접한 지역(페르시아 등)으로부터 점진적으로 인도나 중국 같은 동방지역으로 확장되었다. 여기에서 한가지 유의해야 할 점은, 동방기독교권의 주요 구성원인 동방정교회(핵심은 그리스정교회와 러시아정교회)가 전단계에서는 기독교의 동방 전파에 별로 기여한 바 없다는 사실이다. 동방정교회의 '동방'이란 동로마제국(비잔띤제국)의 그리스어권에서 발원되었다는 뜻에서의 동방이지, 고유한 의미의 동방은 아니다. 또한 전도 대상지도 동방이 아닌 유럽의 그리스나 러시아 등지였다. 전단계에 비해 후단계의 전도 주역은 주로 로마가톨릭을 비롯한 서방기독교 단체들이며, 전도 내용도 원시기독교와는 달리 7~8세기의 교리 정립과 중세의 종교개혁 과정을 거쳐 근대화한 교리와 기독교 문명을 보급하는 것이었다. 그리고 전도 대상지는 제한 없이 동방의 방방곡곡을 택하였다.

기독교사에서 발생한 최대의 사건은 로마제국의 국교였던 기독교 내부에서 교의(敎義)에 대한 논쟁이 벌어져 동방교회들이 분리되어나간 사실이다. 4~5세기에 발생한 삼위일체론(三位一體論)을 비롯한 교의 논쟁은 451년에 열린 제4회 공의회에서 칼케돈 신조로 일단 정립되었고, 동·서양 교회는 그것을 전통적인 신조로 공인하였다. 황제의 권력과 밀착된 꼰스딴띠노쁠의 총대주교는 이를 계기로 이 신조를 전체 기독교 교회의 통일된 신조로 약정함으로써 제국 내의 모든 교회에 대한 지도권을 확립하려고 꾀하였다. 그러나 그같은 발상은 오랜 전통을 지켜온 동방의 여러 교회들로부터 심한 반발을 샀다. 그 결과 5세기 이후 칼케돈 신조를 받아들이지 않은 단성론파(單性論派)나 네스토리우스파는 동로마제국의 정교회에서 독립하여 동방의 여러 다른 교회를 형성하였다.

6세기에는 유스티니아누스 황제가 단성론파를 박해했기 때문에 이집트의 콥트교회, 시리아의 야곱교회 등이 독립하였다. 에티오피아나 아르메니아, 그루지야의 교회들은 동로마제국의 주변에 있었으므로 일찍부터 나름대로의 전통을 이루고 독자적으로 활동하였다. 동방의 여러 교회에는 그밖에 인도의 마그바라 지방에서 번창한 토머스파와 7세기 그리스도 단의론(單意論)에서 파생한 마론파 등이 속해 있었다.

이렇게 복잡다단한 과정을 거쳐 형성된 동방기독교는 크게 동방정교회와 동방독립교회, 동방귀일교회의 3대 주류로 구성되어 있다. 동방정교회는 사도교회와의 연속성, 독자적 전례, 지역적 교회의 강조가 그 특징인데, 보통 21회에 걸친 세계교회의 공의회 중 처음 일곱 번의 공의회에서 정의된 신조와 예배의식을 지키는 기독교인 집단을 말한다. 동방정교회의 중핵은 그리스정교회와 러시아정교회이다. 동방정교회는 동로마제국(비잔띤제국)의 그리스어권에서 발생했으나 주류는 현 러시아와 구유고슬라비아, 불가리아 등 슬라브권 국가들과 루마니아 등 주로 동유럽 일원에 분포되어 있다. 동방정교회 조직은 명목상의 수위권을 지니고 있는 꼰스딴띠노쁠의 전세계 총대주교의 예하에 있는 단위 교회들의 집합체로 구성되어 있다. 오늘날 동방정교회의 단위 교회들은 꼰스딴띠노쁠, 알렉산드리아, 예루살렘 등 고대 총주교좌(patriarchates)와 러시아, 세르비아, 루마니아, 불가리아, 사이프러스, 그리스, 폴란드, 알바니아, 그루지야, 슬로바키아, 아르메니아 교회 등 15개를 헤아리고 있다. 동방정교회의 전통은 주로 전례를 통해 보존되었는데, 그 전례는 매우 다양하고 풍부한 내용을 담고 있다. 서방기독교가 개종자들에게 라틴어 전례를 강요함으로써 라틴어를 기독교문명의 유일한 매개체로 만들었던 것과는 달리, 동방정교회는 처음부터 성서와 전례를 개종한 민족의 구어체로 번역한다는 원칙을 적용하였다. 이렇게 해서 기독교는 여러 슬라브민족들의 토착문화 속에 융화되었던 것이다.

동방독립교회는 로마의 교황이나 꼰스딴띠노쁠의 전세계 총대주교의 권위를 인정하지 않는 일련의 동방기독교인들의 집합체이다. 대표적인 동방독립교회로는 5세기에 단성론을 추종한 안티오크의 시리아정교회인 서시리아 기독교와 네스토리우스파에 기원을 둔 동시리아 기독교, 그리고 아르메니아 기독교, 이집트의 콥트 기독교, 에티오피아 기독교 등을 들 수 있다.

동방독립교회는 일반적으로 비잔띤문화의 영향을 적게 받았기 때문에 여타 동방기독교 교회와는 다른 패턴으로 발전하였다. 예컨대 네스토리우스파 기독교나 에티오피아 기독교는 비잔띤제국 밖에서 발전하였으며 콥트 기독교는 일찍부터 이슬람 치하에 있어왔다. 동방독립교회들 중에서 특히 주목을 끄는 것은 네스토리우스파 기독교(일명 네스토리아니즘, 네스토리아 교회)이다. 이 파는 431년 에페

중국 장안의 '대진경교유행중국비'(781)

소스 공의회에서 이단으로 정죄를 받고 파문된 후 활로를 찾아 페르시아와 중앙아시아를 거쳐 7세기에 '경교'라는 이름으로 중국에 전파되었으며, 그 여파는 한반도까지 미친 것으로 추측된다.

동방기독교의 셋째 주류인 동방귀일교회는 정교회에서 가톨릭의 교리를 수용한 일군의 기독교 집단들로서, 그들의 교리는 가톨릭의 그것과 같지만 전례는 안티오크나 알렉산드리아, 비잔티움 등지의 기독교에서 유래되었다. 이 교회에는 이러한 일군의 동방가톨릭과 함께 우끄라이나의 루데니안(Ruthenians), 인도의 말라바르(Malabar) 기독교 등이 속해 있다.

이처럼 동방기독교는 고대와 중세 및 근·현대를 거쳐 각기 다른 문명권에 광범위하게 전파되었고 수용 양상도 천차만별이다. 비잔띤제국과 발칸 반도를 중심으로 한 그리스 문명권, 러시아를 비롯한 슬라브 문명권에서는 주로 동방정교회가 주도한 기독교가 다수 종교로 자리를 굳혔지만, 이슬람 문명권이나 페르시아 문명권, 인도 문명권, 불교 문명권, 한(漢)문명권 등 기타 문명권들에서는 동방독립교회나 동방귀일교회의 형태로 소수파 종교로서 간신히 명맥을 이어갔다. 따라서 전파 및 수용 양상에 따라 기독교 문화의 영향관계도 다양한 형태로 나타났다.

불교의 전파 기원전 6세기에 오늘의 인도 동북부의 일우(一隅)에서 발생한 불교는 내재적 고유성으로 인하여 시·공간적으로 각이한 양상을 보이면서 인도 영외의 광범위한 지역으로 전파·확산되었다.

불교의 전파는 종교로서의 불교와 함께 종합(복합)적 불교문화의 지역적인 확장을 의미한다. 원래 불교(Buddhism)라는 단어는 2천여 년 동안 붓다(Buddha)의 이름으로 존재해온 범아시아적인 종교전통을 개괄하기 위해 약 300년 전에 서구 학자들이 만들어낸 낱말이다. 따라서 이 말은 다분히 종교를 '축적된 전통'(cumulative traditions)으로 이해하는 것이므로 불교를 사상과 실천, 도덕 등 모든 면을 망라하는 포괄적인 개념으로 정의할 수 있다. 그런데 이러한 포괄적인 개념에서 핵심적 원리나 통합적 본질이라고 할 수 있는 것은 원초적 불타의 가르침인 종교와 그에 바탕을 둔 종합문화로서의 불교문화이기 때문에, 불교의 전파 연구에서는 주로 불교와 불교문화의 전파상에 초점을 맞추게 된다.

불교 포교관련 기록의 아소카 왕 석주와 불탑 유적

 일반적인 종교 전파사에서 그런 것처럼 불교 전파사에서도 전파의 시원을 무엇으로 잡는가 하는 것이 시종 문제로 되고 있다. 중국이나 한국의 실례에서 보다시피 지금까지는 대체로 공전(公傳)의 시초, 즉 공허(公許)를 불교 전래의 시원으로 삼고 있다. 그러나 왕명이나 공권력에 의한 국가적인 수용은 이미 초전단계의 전달이 아니라 변용단계에서 이루어지는 일로써 초전이라고 볼 수 없다는 것은 앞에서 이미 밝혔다. 따라서 그것을 전래의 시원으로 간주하는 것은 합리적이지 못하다.

 불교 전파사를 총체적으로 볼 때 지역적 확산으로서 불교 전파의 시점(始點)은 기원전 3세기 마우리아조의 제3대 왕 아소카의 불교포교단 파견이다. 불법(佛法, Dharma)에 의한 호불덕치주의(護佛德治主義)를 표방한 아소카 왕은 스리랑카·미얀마·시리아·이집트·마케도니아·그리스·북아프리카 등 유라시아와 아프리카의 3대륙 여러 곳에 공식적으로 불교포교단을 파견하여 불교를 지방종교(북인도)에서 세계종교로 격상시켰다. 특히 남단인 파밀 지역을 제외한 전 인도대륙을 통일한 아소카 왕은 근접한 씰란(현 스리랑카)에 두 차례나 왕자(아우?) 마헨드라(Mahendra)와 여동생 상하미트라(Sanghamitra)를 파견해 포교에 성공하였다. 그리하여 씰란은 최초의 불교 전파지인 동시에 전파된 부파불교(部派佛敎, 즉 소승불교Hinayāna)를 기반으로 한 남방불교권의 중심지로 되었다.

 기원전 3세기에 씰란에 대한 포교를 기점으로 전개된 불교의 전파는 기원후 9세기경에 서아시아를 제외한 대부분의 아시아 지역을 망라함으로써 명실상부한 범아시아적 종교가 되었다. 1천여 년간에 걸친 불교의 전파과정은 포교의 내용과 지역성, 포교의 상승성을 고려해 크게 4기로 구분하여 고찰할 수 있다.

제1기는 초전단계로서, 전술한 바와 같이 기원전 3세기 마우리아조의 아소카 왕이 씰란을 비롯한 3대륙 여러 곳에 정식 포교단을 파견해 전파를 시작하였다. 유럽과 아프리카에 파견한 포교단의 활동과 그 결과에 관해서는 전하는 바가 없어서 아직은 상고(詳考)가 불가능하다. 그러나 페르시아를 비롯한 서아시아에 대한 포교는 일정한 성과를 거두어 페르시아의 경우 이슬람세력이 진입할 때까지 불교가 남아 있었다는 것이 확인되었다. 한편, 씰란에 대한 전파는 성공적이어서 상좌부(上座部) 불교를 비롯한 부파불교가 그곳에 정착하였다.

　제2기는 기원전 1세기 무렵부터 서역(西域)지방을 거쳐 동북아시아 지역으로 확산된 시기이다. 대승불교의 출현과 더불어 주로 오아시스 육로를 통해 파미르 고원을 중심으로 한 서역 일원으로 북상한 후 동전하여 중국이나 한국, 일본까지 전파되어 최대의 동북아불교권을 이루었다. 이렇게 광범위한 지역에 장기간 전파되면서 내용과 형식 면에서 다소 지역영합적(迎合的)인 변형이 있었다. 처음 서역에 전파된 불교는 소승(小乘)불교에 속하는 설일체유부(說一切有部)였으나 점차 동점하면서 대승(大乘)불교로 바뀌었으며, 마침내 대승불교에 바탕을 둔 북방불교권이 형성되었다.

　제3기는 기원후 7~9세기경 불교가 동남아시아로 전파된 시기이다. 지리적으로 씰란과 가까운 동남아시아 지역에서는 우선 미얀마가 5세기경부터 씰란의 상좌불교(소승불교)를 받아들인 후 이곳을 발판으로 하여 7~8세기경에는 타이와 캄보디아, 라오스, 말레이 반도, 그리고 멀리 자바 섬에까지 전파되었다. 이 시기에 전파된 불교는 초기 밀교(密敎)도 있으나 주로 씰란 불교에서 본받은 상좌불교이다.

　제4기는 9세기 이후 불교가 티베트와 네팔 등 히말라야 오지로 유입된 시기이다. 인도 불교가 쇠퇴하면서 그 구제책의 일환으로 출현한 밀교의 실험장이 바로 티베트와 네팔 등 히말라야산맥 일원이었다. 인도 불교의 최후 보루로까지 간주되던 이 지대에는 원시불교도 일시 회생의 기미를 보였지만, 주로 후발(後發)한 밀교가 극성을 부려 가장 독실한 불교지역으로 비쳐졌다.

　이와같이 불교가 범아시아적인 종교로 확산된 것은 우연한 일이 아니다. 그것은 불교 자체의 종교적 교리와 수용자들이 처한 역사적 환경에서 비롯된 주·객관적 요인에 따른 당연한 귀결이었다.

　우선, 주관적 요인으로는 불교 자체가 내포하고 있는 보편타당한 교리를 들 수 있다. 극심한 계급 신분적 차별을 강요하는 브라만교의 질곡과 구각(舊殼)을 깨고 나타난 불교는 만민평등사상을 제창하면서 하층민을 포함한 모든 중생이 중도(中道)를 따르면 누구나 구원을 받으며 열반에 도달할 수 있다고 주장한다. 뿐만 아니라, 해탈을 위한 팔정도(八正道)와 자비·사랑·탐욕 절제 등 생활덕목도 아울러 제시하고 있다. 이러한 교리사상은 만민, 특히 서민들의 마음을 사로잡기에 충분하였다.

　다음으로, 불교의 전파를 수용하게 된 객관적 요인은 당시에 나타난 종교적 공백이었다. 이러한 공백은 특히 유교문화권에서 극명하게 나타났다. 중국을 비롯한 유교문화권 나라들에서는 현실정치

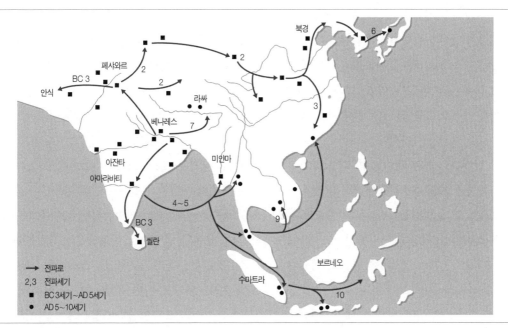

불교의 전파도(공전)(BC 3세기~AD 10세기)

나 윤리도덕의 치법(治法)에만 치중하는 유교나 유학이 안고 있는 한계성을 분명히 느끼고 있었다. 유교만으로는 복잡한 현실을 제대로 설명하고 다스릴 수 없음은 물론, 미래(내세)에 대한 비전도 제시할 수 없었다. 이를테면 사상종교적 공백이 생겨나 그것을 채워줄 새로운 사상과 종교의 출현을 역사의 필연으로 제기하고 있었다. 1세기 이후의 아시아는 대체로 이러한 절박한 시대적 요청에 직면하고 있었다. 바로 이러한 때에 업보와 윤회사상에 바탕을 둔 불교가 인간과 사회의 제반 문제에 대한 나름의 해석과 궁극적 해결책을 제시함으로써 이 요청에 적시적(適時的)으로 부응하게 되었던 것이다.

끝으로, 불교에 대한 외압(外壓)과 흡수 내지는 변질로부터 자구책을 찾아내야 하는 주·객관적 요인도 불교의 전파를 불가피하게 하였다. 4세기 초에 건립된 굽타 왕조(320~520)는 복고적인 브라만 보호정책을 추구함으로써 불교에 타격을 가하였다. 이를 계기로 힌두교가 불교를 압도하기 시작하여 불교는 점차 힌두교에 흡수되어갔다. 이것이 이른바 불교의 힌두화이다. 이와 더불어 7세기경에 흥기한 밀교는 궁극적으로 원시불교의 변질을 가져왔으며, 이즈음부터 시작된 이슬람교의 동점(東漸)은 큰 외압으로 작용하였다. 불교는 이러한 흡수와 변질, 외압으로 인해 9세기경부터 발생지인 인도에서 점차 쇠퇴했고, 13세기 초에는 마침내 인도에서 거의 자취를 감추게 되었다.

그런데 인도에서의 불교 쇠퇴는 결코 보편종교로서의 불교의 쇠퇴나 종말을 의미하지는 않았다. 오히려 이러한 역경은 생존을 위해 역동적으로 새로운 지역에 전파되거나 이미 전파된 지역에서의 교학 연구와 교세 확장을 촉진하는 요인으로 승화되었다. 이를테면 새로운 도전에 대한 응전이었다.

이렇게 장기간에 걸쳐 광범위한 아시아 지역을 아우르며 진행된 불교의 전파는 다른 종교, 특히 기독교나 이슬람교 같은 보편종교의 전파와 비교할 때 과정이나 결과에서 일련의 특징을 보이고 있다.

그 특징은 첫째로, 당초부터 분파권적(分派圈的)으로 전파되었다는 사실이다. 기원전 3세기 씰란전파를 기점으로 동남아시아 지역에 전파된 것은 시종 상좌부불교(Theravāda)였고, 기원전 1세기를 전후로 서역과 동북아시아 일대에 전파된 것은 대승불교(Mahāyāna)였다. 물론 카슈미르나 호탄 등지에 전파된 초기불교에는 설일절부(說一切部)를 비롯한 상좌부불교가 스며들기는 하였으나, 오래 지속되지 못하고 대승불교에 압도되었다. 이러한 초전단계의 분파권적 전파로 인해 불교권은 오늘날까지도 크게 남방불교권과 북방불교권의 2대권으로 나누어진다. 전자는 전통적인 보수불교인 상좌부불교(일명 소승불교)가 지배적이고, 후자는 후출한 대승불교를 중심으로 형성되었다. 남방불교권에 속하는 현재의 스리랑카와 미얀마·타이·라오스·캄보디아 등의 불자들은 스스로를 '테라바딘'(Theravādin)이라고 부른다. '테라'(thera)는 '장로(長老)'란 뜻이고 '바다'(va-da)는 '도' '학파' '교설' '주장' '주의'란 뜻이다. 따라서 '테라바딘'의 어의는 '어른의 가르침'으로서 한역(漢譯)으로는 '상좌부불교'가 된다. 소승불교(Hīnayāna, hīna＝작은, yāna＝수레)라는 말은 대승불교 신자들이 전통적이고 보수적인 불교(남방불교)에 대한 자신들의 우월성을 표현하려고 쓴 비하어(卑下語)로서, 남방불교 신자들은 이 지칭을 못마땅하게 여겨 배격하고 있다.

둘째로 지적할 수 있는 특징은 강한 변용성(變容性)이다. 불교는 발원지인 인도에서의 생존과정에서 유화성을 보였을 뿐만 아니라, 그 전파과정에서도 상당한 융통성과 변용성을 보였다. 불교는 인도 문화를 대동하고 침투하여 침투지, 특히 후진지역 침투지의 사회·문화에 큰 영향을 미치면서 그 사회의 변용을 일으키는 한편, 자신도 전파지의 사회문화에 영합·순응하면서 스스로를 변화시켰다. 이것은 불교가 비록 발원지를 떠난 외래종교이지만, 쉽게 이방에 정착하고 생명력을 유지할 수 있게 한 한 요인이다. 그리하여 불교는 전파지에 신속하게 착근하는 과정에서 영합적인 종합문화를 창출하여 거의 토착화된 양상을 보여주었다.

마지막 특징은 그 방도(수단)에서 평화적이라는 점이다. 불살생(不殺生)을 하나의 종교적 계율과 덕목으로 삼는 불교에서는 애당초 살생이나 전쟁에 의한 전파란 금물이다. 실제로 불교사에서는 전파를 위한 성전(聖戰, holy war) 같은 것은 찾아볼 수 없다. 전파는 대개가 전법승(傳法僧)들의 전경(傳經)이나 역경(譯經), 건사(建寺) 등에 의해 설법적인 방법으로 진행되었다. 이러한 평화적인 전도로 인해 피정복지 위정자들로부터 쉽게 비호를 받을 수 있었다.

불교의 전파는 불교문화의 진흥뿐만 아니라, 인류문명의 진작에도 큰 의의가 있다. 인류역사상 헤아릴 수 없을 만큼 수많은 종교가 출몰하였지만, 장기간 생명력을 유지하면서 하나의 종교문화권을 이룬 종교는 얼마 되지 않는다. 그중 하나가 바로 불교이다. 더욱이 불교는 본향(本鄕)을 떠나 이역에서 변형과 발전을 거듭하면서 흥성하여 오늘날 세계 3대 종교로 자리를 굳혔다. 이렇게 불교가 면면히 생존하고 발전하여 세계적 위상을 얻게 된 주요인은 바로 전파에 있다. 전파되지 않았던들 불교는 인도에서 그만 고사(枯死)하고 말았을 것이다. 이것이 불교 전파가 갖는 근본적인 의의이다. 또한 불교 전파에 의한 문명교류도 간과해서는 안될 것이다. 불교의 전파 자체가 문명교류의 일환이며 불교 전파를 통해 인도 문명과 한(漢)문명, 헬레니즘 문화, 그리고 여러 전파지 토착문화가 서로 접촉하고 교류하여 마침내 일련의 문화접변까지 일어난 것을 감안할 때, 불교의 전파가 갖는 문명교류사적 의의는 자못 크다고 말할 수 있다.

이슬람교의 전파 여러가지로 오해를 받고 있는 이슬람교의 전파를 이해하려면 우선 이슬람교에 관한 정확한 이해가 선행되어야 한다. 이슬람(Islām)이라는 아랍어 단어는 원래 '순종'과 '평화'라는 뜻을 갖고 있다. 그러나 그것이 종교적으로 승화되면서 유일신 알라에 대한 절대적 순종을 통해 인간의 몸과 마음이 진정한 평화에 도달할 수 있게 한다는 종교적 함의를 지니게 되었다. 이슬람을 신봉하는 사람은 알라에 절대적으로 복종해야 하기 때문에 복종자, 즉 '무슬림'(Muslim)이라고 한다. 이 세상의 보편종교는 대체로 종교의 창시자나 소속 지명을 따서 명명하지만, 이슬람교는 이러한 관례를 벗어나 종교 자체의 고유이념인 순종과 평화의 뜻을 담은 이슬람으로 명명한다고 경전 『꾸란』 (3:19)에 규정되어 있다. 따라서 창시자나 전파 연고지와 관련시켜 '무함마드교'니 '회교'(回敎, 혹은 회회교)니 하는 식의 별칭은 부적격한 것으로 지양되어야 한다.

이슬람교의 근본교리는 알라의 유일성(唯一性, al-Tauḥīd)과 교조 무함마드(Muhammad)가 알라의 사자(使者, Rasūl'l llāh)라는 것을 믿는 것이다. 이러한 근본교리로부터 종교적 신앙과 종교적 의무에 해당한 6신(信)과 5주(柱)가 나온다. 6신이란 알라의 유일성, 신과 인간의 매체로서의 천사(天使), 여러 시대에 걸쳐 많은 예언자들을 통해 내려진 경전(經典)들, 알라가 파견한 모든 예언자들, 부활하여 최후심판을 받게 되는 내세(來世), 정명(定命) 등 여섯 가지 믿음(Amānah)이다. 5주란, 신앙고백(Shahādah)·예배(Ṣalāt)·희사(Zakāt)·금식(Ṣaum)·성지순례(Hajj) 등 다섯 가지 종교적 의무(Ruknun)를 말한다. 그밖에 선행(善行, Iḥsān)을 기본으로 하는 종교적 도덕도 교리의 중요한 부분을 이룬다. 이렇게 소박하고 명백한 교리는 이슬람교가 그토록 신속하게 전파될 수 있었던 한 요인으로 작용하였다.

이와같이 종교적 신앙과 의무 및 도덕을 규제하고 보장하는 것이 바로 샤리아(Sharīʿah, 이슬람법)이다. 샤리아의 개념은 '예언자를 통해 계시된 신의 의지'이고, '신에게로 가는 올바른 길'이며, 그 목표는 신의 의지에 대한 귀의(歸依)이고 복종이다. 따라서 법을 어기거나 침해하는 것은 사회질서를 파괴하는 행위일 뿐만 아니라, 신에 대한 불복종과 배신행위로서 범죄시된다. 이슬람법의 내용은 크게 신과 인간의 관계를 규정하는 부분과 인간과 인간의 관계를 규정하는 부분의 두 가지로 대별할 수 있다. 앞의 것은 종교적 신앙과 의무에 관련된 것이고, 뒤의 것은 종교적 도덕을 위주로 한 개인 및 사회적 생활(가족·혼인·상속·상행위 등)에 관련된 것이다. 이슬람법은 개개의 이슬람 국가들은 물론, 이슬람교가 전파되어 형성된 이른바 '이슬람권'(Dāru'l Islām, 혹은 이슬람세계)을 지탱하고 유대를 강화하는 규제적 역할도 하였다.

이슬람교의 전파과정, 특히 교세의 확장과정을 고찰할 때 종종 교파 문제가 언급된다. 이슬람교에는 역사적으로 쑨니파(al-Sunnah, 수니파)와 쉬아파(al-Shī'ah, 시아파)의 2대 교파가 있는데, 전세계 무슬림 중 전자는 90%쯤 되고 후자는 8~9%를 차지한다. 이 두 교파의 분립은 근본교리나 샤리아의 차이로 인한 것이 아니라, 교권이 누구에 의해 이어져야 하는가 하는 교권장악 문제에서 비롯되었다. 두 파의 차이점을 한마디로 요약하면, 전자는 힐라파제(al-Khilāfah, 繼位制), 후자는 이맘제(al-Imām)를 주장하는 데 있다. 쑨니파는 4대 정통 할리파들의 관행을 충실히 따르고 그들을 이은 우마위야조와 압바쓰조를 거쳐 오스만 터키가 자진 폐기(1922)할 때까지 면면이 이어온 힐라파제를 전통으로 인정하고 있다. 그러나 쉬아파는 4대 할리파는 잘못된 계승으로서 응당 무함마드에서 그의 사촌이면서 사위인 알리(제4대 할리파)에게 직접 이어져야 했다고 주장한다. 후계자는 선거에 의해 선출되는 것이 아니며, 알라로부터 신성한 빛을 받은 지목된 후계자가 곧 알리라는 것이 그 이유이다. 그리하여 쉬아파는 선출이나 세습에 의한 계승을 부인하면서 알리의 후손들로 이어지는 이맘제를 창안했다. 이들의 주장에 따르면, 할리파는 잘못이 있으면 폐위까지 가능한 존재이지만 이맘(지도자란 뜻)은 무오류의 초인간적 존재로서 현세적 문제나 샤리아상의 문제에서 절대적 해석권과 판결권을 갖는다. 쉬아파는 알리의 후손들 중 누구를 이맘으로 추대하느냐에 따라 여러 분파로 갈라졌다. 그 중 가장 큰 분파는 현재 이란에 정착한 12이맘파다. 이들의 열두번째 이맘은 '기다리는 이맘' '숨은 이맘'으로서 언젠가는 재림하여 세상을 구원한다는 것이다.

일반적으로 보편종교는 해당 교리에 바탕을 둔 종교적인 복합문화체를 형성하며, 그 전파는 필연적으로 이러한 문화체의 전파와 그에 따르는 문화접변을 야기한다. 이슬람교의 경우는 이러한 양상이 그 어느 종교보다도 뚜렷이 나타난다. 이슬람교는 단순한 신앙체계가 아니라 정치, 경제, 사회, 문화 등 사회생활 전반이 합일(合一)된 생활양식이면서 '인간의 모든 분야를 포함하는 조화스러운 전체'이고, 종교와 세속 쌍방을 모두 포괄하는 '신앙과 실천의 체계'이다. 기독교 사회는 '가이사의 것은 가이사에게, 하나님의 것은 하나님에게'(「누가」 20:25)라고 정치와 종교를 분리하고 있으나, 이슬람 사회는 종교를 바탕으로 하고 샤리아에 의해 통치되는 정교일치(政敎一致)의 사회이다. 따라서 이슬람교에는 정치·경제·문화·종교·군사 등 사회의 제반 영역에 대한 고유의 사상과 이념, 제도가 명시되어 있다. 이것이 다른 종교와 비교할 때 이슬람교의 가장 큰 특징이다. 그리하여 이슬람교의 전파와 수용 혹은 영향관계를 구명할 때는 반드시 복합문화체로서 이슬람교가 보이는 그 특징을 정확히 고찰하여야 한다.

이와같은 기본교리와 고유의 운영체제를 둔 이슬람교의 전파에 대하여 여러가지 오해와 왜곡이 아직까지도 뿌리깊게 남아 있다. 그 대표적인 예가 바로 '한 손에는 꾸란, 다른 손에는 칼'이라는 말이 이슬람교의 징표나 전파의 수단인 양 오인되어 인구에 회자(膾炙)되고 있는 것이다. 그 결과 이슬람교는 무서운 '폭력의 종교'로 비쳐지고 있으며, 급기야 이러한 '호전성'이 이슬람세계에서 일어나는 불행의 화근이라는 식의 연역논리(演繹論理)로까지 이어지고 있다.

원래 이슬람교는 그 어의가 말해주듯 평화를 추구하는 종교로서, 신앙을 '칼'로 강요하지 않는다. 경전 『꾸란』(al-Quran, 코란)에는 "종교는 강제가 있을 수 없다"(2:256), "사람들을 강요해서는 믿음을 갖게 할 수 없다"(10:99)는 등 신앙의 자유 원리를 누누이 강조하고 있다. 종교란 일종의 잠재적 의식 형태로서 결코 강요에 의해 성취될 수 없다. 『꾸란』과 검, 종교와 폭력은 본질적으로 불가상용적(不可相容的)이다. 이슬람교 역사의 과거와 현재가 이러한 평화사상을 여실히 입증하고 있다.

7세기 초 아라비아 반도의 메카에서 출현한 이슬람교는 그 내재적 고유성과 역사적 환경의 변화로 인해 광범위한 이슬람세계를 형성하면서 유라시아와 아프리카의 여러 곳으로 전파·확산되었다. 이슬람교의 전파는 종교로서의 이슬람교와 그에 수반한 복합적(종합적) 이슬람 문화의 지역적 확산을 의미한다. 이슬람교가 전파되면서 유라시아와 아프리카의 광대한 지역에 이슬람권(이슬람세계, 이슬람 문명권)이라는 거대한 문명권역이 생겼다. 이슬람권이란 이슬람교에 바탕을 둔 이슬람 문명을 공동으로 창조하고 향유하는 범지역적 종교공동체로서 주민의 과반수가 무슬림인 나라와 지역이 이에 속한다. 이슬람권은 대체로 이슬람교의 발상지인 사우디아라비아를 중심으로 동서로 호형(弧形)을 이루고, 권내 성원들은 지정학적으로 서로 연계되어 있다. 이슬람권은 이슬람이란 특정 종교를 바탕으로 형성됨으로써 이슬람교 고유의 종교적·정치적·사회적 및 문화적 양상을 짙게 나타내며, 지리적으로 서로 연결되어 집중성을 갖고 있는 것이 특징이다.

이슬람권의 형성과 발전 및 확대는 이슬람교의 전파와 확산, 그리고 그에 따르는 수용과 문화접변의 필연적 결과이다. 이슬람권은 7세기 초반 이슬람교의 출현과 함께 형성되기 시작하였다. 교조 무함마드(570?~632)가 메카에서 메디나로 성천(聖遷, al-Hijrah, 622)한 후 정교합일의 이슬람공동체(al-Ummah)가 건설되고, 그의 사후 4대 정통 할리파 시대(632~61)에 전개된 대정복전으로 아라비아 반도는 물론, 그 주변의 여러 나라가 이슬람화되어 이슬람권의 기반이 마련되었다. 이러한 기반 위에서 피정복지에 대한 아랍-무슬림들의 지배권이 확립된 아랍제국 시대(우마위야조, 661~750)를 거쳐 아랍인과 비아랍인이 이슬람교와 이슬람 문명이라는 공통분모에 기초하여 하나의 통일된 이슬람제국(압바쓰조, 750~1258)을 건설한 시기는 범지역적 문명공동체로서의 이슬람권이 형성된 시기이다.

몽골의 침략에 의해 압바쓰조가 멸망한 이후에는 중앙집권적인 통일 이슬람제국이 재현되지는 않았지만, 이슬람교의 부단한 전파와 함께 도처에 이슬람 국가들이 자립함으로써 이슬람권은 그만큼 확대되었다. 그 결과 이슬람교는 명실상부한 세계적 종교로 성장하고 이슬람권은 범세계적 문명권으로 자리를 굳혔다. 그런데 이슬람교는 아시아(싸우디아라비아)에서 출현한 후 주로 아시아를 무대로 교세를 확장하고 문명권역을 구축하였기 때문에, 무슬림의 80%가 아시아에 편재(偏在)해 있다. 따라서 이슬람교는 아시아 종교라고 말할 수 있다.

이렇게 세계적인 종교로 성장한 이슬람교의 전파과정을 통관하면 크게 3기로 나누어 고찰할 수 있다. 제1기는 초전기(初傳期)이다. 이 시기는 메카에서 메디나로 성천한 때를 기점으로 하여 정통 할리파 시대까지 약 40년간을 포함한다. 610년경 메카에서 알라로부터 첫 계시를 받아 이슬람교란 새로운 종교를 창시한 무함마드는 박해가 심해지자 추종자 70여 명을 이끌고 북상하여 메디나로 옮겼는데, 이것을 이슬람사에서는 '성천(聖遷)'이라고 부른다. 이 성천의 해(622)는 이슬람력의 원년이자 이슬람교 전파의 시년(始年)이기도 하다. 무함마드는 메디나에서 천거자들(al-Muhājirūn)과 지지자들(al-Anṣār)로 최초의 신앙공동체인 '움마'(al-Ummah)를 창건하고, 그 건설을 위해 포교(al-Da'wah)활동과 더불어 군사적 활동도 적극 전개하였다. 그리하여 631년 1월 메카를 무혈탈환한 것을 계기로 생전에 아라비아 반도 전역을 움마에 복속시켰으며, 이슬람교의 기본교리를 정립하고 전파의 기틀을 마련하였다.

무함마드의 유업을 이은 4대 정통 할리파 시대의 29년간은 이슬람군의 동·서정에 편승하여 이슬람교가 처음으로 아라비아 반도 밖의 여러 지역에 알려지기 시작한 시기이다. 특히 제2대 할리파인 오마르(재위 634~44)와 제3대 할리파 오스만(재위 644~56) 시대에 일어난 군사적 정복활동의 첫 파고기(波高期)에는 이슬람세력이 동으로는 중앙아시아의 호라싼에서 서로는 북아프리카의 리비아, 남으로는 아라비아 반도에서 북으로 아르메니아에 이르는 호한(浩瀚)한 지역으로 뻗어갔다. 짧은 기간의 군사적 정복활동이었던만큼 피정복지에 이슬람교가 뿌리를 내리지는 못하였지만, 이슬람법에 의한 각종 행정조치가 취해지고 무슬림 군사들의 이슬람적 행적으로 인해 피정복지 사람들은 처음으로 이슬람교를 접하게 되었다. 따라서 부분적이지만 공전(公傳)과 사전(私傳)이 동시에 이루어지기도 하였다.

전파의 제2기는 정착기(定着期)이다. 이 시기는 세습적인 전제주의적 권력구조를 가진 우마위야조(al-Umawiyah, 661~750, 13대 89년간) 아랍제국의 건립으로부터 압바쓰조(al-Abbāsiyah, 661~750, 37대 508년간) 이슬람제국의 멸망에 이르는 약 600년간의 시기를 포함한다. 이 시기에는 세계적 종교로서의 이슬람교가 신학적으로 정립되고, 그에 바탕한 복합적인 이슬람 문명이 정형화(定型化)되었다. 또한 초기의 군사적 정복활동과 힐라파제의 확립에 의한 중앙집권적 통일제국의 출현으로 유라시아와 아프리카의 광활한 지역에 하나의 문명권역으로서 이슬람권이 확고히 정착하게 되었다.

왈리드(재위 705~15)를 비롯한 우마위야조 할리파들은 8세기를 전후하여 일시 중단되었던 군사적 정복활동을 재개하였다. 이슬람의 서정군(西征軍)은 7세기 말엽에 북아프리카 지역을 공략한 데 이어 8세기 초에는 지브롤터 해협을 건너 유럽에 대한 원정을 단행하여 삐레네산맥을 돌파(719)하고 아비뇽을 점령(730)하였다. 한편, 동정군(東征軍)은 8세기 전반에 중앙아시아 일원에 대한 원정을 재개하여 730년대 말까지는 하외지역(河外地域 Ma Waraā' Nahar, 즉 트란스옥시아나)과 카자흐스탄을 비롯한 서뚜르키스탄 전역을 장악하고 인도의 인더스강 동안까지 진출하였다. 이 동정으로 당시 그 지역을 지배하고 있던 중국 당조(唐朝)와의 충돌이 불가피하였으며, 급기야는 751년에 당군과 탈라스 전투를 벌이게 되었다. 이 전투에서의 이슬람군의 승리는 중앙아시아, 특히 하외지역 일대의 이슬람화에 결정적 계기가 되었다.

이렇게 8세기 전반에 우마위야조 할리파의 지배영역은 중앙아시아의 씨르다리야강 연안과 인도의 인더스강 연안으로부터 북아프리카의 모로코와 서구의 이베리아 반도 전역까지 크게 확대되었다. 이 영역의 심장부인 시리아와 이라크 및 이집트는 두 차례의 이슬람군 공략에 의해 원주민들이 이슬람화되었으며, 외연(外緣)지역인 이란이나 아프가니스탄, 하외지역, 이프리키아(즉 북아프리카), 안달루쓰(즉 이베리아 반도)의 주민들은 '짐마'(al-Jimmah, 피정복지의 비무슬림)의 신분을 버리고 이슬람교로 개종하여 '마왈리'(al-Mawālī, 이슬람으로 개종한 비아랍인)가 되는 현상이 점차 두드러지게 나타났다. 그리고 이 영역 안에서는 이슬람법에 준한 시책들이 실시되고 통일적인 중앙집권적 행정이 펼쳐졌다. 이것은 사실상 이 영역을 기반으로 이슬람권이 형성되었음을 의미한다.

우마위야조 아랍제국 시대에 형성된 이슬람권을 기본 판도로 하여 출범한 압바쓰조 이슬람제국 시대는 이슬람교가 범세계적 종교로서 하나의 독특한 문명권역까지 확보한 때다. 이로써 이슬람교가 넓은 지역에 뿌리를 내리고 핵심적(혹은 협의적) 이슬람권(우마위야조와 압바쓰조 시대에 형성된 이슬람권)이 완성된 시기이다. 특히 할리파 하룬(재위 786~809)과 마어문(재위 813~33)의 치세 시기는 이슬람제국의 황금시대였다. 그리하여 바그다드를 중심으로 한 중앙집권적 통치체제가 더욱 확고히 수립되고 영내 무슬림들의 연대성이 전례없이 강화되었으며 이슬람 고전문명이 형성되었다. 비록 압바쓰조 후기에 들어와서 이슬람세계가 바그다드를 중심으로 한 동방세력과 카이로를 중심으로 한 서방세력으로 크게 양분되었지만, 이슬람권의 총체성은 여전히 유지되었다. 전파에 의한 이슬람교의 정착기는 몽골의 침입으로 압바쓰조 이슬람제국이 멸망할 때(1258)까지 줄곧 이어져내려왔다.

이슬람교 전파의 제3기는 확산기(擴散期)이다. 이 시기의 전파는 주로 전술한 핵심적 이슬람권이 형성된 이후 시기에 그 영외(領外) 지역에 대한 전파를 의미하지만, 형성시에 중요한 민족이나 지역에 대해 진행된 전파도 포함된다. 이미 밝힌 대로 4대 정통 할리파 시대에 진행된 이슬람군의 제1차

동·서정을 계기로 이슬람교가 각지로 전파되기 시작한 이래 압바쓰조가 붕괴될 때까지의 초전기와 정착기를 거쳐 이슬람권이 형성되었다. 그런데 좁은 의미에서 보면 이러한 이슬람권의 형성과정은 통일적인 아랍–이슬람제국 시대에 진행된 전파를 통한 이슬람교의 부단한 확산과정이라고 말할 수 있으며, 그 과정은 또한 여러 민족과 지역의 이슬람화 과정이기도 하다. 마그리브(al-Maghrib, 서방 아랍)에 건립된 쉬아파 최초의 왕조인 이드리시조(789~926, 모로코)나 호라싼 출신의 군인 아끄라브를 국조로 한 아끄라브조(800~909, 튀니지), 터키 노예 후예의 왕조인 토룬조(868~905, 이집트), 중앙아시아 출신의 토그주를 창건자로 한 이프시드조(935~65, 이집트), 교조 무함마드의 혈통을 이어받았다고 자처한 파티미아조(909~1171, 튀니지와 이집트), 그리고 안달루쓰(에스빠냐)의 후기 우마위야조(7566~1031) 등 여러 왕조는 이슬람군의 서정과 더불어 이슬람화가 추진된 결과로 출현한 왕조들이다. 한편, 이란 동부로부터 하외지역까지 아우른 타히르조(821~73)나 스키타이 후예인 사카족이 시스탄(이란 동부와 아프가니스탄 변방)에 세운 사파르조(867~1495), 하외지역과 동이란 일원에 건국된 사만조(875~999), 그리고 지야르조(927~1090)와 부와이조(945~1055)를 비롯한 카스피해 이남의 제국 등은 모두가 마슈리끄(al-Mashriq, 동방 아랍)에서 이슬람군의 동정과 더불어 이슬람화가 이루어져서 이슬람권에 편입된 나라들이다.

초기의 핵심적인 이슬람권이나 후기의 범세계적 이슬람권 형성에서 터키족은 특별히 중요한 역할을 하였다. 씨르다리야강 이북 지역에서 남하한 후 서쪽으로 옮겨간 유목민인 터키족은 중앙아시아를 터키화함과 동시에 스스로를 이슬람화함으로써 가즈나조(962~1186, 아프가니스탄)와 셀주크조(1038~1194, 호라싼 일원) 등 이슬람 왕조, 특히 강력한 오스만제국(1299~1922)을 세워 중세 후반에 이슬람교의 확산과 범세계적 이슬람권의 형성·발전에서 주도적 역할을 하였다. 터키족과 함께 몽골인들도 이슬람교의 유라시아 전파에 특수한 기여를 하였다. 몽골제국은 비교적 관용적인 종교정책을 추구함으로써 이슬람교에 관대하였으며 재정과 학문, 기술을 비롯한 제국 건설의 여러 분야에서 색목인(色目人)으로 대변되는 무슬림들을 대거 중용하였다. 그리하여 원(元)제국 당시의 중국에서는 이슬람교가 완전히 정착되고 무슬림공동체가 여러 곳에 형성되었다. 또한 몽골제국 치하에서 일 칸국(이란 지역)은 물론 킵차크 칸국(동남 유럽)까지도 상당한 정도로 이슬람화되어 이슬람 문명을 흡수하였다.

압바쓰조 이슬람제국의 멸망은 전래의 통일적인 이슬람세계의 와해와 분열을 초래하였으나, 역설적으로 이슬람교의 세계적 확산을 불러왔다. 압바쓰조 이슬람제국의 재현이라고 말할 수 있는 티무르제국(1370~1507)은 비록 그 생존기간은 얼마 되지 않았지만, 파미르 고원에서 지중해까지, 또 볼가강으로부터 페르시아만까지의 광활한 판도를 영위하고 이슬람권의 재편과 이슬람 문명의 개화를 시도하였다. 티무르제국을 이은 오스만제국은 700여 년간 범세계적 이슬람권의 중심세력으로 이슬람교의 세계적 확산을 주도하였다. 특히 800여 년간 이슬람세계와 대치상태에 있던 비잔띤제국을 공략(1453)함으로써 비잔띤제국 치하에 있던 지중해와 동유럽 일원에 대한 이슬람교의 확산에 결정적 계기를 마련하였다.

오스만제국의 치세 기간 내내 이슬람교의 세계적 확산은 계속 이어졌다. 우선 이슬람교의 동전이 계속되었다. 16세기 중엽에 교조 무함마드의 후예로 자처한 호쟈('성자'를 뜻함)가 사마르칸트로부터 이동하여 중국의 서변 카슈가르에 이르러 이른바 '이슬람 신성국'을 세운 것을 계기로 17세기 중엽에 이르러서는 동뚜르키스탄의 이슬람화가 완성되었다. 이로써 천산산맥의 동단으로부터 흑해 북안의 크림 반도까지, 그리고 카슈가르로부터 인도의 델리에 이르는 광활한 지역이 이슬람화한 터키인들의 지배 아래 들어갔다. 이슬람교의 동전은 일찍이 8세기 초부터 인도 아대륙(현 인도와 파키스탄 포함)에 이르렀으며, 13세기 이후의 650년간(1206~1857)에는 연이어 5개의 이슬람 왕조를 출범시켰다. 12세기 말 아프가니스탄에서 델리 지방에 진출한 터키족 노예 출신들이 첫 이슬람 왕조인 '노예왕조'(1206~90)를 창건한 데 이어 이슬람교의 '인도화'를 시도한 힐지조(1290~1320), 인도 남부까지 세력을 확장하고 인도의 이슬람화를 크게 촉진시킨 투글루끄조(1320~1414), 아프가니스탄계 출신이 세운 로디조(1451~1526), 차가타이 터키계 후예 바부르를 국조로 하여 인도의 대부분 지역을 아우르고 힌두-이슬람 문화의 융화정책을 추구한 무갈제국(1526~1857) 등 이슬람 왕조가 출현하여 인도의 이슬람화와 이슬람권의 인도 확장이 실현되었다.

동남아시아에 대한 이슬람교의 확산은 압바쓰조 시대에 무슬림 상인들이 중국으로 내왕하면서 경유지인 이곳에 들러 처음으로 전파하면서부터 시작되었다. 마르꼬 뽈로의 여행기록에 의하면, 13세기 말에 수마트라 북부의 바사이 주민들이 이슬람교를 신봉하고 있었음을 알 수 있다. 14세기 말엽에 건국된 말레이 반도 서안의 말라카 왕국 국왕은 15세기 초에 이슬람교를 국교로 수용하였으며, 그후 이곳은 줄곧 동남아시아의 이슬람교 전파에서 거점 역할을 하였다. 15세기 말부터 16세기 말에 이르기까지 약 100년에 걸쳐 말레이 반도의 파타니 왕국(현 타이령)과 케다 왕국, 보루네오 북부의 브루나이 왕국, 필리핀 남부의 수르 왕국과 민다나오 왕국, 자바 서부의 반텐 왕국, 수마트라 북부의 아체 왕국 등 동남아시아 제국이 속속 이슬람화되어 이슬람세계의 구성원이 되었다.

아프리카에 대한 이슬람교의 전파도 출현 초기부터 꾸준히 진행되었다. 북아프리카의 이슬람화된 베르베르 상인들이 사하라 사막을 남하하여 이른바 '사힐'(al-Sāḥil) 지방의 쑤단(al-Sūdān, 즉 사하라 이남 지방의 흑인)들에게 처음으로 전파하였다. 이를 시작으로 세네갈강 하류에 자리한 토고로르 왕국의 타크루르족들은 11세기에 이슬람교를 수용하고 모로코에서 울라마(이슬람 학자)들을 초청하여 자녀들을 교육하였으며, 가나 왕국의 왕과 소닌케족은 북아프리카의 이슬람 왕국인 무라비트조의 영향을 받아 11세기 말엽에 이슬람교로 개종하였다. 13세기 중엽 니제르강 상·중류에 출현한 말리 왕국과 이를 이어 15세기 말 니제르강 중류에 건립된 송가이 왕국은 국왕과 귀족들을 비롯해 백성들 모두가 이슬람교에 귀의하여 국왕들은 메카로 성지순례까지 근행하는 건성(虔誠)을 보였다. 17~18세기에는 이슬람교의 수피(신비주의자)들과 말리크파 법학자들이 대거 파견되어 포교활동을 벌인 결과, 이슬람권의 영역은 적도 아프리카 일원까지 확장되었다.

한편, 동부 아프리카에서도 일찍부터 이슬람화가 진행되었다. 아랍 상인들은 9세기부터 소말리아의 자이르 항을 거점으로 내지의 여러 곳에 무역도시를 건설하고 포교에도 적극 나섰다. 페르시아만이나 오만, 예멘의 무슬림 상인들도 9세기경부터 소말리아의 모가디슈 등지에 무역도시를 건설하고 대대적인 교역활동을 전개하였으며, 12~13세기 이후에는 케냐와 탄자니아, 모잠비크 등 동남아프리카 해안지대에도 적극 진출하였다. 13세기부터 이집트의 아랍 유목민들은 나일강 상류의 누비아(현 쑤단) 지방에 침투하여 상류층 원주민과 통혼(通婚)했고, 그 자손들은 자신들을 자리윤(al-Jāriyūn, 아랍-무슬림의 후예)으로 자부하면서 무슬림으로 행세하였다. 16세기 초 청나일강 하류에서 훈지(Hunzi)족은 기독교국을 멸하고 센나르를 수도로 하는 이슬람 왕국을 세운 후 이슬람 나라들로부터 학자들을 초청하여 마드라싸(학교)를 짓고 이슬람교를 보급하였다. 이와같은 동아프리카의 이슬람화 추세는 17세기 이후에도 지속되었다.

이처럼 이슬람교의 전파는 같은 보편종교인 불교나 기독교의 전파와는 달리 그 속도와 규모 및 결과에서 일련의 특징을 보여주었다. 그 특징은 첫째로 전파의 신속성(迅速性)이다. 이슬람교는 출현 후 약 100년 사이에 동으로 트란스옥시아나와 인더스강에서, 서로는 유럽의 이베리아 반도와 북아프리카까지 3대륙에 급속히 확산되었다. 이것을 발생 후 300년이 지난 아소카 왕 시대에 처음으로 영외에 포교단을 파견한 불교의 전파나, 100년이 지나서야 에뎃사에 첫 동방기독교의 거점이 형성되고 그로부터 다시 300년 후에 핍박에 의한 네스토리우스파의 동전과 서방 로마제국으로의 서전이 가까스로 시작된 기독교의 전파와 비교하면 엄청나게 빠른 속도가 아닐 수 없다. 이러한 신속성은 이슬람군의 유례없는 동·서정과 새로운 종교에 대한 시대적 요청, 그리고 이슬람교 고유의 신앙적 수용성과 유화정책 등 주·객관적 요인에 의해 보장되었던 것이다.

다음의 특징은 전파의 보편성(普遍性)이다. 이슬람교는 포교와 수용 과정에서 다른 보편종교와는 달리 경중(輕重)의 차이는 있으나 공전(公傳, 公許)과 사전(私傳, 初傳)이 시종 병행되었다. 사실 이슬람교에서는 포교나 전도를 전담하는 성직자(聖職者, 불교의 승려, 기독교의 목사나 신부 등)가 따로 없이 포교는 모든 무슬림들의 당연한 의무로 간주되고 있다. 그리하여 이슬람교 전파사에서 보면, 평범한 상인들이나 여행자들에 의해 설교가 진행되고 사원이 건립되며 교단이 꾸려져서 현지인들이 이슬람교에 귀의하는 경우가 다반사다. 이를테면 이슬람교는 모든 무슬림들이 자진하여 전파를 담당하는 참여종교이다. 뿐만 아니라, 이슬람교는 대개 전파지에서 위정자들을 비롯해 국가나 민족,

부족 구성원 전체가 공시적(共時的)으로 집단수용함으로써 신속한 확산과 정착을 이루어낼 수 있었다. 이것은 이슬람교의 또 하나의 보편성으로서 여타 종교의 전파사에서는 유례가 드문 일이다.

끝으로, 이슬람교 전파의 연속성(連續性)을 특징으로 들 수 있다. 같은 보편종교에 속하는 불교나 기독교는 상당한 우여곡절을 겪으면서 단절적이고 영성적(零星的)으로 진행되어 그 권역이 불투명하고 교세가 유동적이었다. 이에 반해 이슬람교의 전파는 시·공간적으로 중단 없이 연속적으로 추진되었다. 그 결과 이슬람교는 초전기와 정착기를 거쳐 부동(不動)의 핵심적 이슬람권을 형성하고 유지하면서, 그것을 거점으로 범세계적 이슬람권을 확고하게 구축하여놓았다. 이러한 이슬람권은 발상지 사우디아라비아를 구심(求心)으로 한 호형(弧形)의 범세계적 문명권역으로서 구조적인 연쇄성과 집중성, 그리고 명확성을 나타내고 있다. 이슬람교의 전파는 전파의 보편성과 더불어 이러한 연속성을 공유하였기 때문에 오늘날까지 생명력을 잃지 않고 줄기차게 이어져왔던 것이다.

참고자료

關곁衛『西方美術東漸史』, 熊得山 漢譯, 商務印書館 1936.

金子健二『東洋文化西漸史』, 富山房, 昭和 18年.

芳村修基『佛教教團の硏究』, 百華苑 1968.

本田實信『イスラム世界の發展』, 講談社, 昭和 60年.

小口八郎『シルクロード: 古美術材料・技法の東西交流』, 日本書籍 1981.

沈福偉『中西文化交流史』, 上海人民出版社 1985.

深井晋司『ペルシアの古美術硏究』, 吉川弘文館 1981.

龍天民『唐代基督敎之硏究』, 香港: 輔僑出版社 1960.

李곁珣『海藥本草』6권, 10세기.

李之藻『同文算指』10권, 1614.

林良一『シルクロード』(改訂版), 時事通信社 1988.

朱謙之『中國景敎』(再版), 東方出版社 1993.

黃心川 主編『世界十大宗敎』, 新華書店 1988.

김광수『동방기독교사』, 기독교문사 1971.

_____『아시아기독교확장사』, 기독교문사 1971.

송방송『한국고대음악사연구』, 일지사 1985.

정수일『신라・서역교류사』, 단국대 출판부 1992.

한국종교연구회『세계종교사입문』, 청년사 1989.

Bussagli, M. *Painting of Central Asia.* Geneva 1963 (권영필 옮김『중앙아시아 회화』, 일지사 1978).

Cairns, Earle E. *Christianity through the Centuries.* Grund Rapids, Michigan, Zondervan Publishing House 1981.

Chambers, W. *A Dissertation of Oriental Gardening*(『동방원예』). London 1772.

_____ *Designs of Chinese Building, Furniture, Dresses, Machines and Utensils*(『중국의 건축, 가구, 복식, 기물 도안』). London 1757.

French, R. M. *The Eastern Orthodox Church.* London: Hutchinson Univ. Library 1964.

Halde, J.B. du. *Descriptions Géograpique, Historique, Chronologique, Politique et Physique de l'Empire de la Chine et de la Tartarie Chinoise*(약칭『중화제국전지』). Vol. 1~4. Paris 1735.

Holt, P. M. *The Cambridge History of Islam.* 2 Vols. Cambridge 1970.

Lamotte, É. *Histoire de Bouddhism.* Louvain 1958.

Latourette, K. S. *A History of the Expansion of Christianity.* Vol. 1~7. Grund Rapids, Michigan, Zondervan Publishing House 1970~71.

Law, B. C. *Geography of Early Buddhism.* London 1933.

Lettres dificantes et Curieuse écrites des Missions Etrangères par quelques Missionaires de la Conpagnie de Jésus(『예수회 선교사 서간집』). Vol. 1~34. Paris 1702~76.

Mémoires Concernantes, l'Histoire, les Sciences, les Arts, les Moeurs, les Usages, etc. des Chinois par les Missionaires de Peking(『북경주재 선교사들의 중국 역사, 과학, 예술, 풍속, 습관 관련 논총』, 약칭『중국논총』). Vol. 1~16. 1776~1814.

Nicolas, Z. *Eastern Christendom.* London: Shenval Press 1961.

Rice, T. T. *Ancient Arts of Central Asia.* London 1965.

Trevor, S. *A History of Religion East and West.* Macmillan 1968.

제5장 실크로드를 통한 인적 교류

제1절 인적 교류

인적 교류의 개념 인적 교류란 실크로드를 통한 각종 교류의 주역인 인간의 상호 내왕을 말한다. 이렇게 교류를 위해 내왕하는 사람들을 '교류인(交流人)'이라고 지칭할 수 있다. 자고로 실크로드의 3대 간선이나 5대 지선을 통하여 수많은 교류인들이 오갔으며, 그들은 의식적이건 무의식적이건, 또 많건 적건간에 문명교류에 주역으로 직접 관여하였다. 그러나 그들 중에는 사절이나 전도사·여행가들처럼 목적의식적으로 교류에 투신한 사람들과 정복자나 상인, 이주민들과 같이 자의와는 무관하게 결과적으로 교류에 기여를 한 사람들이 있다. 따라서 인적 교류에는 실크로드를 통한 모든 사람들의 내왕 일반을 범칭하는 넓은 의미에서의 인적 교류와 실크로드를 통하여 목적의식적으로 교류에 투신하였거나 결과적으로 교류에 족적을 남긴 사람들의 내왕만을 지칭하는 좁은 의미에서의 인적 교류가 있다. 이 장에서는 좁은 의미에서의 인적 교류에 한해서 논한다.

인적 교류는 물질문명과 정신문명의 교류를 망라한 물적 교류에 대응한 상대적 개념으로서 물적 교류와는 구별되는 몇가지 특징을 지니고 있다. 그 특징은 우선, 교류 전반을 주재한다는 것이다. 교류의 표상이나 궁극적 목적이 물적 교류임에는 틀림이 없으나 물적 교류는 인적 교류에 의해서만 실현 가능한 것이다. 인적 교류를 떠난 물적 교류는 상상할 수 없다. 예컨대 상품 교류는 오로지 상인들의 내왕과 활동에 의해서만 이루어지는 법이다. 물론 물적 교류가 인적 교류에 영향을 미치는 것은 사실이지만, 그러한 경우에도 물적 교류의 실현 전제는 어디까지나 인적 교류인 것이다. 그래서 인간은 교류의 주역이며 인간의 내왕, 즉 인적 교류가 교류 전반을 주재하게 되는 것이다.

다음으로 그 특징은, 능동적인 교류라는 것이다. 인적 교류는 인간의 능력과 지혜, 노력에 따라 무한히 전개될 수도 있으며, 환경과 여건에 따라 가변적일 수도 있다. 대표적인 일례를 전도사들의 내왕과 활동에서 찾아볼 수 있다. 전도사들의 능력과 노력에 따라 내왕 여부가 결정될 뿐만 아니라, 포교라는 교류 결과가 좌우된다. 때로는 여건에 따라 내왕이나 활동이 제한, 또는 차단되기도 한다. 교류사를 통관하면, 교류상은 인적 교류에 정비례한다. 즉 인적 교류가 성한 곳에서는 반드시 교류가 활발하게 전개되는 법이다.

끝으로 그 특징은 과정의 역동성이다. 인적 교류는 이질문명인들간의 교류로서 의식수준에서부터 언어·풍습에 이르기까지 여러가지 문화적 차이를 극복해야 하기 때문에 그 과정은 난관과 우여곡절을 면할 수가 없다. 이러한 문화적 차이를 극복함과 동시에 때로는 문자 그대로 승위섭험(乘危涉險)의 여정도 돌파해야 하기 때문에 그 과정은 왕왕 희생까지도 동반하게 된다. 뿐만 아니라, 인적 교류는 전술한 바와 같이, 대단히 가변적인 과정이므로 예측불허의 역경에 부딪칠 수도 있다. 따라서 교류인들이 모든 역경을 역동적으로 극복해야만 비로소 인적 교류가 성공리에 진행될 수 있는 것이다.

인적 교류의 내용 넓은 의미에서의 인적 교류는 더 말할 나위가 없거니와, 좁은 의미에서의 인적 교류에 투신하는 교류인들도 실로 다종다양하다. 교류인의 인종·직업·신분(자격)·경력·문화의식 수준이 천차만별일 뿐만 아니라, 교류인이 교류에 관여한 동기나 목적, 교류에 대한 역할이나 기여도 등도 서로가 다르다. 이렇게 복잡다단한 인적 교류의 내용을 시대별·인종별·신분별 등 여러가지 기준에 따라 분류 대별할 수도 있을 것이다. 그러나 인적 교류의 종국적 목적은 교류의 실현이기 때문에 교류 실현에서 교류인이 수행한 역할과 기여에 준해 그 내용을 대별하는 것이 좀더 합리적일 것이다. 교류인이 교류에 관여한 동기나 목적을 기준으로 한 분류법도 고려할 수 있으나, 간혹 동기나 목적이 그대로 결과로 이어지지 않는 경우가 있기 때문에 교류 실현이란 견지에서 보면 그러한 분류법은 보편성이 결여된다. 그렇지만 많은 경우 동기나 목적은 그대로 결과(역할이나 기여)로 이어져 인과율(因果律)로 작용한다. 그리하여 이 장에서는 이러한 인과율의 작용에 의한 역할과 기여를 기준으로 하여 인적 교류의 내용을 다음과 같이 크게 세 가지로 구분한다.

첫째는 교류관계 수립을 위한 인적 교류다. 여기에는 주로 국가나 권력자들간에 호환되는 사절(使節)과 군사적 정복이나 정치적 지배를 감당하는 경략자(經略者), 국가나 권력자간의 화친(和親)을 꾀하는 정략적(政略的) 혼인자(婚姻者)와 같은 교류인들의 내왕이 포함된다. 둘째는 물질문명 교류를 위한 인적 교류다. 여기에는 주로 매매형식을 통해 실물을 교류시키는 상인과 과학기술을 전파하는 과학기술자 등 교류인들의 내왕이 그 내용을 이룬다. 셋째는 정신문명 교류를 위한 인적 교류다. 여기에는 주로 포교나 구법을 통해 종교문화를 보급하는 종교인들과 학문이나 예술 등 정신문화를 전파하는 학자와 예술인들, 그리고 견문록이나 여행기를 남겨놓음으로써 상호 이해증진이나 문명탐구에 기여하는 여행가나 탐험가 같은 교류인들의 내왕이 포함된다. 그밖에 이주(移住)에 의

한 인적 교류도 있을 수 있는데, 여기에는 자의건 타의건간에 이거(移居)하여 교류를 실현하는 교류인들의 내왕이 속한다.

이상과 같은 인적 교류 내용의 구분법에서 보면, 대체로 신분에 따라 교류를 실현하는 데서의 교류인의 역할과 기여가 결정된다. 그러나 그것은 보편성이고, 개별적으로는 1인이 2역(役), 3역을 담당하는 경우가 있다. 예컨대 전한 때의 장건(張騫)처럼 사절이 행사(行使)를 기회로 새로운 문물을 재래(賣來)하여 물질문명 교류에 기여할 수 있고, 영국의 젠킨슨(Jenkinson)처럼 상인이 여행기를 남겨 정신문명 교류에 한몫할 수 있으며, 원조에 파견된 서구 선교사들의 행적에서 보다시피 종교인이 사절로 파견되어 교류관계 수립에 일조할 수도 있는 것이다. 또한 이주민이 물질적·정신적 문명 교류나 교류관계 수립에 기여할 수도 있다. 흔히 알렉산드로스나 칭기즈칸 같은 강력한 군사적 정복자는 의외로 피정복지와의 교류관계를 이루어놓을 뿐만 아니라, 물질적·정신적 문명의 교류까지도 동시에 실현함으로써 1인이 2~3역의 다각적 역할을 하는 경우도 있다. 1인 1역이건 다역(多役)이건간에 문제는 교류 실현에서의 교류인의 기여도다. 각각의 교류내용에 관련된 교류인들은 시·공간적으로 매우 다종다양하며, 교류에 대한 그들의 기여도도 상이하다. 따라서 그들의 활동을 종합·체계화하는 것은 간단한 작업이 아니다. 이 장에서는 동·서간 문명교류라는 대전제하에서 서술의 편의상 대표적인 교류인들의 활동상을 크게 동향(東向) 즉 동방으로 향한 인적 교류와, 서향(西向) 즉 서방으로 향한 인적 교류로 나누어 고찰한다.

제2절 교류관계 수립을 위한 인적 교류

교류관계 수립을 위한 인적 교류의 개념 교류관계 수립을 위한 인적 교류란 이질문명간의 교류를 실현하기 위한 전제로서 국가나 지역간의 교류관계 수립을 위해 진행되는 인적 교류를 말한다. 이러한 교류에는 국가나 권력자들이 서로 사절을 파견하는 이른바 견사(遣使)를 통한 인적 교류와, 군사적 정복이나 정치적 지배에 의해 실현되는 이른바 경략(經略)을 통한 인적 교류, 그리고 국가나 권력자간에 정략적(政略的) 차원에서 이루어지는 이른바 정략적 혼인을 통한 인적 교류가 있다.

교류관계 수립을 위한 인적 교류는 여타의 인적 교류와 구별되는 두 가지 특징을 지니고 있다. 그 특징은 우선, 전제적(前提的) 교류라는 것이다. 엄밀한 의미에서 보면 교류관계 수립을 위한 인적 교류는 어디까지나 교류 실현을 위한 전제이지, 그 자체가 교류(물적 교류)이거나, 교류의 결과물이라고 말할 수는 없다. 이러한 전제로서의 인적 교류에 교류의 결과물이 이어질 때만이 비로소 그 실재와 의미가 인정받게 되는 것이다. 따라서 이러한 인적 교류가 물적 교류를 유발해 가시적인 결실을 맺는 것이 무엇보다 중요하다. 다음으로 그 특징은, 관제적(官制的) 교류라는 것이다. 교류관계 수립을 위한 인적 교류에 관여하는 교류인들은 사절이건 경략자이건 정략적 혼인의 당사자이건, 모두가 예외없이 권력자이거나 그 권속들이다. 따라서 이러한 인적 교류의 향배는 다분히 권력자들의 의지에 의해 좌우되는 것이며, 권력이 무상한 만큼이나 그 과정은 변화와 우여곡절로 점철된다.

바로 이러한 특징 때문에 교류관계 수립을 위한 인적 교류는 현명하게만 행하면 전반적인 교류에서 견인차 역할을 할 수 있다. 사절들의 능동적인 활동에 의하여 국가간의 관계가 개척될 뿐만 아니라, 교류의 길이 트인 사례가 수두룩하며, 경략자의 선정(善政)으로 인해 교류가 활성화된 경우도 적지 않다. 모든 것은 교류인(사절이나 경략자)의 의지와 능력에 달려 있다.

견사를 통한 인적 교류 원래 사절이란 한 나라(정부나 개인)를 대표하여 일정한 사명을 띠고 외국 (정부나 개인)에 파견되는 사람을 말한다. 그러한 사명의 내용은 다양하겠지만, 총체적으로는 양국간의 관계 수립이나 양국간의 현안문제 해결 등 한마디로 양국간의 관계 문제이다. 이러한 국가간의 관계는 본질적으로 국가간의 교류관계이다. 왜냐하면 어떠한 형태로든지 국가간의 관계를 통해서만 효과적인 교류가 실현되며, 또한 내왕과 접촉의 교류과정을 통해서만 진정한 국가간의 관계가 이루어질 수 있기 때문이다. 따라서 이러한 국가간의 관계 문제를 처리할 사명을 띠고 파견되는 사절은 그 자신이 곧 교류인이며, 그의 사행(使行)은 바로 교류행위인 것이다.

우선 동향 견사, 즉 서방이 동방제국에 파견한 사절들을 역사적으로 훑어보면, 고대에는 교류의 통로(실크로드) 개척을 위한 견사가 많다가 유럽이 침체기에 있던 중세 중기까지는 이러한 견사가 극히 부진하였다. 그러나 중세 후기와 근대 초기에 이르러서는 전반적 국제정세의 변화에 따라 견사가 대단히 활발해졌다.

사상 최초의 동향 견사는 아케메네스조 페르시아의 제3대 왕 다리우스 1세(Darius I)가 기원전 510년경에 소아시아 출신의 그리스인 스킬락스(Scylax)를 해로 탐험차 인도 서해안에 파견한 것이다. 명을 받은 스킬락스는 해로로 인더스강 하구까지 갔다가 회항하여 아라비아해를 서항(西航)해 페르시아만과 아라비아 반도 남해안을 지나 홍해로 북상, 2년 반 만에 현 이집트의 수에즈 부근에 상륙하였다. 이렇게 스킬락스는 인더스강 하구부터 홍해까지의 해로를 탐험하고 확인하는 데 성공하였다. 그를 이어 기원전 325년에 인도 서북부까지 동정한 알렉산드로스의 부장 네아르코스 (Nearcos, BC 360~312)는 왕의 명에 따라 인더스강 하구로부터 페르시아만을 지나 바빌론까지 해로로 회군(回軍)함으로써 페르시아만과 인더스강 하구를 잇는 해로를 재확인하였다. 스킬락스와 네아르코스의 동향 견사는 주로 해로의 탐험을 위한 것으로서 기원전 해로 서단(西段, 홍해-인더스강)의 존재와 이용 가능성을 확인하는 데서 큰 의의가 있었다.

스킬락스와 네아르코스의 파견은 왕명에 의한 출사(出使)라는 데서 사절적 의미가 있지만, 목적은 해로 탐험이었다. 고유한 의미에서의 정부간 사절 파견은 기원전 303년에 셀레우코스조의 셀레우코스 1세(Seleukos I, 재위 BC 312~280)가 메가스테네스(Megasthenes)를 동린국(東隣國)인 인도 마우리아(Maurya)조에 공식사절로 파견한 것이 그 효시다. 견사 목적은 밝혀진 바 없으나, 선린관계의 도모로 추측된다. 메가스테네스는 9년간(BC 303~292) 마우리아조 수도 판틸리프트라에 체재하였다. 그는 복명(復命)하면서 출사보고서로 『인도지』(印度誌, Ta Indica)를 저술하였다. 이 책은 고대 인도에 관한 귀중한 현지견문록으로서 로마의 지리학자 스트라본과 박물학자 플리니우스는 이 책의 내용을 신빙성있는 자료로 자신들의 저서에 인용하였다. 메가스테네스의 견사는 사상 최초의 명실상부한 정부간 사절 호환이며, 그의 견문록은 서방인들에게 고대 인도에 관한 생생하고 정확한 지식을 제공하였다는 데서 문명교류사적 의의가 자못 크다.

대진(大秦, 로마)과 중국(한)의 공식관계는 로마의 견사로부터 시작되었다. 『후한서(後漢書)』(권 88) 「서역전」 '대진'조에 의하면 서기 166년(桓帝 延熹 9년)에 대진 황제 안돈(安敦)의 사절이 일남(日南, 현 베트남) 요외(徼外)로부터 와서 상아·서각(犀角)·대모(玳瑁)를 헌상함으로써 양국 관계가 시통(始通)되었다고 하였다. 서방측 기록에 따르면 여기서의 안돈은 서기 161~180년에 재위한 로마 황제 안토니누스(M. A. Antoninus)가 틀림없는데, 그는 162년에 페르시아 원정을 단행하여 165년에는 소아시아를 평정하고 166년에 중국(한)에 견사한 바 있다. 이 로마 황제의 사절이 교역차 일남(당시 동서교역의 중계지)까지 온 상인일 가능성을 배제할 수는 없지만, 설혹 그렇다고 하더라도 『후한서』에 엄연히 안돈으로부터의 '사절'이라고 명문화한 이상 공식사절로 인정하여야 할 것이다. 사실상 역사상에는 상인이나 선교사 같은 비관료가 사절로 호환되는 경우가 가끔 있었다. 이 로마 황제의 견사는 로마와 한조라는 동서 두 제국간의 공식관계가 시작됨을 뜻하며, 헌상품은 양국간의 교역관계(조공무역)의 일단을 보여주고 있다.

그러나 중세에 접어들면서 유럽이 사분오열되고 자폐적인 암흑기가 시작된 후 중세 중기까지는 동향 견사가 거의 없었다. 그러다가 후기에 이르러서는 견사를 비롯하여 동·서관계에서 획기적인 변화가 일어났다. 몽골군의 서정과 그에 수반된 유라시아 대륙에서의 4대 칸국 및 강대한 원제국의 출현은 유럽인들에게 커다란 위협이 아닐 수 없었다. 게다가 십자군원정에서 연전연패한 유럽이 이슬람세력을 제어하려면 원제국의 협력이 필요하였으며, 여기에 더하여 유럽은 기독교의 동점에 대한 기대에도 부풀어 있었다. 이와같은 복합적인 요인으로 인하여 유럽은 원조와의 관계 수립에 적극 나섰던 것이다. 한편, 원조는 건국이념으로 정치적 세계대동주의(世界大同主義)와 경제적 중상주의(重商主義), 문화적 수용주의(受容主義)를 지향함으로써 서방의 접근을 크게 마다할 리 없었다. 그 결과 견사를 비롯하여 원조와 서방 간의 관계는 일시 활기를 띠게 되었다.

로마교황의 사절로 처음 동아시아에 출사한 사람은 이딸리아 출신의 프란체스꼬회 지도자의 한 사람인 까르삐니(Giovanni de Piano Carpini, 1182~1252)다. 몽골 서정군은 바투의 통솔하에 주로 유럽을 목표로 제2차 서정(1235~44)을 발동하여 아드리아해와 빈 부근까지 공략하여 유럽 전체를 일대 공포 속에 몰아넣었다. 이런 가운데 1243년에 즉위한 교황 인노켄티우스 4세에게는 신성로마제국 황제와의 권력쟁탈전에서 승리하고 그리스정교를 제압하며 십자군 동정(東征)을 계속하여 유럽 정세를 안정시키기 위하여 기독교 국가에 대한 몽골군의 진공을 중지시키는 것이 급선무였다. 이러한 목적으로 그는 이미 기로(耆老)에 접어든 까르삐니를 몽골 칸에게 파견하였던 것이다. 이를 반영하듯 그는 칸에게 보낸 친서에서 유럽에 대한 몽골군의 '습격'과 특히 기독교도들에 대한 박해를 중지할 것을 요청하였다.

까르삐니는 1245년 4월 16일에 프랑스의 리옹을 출발하여 도중 폴란드에서 수도사 페네디크트를 대동하고 러시아의 끼예프를 지나 볼가강 하류에 위치한 킵차크 칸국의 수도 사라이에 도착하여 바투를 알현하고 그곳에 1개월간 체류하였다. 계속 동진하여 카스피해와 아랄해 북부 초원지대를 지나 중가리아 분지에 들어섰다. 여기서부터 몽골 고원을 경유해 1246년 7월 22일에 몽골 수도 카라코룸 부근에 있는 구유그 칸의 본영에 도착하였다. 도착한 다음달에 마침 구유그가 칸에 등극하자 그를 곧 알현하고 교황이 '타타르 황제'에게 보내는 친서를 전하였다. 까르삐니는 약 4개월간 체재한 후 구유그 칸이 교황에게 보내는 답신을 휴대하고 11월 13일 귀국길에 올랐다. 이듬해 6월 9일 끼예프에 도착, 폴란드와 보헤미아를 거쳐 1247년 가을 리옹에 귀환하여 교황에게 복명하였다. 구유그의 답신에 나타나다시피, 몽골군의 서정을 저지하려는 까르삐니의 사명은 실패로 돌아갔다. 구유그는 답신에서 기독교도들은 다른 사람들은 안중에도 없이 자신들의 신만을 신이라고 광신하면서 동서 천하 전체를 파멸시켰으니, 평화를 원한다면 그들이 차지하고 있는 보루들을 다 내놓아야 하는바, 그렇지 않으면 몽골인들은 계속 분전할 것이라고 엄포를 놓았다.

까르삐니는 복명과 함께 출사보고서로 『몽골사』(일명 『小史』)를 교황에게 진상하였다. 서언과 본문 9장으로 구성된 이 보고서는 여행중의 견문 외에 몽골의 국토·인종·종교·풍습·정치체제·전쟁·정복국·궁전 등에 관하여 비교적 상세하고 정확하게 기술하였다. 2종의 프랑스어 필사본으로 유행되던 것이 1838년에 합본하여 출간된 후 여러 유럽어로 번역되었다. 까르삐니의 몽골행은 동아시아에 대한 교황의 첫 견사이며, 위구르어와 페르시아어로 작성되고 몽골어 새문(璽文)의 칸 어새(御璽)가 찍힌 구유그의 답신(1920년 바티칸 고문서관에서 발견)은 현존 최고(最古)의 동서 외교관계문서로서 문명교류사적 가치가 대단히 높은 진품이다. 뿐만 아니라, 까르삐니의 『몽골사』는 당시로서는 으뜸가는 몽골관련 저술로서 유럽인들이 몽골과 동방에 관한 지식을 습득하는 데서 중요한 원천이 되었다.

까르삐니의 출사 후에도 제7차 십자군원정을 전후하여 몽골과의 사절 호환이 수차례 있었다.

1247년 5월 교황 인노켄티우스 4세는 도미니크 수도회 수도사 안세름을 비롯한 3명을 카스피해 서쪽에 있는 몽골 대장 파이쥬에게 파견하였는데, 이 사절단은 귀환할 때 몽골측 사신 20명을 대동하고 이딸리아에 와서 교황을 알현하였다. 1248년 제7차 십자군원정을 발동한 루이 9세는 키프로스에 상륙하였을 때 이란주재 몽골 대장 이루치카타이가 보낸, 십자군의 성지 회복을 지원하겠다는 내용의 서한을 휴대한 사신을 접견하였다. 이에 고무된 루이 9세는 도미니크회 수도사 안드레 더 롱주모를 단장으로 하고 20명의 도미니크회 수도사와 4명의 평민으로 구성된 사절단을 몽골에 파견하였다. 일행이 1249년 2월에 출발하여 발하시호 동남쪽 일리 강가에 이르렀을 때, 구유그 칸이 사망하고 황후 오굴 카이미쉬(Oghul Qaimish)가 섭정하였다. 사절단이 황후를 알현하는 자리에서 황후는 노기등등하여 서구인들이 복속해오지 않으면 전멸해버릴 것이라고 폭언하였다. 겁에 질린 사절단이 황급히 귀국하면서 재래한 황후의 답신에도 루이 9세가 매해 금은으로 연공을 상납할 것과, 그렇지 않으면 '속민'(屬民, 유럽인)들을 섬멸해버리겠다는 위협이 담겨 있었다.

이 사절단이 귀국 도중에 제7차 십자군원정이 참패로 끝나고, 원정의 총 지휘자인 루이 9세는 포로가 되었다가 속금(贖金)으로 겨우 풀려났다. 이즈음에 몽골에서는 1251년 몽케가 칸에 등극하고, 다음해에 제3차 서정을 발동하여 중앙아시아와 압바쓰조 이슬람제국을 향해 진격하고 있었다. 차제에 재기를 꿈꾼 루이 9세는 프랑스 출신의 프란체쓰꼬회 선교사 뤼브뤼끼(Guillaume de Rubruquis, 혹은 Rubruck, 1215~70)를 몽골에 파견하였다. 뤼브뤼끼의 사명에 관해서는 본인도 함구하고 있어서 명확히 밝혀진 바는 없다. 그러나 당시의 국제정세와 그의 몽골에서의 행적, 그리고 귀환 후의 반영 등으로 미루어보아 유럽에 대한 몽골군의 새로운 서정을 중지할 것을 요청하고, 이슬람세계와의 대결에서 몽골측의 협조를 구하며, 몽골에서의 기독교 활동을 탐지하는 것 등이 그에게 부과된 사명이었을 것으로 짐작된다.

뤼브뤼끼를 단장으로 하고 수도사와 성직자, 통역 각 1명씩, 그리고 소년 노예 5명으로 구성된 사절단은 지중해 동안의 아크르를 출발하여 꼰스딴띠노쁠에 도착한 후 1253년 5월 7일 그곳을 떠나 흑해를 도해, 크림 반도에 상륙하였다. 그곳에서부터 2개월간의 고행 끝에 사르닥(바투의 아들)의 본영에 도착하여 그의 기독교 신자 여부를 확인하고(결국 의심함), 이어 바투 본영에 찾아가 그를 진현(進見)하였다. 바투의 권고에 따라 성직자와 소년 노예들은 그곳에 남겨두고 9월 15일 3명만이 여정에 올랐다. 볼가강을 건너 우랄산맥을 넘고 아랄해 북방을 지나 탈라스강을 건넜다. 그후 노정은 전술한 까르삐니의 노정과 일치한다. 드디어 그해 12월 27일 몽케 칸의 동영지(冬營地)에 도착하였다. 여기서 칸을 알현하고 루이 9세의 친서를 전달하였다. 이듬해(1254) 3월 29일 막사를 이동하는 몽케 일행을 따라 수도 카라코룸에 입성하여 약 2개월간 체류하면서 성내와 기타 여러 도성들을 순람(巡覽)하였다. 그러다가 같은 해 5월 31일 몽케의 답신을 휴대하고 귀로에 올랐다. 뤼브뤼끼는 귀향하

지 않고 남아서 포교를 하겠다는 의사를 표시하였다고도 하나, 그 진의는 미상이다. 서향 귀로
는 동향 거로(去路)와 같다. 9월 16일 바투의 본영에 도착하여 남겨둔 성직자와 소년 노예들과 재회
하고 약 1개월간 체류한 후 그루지야와 까프까스, 시리아를 거쳐 1255년 6월 16일 키프로스에 도착
하였다. 이어 그달 29일에 안티오키아로 갔으나 루이 9세 휘하의 십자군은 이미 철수해버린 뒤였다.
그리하여 가까스로 프랑스에 찾아가 루이 9세에게 복명하였다.

뤼브뤼끼는 귀환 후 다음해인 1256년에 라틴어로 여행기『동유기(東遊記)』를 출간하였다. 필사본
으로 남아 있던 이 여행기를 영국에서 1600년에 해클루트(Hakluyt) 지리학회가 그 일부를, 이어
1625년에 퍼처스(Purchas)가 전부를 영역하여 출간하였다. 1929년에 간행된『중국의 프란체스꼬회
선교사들』 제1권에 영역본 전문이 실렸는데, 여행기는 서언과 결어 외에 총 38장으로 구성되어 있
다. 여행기에는 경유지의 자연환경과 주민생활, '타타르인'(몽골인)들의 의식주·풍습·사법심판·종교
신앙·궁전행사 및 카라코룸의 면모 등이 생생하게 기술되어 있다. 언어학에도 조예가 깊은 저자는
알타이어계 투르크어 방언들을 비교하고, 한자와 티베트어, 탕구트어 등에 관해 비교언어학적인 견
해를 피력하기도 하였다. 특히 카라코룸에 수개월간 체류하면서 직접 목격한 바를 상세히 서술하고
있다. 칸의 궁정, 사라센인(아랍-이슬람)들의 시장, 카타이(중국) 공장(工匠)들의 거주구역, 그리고 서
아시아와 헝가리·그리스·독일·프랑스 등 정복지에서 데려온 포로들로 수공업이나 농업에 필요한
노동력을 충당하는 사실, 심지어 빠리 출신의 금세공사를 만난 일까지도 소상히 기술하고 있다.

뤼브뤼끼의 출사는 당시 몽골과 유럽 간의 관계 수립이나 상호 이해증진에서 괄목할 만한 기여를
하였다. 그의 복명과 여행기를 통하여 몽골에 대한 유럽인들의 인식에서 일대 변화가 일어났다. 유
럽인들은 우선, 몽골에 유포된 기독교에 관해 비교적 정확한 인식을 갖게 되었다. 몽골인들에게 경
교(景敎, 네스토리우스파)를 비롯한 기독교가 얼마간 유포되고 있기는 하나, 칸은 기독교인이 아니고,
킵차크 칸 바투의 아들 사르닥은 소문과는 달리 기독교 신자 같지 않으며, 따라서 기독교에 대한 특
별한 보호를 기대할 수는 없다고 뤼브뤼끼는 전언하였다. 그는 몽케의 본영에 도착했을 때, 막사의
한 건물에서 1개월 전에 그곳에 도착한 한 아르메니아 수도사가 걸어놓은 십자가를 발견하였다고
하였다.

다음으로 뤼브뤼끼의 출사는 몽골의 서정 향배를 정확하게 가늠하게 하였다. 뤼브뤼끼는 몽골이
유럽에 대한 서정을 단행할 의도는 더이상 없고, 향후 서정의 화살은 서아시아 이슬람세계로 향할
것이라고 정확하게 예측하였다. 뿐만 아니라, 그의 출사를 계기로 유럽인들은 몽골에 관하여 보다
정확한 지식을 습득할 수 있었다. 뤼브뤼끼는 카라코룸을 방문한 첫 유럽인으로서 최초로 몽골의 수
도와 수뇌부에 관한 지식을 유려한 필치로 생동감있게 유럽에 전해주었다. 그밖에 까르삐니와 함께
뤼브뤼끼의 내왕 행로를 통해 13세기 북방 초원로의 노정을 구체적으로 확인할 수 있었다.

중세 말, 원제국에 이어 동·서관계에서 주목을 끈 나라는 티무르제국이다. 1369년에 티무르가 사마르칸트를 수도로 하여 건립한 티무르제국(Timurids, 1369~1500)은 중앙아시아와 서아시아의 광활한 지역을 아우른 중세의 대제국이었다. 1402년에 있은 앙카라 회전에서 티무르군이 강적 오스만제국군을 대패시키고 오스만제국 쑬탄까지 생포하여 그 위세가 유럽에 전해지자, 유럽 나라들은 지난날의 악몽 같은 몽골군의 서정을 되새기면서 티무르제국과의 관계 수립에 서둘러 나섰다. 한편, 티무르제국은 원조를 멸한 신생 명(明)조와의 관계를 새로이 정립해야만 하였다. 그리하여 티무르제국을 중심으로 하여 견사를 비롯한 동·서교섭이 빈번하게 전개되었다.

티무르제국에 대한 유럽의 동향 견사는 이베리아 반도의 기독교 국가 중 가장 강대한 까스띠야(Castilla)국의 국왕 엔리께 3세가 끌라비호(Ruy Gonzalez de Clavijo, ?~1412)를 단장으로 하는 사절단을 파견하면서부터 시작되었다. 엔리께 3세는 원래 1402년 3월 말, 티무르에 관한 정확한 정보를 얻기 위해 2명의 사신을 소아시아에 파견하였다. 사신들은 앙카라 교외에서 티무르를 알현하고 티무르의 답례사(答禮使)와 함께 귀국하였다. 이에 고무된 엔리께 3세는 더 큰 규모의 사절단을 소아시아에 보냈으나, 티무르는 이미 귀국길에 올랐기에 뒤좇았으나 만나지 못하였다. 그저 수도 사마르칸트까지 오라는 티무르의 분부를 받고 사절단은 동향 장도에 올랐다.

사절단은 국왕의 시종(侍從)인 끌라비호를 단장으로 하고 수도사와 군인 2명을 부단장으로, 그리고 상당수의 수원들로 구성되었다. 사절단은 1403년 5월 23일 에스빠냐 남부의 까디스 항을 출발하여 다음과 같은 노정으로 1404년 9월 8일에 티무르제국의 수도 사마르칸트에 도착하였다. 즉 까디스(1403. 5. 23 출발)→지중해 동안의 로도스 섬(8. 4~8. 31)→꼰스딴띠노쁠(10. 24~1404. 3. 20)→흑해의 트라브존(4. 11~4. 27)→유프라테스강 상류 부근의 에르진잔(~5. 15)→에르주룸(~5. 22)→아라라트 산록의 스루마리(5. 29~)→아르메니아와 페르시아의 국경도시 호이(6. 5~6. 8, 이집트 맘루크조 쑬탄이 티무르에게 파견하는 사절단과 동행)→타브리즈(6. 11~6. 20. 여기서부터 사마르칸트까지 역참 이용, 매 역참에서 말 50~200필 이용)→쑬따니야(6. 26~6. 29)→테헤란(7. 6~7. 8)→폐허가 된 라이→히루즈크(7. 14~)→다무칸(7. 17~)→니샤푸르(7. 26~7. 27)→페리오르(7. 28~)→오하한(7. 30~)→마슈하드→브에로(투스)→안토구이(8. 12~8. 14)→발호(8. 18~)→아무다리아강의 테르메스(8. 22~. 도강, 여기서부터 몽골어 통용)→사마르칸트의 관문인 철문(鐵門, 鐵門關 8. 24~)→케쉬(Kesh, 揭石城, 현 샤흐리 사브즈, '푸른 도시'란 뜻, 8. 28~8. 29)→사마르칸트에서 1.5리그 지점에 있는 메세르(8. 30~. 티무르의 입성 허가 대기)→사마르칸트(1404. 9. 8).

사절단이 1404년 11월 21일 귀로에 올라 1406년 3월 22일 복명할 때까지의 노정은 거로(去路)의 노정과 대체로 일치하나 약간 차이가 나는 점도 있다. 그 귀로의 노정은 다음과 같다. 즉 사마르칸트 출발(1404. 11. 21)→부하라(11. 27~12. 5)→합산(1405. 1. 1~)→자자룸→다무칸→셈난→라이→폐허

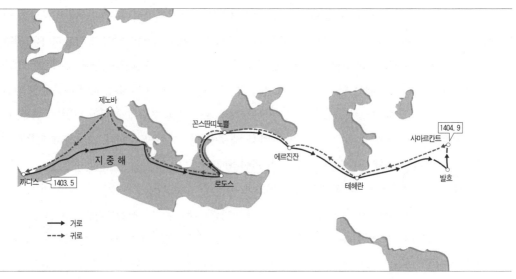

끌라비호 출사왕복도(1403~1406)

가 된 카즈빈(2. 3~)→쑬퇴니야(2. 13~2. 21)→타브리즈(~3. 19)→도중에 티무르제국 내란으로 타브리즈에 5개월 22일간 억류, 8월 22일 출발→아라슈게르트(9. 1~)→아니(아니온, ~9. 8)→그루지야 산지→부세르→이스비르→알라키에르→흑해안→트라브존(9. 17~)→배편으로 꼰스딴띠노쁠(10. 22~11. 4)→제노바(1406. 1. 3~2. 1)→산루카르에 상륙(3. 7~)→쎄비야의 알가라 더 에나레스에서 엔리께 3세를 알현하고 복명함(1406. 3. 22, 월요일).

끌라비호는 전 사행노정을 일정별로 기록하였다가 귀국 후 얼마 안 있어 에스빠냐어로 여행기를 저술하였다. 원서명은 『티무르시대 까디스로부터 사마르칸트까지의 여행기』(*Timur Devrinde Kadistan Semer-Kand's Seyahat*)인데, 1582년 마드리드에서 인쇄본으로 초간되었다. 1859년 영국의 마컴 경(Sir C. Markham)이 최초로 영역하였고, 1881년에는 스레즈네프스키가 러시아어로 역출하였다. 1928년에는 영국의 리 스트레인지(Le Strange)가 비교적 완정된 영역본을 내놓았다. 그밖에 터키어와 이란어, 중국어, 일본어 역본도 출간되었다. 저자는 여행로 연변 각지의 지리·교통·정치·군사·경제·문화·풍속·생활 등 각 방면의 견문을 흥미진진하게 서술하고 있다. 특히 중앙아시아와 사마르칸트에 관한 상세한 기술은 중세의 이 두 곳 연구에 있어서 귀중한 사료로 평가되고 있다.

끌라비호의 출사는 티무르의 위세에 위축된 까스띠야 엔리께 3세의 저자세 외교로서 그 목적은 다분히 티무르의 환심을 얻어 자국의 안전을 도모하려는 것이었다. 끌라비호가 사마르칸트에서 티무르를 알현할 때 중국 명나라 성조(成祖) 영락제(永樂帝)의 사절도 자리를 함께 하였다. 알현 후 궁신들이 중국 사절을 상석에 앉히려 하자, 티무르는 끌라비호를 상석에 앉히라고 명하였다. 그러면서 그는 친한 벗이며 자식 같기도 한 까스띠야 왕의 사절을 상석에, 도둑 같은 악당(명나라 황제를 지칭)의 사절을 하석에 앉히는 것은 당연지사라고 그 이유를 설명하였다. 물론 이러한 신속(臣屬) 같은 관계는 티무르의 사망으로 더이상 지속되지는 않았지만, 이를 계기로 티무르제국과 까스띠야를 비롯한 서방제국 간의 내왕과 교류는 상당히 활발히 전개되었다. 특히 끌라비호는 여행기에서 그 누구보다도 중세 오아시스로의 서단(사마르칸트~지중해 연안)과 주변 상황을 상세하고도 정확하게 기술함으로써 중세 실크로드와 중앙아시아 및 서아시아 연구에 대단히 귀중한 자료와 전거를 제공해주었다.

중세 말과 근대 초에 접어들면서 서세동점에 편승한 신흥 서방국들의 대동방 교섭은 전례없이 빈번하였다. 교섭은 대체로 정부 차원의 교섭과 민간 차원의 교섭 두 가지로 대별할 수 있는데, 정부 차원의 공식교섭은 사절들에 의해, 그리고 민간 차원의 비공식교섭은 회사나 상인들에 의해 주도되었다. 어느 차원에서이건 교섭의 종국적 목적은 동방에 대한 식민지화 경략과 경제적 이윤추구에 있었다. 서방의 수다한 동향 견사 중에서 동방의 대국 중국에 대한 견사에서 그 전형성을 찾아볼 수 있다.

이 시기 대중국 견사의 선례를 남긴 나라는 에스빠냐이다. 일찍이 대항해시대의 개막과 '신대륙'의 발견에 주도적 역할을 해온 에스빠냐는 1571년에 강점한 필리핀을 동방진출의 전초기지로 삼고 중국에 관한 정보를 수집하면서 호시탐탐 중국과의 접촉을 노리고 있었다. 1574년에 제2대 필리핀 주재 에스빠냐 총독 라베자레스(Guide de Lavezares)는 국왕 펠리뻬 2세(Felipe II)에게 가정(嘉靖) 34년(1555)에 복건(福建)에서 각인(刻印)된 『고금형세지도(古今形勢之圖)』를 진상하였다. 이것은 유럽에 유입된 최초의 중국 지도다. 마침 1575년 3월에 복건 파총(把總) 왕망고(王望高)가 함선을 이끌고 광동(廣東)의 해적 임풍(林風)을 추적하여 필리핀의 루손 섬에 상륙하였다. 라베자레스 총독은 왕망고를 융숭하게 접대하고 임풍 제거를 약속하였다. 이에 왕망고는 만족을 표하면서 에스빠냐 사절의 복건 방문에 동의하였다.

그리하여 에스빠냐 총독은 1575년 7월에 마닐라교구 주교인 라다(Martin de Rada)를 수석, 마린(Jeronimo Marin)을 차석으로 하고 장교 2명을 수행원으로 한 사절단을 복건에 파견하였다. 총독이 사절단에 내린 지시사항에는 중국 관리들에게 에스빠냐인들의 '우의'를 충분히 표시하면서 중국측으로부터 선교사들의 자유로운 포교활동을 허락받고, 복건의 항구 하나를 에스빠냐인들의 무역항으로 할양받도록 하며, 중국인들의 성격과 풍습, 무역상황을 요해하고 중국의 '기타 일체 정보와 비밀'까지도 가급적 수집하도록 하라는 내용이 포함되어 있었다. 이 지시사항에서 견사의 목적은 여실히 드러난다.

사절단은 왕망고를 대동하고 복건의 하문(厦門)에 도착한 후 동안(同安)과 천주(泉州)를 지나 수부(首府)인 복주(福州)에 이르렀다. 그들은 이르는 곳마다에서 현지 관리들을 예방하였는데, 그럴 때면 꼭 중국식대로 깍듯이 궤배례(跪拜禮)를 갖추었다. 복건순무(福建巡撫) 유요회(劉堯誨)는 만력(萬曆)황제에게 사절단의 내화 사실을 품고하고 사절단이 헌상한 방물을 접수한 후 황제의 후한 하사품을 전달하였다. 그해 10월 사절단은 100여 권의 중국 서적을 휴대하고 중국 배편으로 필리핀에 돌아갔다.

라다는 출사에서 돌아간 후『대명중국사정기(大明中國事情記)』라는 견문록을 저술하였다(이 책에 관해서는 제6장 제2절 참조). 라다의 중국 출사는 비록 지방 관부로의 출사이기는 하나 중국 황제의 인가하에 이루어진 것이며, 내용 면에서 보면 최초의 근대적인 대중견사인 것이다.

에스빠냐의 첫 대중견사로부터 약 40년이 지난 후, 제정러시아도 중국(명조)에 첫 사절을 파견하였다. 15세기 말 모스끄바대공국을 중심으로 하여 형성된 통일제국 제정러시아는 16세기 중엽부터 동방을 향해 영토를 확장하던 끝에 급기야는 중국과 접경하기에 이르렀다. 러시아는 중국과의 접촉을 탐색하였는데, 특히 무역에 큰 관심을 갖고 있었다. 한편, 당시 영국을 비롯한 서구 나라들도 러시아를 통한 중국으로의 길을 모색하고 있었는데, 이것은 러시아의 중국 접근을 더욱 자극하였다. 그리하여 러시아 중앙정부는 시베리아에 웅거한 지방 장관들에게 인접국과의 교섭권을 부여하였다. 이에 따라 1616년 시베리아 또볼스끄의 장관 꾸라낀(И. С. Куракин)은 뚜메니츠(В. Туменец)를 몽골 서부지방에 파견하여 중국에 관한 정보를 수집하도록 하였다. 뚜메니츠는 현지의 중국인들로부터 많은 정보를 얻어가지고 돌아갔다. 이에 고무된 러시아 정부는 시베리아 장관들에게 중국관련 정보를 계속 수집하는 동시에 중국으로의 길을 모색하라는 지령을 내렸다.

이 지령에 따라 꾸라낀은 1618년 5월에 까자흐 출신의 뻬뜰린(Ибан Петлин)을 단장으로 하는 사절단을 중국에 파견하였다. 사절단의 사명은 정보 탐지와 무역로 개척 및 양국관계 수립이었다. 사절단은 또볼스끄를 출발해 우선 몽골 지방에 와서 취득한 정보에 기초해 출사 준비를 마친 후 1619년(萬曆 47년) 9월에 장가구(張家口)와 선화(宣化) 등지를 거쳐 북경에 도착하였다. 그런데 그들은 헌상품과 국서(國書, 신임증서)를 휴대하지 않았기 때문에 만력황제의 접견을 받을 수 없었다. 그렇지만 명나라 정부는 사절단을 정중히 접대하고 명제(明帝)는 러시아 황제에게 친서를 보냈으며, 러시아인들의 내화 교역을 허용하였다. 그해 10월 사절단은 명제의 친서를 휴대하고 귀국하였다. 그런데 당시 러시아에는 중국어를 아는 사람이 없어서 친서는 번역되지 못한 채 방치되었다. 그러다가 56년이나 지난 1675년(청 康熙帝 14년)에 미레스꾸(Н. Т. Милецкy)가 중국에 출사하면서 또볼스끄에서 우연히 중국어를 아는 한 군인을 만나, 그에 의해 비로소 번역되어 그 역문을 모스끄바에 우송하였다.

뻬뜰린은 귀국 후 자신의 중국 출사에 관하여 보고서를 작성·발표하였다. 보고서에는 또볼스끄로부터 북경까지의 왕복 노정과 중국의 지리·정치·물산·교통·무역·군사 등 각 방면의 정보가 상세히 기술되어 있다. 뻬뜰린 출사 후, 중국이 명·청조 교체라는 격변기를 맞아 양국간의 교섭은 약 30년간 일시 중단되었다. 그렇지만 그의 출사는 중국과 러시아 간의 첫 공식접촉이었으며, 그의 출사를 계기로 러시아 정부는 중국에 관한 정확한 정보를 얻음으로써 금후 대중외교에 효용하였던 것이다.

신흥 청조가 건국 초기의 혼란상태를 수습하고 안정기에 접어들자 러시아는 대청교역을 확대하면서 그 담보로서의 외교교섭에도 적극 나섰다. 러시아 대상(隊商)의 빈번한 내화로 중국 국내시장에 혼란이 조성되고, 중·러·몽골 사이의 국경 미확정으로 인해 국경분쟁이 빈발하였다. 이러한 상황에서 청나라 정부는 1717년에 러시아 상인들의 변방 교역만 허락하고 국내 진입은 불허하는 조치를 취하였으며, 러시아 대상의 내화를 극력 제한하였다. 이에 불만을 품은 러시아는 공식사절을 파견하여 이른바 '자유통상조약'을 체결함으로써 양국간의 현안 문제를 자국에 유리하게끔 해결하려고 꾀하였다.

이러한 상황에서 1719년 7월 러시아 황제 뾰뜨르 1세는 근위군 대위인 이즈마일로프(П. Измайлоь)를 단장으로 서기 란그(Ланг)를 포함하여 80여 명으로 구성된 사절단을 중국에 파견하였다. 공식국서를 휴대한 이즈마일로프 일행은 쌍뜨 뻬쩨르부르끄를 출발해 몽골을 경유, 장가구를 통해 이듬해(1720, 康熙 59년) 11월에 북경에 도착하였다. 사절단은 북경에 3개월간 체류하면서 회담을 진행하였다. 회담 결과 란그가 러시아 상무(商務)대표 자격으로 북경에 상주하되, 그의 주식비는 청나라 정부가 부담하고, 청나라 정부관리와 이즈마일로프가 공동 서명한 증서를 휴대한 러시아 대상만이 중국 입국이 허용되며, 중·러·몽골 사이의 국경이 확정되고 월경한 변방인 교환 문제가 해결되기 전에는 양국간에 통상조약은 체결할 수 없다는 등의 내용에 합의하였다.

사절단은 1721년 3월 북경을 떠나 다음해 1월에 모스끄바에 귀환하였다. 그러나 쌍방간의 이해충돌로 인하여 합의내용은 종시 실현되지 못하고 양국간에 교역 중단과 변방에서의 군사충돌 같은 사건이 잇달아 일어났다. 비록 이즈마일로프의 출사 사명은 수행되지 못하였지만, 그의 출사를 계기로 현안 문제에 대한 양국의 입장이 명확하게 밝혀짐으로써 추후 러시아의 주동적인 접근에 의해 양국간에 일련의 조약이 체결되어 일부 현안 문제가 해결되었다.

16세기 초엽부터 포르투갈을 필두로 한 신흥 서방국들은 상선과 함대를 앞세운 양동작전(兩動作戰)으로 동방경략의 최후 보루격인 중국의 문호를 개방하려고 하였다. 그러나 이러한 작전도 결국은 국가간의 관계 문제에 귀착되기 때문에 서방국가들은 일찍부터 문제해결의 외교수단인 대중견사를 시도하였다. 1517년 포르투갈이 처음으로 사절 삐레스(Thomé Pirez)를 명조에 파견하였으나, 포르투갈이 명나라의 조공국인 말라카를 강점하였다는 이유로 명조는 사절을 구속·추방하는 강경책을 강구하였다. 이를 계기로 명조는 시종 서방국가들의 견사에 대하여 부정적인 태도를 취하였다.

영국의 경우, 15세기 말부터 중국으로 통하는 길을 탐색하면서 중국과의 통상을 기도하였다. 여왕 엘리자베스 1세(Elizabeth I, 재위 1558~1603) 치세시에 중국 명제에게 보내는 서한을 휴대한 사절을 몇차례 파견하였으나, 번번이 도중 조난 등 사고로 무산되고 말았다. 제임스 1세(James I, 재위 1603~25) 때에도 사정은 마찬가지였다. 그러다가 1600년에 동인도회사를 설립한 영국은 이 회사를 통해 선발(先發)인 포르투갈과의 제휴와 갈등 속에서 중국에 대한 개방과 통상 압력을 일층 강화하였다. 그 결과 1637년 8월 웨델(John Weddell)이 이끄는 영국 선단(4척의 무장상선)이 광주(廣州) 호문(虎門)에서 명군과 무장충돌하는 사건까지 발발하였다. 그렇지만 명·청의 일관된 해금쇄국(海禁鎖國)정책으로 인하여 영국의 기도는 쉽게 실현될 수가 없었다. 18세기 초반에 이르러 영국은 동남아시아 및 중국과의 무역에서 포르투갈과 네덜란드를 제치고 단연 수위를 점하였음에도 불구하고 대중통상만은 여전히 많은 제재를 받고 있었다. 이러한 상황에서 영국 정부는 동인도회사의 건의를 받아들여 중국에 사절을 보내 외교회담으로 해결책을 찾아보려고 하였다.

그리하여 1787년에 영국 왕 죠지 3세(George III)는 캐스카트(Charles Cathcart)를 사절로 청조에 파견하였으나, 도중에 병사하여 사절단 전원을 철수하고 말았다. 이어 영국 왕은 매카트니(George Lord Macartney)를 단장으로 한 사절단을 재파하였다. 사절단은 군사·측량·제도(製圖)·항해 등 각 방면의 전문가를 포함하여 100여 명으로 구성되었다. 사절단의 사명은 청나라 정부와의 직접적인 교섭을 통해 '종전에 각국이 계략이나 무력의 방법으로 획득할 수 없었던 상무(商務)이익과 외교권리를 취득'하며, 모든 기회를 이용하여 중국관련 정보를 수집하는 것이었다.

사절단은 1792년 9월에 죠지 3세가 청 건륭제(乾隆帝)에게 보내는 국서와 천문의기·악기·시계·모전(毛氈)·차량·무기·선박모형 등 13,000파운드어치의 예물을 휴대하고 영국을 떠나 이듬해 7월 천진(天津) 대고(大沽)에서 상륙하여 곧바로 북경으로 향하였다. 당시 열하(熱河)의 피서 산장에서 수연(壽宴) 준비를 하고 있던 건륭제는 영국 사절단이 조공(朝貢)이나 축수차 내화한 것으로 착각하고 사절단의 주요 성원들을 열하에서 소견(召見)하겠다고 하였다. 그런데 의례 문제로 쌍방간에 뜻밖의 쟁의가 발생하였다. 청측에서는 중국식대로 사절들의 3궤(跪) 9고두배(叩頭拜)를 요구하였고, 사절단측은 이를 거절하였다. 협상 끝에 절충안으로 사절단장이 영국 왕을 알현할 때처럼 한쪽 무릎을 굽혀 예의를 표하기로 하고, 손 입맞춤은 하지 않기로 합의하였다. 건륭제는 피서 산장 만수원(萬樹園)에서 사절단의 주요 성원들을 접견하고 영국 왕의 국서를 접수하였다. 건륭제는 사절단을 위해 사연(賜宴)하고 영국 왕과 사절단 정·부단장에게 각각 예물을 증송하였다. 사절단은 건륭제의 83세 축수연에 참석한 후 북경에 돌아왔다.

북경에 돌아온 매카트니는 자신에게 부과된 사명을 수행코자 작심하고 청나라 정부에 다음과 같은 일련의 요구를 제시하였다. ①영국의 주화사절 파견을 허락할 것. ②영국 상선이 주산(珠山, 舟

山)과 영파(寧波), 천진 등지에 상륙하여 교역하는 것을 허락할 것. ③영국 상인들이 북경에 점포를 개설하여 교역활동을 하는 것을 허락할 것. ④주산 부근에 방어시설이 없는 작은 섬을 하나 지정하여 영국 상인들이 거류하고 화물을 저장할 수 있도록 할 것. ⑤광주 부근에 자그마한 지역을 지정하여 영국 상인들이 거주할 수 있도록 하거나, 아니면 마카오 거주 영국인들의 자유출입을 허용할 것. ⑥영국 상인들이 광주로부터 마카오에 내왕할 때 내하(內河)로 화물을 운반할 수 있도록 하며, 그들에게 면세나 감세 혜택을 줄 것. ⑦영국 상인들의 화물세율을 확정하고 액외징수를 금할 것.

건륭제는 영국 왕에게 보내는 2건의 칙서(勅書)에서 사절단이 제기한 이상의 요구를 전면 거절하면서 영국 상인들은 중국에 와서 교역을 하되 반드시 중국의 법규를 준수해야 하며, 그렇지 않을 경우 '즉각 바다로 쫓겨날 것'이라고 엄포를 놓았다. 건륭제로서는 "천조(天朝, 즉 중국)에는 물산이 풍족하여 없는 것이 없는바, 외이(外夷) 화물 따위가 있고 없고는 전혀 무방한 일이며" 중국의 대외무역은 그저 외국에 대한 일종의 '은고(恩顧)'에 불과하다는 생각뿐이었다. 건륭제의 이러한 입장은 주권수호 차원에서는 긍정적인 일면이 있으나, 한편 세계정세에 대한 암둔과 자폐적 오만을 반영한 것이기도 하다.

이러한 내용의 칙서를 휴대한 사절단 일행은 그해 10월 북경을 떠나 운하로 항주(杭州)에 이른 후 매카트니를 비롯한 일부는 항주에서 전당강(錢塘江)으로 서행, 강서(江西)를 지나 남하하여 광주에 이르렀다. 사절단의 다른 일부는 항주로부터 영파(寧波)로 가서 출해하였다. 매카트니 일행은 1794년 1월 배편으로 광주를 떠나 그해 9월 런던에 도착하였다. 매카트니 사절단은 비록 사명은 수행하지 못하였지만, 현지 관찰과 청나라 관리들과의 접촉을 통하여 다량의 중국관련 정보를 수집함으로써 하회(下回)의 대중국 교섭을 위해 유용한 자료를 마련하였다. 사절단 성원들은 귀국 후 각방면에 걸친 견문록을 다수 남겨놓았다. 매카트니 자신은 중국이 여러 방면에서 서방국가들에 비해 낙후하며, 청조는 외형은 강한 것 같아 보이나, 실은 부패·쇠약한 나라이므로 일격에 공략할 수 있을 것이라고 자평하였다. 매카트니의 출사는 근대 초 서방이 행한 동향 견사의 한 전형으로서 시사하는 바가 크다.

이상에서 서방의 동향 견사에 관하여 몇가지 대표적인 사례를 들어 고찰하였다. 고대부터 근대 초기에 이르기까지 서방의 동향 견사와 더불어 동방의 서향(西向) 견사, 즉 동방이 서방제국(서역)에 사절을 파견하는 일도 연면부절(連綿不絶)하였다.

동방의 서향 견사는 전한 무제(武帝, BC 140~87)가 대월지(大月氏)와의 연형(連衡)을 위해 장건(張騫)을 서역에 파견한 것이 그 효시다. 전국시대에 북방에서 흥기한 흉노는 한대 초에 세력을 확장하여 동린국 동호(東胡)와 서린국 월지(月氏)를 격파하고 남으로 황하(黃河) 연안까지 진출하여 한을 크게 위협하고 있었다. 한대 초 60년간 국력회복을 위하여 한은 흉노에 대해 굴욕적인 화친정책을 폈다. 그러나 흉노는 이러한 화친정책을 무시한 채 수시로 변방을 무단침범하여 재물을 약탈하고 한 치하의 서역제국에 막대한 공물과 납세를 강요하는 등 횡포를 자행함으로써 한의 안전을 각방으로 위협하고, 한과 서역제국 간의 내왕도 저해하였다.

16세의 어린 나이에 등극한 한 무제는 흉노의 횡포에 의분을 표하면서 선왕들이 못다한 실지 회복의 위업을 달성하기로 결심하였다. 무제는 즉위한 지 얼마 지나지 않아 흉노의 한 투항자로부터 흉노에 쫓겨 멀리 일리강 남방까지 서천한 대월지가 흉노에 대한 앙심을 품고 호시탐탐 복수의 기회를 노리고 있다는 정보를 입수하였다. 그는 이것을 절호의 기회로 여기고 대월지와 결맹하여 흉노를 동서에서 협공하기 위해 낭관(郞官) 장건을 기원전 138년 대월지에 사절로 파견하였다.

대월지와의 결맹을 사명으로 받은 장건은 흉노의 해방 노예 출신인 감부(甘父) 외에 100여 명을 인솔하고 장안(長安)을 떠나 롱서(隴西, 현 甘肅省 岷州)에 이르렀는데, 더 서진하지 못하고 이미 이 지방에 남하한 흉노군에게 체포되어 흉노로 압송되었다. 그는 거기에서 흉노 여인과 결혼하여 자식까지 보고 10년의 세월을 보내던 중 감시가 소홀해진 틈을 타서 감부 및 처와 함께 도주하는 데 성공하였다. 자신에게 부과된 사명을 오매불망한 그는 서쪽으로 오아시스 육로의 천산(天山) 북도(北道)를 따라 수십일간 걸어서 대원(大宛, Ferghāna)에 이르렀다. 장건은 대월지까지 안내만 해준다면 귀조 후 한조에서 후한 예물로 보답할 것이라고 대원 왕을 설득하였다. 이에 왕은 사람을 보내 장건 일행을 강거(康居, 씨르다리아강 유역)까지 호송하였다. 강거에서도 같은 식으로 안내를 받아 드디어 대월지에 당도하였다.

그러나 대망을 안고 천신만고 끝에 찾아간 대월지의 정세에는 그간 의외의 변화가 일어났다. 시해

서역사행길의 장건

된 왕의 아들이 즉위하여 대하(大夏)를 병합하고 숙적 오손(烏孫)을 피하여 일리강으로부터 멀리 중앙아시아의 아무다리아강 북안까지 서천한 대월지는 인구 40만을 헤아리는 강국으로 국태민안의 성기를 맞아 흉노에 대항하여 고지(감숙)를 수복할 의향은 이미 포기한 지 오래였다. 사명 수행에 실패한 장건은 대월지를 떠나 대하의 바르크에 1년간 체류하면서 관망하다가 기원전 128년 귀국길에 올랐다. 오아시스로의 남도, 즉 남산(南山, 崑崙山) 북록을 따라 강중(羌中, 현 靑海省)을 지나다가 또다시 흉노에게 체포되어 1년간 구류되었다. 구류기간에 흉노의 군신(軍臣) 선우(單于)가 사망하자 동생인 좌곡리(左谷蠡)가 모반하여 태자를 폐위시키는 내란이 일어났다. 이 혼란한 기회를 타서 장건은 감부 및 처와 함께 도주하여 기원전 126년에 마침내 장안

돈황 막고굴 제323호 벽화 중의
장건 서역 출사도(초당)

에 귀조하였다.

곡절 많은 장건의 서역사행은 12년이나 걸렸으며, 살아남아 귀국한 사람은 그와 수행원 감부 두 사람뿐이었다. 무제는 그의 노고와 공덕을 높이 평가하여 태중대부(太中大夫)로 봉하고 감부에게 는 봉사군(奉使君)이란 칭호를 하사하였다. 이것이 장건의 제1차 서역사행이다. 장건의 제1차 서역 사행은 비록 대월지와 대흉노 공수동맹을 결성한다는 사명을 수행하는 데는 실패하였지만, 이 사행 을 통해 흉노를 비롯한 서역제국에 관한 정보를 많이 얻게 되었다. 그는 자신의 견문을 무제에게 상 주(上奏)하는 한편, 신독(身毒, Shindhu, 즉 인도)으로 통하는 촉도(蜀道)의 개척과 대하와의 무역거 래를 건의하였다. 또한 그는 식물을 비롯한 여러가지 서역 문물을 재래(賫來)하여 고대 동서교류에 크게 기여하였다.

귀조 다음해(BC 125)에 장건은 촉도 개척을 위해 사천(四川)에 파견되었으나, 토착 부족들의 저항 으로 뜻을 이루지 못하였다. 2년 후(BC 123) 그는 대장군 위청(衛靑)의 흉노 토벌전에서 그를 보좌하 여 큰 위훈을 세웠다. 그 공로로 박망후(博望侯)에 책봉되었다. 그러나 또 2년 후(BC 121)에 산서성 (山西省) 대군(代郡)과 안문(雁門) 일대에 침입한 흉노군에 대한 징벌전에서 위기에 처한 이장군 광(李將軍廣)의 구출작전에 출진이 늦었다는 이유로 후(侯)에서 좌천되었다.

다시 2년 후(BC 119)에 대장군 위청과 표기장군(驃騎將軍) 곽거병(霍去病)은 두 차례의 격전 끝에 흉노를 막북(漠北)으로 몰아냈다. 그러나 이 격전에서 한군의 손실도 심대하였고, 더욱이 군마(軍 馬)가 크게 부족하였다. 이에 무제는 서역과의 통교를 주장해온 장건을 기원전 115년에 중랑장(中郎 將)으로 재기용하면서 다시 서역에 파견하여, 실지(돈황 일대) 수복의 명분하에 당시 흉노와 심한 갈 등을 빚고 있는 오손(烏孫)을 유인, 흉노에 공동 대처하려고 하였다. 이것이 장건의 제2차 서역사행인데, 그 사명은 흉노에 적대적인 오손을 유인하여 대흉(對匈) 공동전선을 결성한다는 것이었다.

　장건은 필요시 여러 곳에 파견하기 위한 다수의 부사(副使)를 비롯하여 300명의 수행원(각자에게 말 2필)을 대동하고, 공물로 수만 마리의 소와 양, 수만냥의 금백(金帛)을 휴대하고 현지에 도착하였다. 그는 흉노의 재침을 제어하기 위해 오손 왕 곤막(昆莫, 獵驕靡)을 설복하여 오손인을 하서(河西)지방에 이주시키려고 하였다. 그러나 오손 왕과 귀족들은 여전히 흉노의 위협에 겁을 먹고 있었으며, 게다가 왕위계승 문제로 내분이 일어나 곤막 자신도 감히 단독으로는 장건의 요구에 응할 수가 없었다. 결국 장건의 오손 유인사행은 결실을 보지 못하고 실패하였다. 그리하여 그는 대완·강거·대월지·대하·안식·신독·화기(和闐) 등 인근 여러 나라에 수행한 부사들만 파견하고 같은 해에 귀조하였다.

　장건 귀국시, 비록 제휴에는 응하지 않았지만 그렇다고 냉대할 수도 없었던 오손 왕도 도역(導譯, 안내원)과 함께 사신을 장안에 파견하였다. 한의 웅세에 놀라움을 금치 못한 오손 사신은 귀국 후 복명하면서 본 사실을 그대로 품고하자 왕은 친한(親漢)을 작심하게 되었다. 기원전 110년에 왕이 한의 강도(江都) 왕 유건(劉建)의 딸을 취함으로써 한과 오손 간의 관계는 결친(結親)관계로까지 가까워졌다. 이때부터 한의 사신들은 안심하고 서역제국을 내왕할 수 있게 되었으며, 한과 서역 간의 통상로도 열리게 되었다. 한편, 장건이 서역 여러 나라에 파견한 부사들도 귀국시 해당 나라의 사신들을 대동함으로써 마침내 한과 서역제국 간의 공식적인 내왕도 시작되었다. 이것이 바로 이른바 장건의 '서역착공(西域鑿空)'인 것이다. 그의 이러한 업적이 높이 평가되어 오손에서 귀조한 직후 대행(大行)에 봉해지고 9경(卿, 대신급)의 일원으로 승격되었다.

　이와같이 장건의 두 차례에 걸친 서역사행으로 말미암아 사상 초유의 서역착공이 이루어지게 되었던 것이다. 이 사행을 통한 서역착공이 동서교류사에서 갖는 의의는 지대하다. 사상 최초로 장안에서부터 파미르 고원 서쪽까지의 오아시스로 동단(東段)이 개척되었으며, 중국과 서역 간에 사절이 호환되는 등 공식관계가 맺어지기 시작했다. 또한 착공과정에서의 견문과 전문을 통해 서역에 관한 지식과 정보가 획득되어 그것이 『사기(史記)』와 『한서(漢書)』에 실려 전해내려옴으로써 고대 중앙아시아와 동서교류사 연구에 귀중한 사료가 되고 있다. 뿐만 아니라, 착공과정에서 포도·석류(石榴)·호도(胡桃)·호두(胡豆)·목숙(苜蓿)·말 등 서역 문물이 중국에 유입되었으며, 후일 중국을 거쳐 그러한 문물들이 한국을 비롯한 극동 여러 나라에까지 전파되기도 하였다.

　한대에 장건 이후 서역의 가장 먼 곳까지 출사한 사람은 후한 화제(和帝) 때(89~105)의 감영(甘英)이다. 후한 화제 영원(永元) 3년(91)에 반초(班超, 32~102)가 서역도호(西域都護)에 임명된 후 영원 6년까지 서역 50여 개국이 한에 복속되고 오아시스로의 남·북도가 개통되어 한의 대서역관계는 일대 전성기를 맞이하게 되었다. 이러한 정세에서 반초는 영원 9년(97)에 감영을 대진(大秦, 로마)

에 파견하였다.

　감영의 사명은 대진과의 직접통교를 탐색하고 한의 위세를 서방에 선양하는 것으로 추단된다. 한인들의 안중에 대진은 극서(極西)의 문명대국으로서 대단히 풍요로워, 교역에서 '10배의 이익'을 얻을 수 있는 나라였다. 그런데 당시 한과 대진 간의 육로교역은 안식이 중간에서 독점하고 양자간의 직접거래를 차단하고 있었다. 그리하여 반초는 감영을 출사시켜 안식에 의한 이러한 중간 독점과 차단실태를 요해하고 그 타개 방도를 강구하여 한과 대진 간의 직접교역을 성사시키려고 하였던 것이다. 또한 서역에서 한의 세력이 크게 팽창하고 오아시스로의 남·북도가 소통되는 상승정세하에서 한의 위세를 서방에 과시함으로써 서방과의 공식관계도 모색하려고 하였던 것이다. 이러한 복합적인 사명을 띠고 감영은 멀리 극서의 대진으로 파견되었던 것이다.

　감영의 대진 출사 루트에 관해서는 구체적으로 문헌에 전하는 바는 없지만, 『후한서』 「서역전」의 단편적인 기록에 근거해 추측해볼 수 있다. 그는 서역도호부 소재지인 쿠차(龜玆)의 타건성(它乾城, 현 新疆 庫車 서남부)에서 출발, 오아시스로의 북도를 따라 서행하여 카슈가르(疏勒, 현 신강 喀什)에 이른 다음 남도로 길을 바꾸어 사차(莎車, 현 신강 사차)를 거쳐 파미르 고원을 넘었다. 그후 대월지(현 아프가니스탄 북부)와 안식 동계(東界)의 메르브(Merv, 木鹿, 현 투크만말리)를 지나 계속 서행하여 헤카톰필로스(Hekatompylos, 和檀, 현 이란 다무칸)와 엑바타나(Ecbatana, 阿密, 현 이란 함단)를 경유, 크테시폰(Ktesiphon, 斯賓, 현 바그다드 동남부)에 도착하였다. 이후 감영은 '조지(條支)'의 대해(大海)에 이르러 건너가려고 하였다. 그러자 안식 서계(西界)의 배꾼들이 그에게 바다가 넓기 때문에 왕래하는 데 순풍일 때면 3개월이 걸리나, 역풍을 만나면 2년도 걸리니 항해자는 반드시 3년분 식량을 휴대해야 하며, 또한 바다에서 향수에 잠겨 죽어간 사람들이 다수 있다고 말하였다. 이 말을 들은 감영은 상심 끝에 발길을 되돌렸다고 한다.

　여기에서의 '조지'는 당시 안티오크를 중심으로 한 시리아이며, '대해'는 그 서쪽에 펼쳐진 지중해를 말한다. 따라서 감영의 출사 도달지점은 시리아의 서계, 지중해의 동안인 것이다. 그러나 '조지'는 이라크의 양하(兩河) 유역, 페르시아만 인근지역이며, '대해'는 페르시아만으로서 배꾼들이 말하는 바닷길은 페르시아만에서 아라비아 반도를 돌아 홍해를 거쳐 지중해에 진입하는 길을 의미한다는 이설이 있으나 신빙성이 별로 없다. 아무튼 당시 한과 대진 간의 접촉을 시기하는 안식의 태도로 미루어보아 안식 배꾼들의 말은 대진으로의 해로가 멀고 험난하다고 과장함으로써 감영의 사행을 저지시키려는 의도가 숨어 있는 것이 분명하다.

　귀로도 조지로부터 동행으로 오익산리(烏弋山離, 현 아프가니스탄 서남부)와 계빈(罽賓, 현 카슈미르)을 지나고 파미르 고원을 넘어 오아시스로 남도에 위치한 피산(皮山, 현 신강 피산 남부)을 경유, 서역도호부 소재지에 있는 출발지에 귀착하였다. 때는 영원 11년(99)이었다. 그러니 감영의 왕복사행은 2

년이나 걸린 셈이다. 감영은 비록 목적지인 대진까지는 이르지 못하고 중도에 돌아왔지만, 그의 사행은 동서통교의 개척사에서 큰 의미를 가진다. 한대에 안식까지 다녀온 사람은 있어도, 지중해 동안까지 출사한 것은 감영이 처음이다. 그는 오아시스로의 서단(西段)에 관한 귀중한 기록을 남겨놓았으며, 서방에 대한 한인들의 이해도 증진시켰다.

위진남북조 분열시대에는 괄목할 만한 서향견사가 없다가, 통일제국인 수대에 와서 재개되었다. 『수서(隋書)』「서역전」과 『통전(通典)』(권193)의 단편적인 기록에 의하면, 대업(大業) 1년(605)경에 수 양제(煬帝)는 시어사(侍御史) 위절(韋節)을 중앙아시아와 인도에 파견하였다. 위절은 사예종사(司隸從事) 두행만(杜行滿)을 대동하고 출사하였는데, 그의 사명은 대돌궐(突厥)정책을 포함한 수 양제의 서역경략 구상을 위한 사전 조사 및 요해인 것으로 추측된다. 위절의 사행로는 미상이나, 대체로 현장(玄奘)의 도축구법 왕복로를 따른 것으로 보인다. 그는 인도와 중앙아시아의 읍달(挹怛, 토카리스탄), 강국(康國)을 비롯한 소그디아나 오아시스 제국과 안국(安國, 부하라), 사국(史國, 게슈) 등 여러 나라를 역방하였다. 『수서』「북적전(北狄傳)」에는 대업 6년에 위절이 서돌궐에 파견되었다는 기사가 있는데, 이것이 그의 중앙아시아 및 인도 사행과 같은 사행인지, 아니면 별도의 사행인지는 분명치 않다.

그는 귀국 후 『서번기(西蕃記)』라는 여행기를 저술하였는데, 소실되어 전하지 않는다. 『수서』나 『통전』에 부분적으로 인용된 이 『서번기』의 기록에 의하면, 그는 여러가지 서역 문물을 재래하였다. 그중에는 계빈(罽賓, 당시는 간다라)의 마노배(碼碯杯)와 왕사성(王舍城)의 불전(佛典), 안국과 사국의 오색염(五色塩, 약재인 화합염)과 무녀(舞女), 사자피(師子皮), 화서모(火鼠毛, 火浣布의 원료) 등이 있다. 강국에 관해서는 상업의 번영상이나 풍속 같은 것을 상술하고 있다. 수조가 단명으로 끝났기 때문에 위절의 출사가 가져온 결과는 알 수 없지만, 후조인 당(唐)의 서역경략에는 정지적(整地的) 역할을 하였다. 특히 그가 재래한 서역 문물은 후일 장안의 호풍(胡風)문화 형성과 동서 문물교류에 일정한 기여를 하였다.

당대의 대표적인 서향 출사는 왕현책(王玄策)의 3차 인도사행이다. 고대 중국과 인도의 관계는 주로 불교를 매개로 한 종교관계였다. 당대도 예외는 아니었다. 때문에 왕현책과 같이 비종교적인 관헌의 출사에도 그 사명이나 활동내용을 보면 다분히 종교적이며, 그의 사행에 관한 약간의 잔존기록도 대부분이 불교관련 내용이다. 이렇듯 불교 위주였던 중·인관계를 반영하듯, 왕현책과 거의 같은 시기에 구법차 인도에 다녀온 고승 현장에 관해서는 모든 사적이 대서특필하고 있으나, 중요한 국사(國使)였던 왕현책에 관해서는 두 당서(唐書)에 그의 열전조차 없는 형편이다. 왕현책의 인도사행은 그가 저술한 여행기인 『중천축행기(中天竺行記)』의 내용을 극히 부분적으로 인용한 『법원주림(法苑珠林)』(권100)이나 『제경요집(諸經要集)』 『석가방지(釋迦方志)』 등에 남아 있는 20여 개항의 잔문(殘文)에 의해서만 겨우 알 수 있을 정도이다.

왕현책이 인도로 출사하기 전에 중천축의 마가다 국왕 실라디탸(Siladitya, 일명 戒日王)는 두 차례나 당에 견사하였다. 그 회사로서 당 태종(太宗)은 정관(貞觀) 17년(643) 3월에 조산대부(朝散大夫) 이의표(李儀表)를 정사(正使)로, 융주(融州) 황수현(黃水縣, 현 廣西 羅城 서북부)령 왕현책을 부사로 하는 22명의 사절단을 마가다에 파견하였다. 사절단은 마가다의 내당 사절단과 동행하였다. 사행 노정은 토번─니파라도(吐蕃─尼婆羅道, 티베트─네팔도)를 거쳐 12월에 마가다에 도착하였다. 사절단이 네팔을 지날 때, 이 나라 국왕 나렌드라데바(Narendradeva)는 사절단을 초대하여 명승지를 유람토록 하였다. 마가다에 이르자 실라디탸 왕은 대신을 교외에 보내 출영하고, 환영 연도에는 향을 피워 정중히 맞이하였다. 마가다에 2년간 체류하다가 정관 19년(645) 1월 27일에 왕사성(王舍城)에 이르러 그 동북쪽에 있는 그리다쿠타(Gridhakūta)산에 올라가 돌을 쪼아 기념명문을 새겨놓고, 마하보리사(寺)에는 기념비를 세워 사적을 기록하여놓았다. 일행은 동천축의 가마루피국도 방문하여 동자왕(童子王)의 환대를 받고 정관 20년(646)에 환국하였다. 이것이 왕현책의 제1차 인도사행이다.

이듬해인 647년에 왕현책은 정사로서 다시 인도에 파견되었는데, 그의 공식직함은 우위솔부장사(右衛率府長史)였다. 부사 장사인(蔣師仁)과 함께 노자(老子)의 『도덕경(道德經)』 산스크리트 역본을 휴대하고 갔다. 그런데 사절단이 마가다에 도착하였을 때는 실라디탸 왕은 이미 타계한 뒤로서, 내란이 일어나 그 속국이었던 북부의 티랍후키(Tirabhuki, 현 Tirbut) 국왕 아라나순이 왕위를 찬탈하고는 군사들을 보내 사절단의 입국을 불허할 뿐만 아니라, 납치하려고까지 하였다. 불의의 도전에 사절단의 수행기병 30명이 대응하였으나 역부족으로 포위되어 위험에 처하게 되었다. 왕현책은 야음을 타 티베트로 탈출하여 원군을 요청하였다. 티베트의 정예병 1,200명과 네팔의 기병 7천여 명을 지원받은 왕현책은 곧바로 마가다로 진격하여 3일간 격전 끝에 대승을 거두었다. 적 3천명이 살상되고 1만명이 도피중 익사하였다. 부사 장사인은 왕도를 버리고 도주하는 아라나순을 추적, 생포하고 남녀 12,000명과 우마 3만여 필을 노획하였다. 사절단의 낭보를 들은 동천축 가마루피 국왕은 우마 3만필을 군량으로 선물하였다. 왕현책은 아라나순 왕과 왕비를 압래(押來)하고 태종에게 복명하였다. 태종은 대단히 만족해하면서 그를 조산대부(朝散大夫)에 봉하였다.

고종(高宗) 현경(顯慶) 2년(657)에 왕현책은 세번째로 인도에 파견되었다. 그는 불가사(佛袈裟)를 휴대하고 659년에 동천축의 마가다에 도착하였다. 이어 마하보리사에 가서 또 하나의 기념비를 세워놓고, 660년에 카피사(Kapisa)를 경유, 이듬해(661) 장안에 귀조하였다. 그는 카피사의 고왕사(古王寺)로부터 불정골(佛頂骨) 조각을 재래하였다고 전한다. 일설에는 664년에 왕현책이 네번째로 인도에 견사되었다고 하나 신빙성있는 증거는 없다.

왕현책은 3차의 인도사행에 관한 여행기로서 『중천축행기』 10권을 저술하였다. 전권은 소실되었지만, 다른 사적들에 인용된 약간의 잔문이 남아 있어서 그의 3차 사행에 관해 극히 개략적으로나마 알 수 있게 되었다. 왕현책의 인도사행이 동서교류사에 남겨놓은 가장 큰 업적은 중국과 인도 간에 티베트—네팔도(일명 中印藏道)가 당대 초에 소통된 사실을 확인해준 것이다. 고대에 중국과 인도 간의 내왕은 주로 오아시스로 남도나 해로를 통하여 이루어졌으나, 당대에 와서는 그밖에 첩경인 이 새로운 통로가 개척·이용되었다. 티베트—네팔도의 노정은 장안을 출발해 감숙(甘肅)과 청해(靑海)를 지나 티베트 라싸에 이른 후, 네팔을 경유해 인도 동부로 이어진다. 이 길의 개척으로 중국—인도간 노정은 크게 단축되었다. 왕현책의 첫 사행 때는 이 길로 장안에서 마가다까지 9개월이 소요되었는데, 종전에 오아시스로 남도를 통할 때는 보통 1년 이상이 걸렸다. 사실 이 길은 639년 네팔의 적정(赤貞)공주가, 2년 후인 641년에는 당조의 문성(文成)공주가 티베트에 출가하면서, 그것이 계기가 되어 정비·소통되었던 것이다. 왕현책은 소통 직후의 최초 공식과객이었으며, 그후에는 인도와 네팔, 티베트, 중국을 오가는 불승들도 이 첩경을 많이 이용하였다.

중국의 대인도 견사는 송대에도 계속되다가 원대에 와서는 더욱 빈번해졌다. 인도는 원조가 서아시아나 북아프리카와 해로로 통교하는 데 있어 중계지 역할을 하였다. 특히 원조가 그 예하의 일 칸국과 연계를 유지하는 데서 지정학적으로 인도는 중요한 위치에 있었다. 그리하여 인도와의 사절 호환이나 교역은 전례없이 활발하였다. 1279년에 원 세조(世祖)가 해외의 여러 번국(藩國)들을 초유(招諭)한 결과 점성(占城)이나 마팔아(馬八兒, Maabar, 현 인도 남단의 마나르만) 등 여러 번국들은 원조에 대한 칭번(稱藩)을 약속하였으나, 구란국(俱蘭國, 현 인도 서남단의 퀼론) 등 몇몇 나라는 그렇게 하지 않았다. 그리하여 원조는 4차나 양정벽(楊庭璧)을 퀼론에 파견하여 퀼론의 이탈을 막고 번속관계를 유지하려고 하였다. 이것이 그의 4차 인도사행의 사명이다. 원대의 많은 대외견사 중 비교적 성공한 경우가 바로 이 양정벽의 인도 출사다. 그의 출사에 관해서는 『원사(元史)』 「본기(本紀)」나 「외이전(外夷傳)」에 비교적 소상하게 기록되어 있다.

지원(至元) 16년(1279) 12월에 세조는 광동(廣東) 초토사(招討司) 달로화적(達魯花赤) 양정벽을 사절로 퀼론에 파견하였다. 해로로 이듬해 3월에 현지에 도착한 양정벽은 그곳 '국주(國主)'를 설득한 결과 국주는 동생을 통해 양정벽에게 보낸 서한에서 세시(歲時)에 견사 입공하겠다고 약속하였다. 이것이 양정벽의 제1차 인도사행이고, 제2차는 지원 17년(1280) 10월에 있었다. 그는 퀼론국 선위사(宣慰使) 합살아해아(哈撒兒海牙)와 동행하였는데, 이듬해(1281) 1월 천주(泉州)에서 출해하여 약 3개월간 항행한 끝에 승가야산(僧伽耶山, 현 스리랑카)에 이르렀다. 그런데 선주 정진(鄭震)은 역풍이 일고 식량이 부족하여 더이상 항진이 어려우니 마아바르(Maabar)에 가서 육로로 목적지에 갈 것을 권유하였다. 선주의 권유대로 양정벽은 4월에 마아바르의 신촌항(新村港, Punnei Kayal, 혹은 Cail)에 상륙하였다. 그러나 당시 마아바르와 퀼론 사이의 관계가 악화되어 결국 목적지 퀼론까지는 가지 못하고 되돌아서 환국하고 말았다. 제2차 사행이 여의치 않았던 양정벽은 같은 해 11월 단신으로 다시 퀼론에 파견되어 이듬해(1282) 2월 현지에 도착하였다. 이것이 그의 제3차 인도사행이다. 퀼론 국주는 즉시 원조에 견사 진공(보화와 검은 원숭이 1마리)하였고, 현지의 야리가온(也里可溫, 즉 경교)과 이슬람교의 교주 및 소목달국(蘇木達國, 인도 서해안의 솜나트 혹은 Chaul)의 사신이 양정벽을 예방하였다. 귀국길에는 나왕국(那王國, 현 수마트라 혹은 니코바르 제도)과 소목도랄국(蘇木都剌國, Samudra, 현 수마트라)에 들러 칭번과 조공 약속을 받아냈다. 끝으로 지원 20년(1283) 1월 양정벽은 선위사(宣慰使)의 자격으로 인도에 네번째로 파견되었다.

이상과 같은 양정벽의 4차 출사로 말미암아 원조와 남부 인도를 비롯한 동남아시아 여러 번국들과의 관계가 더욱 밀접해졌으며, 이를 계기로 원조에 견사 공물하는 나라들이 늘어났다. 1286년에 동남아시아 나라들 중 원조에 견사 공물한 나라는 마아바르·수문나(須門那, Sumanat, 현 인도의 솜나트)·승급리(僧急里, Shinkal, 현 인도 남부 서안의 코친)·극란가노이(克蘭加努爾, Cranganore, Shinkal의 북부)·남무력(南無力, Lamuri, 현 수마트라 서북부)·마란단(馬蘭丹, 수마트라 혹은 아프리카 동안의 말린디)·나왕 정가아(那旺 丁呵兒, Trengganu, 현 말레이시아 丁家奴)·내래(來來, Lala, 인도 서남부의 구자라트의 별명)·급란역대(急闌亦帶, Kelantan, 현 말레이시아 켈란탄)·소목도랄(蘇木都剌) 등 10개국이나 되었다.

이와 더불어 양정벽의 출사 이후 중국 천주로부터 인도양으로 항행하는 항로가 전례없이 활발하게 이용되었다. 중국 선박이 퀼론까지 직항한 후 거기서 아불합(阿不合, 일 칸국의 阿八合) 왕성까지 이르는 데 순풍이면 15일 정도밖에 안 걸렸다. 이 항로는 원대 해외무역의 주요한 항로였으며 마르꼬 뽈로나 오도리끄, 왕대연(汪大淵), 이븐 바투타 등 대여행가들도 이 항로로 오갔다.

원대에 사제(司祭)나 사절의 신분으로 서아시아와 서구를 동분서주한 사람으로 기독교의 네스토리우스파(경교) 사제인 라반 사우마(Rabban Sauma, ?~1294)가 있다. '라반'은 시리아어의 '라브'(rabb, 나리, 어른)에서 유래된 경칭어이고 '사우마'(sauma)는 '재계(齋戒)'란 뜻이다. 그는 일명 '바르 사우마'(Bar Sauma)라고도 하는데, 그것은 '재계 때 출생하다'라는 뜻이다. 사우마는 위구르계의 옹구트(汪古) 부족 출신으로 원의 수도 대도(大都, 현 북경)에서 출생하여 20여 세 때 대도 부근의 산중에 은거하여 수행에 정진하였다. 후일 동승주(東勝州, 현 내몽골 托縣) 지방에서 마르쿠스(Marcus)가 찾아와 함께 금욕과 단식의 고행으로 수행했다. 두 사람은 예루살렘 순례를 결심하고 1275년에 대도(일설은 옹구트 왕가의 거성인 淨州)를 출발하였다. 쿠빌라이의 명에 따라 출사하였다는 설도 있다. 동승(東勝)과 당올(唐兀, 현 寧夏 銀川)을 지나 오아시스로의 남도에 있는 간단(斡端, 현 신강성 和田)에 도착하였다. 그런데 당시 이곳에는 전란이 발생하고 기근이 만연하여 더이상 서진하지 못하고 북상하여 가실합이(可失哈耳, 현 신강성 카슈가르)를 지나 탑랄사(塔剌思, 현 카자흐스탄의 간브르)에 이르렀다. 여기서 오고타이 칸국의 카이두(海都, Qaidu) 칸을 알현하여 그로부터 여행보증서를 발급받아 가지고 호라싼(현 이란 동부)을 지나 아제르바이잔의 수부(首府)이며 일 칸국의 문화중심지인 마라카에 도착하였다. 바로 그때 네스토리우스파의 법왕(法王) 마르 덴하(Mar Denha)가 이곳을 방문하고 있었기에 사우마 일행은 그를 알현하였다. 일행은 법왕의 요청에 따라 바그다드에 이르러 일 칸국의 아바카(Abaqa) 칸으로부터 친서를 받아가지고 예루살렘으로 향발하였다.

법왕 마르 덴하는 일행을 소견(召見)하는 자리에서 마르쿠스를 대도와 옹구트부 주교로 임명하고 그의 이름을 마르 야바 알라하(Mar Yahba Allaha)로 개명하였다. 그리고 사우마는 순시총감(巡視總監)에 임명하였다. 두 사람은 귀국하려고 바그다드를 출발하여 동행(東行)하는 도중 일 칸국과 카이두 간의 전화가 중앙아시아를 휩쓸고 있어서 더이상 동진하지 못하고 바그다드로 되돌아갔다. 사우마는 성 미하일 수도원에 안주하였다. 이듬해(1281)에 법왕 마르 덴하가 서거하자 마르쿠스가 법왕으로 추대되어 마르 야바 알라하 3세가 되었다. 이즈음에 즉위한 일 칸국의 아르군 칸(재위 1284~91)은 이집트의 맘루크조에 대항하기 위해 서구의 기독교 국가들과 군사동맹을 체결하려고 교황 호노리우스 4세(Honorius IV)에게 친서를 보냈다. 아울러 아르군 칸과 마르 야바 알라하 3세는 팔레스타인과 시리아 지방을 맘루크조로부터 탈환하기 위해서는 교황과 서구의 협력이 필요하다는 데 견해를 같이하였다. 바로 이러한 협력을 획득하기 위하여 사우마를 특사로 서구에 파견하였다.

아르군 칸은 비잔띤 황제와 프랑크 왕에게 보내는 친서를, 마르 야바 알라하 3세는 교황에게 보내는 친서를 각각 사우마에게 위탁하였다. 사우마 일행은 1287년에 바그다드를 떠나 꼰스딴띠노쁠에 도착하여 비잔띤 황제 안토로니구스 2세의 환대를 받고 배편으로 나쁠리에 도착하였다. 거기서부터 육로로 로마에 이르렀을 때 공교롭게도 교황 호노리우스 4세가 승하하였다. 거기서 추기경(樞機卿)을 만나 의향을 개진하였으나 별다른 성과를 거두지 못하자 제노바를 거쳐 프랑크 왕국의 수도 빠리에 가서 국왕 필리쁘 4세(Philippe IV)를 진현(進見)하였다. 사우마는 그에게 아르군 칸의 친서를 전하였다. 필리쁘 4세는 예루살렘을 탈환하기 위해 몽골군과 연합하여 맘루크조와 싸우는 데는 찬성하였지만, 일 칸국과 군사동맹을 맺는 데까지는 동의하지 않았다. 사우마 일행은 빠리에 한달간 체류하면서 시내 곳곳을 참관한 후 프랑스 서남부의 가스꼬뉴(Gascogne)에 가서 때마침 그곳에 머물고 있는 영국 왕 에드워드 2세(Edward II)를 알현하고 아르군 칸의 구두 메씨지를 전하였다. 영국 왕 역시 몽골군과의 연합전선에 대해서만 찬성하였다.

1287년 겨울을 제노바에서 보낸 사우마는 이듬해 봄 새 교황에 니꼴라스 4세(Nicholas IV, 재위 1288~92)가 즉위했다는 소식을 듣고 로마로 찾아가서 그를 진현하였다. 교황은 아르군 칸과 마르 야바 알라하 3세에게 보내는 답신에서 아르군 칸이 예루살렘을 공략하려는 계획에 찬의를 표하면서 아르군 칸에게 곧바로 세례를 받을 것을 권고하였다. 그렇지만 일 칸국과 기독교 국가들 간의 군사동맹 문제에 관해서는 아무런 확답도 주지 않았다. 교황은 마르 야바 알라하 3세를 동방 기독교도들의 총주교로, 사우마를 순찰총감(巡察總監)으로 임명하였다. 작별에 앞서 교황 앞에서 미사를 집전한 사우마에게 교황은 예수의 옷 조각과 성 마리아의 머리수건 조각, 로마 성도들의 유물 등을 하사하였다.

사우마 일행이 사행 임무를 마치고 바그다드에 돌아오자 아르군 칸은 만족해하면서 1289년에 수도 타브리즈의 궁전에 네스토리우스파 교회당을 짓고 사우마를 사제로 임명하였다. 후에 사우마는 일 칸국의 문화중심지인 마라카에 천거하여 거기에서 네스토리우스파 교회당을 지어 포교사업을 하였다. 1293년 바그다드에 돌아와 마르 야바 알라하 3세의 교무(敎務)에 협조하다가 이듬해(1294)에 아르발라에서 타계하였다.

이상에서 보다시피, 라반 사우마는 원조의 대도에서 성지순례를 목적으로 서아시아로 향발하였으나, 도중 불의의 사정으로 일 칸국에 체류하게 되었다. 그곳에서 순시총감에 임명되면서 일 칸국 칸의 신임을 얻어 그의 사절로 교황청과 서구 여러 나라에 출사하여 맹활약을 펼쳤다. 그의 이러한 종교적 및 외교적 활동은 동서교류사에 의미있는 영향을 미쳤다. 그의 활동은 서구 기독교 국가들의 동방에 대한 환심을 불러일으켰다. 그리하여 교황청과 서구 나라들은 꼬르비노(G. di M. Corvino)를 비롯한 여러 사절들을 동방에 연속 파견함으로써 동·서간의 교류와 이해를 증진시켰던 것이다. 특히 기독교 일파인 네스토리우스파의 동방 전파에 대하여 교황청과 서구 기독교 국가들은 큰 관심을 갖게 되었다. 사우마는 비록 귀향하지 못하고 이역에서 고혼이 되었지만, 그는 시종 자신의 본분을 잊지 않고 있었다. 그는 가스꼬뉴에서 영국 왕을 알현할 때 '우리는 국왕과 대주교, 그리고 몽골 제왕의 명을 받고 동해(東海)에서 온 사절입니다'라고 자신을 당당히 소개하였던 것이다.

전하는 바에 의하면, 한 동시대인이 페르시아어로 마르 야바 알라하 3세와 라반 사우마의 전기를 저술하였으나 원문은 소실되어 전하지 않는다고 한다. 그러나 다행히 시리아어 역본이 남아 있어서 19세기 말엽부터 프랑스어와 영어, 일본어, 중국어 등 여러 언어로 역출되었다.

원대를 이은 명대는 비록 해금(海禁)을 비롯한 보수적인 외교정책을 추구하고, 대외교섭은 주로 조공이나 봉사(封賜)를 위한 활동에 그쳤지만, 서향 견사를 중단하지는 않았다. 특히 명대 초엽인 성조(成祖, 재위 1403~24)와 선종(宣宗, 재위 1426~35) 치세시에는 명대 전기간에 비추어 예외적이라고 할 수 있으리만큼의 활발한 대외활동을 전개하였다. 성조는 해외에 국위를 선양하기 위해 아시아와 아프리카 여러 나라에 무려 61차례나 사절을 파견하였다. 이 무렵의 가장 유명한 출사로는 진성(陳誠, 1365~1458)의 육로를 통한 3차 서역사행과 정화(鄭和)의 해로를 통한 7차 '하서양(下西洋)'이 있다. 이들의 출사로 인해 원말에 일시 경색되었던 동·서간 통교가 다시 소통되고 동서교류가 활기를 되찾게 되었다.

강서(江西) 영길(永吉) 출신의 진성은 홍무(洪武) 27년(1394)에 진사(進士)에 합격하여 행인(行人)이란 관직을 얻은 뒤 지방관으로 북경, 산동(山東) 등지에서 봉직하였다. 그러다가 감숙(甘肅)과 청해(靑海)의 사리위구르(撒里畏兀兒)를 초무(招撫)한 것이 계기가 되어 일약 이름을 떨치게 되었다. 진성은 당시 북방으로 도주한 원의 잔여세력을 섬멸하고 감숙과 청해의 사리위구르 지방에서 몽골세력을 축출하기 위해 그곳에 설치한 위(衛)에 부임하여 이른바 '안정위(安定衛)'를 확보하였던 것이다. 그러한 능력이 인정되어 귀조 후 즉시 특사로 안남(安南, 현 베트남)에 파견되었다. 안남인들이 강점한 광서(廣西)의 사명(思明)을 수복할 임무를 띠고 갔으나, 그들의 완강한 저항에 부딪혀 성과는 거두지 못하였다. 그후 몽골 원정에 참전한 바도 있다.

　그러다가 성조 영락(永樂) 연간에 서역의 티무르조에 세 차례, 약 7년간 사절로 파견되었다. 그의 서역사행은 신흥 명조의 위세를 선양하고, 중앙아시아 일원에서 발호(跋扈)하는 강대한 티무르제국과의 정상관계를 도모하는 것이 사명이었다. 당시 건국자 티무르를 계위한 넷째아들 샤 루흐(Shah Rukh, 재위 1409~47)도 선대의 반명(反明)정책을 포기하고 명조와의 관계개선을 지향하고 있었다. 진성의 제1차 서역사행은 영락 11년(1413)에 귀국하는 티무르조 영내의 헤라트와 사마르칸트 등 여러 지방의 사신들을 호송하면서 서역제국을 순력(巡歷)하는 데 목적이 있었다. 정사(正使)는 환관(宦官) 이달(李達)이고 진성은 이부원외랑(吏部員外郎) 겸 전서기(典書記)의 자격이였으며, 일행 중에는 호부주사(戶部主事) 이섬(李暹)도 있었다. 사절단은 황제의 칙서와 서역제국 왕들에게 선사할 예물도 상당량 휴대하였다.

　일행은 9월에 경사(京師)를 출발하여 이듬해 1월에 감숙의 숙주(肅州)를 지나 하서주랑(河西走廊)과 가욕관(嘉峪關)을 경유, 적근(赤斤)에서부터 사막을 지나 2월에 하미(哈密)에 도착하였다. 하미에는 명조가 봉한 번왕(蕃王)이 몽골인과 회회인 수백호를 지배하고 있었는데, 이곳에 5일간 체류하였다. 여기에서 서행으로 룩친(魯陳城)과 하라호주(火州)를 지나 3월 1일 투르판(土魯番)에 이르러 성 서쪽 30리에 있는 야르호트(崖兒城)에서 17일을 보냈다.

　3월 24일 이곳을 떠난 일행은 2대로 나누어 전진하였다. 진성 일대는 모굴리스탄 칸을 방문하기 위해 남로를 택하였다. 다른 일대는 북행으로 보구트오라산(山) 서록을 지나 우루무치에 이르러서는 천산(天山) 북도를 서행하여 마나스를 경유, 쿠르쟈 부근에 도착하였다. 진성의 남로대는 톡슨(托遜)까지 남하하였다가 서전하여 천산산맥에 진입하였다. 4월 9일 호르도스(尹禿司)강의 지류에 이른 후 14일에는 천산산맥의 한 분수령인 나라트(納剌禿)령을 넘어 쿤게스(孔葛思)강 계곡에 들어섰다. 이 계곡은 일리강의 상류에 있는데, 자고로 천산산맥을 본거지로 한 유목민들의 방목지로서 진성이 방문하려고 하는 모굴리스탄 칸 무함마드(馬哈木)의 장막이 바로 이 계곡에 있다. 도중에 모굴리스탄 칸 부하의 출영을 받고 함께 19일 칸의 거처에 도착하여 그곳에서 13일간 체류하였다. 모굴리스탄 칸국은 차가타이 칸국의 후예로서 서방 차가타이 칸국이 멸망하고 티무르조가 흥기한 후에도 천산 북쪽에 계속 세력을 유지하고 있는, 이른바 동차가타이 칸국이었다. 명대에는 이 칸국을 그 중심지의 지명을 따서 별실팔리(別失八里, 비슈발리크)라고 불렀다. 5월 3일 칸과 작별하고 쿤게스강을 따라 내려와 일리강의 본류에서 이리(衣烈)란 곳을 지나 15일 쿠르쟈로 짐작되는 곳에서 북로대와 합류하였다. 이곳에서 합삼(哈三)이란 사람을 경사에 보내 영락제에게 사절단의 경과를 상주하였다.

쿠르쟈에서 서진하여 아력마가(阿力馬加, 차가타이 칸국의 수도 알말리크의 구지)에 이른 후 서남쪽으로 가다가 산을 넘어 평퍼짐한 계곡을 따라 계속 서행하여, 또다른 아라다우산을 넘어 이시크쿨호(亦息揭兒) 동안에 도착하였다. 6월 4일에 카라코루라고 생각되는 곳에 이르렀다. 일행은 호수의 남안을 따라 2일간 서행하다가 서남쪽으로 길을 바꾸어 협곡을 지나 씨르다리아강 상류의 나린강을 건너 6월 11일 합랄오지(哈剌烏只)라고 하는 곳에 당도하였다. 여기서 모굴리스탄 칸국의 중신(重臣)으로서 타림 분지 서남부의 아르디 샤흐르(6성) 일대를 지배하고 있는 도구라트족의 후다이다트(忽歹達)의 장막을 방문하였다. 이곳에서 3일간 체류한 후 북행하여 이시크쿨호에 유입되는 카슈가르강을 지나 서행하다가 분수령을 넘어 탈라스강 계곡에 들어서서 6월 26일 도착한 곳이 양이성(養夷城, 현 아우리아다)이다.

이후의 노정은 예부터 이용되어온 오아시스로의 북도를 따랐다. 즉 서남 방향으로 전진하여 7월 2일에 사이람(塞藍城)을 지나고, 7일에 타슈켄트(達失干城)를 경유, 씨르다리아 강가에 이르렀다. 진성은 씨르다리아강을 호젠트(火粘)강이란 별명으로 부르고 있다. 씨르다리아강의 도하 지점에서 일행 중 한 사람을 샤루키야(沙鹿黑牙)의 지배자에게 보내 예물을 전달하였다. '샤루키야'는 샤 루흐 시(市)란 뜻인데, 이는 티무르가 아들 샤 루흐에게 이 도시를 하사한 데서 유래된 말이다. 일행은 여기서 서남행으로 사막을 지나 7월 27일 사마르칸트(撒馬兒罕城)에 도착하였다. 사마르칸트는 티무르 생존시에는 제국의 수도였으나, 그의 사후 아들들 사이에 벌어진 왕위쟁탈전 결과 제국의 실권은 헤라트로 옮겨져 아들 샤 루흐가 장악하게 되었다. 진성 일행이 방문하였을 때 사마르칸트는 샤 루흐의 아들이며 고명한 학자인 우르구베크가 부친을 대신해 군림하고 있었다.

이곳에서 10일간 체류한 후 서남행으로 8월 5일에 티무르의 탄생지인 케쉬(揭石城, 현 샤흐리 사브즈)에 이르렀다. 이어 인도와 페르시아, 사마르칸트로 통하는 도로의 교차점에 있는 요지 철문관(鐵門關)을 지나 아무다리아강(阿木河) 동안에 있는 테르메스(迭里末)에서 강을 건너 8월 20일 발흐(八剌黑城)에 도착하였다. 여기를 떠난 후 가까스로 페르시아 영내에 들어가 호라싼 지방의 안드호이(俺都淮城)에서 3일간 묵은 다음 헤라트로 향발하였다. 그런데 도중에 차차독(車扯禿)이라고 하는 곳에서 샤 루흐의 환도(還都)를 기다리느라 16일이나 지체하였다. 그의 환도 소식을 듣고 출발하

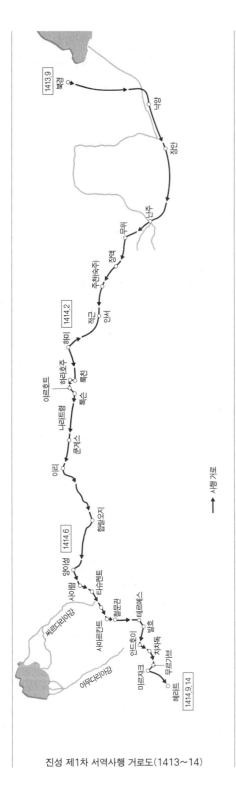

진성 제1차 서역사행 거로도(1413~14)

여 무르가브(馬刺奧)와 마르쟈크(馬刺綽)를 지나 남행하여 자그마한 산맥을 하나 넘어서 경사를 떠난 지 1년이 넘은 9월 14일에 드디어 목적지 헤라트(哈烈城)에 종착하였다. 귀로에 관한 기록은 남아 있는 것이 없으나, 대체로 거로와 같을 것으로 추측되며, 약 1년이 걸려서 영락(永樂) 13년(1415) 10월에 경사에 귀착하였다.

이렇게 진성의 제1차 서역사행에는 약 2년이 걸렸다. 이 사행과정에서 사절단은 서역 17개국을 편력하였는데, 그중 샤루키야와 부하라(卜花兒)는 분견대가 방문한 곳이기 때문에 진성 자신이 직접 순방한 나라는 15개국이다. 귀조 후 그의 공로가 평가되어 이부랑중(吏部郎中)에 발탁되고, 그의 사행기록은 사관(史館)에 증여하여 보관토록 하였다.

이듬해인 영락 14년(1416)에 진성은 또다시 귀조시 그와 동행하여 입조(入朝)하였다가 귀국하는 서역제국 사절들을 호송하라는 명을 받고 제2차 서역사행에 나섰다. 그의 제2차 서역사행에 관해서는 상세한 기록이 별로 남아 있지 않지만, 약간의 잔존기록에 의하면, 6월에 경사를 출발하여 헤라트, 사마르칸트, 안데이, 시라즈(失刺思)를 거쳐 이스파한(亦思弗罕)까지 갔다가 다음해(1417) 12월에 귀조하였다. 그는 제1차 사행 때와 마찬가지로 입조하는 서역제국의 사신들을 대동하고 귀국하였다. 그의 공로가 인정되어 광동포정사참의(廣東布政司參議)에 제수(除授)되었다.

영락 18년(1420)에 다시 우참의(右參議)로 승진한 진성은 환관 곽경(郭敬)과 함께 세번째로 서역에 견사되었다. 잔존기록에 의하면, 그는 2차 사행시 방문한 나라 외에 바다샨(Badascian, 八答黑商)과 호탄(于闐)을 더 방문하였으며 사행기간은 약 2년이었다.

세번째 사행에서 돌아온 진성은 괘관(掛冠)하고 유유자적(悠悠自適)한 생활로 만년을 보냈다고 전한다.

진성은 제1차 사행 후 수행한 이섬(李暹)과 함께 『서역행정기(西域行程記)』와 『서역번국지(西域番國志)』 2권을 저술하여 명제(明帝)에게 봉정하였다. 『서역행정기』는 일기 형식으로 사행노정과 연도의 풍물·지형·기후 등을 상술하고 있으며, 『서역번국지』는 편력한 17개국에 대해 나라별로 지형·주민·역사·풍속·경제·문화 등을 개술하고 있는데, 그중 헤라트에 관한 기술이 약 절반을 차지하고 있다. 이 두 저서는 중세 오아시스로와 중앙아시아 제국, 특히 티무르제국의 실태를 파악하며 동서관계를 연구하는 데 귀중한 사료를 제공해주고 있다.

오아시스로를 통한 진성의 3차례(1413~21, 약 7년간) 서역사행과 거의 때를 같이하여 해로를 통한 서향 견사가 있었는데, 그것이 바로 유명한 정화의 7차례 '하서양(下西洋)'이다. 서역인의 후예이며 운남(雲南) 회족(回族) 출신의 태감(太監) 정화(1371~1435, 일명 三寶太監)는 영락 3년(1405)에 성조(成祖)의 명을 받고 부사 왕경홍(王景弘)과 함께 방대한 선단을 이끌고 해로로 첫 출사한 이래 선종(宣宗) 선덕(宣德) 8년(1433)까지 28년 동안에 무려 7차나 '하서양'하여 10만여 리를 종횡무진 항해하면서 30여 개국을 역방하였다.

'하서양'이란 해로를 통한 정화의 서향 견사를 말하는데, 여기에서의 '서양'은 명대의 서양 개념으로서 보르네오를 기준으로 하여 그 서쪽부터 아프리카 동안까지의 인도양 해역을 지칭한다. 그러나 명대 말엽에 기독교 선교사들이 동방에 온 이후부터 '서양'은 전래의 개념과는 달리 오늘의 대서양과 유럽 지역을 범칭하게 되었다.

명 성조의 하명에 따라 정화가 7차 '하서양'을 단행하게 된 동기와 원인에 관해서는 이론이 구구하다. 종합하면, 첫째는 건문제(建文帝)의 향방을 추적하기 위한 것이다. 명 태조 주원장(朱元璋, 재위 1368~98)이 사망한 후 장자 주표(朱標)마저 일찍이 요절하자 황태손 주윤문(朱允炆)이 혜제(惠帝, 1398~1402, 연호 건문)로 계위하였다. 그러자 주원장의 넷째아들인 주체(朱棣)가 '정란지변(靖難之變)'을 발동하여 건문제를 폐위시키고 자신이 성조(재위 1402~24)로 등극하였다. 그런데 정변시 건문제가 궁화(宮火)에 소사(燒死)하였다고도 하고, 해외에 도주하였다고도 하여 그 향방이 묘연하게 되었다. 성조는 후환이 걱정되어 남해 제국에 정화를 파견하여 건문제의 종적을 탐지하게 하였다는 것이다. 그러나 이것은 일회적이거나 부차적인 동기는 될 수 있어도 항시적인 주요 동기는 아니었다는 것이 중론이다.

둘째로는, 해외에 국위를 선양하기 위한 것이다. 명초에 해금정책을 실시한 결과 대외무역이 위축되고, 번국들의 조공도 격감하였으며, 대외통교도 부진하여 명조의 국제적 지위는 크게 추락했다. 이것은 '천조상국(天朝上國)'을 표방하는 명조의 위상과는 심히 불상용적이었다. 그리하여 성조는 국

정화의 7차 하서양 개황

차수	기간	규모	도착지	비고
1	영락 3~5년 1405. 10~ 1407. 7. 9	대박 62척 승선 27,800명	참파, 자바, 팔렘방, 말라카, 아루(Aru), 수마트라, 씰란, 퀼론, 코친, 캘리컷	자바에서 명군 170명 피살, 구항(舊港)에서 해적 진조의(陳祖義) 생포
2	영락 5~7년 1407년 겨울~1409 년 여름	선박 249척	1차 외에 샴(Siam), Lamuri, Cail, Koyampaedi, 파타나푸르(Pattanapur).	석란산(錫蘭山)에 건비
3	영락 7~9년 1409. 12 ~1411. 6	승선 27,000명	새 경유지: 신주항(新州港), 빈동룡(賓童龍), Pulo Condore,	
4	영락 11~13년 1413. 12~1415. 7	승선 27,670명	새 도착지: 파항(Pahang), 켈란탄, 리데(Lide), 몰디브, 호르무즈, Abdal Kuri 섬, 소코트라 섬	처음으로 서아시아와 아프리카 동해안에 도착
5	영락 15~17년 1417년 가을~1419. 7		새 도착지: 아덴, 목골도속(木骨都束), 불랄와(不剌哇), 마림(麻林), 모가디슈, 브라바(Brava), 말린디	견직물을 각국 왕에게 진상
6	영락 19~20년 1421. 4~1422. 8		새 도착지: Zufal	아프리카 동해안까지. 호르무즈 등 환국하는 16개국 사절과 동행
7	선덕 6~8년 1431. 12~1433. 7	대박 61척 승선 27,550명	새 도착지: 메카, 죽보(竹步, Giumbo)	대종(大綜)과 분종(分綜)으로 나누어 활동
계	1405~33년 28년 중 항해 11년간		유가항(劉家港, 남경)으로부터 동아프리카 케냐의 몸바싸까지의 10만여 리 항정, 30개국의 500여 개 지방 역방	

면전환용으로 대규모 선단을 해외에 파견하여 추락된 국제적 위신을 회복하고 국위를 선양하려고 하였던 것이다.

셋째로 그 동기는, 경제적으로 대외무역을 진작시키기 위한 것이다. 성조는 대외무역의 쇠퇴를 막고 전통적인 조공무역을 부활시키기 위하여 시박사(市舶司)를 증설하고 '사해일가(四海一家)'를 제창하면서 대외무역을 권장하였다. 국내 생산도 점차 회복되어 대외무역의 물질적 기반이 조성되었는데, 서북방과 중앙아시아에서 흥기한 타타르와 티무르제국에 의하여 오아시스로를 통한 대서방 교역은 저애를 받고 있었다. 그리하여 성조는 해로를 통한 대서방교역에 주력하게 되었던 것이다. 사실상 정화의 7차 '하서양'은 대규모 해상교역이었다.

넷째로, 황족과 귀족들의 부귀영화에 필요한 이방의 진귀한 보물을 취득하기 위한 것이다. 선단은 매번 중국의 각종 특산물을 싣고 가서는 향료를 비롯한 외국의 여러가지 진귀품들을 대량으로 교역하여 황족이나 귀족을 비롯한 특권층들에게 공급하거나 상납함으로써 그들의 재욕(財慾)과 사치욕을 만족시켰다. 이러한 동기를 반영하듯 출사한 선박들에게 '보선(寶船)'이니, '서양취보선(西洋取寶

船)'이니 하는 이름까지 붙여졌다.

정화는 매번 대규모의 선단을 조직해 출해하였다. 선단은 보통 보선과 전선(戰船)·양선(糧船)·마선(馬船)·좌선(坐船) 등 대형선박 60여 척을 포함해 200여 척의 각종 선박으로 구성되며, 승선인원은 2만 7천여 명에 달하였다. 가장 큰 모선격인 보선은 길이가 44장 4척(현 41장 4척, 약 138m)에 너비가 18장(현 16장 8척, 약 56m)이고, 적재량은 1,500톤이며 1천명이나 승선할 수 있었다. 제1차 '하서양' 시에는 대박(大舶, 대형선박) 62척에 선원·병사·서기·의사·통역 등 승선인원이 27,800여 명이나 되었으며, 마지막 7차 하서양 때에도 대박 61척에 승선인원은 27,550명이었다.

통상 선단의 항로는 소주(蘇州)의 유가항(劉家港, 현 江蘇 太倉 東瀏河鎭)에서 출발하여 복건 오호문(五虎門)에 이른 후 출해한다. 남해와 말라카 해협을 지나 인도양을 횡단하는데, 인도 남단을 지나 아라비아해에 들어서서는 페르시아만으로 북항하거나, 아니면 홍해나 아프리카 동해안으로 서항한다. 때로는 스리랑카 남단과 몰디브 제도를 지나 아프리카 동해안에 직행하기도 한다(구체적인 항로에 관해서는 이 책 제1장 제4절 중 정화의 하서양 부분 참조). 정화의 7차 하서양 개황은 앞의 표와 같다.

정화의 7차 '하서양'은 세계항해사와 교류사에서 희유의 장거다. 그 교류사적 의의는 우선, 중국과 해로 연안 제국과의 통교를 활성화시켰다는 데 있다. 정화는 아시아와 아프리카의 30여 개 해로 연안국을 역방하면서 명조의 국위를 선양하고 전통적인 조공관계를 회복하였으며 상호 내왕을 촉진시켰다. 그리하여 영락 연간(1403~24)에는 아시아와 아프리카 각국으로부터 내화 사절이 낙역부절(絡繹不絶)하였다. 영락 19년(1421) 한 해에만도 호르무즈, 아덴, 모가디슈, 수마트라, 샴 등 21개 나라가 견사 공물하였다. 영락 21년 9월에는 한꺼번에 캘리컷 등 16개국 1,200명 사절이 도래하였다. 보르네오와 술루 같은 나라에서는 국왕이나 왕족들이 직접 내화하기도 하였다. 그밖에 정화의 '하서양' 기간이나 그후에 많은 중국 사절이 여러 나라에 파견되기도 하였다.

다음으로 그 교류사적 의의는, 중국과 아시아 및 아프리카 여러 나라나 지역들과의 교류를 추진한 데 있다. 정화의 '하서양'을 계기로 남해교역이 크게 흥성하였다. 정화의 선단을 비롯해 중국측이 수출하는 품목은 청자기·사향·장뇌·차·칠기·비단·면포·우상·동전·금은세공품 등이고, 수입품은 총 180여 종이나 되는데, 그중에는 5금(金) 17종, 목재 3종, 보물(사자·기린·흰코끼리 등 포함) 23종, 일용품 8종, 옷감류 51종, 안료 8종, 향료 29종, 약품 22종, 식품 3종, 동물 21종이 포함되어 있다. 그리고 정화의 '하서양'을 계기로 중국인들이 남양(南洋, 즉 동남아시아) 각지에 이주하여 교역의 촉진과 현지 개발에 크게 기여하였다. 중국인들의 남양 이주는 당·송·원대에도 부분적으로 있어왔지만, 명대에 이르러 본격적으로 진행되었다. 말라카 일대에서 발견된 화교(華僑)들의 묘비에는 '황명(皇明)'이라는 명문이 있는데, 이것은 묘주들이 명대에 그곳에 이주하였음을 실증한다. 그밖에 정화의 '하서양'을 입증하는 화교들의 흔적이 여러 곳에 남아 있다. 현 캄보디아와 수마트라에는 삼보묘(三寶廟)가,

타이의 대성부(大城府, Ayuthaya)와 자바에는 삼보공묘(三寶公廟)가, 방콕에는 삼보선사(三寶禪寺)가, 말라카에는 삼보산(三寶山)이, 인도에는 삼보석각상(三寶石刻像)이, 스리랑카에는 삼보태감포시비(三寶太監佈施碑)가 각각 유물로 남아 있다.

끝으로 정화의 '하서양'이 갖는 교류사적 의의는, 세계항해사에서 선구자적 역할을 하였다는 데 있다. '하서양'의 항정거리나 항행기간, 선박의 규모와 수량, 선박의 적재량, 승선인원수, 선단조직, 항해술 등 모든 면에서 15세기 당시로서는 세계 최대의 원양항행이었으며, 실로 목선(木船)과 범선(帆船) 항행의 기적이라 할 수 있다. 정화의 하서양은 유럽인들의 이른바 '지리상의 대발견'을 위한 항행보다 단연 선행하였다. 정화의 제1차 하서양은 콜럼버스가 아메리카 대륙에 도착한 것보다 87년, 그리고 바스꼬 다 가마가 인도 항로를 개척한 것보다는 93년 앞서서 단행되었다. 더욱이 용선의 규모나 항해술에서는 비교도 안될 만큼 우월하였다. 7차 '하서양'의 항로를 그린 『정화항해도(鄭和航海圖)』에는 500여 개의 지명(그중 외국지명 300여 개)과 방위, 정박 항구, 암초 등 항해에 필요한 표식물들이 구체적으로 정확히 표기되어 있어 세계 원양교통사에서 귀중한 문헌으로 평가되고 있다.

정화의 '하서양'은 많은 관련 기록들이 남아 있어 확실한 구명이 가능하다. 1차적 문헌으로는 3·5·7차 사행에 수행한 마환(馬歡)의 『영애승람(瀛涯勝覽)』과 2·3·4·7차에 동참한 비신(費信)의 『성사승람(星槎勝覽)』, 7차에 동행한 공진(鞏珍)의 『서양번국지(西洋番國志)』가 있으며, 정화가 직접 건립한 『천비지신령응기(天妃之神靈應記)』(宣德 6년 福建 長樂 南山寺에 건립)와 『누동유가항천비궁석각통번사적기(婁東劉家港天妃宮石刻通番事蹟記)』도 있다. 관련 사적(史籍)으로는 『명사(明史)』『명실록(明實錄)』『대명회전(大明會典)』 등 관수(官修) 사적 외에, 황성증(黃省曾)의 『서양조공전록(西洋朝貢典錄)』과 모원의(茅元儀)의 『무비지(武備志)』에 게재된 『정화항해도』가 있으며, 잡서(雜書)로는 나무등(羅懋登)의 소설 『삼보태감서양기통속연의(三寶太監西洋記通俗演義)』, 축윤명(祝允明)의 『전문기(前聞記)』, 육용(陸容)의 『숙원잡기(菽園雜記)』 등이 있다.

경략을 통한 인적 교류 교류관계 수립을 위한 인적 교류에는 이상의 견사를 통한 인적 교류 외에 경략을 통한 인적 교류가 있다. 경략을 통한 인적 교류란 군사적 정복이나 정치적 지배와 같은 경략활동을 통하여 교류에 영향을 미친 인물들의 내왕을 말한다. 역사상에는 이질문명권을 넘나들면서 경략활동을 전개하여 문명교류에 영향을 미친 인물들이 적지 않다. 이러한 인물들은 거개가 일세를 풍미한 군사가나 정치가들로서 교류사뿐만 아니라, 역사 전반에도 큰 영향을 준 걸인(傑人)들이다.

이들 중에는 기원전 6세기에 동·서정으로 중앙아시아와 서아시아를 제패한 아케메네스조 페르시아의 다리우스 1세와 기원전 4세기에 동정을 단행하여 헬레니즘 세계를 연 알렉산드로스 대왕, 중세 전반에 동·서정으로 이슬람세계를 건설한 이슬람 할리파들과 정복 지휘자들, 중세 후반에 서정을 주도하여 원제국과 4대 칸국을 건립한 칭기즈칸과 칸들, 동·서정으로 중앙아시아에 티무르제국을 세운 티무르 등 희세의 정복자나 권력자들이 있다. 그런가 하면, 고대 한(漢)의 서역경략을 달성한 반초나 서정으로 중세 문명교류에 기여한 당장(唐將) 고선지(高仙芝), 그리고 근대 초 동방경략을 주도한 서구의 식민지 총독이나 정복자 등 국부적이고 한정적인 경략활동으로나마 문명교류에 영향을 미친 인물들도 있다. 물론 이들 경략자들이 문명교류에 미친 영향에는 긍정적이고 건설적인 측면이 있는 반면 부정적이고 파괴적인 측면도 있다. 그러나 어쨌든 그들 자신은 의식적이건 무의식적이건간에 교류에 간여함으로써 교류인이 되었으며, 그들의 활동은 바로 교류행위라고 말할 수 있다.

역사상 경략활동을 통하여 문명교류에 영향을 준 최초의 인물은 아케메네스조 페르시아의 제3대 왕 다리우스 1세이다. 그는 기마병을 비롯한 강력한 왕군을 이끌고 동정과 서정을 단행하여 왕조의 판도를 동쪽으로 서북 인도로부터 서쪽으로 아나톨리아와 이집트까지, 북쪽으로 씨르다리아강까지 이르는 중앙아시아 및 서아시아 전역으로 확대하고 중앙집권체제를 수립하여 사상 최초의 세계적 대제국을 건설하였다. 그는 그리스 원정 중 마라톤에서 격패된 후 재정(再征)을 기획하다가 병사하였다.

다리우스 1세는 광대한 정복지를 연결하는 교통망을 구축하였다. 특히 오아시스로의 최초 서단(西段)이라고 할 수 있는 '왕도'(王道, 수도 수사에서 아나톨리아의 사라데이스까지 2,475km, 10일간 노정)를 정비하고 기원전 510년경에는 스킬락스를 파견하여 인도의 인더스강 하구부터 홍해에 이르는 해로를 탐험케 하여 실크로드의 개척에 이바지하였다. 뿐만 아니라, 이집트와 메소포타미아 및 인도의 고대문명을 수용··융화시켜 고대 페르시아 문명을 꽃피웠다. 건축·미술·공예·기마술·종교 등 여러 방면에 걸친 페르시아 고유의 문명은 동아시아와 유럽에까지 상당한 영향을 미쳤다. 요컨대 다리우스 1세의 경략과 치세로 인해 파미르 고원 이서에서 각이한 문명이 교류됨으로써 그는 고대 동서문명의 접촉과 교류에서 선도자적 역할을 한 교류인이라 할 수 있다.

다리우스 1세에 이어 경략을 통해 동서교류에 크게 기여한 교류인은 사상 초유의 대규모 동정(이 책 제2장 제2절 참조)을 단행한 알렉산드로스 대왕이다. 알렉산드로스의 동정과 그에 수반한 알렉산드로스 제국의 출현으로 인하여 사상 최초로 동·서간의 직접적인 문명접촉이 이루어졌다. 이것은 문명교류사에서 하나의 획기적인 사변이었다. 그 결과 그리스 문명을 비롯한 서방 문명과 페르시아 문명을 비롯한 오리엔트 문명이 융합되어 새로운 헬레니즘 문명(문화)이 탄생하였다. 300여 년간 존속된 헬레니즘 문명은 동서 문명교류의 결실로서, 다시 동서교류의 토양에 그 씨앗이 뿌려져 동서교류를 가일층 풍요롭게 하였다.

알렉산드로스가 지휘한 원정군의 행군노정을 통해 고대 오아시스로의 서단(西段)과 그 연변 상황을 확인할 수 있다. 뿐만 아니라, 알렉산드로스는 부장 네아르코스로 하여금 인더스강 하구로부터 바빌론에 이르는 해로를 이용하여 회군(回軍)케 함으로써 고대 해로 서단의 존재도 아울러 재확인할 수 있게 되었다. 교류인으로서의 알렉산드로스가 동서 문명교류에 기여한 바는 크지만, 그것은 어디까지나 서양과 파미르 고원 이서의 동양(중앙아시아와 서아시아) 간의 직접적 접촉과 교류만을 가능케 한 국지적(局地的)인 기여였다. 파미르 고원이라는 자연 장벽을 극복하고 명실상부하게 전면적인 동서 문명교류를 실현할 수 있게 한 교류인은 후세의 동양인들이다.

파미르 고원에 의해 단절된 동서 통로(오아시스로)를 개통하여 직접적인 동서 통교를 실현한 것은 후한대 반초(班超)의 서역경략이다. 최초의 서역경략은 전한대 장건의 서역착공으로부터 시작하여 하서주랑(河西走廊)의 설치(BC 111)와 고사(姑師)·누란(樓蘭, BC 108)·대원(大宛, BC 104)에 대한 정벌을 거쳐 도호부(都護府)의 초설(初設, BC 60)에 이르기까지 약 70~80년간 유지되었다. 그러나 이러한 경략은 서역의 일부에만 한정되고 공고하지도 못하였으며, 더욱이 동서 통교와는 직결되지 못하였다. 그러다가 전한 말 후한 초의 혼란기를 틈타서 서역 나라들은 앞을 다투어 한조를 배리(背離)하고 흉노에 다시 복속하였다. 그 결과 광무제(光武帝, 재위 25~56)로부터 안제(安帝, 재위 106~25)에 이르는 약 100년 동안에 후한과 서역 간의 관계는 '삼절삼통(三絶三通)', 즉 세 번 단절되었다가 세 번 재개되는 우여곡절을 겪게 되었다. 이러한 불안한 관계를 타개하기 위하여 명제(明帝)는 서역경략에 뜻을 품고 있는 반초에게 서역경략의 중책을 맡겼다.

반초는 가사마(假司馬)의 자격으로 73년 선선(鄯善) 정벌을 시작으로 세 차례의 서정 끝에 소륵(疏勒)에 근거지를 마련하고 인근 제국들을 평정함으로써 50여 년 만에 서역통로가 재개되고 서역도호부가 부활되었다. 일선 총사령격인 군사마(軍司馬)가 된 반초는 이어 고묵(姑墨)과 우기(于闐), 사차(莎車) 등 여러 나라를 공략하여 화제(和帝) 영원(永元) 원년(89)에는 오아시스의 남도 국가들을 제압하여 한에 복속시켰다. 58세의 고령이었지만 그의 앞에는 서역경략의 역사적 임무를 완수하기 위해 오아시스로 북도 국가들을 평정하는 일이 아직 남아 있었다. 그는 1개월여의 대사막을 행군하는 악조건에서도 북도의 대국 구자(龜玆)를 측면 지원하는 7만의 대월지군을 격파하고 91년에 구자와 그 속국들의 항복을 받아냈다. 이리하여 한조는 건초(建初) 원년(76)에 개설하였다가 반년도 안되어 폐쇄한 구자의 서역도호부를 15년 만에 다시 회복하고 반초를 도호로 임명하였다. 끝으로 그는 선선 등 8개국으로부터 모집한 7만 대군을 이끌고 계속 항거해온 언기(焉耆)와 그 위성국들을 각개격파함으로써 그의 서역정벌의 말미를 승리로 장식하였다. 이로써 서역 50여 개국 모두가 한에 내속되었으며 서역통로는 드디어 동서교류의 대동맥으로서의 기능을 수행하기 시작하였다.

20여 년간 서역경략에서 쌓아올린 공적을 높이 평가하여 화제는 반초를 정원후(定遠侯)에 봉하였다. 그는 그후에도 근 10년간 여전히 서역에 남아서 필생의 위업을 이어갔다. 그는 영원(永元) 9년(97)에 한의 위력을 서방에 과시하고 서방과의 관계를 모색하기 위하여 감영(甘英)을 대진(로마)에 사신으로 파견하기도 하였다. 서역경략이란 역사적 임무를 수행한 반초는 영원 14년(102) 7월에 칠순의 노구를 이끌고 구자를 떠나 8월에 낙양(洛陽)에 귀조하여 24세의 젊은 화제를 알현하였다. 명제 때 서역에 파견되어 장제(章帝)와 화제에 이르는 3대를 거쳐 오로지 한조의 서역경략이라는 대명에만 30년간 충실해온 서역경략자 반초는 귀조 20여 일 후에 급환으로 영면하였다.

반초의 서역경략이 동서교류사에 미친 영향은 지대하다. 그의 경략에 의하여 서역이 개통됨으로써 동서 접촉과 교류의 가교가 놓이게 되었으며, 서역에 관한 지식이 중국을 비롯한 동방에 전해지게 되었다. 또한 서역개통을 계기로 육로를 통한 동서간의 문물교류가 본격적으로 시작되었으며, 오아시스로의 남·북도가 개척·이용되었다. 이와같이 반초는 당대의 난제인 서역경략에서 위훈을 떨치고 동서교류사에 큰 업적을 남겼지만, 출신이 무장이었기 때문에 자세한 전기는 남아 있지 않고 다만『후한서』「반초전(班超傳)」에 그에 관한 몇가지 기사가 있을 뿐이다.

한대에 개통된 서역통로를 따라 서정을 단행하여 중세 동서교류사에 업적을 남긴 사람으로는 고구려 유민 후손의 당장 고선지가 있다. 유년시절을 안서도호부(安西都護府) 소재지 구자에서 보내고 약관에 음보(蔭補)로 유격(游擊)장군이 된 고선지는 740년경 안서부절도사(安西副節度使)로 임명되어 달해부(達奚部) 원정을 시발로 소발률(小勃律) 원정(747, 안서절도사), 걸사국(朅師國) 정토(750), 석국(石國) 원정(750), 탈라스 전투(751) 등 모두 다섯 차례에 걸쳐 서역원정을 단행하였다. 그의 서역원정의 주목적은 서역에 대한 당의 경략권을 계속 확보하려는 것이었다.

1~4차 원정에서 승승장구한 고선지는 제5차 원정, 즉 탈라스 전투에서 패전의 고배를 마셨다. 당군의 패배로 끝난 이 전쟁은 중세 국제관계나 동서교류에 예기치 않은 큰 영향을 미쳤다. 당을 한쪽으로 하고 석국과 이슬람제국을 다른 한쪽으로 한 탈라스 전투는 3국의 이해관계가 상충되어 발발한 국제전이었다. 석국인들이 석국 원정에서 당군이 보여준 난폭성과 멸국(滅國)에 대한 한을 품고 있던 시기에 장안에 호송된 석국 왕 발특몰(勃特沒)이 무모한 문신들에게 살해되었다. 참사에 접한 왕자 원은(遠恩)은 부왕의 복수를 다짐하면서 서역 각국과 신생 압바쓰조 이슬람제국에 지원을 요청하였다. 이리하여 당시 갓 출현한 이슬람제국의 호라싼 총독 이븐 무슬림(Ibn Muslim)은 지야드 이븐 살리흐(Ziyād Ibn Sālih) 휘하의 이슬람군을 석국에 즉파하였으며, 천산산맥 북록의 유목민인 카를루크족(투르크족의 일족)도 석국의 대당 보복전에 동참하였다. 신흥 이슬람제국은 서역 일원에 대한 당의 영향력을 제어함으로써 이 지역에 대한 새로운 지배권을 확보하려는 의도에서 석국의 원군 요청에 즉각 응하였다. 한편 당은 석국의 보복전에 대응하고 기득 경략권을 계속 유지하기 위해 석국 정토전에 나섰던 것이다.

5일간의 단기 격전은 7만 당군의 참패로 끝났다. 대부분의 당군은 사살되고 일부(아랍 사서에는 2만)는 포로가 되어 중앙아시아와 서아시아 이슬람제국에 끌려갔다. 패전으로 고선지는 안서절도사직에서 해임되어 밀운군공(密雲郡公)으로 좌천되었다. 그러다가 755년에 '안녹산(安綠山)의 난'을 진압하기 위한 정토군(征討軍) 부원수(副元帥)에 기용되었으나, 음모가 변령성(邊令誠)의 모함으로 진중에서 참형(斬刑)당하였다. 중국 사적에는 그가 '당객향(唐客鄉)'에다가 무장이기 때문에 간단한 열전만 남기고 있다. 그에 관한 대부분의 기록은 기타 부장들의 전기 속에 산재해 있다.

5차에 걸친 고선지의 서역원정은 중세 국제관계, 특히 동서교류사에서 중요한 역사적 의의를 갖는다. 그 의의는 우선, 중세 동서교섭사에서 일대 전기를 마련하였다는 데 있다. 8세기 중엽 아시아 대륙에는 동쪽에 중흥기를 맞은 당제국과 서쪽에 신흥 우마위야조 아랍제국과 그 뒤를 이은 압바쓰조 이슬람제국이 중앙아시아를 사이에 두고 대치(對峙)하는 국면이 형성되었다. 그런데 이 완충지대인 중앙아시아(중국으로 보면 서역)는 근 1세기 동안 당의 경략권 내에 있다가 이 지역에 대한 이슬람세력의 진출로 인해 서서히 당에서 이탈하는 경향을 보이기 시작하였다. 승승장구하는 이슬람 동정군(東征軍)은 일찍이 7세기 말부터 '하외지역'(河外地域, 즉 트란스옥시아나 지역)에 대하여 부단한 원정을 단행하여 그곳에 정치·군사·종교적 기반을 구축하여놓았다. 아랍제국은 호라싼에 총독부(Imārah)를 설치하고 이 지역을 관장하였다. 바로 이러한 시기에 진행된 고선지의 잇단 서정은 이슬람세력의 중앙아시아 및 중국으로의 동점에 제동을 걸었다. 그러나 마지막 원정에서 고선지가 패배함으로써 이슬람세력은 중앙아시아에 정착할 수 있게 되었다. 특히 탈라스 전투는 이슬람군과 중국(당)군 간의 처음이자 마지막의 직접적 군사충돌로서, 그 결과는 파미르 고원을 경계로 이슬람제국과 당제국이 병립하는 세계사적인 새 국면을 초래하였다.

이와같은 대치 병립이 기정사실화되자 당과 이슬람제국 간의 관계는 군사적 충돌관계에서 벗어나 정상적인 우호관계로 전환하지 않을 수 없었다. 탈라스 전투 다음해인 천보(天寶) 11년(752) 12월 흑의대식(黑衣大食, 즉 압바쓰조 이슬람제국)의 할리파가 당에 첫 사절을 파견하였는데, 당조는 사신을 융숭히 환대하고 좌금오위원(左金吾衛員) 대장군(大將軍)이라는 작위까지 수여하였다. 압바쓰조 할리파는 753년 3·4·7·12월에 연속 사신을 보내왔으며, 그후 5년간 견사는 계속되었다. 이처럼 통호(通好)관계가 지속됨으로써 탈라스 전투에서의 당군 포로병(약 2만명)은 이슬람제국에서 각별한 우대를 받으면서 각자의 기능을 발휘할 수 있었던 것이다. 그리고 안사(安史)의 난이 일어나자 756년 7월에 등위한 숙종(肅宗)은 압바쓰조 할리파 알 만수르(al-Manṣūr, 재위 754~75)에게 아랍 원군을 요청하였다. 할리파는 즉각 호응하여 아랍군 2만명을 파병하여 장안과 낙양 탈환전에 참전시켰으며, 그들은 귀국하지 않고 당에 남아서 후일 중국 무슬림의 시조가 되었다.

이와 동시에 고선지의 여러 차례 서정으로 인하여 토번(吐番, 티베트)을 비롯한 파미르 고원 이동지역의 항당세력이 제거됨으로써, 이 지역에 대한 당의 경략권이 확고히 보장되었으며, 대당(大唐) 건설에 결정적인 기여를 하였다. 이를 계기로 중국의 현 서북부 변경이 확정되었던 것이다.

고선지 서정이 갖는 의의는 다음으로, 동서교류사에 빛나는 업적을 남겨놓았다는 데 있다. 고선지의 서정을 마지막으로 중앙아시아에 대한 당의 경략권은 사실상 종식되었으며, 이를 기회로 석국과 강거(康居)를 비롯한 이 지역 나라들에 대한 이슬람세력의 진출이 본격화되었다. 중앙아시아 지역의 이슬람화는 이 지역 문명사에서 일대 사변이었을 뿐만 아니라, 송대를 거쳐 원대에 이르러 실현된 중국 서북방 일대 이슬람화의 전주곡이었다. 한편, 원정의 결과 이슬람 문명과 한(漢)문명 간의 상호이해도 증진되었다. 이 원정을 계기로 이슬람세력과 당세력 간의 첫 만남이 이루어졌고, 이어 사절의 호환이 계속되었다. 뿐만 아니라, 이슬람세계에 대한 당인들의 지견도 새로워졌다. 탈라스전에서 이슬람군에게 포로가 된 두환(杜環)은 압바쓰조의 쿠파에 10여 년간 체류하면서 목격한 제반 사실을 『경행기(經行記)』로 엮었는데, 이것은 이슬람세계에 대한 중국인의 첫 현지견문록이라는 데서 그 가치가 높이 평가되고 있다.

고선지의 서정을 통하여 서역 문물이 동전한 것 또한 문명교류사에서 대단히 뜻있는 일이라 아니할 수 없다. 석국 정벌에서 고선지는 슬슬(瑟瑟)·양마(良馬)·보옥(寶玉) 등 귀중한 보물과 전리품을 노획하였는데, 이러한 보물은 처음으로 중국에 알려졌으며, 그것이 한반도에까지 전해졌다. 특히 예상외의 결과이기는 하지만, 탈라스 전투로 인해 중국의 제지술이 이슬람세계에 알려졌고, 그것이 이슬람세계를 거쳐 12세기 중엽부터 유럽에 전수되었다(이 책 제3장 제5절 참조). 문화의 전승수단이며 문화발전의 척도라고 할 수 있는 종이의 제조술 전파는 중세 이슬람세계와 유럽의 문화발전에 획기적인 계기를 마련하였던 것이다.

중세에 유라시아를 아우르는 세계 최대의 대제국 건설의 기반을 구축함으로써 동서교류에 괄목할 만한 기여를 한 경략자이자 교류인은 칭기즈칸이다. 1206년 몽골 초원의 여러 부족을 평정하고 범몽골의 대칸(大汗)으로 추대된 칭기즈칸과 그 자손들은 몽골 대제국의 건설을 목적으로 대대적인 대외정복활동을 단행하여 중세 국제관계를 일변시켰을 뿐만 아니라, 동서교류사에도 새로운 국면을 열어놓았다.

칭기즈칸은 등극 후 잔여세력의 소탕과 더불어 대남(對南)·대서(對西)의 양방향으로 정복활동을 전개하였다. 우선, 이미 제압한 나이만 부족의 왕 쿠츨루크(Kuchluk)가 서쪽으로 카라 키타이(西遼)에 도주하여 카라 키타이의 왕으로 등극, 재기를 시도하자 칭기즈칸은 1218년에 부장 제베를 파견하여 정토케 하였다. 제베는 파미르에 도주한 쿠츨루크를 추적, 체포하여 참수하고 카슈가르와 야르칸드, 호탄 등 동투르키스탄에서부터 현 키르기스스탄까지의 카라 키타이 전역을 장악하였다. 이것은 칭기즈칸이 최초로 실크로드에 진출한 것이다.

잔여세력의 소탕과 함께 칭기즈칸은 대남, 즉 중국을 향해 정복의 화살을 돌렸다. 당시 오르도스(綏遠)로부터 하서회랑(河西回廊)까지의 오아시스로 요충지에는 서하(西夏, 탕구트)가 자리하여 토번(吐蕃)·위구르·송과 교역하면서 풍요를 누리고 있었다. 서하 정복을 결심한 칭기즈칸은 1205년과 1207년의 공격에 이어 1209년에는 수도 흥경(興慶)까지 진입하여 국왕 이안전(李安全)과 강화조약을 맺었으나, 실제 지배권은 칭기즈칸의 수중에 들어갔다. 이어 서하의 군사원조를 약속받은 칭기즈칸은 1211년에 아들 넷을 파견해 숙적 금(金)을 압박하였다. 그리하여 이듬해 12월까지는 황하(黃河) 이북의 전 영토를 석권하고 1215년에는 수도 연경(燕京, 현 북경)을 공략하였다. 일단 금을 제압한 칭기즈칸은 이듬해에 본영으로 돌아갔다.

서하와 금을 제압하고 나서 칭기즈칸은 정복의 예봉을 서쪽으로 돌렸다. 그 지향점(指向點)은 우선 중앙아시아로부터 페르시아만까지의 광활한 지역을 차지하고 있는 호레즘조(Khorazm)였다. 당시 이 왕조의 왕은 알라웃 딘 무함마드(Alāu'd Dīn Muhammad, 재위 1200~20)였는데, 그는 1215년에 연경에 체재중이던 칭기즈칸에게 사절과 대상(隊商)을 보냈다. 1218년 칭기즈칸은 답례사(答禮使)로 우쿠나(Uquna)를 파견하고, 이어 무슬림들로 구성된 큰 규모의 대상을 보냈다. 그런데 이 대상이 국경도시 오트라르(Otrār)에 이르렀을 때 호레즘의 지방 태수 이날치그(Inalchig)가 일행을 기습하여 상인들을 살해하고 화물을 빼앗은 사건이 발생하였다. 이른바 '오트라르 사건'이다. 그렇지만 칭기즈칸은 자제하면서 다시 사절단을 보내 사죄와 지방 태수의 처벌을 요구하였다. 무함마드는 이에 불응하였을 뿐만 아니라, 사절단 단장을 살해하고 사절단을 모독하였다. 이에 격분한 칭기즈칸은 드디어 서정을 결단하게 되었다.

1219년 카라코룸을 출발한 20만의 칭기즈칸 서정군은 중가리아 분지를 지나 서진하여 세미레치에 도착하였다. 여기에서 서정군을 4대로 편성하고 각대의 출정 노정을 결정하였다. 차남 차가타이와 삼남 오고타이의 중앙대(中央隊)는 오트라르를, 장남 주치의 우익대(右翼隊)는 씨르다리아강 하류를, 3부장(副將)의 좌익대(左翼隊)는 씨르다리아강 상류를, 그리고 칭기즈칸과 사남 톨루이 휘하의 본대(本隊)는 부하라를 각각 공격 목표로 설정하고 출진하였다.

중앙대는 5만의 수비대와 5개월간의 공방전 끝에 오트라르를 함락하고, 우익대는 씨르다리아강 하류에서 번번이 승전고를 올렸으며, 좌익대는 베나케트를 함락시키고 코젠트에 도착하였다. 본대는 베나케트에서 씨르다리아강을 건너 키질쿰 사막을 돌파하여 1220년 2월에 부하라를 공략하고 사마르칸트를 배후에서 포위하였다. 오트라르를 함락시킨 중앙대는 본대를 뒤좇아와 함께 그해 4월에 사마르칸트를 점령하였다. 정복군은 4만의 수비대 대부분을 살상하고 시민들도 다수 살해하였다. 칭기즈칸은 이곳에서 휴양의 한때를 보냈다.

한편, 원정군이 씨르다리아강을 건넜다는 보고를 받은 무함마드 왕은 사마르칸트를 탈출하여 남행으로 아무다리아강을 건너 발흐를 경유, 4월 18일에는 이란의 니샤푸르에 들른 후 계속 이란의 서북 방향으로 도주하였다. 무함마드의 도주 소식을 접한 칭기즈칸은 부장 2명을 급파하여 추격토록 하였다. 무함마드는 혈혈단신으로 카스피해의 작은 섬 아비스쿰(Abiskum)에 피신하였다가 12월에

호레즘 왕 무함마드의 외로운 죽음

시종 한 명 없이 병사하였다.

사마르칸트에서 1220년의 여름을 보낸 칭기즈칸은 가을에 접어들자 제2단계의 서정을 발동하였다. 장남과 차남, 삼남 휘하의 연합군은 호레즘의 구도(舊都) 우르겐치에 육박하여 6개월간의 격전 끝에 도시를 함락시키고 완강하게 항전한 시민 전체를 몰살하는 참극을 연출하였다. 그 사이 칭기즈칸은 본대를 이끌고 아무다리아강의 북안에 위치한 테르메스를 공략하고, 이듬해 봄에는 고도 발흐를 점령한 데 이어 서남방의 타레칸 산지의 요새도 장악하였다. 칭기즈칸은 이 산지에서 1221년 여름을 보냈다. 넷째아들 톨루이가 이끄는 일대는 호라싼 공략에 나서서 니사와 메르브를 함락시킨 후 헤라트를 공격하여 1만 2천명의 수비대를 격살하였다.

1221년 가을 톨루이와 합류한 칭기즈칸이 바미얀 계곡의 성새를 공격하던 중 애손(愛孫, 차가타이의 아들)이 화살에 맞아 죽었다는 소식에 접하자 격분한 나머지 이 자그마한 성새에서 사람은 물론이거니와 일목일초(一木一草)도 남기지 않는 잔인한 소탕전을 자행하였다.

그즈음에 호레즘의 고왕(故王) 무함마드의 아들 잘랄룻 딘(Jalālu'd Dīn)이 가즈니(Ghazni)를 근거지로 하여 군사를 초모하고 있다는 소식을 들은 칭기즈칸은 부장을 가즈니에 급파하여 진압을 시도하였으나 여의치 않았다. 이에 그는 대군을 이끌고 가즈니에 당도했으나, 잘랄룻 딘이 이미 탈출하여 인더스강으로 향발한 뒤였다. 인더스강까지 추격했으나 잘랄룻 딘은 이미 도하하여 자취를 감추었다. 그의 지용(智勇)에 칭기즈칸도 탐복하였다고 한다. 몽골 정복군은 아프가니스탄으로 회군할 때 호레즘 도시들이 재활의 기미를 보이자 또다시 무참히 파괴하였다. 결국 이 도시들은 영영 폐허로 되고 말았다.

칭기즈칸은 사마르칸트와 치르치크에 얼마간 체류하다가 북행하여 1225년 봄 6년 만에 귀향하였다. 이것이 이른바 칭기즈칸의 서정이다. 귀국 후 그는 서하(西夏)가 그의 서정에 협력하지 않았다는 이유로 서하 정토군을 이끌고 주천(酒泉)·장액(張掖)·무위(武威) 등 하서회랑 내의 여러 도시를 잇달아 공격하고, 이어 하주(河州)·서녕(西寧)을 차례로 공략하였다. 수개월의 포위 끝에 수도가 함락되고 왕 이현(李睍)이 피살됨으로써 서하는 1227년에 멸망하고 말았다. 귀로에 오른 칭기즈칸은 동쪽으로 감숙성(甘肅省) 동단의 육반촌(六盤村) 부근에 이르러 1227년 여름을 보내고 나서 8월 18일 감숙성 청수현(淸水縣) 살리천(薩里川) 합로도(哈老徒)에서 사망하였다.

칭기즈칸 사망 후, 그의 자손들에 의해 원(元)을 비롯한 4대 칸국이 유라시아의 광대한 지역에 출현함으로써 몽골제국은 실크로드사상 가장 넓은 실크로드 지역을 아우른 범유라시아적 대제국이 되었다. 이것은 칭기즈칸이 발의하고 선도한 서정이 가져온 결과로서, 그가 중세 세계사뿐만 아니라, 문명교류사에 남긴 족적을 말해주고 있다. 교류인으로서 칭기즈칸의 기여는 유라시아를 석권하는 서정을 단행하여 중세 동서교류의 통로를 열어놓고 동서문명이 직접 만날 수 있는 계기를 마련하였으며, 중세 동서교류를 활성화시킨 몽골 대제국의 건립기반을 닦아놓은 것이다. 이것이 문명교류에 대한 칭기즈칸의 긍정적이고 건설적인 기여라고 한다면, 그가 미친 부정적이고 파괴적인 영향도 무시해서는 안될 것이다. 정복지 도처에서 자행한 문명파괴적인 행위는 그 이유 여하를 불문하고 반역사적이며 반문명적인 만행임에는 틀림이 없다. 칭기즈칸은 유목문화의 체현자로서 그 어떤 문화적인 대체안(代替案)도 없이 단순한 군사적 정복관에서 이질문명, 그것도 유목문화보다 선진화된 농경문화나 도시문화를 무자비하게 파괴하였던 것이다. 다행히 원제국을 비롯한 4대 칸국이 건립되고 동서교류에 참여함으로써 초창기에 있었던 이러한 부정적이고 파괴적인 요소들이 극복되고 그 영향이 상쇄되기는 하였다.

칭기즈칸에 이어 동정과 서정으로 실크로드 요지에서 문명교류에 이바지한 교류인으로는 티무르가 있다. 사마르칸트 남부 케쉬 부근의 호쟈 이루그 마을에서 태어난 티무르(Timūr, 유럽명은 Tamerlane, 1336~1405, 일설은 1333년 출생)는 14세기를 풍미한 중앙아시아의 정복자이며, 티무르제국의 창건자로 알려져 있다. 그의 아버지는 14세기 초 카슈크강 유역에 정착하여 농경민화된 '바르라스'라고 하는 한 몽골 부족의 유력자였다. 변신과 임기응변의 능수인 티무르는 청·장년 시절에 여러 세력 사이를 오가면서 자신의 지반을 구축해나갔다.

1361년에 모굴리스탄의 칸 투글루끄가 사마르칸트와 케쉬를 공략하자 25세의 티무르는 그에게 아부하여 케쉬의 영주가 되었다. 그러나 곧 투글루끄를 배신하고 발흐의 영주 후사인과 결탁, 모반하였으나 실패하자 이란의 시스탄으로 도주하였다. 티무르는 시스탄 전투에서 오른손과 오른다리에 부상을 입어 평생 절름발이(티무리 랑 Timur-i-lang)가 되었다. 1364년에 티무르와 후사인은 또다시 연합하여 투글루끄에 반격을 가해 그를 트란스옥시아나 지방으로 축출하였다. 이즈음에 티무르는 후사인과 의형제를 맺고 그의 여동생 알 자이와 결혼하였다.

투글루끄 사후, 그의 아들 일야스 호자는 세력을 회복하여 1365년에 대군을 이끌고 진격해왔다. 치르치크강과 타슈켄트 사이에서 쌍방간에 격전(이른바 장그 이 로이 沼澤地戰)이 벌어졌는데, 티무르와 후사인 연합군이 전패하자, 두 패장은 발흐로 도찬(逃竄)하였다. 일야스 호자는 승세를 몰아 사마르칸트에 입성하려고 하였으나 시민들의 일종의 대중자치운동인 '사루바다르운동'의 저항에 부딪혀 뜻을 이루지 못하고 회군하고 말았다. 이 기회를 틈타서 티무르와 후사인은 사마르칸트로 돌아왔다. 그러나 그후 권력을 둘러싸고 두 사람 사이의 관계가 악화되자 티무르는 1369년에 난을 일으켜 후사인을 살해하고 정권을 장악하여 티무르제국의 창건자가 되었다.

제국의 왕위에 등극하기는 하였지만, 칭기즈칸의 직계자손은 아니기 때문에 자신을 '칸'으로는 호칭하지 못하고 '구르간(사위)의 아미르'라고만 칭하였다. '구르간'이라고 한 것은 그가 칭기즈칸의 후예인 가잔 칸의 딸(전술한 후사인의 여동생)을 취하였기 때문이다. 티무르는 자신의 출신 부족인 바르라스족을 포함한 차가타이족들로 강력한 친위대를 꾸리고 철권통치를 실시하면서 대외정복에 나섰다.

대외정복의 첫 예봉은 중앙아시아로부터 러시아까지의 넓은 지역을 차지하고 있는 킵차크 칸국(일명 금장 칸국)으로 향했다. 우선 킵차크 칸국의 내분을 이용하여 토크탐슈를 왕위에 앉히고 배후조종하려고 하였다. 그런데 의도와는 달리 그가 왕위에 오른 후 적대적 태도를 취하자 1392년 까프까스를 제압한 후 1395년에 킵차크 칸국의 수도 사라이(볼가강 하류)를 공략하였다. 이와 동시에 1372년부터 1388년까지 다섯 차례나 아무다리아강 하류의 호레즘 지방을 공략하여 수도 우르겐치를 철저히 파괴해버렸다.

킵차크 칸국을 제압한 티무르는 까프까스산맥을 넘어 그루지야를 평정한 다음 카스피해 남안의 페르시아 도시들을 하나씩 정복하였다. 타크리트 성채(城砦)를 공격할 때는 적병(페르시아인)을 모조리 살상한 후 자른 머리로 피라미드를 쌓아 시중(示衆)하였다. 이에 앞서 호라싼에서는 연화(煉瓦)와 석회 속에 사람을 생매장하여 성벽을 쌓기도 하였다. 티무르의 잔인성을 보여주는 일례다. 1386년에 아름다운 고도 이스파한에서는 7만의 점령군에 의한 대학살이 자행되었다.

티무르는 인도에 대한 원정도 세 차례나 단행한 끝에 마침내 1398년에는 수도 델리를 점령하였다. 이어 서아시아 원정에 나선 티무르는 1399년에 소아시아의 시바스를 공격하여 4천명의 적병을 생매장하고, 계속하여 이듬해에는 시리아를 공격하였다. 일격에 알레포와 다마스쿠스를 함락시켰으며, 1401년에는 바그다드를 유린하여 폐허로 만들어버렸다. 연이어 1402년에는 오스만투르크의 쑬퇀 바야지드 1세가 이끄는 12만(25만?) 대군과 앙카라에서 접전하여 터키군을 궤멸시키고 바야지드 1세를 생포하는 개가를 올렸다. 이로써 서아시아 원정을 마치고 1404년에 사마르칸트에 개선한 티무르는 70세의 노구로 그해 11월 중국(명) 원정을 발동하여 동정하다가 이듬해(1405) 2월 오트라르에서 급사하였다.

이렇게 살육과 파괴로 얼룩진 정복전쟁을 통하여 티무르는 서쪽으로는 소아시아와 시리아의 지중해 동안으로부터 동쪽으로 차가타이 칸국과 북인도까지, 북쪽으로는 까프까스와 킵차크 칸국까지의 광활한 중앙아시아 일원에 대제국을 세웠다. 제국을 건설하는 과정에서 그는 이질문명의 수용에 인색하지 않고 교류에도 적극성을 보였다. 그는 정복지마다 우수한 건축사나 기술자·공장(工匠)들을 사마르칸트에 불러들이고 영내 각지에서 건축자재를 반입하여 사마르칸트를 중세 세계에서 가장 화려한 도시의 하나로 건설하였다. 시리아 등지에서 돔형(원형지붕) 건축양식을 도입하고, 그 자신이 즐기는 청색이 주조(主調)를 이루도록 도시를 꾸몄다. 그리하여 사마르칸트를 일명 '푸른 도시'라고도 하였다.

한편, 그는 도로 특히 대상로(隊商路)를 정비하고 대상의 숙박소와 보호소를 도처에 설치하였으며, 교역도 장려하였다. 그리하여 이란으로부터 쑬퇴니야와 헤라트, 발흐, 사마르칸트, 탈라스를 경유하여 몽골에 이르는 동서 대상로가 원활히 소통되었다. 이것이 교류인으로서 티무르가 문명교류에 기여한 바다.

정략적 혼인을 통한 인적 교류 교류관계 수립을 위한 인적 교류에는 이상에서 고찰한 바와 같은 견사나 경략을 통한 인적 교류 외에도 특수하게는 정략적 혼인에 의한 인적 교류가 있다. 정략적 혼인이란 권력자간에 소정의 정략적 목적을 위하여 맺어지는 혼인관계를 말하는데, 이러한 관계는 이성적인 인적 교류에 의해 이루어지게 된다. 이와같은 인적 교류의 대표적 사례는 중국에서 빈발한 이른바 '공주 출가(出嫁)'에서 찾아볼 수 있다. 주로 주변국들과의 정치적 화해나 제휴의 목적으로 공주를 비롯한 명문가 출신의 여인들을 주동적으로, 혹은 상대방의 구혼을 받아들여 출가시키는 이러한 인적 교류에서 당사자(교류인)는 타의에 의한 '볼모'나 다름없는 처지로 교류에 인입된다. 따라서 교류인으로서 그녀들이 교류에 미친 영향은 극히 제한적일 뿐만 아니라, 그녀들 대부분은 비운으로 삶을 마치고 말았다.

전한(前漢) 때 왕소군(王昭君)의

출가하는 왕소군과 흉노 선우(BC 33)

흉노 출가는 유명한 일례다. 『한서(漢書)』「흉노전」에 의하면 전한 원제(元帝) 경녕(竟寧) 원년(BC 33)에 흉노의 호한야(呼韓邪) 선우가 세번째로 한에 입조하여 후한 예우를 받고서는 '제실(帝室)'의 사위가 되어 (한과) 인척관계를 맺고 싶다'고 자청하기에, 원제는 '양가(良家)'의 딸인 후궁 왕장(王牆, 자 昭君)을 선우에게 사여하였다. 원래 왕소군은 미모로 원제의 후궁에 선발되어 입궁하였다. 그런데 뇌물을 안 준 탓으로 화공 모연수(毛延壽)가 그녀를 추녀로 그리자, 그 초상화를 본 원제는 그녀를 한번도 불러들이지 않았다. 그러다가 흉노 선우가 취녀(娶女)를 요청하자 추녀라고 생각한 소군을 선뜻 그에게 사여하기로 하였던 것이다. 그러나 앞에 나타난 절세의 미인 소군을 보자 원제는 놀라서 후회했다고 한다. 절망에 빠진 소군은 국경을 흐르는 흑하(黑河)를 건너다가 투신자살까지 하려고 하였다. 당대의 시인 이백(李白)은 "오늘은 한궁(漢宮)의 후궁이었건만, 내일 아침이면 호지(胡地)의 첩이 되나니"라고 그녀의 비운을 개탄하였다. 왕소군은 흉노를 안녕하게 하는 비(妃)라는 뜻의 '영호알씨(寧胡閼氏)'라 불렸으며, 우일축왕(右日逐王)을 낳았고, 호한야 선우가 사망하자 계위한 복주류(復株累) 선우와 재혼하여 2녀를 낳았다. 후사는 알려지지 않고 있다.

한조는 북방의 흉노뿐만 아니라, 멀리 서방의 오손(烏孫)과도 이러한 정략적인 혼인관계를 맺었다. 전한 무제 때 장건이 오손에 사행하였다가 돌아오면서 오손 사신을 대동하였다. 사신이 돌아가서 오손 왕에게 한의 위세를 보고하자 왕은 곧 한에 사신을 파견하여 한을 형으로 섬기고자 하니 형제관계로 공주를 취하게 해달라고 청혼하였다. 한 무제는 원봉(元封) 연간(BC 110~105)에 강도(江都) 왕건(王建)의 딸 세군(細君)을 멀리 천산산맥의 서북쪽 일리강 유역에 있는 오손 왕 곤막(昆莫)에게 출가시켰다. 무제는 그녀와 함께 많은 예물과 관리, 환관, 시녀 수백명을 보냈다. 오손 왕은 세군을 우부인(右夫人)으로 삼았다. 이 소식을 들은 흉노도 샘을 내어 오손 왕에게 왕녀를 보내니 그녀를 좌부인(左夫人)으로 삼았다. 세군은 먹는 것은 고기뿐이고 마시는 것은 마유(馬乳)뿐인 낯선 땅에 와 고달프기 한량없으니 황곡(黃鵠, 고니)이라도 타고 고향에 가고 싶다는 애절한 사향시(思鄕詩)를 한 수 지었다. 이것을 전해들은 무제는 한두 해 건너마다 사신을 보내 의상 등을 전해주면서 달랬다. 곤막 왕이 늙어서 죽게 되자 그들의 풍습대로 그녀를 손자뻘 되는 사람과 재혼시키려고 하였다. 세군은 하도 억울하여 이 사실을 무제에게 상고하였다. 그랬더니 천자는 답신에서 '그 나라의 풍습을 따르며, 오손 왕과 함께 흉노를 멸하는 일에 진력할지어다"라고 하명을 하였다. 무제의 속셈이 빤히 들여다 보이는 대목이다.

이러한 비운의 출가 공주들과 달리 2세기경 호탄(于闐)에 누에고치를 전한 '견왕녀(絹王女)'는 가람(伽藍)까지 지어 위업을 기릴 정도로 교류사에 큰 업적을 남겨놓았다. 현장의 『대당서역기(大唐西域記)』(권12)「구살단나국(瞿薩旦那國)」조는 이에 관한 다음과 같은 전설을 전해주고 있다. 즉 구살단나국(우기) 왕성에서 동남쪽으로 5~6리에 마사승가람(麻射僧伽藍)이란 불묘(佛廟)가 있는데,

마사승가람은 이 나라 선왕의 비(妃)가 건립한 것이다. 옛날 이 나라는 뽕나무나 누에고치를 알지 못하였다. 동국(東國, 즉 중국)에 상잠(桑蠶)이 있다는 소리를 듣고 사신을 보내 구하려고 하였으나, 동국의 군주는 그것을 비밀에 부쳐 국외에 유출되지 않도록 단속하라는 칙령을 관방(關防)에 내렸다. 그래서 구살단나 왕은 자세를 낮추어가면서 동국에 구혼하였다. 마침 동국 군주는 먼 나라를 회유하기 위하여 그 청을 받아들여 한 왕녀를 출가시키기로 하였다. 왕녀를 출영하는 사신은 그녀에게 "우리나라에는 상잠 종자가 없으니 비께서 친히 휴대하시어 옷을 지어 입으소서"라고 왕의 말을 전하였다. 이 말을 들은 왕녀는 곧 상잠 종자를 구해 모자솜 속에 감추고 관소(關所)에 이르렀다. 관리들은 그녀의 모자까지 벗겨 검사하지는 않았다. 무사히 구살단나국에 입국, 마사승가람 고지(故地)에 이르러 융숭한 의례를 갖춘 영접을 받고 입궁하였다. 상잠 종자는 그곳에 보관하고 있다가, 봄이 되어 뽕나무 씨를 심자 잠월(蠶月, 음력 4월)이 되어 잎사귀가 돋아나 마침내 누에고치를 기르게 되었다.

이때부터 호탄에 양잠업이 생겨나 비단을 짜게 되었다고 한다. 이것이 중국 양잠술의 첫 서전이다. 20세기 초 이곳을 탐험하던 영국의 스타인은 호탄 동북방 약 120km 떨어진 단단 오일리크(Dandan Oylik) 유적지의 절터에서 이 잠종 서전의 전설을 그린 이른바 「견왕녀도(絹王女圖)」 목각판을 발견하였다. 12세기(1183)에 저술된 것으로 보이는, 티베트어로 씌어진 『우기국사』(Li yul Lun-bstan-pa)에도 호탄의 "비자야 자야(Vijaya Jaya) 왕이 푸네스바라(Punyesvara)라는 중국 황제의 딸을 취하였는데, 잠종을 가지고 리국(Li, 즉 호탄)에 온 이 중국 왕녀는 마자(Ma-Za, 즉 麻射) 지방에서 누에를 길렀다"라고 유사한 내용을 기술하고 있다. 니야 유적을 비롯한 여러 유적에서 발견된 상수(桑樹)유물들로 미루어보아 호탄에는 기원후 2세기경부터 잠상이 존재하였음을 알 수 있다. 이렇게 중국측의 정략적 의도에도 불구하고 한 왕녀의 출가로 인하여 양잠술의 서전이란 엄청난 교류사적 이변을 결과하게 되었던 것이다.

출가한 문성공주와 토번 왕 송찬간포(642)

이후의 위진남북조와 수·당 시대에도 이러한 정략적 혼인에 의한 인적 교류는 끊이지 않았다. 434년에 북위 세조 태무제(太武帝)에 의한 서해(西海)공주의 오제(吳提)로의 출가, 수(隋) 양제(煬帝)에 의한 화용(華容)공주의 고창(高昌) 국왕 국백아(麴伯雅)로의 출가, 711년 당 예종(睿宗)에 의한 금산(金山)공주의 돌궐 묵철(默啜)로의 출가, 642년 당 태종(太宗)에 의한 문성(文成)공주의 토번 송찬간포(吐蕃 松贊干布)로의 출가 등은 그 대표적인 사례다.

원대에는 쿠빌라이에 의해 코카친 공주가 일 칸국의 아르군 칸과 정략적 혼인을 하게 된 사실이 있다. 서아시아의 페르시아 일원에 자리한 일 칸국의 제4대 칸 아르군은 동족(몽골의 Bayaut족)의 규수를 후실로 해달라는 죽은 왕비 불루간(Bulughan)의 유언에 따라 중신 3명을 원조 쿠빌라이 칸에게 보내 청혼하였다. 일 칸국과의 친속관계를 계속 유지하기 위하여 쿠빌라이는 불루간의 일족 중에서 방년(芳年) 17세의 미녀 코카친 공주를 골라 중신 세 명과 마르꼬 뽈로 일행의 호송하에 아르군에게 출가시켰다. 일행은 1290년 천주(泉州)를 출범하여 18개월간의 천신만고의 항행(14척의 선박에 승선한 선원 외의 600명 승객 중 18명만 살아남음) 끝에 1293년 3~4월경에 일 칸국 수도 타브리즈에 간신히 도착하였다. 그러나 아르군은 이미 세상을 떠난 뒤였다. 그렇지만 코카친은 '정혼수계법(定婚收繼法)'에 따라 아르군의 아들 가잔(Ghazan, 제7대 칸, 재위 1295~1304)과 결혼하였다. 코카친은 결혼 1년 만에 약관 20세의 젊은 나이에 생을 마쳤다. 역시 비운의 출가 공주였다. 이들 비운의 출가 공주들은 실크로드의 답파사(踏破史)에 이름을 남긴 희유의 여교류인들이다.

제3절 물질문명 교류를 위한 인적 교류

물질문명 교류를 위한 인적 교류의 개념 물질문명의 교류를 위한 인적 교류란 객관적 실재로서의 물질의 교류를 위하여 진행되는 인적 내왕을 말한다. 이러한 교류에 간여하는 교류인은 교역적 형태와 비교역적 형태로 물질문명의 교류를 촉진시킨다. 교역적 형태에 의한 교류는 상품의 매매를 비롯한 대가성(代價性) 교역으로서 호환성(互換性)을 띤 교류다. 이러한 교역의 주역은 교역에 직접 참여하거나 투자하는 상인들이다. 자고로 육로의 대상(隊商)이나 해로의 상선은 모두가 이러한 교류인(상인)에 의하여 조직·운영되었던 것이다. 이에 비해 비교역적 형태에 의한 교류는 교류인에 의한 문물의 비대가성 전파로서 일방성(一方性)을 띤 교류이다. 이러한 교류에 간여하는 교류인은 상인 같은 특정인이 아닌 각계각층의 다양한 인물들이다.

교역적 형태와 비교역적 형태를 망라하여 진행되는 물질문명 교류를 위한 인적 교류는 여타의 인적 교류와 구별되는 다음과 같은 두 가지 특징을 지니고 있다. 그 특징은 우선, 교류인의 보편성과 다양성이다. 교류사를 통관하면, 구체적인 문물을 직접 교류시킨 교류인들은 각계각층의 수많은 인물들이다. 그들 중에는 포도 등 서역 식물을 중국에 전한 한대의 장건 같은 사절이 있는가 하면, 잠종(蠶種)을 서역에 전한 공주가 있으며, 서양의 시계나 대포를 중국에 전한 명·청대의 서방 선교사들도 있다. 그리고 유명인이 있는가 하면, 무명인도 수없이 많다. 이렇게 신분이나 자격이 천차만별일 뿐만 아니라, 교류에 대한 기여도에서도 엄청난 차이가 있다. 그러나 무명의 대상으로부터 희세의 정복자에 이르기까지 교류인으로서 물질문명의 교류에 대하여 크건 작건, 의식적이건 무의식적이건 일조를 하였다는 데서는 보편성을 공유하고 있다.

다음으로 그 특징은, 능동적인 교류라는 것이다. 물질문명의 교류는 시종 인간의 복지나 물질적 이해관계와 직결되어 있다. 따라서 이러한 복지 실현이나 이해관계로부터 출발하여 교류인들은 온갖 어려움을 무릅쓰고 교류에 능동적으로 적극 투신하는 것이다. 고대 로마인들의 동방 원거리교역이나, 근대 초 서구인들의 동방경략무역, 열사를 누비는 대상교역에서 보여준 교류인들의 적극성이나 희생성은 그 본보기라고 할 수 있다. 물질문명의 교류를 위한 이러한 능동성이나 적극성은 비단 경제적 타산에 밝은 상인들뿐만 아니라, 국가관이나 사명감이 투철한 정치인들이나 신앙심이 두터운 종교인들 속에서도 발양되는 하나의 특성이다. 바로 교류인들의 이러한 능동성으로 인하여 문물교류가 활발히 진행될 수 있었다.

이질문명간의 교류는 본질에 있어 물질문명의 교류다. 왜냐하면 문명의 교류는 당초 물질의 교류로부터 시작되었고, 물질의 교류가 문명교류에서 시종 주도적 역할을 하며, 정신문명의 교류는 물질문명의 교류가 뒷받침될 때만이 성과있게 추진될 수 있기 때문이다. 이러한 물질문명의 교류를 위한 인적 교류야말로 교류 전반을 실현 가능케 하는 결정적 요인이라고 말할 수 있다. 따라서 물질문명의 교류를 위한 인적 교류를 활성화할 때만이 전반적인 교류, 특히 복지향상을 위한 교류를 추진시킬 수 있는 것이다.

전술한 바와 같이 물질문명의 교류를 위한 인적 교류에 간여하는 교류인은 유명·무명인을 포함하여 수없이 많기 때문에 이 절에서는 교역적 형태를 위주로 한 유명 교역인(상인)들만 다루어보기로 한다. 그리고 인적 교류와 관련된 다른 절에서 기타 교류인들에 의한 물질문명의 교류 내용이 부수적으로 언급될 것이다.

교역을 통한 인적 교류 물질문명의 교류를 추진하는 가장 중요한 형태는 교역이며, 그 주역은 상인들이다. 환언하면, 주로 상인들의 내왕에 의한 교역을 통해 물질문명의 교류가 추진되는 것이다. 이러한 물질문명 교류의 가장 중요한 형태이며 수단인 교역에는 크게 권력자(위정자나 정부)가 주도하는 관영교역(官營交易)과 민간인이 경영하는 사영교역(私營交易)의 두 가지가 있다. 사영교역에는 여럿이 합자(合資)경영하는 집단교역과 개별적으로 행하는 개인교역이 포함된다. 관영교역과 사영교역은 담당 주체나 교역 내용에 따라 구별되지만 겸행(兼行)되는 경우도 있다. 어떤 경우를 막론하고 교역은 호환성(互換性)을 띠며, 그 주역은 상인들이다. 조공(朝貢) 같은 관영교역도 겉보기에는 그 수행자가 관인(官人, 비상인)이고 내용은 예물 형식이지만, 기실은 어디까지나 대가성이 고려된 일종의 교역이며, 어떠한 형태로든 상인이 개입되어 있다. 황차(況且) 상인이 조공사나 사절의 역할을 담당하는 경우에는 더 말할 나위가 없다.

교류사에는 유명, 무명의 수많은 상인들이 등장한다. 물질문명의 교류에 족적을 남긴 유명한 상인 집단으로는 로마 상인, 상호(商胡, 서역 상인), 소그디아나 상인, 아랍 상인, 베네찌아 상인 등을 들 수 있다. 이들 상인들은 명실상부한 교류인으로서 황량한 사막과 험준한 산악, 일망무제한 바다를 넘나들면서 서로에게 문물을 전해줌으로써 문명의 교류와 인류의 공영에 크게 이바지하였다.

동서간의 물질문명 교류에 인입된 최초의 상인은 로마 상인들이다. 로마는 기원전 이딸리아를 통일한 후 지중해에 진출하여 헬레니즘 세계를 차례로 정복하고 강력한 제정(帝政)을 수립하여 기원전 29년부터 약 200년간 이른바 '로마의 평화'(Pax Romana)를 누리면서 남해로를 통한 동방 원거리교역에 큰 관심을 기울였다. 1세기를 전후한 로마의 전성기에는 그 판도가 서쪽으로는 오늘의 영국과 에스빠냐로부터 동쪽으로 유프라테스강까지, 북쪽으로 라인강과 드네프르강으로부터 남쪽으로 북아프리카에 이르기까지 지중해를 중심으로 한 광활한 지역을 아우르고 있었다. 지중해를 '내륙호(內陸湖)'라 하고 '모든 길은 로마로 통한다!'고 했던 번영기에 접어들면서 생활이 안정되고 여유가 생기자, 동방산 희귀 사치품에 대한 수요가 급증하였다. 그 수요를 충족시키는 유일한 빙도는 동방 원거리교역을 전개하는 것이었으며, 그 담당자는 이른바 '로마 상인'들이었다. '로마 상인'에는 로마제국 치하의 그리스·이집트·시리아·유태인·아랍(아라비아 반도) 상인들이 포함된다.

로마 상인들이 진행한 동방 원거리교역의 대상은 주로 인도와 중국의 특산물이었다. 우선 그들은 기원전 1세기 중엽부터 인도양의 계절풍을 이용하여 인도 서해안의 파루가자 항이나 인더스강 하구에 직항하여 교역을 진행하였다. 기원후 70년경에 동방 해상교역에 종사한 이집트 상인 그레코가 쓴 것으로 전해오는 『에리트라해 안내기』는 당시 홍해와 페르시아만, 인도양을 무대로 한 로마 상인들의 교역활동에 관해 상세히 기술하고 있다. 이 기술에 의하면 로마 상인들은 인더스강 하구에 있는 바르바리콘 항에 꽃무늬 직물, 황옥(黃玉), 산호, 유리그릇, 은기, 주화(鑄貨), 포도주 등을 싣고 가서는 인도와 그 주변의 특산물인 안식향(安息香)과 유향(乳香)을 비롯한 각종 향료, 레아노석(石), 샷페이로스(?), 약품·염료, 그리고 중국산 모피·면직물·생사 같은 물품들과 교역하였다. 인도 서해안의 바리가자트 항에 싣고 가는 것은 포도주·구리·석(錫)·납·산호·의상·향유(香油)·원료·미정제 유리석·계관석(鷄冠石)·로마 금화와 은화·향유 그리고 왕을 위해 음악을 아는 소년과 후궁 등이고, 가져오는 것은 향료·상아·마노(瑪瑙)·호(縞)·목면·비단천·생사·후추 같은 것이었다. 역시 서해안의 무지리스 항에서 실어오는 것은 후추와 육계(肉桂)였다. 이렇게 보면 당시 인도는 로마 상인들의 동방교역을 위한 아시아 물산의 집산지였다. 인도 각지의 68개소(그중 57개소는 남부)에서 1~4세기에 유통된 로마 화폐가 다수 발견된 사실은 로마 상인들의 대인도교역이 얼마나 활발하였는가를 실증해주고 있다. 이 안내기에는 또한 로마 상인들이 이용하였을 다프로파네(현 스리랑카)로부터 현 미얀마의 페구(Pegu, Suvarna Bhumi, 황금국)와 말레이 반도를 지나 데이나(중국)까지 이어지는 항해로도 제시되어 있다.

로마 상인들의 대중국교역은 직접교역과 간접교역의 두 가지 형태로 진행되었다. 직접교역은 일남(日南, 현 베트남)과 선국(撣國, 현 미얀마)의 루트를 통한 교역이고, 간접교역은 인도의 루트를 통한 중계교역이다. 현 베트남 남부의 옥에오(Oc-éo) 유적에서 로마제 염주와 로마 황제의 금박휘장(金箔徽章)이 중국 한대의 동경(銅鏡)과 함께 반출(伴出)된 사실은 로마 상인들이 일남에서 한인들과 직접교역을 하였음을 시사해준다. 그리고 후한시대에는 로마 상인들이 현 미얀마의 이라와디(Irawadi)강 하구에 도착한 후 강을 따라 그 상류에 있는 선국까지 와서, 그 동북부에 있는 중국의 영창군(永昌郡) 상인들과 직접 교역하기도 하였다. 이러한 직접교역과는 달리, 대부분의 교역은 인도 서해안의 항구들에서 릴레이식으로 간접적으로 진행되었다. 즉 중국 상인들이 오아시스로를 통해 비단을 비롯한 중국 특산물을 타슈쿠르간이나 발흐를 거쳐 일단 인도 서북부의 상업도시 단차시라까지 운반한다. 그러면 거기서부터 인더스강을 따라 하구에 있는 바바리콘이나, 아니면 타르 사막 이동의 육로로 바리가자트까지 운반하면, 그 두 곳에서 로마 상인들이 넘겨받아 로마로 운반해가곤 하였다.

이러한 교역 형태를 통해 로마 상인들이 중국에서 가져간 물품은 대종인 견직물 외에 피혁·철·육계·대황(大黃) 등이었으며, 중국에 가져온 물품은 유리제품·모직물·아마포·홍해산 진주·지중해와 홍해산 산호·발트해산 호박·상아·서각(犀角)·대모(玳瑁)·각종 보석·석면(石綿)·향유·약품 등이었다. 로마 상인들이 중국에 가져온 물품 중에는 로마제국 영내 산품이 아닌 것이나, 항해 도중 교역용으로 구입한 물품도 들어 있었다.

로마 상인들이 동방 원거리교역에 종사한 것은 로마 제품의 수출보다는 수익성 높은 동방 특산물의 수입에 주목적이 있었다. 그 결과 수입이 수출을 크게 초과하고 다량의 로마 화폐가 동방 각지로 유출되었다. 1세기 70년대에는 인도와 세레스(중국), 아라비아 반도로부터의 수입 총액이 매해 무려 1억 세스테르세스(Sesterces, 2,500만 테나리우스)나 되었다. 기원전 31년부터 기원후 192년까지의 223년간 로마가 동방교역에 탕진한 금액은 1930년의 영국 파운드화로 환산하면 무려 1억 파운드에 달한다. 이러한 입초(入超)와 다량의 화폐 및 금·은의 동방 유출로 인해 재정이 탕진되었는데, 이것은 로마제국의 쇠퇴를 가져온 한 요인이 되었다.

동방교역에 종사한 로마 상인들 중, 중국에 내왕한 몇몇 개별 상인들의 행적이 동서양 사적에 기록되어 있다. 로마 지리학자 프톨레마이오스(Ptolemaeos, 90~168)는 그리스 시대 이후의 지리학 성과를 집대성한 저서 『지리학 입문』에서 그리스 지리학자 마리누스(Marinus)의 기사를 인용하여 마케도니아 출신의 알렉산드리아 상인 마에스 티티아누스(Maes Titianus)가 그의 대리인들을 세레스(중국)에 파견하였다고 기술하고 있다. 이 대리인들은 세레스가 안니바·아스미리안·헤모다스·오토로코라스 등 여러 산맥들에 에워싸여 있으며, 두 개의 강이 관류(貫流)하고 있다고 하였다. 그들은 또한 세레스의 주요 도시 15개를 거명하고 있는데, 마지막 도시가 세라 메트로폴리스(장안?)다. 그들이 여러 산맥들로 에워싸여 있다고 말한 세레스는 천산(天山)·곤륜(崑崙)·남산(南山) 등의 산맥들로 둘러싸인 타림 분지를 뜻하는 것 같다. 따라서 일부 학자들은 그들이 타림 분지까지 이르러서 세레스에 관해 전문한 것으로 판단하고 있다.

비교적 확실한 기록으로는 삼국시대에 로마 상인 진론(秦論, 로마명 미상)이 내화한 사실이 『남사(南史)』(권28) 「이맥전(夷貊傳)」과 『양사(梁史)』(권54) 「제이전(諸夷傳)」에 보인다. 삼국시대 오(吳)국의 황무(黃武) 5년(226)에 오막(吳邈)이 교지(交趾, 현 베트남 하노이 서북부) 태수로 부임한 후 그곳에 진론이 내도하였다. 태수는 즉각 그를 무창(武昌)으로 호송하였다. 오제 손권(孫權)이 진론을 예우하면서 대진의 풍토·관습 등에 관해 묻자 그는 기꺼이 수문수답(隨問隨答)하였다. 그가 가무잡잡하고 키 작은 산월(山越, 광동과 복건 일대)인에 대해 호기심을 표하자 손권은 회계(會稽)인 유함(劉咸)을 시켜 그에게 산월 남녀 10명을 사여하라고 명하였다. 그런데 유함이 도중에 병사하는 바람에 진론은 이 '선물'을 받지 못한 채 귀국하고 말았다. 진론은 중국에 온 첫 로마 상인이라고 전해지고 있다.

중세 동서교역에서 맹활약을 한 사람들은 이른바 '상호(商胡)'들이다. 상호는 당대를 전후한 중세의 서역 상인을 범칭하는데, 일명 '생호(生胡)'라고도 한다. 생호에는 페르시아·소그디아나·대식(大食, 아랍)·회흘(回紇)·유태의 상인들이 포함된다. 대거 내화한 상호들의 활동범위는 대단히 넓고 활동내용도 매우 다양하였다. 그들은 장안과 낙양·양주(揚州)·천주(泉州)·익주(益州)·월주(越州)·홍주(洪州)·광주(廣州)·송주(宋州)·태원(太原)·풍상(風翔) 등 주요 도시와 교통 요진(要津)에서 대규모의 상역활동을 벌였다. 문헌기록에 따르면, 당 숙종 상원(上元) 원년(760)에 당장 전신공(田神功)이 양주에 진입할 때 상호 수천명이 피살되었고, 당 덕종 정원(貞元) 3년(787)에 장안에 상주하면서 정부의 녹미(祿米)를 타먹는 상호는 4천명이나 되었으며, 당말 '황소(黃巢)의 난' 때 광주에서 피살된 상호는 무려 12만명이나 된다고 하였다. 이러한 사실은 당시 중국에 얼마나 많은 상호들이 활동하고 있었는가를 여실히 보여준다.

상호들은 북방의 육로나 남방의 해로를 통해 중국에 내왕하거나, 아니면 중국에 상주하면서 상역에 종사하였다. 그들은 옥석이나 주보, 향약, 석밀(石蜜), 모직물, 진기한 동물 등 서역 특산물을 가지고 와 팔기도 하고, 견직물이나 약재, 공예품 같은 중국 특산물과 물물교환하기도 하였다. 그런가 하면, 그들 특유의 상술로 중국 현지에서 중국 산물을 매매하기도 하였다. 그리하여 그들은 방대한 상역 이윤을 취득하여 치부·축재하였다. 여러가지 문헌기록과 민담(民譚)은 이들 상호들의 활동에 관해 생생하게 전해주고 있다. 상호들 중 가장 활발한 교역활동을 벌인 사람들은 페르시아와 소그디아나 상인들이다. 특히 소그디아나 상인들은 특유의 상술과 집념, 그리고 중국과의 전통적 관계를 이용하여 상역활동에서 단연 두각을 나타냈다.

소그드인들은 천부적인 장사꾼들로서 남자는 5세가 되면 글을 배우기 시작하여 어지간히 배우고 나면 곧 집을 떠나 장사를 익힌다. 그들에게는 돈을 많이 버는 것이 곧 선행이다. 당시 강국(康國, 주민 대부분이 소그드인)에서는 어린애가 태어나면 입 안에 석밀(石蜜, 사탕)을 넣어주고 손바닥에 아교를 바른다. 그것은 어린애가 자라서 입에서는 언제나 석밀처럼 달콤한 말이 술술 나오고, 돈을 쥐면 아교처럼 딱 붙어서 빠져나가지 말기를 소원해서이다. 남자는 20세만 되면 돈을 벌러 외국에 나가는데, 돈벌이가 되는 곳에는 그들의 발자국이 꼭 찍혀 있게 마련이었다. 이것은 상역에 대한 소그드인들의 천부적 집착을 설명해준다.

당대에는 파미르 고원 이서 출신으로서 중국에 체재하는 사람들을 일괄하여 강(康)·조(曹)·석(石)·미(米)·하(何)·화심(火尋)·무지(戊地)·사(史)·안(安)의 소무구성(昭武九姓) 호인(胡人)이라고 불렀다. 이들 9성은 대부분이 소그드인들이었다. 당 초기부터 그들은 서북, 중원(中原), 동북, 사천(四川) 등 광범위한 지역에 정주하면서 상역에 종사하였다. 오아시스로의 관문인 돈황(敦煌)의 동편에는 안성(安城)이라는 소그드인들의 집성촌(集姓村)이 있었는데, 8세기에는 9성의 약 300호 1,400여 명이 거주하고 있었다. 그들 대부분은 사마르칸트와 부하라·타슈켄트·카그탄·토카리스탄·케쉬 등 중앙아시아 지방 출신들로서 주로 장사를 업으로 하고 있었다. 또한 하서(河西)지방의 양주(涼州)에도 많은 소그디아나 상인들이 활동하고 있었다. 북위(北魏)가 439년에 북량국(北涼國)을 공략하여 양주를 점령하였을 때 많은 소그디아나 상인들을 체포하였다가 소그디아나 왕이 그들을 속환(贖還)한 바 있다.

소그디아나 상인들은 상역활동뿐만 아니라, 비교역적인 외교활동도 겸행한 것이 기록에 나타나고 있다. 5세기 말 유목기마민족 국가인 돌궐(突厥, 투르크)은 북위 조정에 상호(商胡), 즉 소그디아나 상인을 사절로 파견하였으며, 서위(西魏)가 돌궐의 초대 가칸 토우만에게 파견한 사절도 주천(酒泉)에 거주하고 있던 호인 안락반타(安諾槃陀)이다. 안씨 성을 가진 이 사람은 분명히 소그디아나의 부하라(안국) 출신 인물이었을 것이다. 아마 이것도 그들의 능수능란한 교제술을 활용하기 위함이었을 것이다.

소그드인들은 처세술에도 출중하였다. 그들은 왕왕 당시 위세를 누리고 있는 회흘(回紇, 위구르)인으로 위장하여 활동하였다. 회흘은 안녹산(安綠山)의 난 때 원군을 보내 당조를 일조한 것이 계기가 되어 당조와의 견마(絹馬)교역을 독점하고, 당으로부터 상당한 특혜를 받고 있었다.『신당서(新唐書)』「회흘전」에 따르면 대력(大曆) 8년(773) 11월에 회흘인 140명이 귀국할 때 선물을 실은 차량만도 1천여 대가 되었다. 회흘은 당조를 도와준 공을 앞세우면서 건원(乾元) 연간(758~59) 이후 자주 사절을 보내 말과 비단을 교환해가곤 하였다. 말 1필에 비단 40필을 교환하는데, 한번에 수만필의 말을 끌고 왔으니, 가져간 비단이 그야말로 산더미였다. 회흘의 이러한 위세와 특혜를 잘 알고 있으며, 돈만 벌면 그것이 곧 선행이라고 믿고 있는 소그디아나 상인들로서는 회흘인으로 위장하는 것이 어쩌면 적선(積善)하는 길이기도 하였을 것이다.

소그디아나 상인들과 페르시아 상인들은 막강한 재력을 이용하여 장사만 한 것이 아니라, 자본을 투자하여 금융업에도 손을 뻗었다. 그들이 금융활동에 투자한 자본을 '회흘전(回紇錢)'이나 '파사전(波斯錢)'이라고 하였으며, 이러한 '전(錢)'을 경영하는 일종의 금융기구를 '거방(柜坊)'이라고 하였다. 당초 거방은 '편환(便換)' 혹은 '비전(飛錢)'이라고 하는 보관증을 발급하고 수수료나 받으면서 돈이나 물건을 보관하는 보관소 역할을 하였으나, 점차 실물을 보관할 뿐만 아니라, 물물교환도 하고, 환전이나 차관까지 하는 금융기관으로 변모하였다. 상호들은 이러한 금융활동을 통해서도 막대한 부를 축적하였다.

소그디아나 상인들을 비롯한 서역 상호들의 활발한 교역활동에 의하여 당대 동·서간의 물질문명교류는 상당한 활기를 띠게 되었다. 서역과 중국의 특산물이 호환되고, 상술이 상호 전수되어 교역의 공영을 결과하였다. 뿐만 아니라, 교역에 편승하여 인적 내왕이나 정부간의 통교도 활발해졌으며, '호풍(胡風)'의 유행 등 문명교류에서도 일변을 가져왔다.

소그디아나 상인과 페르시아 상인들의 상역 전통을 이어받은 사람들이 바로 원대의 알탈(斡脫)이다. 원대 문헌에 나오는 '알탈'이란 말은 분명히 음사어(音寫語)인데, 그 원어가 무엇인지에 관해 설이 분분하다. '동료'나 '상인'이라는 의미의 돌궐어 'ortak'의 음사라는 주장이 가장 신빙성이 있다. '권주(勸酒)'라는 몽골어 'ötök'나 '막사' '궁전'이라는 거란-몽골어 'ordu'와 관련시키는 설도 있다. 그런가 하면 일부 학자들은 장사를 잘한다든가, 음이 유사한 점을 들어 '유태(猶太)'의 음사로 보기도 하는데, 이것은 견강부회적인 해석이 아닐 수 없다. 왜냐하면 당시 유태인에 대해서는 '술홀(術忽)' '죽홀(竹忽)' '주오(主폼)' '주골(主鶻)' 등 페르시아어 'Juhud'(유태인)에서 유래한 유사지칭이 있었으며, 또한 유태인들의 상역활동이 '알탈'의 이름으로 등장하는 사람들이 벌인 상역활동만큼 두드러지지 않았기 때문이다.

어원이 어떻든간에 원대에 알탈은 중앙아시아 출신의 무슬림 상인들을 지칭하는 전문용어임에는 틀림이 없다. 그들 대부분은 돌궐어를 사용하는 소그디아나 상인이거나, 아니면 페르시아어를 사용하는 페르시아 상인의 후예로서 일찍부터 몽골인들과 관계를 맺고 교역활동을 진행해왔다. 몽골 흥기시 상역 경험이 없는 칭기즈칸을 비롯한 몽골 상층들은 그들과 밀접한 관계를 유지하면서 노획한 금은보화를 그들에게 맡겨 경영하도록 하고, 정기적으로 이식(利息)만 챙겼다. 몽골군 서정시에는 알탈들이 선봉장이 되어 정보를 제공하고 정복지와의 관계 조절에 나섰으며, 심지어 조정이나 서정군의 사절로 파견되기도 하였다. 그 과정에서 그들은 또 그들대로 교역활동을 벌여 축재하기도 하였다. 그들은 교역활동에서 두각을 나타냈을 뿐만 아니라, 몽골 조정에서 요직도 차지하여 원대 통치집단의 한 구성원이 되기까지 하였다.

알탈은 주로 대외적으로는 주보(珠寶)교역에 종사하고, 대내적으로는 고리대업을 경영하였다. 원대 고관대작들의 사치성 주보에 대한 기호는 대단하였다. 이러한 주보는 모두가 알탈들이 아시아 전역을 누비면서 진행한 교역에 의해 충당되었다. 한편, 그들은 고수익성 고리대업으로 많은 재부를 축적하였다. 그들의 고리대 특징은 '알탈전(斡脫錢)' 혹은 '알탈관전(斡脫官錢)'이라고 하는 고액 이자인데, 이자율은 100%에 달하였다.

중국 본토에서의 알탈들의 활동도 상당히 활발하였다. 1263년에 중도로(中都路) 일대(현 북경과 그 부근)에만 2,953호의 회회인(回回人, 무슬림)이 거주하고 있었는데, 그들 대부분은 상호들이었다. 그들의 활동범위는 멀리 변방의 '서번지(西番地)', 즉 티베트족의 거주지까지 망라한 전국적 규모였다. 국제적으로는 중앙아시아는 물론 인도나 서아시아의 일 칸국과도 활발한 교역을 진행하였다. 그 결과 중국 등지의 백은(白銀)이 중앙아시아로 다량 유입됨으로써, 중앙아시아가 은통화 결핍현상을 극복하고 13세기 중엽 이후 한때 국제적인 상업금융 중심지로 부상하기까지 하였던 것이다.

알탈들의 경제력이 팽창하자 쿠빌라이 시대부터는 그들에 대해 보호와 제한의 이중정책을 실시하였다. 알탈들이 지방에서 상역활동을 하려면 당국으로부터 허가를 받고 정량의 '상세(商稅)'를 납부해야 하며, 고리대 이자율도 일정률로 규정되고, 말이나 무기의 해외판매가 금지되는 등 일련의 제한조치가 취해졌다. 1267년 이후 한때는 알탈소(斡脫所) 혹은 알탈총관부(斡脫總管府)를 설치하여 알탈들의 활동을 전문 관장하기도 하였다.

이와같이 원대의 알탈들은 전대의 소그디아나 상인들과 페르시아 상인들의 상술을 계승하여 유목기마민족인 몽골인들에게 상혼을 심어주고, 동서교역을 활발히 전개함으로써 몽골제국의 건설에 기여하였다. 그들의 교역활동에 의해 중앙아시아를 사이에 두고 중국과 서아시아 및 인도, 나아가서는 유럽 간의 문물교류가 전례없이 활기를 띠게 되었다. 뿐만 아니라, 그들 특유의 상업금융 활동은 중세 경제사 연구에 귀중한 사료로 평가되고 있다.

이 무렵 유럽에서 교역을 통해 물질문명의 교류에 기여한 사람들은 역시 고대 로마 상인들의 후예인 이딸리아 상인들이었다. 그들은 지중해를 중심으로 한 유럽 일원에서 상역활동을 주도하였을 뿐만 아니라, 멀리 동방으로의 교역도 개척하여 중세 동서교류에 족적을 남겨놓았다.

이들 동방교역 개척자들 중에는 대여행가 마르꼬 뽈로 일가가 있다. 뽈로 일가는 대대로 이딸리아의 베네찌아에서 상역에 종사해온 전형적인 상고(商賈)였다. 조부와 부친 니꼴로는 물론, 백부 안토레오와 숙부 마떼오도 모두가 전업상인들이었다. 백부는 꼰스딴띠노쁠에 이주하여 장사를 하다가 신흥 몽골인들과의 동방교역을 전망하여 흑해를 건너 크림 반도 남안의 솔다이아에 상관을 개설하였다. 형의 부름을 받고 1255년경에 꼰스딴띠노쁠에 온 니꼴로와 마떼오는 보석을 비롯한 여러가지 교역품을 챙겨가지고 1260년에 솔다이아에 가서 얼마간 체류하다가 동방교역의 길에 올랐다. 형제는 1262년에 볼가강 중류에 위치한 킵차크 칸국의 수도 사라이에서 베르케 칸의 환대를 받았다. 그들이 가지고 간 보석을 모두 칸에게 헌상하였더니, 칸은 대단히 흡족해하면서 오히려 가격의 2배나 되는 물건을 하사하였다.

그들이 이곳에 1년여 체류하는 동안에 베르케 칸과 일 칸국 훌레구 칸 사이에 전쟁이 발발하여 돈강으로부터 까프까스에 이르는 일대가 전화에 휩싸이는 바람에 솔다이아나 베네찌아로의 귀로가 그만 막혀버렸다. 그리하여 뽈로 형제는 동행(東行)을 작심하고 그곳을 떠나 킵차크 칸국의 동단 우카카를 경유, 17일간 대사막을 돌파한 후, 차가타이 칸국 치하의 부하라에 당도하였다. 여기서 진로를 결정 못하고 3년이나 허송하다가 우연히 일 칸국 훌레구 칸이 몽골제국 대칸 쿠빌라이에게 파견한 사신을 만나게 되었다. 사신은 대칸이 미지의 라틴인을 만나보고 싶어하고, 일단 만나면 빈객(賓客)으로 대우를 받게 될 것이며, 또한 동행하면 안전도 보장될 것이라고 뽈로 형제를 유혹하였다. 그리하여 이들 이딸리아 상인 형제는 사신을 따라 부하라를 출발하여 오트라르와 이리, 하미, 감숙(甘肅) 지방을 경유, 1년 만에 도론노르 부근에 있는 상도(上都) 개평부(開平府)에 도착하였다.

쿠빌라이는 뽈로 형제를 즉시 소견(召見)하고 빈객으로 예우하였다. 그는 기독교 국가를 통치하는 황제들의 정치행태부터 품행에 이르기까지, 그리고 교황이나 교회, 라틴인들의 풍습 등에 관해 상세히 캐물었다. 몽골어와 터키어에 능통한 이들의 수문수답(隨問隨答)에 대칸은 만족하였다. 그러고는 중신 코가탈(Cogatal)과 함께 두 형제를 교황 끌레멘스 4세(Clemens IV)에게 사절로 파견하고 신한(宸翰)을 교황에게 보내기로 하였다. 대칸은 터키어로 쓴 이 신한에서 기독교 교리에 밝고 우상숭배자들을 설복할 수 있으며, 7예(수사학·논리학·문법학·수학·기하학·

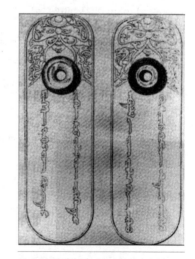

원대에 행차시 사용한 노패

천문학·음악)에 통달한 현인을 100명쯤 보내달라고 교황에게 요청하였다. 그리고 사절들에게는 예루살렘의 그리스도 성묘에 켜져 있는 램프에서 약간의 성유(聖油)를 갖고 오도록 하명하였다. 떠나기에 앞서 대칸은 그들에게 여행중 각종 특권적 편의를 제공받을 수 있는 노패(路牌)인 황금패자(黃金牌子, Pai-tzu)를 수여하였다.

사절 일행 3명은 1266년 상도를 떠났다. 그런데 얼마 안 가서 중신 코가탈은 발병하여 중도 탈락하고 말았다. 뽈로 형제는 3년간의 간난신고 끝에 1269년 초 소아시아 동남쪽 항구도시 라이아스에 도착하였다. 이어 그해 4월에 목적지인 아크르(Acre, 현 팔레스타인의 항구)에 이르렀는데, 여기서 교황 끌레멘스 4세가 전해 11월 29일에 이미 별세하였다는 비보를 접하였다. 그리하여 그들은 당시 교황의 특사로 이집트 왕국 전역을 관장하고 있는 떼발도 더 비스콘티(후일의 그레고리우스 10세)를 만나 파견된 사명 등을 보고하였다. 형제는 새 교황이 선정될 때까지 기다려달라는 그의 분부를 받고, 이 틈을 타서 고향에 한번 다녀오기로 하였다. 아크르를 떠나 네그로폰트(Negropont)에 이른 후 배편으로 베네찌아에 귀향하였다. 니꼴로가 귀향하고 보니 아내는 이미 사망하고 15세의 아들 마르꼬 뽈로만이 남아 있었다.

뽈로 형제는 베네찌아에 2년간 체류하면서 새 교황의 선출을 기다렸으나 무소식이기에 몽골로의 귀환을 결심하였다. 17세가 된 마르꼬를 데리고 일행 3인은 베네찌아를 떠나 아크르에서 전술한 교황의 특사 떼발도를 만나, 그로부터 교황의 유고로 사명을 수행할 수 없게 되었다는 내용의, 쿠빌라이에게 보내는 증명 서한을 받았다. 그리고 예루살렘에 가서 성유를 구해가지고 아크르에 돌아왔다. 대칸이 성유를 구해오라고 명한 것은 그의 모후(母后)인 장성태후(莊聖太后, 소르카그타니)가 기독교도(네스토리우스파)로서 그것을 원했기 때문이라고 한다. 일행이 아크르를 출발하여 라이아스에 이르렀을 때, 마침 특사 떼발도가 새 교황에 선출되었다(1271. 9. 1). 일행은 새 교황이 특별히 파견한 사자(使者)를 따라 로마에 가서 교황을 알현하였다. 교황은 대칸에게 보내는 신서와 함께 대칸이 요청한 100명의 현인 대신에 2명의 유능한 사제를 동행하도록 하였다. 일행 5명이 라이아스에 도착하였을 때, 마침 이집트 맘루크조 쑬탄이 대군을 이끌고 아르메니아에 침입하여 전란이 일어났다. 그러자 이에 겁을 먹은 사제 2명은 여기서 전진을 포기하고 되돌아갔다. 니꼴로와 마떼오, 마르꼬 3명은 드디어 라이아스로부터 몽골에 귀환하는 근 4년간의 장정(후술할 마르꼬 뽈로의 여행로 참고)에 올라 1275년 5월에 상도에 귀착하였다.

상인 출신으로서 동방교역을 위해 출타한 니꼴로와 마떼오 형제는 장장 15년간(1260~75) 말 그대로 우연의 연속 속에서 원나라에 이르렀다가 칸의 신임을 받고 특사 자격으로 로마교황에게 파견되어 사명을 수행하고는 다시 원조에 귀조하였다. 그후 그들은 원조의 배려하에 계속 중국에 체류하다가, 1291년 중국을 떠나 해로로 1295년에 고향 베네찌아에 귀향하였다. 보다시피 뽈로 형제는 교역보다는 사절로서의 외교활동으로 이름을 남기고 있다. 상인으로서 사절의 사명을 수행한 전형적인경서, 물질문명 교류를 위한 인적 교류의 다양성을 실증해주고 있다. 기록으로 남아 있는 바는 별로 없지만, 상인가계 출신으로서의 그들은 모든 활동과정에서 상역에 대한 본능이나 저력을 유감없이 발휘하였을 것이다. 한편, 외방인으로서 뽈로 형제가 사명을 끝까지 수행하는 충실성과 사명감은 높이 평가되어야 할 것이다.

당시 이딸리아 상인들의 활약상은 동방교역에 관한 그들의 저서에서도 찾아볼 수 있다. 그 대표적인 것이 이딸리아 상인 뻬골로띠(F. B. Pegolotti)가 1340년경에 쓴 『통상지남(通商指南)』이다. 본서의 원명은 『제국기』(諸國記, *Libro di Divisamenti*)로서 이딸리아 부렌지어 시 디리까디언도서관에 1471년의 필사 초본(抄本)이 소장되어 있다. 1765년에 빠그니니(G. F. Pagnini del Ventura)가 4권으로 편찬한 『십진제(十進制)와 부렌지어 사회에 가중된 각종 부담을 논함: 16세기까지의 부렌지어 화폐와 상업을 병론』 중의 제3권이 바로 이 『통상지남』 제하에 편집한 뻬골로띠의 『제국기』이다. 그후 독일과 프랑스 학자들이 번역과 더불어 주석을 가하였고, 영국의 동양학자 율(H. Yule)은 1914년에 출간한 『중국과 그곳으로의 길』(*Cathay and the Way Thither*)에 본서 중의 중국관련 부분을 발췌하고 영어 역주를 첨부하였다. 이 책은 14세기 동서교역에 관한 실무적 안내서로서 당시의 동서교류상을 연구하는 데 귀중한 문헌으로 평가되고 있다.

뻬골로띠는 이딸리아 부렌지어 시의 바르디 회사의 중역으로서 벨기에의 앤트워프와 영국의 런던, 사이프러스 등지에서 상역활동을 하면서 견문하거나 전문한 것을 이 책에 집성하였다. 그는 중국에서 영국까지의 교역통로와 교역상품, 수출입 항구, 관세제도, 상무관행, 각종 통화제도, 도량형법 등 교역에 관한 정보를 상세히 기술하고 있다. 특히 중국과의 교역에 대해서는 교역통로와 교역에 필요한 준비물, 통역에 이르기까지 여러가지 상역실무에 관해 언급하고 있다.

중국으로의 교역통로는 카스피해 북부 아조프 해안의 타나(Tana)에서 출발하여 카스피해 북서안을 지나 킵차크 칸국의 수도 사라이와 우르겐치를 경유, 아랄해 연안에 이른 후, 여기에서 두 갈래로 갈라진다. 한 길은 아랄해 서안으로부터 부하라와 사마르칸트를 지나 오트라르에 이르는 길인데, 낙타로 55~60일이 걸린다. 다른 한 길은 아랄해 북안으로부터 직접 오트라르에 이르는 길인데, 낙타로 50일이 채 안 걸린다. 큰 짐이 없으면 후자를 택하는 것이 좋다. 오트라르로부터는 마차로 차가타이 칸국의 수도 알말리크까지는 45일이 걸리며, 일리강 분지로부터는 천산산맥의 북록을 지나 하미와 고비 사막을 경유, 카메지(즉 甘州)에 이른다. 카메지로부터 강(황하?)까지는 말을 타고 45일이 걸리며, 이 강을 따라 카사이(현 抗州)에 도착한다. 카사이로부터 캐세이(Cathay, 즉 중국 원조) 수도 한발리끄(현 북경)까지는 30일간의 여정이다. 이렇게 아조프 해안의 타나로부터 원조의 수도 대도까지의 여정에는 3백 수십일이 필요하다. 뻬골로띠는 이러한 중국으로의 교통로를 소개한 후 이 길을 왕래한 상인들의 말을 인용하여 이 길은 밤이나 낮이나 안전무사하다고 하면서 동방교역을 권장하였다.

뻬골로띠의 이상과 같은 기술에서 당시 이딸리아 상인들을 비롯한 서구 상인들의 대동방교역상의 일단을 규시(窺視)할 수 있다. 중국의 상무관행이라든가 도량형법, 무역품 등 교역정보에 관한 내용이 상당히 정확한 점으로 보아 당시 동·서간 교역활동이 활발하였음을 알 수 있다. 아울러 동방교역 통로에 관한 뻬골로띠의 기술은 당시 실크로드 육로의 실태를 파악할 수 있게 하는 귀중한 자료다.

중세 말과 근대 초에 신흥 서구 나라들이 행한 동방경략의 선두에는 언제 어디서나 상인들이 있었다. 그들은 갖가지 미명과 구실하에, 그리고 각이한 신분과 자격으로, 때로는 독자적으로, 때로는 무력의 보호하에 동방제국에 접근하여 교역을 통한 경략활동에 동참하였다. 이러한 상인들 중에는 활동기록을 남겨놓아 교류인으로서 그 이름이 전해져내려오고, 당시의 교역이나 교류상황을 알려주는 사람들이 있다. 그러한 기록들은 예외없이 중세 동서교류사를 연구하는 데 소중한 사료로 인정받고 있다.

그들 중에는 『중국보도(中國報導)』라는 견문록을 남긴 16세기 중엽의 포르투갈 상인 뻬레이라(G. Pereira)가 있다. 그는 동방교역에 종사한 상인으로서 1534년에는 인도에, 1539년에는 말라카에, 그리고 1539~47년에는 중국 동남해 연안에 와서 교역활동을 한 바 있다. 그러던 그가 1548년에 섬라(暹羅, 현 타이)로부터 복건(福建) 연해에 잠입하여 교역을 시도하였다. 그런데 당시 그곳에 파견된 도어사(都御史) 주환(朱紈)이 해금(海禁)시책을 엄격히 취하는 바람에 이듬해 3월에 선박과 함께 명군에게 생포되어 광서(廣西) 계림(桂林)에 압송되었다. 그는 그곳에 얼마간 억류되어 있다가 상천도(上川島, 광주에서 30마일 상거)에서 활동하던 한 포르투갈 상인의 도움으로 탈출에 성공, 인도로 도주하였다. 뻬레이라는 인도에서 포르투갈어로 『중국보도』라는 견문록을 썼다(이 견문록에 관해서는 이 책 제6장 제2절 참조). 이 견문록에는 상역에 관한 기사는 그다지 많지 않지만, 저자의 행적과 더불어 당시 포르투갈 상인들이 행한 동방교역활동의 일단이 반영되어 있다.

16세기 후반에 동서교역에 족적을 남긴 사람으로는 상인으로서 모스끄바에 네 차례나 출사하면서 중앙아시아 일원을 탐험한 영국인 젠킨슨(A. Jenkinson, ?~1611)이 있다. 그는 1553년에 런던의 마사즈 회사의 역원으로 지중해 동안의 시리아 아레포에서 봉직하다가 1557년에 러시아의 모스끄바 주재 영국 회사의 출장원으로 파견되었다. 그는 런던에 출사한 이반 4세 사절의 귀국 함대에 편승하여 런던을 출발, 노르웨이 해안을 따라 북항(北航)하여 2개월 만에 도나우강 하구에 입항하였다. 짜르의 사절은 거기에서 모스끄바로 직행하였으나, 젠킨슨은 그들과 헤어져 도중 몇곳에 들렀다가 그해 성탄절에 모스끄바에 도착하였다. 그는 짜르를 알현하고 그로부터 동방으로의 육상교역로 탐험을 허락받았다.

이듬해인 1558년에 젠킨슨은 2명의 영국인과 타타르인(몽골인) 통역 1명을 대동하고 막연하게 '캐세이(Cathay, 중국)와 대칸(Great Khan)국으로'라는 목표를 세우고 무작정 모스끄바를 떠났다. 노브고로드(현 니주니 노브고로드)에서 막 정복한 아스트라한(Astrakhan) 지방에 부임해가는 총독 일행과 합류하여 배편으로 볼가강을 따라 내려갔다. 약 3개월간 항행 끝에 볼가강의 카스피해 주입처에서 가까운 아스트라한 시에 도착하였다. 시는 볼품없이 파괴되고 아사자의 시체가 도처에 수북이 쌓여 있었다. 6펜스짜리 빵만 가지면 1천명의 어린애를 구입할 수 있는 이를 데 없이 비참한 지경이었다. 젠킨슨은 거기서 타타르와 페르시아 상인들과 공동으로 자그마한 범선 한 척을 구입하여 직접 노를 저으면서 볼가강을 따라 카스피해로 들어갔다. 그러고는 카스피해의 북안을 따라 동항하여 우랄강 하구 근처에 이르러 정박하였다. 타타르인 5명과 젠킨슨만 남겨놓고 모두 상륙한 틈에 약 30명의 무장강도가 기습해왔으나 임기응변으로 겨우 화를 면하였다.

이곳으로부터 20일간 사막을 답파하여 히바 칸국에 당도하였다. 칸 하짐은 일행을 환대하며, 궁전 안에 기거토록 하는 호의를 베풀었다. 젠킨슨이 그에게 짜르의 서한을 제시하고 영국에서 가져온 상품의 관세까지 꼬박 지불하자, 칸은 일행에게 호송까지 약속하였다. 그러나 계속 미행하던 타타르 강도단과 도중에서 조우하여 한바탕 격전이 벌어졌다. 젠킨슨은 대상(隊商) 중 40명 용사들을 이끌고 하루종일 대적하였다. 젠킨슨을 비롯한 3명의 영국인이 쏘아대는 화승총(火繩銃)에 기가 죽은 강도단은 밤에 담판을 제의해오면서도 기독교인들은 한사코 통과시킬 수 없다고 고집하였다. 이에 불응한 젠킨슨측이 날이 밝은 뒤 임전태세를 보이자 강도단은 낙타 1필과 약간의 상품만 주면 통과시키겠다고 타협해왔다. 결국 그 제의를 받아들인 후 일행은 걸음을 재촉해 아무다리아강을 건너 그해 12월 3일 아스트라한을 떠나서 5개월 만에 실크로드의 중진(重鎭) 보가르(Boghar), 즉 부하라에 도착하였다.

부하라는 칭기즈칸의 서정군에 의해 전소되었다가 티무르제국 시대에 간신히 재건된 상태였지만, 실크로드의 요지에서 여전히 번영을 누리고 있었다. 벵골에서 온 인도 상인들은 마포나 모직물 같은 것을 가지고 와서 러시아산 붉은 가죽과 교역하고, 페르시아 상인들은 직물류나 키 큰 말을 가져오며, 중국 방면으로부터는 수자(繻子, 채색비단)·단자(緞子, 생사로 짠 무늬 있는 두꺼운 견직물)·대황(大黃) 등이 수입되고 있다. 또한 이 도시는 중앙아시아 최대의 노예시장으로서 페르시아인·아프가니스탄인·러시아인·타타르인들이 매매되고 있다. 젠킨슨 일행 3명은 부하라를 방문한 최초의 영국인들이다.

이곳 통치자는 우즈베크족의 압둘라 칸인데 악명 높은 폭군으로서 전제통치를 하면서 중과세로 치부하고 있었다. 음료수에는 기생충이 득실거리고, 물과 마유(馬乳) 외에는 어떠한 음료도 금기시되었다. 특히 음주에 대해서는 단속이 심한바, 입에서 술냄새가 약간만 나도 처벌대상이 된다. 칸은 젠킨슨을 소견하면서 내방 목적 등을 캐묻고 나서는 자못 마음에 들어했다. 그리하여 100명의 병사를 출동시켜 젠킨슨 일행을 도중에서 기습 검탈한 강도들을 추적, 생포하는 호의까지 베풀었다. 젠킨슨은 수차례 칸을 알현하는 자리에서 터키나 러시아, 영국에 관해 여러가지 이야기를 들려주었다. 칸은 영국인들의 전쟁방법과 화승총에 대해 특별한 흥미를 나타냈다. 젠킨슨은 칸 앞에서 직접 화승총 발사 시범까지 하였다. 그러면서 그는 상인답게 시장상황을 현지조사한 결과 영국 상품을 팔기에는 적지가 아니라는 결론을 얻었다. 여러모로 영국산 모직물이 페르시아산 모직물보다 현지 상인들에게 인기 있을 리가 만무하였다.

이곳에서 캐세이(중국)에 가보려던 젠킨슨의 꿈은 좌절되었다. 당시 칼미크인들이 중국으로의 통로를 차단하고 있어서 대상들도 중국 내왕을 중단한 상태였다. 게다가 중국까지 대단히 멀다는 것도 그로 하여금 중국여행을 포기하게 한 한 요인이었다. 그가 들은 바에 의하면 중국까지의 노정은 다음과 같다. 즉 부하라→7일 후에 타슈켄트→다시 7일 걸려 우즈칸트(부르가나의 오슈?)→20일 후에 카슈가르→30일 뒤에 숙주(肅州)→7일 후 감주(甘州)→60일 걸려 캐세이(장안?)→5일 후 칸바르(북경)로 이어지는 길이다. 결국 부하라로부터 북경까지는 약 5개월이 걸리는 긴 여정이다. 그밖에 젠킨슨은 그곳에서 중국에 관한 여러가지 기담도 얻어들었다. 캐세이 국경에는 피부가 황갈색이고 불을 숭상하며 날고기를 먹는 사람들과 황금칼로 식사를 하는 사람들, 그리고 난쟁이들이 살고 있다. 그런가 하면 캐세이인들은 백색인종으로서 얼굴이 예쁘고 예의바르며 언변도 능한 사람들이다. 젠킨슨은 언젠가는 아시아의 대초원을 지나 캐세이로 갈 것을 염원하면서 당장은 단념할 수밖에 없는 사정을 못내 아쉬워하였다.

중국행을 단념한 그는 페르시아행을 시도했으나, 역시 전화(戰火) 때문에 실현할 수가 없었다. 칸 압둘라는 군사를 이끌고 사마르칸트 정토에 나섰으나 패전하여 부하라는 적군에게 금방 포위될 위기에 놓였다. 만약 부하라가 함락되어 포로가 되기만 하면 노예시장에 끌려가는 신세를 면할 수 없게 될 것이다. 공포와 불안에 사로잡힌 젠킨슨은 곧바로 귀국을 결심하였다.

1559년 3월 8일에 젠킨슨은 800두의 낙타를 거느린 대상을 따라 부하라에서 카스피해로 향발하였다. 도중에 부하라와 발흐에서 모스끄바로 파견되는 사절을 만나 모스끄바까지 동행하였다. 몇차례 강도들의 기습을 물리치고 카스피해 연안에 당도하였다. 여기서 떠나올 때 아스트라한에서부터 타고 온 범선을 발견하고 수리하여 영국인 3명과 사절 6명, 그리고 구입한 러시아 노예 25명과 함께 타고 5월 28일 꼭 1년 만에 아스트라한에 돌아왔다. 그곳에서 영국을 떠날 때 가지고 온 영국산 직물을 방매하려고 하였으나 사려는 사람이 없었다. 러시아 황제 이반 4세가 파견한 총수(銃手) 100명의 호위 속에 9월 2일 모스끄바에 무사히 도착하였다. 젠킨슨은 이반 4세를 알현하면서 그의 손에 입을 맞추고는 캐세이(중국)산 흰소 꼬리와 타타르의 북을 선물로 진상하였다. 이 흰소는 야크인데, 그 꼬리는 통상 파리채로 쓰이지만 몽골인들은 군기(軍旗)에 장식하기도 한다. 이렇게 젠킨슨은 중국으로의 통상로 개척이라는 목적은 달성하지 못하였지만, 남러시아나 중앙아시아 일원에 관한 정보를 획득하고 금후 영국 상인들의 교역출로를 탐지하고는 영국에 돌아갔다. 이것이 젠킨슨의 제1차 동방여행이다.

이듬해(1560) 봄, 3년간의 동방여행을 마치고 런던에 돌아오니 엘리자베스 1세가 등극(재위 1558~1603)하여 바야흐로 적극적인 대외정책을 펴고 있었다. 원래 페르시아로의 여행을 계획했으나 이루지 못하고 돌아온 젠킨슨은 여왕의 공식사절로 페르시아에 파견되었다. 그는 페르시아의 사파비조 왕에게 보내는 여왕의 신한(宸翰)을 휴대하고 1561년 5월 14일 범선 스왈로 1호를 타고 런던을 출발하였다. 8월에 모스끄바에 도착하였는데, 뜻밖의 일이 발생하였다. 어떤 자의 중상모략에 의하여 이반 4세는 태도가 돌변하여 알현은커녕, 페르시아행마저 허락하지 않았다. 그러나 그의 끈질긴 해명과 설득에 의하여 이반 4세의 태도는 좀 누그러졌다. 가까스로 그의 허락을 얻고, 환국하는 페르시아 사절과 함께 예전대로 볼가강을 따라 아스트라한에 당도하였다. 여기서 2척의 범선으로 데르벤드를 경유, 그곳에서 얼마 멀지 않은 샤브란에 상륙하였다. 이곳은 시르반(Shirvan)국의 영내로서 수도 세마하에 이르자 압둘라 칸은 일행을 빈객으로 환대하였다. 왕이 베푼 연회에서는 첫 코스로 요리가 40가지가 나온 데 이어 두번째 코스로는 150가지나 되는 요리가 나왔다. 그야말로 진수성찬이다. 술은 전혀 없고, 연회가 끝나자 모두들 분수에서 솟아나는 물을 그대로 마시는 것이었다.

10월 6일 사파비조 수도 카즈빈을 향해 세마하를 떠났다. 도중 바쿠를 지나 1개월 만에 목적지에 도착하였다. 놀랍게도 바쿠에서는 다량의 천연석유가 마구 분출하고 있었다. 당시 카즈빈은 터키와의 강화 문제로 인하여 상당히 소란스러웠다. 겨우 샤 타흐마스프 1세(Tahmasp I, 1524~76, 사파비조 제2대 왕)를 알현하기는 하였으나, 샤는 그 자리에서 "불신자(不信者)들과는 우호관계를 맺을 필요가 없으니 당장 돌아가시오"라고 불호령을 내렸다. 젠킨슨은 할 수 없이 도주하다시피 세마하로 되돌아와 비단 산지인 이곳과만 통상계약을 맺었다. 그리고는 귀로에 올라 5월 30일에 아스트라한을 경유해 8월에 모스끄바에 도착하였다. 몇달간 체류하다가 이듬해(1564)에 런던에 귀착하였다. 이것이 젠킨슨의 제2차 동방여행인데, 이 여행도 근 3년이 걸렸다.

귀국 후 젠킨슨은 선단을 이끌고 북극해를 통과하여 중국으로 가는 항로를 탐험하겠다고 제의했으나 여왕은 불허하고, 그를 스코틀랜드 근해의 해적 소탕전에 특파하였다. 그런데 그즈음에 이딸리아인들이 모스끄바에 입성하여 이반 4세를 회유함으로써 통상권을 비롯한 영국의 기득권이 위협받기 시작하였다. 그리하여 이런 사태를 수습하기 위해 젠킨슨은 1566년에 세번째로 모스끄바에 급파되었다. 그는 사명을 무사히 수행하고 그해 말에 폴란드와 프랑스를 거쳐 귀국할 예정이었으나, 본국으로부터 새로운 사명이 부여되어 얼마간 모스끄바에 더 머물다가 1567년에 배편으로 환국하였다. 이때 그는 엘리자베스 여왕에게 보내는 이반 4세의 친서를 휴대하였다. 친서 내용에는 여러가지가 있는데, 그중 하나가 여왕에 대한 이반 4세의 청혼이다. 그후 여왕과 이반 4세 사이에는 사절이 몇번 오갔으나 젠킨슨은 제외되었다. 여왕은 시종 청혼 문제에 대하여 명확한 대답을 주지 않았다. 이에 화가 난 이반 4세는 모스끄바 주재 영국 회사(Moscow Company)의 각종 권익을 취체(取締)하고 회사의 국내 자산을 몰수하였다. 일이 이 지경이 되자 그 수습의 적임자로 기용된 사람이 바로 젠킨슨이었다.

그는 1571년 7월 26일에 네번째로 러시아땅에 상륙하였다. 당시 러시아는 크림 반도의 타타르족 무장봉기로 인해 처참하게 파괴된 상태였다. 모스끄바에서만 30만명이 소사(燒死)하였으며, 전역에 기아와 질병이 만연하였다. 이반 4세는 잠시 베레스라보르라는 도시에 피신하여 있었다. 그는 젠킨슨의 내방 소식을 듣고 '나타나기만 하면 목을 비틀어 죽여버리겠다'고 울분을 터뜨렸다. 젠킨슨이 이반 4세를 찾아 이 도시에 이르자 그만 붙잡혀 투옥되고 말았다. 그러나 젠킨슨의 간청으로 진현(進見)하였을 때 그의 달변에 넘어간 이반 4세는 엘리자베스 여왕과의 혼사 문제는 접어둔 채 양국 간의 통상관계를 회복하기로 합의하였다. 이렇게 그는 마지막으로 주어진 사명을 성공적으로 수행하고 1572년 9월 10일 런던에 개선하였다. 그후 그는 은퇴하여 30년간의 여생을 유유자적하게 보내다가 1611년에 별세하였다.

이상의 제반 사실은 그의 동방여행과 견사에 관해 모건(E. B. Morgan)과 쿠트(C. H. Coote)가 편찬한 『앤소니 젠킨슨과 기타 영국인들의 초기 러시아 및 페르시아로의 여행』(*Early Voyages and Travels to Russia and Persia by Anthony Jenkinson and other Englishmen*)에 구체적으로 기술되어 있다. 이 책은 1886년에 해클루트협회(Hakluyt Society)가 2권으로 출간하였다.

젠킨슨의 4차에 걸친 러시아 및 페르시아로의 견사와 여행과정을 통하여 중세에 상인들이 교류인으로서 수행한 역할의 일단을 엿볼 수 있다. 젠킨슨의 동방여행은 영국과 러시아 및 페르시아 간의 외교관계뿐만 아니라, 통상교역관계의 개발에서도 중요한 의의를 갖는다. 그는 비록 사절로 파견되기는 하였지만, 상인으로서의 직업성과 본능은 한시도 망각하지 않고 시종 통상교역에 주목하고 그것을 우선시하였다. 그는 중앙아시아의 요지 부하라를 방문한 첫 영국인으로서 시장상황을 비롯한 현지의 정보를 처음으로 영국에 직접 전함으로써 영국의 동방진출에 안내 역할을 하였다. 그가 수집한 정보는 중국을 포함하여 광범위한 지역과 관련된 것으로서 사료적 가치가 높다. 요컨대 젠킨슨은 영국의 대동방진출의 선봉장으로서 동서교류에 확연한 업적을 남겨놓은 교류인이다.

젠킨슨이 16세기 중엽에 영국 상인으로서 영국과 러시아 간의 교역에 일조를 한 교류인이라면, 17세기 말엽에 러시아와 중국 간의 교역에 기여한 교류인으로는 네덜란드 출신의 거상(巨商) 이즙란뜨 이제스(Избрант Идес)가 있다. 동진정책을 펴온 러시아는 17세기 초엽부터 또볼스끄를 거점으로 중앙아시아 상인들을 통해 중국(명)과 간접교역을 진행하고 있었다. 그러다가 중엽에 신흥 청조가 안정국면에 접어들자 러시아 상인들은 중가리아나 몽골을 경유해 직접 북경까지 왕래하였다. 그러면서 러시아 정부는 청조에 수차 사절을 보내 '자유통상'을 요구하였다. 그 결과 1689년 양국간에 '네르친스끄 조약'이 체결되어 두 나라 국민이 국경을 넘나들면서 교역하는 것이 허용되었다(조약 제5조). 그러나 조약에는 원칙적인 규정만 있고 세부적인 시행조치는 없었다. 그리하여 러시아측은 구체적으로 교역을 성사시키며, 또한 중국측의 실제적 대응 여하를 탐지하기 위하여 사절을 보내기로 하고 인물을 물색하고 있었다.

이때 황제 뾰뜨르 1세의 지기인 거상 이제스가 출사를 자원하였다. 그는 러시아 재정부에 교역용 현금 3천 루블과 또 그만큼의 교역품으로 모피를 청구하였다. 뾰뜨르 1세는 그의 청구를 즉각 받아들이고 국서를 휴대한 특사로 중국에 파견하기로 하였다. 그의 주된 사명은 니브츠조약과 미확정 국경 문제에 대한 청나라 정부의 입장을 탐지하고 중국 각지의 상역형편과 외국 상인들의 재화 활동 및 러시아 화물의 판매상황을 파악하는 것이었다. 그밖에 러시아 포로를 석방하고 러시아 동정교(東正敎)의 교회당 건립을 허락받으며 흑룡강(黑龍江) 유역을 정찰하는 등의 임무도 맡겨졌다.

이제스는 약 400명의 수행원과 대상을 이끌고 1692년 3월 모스끄바를 떠나 또볼스끄와 바이깔호, 네르친스끄, 아르군강, 장가구(張家口)를 거쳐 1693년 11월 북경에 도착하였다. 그런데 이제스가 휴대한 국서에는 청조가 규정한 외국각서조례법에 어긋나게 짜르의 이름이 청나라 황제(康熙帝) 이름 앞에 씌어져 있어서 국서와 예물을 거절당하고 말았다. 그렇지만 청나라 정부는 이제스를 사절로 예우하고 강희제를 진현할 수 있게 하였으며 러시아 대상의 내경(來京) 교역도 허락하였다. 이제스는 4개월간 북경에 체류하면서 청나라 정부와 끈질긴 담판을 진행하였다. 그 결과 제한적이긴 하지만 일련의 구체적 성과를 거두었다. 러시아 상인들이 3년에 한번씩 중국에 와서 교역을 하되, 한번에 200명을 초과할 수 없고 러시아관(館)에서의 체재비는 상인 스스로 부담하며 체재기간은 80일로 한정하였다. 사절의 수행원도 200명을 초과할 수 없게 하였으며, 동정교 교회당 건립은 단호히 거절당하였다. 기타 세부사항은 계속 협의하기로 하고, 이제스 일행은 1694년 3월 북경을 떠나 다음해 2월에 모스끄바로 돌아갔다.

이와같이 중국과의 교역을 구체화한다는 이제스의 사명은 기본적으로 달성되었으며, 이를 계기로 양국간에 교역을 확대할 수 있는 길이 열리게 되었다. 러시아 정부가 1698년에 첫 국가 대상(隊商)을 북경에 파견한 데 이어, 상인들과 대상들의 내화는 그후 계속되었다. 내왕이 빈번해짐에 따라 교역로도 네르친스끄와 눈강(嫩江)을 지나 북경으로 가던 길이 1705년 이후부터는 몽골과 장가구를 지나는 보다 짧은 길로 바뀌었다. 양국간의 교역품을 보면 러시아는 중국에 주로 모피류를, 중국은 러시아에 차·대황(大黃)·견직품·면포 등을 수출하였다. 당시 러시아 국내에서의 모피값은 북경에서보다 훨씬 쌌기 때문에 러시아 상인들은 많은 이익을 챙길 수 있었다.

제4절 정신문명 교류를 위한 인적 교류

정신문명 교류를 위한 인적 교류의 개념 정신문명 교류를 위한 인적 교류란 비물질적 정신문명의 교류를 위한 교류인들의 왕래를 말한다. 이러한 교류에 간여하는 교류인(정신문명 교류인)은 지적인 전문성을 띤 한정된 범위의 사람들로서 모두가 자신의 문명 전파에 종사한다. 그들 중에는 포교에 헌신하는 종교인과 학문 전수에 전념하는 학자, 문학예술 전파에 신명을 바치는 작가·예술인, 그리고 미지의 세계에 대한 희생적 탐구로 지적 교류에 이바지하는 여행가와 탐험가들이 있다.

이상의 내용에서 보다시피, 정신문명 교류를 위한 인적 교류는 다음과 같은 몇가지 특징을 지니고 전반적인 문명교류에 기여한다. 그 특징은 우선, 교류인의 특정성(特定性)이다. 정신문명 교류인은 일반인과 달리 지적인 전문성과 정신적인 숭고성을 소유한 특정인들이다. 지적인 전문성이란 종교나 학문, 문학이나 예술 면에서 정신문명을 전파하고 전수할 수 있는 전문적인 지식이나 기능을 구비하는 것을 말한다. 종교인이나 학자, 예술인은 두말할 나위가 없거니와 여행가나 탐험가들도 여행·탐험에 필수적인 지리지식이나 인문지식을 소유하여야 하는 것이다. 월등한 지식이나 기능에 대한 동경과 추종은 인간의 상정(常情)이다. 따라서 정신문명 교류인이 교류인으로서의 역할을 다하기 위해서는 매력있는 전문적 지식과 기능을 갖추어야 한다. 이와 더불어 교류인이 지니고 있는 정신적인 숭고성이란 사명감과 헌신성, 적극성과 창의성 같은 긍정적이고도 생산적인 정신상태를 뜻한다. 선교사나 학자들, 예술인들, 더욱이 여행가와 탐험가들은 이러한 정신적 숭고성에 의해 비로소 교류에 투신하게 되는 것이다. 성공한 정신문명의 교류인들은 예외없이 이러한 정신적 숭고성의 소유자·발휘자들이다.

다음으로 그 특징은, 순기능적(順機能的) 역할이다. 교류의 기능적 측면에서 보면 정신문명 교류인은 문명교류에서 다분히 개화와 진보, 정신문명의 풍부화와 다양화를 결과하는 순기능적 역할을 수행한다. 물론 전통의 파괴에서 비롯되는 동화(同化) 같은 역기능적 결과도 간혹 있기는 하지만, 교류 전반에서 그것은 한낱 특이 현상일 뿐만 아니라, 교류의 묘미를 살리면 이러한 역기능을 순기능으로 전화할 수도 있다. 정신문명 교류인의 이러한 순기능적 역할은 그들이 지닌 지적 전문성과 정신적 숭고성의 필연적 산물인 것이다.

끝으로 그 특징은, 기록성(記錄性)이다. 정신문명 교류인들은 지적 능력의 소유자들이기 때문에 거개가 자신들의 행적을 기록으로 남겨놓고 있다. 물론 교류에 인입된 사절이나 경략자, 상인들도 자신들의 업적을 비롯한 행적을 기록하기는 하지만, 그것은 어디까지나 특수현상이지 보편현상은 아니며, 또 대체로 간접기록이지 직접기록은 아니다. 이에 반해 정신문명 교류인들은 대체로 자신들이 행한 문명교류 활동을 문자로 기록하여 후세에 전해주고 있다. 그리하여 그들의 교류활동상을 정확하게 헤아려볼 수 있게 한다. 사실 교류사를 포함한 역사에서 기록, 특히 당사자의 1차적 기록은 신빙성이 가장 높은 문헌적 전거가 된다. 바로 이상과 같은 특징들로 인해 정신문명 교류인들은 교류사에 불멸의 업적을 남기고 영광의 교류인으로서 그 이름을 빛내고 있는 것이다.

정신문명의 교류를 위한 인적 교류는 정신문명뿐만 아니라, 물질문명의 교류나 창달, 공영에 중요한 기여를 한다. 이러한 교류의 파급 효과는 당대에만 국한되지 않고 장기간 지속되며, 왕왕 교류인들의 면모는 후세의 귀감으로 남기도 한다. 이들 교류인들의 활동에 관해서는 전절(前節)들에서 관련 내용에 따라 언급한 바가 있기 때문에 이 절에서는 주로 대표적인 종교인들과 여행가들의 활동상에 관해 동향(東向) 교류인과 서향(西向) 교류인으로 나누어 집중 조명한다.

종교인들의 교류 정신문명의 교류사에는 종교의 전파(포교)를 위하여 동분서주한 종교인들이 수없이 많다. 그들 중 적지 않은 사람들은 포교라는 종교적 사명을 띠고 순교도 마다하지 않은 채 종교교류에 헌신하였다. 중세에 내화한 기독교 선교사들의 활동 사례에서 보듯이 종교인들은 본연의 포교활동 외에도 여러가지 교류활동을 전개하여 물질 및 정신 문명의 교류에 나름대로의 기여를 하였던 것이다. 대체로 종교인들은 자신들의 포교나 구법활동, 여행에 관하여 여러가지 형태의 기록을 남기고 있어서 그들의 교류활동상을 이해할 수 있게 한다.

동향(東向) 종교인, 즉 포교차 서방에서 동방으로 온 유명·무명의 종교인들은 이루 헤아릴 수 없이 많으며, 그들은 포교를 비롯한 동서 문명교류에 여러가지 흔적을 남겨놓았다. 세계 3대 종교인 불교·기독교·이슬람교가 모두 서방에서 동방을 향해 교세를 확장함으로써 각이한 종교인들의 동향 행각은 필수였다. 고대 인도에서 발생한 불교는 다분히 동방적인 색채를 띠고 있어서 중국을 비롯한 동방인들에게 그 수용이 비교적 자연스러웠다. 따라서 인도를 비롯한 서역 불승들의 동향 포교는 상대적으로 순조로웠고 신속하였다. 고대 서아시아에서 발생한 기독교는 오랫동안 여러가지 수단과 방법으로 동전(東傳)을 시도하였지만, 워낙 이질성이 짙은 종교라서 포교에 이러저러한 우여곡절을 겪다가 중세 말엽과 근대 초에 이르러서야 서세동점이란 정치적 배경과 근대 과학기술의 소유라는 유리한 배경 속에서 대동방 포교를 진공적으로 전개하였다. 그리하여 포교사상 유례없는 종교인들의 동방행을 결과하였다. 이에 비해 중세 초 서아시아에서 출현한 이슬람교는 성직자가 따로 없이 모든 무슬림들이 곧 '선교자'(al-Dāʻi)라는 종교적 신념 때문에, 광범위하게 전파되었지만 교류인으로서의 개별적인 종교인은 별로 부상하지 않고 있다. 3대 종교 외에 이란과 중앙아시아 일원에서 각각 발생한 배화교(拜火敎, 조로아스터교)와 마니교(摩尼敎)도 동전하는 과정에서 포교나 교류에 기여한 종교인들이 더러 있다.

동향 불교인들의 발길은 불교의 동전 내내 끊이지 않았다. 기원전 6세기 인도에서 발생한 불교는 기원을 전후한 시기 서역을 거쳐 동방에 전파되기 시작한 이래, 그 동전은 중세 전반까지 이어졌다. 이 과정에서 수많은 인도와 서역의 불승들이 중국을 비롯한 동방 각국에 내왕하면서 설법과 역경(譯經) 등 포교사업에 진력하였다.

동방으로의 불교 시전(始傳)은 불승들의 동방행에서 비롯되었다. 『위서·석노지(魏書·釋老志)』 등 불교의 중국 시전과 관련된 문헌기록에 의하면 후한 명제(明帝, 재위 57~75)가 몽의(夢意)에 따라 채음(蔡愔)과 진경(秦景) 등 18명을 구법차 서역에 파견하였더니, 대월지(大月氏)에서 중천축(中天竺)의 사문(沙門, 불승) 섭마등(攝摩騰, Kasyapa, Matanga)과 축법란(竺法蘭, Dharmaratna)을 만나 68년에 함께 낙양(洛陽)에 귀조하여 백마사(白馬寺)를 세웠다. 섭마등은 『사십이장경(四十二章經)』을, 축법란은 『십지단결(十地斷結)』 『불본생(佛本生)』 『법해장(法海藏)』 『불본행(佛本行)』 『사십이장(四十二章)』 등 불경 5부를 번역하였다. 이것은 중국에서의 최초 불전 역경이다. 불교의 중국 시전에 관해서는 기타 제설이 있다. 그밖에 후한 때 내화하여 역경에 종사한 인도승으로는 179년에 『도행경(道行經)』을 가지고 낙양에 온 축불삭(竺佛朔, 역경 2부)을 비롯해 유저란(維祇難)·축률염(竺律炎)·축대력(竺大力)·담과(曇果)·담가가라(曇柯迦羅) 등이 있다.

중국으로의 불교 초전은 이와같은 인도 불승들의 내화에 의해서뿐만 아니라, 초기 불교가 성행한 대월지나 안식(安息), 강국(康國) 등 서역 국가들로부터의 불승들의 내화에 의해서도 이루어졌다. 그중 한조와 가장 가까이 있는 대월지로부터는 일찍부터 고승들이 내화하여 초기 불교의 정착에 선도 역할을 하였다. 『위략(魏略)』 「서융전(西戎傳)」에 의하면, 전한 애제(哀帝) 원수(元壽) 원년(BC 2)에 박사 제자경로(弟子景盧, 일명 秦景憲)가 대월지 왕이 파견한 사신 이존(伊存)으로부터 부도경(浮屠經)을 구수(口授)하였다고 한다. 이것이 사실이라면 이존은 최초의 동향 불승이고, 이때부터가 중국에서의 불교 시전이 될 것이다. 후한 말엽, 특히 환제(桓帝, 재위 146~67)와 영제(靈帝, 재위 167~89) 시대에 대월지 고승들이 많이 내화하였다. 환제 말기에 내화한 지루가참(志婁迦讖, Lokoksema, 일명 支讖)은 10여 년간에 불경 23부 67권을 번역하였다. 그를 이어 지요(支曜), 지량(支亮) 등 승려들도 내화하여 역경에 참가하였다.

대월지에 이어 안식으로부터 온 대표적인 불승으로는 유명한 안세고(安世高, 일명 安淸)와 안현(安玄)이 있다. 원래 안세고는 안식 국왕의 세자로서 계위까지 하였으나 왕위를 숙부에게 양위하고 불법 전도에 투신하였다. 148년에 낙양에 와서 20여 년간 대소승 제경 95부(현존 54부)나 한역하였다. 그는 중국어에 능통하여 각지를 순방하면서 설법도 하였다. 그의 역법은 명료하고도 정확하여 역경에서의 수범을 보여주었다. 안현은 영제 말년에 상역차 낙양에 왔다가 기도위(騎都尉)의 관직을 받고 중국어를 배운 후 최초의 중국인 출가승 엄불(부)조(嚴佛[浮]調)와 함께 경전 2부를 역출하였다.

대월지나 안식보다는 좀 뒤늦게 영제와 헌제(獻帝) 때에 내화한 강국 불승은 강거(康居)와 강맹상(康孟祥) 등이다. 강거는 187년에 경전 1부를, 강맹상은 194~99년에 경전 6부를 각각 번역하였다. 강국 출신의 불승들은 불교뿐만 아니라, 중국의 유교경전에도 조예가 깊었다. 강담체(康曇諦, ?~152) 같은 강국승은 소주(蘇州) 호구사(虎丘寺)에서 『예기』 『주역』 『춘추』 등 유교경전 강해(講解)까지 하였다.

이상과 같이 불교 초전기인 한대와 삼국시대에 동향 내화한 유명 불승만도 약 84명(인도 47, 안식 5, 대월지 7, 강국 5, 구자 3, 토화라 1, 기타 서역 10, 부남 3, 기타 3)이나 된다. 양진남북조(兩晉南北朝) 시대에도 동향 불승들의 발길은 간단없이 이어졌다. 유명 불승만도 약 64명으로 추산되는데, 그중 대표적인 불승들은 다음과 같다.

1. 축법호(竺法護, Dhamaraksa, 239~316), 대월지인. 선대부터 돈황(敦煌)에 이주하였다. 진(晉) 무제(武帝) 태시(太始) 2년(266)부터 민제(愍帝) 건흥(建興) 원년(313)까지 돈황·장안·낙양 등지를 전전하면서 역경에 종사하여 불전 175부 354권을 번역하였다. 그는 서역 36국을 주유하면서 많은 불경을 재래하여 역출하였다.

2. 불도징(佛圖澄, 232~348), 구자인(龜玆人). 서진(西晉) 회제(懷帝) 영가(永嘉) 4년(310)에 낙양에 와서 후조(後趙, 319~51) 왕 석륵(石勒, 재위 319~33)과 석호(石虎, 재위 334~49)를 설득하여 불사 893개소를 세우고 불법을 크게 일으켰다. 국내는 물론, 멀리 강거(康居)나 천축에까지 명성을 떨쳐 많은 승려들이 그를 찾아와 수학하였다. 수많은 제자들 중 수제자는 당대의 명승 도안(道安, 314~85)이다.

3. 승가제파(僧伽提婆, Sanghadeva), 계빈인(罽賓人). 전진(前秦) 건원(建元) 연간(365~85)에 장안에 와서 역경에 종사하였다. 후에 도안(道安)의 제자 혜원(慧遠, 334~416)의 요청에 따라 동진(東晉)에 가서 역경을 계속하였다.

4. 구마라십(鳩摩羅什, Kumarajiva, 344~413), 천축인(天竺人). 진체(眞諦), 현장(玄奘)과 함께 중국 3대 역경가의 한 사람이다. 구자에서 출생하였는데, 아버지는 천축인이고 어머니는 구자 왕의 누이다. 7세에 어머니를 따라 출가하여 계빈 등지에서 불학, 주로 대승학(大乘學)을 공부하다가 20세 때 왕궁에서 수계를 받았다. 384년에 전진(前秦) 왕 부견(符堅)이 여광(呂光)을 파견해 구자를 공격하자, 이듬해 41세의 구마라십은 여광을 따라 양주(涼州)에 왔다. 401년에 후진(後秦)이 양주를 점령하자 51세인 그는 장안에 와서 70세로 입적할 때까지 줄곧 역경과 설법에 전념하였다. 그는 국사(國師)로 예우받으면서 불법 진작과 역경에서 큰 업적을 남겨놓았다. 구마라십은 처음으로 반야

경(般若經)에 근거한 대승중관학(大乘中觀學)을 중국에 전수하여 문하에 5천여 명의 제자를 두었다. 그는 대규모 전문 역경소를 꾸리고 집단적 역경 기풍을 세웠다. 장안 생활 10년간에 경전 35부 294권을 번역하였는데, 『대품경(大品經)』 역경 때는 500명이, 『법문경(法門經)』 역경 때는 2천명이, 『유마힐경(維摩詰經)』 역경 때는 무려 1,200명이나 되는 승려와 번역가들이 역경에 공동 참여하였다. 구마라십은 번역 기교 면에서 전래의 난삽(難澁)한 축자직역풍(逐字直譯風)을 배격하고 정확하면서도 평이한 독창적인 의역법(意譯法)을 추구하였다. 그에게는 '십문사성(什門四聖)'이라고 하는 도생(道生) 등 4명의 유명한 제자가 있었다.

5. 불타야사(佛陀耶舍, Buddhayasas), 계빈인. 구마라십의 소개로 후진에 와서 그를 도와 역경에 종사하였다. 410년에 번역한 『사분률(四分律)』 44권을 비롯하여 경전 다수를 한역하였다.

6. 불타발타라(佛馱跋陀羅, Buddhabhadra, 359~429), 천축인. 중국의 도축구법승(渡竺求法僧) 지엄(智嚴)의 요청에 따라 육로로 교지(交趾)에 왔다가, 다시 해로로 청주(靑州) 동래군(東萊郡)에 상륙하였다. 동진 의희(義熙) 4년(408) 장안에 도착하여 머물다가 의희 11년(415)에 건강(建康)에 가서 법현(法顯) 등과 함께 『마가승저률(摩訶僧祗律)』 등 불전 13부 125권을 역출하였다.

7. 담무참(曇無讖, Dhamaksema, 385~433), 중천축인. 계빈을 거쳐 고장(姑藏)에 이르자 북량(北涼) 왕 저거몽손(沮渠蒙遜, 재위 401~33)이 그에게 역경을 요청하였다. 그는 역경과 더불어 불법 강해도 하여 수많은 승려들이 문하에 운집하였다. 그리하여 북량은 일시 불교의 명소가 되었다.

8. 구나발마(求那跋摩, Gunavaman, 367~431), 계빈인. 30세 때 계빈 왕이 후사 없이 타계하자 사람들은 종실인 그더러 계위할 것을 권유하였다. 그러나 그는 굳이 사양하고 은적(隱跡)하였다. 얼마 후 사자국(師子國, 현 스리랑카)에서 배를 타고 사파국(闍婆國, 현 수마트라나 자바)에 이르렀다. 송(宋) 원가(元嘉) 원년(424)에 해로로 광주를 거쳐 원가 8년에 수도 건강에 도착하였다. 그후 저원사(祗洹寺) 등지에서 역경에 전념하였다.

9. 구나발타라(求那跋陀羅, Gunabhadra, 394~468), 중천축인. 사자국에서 해로로 송 원가 12년(435) 광주에 도착하자 송 문제(文帝)는 사람을 보내 수도 건강으로 모셔왔다. 지원사에서 역경과 함께 설법하였는데, 수강생들이 700여 명이나 되었다. 후일 형주(荊州)에 10년간 체재하면서 100여 권의 불경을 번역하였다. 75세에 건강에서 입적하였다.

10. 보리달마(菩提達摩, Bodhidhama, ?~528 혹은 536, 약칭 달마), 남천축인. 송말에 해로로 광주에 도착한 후 북위(北魏)의 낙양에 가서 숭산(嵩山) 소림사(小林寺)에서 면벽(面壁) 9년의 수행을 쌓았다. 그는 혜가(慧可, 487~593)에게 『능가경(楞伽經)』 4권을 전수함으로써 혜가는 그의 '심법(心法)'을 터득하여 마침내 선종(禪宗)이 유행하게 되었다. 그리하여 달마는 중국 불교 선종의 조사(祖師)로 공인되고 있다.

11. 보리류지(菩提流志), 북천축인. 북위 영평(永平) 원년(508)부터 천평(天平) 2년(535)까지 중국에 체재하면서 초기 대승불전인 『천보적경(天寶積經)』(120권)의 약 절반을 새로 번역하였다. 나머지 절반은 지참(支讖) 등 한대의 불승들이 역출한 것이다. 그는 천축으로부터 휴대한 1만협(夾, 클림)이나 되는 불전을 방에 진열하여놓았다고 한다.

12. 구라나타(拘羅那陀, Kulanatha, 499~569), 법명 진체(眞諦, Paramartha), 서천축인. 3대 역경가의 한 사람으로서 양(梁) 무제(武帝) 대동(大同) 12년(546)에 해로로 내화하였다. 당시 정세가 불안하여 남방 여러 곳을 전전하다가 광주에 정착하였다. 구라나타는 547~569년에 『섭대승론(攝大乘論)』『유식론(唯識論)』『구사론(俱舍論)』 등 64부 278권의 경전을 번역하였다. 그의 역경을 통해 무저(無著) 세친파(世親派)의 대승론이 중국에 알려지고 급기야는 대승섭론종(大乘攝論宗, 후일의 法相宗)과 소승구사종(小乘俱舍宗)이 개창되었다.

이상에서 보다시피, 한대부터 위진남북조 시대까지 약 600년간 행해진 불승들의 동행(東行)에서 초기에는 대월지와 안식, 강국 등 서역(중앙아시아) 승려들이 많았고 인도승들은 상대적으로 적었다. 그러다가 5세기경 중앙아시아에서 불교가 쇠퇴하기 시작하자 반대현상이 나타났다. 즉 중앙아시아 불승들의 내화는 적어진 반면에 인도 불승들의 내화가 증가하였다. 이러한 변화 추이는 중국 불교의 발전과도 관련이 있으며, 따라서 그것은 동행 불승들의 주된 활동의 하나였던 역경활동에 그대로 반영되었다.

600년간의 역경과정을 크게 3단계로 나누어볼 수 있다. 제1단계는 한대부터 삼국시대까지의 외래승 역경주도기로서 안세고와 지참이 그 대표적 역경승이다. 제2단계는 양진남북조 시대의 중외승 공동역경기로서 그 대표적 역경승은 인도의 내화승 구마라십과 진체, 화승(華僧) 법현이다. 제3단계는 수·당대의 화승 역경주도기로서 현장과 의정(義淨)이 그 주역이었다.

위진남북조 시대에 이어 수·당대에도 인도와 서역 불승들의 동행은 계속되었으나, 전대에 비해 서역승의 내화는 줄어들고 인도승의 내화는 상대적으로 늘어났다. 당대의 외래 역경승 34(5)명 중 천축승이 20여 명이나 되었다. 한편, 도축구법하는 중국승들이 급증하였다. 수대의 주요 내화승들은 다음과 같다.

1. 나련제려야사(那連提黎耶舍, Narendrayasas, 517~89), 북천축인. 북제(北齊) 천보(天保) 7년(556)에 업도(鄴都)에 와서 천평사(天平寺)에 주석하면서 역경에 종사하다가 개황(開皇) 2년(582) 수 문제(文帝)의 명에 따라 입경하여 대흥선사(大興善寺)에서 역경을 계속하였다. 후에 광제사(廣濟寺)로 이주하여 외국승주(外國僧主)가 되었다. 불전 15부 80여 권을 역출하였는데, 주로 대승방등부(大乘方等部)와 열반부(涅槃部)이다.

2. 사나굴다(闍那崛多, Jnanagupta, 523~600), 간다라인. 549년에 지현(智賢) 등 10명의 승려들과

함께 떠나 호탄, 토욕혼(吐谷渾)을 거쳐 552년에 서위(西魏)의 선주(鄯州)에 도착하였는데, 이때 일행 중 6명이 객사하고 4명만 남았다. 북주(北周) 무제(武帝, 재위 559~60) 때에 장안에 도착하여 (559) 초당사(草堂寺)에 주석하면서 수 개황 연간에 불전 37부 176권을 번역하였으며, 당대의 역경을 주도하였다.

3. 달마급다(達摩笈多, Dharmagupta, ?~619), 남천축인. 수 개황 10년(590) 장안에 온 후 617년까지 경전 7부 32권을 번역하였는데, 그 역본은 『천보적경(天寶積經)』에 수록되었다. 개황 연간에 역경사업을 주관하던 언종(彦琮)은 달마급다의 서역제국 역방 견문에 근거하여 『대수서국전(大隋西國傳)』(10편)을 찬술하였다. 이 책은 서역제국의 방물·기후·거처·국정·학교·예의·음식·복식·보물 등을 약술하고 있다.

수대를 이은 당대의 주요 내화승들은 다음과 같다.

1. 파라피가라밀다라(波羅頗迦羅密多羅, Prabhakaramitra, 일명 波頗, Prabhamitra, 565~633), 중천축인. 무덕(武德) 9년(626) 12월에 장안에 와 대흥선사(大興善寺)에 주석하면서 경전 3부 35권을 번역하였다.

2. 포여오벌야(布如烏伐邪, Punyopaya, 일명 那提三藏), 중천축인. 영휘(永徽) 6년(655)에 대소승경과 율론(律論) 500여 협(夾, 1,500여 부)을 휴대하고 장안에 와 자은사(慈恩寺)에 주석하였다. 이듬해 (656)에 '이약(異藥)'을 구하기 위해 해로로 곤륜(崑崙) 제국을 역방하였다. 663년에 돌아온 후 이듬해에 진랍국(眞臘國, 현 캄보디아)의 초청으로 당을 떠났다. 『속고승전(續高僧傳)』에 의하면 그는 불경에 해박한 대덕고승이었으나 현장과 종파가 달라서 배척을 당하였다고 한다.

3. 두차난타(實叉難陀, Siksananda, 652~710), 우기(于闐)인. 당 무후(武后) 때 우기에 『화엄경(華嚴經)』의 원본을 구하기 위해 파견된 당나라 사절을 따라 낙양에 온 후 695년부터 의정 등과 함께 대편공사(大遍空寺)에서 역경에 착수하였다. 4년간 『대방광불화엄경(大方廣佛華嚴經)』 80권을 공동 역출하였다. 그후 기타 불경 19부 107권도 번역하였다.

4. 보리류지(菩提流支, Bodhiruci, ?~727), 남천축인. 당 고종(高宗)이 그의 명성을 전문하고 683년에 사신을 보내 초빙하였다. 무후 때 낙양의 복선사(福先寺)에서 역경에 종사하다가 장안의 숭복사(崇福寺)에 옮겨 주석하였다. 49회(會) 120권의 역경을 남겨놓았다. 『송고승전(宋高僧傳)』에는 그가 156세까지 장수하였다고 한다.

5. 술파게라승가(戍婆揭羅僧訶, Subhakara-Simha, 일명 善無畏, 637~735), 중천축인. 개원(開元) 4년(716)에 장안에 도착한 후 『대일경(大日經)』 등 경전을 번역하고 그 내용을 강해하였다. 그는 밀종(密宗) 창시자의 한 사람으로서 금강지(金剛智), 불공(不空)과 함께 '개원삼대사(開元三大士)'라고 한다.

6. 발일라보리(跋日羅菩提, Vajrabodhi, 일명 金剛智, 699~741), 남천축인. 사자국에 가서 능가(楞伽, Lanka)산에 등정한 후 해로로 동항하여 불서(佛逝, 현 수마트라 섬 팔렘방 일대)와 나인(裸人, 현 니코바르 제도) 등 20개국을 역방하던 중 지나(脂那, 중국)에서 불법이 홍성하고 있다는 소문을 듣고 개원(開元) 7년(719)에 배편으로 광주에 도착하였다. 왕명에 따라 장안의 자은사와 천복사(薦福寺)에 주석하면서 여러 권의 경전을 번역하였으며, 밀종 창시자의 한 사람이 되었다. 대지(大智), 대혜(大慧) 두 선사와 불공(不空)이 그를 사사(師事)하였다.

7. 아목거발절라(阿目佉跋折羅, Amoghavajra, 일명 不空, 705~74), 북천축인. 15세 때 금강지를 사사하면서 그와 함께 여러 경전을 공역하였다. 741년에 스승의 명을 받들고 해로로 가릉(訶陵), 사자국, 천축 등지에 가서 밀장(密藏)을 수집·연찬하고 나서 746년에 당에 왔다. 대승경전 77부 120여 권을 역출하였으며 중국 밀종의 제2대 조사(祖師)이다.

8. 반랄약(般剌若, Prajna, 일명 智慧), 북천축인. 중국이 대국이고 문명한 나라라는 소문을 듣고 불법을 펼칠 일념으로 배를 타고 동항하여 광주에 다다랐으나 태풍을 만나 사자국 동쪽으로 밀려갔다. 다시 자량(資糧)을 준비하고 배를 수리하여 남해 여러 나라를 편력한 다음 드디어 덕종(德宗) 건중(建中) 때(780~83) 광주에 당도하였다. 786년 초 장안에 와서 역경에 종사하다가 낙양에서 입적하였다.

9. 연화(蓮華), 중천축인. 흥원(興元) 원년(784)에 덕종(德宗)을 알현할 때 천축에 울려퍼질 종을 하나 만들어달라고 간청하였다. 왕의 칙령에 따라 광주에서 주조된 종은 남천축의 금추사(金捶寺)에 보내졌다가 후에 연화가 보군국(寶軍國, 중천축의 일소)에 안치하였다. 연화는 산스크리트 불전을 재래하여 장안 숭복사에서 한역하였다.

이상에서 한대부터 당대 말엽까지의 약 1천년간 종교 교류인으로서의 인도와 서역 불승들의 동향 내화 행적에 관해 간략하게 살펴보았다. 불승들의 동행은 불교의 동전에 따르는 필연적인 결과였다. 따라서 중세에 접어들면서 인도와 서역에서 불교가 쇠퇴하고, 반면에 중국을 비롯한 동방 국가들에서 불교가 홍성함에 따라 불승들의 동행은 점차 감소하거나 거의 단절되었다.

불교에 이어 중앙아시아와 동아시아에 전파되기 시작한 범세계적인 종교는 7세기 초 서아시아에서 일어난 이슬람교다. 중국의 경우 중당(中唐) 시기부터 전입되기 시작하여 송대는 동남해 연안과 서북부 일대에 부분적으로 전파되었다. 그러다가 원대에 이르러서는 이슬람 문명에 대한 적극적인 수용에 편승하여 이슬람교세가 전국적으로 확산되었다. 이러한 바탕에서 명대에 들어와서는 전국 도처에 무슬림 공동체가 형성되어 종교뿐만 아니라, 경제적·문화적으로도 중국사회에 일정한 영향을 미치기에 이르렀다. 그렇지만 이슬람교에는 직업적인 성직자나 포교자가 따로 없고, 포교는 모든 무슬림들의 의무로 간주되기 때문에, 중세에 수피(Sufi, 신비주의자)들의 극단적인 고행이나 포교활동이 있었고, 개별적인 동향 이맘(Imām, 인도자)이 없었던 것은 아니지만, 총체적으로 이질문명권을 넘나들며 포교활동을 한 특정인의 행적은 별로 전해지지 않고 있다. 불교나 이슬람교의 동전과 함께 배화교나 마니교, 경교 등 군소 종교들이 각이한 루트를 통해 동방에 전해졌으며, 그 과정에서 개별적인 종교인들의 동향 행각이 있기는 하였으나, 종교를 포함하여 전반적인 정신문명 교류에서의 그들의 역할이나 영향은 미미하였다. 이러한 여러 종교의 다기적(多岐的)인 동향 포교에 이어 보다 진공적으로, 그리고 효과적으로 동향 포교에 나선 종교인은 기독교 선교사들이었다.

역사상 기독교가 중국에 전입될 수 있었던 계기는 세 번 있었다. 첫번째는 당대 기독교의 일파인 네스토리우스파(경교)가 페르시아를 거쳐 장안 등지에 유입되어 사원까지 건립한 계기다. 두번째는 원대에 기존의 네스토리우스파에다 가톨릭의 프란체스꼬파가 새로이 유입되면서 일시 기독교가 흥기의 기미를 보이기 시작한 계기다. 원대에는 이 두 파를 포함해 기독교 전반을 '야리가온(也里可溫)'이라고 범칭하였다. 세번째는 명말 청초에 가톨릭의 예수회를 위시한 선교사들에 의해 기독교가 본격적으로 유입되기 시작한 계기다. 이러한 계기마다 선교사들을 비롯한 동향 종교인들의 활약이 컸다.

당대에 경교를 중국에 처음 전한 사람은 대진국(大秦國, 로마) 주교 아라본(阿羅本, Alopeno)이다. 그가 태종 정관(貞觀) 9년(635) 장안에 도착하자 태종은 재상 방현령(房玄齡)으로 하여금 의장대를 이끌고 서교(西郊)에 나가 출영하도록 하는 등 환대를 베풀었다. 아라본은 태종의 장서루(藏書樓)에서 성경을 번역하고 내궁(內宮)에서 그 내용을 강해까지 하였다. 그리하여 3년 후인 638년에 태종으로부터 교리 전수를 공식 허가받고 조정의 출자로 장안 의녕방(義寧坊)에 대진사(大秦寺)를 지었다. 태종 당시 이 절에는 경교 승려 20여 명이 있었다. 초기에는 '파사경교(波斯經敎)'라고 일컬어졌다. 고종(高宗) 때에는 교세가 장안 외의 여러 곳에 확산되었으며, 고종은 아라본을 '진국대법주(鎭國大法主)'로 봉하였다. 『대진경교유행중국비(大秦景敎流行中國碑)』에는 아라본 외에 경교 전파에 기여한 70여 명의 중외 승려들의 이름이 새겨져 있다.

원대에는 옹구트(汪古部)를 비롯한 북방 초원지대의 일부 유목민들에게 섭사탈리(聶思脫里, 네스토리우스파)가 유행하였으며, 서방으로부터 프란체스꼬파 선교사들이 내도하여 포교를 시도하였다. 당시 몽골과 서구 기독교 국가들은 이슬람세력에 공동 대처하기 위해 기독교를 매개로 한 상호 접근과 제휴를 기대하였던 것이다. 그리하여 기독교가 일시 교세를 얻는 성싶었으나, 원의 멸망과 더불어 멸적(滅跡)되다시피 하였다. 아무튼 원대에 동향 종교인들에 의해 기독교의 동전이 시도되었는데, 그 대표적 인물로는 이딸리아 출신의 프란체스꼬회 사제인 꼬르비노가 있다.

꼬르비노(G. M. Corvino)는 이딸리아 할리(Haly) 출신의 프란체스꼬회 사제로서 로마 교황청이 원조의 수도 대도에 파견한 수임 대주교였다. 그는 일찍이 아르메니아와 일 칸국에서 포교활동을 하다가 1285년부터 수차 일 칸국의 사절로 로마 교황청에 파견되기도 하였다. 교황청은 그를 통해 기독교에 대한 몽골 칸들의 태도를 요해하였다. 1289년 7월 교황 니꼴라스 4세는 로마에 재직중이던 꼬르비노를 일 칸국의 칸 아르군과 원 세조 쿠빌라이 등에게 보내는 신한(宸翰)을 휴대시켜 선교차 원에 파견하였다. 꼬르비노는 일 칸국의 수도 타브리즈에 이르러 아르군 칸을 알현하고 교황의 신한을 전한 후, 그 길로 1291년 인도에 도착하였다. 그는 마드라스 서남쪽에 있는 마일라푸르(Mailapur)의 성 톰(San Thome) 성당에서 13개월간 체류하였다. 거기서 그는 1292년 12월 20일자로 유럽에 첫 서한을 보냈다. 이 서한의 라틴어 원본은 소실되고 14세기의 이딸리아어 역본만 남아 있다.

꼬르비노는 1294년 7월에 원조의 수도 대도에 도착하였다. 쿠빌라이가 이미 사망한 뒤였다. 그는 원 성종(成宗)에게 교황의 신한을 전하였다. 그후 1328년 81세로 타계할 때까지 30여 년간 줄곧 대도에서 포교활동에 전념하였다. 그는 1305년 1월 8일에 대도에서 두번째로 일 칸국 사절을 통해 크림 반도의 카사리야 사제에게 서한을 보냈다. 이 서한에서 그는 원조 칸에게 교황의 신한을 전한 사실을 알리면서 칸을 개종시키려 했으나 성공하지는 못하였지만, 칸은 기독교도들에 대해 관용을 베풀고 있다고 하였다. 그때까지 약 12년간 꼬르비노와 교황이나 프란체스꼬회 사이에는 연락이 두절되었다. 그간 그는 네스토리우스파의 여러 모함을 물리치고 원 성종의 신임과 허락을 얻어 1299년에는 대도에 첫 교회당을 지었다. 그로부터 세례를 받은 자가 3만여 명이나 되었으나 네스토리우스파의 이간질로 인하여 그중 신도는 6천여 명밖에 안되었다.

이어 1306년 2월에는 세번째 서한을 교황 앞으로 띄웠다. 이 서한에서 꼬르비노는 칸의 예우를 받고 있으며, 궁중에 일정한 직위를 가지고 있어 정기적으로 궁중에 드나들 수 있다고 알렸다. 사실 그에게는 교황의 특사 자격으로 궁중에서 칸과 독대할 수 있는 특설 자리까지 마련되어 있었다고 한다. 1307년 초 꼬르비노의 서한을 받아본 교황 끌레멘스 5세(Clemens V, 재위 1306~14)는 그의 성과에 만족을 표하면서 그해 봄 대도에 총주교구(總主敎區) 설치를 결정하고 꼬르비노를 거란(契丹, 화북)과 만자(蠻子, 화남) 각처의 주교들을 총관하는 대주교로 임명하였다. 그리고 그해 7월에 프란체스꼬회 주교 7명을 파견하여 꼬르비노를 도와주도록 하였다. 7명 중 3명은 도중 인도에서 객사하고 1명은 돌아가고 게라르두스(Gerardus)와 까스뗄로(Peregrinus de Castello), 뻬루쟈(Andreas de Perugia) 3명만이 1308년 대도에 당도하였다. 후일, 이 3명의 주교는 선후하여 천주(泉州) 분교구(分敎區)의 주교직을 담당하였다.

꼬르비노는 비록 원대 칸을 개종하는 데는 성공하지 못하였지만, 포교사업에서는 괄목할 만한 성과를 거두었다. 그는 대도에 2개소의 교회당을 짓고 6천명의 신도를 확보하였으며 40명의 아동들에게 라틴어와 교리를 전수하였다. 그 자신은 몽골어를 배워서 『신약성서』와 성가를 몽골어로 번역하였다. 그리고 경교 신봉자였던 옹구트 수령을 기독교로 개종시켰다. 그는 "나의 견문에 의하면 대칸

폐하에 속한 국토는 광활하고 인구는 많으며 물산도 풍족하여 이 세상 그 어느 군주도 그와 비견될 수 없다"고 할 만큼, 원조에 대하여 호감을 갖고 있었다. 그는 사람들에게 존경도 받고 있었는바, 그가 사망하였을 때 많은 사람들이 장례식에 참석하였는데, 그중에는 이교도들도 끼여 있었다고 한다. 그가 대도에서 펼친 포교활동의 여파는 사후 원제가 멸망할 때까지 약 40년 동안 지속되었다.

원조의 멸망과 더불어 기독교는 중국에서 거의 종적을 감추게 되었다. 이러한 형국은 명대 중엽까지 이어졌다. 그러나 명대 말엽(16세기 말)에 이르러서는 서구 선교사들의 대거 동향 내화로 인해 기독교 전입의 세번째 계기를 맞게 되었다. 이 시기 기독교 선교사들이 대거 동행하게 된 데는 몇가지 대내외적 요인이 있다. 우선 기독교 자체의 요인으로는, 종교개혁으로 인한 가톨릭의 상대적인 위축이다. 16세기 초 서구에서는 루터(M. Luther, 1483~1546)와 깔뱅(J. Calvin, 1509~64)을 위시한 종교개혁자들이 전래의 구교(가톨릭과 그리스정교)에 반기를 들고 신교(新敎)를 제창하였다. 이에 로마교황의 지지하에 에스빠냐의 성 로욜라(S. Ignatius de Loyola, 1491~1556)는 1540년 9월 27일에 '예수회'(Societas Jesu)를 창설하여 프로테스탄트의 개혁 도전에 대응하는 한편, 가톨릭의 교세를 확대하기 위하여 해외선교에 적극 나섰는데, 그 주된 지향점(指向點)은 동방이었다.

다음으로 대외적 요인으로서, 서세동점과 중국의 서학(西學) 수용이다. 15세기의 대항행시대와 '지리상의 발견' 시대를 거쳐 16세기에 진행된 서세동점은 기독교의 동전에 유리한 국면을 열어놓았다. 서세동점 속에서 서구인들이 점령한 인도의 고아나 말레이 반도의 말라카, 중국의 마카오 등지는 동방 식민지경략 기지일 뿐만 아니라, 동방포교의 거점이기도 하였다. 한편 해금(海禁)을 비롯한 중세적 쇄국정책과 구래의 전통으로 인하여 근대의 개화에 동떨어져가던 중국인들이 서구의 근대 과학기술(서학)을 수용하기 위하여서는 그 전파자이기도 한 선교사들의 도래를 수용하는 수밖에 없었다. 이러한 대내외적 요인으로 말미암아 명말부터 천주교를 위시한 서구 기독교 선교사들이 대거 내화하였으며, 그들은 이질문명권인 중국땅에 발을 붙일 수가 있었다.

명대 말엽부터 서방 선교사들의 내화가 급증하였는데, 명 만력(萬曆) 9년(1581)부터 청 강희(康熙) 51년(1712)까지 131년 동안 내화한 예수회 선교사는 약 250명이고, 기타 교파의 선교사는 약 150명이나 되었다. 그중 한명(漢名)을 가진 유명 선교사만도 80여 명이나 된다. 명말에 내화한 주요 선교사들과 그들의 행적은 다음과 같다.

1. *끄루스*(Gaspar da Cruz, ?~1570), 포르투갈인. 가톨릭 도밍고회 선교사. 1548년 부주교 바머더스를 단장으로 한 도밍고회 선교단(총 12명)의 일원으로 리스본을 떠나 인도 고아에 도착하였다. 끄루스는 인도 서해안 일대에 이어 말레이 반도의 말라카와 캄보디아에서 선교활동을 하였다. 1556년 겨울 광주에 도착하여 몇주간 머물다가 중국 동남해 연안 일대를 몇달간 돌아다녔다. 그리고나서 광주를 떠나 해로로 페르시아만의 호르무즈에 들러 얼마간 체류하다가 1569년에 귀향한 후 이듬해 2

월 5일에 흑사병으로 사망하였다. 사망 후 15일 만에 그가 저술한 『중국지(中國志)』가 고향에서 포르투갈어로 출간되었다. 그는 비록 중국에 몇달밖에 머물지 않았지만 중국에 관한 방대한 양의 지식을 담은 이 저서를 남겨놓았다(『중국지』에 관해서는 이 책 제6장 제2절 참조).

2. 사비에르(Francisco Xavier, 方濟各, 1506~52), 에스빠냐인. 예수회 창립자의 한 사람. 최초의 내화 예수회 선교사. 동방선교에 나선 사비에르는 1541년 4월 7일 리스본을 떠나 이듬해 5월 6일 인도 고아에 도착하였다. 이어 스리랑카와 말라카, 싱가포르 등지를 역방하면서 그곳 포르투갈 상인들과 중국인들로부터 중국에 관한 정보를 수집하였다. 1549년 8월 15일 일본 녹아도(鹿兒島)에도 2년간 체류하면서 중국인들을 만나 중국에 관한 요해를 심화시켰다. 그 과정에서 그는 일본인들은 중국으로부터 불교와 유교를 받아들였기 때문에 중국인만 개종시키면 일본인은 중국으로부터 받아들인 '사설(邪說)' 따위는 쉽게 포기할 것이라고 확신하고 중국에서의 우선 포교를 작심하였다. 그리하여 고아에 돌아간 후 1552년 4월 14일 수사(修士) 뻬레이라와 시종 2명과 함께 '성십자호(聖十字號)'를 타고 8월에 광주에서 30마일 떨어진 상천도(上川島)에 당도하였다.

명조의 해금 때문에 대륙에 상륙하지는 못하고 자그마한 이 섬에 체류할 수밖에 없었다. 그는 이 섬에 갇혀 있으면서 내왕하는 중국 상인들과 연락을 취하며 상륙을 시도하였다. 한 중국 상인에게 200에스빠냐 은화를 주고 광주 진입을 약속했으나 그 상인은 약속을 어기고 나타나지 않아 결국 상륙에 실패하고 말았다. 그는 한때 섬라(暹羅, 현 타이)에 가서 그곳 조공사(朝貢使)와 함께 입화(入華)할 것인가, 아니면 다시 인도에 되돌아가서 방법을 강구해볼 것인가 고심하기도 하였다. 그러다가 12월 20일 밤, 이 섬의 한 천막 속에서 객사하고 말았다. 그의 시체는 상천도에 매장되었다가 이듬해에 말라카로, 그리고 1554년에는 다시 고아로 이장되었다. 그는 사후 가톨릭의 성자로 시복(諡福)되고, 상천도는 가톨릭의 성지로 되었으며, 명·청대에 기념비와 기념성당이 세워졌다.

3. 루기에리(Michele Pompilio Ruggieri, 羅明堅, 1543~1607), 이딸리아인. 예수회 선교사. 최초로 중국 내지에 상륙했고, 최초로 중국어 기독교서(『천주성교실록』)를 저술하여 내화 선교의 선도자가 되었다. 루기에리는 청년시절 나폴리대학에서 법학 박사학위를 취득한 후 1572년에 예수회에 가입하고 이듬해에 로마학원에서 신학을 연찬하였다. 1578년 3월 발리그나리(A. Valignari, 范禮安), 빠시오(F. Passio, 巴范濟), 마테오 리치 등 14명의 예수회 선교사들과 함께 '성 루이' 호를 타고 9월 인도 고아에 도착하여 얼마간 머물다가 1579년 5월 마카오에 도착하였다.

루기에리는 예수회 원동순찰관인 발리그나리의 훈령에 따라 중국어를 배우는 한편, 마카오에 성마틴 신학원을 세우고 현지 청년들에게 기독교 교리를 강의하였다. 그는 1580~83년 기간에 세 번이나 광주에 드나들었으며 빠시오와 함께 조경(肇慶) 천녕사(天寧寺)에 수개월간 체재하기도 하였다. 그는 삭발하고 가사를 입고는 '서승(西僧)' 행세를 하였다. 1583년 9월에는 리치와 함께 조경에 다시

가서 관부의 허락하에 중당(中堂) 액면에 '서래정토(西來淨土)'라고 써붙인 선화사(仙花寺)를 짓고 포교활동에 정식 착수하였다. 선화사는 중국에서의 첫 예수회 교회당이다.

외모가 준수하고 박식한 루기에리는 몇달도 안 가서 많은 관리와 유지들과 친교를 맺었다. 선화사에는 사람들의 발길이 끊이지 않았으며, 오는 사람들에게 자신의 저서인『천주성교실록(天主聖教實錄)』과『조전천주십계(祖傳天主十誡)』등 기독교관련 서적을 선물하였다. 중국에서의 첫 중국어 기독교 서적인『천주성교실록』은 1584년에 간행되었는데, 총 16장으로 된 이 책은 가톨릭의 기본교리를 소개하고 있다. 그는 1585년부터 87년까지 소흥(紹興)과 계림(桂林) 등지를 방문하기도 하였다. 루기에리는 교황청의 소환에 따라 1588년 마카오를 거쳐 로마에 이른 후 그곳에서 병사하였다.

4. 마테오 리치(Matteo Ricci, 利瑪竇, 1552~1610), 이딸리아인. 예수회 선교사. 가톨릭 중국 전파의 정초자(定礎者). 예수회 중국선교회 초대 회장. 1552년 10월 6일 이딸리아 중부 마체라따(Macerata)의 귀족가문에서 출생한 리치는 어려서부터 예수회 소속 학교에서 공부하다가 1568년 로마에 가서 법률을 전공하고 1571년 예수회에 가입하였다. 그후 로마의 신학원에서 철학과 신학을 연찬하면서 과학자 클라비우스(Clavius)에게서 수학과 역법(曆法)을 배웠다. 그리고 1577년에 예수회 인도선교단에 참가하여 리스본에서 포르투갈어를 배웠다. 이듬해 5월에 발리그나리, 루기에리 등과 함께 리스본을 출발해 9월에 인도 서해안의 고아에 도착하였다. 거기에서 선교활동을 하다가 1580년에 신부(神父)로 승격하였다.

1582년에 리치는 예수회 원동순찰관 발리그나리의 명을 받고 루기에리와 함께 마카오에 와서 중국어를 배웠다. 다음해에 삭발하고 가사를 입고 광동 조경에 들어와서 예수회의 첫 교회당인 선화사를 건립하여 선교활동을 시작하였다. 그들은 자명종(自鳴鐘), 삼릉경(三棱鏡), 지구의 등 서양 '기기(奇器)'들을 가지고 와서 선물로 돌리고, 주로 상층관리들과 친교를 맺으면서 활동을 펴나갔다. 리치는 조경에서 1584년에 세계지도를 출간하였다. 1589년에 소주(韶州)에 옮겨가서는 유복(儒服)으로 갈아입고 '서유(西儒)'로 행세하면서 '사서장구(四書章句)'를 수강하고, 1594년까지 그것을 라틴어로 번역하고 부주(附註)하였다. 이것은 최초의『사서(四書)』역본이다. 1595년 5~6월에 남경(南京)을 돌아본 후 남창(南昌)에 안착하였다.

1597년 리치는 예수회 중국선교회 회장에 임명되었다. 이를 계기로 그는 북경 진입을 시도하던 끝에 1598년 방물을 진상하고 역법 수정에 협조한다는 이유로 겨우 상경하였으나 북경의 상주는 불허되어 이듬해 7월에 남경으로 돌아갔다. 그러다가 1601년에 재차 상경하여 신종(神宗)에게 천주상(天主像) 1폭과 천주모상 2폭, 천주경(天主經) 1책, 진주로 상감한 십자가 1구, 자명종 2개,『만국도지(萬國圖志)』1책, 서금(西琴, 풍금) 1틀 등의 예물을 헌상하였다. 그러자 신종의 소견을 받고 그의 지시하에 비로소 북경 선무문(宣武門) 내에 영주할 수 있게 되었다. 이때부터 1610년 5월 11일 서거할 때까지 약 10년간 줄곧 북경에서 활동하였다.

리치는 중국에 27년간 체류하면서 동서 문명교류에 큰 족적을 남겼다. 선교사로서, 선교회 회장으로서 그의 주된 사명은 가톨릭의 포교였다. 그는 루기에리와 함께 조경에서 포교활동을 개시한 이래, 남경 등 여러 도시들을 전전하다가 마침내 북경에 상주하면서 포교사업에 진력하여 괄목할 만한 성과를 거두었다. 조경의 선화사와 북경의 남당(南堂)을 비롯해 여러 곳에 교회당을 건립하고 사람들을 개종시켰다. 그가 서거할 때까지 천주교 신자는 약 2,500명으로 늘어났다. 신자 중에는 서광계(徐光啓)와 이지조(李之藻) 등 저명한 지식인 외에 구태소(瞿太素), 풍응경(馮應京), 이천경(李天經) 등 이른바 '10대 신자'들이 있다.

리치의 선교 성공의 비결은 그의 독특한 선교사상과 선교방법에 있다. 그의 저서 『천주실의(天主實義)』(1595)에 나타나듯, 그는 '배불차유반리학(排佛借儒反理學)', 즉 불

내화 선교사 마테오 리치와 신자 서광계

교를 배척하고 유교를 차용하며 성리학(性理學)을 반대하는 사상을 표방하면서 중국의 전통적 유교사상과 가톨릭의 교리를 결합·조화시켜 포교의 사상적 바탕으로 효용(效用)하였다. 선교방법에서는 그 자신이 중국어를 배우고 중국인들의 관습을 익히고 존중하면서 '천주교의 화화(華化)'를 도모하였다. 또한 자신의 인품과 학식, 그리고 서방의 선진 과학기술을 매개로 상층인사나 유지들과 광범위하게 교제하고 친교하면서 그들의 환심과 지지 속에서 선교에 임하였다. 그의 저서 『교우론(交友論)』에는 이러한 선교방법이 상술되어 있다.

리치가 문명교류에 남긴 업적은 서방의 근대 과학기술(서학)을 폭넓게 전수한 것이다. 그는 중국의 지식인 서광계·이지조·양정균(楊廷筠)을 명말 천주교의 '3대 주석(柱石, 기둥)'으로 교화하였을 뿐만 아니라, 그들을 근대 과학기술의 선도자로 배양하였으며, 그들과 협동하여 서학을 전파하였다. 리치는 서광계와 함께 『기하원본(幾何原本)』 『측량법의(測量法義)』 『측량이동(測量異同)』 『구고의(勾股義)』를, 이지조와 함께 『동문산지(同文算指)』 『혼개통헌도설(渾盖通憲圖說)』 『환용교의(圓容較義)』를 각각 공역하였다. 그리고 자신은 『건곤체의(乾坤體義)』 『서학기적(西學奇迹)』 『서국기법(西國記法)』 『서금팔곡(西琴八曲)』 등 과학기술관련 서적을 다수 저술하였다.

리치의 저술활동 중에서 가장 영향력이 컸던 것은 『산해여지전도(山海興地全圖)』(일명 『여지전도』

혹은『곤여만국전도(坤輿萬國全圖)』를 제작·간행한 것이다. 이 지도는 1584년부터 1608년까지 조경·남창·소주·남경·북경·귀주(貴州) 등지에서 12판이나 재간되었다. 이 세계지도는 중국인들의 시야를 넓혀주었는바, 세계의 면모를 파악하고 새로운 지리지식을 습득할 수 있게 하였다. 그밖에 리치는『기독교원정중국사』(基督敎遠征中國史, *China in the Sixteenth Century: The Journals of Mathew Ricci*, 1583~1610, 일명『利瑪竇中國札記』, 1583)를 저술하여 중국의 지리·물산·예술·과학·정부·풍습·예절·종교 등 각 방면의 사정을 유럽에 소개하였다. 그리하여 그는 유럽에서의 근대 중국학 개척자의 한 사람이 되었다.

5. 롱고바르도(Niccolo Longobardo, 龍華民, 1559~1654), 이딸리아인. 예수회 선교사. 예수회 중국선교회 제2대 회장. 씨칠리아 섬의 귀족가문에서 출생하여 1582년에 예수회에 가입하였다. 1597년에 내화하여 1611년까지 소주(韶州)에서 선교활동을 하였는데, 그 기간에 중국어로『천주성교일과(天主聖敎日課)』와『성약슬행실(聖若瑟行實)』을 저술하였다. 예수회 중국선교회 수임 회장인 마테오 리치가 타계하면서 그를 후임자로 지명하였기 때문에 1611년에 상경하여 회장에 취임하였다. 1616~18년의 법란(法難, 南京 禮部侍郞의 서방 선교사 비난 사건) 기간에는 항주(杭州)로 일시 피난갔다가 1622년에 다시 상경하여서는 회장직을 사직하고 선교활동에만 전념하였다.

롱고바르도는 마테오 리치가 중국 경전 중의 '상제(上帝)'와 '천(天)'을 기독교의 '천주'(天主, Deus)와 비교·대등시한 데 이의를 제기하였는데, 이로 인해 이 문제가 큰 논쟁거리로 부상하였다. 이러한 논쟁을 위해 그는 1623년에 라틴어로『공자와 그의 교리』(*De Confucio Ejusque Doctrina Tractatus*)를 저술하여 중국 경전의 기본개념들을 해석하였다. 이 책은 서구인이 중국 유가학(儒家學)을 체계적으로 연구한 첫 저서로서 1701년에『중국 종교의 몇가지 관점을 논함』이란 제하에 프랑스어로 번역되어 유럽 종교계와 학계에서 큰 반향을 불러일으켰다. 이 책의 출간을 계기로 '상제' 및 '천'과 '천주' 간의 관계 문제에 관한 논쟁은 더욱 치열하게 전개되었다. 그리하여 1627년 12월부터 1628년 1월까지 21명의 예수회 재화 선교사들이 가정(嘉定)에 모여 이 문제를 집중 논의하였다. 회의에서 롱고바르도 일파는 '상제' 및 '천'은 '천주'와 대응될 수 없는 개념이기 때문에 대역(對譯)할 수 없다고 주장하였다. 이에 반하여 다른 일파는 대역할 수 있다고 맞서, 결국 최종 결론은 내리지 못하였다. 이 문제와 관련하여 유가의 전통적인 제사 문제가 제기되었는데, 다수 참가자들은 제사는 종교신앙과 무관하기 때문에 무방하다는 입장을 취하였다.

롱고바르도는 과학기술에 관해서도 일정한 지식을 소유하고 있었으나, 별로 고명하지는 못하였다. 역법(曆法) 편찬작업에 참여하였다가 중도에 퇴출한 바 있다. 그의 대표적 저서로는 중국어로 쓴 문답체 형식의『지진해(地震解)』가 있다. 이 책은 지진 발생원인과 지진의 등급, 지형에 따른 지진 등 9절로 구성되었는데, 어설픈 점이 적지 않다. 기타 저서로는『급구사의(急救事宜)』『영혼도체

설(靈魂道體說)』『염주묵상규정(念珠默想規程)』『사설(死說)』 등이 있다. 청조 순치제(順治帝) 치세시 1654년에 95세로 북경에서 타계하였다. 선교사를 후대해온 순치제는 고인의 초상화를 그리고 장례를 융숭히 치르도록 하는 예우를 하였다.

6. 빤또하(Diego de Pantoja, 龐迪我, 1571~1618), 에스빠냐인. 예수회 선교사. 1589년에 예수회에 가입한 후 1596년에 롱고바르도와 함께 동행길에 올라 1597년 마카오에 도착하였다. 1600년 남경에 가서 마테오 리치를 도와 선교활동을 하다가 그와 함께 상경하였다. 빤또하는 근면호학(勤勉好學)하는 사람으로서 금방 중국어를 습득하여 리치의 유력한 조수가 되었다. 또한 다재다능한 달인(達人)으로서 역법에 신통할 뿐만 아니라, 조각에도 일가견이 있고 서금(西琴, 풍금)도 제법 잘 연주하였다. 1601년부터는 자주 궁에 들어가 악공(樂工)들에게 악리(樂理)를 강의하면서 많은 궁내 관인이나 시종들과 결친하게 되었다.

역산학(曆算學)에 능한 재화 선교사들 중에서 단연 그 수위에 있는 빤또하는 1611년에 여타 몇몇 선교사들과 함께 역법 수정작업에 참가하였다. 그는 지리학에도 해박하여 명 신종(神宗)에게 4대주 지도를 제작하여 헌상하였다. 이 지도는 매 주(州)가 한 폭인데, 폭마다 4주(周)에는 각국의 역사와 지리, 정치와 물산 등을 첨기하였다. 빤또하의 수작은 『칠극대전(七克大全)』(7권)이다. 이 책은 인생을 위로는 7덕(德), 아래로는 7죄(罪)로 나누면서 7덕으로 7죄를 극복하는 것이 바로 7극이라고 하였다. 구체적으로는 겸손이 오만을 조복(調伏)하고, 인(仁)이 질투를 평정하고, 시은(施恩)으로 빈곤을 해소하고, 인내로 분노를 가라앉히고, 담담함으로 탐욕을 막고, 정조로 음란을 예방하고, 근면으로 태만을 다스린다는 것이다. 그는 이 7극을 유가의 수신극기(修身克己)와 결부시켜 풀이하기도 하여 큰 인기를 얻었다. 후세인들이 『칠극진훈(七克眞訓)』이라는 제하에 출간하기도 하였다. 그밖에 그의 종교관련 전서로는 『방자유전(龐子遺詮)』『변게(辯揭)』『실의속편(實義續編)』『수난시말(受難始末)』『야소고난도문(耶蘇苦難禱文)』 등이 있다. 1616년 법난시 신종이 그를 광동에 보내 환국 조처하라고 하교하였으나, 그는 환국하지 않고 마카오에 체류하다가 병사하였다.

7. 우르씨스(Sabbatino de Ursis, 熊三拔, 1575~1620), 이딸리아인. 예수회 선교사. 젊어서 로마학원에서 수학한 후 1603년 마카오에 도착하였다. 1606년에 남창(南昌)에 갔다가 이듬해에 상경하여 마테오 리치로부터 중국어를 배우고 선교회 내의 종무(宗務)를 담당하였다. 1611년에 서광계(徐光啓)의 추천으로 역법 수정작업에 참가하였다가 중도 퇴출하였다. 그후에는 수리법(水利法) 연구에 몰두하여 취수와 저수용 수리기기를 여러가지 제작하였다. 전술한 '상제' 및 '천'의 '천주' 대역 문제 논쟁에서 우르씨스는 롱고바르도의 입장을 지지하여 1614년에 『상제설(上帝說)』을 저술하였다. 1616년 법난시에 마카오로 축출(1617)되어 그곳에서 서거하였다.

우르씨스의 대표적 저서는 1612년에 출판된 『태서수법(泰西水法)』6권이다. 이 책은 저수와 취수

방법, 수차와 댐, 온천치료와 약로방법(藥露方法, 증류에 의한 제약방법) 등에 관해 기술하고 있다. 책 중에는 용미도(龍尾圖, 龍骨車 그림) 5점, 왕형도(王衡圖) 4점, 항승도(恒升圖) 4점, 댐도 3점, 기타 제약증류기도(製藥蒸溜器圖) 등 수리관련 해설도가 첨부되어 있다. 『태서수법』은 명의상 우르씨스의 저술로 되어 있지만, 실제로는 그가 구술한 것을 서광계가 필록하고, 이지조가 교정한 것으로서 3인 공동작이라고 할 수 있다. 그밖에 그의 저서로는 측량의기의 용법과 측량방법을 소개한 『간평의설(簡平儀說)』(1611)과 일영(日影)에 의한 시간 및 계절의 측정을 설명한 『표도설(表度說)』(1614), 그리고 증류에 의한 서약 제조법을 소개한 『약로설(藥露說)』(1618) 등이 있다.

8. 알레니(Julio Aleni, 艾儒略, 1582~1649), 이딸리아인. 예수회 선교사. 1610년 마카오에 도착한 후 이듬해에 광주에 들어갔다가 쫓겨났다. 1613년부터 북경·개봉(開封)·남경·상해(上海)·양주(揚州)·서안(西安) 등 여러 곳을 전전하다가 1620년부터는 산서(山西) 강주(絳州)에 일시 안착하여 선교활동을 하였다. 그러다가 다시 항주를 거쳐 1623년부터는 강소(江蘇) 상숙(常熟)에서, 그리고 마지막으로 1625년에 복건으로 옮겨가 오랫동안 그곳에서 성공적인 포교활동을 전개하였다. 그는 복건에 내도한 첫번째 선교사로서 영내의 복주(福州)·천주(泉州)·흥화(興化) 등지를 돌아다니면서 정열적으로 포교활동을 한 결과 수년 내에 민중(閩中) 8부(府)에 모두 교회당이 건립되었다. 1641년부터는 연평(延平)에 정착하였는데, 1647년에 청병이 복건에 진입하자 연평 산중에 피신하였다가 산중에서 사망하였다.

알레니는 적극적인 포교활동을 펴는 한편, 많은 저술활동도 병행하였다. 기독교 교리나 계율에 관한 저서만도 20여 권이나 된다. 대표적인 것으로 『천주강생언행기상(天主降生言行記詳)』(8권, 1635~37, 복주 출간)과 『대서리서태선생행적(大西利西泰先生行迹)』(마테오 리치 전기), 『양기원행략(楊淇圓行略)』(楊廷筠전기), 『삼산론학기(三山論學記)』(윤리도덕론) 등이 있다. 그는 종교서뿐만 아니라, 여러 권의 학술서도 남겼다. 그중 가장 유명한 것은 『직방외기(職方外記)』(6권)다. 이 책은 중국어로 된 첫 세계지리서로서 1623년에 항주에서 초간되었는데, 5대주 각국의 풍토와 인문지리, 기후와 명승지뿐만 아니라, 콜럼버스의 아메리카 대륙 '발견'까지도 언급하고 있다. 학술저서로는 그밖에 유럽의 인문지리를 상술한 『서방문답(西方問答)』(상·하)과 유럽 대학의 교과목을 소개한 『서학범(西學凡)』 등이 있다. 1623년 항주에서 초간된 이 『서학범』에 소개된 유럽 대학의 교과목을 보면, 문과(Rhetorica, 수사학)·이과(理科, Philosophia, 철학)·의과(Medicina)·법과(法科, Leges)·교과(敎科, Canones, 교회법)·도과(道科, Theologia, 신학) 등 여섯 과목이다.

'서방에서 온 공자'라고 불린 알레니가 행한 포교와 저술은 복건을 중심으로 한 남부지방에서 상당한 영향력을 발휘하였다. 이와 동시에 그가 전파하는 종교와 서학을 비난하는 여론도 만만찮게 일어났다. 이러한 여론을 집성하여 펴낸 것이 이른바 『파사집(破邪集)』이다. 이러한 지탄 속에서도 알레니는 꾸준히 포교와 저술활동을 계속하였다.

9. 트리고(Nicolas Trigault, 金尼閣, 1577~1628), 프랑스인. 예수회 선교사 겸 출판가. 1594년 예수회에 가입한 후 학업을 마치고 1607년 고아와 마카오를 거쳐 내화, 상경하여 중국어를 배웠다. 1611년 항주에 가서 선교활동을 하다가 북경·남경·남웅(南雄) 등지를 전전하였다. 1613년 2월 당시 예수회 중국선교회 회장인 롱고바르도의 지시에 따라 선교회의 재무담당이던 그는 로마에 파견되었다. 그의 사명은 교황청에 재화 선교활동의 종무에 관해 보고하고, 선교사 증파를 요청하며, 찬조금과 서적을 수집하는 것이었다.

1614년 말 로마에 도착하여 교황을 알현하고 교황으로부터 성경과 일과경(日課經) 등을 중국어로 번역하고 중국어로 미사와 기타 성사(聖事)를 진행할 수 있다는 승인을 얻었다. 교황은 1615년 3월 20일 정식으로 승인 조서(詔書)를 발표하였다. 차제에 트리고는 예수회 제7차 대회에 참가했는데, 대회는 일본선교회로부터의 중국선교회 독립과 중국 부교성(副敎省)의 설치를 인준하였다. 또한 대회는 중국 부교성과 일본 교성(敎省)은 예수회 총회장을 대표하는 순찰관이 통일적으로 관리하도록 하였다.

트리고는 1615년 2월 오거스보에서 1609~12년의 일본연보와 1610~11년의 중국연보, 그리고 마테오 리치의 『기독교원정중국사』를 동시에 출간하였다. 그는 1615~17년에 이딸리아·프랑스·벨기에·독일·에스빠냐·포르투갈 등 유럽 여러 나라를 순방하면서 찬조금과 서적 수집활동을 폈다. 시계·천문의기·십자가 등 많은 선물과 더불어 7천권(교황으로부터 수백권)의 서적을 증정받았다.

1618년 트리고는 22명의 선교사를 대동하고 리스본을 떠났다. 그중 1619년 마카오에 도착한 사람은 몇명밖에 안되었다. 재래한 서적은 우선 마카오에 보관하였다가 북경에 운반하였는데, 그 서적들은 서학의 동전에 큰 역할을 하였다. 그중 최초로 한역된 책은 1627년에 출간된 『원서기기도설록최(遠西奇器圖說錄最)』(3권)이다. 트리고는 1621년 내지에 도착한 후 남창·건창(建昌)·소주(韶州)·항주·개봉과 산서 및 섬서(陝西) 일대를 두루 역방하였다. 그는 강주(絳州)와 서안(西安), 항주에 인쇄소를 차려놓고 매해 다량의 서적을 출판하였다. 그는 많은 저서를 남겼는데, 대부분이 라틴어로 씌어졌다. 중국어 저서로는 『추력년섬례법(推曆年瞻禮法)』『황의(況義)』『서유이목자(西儒耳目資)』(3권) 등이 있다. 『황의』는 실제에 있어서 『이솝이야기』의 한역본이고, 1626년에 출간된 『서유이목자』는 최초의 라틴어 철자에 의한 한자 어휘집으로서 중국 음운학(音韻學) 발전에 일정한 기여를 하였다. 트리고는 1625년에 출토된 『대진경교유행중국비(大秦景敎流行中國碑)』를 목격한 최초의 유럽인으로서, 그해에 비문의 라틴어 역문을 포르투갈에 보냈다(일설은 이딸리아 선교사 지아코모 로가 보냈다고 함).

10. 슈레크(Johann Terrenz Schreck, 鄧玉函, 1576~1630), 독일인. 예수회 선교사. 내화 선교사들 중

에서 가장 다재다능한 사람으로서, 독일어·영어·프랑스어·포르투갈어·그리스어·헤브라이어·라틴어 등 다국어를 장악하고 철학·의학·수학·천문학·기계공학 등 다방면의 과학지식도 소유하고 있었다. 1611년 예수회에 가입하고 트리고와 함께 1619년 7월 22일 마카오에 도착하였다. 학구적인 슈레크는 내화 도중에도 각종 동물과 식물 표본을 채집하고 천문 관찰을 진행하였다. 마카오에서는 행의(行醫)하면서 1621년 8월에 내화 서방인으로서는 최초로 신체 해부를 하였다. 같은 해에 광주와 항주를 거쳐 가정(嘉定)에 와 한 신부로부터 중국어를 배운 후 생물학서인『태서인신설개(泰西人身說槪)』(2권)를 한역하였다. 1627년에는 그가 구술하고 왕징(王徵)이 필록한『원서기기도설록최』(3권)가 출간되었다. 이 책은 서방 물리학과 기계학을 소개한 첫 공학서이면서, 전술한 바와 같이 트리고가 가져온 7천권 서적 중에서 제일 먼저 한역된 책이다.

슈레크는 1629년 9월에 서광계의 추천으로 역법 수정작업에 참가하기 위해 상경하여 롱고바르도와 함께 작업을 설계하고 관련 서적의 번역에 착수하였다. 그는『측천약설(測天約說)』(2권),『대측(大測)』(2권),『정구승도표(正球升度表)』등 천문관련서를 번역하고, 칠정상한대의(七政象限大儀) 2기와 측량경한대의(測量經限大儀) 1기를 제작함으로써 역법 수정작업을 추진하는 주역의 한 사람이 되었다. 슈레크는 1630년 5월 11일에 병사하였다.

11. 쎄메도(Alvaro de Semedo, 曾德昭, 1586~1658), 포르투갈인. 예수회 선교사. 1613년에 인도 고아로부터 남경에 도착하였으나, 1616년 남경 법난시 체포·투옥되었다가 마카오로 추방되었다. 1620년 항주(杭州)에 와서 포교활동을 하면서 강서(江西)·강남(江南) 일대를 순방하고 1625년에는 섬서(陝西)지방을 돌아보다가 서안(西安)에서『대진경교유행중국비』를 목격하였다. 1629년부터 강서의 남창에 정주하던 중 중국 부교성 회계의 자격으로 선교사의 증파를 요청하기 위해 교황청에 파견되었다. 1637년에 마카오를 출발, 1640년에 리스본과 마드리드에 들렀다가 1642년 로마에 도착하였다. 1645년 광주에 돌아와 사망할 때까지 선교활동에 전념하였다.

쎄메도의 가장 큰 업적의 하나는『중화제국(中華帝國)』(1638 혹은 1640)을 저술하여 유럽에 중국의 실상을 알린 것이다. 상·하 두 권으로 된 이 책의 상권은 '세속의 중국'이란 제하에 중국의 지리·풍속·언어·교육·과학·종교·무기·상업·정부·형벌·무슬림·유태인 등 각 방면의 면모를 기술하고, '신계(神界)의 중국'이란 제하의 하권에서는 1552년 이래 중국에서의 예수회 선교역사, 기독교의 중국 전입 기원, 1616년 남경 법난의 경과, 이지조의 전기 등 주로 기독교 전파관련 내용이 포함되어 있다.

상권의 내용 중 중국어에 관한 부분이 특별한 주목을 끈다. 중국 문자는 3,600~3,700년 전에 창제된 유구한 문자로서 단음절이고, 어법 규칙이 부실하여 품사의 격변화가 없으며, 명사와 동사, 부사가 서로 뒤바뀌어 쓰인다. 서체에는 네 가지가 있고, 어휘는 6만자(마테오 리치와 트리고는 7~8만자)로 추산되며, 문자는 '一+|=十'→'十+一=土'→'土+一=王'→'王+、=玉'의 식으로 구성된다. 이것

이 중국어에 관한 쎄메도의 견해다. 그의 문자구성법에 관한 위의 일례는 후일 유럽인들이 중국 문자를 거론할 때 자주 인용하는 하나의 전형적인 범례가 되었다.

명말에 이어 청초에 내화한 주요 선교사들과 그들의 행적은 다음과 같다.

1. 아담 샬(Johann Adam Schall von Bell, 湯若望, 1592~1666), 독일인. 예수회 선교사. 마테오 리치 이후 여러 면에서 가장 큰 영향력을 행사한 선교사로서 명·청조 교체기(주로 청조)에 활약하였다. 귀족가문에서 출생한 아담 샬은 1608년 로마 게르만학교를 졸업한 후 1611년 예수회에 가입하고 1613년 로마학원에서 수학과 신학을 공부하였다. 1618년 22명의 선교사와 함께 트리고를 따라 험난한 동행길에 올라 1619년 7월 간신히 마카오에 도착하였는데, 일행 중 8명만 살아남았다. 아담 샬은 1622년 광주를 거쳐 항주에 와 있다가 롱고바르도를 따라 상경하여 중국어를 배웠다. 그는 유럽에서 가져온 역서와 천문의기를 조정에 헌상하고 세 번에 걸쳐 월식을 정확히 예측함으로써 일시에 명성을 떨쳤다. 1627년에는 서안에 가서 선교활동을 하면서 중앙아시아로부터 중국에 이르는 오아시스로에 관한 조사 보고서를 예수회 총회에 보내기도 하였다.

아담 샬은 1630년 서광계의 추천으로 북경에 소환되어 역법 수정작업에 참가하였다. 이 시기 그는 혼천구(渾天球)·지평일귀(地平日晷) 등 천문의기와 망원경·지구의·나침반·관상의(觀象儀) 등 관측의기를 손수 제작하였다. 1635년에 서광계와 이천경(李天經)이 편찬한 『숭정역서(崇禎曆書)』 중 『교식력지(交食曆指)』 『교식력표(交食曆表)』 『교식표(交食表)』 『교식제표용법(交食諸表用法)』 『교식몽구(交食蒙求)』 『고금교식고(古今交食考)』 『항성출몰표(恒星出沒表)』 등 19권은 아담 샬이 집필한 것이다. 그리고 그의 감독하에 대소 화포(火砲) 500여 문이 제조되고 『화공설요(火攻挈要)』

(2권, 『화공비요(火攻秘要)』 1권 첨부)가 찬술되었다. 이 책은 화포의 주조와 보관, 운송, 그리고 포탄 제조법 등을 상술하고 있어 당시로서는 가장 권위있는 서양 화포 관련 전서였다. 이러한 공로로 인해 그는 명조로부터 '흠포천학(欽褒天學)'이란 변액(匾額)을 하사받아 교회당 문면에 걸어놓았다. 이 모든 것은 그의 포교활동에 유리한 국면을 열어놓았다. 그리하여 1631년 궁내에서 환관 10명이 그로부터 세례를 받았으며, 그의 영향하에 1640년에는 궁내에 후궁을 포함한 부인 50명, 환관 40여 명, 황실성원 140명이 기독교에 귀의하였다. 이상은 명조에서의 아담 샬의 활동상이다. 그러나 그의 주요한 활동은 청조에서 이루어졌다.

1644년 5월 청군이 북경에 진주하였을 때 황성(皇城) 내에

내화 독일 선교사 아담 샬

기거하고 있던 아담 샬은 섭정왕(攝政王)에게 상서하여 천문의기와 서적들을 보전하고 서양 신력(新曆)으로 개력(改曆)할 것을 제의하였다. 그의 이 제의가 수용되어 그는 이듬해에 흠천감(欽天監) 감정(監正)에 임명되었다. 그리고 그가 편찬한 『서양신법력서(西洋新法曆書)』가 '시헌력(時憲曆)'이란 이름으로 청조에서 공식 반포되었으며, 1646년 그에게 태상사소경함(太常寺少卿衙)이 수여되었다. 1651년에 즉위한 순치제(順治帝)와 아담 샬의 관계는 상당히 밀접하였다. 순치제는 그를 '마법'(麻法, 瑪法, 만주어로 부친에 대한 경칭)이라고 불렀으며, 1653년에 그에게 '통현교사'(通玄敎師, 진리에 통달한 교사)란 칭호를 하사하고, 1658년에 정일품(正一品)인 통정사사(通政使司) 통정사(通政使)로, 1659년에는 광록대부(光祿大夫)로 책봉하였다. 중국의 봉사법(封賜法)에 따라 아담 샬뿐만 아니라, 그의 3대 조상까지도 일품으로 추서되었다. 또한 순치제는 예수회 선교사들의 자유내왕을 허용하였다. 이것은 기독교세 확산의 호기였다. 그리하여 1651~64년에만도 104,980명이나 세례를 받고 기독교에 입교하였다.

아담 샬을 비롯한 선교사들은 불교의 영향력을 억제하려고 각방으로 책동하였다. 아담 샬은 불승들이 북경에 불탑을 세우지 못하도록 순치제에게 건의한 바도 있다. 관계가 친밀하고 신임도 얻었지만, 불교의 영향하에 있는 순치제를 개종시키지는 못하였다. 한편, 아담 샬은 '대통(大統)'과 '회회(回回)' '동국(東局)' 3개의 전통 역법을 백방으로 배격하고 서양 역법을 주장하는 '서국(西局)'의 패권을 꾀하였다. 그 결과 역법을 둘러싼 갈등이 생기고 반대세력이 형성되었으며, 마침내 그의 독주에 제동이 걸리게 되었다. 1661년 순치제 서거 후, 나이 어린 강희제(康熙帝)가 계위하자 오배(鰲拜) 등 4대신의 보정(輔政)이 실시되었다. 이들 보정대신들은 역법 수구파인 양광선(楊光先, 후에 흠천감 감정)과 결탁하여 1664년에 아담 샬을 비롯한 선교사들을, 모반 획책과 사설(邪說)로 대중 현혹, 황당한 역법 주장 등 3대 범법으로 정죄(定罪)하여 극형에 처하기로 하였다. 이 사건을 이른바 '흠천교안(欽天敎案)'이라고 한다. 그런데 때마침 북경에서 5일간 연속 지진이 발생하자 선교사들을 가두어 처형하려 했기 때문이라고 생각한 순치제의 생모 태황(太皇)태후는 구금한 선교사들을 당장 석방하라고 하명하였다. 이에 아담 샬도 석방되었으나 얼마 후 병사하였다.

아담 샬은 많은 저서를 남겼다. 전술한 것 외에 『민력보주해혹(民曆補注解惑)』『원경설(遠鏡說)』『성도(星圖)』『주교연기(主敎緣起)』『탕약망회언록(湯若望回憶錄)』 등 30여 종이 있다. 이와같이 아담 샬은 명·청조 교체란 격변기에 중국에서 44년간 포교활동을 진행하고 근대 과학기술의 전파에서도 괄목할 기여를 하였다.

2. 보임(Michael-Pierre Boym, 卜彌格, 1612~59), 폴란드인. 예수회 선교사. 원래는 폴란드 국왕의 어의였으나 1629년 예수회에 가입한 후, 1643년에 리스본을 출발해 1647년 해남도(海南島)를 거쳐 마카오에 도착하였다. 얼마 있다가 광서(廣西) 남명(南明) 영력(永曆)조정에 파견되어 포교활동을

시작하였다. 당시 영력조정에는 태후부터 대신, 궁녀에 이르기까지 가톨릭 신자들이 수두룩하였고 교세도 당당하였다. 영력조정은 유럽 기독교 국가들의 원조를 쟁취하기 위하여 보임을 로마 교황청에 특사로 파견하였다. 그는 태후 헬레나(Helena, 세례명)가 교황에게 보내는 친서를 휴대하고 1650년 11월 조경(肇慶)을 떠나 1651년 1월 1일 마카오에서 심(沈)씨 성의 중국인과 함께 서행길에 올랐다. 1653년에 로마에 도착하였지만 1655년에야 교황 알렉산드로스 7세를 알현하였다. 1656년 3월 30일 복명차 쿠플레(Couplet) 등 선교사 8명을 대동하고 리스본을 떠나 1658년 섬라(暹羅, 현 타이)에 당도하니, 중국 정국에 큰 변화가 일어나 영력조정은 위기에 처해 있었다. 그리하여 복명은 하지 못한 채 이듬해 광서와 안남(安南) 경계지방에서 병몰하였다.

광서 남명왕후에게 세례를 주는 내화 폴란드 선교사 보임

보임의 저서로는 『1625년 서안부(西安府) 출토 경교비(景敎碑)』 『중화제국전도(中華帝國全圖)』 『중국식물(中國植物)』 『중의진요(中醫津要)』 등이 있다. 1656년 빈에서 출간된 『중국식물』에서 저자는 주로 20여 종의 중국 식물에 관해 상술하고 희귀동물 몇점에 관한 소개도 곁들이면서 그림 23장을 첨부하고 있다. 중의학에서의 진맥과 설태(舌苔) 진단법, 그리고 중의 약재 289종을 소개한 『중의진요』는 보임이 원고를 유럽에 보낼 때 네덜란드 동인도회사가 중간에서 몰수하여 이 회사 주임의사에게 넘겨주었다. 이 의사는 파렴치하게도 그 원고를 편취·표절하여 자신의 이름으로 *Specimen Medicinae Sinicae*라는 제하에 1682년 간행하였다. 그러나 4년 후인 1686년에 동료 선교사였던 쿠플레가 원저자인 보임의 이름으로, 그리고 원고명대로 *Clavis Medica ad Chinarum Doctrnam de Pulsibus*(『중의진요』)라는 제하에 재간하였다. 이 책은 유럽에서의 중의학 연구에 선도 역할을 하였다.

3. 마르띠니(Martino Martini, 衛匡國, 1614~61), 이딸리아인. 예수회 선교사. 1632년 10월 예수회에 가입한 후 로마학원에서 수학과 지리학을 공부하고, 1640년 3월에 동행길에 올라 1643년에 내화하였다. 처음엔 항주에 얼마간 머물다가 남경으로 북상하였다. 당시는 명·청조의 교체기라서 도처에 전란이 일어났기 때문에 정처없이 떠돌아다녀야만 했다. 그런 가운데서도 마르띠니는 들르는 도시마다의 경위도를 측정하곤 하였다. 그러다가 선교사들 사이에서 예의문제를 둘러싸고 논쟁이 발생하자 롱고바르도 등의 요청을 받고 상경하여 논쟁에 개입하는 바람에 그만 북경에서 쫓겨나고 말았다.

1650년 마르띠니는 예수회 중국선교회의 위임하에 '중국 예의논쟁'의 대소인(代訴人) 자격으로 실태를 보고하고 시비를 가리기 위해 로마에 파견되었다. 그는 복건으로부터 필리핀에 가서 네덜란드 배를 타고 아일랜드를 거쳐 1653년 암스테르담에 도착하였다. 이어 1654에 함부르크를 거쳐 연말에 로마에 당도하였다. 그는 암스테르담에 체재할 때 라틴어로 쓴 『타타르전기(戰記)』(1654)와 『중화제국신도(中華帝國新圖)』(1655)를 출간하였다. 출간되자마자 여러 유럽어로 번역되었다. 『타타르전기』는 명·청조 교체기의 여러가지 난세상과 1651~54년에 일어난 중대한 정치적 사건들을 다루고 있다. 『중화제국신도』에는 모두 17폭의 지도가 수록되었는데, 그중 1폭은 중국 전도이고 15폭은 각 성 지도이며, 나머지 1폭은 일본 지도다. 모든 지도의 4주(周)에는 정밀한 경위도가 표기되어 있고, 또한 지도마다 산맥·강·하천·호수·대소 도시들이 명기되어 있다. 중국 전도 후미에는 중국에 관한 총론이 첨부되어 있다. 이 지도첩에서 마르띠니는 처음으로 '진(秦)'이 'China'(라틴어 Sina)의 어원이란 설을 제시하였다. 이 지도첩이야말로 유럽인들이 중국 지리를 연구하는 데 있어 첫 안내서였다. 그리하여 서방 학술계에서는 마르띠니를 가리켜 '중국 지리학의 아버지'라고 하였다.

1654년 중국 예의문제 논쟁의 대소인 자격으로 로마에 도착한 마르띠니는 교황청 통신부(通信部)에 다음과 같은 네 가지 사항을 건의하였다. ① 중국의 실정에 근거하여 조상제사와 민간 미신을 혼동시키지 말 것. ② 조상숭배는 우상숭배가 아님을 인정할 것. ③ 공자를 존대하는 예절은 식자층의 습속(習俗)으로 되었는바, 그것은 민간에서의 어른 존경의 한 의식임을 인정할 것. ④ 조상제사와 공자존대는 순전히 중국제도에 속하는 문제임을 인정할 것. 그리고 마르띠니가 통신부에서 한 발언과 통신부 추기(樞機)주교에게 제출한 보고서 내용을 각각 라틴어로 써서 『마르띠니 행실(行實)』과 『중국 예수회 선교사 기략(記略)』으로 같은 해 로마에서 출간하였다. 5개월여간의 격렬한 변론 끝에 교황청은 마르띠니의 건의와 주장에 찬동하고, 급기야는 1656년 3월 23일 교황 알렉산드로스 7세는 통유(通諭)를 발표해 중국 기독교신자들이 조상제사와 공자존대 의식에 참여하는 것을 공식 인준하였다.

마르띠니는 이 통유가 발표되기 전에 로마를 떠났다. 그는 1657년에 베르비스트를 포함한 17명의 선교사들을 대동하고 리스본을 출발하여 동항길에 올랐다. 도중에 해적과 폭풍을 만나는 등 천신만고 끝에 일행 중 12명은 객사하고 5명만 간신히 살아남아서 내화하였다. 1659년 6월 마르띠니는 항주에 와 절강 순무(巡撫) 동국기(佟國器)의 지지하에 포교활동을 크게 벌여, 그곳에 당시로서는 전국에서 가장 화려한 교회당을 지었다. 그러다가 2년 후에 병사하였다.

마르띠니의 명저로는 또한 라틴어로 쓴 『중국역사(中國歷史) 제1부』가 있다. 1658년 뮌헨에서 출간된 이 책은 인류 기원부터 예수 시대까지의 중국상고사를 서술하고 있다. 마르띠니는 주희(朱熹)의 『통감강목(通鑑綱目)』을 남본으로 하고 자기 나름의 이해와 견해에 따라 내용을 전개하고 있다.

그중에는 주왕(紂王)을 '중국의 네로'에 비유하는 등 중국과 유럽의 역사인물을 비교분석하는 내용도 있다. 라틴어로 쓴 다른 한 저서는 『중국어 문법』인데, 미간된 채로 원고가 그대로 남아 있다. 마르띠니의 중국어 저서 『구우편(逑友篇)』은 고대 서구 현인들의 교우담 묶음집으로서 그가 구술하고 축석(祝石)이 필록한 것이다. 마테오 리치의 『교우론(交友論)』 속편격인 이 책은 그가 1647년에 썼지만 사후인 1661년에 항주에서 출간되었다. 그밖에 중국어 저서로는 『천주리증(天主理証)』과 『영성리증(靈性理証)』이 있는데, 신학 전서인 이 두 권을 합본하여 『진주영성리증(眞主靈性理証)』이라고도 한다.

4. 베르비스트(Ferdinand Verbiest, 南懷仁, 1623~88), 벨기에인. 예수회 선교사. 1641년 9월 예수회에 가입한 후 1657년 마르띠니와 함께 동항길에 올라 이듬해 마카오에 도착하였다. 1659년에 섬서지방에 가서 포교활동을 하다가 다음해에 북경에 소환되어 아담 샬을 도와 역법 수정작업에 동참하였다. 앞서 말한 1664년 '흠천감교안(欽天監敎案)' 사건 때는 베르비스트도 투옥되었다가 석방된 후 줄곧 북경에 체재하였다.

정밀한 천문역산으로 강희제의 신임을 얻은 베르비스트는 1669년에 흠천감 감부(監副)에 임명되었으며, 이를 계기로 강희제와 친교를 유지하게 되었다. 그는 황제에게 수학을 가르쳐주고 북순(北巡) 때 수행하기도 하였다. 1671년 겨울 강희제가 하사한 '경천(敬天)'이란 변액(匾額)을 교회당 문면에 걸었다. 그의 감독하에 1673년에 황도경위의(黃道經緯儀)·적도경위의(赤道經緯儀)·천체의(天體儀)·지평경의(地平經儀)·지평위의(地平緯儀) 등 관상대 천문의기를 제작·완성하였으며, 이듬해 봄에는 그가 편찬한 『신제영대의상지(新制靈台儀象志)』(16권)를 강희제에게 진상하였다. 같은해 그는 흠천감 감정으로 승진하고 태상사소경함(太常寺少卿銜)을 받았다.

1676년에 베르비스트는 예수회 중국선교회의 부성장(副省長)으로 임명되고, 그해 러시아 대표단이 내화하였을 때 통역을 담당하기도 하였다. 1677~78년에는 예수회 총회장과 각 교구 성장(省長)들에게 서한을 보내 중국으로의 선교사 증파를 요청하였다. 이 서한을 접한 프랑스 정부와 루이 14세는 프랑스 예수회 소속 선교사들을 여러명 파견하였다.

1678년 『강희영년역법(康熙永年曆法)』이 편찬되자, 베르비스트는 통정사사(通政使司) 통정사(通政使)에 임명되었으며, 1682년에는 주포(鑄炮)와 『신

내화 벨기에 선교사 베르비스트

위도설(神威圖說)』(70권, 1681, 북경 출간) 완성에 공로가 있다고 하여 공부(工部) 우시랑(右侍郎)에 피봉되었다. 그해 그는 강희제의 동순(東巡)에 수행하고 나서『달단여행기(韃靼旅行記)』를, 이어 이듬해는 북순(北巡)에 수행한 후『서달단여행기(西韃靼旅行記)』를 각각 저술하였다. 얼마 후 낙마하여 부상을 입고 그 후환으로 병사하였다. 사후 청조는 '근민(勤敏)'이란 시호(諡號)를 추서하였다. 400년 내화 선교사상 그가 유일한 시호 추서자다.

베르비스트는 수많은 책을 저술하였다. 저서로는 강희제 치세시의 사회·정치·중외관계를 다룬 『희조정안(熙朝定案)』(3권), 가톨릭 교의전서인『교요서론(教要序論)』(1669, 북경 출간), 문답체로 가톨릭의 종교윤리를 해석한『선악보약설(善惡報略說)』(1670),『곤여전도(坤輿全圖)』와『곤여도설(坤輿圖說)』(2권, 1674),『도학가전(道學家傳)』(1686),『고해원의(告解原義)』(1730),『적도남북성도(赤道南北星圖)』『곤여외기(坤輿外記)』『서방요기(西方要記)』등 다수가 있다.

5. 쿠플레(Philippe Couplet, 柏應理, 1622~92), 벨기에인. 예수회 선교사. 1640년에 예수회에 가입하고 1656년 보임을 따라 동항길에 올라 1658년 섬라(暹羅, 현 타이)를 거쳐 1659년에 내화하였다. 내화 후 강서·복건·절강·강소(江蘇)·상해 등 여러 곳에서 선교활동을 하였다. 1664년 흠천감교안 사건 때 광주에 압송되었다가 1671년 다시 강남(江南)으로 되돌아왔다. 1681년 예수회 중국선교회에 의해 교황청에 파견되었다. 그의 사명은 중국에서의 선교사업 상황과 중국어로 미사를 거행하는 문제를 교황청과 예수회총회에 보고하고 해결하는 것이었다. 마카오를 떠나 이듬해 10월 네덜란드를 거쳐 로마에 도착하였다. 그는 재화 선교사들이 저술하였거나 번역한 중국어책 400권을 교황청에 증정하였다.

쿠플레는 유럽에 10년간 체재하는 동안 빠리와 로마에서 자신의 저서들을 출간하고 1684~85년에는 프랑스 루이 14세와 예수회총회를 설득시켜 제르비옹(Jean-François Gerbillon)과 부베(Joachim Bouvet) 등 5명의 프랑스 선교사들을 중국에 파견하기로 하였다. 1692년 쿠플레는 다시 내화하던 도중 고아 부근 해상에서 풍랑을 만나 배가 흔들리는 바람에 떨어지는 상자에 머리를 맞고 즉사하였다.

쿠플레는 많은 저작을 남겼다. 그중 주요 저서로는 문답식 교리전서인『천주성교문답(天主聖教問答)』(1675, 북경 출간)과 사비에르를 필두로 1681년까지 중국에서 활동한 선교사들의 성명·국적·내화 연도·선교지점·사망일·묘지·중국어 저서 등을 소개한『예수회 선교사 약전』(라틴어, 1686, 빠리 출간),『서문사서직해(西文四書直解)』(1687, 빠리 출간, 라틴어 서명은『중국 철학가 공자』),『중국의 한 신자부인 서감제 전기(信者夫人徐甘第傳記)』(라틴어, 1688, 로마 출간, 서감제는 서광계의 손녀)가 있고, 그외에『사말진론(四末眞論)』『영년첨례(永年瞻禮)』『성교탁음(聖教鐸音)』등의 저서가 있다.『중국의 한 신자부인 서감제 전기』는 프랑스어 역본이 빠리에서 간행된 후 여러 유럽어로 역출되었다. 이 책은 예수회의 강남 선교사를 연구하는 데 있어 중요한 문헌으로 평가되고 있다. 라틴어로 된『중국 철학가 공자』에는 공자전과『대학』『중용』『논어』의 역주가 포함되어 있다. 이 책은 공자와 그의 학설에 관한 서구인들의 첫 연구서로서 유럽 학계의 큰 관심을 끌었다.

6. 멜라(Joseph Marie Anne de Moyriac de Mailla, 馮秉正, 1669~1748), 프랑스인. 예수회 선교사. 귀족가문에서 출생한 멜라는 1686년 예수회에 가입한 후 1703년에 마카오에 와서 중국어를 배우고 1705년부터 강서 구강(九江)에서 선교활동을 시작하였다. 1707년경에 상경하여 1710~14년에 진행된 전국지도측회(測繪) 작업에 직접 참가하였다. 그는 하남(河南), 강남, 절강, 복건, 대만(臺灣) 등지의 측회작업을 책임지고 성공적으로 마침으로써『황여전람도(皇輿全覽圖)』의 완성에 한몫하였다. 멜라는 내정(內廷)에 봉직하면서 50세에 만주어를 배우기 시작하였다. 중국어와 만주어에 능통하고 중국의 역사와 문학, 예술에 조예가 깊은 그는 청제의 신임을 얻기에 충분하였다.

멜라의 중국어 저서는 모두가 기독교 교리에 관한 전서들로서『성세추요(盛世芻堯)』(5권),『성년광익(聖年廣益)』『붕래집설(朋來集說)』등이 있다. 1733년 북경에서 간행된『성세추요』는 멜라가 구술하고 양다묵(楊多默)이 필록한 것인데, 통속적인 백화문(白話文)으로 평이하게 교리를 풀이하고 있다. 이 책은 후일에 일어난 '백화운동(白話運動)'의 선구적 저서로 평가되고 있다.

동서 문명교류에 대한 멜라의 가장 큰 기여는『통감강목(通監綱目)』을 프랑스어로 번역한 것이다.『중국통사』(中國通史, Histoire géneérale de la Chine, 13권) 제하의 이 역본은 1777~85년에 빠리에서 연속 출간되었다. 역본은 우선『통감강목』의 만주어본을 초역(抄譯)하고 거기에 명·청사 부분을 첨가하였다. 이 책은 중국 역사를 체계적으로 소개한 역사전서로서 유럽 역사학계에 큰 영향을 미쳤다. 이 역본을 구입한 530명의 명단이 전해지고 있는데, 구입자들의 거주지와 계층 등으로 미루어 광범위하게 유포되었음을 알 수 있다. 그밖에 멜라는 프랑스어로『대만고대사(臺灣古代史)』와『서신집(書信集)』도 저술하였는데, 전자는 1774년에 영역(英譯)되었다. 멜라가 북경에서 병몰(病沒)하였을 때 건륭제(乾隆帝)는 사은(賜銀)하여 후장(厚葬)토록 배려하였다.

7. 까스떨리오네(Giuseppe Castiglione, 郎世寧, 1688~1766), 이딸리아인. 예수회 선교사. 1707년 예수회에 가입하고 1715년에 내화하였다. 까스떨리오네는 내화 선교사들 중에서 화가로 명성을 떨친 인물이다. 내화 전에 제노바 교회당에 벽화 2점을 그렸으며, 포르투갈 왕실의 초청으로 궁정화를 그린 일도 있다. 그는 1715년에 마카오에서 상경하여 강희제를 진현(進見)하였다. 마침 그때는 예의문제 논쟁 때문에 강희제가 재화 선교사들의 포교활동에 대해 금지령을 내린 후였다. 이 금지령에 따라 재화 선교사들 중에서 기예(技藝)에 특기가 있거나, 아니면 늙고 병들어서 귀국할 수 없는 자를 제외하고는 모두 귀국조처하거나 마카오로 이주시켰다. 까스떨리오네는 미술적 재능 때문에 교회당에 잔류할 수 있게 되었다. 그는 선교회의 훈령에 따라 전통 중국화를 배우면서 간혹 입궁하여 그림

을 그려주기도 하였다. 그러다가 옹정(雍正) 원년(1723)에 입궁명을 받고 궁내 여의관(如意館)에 상주하게 되었다. 그의 최초 작품인 「취서도(聚瑞圖)」가 바로 이 옹정 원년에 그린 수작이다. 그후 사망할 때까지 궁중에 기거하였다.

까스띨리오네는 전통적인 중국화법과 서양화법을 조화시켜 새로운 절충주의적 화법을 구사하였다. 즉 입체감을 살리면서도 명암도(明暗度)는 낮추고 색조는 비교적 유화하고 은은한 것을 택하였다. 그의 다른 걸작품으로는 「사생일책(寫生一冊)」「백준도(百駿圖)」「춘교시마도(春郊試馬圖)」 등이 있다. 그는 북경 교회당 안에서도 유화벽화를 그렸다. 건륭제는 만주족과 한족 어린이들을 골라 그에게서 유화를 배우도록 하였다. 그의 지도하에 연희요(年希堯)는 『시학(視學)』일서를 저술하여 서방의 초점투시화법(焦點透視畵法)을 집중 소개하였다.

까스띨리오네는 동료 선교사들이나 중국 화가들과 함께 공동으로 작품을 창작하기도 하였다. 이러한 집체작품으로는 「만수원사연도(萬樹園賜宴圖)」와 「평정준부회부전도(平定准部回部戰圖)」가 있다. 후자는 16폭의 그림인데, 그중 2폭을 까스띨리오네가 그렸다. 그밖에 그는 원명원(圓明園) 내에 신축한 서구식 건물들의 공예미술 부분을 설계하고 시공을 지휘 감독하였다. 그의 이러한 공로가 평가되어 건륭제 때에 정삼품의 봉신경(奉宸卿)에 피봉되었다. 그는 교분을 이용해 건륭제에게 세 번이나 선교에 대한 해금과 선교사나 교도들에 대한 관용을 청원하였다. 그의 작품 56폭이 황실 소장 화첩인 『석거보급(石渠寶笈)』에 수록되어 있다. 이렇게 까스띨리오네는 명·청대에 중국 회화술과 서구 회화술 간의 가교 역할을 하였으며, 두 미술의 융화에 의한 독특한 화풍을 창조하기도 하였다. 그는 북경에서 78세로 병사하였다. 사후, 건륭제는 그에게 시랑함(侍郎銜)을 시복하고 은 300 냥을 하사하여 장례비에 쓰도록 배려하였다.

8. 모리슨(Robert Morrison, 馬禮遜, 1782~1834), 영국인. 내화한 첫 프로테스탄트 선교사. 1803년 런던 헥스턴신학원에 입학한 후 런던선교회에 가입하여 프로테스탄트 선교사가 되었다. 이어 고스퍼신학원에 전학하여 신학 외에 천문학·의학·중국어를 배우면서 해외파견 선교사의 특수훈련을 받았다. 원래 모리슨은 어릴 때부터 근면호학하여 라틴어와 헤브라이어, 그리스어를 배웠다. 신학원을 졸업한 후 목사로 서임되어 선교를 위해 중국으로 떠나려고 하였다. 그런데 당시 영국 동인도회사는 선교사들이 배를 이용해 인도나 중국으로 가는 것을 금지하고 있었다. 모리슨은 할 수 없이 미국으로 건너가서 미국 정부와 미국 기독교계의 도움으로 미국 화물선을 타고 1807년 9월 광주에 도착하였다.

한편, 청나라 정부는 강희(康熙)·옹정(雍正) 연간(1662~1735)에 금교(禁敎)정책을 실시한 데 이어 건륭(乾隆) 22년(1757)부터는 광주 한 곳만 대외통상을 허용하는 엄격한 폐쇄조치를 취하였다. 이러한 분위기에서 모리슨은 처음에 선교사의 신분을 속이고 미국 상관에 은거하면서 광주와 마카오를 오가며 정세를 관망하였다. 이때 런던선교회는 영국 동인도회사를 통해 그와 연락하고 그의 활동을 후원하려고 하였다. 때마침 모리슨은 운좋게도 동인도회사의 한 고위직 역원의 딸을 만나 성혼하기에 이르렀다. 1809년 2월, 혼례식날에 동인도회사는 그를 회사의 통역으로 정식 빙용(聘用)하였다. 이로써 그는 영국 상인의 신분으로 공개활동을 할 수 있게 되었다.

모리슨이 중국에서 착수한 첫 사업은 『성경』 번역과 『화영자전(華英字典)』의 편찬이었다. 전술한 바와 같이, 천주교 선교사들이 명말 청초에 대거 내화하여 『성경』의 한역을 시도하였지만 부분적인 초역만 하였을 뿐, 18세기 초까지도 완역본은 나오지 못하였다. 그는 1808년부터 『성경』 번역을 시작해 1813년에 우선 『신약전서(新約全書)』를 완역하여 비밀리에 광주에서 2천부를 간행하였다. 이어 1814년부터 런던선교회 소속 선교사 밀른(William Milne)과 공동으로 『구약전서(舊約全書)』를 번역하기 시작하였다. 1819년에 이르러 드디어 『성경』 전체를 완역하여 『신천성서(神天聖書)』라는 제하로 1823년 말라카에서 출판하였다.

모리슨의 『화영자전』 편찬도 1808년에 시작되었다. 제1권은 『자전(字典)』이라는 제하로 1817년에, 제2권은 『오거운부(五車韻府)』라는 제하로 제1부가 1819년에, 제2부가 1820년에, 그리고 제3권은 『영화자전(英華字典)』이라는 제하로 1822년에 각각 출판되었다. 이것들을 종합한 완정본 『화영자전』은 총 6본, 4,595면으로 1823년에 완간되었다. 이 자전의 출간이야말로 문명교류에 대한 모리슨의 값진 기여다. 모리슨은 그밖에 영어로 『한어어법(漢語語法)』과 『광동토화자회(廣東土話字滙)』, 중국어로 종교전서인 『신도론속구세총설진본(神道論贖救世總說眞本)』 등을 저술하였다. 그는 또한 광주에서 선교사들을 독려하여 정기간행물을 출간토록 하였다. 최초의 중국어 정기간행물인 『동서양고매월통기전(東西洋考每月統記傳)』과 영어 정기간행물인 『중국총보(中國叢報)』는 모두가 모리슨의 창의에 의해 발간되었다.

1824년 모리슨은 휴가차 귀국하면서 그가 손수 수집한 1만여 권의 한문도서를 휴대하고 가서 런던대학 도서관에 전부 무상으로 증정하였다. 그리고 체류기간에 '동방문사(東方文社)'를 조직하여 동방선교를 지향하는 청년남녀들을 모집하여 훈련을 하기도 하였다. 그는 중국에 다시 돌아와서도 여전히 명의상 동인도회사에 재직하면서 선교활동에 진력하였다.

모리슨의 선교활동은 주로 마카오와 남양군도(南洋群島)의 화교(華僑)들을 대상으로 하면서 그들을 통해 내지에서 비밀리에 포교하는 방법으로 진행되었다. 중국에서의 첫 프로테스탄트 신자인 채고(蔡高)는 마카오에서 모리슨으로부터 세례를 받았으며, 첫 중국인 목사 양발(梁發)도 마카오에서 그로부터 성직을 수여받았다. 양발이 찬술하고 모리슨이 감수한 『근대양언(勤世良言)』은 후일 홍수전(洪秀全)이 태평천국(太平天國) 봉기를 발동하는 데 큰 영향을 미쳤다. 모리슨은 동료 선교사 밀른으로 하여금 말라카에 인쇄소를 짓고 '영화서원(英華書院)'을 차려 『성경』을 비롯한 종교서

중국식 복장을 한 내화 서양 선교사들

적을 인쇄·출간 및 배포하고 중국인 선교사들을 양성하도록 하였다. 1830년에 모리슨의 창도 아래 미국은 처음으로 2명의 신교 선교사를 광주에 파견하여 영·미 공동으로 중국교구를 개척하려고 하였다.

모리슨의 선교활동은 시종 동인도회사에서의 상무활동과 겸행되었다. 그는 회사의 통역요원으로서 수차 회사를 대표해 청나라 정부와 교섭을 진행하였다. 1816년에 영국 정부가 중국에 사신을 파견했을 때 모리슨은 사신의 비서 겸 통역관에 임명되었다. 1834년에 동인도회사의 대중국 무역독점권이 취소된 후 영국 정부는 광주에 상무감독관을 파견하였는데, 모리슨은 이때도 초대 감독관의 비서 겸 통역관으로 공식 임명되어 활동하였다. 그는 상무활동이나 정치활동에서 철저하게 영국 식민주의 권익을 대변하고 옹호하였는바, 처음으로 영사재판권을 주장한 인물이 바로 그이다. 모리슨이 중국에서 활동하면서 얻은 여러가지 성과는 그를 유명인사로 만들었다. 그리하여 런던선교회는 그를 위원으로 선임하고, 영국 왕립학회는 그를 정식회원으로 받아들였다. 모리슨은 과로로 52세의 나이에 마카오에서 병몰하였다.

이상에서 고대(한대)부터 근대 초(청조 초기)에 이르기까지 동향(東向) 종교인들의 활동을 통해 나타난 정신문명 교류상을 살펴보았다. 이들 동향 종교인들과 더불어 서향(西向) 종교인들도 종교교류를 비롯한 정신문명 교류에 나름의 기여를 하였다. 동향 종교인과 서향 종교인은 그 교류상에 일정한 차이가 있는데, 우선 교류내용에서의 상차성(相差性)이다. 동향 종교는 기독교나 이슬람교 등 서방에서 발생한 종교들로서 시종 동전(東傳)하였지만, 서향 종교인 불교는 초기에 있었던 약간의 서전(西傳)을 제외하고는 서전이란 거의 존재하지 않았다. 아울러 동향 종교인을 통한 교류는 포교를 위주로 하고 그에 부수된 학문이나 기예(技藝)의 전파였으나, 서향 종교인을 통한 교류는 주로 구법(求法)행각에 의한 종교의 전파였다.

다음으로 그 차이점은, 교류시기에서의 상차성이다. 동향 종교인을 통한 교류는 고대부터 중세를 거쳐 근대 초에 이르기까지 장기간 간단없이 진행되어왔으나, 서향 종교인들을 통한 교류는 주로 고대 말엽부터 중세 중엽까지의 비교적 짧은 역사시대에 진행되었다. 따라서 동향 종교인들을 통한 교류는 내용에서 다양하고 다기적(多岐的)이며 간여한 교류인들도 많으나, 서향 종교인을 통한 교류는 내용에서 단조로우며 간여한 교류인들도 많지 않다.

끝으로 그 차이점은, 교류인으로서 종교인들간의 상차성이다. 종교인들의 신봉 종교가 상이함은 당연하거니와 동향 종교인들(특히 기독교인)은 대체로 종교인이면서도 학문이나 기예를 겸비함으로써 정신문명의 교류에서 다각적인 역할을 수행하였다. 이에 비해 서향 종교인들(주로 불교인)은 거개가 순수 종교인으로서 종교 전파만 지향함으로써 정신문명 교류에서의 역할은 상대적으로 한정적일 수밖에 없었다. 이상과 같은 상차성은 정신문명 교류에 대한 종교인들의 기여도에서의 차이를 결과하였다.

서향 종교인, 즉 구법차 동방에서 서방으로 간 종교인들에는 도축구법 불승들이 그 주류를 이룬다. 중국의 경우 이러한 불승들의 서행은 주로 고대 말엽인 서진(西晉)시대부터 중세 중엽인 송대 초기까지 이어졌다. 『역대구법번경록(歷代求法翻經錄)』에 의하면, 서행 구법승은 서진시 3명, 동진(東晉)시 37명, 유송(劉宋)시 70여 명, 원위(元魏)와 북제(北齊) 및 북주(北周)시 19명, 수대는 없고, 당대는 60명으로서 서진부터 당대까지의 서행승은 총 190여 명이나 된다. 그중 주요한 불승들과 그들의 행적은 다음과 같다.

1. 주사행(朱士行), 서진인. 하남 영천(潁川) 출신. 중국 최초의 서행 구법승. 조위(曹魏) 감로(甘露) 5년(260)에 출가하여 낙양(洛陽)에서 한역된 『소품반야(小品般若)』, 즉 『도행경(道行經)』을 강해하였는데, 문장이 난삽(難澁)하고 내용이 난해하여 서역에 가서 제대로 된 원본을 구해보려고 작심하였다. 그리하여 출가한 바로 그해에 그는 옹주(雍州, 현 西安)를 떠나 서행하여 우기(于闐)에 이르러 『반야(般若)』 정품범서(正品梵書, 즉 산스크리트서) 90장(60여만 자)을 구하였다. 주사행은 서진 태강(太康) 4년(283)에 우기인 제자 불여단(弗如檀) 등 10명에게 구한 경전 원본을 낙양으로 운반하도록 하였다. 이 산스크리트 원전은 낙양에 이주한 천축승 축숙란(竺叔蘭)과 비구 무라차(無羅叉)가 공역하여 영흥(永興) 원년(304)에 『방광반야경(放光般若經)』(20권)으로 간행하였다. 주사행은 우기에서 20여 년간 구법수행하다가 80세 고령에 입적하였다.

2. 축법호(竺法護), 법명 담마라찰(曇摩羅刹, Dharmaraksa), 서진인. 선조는 돈황(敦煌)에 이주한 월지(月氏)인인데, 법호는 천축승 축고좌(竺高座)를 사사한 후 성을 '축(竺)'으로 고쳤다. 그는 36개

국어를 알고 있는 재인으로서 스승을 따라 서역 각국을 역방하였다. 돈황에서 장안으로 옮긴 진시(秦始) 2년(266) 이후 건원(建元) 원년(313)까지 47년간 『광찬반야경(光贊般若經)』(30권)과 『정법화경(正法華經)』(10권)을 비롯한 불경 175부를 번역하였다. 진 무제(武帝)시 장안에 불사를 지어 20년간 설법에 진력하였다. 그는 '돈황보살'이라고 불릴 정도로 불법에 돈독한 사람이었다.

3. 법현(法顯, 342경~423경), 동진(東晉)인. 산서(山西) 평양(平陽, 현 臨汾) 출신. 중국의 첫 도축승(渡竺僧). 3세에 출가하여 사미(沙彌)가 된 후 20세에 비구의 대계(大戒)를 수계하였다. 당시는 불교가 흥하여 신도나 불승들이 많이 늘어났지만, 신앙생활에 필요한 율장(律藏, Vinaya-pitaka)이 결여되어 제대로의 수행을 못하고 있는 형편이었다. 이를 절감한 법현은 율장을 구하고자 험하고 긴 도축길에 올랐다. 동진 융안(隆安) 3년(後秦 弘始 원년, 399) 3월 중순, 이순(耳順)에 가까운 나이에 혜경(慧景), 도정(道整), 혜달(慧達), 혜외(慧嵬)와 함께 장안을 출발하였다. 399년에 장안을 떠나 14년 만인 413년 귀국할 때까지 법현의 행로와 행적은 다음과 같다.

399년 3월 장안 출발→건귀국(乾歸國, 西秦, 현 蘭州 일대)→누단국(耨檀國, 南涼, 현 西寧 일대)→340년 4월 장액(張掖, 甘州, 智嚴 등 5인 만나 동행)→7월 돈황(敦煌, 夏安居, 1개월 체재, 법현 일행 5인은 사절을 따라 먼저 출발)→17일간 1,500리 사막을 답파해 선선국(鄯善國, 현 新疆 若羌 일대, 승 4천명, 소승 신봉)→서북행 언이(焉夷, 한대의 焉耆. 승 4천여 명, 소승 신봉)→서남행하여 35일간 타클라마칸 사막 답파→401년 초 우기(于闐, 승 수만명, 큰 절 14개소, 승 3천명 있는 瞿摩帝란 가람에 3개월간 체류)→25일 후에 자합국(子合國, 현 신강 葉城縣 일대, 승 1천여 명, 대승 위주, 15일간 체류)→남행하여 4일 뒤에 어휘국(於麾國, 葉爾羌강 중·상류 일대, 하안거)→갈차국(竭叉國, 현 신강 塔什庫爾干, 한대의 疏勒, 5년 1회의 大齋會에 참석)→서행하여 파미르 고원→북천축에서 서남행하여 15일 뒤 타라국(陀羅國, 현 파키스탄 북단의 Darel)→402년 봄 인더스강 상류 도하→오장국(烏萇國)→숙가다(宿呵多, 현 파키스탄 북부의 Swat)→건타위국(犍陀衛國, Gandhāra)→축찰시라(竺刹尸羅, Taksasila, 현 파키스탄의 라왈핀디 서북부)→불루사(弗樓沙, Purusapura, 현 파키스탄의 페샤와르 서북부)→나갈국(那竭國, Nagarahala, 현 아프가니스탄 동북부의 잘랄라바드)→403년 2, 3월경 소설산(小雪山, 아프가니스탄 동북부의 사피드산맥, 혜경 동사)→나이국(羅夷國, 현 파키스탄 북부의 Parachinar 일대, 하안거)→발나국(跋那國, 현 파키스탄 북부의 반누)→인더스강을 건너 비도국(毗茶國, 현 파키스탄 동북부의 Bhida)→중천축에서 403년 8월 성지 불적 역방→요포나강(遙捕那江, 인도의 줌나강)의 마두라(摩頭羅, 현 인도 북부의 마투라, 옛 이름은 Muttra)→404년 봄 동남행하여 승가시국(僧伽施國, 현 인도 북부 Farrukhabad의 Sankisa촌)→404년 7월 계요이(罽饒夷, 현 인도 북방주의 카나우지)→사기대(沙祇大, 현 인도 북방주의 Ayodhya 일대)→구살라국(拘薩羅國, Kosala)의 사위성(舍衛城, Sravasti, 현 인도 북방주 북부 Rapti강 남안의 Sahet와 Maheth 두 촌, 불타가 25년간 보낸 곳)→동행하여 가유라위성(迦維羅衛城, 즉 迦毗黎, 성 동쪽 50리에 석가 탄생지 룸비니, 현

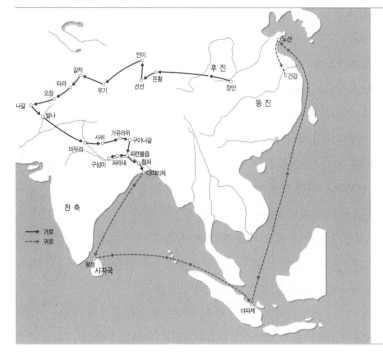

법현의 도축노정도(399~413)

인도 북방주 동북부 Gorakhapur 북쪽의 Nigliva촌, 일설은 네팔 남부의 Rummiedei)→동행하여 남막국(藍莫國, Rama)→동행하여 구이나갈성(拘夷那竭城, 성 북쪽에 석가 열반처)→남행하여 비사리(毗舍離, Vaisali, 현 인도 동북부 Muzzaffarpur지방의 Basarh)→5하(Gandak, Rapti, Gogra, Ganges, Son) 합류처→마게타국(摩揭陀國, Magadha, 현 인도 비하르 주 남부, 석가의 오도성불처)의 수도 파련불읍(巴連弗邑, Pataliputra, 현 Patna)에서 3년간 체류, 부근의 죽림정사(竹林精舍, Venuvana)와 기사굴산(耆闍堀山, Grdhrakuta, 즉 靈鷲山)·가야(伽耶, Gaya)·계족산(鷄足山, Kukkutapadagiri) 등 불적 역방→서행하여 가시국(迦尸國)의 파라내성(波羅棕城, 현 갠지스강 좌안의 Varanasi) 부근의 녹야원정사(鹿野苑精舍)→서행하여 구섬미(拘晱彌, Kausambi, 현 알라하바드 서남의 Kosam촌)→환도해 파련불읍(巴連弗邑)에서 산스크리트 학습, 승가람(僧伽藍)에서 『마가승기률(摩訶僧祇律)』을 필사하고 『살파다부률(薩婆多部律)』『잡아비담심(雜阿毗曇心)』『방등반니원경(方等般泥洹經)』『마가승기아비담(摩訶僧祇阿毗曇)』 등 율장(律藏) 구득→동행하여 첨파대국(瞻波大國, Campa, 현 비하르 주 동부의 Bhagalpur 일대)→동남행하여 동천축의 다마리제국(多摩梨帝國, Tamralipti, 현 서벵골 주의 Tamluk, Hooghli강과 Rupnarayan강 합류처 부근, 24개 승가람 존재)에서 408~409년까지 2년간 체류, 사경(寫經)하고 불상을 그림→귀로에 오름. 409년 초겨울 상선으로 남행하여 14일 뒤 사자국(師子國, 현 스리랑카)의 왕성(王城, 현 Anuradhapura의 Abhayagiri)에서 410~11년까지 2년간 승가람에 주석 수행, 『미사

색률장(彌沙塞律藏)』『장아함(長阿含)』『잡아함(雜阿含)』 등 불경 구득→411년 8월경 상인 200여명이 승선한 큰 상선으로 동항, 이틀 뒤 대풍을 만나 화물을 던져버림, 법현은 세면도구마저 바다에 던지고 불경만 휴대→계속 동항하여 13일 뒤 섬(니코바르 제도?)에서 배 수리→인도양을 90일간 동항, 야파제(耶婆提, 고대 산스크리트의 Yava-dvipa, 위치 비정에 여러 설, 동북행으로 50일 뒤 중국 광주에 이른다는 곳이므로 수마트라의 동부지방으로 추정)에서 5개월간 체재한 뒤 412년 4월 16일 출발→광주로 향발했으나 항해 도중 폭풍을 만나 3개월간 표류하다가 7월 14일 중국 동진의 청주(靑州) 장광군계(長廣郡界) 뇌산(牢山, 현 山東 嶗山縣 동부) 남안에 표착·상륙→팽성(彭城, 현 江蘇 徐州)에서 413년 7월까지 1년간 체류→육로로 남행하여 진나라 수도 건강(建康, 현 南京)에 귀착하여 환국.

이렇게 육로로 갔다가 해로로 돌아온 법현의 도축구법 행각은 장안을 떠나 건강에 돌아올 때까지 장장 14년(399. 3~413. 7)이란 긴 세월이 걸렸다. 떠날 때 동행한 4명과 도중 작반(作伴)한 6명을 합쳐 도축 일행은 모두 11명이었다. 그러나 도중에 포기했거나 길을 바꾸었거나 객사하였거나 귀국하지 않았거나 하여, 도축구법 코스를 완주한 사람은 오직 법현 한 사람뿐이었다.

귀국 후 법현은 건강에서 불타발타라(佛馱跋陀羅) 선사와 함께 역경에 착수하여 불교계율 5대부의 하나인 『마가승기률』(일명 『大衆律』) 40권을 비롯하여 『승기비구계본(僧祇比丘戒本)』『승기니계본(僧祇尼戒本)』『대반니원경(大般泥洹經)』『잡장경(雜藏經)』 등 불경을 번역하였다. 법현은 건강에 4,5년간 체재하다가 만년에 형주(荊州)로 옮겨간 후 423년경 80여 세의 고령으로 귀적하였다.

법현은 귀국 3년 후인 416년에 자신의 도축구법 순례기인 『불국기(佛國記)』(일명 『법현전』 혹은 『歷游天竺記傳』『佛游天竺記』『法顯行記』)를 저술하였다. 약 1만자의 세련된 언어로 엮은 이 순례기는 그가 역방한 중국과 중앙아시아, 남아시아, 동남아시아 지역 30여 개국의 자연환경·지리·교통·문화·물산·종교·풍습·명승유적·중국과의 관계 등 각 방면의 실상을 기술하고 있다. 그리하여 이 순례기는 5세기의 아시아사와 교류사를 연구하는 데 있어 희유의 진서로 평가되고 있다. 인도의 저명한 역사학자 알리(Ali)는 "만일 법현과 현장 마환(馬歡)의 저서가 없었더라면 인도사를 엮어낸다는 것은 불가능한 일이었을 것이다"라고 이 순례기가 갖는 중요성의 일면을 지적하였다. 이 불후의 명저는 1830년대부터 영어와 프랑스어를 비롯한 여러 외국어로 역출되었다.

4. 지맹(智猛, ?~453). 옹주(雍州) 경조(京兆, 현 西安) 출신. 지맹에 관한 기사는 승우(僧祐)가 찬한 『출삼세기(出三歲記)』와 양(梁)대 혜교(慧皎)가 찬한 『고승전(高僧傳)』에 전해지고 있다. 어려서 불법에 입문한 지맹은 외국의 '도인(道人)'들로부터 천축에는 석가의 유적지나 불전이 많다는 이야기를 듣고 도축구법을 결심하였다. 후진(後秦) 문환제(文桓帝) 홍시(弘始) 6년(404)에 동지사문(同志沙門) 15명을 규합해 장안을 출발하였다. 일행은 하서회랑(河西回廊)을 거쳐 양관(陽關)을 지난 후 유사(流沙, 사막) 2천여 리를 답파하였다. 그리고는 오아시스로 남도에 있는 선선으로부터

우기에 이른 후 다시 2천리를 걸어 파미르 고원에 당도하였다. 여기서 일행 중 9명은 전진을 포기하고 되돌아섰다. 파미르 고원을 넘어 1,700리에 있는 파륜국(波倫國)에 이르렀는데, 여기서 동행하던 축도숭(竺道嵩)이 그만 객사하였다. 남은 일행 5인은 힌두쿠시산맥을 넘어 남행 천리 끝에 드디어 계빈국(罽賓國)에 도착하였다. 여기서 가유라위성(迦維羅衛城)과 파련불읍(巴連弗邑)을 비롯한 불적지를 두루 돌아보고 424년 귀국길에 올랐다.

그런데 일행 중 3명은 이미 객사하고 지맹과 담기(曇纂) 두 사람만 남았다. 지맹은 양주(涼州)에 돌아와 있다가 437년에 사천(四川)에 도착하여 439년부터 종산(鐘山) 정림사(定林寺)에 주석하면서 자신의 도축 순례기를 저술하였다. 『유행외국전(遊行外國傳)』이란 이 순례기는 지금은 전해지지 않지만, 『구당서(舊唐書)』에 「외국전(外國傳)」으로 소개되어 있다. 그후 지맹은 『니원경(泥洹經)』 20권을 번역하고 성도(成都)에서 멸도하였다.

5. 송운(宋雲)과 혜생(惠生). 송운은 북위(北魏) 시대의 왕복자통(王伏子統, 혹은 主衣子統)이란 벼슬의 관인(官人)이고, 혜생은 역시 북위 시대의 숭립사(崇立寺)의 비구였다. 그들의 생몰연도는 알려진 바 없다. 두 사람의 행적은 양현지(楊衒之)의 『낙양가람기(洛陽伽藍記)』(547) 권5에 수록된 『송운행기(宋雲行記)』와 『혜생행기(惠生行記)』에 의해 밝혀지고 있다. 북위 호태후(胡太后)는 불전을 구하기 위해 이 두 사람을 서역에 파견하였다. 이들의 서행 노정은 다음과 같다.

신구(神龜) 원년(518) 11월 낙양 출발→40일간 서행하여 북위의 서계인 적령(赤嶺)→2~3일간 서행하여 유사(流沙)를 지나 토욕혼(吐峪渾, 현 靑海 일대)→서쪽으로 3,500리 가서 선선(鄯善)→서쪽으로 1,640리 가서 좌말성(左末城, 한대의 且末)→서행하여 우기(于闐)→서행하여 519년 7월 29일에 주구파(朱駒波, 현 新疆 葉城 남부)→8월 한반타(漢盤陀, 현 신강 塔什庫爾干)→파미르 고원→9월 중순 발화국(鉢和國, 현 아프가니스탄 동북단의 Wakhan 일대)→10월 엽달국(嚈噠國, Ephtalte, 현 아프가니스탄의 Faizabad, 40여 국이 조공하는 강국)→11월 초 파사국(波斯國, 혹은 波知, Wakhan 서남부의 Zebak, 일설에는 페르시아의 동계)→11월 중순 사미국(賖彌國, 현 파키스탄 북계의 Chitral 일대)→12월 초 오장국(烏場國, 즉 烏萇國, 현 파키스탄 북단의 Swat강 유역), 왕은 대위(大魏)의 사신이 광림하였다고 하면서 땅에 엎드려 조서 접수→520년 4월 중순 건타라국(乾陀羅國, 현 파키스탄 페샤와르), 국왕을 진현하고 조서 봉정→귀로에 올라 오장국 도착, 혜생은 이곳에 2년간 체재한 후 대승경전 170부를 휴대하고 522년 귀국. 송운은 이에 앞서 521년 2월 귀국.

6. 현장(玄奘, 600~64). 삼장법사(三藏法師). 중국 3대 역경가의 한 사람. 속명은 진의(陳禕), 낙주(洛州) 구씨(緱氏, 현 河南 偃師) 출신. 11세에 형을 따라 낙양 정토사(淨土寺)에서 불경공부를 하다가 13세에 승적을 얻어 화상(和尚)이 되고 '현장'이란 법명을 받았다. 17세에 수 양제(煬帝)가 암살되어 전란이 일어나자 형과 같이 장안으로 피하였다. 당 고조(高祖)가 등극했지만 정국이 여전히 불

안하자 형과 같이 사천 성도(成都)의 공혜사(空慧寺)에 가서 4년간 주석하였다. 20세에 단신으로 성도를 떠나 각지를 편력하다가 23세에 다시 장안에 돌아가 대각사(大覺寺)에 체재하였다. 젊은 시절 주로 대승의 유종(有宗, 일명 瑜伽宗)을 따르던 현장은 불경을 깊이 공부할수록 각 종파의 교리에 대한 의혹과 역경에 대한 의문이 깊어갔다. 그는 불전 원본만이 이러한 의혹과 의문을 해소시킬 수 있을 것이라고 믿고 급기야는 불교 발상지인 천축에 가서 불전 원본을 구해와야겠다는 결심을 굳히기에 이르렀다. 그리하여 26세에 당조에 천축행을 주청하였다. 그런데 당시는 법적으로 옥문관(玉門關)이서 출입이 금지되어 있었기 때문에 그의 주청은 각하(却下)되고 말았다. 이에 동행하려던 여러 승들은 모두 단념하였으나 28세인 현장만은 도축의지를 굽히지 않고 몰래 서행길에 올랐다. 그의 도축 노정과 행적은 다음과 같다.

627년 8월 장안 출발→승 효달(孝達)과 동행하여 진주(秦州)→단신으로 난주(蘭州)→양주(涼州)에 1개월 체재, 양주 도독 이대량(李大亮)이 장안 회귀를 명했으나 현지 고승 혜위(慧威)의 도움으로 탈출→과주(瓜州, 국경)에서 북쪽으로 50여 리(5리=1.6km) 가서 옥문관에 1개월 체재, 양주 도독의 추적 체포령이 내려졌으나 은인 이창(李昌)의 덕분에 한 호인(胡人)의 안내를 받아 심야에 옥문관 돌파→800여 리 대사막을 붉은색 노마(老馬)를 타고 『반야심경(般若心經)』을 독송하면서 답파, 5일 만에 사람과 말이 모두 쓰러짐, 닷새째 밤 시원한 바람이 불어와 깨어나 걸으니 10리 앞에 못이 있어 살아남, 못가에서 1일간 휴식→2일 후에 이오(伊吾, 즉 하미) 도착, 불사에 한승(漢僧) 3명이 있음, 노승이 끌어안고 감읍(感泣), 인근의 호승과 왕들이 찾아와 예우, 하미 왕이 설연에 초대하고 동석했던 고창국(高昌國) 사신이 귀국하여 왕에게 현장의 도래 사실 품고→6일 뒤인 628년 초 고창국 도착, 중국계 왕 국문태(麴文泰, 왕비는 수 양제의 일족) 견사 출영, 왕궁 곁 불사에 기거, 왕은 현장의 영주를 고집하였으나 현장이 단식으로 이에 대응하자 1개월간의 『인왕반야경(仁王般若經)』 강해와 귀국시 3년간 체재 조건으로 출발 허용, 왕은 4명의 건아를 승적에 입적시켜 시종으로 동행시키고 법복 30벌과 두건, 손주머니, 신발 등 용품을 하사했으며 황금 100냥, 은전 3만매, 능견 500필을 천축 왕복 20년간의 비용으로 사급하고 또 말 30필과 인부 25명을 기증, 그밖에 서돌궐의 섭호가한(葉護可汗)까지 사신을 동행시켜 길안내를 하명했을 뿐 아니라 도중의 제왕들에게 친서를 보내 협조를 당부→아기니국(阿耆尼國, 가라샤르, 한대의 焉耆, 산스크리트로 '불의 나라'라는 뜻, 승 2천여명, 불사 10여소)에 이르렀으나 고창국과의 불화관계로 1박만 체류→도중 강도기습으로 많은 재화를 피탈당함, 굴지국(屈支國, 즉 구자)의 왕과 신하, 고승들이 성 동문까지 나와 출영, 2개월간 체재, 왕이 말과 낙타 기증→능산(凌山, 천산 북록, 높이 4,286m, 만년설)을 7일 만에 돌파하였으나 10명 중 3~4명과 많은 우마가 얼어죽음→대청지(大淸池, 이시크쿨호, 일명 熱海, 호 둘레가 천리) 남안으로 서진→수백리를 더 가서 소섭성(素葉城, 일명 碎葉, 상업도시, 현 Tokmak 부근) 도착, 인근의 서돌궐 왕 섭호가한을 그의 천막에서 진현, 왕이 설연했고 초대, 왕은 중국어를 아는 젊은 통역을 파견해 천축 서북 국경까지 안내를 하명, 법복과 비단을 선물하고 도중 제왕들에게 서한 보내 배려를 부탁, 군신들과 함께 10여 리 밖까지 나와 전송→천천(千泉, 서돌궐 왕의 피서지)→달라사성(呾邏私城, Talās, 현 Dzhambul)→서남쪽으로 200여 리 가서 백수성(白水城, 현 타슈켄트 동북부의 Sayram)→서남쪽으로 200여 리 가서 공어성(恭御城, 씨르다리아강 지류인 Chirchik강과 Angren강 유역)→남쪽으로 40~50리 가서 노적건국(笯赤建國, 타슈켄트의 동부)→서쪽으로 200여 리 가서 자시국(赭時國, 즉 石國, 현 타슈켄트)→서남쪽으로 천여 리 가서 솔도리슬나국(窣堵利瑟那國, 현 Panjikand, 일설에는 Ura-tupe)→서북쪽으로 대사막을 500여 리 지나서 삽말건국(颯秣建國, Samarkand, 康國), 파사교(波斯敎, 조로아스터교)를 신봉하는 나라로 불승 없는 불사가 2개 있을 뿐이며 불자들의 체재를 불허→서남쪽으로 300여 리 가서 갈상나국(羯霜那國, 즉 史國, 현 Shahri Sebz)→남쪽으로 500~600리 가서 철문(鐵門, Buzgala, 현 Shahri Sebz 이남 90리 지점)→도화라국(覩貨羅國, 즉 吐火羅, 예하에 29개 소국이 있음)→아무다리아강을 건너 활국(活國, 현 아프가니스탄의 Qunduz 일대)에서 1개월간 체재, 태수는 서돌궐 왕 섭호가한의 장자→도박갈국(都縛喝國, Bactria, 현 아프가니스탄 북부의 Majar-i-Sherif 서부), 승이 3천~4천 명에 불사가 100여 소에 이르는 불교국, 도성의 서남쪽에 있는 납박(納縛) 승가람에서 석가가 목욕 시 사용하던 대야와 비, 그리고 불치(佛齒)를 친견, 1개월간 체류→남쪽으로 100여 리 가서 게직국(揭職國, 현 파키스탄의 Darrah Gaz)→동남쪽 대설산(大雪山, Hindu Kush 산맥)으로 600리→범연나국(梵衍那國, 현 아프가니스탄 수도 카불 서편의 바미얀), 승 수천명과 불사 수십개소, 왕성 동북쪽 산록에 높이 40~50척 금색의 거대한 불립상이 있음, 약 15일간 체류→동쪽으로 설산인 흑령(黑嶺, 아프가니스탄 동계의 Siyah-Koh산), 산중에서 길을 잃었으나 사냥꾼을 만나 길을 찾음→가필시(迦畢試, 현 아프가니스탄의 베그람), 사락가사(沙落迦寺)에서 하안거→628년 겨울 험준한 산을 넘어 북천축의 남파국(濫波國, Lampaka, 현 아프가니스탄 동계의 Laghman)에 도착, 당시는 이곳부터가 천축의 경내였으며 현장의 『대당서역기(大唐西域記)』에 최초로 '인도(印度)'란 말이 등장함, '인도'의 어원은 '강'(江, 인더스강 전칭)이란 뜻의 산스크리트 'Sindhu', 고대에는 '신독(身毒)' '현두(賢豆)' '천축(天竺)'으로 지칭→동남쪽으로 100여 리 가서 게라갈(揭羅曷, Nagarahara, 현 아프가니스탄의 잘랄라바드)→동남쪽으로 500여 리 가서 계곡을 건너 건타라국(健馱羅國, Gandhara, 수도 Purusapura, 현 파키스탄의 페샤와르 서북)→동북쪽으로 포색갈라벌저성(布色羯羅伐底城, Puskalavati, 현 페샤와르 동북쪽의 Charsadda)→동행하여 발로사성(跋虜沙城, 현 페샤와르 동북쪽의 Shahbaz Garhi)→동쪽으로 가서 오탁가한도(烏鐸迦漢荼, 페샤와르 동편의 Ohind)→북쪽으로 산 넘고 강 건너 600여 리 가서 오장나국(烏仗那國, Udyana, 즉 烏場, 烏萇, 현 파키스탄 북단의 Swat강 유역)→맹게리성(瞢揭釐城, 현 파키스탄 북계의 Mangalaor)→동북행으로 인더스강 역행 천여 리, 달려라강(達麗羅江, 파키스탄 북단의 Darel강)→동쪽으로 500여 리

가서 발로라국(鉢露羅國, Bolora, 현 카슈미르 서북부의 Baltistan)→돌아서서 오탁가한도→남행하여 인더스강을 거너 달차시라(呾叉始羅, Taksasila, 현 파키스탄의 Rawalpindi 서북방)→북행하여 인더스강을 건넘→동남쪽으로 오랄시국(烏剌尸國, Urasa, 현 파키스탄 동북부의 Hazara 일대)→동남쪽으로 천여 리 가서 가습미라국(迦濕彌羅國, Kasmira, 현 카슈미르 지역, 수도 Srinagar)에서 2년간 체류, 국왕의 명에 따라 수십명 불승들과 논불(論佛)하고 근 70세의 법사로부터 인명학(因明學, 논리학)과 성명학(聲明學, 언어문자학) 등을 수강→서남쪽으로 700여 리 가서 반노차국(半笯嗟國, Parnotsa, 현 Srinagar 서남부의 Punch)→동남쪽으로 400여 리 가서 갈라사보라국(曷羅闍補羅國, Rajapura, 현 카슈미르의 Rajaori)→동남쪽으로 700여 리 가다가 산중에서 50여 명 강도에게 피습당함, 책가국(磔迦國, Takka, 펀자브 평원 일대)의 수도(7세기 펀자브의 수도는 Asarur)→동쪽으로 500여 리 가서 나복저국(那僕底國, 현 파키스탄 동북부의 Kasur나 인도 북부의 Ferozepore?)→동행하여 사란달라국(闍爛達羅國, Jalamdhara, 현 인도 북부의 Jullundur)→동북쪽으로 700여 리 가서 굴로다국(屈露多國, Kuluta, 현 인도 북부의 Kangra)→남쪽으로 700여 리 가서 설다도로국(設多圖盧國, Satadru, 현 인도 북부의 Sarhind 일대)에 도착, 여기까지가 북천축→중천축에 도착, 서남쪽으로 800여 리 가서 빠리야달라(波理夜呾羅, Pariyatra, 현 Jaipur 이북의 Vairata)→동쪽으로 500여 리 가서 말토라(秣菟羅, Mathura, 즉 摩頭羅, 현 Muttra)→동북쪽으로 500여 리 가서 살타니습벌라국(薩他泥濕伐羅國, Sthanesvara, 현 Thanesar)→동쪽으로 400여 리, 솔록근나국(窣祿勤那國, Srughna, 현 Rohtak 북부 일대)→긍가강(殑伽江, Ganga, 즉 갠지스강)을 건넘→동안의 말저보라국(秣底補羅國, Matipura, 현 Mandawar)→북쪽으로 300여 리, 파라흡마보라(婆羅吸摩補羅, Brahmapura, 현 Srinagar)→630년 봄, 돌아서서 말저보라국→동남쪽으로 400여 리 가서 구비상나국(瞿毗霜那國, Govisana, 현 Kashipura 동편의 Ufain 일대)→동남쪽으로 400여 리 가서 악혜체달라국(堊醯掣呾羅國, Ahichattra, 현 Rohilkhand 동부)→남쪽으로 260~270리 가서 강가(Ganga)강을 건너 서남행하여 비라산나국(毗羅刪拏國, Virasana 혹은 Bilsar)→동남쪽으로 200여 리 가서 겁비타국(劫比他國, Kapitha, 일명 僧伽施, 현 Farrukhabad의 Sankisa촌)→동남쪽으로 근 200리 가서 갈약국사(羯若鞠闍, 산스크리트의 Kanyakubja, 曲女城이란 뜻, 『법현전』 중의 罽饒夷, 현 Kanauj)에 도착, 당시 북·중천축은 하르샤(Harsha)제국이 통치, 국왕 하르샤-바르다나(Harsha-Vardhana)의 호는 실라디탸(Siladitya, 戒日이란 뜻), 세칭 계일 왕(戒日王, 재위 606~647), 수도인 곡녀성에 승 1만여 명과 불사 100여 소 있음, 3개월간 사원에 체재하며 비리야서나삼장(毘離耶犀那三藏) 법사로부터 『비파사(毘婆沙)』를 수강→동남쪽으로 100여 리 가서 납박제파구라성(納縛提婆矩羅城 Navadevakula, 현 Newal)→동남쪽으로 600여 리 가서 강가강을 건넌 뒤 남행하여 아유타국(阿踰陀國, Ayudha, 현 Oudh)→동쪽으로 300여 리, 배편으로 강가강을 따라 북행하여 아야목거국(阿耶穆佉國, 현 Allahabad 서북부), 아유타를 떠나 100여 리 갔을 때 10여 척의 해적선이 기습하여 배 접안을 강요, 현장을 힌두교신에게 희생물로 바치려 했으나 돌연 흑풍(黑風)이 사방에서 일면서 나무가 꺾이고 모래가 흩날리고 강물에 세찬 파도가 일어나 배가 뒤집히자 해적들은 공포에 질려 현장 앞에 엎드려 용서를 빎으로써 현장은 위기를 벗어남→동남쪽으로 700여 리 가서 염모나강(閻牟那江, Jumna강)을 건넌 뒤 북행하여 발라야가국(鉢邏耶伽國, Prayaga, 현 Allahabad)→서남쪽으로 큰 삼림을 500여 리 가로질러 교상미국(憍賞彌國, Kausambi, 현 Allahabad 서남부의 Kosam촌)→동북쪽으로 170~180리 가서 비색가국(鞞索迦國, Visaka, 현 Oudh나 Biseipur, Sitapur라는 여러 설)→동북쪽으로 500여 리 가서 실라벌실저국(室羅伐悉底國, Sravasti, Rapti강 남안의 Sahet와 Maheth 두 촌). 『법현전』중의 구살라국(拘薩羅國) 사위성(舍衛城)이 바로 이곳인데, 여기에 있던 석가의 장기 설법처 서다림급고독원(逝多林給孤獨園, Jetavananathapin-dikarama, 일명 祇洹〈園〉精舍)은 이미 폐허가 됨→동남쪽으로 500여 리 가서 겁비라벌솔도국(劫比羅伐窣堵國, Kapilavastu, 현 인도 북부의 Nigliva촌 부근). 석가의 고향이 바로 이곳인데, 그의 탄생지인 남비니(藍毘尼, Lumbini)도 폐허가 됨→동쪽으로 200여 리 가서 남마국(藍摩國, Rama)→동북쪽으로 큰 숲을 지났는데 매우 험하며 야생 코끼리와 산우(山牛) 등 맹수와 강도들이 득실거림→구시나게라국(拘尸那揭羅國, Kusinagara), 석가 열반처, 폐허가 되어 쓸쓸하기만 함→서남쪽으로 큰 숲을 500여 리 가서 파라날사국(婆羅疤斯國, 현 Varanasi)에 이름, 그곳 녹야(鹿野)가람은 석가 초전법륜처(初轉法輪處)→강가강을 따라 동쪽으로 300여 리 가서 전주국(戰主國, 산스크리트 Garjanapati의 의역, 현 Ghazipur)→강가강을 따라 동북쪽으로 140~150여 리를 가서 폐사리국(吠舍釐國, Vaisali, 현 Basarh)→동북쪽으로 500여 리 가서 불률시국(弗栗恃國, Vrji, 현 Darbhanga 북부 일대), 현장은 여기부터 서북쪽 1,400~1,500리 되는 곳에 니파라국(尼波羅國, Nepala, 현 Nepal)이 있다는 것을 들음→돌아서서 폐사리→강가강을 따라 남행하여 630년에 마게타국(摩揭陀國)에 이름, 법현 방문시의 수도 파련불읍(巴連弗邑, Pataliputra)을 비롯한 고성들은 다 폐허였으나 불교 중심지로서의 위상은 여전히 유지하고 있음, 석가의 성도처 보리가야(菩提伽耶, Bodh Gaya)를 순례하다가 현장은 보리수와 금강좌(金剛座) 앞에서 오체투지(五體投地)하고 감읍(感泣)함→나란타(那爛陀, Nalanda)사, 굽타 왕조가 구왕사성(舊王舍城, Kusagrapura) 북쪽에 인도 불교의 최고 학부인 나란타사(Patna 경내의 Baragoan촌)를 건조했으니 이미 700년 역사를 가진 셈, 보리가야 순례시 나란타사에서 사람을 보내 현장을 절로 영접·입사, 안주 후 불타의 『화엄경』 설법처인 영취산(靈鷲山, Grdhrakuta)과 불타 장기설법처인 죽원(竹園)정사 등 불적지를 순례하고 나란타사 주지인 계현(戒賢)대사(약 80세)로부터 15개월간 『유가론(瑜伽論)』『순정리(順正理)』『현양(顯揚)』『대법(對法)』『인명(因明)』『성명(聲明)』『집량(集量)』 등의 불전을 수강한 뒤 대사의 제자가 되었으며 또 사내 주객승(主客僧) 수천명 중 최상의 대우를 받는 열명 중의 한 사람이 됨→635년 5천축 순방길에 올라 동쪽으로 숲을 가로질러 200여 리 가서 이란나발벌다국(伊爛拏鉢伐多國, 현

Bihar주의 Monghyr)에 도착, 1년간 체류, 두 고승으로부터 『비파사(毗婆沙)』를 수강→강가강 남안을 따라 동쪽으로 300여 리 가서 첨파국(瞻波國, Campa, 현 Bihar 동부의 Bhagalpur 일대)→동쪽으로 400여 리 가서 갈주올기라국(羯朱嗢祇羅國, Kajunghira, 현 인도 동북부의 Rajmahal)→동쪽으로 가서 강가강을 건너 600여 리, 분나벌탄나국(奔那伐彈那國 Pundravardhana, 현 Bogra 일대)→동남쪽으로 900여 리 가서 갈라나소벌랄나국(羯羅拏蘇伐剌那國, Karnasuvarna, 현 Murshidabad 일대)→동남행하여 삼마달타국(三摩呾吒國, Samatata, 현 Dacca 서남부의 Gomilla 일대), 여기서 현 미얀마와 타이 등 동남아시아 6개국에 관해 들음.→서쪽으로 900여 리 가서 탐마률저국(耽摩栗底國, Tamralipti, 현 인도 동부의 Tamluk), 이곳에서 해중(海中)에 승가라국(僧伽羅國, Simghala, 즉 師子國, 현 스리랑카)이 있음을 들음→서남행하여 오도국(烏荼國, Udra, 현 Orissa주 북부)→서남쪽으로 큰 삼림을 지나 1,200여 리 가서 공어타국(恭御陀國, Kongoda, 현 Orissa주의 Ganjam 일대)→서남쪽으로 대황야와 울창한 수림을 지나 1,400~1,500리 가니 남천축 경계의 갈요가국(羯饒伽國, Kalinga, 고대인도 동부의 연해 대국, 현 Rajahmundry 일대)→서북쪽으로 1,800여 리 가서 중천축의 교살라국(憍薩羅國, Kosala, 현 Chanda 일대)→남쪽으로 900여 리 가서 남천축의 안달라국(案達羅國, Andhra, 현 Hyderabad 일대)→남쪽으로 천여 리를 지나 타나갈책가국(馱那羯磔迦國, Dhanakataka, 현 Amaravati 일대)→서남쪽으로 천여 리 가서 주리야국(珠利耶國, Colya, 현 인도 동남해안의 Nellore 일대)→남쪽으로 숲을 1,500~1,600리 가로질러 가서 달라비도국(達羅毗荼國, Dravida, 현 Andhra주 남부 Tamil Nadu 북부 일대), 수도 칸치푸라(Kancipura)는 중국 전한(前漢) 때 해로로 통교한 황지(黃支, 현 Kanchipuram 부근)임, 여기가 현장이 도달한 최남단, 본래는 더 남하해 말라구타국(秣羅矩吒國, Malakuta, 현 Madura 일대)을 거쳐 바다로 승가라국(僧伽羅國, 현 스리랑카)까지 갈 계획이었으나 말라구타 국왕이 사망하고 '기란(饑亂)'이 일어났다는 소식을 듣고 계획을 포기함, 그러나 승가라국에 관해 여러가지 들음→북쪽으로 숲을 2천 리 가로질러 공건나보라국(恭建那補羅國, Konkanapura, 현 인도 서남부의 Annagundi)→서북쪽으로 2,400~2,500리 가서 마가랄탁국(摩訶剌吒國, Maharattha, 현 Nasik 일대)→서쪽으로 천리를 가서 내말타강(耐秣陀江, Narmada강)을 건너니 발록갈첩파국(跋祿羯呫婆國, Bharukacchapa, 현 인도 서해안의 Broach)→서북쪽으로 2천여 리 가서 마랍파국(摩臘婆國, Malava, 현 Ahmadabad 일대)→서북쪽으로 3일을 더 가서 계타국(契吒國, Kaira나 Cutch?)→북쪽으로 천여 리 가서 벌랍비국(伐臘毗國, Valabhi, 현 Bhaonagar 서북?)→서북쪽으로 700여 리 가서 아리타보라국(阿離陀補羅國, Anandapura, Barnagar나 Vadnagar?)→돌아서서 벌랍비국→북쪽으로 1,800여 리 가서 구절라국(瞿折羅國, Gujjara, 현 Gujara주 일대)→동남쪽으로 2,800여 리 가서 오사연나국(鄔闍衍那國, Ujjayani, 현 중앙주의 Ujjain 일대)→동북쪽으로 천여 리 가서 척지타(擲枳陀, Bundelkhand나 Chitor?)→북쪽으로 900여 리 가서 마혜습벌라보라국(摩醯濕伐羅補羅國, Mahesvarapura, 현 인도 중부의 Gwalior)→서행하여 소랄탁(蘇剌

佗)→서행하여 아점파혈라국(阿點婆翅羅國, 현 파키스탄의 Karachi 일대)→서쪽으로 2천여 리 가서 낭게라국(狼揭羅國, Langala, 현 파키스탄 중남부의 Lokorian 일대)에 이름, 현장은 이곳에서 서북쪽에 파랄사(波剌斯, Parsa, 즉 波斯, Persia)와 또 그 서북쪽에 불름국(拂懍國, Frum, Rum, 동로마제국)이 인접해 있음을 들음→돌아서서 아점파혈라국→북쪽으로 700여 리 가서 비다세라국(臂多勢羅國, Patasila, 현 파키스탄의 Hyderabad)→동북쪽으로 300여 리 가서 아반도국(阿㸬荼國, Avanda, 현 파키스탄의 Brahmanabad)→동쪽으로 700여 리 가서 신도국(信度國, Sindhu, 현 파키스탄의 Sukkur 일대)→동쪽으로 900여 리 가서 도강 후 강 동쪽에 무라삼부로국(茂羅三部盧國, Mulasthanapura, 현 파키스탄의 Multan 일대), 이곳이 서천축의 경계→동북쪽으로 700여 리 가서 북천축의 발벌다국(鉢伐多國, Parvata, 현 파키스탄의 Harappa), 2년간 체류하면서 2~3명의 고승으로부터 불경 수강→동남쪽으로 나란타사.

이렇게 현장은 중·동·남·서·북 천축을 두루 역방한 후 발벌다국으로부터 동남행으로 2년 만에 나란타사에 다시 돌아왔다. 그는 돌아오는 길에 나란타 부근의 저라택가사(低羅擇迦寺)에 들러 2개월간 고승 반야발타라(般若跋陀羅)로부터『성명(聲明)』과『인명(因明)』등 불경을 수강하였다. 또 장림산(杖林山, 현 Buddhain산 동쪽)에 가서는 승군론사(勝軍論師)에게서『유식결택론(唯識決擇論)』등을 배웠다. 나란타에 돌아오니 계현대사는 현장으로 하여금 사승(寺僧)들에게『섭대승론(攝大乘論)』과『유식결택론』을 강해하도록 하였다. 이때 현장은『회종론(會宗論)』3천송(頌)을 지어 유가론(瑜伽論)을 발전시키고 유가와 중관(中觀) 양 파를 융합시켰다.

때마침 계일 왕이 공어타국을 정토하기 위해 오도국을 지나가고 있었다. 오도국 승려들은 소승을 신봉하면서 대승을 '공화외도(空華外道)'라고 비난하였다. 그리하여 계일 왕은 나란타사의 계현대사에게 서한을 보내 변론자를 파견해달라고 요청하였다. 이에 대사는 현장 등 4명을 파견하기로 하였다. 그런데 현장 일행이 출발하기 전에 파라문(婆羅門)의 순세외도(順世外道)가 나란타에 나타나 변론을 요구하자 현장이 호응하여 일변(一辯)에 논박해버렸다. 이 파라문승이 동천축의 가마루파국(迦摩縷婆國, Kamarupa, 현 아삼 주의 Gauhati 일대) 국왕 구마라(拘摩羅, Sri-Kumara)에게 가서 현장의 고명함에 관해 이야기하자 왕은 곧 사람을 보내 현장을 초빙하였다. 이즈음 현장은 오도국의 소승승 반야국(般若毱)의『파대승론(破大乘論)』700송(頌)을 논박하는『제악견론(制惡見論)』을 발표하였다.

얼마 후 계일 왕은 공어타국을 정토하고 돌아오는 길에 현장이 가마루파국에 체재중이라는 소식을 듣고 사람을 보내 소견(召見)을 요구하였다. 현장은 구마라 왕을 대동하고 계일 왕을 찾아갔다. 때는 640년 가을이다. 계일 왕은 현장으로부터 당조(唐朝)에 관한 여러가지 이야기를 들었다. 그리고 곡녀성에서 현장을 위한 변론대회를 열기로 하고 5천축의 사문들은 물론, 파라문을 비롯한 외도승들까지도 초청하였다. 현장이 논주(論主)인 이 대회는 그해 납월(臘月, 음력 섣달)에 거행되었는데, 5천축의 18개국 왕과 대소승 3천여 명, 외도승 2천여 명, 나란타사승 1천여 명이 참석하였다. 나란타사의 명현(明賢)법사가 현장이 저술한 『제악견론』을 대회에서 낭독하고, 한 부는 따로 써서 대회장 밖에 걸어놓아 모든 사람들이 읽어볼 수 있게 하였다. 그러나 18일이 지나도록 누구 하나 반론에 나서는 사람이 없었다. 그리하여 관례대로 현장은 큰 코끼리를 타고 군신들의 호위 속에 참석자들 앞을 지나며 "지나국(支那國, 즉 중국) 법사는 대승의(大乘義)를 정립하고 여러 의견을 갈파하였으나 18일이 지나도록 감히 반론하는 자가 없기에 그 지당함을 아뢰나이다"라고 선고하였다. 이로써 현장의 명성은 충천하여 대승인들은 그를 가리켜 '마가야나제파(摩訶耶那提婆)' 즉 '대승천(大乘天)'이라 하고, 소승인들은 '목차제파(木叉提婆)' 즉 '해탈천(解脫天)'이라고 숭앙하였다.

변론대회가 끝난 후 현장은 계일 왕과 나란타사승들에게 귀국 고별인사를 하였다. 그러자 계일 왕은 자신이 주최하는 제6차 무차(無遮)대회에 참석한 후 귀국하라고 권유하였다. 무차대회는 5년에 한번씩 75일간 열리는데, 계일 왕 재위 이래 이미 다섯 번이 열렸기 때문에 이번이 여섯번째 대회다. 대회장은 발라야가국(鉢羅耶伽國)의 강가강(갠지스강)과 염모나강(閻牟那江) 합류처에 설치되고 641년 봄에 개최되었다. 대회에는 계일 왕과 가마루파국을 비롯한 20여 개 나라의 국왕, 그리고 승속 50여 만명이 참석하였다. 무차대회가 끝나자 계일 왕을 비롯한 많은 사람들의 여전한 만류를 고사하고 현장은 귀국길에 올랐다. 계일 왕은 만일 해로를 취한다면 사람을 파견해 중국까지 호송하겠다는 호의까지 표하였다. 그러나 고창국(高昌國) 왕과의 재회 약속이 있었기 때문에 귀로도 역시 육로를 택하였다. 작별시 계일 왕을 비롯한 환송객들은 수십리 밖까지 나와 전송하였다. 현장의 귀로 노정은 다음과 같다.

641년 가을 발라야가국 출발→서남쪽으로 큰 숲을 지나 교상미국→비라산나국→사란달라국→승가보라국(僧訶補羅國)→달차시라국→남파국. 여기까지는 올 때와 같은 노정이었으나 이곳에서부터 다른 길 택함→남쪽으로 가서 15일 뒤에 서천축의 벌랄나국(伐剌拏國, Varnu, 『법현전』의 跋那, 현 파키스탄의 반누)에서 불적 참배→서북행하여 아박건국(阿薄健國, 현 반누 서부의 Waziristan)→서북행하여 천축을 벗어나 조구타국(漕矩吒國, Jaguda, 현 아프가니스탄의 가즈니 일대)→북쪽으로 500여 리 가서 불률시살당나국(弗栗恃薩儻那國, Vrjisthana, 현 아프가니스탄의 카불 서쪽)→동행하여 가필시국(迦畢試國)→설산, 즉 힌두쿠시산맥의 카와크(Khawak)산을 넘어 안달라박국(安呾羅縛國, Andarab, 현 카와크산 서쪽의 Doshi강 일대), 이때 일행은 승 7명과 고용부 20여 명, 코끼리 1두, 노새 10필, 말 4필→서북쪽으로 400여 리 가서 활실다국(闊悉多國, 아프가니스탄 동북부의 Khost강 유역)→서북쪽으로 300여 리 가서 활국(活國)에 1개월간 체류, 여기서 고창국 왕 국문태(麴文泰)가 사망하고 고창국도 멸망하였다(640. 5)는 소식을 접함, 여기서부터는 아무다리아강 북안에서 사마르칸트를 경유, 천산 남록으로 향하는 길을 따르지 않고 아무다리아강의 남안에서 동쪽으로 가서 바다크샨(Badakhshan)과 와칸(Wakhan)을 지나 파미르 고원을 넘는 험로를 택함→동쪽으로 100여 리 가서 맹건국(瞢健國, 현 아프가니스탄의 Khanabad)→동쪽으로 300여 리 가서 흘률슬마국(訖栗瑟摩國, 현 아프가니스탄의 Taliqan 동부)→동쪽으로 300여 리 가서 히마달라국(呬摩呾羅國, 현 아프가니스탄의 Faizabad 서편)→동쪽으로 200여 리 가서 발탁창나국(鉢鐸創那國, 현 아프가니스탄의 바다크샨 지방)→동남쪽으로 200여 리 가서 음박건국(淫薄健國, 현 아프가니스탄의 Jerm 일대)→동남쪽으로 300여 리 가서 굴랑나국(屈浪拏國, 현 Kokcha강 상류의 Kuran)→동북쪽으로 500여 리 가서 달마실철제국(達摩悉鐵帝國, 현 아프가니스탄의 와칸 일대)→동북쪽으로 험산심곡을 지나 700여 리 가서 파미라천(波謎羅川, 현 Pamil)→동남쪽으로 500여 리 가서 걸반타국(揭盤陀國, 현 신강 塔什庫爾干)→동북행 5일 만에 강도의 기습을 당함, 또 천축에서 불전을 싣고 온 코끼리가 익사해 수많은 경전을 분실→거사(佉沙, 즉 疏勒)→주구파(朱俱波, 즉 사차)→동쪽으로 800여 리 가서 644년 구살단나(瞿薩旦那, 즉 우기, 승 5천여 명, 불사 100여 소)에 이름, 왕이 국경까지 출영함, 17년 전에 국금(國禁)을 어기고 탈출했던 현장은 고창국 출신의 청년 마현지(馬玄智)를 대상을 따라 사자(使者)로 장안에 보내 자신의 도축구법과 귀국사실을 당조에 품고(稟告)하게 함, 8개월 만에 사자가 돌아와 "귀국소식 듣고 환희무량하니 속래(速來)하여 짐(朕)과 상견하기 바란다"는 천자 태종(太宗)의 하교를 전달, 이곳에서 도중 분실된 불전들을 보충하기 위해 사람을 구자(龜玆)와 거사에 보냄, 현장은 승려들에게 매일 강해, 매일 청강생이 천여 명에 이름→동쪽으로 가서 니야→ 대사막을 400여 리 지나 절마타나(折摩駄那)의 구지→동북쪽으로 천여 리를 가니 폐허가 된 납박파(納縛波, 즉 樓蘭)에 이름, 우기로부터 수행한 인마를 돌려보냄→644년 11월 사주(沙州, 즉 돈황)→645년 1월 6일 조거(漕渠, 운하)를 따라 배를 타고 장안에 도착, 그날 밤은 운하의 배 안에서 지냄. 이렇게 장장 18년간(627. 8~645. 1)이나 걸린 현장의 도축구법 행각은 성공리에 마무리되었다.

다음날(7일) 장안 태수 방현령(房玄齡)은 칙령에 따라 우무후대장군(右武侯大將軍)과 옹주사마(雍州司馬), 장안현령(長安縣令)으로 하여금 출영토록 하였다. 금의환향한 현장은 구름떼처럼 모여든 환영객들로부터 환영을 받으며 운하의 선착장으로부터 주부가(朱府街)의 도정역(都亭驛)까지 안내되었다. 8일에는 주작문(朱雀門) 남쪽에 그가 천축에서 가져온 불상 9기와 불전 520협(夾) 657부를 진열하였다. 이 불전만 운반하는 데 말 22필이 필요하였다. 그해 2월에 현장은 고구려 원정 때문에 낙양에 가 있는 태종을 찾아가 진현하였다. 태종의 명에 따라 현장은 자신의 도축구법 순례기 『대당서역기(大唐西域記)』 12권을 646년 7월에 상재(上梓) 하였다.

이 순례기는 현장이 구술하고 제자 변기(辯機)가 필록하여 편찬한 것이다. 이 순례기는 현장이 직접 답사한 110개 나라와 전문한 28개 나라, 총 138개 나라의 역사·지리·물산·농업·상업·풍속·문학

현장법사의 회향도

예술·언어·문자·화폐·국왕·종교·전설 등 제반 사정에 관해 간결하고도 생동한 필치로, 정확하게 기술하고 있다. 그리하여 고대 및 중세 초의 중앙아시아와 서남아시아의 역사나 교류사를 연구하는 데 귀중한 진서로 평가받고 있다. 특히 문헌기록이 미흡한 인도 고대사를 연구하는 데 있어서는 1차적인 사료원으로 유용되고 있다. 현대 고고학자들은 이 순례기의 기록에 근거하여 나란타와 왕사성(王舍城) 등 인도의 불교유적지를 다수 발굴하고 연구하였다. 그리고 현장은 5천축 80개국 중 75개국이나 역방하면서 사실적인 기록을 남겨놓음으로써 할거로 점철된 인도사를 통일적으로 파악하는 데서도 더없이 소중한 사료를 제공해주었다. 영국의 인도사 전공 학자인 스미스(Vincent Smith)는 "인도 역사가 현장에게 진 빚은 아무리 높게 매겨도 결코 과분하지 않다"고 하였으며, 전술한 바와 같이, 인도 역사학자 알리는 법현이나 현장, 마환(馬歡)의 저서가 없었더라면, 인도 역사의 재현은 불가능하였을 것이라고 지적하였다.

이와 더불어 순례기에 명시된 현장의 왕래노정은 중세 초 오아시스로를 이해하는 데서도 대단히 중요한 자료다. 현장의 거로(去路)는 오아시스로의 북도이고, 귀로는 남도다. 이렇게 한 사람이 남·북도를 두루 답파하면서 남긴 기록은 오아시스로를 총체적으로 파악하는 데서 중요한 의미가 있다. 그리하여 이 책은 동·서양 학계에서 공히 그 진가가 인정되어 1850년대부터 프랑스어·영어·일어 등 여러 외국어로 번역되었다.

귀국 후 현장은 장안의 홍복사(弘福寺, 645년 3월 1일 입사)와 새로 지은 자은사(慈恩寺, 648년 12월 입사)에 주석하면서 19년간 불교의 신종(新宗) 개창과 역경에 진력하였다. 현장은 중국 법상종(法相宗, 일명 唯識宗)의 비조다. 법상종은 대승의 유종(有宗)에 속하는 종파로서 그 원초적 바탕은 유가론(瑜伽論)이다. 현장은 재축(在竺) 구법할 때도 주로 유가론을 연찬하여 유가종 10대 논사(論師)들의 학설을 종합하고 체계화하여 이른바 '성유식론(成唯識論)'을 정립하여 법상종의 이론적 기초

504

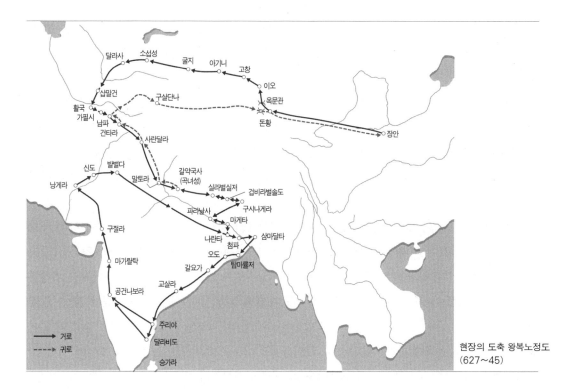

현장의 도축 왕복노정도
(627~45)

를 마련하였다. 그후 제자 규기(窺基, 632~82)가 『술기(述記)』와 『추요(樞要)』를 저술하여 스승의 이론을 해석하고 보충하였다. 그러나 워낙 교의가 번잡한 탓에 법상종은 일시 흥하였다가 곧 쇠퇴하고 말았다. 653년에 도화(渡華)한 일본승 도소(道昭)는 현장에게서 법상종을 전수받아 일본에 전하였다.

동양불교사에서 현장의 이름을 더욱 빛낸 것은 그의 미증유의 역경업적이다. 그는 귀국 후 입적할 때까지 장장 19년간 천축에서 재래한 불전의 번역에 실로 잠심몰두(潛心沒頭)하였다. 그는 경(經)·논(論) 75부 1,335권(총1,300여만 자)을 한역하였다. 통계에 의하면 수 개황(開皇) 원년(581)부터 당 정원(貞元) 5년(789)까지 약 208년간 54명의 역경자가 총 2,713권의 불전을 역출하였는데, 그중 약 절반은 현장 한 사람이 수행한 것이다. 그야말로 동서고금 번역사에서 회유의 장거라고 아니할 수 없다. 그는 역경의 정확성을 기하기 위해 엄밀한 역경원칙을 세우고, 자신이 역주(譯主)가 된 역장(譯場)을 꾸려 집단적 지혜도 발휘케 하였다. 그는 역문의 정확성과 역문에 대한 이해를 동시에 확보하기 위해 직역(直譯)과 의역(意譯)을 배합하는 원칙을 견지하였다. 이러한 원칙을 관철하기 위해 선발된 유능한 고승들로 질서정연한 역장을 조직, 운영하였다. 역주 예하에 증의(証義, 12명의 역주 보좌승), 증문(証文, 범문 원전 검토), 서자(書字, 범문 문자의 중국어 음역), 필수(筆受, 범문 문자의 중국어 대역), 철문(綴文, 대역문구의 정리), 참역(參譯, 원문과 역문의 대조 및 校勘), 간정(刊定, 문체의 구·절·장에 대한 교정), 윤문(潤文, 역문의 윤색), 범패(梵唄, 범어음을 노래하면서 음운 수정) 등으로 번역작업을 분담 전문화하여 번역의 질을 최상으로 보장하였다. 이것이야말로 역법에서의 하나의 전범이라고 말할 수 있다.

현장은 불경을 한역(漢譯)했을 뿐만 아니라, 천축에서는 이미 실전된 『대승기신론(大乘起信論)』의 한역본을 다시 범어(산스크리트)로 회역(回譯)하였다. 또한 태종의 요청에 따라 『도덕경(道德經)』을 범어로 역출하여 천축에 보내기도 하였다. 현장은 664년 1월 1일 『대보적경(大寶積經)』을 몇줄 시역(始譯)하다가 그만 기력이 진해 절필하고는 2월 5일 섬서 의군(宜君)의 옥화사(玉華寺)에서 귀적하였다.

7. 현조(玄照). 태주(太州) 선장(仙掌) 출신. 정관(貞觀) 연간(627~49)에 장안 대흥선사(大興善寺)에서 산스크리트어를 배우고 나서 도축하여 나란타에 3년간 체류하면서 불경을 연찬하였다. 고종 인덕(麟德) 연간(664~65)에 귀국하였는데, 그의 왕복로는 당대에 개척된 중국-인도간 첩경인 당-티베트-네팔-천축을 잇는 이른바 중인장도(中印藏道)였다. 그의 행로는 토번(吐蕃)을 통과하였기 때문에 그곳에 가 있는 문성공주(文成公主, ?~680)의 협조를 받았다. 귀국 후 얼마 안 있어 고종은 다시 그를 천축에 파견하였다. 그는 나란타에서 그곳에 체재중인 의정(義淨)을 만났으며, 귀국하지 못하고 중천축의 암마라파국(菴摩羅跛國)에서 입적하였다.

8. 무행(無行). 7세기 중엽. 형주(荊州) 강릉(江陵) 출신. 승 지홍(智弘)과 함께 광주를 떠나 남해로 1개월 만에 실리불서(室利佛逝, 현 수마트라의 팔렘방 일대)에 도착해 왕의 후대를 받았다. 왕선을 타고 서항해 15일 만에 말라유(末羅瑜, 현 수마트라의 Jambi 지방)를 지나고, 다시 15일 만에 갈도국(羯荼國, 현 말레이 반도 서안의 케다 주)에 도착하였다. 여기서부터 30일간 서항하여 인도 동남해안의 나가발단나(那伽鉢亶那, Nagapattana, 현 인도 동남 해안의 Nagapatan)에 이른 후 해로로 사자주(師子洲, 즉 사자국, 현 스리랑카)에 가서 불아(佛牙)를 친견하였다. 그리고 나서 동북행으로 항해하여 동천축의 가리계라국(訶利鷄羅國, 현 Harikela, 혹은 동인도 오리사 주 연안)에 당도한 후 거기서 나란타에 가서 불경을 연찬하였다. 의정의 전송을 받으며 북행, 오아시스로로 귀국하였다. 의정의 『대당서역구법고승전(大唐西域求法高僧傳)』에 그의 행적에 관한 상세한 기술이 있다.

9. 의정(義淨, 635~713). 속명 장문명(張文明). 법현·현장과 함께 중국 3대 도축구법승의 한 사람. 범양(范陽, 현 북경) 출신, 일설은 제주(齊州, 山東 歷城) 출신. 어려서 출가한 의정은 15세에 도축구법을 결심하였다. 그러다가 37세인 고종 함형(咸亨) 2년(671)에 양주(揚州)에서 광주로 가서 해로로 도축길에 올랐다. 당초 여럿이 함께 떠나려고 하였으나 모두들 포기하고 의정만이 결행하였다. 해로로 왕복한 의정의 도축노정과 그 행적은 다음과 같다.

671년 11월 광주 출발→근 20일간 남행하여 불서국(佛逝國, Vijaya, 즉 실리불서, Srivijaya, 현 수마트

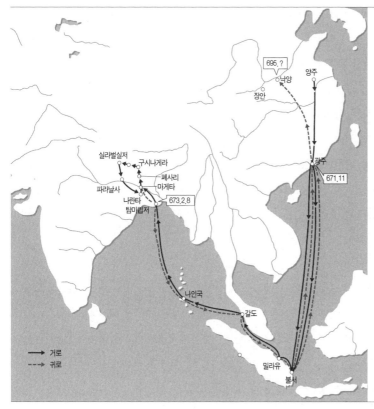

실라벌실저

구시나게라

폐사리
마게타

파라날사

나란타
탐마립저 673.2.8

695.?
낙양

양주
장안

광주 671.11

나인국

갈도

밀라유

불서

■── 거로
----▶ 귀로

의정의 도축 왕복노정도(671~95)

라 섬의 팔렘방 일대)에 도착, 반년간 체류하며 불경과 성명학(聲明學) 연찬→북행하여 불서국의 속
령인 말라유에서 2개월간 체류→북행하여 갈도국→10여 일간 서북행하여 672년 12월 나인국(裸人
國, 현 인도의 니코바르와 안다만 제도)→약 반달간 서북행하여 673년 2월 8일 동천축의 탐마립저(耽摩
立底, 현 Tamluk)에 이름, 이곳에서 이미 12년간 체재한 애주(愛州, 베트남 淸化) 출신의 대선승 등사
(燈師)를 만남, 1년간 체류하면서 산스크리트와 성문론(聲聞論) 연찬→674년 5월 등사와 함께 중
천축행하다가 도중 발병으로 고행(孤行), 5리 걸음에 백번 쉬어가는 고행(苦行)과 산적(山賊) 기습
당함→마게타국·나란타사·기사굴산(耆闍崛山, 즉 靈鷲山)·대각사(大覺寺, 즉 摩訶菩提寺) 등 불적
참배→북행하여 폐사리→구시나게라(석가 열반처)→겁비라벌솔도국(석가 탄생지)→실라벌실저(석
가 장기 설법처)→남행하여 파라날사국(初轉法輪處)→계족산(鷄足山, Kukkutapadagiri산)→나란타
사에서 10년간 체재하며 불경과 인도 의술 연찬→귀로에 올라 685년 탐마립저로 가는 도중 강도 피
습→갠지스강 하구에서 승선해 동쪽으로 항해→갈도국→불서국에서 범본삼장(梵本三藏) 50여만
송(頌)을 휴대, 재래한 불전 정리 및 역경, 『남해기귀내법전(南海奇歸內法傳)』(4권)과 『대당서역구
법고승전(大唐西域求法高僧傳)』(2권) 저술→689년 7월 20일 역경과 저술에 필요한 먹과 종이를 구

하기 위해 광주에 도착→689년 11월 정고(貞固)·도홍(道弘)·대진(大津) 등과 함께 불서(佛逝)행 691년 5월 15일 대진법사가 의정이 역출한 『잡론(雜論)』 10권과 전술한 두 저서 휴대하고 광주에 도착→695년 여름 의정은 10년간 체류하던 불서국 떠나 25년 만에 낙양(洛陽)에 귀국, 범본(梵本) 경률론(經律論) 400부 50만송과 금강좌불상 1구, 사리 300립 재래.

이렇게 대덕고승 의정은 육로로 왕복한 현장과는 달리 해로로 왕복함으로써 노정이나 그 과정에서의 행적은 비교적 단순하지만, 전체 도축구법 기간은 25년간(671. 11~695 여름)으로 현장의 18년간보다 더 길 뿐만 아니라, 저술도 현장(1권)보다 더 많은 3권을 남겼다. 그리고 역경에서 양적으로는 현장과 비견되지 않지만 질이나 조직 면에서는 현장의 그것을 계승 발전시켰다. 그는 율장(律藏)의 번역에 치중하여 역경의 한 경지를 개척하였다. 요컨대 의정은 저술과 역경에서 3대 도축구법승의 한 사람답게 큰 업적을 쌓아올렸다.

의정의 『남해기귀내법전』은 인도와 동남아시아의 불교·역사·지리·풍습·의학 등 여러 방면에 관해 기술하고 있다. 특히 인도에서의 불교학의 기풍과 율종(律宗)의 일상의식을 소개하고 불교학에 대한 자신의 기본 인식도 아울러 천명하고 있다. 『대당서역구법고승전』은 당 태종과 고종, 무즉천(武則天) 3대 동안 있었던 서행 구법승 60여 명(본인 포함)의 행적과 인도 불교의 부파(部派)에 관해 기술하고 있다. 특기할 것은 도축행로로 가필시도(迦畢試道), 토번(吐蕃, 티베트)—니파라(尼婆羅, 네팔)도, 사적(沙磧)—니파라도, 광주—천축해도 등을 소개하고 있는 점이다. 이상의 두 저서는 7세기의 인도와 동남아시아의 역사·지리·문화, 특히 불교사를 연구하는 데 중요한 1차적 자료원으로 평가되고 있다. 그밖에 산스크리트에 정통한 의정은 『범어천자문(梵語千字文)』 일서를 편찬하였는데, 이것은 중국에서의 첫 산스크리트 교습서다. 모두 995개의 산스크리트 어휘를 수록하였는데, 글자마다 곁에 한자 역음을 붙이고, 아래에 한자 대역을 주어 학습에 편리하도록 하였다.

저술에서뿐만 아니라, 역경에서도 의정은 특출한 기여를 하였다. 그는 불서에 체류할 때에 이미 역경에 착수하여 여러 권의 불전을 역출하였다. 귀국 직후 우기의 화상(和尙) 실차란타(實叉難陀) 와 함께 『화엄경(華嚴經)』을 공역하다가 700년 후부터는 독자적으로 역경하였다. 700~712년까지의 12년간 의정은 경전 56부 230권을 번역하였다. 그는 율부(律部)의 역경을 위주로 하였지만, 유가(瑜伽)나 밀종(密宗) 방면의 경전도 다수 역출하였다. 706년 중종(中宗)이 장안 대천복사(大薦福寺)에 역장(譯場)을 설치하자 의정이 역주(譯主)가 되어 당대의 역경사업을 총지휘하였다. 그는 선배인 현장의 역경풍을 계승하여 역장을 치밀하게 조직·운영하였다. 의정은 역주로서 장안과 낙양두 경사(京師)의 역장을 총관하면서 역주 예하에 독범문(讀梵文)·증범문(證梵文)·증범의(證梵義)·증문(證文)·증의(證義)·증역(證譯)·필수(筆受)·윤문정자(潤文正字)·감호(監護) 등 부서를 두어 역경과정을 분공 전문화하여 역경의 질을 최상으로 보장하였다. 그는 역경사업에 토화라(吐火

羅)·중천축·동천축·계빈(罽賓)·가습미이(迦濕彌爾, 카슈미르) 등 여러 나라 명승들을 영입하였으며, 역문의 감수에는 수문관(修文館) 대학사(大學士), 병부상서(兵部尙書), 중서시랑(中書侍郞), 이부시랑(吏部侍郞) 등 20여 명의 문사고관들도 참가시켰다.

10. 혜초(慧超, 704 혹은 700~789경), 신라 고승. 16세 때인 신라 성덕왕(聖德王) 18년(719)에 입당(入唐)하여 광주에서 남천축의 밀교승(密敎僧) 금강지(金剛智, 金剛三藏)와 그의 제자 불공(不空, 불공삼장)을 만나 금강지를 사사(師事)하였다. 금강지는 제자 불공과 함께 사자국과 실리불서를 거쳐 719년에 중국 광주에 와 얼마간 머물다가 낙양과 장안에 가서 밀교를 전도하였다. 혜초는 스승인 금강지의 권유에 따라 개원(開元) 11년(723)에 광주를 떠나 해로로 도축하여 4년간 천축과 서역 각지를 순방하고 개원 15년(727) 11월 상순 당시 안서도호부(安西都護府) 소재지인 구자와 언기를 거쳐 장안에 돌아왔다.

혜초의 도축구법 행각에 관해서는 1908년 프랑스의 동양학자 뻴리오(P. Pelliot, 1878~1945)가 돈황 천불동(千佛洞)에서 발견한 여행기『왕오천축국전(往五天竺國傳)』에 의해 밝혀졌다. 그러나 이 여행기는 발견시 전후가 결락된 잔간사본(殘簡寫本)이기 때문에 거로(去路)에서 광주부터 천축까지와 귀로에서 언기부터 장안까지의 행적은 추적할 수 없게 되었다. 게다가 그 잔권(殘卷)은 본래 3권이었던 것의 절략본(節略本)이어서 혜초의 순방노정 전모를 자초지종 상세하게 알아낼 수는 없다. 그러나 다행히도 여행기의 핵심부분은 남아 있어서 주요한 노정이나 행적은 알 수가 있다. 혜초의 도축순례 노정과 그 행적은 다음과 같다.

723년 광주 출발→해로로 동천축 상륙→구시나게라국→남행하여 파라날사국→동행하여 마게타국에서 녹야원(이곳은 파라날사국에 속함), 구시나(拘尸那, 다른 나라임), 사성(舍城, 왕사성, Kajagroha), 마가보리(摩訶菩提, Mahabadhi) 등 4대 성지 참배→갠지스강 따라 서행하여 갈나급자(葛那及自, Kanyakubja, 중천축 수도), 여기서 5천축 전역의 기후·풍속 등을 전문하여 기술, 사위국(舍衛國, Sravasti)의 급고원탑(給孤蘭塔, Jetavananathapind-adasyarama), 비야리성(毘耶離城, Vaisal)의 암라원탑(菴羅蘭塔, Amraamara), 가비아라국탑(迦毘耶羅國塔, Kapilavasta), 삼도보계탑(三道寶階塔) 등 4대 탑 참배→3개월간 남행하여 남천축(현 데칸 고원 지방), 용수보리(龍樹菩提, Nagarjuma)가 세운 대사원→3개월간 서북쪽으로 가서 서천축→북행하여 북천축 수도 사란달라→1개월간 서행하여 탁사국(吒社國, Takshar)→1개월간 서행하여 신두고라국(新頭故羅國, Sindh-Gurjjara, 현 구자라트)의 다마삼마나사(多摩三摩娜寺, Tamaszvana, 석가 설법처)→돌아서서 사란달라→15일간 북행하여 가섭미라국(迦葉彌羅國, Kashmir)→1개월간 서행하여 건타라(建馱羅, Gandhara), 갈락가(葛諾歌, Kanishka)의 대사원 참배→3일간 북행하여 오장국(烏長國, Udyana)→15일간 동북행하여 구위국(拘衛國, Chitral)→돌아서서 건타라→서행하여 계빈국→7일간 서행하여 사율국(謝颶國,

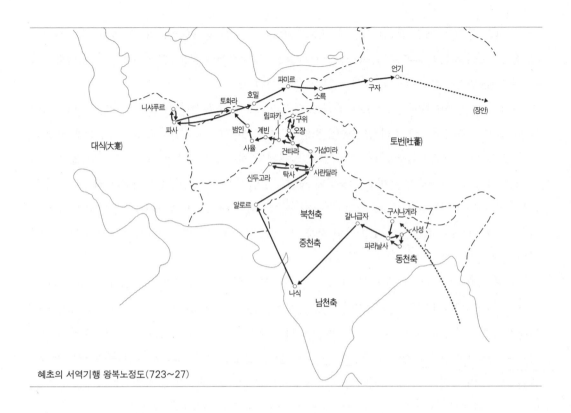

혜초의 서역기행 왕복노정도(723~27)

Zabulistan)→북행하여 범인국(犯引國, Bamiyan)→서북행하여 토화라(吐火羅, Tokharistan)의 수도 부하라→서행 1개월 만에 파사(波斯, Persia)→10일간 북행하여 대식(大寔, 즉 大食, 아랍)→동행하여 토화라→7일간 동행하여 호밀국(胡密國, Wakhan)→동북행하여 파미르 고원→1개월간 동행하여 소륵(疏勒, Kashgar, 현 신강 喀什噶爾)→동행하여 727년 11월 안서도호부(安西都護府) 소재지 구자(Kucha, 현 신강 庫車)→동행하여 언기국(焉耆國, Karashahr, 현 신강 언기)→동행하여 장안 도착.

여행기의 잔권이 발견된 7년 후(1915)에야 저자가 신라승 혜초임이 밝혀진 현존『왕오천축국전』은 필사본(현재 빠리 루브르박물관에 소장)으로서 총 230행(매행 27~30자)에 약 6천자밖에 안되는 절략본 잔간이다. 혜초는 이 여행기에서 그가 인도 및 중앙아시아와 서아시아의 여러 나라들을 편답하면서 직접 견문하였거나 전문한 각국의 역사·문화·정치·풍속·물산·종교 등을 사실적으로 기술하고 있다. 그리하여 이 여행기는 8세기의 이 지역에 관련된 서적으로는 그 내용의 다면성과 정확도에서 단연 으뜸가는 명저로 평가받고 있다. 혜초는 이 여행기에서 사상 최초로 아랍을 대식(大寔, 즉 大食)이라 명명하고 한(漢)문명권 내에서는 처음으로 대식 현지에서의 견문을 여행기에 담아 전함으로써 한 문명권과 이슬람 문명권 간의 상호 이해와 교류를 도모하는 데서 선구자적 역할을 하였다.

혜초는 밀교(密敎)의 선도자로서 불교 발전에도 불멸의 기여를 하였다. 그는 어려서 입당한 후 내당한 중국 밀교의 시조 금강지를 사사하고 그의 권유에 따라 도축구법순례를 하였다. 귀당 후 장안의 천복사(薦福寺)와 대흥선사(大興善寺), 그리고 만년에는 오대산(五臺山)의 건원보리사(乾元菩提寺, 780년 4월 15일 입사)에서 밀교 경전을 연구하고 필수(筆受) 한역(漢譯)도 하면서 밀교의 제2대조인 불공삼장의 6대 제자 중 제2인자로서 밀교 전도에 일생을 바쳤다. 그리하여 중국 밀교는 금강지─불공─혜초의 계통에 따라 그 전통과 맥이 이어져갔다. 혜초는 밀교 경전의 한역과 주석에 진력하다가 787년경 건원보리사에서 귀적하였다.

11. 계업(繼業). 10세기의 삼장(三藏)고승. 요주(耀州) 출신. 당대를 이어 송대에도 불승들의 구법도축은 이어졌으나 대체로 송대 초기로 제한되고, 그 규모나 횟수도 점차 줄어들었다. 그것은 중기 이후 정세변화에 따라 서행 북로가 막히게 되고, 또 당말의 회창법란(會昌法難)으로 인해 불사가 여러가지 면에서 큰 타격을 받았으며, 또한 9세기 이후 인도 불교는 사양길에 접어든 반면에 중국 불교는 자립적 기반이 구축되어 흥성일로를 걸음으로써 더이상 도축구법이 필요없어지는 등의 일련의 사정과 관련된다. 그리고 송대 초 불승들의 도축행각은 여전히 불적 순례나 불전 구득에 주목적이 있었지만, 왕왕 국서나 조서 전달 같은 정치적 사명을 띠고 조정이나 정부가 파견하는 형식을 취하였다. 그리하여 개별적 도축도 있었지만, 대체로 승단(僧團)을 조직해 파견하는 경우가 많았다. 이러한 승단파견 형식의 대표적 일례가 계업삼장 일행의 도축이다.

개봉(開封) 천수원(天壽院) 승려였던 계업은 건덕(乾德) 2년(964)에 사문(沙門) 행근(行勤)이 조직한 승단에 참가하여 서행 도축하였다. 157명이란 최대 규모 승단의 일원으로 계주(階州, 현 甘肅 武都)를 출발한 계업은 개보(開寶) 9년(976)에 계주로 귀환하였다. 그의 도축노정과 그 행적은 다음과 같다.

964년 계주 출발→서행하여 영무(靈武, 현 寧夏 서북부)→서량(西涼, 현 감숙 武威)→감주(甘州, 張掖)→숙주(肅州, 酒泉)→과주(瓜州, 安西 동남)→사주(沙州, 돈황)→오아시스로 북도를 따라 이오(伊吾, 현 신강 合密)→고창→언기→우기→소륵→대석(大石, 현 신강 塔什庫爾干의 塔吉克 자치현 일대)제국→서남행하여 설령(雪嶺)→포로주국(布路州國, Balora, 『대당서역기』 중의 鉢露羅)→파미르 고원→설산(雪山)→가습미라(伽濕彌羅, Kashmir)→서행하여 대산(大山)→중인도의 건타라국→서행하여 서류파국(庶流波國, 혹은 屈露多, Sultanpur 일대)→좌란타라국(左爛陀羅國, Jalamdhara, 즉 사란달라)→서행하여 4개국→대곡녀성(大曲女城, Kanyakubja, 즉 羯若鞠闍)→서행하여 파라나국(波羅奈國, Varanasi), 석가 초전법륜처 참배→서북쪽으로 10여 리 가서 녹야원→서행하여 마갈제국(摩羯提國, Magadha)·보리보좌(菩提寶座)·석주(石柱)·불고행처(佛苦行處)·삼가섭촌(三迦葉村)·목우여지(牧牛女池)·금강좌(金剛座)·가야성(伽耶城)·가야산(伽耶山)·정각산(正覺山) 등 불적 참배→남인도의 골마성(骨磨城?)→동북행하여 왕사성(王舍城)·역륜왕탑(歷輪王塔)·나란타사·조령두산(鳥嶺頭山)·가습미라한사(伽濕彌羅漢寺)·겁제희산(劫提希山)·합사(鴿寺, 漢寺)·지나서사(支那西寺, 한사, 이상 3한사는 나란타사 부근 100리 내에 있음)→화씨성(花氏城, 즉 波吒釐, Pataliputar)→도하하여 북쪽으로 가서 비야리성(毗耶離城, Vaisali, 즉 폐사리)→구시나성(拘尸那城, Kusinagara, 즉 구시나게라)→북행하며 큰 산을 몇번 넘음→니파라국→마유리(磨逾理, 혹은 麻域, 카슈미르의 카라콜룬산 입구 남면 일대?)→976년 계주에 귀환.

귀국 후 계업은 재래한 범패(梵唄)와 사리를 태종(太宗)에게 헌상한 다음 아미산(娥眉山)에 들어가 우심사(牛心寺)를 짓고 그곳에 은거하여 수행하다가 84세의 고령으로 멸도하였다. 그는 소장한『열반경(涅槃經)』42권의 매권 후미에 자신의 서행 도축에 관해 기록하여놓았다. 계업과 동행한 승단의 서행 도축노정과 그 행적에 관해서는 계업의 기록 외에『송사(宋史)』(권490)와『불조통기(佛祖通記)』에 기술되어 있다.

이상에서 정신문명의 교류를 위한 인적 교류에서 종교인들의 교류를 동향 종교인들과 서향 종교인들로 대별하여 고찰하였다. 종교인들의 교류는 종교 자체의 흥망성쇠에 의해 좌우되기도 하지만, 때로는 여러가지 객관적 정세의 영향을 받아 우여곡절을 겪게 된다. 그러나 정신문명으로서의 종교가 존재하는 한, 종교인들의 교류는 연면부절하는 것이다. 이들 종교인들은 포교라는 종교적 사명을 띠고 동분서주하여 종교교류는 물론, 전반적인 동서문명의 교류에 괄목할 만한 기여를 하였다. 따라서 종교인들의 교류에 관한 연구는 정신문명 교류의 연구에서 중요한 한 부분을 이루고 있다.

여행가들의 교류 정신문명의 교류사에는 미지의 세계에 대한 지적 탐구를 목적으로 이질문명권을 넘나들면서 문명의 구석구석을 탐지하고 고지(告知)하는 여행가들이 적지 않다. 사명감과 헌신성, 창의성을 지닌 그들 모두는 미지의 세계를 답파하면서 견문하고 전문한 것을 일일이 기록하여 전해주고 있다. 여행가들의 이동 자체가 하나의 명실상부한 인적 교류이거니와, 그들이 남긴 기록, 즉 여행기나 탐험기는 미지의 세계에 대한 서로의 이해를 제공함으로써 정신문명의 교류에 크게 이바지한다. 탐구력을 소유한 여행가들은 거개가 자신들의 여행과정을 기록으로 남겨놓고 있어서 그들의 활동상을 세세히 파악할 수 있게 한다.

동향 여행가들, 즉 서방에서 동방으로 온 여행가들은 대체로 중세 중엽에 접어들면서 동방에 대한 서방인들의 관심이 높아짐에 따라 여러가지 계기를 이용하여 동방여행에 나섰다. 대표적인 동향 여행인으로는 13세기 후반의 이딸리아 여행가 마르꼬 뽈로와 14세기 전반의 이딸리아 여행가 오도리끄, 14세기 중엽의 모로코 여행가 이븐 바투타(Ibn Baṭūṭah, 1304~68), 17세기 초의 포르투갈 여행가 고에스(Bento de Goes)를 들 수 있다.

중세 세계여행의 선구자는 마르꼬 뽈로이다. 전술한 바와 같이 이딸리아 베네찌아의 상인가문 출신인 마르꼬는 동방교역을 목적으로 출타하였다가 우연히 원 세조 쿠빌라이 칸의 교황청 파견 특사가 되어 복명차 원으로 돌아가는 부친 니꼴로 뽈로와 숙부 마떼오 뽈로(뽈로는 '까마귀'라는 타르마치아 어에서 유래)를 따라 1271년 여름 17세의 젊은 나이에 고향 베네찌아를 떠났다. 뽈로 일행 3명은 근 4년간의 동행 끝에 1275년 5월 원제국의 상도(上都)에 도착하여 원조 칸의 배려 속에서 16년간 체류하였다. 그러다가 1291년에 칸의 특명을 받고 중국을 떠난 후 역시 4년간의 천신만고 끝에 드디어 이향(離鄕) 24년 만인 1295년에 베네찌아로 귀향하였다. 이렇게 마르꼬의 여행은 중국 체재 16년에 육·해로 왕복여정 8년을 합쳐 총 24년의 대여행이었다. 마르꼬의 여행노정과 그 행적은 다음과 같다.

　1271년 봄 베네찌아 출발(부친과 숙부 동행)→해로로 남행하여 아크르(Acre, 현 이스라엘 서북해안, 하이파 북쪽)→라이아스(Laias, 소아시아 반도 동남해안)→로마에서 교황 그레고리우스 10세 알현→사제 2명과 동행하여 1271년 11월 회귀→라이아스, 전란에 겁먹은 사제 2명 낙오→쎄바스따(Sevasta, 현 터키의 Sivas)→동쪽으로 가서 일 칸국의 수도 타브리즈→동남행하여 페르시아만 입구인 오르무즈(Ormus, 현 호르무즈), 원래 해로를 취할 계획이었으나 당시 중국 중·남부의 송(宋)과 원이 대치상태임을 감안해 계획을 바꾸어 오아시스로를 택함→동북쪽으로 가서 케르만(Kerman, 현 이란의 Kerman)→동북행하여 호라싼 지방의 니샤푸르→동북행하여 사푸르간(Sapurgan, 현 아프가니스탄 북부의 Shibarghan)→동북행하여 발흐(Balkh, 현 아프가니스탄 북부)→동쪽으로 가서 아무다리아강 남안의 바다샨(Badascian, 현 아프가니스탄 동북부의 바다크샨) 계곡→12일간 동행하여 보칸(Vocan, 현 아프가니스탄 동북부의 와칸)→3일간 동행하여 파미르 고원→12일 뒤에 카스카르(Cascar, 현 新疆 喀什)→동남행하여 야르칸(Yarcan, 현 신강 沙車)→코탄(Cotan, 현 신강 和田)→펨(Pem, 현 신강 于田, 코탄 동쪽 100마일)→짜르찬(Ciarcian, 현 신강 且末 일대)→동행하여 5일 뒤 로프(Lop, 현 신강 若羌 일대)→30일간 사막을 횡단하여 탕구트(Tangut) 지역(옛 서하 지역, 현 寧夏와 甘肅 일부 지역 포함)의 사주(沙州, Sachiu, 현 감숙 돈황 서부)→숙주(肅州, Suchu, 현 감숙 酒泉)→동행하여 감주(甘州, Canpchu, 현 감숙 張掖), 쿠빌라이의 입조명(入朝命)을 기다리며, 약 1년간 체재→계속 동행하여 양주(涼州, Erginul, 현 감숙 武威)→영하(寧夏, Egrigaia, 서하의 수도, 현 銀川)→북행하여 천덕(天德, Tenduc, 현 내몽골 후얼호트 동쪽 白塔, 옹구트족의 중심)→동행하여 선덕주(宣德州, Sindachu, 현 하북 宣化 일대)→찰한뇌이(察罕腦爾, Chagannor, 현 하북 沽源 북부)→동행하여 1275년 5월 상도(上都, Chandu, 開平府, 현 내몽골 多倫 서북부) 도착.

　상도에서 쿠빌라이를 알현한 후 뽈로 일행은 대도(大都, 현 북경)로 이주하였다. 마르꼬의 자술에 의하면, 그는 총명하고 신중한 사람으로서 페르시아어를 알며, 중국어와 몽골어, 그리고 기사(騎射)도 배워 능통하니 쿠빌라이의 총애를 받고 수차 원조의 특사로 각지에 파견되기도 하였다. 그는 칸의 명을 받고 3년간 양주(楊州)를 '치리'(治理, 즉 다스림)했다고 하는데, 구체적인 증빙사료는 발견되지 않고 있다. 이에 관해 프랑스의 동양학자 뻴리오는 염세(鹽稅)관계 역원으로 양주에서 3년간 근

무했을 개연성이 있다고 해석하였다. 마르꼬는 20세부터 36세까지의 청년기와 장년기 초기를 중국에서 보냈다. 그가 자술한 바에 의하면, 이 기간에 그는 원조의 명에 따라 서남행과 동남행의 국내여행을 두 번 단행하였다.

우선, 그의 서남행(약 반년간) 노정을 보면 다음과 같다. 즉 캄발리크(Cambalic, 대도, 현 북경)→서행하여 풀리상긴(Pulisanghin)강, 즉 영정하(永定河) 도하→탁주(涿州, Jonju, 현 하북 涿縣)→태원부(太原府, Taiuanfu)→서남행하여 평양부(平陽府, Pianfu, 현 山西 臨汾)→태진(太津, Thaigin, 혹은 산서 서남부의 河津)→카라모란(Caramoran)강, 즉 황하 도하→개창부(開昌府, Cachanfu, 현 陝西 동부의 同州)→경조부(京兆府, Kenjanfu, 현 西安)→관중(關中, Cuncun) 지구→남행하여 아극팔리만자(阿克八里蠻子, Acbaluc Manji, 즉 漢中府)→성도부(成都府, Sindufu)→토번(吐蕃, Tibet)→건도(建都, 현 Caindu, 四川 西昌 일대)→브리우스(Brius)강, 즉 금사강(金沙江) 도하→합랄장성(哈剌章省, Carajan, 현 운남성)의 압적(押赤, Yachi, 현 운남 昆明)→서행하여 합랄장성(哈剌章城, 현 운남 大理)→찰이단단(札爾丹丹, Zardandan, 현 金齒部) 지구의 영창(永昌, Yochan)→면국(緬國, Mien, 현 미얀마)의 면국성(緬國城, 현 미얀마의 Pagan), 여기에서 1277년에 있었던 원군의 미얀마 원정과 방갈라(Bangala, 현 인도의 Bengal), 카우지구(Caugigu, 交趾國, 현 베트남 북부와 라오스 일대)에 관해 들은 것을 기술→귀로에 올라 아니(阿泥, Aniu, 현 운남 元江 동남부)→동북행으로 독랄만(禿剌蠻, Toloman, 현 운남 昭通부터 사천 筠連까지의 일대)→24일 뒤에 성도(成都)→탁주 도착.

다음으로 마르꼬의 동남행 노정을 살펴보면 다음과 같다. 즉 탁주→대운하를 따라 동남행하여 해진부(海津府, Cachanfu, 현 천진 일대)→창주(滄州, Changlu 현 하북)→경주(景州, Changli, 현 하북 景縣 일대)→태정부(泰定府 Tandinfu, 즉 濟南)→청주마두(清州碼頭, Sinjumatu, 즉 臨清), 운하가 여기서 동·서로 분류→임성(任城, Linjin, 현 산동 濟寧)→비주(邳州, Pinju, 현 江蘇 邳縣 남부)→초주(楚州, Chinju, 현 강소 淮安) 경계,→황하(Caramoran) 남안의 회안주(淮安州, Coiganju), 뽈로는 회안 이남지역, 즉 남송의 영지를 일괄하여 만자(蠻子, Manji) 대성(大省)이라 총칭함→보응(寶應, Paukin)→고우(高郵, Cauin)→태주(泰州, Tinju)→남행하여 양주(楊州, Yanju)→남행하여 진주(眞州, Sinju, 현 강소 儀征)→과주(瓜州, Caiju)→대단히 긴 대강(大江, Kian, 즉 양자강)을 건너 진강부(鎭江府, Chinghianfu)→남행하여 상주(常州, Canju)→소주(蘇州, Suju)→오강주(吳江州, Vuju)→오정(烏程, Vughin, 현 浙江 吳興)→남송 경사(京師, Kinsai)인 항주성(杭州城)→동남해 연안의

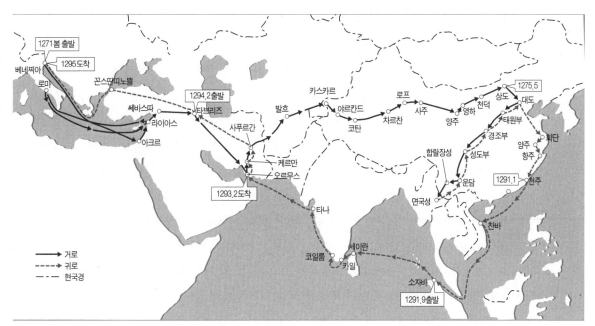

마르꼬 뽈로 동방여행 왕복노정도(1271~95)

동려(桐廬, Tanpiuju, 현 절강)→무주(婺州, Vuju, 현 절강 金華)→구주(衢州, Ghiuju, 현 절강 衢縣)→
상산(常山, Chan Shan, 현 절강?)→신주(信州, Cuju, 현 江西 上饒)→복건(福建, Choncha) 지구의 건
녕부(建寧府, Kenlinfu)→동남행하여 후관(侯官, Unken, 일설에는 尤溪)→복주(福州, Fuju)→동남
행하여 자동성(刺桐城, Zaituen, 현 泉州)→정주(汀州, Tiunju, 일설에는 漳州나 德化).

　마르꼬는 이상의 두 차례에 걸친 여행에서 수십개소의 도성을 직접 답사하였다. 그리하여 그가 직
접 견문한 것을 여행기에 기술하고 있다. 그 내용의 대부분은 사실적이나, 일부는 아마 들은 것에 의
한 것으로서 잘못 기술된 것도 있으며 과장한 면도 있다. 이렇게 타향에서 20여 년이란 긴 세월을 보
낸 마르꼬와 그의 부친, 숙부는 향수를 못 이겨 몇번 원조에 이화(離華) 귀국을 요청하였다. 그러나
번번이 거절당해오다가 요행히 기회가 생겼다. 당시 원조와 친속관계에 있는 일 칸국의 칸 아르군의
비 볼가나(Bolgana)가 사망하였는데, 그녀는 동족의 규수를 후실로 취해달라는 유언을 남겼다. 그리
하여 아르군은 중신 울라타이(Oulatai), 아푸스카(Apousca), 코자(Coja) 등 3명의 특사를 원조에 파
견하여 청혼하기에 이르렀다. 쿠빌라이는 이 청혼을 쾌히 승낙하고 방년(芳年) 17세의 코카친
(Kokachin) 공주를 출가시키기로 하였다.

　세 중신은 공주와 함께 오아시스로 서행하다가 타타르족간에 내란이 발생하여 길이 차단되자 8
개월 만에 되돌아오고 말았다. 이들 중신들은 해로를 취하되, 해로의 사정에 밝은 뽈로 일행을 수행
시켜줄 것을 칸에게 제의하였다. 칸은 귀향을 갈망하는 뽈로 일행에게 해로를 통한 공주의 호송을

하명하면서 귀향을 허락하였다. 칸은 일행에게 도중에 각종 편의를 보장받을 수 있는 부패(符牌) 2장을 하사하고 14척의 배(그중 4, 5척은 250~260명이 승선할 수 있는 큰 배)와 2년분의 식량을 마련해주었다. 명의상 코카친 공주를 호송하는 뽈로 일행은 1291년 1월경에 천주(泉州)를 출항하여 귀로에 올랐다. 뽈로 일행의 귀로 여정은 다음과 같다.

1291년 1월경 천주 출발→해로로 서남행하여 해남도(海南島, Cheinan)→참바(Ciamba, 베트남 북부)→형제 섬인 콘두르 섬(Condur, 현 베트남 동남해안의 Condore)과 손두르 섬(Sondur, 현 베트남 동남해안의 Sudara)→로칵(Locac, 현 타이 남부의 Lopburi 일대)→남행하여 펜탄 섬(Pentan, 싱가포르 해협 남부, 혹은 인도네시아의 빈탄 섬)→남행하여 소자바(현 수마트라 섬)에 이르기까지 3개월 걸림. 소자바에서 5개월간 체류 후 1291년 9월 다시 북행하여 네쿠베란 섬(Necuveran, 현 인도의 니코바르 제도)과 안가만 섬(Angaman, 현 인도의 안다만 제도)→서행하여 씰란(현 스리랑카)→서쪽으로 인도 동남부의 마아바르(Maabar, 현 인도 동남부의 코로만델 해안 일대)에 이르러 성 톰(San Thome)의 묘소 참배→카일(Cail, 현 인도 동남단의 Punnei Kayal)→서북행하여 코일룸(Coilum, 현 인도 서남해안의 퀼론)→북행하여 멜리바르(Melibar, 현 인도 서해안의 말라바르 해안)→타나(Tana, 현 인도 서북해안의 봄베이 북부의 항구 Thena)와 캄바에트(Cambaet, 현 인도 서북해안의 항구도시 캄베이)→세메나트(Semenat, 현 솜나트)→케스마꾸란(Kesmacoran) 지구(현 파키스탄의 최남단부터 이란의 마크란 해안까지의 일대)→1293년 2~3월 오르무스(현 페르시아만 입구의 호르무즈). 여기서 인도부터 아프리카 동해안까지의 항로에 관해 들은 것을 기술. 천주로부터 여기까지 2년 2개월이 걸림. 장기간의 험난한 해로여서 천주에서의 승선인원 약 600명(마르꼬의 여행기, 『經世大典』에는 160명) 중 18명만 생존했으며, 일 칸국 중신 3명 중 2명이 사망했고, 부인들 중에서는 1명만 생존→북행하여 육로로 페르시아 영내에 들어감, 케르만(Kerman)→야스드(Yasd, 현 Yazd)→이스파한→카스빈(Casvin, 현 Kazvin)→일 칸국 수도 타브리즈, 청혼한 아르군 칸의 사망으로 코라친 공주는 호라싼에 주둔중인 그의 아들 카찬(Caçan, 즉 가잔Ghazan)과 성혼함, 뽈로 일행은 그녀를 호라싼의 아브하르(Abhar)까지 호송→타브리즈로 돌아옴→1294년 2~3월 서북쪽으로 조르지안(Giorgian, 현 Georgia) 지역을 향해 출발→파레르스(Paperth, 현 터키의 Bayburt)→흑해 동남안의 트레비존드(Trebizond, 현 Trabzon)→서행하여 꼰스딴띠노쁠→해로를 통해 1295년 베네찌아로 귀향.

마르꼬가 귀향한 다음해인 1296년에 베네찌아와 제노바 사이에 이른바 '쿠르졸라(Curzola) 해전'이 발발하였다. 참전한 마르꼬는 베네찌아군이 패전하면서 포로가 되었다. 그가 감방에서 동방여행담을 구술한 것을 요수(僚囚)인 삐사 출신의 이야기 작가 루스띠치아노(Rusticiano)가 필록하였는데, 그것이 1298년에 책으로 엮어져 나왔다. 그러자 일시에 마르꼬의 명성이 높아졌으며, 그해 여름 그는 석방되었다.

이 여행기의 원고는 본래 중세의 프랑스-이 딸리아어 혼성어로 씌어졌으며, 적지 않은 방언도 끼여 있었다. 후에 필사를 거듭하는 과정에 다듬어지기도 하고, 라틴어와 이딸리아의 여러 방언, 그리고 기타 유럽어들로 번역되기도 하였다. 원본은 이미 소실되어 전해지지 않지만 유행된 필사본은 약 140종에 달한다. 그중 에스빠냐 토론토교회 도서관에 소장된 젤라다 (Zelada) 라틴어 필사본이 가장 오래된 것이고, 빠리 국립도서관 소장의 B.N.fr. 1116 필사본은 원문에 가장 가까운 것이며, 1477년 뉘른베르크

중국을 여행하는 마르꼬 뽈로 일행.
까딸루나 지도(1375) 중에서

에서 출간된 독일어 역본은 최초의 간본이다. 20세기 70년대 말까지 출간된 각종 언어의 간본은 120여 종이나 된다. 이러한 간본의 책이름도 일정하지 않고 다양하다. 『세계의 서술』(*Describtion of the World*)이니 『베네찌아의 마르꼬 뽈로 각하의 동방 각국 기사(奇事)에 관한 책』이니 『베네찌아 시민 마르꼬 뽈로의 생활』이니 『기서(奇書)』니 『백만(百萬)』(마르꼬가 '대단하'든가 '위대하'든가 하는 표현에 '백만'이란 말을 관용한 데서 유래)이니 하는 등 여러가지 서명이 있으나, 보통 『마르꼬 뽈로 여행기』라고 한다. 중국어로는 『마가파라행기(馬可波羅行記)』로, 일본어와 한국어로는 『동방견문록(東方見聞錄)』으로 역출되었다.

이 여행기의 내용은 서문과 본문의 두 부문으로 대별되는데, 본문은 네 가지 내용으로 구성되어 있다. 서문은 뽈로 일행 3명(부친과 숙부)의 2차에 걸친 동유(東遊)의 과정을 개술하고 있다. 본문의 제1부는 뽈로 일행이 소아르메니아로부터 원조의 상도(上都)에 오기까지의 견문을, 제2부는 몽골의 대칸(大汗)과 도성·궁전·치적 및 마르꼬의 중국 각지 여행담을, 제3부는 일본과 남해 제국, 인도와 인도양 제도, 뽈로 일행의 귀로여정을, 제4부는 몽골 제 부족들간의 전쟁과 아시아 북부지역의 개항을 각각 기술하고 있다. 이 책은 200여 개의 나라와 지역, 도시에 관해 언급하고 있는데, 주요한 지방에 관해서는 그곳의 기후·물산·상업·문화·종교·풍속·정치사건 등을 상술하고 있다.

마르꼬의 여행기는 출간되자 유럽 세계에서 즉각적으로 큰 반향을 불러일으켰다. 일부에서는 여행기 내용의 사실성을 의심하기도 하고, '이단사설(異端邪說)'이라고 오도하면서 그 '허위성'을 자백하라는 압력까지 가하였다. 그러나 점차 그 진실성이 입증되었으며, 결국 중세 유럽인들이 아시아와 중국을 이해하는 데 있어 중요한 전거와 안내서로 인정되기에 이르렀다. 1375년에 제작된 까딸루냐 대지도를 비롯한 중세 유럽의 세계지도, 특히 아시아지도는 모두가 이 여행기를 참고하거나 근거로

하여 제작되었다. 뿐만 아니라, 이 여행기는 15세기 이후 전개된 유럽의 항해와 탐험활동을 크게 고무하기도 하였다. 항해가 콜럼버스와 바스꼬 다 가마는 마르꼬의 여행기를 탐독하고 나서 그 속에 묘사된 '황금천국 일본'과 '천당 항주(杭州)'를 찾아 떠나기로 작심하게 되었던 것이다. 마르꼬 뽈로가 여행기에서 묘사한 '황금천국 일본'은 중세 초 황금의 성산국으로 알려진 한국(신라)에 대한 오인이라고 사료된다.

마르꼬 뽈로에 이어 동유(東遊)의 족적을 남긴 동향 여행가는 오도리끄(Odoric da Pordenone)이다. 이딸리아 태생의 오도리끄는 프란체스꼬회 사제인 동시에 여행가였다. 청년시절 그는 청렴한 탁발(托鉢)생활로 수행을 쌓아가는 경건한 사제였다. 늘 맹물에 빵조각으로 끼니를 때우고, 몸에는 털천과 철갑을 걸치고 맨발로 다녔다. 그러다가 1318년에 동방여행의 길에 올라 베네찌아를 출발, 해로로 서아시아와 동남아시아를 거쳐 중국에 와서 6년간(1322~28) 체류하다가 오아시스로로 1330년에 귀향하였다. 오도리끄의 동유여정은 다음과 같다.

1318년 4월 베네찌아 출발→해로로 꼰스딴띠노쁠→흑해 동남안의 트레비존드(Trebizond, 현 Trabzon)→대아르메니아(Armenia the Greater)→아르지론(Arziron, 현 터키의 Erzurum)→사르비사칼로산(Sarbisacalo, Van호 북면의 Suphan산, 일설은 그 동북면의 Ararat산)→타우리스(Tauris, 일 칸국의 수도 타브리즈)→바쿠해(Bacu, 즉 카스피해) 남안의 솔다니아(Soldania, 현 이란의 Sultanieh)에서 얼마간 체류→동남행하여 카산(Cassan, 현 이란의 Kashan)→동남행하여 예스트(Iest, 현 이란의 Yazd)→서남행하여 코메룸(Comerum, 페르시아의 고도 Persepolis 유지)→서행하여 후즈(Huz, 현 이란 Ahbaz 동북면의 Vegs)→칼다에아(Chaldaea, 현 이라크의 바그다드)→티그리스강을 따라 남하→페르시아만→오르메스(Ormes, 현 호르무즈)에서 1321년 여름 출발→해로로 28일간 동행하여 인도 서해안의 타나(Tana)에 이르러 순교 선교사 4명의 유골을 수습해 중국 천주에 안장하려고 휴대→남행하여 미니바르(Minibar, 즉 말라바르 해안의 망갈로르 일대)→프란드리나(Frandrina, 현 캘리컷 북부의 Pandalayini)→킨길린(Cyngilin, 현 코친, 일설에는 코친 북부의 Cranganor)→폴룸붐(Polumbum, 혹은 Columbum, 현 퀼론)→인도 동남단의 모바르(Mobar)→씰란(Sillan, 현 스리랑카)→니코베란(Nicoveran, 현 인도의 니코바르 제도)→라모리(Lamori, 수마트라 섬 북단)→남행하여 수몰트라(Sumoltra, 현 Lhokseumawe 일대)→남행하여 레셴고(Resengo, 현 소(小)순다 혹은 순다 해협 일대)→판텐(Panten, 현 인도네시아의 빈탄 섬)→수일간 북행하여 잠파(Zampa, 베트남의 참파)→수일간 동행하여 만지(Manzi, 蠻子, 중국 남방)의 켄스칼란(Censcalan, 현 廣州), 이딸리아 전체의 선박 수도 이 한 도시의 선박 수에 미치지 못함→북행하여 자이툰(Zayton, 현 泉州), 휴대한 선교사 4명의 유골을 2개 교회당에 나누어 안치. 세상에서 가장 훌륭한 도시의 하나→푸조(Fuzo, 현 福州)→큰 산을 넘으니 산 양측의 생활방식이 상이→북행하여 벨사(Belsa, 白沙?, 浙江 溫州나 麗水 일대)→칸사이(Cansay, 京在, 현 杭州), '천당의 도시'로서 세계에서 가장 크고 가장 고귀한 도시, 가장 좋은 통상지점→6일 뒤에 킬렌푸(Chilenfu, 金陵府, 현 南京), 도시 곁을 흐르는 탈라이강(즉 양자강)은 세계에서 가장 큰 강이며 거기에는 사람을 감탄케 할 만큼 많은 선박이 내왕→북행하여 얌자이(Iamzai, 揚洲)→북행하여 카라모란(Caramoran, 黃河)변의 렌진(Lenzin, 任城)과 순주마투(Sunzumatu, 臨淸)→북행하여 캄발레치(Cambalech, 즉 大都, 현 북경) 도착.

오도리끄는 중국에 6년간 체류하였는데, 그중 3년은 대도(북경)에서 보냈다. 그리하여 원조의 법제·의례·궁전 건축·각지 종교상황·대칸(大汗)의 수렵·전국의 역참(驛站)제도 등에 관해 정확하게 상술하고 있다. 대도에 있는 만수산(萬壽山, 현 北海 瓊華島)에 관해서까지 세밀하고 생생감있게 묘사하고 있다.

오도리끄의 귀로는 오아시스로인데, 구체적인 노정에 관한 기록은 없다. 그는 1328년에 대도를 떠나 서행 50일 만에 테잔(Tezan, 東勝, 현 내몽골 托克托 일대)에 도착한 후 계속하여 칸산(Kansan, 甘肅)을 지나 남행으로 티베트(현 西藏)에 이르렀다. 이후의 귀로노정에 관해서는 명확한 언급이 없다. 다만 여행기 중에 밀레스토르테국(Millestorte, 木剌夷國)을 경유했다고 기술한 점으로 미루어 중앙아시아와 카스피해 남안을 지나서 오던 길로 귀향한 것으로 보인다.

귀국 후 빠도바(Padova)의 성 안또니 교회당에서 안주해온 그가 1330년 5월 지방장관의 요청을 받고 병석에서 자신의 동방여행에 관해 구술하고 다른 사람이 필록한 것이 바로 오도리끄의『동유기』(東遊記, The Eastern Parts of the World Described)이다. 병석에서의 구술인만큼 내용에서 모호한 점이 적지 않으며 전후 순서가 뒤바뀌는 부분도 있다. 그러나 그의 여행기는 선행자인 마르꼬 뽈로가 언급하지 않은 여러가지 흥미있는 자료를 제공해주고 있다. 우선 그는 경건한 기독교 사제로서 동방 선교사들의 포교활동에 관해 정열적으로 서술하고 있다. 그러면서 그는 중국에서의 천장(天葬)관습이나 부녀들의 전족(纏足), 광주인들의 식사(食蛇), 전당강(錢塘江)에서의 가마우지를 이용한 낚시 등 색다른 기문들을 생생하게 소개하고 있다. 그런가 하면 원조의 궁정 내에서 우상숭배교도(즉 불승이나 라마승, 도사 등)들과 기독교도들, 무슬림들이 함께 어의로서 봉직하며 어울리고 있다는 이야기도 전하고 있다.

오도리끄의『동유기』는 라틴어와 이딸리아어, 프랑스어, 독일어 등 여러가지 언어의 필사본이 전해지고 있으며, 간본으로는 영국의 동양학자 율의 저서『중국과 그곳으로의 길』에 수록된 라틴어본과 영어 역주본이 정본으로 통용되고 있으며, 이에 준한 한역본(漢譯本)도 출간되었다. 오도리끄는 1331년 1월 우딘(Udine)에서 별세하였다.

14세기 전반에 활동한 오도리끄에 이어 14세 중엽에 세계적 여행을 단행한 사람은 아랍의 대여행가 이븐 바투타다. 이븐 바투타의 본명은 아부 압둘라 무함마드 븐 압둘라 븐 무함마드 븐 이브라힘 알 라와티(Abū Abdu'l Lāh Muḥammad Ibn Abdu'l Lāh Ibn Muḥammad Ibn Ibrāhīm al-Lawātī)로서 1304년 2월 14일(이슬람력 A.H. 703. 7. 17) 현 모로코 왕국의 서북단에 위치한 국제무역항인 퇀자(Ṭanjah, 탕헤르)에서 베르베르계의 라와타(Lawātah)부족 가문에서 출생하였다. 30년간(1325. 6. 14~1354. 1)의 여행과정을 제외하고는 그의 삶에 관해서 별로 알려진 바가 없다. 본인은 물론, 사촌도 안달루쓰(현 에스빠냐)에서 법관을 지냈다는 사실로 미루어 가정은 명문사족(名門士族)에 속한다고 볼 수 있다.

유년시절에는 전통적인 이슬람교육을 받아 독실한 무슬림으로 성장하여 21세의 젊은 나이에 혈혈단신으로 성지순례와 이슬람 동방세계에 대한 탐험의 길에 나섰다. 여행 내내 그는 샤이흐(al-Shaikh)의 신분으로 이슬람세계 각지의 종교계 명사들과 접촉했으며 그에 따른 예우를 받았다. 인도(델리)와 몰디브 제도에서는 법관을 역임하였고, 델리 쑬퇀의 특사로 중국 원나라 순제(順帝)에게 파견되기도 하였다. 귀향 후 1368(1369?)년 별세할 때까지도 줄곧 법관을 지냈다. 지금 퇀자 시에는 그의 고거(故居)를 기리는 '이븐 바투타 거리'가 있다.

이븐 바투타는 철두철미 이슬람 문명에서 훈육된 샤이흐와 법관으로서 모든 사물의 가치기준을 이슬람교에 두고 고찰·판단하였으며, 여행 중 네 차례나 성지 메카를 순례하였다. 여행하면서 위험에 부딪칠 때마다 알라의 구제를 기원하며 『꾸란』의 '이흘라스 장'(Sūratu'l Ikhlāṣ)을 10만번씩이나 되뇌고, 여행중에도 성전(聖戰, al-Jihād)에 자진 출전하기도 하였다. 이러한 깊은 신앙심과 더불어 그는 강인한 의지와 용감한 기상, 남다른 모험심의 소유자였다. 상상을 초월하는 간고한 여건 속에서 숱한 죽음의 고비를 기적적으로 넘기면서 추호의 동요도, 후회도 없이 오로지 미지의 세계에 대한 탐구의 일념으로 매진함으로써 희세의 대여행가, 대탐험가의 전형을 여실히 보여주었다. 그는 명실공히 인류가 배출한 가장 위대한 여행가이며 탐험가의 한 사람이다.

이 위대한 대여행가가 세계 주유의 대장정에 오르게 된 당초의 동기는 무슬림으로서의 5대 의무의 하나인 메카 성지순례(al-Ḥajj)를 결행하고, 이를 계기로 동방 이슬람세계에 관한 지식을 탐구하려는 것이었다. 그는 제1차 동방여행기간(1325~49, 25년간) 중에 네 차례나 메카를 찾아 순례함으로써 소기의 첫째 목적을 달성하였다. 더욱이 이슬람 문명의 발원지이자 개화지인 동방 이슬람세계는 구지욕에 불타던 젊은 그에게 있어 선망과 탐구의 대상이 아닐 수 없었다. 그리하여 여행기에서 보다시피 그는 멀리 인도에서까지도 이슬람 명소와 명인이라면 빠짐없이 찾아가고, 당대 이슬람 문명의 전개상을 다각적으로 기술하고 있다. 그럼으로써 그는 여행과 탐험의 묘미를 터득하고 경험을 축적하면서 그 지평을 부단히 넓혀나갔다. 그리하여 그는 카스피해 북부나 인도, 중국, 내륙 아프리카 등 수다한 이교도지역까지 역방하면서 세계적 여행가·탐험가로서의 견문과 소견을 실사구시하게 피력하고 있다.

이븐 바투타가 이슬람세계를 중심으로 한 3대륙 각지를 역방한 14세기는 3대륙을 아우르는 이슬람세계가 여전히 세계 중심세력의 하나로 기능하는 가운데, 이슬람의 다극화(多極化)가 추진되던 시기다. 1258년에 압바쓰조 이슬람 통일제국이 멸망한 후, 이슬람세계에는 동방의 일 칸국과 서방의 맘루크조, 그리고 이베리아 반도의 나스르조를 위시한 지역적 세력들이 형성됨으로써 다중심적 다극화 현상이 나타났다. 그 결과 이슬람 문명의 토착화와 이에 따르는 이슬람 문명의 지역적 특성이 가시화되기 시작하였다. 이슬람세계와 이슬람 문명의 이러한 새로운 변화 추세는 이븐 바투타의 탐구적 호기심을 더욱 불러일으켰던 것이다.

이러한 이슬람 문명의 다극화와 지역화 과정에서 이슬람교의 포교에 선도적 역할을 한 것이 이른바 수피즘(al-Taṣawwuf), 즉 신비주의 교단이다. 여행중 도처에서 만나는 '자위야'(al-Zāwiyah)가 바로 수피즘들의 수도장(도량, 정사)인 것이다. 이들은 이슬람세계에 거대한 포교망을 형성하여 이슬람 교세의 확장에 앞장서고 있었다. 그들이 운영하는 '자위야'는 포교활동의 거점인 동시에 무슬림 여행자들의 숙관(宿館)이자 보급기지이기도 하였다. 도처선화당(到處宣化堂)격인 이러한 '자위야'의 존재는 이븐 바투타의 여행을 실현 가능케 한 현실적 요인의 하나였다.

이와 함께, 이븐 바투타가 미증유의 대탐험을 성공리에 단행할 수 있었던 또다른 배경은 세계에 관한 선행 아랍-무슬림들의 지식 축적이다. 10세기를 전후한 이슬람 문명의 전성기에 많은 아랍-무슬림 학자들과 여행가들, 상인들이 세계 방방곡곡을 누비면서 현지견문 등 귀중한 기록을 많이 남겨놓았다. 이와같은 기록, 특히 여행관련 기록은 이븐 바투타의 여행에서 참고서와 길잡이 역할을 하였다.

이러한 시대적 배경에서 장장 30년간 10만여km를 답파한 이븐 바투타의 세계적 대여행과 탐험의 전과정은 크게 세 부분으로 이루어져 있다. 첫 부분은 25년간의 동행(東行, 아시아)이고, 둘째 부분은 2년간의 북행(北行, 유럽)이며, 셋째 부분은 3년간의 남행(南行, 아프리카)이다.

첫 부분인 동행은 고향 퇀자(탕헤르)를 출발해 북아프리카와 서아시아, 중앙아시아, 인도, 동남아시아를 거쳐 중국 한발리끄(북경)까지의 왕복여행이다. 그 주요 노정은 다음과 같다. 1325년 6월 14일 퇀자 출발→튀니스→알렉산드리아→1326년 7월 카이로→아이잡(상이집트, 홍해 서안)→카이로→1326년 8월 다마스쿠스→메디나→1326년 11월 메카→메디나→나자프(이라크)→바스라→1327년 5월 이스파한(이란)→바그다드→타브리즈→바그다드→모술(이라크)→바그다드→나자프→메디나→메카(1328~29)→지다(홍해 동안)→사나(예멘)→모가디슈(소말리아)→쿨와(잔지바르)→자파르(아라비아 반도 남안)→오만→호르무즈→바레인→1331년 메카→지다→카이로→예루살렘→라지키야→알리야(터키)→에르주룸(흑해 동남부)→1333년 9월 바르솨(터키)→시노프(흑해 남안)→카르슈(크림 반도)→꼰스딴띠노쁠→1334년 5월 불가르(볼가강 중류)→사라이(킵차크 칸국 수도)→호레즘(아랄해 서남부)→부하라→사마르칸트→발호→바스(마슈하드?)→카불(아프가니스탄)→라하리(인더스강 하구)→물탄→델리(1335~1342. 7. 22)→칸바야(인도 서해안)→산다부르(인도 서해안, 1342. 10~1343. 1)→캘리컷→1344년 8월 지바툴 마할(몰디브 제도)→씰란(스리랑카)→파탄(인도 동남해안)→캘리컷→지바툴 마할→살라마트(인도 동북부, 벵골 지방)→바라흐나카트(미얀마 서해안)→스무트라(수마트라)→카물라(말레이 반도 동해안)→카일루카리(브루나이 동쪽 섬)→(1346?) 자이툰(중국, 泉州)→쉰칼란(廣州)→자이툰→칸사(杭州)→한발리끄→귀로에 올라 칸사→자이툰→스무트라→1346년 12월 캘리컷→1347년 4월 자파르→호르무즈→시라즈(이란)→이스파한→바스라→바그다드→다마스쿠스→1348년 6월 할랍(일명 알레포, 시리아)→가자(팔레스타인)→1349년 4월 카이로→아이잡→지다→1348년 11월 메카→메디나→가자→카이로→알렉산드리아→튀니스→사르데냐 섬(지중해)→틸림산(알제리)→1349년 11월 8일 페스(마리니야조 수도, 모로코) 귀착.

둘째 부분인 북행은 페스를 출발해 지브롤터 해협을 건너 당시 이베리아 반도의 마지막 이슬람 왕조인 나스르조의 수도 가르나퇘(그라나다)까지 갔다가 귀향한 후, 이어 모로코의 남부 도시 마라케시를 에돌아 페스로 돌아오는 여행이다. 그 주요 노정은 다음과 같다. 페스 출발→탄자(탕헤르)→삽타(새우타)→자발 파트흐('정복의 산', 지브롤터)→가르나퇘→귀로에 올라 자발 파트흐→삽타→탄자→살라(라바트 부근)→마라케시→미크나스→페스 귀착.

셋째 부분인 남행은 페스에서 남하하여 사하라 사막을 횡단, 내륙 아프리카까지의 왕복여행으로서 사상 초유의 여행이다. 그 주요 노정은 다음과 같다. 페스 출발→1352년 2월 18일 시질마사(모로코 남부, 사하라 사막 입구)→타가자(말리 북부)→이왈라탄(모리타니아 동남부)→말리(말리 서남부, 1352. 6. 28~1353. 2. 27)→1353년 9월 11일 타카다(니제르)→부다(알제리)→1353년 12월 29일 시질마사→1354년 1월 페스 귀착.

이븐 바투타는 이상의 3대륙 여러 지역을 두루 역방하면서 직접 보고 들은 기사이적(奇事異蹟)을 총 502문단으로 구성된 여행기 속에 담았다. 연대기 형식으로 된 이 현지견문록의 아랍어 원제(原題)는 『여러 지방의 기사(奇事)와 여러 여로(旅路)의 이적(異蹟)을 목격한 자의 보록(寶錄)』(*Tuḥfatu'd Nuẓẓār fī Gharāibi'l Amṣār wa 'Ajāibi'l Asfār*)이나, 일반적으로 『이븐 바투타 여행기』(*Riḥlatu Ibn Baṭūṭah*)로 알려져 있다.

27년간의 아시아와 유럽 여행을 마치고 한창 내륙 아프리카를 여행하고 있던 이븐 바투타에게 특사를 급파해 수도 페스(모로코의 고도)로 소환환 마리니야조(al-Marīniyah) 쑬퇀 아부 아난(Abū 'Anān)은 재상 아부 압둘라 알 와타시(Abū Abdu'l Lāh al-Waṭāsī)의 제의에 따라 이븐 바투타에게 여행기를 집필하도록 유시(諭示)를 내렸다. 유시를 받은 이븐 바투타는 여행기 집필에 잠심몰두(潛心沒頭)하여 귀향 후 2년도 채 못되는 1355년 12월 9일(A.H. 756. 12. 3)에 드디어 각필(擱筆)하였다.

그러나 이븐 바투타가 직접 집필한 여행기는 전해지지 않는다. '가급적으로 언사를 다듬고 윤색하여 그 뜻을 명확히 살리라'는 쑬퇀의 교지(敎旨)에 따라 궁정시인이며 당대의 명문장가인 이븐 주자이 알 칼비(Ibn Juzayī al-Kalbī)가 1356년 2월(A.H. 757. 2) 여행기 원본에 대한 요약 필사작업을 마쳤으며, 오늘날까지 알려지고 있는 이른바 『이븐 바투타 여행기』는 이븐 바투타가 직접 쓴 원본이 아니라, 이븐 주자이의 이 요약 필사본이다. 따라서 대부분의 선행 연구자들이 이븐 바투타가 구술한 것을 이븐 주자이가 필사한 것이 현행 여행기라고 주장하는 것은 분명히 사실과는 다른 오류로서 의당 시정되어야 할 것이다.

『이븐 바투타 여행기』의 내용은 문자 그대로 삼라만상이다. 우선 이슬람과 관련해서는 이슬람 성소와 명소, 법관을 비롯한 명사들, 각종 종교의식과 명절행사, 사원과 자위야의 건축양식과 운영방식, 금식과 자카 등 종교의무 수행상황, 여러 교파의 실태, 무슬림과 비무슬림(이교도)의 관계, 부분적인 변형과 지역성 등 이슬람교와 이슬람 문명 전반에 관해 세심하게 관찰하고 판단을 곁들여 기술하고 있다.

다음으로 정치행정 일반에 관해서는 쑬퇀의 계위관계와 가문, 잔인성과 관용성의 이중 속성을 지닌 쑬퇀들의 통치행태, 쑬퇀이나 아미르(장관, 수장)들의 치적과 하사(下賜)관행, 위정자들간의 갈등과 상잔, 궁정 규모와 궁중의례행사, 쑬퇀을 비롯한 위정자들의 신앙관계, 관리 임용과 책봉(冊封), 징세와 관세제도, 각종 행정시책, 수도를 비롯한 주요 도시들의 규모와 건축 및 시장현황 등을 상황에 따라 때로는 간략하게, 때로는 지루하리만큼 상세히 언급하고 있다. 그 다음으로 사회생활에 관해서는 각종 매매행위와 교환관례 및 상술, 대외교역과 교역품, 물가지표와 통화제도 및 환율, 다양한 의식주 관습, 특유의 동·식물과 농작물, 수륙교통수단의 준비 제작과 이용, 도정(道程)과 도로상황, 관혼상제의 관행, 예법, 민간요법, 특이한 폐습과 악습 등에 관해 생동감있게 전해주고 있어 가치있는 문화인류학적 사료로 진중되고 있다.

끝으로 여행기 전편에는 주로 전문에 의한 고사나 전설, 영험(靈驗)이나 기적에 관한 이야기가 간헐적으로 등장하고 있다. 일독하면 황당무계한 감이 없지 않아서 몇 나라의 초역(抄譯)에서는 이러한 내용을 대체로 삭제해버리고 있다. 그러나 깊이 음미해보면 여느 고사나 전설과 마찬가지로 소기의 전승적 의미가 부여되어 있는 것이다. 특히 '바라카'(al-barakah, 吉祥, 營福)에 의한 영험이나 기적에 대한 시사는 여행기 저변에 깔려 있어 흡사 기복신앙을 연상케 할 때가 있다. 이것은 당시 성행한 수피즘의 기복관(祈福觀)을 반영한 것이라고 볼 수 있다. 그러나 한편, 이러한 고사나 전설, 영험이나 기적에 관한 이야기는 대표적 여행문학작품으로서의 본 여행기의 문학성을 한층 높여주고, 그 내용을 풍부화, 다양화시켜준다고 말할 수 있다.

이렇게 한 시대를 살아가는 인류의 다종다양한 생활상을 동서남북 종횡으로 엮은 이븐 바투타의

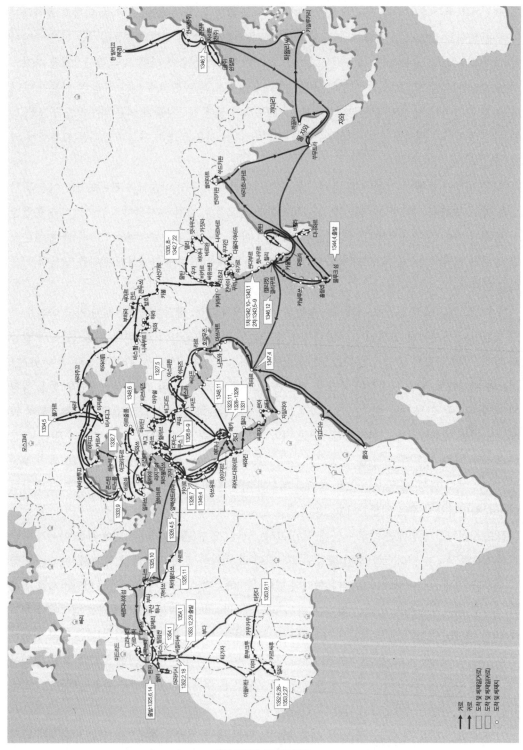

이븐 바투타 여행로 전도

여행기는 언필칭 인류 공유의 유산으로서 중요한 의의를 갖는다. 그 의의는 우선, 중세 인문지리학적 자료의 보고(寶庫)로서 학문적 연구가치가 높다는 데 있다. 아직까지 이 여행기처럼 중세 동·서양인들의 각이한 생활상과 자연지리적 환경을 포괄적으로 기술하고 있는 기록물은 발견하지 못하고 있다. 특히 내륙 아프리카에 관한 여행기록과 무려 4개 장을 할애한 이슬람 투글루끄조(1320~1424) 시대의 인도관련 기술은 초창적인 의미를 지니고 있다. 특히 이 여행기는 중세 이슬람 문명 전반을 이해하는 데 하나의 지침서로 정평이 나 있다. 뿐만 아니라, 당대의 수많은 명류들을 정확히 거명·소개하여 '인물사전'이란 평가까지 받고 있다. 요컨대 이 여행기는 중세 연구에 있어 높은 사료적 가치를 지니고 있으며, 중세의 실상을 재현시켜주는 현상제(現像劑)라고 할 수 있다.

다음으로 그 의의는, 중세 동서교류상을 입증해주는 소중한 문헌이라는 데 있다. 원래 여행기, 특히 이질문명간의 여행기는 그 자체가 정신문명 교류의 표상이고 촉진제다. 이븐 바투타의 여행기는 당대 동서교류의 대동맥인 실크로드의 오아시스로와 해로, 그리고 대상(隊商)을 비롯한 육·해상교역 등 동서교류의 제반 실상을 선명하게 전해주고 있다. 특히 도정이나 도로상황, 여행지의 생활상 등에 관한 구체적인 소개는 손색 없는 '여행안내'라는 평가도 받고 있다. 그 의의는 끝으로, 여행문학의 좌표를 세워준 수작이라는 데 있다. 이 여행기에서는 여행문학 고유의 사실성과 생동성, 그리고 지식 전달의 제반 특성이 명확히 부각되고, 여행문학으로서의 작품성도 돋보이며, 수사학적 언어표현도 적절함으로써 명실공히 아랍-무슬림 여행문학의 대표작이라고 할 수 있다.

인류의 여행사와 탐험사에 그야말로 명수죽백(名垂竹帛)해야 할 이 보록(寶錄)도 세진(世塵) 속에 묻혀 400여 년간 망각되어오다가 1808년 아랍 탐험가 시첸(Seetzen)에 의해 처음으로 그 필사본이 발견되어 세인의 주목을 끌기 시작하였다. 그후 여행기가 여러 나라 말로 번역이 시도됨에 따라 연구가 심화되어왔다. 최초의 번역본은 영국의 쌔뮤얼 리(Samuel Lee)가 1829년 런던에서 출간한 영문 초역본(抄譯本)이다. 그후 프랑스의 데프레메리(C. Defrémery)와 쌍기네띠(B. R. Sanguinetti)가 알제리에서 발견된 여행기 전문 필사본을 프랑스어로 완역(完譯)하였다. *Voyages d'Ibn Batoutah*란 제하의 이 완역본은 전 4권(아랍어 원문 첨부)으로 1853~58년 빠리에서 출간되었다. 그후 영국의 깁(H. Gibb)은 1929년 *Ibn Battuta Travels in Asia and Africa 1325~1354* 제하에 영문 초역본을 내놓은 데 이어 4권으로 된 완역을 시도하다가 제3권 번역 도중 사망했기 때문에 1958년부터 1971년 사이에 번역된 3권이 우선 출간되었다. 그러다가 베킹엄(C. F. Beckingham)이 번역을 이어받아 1994년에 제4권을 출간함으로써 드디어 36년 만에 전4권으로 된 영역본이 나왔다. 한국에서도 2001년에 정수일(鄭守一)이 번역한 한국어 완역본 『이븐 바투타 여행기』 1·2가 출간되었다. 중국에서는 1985년에 마금붕(馬金鵬)의 초역본 『이본·백도태유기(伊本·白圖泰游記)』가 상재되었고, 일본에서는 1953년에 마에지마 신지(前嶋信次)의 초역본 『イブンバットゥータ 3大陸周遊記』

가 출간되었다.

　중세를 지나 근대 초에 동행한 여행 탐험가로 문명교류사에 자국을 남긴 사람은 포르투갈 출신의 보조수도사이자 여행가인 고에스(Bento de Goes, 顎本篤, 1563~1607)이다. 고에스는 젊어서 학업을 중단하고 해병에 입대하여 복무하다가 22세에 인도 남부의 마라바르(Marabar) 지방에 파병되었다. 1584년 2월에 인도 서해안의 고아에서 수련사(修練士)로서 예수회에 가입하였다. 그러나 얼마 안 가서 예수회에서 탈퇴했다가 후회하고 1588년 4월에 재입회하였다. 재입회 후에는 사제로서의 승격을 고사하고 보조수도사로 계속 남아 있었다. 그러다가 1594년 말 다른 2명의 선교사와 함께 무갈제국의 왕 아크바르(Akbar, 1556~1605)의 초청을 받고 이듬해 5월 5일에 제국의 행정 중심지인 라호르(Lahor)에 갔다. 이를 계기로 아크바르와 친교를 맺게 되었다.

　그런데 당시 메카에 성지순례를 다녀오다가 이곳에 들른 한 중국 무슬림 상인으로부터 무갈제국 북쪽 멀지 않은 곳에 1,500개의 도시를 거느리고 기독교도 신봉하고 있는 강대한 '키타이'(Khitai, 혹은 Cathay)라고 하는 나라가 있다는 이야기를 들었다. 그리하여 아크바르나 예수회 관계자들은 지구의 동방에 '중국'(China) 외에 따로 '키타이'라는 나라가 있는 것으로 믿게 되었다. 한편, 1582년에 내화한 예수회 선교사 마테오 리치가 1596년에 유럽예수회 본부와 예수회의 인도 관찰관 자비에르에게 보낸 서한에서 '키타이'는 중국의 별칭으로서 결국 한 나라라는 사실을 알린 바가 있다. 이러한 상황에서 아크바르나 자비에르는 앉아서 사실 여부를 가릴 수가 없었다. 그리하여 '키타이'와 중국의 이동(異同) 여부를 현지에서 확인하기 위하여 자비에르는 고에스를 중국에 직접 파견하기로 하였다. 아크바르도 이에 적극 찬조하여 연도의 제왕들에게 서한을 보내 일행에게 협조해줄 것을 당부하고 다량의 여비도 지출하였다.

　고에스의 수행원은 그리스인 2명(부사제와 상인)과 이슬람교로부터 기독교로 개종한 인도인 시종 4명이었다. 고에스는 아르메니아 상인으로 철저하게 변장하였다. 이름은 '압둘라 이사'로 개명하고, 인도 무슬림 복장에 장발과 구레나룻도 길렀으며 터번을 쓰고 패검도 하였다. 일행은 1602년 중국을 향해 무갈제국의 수도 아그라(Agra, 현 델리 남부)를 출발하였다. 그들이 중국 숙주(肅州)까지 온 노정과 그 행적은 다음과 같다.

　1602년 10월 29일 아그라 출발→서북행하여 12월 8일 라호르→4명의 시종을 돌려보내고 아르메니아인 이사크를 고용, 1603년 3월 카슈가르로 향발하는 500명 대상과 함께 라호르 출발→북행하여 페샤와르→북행하여 카불, 카불 오기 전에 산적에게 피습당해 큰 피해를 봄, 고에스는 산림 속에 피신해 위기를 벗어남→토아파 대산(大山), 라호르에서 여기까지 6개월 걸림, 그리스인 2명 중 1명은 되돌아가고 1명은 도주, 이사크만이 수행, 대상의 사기는 저하됨→다시 카불로 돌아와 약 8개월간 체재하며 대상 재편성, 1603년 8월 말 카불 재출발→동북행하여 힌두쿠시산맥에 이름, 고에스 도중 발병으로 고생→동북행하여 1603년 10월경 파미르 고원에 도착, 말 5필이 동사(凍死)→20일 뒤에 살고르에 도착, 2일간 휴식→체챠리스(Ciecialith) 설산→6일 뒤 카슈가르 왕국의 탄게타르 (Tanghetar, '탄게'는 '계곡', '타르'는 '좁다'는 뜻), 이사크가 물에 빠져 8시간이나 인사불성→동북행하여 1603년 11월 카슈가르 수도 야르칸드에 이르러 약 1년간 체재하며 국왕 무함마드 칸과 친교를 맺음, 왕에게 3면거울과 비단천·사탕·과자·철제 목걸이·시계 등을 선물→1604년 11월 14일 야르칸드 출발→20일 뒤에 악수(Aksu)에 이름, 이곳은 인구 1만 5천~2만명, 왕은 12세의 소년, 12월 24일 출발→고차(庫車, 쿠차)에서 1개월간 체재, 라마단(금식월) 기간→25일 뒤 카라샬(焉耆) 도착, 당시 카라샬은 카슈가르 국왕의 왕자가 통치하고 있었는데, 고에스가 이교도임을 알자 살해할 것인가 아니면 소지품만 몰수할 것인가를 저울질하는 기미가 보이자 카슈가르 왕이 발급한 통행증을 내보이고 선물하였더니 태도 일변해 예우해줌→1605년 7월 중순 카라샬 출발→20일 뒤 투르판에 도착해 1개월간 휴식→고창(高昌), 이곳에서 좀 나오니 사마르칸트로 통하는 대상로(隊商路) 나타남, 방형의 대상숙관(隊商宿館)이 점점이 산재→1605년 10월 17일 하미(Hami) 도착, 폭 20km의 오아시스, 곡물 외에 하미과로 유명한 수박 산지이며 카라샬 왕의 대리자가 섭정하고 있음, 약 1개월간 휴식→가욕관(嘉峪關)→감주(甘州)→1605년 말 숙주(肅州) 도착.

고에스는 숙주에 도착한 후 한 중국 사신 편에 북경에 와 있는 예수회 선교사 마테오 리치에게 서신을 보냈다. 그러나 리치의 한명(漢名)과 거주지가 불명하여 서신을 전달하지 못하였다. 그후 다시한 무슬림 상인 편에 서한을 보냈다. 다행히 이 서한은 1606년 11월 리치에게 전달되었다. 당시 리치는 인도예수회로부터 전해들어서 고에스의 중국 여행에 관해 이미 알고 있었다. 리치는 서한을 받자마자 중국인 기독교수사 종명례(鍾鳴禮)를 숙주에 급파하였다. 종명례는 1606년 12월 12일 북경을 떠나 도중 서안(西安)에서 동행자에게 여비의 절반을 편취당하는 등 우여곡절 끝에 이듬해 3월 31일 숙주에 당도하였다. 그런데 그해 2월부터 고에스는 중병에 걸려 피골이 상접한 상태였다. 고에스는 그 전날 밤 북경으로부터 사람이 도착한 꿈을 꾸고 나서 수행자인 이사크더러 시장에 가서 신에게 드릴 공물(供物)을 사오라고 하였다. 이사크가 방금 문을 나서려는데 과연 북경에서 사람이 왔다는 회소식이 들렸다고 한다. 고에스는 리치 등 3명의 신부가 보내온 편지를 받고 감격해 눈물을 흘리면서 그 편지를 동이 틀 때까지 밤새 가슴 위에 꼭 쥐고 놓지 않았다고 한다. 그로부터 11일 만인 4월 10일 고에스는 끝내 세상을 뜨고 말았다.

고에스 사후, 그가 남겨놓은 일부 유물과 일기는 피탈(被奪)로 소실되었다. 게다가 이사크는 고에스의 두번째 서한을 리치에게 전한 바로 그 무슬림 상인의 모함에 걸려 투옥되었다가 종명례에 의해 겨우 구출되었다. 구출된 후, 이사크는 종명례를 따라 북경에 와서 고에스의 동향 여행에 관해 리치에게 자초지종 구술하였다. 그리고 나서 이사크는 마카오를 거쳐 인도로 가는 도중 네덜란드의 해적선에 납치되었다. 이사크의 전후 사연을 들은 선장은 크게 감복하여 그를 말라카까지 호송하였다. 이사크는 말라카를 떠나 인도의 고아에 무사히 도착하였다.

한편, 마테오 리치는 이사크의 구술과 고에스의 잔존 일기에 근거하여 고에스의 행적을 정리하여 로마와 마카오의 예수회에 보고하는 한편, 자신이 저술한 『기독교원정중국사』에도 수록하였다. 즉 『기독교원정중국사』 제5권의 제11장 '거란(契丹, 즉 키타이)과 중국: 한 예수회 형제의 비범한 원유(遠遊)'와 제12장 '거란과 중국은 동일 국가로 증명됨', 제13장 '중국에서의 고에스 서거' 등에서 고에스의 동향 여행에 관해 기술하고 있다. 이 기술에서 보다시피, 고에스는 자신의 험난한 여행 탐험을 통해 '키타이'와 중국은 결코 별개의 나라가 아니라, 바로 한 나라임을 현지에서 실증함으로써 자신의 동행사명을 목숨으로 수행하였고, 이를 계기로 유럽인들은 중국에 대한 한층 더 정확한 이해를 도모할 수 있게 되었다.

이상에서 보다시피, 중세에 서방의 동향 여행가들은 희생적인 탐구정신으로 동서간의 정신문명 교류에 불멸의 업적을 쌓았다. 이에 비해 비록 양적으로나 전문성에서 불급(不及)한 점이 있기는 하나, 서향 여행가들도 이러한 교류에 나름의 기여를 하였다. 서향 여행가들, 즉 동방에서 서방으로 여행한 여행가들로는 대표적으로 13세기 전반의 장춘진인(長春眞人, 1148~1227)과 14세기 전반의 왕대연(汪大淵)을 들 수 있다. 장춘진인의 경우 비록 도인(道人)으로서 당초 여행가는 아니었지만, 칭기즈칸의 서정에 수행하여 서유(西遊)하는 과정에서 여행가다운 안목으로 여행지의 제반 사정을 관찰하고 값진 여행기를 남겨놓았다. 따라서 과정과 결과로만 보면 그는 손색없는 서향 여행인의 한 사람이다.

장춘진인은 산동 등주(登州) 서하(棲霞) 출신으로서 속명은 구처기(邱處機)이고 호가 장춘(長春)이다. 19세에 영해(寧海) 곤륜산(昆侖山)에서 도교를 연수하다가 20세에 도교의 한 분파인 전진교(全眞敎)의 개조 왕중양(王重陽)의 문하에 들어가 그의 6대 제자의 한 사람이 되었다. 스승이 서거하자 섬서성 반계(磻溪)의 종남산(終南山)에 입산하여 수행한 후 교조(敎祖)가 되었다. 1188년 금(金) 세종(世宗)의 초빙을 받고 상경하였다가 1191년에 귀향해서 도관(道觀)을 세웠다. 영통한 도인으로서 명성이 높아지자 금과 송(宋)에서 앞다투어 모셔가려 했으나 모두 거절하고 은거하였다. 그러다가 서정중에 있는 칭기즈칸으로부터 초청이 오자 쾌히 승낙하였다. 당시 중원의 명사들을 대동하고 서정중에 있던 칭기즈칸은 장생비술(長生秘術) 같은 것에 흥미를 가지고 있어, 1219년 11월에 장춘진인에게 유중록(劉仲祿)을 특사로 파견하여 종군토록 초청하였던 것이다. 장춘진인은 칭기즈칸을 직접 만나 그가 자행하고 있는 살육을 그만둘 것을 권유하기 위해 그의 초청에 쾌히 응했다고 한다. 장춘진인의 서행노정과 그 행적은 다음과 같다.

1220년 2월(이하 음력) 18명(19명?)의 제자와 수십명의 호위병을 거느리고 산동 내주(萊州) 출발.

당년 73세→제양(濟陽)→8월 연경(燕京)에 도착, 얼마간 체재→선덕주(宣德州, 현 河北 宣化)→1221년 2월 야고령(野孤嶺)→몽골 지방에 진입, 칭기즈칸의 동생 오차킨의 초청을 받음→북행하여 무주(撫州)→개리박(蓋里泊)→4월 1일 오차킨의 본궁에 도착→게르렌강 따라 서행해 거란의 고성(故城)→7월 말 울리아스타이 지방의 진해성(鎭海城)→알타이산맥→8월 말 비시바르크 도착, 왕과 대신·승려·백성 수백명이 출영, 9월 초 출발→윤대(輪台)→9월 위구르의 잔발리크 경유→27일 알말리크 도착→4일간 서행하여 탈라스강을 넘은 뒤 칭기즈칸의 사신을 만나 그가 호레즘의 잘랄룻 딘을 추적해 인도 방면으로 출정했음을 알게 됨→서행 오트라르→11월 중순 사마르칸트, 인구 10만호의 이 도시는 4분의 3이 파괴됨, 대부분 회흘인(回紇人)이며 한인 공장(工匠)들이 혼거, 과동(過冬)→1222년 3월 중순 칭기즈칸을 따라잡으려고 출발→아무다리아강 도강→4월 5일 카불에서 칭기즈칸 알현, 칭기즈칸이 찾아온 장춘진인을 반가이 맞으면서 '장생약(長生藥)'이 없는가고 묻기에 '위생(衛生)'의 방법은 있어도 장생약은 없다'고 대답, 칭기즈칸은 그의 솔직성에 만족, 본래 4월 14일 재회를 약속했으나 칭기즈칸이 위구르인들의 반란 진압에 출진한 탓에 재회 무산→사마르칸트로 돌아옴, 9월 말 위구르인들의 반란 진압에서 돌아온 칭기즈칸과 재회, 여기부터 칭기즈칸과 동행하면서 자주 대화를 나누었는데, 천변지이(天變地異)는 모두가 천(天, 하늘)의 경고라는 것과 수렵을 적게 하라는 권유 등 다양한 내용, 그후 칭기즈칸은 2개월간 수렵을 단념→1223년 3월 10일 귀국 허락받고 사마르칸트 출발. 귀로는 거로와 같음→1224년 3월 연경에 귀착.

장춘진인은 귀국 후 태극궁(太極宮, 즉 長春宮)에 약 4년간 안주하였는데, 그동안에 '신선(神仙)'과 '대종사(大宗師)'라는 호를 수여받고 도교의 최고책임자인 '천하도교(天下道教)'에 추대되었다. 그러다가 1227년 향년 80세로 별세하였다. 장춘진인은 70여 세의 고령에 산동에서부터 오아시스로의 북도를 따라 서행하여 중앙아시아 여러 곳을 4년간 전전하다 귀향한 후 수행(隨行) 제자였던 이지상(李志常, 1193~1238)에게 여행과정에 관해 구술하였으며, 제자는 이를 필록·편집하여 『장춘진인서유기(長春眞人西游記)』란 여행기를 간행하였다. 사실적인 풍부한 내용을 담고 있는 이 여행기는 연도 각지의 산천과 도정(道程)·지리풍토·의상과 음식·짐승과 초목·풍속과 신앙·인물사적 등을 간결한 필치로 서술하고 있다. 그리하여 중세의 중앙아시아와 오아시스로의 연구에서 귀중한 사료로 평가되고 있다. 1888년에 출간된 브렛슈나이더(E. Bretschneider)의 *Medieval Researches from Eastern Asiatic Sources*(Vol. I, London 1967)에 이 여행기의 영문 역주본이 수록되어 있다.

장춘진인 외에 13세기 전반에 몽골제국의 정치가로 활약한 야율초재(耶律楚材, Yeh-lü Chu-Ts'ai, 1190~1244)도 장춘진인과 비슷하게 칭기즈칸의 서정군에 종군하면서 견문한 것을 엮은 여행기 『서유록(西遊錄)』(1228)을 저술하였다. 그 역시 과정이나 결과, 그리고 여행기로만 보면 서향 여행인의 한 사람이라고 말할 수 있다. 그러나 이들 두 사람은 서방의 동향 여행가들인 마르꼬 뽈로나 오도리

몽골제국 때 서유한 정치가 야율초재

고, 이븐 바투타처럼 전문성을 띤 직업적인 여행가는 결코 아니었다. 동양에는 이런 유의 여행인들이 그들 외에도 다수 있었다. 따라서 흔히들 동양에는 여행가다운 서향 여행가가 과연 있었는가에 대해 의문을 품어왔는데, 이제 그 의문에 대한 확답으로는 전술한 동향 여행가들과 거의 같은 시기에 그들에 비견되는 서향 여행가도 있었다는 사실을 제시할 수 있다. 그 여행가가 바로 14세기 전반 원대의 해상 여행가 왕대연(汪大淵, 1311~?)이다.

왕대연은 강서 남창(南昌)인으로서 어려서부터 세계 주유의 꿈을 키워왔다. 그는 1천여 년 전의 사마천(司馬遷)을 귀감으로 삼아 중국땅의 거의 절반을 편력하면서 여행의 묘미를 터득하고 전래의 중국 사서들이 해외사정에 관해 너무나 소략(疏略)하게 다

룬 데 대하여 늘 개탄하였다. 그리하여 그는 자신이 직접 현지를 탐방하여 사실을 확인하고 기술의 지평을 넓혀가기로 결심하였다. 그는 전후 2차에 걸쳐 약 7년간 해외 탐방에 나섰다. 제1차는 1330년에 천주(泉州)에서 출항해 1334년 하추계(夏秋季)에 돌아왔고, 제2차는 1337년 동계에 역시 천주를 떠났다가 1339년 하추계에 돌아왔다. 그는 방문지마다 메모한 자료에 근거하며 1349년에 자신의 여행 탐방기인 『도이지략(島夷志略)』을 찬술하였다. 그는 해외사정에 대한 심층적인 이해를 목적으로 하였기 때문에 대상지에 대한 탐지 기술(記述)에 역점을 두고, 자신의 여행과정에 대해서는 노정이라든가 행적을 일일이 밝히지 않고, 그가 직접 견문하고 체험한 산천과 강역·물산과 풍습·생활상 등의 여러 면을 실사구시하게 기술하고 있다. 특히 당시 원조의 해외무역 중시정책에 편승하여 각지의 물산과 교역품, 중국의 수출입품에 관해서는 자세히 소개하고 있다.

이 여행기의 특색은 내용의 사실성과 광범위성이다. 왕대연은 이 책에서 "전문한 것은 결코 적지 않았다"고 천명하고 있다. 그는 자신이 직접 밟아본 땅에서 목격한 사실만을 그대로 기술하고 있다. 이러한 기술의 사실성은 후일 역사가 여실히 증명해주고 있다. 다음으로 내용의 광범위성은 이 여행기의 두드러진 특색이다. 이 여행기는 분권(分券)하지 않은 채 100개의 조항으로 구성되어 있는데, 마지막 조항('異聞類聚') 외에는 지명을 조항명으로 하고 있다. 왕대연은 그가 직접 탐방한 99개 나라와 지역에 관해 기술하고 있으며, 그 속에서 언급된 외국 지명만도 220여 개나 된다. 이러한 나라와 지역이 곧 왕대연이 방문한 곳으로서 그의 여행이 얼마나 폭이 넓었는가를 알 수 있다. 동남으로는 문노고(文老古, 현 인도네시아의 몰루카 제도)와 고리지민(古里地悶, 현 인도네시아 동부의 티모르 섬), 서남으로는 천축(天竺, 현 인도)과 승가랄(僧伽剌, 현 스리랑카) 연해 각지, 서쪽으로는 페르시아만을 지나 파사리(波斯離, 현 이라크 남부의 바스라)와 마가사리(麻呵斯離, 현 이라크 서북부의 모술), 홍해 동안

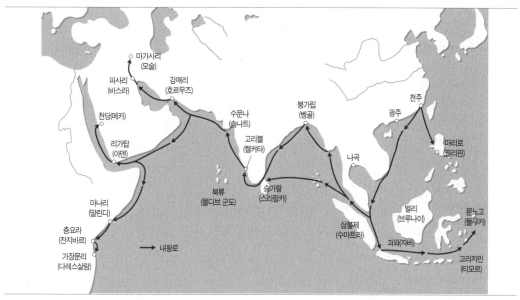

원대 왕대연의 2차 여행노정도(1330~34; 1337~39)

의 리가탑(哩伽塔, 현 예멘의 아덴)과 천당(天堂, 현 사우디아라비아의 메카), 더 서쪽으로는 동아프리카의 마나리(麻那里, 현 케냐의 말린디)와 층요라(層搖羅, 탄자니아의 잔지바르), 가장문리(加將門里, 현 탄자니아의 다레스 살람)까지에 왕대연의 발자국이 찍혀 있으니, 그가 대여행가임에는 의심의 여지가 없다. 그중에는 선인들의 사적에 언급이 없는 라위(羅衛, 현 말레이시아의 Johore)와 라곡(羅斛, 현 타이의 Lophury), 침로(針路, 현 말레이 반도 북부 서안의 Mergui) 등 전인미답지(前人未踏地)도 들어 있다.

왕대연의 『도이지략』은 중세의 해로 및 그 연안 국가들과 지역을 연구하는 데 내용의 사실성으로 인해 으뜸가는 사료원으로 정평이 나 있다. 그리하여 일찍부터 동·서양 학계에서 이 사료원에 대한 진지한 연구가 진행되어왔다. 대표적인 연구서로는 중국 심증식(沈曾植)의 『도이지략광증(島夷志略廣證)』과 소계경(蘇繼頃)의 『도이지략교역(島夷志略校譯)』, 일본 후지따 토요하찌(藤田豊八)의 『도이지략교주(島夷志略校注)』, 미국 록힐(W. W. Rockhil)의 번역고증본(翻譯考證本) 등이 있다.

참고자료

『南史』(卷28)「夷貊傳」.

『大秦景敎流行中國碑』碑文.

『梁史』(卷54)「諸夷傳」.

『通典』「西蕃記」.

『漢書』「匈奴傳」.

『後漢書』「西域傳」.

圖理琛『異域錄』.

道理宣『續高僧傳』.

馬理歡『瀛涯勝覽』.

法理顯『佛國記』.

費理信『星槎勝覽』.

釋慧皎『高僧傳』.

王玄策『中天竺行記』.

劉理祁『北使記』.

義理淨『大唐西域求法高僧傳』.

陳佳榮『中外交通史』, 學津書店 1987.

陳理誠『西域行程記』.

贊理寧『宋高僧傳』.

玄理奘『大唐西域記』.

慧理超『往五天竺國傳』.

黃時鑒 主編『中西關係史年表』, 浙江人民出版社 1994.

마르코 폴로 저, 김호동 역주『동방견문록』, 사계절 2000.

이븐 바투타 저, 정수일 역주『이븐 바투타 여행기』, 창작과비평사 2001.

정수일『신라·서역교류사』, 단국대 출판부 1992.

Charlesworth, M. P. *Trade-route and Commerce of Roman Empire.* Cambridge 1926.

Clavijo, R. G. de. *Timur Devrinde Kadistan Semer-Kand's Seyahat*(『티무르시대 까디스로부터 사마르칸트까지의 여행기』, 일명『東使記』). 1582.

Ganjakeci, K. *The Journey of Hetun I, King of Little Armenia*(『海屯行記』,『아르메니아사』에 수록).

Miller, J. I. *The Spice Trade of the Roman Empire 29 BC to AD 641.* Oxford 1969.

Morgan, E. B. & C. Coote. *Early Voyages and Travels to Russia and Persia by Anthony Jenkinson and other Englishman,* Hakluyt Society 1886.

Rubluquis, G. de. *The Journey of William of Rubruk to the Eastern Parts*(『東遊記』). 1256.

Warmington, E. H. *The Commerce between the Roman Empire and India.* Cambridge 1928.

Wheeler, M. *Roman Contact with India, Pakistan and Afghanistan.* London 1951.

3부

전 / 거 / 편

제6장 실크로드를 통한 교류의 문헌적 전거

제1절 교류의 문헌적 전거

교류의 역사적 전거 복잡다단한 문명의 교류는 서로 다른 문명의 어울림으로서 부단한 접변(接變)의 과정이다. 따라서 그 실체를 파악하려면 이 과정에 대한 역사적 고찰이 필수인데, 그러한 고찰은 또한 확실한 역사적 전거(典據)에 준해 이루어져야 한다. 실크로드를 통한 교류의 역사적 전거란 문명교류 통로인 실크로드를 통해 실현된 교류의 실상을 입증할 수 있는 역사적 증거물을 말하는데, 여기에는 역사적 문헌기록과 고고학적 발굴유물이 포함된다. 이러한 문헌기록과 발굴유물이 있어야만 교류의 과정과 실태 및 그 결과가 명백히 밝혀질 수 있다. 그런데 교류는 이질문명간에 일어나는 일종의 융합적인 사회현상이기 때문에 그에 관한 정확한 기록이나 유물의 조성 및 보존, 그리고 그 해석과 이해가 쉽지 않다. 한편, 교류현상에 관한 이해는 다른 역사현상에 대한 이해보다 기록과 유물의 병합적(倂合的)인 전거를 더 절실히 요구한다. 기록만 있고 유물이 없거나, 유물만 있고 기록이 없는 상태에서 교류상을 정확히 헤아린다는 것은 거의 불가능한 일이다. 그리하여 교류사에서는 문헌기록과 발굴유물의 상호 보완적인 전거 제시가 연구의 필수적 전제이다.

그런데 소정의 문헌이나 유물이 교류상을 입증하는 역사적 전거가 되려면 반드시 다음 세 가지 조건을 갖추어야 한다. 그 첫째는 교류상의 반영이다. 문헌에는 이질문명의 이동에 관한 명백한 기록이 있어야 하며, 유물에는 이질문명의 수용에 따른 모방성이나 접변성(接變性)이 뚜렷이 나타나야 한다. 이럴 때만이 그 문헌과 유물은 교류상을 입증하는 전거로 인정될 수 있다. 특히 무언(無言)의 증인으로서의 유물에 관하여 그 교류상을 구명하기 위해서는 반드시 시·공간적인 교류나 변형 과정을 면밀히 고찰하여야 한다. 둘째 조건은 공시성(共時性)이다. 이때의 공시성이란 같은 시대(시기)에 기록된 문헌이나 만들어진 유물이어야 한다는 뜻이다. 일반적인 역사기록이나 유물에도 이러한 조건이 적용되지만, 교류사에서는 더더욱 필요하고 중요하다. 공시성을 떠나서는 교류상에 관한 기록이나 유물의 조성이 불가능한 경우가 많고, 설혹 추후에 기록하거나 조성한다고 해도 진상과는 괴리가 생기게 마련이다. 따라서 교류상을 입증하는 문헌의 기록이나 유물의 조성에는 반드시 교류 실현과의 공시성이 보장되어야 한다. 마지막 조건은 원본·원형과의 일치성(一致性)이다. 교류에 관한 문헌이나 유물은 재생(再生)·재현(再現)인 경우가 많다. 즉 문헌의 경우에는 필사(筆寫)나 재간 (再刊)·번역(翻譯)이 다반사이고, 유물에는 복제(複製)나 모조(模造)가 빈번하다. 이러한 재생·재 현과정에서 자칫 가감(加減)이나 변조 현상이 나타나 원본·원형과 다를 수 있다. 그러므로 다루는 모든 문헌이나 유물에 대해서는 원본·원형과의 일치성 여부가 확인되어야 한다.

교류에 관한 역사적 전거로서의 문헌이나 유물 없이는 교류상을 고증할 수 없다. 그런데 이러한 문헌이나 유물은 형태나 내용이 대단히 복잡하고 다양할 뿐만 아니라, 이질적이고 생소하기 때문에 해석이나 이해에서 어려움이 많다. 그러므로 소정의 문헌이나 유물을 교류상의 전거로 채택할 때는 신중을 기해야 한다.

교류의 실상을 입증하는 전거의 내용을 대별하면, 문헌적 전거와 유물적 전거의 두 가지로 나눌 수 있다. 이러한 2대 전거의 형태(존재방식)나 내용은 대단히 복잡하고 다양하다. 우선 문헌적 전거를 살펴보면, 형태에서 원서든 역서(譯書)든간에 서지학적(書誌學的)으로 원본(原本)과 역본(譯本), 간본(刊本)과 사본(寫本), 완본(完本)과 약본(略本), 서적(書籍)과 서간(書簡) 등 다양하며, 내용에서는 서술식 개설소개서와 논술식 학문연구서 및 산문식 여행문학서가 있다. 서술식 개설소개서에는 정치·경제·문화·사회 등 다방면에 걸쳐 여러 나라와 지역을 소개하는 인문개설서와 교리를 설교하는 종교서, 그리고 교역관련 보고서나 교류인의 개인전기 등이 포함된다. 논술식 학문연구서로는 특정 분야에 관한 연구서나 과학기술 전서(專書) 등을 들 수 있다. 산문식 여행문학서는 여행기와 견문록, 탐험기 등 이질문명에 관한 현지 탐방기록과 이질문명의 요소들을 소재로 한 작품이나 문예물 역본까지 망라한다.

유물적 전거도 문헌적 전거처럼 형태(존재방식)와 내용의 두 측면에서 고찰할 수 있다. 형태에서는 총체적으로 매장(埋藏)유물과 지상(地上, 노출)유물로 크게 구별하지만, 구체적으로는 유물의 형태를 또 세분할 수 있다. 매장유물은 지하매장유물과 수중매장[水藏]유물로 나눌 수 있고, 유물의 존재방식에 따라 가르면 여러 이질문명의 교류물이 혼재하는 일괄(一括)유물과 한 이질문명의 교류물만이 독존(獨存)하는 단일(單一)유물이 있다. 또한 유물은 수용 정도에 따라 교류물이 원형 그대로 유입·보존된 원형(原型)유물과 수용과정에서 변형된 접변(接變)유물로 나눠볼 수 있으며, 그 용도에 따라서는 유용력을 이미 잃고 무용(無用)의 유물로만 남은 무용유물과 여러가지 생활수단 유물이나 생산수단 유물처럼 아직까지도 유용력이 있는 전승(傳乘)유물로 구분한다.

유물적 전거를 내용 면에서 보면, 크게 물질문명의 교류를 입증하는 물질문명 유물과 정신문명의 교류를 입증하는 정신문명 유물로 대별할 수 있다. 물질문명 유물에는 각종 일용품·생활도구·약재를 비롯한 생활수단 유물과, 생산도구나 동식물·농작물 등을 포함한 생산수단 유물, 화폐와 상품이 위주인 교역수단 유물, 무기나 전차 등 전쟁수단 유물의 네 가지가 있다. 정신문명 유물로는 성상(聖像)·사원·묘당 등 종교유물과, 조각·회화·문양·악기·오락물 등을 망라하는 예술유물, 천문의기와 각종 기기 등 과학기술 유물의 세 가지를 들 수 있다.

이렇듯 역사적 전거의 내용은 교류상이 반영되고 공시성이 보장되며 원본·원형에 대한 일치성이 확인된 구체적인 문헌기록이나 유물에 의해서 전개되는 것이다. 그러나 아직까지 문헌기록이나 유물의 발굴은 물론, 이미 발굴된 문헌이나 유물에 관한 과학적 연구도 대단히 미흡하며, 아직 학문적 접근이 이루어지지 않은 문헌이나 유물도 부지기수다. 이미 나와 있는 문헌이나 유물에 대한 연구의 심화와 더불어 새로운 문헌이나 유물을 부단히 발굴해야만 교류사 연구의 지평이 넓어지고 그 학문적 정립이 완벽에 가까워질 것이다.

2천여 년에 걸친 긴 교류의 역사에 비하면 이를 입증하는 역사적 전거물이 아직은 대단히 부족하지만, 이미 발굴한 전거물도 양적으로 적지는 않다. 그리하여 이 장의 각 항목에서는 해당되는 대표적인 전거만을 골라서 인증으로 삼는다.

교류의 문헌적 전거 교류의 문헌적 전거란, 실크로드를 통한 교류의 실상을 입증하는 기록물이나 서적을 범칭한다. 기록물이건 서적이건 문헌적 전거의 요체는 문자기록이다. 문자기록이 이른바 '문서(文書)'로 발굴될 때는 유물로 취급되기도 하지만, 이것은 그 문자기록의 존재방식에 의해 '발굴유물'로 간주될 뿐, 내용 면에서는 어디까지나 역사적 문헌으로서 문헌적 전거의 범주에 속하게 된다. 기록물과 서적은 문자기록이며 문헌적 전거라는 데서는 공통점이 있다. 그러나 기록물은 대체로 단편적인 문헌이고, 서적은 기록물을 집성한 문헌이다.

전술한 바와 같이 문헌적 전거의 내용은 크게 개설소개서와 학문연구서, 여행문학서로 나눌 수 있다. 이러한 분류법은 기록물 자체의 집성으로서의 서적을 중심으로 하여 설정한 것으로서 기록물도 당연히 그 속에 포함된다. 그런데 이러한 구분법은 연구의 편의상 임의로 설정한 것으로 부류간의 한계가 애매한 경우도 있다. 특히 개설소개서와 학문연구서의 구분은 연구자의 시각에 따라 상이할 수 있다. 단, 실크로드를 통한 교류의 전과정을 살펴보면, 근세 초까지도 문명집단들간에는 서로에 대해 무지와 오해가 절대적이었다고 해도 과언이 아니다. 그리하여 상대에 대한 정확한 이해와 지견(知見)이 급선무였다. 따라서 상대방을 이해하는 데 필요한 개설적인 소개서를 내놓는 데 급급하였던 것이다. 이러한 개설소개서를 통해 초보적인 이해와 지견을 갖춘 다음에야 특정 분야의 연구서나 과학기술의 전파를 위한 학문전서(學問專書)가 출현하게 되었다. 이러한 단계적인 의미에서 개설소개서와 학문연구서 간의 경계선을 그어보는 것이다.

이러한 문헌적 전거는 몇가지 고유의 특성을 지니고 있다. 그 특성은 유물적 전거와 대비할 때 더욱 뚜렷하게 나타난다. 문헌적 전거의 특성은 우선, 명확성(明確性)이다. 문헌적 전거로서의 기록물이나 서적은 인간의 지적 능력에 의한 문자기록이기 때문에 내용을 자세하고 충분하게 설명할 수 있다. 이러한 서술적인 설명을 통해 전거의 내용을 명확하게 이해할 수 있는 것이다. 이에 반해 유물적 전거는 내용을 이해하는 데 명확성이 떨어진다. 물론 문헌적 전거도 설명이나 이해의 모호성, 곡해가 없을 수는 없지만, 이것은 어디까지나 저자나 이용자의 지적 능력의 한계에서 비롯된 결과이지 문헌적 전거 고유의 명확성에 대한 반증(反證)은 아니다.

다음 특성은, 변형성(變形性)이다. 기록물이나 서적은 저자의 자의적 문자기록인만큼 저자의 소의(所意)에 따라 임의로 가공 윤색하고 첨삭할 수 있으며, 심지어 위조할 수도 있다. 이러한 변형은 복사나 재간, 역출(譯出) 등 재현(再現)이 거듭되는 과정에서 나타나거나 더욱 심화될 수 있다. 이것은 유물의 상대적 부동성이나 불변성과는 대조되는 특성이다. 문헌적 전거의 이러한 변형성 때문에 소정된 문헌의 원문이나 원본과의 일치성을 확인하는 것이 절대적으로 필요한 것이다.

끝으로 보전성(保全性)을 그 특성으로 들 수 있다. 문헌적 전거는 복사와 재간 등을 통해 수시로 재생·재현이 가능하여 영원히 (형태가 아니라 내용을) 보전할 수 있다. 이것이 문헌적 전거의 특출한 장점이다. 점차적인 변형과 파손, 심지어 인멸이 불가피한 유물적 전거와 비교할 때, 이러한 장점과 특성이 더욱 두드러진다. 그리하여 매장·소외된 문헌적 전거를 최대한 발굴하고 재현하여 그 보전성을 확보해야 한다.

이상에서 보다시피, 문헌적 전거는 교류의 실상을 연구하는 데 필수불가결의 중요한 전거이다. 문헌적 전거 없이 유물적 전거만으로는 교류상을 제대로 구명할 수 없는 것이다. 문헌적 전거에 관한 연구는 문헌교류사 학자의 고유 분야이지만, 문헌적 전거는 워낙 정치·경제·문화·사회 등 다방면의 내용을 포함하기 때문에 학제간의 협조 연구가 불가피하다. 특히 유물적 전거를 다루는 고고학과의 협조는 필수적이다. 더불어 문헌교류사 학자들은 여러가지 이질문명에 관한 폭넓은 지식과 다국어(多國語) 기능을 비롯해 각이한 문헌적 전거를 섭렵·독해할 수 있는 학문적 소양과 지적 능력을 소유해야 한다.

문헌적 전거는 서지학적 측면에서 원본과 역본, 간본과 사본, 완본과 약본, 서적과 서간 등 형태가 다양할 뿐만 아니라, 그 내용 또한 삼라만상이다. 내용적 측면에서 보면, 소수의 전서(專書)를 제외하고는 대부분의 문헌이 여러 내용을 두루 포괄하고 있다. 따라서 그 복잡하고 다양한 내용을 정치·경제·문화·사회 등 분야별로 축출·수집·정리하여 내용을 분류할 수도 있으나, 이럴 경우에 모든 문헌을 해체해야 하므로 문헌의 서지학적 개성이 말살될 수 있다. 그러므로 문헌의 서지학적 개성을 살리면서도 명확한 전거 제시가 가능하도록 내용을 문헌의 성격에 따라 서술식 개설소개서와 논술식 학문연구서, 산문식 여행문학서의 세 가지 부류로 대별하여 고찰하는 것이 합리적이다.

제2절 개설소개서

실크로드를 통한 교류의 문헌적 전거로서의 개설소개서는 교류상에 관한 개괄적인 소개서이다. 여기에는 우선, 정치·경제·문화·사회 등 다방면에 걸쳐 여러 나라와 지역을 포괄적으로 소개하는 개설서가 있다. 교류하는 상대방에 대한 이해를 돕고 성공적인 교류를 추진하기 위해 저술된 이러한 문헌은 문헌적 전거로서의 개설소개서 가운데서 가장 큰 비중을 차지한다. 다음으로 개설소개서에는 교역통상과 해로를 비롯한 교류통로에 관한 안내서가 있고, 그 다음으로 각종 종교 교리의 해설서와 역경서(譯經書) 등 종교관련 서적이 있으며, 끝으로 소개적 의미를 갖는 교류인들의 개인전기도 여기에 포함된다. 이러한 개설소개서는 고대로부터 근세 초에 이르기까지 장기간 지속적으로 저술되었는데, 그중에는 이른바 '사료(史料)'로 인정되는 원전과 개인의 저작, 집단적 문집이나 보고서, 각종 역서 등이 망라되며, 문체는 대개 서술체이다. 이상의 내용을 담은 개설소개서로는 다음과 같은 대표적인 문헌들이 있다.

1. 이븐 쿠르다지바(Ibn Khurdādhibah, 820~912)의 『제 도로(諸道路) 및 제 왕국지(諸王國志)』(*Kitābu'l Masālik wa'l Mamālik*, 845). 지리학자 이븐 쿠르다지바는 820년 쿠르다지바(압바쓰조 이슬람 제국의 페르시아 지방)에서 출생하였다. 그의 본명은 아불 까심 압둘라 이븐 압둘라('Abu'l Qāsim 'Abdu'l Lāh Ibn 'Abdu'l Lāh)이며 '이븐 쿠르다지바'는 '쿠르다지바의 아들'이란 뜻으로 아호(雅號)이다. 그는 어려서 고향을 떠나 수도 바그다드에서 음악공부를 하다가 티그리스 강안의 싸마라(Samarra)라는 산간도시에서 우편관(郵便官, 일명 驛傳官)으로 4년간(844~48) 봉직하였다. 당시 우편관은 정보수집이나 징세업무에서 큰 역할을 수행하였으며, 도로 사정을 비롯하여 안팎의 지리에도 밝았다.

이븐 쿠르다지바는 우편관 생활을 하던 845년에 지리서 『제 도로 및 제 왕국지』를 저술하였다. 그는 이 지리서에서 주로 이라크를 중심으로 한 이슬람세계의 행정구획과 도시들, 각 지역과 도시들을 잇는 역체로(驛遞路)와 주요한 무역항 및 무역로 등을 기술하고 있다. 특히 이 책에서 멀리 중국까지 이어지는 통로와 여정을 밝히고 있는데, 해로는 페르시아만의 바스라로부터 인도양을 횡단, 동남아시아를 경유해 중국의 동남해안까지 이르는 길이고, 육로는 중앙아시아의 호라싼과 천산(天山) 일대, 그리고 몽골 초원을 거쳐 북중국에 이르는 길이라고 적고 있다. 뿐만 아니라, 당시 중국의 4대

국제무역항을 남쪽으로부터 북의 순으로 루낀(Luqin), 한푸(Khānfu), 한주(Khānjū), 깐투(Qāntu)라고 지적하면서 이들 항구를 오가는 항행일정과 각 항구의 출산품까지 열거하고 있다. 더 나아가 지구의 동단(東端)에 있는 신라의 위치와 경관, 물산 등 인문지리와 신라까지의 항행노정도 기록해놓았다.

2. 알 마쓰오디(al-Mas'oudī, ?~965)의 『황금초원과 보석광(寶石鑛)』(*Murūju'd Dhabb wa Ma'ādinu'l Jauhar*). 중세 아랍 역사학의 태두이며 지리학자인 알 마쓰오디는 압바쓰조 이슬람제국의 수도인 바그다드에서 출생하였다. 청년시절에 지리학과 여행에 각별한 취미를 갖게 되어 대부분의 청·장년기를 여행으로 보냈다. 그는 바그다드를 떠나 페르시아만을 경유, 인도 각지를 편력한 후 중국 남해안에 도착하여 갖가지 풍물을 목격하였다. 귀로에는 인도양을 횡단해 동아프리카의 잔지바르와 마다가스카르까지 남하하였다가 다시 북상하여 아라비아 반도의 남부에 자리한 오만을 거쳐 수년 후에야 바그다드에 돌아왔다. 그러나 그는 얼마 지나지 않아 다시 여정에 올라 카스피해 남안과 소아시아 지방을 두루 돌아보고 샴(현 시리아)과 팔레스타인을 거쳐 이집트에 이르러 그곳에서 여생을 보내다가 965년(A.H. 345)에 타계하였다. 이와같이 알 마쓰오디는 일세를 풍미한 역사학의 태두일 뿐만 아니라, 위대한 지리학자, 여행가이기도 하였다.

알 마쓰오디는 평생을 통해 수많은 나라와 지역을 역방하면서 수집한 자료와 알 칸디(al-Kandī, ?~873)와 알 사르카씨(al-Sarkasī, ?~899) 등 선학들의 저술을 참조하여 장장 30권에 달하는 세계역사전서 『황금초원과 보석광』을 찬술하였다. 여기에는 이슬람세계를 중심으로 하여 그 주변의 여러 나라와 지역의 역사와 지리·생활풍습·학문·종교·신화 등 다양한 주제들이 담겨 있다. 또한 중국에 이르는 노정과 중국 상선들의 아랍(이라크의 바스라 항까지) 내항, 그리고 신라의 인문지리와 아랍인들의 신라 내왕 사실까지도 기술하고 있다. 이 책은 풍부한 사료를 집성하고 사실주의적 기술을 바탕으로 저술된 역작으로서 중세 세계사를 연구하는 데 진서로 정평이 나 있다.

3. 알 이드리씨(al-Sharīf al-Idrisī, 1100~65)의 『천애횡단갈망자(天涯橫斷渴望者)의 산책』 (*Nuzhatu'l Mushtāq fi Ikhtirāqi'l Afāq*, 1154). 중세의 가장 걸출한 이슬람 지리학자인 알 이드리씨는 에스빠냐의 꼬르도바에서 태어나 성장하였지만, 씨칠리아에서 루제르 2세(기독교인)의 궁정학자로 봉직하면서 지리학 연구로 일생을 보냈다. 그는 16세부터 지중해를 중심으로 한 유럽과 아프리카, 아랍제국, 그리고 멀리 아시아 일대까지 수차 역방하면서 지리지식의 현지 고증과 지도제작에 전념하였다.

알 이드리씨는 각국의 토지와 하천·해양·육해로 등을 기술해달라는 루제르 2세의 요청에 따라 명저 『천애횡단갈망자의 산책』의 저술에 착수하였다. 루제르 2세의 칙령에 따라 조직된 전문위원회가 각지에 파견되어 자료수집과 고증작업을 담당함으로써 알 이드리씨의 저술작업을 적극 협조하고, 내용의 사실성과 정확성을 기할 수 있게 하였다. 이런 속에서 그는 1154년에 이 책의 저술을 완성하였다.

이 책에서는 전통적인 아랍의 '7기후대설(七氣候帶設)'에 입각하여 기후대별로 각 나라와 지역의 지리개항을 서술하고 있는데, 그 백미는 각종 지도라고 할 수 있다. 저자는 이 책 속에 1매의 세계지도와 70매의 지역도(細分圖)를 제작하여 첨부하였다. 그는 전래의 '7기후대설'에 따라 지역도를 그렸는데, 매 지역(iqlīm)을 다시 서에서 동으로 10등분하여 각기 지도 1매씩 제작함으로써 총 70매의 지역도를 완성하였다. 그러나 그의 세계지도는 남을 위로하고 북을 아래로 하는 방위 설정, 대양이 육지를 에워싼 점, 홍해를 무시하고 지중해와 인도양의 접점을 수에즈 지협(地峽)으로 한 것 등 전통적인 이슬람 지리학의 오류를 답습하고 있다. 알 이드리씨는 지도뿐만 아니라, 무게 400라틀(ratel, 1ratel=3.944g)의 타원형 은제 지구의(地球儀)도 제작하였다. 이 지구의 표면에는 7개 기후대 내의 국가와 지역·해양·하천, 그리고 지역간의 거리까지도 상세히 음각(陰刻)하였다.

알 이드리씨가 제작한 세계지도의 제1구역도 제10세분도에는 지구의 동단 해상에 섬나라 '신라'(Shīlā)를 명기하고 있다. 그러면서 신라의 위치와 아름다운 자연경관, 황금의 성산 등에 관해 설명을 곁들였다. 이것은 신라가 서방 세계지도에 최초로 등장한 예이다. 지리학 총서인『천애횡단갈망자의 산책』은 선행한 어떤 지리서도 필적할 수 없는 중세 지리연구의 수작으로서 17세기 초부터 라틴어로 번역되어 유럽 대학들에서 지리학 교재로 채용되었다.

4.『세계강역지』(世界疆域志, Ḥudūd al-'Ālam, the Regions of the World, trans. & explained by V. Minorsky, 2nd. Edition, London 1970). 저자 미상. 페르시아어로 씌어진 이 지리총서는 982년경에 저술된 것으로 보인다. 저자는 서문에서 이 책을 지방장관(amīr) 아부 하리스 무함마드 본 아흐마드에게 헌상한다고 밝히고 있다. 이 책의 내용을 분석해보면, 저자는 프톨레마이오스 등 그리스 학자들과 이븐 쿠르다지바와 이스타흐리(Istakhrī), 알 마쓰오디 등 아랍–이슬람 학자들의 영향을 받은 것이 분명하다. 저자는 문헌학자로서 현지 여행이나 탐방은 별로 없이 주로 선행 아랍–이슬람 학자들의 저서들에서 필요한 자료를 취사선택하여 지리총서로 집성하였다.

1892년 부하라에서 발견된 필사본을 러시아의 동방학자인 투만스끼가 소장하고 있다가 1930년에 페르시아어 원문으로 간행하였다. 그후 1937년 미노르스끼(Minorsky)가 런던에서 영문 역주본으로 출간하였다. 이 역주본에는 색인과 12폭의 지도가 첨부되어 있다. 이 역주본이 1970년에 증보판으로 런던에서 재간되었으며, 그것이 곧『세계강역지』이다.

이 영문 역주본에 따르면, 본서는 총 61장으로 구성되었으며 제1장은 서론, 제2장은 총론이며, 제3장부터 7장까지는 자연지리 부분으로 해양·도서·산맥·하천·사막 등을 서술하고, 제8장부터 60장까지는 중국(제9장 24절)·토번(吐蕃)·회골(回鶻)·돌궐(突厥)·호라싼·인도·페르시아·아랍·비잔띤 등 각국의 지리를 기술하고 있다.

5. 마르바지(Sharaf al-Zamān Ṭahir Marvazi, 1046~1120)의 『동물의 본성』(Ṭabā'i al-Ḥayawān). 마르바지는 중앙아시아의 고도인 메르브 출신으로서 호레즘 왕궁의 어의(御醫)였다. 박식가인 그는 아랍어로 이 명저를 저술하였는데, 원본은 소실되어 전하지 않으나 후세의 아랍-이슬람 학자들이 단편적으로 그 내용을 인용하곤 하였다. 그러다가 1937년 아르베리(A. J. Arberry)가 인도 정부도서관에서 거의 완전한 필사본을 발견하였다. 그 발견본에 근거해 1942년에 영국 왕립아시아학회가 미노르스끼의 제8·9·12·13·15장(전서의 약 9분의 1 분량)의 영문 역주본(*Sharaf al-Zamān Ṭāhir Marvazi on China, the Turks and India,* Arabic text with an English Translation and Commentary by V. Minorsky, London 1942)을 발간하였다. 이 역주본에는 상기 5장의 아랍어 필사본 영인도 첨부되었다.

이 책은 2편(編)으로 구성되었는데, 제1편은 종합적인 논술이며, 제2편은 코끼리에서 이에 이르는 각종 동물에 관한 서술이다. 저자도 지적하다시피, 서명대로 동물에 관한 제2편이 이 책의 핵심이다. 그러나 교류사를 비롯한 인문학계에서는 중세의 세계상을 다각적으로 서술한 제1편에 대해 보다 큰 흥미를 갖고 연구해왔다. 제1편은 총 3부 21장으로 엮여 있다. 그중 제1부는 통론으로서 제1·2장은 결락되고 제3장은 불완전하며, 나머지 장들은 제왕들의 관습·학자·은둔·수피즘 전도사·윤리학 등을 논급하고 있다. 제2부는 지리관련 기술로 9장인데, 제7장은 페르시아인, 제8장은 중국인, 제9장은 돌궐인, 제10장은 비잔띤인, 제11장은 아랍인, 제12장은 인도인, 제13장은 아비시니아인, 제14장은 에과트인, 제15장은 변방의 여러 나라와 도서들에 관한 기술이다. 6장으로 된 제3부는 특수 인류학이라는 제목으로 기인(奇人)·남녀·엄인(閹人)·생애·습속·인체기관의 기능 등을 다루고 있다.

저자 마르바지는 주로 당대의 전문이나 선학들의 저술에 근거하여 이 책을 지었기 때문에 내용상의 오류를 면할 수가 없었으나 새로운 지식도 적지 않게 첨가하고 있다. 예컨대 중국관련 기술에서 광주(廣州)의 시박(市舶)무역 상황이라든가 10세기 말 11세기 초 돌궐의 서천(西遷) 기사 등은 기타 서적에서는 도외시된 사실들이다.

6. 주거비(周去非)의 『영외대답(嶺外代答)』(1178). 영가(永嘉, 현 浙江 溫州) 출신의 주거비(자는 直夫)는 송대 융흥(隆興) 원년(1163)에 진사에 합격하고 계림통판(桂林通判, 1174~89)에 임명되었다. 재임지가 광서(廣西) 변방이었던만큼 해외 내왕자들이 많아 주거비는 그들로부터 해외의 정보를 많이 수집할 수 있었다. 그가 직접 전문 수집하여 기록한 해외정보는 무려 400여 조항이나 되었다. 귀향 후 지우들에게 수집한 해외 기담들을 자주 들려주자 물어오는 사람이 하도 많아 일일이 대답하기가 귀찮아 글로 '대답(代答)'한 것이 1178년에 책으로 엮여 나왔으니, 그것이 바로 『영외대답』이다.

이 책은 20문(門) 10권에 294개 조항을 망라하고 있다(그중 1문 소실). 영남(嶺南) 지방의 산천과 고적·물산·만속(蠻俗), 그리고 역대의 항운(航運)과 조선업에 관한 것 외에 권2의 '외국문(外國門)' 상(上)과 권3의 '외국문(外國門)' 하(下)에서 동으로는 고려로부터 서로는 목란피(木蘭皮)에 이르기까지 광활한 지역의 여러 나라와 지역에 관해 기술하고 있다. 목란피는 'Murabit'의 역음으로서 11~12세기 서북 아프리카 일원에 자리한 지금의 모로코의 '무라비티야 왕국'(al-Murabitum, 1061~1147, 서북 아프리카와 에스빠냐의 남부지방 통치)을 지칭하는 것이다. 이 책에는 안남국(安南國)·동남해상의 잡국(雜國)·해외의 제번국(諸蕃國)·점성국(占城國)·삼불제국(三佛齊國)·고림국(故臨國)·파사국(波斯國)·대식(大食)제국·목란피국·대진국(大秦國)·서천(西天)제국 등 많은 나라들이 소개되어 있는데, 각국을 조항별로 소개하고 있으며 제국간의 항행길도 밝히고 있다.

7. 조여괄(趙汝适)의 『제번지(諸蕃志)』(1225). 『송사(宋史)』 「종실세계표(宗室世系表)」에 의하면, 조여괄은 송 태종(太宗)의 8대손으로서 가정(嘉定, 1208~24)과 보광(寶廣) 연간(1225~27)에 천주(泉州)에서 복건로(福建路) 제거시박사(提擧市舶司)로 봉직하였다. 그때는 송조가 이미 남천(南遷)하여 해외무역을 권장하고 번상(蕃商)들의 내화를 적극 유치하던 시기로서 조여괄에게는 많은 나라 번상들과 접촉할 기회가 있었다. 그는 이러한 접촉을 통하여 해외정보를 수집하고 실태를 전문할 수 있었다.

조여괄은 직접적인 전문과 『영외대답』 등 선학들의 저서를 참고로 1225년에 이 책을 저술하였다. 원전은 소실되어 전하지 않으나 『영락대전(永樂大典)』(권4262)의 소재에 근거해 상·하 2권으로 복원되었다. '지국(志國)'이라는 제목의 상권은 일본과 신라로부터 북아프리카와 지중해의 씨칠리아에 이르기까지 총 57개국의 위치와 산천, 노정과 풍토, 물산 등을 상술하고 있다. '지물(志物)'이라는 하권은 중국에 수입되는 향약과 진귀품을 비롯한 47종의 물품에 관해 그 산지와 형태, 용도 등을 소개하고 있다. 후미에 해남도(海南島) 관련 5개 조항을 별첨하여 천주와 해남도 등지의 대외 교통상황을 개술하고 있다.

『제번지』는 중국에서 나온 첫 외국소개 전서(專書)로 평가된다. 당대의 『영외대답』 외에 전대에도 외국관련 서적들이 일부 출간되기는 하였지만, 모두가 사서(史書)나 전지(典志), 여행기 형태로서 외국의 사정만을 전문적으로 다루는 전서는 아니었다. 그러나 이 책은 전편이 외국관련 내용으로 일관된 명실상부한 외국소개 전서이기에 학계에서 상당히 중시하고 있다. 중국에서는 풍승균(馮承鈞)이 『제번지교주(諸蕃志校注)』를 상재하였고, 독일의 히르트(F. Hirth)와 미국의 록힐(W. W. Rockhil)은 1911년에 영어로 공역(역주 첨부)하여 서방 학술계에 소개하였다. 그 역본이 *CHAU JUKUA: His Work on the Chinese and Arab Trade in the Twelfth and Thirteenth Centries, Entitled Chu-fan-Chi* (Petersburg 1911)이다.

8. 알레니(Julio Aleni, 艾儒略, 1582~1649)의 『직방외기(職方外記)』(6권, 1623). 1610년에 내화한 이

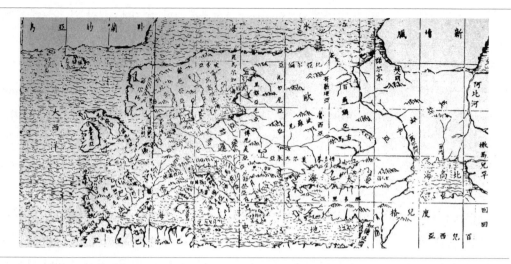

알레니의 『직방외기』 중 유럽지도(1623, 항주)

딸리아의 천주교 예수회 선교사 알레니가 저술한 이 책은 중국어로 씌어진 최초의 세계지리서로서 1623년 항주(杭州)에서 초간되었다. 원래 이 수도회의 선교사 빤또하(Diego de Pantoja, 1571~1618)와 우르씨스(Sabbatino de Ursis, 1575~1620)가 만력(萬曆)황제의 하명에 따라 궁 내에서 같은 수도회의 선교사 마테오 리치(Matteo Ricci, 1552~1610)가 제작한 세계지도에 관해 강해를 하였다. 알레니가 그 강해 내용을 바탕으로 일부 자료를 보완한 것을 양정균(楊廷筠)이 책으로 엮어 출간한 것이 바로 세계지리서인 『직방외기』이다.

이 책은 세계 5대주 각국의 지리와 풍토·기후·명승지·민생 등을 다루고 있다. 말미에는 콜럼버스의 아메리카 대륙 '발견' 기사까지 실어 당시로서는 매우 이색적인 지리서로서 큰 인기를 끌었다. 그리하여 이 책은 『천학초함(天學初函)』『사고전서(四庫全書)』『수산각총서(守山閣叢書)』에 각각 수록되어 있다.

'서방에서 온 공자'라고 불리는 알레니는 그밖에도 『서방문답(西方問答)』(상·하)과 『서학범(西學凡)』을 저술하여 유럽을 백방으로 알리려고 하였다. 『서방문답』 상권은 유럽의 국토·노정·선박·해로·해상기사(奇事)·상륙·토산품·제조업·국왕·서학(西學)·관직·복식·풍속·5륜(五倫)·법도(法度)·교역·음식·의약·인정(人情)·구제원(救濟院)·궁실·도시·병기(兵器)·혼배(婚配)·속현(續弦)·수절(守節)·장례·상복·제법(祭法) 등을, 하권은 지도·역법(曆法)·일월식·일력(日曆)·세수(歲首)·연호(年號)·감여(堪輿)·술수(術數)·풍감(風鑑)·택일(擇日) 등 유럽의 다양한 인문지리와 풍토, 생활상을 세세히 기술하고 있다. 『서학범』은 유럽 대학의 교과목(6과)을 전문 소개하고 있다.

9. 엄종간(嚴從簡)의 『수역주자록(殊域周咨錄)』(1574). 저자 엄종간은 절강 가흥부(嘉興府) 출신

으로서 가정(嘉靖) 연간(1522~66)에 행인사(行人司)의 행인관(行人官)으로 봉직하였다. 행인사는 해외견사(遣使) 업무를 주관하는 관서로서 엄종간은 행인사 내에 보관되어 있는 외국관련 자료에 근거해 이 책을 찬술하였다. 그리하여 그 내용이 풍부할 뿐만 아니라, 정확도도 상당히 높다. 1574년에 찬술된 이 책은 10년 후인 1583년에 정식 간행되었다. 현행본은 1930년 고궁박물원(故宮博物院)이 재간한 간본이다.

24권으로 된 이 책은 전통적인 중화사상에 입각하여 세계 제국을 나름대로 동이(東夷)·남만(南蠻)·서융(西戎)·북적(北狄)의 4대 부류로 나누고, 총 38개 조항을 설정하고 있다. 중국 주변의 여러 소수민족들과 중앙아시아, 서아시아, 동남아시아, 남아시아의 여러 나라들과 지역의 지리·정치·풍속·물산·명조와의 관계 등을 상세히 기술하였으며, 심지어 관련 시문(詩文)까지 곁들이고 있다. 그리고 필요한 대목에서는 저자의 주견까지도 피력하였다. 예컨대, 가정 연간에 불랑기인(佛郎機人, 즉 포르투갈인)들이 광동(廣東) 연해에 불법 침입한 사건을 계기로 명조는 외국 선박의 출입을 금지시키고 이미 허가된 조공무역마저 취소하는 강경조처를 취하였다. 이에 대해 조정 내에서 의론이 분분할 때, 엄종간은 중국을 침범하지 않는 자와의 통상은 '유익무해(有益無害)'해도 일본이나 불랑기같이 상호교역을 무시하고 일방적인 침략행위를 자행하는 자와의 통상은 '유해무익(有害無益)'하니 절대로 그들과 통교해서는 안된다고 주장하였다. 그밖에도 새로 유입된 불랑기 총(銃)의 제조법과 성능 등을 구체적으로 소개하고 있다. 이와같이 엄종간의 『수역주자록』은 명대의 대외관계와 당시의 세계 여러 나라와 지역의 사정을 연구하는 데 중요한 문헌사료적 가치를 지니고 있다.

10. 장섭(張燮, 1574~1640)의 『동서양고(東西洋考)』(1616). 『민서(閩書)』(권18) 「영구지(英舊志)」에 의하면, 장섭(자는 紹和)은 복건 장주부(漳州府) 용계현(龍溪縣, 현 복건 龍海縣)의 지방관료 가문 출신으로서 1594년에 과거에 합격하였으나 부패한 명조에 불만을 품고 서임을 거절한 후 전국의 명산대천(名山大川)을 방랑하면서 당대의 명류들과 교제하고 문장력을 과시하였다. 장섭은 장주부와 해징현(海澄縣) 관헌들의 요청에 따라 이 책을 찬술하였다. 명말에 이르러 해금(海禁)이 해소되고 해외무역이 활기를 띠기 시작하자 복건 남부 연해에 위치한 장주부의 관헌들은 이 기회를 이용해 전래의 해외교역을 회복·확대하려고 하였는데, 그러자면 해외정보가 필요하였던 것이다. 그리하여 그들은 장섭에게 해외교역과 해외 제국에 관한 소개서를 찬술하도록 요청하였던 것이다.

장섭은 12권으로 된 이 책을 1616년에 찬술하였다. 이 책은 서양열국고(西洋列國考) 4권 15개국, 동양열국고 1권 7개국, 일본과 홍모번(紅毛番, 즉 네덜란드)을 다룬 외기고(外紀考) 1권, 기타 향세고(餉稅考)·세당고(稅璫考)·주사고(舟師考) 각 1권, 예문고(藝文考) 2권, 일사고(逸事考) 1권으로 구성되어 있다. 보다시피 열국고에서는 서방국가(4권, 15개국)에 관한 소개가 단연 우세하다. 장섭은 이 책을 저술하는 집필원칙으로 '중금략고 광채구실(重今略古 廣採求實)', 즉 '지금 것을 중시하고 옛것은 약술하며, 폭넓게 사실을 추구한다'를 내세우고 그 원칙대로 당대의 생생한 자료들을 다량 수집·활용하였다. 예컨대 16세기 말엽 서방 식민주의자들의 동남아시아 경략과 화교들의 동남아시아 진출을 여러 측면에서 사실적으로 다루고 있다. 그밖에도 장주 지역의 해외무역 상황과 당시의 원양항해기술, 특히 동·서양 침로(針路)에 관해서 상세히 기술하고 있다.『동서양고』는 중세 말엽의 동서양 무역과 동서방 제국의 사정을 연구하는 데 중요한 문헌으로 공인되고 있다.

11. 까르삐니(Giovanni de Plano Carpini, 1182~1252)의『몽골사』(1247, 일명『소사』). 이딸리아의 프란체스꼬회 수도사인 까르삐니는 1245년 4월에 교황 인노켄티우스 4세의 특사로 몽골에 파견되었다가 1247년 리옹으로 귀향하였다(그의 견사에 관해서는 이 책 제5장 제2절 참고). 그는 복명시 몽골 구유그 칸의 답신과 함께 라틴어로 된 출사(出使) 보고서를 제출하였는데, 이 보고서를『몽골사』라고 칭한다. 서문과 본문 9장으로 된『몽골사』는 까르삐니 자신의 동유 견문록 외에 주로 몽골의 국토와 민족·종교·풍습·정체(政體)·전쟁·전법·정복국·궁정 등 전반적인 사정을 비교적 상세하고 정확하게 기술하고 있다.

이 책은 몽골에 관한 서구인들의 첫 개괄적인 소개서로서 몽골의 서정에 넋을 잃은 유럽인들에게는 대단히 필요한 일서였다. 이 책은 당초 2종의 필사본이 유행되었는데, 하나는 비교적 길고 다른 하나는 간략한 것이다. 여러가지 유럽어로 역출되었으며, 널리 공인된 간본은 1929년에 출판된『중국의 프란체스꼬회 사제들』제1권에 수록된 것으로서 1838년에 초간된 것이다.

12. 뻬레이라(Galeote Pereira)의『중국보도(中國報道)』(1561). 뻬레이라는 16세기 중엽에 인도와 말라카 및 중국 동남해안에 와서 교역활동을 하던 포르투갈 상인이었다. 1548년에 복건(福建) 연해에 몰래 잠입하여 교역을 시도하다가 이듬해 3월 명군에게 생포되어 계림(桂林)에 수감 중 인도로 탈출하였다(그의 행적에 관해서는 이 책 제5장 제3절 참조). 그는 인도에서 포르투갈어로 자기가 직접 경험하고 견문한 데 근거하여 이 책을 저술하였다.

이 책은 1561년 인도 고아에서 최초의 초록본이 나온 후, 1565년에 이딸리아어 역본이 베네찌아에서 출간되었으며, 1577년에는 런던에서 영역본이 상재되었다. 영역 교정본은 1953년에 간행되었다. 장절 구분 없이 연문으로 된 이 책은 중국의 행정구획과 도시·도로·농작물·관직·묘당(廟堂)·경축일·사법·형벌·감옥·병원·강·어류·자기·염세(鹽稅)·시장·모르인(무슬림) 등에 관해 생생하게 기술하고 있다. 특히 그중에서도 직접 체험한 사법제도나 형벌, 감옥 운영 등에 관한 기술은 매우 정확하여 사료적 가치가 높다. 교역에 관한 기사는 별로 많지는 않지만, 저자의 행적을 통해 당시 포르투갈 상인들의 동방교역 활동의 일단을 엿볼 수 있다.

13. 끄루스(Gaspar da Cruz, ?~1570)의『중국지(中國志)』(1570). 끄루스는 포르투갈의 도밍고회 선교사로서 인도 서해안과 말라카, 캄보디아 등지에서 선교활동을 하다가 1556년 겨울 광주에 도착하

여 몇달간 중국 동남해 연안 일대를 주유하였다. 1569년에 귀향한 후 이듬해 2월에 병사하였는데, 사후 15일 만에 그가 저술한 『중국지』가 고향에서 포르투갈어로 출간되었다(그의 행적에 관해서는 이 책 제5장 제4절 참조).

이 책은 총 29장으로 구성되었는데, 그 내용은 중국의 지칭·중국인·강역·성(省)·광주(廣州)·건축물·선박·경작·공장(工匠)·상인·토지·물산·복장·풍습·명절·음악·장례·노예·관리·사법·감옥·황제·사절 및 중국에서의 포르투갈인들의 교역활동·무장봉기·예배·신앙·모르인 등 다방면에 관한 개황이다. 그가 중국에 머문 시간은 비록 몇달밖에 안되었지만, 여러가지 중국 관방문헌과 개인 서한 등을 참고로 하여 이렇게 방대한 내용의 중국 개황을 책으로 엮어 소개한 것이다. 마지막 장은 1556년에 발생한 천재(天災)에 관해 언급하고 있는데, 천재는 중국의 '악행(惡行)'에 대한 천벌이라고 해석하고 있다. 이와같이 부분적으로 부적절한 내용이 있기는 하지만, 총체적으로는 비교적 사실적인 기술을 하였다.

14. 라다(Martin de Rada)의 『대명중국사정기(大明中國事情記)』. 에스빠냐의 예수회 마닐라교구 주교인 라다는 1575년 7월 필리핀 주재 에스빠냐 총독으로부터 선교 및 무역활동의 타개라는 사명을 받고 중국 복건에 파견되었다. 그해 10월 사명을 수행하고 필리핀에 돌아간 라다는 자신의 견문과 휴대하고 돌아간 중국 서적을 참고로 『대명중국사정기』를 찬술하였다(그의 견사행적에 관해서는 이 책 제5장 제2절 참조).

이 책은 크게 두 부분으로 이루어졌는데, 제1부는 중국 여행기록이고, 제2부는 중국 사정에 관한 기술이다. 12절로 나누어진 제2부에서는 중국의 면적과 위치, 인구, 행정구획, 도시, 군사와 무기, 납세호와 부세, 고대사의 연혁과정, 백성의 풍요, 풍습, 복식, 식품, 향연, 건축, 농경, 광산, 사법, 행정법, 신과 우상, 제사, 명절, 승려와 수사, 은사(隱士) 등 실로 세세한 부분까지 언급하고 있다. 물론 일부 부적절한 내용도 있지만, 불과 3개월 동안에 이렇게 방대한 내용을 포착한 그의 통찰력과 탐지력에 놀라지 않을 수 없다. 이 저서는 당대 유럽인들이 중국에 관한 지식을 얻는 데 주요한 자료원이 되었다. 10년 후인 1585년에 유럽에서 중국 연구서로 최초 출간된 멘도사(J. G. de Mendoza)의 『중화대제국사(中華大帝國史)』에는 라다의 기술을 여러 군데에서 인용하고 있다.

15. 린스호텐(Jan Huygben van Linschoten, 1562~?)의 『동방안내기(東方案內記)』. 네덜란드의 동방 여행가인 린스호텐은 유년 시기부터 해외여행을 꿈꾸다가 21세인 1583년 4월 리스본을 출발해 인도를 비롯한 동남아시아 일대를 9년간 편력하고 1592년 1월 리스본에 귀착하였다. 그는 그간의 견문과 전문에 근거하여 『동방안내기』『포르투갈인의 항해지(航海誌)』『아프리카와 아메리카 지지(地誌)』 등을 저술하였다. 『동방안내기』에서는 페르시아만의 호르무즈와 인도의 고아·씰란·말라카·중국 등 동방 여러 나라와 지역, 도시들에 관해 기술하고 있다. 향료나 보석 등 동방 특산물에 관

해서는 놀라울 정도로 풍부한 자료를 인용하여 설명하고 있다. 그가 동유(東遊)할 때는 포르투갈이 동방경략에서 선두주자였는데, 그의 『동방안내기』는 후발 네덜란드가 포르투갈을 추월하는 데 중요한 안내 역할을 하였다.

16. 서역(西域)에 관한 각종 원전(原典). 명대에 이르기까지 중국 정사(正史)의 원전은 서역관련 전지(專志)를 빠짐없이 할애해 서역에 관해 기술하고 있다. 그 대표적인 원전으로 『사기』 권123의 「대완전(大宛傳)」, 『위략(魏略)』의 「서융전(西戎傳)」, 『한서』 권96의 「서역전」, 『후한서』 권118의 「서역전」, 『남사』의 「서역전」, 『구당서』 권221의 「서역전」, 『수서』 권83의 「서역전」, 『명사』 권 329~332의 「서역전」 1~4 등을 들 수 있다.

역사적으로 서역 개념은 부단히 확대되어 그에 포함된 나라도 점차 늘어났다. 한대에 서역은 대체로 오늘날의 중국 신강 위구르 자치주 타림 분지(동투르키스탄)에 해당하는 지역으로서 『한서』 「서역전」에 기재된 서역 36국이나 50여 국은 모두 이 범위에 속한다. 그러나 이 지역 밖인 중앙아시아 지역에 해당되는 안식(安息)이나 대월지(大月氏), 강거(康居), 대완(大宛) 등 서투르키스탄 일부도 서역에 포함시키고 있다. 한대 이후 중국의 대서역 통교가 활발해짐에 따라 서역이 포괄하는 지역적 구획도 더 넓어지게 되었다. 그 결과 수·당대에 이르러서는 서역에 대한 협의와 광의의 이원적 개념이 생기게 되었는바, 일반적으로 협의의 서역은 한대의 경계를 말하고, 광의의 서역은 그후 확장된 경계를 말한다.

현장(玄奘)의 『대당서역기(大唐西域記)』나 의정(義淨)의 『대당서역구법고승전(大唐西域求法高僧傳)』에 의하면 당대의 서역은 인도뿐만 아니라 파사(波斯, 즉 페르시아)와 대식(大食, 즉 아랍) 제국까지 포함하고 있다. 명대에 이르러서는 더욱 확대되어 동·서 투르키스탄은 물론, 티베트로부터 네팔, 인도, 아프가니스탄, 이란, 그리고 멀리 지중해 동안의 아랍 등 중앙아시아 및 그 이남·이서의 광활한 아시아 지역을 망라한다. 『명사』 「서역전」을 보면 서역의 한계가 전대에 비해 크게 확대되었을 뿐만 아니라, 구획이 세분화되고 각국에 관한 지견도 심화되었다는 것을 알 수 있다. 『명사』는 무려 4권을 서역 기술에 할당하여 영내 여러 나라들을 소상히 소개하고 있다.

역대 정사의 「서역전」에서는 서역제국의 위치와 인구·병력·풍토·물산·민생·노정·장안(長安)으로부터의 거리나 제국간의 거리 등을 밝히고 있다. 후대의 「서역전」은 전대의 「서역전」 내용을 답습하는 경우가 많으나, 서역 경계의 확대와 서역에 관한 견문의 심화에 따라 그 내용이 부단히 보충되거나 갱신되기도 하였다. 이러한 역대의 정사 「서역전」은 서역제국에 관한 문헌적 원전으로서 서역 연구의 원초적 사료원이 되고 있으며 그 내용이 여러 외국어로 역출되기도 한다.

17. 배구(裴矩, 547?~627)의 『서역도기(西域圖記)』. 배구(자는 弘大)는 현 산서(山西) 문희(聞喜) 출신으로서 수대에 관직이 황문시랑(黃門侍郎)까지 이르렀으며, 수(隋) 양제(煬帝, 재위 604~18) 치

세시는 대서역정책의 입안자이며 집행자였다. 수 양제는 즉위 후 시어사(侍御史) 위절(韋節)을 서역제국에 파견하는 등 강력한 서역경략의 의지를 품고 있었다. 한편, 위절의 견사를 계기로 서역제국의 상인들이 장액(張掖)까지 들어와 교역하기 시작하였다. 그리하여 양제는 배구를 장액 현지에 파견해 서역과의 교역이나 통교를 관장토록 하였다. 배구는 현지에서 많은 서역 상인들과 접촉하면서 서역에 관한 정보를 수집하여 『서역도기』를 찬술하였다.

이 책에는 서역 44개국의 지리·기후·물산·풍습·노정 등이 상술되어 있으며, 지도와 화상(畵像)도 첨부되어 있었다. 그러나 원전은 소실되었고, 『수서(隋書)』「배구전(裴矩傳)」의 소재(所載)에 근거해 그 내용이 복원되었다. 『서역도기』는 서역제국의 사정을 전해줄 뿐만 아니라, 서역으로 통하는 오아시스로의 3도(道)를 명시하고 있다. 그의 기술에 의하면, 북도(北道)의 노정은 이오(伊吾, 즉 하미)→포류해(蒲類海) 철륵부(鐵勒部)→돌궐가한정(突厥可汗庭)→북류하(北流河, 씨르다리아강)→불름국(拂菻國, 현 시리아)→서해(西海, 즉 지중해)이고, 중도(中道)는 고창(高昌)→언기(焉耆)→구자(龜玆)→소륵(疏勒)→파미르 고원→발한(鏺汗)→소대사나국(蘇對沙那國)→강국(康國)→대·소안국(大·小安國)→목국(穆國)→파사(波斯, 즉 페르시아)→서해이며, 남도(南道)는 선선(鄯善)→우기(于闐)→주구파(朱俱波)→갈반타(喝槃陀)→파미르 고원→호밀(護密)→토화라(吐火羅)→읍달(挹怛)→범연(帆延)→조국(漕國)→북파라문(北婆羅門)→서해이다. 배구는 이렇게 3도를 명시하면서 이오·고창·선선은 서역으로 가는 문호이고, 돈황(敦煌)은 그 인후(咽喉)라고 지적하였다.

그후 수조의 서역경략은 주로 배구의 구상과 노력에 의해 추진되었다. 양제 치세시에는 서역 30여 개국이 수조에 조공하였으며, 많은 서역 상호(商胡)들이 장안이나 낙양까지 몰려와서 교역활동을 벌였다. 그리하여 경사(京師)에 '사방관(四方館)'을 설치하여 상호들과의 교역업무를 주관토록 하였다.

18. 진대진(陳大震)·여계손(呂桂孫)의 『남해지(南海志)』(1304). 이 책은 본래 원대 광주로(廣州路)의 지서(志書)로서 20권이었으나 소실되고, 현행 잔본은 권6에서 권10까지의 5권뿐이며, 『영락대전(永樂大典)』 권11905~11907의 「광주부지(廣州府志)」에 일부 내용이 소개되어 있다. 잔본으로 보아 그 내용은 크게 두 가지이다. 하나는 지서(志書)로서 원대 광주 사회의 생활 전반을 다룬 것이고, 다른 하나는 광주를 기점으로 한 남해의 교통과 제번국(諸番國, 외국)의 사정을 기술한 것이다. 교류사와 관련된 부분인 후자의 경우 여러가지 중요한 사료들을 제공하고 있다.

우선 열거한 번국의 수만도 무려 143개국이나 되며, 동남아시아 지명도 100개나 된다. 잔본 중에도 해외지역에 관한 적지 않은 기술이 있거니와, 소실된 권본에는 더 많은 관련 내용이 있었을 것으로 짐작된다. 다음으로 흥미있는 것은 동양과 서양에 대한 개념을 제시한 점이다. 그 내용으로 보아 원대의 동·서양 개념을 이해할 수 있다. 즉 동양과 서양은 광주(廣州)—칼리만탄(Kalimantan) 서안—순다(Sunda) 해협을 경계선으로 하여 갈라지는데, 그중 칼리만탄 북부에서 필리핀 군도에 이르는 해역이 소동양(小東洋)이고, 서쪽으로 순다 해협으로부터 자바와 칼리만탄 동남부를 지나 술라웨시(Sulawesi)·티모르(Timor)·몰루카(Molucca) 제도까지의 해역이 대동양(大東洋)이다.

그리고 서양은 자바 서쪽으로부터 수마트라와 말라카까지의 해역이 소서양(小西洋)이고, 말라카 이서의 인도양이 대서양(大西洋)이다. 이 책에서는 대서양 연안의 나라들로 기시(記施, Kish)·활리부사(闊里扶思, Hormuz)·백달(白達, Baghdad)·필시(弼施, Basrah)·길자니(吉慈尼, Ghazni), 아라비아 반도의 물발(勿拔, Merbart)·옹만(瓮蠻, Oman)·아단(啞靼, Aden)·묵가(默茄, Mecca), 아프리카의 물사리(勿斯離, Misr, 이집트)·마가리(麻加里, Mogredaksa), 유럽의 다필사(茶弼沙, Djabulsa) 등을 열거하고 있다. 이상에서 보다시피 『남해지』는 송대의 『영외대답』과 『제번지』를 이은 남해 통교와 해외 제국에 관한 중요한 서적이다.

19. 왕대연(汪大淵)의 『도이지략(島夷志略)』(1349). 이 책에 관해서는 앞의 제5장 제4절 중 서향 여행가 왕대연 조항을 참고하면 될 것이다.

20. 『정화항해도(鄭和航海圖)』. 원명은 『자보선창개선종용강관출수직저외국제번도』(自寶船廠開船從龍江關出水直抵外國諸番圖, '보선소진수에서 용강관 출항 및 외국 여러 나라까지의 항해도'라는 뜻). 저자 미상. 15세기 전반. 이 항해도는 명대 모원의(茅元儀)의 『무비지(武備志)』(권240)에 있는데, 원도는 120여 면에 달한다. 그중에는 서도(序圖) 1면과 20면짜리 연속지도, 항해견성도(航海牽星圖) 2면이 포함되어 있다.

이 항해도는 유명한 정화(鄭和)의 7차 '하서양'(下西洋, 1405~33)의 항해로를 그린 항해도이다. 그 항해로는 남경을 기점으로 양자강을 빠져나와 동해와 남해를 경유, 말라카 해협을 거쳐 인도양을 횡단, 페르시아만 입구의 호르무즈와 아라비아 반도 남안을 지나 아프리카 동해안에 이른다. 이 항해로의 항정, 항향(航向), 정박 및 기항(寄港) 항구, 각지 별자리의 높낮음, 암초와 여울의 분포 등 항해와 관련된 제반 사항을 구체적으로 정확히 기록하고 있다.

남경으로부터 동아프리카 케냐(Kenya)의 몸바싸(Mombasa)까지 이르는 구간에 기입된 지명은 500여 개나 되는데, 그중 외국 지명만도 300여 개나 된다. 항해도에 표기한 항행거리의 단위는 '갱(更)'인데, 1갱은 약 60리이며, 1주야의 항행거리는 평균 10갱(1시간당 25리)으로 계산하였다. 후세 학자들의 연구에 의해 이 항해도에 기입된 항정이나 항향, 주요 지명들이 정확하다는 것이 고증되었다. 이 항해도야말로 중세 항해도의 백미로서 중세 실크로드 해로를 연구하는 데 단연 으뜸가는 사료로 평가된다.

정화의 7차 '하서양'과 관련된 문헌적 전거로는 이 항해도 외에 그를 수행했던 3명의 저술이 있다.

정화의 제3·5·7차 '하서양'을 수행한 회계(會稽) 출신의 마환(馬歡)이 저술한 『영애승람(瀛涯勝覽)』과 제2·3·4·7차에 동행한 태창(太倉) 출신의 비신(費信)이 지은 『성차승람(星搓勝覽)』, 제7차에 따라간 응천(應天) 출신의 고진(鞏珍)이 쓴 『서양번국지(西洋番國志)』가 바로 그 3부작이다. 이 3부작은 정화 '하서양'의 규모와 항정, 그리고 교역을 비롯한 일체 활동을 구체적으로 기술하고 있다.

21. 황성증(黃省曾)의 『서양조공전록(西洋朝貢典錄)』(1520). 저자인 황성증(자는 勉之)은 오현(吳縣, 현 江蘇 蘇州市) 출신으로서 문학에 조예가 깊은 사람으로 이 책 외에 『오악산인집(五岳山人集)』 『여지기(興地記)』『노자옥략(老子玉略)』등 저서가 있다. 이 책은 정화의 '하서양'과 관련된 『영애승람』과 『성차승람』 같은 서적에서 정화가 직접 경과한 서양의 주요 23개국과 지역을 선정하여 소개하고 있다. 특히 저자는 대부분의 나라와 지역의 '침위'(針位, 즉 針路)를 구체적으로 명시하고 있으며, 각 나라와 지역의 특산물과 '공물(貢物)'을 상세히 밝히고 있다. 이 책으로 전술한 정화의 '하서양' 관련 서적 중에 나타난 일부 오류가 시정되기도 하였으며, 중세 서양의 경제상황과 교역관계를 연구하는 데 가치있는 사료원이 되고 있다.

22. 그레코(Greco)의 『에리트라해 안내기』(*The Periplus of the Erythraeam Sea*). 70년경에 남해무역에 종사하던 이집트 상인 그레코의 저작이라고 전하는 이 책은 당시 인도 계절풍을 이용해 홍해와 페르시아만, 인도양을 중심으로 전개되던 남해무역의 항로·항구·운송·교역품 등에 관해 기술하고 있다. 특히 그리스의 아테네로부터 홍해를 지나 인도양을 횡단, 인도 서해안에 이르는 직항로를 통해 진행된 해상무역에 관해 소상히 전한다. 당시 인도 서해안에는 인더스강 하구의 바르바리콘 항을 비롯해 바리가자트 항, 무지리스 항, 네르쿤다 항 등 무역항들이 있어서 로마와의 교역에 대거 이용되었다. 로마가 이런 항구들을 통해 인도에 수출하는 물품은 유리기구·은제 용기·화폐·황옥(黃玉)·산호·안식향(安息香)·유향(乳香)·직물·포도주·동·석·향유·의상 등이었으며, 이곳으로부터 수입하는 물품은 각종 향료·상아·마노·목면·생사·후추·육계 그리고 중국산 견직물·모피·면포 등이었다.

이 책에는 다프로파네(현 스리랑카)로부터 지금의 미얀마의 페구(Pegu, 黃金國)와 말레이 반도를 지나 데이나(秦尼), 즉 중국까지 이어지는 항로가 제시되어 있다. 이 안내서는 실크로드 해로와 해상교역에 관한 서방의 최초 기록으로서 기원 전후의 동서교류를 연구하는 데 첫 고전적 의의를 띤 중요한 문헌으로 정평이 나 있다.

23. 코스마스(Cosmas)의 『기독교풍토기』(基督教風土記, *The Christian Topography*, 550경). 코스마스는 이집트 알렉산드리아 출신의 기독교 수도사 겸 상인으로서 인도와 씰란 등지를 왕래하면서 행상하고 여행도 하였다. 이 책은 그의 견문록으로 6세기경 동·서간의 해상교역상을 전하고 있다. 특히 저자는 씰란이 동서 교역에서 차지하는 역할을 강조하고 있다. 씰란은 동서 해상교역의 중심지

이고 집산지·중계지로서 인도, 페르시아, 에티오피아 등지에서 많은 선박이 내항하고 또 이곳으로부터 각지로 출항한다. 제니스타(중국?) 같은 대단히 먼 나라에서도 비단·침향(沈香)·정향(丁香)·단(白檀) 등 여러 상품이 들어와 이곳에 운집하였다가 다시 후추의 산지인 마레(즉 말라바르) 등 인도의 상업지로 운반된다. 이러한 상품들은 인도뿐만 아니라 사향과 해리향(海狸香), 감송향(甘松香)의 산지인 신드나 페르시아, 아투리(홍해 서안의 즈라)까지도 운반된다. 물론 씰란은 다른 곳에서 상품을 수입해 먼 나라의 항구까지 수송하기도 하고, 또 자체의 물산을 동서방 여러 곳에 수출하기도 한다. 이것은 당시 씰란이 진행하고 있던 교역에 관한 기록의 일단이다. 이와같이 『기독교풍토기』는 6세기경 동·서간의 해상교역상을 입증하는 데 가치있는 문헌적 전거가 되고 있다.

24. 가탐(賈耽, 730~805)의 『황화사달기(皇華四達記)』. 가탐(자는 敦詩)은 창주(滄州) 남피(南皮) 출신으로서 지방 현위(縣尉)로부터 시작하여 중앙의 대외교섭 총관인 홍려경(鴻臚卿)과 지방절도사(地方節度使)를 거쳐 덕종(德宗) 때는 재상(793)까지 역임한 인물이다. 유년기부터 역사지리에 특별한 관심을 두었던 그는 관직에 있으면서도 『토번황하록(吐蕃黃河錄)』(4권) 『정원십도록(貞元十道錄)』 『해내화이도(海內華夷圖)』 『고금군국현도사이술(古今郡國縣道四夷述)』(40권) 『황화사달기』 등 많은 저서를 찬술하였다.

이러한 저작들은 대부분 소실되어 전하지 않으나 지리부분에 관한 저술만은 『신당서(新唐書)』 「지리지(地理志)」에 채록되어 있다. 가탐은 주로 『황화사달기』에서 국내외를 잇는 7대 통로를 밝히고 있다. 그 7대 통로는 ① 영주(營州)로부터 안동(安東)까지 가는 길, ② 등주(登州)에서 해로로 고려(高麗)와 발해(渤海)에 이르는 길, ③ 하주(夏州) 색외(塞外)에서 대동(大同)과 운중(雲中)을 잇는 길, ④ 중수(中受) 강성(降城)에서 회골(回鶻)로 들어가는 길, ⑤ 안서(安西)에서 회골로 이어지는 길, ⑥ 안남(安南)으로부터 천축(天竺)에 다다르는 길, ⑦ 광주(廣州)에서 바다로 제이(諸夷)에 통하는 길이다. 이 7대 통로 중에서 해로와 관련된 통로는 일곱번째의 이른바 '광주통해이도(廣州通海夷道)'다.

가탐은 이 '광주통해이도'에서 당시 광주로부터 페르시아만 서안의 오랄국(烏剌國, Obollah)까지 이어지는 해로의 노정과 구간별 항행일정 등을 상세히 밝히고 있다. 가탐이 제시한 노정은 크게 4구간으로 나누어볼 수 있다. 제1구간은 광주에서 수마트라까지, 제2구간은 수마트라에서 사자국(師子國, 현 스리랑카)까지이고, 제3구간은 사자국에서 이라크의 말라국(末羅國, 현 바스라)까지이며, 제4구간은 인도 서남해안의 몰래국(沒來國)에서 아프리카 동해안의 삼란국(三蘭國, 현 탄자니아의 Baru'd Salām)에 갔다가 페르시아만의 오랄국까지 다시 오는 길이다. 이 노정의 항행 소요시간을 보면 광주에서 말라국까지는 약 100일, 삼란국에서 오랄국까지는 48일이 걸린다. 이 노정에 포함된 경유지(국가나 지역)는 33개소에 달한다('광주통해이도'에 관해서는 이 책 제1장 제4절 참조).

25. 삐골로띠(F.B. Pegolotti)의 『통상지남(通商指南)』(1340경). 이 책에 관해서는 앞의 제5장 제3절의 상인 삐골로띠 조항을 참고하면 될 것이다.

26. 『순풍상송(順風相送)』과 『지남정법(指南正法)』. 항해관련 서적인 이 두 책의 저자는 미상이고, 저작연대는 『순풍상송』이 16세기 후반, 『지남정법』은 18세기 초엽으로 짐작된다. 원래 영국 옥스퍼드대학 보들리언(Bodleian)도서관에 소장되어 있던 이 두 책을 중국 사학자 향달(向達)이 필사하여 교주까지 첨가하고 또 합본하여 『양종해도침경(兩種海道針經)』이란 제목으로 1961년 중화서국(中華書局)에서 출간하였다.

두 책의 내용을 종합하면, 대체로 세 가지로 나누어볼 수 있다. 첫째는 일월출몰이나 풍운(風雲)변화, 조수의 소장, 우레와 번개, 별 등을 통한 기상관측 방법과 나침반의 방위 결정 등에 관한 것이고, 둘째는 산형수세(山形水勢)나 암초 같은 자연지세와 항행로 근처 각지의 상황에 관한 것이며, 셋째는 각지의 왕복항로와 항향(航向), 정박 가능성 등에 관한 것이다. 이 두 책에는 둘째와 셋째 부분의 내용이 가장 많다. 이들 책에 언급된 나라와 지역은 중국의 동남해 연안 일대와 일본 서부, 유구(琉球), 필리핀, 솔로 군도, 칼리만탄, 베트남, 캄보디아, 타이, 말레이 반도, 자바, 수마트라, 스리랑카, 인도, 이란, 아랍, 홍해 입구의 아덴 등으로 상당히 광범위하다. 이와같이 이 두 책은 16~18세기의 해상교통에 관해 기술함으로써 당시 항해와 동서교류상을 연구하는 데 중요한 사료적 가치를 지닌다.

27. 본테코(Willem Ysbrantsz Bontekoe)의 『동인도항해기(東印度航海記)』(1646). 동인도란 중세말과 근세 초 유럽인들이 동방세계를 범칭했던 말로서 인도양 혹은 서태평양상의 모든 지역을 지칭한다. 포르투갈과 네덜란드를 비롯한 신흥 유럽국가들에서 속속 설립된 '동인도회사'는 동방 식민지 경략의 총본산이었다. 이 책의 저자 본테코는 네덜란드 동인도회사의 선장으로서 선단을 이끌고 1618년 말 네덜란드의 북부 항구인 테셀(Texel)을 출항하여 약 7년간 동방항행을 하다가 1625년 11월 네덜란드의 젤란(Zeelandt)에 귀항하였다. 이 여행과정을 일기체로 기술한 것이 바로 『동인도항해기』이다. 이 책은 1646년 네덜란드의 호른(Hoorn)에서 초간된 후 몇년 지나지 않아 네덜란드의 여러 도시에서 10여 종의 간본이 나왔다. 17~18세기에 수차 재간되고 여러 나라에서 역출되기도 하였다.

본테코는 네덜란드를 떠나 아프리카 남단의 희망봉을 돌아 인도양에 진입한 후 연해 여러 나라와 지역을 역방하고 나서 중국 동남해안에 도착하였다. 따라서 이 항행과정을 기록한 이 책은 17세기의 해상교통에 관한 증언이다. 이 책에서는 가끔 동방경략을 둘러싸고 발생한 서방국가들간의 갈등관계도 언급하고 있다. 책 내용의 3분의 1은 중국관련 기사인데, 특히 본테코는 1622년 5월부터 1624년 2월까지 네덜란드인들이 중국 연해 일대에서 자행한 해적행위와 인도네시아 국민들의 반네덜란드 항전에 관해서도 사실적으로 기술하고 있다. 그밖에 네덜란드인들의 해상생활과 선단의 항행 상황도 전한다.

28. J. R. 바르진 등이 편집한 『17~18세기 네덜란드의 아시아 해운(海運)』(*Dutch-Asiatic Shipping in the 17th and 18th Centuries*, 3권, 1979). 이 책은 비록 1979년에 헤이그의 해사출판사(海事出版社)에서 근간한 것이지만, 17~18세기의 해운 내용을 그대로 편집하였기 때문에 문헌적 전거로 취급할 수 있다. 그 내용은 1595년부터 1794년까지 주로 암스테르담의 외항을 출항해 희망봉을 돌아 인도네시아나 일본 나가사끼(長崎)까지 이어지는 항행에 관한 기록이다. 3권 중 제1권은 총론이고, 제2권은 거로(去路)에 관한 것이며, 제3권은 귀로(歸路)에 관한 것이다. 항행한 선박의 명칭, 지휘자, 출항과 귀항 날짜, 승무원 수, 항행과정, 그리고 또 선박의 침몰이나 폐선, 승무원 중의 도망자, 심지어 항해 도중 해산한 승객 명단까지도 상세히 기록되어 있다. 이 때문에 네덜란드 동인도회사 소속 침몰선을 발굴하는 기본자료로 활용되고 있으며, 동방항행에 관한 실기이기 때문에 자료적 가치가 높다.

29. 섭마등(攝摩騰, Kasyapa Matanga)의 『사십이장경(四十二章經)』 역경. 섭마등은 중천축(中天竺) 사문으로서 후한 명제(明帝) 때인 68년에 대월지에서 낙양(洛陽)에 와 소승경전인 『아함경(阿含經)』의 『사십이장경』을 번역하였다. 이것은 최초의 불전 한문역경이다.

30. 구마라섭(鳩摩羅什, Kumarajiva, 344~413)의 『대품경(大品經)』 『법문경(法門經)』 『유마힐경(維摩詰經)』 역경. 중국 3대 역경가의 한 사람인 천축 불승 구마라섭은 401년에 장안에 와서 역경에 종사하였다. 국사(國師)로서 반야경(般若經)에 근거한 대승중관학(大乘中觀學)을 처음으로 중국에 전수하였으며, 불전 35부 294권을 한역하였다.

31. 구라나타(拘羅那陀, Kulanatha, 495~569, 법명 眞諦 Paramartha)의 『섭대승론(攝大乘論)』 역경. 중국 3대 역경가의 한 사람인 서천축 불승 구라나타는 546년에 광주에 와서 547~569년에 『섭대승론』 『유식론(唯識論)』 『구사론(俱舍論)』 등 불전 64부 278권을 번역하였다. 뿐만 아니라, 대승섭론종(大乘攝論宗, 후일의 法相宗)과 소승구사종(小乘俱舍宗)을 개창하였다.

32. 현장(玄奘, 600~64)의 역경. 중국 3대 역경가의 한 사람이며 법상종(法相宗)의 비조인 당승 현장은 18년간(627년 8월~645년 1월)의 도축구법 과정에서 불전 520협(夾) 657부를 가지고 귀국한 후 19년간 역경에 전념하여 경(經)·논(論) 75부 1,335권(총 1,300여만 자)을 번역함으로써 단연 최다 역경가가 되었으며, 역장(譯場)을 개설하여 역주(譯主)로서 역경사업의 새로운 장을 열었다. 그밖에도 현장은 천축에서는 이미 실전된 『대승기신론(大乘起信論)』의 한역본을 산스크리트로 회역(回譯)하고 『도덕경(道德經)』을 산스크리트로 번역하기도 하였다.

33. 의정(義淨, 635~713)의 『화엄경(華嚴經)』 역경. 당승 의정은 25년간(671년 11월~695년 여름)의

도축구법 과정에서 불전 400부 50만송을 가지고 귀국한 후 700~712년에 『화엄경』을 비롯한 불전 56부 230권을 한역하고 역주(譯主)로서 역장(譯場)을 주도하였다.

34. 아라본(阿羅本, Alopeno)의 성경 번역. 성경의 첫 한역자(漢譯者)인 대진국(大秦國) 주교 아라본은 정관(貞觀) 9년(635) 장안에 와서 태종(太宗)의 요청에 따라 장서루(藏書樓)에서 성경을 번역하고 기독교(景敎, 네스토리우스파) 교리를 강해하였다. 구체적으로 번역된 성경은 전하지 않으나, 이것은 최초의 성경 한역이다.

35. 루기에리(M. P. Ruggieri, 羅明堅, 1543~1607)의 『천주성교실록(天主聖敎實錄)』. 이딸리아의 예수회 선교사인 루기에리는 1579년 5월 내화한 후 조경(肇慶)에 중국의 첫 예수회 교회당인 '선화사(仙花寺)'를 짓고 포교활동을 하면서 최초의 한문 기독교서인 이 책을 저술하였다. 내용은 기독교의 기본교리에 대한 해설이다.

36. 마테오 리치(Matteo Ricci, 利瑪竇, 1552~1610)의 『기독교원정중국사』(基督敎遠征中國史, *China in the Sixteeth Century: The Journals of Matteo Ricci*, 일명 『利瑪竇中國札記』). 이딸리아의 천주교 예수회 선교사이며 예수회 중국선교회 수임회장으로서 천주교 중국 전파의 정초자(定礎者)가 된 마테오 리치는 1582년에 마카오를 통해 중국에 들어온 후 서방의 근대 과학기술을 폭넓게 전하면서 포교활동도 정열적으로 전개하였다. 그는 이 책에서 중국의 지리·물산·예술·과학·정부·풍습·예절·종교 등 각 방면의 사정을 소개하는 한편, 자신의 포교활동에 관해서도 기술하고 있다. 그는 광범위한 교제를 통한 그 자신 특유의 선교방법을 논한 『교우론(交友論)』도 지었다.

37. 롱고바르도(N. Longobardo, 龍華民, 1559~1654)의 『천주성교일과(天主聖敎日課)』와 『성약슬행실(聖若瑟行實)』. 이딸리아의 천주교 예수회 선교사이며 중국선교회 제2대 회장인 저자는 1597년에 내화한 후 포교활동을 하면서 천주교의 일상생활과 종교의식에 관한 이 두 책을 지었다.

38. 알레니(J. Aleni, 艾儒略, 1582~1649)의 『천주강생언행기상(天主降生言行記詳)』(8권, 1635~37, 福州 출간). 이딸리아의 천주교 예수회 선교사인 저자는 1610년에 마카오를 통해 중국에 들어온 후 전국 각지를 전전하면서 포교활동을 하였다. 그는 내화 선교사들 중에서 가장 많은

알레니의 『천주강생언행기상』(1635~37, 복주)

기독교관련 종교서적을 저술한 사람으로서 기독교 교리나 계율에 관한 전서만도 20여 권이나 된다. 그 대표적인 것이 이 책과 마테오 리치의 전기인『대서리서태선생행적(大西利西泰先生行迹)』과 윤리도덕을 다룬『삼산론학기(三山論學記)』이다.

39. 베르비스트(F. Verbiest, 南懷仁, 1623~88)의『교요서론(教要序論)』(1669, 북경 출간). 벨기에의 천주교 예수회 선교사인 저자는 1658년에 마카오를 통해 중국에 들어온 후 섬서(陝西)와 북경 등지에서 포교·학술 활동을 하면서 청초 강희제(康熙帝)의 신임을 얻었다. 그는 천주교 교리 전서인 이 책 외에도 문답체로 천주교의 종교윤리를 해석하는『선악보략설(善惡報略說)』(1670)을 저술하였다.

40. 쿠플레(P. Couplet, 柏應理, 1622~92)의『천주성교문답(天主聖教問答)』(1675, 북경 출간). 벨기에의 천주교 예수회 선교사인 저자는 1659년에 중국에 들어온 교황청 파견 특사의 직분으로 포교활동을 적극 벌이면서 기독교 개설서로서 이 책 외에도 사비에르(Xavier)로부터 시작해 1681년까지 중국에서 활동한 선교사들의 성명·국적·중국 도착 연도·선교 지점·사망일·묘지·한문 저서 등을 소개한『예수회 선교사 약전(略傳)』(라틴어, 1686, 빠리 출간)과『성교탁음(聖教鐸音)』등 다수의 저서를 찬술하였다.

41. 모리슨(R. Morrison, 馬禮遜, 1782~1834)의『신·구약전서(新·舊約全書)』한역. 영국인으로서 중국에 파견된 첫 프로테스탄트(기독교 신파) 선교사인 저자는 미국 정부와 미국 교회의 도움으로 1807년 9월 광주(廣州)에 도착한 후, 영국 동인도회사의 통역이라는 공식 신분을 이용하여 선교활동을 하면서 성서 한역에 착수하였다. 천주교 선교사들이 명말 청초에 대거 중국에 들어와『성경』의 한역을 시도하였지만, 부분적인 초역에 그쳤을 뿐, 18세기 초까지도 완역본은 나오지 못하였다. 모리슨은 1808년부터『성경』한역을 시작하여 1813년에 우선『신약전서』를 완역한 데 이어, 1814년부터는 런던선교회 소속 선교사 밀른(W. Milne)과 함께『구약전서』의 한역에 진력하였다. 1819년에 이르러『성경』전부를 완역하여『신천성서(神天聖書)』라는 제목으로 1823년 말라카에서 출간하였다.

42. 유지(劉智, 1664~1730)의『천방지성실록(天方至聖實錄)』(20권, 1724). 명말 청초의 중국 4대 이슬람 학자의 한 사람인 유지(자는 介廉)는 금릉(金陵, 현 南京)의 한 학자 가문에서 출생하였다. 어려서부터 근면호학했던 저자는 아랍어와 페르시아어에 정통하고 이슬람 경전과 유·불·도가를 두루 깊이 연찬하여 박식가로 명성이 높았다. 일생에 수백권의 저서를 지었는데, 남은 것은 100여 권뿐이다. 그중에 대표적인 이 책과『천방성리(天方性理)』『천방전례(天方典禮)』등 이슬람교 교리와 종교의식에 관한 저서들이 있다.

20권으로 된 이 책은 주로 이슬람교의 교조 무함마드의 행적을 다룬 종교사 전서이다. 저자는 이슬람교와 유교의 융화를 시도하여 '진일(眞一)' '수일(數一)' '체일(體一)'의 이른바 '삼일설(三一說)'로 알라의 유일성을 입증하려고 하였다. 유지는 이 책을 찬술하기 위하여 '서양서'(西洋書, 아랍어와 페르시아어로 된 책) 137종을 참고하였다고 한다. 그가 참고한 서적들을 분석해보면, 아랍어 서적은 대체로 수니파 저서들이고, 페르시아어 서적은 거의 대부분이 수피즘 서적들이다. 이 책은 1724년에 저술되었는데, 1778년에 초간되었으며 영어와 프랑스어, 일본어로 역출되었다.

43. 양현지(揚衒之)의 『낙양가람기(洛陽伽藍記)』(547). 양현지는 북위(北魏)와 동위(東魏), 북제(北齊) 시대를 두루 거친 사람으로서 가문이나 생몰연대는 알려진 바 없다. 북위 연안(永安) 연간(528~29)에는 봉조청(奉朝請)이란 관직에, 동위 무정(武定) 5년(547)에는 위무군부사마(魏撫軍府司馬)란 관직에 있었다. 그는 격동기에 낙양의 파괴상을 목격하고 이 책을 저술하였는데, 당시의 불교·정치·인물·풍속·지리·내화 서역인 등에 관해 기술하고 있다. 특히 북위가 낙양에 천도한 이래의 불교 흥성상을 구체적으로 서술하고 있다. 그밖에 송운(宋雲)과 혜생(惠生) 등 서행 구법승들의 행적도 전한다.

44. 석혜교(釋慧皎, 496~554)의 『고승전(高僧傳)』(일명 『梁高僧傳』, 522). 석혜교는 회계(會稽) 상우(上虞) 출신의 저명한 불교 사학자다. 522년(523?)에 이 『고승전』을 찬술하였는데, 여기에는 후한 명제(明帝), 영평(永平) 10년(67)부터 양(梁) 무제(武帝) 천감(天監) 18년(519)까지의 453년간 손오(孫吳)·양진(兩晋)·유송(劉宋)·후진(後秦)·북위(北魏) 등 10대 왕조에 걸친 531명 고승의 전기를 싣고 있다. 서술체계를 보면, 각 고승전을 성격에 따라 역경(譯經)·의해(義解)·신이(神異)·습선(習禪)·명률(明律)·망신(亡身)·송경(誦經)·흥복(興福)·경사(經師)·창도(唱導) 등 10문(門)으로 나누고, 각 문에 대한 평가를 곁들이고 있다. 특히 역경을 중시하여 첫 문에 앉히고 역경승들의 행적을 많이 다루었다. 그런데 남방승에 치중하고 북방승은 적게 다룬 편파성을 보인다.

45. 도선(道宣)의 『속고승전(續高僧傳)』(일명 『唐高僧傳』, 645). 『고승전』의 속편으로서 양조(梁朝) 이후의 704명 고승들의 행적을 기술하고 있는데, 그들을 정전(正傳) 485명, 부견(附見) 219명으로 구분하고 있다. 남북방의 승려들을 고루 다룸으로써 『고승전』의 편파성과 지역적 한계성을 극복하였다.

46. 찬녕(贊寧)의 『송고승전(宋高僧傳)』(988). 『속고승전』의 속편으로서 서위(西魏)로부터 북송(北宋) 단공(端拱) 원년(988)까지 기간에 활동한 고승 684명의 행적을 기술하고 있는데, 그중 정전은 533명, 부견은 133명으로서 『속고승전』에서 누락된 부분을 보완하였다. 서술체계에 있어 『속고승전』과 『송고승전』은 『고승전』과 마찬가지로 10문으로 나누고 있으나 명칭과 내용은 좀 다르다. 그 10문은 역경·의해·습선·명률·호법(護法)·감통(感通)·유신(遺身)·독송(讀誦)·흥복·잡과성덕편(雜科聲德篇)이다.

제3절 학문연구서

실크로드를 통한 교류의 문헌적 전거로서의 학문연구서는 교류의 추진과 심화를 위한 학문적인 연구전서이다. 그 내용은 주로 교류 대상지에 관한 지역연구서와 과학기술을 전파하기 위한 과학기술 연구서로 대별할 수 있다. 우선 지역연구서에는 대상 지역의 정치·경제·문화·사회의 어느 한 특정 부분에 관한 여러가지 전문적인 연구서들이 포함된다. 이러한 연구서에는 중국관련 연구서가 주류를 이룬다. 다음으로 과학기술 연구서에는 각종 기초과학과 응용과학을 망라하는 과학기술 전서들이 포함되는데, 그중에는 식물이나 약초 같은 교류물에 관한 연구서와 서방의 근대 과학기술을 전파하기 위한 연구서(원서나 역서)들이 큰 비중을 차지한다.

이러한 학문연구서들은 전술한 개설소개서와 때로 구분하기 어려운 점이 있지만, 내용을 세심히 검토해보면 단순한 자료의 종합·편집이나 초보적인 이해를 도모하는 소개서가 아니라, 저자 나름의 문제의식에 기초한 학문적 연구의 결과물임을 알 수 있다. 기초과학서는 비록 '개설소개적' 성격이 있지만, 저자의 학문적 소양이나 연구의 바탕이 없이는 결코 저술할 수 없는 것이다. 따라서 학문연구서와 개설소개서는 동일시될 수 없으며, 전자는 후자의 심화라고 할 수 있다. 이상과 같은 내용을 담은 문헌적 전거로서의 학문연구서로는 다음과 같은 대표적인 문헌들이 있다.

1. 헤로도투스(Herodotus, BC 484~425)의 『역사』(*Historia*, 9권). 소아시아에서 출생한 헤로도투스는 청년시절부터 각지를 편력하면서 목격하고 전문한 사실들을 바탕으로 이 책을 찬술하였다. 이 책은 크게 오리엔트에 관한 내용과 페르시아 전쟁에 관한 내용의 두 부분으로 구성되어 있다. 교류사와 관련된 부분은 주로 1~4권인데, 여기서는 오리엔트 각지의 역사와 주민, 풍습을 다루고 있다. 특히 교류사에서 고전처럼 인용되는 것은 4권 13장과 16~36장에 있는 스키타이의 동방교역로와 관련된 기사이다. 저자는 흑해 동북방의 아조프해→돈강→북상해서 볼가강→우랄산맥→동행하여 이세트네스인들의 거주지인 알타이산맥 지대로 이어지는 스키타이의 동방교역로(BC 8~3세기)를 제시하고 있다. 이것은 동서교역로에 관한 사상 최초의 명시이다.

2. 마흐무드 알 카슈가리(Maḥmūd al-Kashghari, 1020경~70경)의 『돌궐어사전(突厥語辭典)』 (1072~74). 1020년대에 카라한조의 카슈가르(현 新疆 喀什)에서 출생한 마흐무드는 젊어서 돌궐 문화의 훈육 속에서도 한문명과 아랍-이슬람 문명의 영향을 많이 받았으며, 7하(河) 지역과 일리강, 씨르다리아강 일원을 두루 역방하였다. 그러다가 카라한조 궁전에서 정변이 일어나자, 당시 압바쓰조 이슬람제국의 수도인 바그다드로 도피하였다. 그곳에서 1072~74년에 이 사전을 편찬하여 압바쓰조 할리파인 아부 무끄타디르에게 헌상하였다. 그는 장기간의 연구와 탐색 끝에 영원한 기념품과 무진장한 재부를 후세에 남겨놓기 위해 이 책을 저술했다고 밝히고 있다.

이 사전은 표제어 약 7,500개(단어와 문구)에 대한 해석을 통해 11세기의 돌궐족과 중앙아시아 사회 전반을 조명한 일종의 간명 백과전서이다. 아랍어로 어휘를 해석한 이 사전에 포함된 내용은 대단히 광범위한데, 친족과 인척, 관직과 작호, 천문과 역법, 지리와 지명, 동식물, 농업과 목축업, 금속과 광물, 음식과 의복, 질병과 의약, 체육과 군사, 역사와 신화, 민족과 종교, 유희와 오락 등 실로 다양한 내용을 포괄하고 있다. 이 책에는 242수의 돌궐어 4행시와 200여 개의 격언·속담이 해석에 인용되고 있다. 그리고 원형 중앙아시아 지도가 하나 첨부되어 있는데, 이것은 현존 지도 중 가장 오래된 중앙아시아 지도이다. 그리하여 이 책은 중세의 돌궐족과 중앙아시아의 역사와 문화를 연구하는 데 없어서는 안될 진서이며 돌궐족의 진귀한 문화유산이라는 평가를 받고 있다.

원서는 소실되어 전하지 않고 제1차 세계대전 중에 터키에서 초본(抄本)이 발견되어 1915~17년 이스딴불에서 3권으로 간행되었으며, 1938~57년에는 터키어로 번역되어 5권으로 앙카라에서 출간되었다. 후에 우즈베크어로도 역출되어 3권으로 타슈켄트에서 출간되었으며, 중국에서도 1981~84년에 위구르로 역출하여 역시 3권으로 출판하였다.

3. 라시둣 딘(Rashīdu'd Dīn, 1247~1318)의 『집사』(集史, Jawāmi'o'd Tārīkh, 7권, 1307, 1310~11). 라시둣 딘은 현 이란 하마단에서 이슬람교로 개종한 유태인 약사 가문에서 출생하였다. 그 역시 유명한 의사이면서 동시에 박식한 역사가로서 일 칸국 궁전의 어의로 봉직하다가 1298년 재상에 서임되었다. 그는 자신의 관직을 이용하여 몽골과 중국에서 온 많은 학자들과 교제하면서 몽골과 중국에 관한 지식을 집적하였다. 특히 1285년 쿠빌라이의 특사로 일 칸국에 파견된 원조의 중신인 중서승상(中書丞相) 발라(孛羅)로부터 원조의 각종 제도와 몽골 역사에 관해 많은 것을 직접 들었다. 라시둣 딘은 이 책 외에도 『일칸의 중국의학 보고』도 저술하여 중국의 전통의약을 소개하였다.

일부 학자들이 인류문화의 보고 중에서 비교적 완벽한 첫 세계통사라고 평가하는 이 『집사』는 페르시아어로 되어 있고 두 부분으로 구성되어 있다. 제1부는 1307년에 저술한 몽골사이고, 제2부는 1310~11년에 저술한 세계사이다. 전 7권으로 된 이 명저의 제7권에서 저자는 돌궐·중국·유태·인도 등의 역사를 다루고 있다. 중국 역사에 관한 서술에서 그는 나름대로 중국의 왕조체계를 세우고 각 왕조대의 역사를 서술하고 있다. 비(非)한문 저서로서 중국 역사에 관해 비교적 체계적으로 논술하기는 이 책이 처음이다.

라시둣 딘의 페르시아어 『집사』
(1307, 1310~11)

4. 멘도사(Juan Gonzalez de Mendoza, 1545~1618)의 『중화대제국사』(中華大帝國史, *Historia de las Cosas mas Notables, Rito y Costumbres del Gran Reyno de la China*, 1585). 에스빠냐 출신의 저자 멘도사는 1580년에 국왕 펠리뻬 2세의 서한을 휴대하고 특사로 중국을 향해 떠났는데, 도중 멕시코에서 사람들의 반대로 전진을 포기하였다. 그는 멕시코에서 당시 필리핀과 중국을 내왕하는 포르투갈인과 에스빠냐인들로부터 중국에 관한 정보와 저술들을 다수 입수하였다. 그중에는 중국에 들어간 포르투갈의 도밍고회 선교사 끄루스의 저서 『중국지』와 1575년 중국에 견사된 에스빠냐의 마닐라교구 주교인 라다가 쓴 『대명중국사정기』, 그리고 몇가지 중국 여행기들이 들어 있었다.

귀국 후 멘도사는 이러한 2차적 자료에 근거하여 이 책을 저술하였다. 초판이 440면이나 되는 이 저서는 2권으로 분권하였다. 중국에 관한 방대한 내용을 포함하고 있는데, 과거제도와 관직등급·임명방법·군사제도·사법소송제도·건축·복식 등에 이르기까지 세세히 논급하고 있다. 전체적으로 그는 중국을 빈곤도 걸식도 없는 이상향으로 묘사하고 있다. 제13장에 '천(天)' '제(帝)' '성(城)'의 3개 한자를 모사(模寫)하였는데, 이것은 유럽의 인쇄서적에 소재(所載)된 최초의 한자였다.

이 책은 최초의 중국관련 연구서로서 유럽인들의 대중국 인식에 큰 영향을 미쳤다. 16세기 후반에 활약한 프랑스의 문호이자 철학가인 몽떼뉴(Montaigne, 1533~92)는 이 책의 프랑스어 역본을 감수하면서 "우리는 중국과 접촉한 일도 없고 또 요해된 바도 없지만, 중화제국의 정치체제와 예술은 여러 면에서 확실히 우리를 능가한다"고 소감을 피력하였다. 그리하여 이 책은 출간되자마자 16세기 말까지 벌써 이딸리아어·영어·독일어·프랑스어·라틴어 등 30종의 유럽어로 번역되었다. 이 책의 근세 영역본은 *The History of the Mighty Kingdome of China* (tr. by R. Parke, With an Introduction by R. H. Major, issued by the Hakluyt Society, London 1853~1854; rep.in U.S.A.)이다.

5. 롱고바르도(N. Longobardo, 龍華民, 1559~1654)의 『공자와 그의 교리』(*De Confucio Ejusque Doctrina Tractatus*, 1623). 이딸리아의 예수회 선교사이며 천주교 예수회 중국선교회 제2대 회장을 역임한 저자는 이 책을 저술하여 중국 경전 중의 기본개념들을 해석하였다. 이것은 서구인이 중국 유가학(儒家學)을 체계적으로 연구한 첫 저서로서 1701년에 『중국 종교의 몇가지 관점을 논함』이란 제목으로 프랑스어로 번역되어 유럽 종교계와 학계에서 큰 반향을 불러일으켰다.

6. 트리고(N. Trigault, 金尼閣, 1577~1628)의 『서유이목자(西儒耳目資)』(3권). 저자는 프랑스의 천주교 예수회 선교사로서 1607년 마카오를 통해 중국에 들어온 후 로마 교황청에 특사로 파견되는 등 포교활동을 하면서 서안(西安)과 항주(杭州) 등지에 인쇄소를 차리고 종교 및 과학기술 관련 서적을 다량 출간하였다. 트리고 자신도 『추력년첨례법(推曆年瞻禮法)』과 『황의(況義)』 등의 저서 외에 당시로서는 신이한 이 책을 저술하였다. 이 책은 라틴어로 한자를 음사(철자)한 최초의 중국어관련 언어학 전서로서 중국어 음운학(音韻學) 발전과 서양인들의 중국어 학습에 크게 기여하였다.

7. 쎄메도(A. de Semedo, 曾德昭, 1586~1658)의『중화제국(中華帝國)』(1638). 이 책에 관해서는 앞의 제5장 제4절을 참고하면 될 것이다.

8. 상지미(常志美, 1610~70)의『구지입문』(求知入門, Minhāju'd Talab, 1660). 명말 산동(山東) 출신의 저명한 이슬람 학자인 저자는 이슬람교도들이 이슬람 경전과 교리를 학습하기 위해서는 페르시아어 습득이 필수적이라는 점을 감안하여 이 페르시아어 문법서를 편찬하였다. 이 책은 중국인이 쓴 최초의 외국어 문법서일 뿐만 아니라, 페르시아어로 쓴 독립적인 페르시아어 문법 전서로서도 세계에서 가장 오래된 책이며, 그 학문적 가치가 매우 높다.

9.『예수회 선교사 서간집』. 명말 청초의 재화 선교사들의 서간 모음집으로 1702~76년에 빠리에서 총 34권이 간행되었다. 1702년 초간된 첫권의 서명은『중국과 동인도 예수회 선교사 서간집』이었으나, 제2권부터는『예수회 해외 선교사들이 쓴 교육적이고 매력적인 서간들』(Lettres édificantes et Curieuse écrites des Missions Etrangeres Par quelques Missionaires de la Conpagnie de Jésus)이란 제목으로 발간되었는데, 약칭『예수회 선교사 서간집』이라고 한다.

10.『중화제국전지(中華帝國全志)』(1735). 전술한『예수회 선교사 서간집』의 출간과 같은 시기인 1735년에 프랑스 루이 14세 참회신부의 비서인 할드(J.B. du Halde)가 주로 중국 선교사들이 보내온 서한과 보고문 자료에 근거하여 4권의『중화제국과 그 소속 타타르의 지리, 역사, 편년기, 정치 박물지』(Descriptions Géograpique, Historique, Chronologique, Politique et Physique de l'Empire de la Chine et de la Tartarie Chinoise, 약칭『중화제국전지』)를 저술하여 중국의 전반적인 상황을 개술하였다. '중국 백과전서'라는 평을 받고 있는 이 책은 1735년 빠리에서 초간된 후 이듬해에 헤이그에서 재간되었으며, 브룩스(R. Brookes)가『중국통사』(The General History of China)라는 제목으로 영역하였다. 이 책의 제1권은 각 성(省)의 지리와 편년사, 제2권은 정치·경제·경전·교육, 제3권은 종교·도덕·의약·박물, 제4권은 만주·몽골·티베트·조선에 관해 종합적으로 서술하고 있다.

11.『중국논총(中國論叢)』(1776~1814). 전술한『예수회 선교사 서간집』과『중화제국전지』의 속편이라고 할 수 있다. 이 책은 1776~1814년에 총 16권으로 출간되었는데, 원저명은『북경주재 선교사들의 중국 역사, 과학, 예술, 풍속, 습관 관련 논총』(Mémoires Concernants l'Histoire, les Sciences, les Arts, les Moeurs, les Usages, etc. des Chinois Par les Missionaires de Peking)이고, 그 약칭이『중국논총』이다. 그 내용은 서명 그대로에 반영되고 있다. 이상의 3대 문헌은 18세기 유럽에서 일어난 중국학 연구붐의 학문적 토대를 마련한 문헌들이다.

12. 마르띠니(M. Martini, 衛匡國, 1614~61)의『중화제국신도(中華帝國新圖)』(1655)와『중국상고사(中國上古史)』(1658). 이딸리아의 천주교 예수회 선교사인 저자는 1643년에 중국에 들어온 후 명·청 교체기의 전란 속에서 도처를 방황하다가 1650년 '중국 예의논쟁'의 대소인(代訴人) 자격으로 로마

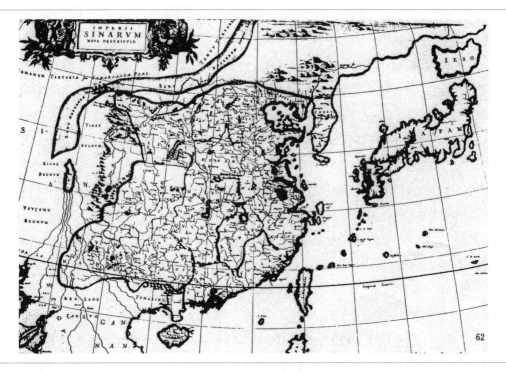

마르띠니의 『중화제국신도』 중 중국 전도

교황청에 파견되었다. 파견기간 중 암스테르담에 체재하면서 라틴어로 『중화제국신도』를 출간하였다. 이 지도첩에는 모두 17폭의 지도가 수록되어 있는데, 그중 1폭은 중국 전도이고 15폭은 중국 각 성(省) 분도이며, 나머지 1폭은 일본 지도이다. 각 지도의 4주(周)에는 정밀한 경위도가 표기되어 있고, 또한 산맥·강·하천·호수·대소 도시들이 명기되어 있으며, 중국 전도 후미에는 중국 사정에 관한 총론이 첨부되어 있다. 마르띠니는 이 지도첩에서 처음으로 '진(秦)'이 'China'(라틴어 Sina)의 어원이란 설을 제시하였다. 이 지도첩이야말로 유럽인들의 중국 지리 연구에 있어 명실상부한 첫 안내서였다. 그리하여 서방 학술계에서는 마르띠니를 가리켜 '중국 지리학의 아버지'라고 하였다.

역시 라틴어로 쓴 『중국역사 제1부』(1658, 뮌헨 출간)는 인류 기원으로부터 예수시대까지의 중국 고대사를 서술하고 있다. 이 책은 주희(朱熹)의 『통감강목(通鑑綱目)』을 남본으로 하고 저자 나름대로의 이해와 견해에 따라 내용을 전개하고 있다.

13. 쿠플레(P. Couplet, 柏應德, 1622~92)의 『중국 철학가 공자』(1687). 벨기에의 천주교 예수회 선교사인 저자는 1659년에 내화한 후 중국에서의 선교사업 상황을 보고하기 위해 1681년 로마 교황청에 파견되어 유럽에 10년간 체재하였다가 다시 돌아갔다. 유럽에 체재중이던 1687년 빠리에서 『서문사서직해(西文四書直解)』를 출간했는데, 그 책의 라틴어 서명이 『중국 철학가 공자』이다. 이 책에

는 공자의 전기와 『대학』『중용』『논어』의 역주가 들어 있다. 이 책은 공자와 그의 사상에 관한 서구인의 첫 연구서인만큼 유럽 학계에서 큰 반향을 불러일으켰다.

14. 멜라(J. M. de Mailla, 馮秉正, 1669~1748)의 역서 『중국통사』(*Histoire Géneral de la Chine*, 13권, 1777~85). 프랑스의 천주교 예수회 선교사로서 1703년에 중국에 들어온 저자는 포교활동과 함께 전국 지도측회(測繪) 작업에도 참가하고, 50세에 만주어를 공부하는 등 정열적인 활동을 벌였다. 그는 중국어와 만주어를 습득하였고 중국의 역사와 문학, 예술에 조예가 깊었다. 그는 주희의 『통감강목』을 프랑스어로 번역하였는데, 1777~85년에 『중국통사』라는 이름으로 빠리에서 출간되었다. 주로 『통감강목』의 만주어본을 초역(抄譯)하고, 거기에 명·청사 부분을 첨가한 이 역서는 중국 역사를 체계적으로 서술한 역사전서로서 유럽 역사학계에 큰 영향을 미쳤다. 이 역본을 구입한 530명의 명단이 전해지는데, 구입자들의 거주지와 계층 등으로 보아 이 책의 광범위한 유포를 헤아릴 수 있다.

15. 께네(F. Quesnay, 1694~1774)의 『중국의 전제정치』(1767). 18세기 중엽에 활약한 프랑스의 정치경제학자이고 중농학파(重農學派, Physiocratis)의 창시자이며 '유럽의 공자' '친화파'(親華派, Sinophile)로 알려진 께네는 1767년에 프랑스어로 이 책을 저술하였다. 중국의 정치경제제도와 전통사상을 중심으로 중국 전반을 논급한 이 책은 총 8장으로 구성되어 있다. 그 목차를 보면 다음과 같다. 제1장 해설: 1) 서문, 2) 중화제국의 기원, 3) 중화제국의 영토와 번영, 4) 시민계급, 5) 군사세력. 제2장 중국의 기초법: 1) 자연법, 2) 경전(經典)과 제1계급의 사원법(寺院法), 3) 제2계급의 사원법, 4) 중국인의 과학, 5) 교육, 6) 학자의 연구, 7) 농업, 8) 농업에 부수된 상업. 제3장 중국의 실정법(實定法). 제4장 조세법. 제5장 군주권. 제6장 행정제도: 1) 행정, 2) 형법, 3) 관리(官吏). 제7장 중국 정치제도의 결함. 제8장 중국법과 자연법의 비교.

께네는 이 책에서 중국의 정치는 '합법적인 전제정치'이며, 중국 황제는 '합법적인 전제군주'라고 지적하였다. 그는 저서 『자연법』에서 '자연법은 인류의 입법 기초이고, 인간 행위의 최고 준칙'인데도 중국을 제외하고는 모든 나라들이 이 점을 소홀히한다고 하면서 중국이야말로 '자연법에 준해 건립된 국가의 모범'이라고 설파하였다. 그는 또한 농업은 일체의 근본이며 농업만이 재부를 증진시킨다고 주장하면서 중국의 중농주의(重農主義)와 역대 중국 황제의 농업중시정책을 높이 평가하고 중국의 고대 세제(稅制), 특히 『주례(周禮)』의 균전부세법(均田賦稅法)으로부터 영감을 받아 토지단일세제를 주장하였다.

16. 모리슨(행적과 『신·구약전서』 번역에 관해서는 앞절 참조)의 『화영자전(華英字典)』(1823). 영국인으로서 중국에 들어온 첫 프로테스탄트 선교사인 모리슨은 1808년부터 『화영자전』의 편찬에 착수하였다. 그는 이 책을 일시에 출간하지 않고 분권(分卷)으로 편찬, 출간하였다. 제1권은 『자전(字典)』이란 제목으로 1817년에 출간하였는데, 그는 가경(嘉慶) 12년(1807)에 간행된 『예문비람(藝文備

覽)』을 영역한 후 한자의 획수에 따라 214개의 어근을 표제어로 배열하고 끝에 자모색인을 첨부하였다. 『오거운부(五車韻府)』란 제목의 제2권 제1부는 1819년에, 그리고 이어서 제2부를 출간하였는데, 글자를 음성기호에 따라 영어 알파벳순으로 배열하고 부록에는 한자의 6가지 서체를 표음(表音)에 따라 열거하였다. 『영한자전(英漢字典)』이라는 제목으로 1822년에 출간한 제3권은 어휘와 성어(成語) 및 문형의 영·한 대역과 상세한 해석을 달았으며, 예문은 모두 한역하였다. 이상의 권본들을 집성한 완정본 『화영자전』은 총 6본(전 4,595면)으로 1823년에 완간되었다. 이것은 첫 화영자전으로서 문명교류에 대한 값진 기여였다. 모리슨은 그밖에 영어로 『한어어법(漢語語法)』과 『광동토어자회(廣東土語字滙)』도 저술하였다.

17. 혜함(嵇含)의 『남방초목상(南方草木狀)』(3세기 말). 진(晋) 혜제(惠帝, 재위 290~306) 때 대신을 역임한 혜함이 찬술한 이 책은 남방식물의 전입에 관한 전서로서 원본은 소실되어 미전이나, 여러 사적에 인용되고 있어 그 내용을 짐작할 수 있다. 저자는 이 책의 찬술 목적을 '사람들에게 광동(廣東)과 광서(廣西) 및 월남(越南) 북부 일대로부터 중원(中原) 왕조에 진공(進貢)한 진기 식물과 그 제품을 소개'하기 위한 것이라고 밝히고 있다. 예컨대 대진(大秦, 즉 로마)의 지갑화(指甲花, 즉 봉선화, lawsonia alba, 일명 散沫花)는 호인(胡人, 즉 서역인)들이 남해지방에 이식시킨 것이며, 야실명화(耶悉茗花, 즉 재스민, jasmine, 범어 mallikā)도 호인들이 서국(西國)에서 남해지방으로 이식한 것이라고 그 교류상을 밝히고 있다.

18. 역서 『파라문천문경』(婆羅門天文經, *Brahmasiddhānta*, 21권, 7세기). 『수서(隋書)』(권34)에 소개된 인도 천문역법의 첫 역서이다. 수대에는 이 책을 비롯해 『파라문산경(婆羅門算經)』(3권) 등 인도 천문역법서 총 7종 60권이 한역되었다.

19. 구담라(瞿曇羅)의 『경위력(經緯曆)』(9권, 665). 태사령(太史令)인 저자는 내당(來唐)하여 중국 천문학 발전에 기여한 인도 3대 천문학 가문 중 가장 역할을 많이 한 구담(瞿曇, Gautama) 가문의 1대이다. 이 구담 일가는 4대를 이어 무려 110년간이나 사천감(司天監, 천문대 총감)을 역임하였다. 천문학 역법전서인 이 책은 혼천의(渾天儀) 제작이나 황도경위(黃道經緯)와 적도경위 등을 측정하는 데 유용하게 사용되었다.

20. 정건(鄭虔)의 『호본초(胡本草)』(7권, 8세기). 당 현종(玄宗, 재위 712~56) 때 광문박사(廣文博士)를 역임한 정건이 저술한 책으로 전래한 서역 약재에 관한 전문서다.

21. 역서 『서역제선소설약방(西域諸仙所說藥方)』(23권, 7세기). 서역 의학서적의 역본으로서 서역 제국에서 유행되고 있던 약방과 의술을 소개하고 있다. 이 책 외에 6~7세기 한역된 의학서적으로는 『파라문제선약방(婆羅門諸仙藥方)』(20권), 『서역명의소집요방(西域名醫所集要方)』(4권) 등 총 15종 91권이 있다.

22. 이순(李珣)의 『해약본초(海藥本草)』(6권, 10세기). 오대(907~59) 때의 페르시아인 후예인 이순이 저술한 것으로 63종의 해물(海物) 약방을 자세히 수록하고 있는데, 그러한 해물들은 모두가 페르시아·아랍·로마·인도·베트남 등지에서 치료에 사용되는 것들이다.

23. 자비르 이븐 하얀(Jābir Ibn Ḥayyān)의 『물품특성상론』(物品特性詳論, Kitābu'l Khawāṣi'l Kabīr, 930경). 아랍 연단술의 창시자인 자비르의 이 책에는 여러 장에 걸쳐 중국의 각종 안료와 염료, 도료, 먹의 제조 및 배합법, 안장 제작과 철 제강법 등 여러가지 공예기법이 소개되고 있다.

24. 이븐 씨나(Ibn Sīnā, 980~1037)의 『의전』(醫典, al-Qānūn, 5권, 11세기 초엽). 중세 이슬람세계의 가장 걸출한 의학자인 이븐 씨나는 고대 그리스와 로마, 아랍의 의학성과와, 이집트·시리아·인도·중국의 의약술을 집대성하여 이 책을 저술하였다. 예컨대 그는 중국의 전통 맥학(脈學)을 수용하였는데, 열거한 48종의 진맥법 중 35종은 중국의 그것과 동일하다. 또한 여기에 수록된 800여 종의 약물 중에는 육계(肉桂)나 대황(大黃), 우황(牛黃) 등 중국 특유의 약재가 들어 있다. 『의전』은 12세기에 라틴어로 번역되어 유럽에서 '의학경전(醫學經典)'이란 평을 받고 17세기까지 유럽 각 대학에서 교재로 채용되었다.

25. 나스룻 딘 투시(Nasru'd Dīn Tusī, 1201~74)의 『일칸천문표』(al-Zijāh al-Ilkhānī, 1272). 이 책은 페르시아의 천문학자인 나스룻 딘 투시의 주도 아래 일 칸국의 말라크 천문대 전문가들이 당시의 국제 통용어인 페르시아어로 편찬한 천문역표이다. 이 역표는 그리스, 아랍, 페르시아, 중국 등의 역표를 참고하여 편찬한 후 몽골 치하의 여러 나라에 발송하여 사용토록 하였다. 이것은 동서 천문역법의 교류가 진행된 결과이며, 나아가 서로 통용될 수 있는 이 역법의 편찬으로 인해 그 교류는 더욱 촉진되었다. 『일칸천문표』는 2종의 초본이 현존하고 있는데, 모두 영국 왕립도서관에 소장되어 있다. 그 편호는 Or. 7464와 Add. 7698이다.

26. 알 카쉬(al-Kashī, ?~1436)의 『산술의 열쇠』(Miftāḥu'l Ḥisāb, 1427). 중세 아랍의 천문학자이며 수학자인 알 카쉬의 저서로 중국 수학과의 영향관계가 엿보인다. 이 책에는 중국에서 오래 전에 이미 밝혀진 영부족술(盈不足術, 즉 滿數와 缺數의 계산법)을 '거란산법'(契丹算法, al-Khattaayn)이라고 소개하고 있다. 이 '영부족술'은 중국 북방에서 흥기했던 거란에 의해 아랍에 전해져서 그러한 명칭으로

환자를 진찰하는 이븐 씨나(980~1037)

로 불리게 된 것으로 짐작된다. 그리고 알 카쉬의 평방근(平方根)이나 입방근(立方根)의 산출법도 중국의 수학자 가헌(賈憲)이나 진구소(秦九韶)의 그것과 일치한다. 이것은 양방의 교류에서 비롯된 결과일 수 있다.

27. 『회회약방(回回藥方)』(36권, 원대). 현존 잔본은 목록 하(下)와 권12·30·34뿐이다. 이 잔본에서 권12와 권19부터 권36까지 모두 19권의 내용을 대략 파악할 수 있다. 이 19권에만도 44문(門)에 3,965가지 약방이 소개되어 있으며, 그 약방에 포함된 약물은 1천여 종에 달한다. 아랍 의약을 집성한 이 책은 아랍어로 씌어진 원본의 페르시아어 역본으로부터 다시 한어로 중역된 것인데, 그 연대에 관해서는 원말설과 명초설의 두 가지가 있다. 일부 학자들은 원대 이후 한의(漢醫)가 13과로 분류되고, 또 점차 환약을 쓰게 된 것은 이 책을 비롯한 아랍 의학에서 영향을 받았기 때문이라고 주장한다. 이븐 씨나를 비롯한 아랍 학자들과 함께 고대 그리스와 로마의 의학자 14명을 거론하고 있는 점으로 보아 아랍 의학은 고대 그리스·로마 의학에서 자양분을 섭취한 것이 분명하다.

28. 패림(貝琳)의 『칠정추보(七政推步)』(7권, 1470~77). 원대에 전입된 이슬람 역법에 근거해 편찬된 명대의 천문서이다. 이 책은 각종 역법과 천문관측법을 서술함으로써 중국의 천문학 발전에 기여를 하였다. 예컨대, 구면삼각법(球面三角法)으로 달의 황위(黃緯)를 계산하는 방법과 1도=60분, 1분=60초, 1초=60미(微)의 60진법을 소개하고 있다. 여기서 한가지 특기할 것은 조선조 초기의 역법인 『칠정산내외편(七政算內外篇)』 중에서 「외편(外篇)」은 역원(曆源)이나 60진법 등 이슬람력의 기본원리나 특성을 그대로 수용하여 만든 '조선의 이슬람력'이란 사실이다.

29. 이시진(李時珍, 1518~93)의 『본초강목(本草綱目)』(52권). 명대의 명의인 저자는 이 책에서 여러 외래 약재식물의 원산지와 전래과정 및 용도 등에 관해 기술하고 있다. 원래 중국의 본초서(本草書)에 기록된 약초는 365종이었으나 외래 약제로 인해 품종이 크게 늘어났으므로, 이시진은 그것을 정리·취사(取捨)하여 중국 제일의 본초서를 완성한 것이다.

30. 마테오 리치의 『곤여만국전도(坤輿萬國全圖)』(1584). 저자가 가톨릭 중국 전파의 기초를 닦고 서구의 근대 과학기술의 중국 전입을 선도하였다는 데 대해서는 앞절에서도 밝혔지만, 그의 많은 저서와 역서(앞절에서 『기독교원정중국사』 소개함) 중에서 가장 큰 영향을 미친 것은 이 지도(일명 『여지전도』 혹은 『산해여지전도』)이다. 이 지도는 중국에 소개된 첫 근대 세계지도로서, 이것을 통해 지원설(地圓說)이나 5대주설(五大洲說), 경위도 개념, 그리고 유럽에서의 지리상의 '대발견' 등이 중국에 처음 소개되어 중국 지리학의 근대적 지평을 열어놓았다. 이 지도는 1608년까지 조경(肇慶)·남창(南昌)·소주(蘇州)·남경(南京)·북경·귀주(貴州) 등지에서 12차례나 중간되었다.

리치는 중국에서 1608년까지 모두 12종의 세계지도를 제작·간행하였는데, 이 지도는 그중 하나로서 비교적 완정된 세계지도일 뿐만 아니라, 중국을 중심으로 제작한 것이 특징이다. 그가 세계지도를 제작할 때 채택한 남본은 당대의 저명한 벨기에 지도학자 오르텔리우스(Abraham Ortelius)의 『지도집』(The Atrum Orbis Terrarum)이다. 남본에서는 중국이 동쪽에 치우쳐 있으나 리치의 지도에서는 지도 중앙부에 자리하고 있으며, 남본에 비해 중국의 경계와 지세·산맥·강·하천에 관한 설명이 더 상세하고 정확하다. 이 지도에는 유럽·아프리카주·아시아주·아메리카주·남극의 5대주와, 대서양·대동양(태평양)·소서양(인도양)·빙해(水海)의 4대양, 그리고 남·북극과 적도 등을 명시하고 있다. 지명은 모두 한자로 표기하였는데, 그중 일부는 지금까지 쓰이고 있다.

31. 우르씨스(S. de Ursis, 熊三拔, 1575~1620)의 『태서수법(泰西水法)』(6권, 1612). 이딸리아의 천주교 예수회 선교사인 저자는 1603년에 마카오를 통해 중국에 들어온 후, 예수회 중국선교회 내 종무(宗務)를 담당하여 활동하면서 수리법(水利法) 연구에 몰두하여 저수와 취수용 수리기기를 여럿 제작하였다. 이를 바탕으로 우르씨스는 주로 태서(泰西, 서구)의 근대적인 수리법에 근거하여 각종 수리관련 기기와 시설들을 설계·제작하는 방법을 설명한 이 책을 펴낸 것이다. 수리관련 전서인 이 책은 저수와 취수 방법, 수차와 댐, 온천치료와 약로방법(藥露方法, 증류에 의한 제약법) 등에 관해 실용적으로 기술하고 있다. 책 중에는 용미도(龍尾圖, 즉 龍骨車) 5점, 왕형도(王衡圖) 4점, 항십도(恒什圖) 4점, 댐도 3점, 기타 제약증류기도(製藥蒸溜器圖) 등 수리관련 해설도가 여러 점 첨부되어 있다. 명의상 우르씨스의 저술로 되어 있지만, 실제로는 그가 구술한 것을 서광계(徐光啓)가 필록하고 이지조(李之藻)가 교정한 것으로서 3인 공동작품이라고 할 수 있다. 이 책은 근대적 수리법에 관한 첫 한적(漢籍)으로서 중국의 수리 발전에 개창적 역할을 하였다.

32. 슈레크(J. T. Schreck, 鄧玉函, 1576~1630)의 역서 『원서기기도설록최(遠西奇器圖說錄最)』(3권, 1627, 약칭 『奇器圖說』). 독일의 천주교 예수회 선교사로서 1619년에 마카오를 통해 중국에 들어온 슈레크는 중국 선교사들 중에서 가장 다재다능한 사람이었다. 이 책은 그가 구술하고 중국인 가톨릭 신자 왕징(王徵, 1571~1644)이 필록 및 편역하여 출간되었다. 이 책은 재화 선교사 트리고가 로마 교황청에 특사로 파견되었다가 1619년 중국에 돌아올 때 재래한 7천권 서적 중에서 제일 먼저 한역된 역서이면서 근세 서방 물리학과 기계학을 개술한 첫 기계공학 전서이다.

3권으로 된 이 책의 제1권은 역학(力學), 제2권은 기계학의 기본원리를 다루었으며, 제3권에는 54종의 각종 기계도안이 소개되었다. 그리고 기계에 한해서는 제작에 필요한 참고서와 도구, 부속품의 명칭을 일일이 열거하고 있다. 이 역서가 근거한 원전은 트리고가 가지고 온 7천권 서적 중 4종의 책이다. 즉 비트루비우스(Vitruvius)의 『건축학』(De Architeetura), 브뤼주(S. de Bruges)의 『수학기록』(數學記錄, Hypomnemata Mathematica), 아그리콜라(G. Agricola)의 『금속물을 논함』(De Re Metallica), 라멜리(A. Ramelli)의 『각종 공예기계를 논함』(Le Diverse et Artificiose Machine)이다.

33. 이지조(李之藻, 1565~1630)의 『동문산지(同文算指)』(10권, 1614). 저자는 명말 청초의 서방 내

화 선교사들로부터 그곳의 과학기술을 전수받고, 그들과 함께 근대 과학기술의 보급에 진력한 과학자이며 저술가였다. 이 책은 유럽의 필산(筆算)방법을 소개한 수학전서로서 그 방법은 지금까지도 이용되고 있다.

34. 아담 샬(Adam Schall von Bell, 湯若望, 1592~1666)의 『화공설요(火攻挈要)』(2권, 17세기 전반). 독일의 천주교 예수회 선교사인 저자는 1619년에 마카오를 통해 내화한 후, 광주와 항주·서안·북경 등지에서 포교활동을 하면서 역법 수정과 천문관측의기 제작에 직접 참여하였다. 뿐만 아니라, 대소 화포(火炮) 500여 문을 직접 지휘하여 제작하고 이 책을 저술하였다. 여기에는 『화공비요(火攻祕要)』 1권을 별첨하였는데, 화포의 주조와 보관·운송·포탄 제조 등 제반 화포제작과 이용기술에 관한 문제를 서술하고 있다. 이 책은 당시 가장 권위있는 서양화포 관련 전서로서 큰 호평을 받았고, 조정으로부터 '흠포천학(欽褒天學)'이라고 쓴 변액(匾額)을 하사받아 교회당에 걸어놓았다. 아담 샬은 그외에도 1635년에 서광계와 이천경(李天經)이 편찬한 『숭정역서(崇禎曆書)』 중에 포함된 『교식역지(交食曆指)』 『항성출몰표(恒星出沒表)』 등 19권을 저술하였다.

35. 보임(M.P. Boym, 卜彌格, 1612~59)의 『중의진요(中醫津要)』(1686). 폴란드의 천주교 예수회 선교사이며 궁전어의였던 보임은 1647년에 해남도(海南島)를 통해 내화한 후 광서 고명영력(高明永曆) 조정의 특사로 로마 교황청에 파견(1650년 11월~1658년)되는 등 포교활동을 전개하는 한편 몇 권의 저서도 지었는데, 그중 대표적인 것이 이 책이다. 저자는 이 책의 원고를 간행하기 위해 유럽에 발송했는데, 도중 네덜란드 동인도회사가 불법 몰수하여 이 회사 주임의사에게 넘겨주었다. 의사는 그 원고를 표절하여 자신의 이름으로 *Specimen Medicinae Sinicae*라는 제목으로 1682년 간행하였다. 그러나 4년 후인 1686년에 보임의 동료 선교사였던 쿠플레가 원저자인 보임의 이름을 걸고, 원고명 *Clavis Mecica ad Chinarum Doctrnam de Pulsibus*(『중의진요』)라는 제목으로 출간하였다. 중국의 전통의학과 한의약재 289종을 소개하고 있는 이 책은 유럽의 중국 전통의학 연구에서 선도적 역할을 하였다. 그밖에도 보임은 1656년 빈에서 『중국식물』을 출간하였는데, 이 책은 주로 20여 종의 중국 식물에 관해 상술하고 희귀동물 몇 종에 관한 소개도 곁들이면서 표본그림 23점을 첨부하였다.

제4절 여행문학서

실크로드를 통한 교류의 문헌적 전거로서의 여행문학서는 이질문명을 현지에서 직접 체험, 확인하고 그것을 문자기록으로 전하는 여행기와 이질문명간의 이해와 교류에 이바지한 문학서(작품)를 말한다. 여행기도 하나의 문학장르로서 당연히 문학서에 포함되지만, 교류 전거로서의 여행기가 갖는 특출한 역할 때문에 기타 문학서와 병렬시켜 '여행문학서'로 범칭한다.

우선, 여행기는 여행가들이 현지 답사를 통해 직접 보고 듣고 느끼고 한 것을 기록한 문헌으로 그 어느 문헌적 전거보다도 사실성이 강하다. 그러므로 여행가들이 만난을 무릅쓰고 남긴 여행기는 문명교류사 연구에서 더없이 값진 문헌적 전거로 인정된다. 여행기에는 여유작작(餘裕綽綽)한 유람기와 특정 대상에 대한 관찰을 기본으로 하는 견문록, 사행(使行)과정을 기록한 사행기, 구법행각이나 성지순례에 관한 구법순례기, 미지의 세계에 대한 모험적인 탐색을 기록한 탐험기 등이 포함된다. 교류의 향방 개념에서 보면, 크게 동향 여행기와 서향 여행기로 대별할 수 있다.

다음으로 교류의 문헌적 전거로서의 문학서는 주로 이질문명의 문학서에 대한 역서(譯書), 즉 문학역서(文學譯書)와 이질문명의 소재를 수용하고 융합한 융합문학서(融合文學書)의 두 가지로 나누어볼 수 있다.

여행문학서의 장르나 내용은 대단히 다양하며, 문체는 보통 산문체이다. 이상의 내용을 담은 대표적인 산문체 여행문학서로는 다음과 같은 것들이 있다.

1. 법현(法顯, 342경~423경)의 『불국기(佛國記)』(416). 동진(東晉) 고승 법현의 도축구법순례기(399년 3월~413년 7월까지 14년간 구법순례)인 이 책은 일명 『법현전(法顯傳)』 『법현행기(法顯行記)』 『역유천축기전(曆游天竺記傳)』 『불유천축기(彿游天竺記)』라고도 한다. 저자는 약 1만자인 이 책에서 역방한 중국과 중앙아시아, 남아시아, 동남아시아 지역 30여 개국의 자연환경·지리·교통·문화·물산·종교·풍습·명승유적·중국과의 관계 등을 기술하고 있다. 이 순례기는 5세기의 아시아 역사와 교류사를 연구하는 데 중요한 자료로 평가되어 1830년대부터 영어와 프랑스어를 비롯한 여러 외국어로 역출되었다.

2. 송운(宋雲, 생몰연대 미상)의 『송운행기(宋雲行記)』(6세기). 북위 신구(神龜) 원년(518)에 서역에 가서 불전을 구해오라는 호태후(胡太后)의 명을 받은 저자는 사문(沙門), 법자(法子), 혜생(惠生) 등과 함께 낙양(洛陽)을 떠나 인도 건타라국(乾陀羅國, 현 페샤와르)까지 갔다가 4년 만에(522) 대승경전 170부를 휴대하고 돌아왔다. 이 책은 여행과정을 기술한 견문록으로서 가는 도중 거친 각국의 물산·정치·풍속·신앙 등을 구체적으로 서술하고 있다. 특히 우기국(于闐國)과 염달국(嚈達國, Ephtalte, 현 아프가니스탄의 Faizabad), 파미르 고원에 관한 내용은 사료적 가치가 높다. 이 여행기는 양현지(楊衒之)의 『낙양가람기(洛陽伽藍記)』(547) 권5에 수록되어 있다.

3. 현장(玄奘, 600~64)의 『대당서역기(大唐西域記)』(12권, 646). 당대 고승 현장이 행한 18년간(627년 8월~645년 1월)의 도축구법 행적을 기술한 순례기이다. 현장이 구술하고 제자 변기(辯機)가 필록 편찬한 것인데, 현장이 직접 답사한 110개 나라와 전문한 28개 나라 등 전부 138개 나라의 역사·지

리·물산·농업·상업·풍속·문학예술·언어·문자·화폐·국왕·종교·전설 등 제반 사정에 관해 정확하게 기술하고 있다. 그리하여 고대와 중세 초의 중앙아시아와 서남아시아의 역사, 문화나 교류사를 연구하는 데 대단히 귀중한 문헌으로 공인되고 있다. 특히 5천축 80개국 중 75개국이나 역방하면서 사실적인 기록을 남겨 문헌기록이 미흡한 인도 고대사 연구에서 1차적 사료원으로 중시되고 있다. 이와 더불어 현장의 육로 왕래노정에 관한 기록은 중세 초 오아시스로의 실태를 전해주는 중요한 문헌이다. 이 때문에 동서양 학계에서 공히 그 진가가 인정되어 1850년대부터 프랑스어·영어·일어 등 여러 외국어로 역출되었다.

4. 의정(義淨, 635~713)의 『남해기귀내법전(南海寄歸內法傳)』(4권, 683~89). 당대 고승 의정은 구법차 도축(渡竺, 671년 11월~695년 여름까지 25년간)하였다가 귀국하는 길에 불서국(佛逝國, 현 수마트라의 팔렘방 일대)에서 이 책을 저술하였다. 인도와 동남아시아의 불교·역사·지리·풍습·의학 등 여러 방면에 관해 기술하고 있으며, 특히 인도에서 유행하던 불교학의 기풍과 율종(律宗)의 일상의식을 소상히 소개하고 불교학에 대한 자신의 기본인식도 천명하고 있다.

의정은 이 책과 함께 역시 불서국에서 『대당서역구법고승전(大唐西域求法高僧傳)』(2권)을 저술

혜초의 『왕오천축국전』 잔간분

하였는데, 당 태종(太宗)과 고종(高宗), 무즉천(武則天) 3대에 걸쳐 서행한 구법승 60여 명의 행적과 인도 불교의 부파(部派)에 관해 기술하였다. 이 책에 관해 특기할 것은 가필시도(迦畢試道), 토번(吐藩)─니파라도(尼婆羅道), 사적(沙磧)─니파라도, 광주(廣州)─천축해도 등 도축 통로를 소개하고 있는 점이다. 이상의 두 저서는 7세기 인도와 동남아시아의 역사·지리·문화, 특히 불교사 연구에서 중요한 1차적 사료원으로 평가받고 있다.

5. 혜초(慧超, 704?~787경)의 『왕오천축국전(往五天竺國傳)』(3권, 8세기 중엽). 신라 고승 혜초의 인도 및 서역 순례기(723년~727년 11월 순례)이다. 프랑스의 동양학자 뻴리오(P. Pelliot, 1878~1945)가 1908년 돈황 천불동(千佛洞)에서 절략본(節略本, 총 230행, 약 6천 자)으로 발견한 것이다. 혜초의 해상 거로(去路)는 기록이 결락되어 알 길이 없으나, 동천축에 상륙하여 5천축을 두루 역방하고 육로로 구자(龜玆)까지 돌아온 여정에 관해서는 생생한 기록이 남아 있다. 저자는 5천축뿐만 아니라, 중앙아시아와 서아시아의 여러 나라와 지역을 편답하면서 직접 견문하였거나 전문한 각국의 역사·문화·정치·풍속·물산·종교 등을 사실적으로 기술하고 있

다. 그리하여 이 책은 8세기의 인도와 중앙아시아에 관한 서적으로는 그 내용의 다양함과 정확도에서 단연 으뜸가는 명저로 평가받고 있다. 저자는 한문명권에서는 최초로 대식(大食, 아랍) 현지를 탐방하고 그 견문록을 남겨놓았다.

6. 두환(杜環)의 『경행기(經行記)』(8세기 후반). 서안(西安) 출신의 두환은 고선지(高仙芝)가 이끈 당 원정군의 일원으로 751년의 탈라스 전투에 참전했다가 이슬람군에게 포로가 되어 이라크의 쿠파에 끌려갔다. 그는 중앙아시아와 서아시아에서 10년을 보낸 후 762년에 상선으로 귀국하였다. 귀국 후 이 책을 저술하였는데, 원전은 소실되어 전하지 않는 대신 두환의 일족인 두우(杜佑)의 『통전(通典)』에 1,700여 자의 단편적인 내용이 전재되고 있어 개략적인 내용을 짐작할 수 있다.

그러한 단편적인 기록에 의하면, 두환은 생포된 후 석국(石國, 타슈켄트)에 억류되었다가 강국(康國)과 아무다리아강 좌안의 아매국(亞梅國), 말록국(末祿國, 현 투크만마리)을 경유해 대식국의 아구라(亞俱羅, 즉 쿠파)에 압송되었다. 대식 체재기간에 두환은 점국(苫國, 현 시리아), 불름국(佛菻國, 즉 동로마), 달마린국(達摩鄰國, 북아프리카의 마그리브? 모로코? 에티오피아?) 등 서아시아 및 아프리카 지역을 역방하였다. 이로써 두환은 아프리카를 방문한 최초의 중국인이다. 이 책은 그가 편력한 나라와 지역의 경계·풍토·물산·음식·거주·의복·습속·신앙·예법 등 여러 방면의 실황을 기술하고 있다. 특히 대식국에 관한 기록은 중국인으로서 최초의 비교적 정확한 아랍 현지 방문록이다.

7. 쑬라이만 앗 타지르(Sulaimān ad-Tājir)의 『중국과 인도 소식』(Akhbāru'd Ṣīn wa'l Hind, 851). 이 책의 아랍어 원전은 소실되어 전하지 않고 원저자도 미상이나 주인공 쑬라이만이 저술한 것으로 간주하고 있다. 그러나 12세기의 필사본(현 빠리 국립도서관 소장)이 발견되면서 이 책에 관한 연구가 주로 프랑스에서 많이 진행되었다. 1718년에 처음으로 프랑스의 레노도(A. E. Renaudot)가 프랑스어로 번역하고 역주를 붙여 『9세기 두 이슬람 여행가의 인도와 중국 여행』이란 제목으로 출간하였다. 20세기에 들어와 프랑스의 페랑(G. Ferrand)이 다시 『쑬라이만 동유기』란 제목으로 완역하고 역주를 달아 재간하였다.

원저자는 사실 미상이지만, 원저명은 『중국과 인도 소식』이다. 원저가 출간된(851) 후 페르시아만 씨라프 출신의 아부 자이드 하싼(Abu Zaid Ḥasan)이 내용을 보충하고 각주를 첨가하며 『쑬라이만 앗 타지르 여행기』(Riḥalatu Sulaimān ad-Tājir)란 서명으로 916년에 간행하였다. 그리하여 보통 851년에 간행된 원저를 권1, 916년에 아부 자이드가 보간(補刊)한 것을 권2로 나눈다. '쑬라이만 앗 타지르'는 인도와 중국을 비롯한 동방에 내왕한 아랍 상인으로서 이 책의 내용은 대부분 그가 구술한 것을 필록한 것이다. 때문에 일반적으로 그를 저자로 보는 것이다. 프랑스어 역본의 '두 이슬람 여행가'란 그 내용을 제공한 쑬라이만과 다른 한 상인인 이븐 와합을 가리킨다.

이 책의 내용은 현지 목격자들의 견문과 전문이기 때문에 풍부하고 생생할 뿐만 아니라, 대부분

사실적이다. 페르시아만에서 중국까지의 항정과 더불어 인도와 중국 등 연해 나라들과 지역에 관해 다방면의 실태를 전한다. 역사 지리와 풍습에서부터 정치적 사변에 이르기까지 내용이 다양하다. 특히 상인들의 구술에 의한 기록이기 때문에 각지의 물산이나 상품가격, 화폐, 상역관련 법령과 규정, 교역계약조건, 상역기관 등이 상세히 기술되어 있다. 그밖에 아랍의 조선술과 중국의 선박, 중국의 차와 도자기, 외래 상인과 종교에 대한 중국인들의 태도, 심지어 878년에 중국에서 일어난 황소(黃巢)의 난(권2)까지 언급하고 있다. 이 책은 외방인의 최초 중국여행기이며, 아랍-이슬람 여행문학의 대표작으로서 사료적 가치가 대단히 높다.

8. 아부 둘라프 알 무할힐(Abu Dulaf al-Muhalhil, 생몰연대 미상)의 『여행기』(10세기 중엽). 저자는 10세기의 아랍 여행가이자 시인이고 광물학자이다. 부하라의 사만조 왕궁에 체류하고 있을 때 이곳에 온 중국사절단을 수행하여 동유(東遊)의 길에 올라 중국의 서북지역에 이르렀다. 그가 도착했다고 하는 산다빌(Sandābil)은 서주(西州)의 회골(回鶻) 도성 고창(高昌)으로 짐작된다. 귀국 후 『여행기』를 남겼는데, 원본은 소실되었으나 13세기의 아랍 학자들인 알 야꾸트(al-Yaqūt)의 『지명사전』(1224)과 알 까즈위니(al-Qazwīnī, 1203~83)의 『생물기관(生物奇觀)』에 여행기 내용이 전재되어 있다. 그러다가 1922년에 이란 마슈하드(Mashhad)의 한 이슬람사원에서 완전한 초본(抄本)이 발견되었다. 이 책에는 중국에 관한 여러가지 신선한 견문 내용이 있기는 하지만, 여정이라든가 지명에서 모호한 점이 적지 않아 일부 학자들은 그의 중국여행 여부에 의문을 제기하기도 한다. 그러나 견문이든 전문이든간에 전반적으로는 사료적 가치가 인정되어 라틴어·독일어·프랑스어·영어·중국어로 역출되었다.

9. 계업(繼業, 생몰연대 미상)의 『서역행정(西域行程)』(10세기 후반). 송대 개봉 천수원(天壽院)의 고승인 계업은 사문(沙門) 행근(行勤)이 조직한 승단(僧團)에 참가해 구법도축하였다. 157명이란 최대 규모 승단의 일원으로 964년에 계주(階州, 현 甘肅 武都)를 떠나 오아시스로 북도를 따라 천축에 이르러 여러 불적들을 순례하고 불법을 연찬한 후 12년 만인 976년 계주에 돌아왔다. 귀국 후 아미산(娥眉山)에 들어가 우심사(牛心寺)를 짓고 은거 수행하면서 자신이 소장한 『열반경』 42권의 매 권 후미에 자신의 서행 도축에 관해 기록해놓았다. 후일 범성대(范成大)가 우심사를 찾았을 때 그 기록을 발견하여 『서역행정』이란 이름으로 자신이 찬한 『오선록(吳船錄)』에 수록하였다. 이 책을 통해 송대의 오아시스로 사정과 함께 서행 도축이 점차 쇠퇴해가는 모습을 찾아볼 수 있다.

10. 야율초재(耶律楚材, 1190~1244)의 『서유록(西游錄)』(1228). 거란 황족의 후예이며 13세기의 저명한 정치가인 저자가 1218~26년에 칭기즈칸의 서정군(西征軍)을 따라 중앙아시아까지 서유(西遊)한 내용을 기록한 여행기이다. 저자가 여행에서 돌아와 1227년 겨울 연경(燕京)에 상경하자 사람들이 '이역(異域)'에 관해 많은 것을 물어왔다. 일일이 대답하기가 귀찮아 1228년에 이 책을 지었

다고 한다. 이 책은 상·하 2부로 구성되었는데, 상부는 문자 그대로의 여행기록이고, 하부는 주로 종교에 관한 논급이다. 그의 서유는 연경에서 시작해 오아시스로 북도를 경유, 중앙아시아의 사마르칸트 일원까지 이어졌다. 이 책에서 여정중에 견문하고 전문한 여러가지를 전하고 있는데, 저자는 사마르칸트에 가장 오랫동안 체류하였기 때문에 이 고도의 경관·물산·의식주·풍토 등을 생생하게 묘사하고 있다.

이 여행기는 저자 자신이 직접 간행하였는데, 원전은 소실되어 미전이다. 단, 상부만은 동시대인 성여재(盛如梓)의 저서『서재노학총담(庶齋老學叢談)』에 수록되어 전해져왔다. 19세기 말부터 중국과 외국의 여러 학자들이 이 책에 관한 연구를 진행했다. 그러다가 1926년에 일본 궁내성(宮內省) 도서관에서 1236년 일승인 성일국사(聖一國師)가 중국에서 재래한 초본이 발견되었다. 이듬해인 1927년에 이 초본이 일본과 중국에서 각각 간행되었다. 1962년에 라체윌츠(Igor de Rachewiltz)가 미국의『몽골연구』지에 영문 역주본을 발표하였다.

11. 이지상(李志常, 1193~1238)의『장춘진인서유기(長春眞人西遊記)』(13세기 전반). 영통한 도인인 구처기(邱處機, 호 長春, 1148~1227)는 70세의 고령에 서정중인 칭기즈칸의 부름을 받고 1220년 2월 산동 내주(萊州)를 떠나 오아시스로의 북도를 따라 중앙아시아의 사마르칸트까지 갔다가 1224년 3월 연경에 돌아왔다. 그는 4년간의 서유에서 귀향한 후 태극궁(太極宮)에 머물면서 여행과정에 관해 구술한 것을 수행 제자인 이지상이 필록 편집하여『장춘진인서유기』란 제목으로 간행하였다. 서유 연도 각지의 산천과 도정(道程)·지리·풍토·복식·음식·동물·초목·풍속·신앙·인물 사적 등에 관해 간결한 필치로 서술하고 있다. 그리하여 중세 중앙아시아와 오아시스로 연구에서 귀중한 사료로 인정받고 있다. 1888년에 출간된 브렛슈나이더(E. Bretschneider)의 *Medieval Researches from Eastern Asiatic Sources*(Vol. I, London 1967)에 이 책의 영문 역주본이 수록되어 있다.

12. 유기(劉祁, 생몰연대 미상)의『북사기(北使記)』(13세기 전반). 이 책은 저자가 금말(金末) 오고손 중단(烏古孫仲端, 본명 卜吉)의 사신으로 파견되어 중앙아시아에서 서정중에 있는 칭기즈칸을 회견하고 돌아온 사행기(使行記)이다. 『금사(金史)』에 의하면, 중단(仲端)은 1220년 7월 예부(禮部)의 시랑(侍郎) 신분으로 몽골과의 강화(講和)를 위해 서정중에 있는 칭기즈칸에게 출사(出使)한 후, 그해 12월에 변경(汴京)으로 돌아왔다. 칭기즈칸 회견지는 중앙아시아의 철문관(鐵門關)이었으며, 칭기즈칸은 사신의 강화요청을 받아들이지 않았다. 1222년 가을에 중단은 재차 중앙아시아에 있는 칭기즈칸을 찾아갔으나, 칭기즈칸은 동관(潼關) 이서의 여러 지역을 할양하라는 요구를 해서 결국 강화는 무산되고 중단의 사행 사명은 실패하고 말았다.

이 책은 중단의 2차에 걸친 사행과정을 기록한 사행기로서, 유기가 저서『귀잠지(歸潛志)』제13권에 수록하였다. 그리하여 일반적으로 유기가 저자(기록 및 편집자)로 간주되고 있다. 이 책은 당대의 다른 서유기에 비해 노정이나 견문 내용이 비교적 간략하기는 하지만, 서요(西遼)의 복식이나 세가(世家), 여러 갈래의 회골(回鶻, 즉 回回)에 관한 기술 등은 사료적 가치가 높다. 앞서 브렛슈나이더의 저작에 이 책 영문 역주본도 수록되어 있다.

13. 유욱(劉郁, 생몰연대 미상)의『서사기(西使記)』(1263). 몽골 몽케 칸의 사신 상덕(常德)이 서정 중에 있는 훌레구를 예방하는 사행기이다. 상덕의 구술을 유욱이 필록 편집하여 출간한 것으로 추측된다. 상덕은 1259년 1월 화림(和林, 즉 카라코룸)을 떠나 서행하여 이란에서 서정중인 훌레구를 친견하고 14개월 만에 돌아왔다. 이 책은 상덕이 사행중 사마르칸트, 바그다드, 시라즈, 인도 등 여러 나라의 풍토·민생·풍습·정치·물산 등에 관해 견문하였거나 전문한 것을 소개하고 있다. 그 전반부는 일정에 따른 여정을 기록하고 있으나, 후반부는 나라별로 사정을 기술하는 서술체계의 불일치성을 보이고 있다. 이 사행기는 원대 왕운(王惲)의『추간선생대전문집·옥당가화(秋澗先生大全文集·玉堂嘉話)』와 도종의(陶宗儀)의『설부(說郛)』에 수록되어 있다. 전술한 브렛슈나이더의 저작에 영문 역주본도 수록되어 있다.

14.『해둔행기(海屯行記)』(13세기 후반). 소아르메니아 왕인 해둔(海屯, Hayton) 1세가 1254~55년 몽골까지 동유한 여행기이다. 바투가 이끄는 몽골의 제2차 서정에 위협을 느낀 해둔은 이 서정이 끝나자마자 몽골에 대한 신속(臣屬)을 표명하기 위해 동유를 단행했던 것이다. 그는 소아르메니아의 도성이었던 식사(息思, 현 터키의 카잔)를 출발해 바투가 있는 사라이에 들렀다가 카라코룸으로 직행해 몽케 칸을 진현하였다. 거로보다 귀로에 관한 기술이 더 상세한데, 귀로에 경유한 곳만도 59개소나 된다.

별로 길지 않은 분량으로 약 1년간에 걸친 해둔의 동유 중 특히 몽골에서 견문한 내용들을 많이 기술하고 있다. 이 여행기는 13세기 중엽의 오아시스로 북도와 초원로 연구에 귀중한 사료를 제공한다. 뿐만 아니라, 몇가지 독창적인 기록을 남기고 있다. 예컨대, 다른 중세 여행기에서는 찾아볼 수 없는 '홀란'(忽蘭, 즉 몽골 야생 당나귀)에 관한 내용이 보이고, 기독교세계에서는 최초로 '미륵불(彌勒佛)'에 관해 언급하고 있다. 이 책은 원래 해둔의 한 수행자가 저술한『아르메니아사』에 수록되었다. 1820년대부터 러시아어·프랑스어·영어로 번역되었으며, 1920년대에 중국어로도 역출되었다.

15. 뤼브뤼끼(G. de Rubruquis, 1215~70)의『동유기(東遊記)』(1256). 프랑스 루이 9세의 특사로 몽골에 파견된(1253~55) 프랑스 출신의 프란체스꼬회 선교사인 저자의 사행기(使行記)이다. 서언과 결어 외에 총 38장으로 구성되어 있는데, 사절단 경유지의 자연환경과 주민생활, 몽골인들의 의식주, 풍습, 사법심판, 종교신앙, 궁전행사, 수도 카라코룸의 면모 등을 생생하게 기술하고 있다. 언어학에도 조예가 깊었던 저자는 알타이어계 투르크어 방언들을 비교하고, 한자와 티베트어, 탕구트어 등에 관해서도 비교언어학적 견해를 피력하고 있다. 특히 카라코룸의 궁정, 사라센인(아랍 무슬림)들의 시

장, 중국 공장(工匠)들의 거주구역, 서아시아와 헝가리·그리스·독일·프랑스 등 정복지 포로들로 수공업이나 농업의 노동력을 충당한 사실, 빠리 출신의 금세공사를 만난 사실 등 생동한 기사들을 전하고 있다. 이 사행기는 필사본으로 남아 있던 것을 영국에서 1600년에 해클루트(Hakluyt)가 사본의 일부를, 이어 1625년에 퍼처스(Perchas)가 사본의 전부를 영역하여 출간하였다. 1929년에 간행된 『중국의 프란체스꼬회 선교사들』 제1권에 영역본 전문이 실려 있다.

16. 마르꼬 뽈로(Marco Polo, 1254~1324)의 『동방견문록(東方見聞錄)』(1298). 이 책에 관해서는 앞의 제5장 제4절의 마르꼬 뽈로 관련 내용을 참조하면 될 것이다.

17. 오도리끄(Odoric, 1286?~1331)의 『동유기』(東遊記, *The Eastern Parts of the World Described*, 1330). 이 책에 관해서는 앞의 제5장 제4절의 오도리끄 관련 내용을 참조하면 될 것이다.

18. 이븐 바투타(Ibn Baṭūṭah, 1304~68)의 『이븐 바투타 여행기』(*Riḥlatu Ibn Baṭūṭah*, 1355). 이 책에 관해서는 앞의 제5장 제4절의 이븐 바투타 관련 내용을 참조하면 될 것이다.

19. 몬더빌(Maundeville, 생몰연대 미상)의 『몬더빌 여행기』(*Maundeville's Travels*, 1371). 이 책은 저자의 허구적인 동방여행기로서 그 내용의 대부분은 환상적인 억측이나 타인의 기사를 표절한 것이다. 이렇게 사실성이 결여된 허구적인 내용이지만, 흥미본위로 윤색하였기 때문에 동방에 관한 지식에 목말라 하던 유럽 독자들의 큰 흥미를 끌었다. 저자는 프랑스어로 1371년에 초간한 데 이어 라틴어와 영어로도 재간하여 당시 한 권의 책으로서는 최다 발행부수를 기록하였다.

이 여행기는 동방 여러 나라에 관한 기담이 상당히 많은데, 그중 대부분은 황당무계한 것이다. 그러나 그러한 기담 중에서 유럽인들의 각별한 관심을 끈 것은 이른바 '프레스터 존(Prester John) 제국'에 관한 기사였다. 기사에 따르면, 이 제국은 황제 프레스터 존이 통치하는 동방의 유일한 기독교 국가로서 동쪽 끝에서 서쪽 끝까지 달려서 4개월이나 걸리는 광대한 영토를 영유하고 있다는 것이다. 그전부터 유럽에 전설처럼 알려진 이 제국의 실체가 정확히 밝혀진 바는 없지만, 일부 역사학자들은 중국 북방에서 서천(西遷)하여 1132년 중앙아시아의 야밀(Yamil)에서 건국된 서요(西遼)이며, 그 왕(황제)은 건국자 야율대석(耶律大石)으로 보고 있다(앞의 제4장 제1절의 몬더빌 관련 내용 참조).

20. 진성(陳誠, 1365~1458)의 『서역행정기(西域行程記)』와 『서역번국지(西域番國志)』(1416년경). 이 두 책은 명조의 성조 영락(永樂) 연간에 세 차례(1413~22)나 서역의 티무르제국에 사절로 파견되었던 진성이 제1차 출사(1413~15)에서 돌아온 후 수행했던 이섬(李暹)과 함께 찬술한 사행기이다. 『서역행정기』는 일기 형식으로 사행노정과 지나는 길의 풍물·지형·기후 등을 상술하고, 『서역번국지』는 편력한 17개국을 나라별로 지형·주민·역사·풍속·경제·문화 등의 내용을 개술하고 있다. 그중 종착지인 헤라트에 관한 기술이 약 절반을 차지한다. 이 두 사행기는 중세 오아시스로와 중앙아시아 제국, 특히 티무르제국의 사정을 파악하며 동서 교류관계를 연구하는 데 귀중한 자료를 제공하

였다.

21. 끌라비호(R. G. de Clavijo, ?~1412)의 『동사기(東使記)』(원서명: 『티무르시대 까디스로부터 사마르 칸트까지의 여행기』 *Timur Devrinde Kadistan Semer-Kand's Seyahat*, 1582). 에스빠냐의 까스띠야 국왕 엔리께 3세의 특사로 티무르제국에 파견되었던(1403.5.23~1406.3.22) 저자의 사행기이다. 끌라비호는 전 사행 노정을 일정별로 기록하였다가 귀국한 지 얼마 뒤 에스빠냐어로 이 책을 저술하여 1582년 마드리드에서 초간하였다. 저자는 사행로 연변 각지의 지리·교통·정치·군사·경제·문화·풍속·민생 등 다방면의 견문을 흥미진진하게 서술하고 있다. 특히 중앙아시아 일대와 티무르제국의 수도 사마르칸트에 관한 상세한 기술은 이곳의 연구에 있어서 귀중한 사료로 평가된다. 이 책은 1859년에 영국의 마컴 경(Sir C. Makham)이 처음으로 영역한 후, 1881년에는 러시아어 역본이 출간되었다. 그후 1928년에 영국의 스트레인지(Le Strange)가 비교적 완전한 영역본을 내놓았다. 그밖에 터키어, 페르시아어, 중국어, 일본어로도 역출되었다.

22. 까야숫 딘(Qayāsu'd Dīn, 생몰연대 미상)의 『샤 루흐 중국견사기(中國遣使記)』(15세기 전반). 티무르제국의 2대 왕 샤 루흐(Shah Rukh)가 중국에 파견했던 사절단의 일원인 저자(화가이며 샤 루흐의 아들)가 사행과정(1419. 11~1422. 8)을 일기 형식으로 기록한 사행기이다. 저자는 사행로 연도의 국토, 특색, 건물의 종류, 도시의 각종 규정, 국왕들의 존엄성, 정부와 행정의 각종 제도와 기사(奇事) 등 상당히 풍부한 내용을 기술하고 있다. 이 책은 중세 후반의 중앙아시아 역사와 문화, 동서관계사 및 오아시스로 연구에 귀중한 사료를 제공한다. 이 책은 당시 샤 루흐의 궁전사가인 하피즈 아브루(Ḥafiẓ Abru)가 내용과 문장을 다듬어서 자신의 저서 『역사정수』(歷史精髓, *Zabdatu'd Tawārīkh*)에 수록하였다. 페르시아어로 된 원본은 이미 프랑스어·영어·중국어 등으로 번역되었다.

23. 싸이드 하타이(Seid Ali Akbar Khatai, 생몰연대 미상)의 『중국기행(中國紀行)』(1516). 중국에 관한 종합기술서로서 1500년경 중국에 와 3년쯤 체류하고 돌아간 저자가 오스만제국의 수도 이스딴불에서 페르시아어로 저술하여 쑬퇀에게 헌상하였다.

이 책은 총 21장으로 구성되었으며, 장들의 길이는 각기 다르나 내용이 방대하다. 하타이는 중국의 국가·군사·법률·감옥·경제 관리·도시 건설·역사·지리·문화·예술·궁정행사·사회풍습 등 다방면에 걸쳐 중국에 관해 쓰고 있으며, 심지어 기생과 걸인 등에 대해서도 쓰고 있다. 총체적으로 저자는 중국을 기적으로 충만한 강대한 나라, 국민의 봉공수법(奉公守法) 정신이 강한 나라, 질서정연한 나라, 물산이 대단히 풍부한 나라로 묘사했다. 또한 그는 독실한 이슬람교 신자로서 중국에 대한 이슬람의 영향관계와 이슬람에 대한 황제의 호의 등을 강조하고 있다.

14세기에 마르꼬 뽈로와 이븐 바투타의 여행기가 출현한 후 17세기 내화 선교사들의 저술이 속출할 때까지 2, 3백년 동안 중국에 관한 종합적인 개설서로는 이 책이 유일한 것으로 그 가치가 높이 평가된다. 이 책은 1582년에 『중국법전(中國法典)』이란 제목으로 터키어로 역출된 후 유럽에서 몇 가지 필사본과 간본이 유행되었다. 19세기 중엽부터 유럽 학자들이 이에 관한 연구를 본격화하였으나 시종 전문 역본은 미간된 상태였다. 중국에서 1988년에 처음으로 완역본을 출간하였다.

24. 도리침(圖理琛, 1667~1740)의 『이역록(異域錄)』(2권, 18세기 전반). 청조 강희제(康熙帝)가 신속 관계에 있는 볼가강 하류의 토르호트에 파견한(1712. 5~1715. 3) 사절단의 성원인 만족(滿族) 출신의 저자가 찬술한 사행기이다. 만주어와 중국어로 씌어졌으며 상·하 2권으로서 사행로 연도의 산천과 도정, 러시아의 풍습, 물산, 의례 등에 관해 기술하고 있다. 이 책은 중국에서의 러시아관련 첫 저작으로서 양국관계의 전개나 러시아에 대한 이해에 있어 기초적인 전거로서 높이 평가된다. 18세기에 프랑스어와 러시아어로 역출되고, 1821년에는 영역되어 서구 학계에 알려지게 되었다.

25. 번수의(樊守儀, 1682~1753)의 『신견록(身見錄)』(18세기 전반). 산서 평양(平陽) 출신의 저자는 가톨릭 신자로서 1707년 중국 예의문제 때문에 로마 교황청에 출사하는 이딸리아 선교사 쁘로바나(J. A. Provana)를 수행하여 유럽으로 가는 길에 올랐다. 번수의는 마카오를 떠나 오세아니아와 남아메리카의 브라질을 경유, 포르투갈에 이른 후 그곳의 왕을 진현하였다. 이어 1709년에 로마에 도착하여 교황을 알현하고 이딸리아에 9년간 체류하였다. 그곳에서 예수회에 가입한 후 포르투갈을 거쳐 1720년에 광주(廣州)로 돌아온 후 유럽여행 과정에서 견문한 것을 엮은 것이다.

거의 5천자에 달하는 이 책은 여행노정과 각지의 도시·건축·종교·문화·풍토·지리·물산 등을 기술하고 있는데, 바타비아(Batavia, 현 자카르타) 같은 일부 도시에 관해서는 상당히 구체적으로 서술하고 있다. 중국인이 쓴 첫 유럽여행기로서 사료적 가치가 높으나 정식으로 간행되지는 않았다. 중국 학자 방호(方豪)가 로마 국립도서관에 소장된 초본을 발견하여 전문을 1974년에 출간된 그의 저서 『중서교통사(中西交通史)』에 수록하였다.

26. 사청고(謝淸高, 1765~1821)의 『해록(海錄)』(1820). 저자는 가응주(嘉應州, 현 廣東 梅州) 출신의 상인으로서 18세에 번박(番舶, 포르투갈이나 영국 상선)을 따라 14년간 해상교역을 하던 중 실명한 후 마카오에 정주하였다. 이때 그는 동향인인 양병남(楊炳南)에게 해외견문을 구술하였는데, 양병남이 그것을 필록하여 출간한 것이 바로 이 책이다. 동남아시아로부터 유럽의 포르투갈과 영국에 이르는 항로와 연해 각지의 지리적 위치·풍속·물산·풍토 등을 상술하고 있다.

이 책은 모두 97개 국가와 지역에 관해 기술하고 있는데, 인도양 지역에 관한 기술이 가장 상세하며, 동시대인들의 저작들에는 언급이 없는 아메리카 대륙에 관해서까지 기술하고 있다. 마리간국(咩哩干國, 즉 미국)과 아마리격(亞咩哩隔, 즉 남미주) 조에는 미국과 남미 각국에 관해 간략하게나마 언급했고, 영국에서 북아메리카까지, 아프리카 남단의 희망봉에서 남아메리카와 미국까지 중국 선박이 항행하는 항로를 소개하고 있다. 물론 저자가 문맹자이기 때문에 외국 지명의 표기라든가 내용에서 일부 모호하거나 비사실적인 것이 있기는 하나, 이것은 중국인으로서는 최초의 기록이다. 초본이 『해외번이록(海外番夷錄)』에 수록되어 있으며, 1937년에 출간된 중국 학자 풍승균(馮承鈞)의 고정주해본(考訂注解本)은 현행 통용되는 간본이다.

27. 이솝(Aesop, BC 619?~564)의 『이솝이야기』(*Aesop's Fables*, BC 6세기). 최초의 동서간 문학교류 작품인 이 책은 인도에서 씌어진 후 소아시아를 거쳐 그리스와 로마인들에게 알려졌으며, 10세기경부터 여러 유럽어로 번역되었다. 그 내용은 대부분이 인도를 비롯한 동방 여러 나라의 전설이나 우화, 풍물에 관한 이야기이다. 기원전 317년경에 데메트리우스(Demetrius)가 흩어져 있던 이야기들을 한편으로 묶었다.

이 책이 최초로 유럽에 알려진 것은 900년경에 출판된 라틴어 역본(*The Romulus Primitivus*)에 의해서였다. 영국에서는 1100년경에 최초로 앵글로-라틴어로 『이솝』이란 제목으로, 그리고 1150년에 공식 영어로 다듬어져 『이솝이야기』라는 제목으로 역출되었다. 그후 영역본이 거듭 출간·유행되어오다가 캑스턴(Caxton)이 1484년에 『이솝이야기』로 집대성함으로써 영역작업은 일단락되었다. 기타 유럽어로의 번역도 유사한 과정을 겪었으며, 이 책이 유럽에 전해지면서 유럽 문학에 최초로 동방적인 요소들이 수혈되었다.

28. 스킬락스(Scylax, 생몰연대 미상)의 『인도여행기』(BC 6세기 초). 유럽인으로서 최초로 인도를 여행하고 작품으로서 여행기를 남긴 사람은 그리스 출신의 스킬락스로 알려져 있다. 그는 기원전 510년경에 아케메네스조 다리우스 왕의 명을 받고 인도에 항행하여 인더스강 하구 지대를 발견하고 이 항해기(여행기)를 썼다고 하나 미전이다.

29. 밀린다(Milinda, 생몰연대 미상)의 『밀린다 왕 질문기』(*Milindapanha*, BC 2세기 후반). 밀린다는 기원전 2세기 후반에 인도 서북부에 출현한 그리스 식민지 왕국의 왕으로서 열렬한 불교신자였다. 그는 500명의 그리스인을 대동하고 왕도 사게라성(奢揭羅城) 교외의 한 암자에 주석하던 당대의 최고 대덕인 나선화상(那先和尙)을 찾아가 불교 교의에 관해 여러가지 질문을 했는데, 이에 화상이 응답하였다. 그 내용은 전생담(前生譚)·법(法)과 상(相)·대품(大品)·출가생활·추론(推論)·은유(隱喩) 등인데, 그중 105종은 은유 문답이다. 후일 이 문답의 내용이 경문으로 인정되어 바리어로 씌어진 것이 바로 이 책이다. 한역명은 『나선비구경(那先比丘經)』으로서 모두 7권 25장에 262종의 문답이 포함되어 있다. 영역으로는 트렌크너(Trenchner)가 초역한 『밀린다 왕 문기(問記)』(*The Questions of King Milinda*)가 있다. 이 역서가 출간된 후 이 책은 '세계문학의 왕좌', 혹은 인도사상과 그리스사상을 연결하는 '고리'라는 높은 평가를 받았다.

30. 『판차 탄트라』(*Pancatantra*, 저자 미상, BC 5세기 이후). 고대 인도의 대표적인 교훈설화 문학작품으로서 '판차 탄트라'는 '5종의 설화집'이란 뜻이다. 당초에는 11종, 12종, 13종의 설화집이었으나,

점차 결락되어 현존 5종 설화집으로 남게 되었다. 교훈적 가치가 높은 이 설화집은 서전되면서 여러 언어로 번역되었고 아랍과 서구 문학에 영향을 미쳤다.

기원후 550년경에 킴르(B. Kimr)가 페르시아어계의 페흘러비(Pehlevi)어로 번역하였으며, 이 역본에 준해 750년경에 시리아어 역본이 나왔다. 또 거의 같은 시기에 페르시아인 압둘라 이븐 알 무깟파('Abdu'l Lāh Ibn al-Muqaffa, ?~760경)가 『칼릴라와 딤나 이야기』(*The Fables of Kalila and Dimnah*)라는 제목으로 아랍어로 번역하였다. 이 역본이 아랍 문학에 미친 영향은 대단히 크다. 11세기에는 세스(S. Seth)의 그리스어 역본, 조엘(Joel)의 헤브라이어 역본이 각각 출간되었다. 이어 까뿌아(G. di Capua)의 라틴어 역본이 나왔는데, 이 역본이 이딸리아와 프랑스 등 유럽 각국의 문학에 신이(新異)한 동방적 소재를 공급하였다.

31. 『원방여행자』(遠方旅行者, *Widsith*, 4~5세기). 4~5세기경 영국의 한 유랑시인이 지은 영국 최고(最古)의 시가이다. 시가 중에는 비스툴라(Vistula)강 연안의 산림 부근에서 고트족이 내침한 동방의 훈족에 저항하여 고전했던 사실을 전하고 있다. 이것은 흉노의 서천(西遷)이라는 역사적 사실과 부합하는 내용이다. 시가는 동방인인 훈족을 흉포하고 호전적인 인종으로 묘사하고 있다. 이렇게 해서 훈족은 동양인으로서는 최초로 영국 문학작품의 소재로 등장하였다.

32. 『베어울프』(*Beowulf*, 저자 미상, 7~8세기). 영국 최고(最古)의 영웅서사시이다. 전편은 주인공 베어울프가 한 노왕(老王)의 궁전을 수중악룡(水中惡龍)으로부터 구출하는 영웅상을 묘사하고, 후편은 양민들의 고통을 덜어주기 위해 그가 노구를 끌고 화룡(火龍)과 단신으로 분투하다가 그 독기에 죽고 마는 내용이다. 시 전편(全篇)에 걸쳐 중세 초기 유럽에 상당한 영향을 미친 신플라톤주의 철학자 보에티우스(Boethius, 480~524)의 숙명주의와 숭배관념, 금욕주의적 고행, 명상주의 등이 짙게 투영되어 있다. 그런데 이러한 일련의 사상적 경향은 그 근원이 고대 인도사상까지 소급된다. 따라서 『베어울프』의 주제적 모티프는 동양사상의 영향을 받았다고 할 수 있다.

33. 캐드몬(Cadmon, 생몰연대 미상)의 『창세기』(創世記, *Genesis*, 660~70경). 이 종교적 시편은 비록 기독교의 일신론적 입장에서 출발하였지만, 그 전개방법은 이원론적(二元論的)이다. 시 전편을 시종 관통하는 사상은 선과 악 간의 이원론적 대립이다. 우주에는 유일신(唯一神)의 힘만이 존재하는 것이 아니라 마귀의 힘도 그와 대등하게 존재하며 우주를 움직인다고 저자는 믿는다. 이것은 오로지 유일신의 힘만을 믿고 절대화하는 기독교의 보편사상과 비교할 때 분명히 이질적이다. 이러한 이원관은 고대 페르시아 철학에서 연유되는바, 이 철학은 후세에 이집트의 알렉산드리아 학맥을 통해 유럽에 전해졌던 것이다. 이원관은 14세기 단떼의 『지옥편(地獄篇)』이나 17세기 영국 밀턴의 『실낙원』(失樂園, *Paradis Lost*)에서도 나타난다.

34. 기네울프(Gynewulf, 생몰연대 미상)의 『불사조』(不死鳥, *Phoenix*, 8세기). 이 시편은 영생불멸의

생명력을 가진 불사조를 묘사하고 있다. 이 새는 500년간 살다가 스스로 불타서〔自燒〕재가 되고 또다시 그 속에서 환생하는 식으로 생과 사를 무한히 반복한다는 것이다. 이 영조(靈鳥)인 불사조는 고대 이집트나 인도, 중국의 전설에 등장하는 상징물이다. 자소(自燒)는 일종의 자아정화(自我淨化)의 상징으로서 이 역시 고대 시리아나 페르시아의 전통사상이다. 또한 이 시작에서는 독선적인 인생관만을 추구하는 태도가 도드라진 나머지 세속을 떠나 금욕적인 삶을 지향하는 경향도 보이고 있다. 그런가 하면 시편에 나오는 지명 중에는 시리아나 아랍, 인도 등 동방 여러 나라의 것이 보이고, 동방의 '난쟁이 민족'(Pygmaean nations)에 관해서도 언급하고 있다. 이 모든 사실은 『불사조』야말로 동방적인 상징물을 소재로 한 작품임을 말해준다.

35. 『동양기담』(東洋奇譚, *The Wonders of the East*, 저자 미상, 10세기). 이 책은 알렉산드로스 대왕이 동방 원정에서 성취한 업적을 구가하는 데 초점을 맞추면서, 그 활동무대였던 중앙아시아와 인도 서북부에 관해 대체로 흥미본위의 여러 기담을 전하고 있다. 원래 라틴어로 된 『동양토산기담』(東洋土産奇譚, *De Rebus in Oriente Mirabilibus*)이라는 책을 10세기경에 영역한 것이다.

36. 매슈 패리스(Matthew Paris, 1200경~59)의 『히스토리아 마조르』(*Historia Major,* 일명 *Chronica Major,* 1240). 영국의 유명한 연대기 작가인 저자는 이 책에서 서정(西征)한 타타르인(몽골인)들을 '지옥의 악귀'라고 묘사하면서 유럽인들은 그들을 기독교의 공적(公敵)으로 간주하고 일치단결하여 축출해야 한다고 역설한다. 몽골의 서정을 계기로 유럽에서 이러한 유의 작품이 다수 출현하였다.

37. 『고(古)에다』(*The Elder Edda,* 일명 『시편(詩篇) 에다』 *The Poetic Edda,* 13세기 중엽). 5세기 전반 중 유럽 일원에 훈제국을 건국한 전설적 영웅 아틸라(Attila, 406?~53)를 주인공으로 한 고대 시집이다. 13세기 중엽에 편집된 스칸디나비아와 아이슬란드의 이 시집에 사나운 맹장으로 등장하는 아틀리(Atli)는 바로 아틸라이며, 17~18세기의 영국과 독일, 프랑스 등 유럽 나라들의 각종 장르의 문학작품에는 아틸라가 여러 형상으로 각색 묘사되었다. 프랑스 연극계의 거장 꼬르네이유(Corneille)는 1667년에 아틸라를 주인공으로 하는 비극을 창작하여 주목을 받았다. 영국에서는 1838년에 허버트(W. Herbert)가 아틸라의 일생을 그린 자전적 장편 서사시 『아틸라, 기독교의 승리』(*Attila, or The Triumph of Christianity*)를 발표하였다.

38. 말로(C. Marlowe, 1564~93)의 『탬벌레인 대왕』(*Tamburlaine the Great,* 16세기 후반). 영국 엘리자베스 여왕 시대의 문호인 저자는 이 희곡을 창작하여 유럽 문단에서 큰 인기를 얻었다. 주인공 탬벌레인 대왕이 곧 티무르제국의 창건자 티무르인데, 작가는 티무르를 몽골인의 후예로 보고 그 형상을 통해 몽골인이야말로 '무서운 인종', 공포의 대상이라는 인상을 유럽에 유포시켰다.

39. 『7현(賢)이야기』(*The Proces of the Seven Sages,* 14세기 초). 이 책의 원본은 라틴어로 씌어진 『7현이야기』(*Historia Septem Sapientum*)인데, 12세기 이후 유럽의 각국 언어로 역출되었다. 영국에서

는 14세기 초에 초역된 후 16세기까지 7종의 역본이 나왔다. 어떤 왕이 왕비의 간지(奸智)에 넘어가 이복왕자를 사형에 처하려고 하자 그 왕자의 교육을 담당한 7명의 현자(賢者)가 왕자의 무고를 주장하여 변호한다는 내용이다. 현자들은 원래 여성이란 본능적으로 간지에 능해 선량한 사람들을 괴롭히게 마련이라는 여러 사례들을 열거하면서 왕을 설득한다. 그 결과 왕자는 무죄로 사형을 면하고 왕비가 도리어 처벌을 받는다. 이러한 여악성관(女惡性觀) 이야기는 기원전 5세기의 인도의 설화작품 『쿤라와 아소카』(Kunla and Acoka)에서 그 원형을 찾아볼 수 있다. 그리하여 유럽에 전래된 『7현이야기』는 고대 인도 설화문학의 소재를 취한 것이라고 할 수 있다. 이 작품은 꼰스딴띠노쁠이나 시리아 혹은 예루살렘으로부터 북아프리카 무슬림들의 손을 거쳐 에스빠냐에 알려진 후, 거기로부터 영국과 프랑스 등 유럽 여러 나라에 전파된 것으로 보인다.

40. 『시리즈 부인 이야기』(The Lai of Dame Siriz, 저자 미상, 13세기 중엽). 한 젊은이가 다른 사람의 부인을 너무나 연모한 나머지 그의 영혼이 개의 뱃속에 잠복하여 여인을 보기만 하면 개는 눈을 붉히면서 눈물을 흘린다. 간지에 능한 시리즈 부인은 이 사연을 알자 그 여인을 유혹하여 젊은이와 부정한 관계를 맺게 한다. 이 내용에서 보다시피, 시리즈 부인(여성)의 간지는 전술한 『7현이야기』 중 왕비(여성)의 간지와 여악성관이라는 데서 일맥상통하고, 젊은이의 영혼이 개의 뱃속에 잠복했다는 것은 다분히 동양적인(북유럽에도 있기는 함) 영혼전생설(靈魂轉生說)의 표현으로서 동방사상의 영향을 받은 것이 분명하다.

41. 『천일야』(Kitāb Alf Laylah wa Laylah, 영역명 The Arabian Nights, 1450). 설화문학의 '왕좌'라고 하는 이 책은 그 자체가 문학교류의 산물이며, 또한 이를 통해 동서간에 문학교류가 이루어졌다. 이 작품의 원형은 7세기 사산조 페르시아에서 유행한 『1천가지 이야기』(Hazâr Afsâna)이다. 페르시아문화를 적극 수용한 압바쓰조 이슬람제국 시대(750~1258)에 와서 아랍인들이 그 원형에 여러가지 아랍적인 소재를 가미하고 윤색하여 하나의 완성된 설화작품 형태로 묶은 것이며, 1450년경 이집트에서 아랍어로 『천일야』란 제목을 달고 초간되었다.

비록 원형은 페르시아에서 갖추어졌지만, 그 내용은 인도와 페르시아, 아랍에서 유행하던 민간설화들을 한데 엮은 일종의 '혼성작품(混成作品)'이다. 그 혼성상을 보면, 대체로 비유담(比喩譚)이나 우의담(寓意譚)은 인도에서 연유하고, 애정담이나 희극담, 엽기담, 실패담

『천일야』의 삽화(19세기)

같은 것은 페르시아나 아랍적이다. 이같은 혼성과정에서 아랍인들은 페르시아적인 '천일야'를 아랍적인 '천일야'로 확대·발전시켰던 것이다.

이 책이 최초로 유럽에 알려진 것은 1675년에 크루아(De la Croix)의 프랑스어 초역본에 의해서이다. 그후 프랑스의 동양학 권위자인 갈랑(A. Galland, 1646~1715)이 1704~17년에 『천일야』(*Les Mille et une Nuit*)로 완역하여 출간하였다. 그후 이 두 가지 프랑스어 역본에 근거해 유럽 여러 나라에서 역본이 속출하였다. 영역본 중에서는 버튼(R. Burton)의 완역본(17권, 1885~88)이 가장 우수한 것으로 평가받는다. 중세 영국의 문호 가워(J. Gower)를 비롯한 유럽 작가들의 작품 속에는 '천일야'적인 요소들이 적절한 차용(借用)의 형식으로 이곳저곳에 섞여 있다.

42. 토머스 키드(Thomas Kyd, 생몰연대 미상)의 『스페인 비극』(*The Spanish Tragedy*, 1599). 영국 희극작품인 이 책은 한 터키 노인이 친자식에게 복수하는 내용을 담고 있다. 중세 말엽에 오스만제국의 흥기와 더불어 영국을 비롯한 유럽 국가들에서 나온 작품에 터키인이 자주 등장하는데, 그들은 대체로 흉포하고 복수에 집착하며 배은망덕하고 음란방탕한 부정적인 인간형으로 형상화된다. 그러한 대표적인 작품으로 이 책 외에 셰익스피어의 『오셀로』(*Othello*, 1604)와 데넘(Sir John Denham)의 『소피』(*The Sophy*, 1642) 등이 있다.

43. 존스 경(Sir W. Jones, 1746~94)의 영역본 『무알라까트』(*Muʻallaqāt*, 1783). 6~7세기의 대표적인 아랍 고전시집으로서 유목 아랍인들의 사막생활을 묘사하고 있다. 18세기는 유럽인들이 동방을 '진지하고 이성적으로' 연구하는 시기로서 그 연구의 선도자는 존스 경이 이끄는 '아시아학회'(The Asiatic Society)였다. 이 학회는 아랍과 페르시아, 인도 등 동방의 고전문학을 연구하고 그 작품들을 다수 영역하였다. 존스는 이 책 외에도 1789년에는 기원전 인도의 대시인인 칼리다사(Kalidasa)의 명작 『샤쿤탈라』(*The Shakuntala*)를 영출하여 서구 학계를 놀라게 하였다.

44. 『효행과 어버이 사랑』(*The Filial and Paternal Love*, 일명 *The History of Abdalla and Zoraide*, 저자 미상, 1750). 부모에 대한 효행과 자식에 대한 사랑의 길을 가르쳐준 산문 형식의 도덕교양서이다. 이 교양서의 소재는 18세기 영국의 문학가이며 정치가인 리텔턴(Lyttelton)의 『페르시아 서간집』(*The Persian Letters*)에서 취한 것이다. 17~18세기 영국 문단에는 산문 형식이 유행하였는데, 이것은 동방의 소재를 채용하여 도덕이나 철학을 논하거나 사회를 풍자하려는 데서 비롯되었다. 대표적인 풍자작품으로는 1684년에 프랑스 작가 마라나(G.P. Marana)가 창작한 『터키 정탐』(*L'Espion Tarc*)을 들 수 있는데, 이 작품은 출간되자 곧바로 영역되었다.

45. 기천상(紀天祥, 생몰연대 미상, 원대)의 『조씨고아(趙氏孤兒)』(프랑스어역, 1732). 재화 프랑스 선교사 프레마르(J.-M. de Prémare)는 1732년에 원대의 희곡작품인 이 책을 『중국 비극 조씨고아』(*Tchao-Chi-Cou-euih, ou l'Orphelin de la Maison de Tchao, Tragedie Chinoise*)라는 제목으로 프랑

스어로 번역하였다. 2년 후 처음으로 빠리의 『프랑스 시보』(Mercure de France)에 그 일부가 게재되었으며, 이듬해에 할드(Halde)가 『중화제국전지(中華帝國全志)』를 출간할 때 제3권에 역본 전문을 수록하였다. 이 『중화제국전지』의 영역본(1736)과 독일어 역본(1747), 러시아어 역본(1774)이 속속 출간됨에 따라 『조씨고아』는 유럽에 널리 알려지게 되었다. 1741년에는 역자가 채 번역하지 못했던 가사의 역문까지 첨가된 영어 완역본이 영국에서 출간되었다. 후에 프랑스 백과전서파인 볼떼르(Voltaire, 1694~1778)가 『중국고아』(L'Orphelin de la Chine)라는 희곡으로 개작하였는데, 그것이 1755년 8월 22일 빠리에서 처음으로 상연되었다. 볼떼르는 극본에 '공자의 교도(敎道)에 근거한 5막극'이란 부제를 붙이고, 이 극이야말로 "이성과 지혜가 종국적으로 우매와 야만을 제압한다는 사실을 명증(明證)하는 극"이라고 서문에서 논평하였다.

46. 『호술전(好逑傳)』의 영역(1761). 1761년 퍼시(T. Percy)에 의해 영국에서 출간된 이 책의 영역본은 유럽에 전해진 첫 중국 소설작품이다. 원래 역자는 광동(廣東)에 다년간 거주한 바 있는 영국 상인 윌킨슨(J. Wilkinson)으로서, 그는 1719년에 이 소설을 번역하였는데, 그중 4분의 1은 포르투갈어 역본을 재번역한 것이었다. 그리하여 문인 퍼시가 그것을 영역하여 완역본으로 출간하였던 것이다. 이 영역본을 대본으로 1766년에 프랑스어와 독일어 역본이 출간됨으로써 유럽에 널리 알려지게 되었다. 역서의 후미에 부록으로 『중국희곡제요』『중국어속담집』『중국시선(詩選)』을 역주와 함께 첨부하였다. 18세기 독일의 대문호 괴테는 이 책을 읽고 나서 "중국인들이 창작활동을 할 때 우리네 조상은 숲속에서 생활하고 있었다" "소설 중의 인물, 사상, 행동, 감수성이 우리와 매우 흡사하다. … 한가지 다른 점은 그들은 외계의 자연이나 인물과 항시 함께 생활한다는 것이다"라고 소감을 피력하였다.

참고자료

甘肅省社會科學學會·甘肅省圖書館 合編 『絲綢之路文獻敍錄』, 蘭州大學出版社 1989.

梅村坦 『東西交涉史文獻目錄』, シルロード社 1979.

長澤和俊 『東西交涉史文獻目錄, 1900~1955』, 雄山閣 1981.

Ferrand Gabriel, *Relations de Voyages et Textes Gèographiques Arabes, Persans et Turcs Relatifs à L'Extrêm-Orient du VIII au XVIII Siècles*, Tome Premie, Paris: Emest Lereux 1914.(耿 昇·穆根來 譯 『阿拉伯波斯突闕人東方文獻輯注』上·下, 中華書局 1989).

제7장 실크로드를 통한 교류의 유물적 전거

제1절 교류의 유물적 전거

실크로드를 통한 교류의 유물적 전거란 교류의 실상을 입증하는 고고학적 유물을 말한다. 전술한 바와 같이 유물의 형태(존재방식)와 내용은 다종다양하다. 형태 면에서는 크게 매장유물과 지상유물로 대별하는데, 매장유물은 지하매장유물과 수중매장(水藏)유물로 나누어볼 수 있다. 또 교류상을 입증하는 광폭 면에서 보면 유물은 일괄유물과 단일유물의 두 가지 형태로 존재한다. 그리고 이질문명의 수용관계를 감안하면 원형유물과 접변(接變)유물이 구별되며, 유용성 여부에 따라서는 무용(無用)유물과 전승(傳承)유물로 나뉜다. 한편, 내용 면에서 고찰하면 물질문명 유물과 정신문명 유물로 대별된다. 이 2대 유물을 다시 세분하면 물질문명 유물에는 생활수단 유물과 생산수단 유물, 교역수단 유물, 전쟁수단 유물이 포함되며, 정신문명 유물로는 종교유물, 예술유물, 과학기술 유물 등이 있다.

교류상을 입증하는 이러한 유물적 전거는 문헌적 전거에 비해 고유한 몇가지 특성이 있다. 그 특성은 우선, 모호성(摸糊性)이다. 유물은 '무언(無言)의 증인(證人)'으로서, 주로 외형적인 형상에 의해 그 내용, 즉 교류상을 판단한다. 따라서 관찰자의 학문적 소양 정도에 따라 이해가 달라질 수 있다. 더욱이 교류에 의해 조성된 이질문명의 유물은 생소함은 물론, 그 조성 유래까지 명확히 밝혀낸다는 것이 결코 쉬운 일이 아니다. 그리하여 왕왕 소정 유물에 관해 엇갈린 판단과 견해가 나오게 된다. 이것은 명문 기록으로서 이해에서 그나마 명확성을 기할 수 있는 문헌적 전거와는 다른 특성이다. 대부분의 유물은 우선 외형을 보아 교류물임을 가려볼 수 있지만, 문제는 그 구체적인 교류상을 알아내는 데서 오는 어려움과 이에 따르는 모호성이다. 그러므로 이러한 모호성을 극복하고 명실공히 전거로서의 역할을 하자면 면밀한 연구와 더불어 관련 문헌기록의 도움을 받는 것이 필요하다.

유물적 전거의 다음 특성은, 상대적 불변성(不變性)이다. 유물은 특정 시대의 문명을 반영한 구조물로서 임의로 조성하거나 변형시킬 수 없다. 또한 대부분 유물은 금속이나 석재, 흙 등 변형성이나 변질성이 적은 물질로 된 구조물이기 때문에 상대적으로 견고하고 장기간 보존 유지된다. 뿐만 아니라, 유물은 문헌처럼 임의로 재현하거나 이동할 수가 없다. 물론 중요한 유물인 경우에는 보존을 위해 복제나 복원을 하지만, 그럴 경우에도 반드시 원유물과의 일치성을 보장해야 한다. 이것은 부단한 재현을 필수로 하는 문헌의 변형성과는 대조되는 특성이다. 이러한 상대적 불변성 때문에 유물은 장기간 보존이 가능하며, 고유의 직관성을 유지하게 되는 것이다.

　그 다음으로 유물적 전거의 특성은 인멸성(湮滅性)이다. 유물은 물질이기 때문에 자연과 시간의 변화와 흐름 속에서 변화하고 급기야는 인멸하게 마련이다. 유물의 영구적인 완전 보존이란 거의 불가능한 일이며, 이른바 '복제'나 '복원'은 일종의 한정적인 보존으로서, 그것은 어디까지나 원유물에 대한 상대적이고 한시적이며 외형적인 접근에 불과한 것이다. 사실상 유물의 완전무결한 복원이란 있을 수 없다. 이것은 부단한 재현과정을 거쳐 적어도 내용만은 영구히 보존할 수 있는 기록문헌과는 구별되는 특성이다. 역사를 통관하면, 유물의 인멸에는 자연적인 인멸뿐 아니라 적지 않은 경우에 인위적인 인멸, 즉 인간의 파괴에 의한 인멸도 있어왔다. 그러므로 유물의 인위적인 인멸을 지양하는 것은 물론, 피할 수 없는 유물의 변화 내지는 인멸까지도 어떻게 최대한 지연시키는가 하는 것이 중요하다. 따라서 유물의 보존과 복원은 유물의 발견과 해석에 못지않은 고고학의 중심 연구과제의 하나인 것이다.

　끝으로 유물적 전거의 특성은, 직관성(直觀性)이다. 이질문명의 교류에 의해 조성된 유물은 대체로 그 외형을 보아 이질성과 교류상을 식별할 수 있다. 물론 유물 일반이 이러한 직관성을 공유하고 있지만, 교류유물일 경우에는 그 특성이 더욱 두드러진다. 이러한 직관성은 교류유물에 대한 착안의 전제이고 확인의 전거가 된다. 이것은 기록문헌은 도저히 갖출 수 없는 특성이다. 이를테면 '백문불여일견(百聞不如一見)'이란 말 그대로이다. 이러한 직관성이 결여되거나 희박해질 때 교류유물에 대한 고증은 그만큼 어려워진다. 그런데 이러한 직관성은 관찰자의 안목에 따라 달라질 수 있으므로 정확한 교류사적 안목을 갖는 것이 중요하다.

　이러한 여러 특성을 지닌 유물적 전거는 교류상을 입증하는 데 실물적 전거이기 때문에 가장 확실하고 정확한 전거가 된다. 비록 '무언의 증인으로서 그 해석이나 이해에서는 모호성을 면할 수 없지만, 그 불변성이나 직관성으로 교류상을 확인하고 고증해주는 것이다. 사실상 유물들을 공간적(횡적)으로 배열하면 곧 교류의 루트가 되고, 시간적(종적)으로 배열하면 그것이 바로 교류의 역사가 된다. 따라서 교류상을 입증하는 전거로서의 유물을 제대로 파악하는 것은 교류사 연구에서 선차적 과제이다.

이질문명간의 교류를 입증하는 유물은 이루 헤아릴 수 없이 많다. 발굴이 계속될수록 그 수효는 늘어날 것이다. 이러한 유물들을 교류상에 대한 전거로 엮는 데는 여러가지 방법론이 있을 수 있다. 유물의 존재방식(형태)에 따르는 분류법과 유적의 분포상황에 따르는 분류법, 유물의 시대별 분류법 등이 그것이다. 그러나 유물들이 교류상에 대한 신빙성있는 전거가 되기 위해서는 유물의 구체적인 내용에 따르는 분류법이 가장 합리적이라고 사료된다. 그리하여 이 장에서는 교류내용의 2대 영역인 물질문명 교류와 정신문명 교류를 입증하는 유물로 대별하여 고찰할 것이다. 그런데 이러한 내용적 분류법에 따라 취급되는 유물의 내용은 그 유물이 발견된 유지(遺址)의 성격과 밀접한 관계가 있기 때문에 유지에 대한 개괄적 고찰이 우선 필요하다. 이를 위해서는 편의상 문명교류의 통로인 실크로드 3대 간선(초원로·오아시스로·해로)의 연변에 있는 유지들을 동에서 서의 방향으로 개괄하되, 교류상을 집중적으로 반영한 주요 일괄유물 유지를 다룰 것이다.

제2절 주요 유지

실크로드 3대 간선을 따라 전개된 주요 일괄유물 유지들 중에서 초원로 연변의 유지들은 북방 유목기마민족들의 교류활동을 대변하고, 오아시스로 연변의 유지들은 주로 농경민족의 교류활동을 증언하며, 해로 연변의 유지들(연해지역 유지와 수중유지 포함)은 해상을 통한 교류상을 입증한다. 그중에서 오아시스로 연변의 유지가 단연 수효가 많고 내용 면에서도 가장 풍부하다.

우선 초원로 연변의 주요 유지를 살펴보면 다음과 같다.

1. 요녕성(遼寧省) 청동기문화 유지 요녕성 서남부의 조양(朝陽)·금서(錦西)·무순(撫順)·심양(瀋陽)·해성(海城)으로부터 요동반도(遼東半島)의 여대시(旅大市)에 이르는 일대에서 이른바 요녕식 동검 등 청동기문화 유물이 여러 점 발견되었다. 서차구(西岔溝) 고분을 비롯한 수혈식(竪穴式) 토광묘(土壙墓)와 판석(板石) 석실묘(石室墓)에서 기원전 5~3세기의 청동제 단검과 칼, 도끼, 과(戈, 긴 창), 세문경(細文鏡), 마구, 장식금구(金具), 인물상, 동물문양 금구, 두(兜, 투구), 토기 등 부장유물이 발굴되었다. 특히 내몽골의 아키나케스 단검과는 달리 칼날이 휘고 손잡이에 금구장식을 부착한 요녕식 단검은 이 유지의 문화적 성격을 잘 시사해준다. 즉 전국시대부터 한(漢)초에 이르는 시기에 이 지역을 차지한 동호인(東胡人)들에 의해 창조된 이 청동기문화는 주로 흉노인들에 의해 창조된 내몽골이나 오르도스 청동기문화와는 계통을 달리하는 중국과 북방의 혼성 청동기문화이다. 그러나 계통은 비록 다르지만, 요녕식 청동기문화도 초원로를 통한 북방 유목기마민족 문화의 영향을 받은 것은 분명하다.

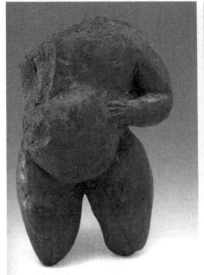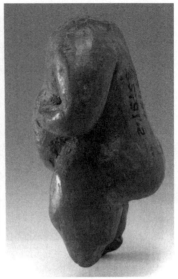

중국 요녕성 동산취 출토 비너스 상(홍산문화 BC 4000~3000)

2. 적봉(赤峰) 청동기문화 유지 1956년 내몽골 자치구의 적봉시(赤峰市) 미려하(美麗河) 고분에서 동제 투구와 창·검·칼·원형패자(圓形牌子)가 나왔고, 영성현(寧城縣) 남산근(南山根) 고분에서는 동제 투구와 검·검집·칼·창·도끼·동물문양의 장식판 등이 출토되었다. 두 유지에서 출토된 동제 창은 전국시대의 중국식 검이지만, 동제 검은 카라수크형 단검과 유사하다. 뿐만 아니라, 남산근 고분 유물에서는 동물문양이 선명하게 보인다. 이 유물들의 주인은 전국시대의 동호인(東胡人)으로 추측된다.

3. 범가요자(范家窯子) 유지 1958년 내몽골 자치구 화림격이(和林格爾, 호린게르)의 범가요자 고분에서 청동제 단검과 칼·창·동물문양의 장식판·토기 등 유물이 발굴되었는데, 창이 전국시대의 제품이 분명하므로 이 유지가 속한 시대를 알 수 있다. 특히 유물 중 청동제 단검은 카자흐스탄의 다카르 문화(BC 7~3세기)에서 보이는 스키타이계의 아키나케스 단검과 동형의 것으로 지금까지 이러한 단검은 전국시대 말엽부터 한대에 이르는 기간에 흉노가 활약한 요녕성 북표현(北票縣), 하북성(河北省) 난평현(灤平縣)과 회래현(懷來縣), 선화현(宣化縣) 등 만리장성을 둘러싼 기타 지역에서 여러 점 출토되었다. 이러한 유물에서 문양으로 등장하는 동물은 면양·산양·말·사슴·이리 등이며, 동물들의 싸움을 형상화한 유물도 있다. 요컨대 이 일대의 청동기문화에서는 초원로를 통해 이루어진 스키타이-다카르 문화와의 친연성을 엿볼 수 있다.

4. 카라코룸(Khara Korum, 和林) 도시유지 몽골의 오르혼강 상류에 위치한 카라코룸은 초기 몽

몽골 카라코룸 에르데니주 사원

골제국(1229~59, 태종·정종·헌종의 3대)의 수도였으며, 칭기즈칸 시대에도 중요한 활동기지였으나 지금은 폐허가 되었다. 터키어로 '검은 자갈밭'이란 뜻인 카라코룸의 고지는 1948~49년에 실시된 발굴조사 결과 1585년에 건조된 에르데니주(Erdeni Juu) 라마사원과 그 인접지역이라는 것이 밝혀졌다. 사원을 제외하고는 완전히 황폐화되었지만, 만안궁(萬安宮) 자리라고 짐작되는 곳에 방형 초석(한 변의 길이 1.4m)과 석조 귀부(龜趺, 길이 2.66m, 최대 너비 1.3m, 높이 0.95m)뿐만 아니라, 에르데니주 사원 건물과 경내의 석비(石碑) 여러 점이 남아 있어 원대의 건축 및 조각예술과 불교의 교류상을 살펴볼 수 있다.

5. 오르도스(Ordos, 綏遠) 청동기문화 유지 '오르도'(ordo)는 몽골어로 '궁전'이란 뜻이며, '오르도스'(ordos)는 그 복수형이나, 부족명으로 전화하였다. 나아가 그 부족이 점거하고 있는 곳을 오르도스(Ordos)라고 칭하였는데, 그곳이 바로 황하(黃河)의 만부(彎部) 지대이다. 한적에서는 '하투'(河套, 황하가 굽은 곳)라고 한다. 이곳은 목축의 적지로서 일찍부터 여러 북방 유목민족들의 쟁탈 대상지였으며, 따라서 그들의 문화가 잠입·유포되어 기원전 5세기를 전후한 전국시대부터 진·한대에 이르기까지 특유의 오르도스 청동기문화가 창조되었다. 이곳에서는 북방 카라수크 문화의 검과 같은 형식의 청동제 검 및 칼 등 유물이 출토되었다. 그밖에 이곳에서 출토된 세형동검(細型銅劍)과 양익족(兩翼鏃, 쌍날개 살촉)은 히타이트의 그것과 동형으로 서아시아와의 청동기문화 교류를 짐작케 한다.

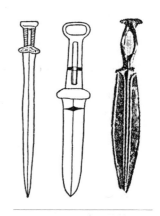

아키나케스형 청동 단검. 왼쪽부터 사우로마타이 문화, 수원 청동기문화, 프레스키타이 문화.

6. 노인울라(Noin Ula) 고분군 유지 몽골어로 '왕후(王侯)의 산'이란 뜻의 노인울라는 몽골의 수도 울란바토르 북방 약 100km의 산간

노인울라 유지 출토 묘실벽 장식용 모전(6호분, 왼쪽)과
청동제 한경 조각(25호분, 오른쪽)

계곡에 있다. 1912년 여름에 몽골 금공업협회 기사인 바로드가 광맥탐사에 나섰다가 우연히 이곳에
서 도굴당한 고분 1기를 발견하였다. 바로드는 그 속에서 호박으로 장식한 옥과 청동제품 등을 수습
하여 이르꾸쯔끄박물관에 보냈다. 1924년 울란바토르에 체류중이던 꼬즐로프(K. Kozlov,
1863~1935)를 단장으로 한 소련의 몽골·티베트 탐험대는 노인울라 고분 소식을 듣고 곧 예비탐사차
부대장 꼰도라초프를 현지에 파견하였다. 약 1개월간의 예비탐사 끝에 그해 3월 24일 드디어 이 고
분군 유지를 발견하기에 이르렀다. 3개의 계곡 경사면에 산재한 고분은 총 212기나 되었다. 그중 남
러시아나 남시베리아에서 유행했던 대형 쿠르간(高塚墳) 12기를 선정하여 발굴작업에 착수하였다.
이어 1927년과 1954년에 소련과 몽골 학자들에 의해 발굴이 속행된다.

　외형상으로는 비록 쿠르간이지만 내부는 전형적인 목실분(木室墳)이다. 이러한 고분은 중국의
전국시대부터 한대에 이르는 시기에 유행되었고, 또 한반도의 낙랑(樂浪) 유지에서도 발견된 분형
이다. 피장자는 흉노의 왕후 귀족들이며 조성시기는 기원전 1세기부터 기원후 1세기까지 흉노의 중
흥기에 해당된다. 이 고분군 유지에서는 당시의 동서교류상을 반영하는 많은 부장품이 출토되었다.
출토품은 토기·목기·칠기·청동기 등 각종 용기와, 옥기·장식용 옥제품·금은세공품·거울 등 장신
구, 긴 소매의 상의와 모자·배식(背飾)·모전(毛氈)·묘실벽 장식용 직물·자수품 등 각종 직물과 의
상, 재갈과 마면(馬面)·안장 등 마구, 기타 목제 및 청동제 공이류, 발화기(發火器), 철족(鐵鏃, 철살
촉) 등 실로 다종다양하다. 이상의 유물 중에서 중국(한대)제 유물이 압도적으로 많다. 묘실벽 장식용
직물이나 관 깔개 및 자수품 등에는 그리스와 페르시아를 비롯한 서아시아 고유의 나무문양이나 동

물투쟁문양(예컨대 야크와 뿔난 사자의 투쟁 문양), 기하학문양, 그리고 호피(虎皮)문양을 비롯한 동물문양이 확연히 나타난다. 이와같이 노인울라 고분군 유지는 유목 흉노문화와 농경 중국(한대)문화가 혼성된 이른바 '호한문화(胡漢文化)'의 대표적인 유지일 뿐 아니라, 호한문화와 서역문화 간의 교류상을 보여주는 유지이기도 하다.

7. 카라 발가순(Khara Balghasun) 도시유지 카라 발가순은 몽골의 오르혼강 유역에 위치한 고도로서 8세기 중반부터 9세기 중반까지 몽골을 지배한 위구르(回鶻)의 아장(衙帳)이 있던 곳이다. 몽골어로 '검은 성' 혹은 '검은 폐허'라는 뜻의 이 고도를 당대에는 '회골선우성(回鶻單于城)' 혹은 '회골성(回鶻城)'이라고 불렀으며, 이슬람 문헌에는 '오르도발리크'(궁전의 성)로 나온다. 오르혼강 강안은 수초(水草)가 풍성하여 이전부터 돌궐족을 비롯한 여러 유목민족들의 아장이 자리하고 있었다. 당대에 장안으로부터 카라 발가순에 이르는 초원로는 음산(陰山)을 넘는 참천가한도(參天可汗道)와 거연(居延)에서 고비 사막을 횡단하는 회흘로(回紇路) 등 여러 갈래의 길이 있었으며, 이 길을 따라 당조와 위구르 간에는 견마무역(絹馬貿易)이 활발히 진행되었다. 카라 발가순은 북방 초원로 연변의 일단(一端)을 아우르는 행정 및 교역의 중심지였으며 마니교(摩尼教)의 본거지이기도 하였다. 위구르제국 시대에 이곳에서는 관개수에 의한 농경도 진행되었다는 것이 고고학적 발굴에 의해 입증되었으며, 맷돌 같은 농경민 생활용기도 발견되었다. 이것은 부분적이기는 해도 주민들이 농경을 하면서 정주한 결과인 것이다. 그러다가 840년 키르기스의 강점으로 인해 도시는 파괴되고 점차 폐허로 변하였다.

1890년에 러시아의 터키학 연구가인 라돌프가 이곳에서 이른바 '카라 발가순 비문(碑文)'을 발견함으로써 고도의 면모가 드러나기 시작하였다. 이 비문은 위구르제국 8대 칸인 보의(保義, 재위 808~821)의 공덕비로서 위구르어와 소그드어, 한문의 세 가지 언어로 새겨져 있다. 교류사에서 주목할 만한 것은 비문이 소그드어로 씌어졌다는 사실인데, 이것은 당시 소그드(소그디아나) 상인들의 활발한 대동방교역상을 말해준다. 그후 1933~34년과 1949년에 진행된 두 차례의 대대적인 발굴작업을 거쳐 고도의 전모가 비로소 드러났다. 원래 카라 발가순 성은 길이가 동서로 약 510m, 남북으로 약 400m였으며, 높이 약 12m의 성벽으로 에워싸여 있었다. 그리고 남서우(南西隅)에 망루(望樓)가 있고, 서우에 상업과 수공업 구역이 배치되어 있었다. 성 중앙에는 벽으로 둘러싸인 칸의 궁전이 있었다. 8~9세기의 카라 발가순은 초원로를 통한 동서교류의 요지에서 번영을 누리던 고도였다.

8. 파지리크(Pazyrik) 고분군 유지 1929년에 소련 그랴즈노프(M.L. Gryaznov)를 단장으로 한 고고학조사단이 동부 알타이의 해발 1,650m나 되는 파지리크강 계곡에서 거대한 적석(積石) 쿠르간(제1호분)을 발견하였다. 동토층에 2층 목곽(木槨)으로 조성된 이 고분에는 많은 목제품과 직물이 있었고, 곽실 밖에는 10필의 말이 부장되어 있었다. 이어 1947~49년에 루덴꼬(S.I. Rudenko)를 단장

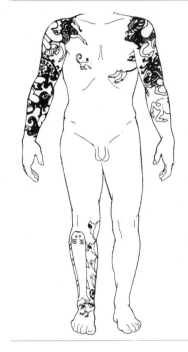

파지리크 유지 2호분에서 출토된 유체의 검은색 안료 문신(왼쪽)과 5호분에서 출토된 반인반수의 스핑크스와 피닉스(오른쪽)

으로 하는 소련 국립민족학박물관 알타이조사단이 4기의 고분을 추가 발견하였다. 그후 고고학자들에 의해 고분 한 기(제6호분)가 더 발견됨으로써 모두 6기의 고분이 파지리크 고분군 유지를 이루고 있다. 이 6기의 쿠르간은 남북 일렬로 배치되어 있는데, 그중 최대 쿠르간은 직경 47m에 높이 2.2m로 그 축조에는 1,800m³의 돌이 소요되었다.

방사선탄소 C14의 연대측정 결과에 따르면 2호분은 B.P.2350±140년에, 5호분은 B.P.2440±50년에 조성된 것으로서 전체 고분군은 대체로 기원전 5~3세기 기간에 만들어진 것이다. 이 시기는 아케메네스조 페르시아와 중국 전국시대에 해당된다. 이 고분군은 파지리크 문화의 대표적인 유지이다. 파지리크 문화는 예니쎄이강 유역에서 번성한 다카르 문화(일명 미누쎈스끄 쿠르간 문화, BC 10~8세기)와 동시대에 알타이 산지에서 흥기한 마이에르 문화를 계승한 문화로서, 그 창조자는 월지인(月氏人)들이라는 것이 중론이다. 쿠르간의 규모라든가 그것들이 일렬로 나란히 배치되어 있는 점, 그리고 호화로운 부장품 등으로 볼 때, 이 고분군의 피장자는 한 부족의 수장(首長)은 아니고 혈연관계 같은 어떤 상관성이 있는 대부족 연합의 군장(君長)들로 추측된다. 따라서 그들을 정점으로 하고 파지리크 문화에 바탕을 둔 모종의 '왕조'가 이곳에 존재했을 개연성을 배제할 수 없다.

파지리크 고분군 유지는 쿠르간의 구조라든가 출토된 유물들로 보아 동서교류상을 강력히 시사한다. 우선 유물 중에는 스키타이 문화와의 관련성을 시사하는 유물이 가장 많다. 쿠르간의 축조법

파지리크 유지 3호분에서 출토된 목제 4륜 고차

과 매장법이 흑해 연안에 산재한 스키타이 쿠르간과 동형(同型)이다. 즉 묘광(墓壙)을 깊이 파서 큰 곽실(槨室)을 만든 다음 그 위에 돌이나 흙을 높이 쌓는 쿠르간 축조법과 말을 배장(陪葬, 3호분에 9필, 4호분에 14필 배장)한 것은 꼭 같다. 3호분에서는 약 70cm 길이의 바퀴통에 바퀴마다 34개의 바퀴살이 달린 높이 1.5m의 스키타이식 목제 4륜 고차(高車)가, 2호분에서는 스키타이식 미라 처리를 한 남녀의 유체(遺體)가 각각 발견되었다. 유물 중에서 스키타이 문화와의 친

연성이나 영향관계를 가장 뚜렷이 나타내는 것은 동물문양을 비롯한 각종 예술문양이다. 파지리크 예술문양에서 중요한 자리를 차지하는 것은 스키타이 예술문양과 마찬가지로 동물문양이다. 동물로는 보통 순록과 산양·야생토끼·호랑이·사자·돼지·백조(白鳥)·아조(鵝鳥, 거위), 수탉, 펠리컨(Pelican, 사다새) 등이 등장하며, 그밖에 그리핀(그리스신화 중 날개 달린 괴수)을 비롯한 여러 환상적인 동물도 있다. 2호분에서 출토된 남자 유체의 좌우팔과 정강이에는 이러한 환상적인 동물모양이 문신으로 새겨져 있다. 또 5호분에서 출토된 벽걸이 모전(毛氈)에 그려진 스핑크스는, 동체(胴體)와 두 손은 인간이나 후반신은 사자상을 하고 있다.

또한 고분에서는 중국과의 교류를 시사하는 몇가지 중국(전국시대)제 유품이 발견되었다. 5호분에서 중국산 자수가 있는 견직물, 6호분에서는 기원전 4세기경 전국시대의 산자문(山字紋) 청동경(青銅鏡)이 각각 출토되었다.

스키타이나 중국과 관련된 이상의 유물 외에도 페르시아를 비롯한 서아시아 문화와의 관련성을 보여주는 유물도 다수 발견되었다. 대표적으로 5호분의 벽걸이 모전 문양에서 그러한 증거를 찾아볼 수 있는데, 여기에는 몇점의 동물투쟁도와 두 개의 서아시아 오리엔트식 기사도(騎士圖)가 있다. 관을 쓰고 앉아 있는 여인(여신) 앞으로 말을 타고 다가가는 기사는 그 용모가 분명히 알타이 현지인이 아닌 서아시아의 아르메니아 인종이다. 그 도안은 신좌(神座)에 앉아 있는 여신으로부터 신적 권위를 하사받는 내용을 형상화하고 있다. 짧은 상의에 길고 좁은 바지를 입고 세 갈래의 꼬리를 한 말을 탄 모양의 다른 기사도는 페르시아의 페르세폴리스(Persepolis)의 조각도나 인장에 그려진 기사도와 맥을 같이한다. 그밖에 모전이나 직물에서 서아시아적 기하학문양도 눈에 띈다.

이와같이 파지리크 고분군 유지는 기원전 알타이 지방을 중심으로 한 동서간의 문명교류상을 입증하는 대표적인 유지이다. 알타이 지방에는 파지리크 고분군과 유사한 분묘로서 바샤다르(Bashadar) 고분과 투엑타(Tuekta, B.P.2450±120) 고분이 있다.

9. 사카(Saka, 塞) 고분유지 소련의 베른슈탐(A. N. Bernshtam)에 의해 천산산맥과 파미르 고원

일대에서 기원전 5~4세기의 사카족 고분들이 발굴되었는데, 거기에서 스키타이를 비롯한 북방 유목민족들의 문화와 상관성이 있는 유물들이 출토되었다. 천산지역의 아람시크(Aramshik) 고분에서는 청동제 칼과 장식용 옥, 파미르 지역의 아크베이트(Akbeit)와 탐디(Tamdy) 고분군에서는 아키나케스형 철제 단검과 마구, 삼각족(三角鏃)이 각각 발굴되었다. 이 철제 단검의 자루는 청동이고 병두(柄頭)에는 동물의장(意匠)이 있다. 그밖에 세미레치에-페르가나 지방의 고분에서도 스키타이와 사우로마트(Sauromat)의 영향을 받은 삼각동복(三脚銅鍑, 발이 셋 달린 구리 술가마)이 발견되었다.

10. 지위예(Ziwiye) 유지 1947년에 현 이란 동북부의 우르미아호(湖) 남방 사께즈(Saqqez, 사카, 스키타이의 별칭) 부근의 고지(故址) 지위예에서 다량의 금속제 유품이 발견되었다. 그중에는 기원전 7세기경 앗시리아와 스키타이 양식의 팔찌와 목걸이 장식품, 금제 검집, 은반 등이 있다. 기원전 612년에 앗시리아가 멸망하자 스키타이가 이란 북부의 메디아와 협력관계를 수립함으로써 지위예를 포함한 메디아는 스키타이로부터 아키나케스형 단검 등 무기와 기마전법을 전수받았다.

11. 마세와야 바레카(Masewaya Bareka) 고분유지 1967년에 북까프까스 쿠반강 상류의 한 지류인 바레카 강안의 마세와야 바레카 고분에서 143점의 견직품이 출토되었으며, 이어 그 동편에 있는 하사우트 고분에서도 65점의 견직품 조각이 발견되었다. 이러한 견직유품의 직조연대는 8~9세기로 추정되며, 직조지는 중앙아시아 소무구성(昭武九姓) 지역산이 60%이고, 중국과 비잔띤산이 각각 20%를 차지한다. 유물 중 교류와 관련하여 주목되는 것은 연주문(聯珠文) 괴수(怪獸)문양의 금포(錦袍, 색채와 무늬가 들어간 비단 도포)와 중국 견화(絹畵) 및 한문(漢文) 문서다. 이색적이면서도 상징적인 이 금포는 4종의 각기 다른 견직문화의 융합물로서, 겉감은 페르시아산 금포(錦布)이고 안감은 난초화(蘭草花)문양의 소무구성산 비단이며, 옷깃의 앞둘레는 작은 직각형 비잔띤산 비단조각으로 수놓았고, 허리띠나 식대(飾帶)는 검은 바탕에 연한 꽃무늬가 있는 중국산 우사(羽紗, 면과 모 등을 혼합하여 짠 천)로 만들어졌다. 금포의 연주문은 전형적인 페르시아 문양이다. 중국 견화에는 산간기사도(山間騎士圖)가 그려져 있다. 한문 문서는 초체묵서(草體墨書)의 잔권(殘券)으로, 이것은 지금까지 서방에서 발견된 한문 문서 중에서 가장 일찍, 가장 멀리 서전(西傳)된 한문 문서다.

마세와야 바레카 고분은 북까프까스의 아란 문화에 속하는 분묘이다. 초기 한적(한대)에서 아란은 '엄채(奄蔡)'로 칭해지나, 후에는 '아란(阿蘭)' '아사(阿思)' '아속(阿速)' 등으로 음사되고 있다. 이 고분에서 중국과 중앙아시아산 견직물이 다수 반출(伴出)된 것은 소그드 상인들의 교역에서 비롯된 것이다. 8~9세기 중앙아시아 일원에서 동서교역을 독점하다시피 한 소그드 상인들은 사마르칸트나 부하라로부터 서행하여 카스피해 북부와 북까프까스에 이르는 초원로를 따라 교역활동을 활발히 전개하였다. 따라서 그들에 의해 중국이나 중앙아시아의 소무구성에서 생산된 견직물이 마세와야 바레카 고분이 자리한 북까프까스 일대까지 운반되었던 것이다.

12. **올비아(Olbia) 도시유지** 현 니꼴라예프(Nikolaev) 남방 40km 지점에 있는 올비아는 기원전 6~5세기에 이오니아인들이 흑해 서북부에 건설한 그리스 식민도시이다. 19세기 초에 도시유지가 확인된 후 금세기에 들어와서 무려 52회에 걸친 발굴작업 끝에 시가의 구획과 광장·신전·극장·성채 등 도시유적이 고증됨으로써 그 전모가 드러났다. 이 도시 역시 그리스 산품과 스키타이의 제조품, 그들이 동방으로부터 반입한 동방 특산품이 교역되는 상업도시였다. 이오니아인들은 그리스의 수공업품과 장신구·도기·포도주·올리브유 등을 수출하고, 그 대신 스키타이로부터 곡물과 어류·모피·노예 등을 수입하였다. 이와같이 올비아는 스키타이를 매개로 한 물산의 교역장이었다.

13. **스키타이 문화 유지** 남러시아 일원을 중심으로 수세기 동안 활동한 스키타이가 창조한 문화는 그 변화과정을 전기(前期)·중기(中期)·후기(後期)의 3기로 나누어 고찰할 수 있다. 각 시기마다 스키타이에 의한 교류상이 각기 다른 형태로 나타난다.

1) 전기: 쿠반-아조프 시대(BC 6~5세기). 이 시대의 유적(분묘)은 주로 쿠반강으로부터 아조프해 연안에 이르는 지대에 산재해 있는데, 분묘는 목재를 이용한 목곽묘(木槨墓)이며 말을 부장(副葬)한 경우가 많다. 마이코프(Maikop) 근교의 켈레르메스(Kelermes) 고분에는 24필, 같은 시 부근의 울스키즈(Ul'skij) 고분에는 무려 360필의 말을 부장하였다. 이들 고분에서 출토된 유물 중에는 아키나케스형 단검과 삼각족(三角鏃) 같은 스키타이계 무기가 있으며, 유물의 내용이나 문양에서는 앗시리아나 페르시아를 비롯한 고대 오리엔트의 영향이 역력하다. 이 시대는 스키타이의 전성기였다.

2) 중기: 드네프르 시대(BC 4~3세기). 스키타이는 이 시대에 사우로마트인들에게 쫓겨 드네프르강 유역으로 이동하여 그리스 식민도시들과의 교류를 확대하는 과정에서 헬레니즘 문화의 영향을 강하게 받았다. 그리하여 스키타이 문화에는 일련의 문화접변이 일어났는데, 이러한 변화는 이 시대의 고분유적에서 뚜렷이 찾아볼 수 있다. 아조프해 남안의 케르치(Kerchi) 근교의 쿨오바(Kul'oba) 고분, 드네프르강 유역의 니코폴(Nikopol) 근교의 체르톰리크(Chertomlyk) 고분과 솔로카(Solokha) 고분은 이 시기의 대표적인 유적이다. 쿨오바 고분은 돌을 깎아 만든 석실분(石室墳)이고, 체르톰리크 고분은 지하에 3개의 목곽을 가진 목곽분(木槨墳)으로서 말 11필이 부장되어 있다. 그런가 하면 솔로카 고분은 지하를 뚫어 수광(竪壙)과 묘실을 만든 분묘이다. 이 시기에는 목재를 구하기 어려웠기 때문에 목곽분은 적으며 말의 부장량도 줄어들었다. 이에 반해 그리스 식민도시들과의 교역이 활발해지면서 호화로운 그리스 제품에 대한 스키타이들의 기호나 이용은 급증하였고, 이것은 필연적으로 문화접변을 결과하게 되었던 것이다.

3) 후기: 크림 시대(BC 2~1세기). 스키타이는 이 시기에 사우로마트인들에게 쫓겨 크림 반도로 이동하여 정주하였다. 그들의 수도는 살기르 강안의 신페로폴(Sinferopol) 동남쪽에 위치한 네오폴리스(Neopolis)였다. 이 고도의 유지에서는 양건연와(陽乾煉瓦)와 목제 주택, 지하창고 등 유물이 발

견되었다. 지하창고에는 그리스나 흑해 연안의 그리스 식민도시들에서 수입한 도기가 다량 비축되어 있으며, 그리스어 명문(銘文)이 새겨진 조각품도 소장되어 있었다. 이러한 유물들에서는 유목기마민족으로서의 스키타이식 맹위(猛威) 같은 것은 더이상 찾아볼 수 없다. 그들은 이미 그리스 문화에 매몰 내지는 동화(同化)되어 결국 스키타이 문화는 종언을 고하고 말았다.

다음으로 오아시스로 연변의 주요 유지를 구간별로 살펴보면 다음과 같다.

△동단(東段) 유지

1. 한국 경주(慶州) 도시유지 한국 신라의 천년 고도이자 오아시스로의 동단(東端)인 경주는 신라의 전신인 사로국(斯盧國) 때부터 통일신라가 멸할 때(935)까지 줄곧 왕경(王京)이었으므로 고분군과 사찰을 비롯한 수많은 역사유물을 간직하고 있다. 469년에 방리제(坊里制)가 정비되면서 계획도시로 면모를 일신한 후 전성기에는 그 규모가 17만호의 인구에, 360방(坊, 1방=160×140m)이었다고 한다. 찬란한 문화전통을 이어온 신라는 일찍부터 실크로드를 통한 문명교류의 한 주체로서 그 일익을 담당했다. 신라의 수도 경주에서 발굴되는 여러 서역 문물은 이러한 교류상과 더불어 경주가 오아시스로의 동단이었음을 실증한다.

한국 경주 출토 계림로 단검(장식보검)과 경주의 괘릉 무인석상

여러 형태의 고분 중에서 4~6세기에 집중적으로 조성된 적석목곽분(積石木槨墳)은 기마용구나 금제 장신구 등의 반출로 보아 흑해 연안이나 북방 시베리아에서 유행한 같은 종류의 고분에서 영향을 받았을 개연성이 짙다. 그리고 신라 자체가 불국토(佛國土)라고 할 만큼 그 수도인 경주에는 전불(前佛)시대의 7대 사찰을 비롯해 많은 불사와 불교유물이 편재(遍在)하는데, 이것은 불교문화의 전파와 수용의 결과이다. 이와 함께 경주 일원에서는 각종 서역 문물이나 그와 상관성 있는 유물들이 출토되었다. 1966년 불국사(佛國寺) 석가탑(釋迦塔)에서 아랍산 유향(乳香) 3포(包)가 발견되었고, 1975년까지 5~6세기에 만들어진 고분들에서 후기 로만글라스(비잔틴 유리)에 속하는 각종 유리기구 18점이 출토되었으며, 1973년에 미추왕릉지구(味鄒王陵地區)에서는 한때 지중해 연안과 중앙아시아에서 흥행한 다채장식양식(多彩裝飾樣式, polychrome style)을 한 장식보검(裝飾寶劍, 일명 鷄林路 短劍)이 발굴되었다. 그런가 하면 대표적 페르시아 문양인 대칭문(對稱紋)과 연주대(聯珠帶)가 새겨진 화수대금문금구(花樹對禽紋金具)가 황룡사(皇龍寺) 탑지(塔址)에서 나왔고, 입수쌍조문석조유물(立樹雙鳥紋石造遺物)이 본원사(本願寺)에서 각각 발견되었다. 뿐만 아니라, 용강동 고분에서 출토된 28개(남 15, 여 13)의 토용(土俑)과 경주 근교 외동면(外東面)의 괘릉(掛陵) 및 안강(安康)의 흥덕왕릉(興德王陵)에 세워진 무인석상(武人石像)들은 심목고비(深目高鼻)한 서역인의 용모를 갖고 있음을 쉽게 식별할 수 있다. 이 모든 사실은 경주가 실크로드의 동단에서 동서 문명교류에 기여를 하였음을 말해준다.

2. 중국 낙양(洛陽) 도시유지 중국 하남성(河南省)에 위치한 낙양은 은·주·춘추 시대부터 진·한·

중국 낙양 용문석굴 전경

북위(北魏) 시대를 거쳐 수·당 시대에 이르기까지 1천여 년간 줄곧 9대조의 도읍으로서 성세를 누렸다. 단, 수·당대에는 동서에 2도(都)를 설정하여 장안(長安, 현 西安)을 서경(西京) 혹은 서도(西都)라 하고, 낙양을 동경(東京) 혹은 동도(東都)라고 하였다. 『낙양가람기(洛陽伽藍記)』에 의하면, 북위시대의 낙양의 도시규모는 동서 20리, 남북 15리에 10만 9천호의 인구가 거주하고, 불사(佛寺) 1,367개소가 있었다. 낙양은 장안과 더불어 오아시스로의 동단(東段)에서 동서교류에 중요한 역할을 하였다.

낙양 하면 빼놓을 수 없는 것이 부근의 용문석굴(龍門石窟)이다. 돈황의 막고굴, 대동(大同)의 운강(雲崗)석굴과 더불어 중국 3대 석굴의 하나라고 하는 이 석굴은 493년에 북위가 대동에서 낙양으로 천도할 때부터 굴조하기 시작하여 당대에 이르기까지 300여 년간 계속되었다. 남북으로 흐르는 이수 양안의 용문산과 향산(香山)의 바위에 굴 1,352개를 판 뒤 불감 750개, 불상 97,300구, 각종 비석과 제기(題記) 3,600개, 불탑 40여 좌를 조성하였다. 이 석굴은 불교미술의 동전과 관련하여 중요한 의미를 지닌다.

3. 장안(長安) 도시유지 장안은 전한(前漢)과 수·당의 도읍이었다. 흔히들 장안을 오아시스로의 동단(東端)으로 간주하는데, 이것은 당대에 수도인 장안이 동서교류에서 종착적(終着的) 역할을 하였기 때문이다. 당대에 인구 100만을 헤아리던 장안은 서방의 압바쓰조 이슬람제국의 수도인 바그다드와 동서에서 쌍벽을 이루는 국제도시였다. 장안은 중국 최초의 계획도시로서 당대에 그 규모는 동서가 9,721m이고 남북이 8,651m였으며, 동서에 14가(街), 남북에 11가, 그리고 주위에 10개 성문을 두었다. 남북을 관통하는 가(街)의 너비는 100보(步, 147m)나 되었으며, 성내는 모두 110개 방(坊, 구역)으로 획분하였다. 동서에는 시장을 배치하여 상역활동을 권장하였다.

장안에서 출발하는 대상 소조

장안은 국제도시로서 서역과 활발한 교류를 진행하였을 뿐만 아니라, 많은 호인(胡人, 서역인)들이 이곳에 정주하면서 서역 문물을 전파하였다. 그들이 가지고 들어온 여러가지 호악(胡樂), 호복(胡服), 호식(胡飾)은 지금까지도 전승되는 것이 있다. 불교를 비롯한 경교(景敎)·배화교(拜火敎, 조로아스터교)·마니교·이슬람교 등 여러 종교들이 우선 이곳에 유입된 후 각지로 교세를 확장해갔으

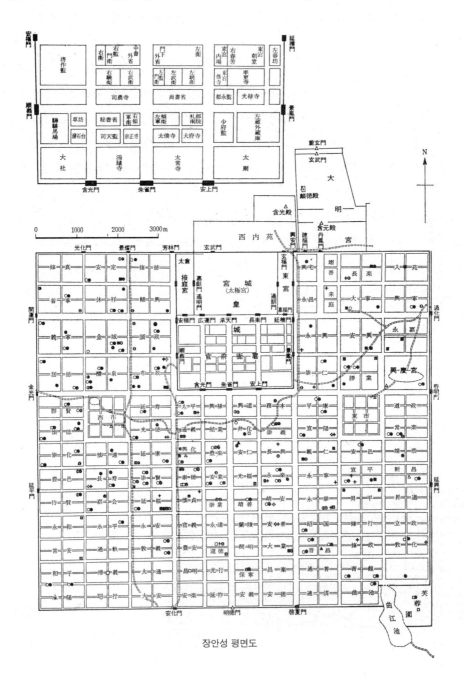

장안성 평면도

며, 그 유적이 지금도 남아 있다. 대안탑(大雁塔)이 있는 자은사(慈恩寺)와 '대진경교유행중국비(大秦景教流行中國碑)'는 대표적인 종교유물이다.

사실상 장안은 당대 이전에도 동서교류의 요지로서 그 흔적이 남아 있다. 멀리 신석기시대로 거슬러올라가면 반파(半坡)유적이 있는데, 이곳은 앙소(仰韶)문화권에 속한 곳으로 서역과의 관련성이 추정되는 채도(彩陶)가 출토되었다. 문명시대에 와서 장안 근교의 진시황릉에서는 호인상(胡人像)을 한 토용(土俑)이 숱하게 발굴되었으며, 이것을 계승하여 당대의 여러 능에 세운 석상에는 심목고비한 서역인상이 적지 않다.

4. **서안 마씨묘지(馬氏墓志)** 1955년에 서안에서 배화교도인 소량(蘇諒)의 처 마씨(馬氏)의 묘지가 발견되었다. 한문과 중고(中古) 페르시아어인 파라발어(婆羅鉢語)로 씌어진 명문에 의하면, 그녀는 849년에 출생하여 874년에 사망하였다. 남편 소량은 중국에 망명한 사산조 페르시아의 귀족 가문의 후예로서 장안에 정주한 인물이다. 이들의 장안 거류와 양국 언어로 씌어진 이 명문은 당대 양 지역의 교류관계 일단을 보여준다.

5. **돈황석굴(敦煌石窟) 유지** 중국 감숙성(甘肅省)의 돈황에 위치한 막고굴(莫高窟, 일명 千佛洞)과 그보다 약간 후에 발견된 서천불동(西千佛洞) 및 안서유림굴(安西榆林窟)을 총칭 '돈황석굴'이라고 한다. 돈황은 전한 무제(武帝) 때 장건의 서역착공을 계기로 개척된 이래 남북조·당·송·원대에 이르기까지 서역통로의 관문으로서, 여기를 통해 동서문물이 교역되고 불교가 동전하였다. 돈황으로부터 동남쪽 약 20km 떨어진 지점에 신비한 전설로 가득한 명사산(鳴沙山, 일명 神沙山)이 있다. 이 산의 동쪽 끝 깎아지른 절벽에 약 1.6km에 걸쳐 벌집 같은 석굴이 있는데, 이것이 이른바 막고굴이다. 막고굴은 전진(前秦) 건원(建元) 2년(366, 타설은 364 혹은 353)에 승려 악준(樂僔)이 처음으로 조성하기 시작한 후 원대에 이르기까지 1천여 년간 각 조대에 걸쳐 계속 건조한 것이다. 현존 석굴은 550여개이며, 그중 소상(塑像)과 벽화가 있는 석굴은 474개이다. 가장 큰것은 북위시대에 건조한 428호 석굴이다. 전체 석굴 안에는 2천 수백기의 소상과 연면적 5만m²의 벽화가 소장돼 있었다.

1899년에 헝가리 지질학자 로치(L. de Loczy)가 처음으로 돈황 막고굴을 탐방하고 간단한 보고서를 발표하였다. 1905년 10월 러시아 지질학자 오브루체프가 현지에 와서 중국어·몽골어·티베트어·산스크리트어·터키어·중앙아시아 제어 등 여러 언어로 씌어진 두루마리 고서 두 보따리를 가져갔다. 이어 록지의 보고에 접한 영국 탐험가 스타인(A. Stein)이 1907년 3월 신강성(新疆省)으로부터 이곳에 도착하였다. 그는 이 석굴의 주지인 왕원록(王圓籙) 도사를 꾀어 7일간에 걸쳐 주로 17호 석굴 내의 사경류(寫經類) 20상자(사본 3천권, 기타 6천권)와 회화류 5상자(회화 500장, 공예품 160점) 등 합계 25상자를 마제은(馬蹄銀) 40판과 바꾸어 인도를 경유, 런던에 보냈다(현재 대영박물관 수장). 스타인은 석굴에 관해 얼마간의 조사를 하고 막고굴 부근의 지형을 측량하였으며, 주요 석굴에 16굴(ch.

돈황 막고굴 전경

XVI)까지의 일련번호를 달았다.

　이 무렵 신강성 우루무치에 체재하던 베트남 하노이 원동박고학원(遠東博古學院)의 프랑스 교수인 뻴리오(P. Pelliot)는 스타인의 막고굴 탐험 소식을 듣고 이듬해인 1908년 2월 현지에 도착하여 5월 말까지 머물면서 왕도사를 매수해 사경류 1,500여 권 24상자, 회화와 직물류 5상자 등 합계 29상자를 헐값으로 사들여 프랑스로 보내고(현재 빠리 루브르박물관과 기메박물관 소장) 석굴에 171굴(171C)까지 일련번호를 붙였다. 그는 돈황을 떠나 서안, 정주(鄭州), 북경을 거쳐 하노이로 돌아갔다가 다시 1909년 5월 21일 하노이를 출발해 북경에 도착, 돈황에서 가져간 일부 고서를 중국 학자들에게 공개함으로써 돈황의 발견이 중국과 세계에 처음으로 공식적으로 알려지게 되었다. 그해 12월 10일 뻴리오는 빠리 쏘르본대학에서 프랑스-아시아협회와 지리학회가 공동주최한 환영회에서 이 발견에 관해 보고하였다.

　뒤늦게나마 돈황 고서의 진가를 가늠하게 된 청(淸)나라 정부는 1910년 돈황에 남아 있던 고서 5~6천권을 북경 정부학부(政府學府)로 옮겨왔다. 일본의 경우 1912년 2월에 오오따니(大谷) 탐험대의 요시까와(吉川小一郎)와 타찌바나(橘瑞超)가 돈황에 와서 왕도사가 숨겨두었던 잔서(殘書) 중 500여 권의 사본을 가져갔다. 1914년에는 영국의 스타인이 다시 와서 왕도사로부터 사경류 570여 권 5상자와 자수, 직포, 회화류 등을 싼값으로 또 편취하였다. 그 사이 1909~10년과 1914~15년 두 번이나 러시아 고고학자 올덴부르크가 벽화 10장을 뜯어갔고, 그후 1924년에는 미국 예일대학의 조사대로 파견된 워너(L. Warner) 일행이 벽화 20여 장과 불상 몇구를 가져갔다.

이와같이 11세기 서하(西夏)의 침입으로 비장(秘藏)되었던 막고굴의 귀중한 문화재는 무모한 편취자(騙取者)들에 의해 동서 사방으로 흩어져버렸다. 이러한 보물들은 대체로 남북조 시대부터 송대에 이르는 시기의 유교·도교·불교의 경전, 각종 필사본 문서, 서역이나 인도·페르시아·아랍 등 여러 나라의 문자, 기타 불화·판화·탁본·자수품·염직포 등 다양한 문물이다. 이러한 문물을 포함하여 돈황석굴의 건축·소상·벽화·문서 등은 그 어느 것 하나도 동서교류와 무관한 것이 없다.

건축으로서의 석굴은 중국 한대의 애묘(崖墓)와 인도 및 중앙아시아의 불교 석굴양식이 결합된 산물이다. 초기 석굴 형식의 하나인 선굴(禪窟), 즉 승방(僧房)은 인도의 승원굴(僧院窟)의 모조로서 서역에서 유행하다가 구자(龜玆)와 고창(高昌)을 거쳐 돈황에 전해졌다. 전당굴(殿堂窟)은 주로 한진(漢晉) 이래의 궁전건축 양식을 본떴으나, 원공감(圓拱龕) 같은 것은 중앙아시아 양식을 수용한 것이다. 대불굴(大佛窟)도 서역에서 기원한 것이 북위 말기에 전입되기 시작하여 당대 돈황에서 첫선을 보였다. 건축뿐만 아니라, 소상이나 벽화 같은 조형예술에서도 동서교류상이 역력하다. 풍만하고 건장한 체구에 미소를 짓는 275호굴의 미륵보살 소상은 서역인의 형상이고, 머리 위에 삼주관(三珠冠)을 쓰고 가슴 앞에 영락(瓔珞, 구슬을 꿰어 만든 목에 두르는 장식품)을 드리우거나 다리를 꼬고 앉는 등 세부양식은 모두 인도나 중앙아시아, 페르시아풍이다. 벽화의 내용을 보면 초기의 것은 서역의 영향을 받아 불전본생설(佛傳本生說)이 많으나, 당대 이후의 것은 설법을 중심으로 한 정토도(淨土圖) 위주이다. 비천(飛天)을 비롯한 회화기법에서도 서역과 간다라 미술의 영향이 뚜렷하다.

돈황석굴 유지에서 중요한 자리를 차지하는 것은 이른바 '돈황문서(敦煌文書)'이다. 한문, 산스크리트어, 위구르어, 소그드어, 구자어, 호탄어, 티베트어, 몽골어 등 다양한 언어로 씌어진 문서는 도합 3만여 점에 달한다. 문서의 작성연대는 368년부터 1032년까지의 기간이며, 그중 8세기 후반부터 9세기까지의 것이 가장 많다. 문서의 내용을 보면, 불교관련 내용이 단연 우세하다. 그러나 교류관계를 전해주는『왕오천축국전(往五天竺國傳)』『가습미라행기(迦濕彌羅行紀)』『인도제당법(製糖法)』이나 마니교 경전·경교 경전 등도 있으며, 그밖에 사원의 경영 기록이나 호적·토지문서 같은 공사(公私) 문서류도 있다. 돈황석굴 유지는 중세 문명교류에 대한 유물적 전거의 보고(寶庫)인 것이다.

6. 카라 코토(Khara Khoto) 도시유지 몽골어로 '검은 도시'(한적에는 '黑城' 혹은 '黑水城', 서하어로 '에지나')라는 뜻의 카라 코토는 서하(西夏, 1038~1227, 수도 中興府, 현 寧夏)의 서부 변방, 오아시스로의 요

로에 위치한 고도로서 1226년 칭기즈칸의 정토와 1372년 명(明)의 공략으로 인해 폐허가 되었다. 러시아 지리학회의 지시에 따라 꼬즐로프는 1907년 3월과 1908년 3월, 그리고 1926년 모두 3차례에 걸쳐 이 고도에 대한 발굴작업을 진행하였다. 그는 유지에서 여러가지 불상과 성상화(聖像畵), 전폐(錢幣) 등 유물을 발견하였다. 그가 거둔 가장 큰 성과는 2차 발굴시 반쯤 파괴된 불탑 속에서 방대한 양의 서하어 문서를 발견한 것이다. 그 사이 1914년 제2차 중앙아시아 탐험에 나선 영국 탐험가 스타인이 이곳을 탐방하였다. 그후 1927~28년에는 스웨덴의 베리만과 헤딘도 이곳을 탐방하였다. 그 결과 도시의 고지(故址) 면모가 드러났는데, 성은 한 변이 450m와 380m인 장방형이고 성벽의 두께는 밑부분이 12m(꼭대기 4m)나 되었으며, 동서남북을 관통하는 길이 줄줄이 나 있었다. 이 고도에는 불사뿐만 아니라, 경교도들의 거주지가 따로 마련되어 있었고, 성 서남쪽에는 이슬람 사원까지 있어 여러 종교의 공존상황을 알 수 있다. 그리고 성 안에서는 탑, 사원, 창고, 상점 등 유적이 발견되었다. 특히 '서하어 문서' 중에는 사전 따위 외에 한문이나 티베트어를 번역한 불경과 병서(兵書) 등 다양한 문서가 포함되어 있다. 이로써 한때 서역통로를 장악한 서하가 동서교류에서 수행한 역할을 알 수 있다.

7. 누란(樓蘭) 도시유지 누란은 진한(秦漢)시대 롭 노르호(湖) 서안의 오아시스에 자리한 나라로 수도는 누란(크로라이나)이었다. 이 도시는 진대에는 월지의 치하에 있었으며, 한대 장건의 서역착공으로 오아시스로가 개척됨에 따라 남·북도의 분기점에서 중요한 역할을 하였다. 누란인들은 오아시스로 내왕자들의 향도 노릇을 하고 그들에게 식량과 음료수, 낙타 등 편의를 제공했다. 바로 이러한 역할 때문에 한과 흉노의 공략대상이 되기도 하였다. 한·흉 쟁탈전의 틈바구니 속에서 살아남기 위한 방편으로 한과 흉노에 각각 왕자를 인질로 보냈으나 별로 효험을 보지 못하다가 기원전 77년에는 한조에 복속되고 말았다. 한은 누란을 선선(鄯善)으로 개명하고 수도도 누란에서 롭 노르호 남안의 우니(扞泥, 미란)로 천도함으로써 누란은 군사기지로만 남게 되었다. 전한은 이곳에서 둔전(屯田)을 실시하였는데, 그것은 후한과 위·진대에도 계속되었으며 한때 이곳에 서역장사부(西域長史府)까지 설치되었다.

그러나 도축중이던 동진(東晉)의 고승 법현(法顯)이 340년에 선선을 지날 때쯤 누란은 이미 '죽음의 땅'으로 황폐화되었으며, 사실상 역사무대에서 사라져버렸다. 그러다가 1900년에 스웨덴의 탐험가이며 지질학자인 헤딘이 이곳을 탐방하여 고지와 유물들을 발견하였다. 유물 중에는 3세기 후반의 것으로 추정되는 다량의 한문과 카로슈티(kharosthī)어 목간(木簡)이 들어 있다. 카로슈티어는 아케메네스조 페르시아의 아람어에서 파생된 언어로서 기원전 3세기부터 기원후 4~5세기경까지 인도 서북부, 파키스탄, 아프가니스탄, 우즈베키스탄, 타지크, 투르크메니스탄, 신강성의 호탄과 선선 등지에서 사용되었다. 헤딘이 다녀간 후, 미국의 헌팅턴과 영국의 스타인, 일본의 타찌바나가 이곳을

누란 도시유지

잇따라 탐방하였다. 1909년에 이곳을 찾은 타찌바나는 함화(咸和) 3년(328)에 서량(西涼)의 서역장사(西域長史) 이백(李柏)이 언기(焉耆)를 비롯한 여러 나라 왕들에게 발송한 서한의 초안, 이른바 '이백 문서'를 발견하였다. 중국측에서도 1930년대 고고학자 황문필(黃文弼)이 2차에 걸쳐 롭 노르호 지역을 고찰(누란 유지에는 미달)한 데 이어, 1979년과 80년에 고고학자들이 누란 유지에 대한 본격적인 발굴작업을 진행하였다. 그 결과 누란 유지는 동경 89° 55′ 22″, 북위 40° 29′ 25″에 위치하고, 그 면적은 10만여m²라는 것이 고증되었다.

누란 유지와 그 부근의 고분에서는 견직품, 마직품, 모직품, 석기, 도기, 칠기, 목기, 청동기, 철기, 유리기 파편, 각종 전폐(錢幣), 한문과 카로슈티어로 된 목간과 문서 등이 출토되었다. 한문 문서 중에는 『전국책(戰國策)』과 『삼국지(三國志)』의 잔권(殘卷), 그리고 각종 공문서와 개인 서한이 들어 있다. 롭 노르호 지역의 철판강(鐵板江) 1호분에서 한 유체(遺體)가 발굴되었는데, 일부 학자들은 고대 아리안계 인종의 체질적 특징을 지닌 것으로 보고 있다. 또한 이 고분에서는 후한대의 여러가지 견직품, 자수품과 더불어 전래한 유리기 파편, 헤르메스상이 새겨진 보석, 사자꽃무늬 용기, 쿠샨 왕조(40~240경)의 동전 한 닢이 발견되었다.

△누란 북도(北道) 연변 유지

8. 아스타나(Astāna) 고분군 유지 투르판 분지의 고도 고창(高昌, Qarakhoja, 투르판 동쪽 50km)의 서북 근교에 위치한 아스타나 고분군 유지는 4세기의 전량(前涼)시대부터 후량(後涼)·서량(西涼)·북량(北涼) 시대를 지나 고창국시대(5세기 말부터 640년까지)와 당 서주(西州)시대(8세기)에 이르기까

지 약 4세기 동안 축조된 수백기의 분묘가 산재한 곳이다. 오아시스로 북도의 시발 구간이라는 중요성 때문에 일찍부터 이 고분군 유지를 포함해 투르판 일원에 대한 탐방과 발굴이 진행되었다. 1897년 러시아의 끌레멘스(D. Klemenz)는 카라호자를 비롯해 그 주변의 석굴사원을 조사하였으며, 독일 탐험가인 그륀베델(A. Grünwedel)은 1902년에, 르 코크(A. von Le Coq)는 1904~1905년에 각각 카라호자와 그 근교의 유적을 발굴하였다. 그륀베델은 주로 카라호자 성내의 사원, 르 코크는 베젤클리크(Bezelklik) 석굴을 발굴하였다. 르 코크는 이 석굴에서 위구르시대의 벽화를 몰래 뜯어 베를린에 보내고, 1913년에는 탐방의 결과를 엮어 『고창』(Chotscho)이라는 책을 출간하기도 하였다. 한편, 스타인이 인솔한 영국탐험대는 1907년 투르판에 도착하여 토유크(Toyuk) 석굴, 카라호자 성, 베젤클리크 석굴, 교하성(交河城, Yārkhoto)에 대하여 간단한 조사를 하였다. 1912년 3월에는 일본 오오따니 탐험대의 타찌바나와 요시까와가 카라호자에 와서 주로 고창국시대의 고분에 대한 발굴을 하였다. 1914년 11월에 스타인은 다시 투르판을 찾아와 카라호자, 토유크, 베젤클리크, 무르투크 (Murtuk) 등지에 대한 조사를 마친 후, 이듬해 1월에 드디어 카라호자 서북 근교에 있는 아스타나 고분군을 발견하기에 이르렀다.

한편, 중국측에서는 1930년 봄 서북과학조사단(西北科學調査團)을 조직하여 현지에 파견하였는데, 조사단 일원인 황문필은 교하성 주변의 고창시대 고분을 발굴하여 많은 유물을 수집하였다. 1959년 10~11월에 우루무치의 신강 위구르 자치구 박물관 문물공작조(文物工作組)원들이 아스타나 고분군 유지 북구에서 6기의 고분을 발견하고 조사하였으며, 1966~69년에는 아스타나 고분군에 대한 4차례의 발굴작업을 단행하여 분묘 105기와 유물 1,020점을 발견하였다. 발견된 분묘 중 12기는 이미 도굴을 당한 폐묘였다.

아스타나 고분군에 대한 70여 년간의

베젤클리크 석굴

간단없는 발굴작업 끝에 출토된 유물은 실로 다종다양하며, 그중 일부는 투르판을 둘러싼 동서간의 문물교류상을 여실히 반영하고 있다. 출토 유물 중에는 목제 용(俑, 인물·소·말·호랑이 등), 묘지(墓誌), 면사(面紗), 토기, 견직물, 금강저(金剛杵), 복희여왜도(伏羲女媧圖)와 수하미인도(樹下美人圖) 같은 회화, 부인기마니상(婦人騎馬泥像)을 비롯한 명기, 개원통보(開元通寶), 사산조 은

키질 석굴 벽화의 귀천도(7세기)

화, 비잔띤 금화 등이 있다. 그중 용상(俑像)이나 회화 같은 것은

무용총(舞踊塚)을 비롯한 고구려 고분에서 그 유사형(類似型)을 찾아볼 수 있다. 이와같이 아스타나 고분군 유지는 중세 초 오아시스로 북도를 통해 진행된 문명교류의 일단을 보여준다.

9. **언기(焉耆) 주변 불교유지** 민오이와 톰시크가 대표적인 불교유지이다.

10. **구자(龜玆) 주변 불교유지** 키질(Qyzil)·스바시·심심·키리샤·아치크일크·키질카르가·두르두르아클·쿰투라 등 석굴 및 사원 유지가 대표적인 불교유지이며, 여기에는 화려한 벽화와 소상이 소장되어 있다. 독일의 르 코크는 이 유지들에서 많은 벽화를 떼어내어 본국에 보냈다. 그중 구자의 서북방 55km의 무잘트강 좌안에 있는 키질 천불동에서 나온 것에는 이란계 인물을 그린 벽화가 있다.

11. **톰시크 유지** 프랑스 동양학자 뻴리오가 발견한 악수 이서의 유지이다.

△누란 남도(南道) 연변 유지

12. **미란(Miran) 도시유지** 미란은 타림 분지의 남쪽에 자리한 고도로서 전한대부터 기원후 4세

쿰투라 석굴 전경

기경까지 선선국(鄯善國)의 수도였다. 기원전 60년경 선선국은 1,570호에 14,100명의 인구와 2,912명의 병사를 두었던 타림 분지 남쪽의 국가들 중에서 비교적 큰 나라였다. 그러나 토질의 염기 때문에 농경지가 제한되어 식량은 주변에서 구해오는 등 목축을 위주로 한 유목민족국가였다. 선선은 전한 말 사차국(沙車國, 야르칸드)의 지배하에 일시 있다가 후한 초에는 흉노에게 강점되었다. 기원후 1세기 후반 반초(班超)에 의한 한의 서역경영 때 다시 독립하여 차말(且末, 체르첸)·소완(小宛)·정절(精絶) 등 주변 소국들을 병탄하여 세를 확장하였다. 340년 도축(渡竺)중 이곳을 지났던 동진의 고승 법현의 기술에 의하면, 선선국 왕은 불교를 신봉하고 불승이 4천여 명이나 있으며, 모두가 소승(小乘)을 따르고 있었다. 그렇지만 당시는 롭 노르호 지방의 건조화가 심하여 수도는 이미 미란에서부터 그 서쪽인 이순성(伊循城, 짜르쿠르크)으로 옮긴 상태였다. 5세기에 이르러 선선국이 청해성(靑海省)에서 흥기한 토욕혼(吐谷渾)에게 멸망함으로써 미란은 역사무대에서 자취를 감추었다. 그러다가 7세기 후반 티베트의 토번(吐蕃)은 미란을 타림 분지로 가는 서진(西進)의 군사 전초기지로 삼았다. 당시 미란에 주둔한 토번군이 작성한 티베트어 문서에 의하면, 미란을 소(小)노브(Nob-chung)라고 불렀다. 그런가 하면 당대의 지지(地誌)에는 '소선선(小鄯善)'이라고 하였다. 9세기 후반에 토번이 쇠약해져 이곳에서 철수하면서 일시 부흥하던 미란은 다시 사양길에 들어섰다. 13세기 후반 마르꼬 뽈로가 이곳을 지날 때는 성지가 완전히 모래 속에 파묻혀 있었다.

미란의 도시유지가 세상에 알려지게 된 것은 영국 탐험가 스타인의 발굴결과이다. 제2차 중앙아시아 탐험에 나선 스타인은 1906년 12월 현지를 탐방하고 이순성에 돌아와 필요한 준비를 갖춘 후 이듬해 1월에 다시 찾아가서 토번 지배시대의 한 요새에서 다량의 티베트어 문서를 발굴하였다. 그 밖에 그는 이 시대에 앞서 지어진 몇군데 사원도 발굴한 결과 브라흐미 문자로 씌어진 많은 산스크리트 문서와 벽화 등 유물을 수집하였다. 수집품 중 가장 유명한 것은 제3·5사지(寺址)의 그리스-로마풍의 프레스코 벽화다. 제3사지의 석가본행전(釋迦本行傳) 벽화는 그 구도가 인도 간다라 사원의 그것과 일치한다. 또 이 사지에서 발견된 유익천사상(有翼天使像)은 출토 유물 중 가장 유명한 것인데, 같은 형태의 것이 메소포타미아 유지에서 일찍이 발견된 바 있으며, 그것은 기독교 천사상(天使像)의 원형으로 간주되고 있다. 제5사지에서도 그리스-로마형 천사상을 연상케 하는 또다른 천사상이 발견되었다. 그밖에 스타인은 제2사지에서 불두(佛頭) 소상도 한 기 발견하였다. 스타인은 이 벽화들을 뜯어가지고 돌아갔는데, 그 유품들은 현재 인도 뉴델리 국립박물관에 소장되어 있다.

13. 니야(Niya) 취락유지 니야는 타림 분지 남쪽의 니야강을 따라 펼쳐진 오아시스 일대를 지칭한다. 니야 유지는 이 오아시스에 산재한 취락유지(BC 1세기~AD 4세기)를 말하는데, 현 신강 위구르 자치구 민풍(民豊, Niya bazar) 북방 약 120km 지점에 있다. 전한 때(BC 60경) 이곳에는 480호에 3,360명의 인구를 가진 정절국(精絶國)이 있었다. 정절국은 오아시스로 남도의 중계지로서 동으로

는 차말국(且末國), 서로는 융로국(戎盧國)과 인접하고 있었다. 후한 초에는 타림 분지 전체가 사차국(沙車國)의 지배하에 들어가서 정절국도 그 속국이 되었다가, 후에 장기간 선선국 치하에 있었다. 644년경 도축중 이곳을 지나던 현장(玄奘)은 여행기 『대당서역기(大唐西域記)』에서 니양(尼攘, 니야) 성은 주위가 3~4리 (0.9~1.2km)로서, 큰 소택지의 한가운데 있으며 여행자들은 반드시 이곳을 경유하게 된다고 기술하고 있다. 한대부터 진(晉)대까지 니야 유지의 규모는 동서가 7km, 남북이 22km나 되었다. 오랫동안 사막에 묻혀 있던 이곳은 영국 탐험가 스타인에 의해 비로소 세상에 알려졌다. 그는

니야 취락유지

1901년 이후 3차례나 이곳을 탐방하여 많은 유물을 발굴하였다. 그중에는 석기·목기·도기·농기구·상원(桑園)과 함께 아테네상·에로스상·헤라클레스상 같은 그리스 신상을 그려넣은 봉니(封泥)와 문서 등이 있다. 출토 유물 중에서 가장 값진 것은 카로슈티 문자로 씌어진 784점의 이른바 '카로슈티 문서'(Kharosthī Inscription)이다. 이 문서는 목간(木簡)이나 가죽·종이·비단 등에 쓴 것으로서, 내용은 왕의 명령이나 통보·각종 계약서·개인 서신·명부류 등이며, 작성연대는 3~4세기로 추정된다. 이 문서에 의해 당시 오아시스로 남도 연변 국가들의 실태가 밝혀지게 되었다. 니야 유지의 유물은 간다라 미술을 통한 그리스-로마 문명의 동진상을 시사해준다.

14. 단단 오일리크(Dandon Oylik, Dandān-uiliq) 불교유지 니야 서쪽 150km, 호탄 동북쪽 120km 지점에 있는 불교사원 유지로서 스타인은 여기서 현장의 『대당서역기』에 나오는 동국(東國, 중국) 공주가 잠종(蠶種)을 모자 속에 숨겨서 호탄으로 출가하였다는 내용의 판화(版畵), 즉 「견왕녀도(絹王女圖)」를 발견하였다. 이 판화는 중국의 양잠술이 서역으로 전파되었음을 알려주는 한 증거이다.

15. 라와크(Rawak) 불교유지 현 신강 위구르 자치구 화전(和田, 호탄)의 동북방 30km 지점에 있는 대형 불탑 유지로서 불탑의 평면은 타키시라 불탑과 비슷하며, 탑의 4면에는 계단을 설치하였고 측벽에는 많은 불상과 보살상이 조각되어 있다. 이것은 불탑숭배가 불상숭배로 변화했음을 시사한다. 호탄 부근에는 그밖에 바라와스트 불교유지도 있다.

△파미르 고원 이서 북도 연변 유지

16. 탈라스(Talas) 도시유지 탈라스는 현 카자흐스탄의 잠불 시(市)의 옛이름으로서, 이 도시는 19세기부터 러시아혁명 전까지는 아울리에 아타(Aulie-ata)로 불렸다. 탈라스는 원래 천산산맥의 한 지맥인 탈라스산에서 발원하여 카자흐스탄의 뮌쿰 사막에서 잠몰(潛沒)하는 강의 이름으로서 한적에는 기원전 1세기부터 도뢰수(都賴水, 『한서』 「陳湯」조, BC 36)로 나타난다. 6세기 말 비잔띤의 유스티니아누스 2세는 서돌궐과 조약을 체결하기 위해 제마르코스(Zemarchos)를 단장으로 하는 사절단을 시르지부르 칸에게 파견하였다. 제마르코스가 탈라스 부근의 막사에서 서돌궐 칸을 진현하고 돌아가서 탈라스에 관해 언급함으로써 이 고도는 서방에 처음으로 알려지게 되었다. 7세기에 이곳을 지난 현장은 『대당서역기』에서 달라사(呾邏私, 탈라스)는 성 둘레가 8~9리에 달하며 성내에는 '제국구상호(諸國九商胡)'가 혼거해 있다고 기술하고 있다. 7세기 말 이슬람세력이 씨르다리아강 일대까지 진출하면서 탈라스강 우안 일대에 오아시스 상업도시로서 탈라스가 번성하기 시작하였다.

그러던 중 751년 당군과 석국(石國)-이슬람연합군 간의 역사적인 탈라스 전투가 벌어지면서 그 이름이 더욱 널리 알려지게 되었으며, 동시에 당군의 패전으로 이 도시는 석국의 한 진(鎭)으로 전락했다. 893년 이 도시에 대한 사만조(Samanides) 이쓰마일 이븐 아흐마드(Ismail Ibn Aḥmad)의 공략을 계기로 주민들이 이슬람교에 대거 귀의하였다. 10세기의 아랍 지리학자인 이븐 하우칼(Ibn Ḥauqal)은 이슬람화된 탈라스는 '무슬림들과 돌궐 간의 교역지'라고 지적하였다. 그후 탈라스 성은 11~12세기에 카라한(Karakhan)조의 관할하에서 일시 번성하다가 카라 키타이(Kara-khitai)와 13세기 몽골 서정군에 의해 파괴되어 멸적되다시피 하였다.

20세기 초 소련 동양학자 발토르드에 의해 현 잠불 시가 탈라스의 구지라는 것이 고증되었다. 그후 맛슨, 베른슈탐, 바제위츠 등 고고학자들의 발굴로 많은 유물이 출토되었다. 그중에는 이슬람 경전 문구가 새겨진 도기 파편, 점토 촉대(燭台), 식물문양 토기(11세기), 벽과 천정을 기하학문양으로 장식한 목욕장(13.6×12.4m), 은화(목욕장에서 발견), 카라한 시대의 묘당 2소(아이샤 바비와 바바지 하툰 묘당)가 있다. 이와같이 탈라스 성의 유지는 주로 이슬람 문화의 동점상을 보여준다.

17. 타슈켄트(Tashkent) 도시유지 타슈켄트는 현 우즈베키스탄의 수도로서 치르치크강 계곡에 있다. 옛이름은 샤시(Shasi)며, 한명은 자설(者舌)·자시(赭時)·척지(拓支)·석국(石國) 등이다. 탈라스 이서의 샤시 왕국으로 알려진 이곳은 자고로 소그디아나인들의 활동무대로서 1세기경에 벌써 불사가 있을 정도(불교 전파의 북단)로 인도를 비롯한 서역 각지와 교류가 빈번하였다. 돌궐 치하에 들어갔을 때 샤시 왕성의 주위는 5km에 달하였다. 성 동남부에는 신전이 있어 매해 두 차례의 제의가 치러졌으며 그 유물이 아직까지도 남아 있다. 6~7세기에 이르러서 타슈켄트(타슈는 돌, 켄트는 도시라는 뜻)로 개명하면서 도시가 점차 확대되었다. 도시 동북부의 아크테페 구릉에서 양건연와(陽乾煉瓦)

더미와 회랑(回廊)·성탑·주거지·3층 성채 등 유적이 발굴되었다. 8세기 이슬람 동정군에 의해 파괴되었다가 9~10세기에 이슬람화되면서 재건되어 11세기 카라한 시대에 이르러서는 수공업과 상업이 발달하여 상당한 경제적 번영을 누렸다. 이 번영에는 카라마잘 산지와 앙그렌 계곡의 은광이 한몫을 하였다. 당시 타슈켄트는 궁전이 있는 채(砦, 아르크)와 수공업과 종교시설 및 거주지가 있는 내성(內城, 샤프리스탄), 주로 시장이 모여 있는 외성(外城, 라바트타히르), 과수원이나 장원 소유자들이 사는 성외거주지(城外居住地, 라바트하리즈)의 네 부분으로 구성되어 있었다.

13세기 몽골 서정군의 침입으로 크게 파괴되었다가 15세기 티무르제국 치하에서는 이슬람세계의 문화중심으로 부상하였다. 타슈켄트에는 샤이한다르 묘당을 비롯한 여러 기의 웅장한 묘당과 1451년에 설립된 쿠케르타시 마드라싸(마드라싸는 이슬람학교), 1532년에 완공한 바라카한 마드라싸가 있다. 1886년에 재건된 쿠케르타시 마드라싸는 40개 방이 있는 대형건물로서 벽면장식은 별로 없으나 동북 모퉁이에는 교실, 서북 모퉁이에는 겨울용 마쓰지드(사원)를 배치하고 있다. 바라카한 마드라싸의 북편에는 카파르샤시 묘당이 있는데, 카파르샤시는 이슬람 샤피아파의 열렬한 포교자로서 그의 묘당은 샤피아파의 참배성지가 되고 있다. 타슈켄트 북부 교외에는 바바호쟌 묘당과 나마즈카 사원, 무이무바라크 마드라싸 등 일련의 이슬람 성현들의 묘당과 교육기관이 자리하고 있다. 이와같이 타슈켄트는 불교와 이슬람 문명의 중앙아시아 진출상, 그리고 동전한 이슬람 고유의 건축예술을 증언하는 유지로 남아 있다.

18. 테르메스(Termez) 불교유지 테르메스는 아무다리아강 우안에 있는 우즈베키스탄의 고도로서 구지는 현 테르메스 시에서 북방으로 몇 킬로미터 떨어진 곳에 있었다. 강을 사이에 두고 그 건너편은 아프가니스탄 땅이어서 이전부터 아무다리아강 도하장이면서 번화한 국제 무역도시였다. 일찍이 우즈베키스탄 과학아카데미가 발굴을 시작했고, 소련 고고학자 스타비스끼가 이곳에서 중앙아시아 유일의 석굴사원 유지를 발견하였다.

19. 카이트(Khait) 도시유지 카이트는 타지키스탄 가름(Garm) 주에 있는 고도로서 1946년에 도시 고지에서 일괄유물이 출토되었는데, 이에 관해서는 소련의 뜨레베르(K. V. Trever)가 1958년에 학계에 보고한 바 있다. 출토품 중에는 황금제 신상(神像), 비잔띤 황제상이 새겨진 금제 인장, 보석, 귀고리, 작은 보석을 박은 금제 장신구, 백동(白銅) 해수포도경(海獸葡萄鏡) 등이 포함되어 있다. 황금제 신상은 호레즘이나 소그디아나, 박트리아 등지에서 숭배하던 식물신(植物神) 아로도쿠쇼(Arodokusho)의 상이라고 뜨레베르는 판단하고 있다. 유물 중 주목을 끄는 것은 반쯤 남아 있는 해수포도경으로서, 한 변의 길이가 약 11.7cm인 이 거울의 동형품이 일본 정창원(正倉院)과 경도(京都) 주우가(住友家) 등에 소장되어 있다. 중국 송대의 『박고도(博古圖)』는 이 해수포도경을 '해마포도감(海馬葡萄鑑)'이라고 하였으며, 그것은 수경(隋鏡, 四神十二辰鏡)의 형식에 포도당초문(葡萄唐

草文)이나 괴수문(怪獸文)을 가미하여 제작한 것이다. 원래 금수(禽獸)포도문은 사산조 페르시아를 비롯한 서역의 장식문양으로 동전한 것이었으나, 중국에서 그것을 창조적으로 발전시켜 서역 일원에 다시 역수출하였던 것이다. 현재 카이트 유지 출토 유물은 러시아 에르미타지박물관에 소장되어 있다.

20. 사마르칸트(Samarkand) 도시유지 사마르칸트는 현 우즈베키스탄의 고도로서 한적에는 심사간(尋思干)으로 음사하고 있다. 제라프샨(Zerafshan)강의 강안에 위치한 이 도시는 원래 소그디아나인들의 활동중심지였다. 최근 사마르칸트로부터 제라프샨강 상류 120km 지점의 강안에 있는 무그(Mug)산에서 발견된 소그드어 고문서에 의하면, 사마르칸트의 고명은 'Smarakanda'였는데, 기원전 329년 알렉산드로스 동정군이 이곳을 점령하면서 그리스인들이 어두의 'S'자를 탈락시키고 'Marakanda'로 불렀다. 'samar'는 산스크리트의 'samarya'(고페르시아어의 hamar)에서 유래된 것으로 '사람들이 만나는 곳'이란 뜻인데, 상인들이 모여드는 곳, 사람들이 밀집한 길의 교차점이란 뜻으로 전화되었다. 'kand'는 '도시' '취락'이란 뜻이다.

사마르칸트 일대에는 구석기시대부터 인간이 거주했으며, 근교에서는 기원전 2천년경의 청동기 유물이 출토되었다. 사마르칸트 고지는 현 사마르칸트 시의 북측 황량한 대지(台地), 곧 아프라시압(Afrasiab)에 있었다. 알렉산드로스 동정군에 의해 피폐된 사마르칸트는 셀레우코스제국의 치하에 있다가 기원전 2세기에 현지 유목민들의 봉기로 제국이 분열되면서 기원후 1세기 초에는 아프가니스탄을 중심으로 흥기한 쿠샨의 지배를 받았다. 쿠샨조가 붕괴되면서 사마르칸트는 공국(公國) 형식으로서 에프탈(Ephtal)과 돌궐에 복속되어 있었으나 상역을 비롯한 경제와 문화는 부단히 발달하였다. 7세기 이후 상술에 능한 사마르칸트의 소그디아나인들은 동서교역의 주역이 되어 멀리 동으로 천산산맥 북록과 동투르키스탄, 중국 내지로부터 서로는 흑해 북안까지 교역활동을 확대했다.

아프라시압 궁전터

아프라시압 궁전 벽화의 사행도(오른쪽)와 복원도(왼쪽)

1932년에 발굴된 '무그산 소그드어 문서'나 1965년 아프라시압 유지에서 발견된 벽화 등은 당시 소그디아나인들의 이러한 활약상을 여실히 보여준다. 아프라시압 유지의 벽화 발견은 중앙아시아 미술사에서 일대 장거였다.

7세기 후반에 이슬람 동정군에 의해 함락된 사마르칸트는 점차 이슬람화하면서 실크로드 육로의 교차 요지에서 급속한 번영을 이루었다. 8세기 중반 탈라스 전투를 계기로 중국 제지술이 전래되어 이곳에 첫 제지공장이 출현한 후, 그것을 발판으로 제지술이 이슬람세계 각지에 전파되었다. 9세기 후반부터 10세기 후반까지 아프라시압 구지는 사마르칸트 성역 내에 편입되면서 다시 소생하였다. 계속 번영을 누리던 고도 사마르칸트는 1220년 몽골 서정군의 침탈과 파괴로 인해 황폐화되었다. 그러나 티무르제국의 흥기와 더불어 폐허 속에서 다시 부활하여 한때(14세기 말)는 그 수도가 되기도 하였다. 사마르칸트의 역사상 티무르시대는 미증유의 전성기였다. 지금껏 남아 있는 웅대하고 화려한 각종 구조물 유적들은 대개 이 시대에 건조된 것이다. 1371~72년에 웅장한 내성(內城)을 축조하고 6개의 큰 가로를 닦아 시장들과 연결되도록 했다. 또 대대적인 수로공사를 벌이고, 광장과 과수원 등을 조성하였으며, 유명한 울르그 베그(Ulugh Beg) 천문대도 건설하였다.

사마르칸트의 주요 건축유물로는 우선 남쪽에 있는 무슬림들의 순례지 샤흐잔다 묘역(12세기)이 있는데, 몽골군 침공 때 크게 파손되었다. 이 묘역 내의 묘당건물은 아랍식 기하학무늬와 사프사프(safsafā', 아랍식 채색 모자이크)로 화려하게 장식되어 있다. 다음으로 티무르의 직접적인 발기와 감독 아래 1398~1404년에 건축된 중앙아시아 최대의 사원인 비비코눔(Bibi-khonum) 대사원이 있다. 주현관의 아치 너비만도 19m나 되고, 돔의 최고높이는 50m에 달하는 대형건물이다. 이 사원은 인도, 아제르바이잔, 호라싼, 이란, 시리아 등 여러 정복지로부터 유능한 공장들과 특수한 자재들을 징집·

유치하고, 14세기 중앙아시아와 서아시아에서 개발된 최상의
건축술과 장식을 총동원하여 건조한 기념비적 건물이다. 그
밖에 티무르의 손자인 무함마드 쑬톤(1405년 이란에서 전사)을
기리기 위해 세운 그루 아미르 묘, 티무르의 애비(愛妃) 이슈
라트하나 묘, 레기스탄(Registan) 광장에 있는 울르그 베그
등 3대 마드라싸를 비롯해 많은 이슬람관련 건물유적들이 남
아 있다. 이와같이 사마르칸트는 중세 중앙아시아에서 이슬
람 문명이 가장 번성했던 고장으로서, 그에 상응한 아랍-이
슬람식 건축과 예술 유물이 많이 남아 있어 이슬람 문명의 동
점상과 그 수용상을 가늠할 수 있게 한다.

비비코눔 대사원

그밖에 이러한 이슬람 유적과는 성격이 좀 다르지만 동서
교류사, 특히 한국과 중앙아시아 간의 교류사에서 특별한 의
미를 가지는 아프라시압 궁전 벽화의 「사행도(使行圖)」가 있
다. 1965년 아프라시압의 제23호 발굴지점 1호실에서 7세기
후반의 사마르칸트 왕 왈프만(『신당서』 「서역전」 중의 拂呼縵)의
궁전에서 각국 사절단이 입조하는 채색벽화가 발견되었다. 그 사절단 한쪽에 조우관(鳥羽冠)을 쓰
고 황색 상의에 고(袴, 바지)를 입고, 환두대도(環頭大刀)를 패용하고 공수(拱手)한 채 서 있는 두
사람이 있다. 인물상과 패용물로 보아 이들이 한국(고구려)으로부터 파견된 사절이라는 데 학계의 견
해가 일치하고 있다. 이것은 한반도와 서역 간에 견사를 비롯한 교류관계가 있었음을 입증해주는 것
이다.

21. 판지켄트(Pyanjikent) 도시유지 판지켄트는 사마르칸트 동편 68km의 제라프샨강 상류에 있
는 소그디아나인들의 고도이다. 1947년 이래 소련의 벨레니츠끼(A.M. Belenitskii)가 수차에 걸쳐 이
곳을 조사하였다. 그 결과 벽화가 있는 사원과 배화교도들의 묘지, 소그디아나 화폐, 후기 사산조
(Post-Sassanian) 은전, 북주(北周) 보정(保定) 원년(561) 주조의 '포천(布泉)'동전, 개원통보(開元通
寶) 등 다수의 전폐, 해수포도경 파편 등이 발견되었다. 이 유물들은 오아시스 육로의 요지에 있는
판지켄트의 대페르시아나 대중국과의 교역상을 실증하는 것이다. 현재 이러한 출토 유물들은 에르
미타지박물관에 소장되어 있다.

22. 히바(Khiva) 도시유지 히바는 중앙아시아 아무다리아강 하류의 좌안 호레즘 지방에 위치한
고도이다. 히바는 1592년에 호레즘의 국왕 아랍 무함마드 칸이 수도를 구나 우르겐치에서 이곳으로
천도한 이래 1920년까지 줄곧 호레즘 일원의 수부(首府) 역할을 했다. 부하라와 더불어 중앙아시아

히바 도시유지

의 이슬람 '성도(聖都)'라고 불릴 만큼 이슬람 문명 전파의 한 거점으로서 1920년 당시 여기에는 94 개소의 마쓰지드와 63개소의 마드라싸가 있었다. 히바는 내성(內城)과 외성(外城)의 두 부분으로 구성되어 있는데, 내성에는 궁전과 마쓰지드·마드라싸·묘당들이 있고, 외성에는 상인과 수공업자들 이 직종별로 구역을 형성해 거주했다. 내성의 총면적은 26헥타르로서 높이 7~8m, 두께 5~6m, 길 이 2.2km의 성벽으로 에워싸여 있으며, 4개의 성문(현재 3개)이 있었다.

　히바는 시 전체가 박물관이란 평을 받을 정도로 성 내외에 많은 유적이 분포되어 있다. 남아 있는 건물들은 1220년 몽골 서정군이 파괴한 후 재건한 건물과 16~17세기 우즈베크족 칸의 지배하에서 번영을 누릴 때 지은 건물, 18세기 이란군이 파괴한 후 새로 지은 건물 등 세 부분으로 대별할 수 있 다. 19세기 초에 이르러 히바 왕국은 전례없이 강성하여 중엽에는 그 강토가 씨르다리아강으로부터 아프가니스탄의 국경까지 이르는 광활한 지역을·망라하였다. 그러나 1873년에 러시아군에게 강점 되어 짜르 러시아의 속지가 되었다. 주요한 건물유적으로는 1303년에 지은 싸이드 알라웃 딘의 묘당 과 나무기둥 221개(13대×17열)를 받쳐 지은 즙아 지하대사원, 1274년에 축조한 구나 아르크 성채, 타 슈하우리 궁전 등이 있다. 건물에는 호레즘의 전통적 건축술과 아랍-이슬람식 건축술의 융합상이 역력하다.

　23. 옥서스(Oxus) 고분유지　1897년 옥서스강(즉 아무다리아강) 상류 우안의 나지막한 타프트 이 카 와드 언덕에서 아케메네스조 페르시아의 금·은제품이 다량 출토되었다. 이러한 유물 중에는 동물문 양의 유물이나 검집 같은 스키타이식 유물도 있다. 이곳에서 출토된 일괄유물들은 '옥서스 유보'(遺

寶, The Treasure of Oxus)란 이름으로 지금 대영박물관에 소장되어 있다.

24. 부하라(Bukhara) 도시유지 부하라는 중앙아시아 제라프샨강 하류에 위치한 우즈베키스탄의 고도이다. 지하 15m의 문화층을 가진 부하라 유지에는 2천년 전부터 취락이 형성되고 기원초부터 인간이 활동한 흔적이 남아 있다. 오늘의 부하라를 6세기에는 소그드어로 '누마자카트'라고 불렀으며, 한적에는 '포활'(布豁, 당서), '불화랄'(不花剌, 원사), '불화아'(不花兒, 명사), '포합랍'(布哈拉, 서역견 문록)으로 음사하고 있다. 부하라는 산스크리트의 'vikhara'(僧院)에서 유래했다고 한다. 6세기 중엽에 투르크족의 지배자인 시리 키슈와르가 바이켄으로부터 부하라로 천도한 후, 7세기에 부하라의 영주 비돈이 내성(內城)을 구축하고 궁전·감옥·관방창고·관사(官舍)·신전 등을 내성 안에 집결시켰다. 7세기 전반에 도축중 이곳에 들른 현장은 『대당서역기』에서 포갈국(捕喝國, 부하라)의 주위는 1만 6,7백리로서 동서가 넓고 남북은 좁으며, 물산이나 풍속은 삽말건국(颯秣建國, 사마르칸트)과 같다고 기술하고 있다.

7세기 후반부터 이슬람 동정군의 침공을 받아 전래의 유물이 많이 파괴되었으며 점차 이슬람화되었다. 그러나 9세기에 들어와서 이스마일 사마니가 사만조를 건국하자 그 예하에 들어갔다가 999년 투르크족의 카라한조에 함락되고 말았다. 다시 1220년에는 칭기즈칸의 공략을 당하여 시가의 대부분이 파괴되었으나 이슬람관련 건물만은 몽골인들의 보호를 받았다. 몽케 칸과 쿠빌라이의 모친의 후원을 받아 이슬람교육을 위한 마드라싸가 건립되고 이슬람 신학자들이 배출되었다. 그러다가 1520년에 신흥 우즈베크족 국가인 샤이바니 왕국의 수도가 되면서 시와 음악, 문학, 예술 등이 한층 활기를 띠어 16~17세기에는 중앙아시아에서 정치·경제·문화의 중추적 역할을 하였다.

현존하는 대표적 건축유물로는 892~943년에 건조된 사만조의 시조인 이스마일 사마니의 묘당 (10.80×10.70m의 4각형), 13세기 카라한조대에 축조된 높이 46m의 칼리얀 미나라(사원탑), 9~10세기에 배화교의 신전을 개축한 것으로 보이는 마고키 아타리 사원, 티무르의 손자인 울르그 베그의 이름을 딴 울르그 베그 마드라싸(1417, 중앙아시아에서 가장 오래된 마드라싸, 1586 개축), 동서 각지의 견직물 같은 물산이나 화폐교환 등 전문업종 점포별로 꾸려진 옥내시장(현재 3개소), 반지하식 목욕장(2개소) 등의 유물이 남아 있다. 이와같이 부하라는 역사의 고비마다 성쇠를 거듭하면서 중앙아시아에서 이슬람 문명의 전파거점으로서 동서간의 정신문명뿐만 아니라, 물질문명의 교류에도 기여하였다.

25. 메르브(Merv) 도시유지 메르브는 중앙아시아에서 가장 오래된 도시의 하나로서, 구지는 현 투르크메니스탄 바이람 알리 시 부근 무르갑강 강안에 있었다. 19세기 말부터 발토르드 등에 의해 이 구지에 대한 연구가 진행되다가 1946년 맛슨을 단장으로 한 남투르크메니스탄 종합고고학조사 단의 조사발굴에 의해 그 전모가 드러나게 되었다. 메르브 시 역내에서 가장 오래된 구역은 기원전 1천년기에 흥성했던 에르크카라 성지(城址, 12헥타르)이다. 파르티아 시대부터 사산조 시대 초기(BC 3

세기~AD 3세기)까지 현재의 규모(내성만 60km²)로 확대되었으며, 성 전체를 구야르 카라라고 칭하였다. 3세기 이후에는 사산조 페르시아의 치하에 있다가 7세기에 이슬람 동정군에게 정복되었으며, 12세기 전반에 셀주크조의 수도로 되면서 전성기를 맞았다. 12세기 말부터 13세기 초까지는 호레즘 샤 왕국의 중심도시의 하나였다가 1222년 몽골 서정군에게 함락·파괴되었다. 14세기 이후 얼마간 복구되는 기미를 보였으나 이미 옛 영광은 퇴색한 채 1510~40년과 1601~1747년에는 페르시아의 지배 하에 들어갔다. 이러한 여파로 19세기에 이르러서는 도시가 완전히 황폐화되고 그 중심지는 구지의 동편 30km 지점에 있는 마루이 시로 옮겨졌다.

고고학적 발굴조사에 의하면, 구야르 카라는 십자로 교차지점에 위치한 요지로서 한 변의 길이가 약 2km, 두께가 6.5m나 되는 성벽으로 에워싸여 있었다. 기원전 53년에 메소포타미아의 카르라에 시 부근에서 파르티아군에게 포로가 된 로마군 1만명이 마르기아나(메르브를 중심으로 한 무르갑강 유역의 오아시스)로 압송되었다. 그들에게 파르티아제국의 동쪽 변방의 수비를 맡기기 위해서였다. 메르브는 오아이스로의 교차 요로에 자리하고 있어서 동서교역이 발달하였으며, 주민의 대부분은 배화교를 신봉하고 있었으나 불교도들도 혼거하고 있었다. 기원후 2세기에 구야르 카라 동남우(隅)에는 탑 형식의 스투파와 승원(僧院)이 있었다. 스투파는 양건연와로 축조한 정방형(13×13m) 적색 탑이었으며, 그 앞에는 대형 채색 점토불상이 세워져 있었다. 그밖에 교외의 가우르 카라 유지에서도 불상의 파편이 발견되었다. 이렇게 메르브는 동서문명의 회합지이면서 불교 전파의 서단(西端)이기도 하였다.

26. 아나우(Anau) 농경문화 유지 아나우 유지는 투르크메니스탄의 수도인 아슈하바트(Ashkhabād) 동쪽 12km 지점에 있는 초기 농경문화 유지다. 남구릉(南丘陵)과 북구릉(北丘陵), 아나우테페의 3개 유적지로 구성된 이 유지에서 1904년 미국의 펌펠리(R. Pumpelly)가 다량의 적색연마토기와 채문토기(彩文土器)를 발굴하였다. 이 채문토기와 중국 화북 일대에서 출토된 채문토기의 상관성에 관해 학계에서 장기간 논의가 있었다. 두 유지의 채문토기는 기형이나 문양에서 서로 유사한 점이 있는 것만은 분명하다. 그밖에 이 유지에서는 지진으로 인해 폐허가 된 15세기의 이슬람사원 유적도 발견되었다.

27. 니사(Nisa) 도시유지 니사 유지는 투르크메니스탄 수도인 아슈하바트에서 서쪽 18km 지점에 있는 파르티아 시대의 것으로서 니사는 한때 파르티아 왕국의 도읍이기도 하였다. 구지는 구 니사(14헥타르)와 신 니사(18헥타르)로 구분되는데, 구 니사는 파르티아의 멸망(226)과 함께 사라졌으나 신 니사는 12세기까지 존속했다. 헬레니즘 문화의 영향을 많이 받은 구 니사의 유지에서는 그리스풍의 유리기구, 아테네상, 에로스상, 상아제 류톤 등이 발굴되었다.

△파미르 고원 이서 남도 연변 유지

28. 발흐(Balkh) 도시유지 발흐는 아프가니스탄 북부, 마자리 샤리프 시 서북쪽 19km 지점에 있는 박트리아 왕국의 고도다. 발흐의 옛이름은 다양한데, 『리그베다』는 '발히카', 『아베스타』는 '바후데이', 고대 페르시아어로는 '바흐토리슈', 이슬람 문헌에는 '움물 빌라드'(도시들의 어머니), 한적에는 '박갈'(縛喝, 『대당서역기』) 등으로 나온다. 자고로 발흐는 오아시스로의 동서남북 교차지점에 자리하고 있어서 동서교류의 중계자 역할을 하였다. 인도와 소그디아나, 파미르와 서아시아를 종횡으로 연결하는 문자 그대로 문명의 십자로였다. 발흐를 중심으로 한 박트리아는 중세까지만 해도 관개망이 발달하여 아리아나(아프가니스탄의 옛이름)에서는 가장 비옥한 지방이었다. 중세 번영기에는 상업·종교·학문의 중심지로서 문명전파에 중요한 역할을 하였다. 7세기 전반 도축중 이곳을 지난 현장은 『대당서역기』에서 이곳을 박갈국(縛喝國) 혹은 소왕사성(小王舍城)이라고 칭하면서, 주위가 20여 리에 이르는 대도시로서 가람이 100여 소, 승려가 3천여 명이나 되는 불교의 성행지라고 기술하고 있다.

기원전에 발흐는 앗시리아에게 점령되었다가 알렉산드로스 동정 후에는 그레코 박트리아 왕의 거성(居城)으로서 헬레니즘 문화의 중심지, 간다라 미술의 발원지가 되었다. 7세기 이슬람 동정군이 점령하기 전까지는 불교, 배화교, 마니교, 네스토리우스파 기독교 등 다양한 종교가 공존하고 있었다. 중세와 근세 초에는 여러 왕조의 지배를 계속 받아오다가 1850년부터 아프가니스탄 영역에 편입되었다. 발흐는 일찍이 13세기 몽골 서정군의 침공과 14세기 티무르군의 공략으로 인해 거의 파괴되었다. 그나마 남아 있는 유명한 건축유물로는 아부 나쉬르 바르시 사원이 있다. 이 사원은 동시대의 사마르칸트나 부하라의 사원건물에 비견되는 것이다. 그밖에 싸이드수프한 마드라싸가 있다.

29. 바미얀(Bāmiyān) 불교유지 바미얀은 아프가니스탄 수도 카불의 서북부 230km 지점 힌두쿠시 산중에 있는 고도이다. 기원후 1세기부터 사적에 등장하는데, 7세기 이슬람 동정군에게 정복될 때까지 줄곧 불교의 중심지였다. 10세기부터 13세기까지 가즈나조와 구르조, 호레즘 샤조의 지배를 받다가 13세기에는 몽골군의 침공을 당하였으며, 18세기 후반 이후에는 마침내 아프가니스탄의 속령이 되었다. 7세기 전반 도축중 이곳을 지난 현장은 『대당서역기』에서 이곳에는 가람 수십개소에 승려 수천명이 있으며, 소승의 설출세부(說出世部)를 따른다고 했다. 또 왕성의 동북부 산정에 있는 높이 140~150척이나 되는 입불석상(立佛石像)이 금색으로 장식되어 광휘를 발하고 있다고 기술하였다.

바미얀은 2대 석불을 모신 석굴사원으로 그 이름이 널리 알려지게 되었다. 이곳의 주요 불교유적은 불상을 안치한 석굴군(石窟群)과 마애(磨崖)에 조각한, 각기 35m와 53m에 달하는 2대 석불상, 그리고 석굴벽화의 3대 유적으로 구성되어 있다. 벽화 중에는 연주문(聯珠紋) 복식을 한 군상과 4두의 유익(有翼)백마상이 있으며, 프레스코 화법에 회백색·진흑색·황색·적색·감청색 안료를 사용하

바미안 석굴 전경(위)과 2001년 파괴되기 전의 바미안 석굴 마애불상(아래)

여 평면성을 살린 회화기법은 사산-이란계 화법의 영향을 받은 것이다. 총체적으로 볼 때 35m 높이의 마애불상은 이러한 사산-이란계 화법의 영향을 받은 것이고, 53m 높이의 마애불상은 간다라 미술과 쿠샨조의 마트라 미술이나 굽타 미술이 융합된 중인도적 미술화법에 의해 이루어졌다는 것이 학계의 중론이다. 요컨대 바미안의 석굴사원은 헬레니즘 문화의 영향을 받은 간다라 미술과 이란계 미술이 전통적인 인도 미술과 융합된 불교유적이다. 불행하게도 아프가니스탄 텔레반 정부는 우상숭배를 반대한다는 이유로 석굴 마애불상을 파괴해버렸다.

30. 헤라트(Herāt) 도시유지 헤라트는 아프가니스탄 서북부, 하리루드강 강안의 비옥한 계곡에 위치한 고도이다. 기원전 알렉산드로스 동정 때부터 알려진 도시로서 1381년에 티무르군은 헤라트를 점령하고 그곳을 거점으로 호라싼 지방

을 통치하였다. 1405년 티무르 사후, 헤라트를 거성(居城)으로 하던 계위자인 그의 아들 샤 루흐는 사마르칸트 대신 이곳을 티무르제국의 수도로 삼았다. 2.5km²의 면적을 가진 도성은 견고한 성벽과 탑, 해자(垓子)로 에워싸여 있었다. 해자에는 5개의 다리가 있어 성문과 통하였다. 헤라트는 샤 루흐 치세시 일대 번영기를 맞아 도기·직물·보석가공 등 수공업이 발달하고 예술과 공예, 학문이 크게 흥하였다. 샤 루흐와 왕비 가우할샤드, 왕자 바이송코르는 학자·시인·예술가·직인(職人)들을 적극 보호하고 양성하는 시책을 펴서 당대의 유명한 음악가·가수·건축가·역사가들이 다수 배출되었으며 문화 전반이 크게 번성하였다.

대표적인 건축유물로는 15세기 전반 왕비의 명에 의해 헤라트 북부의 108×84m의 부지에 궁전풍으로 건조한 무사라 사원이 있다. 4우(隅)에 3층의 미나라를 배치하고, 사원 북측에는 왕비의 이름을 딴 마드라싸까지 지었다. 사원의 벽면은 이른바 '헤라트파'식 기법인 백색과 하늘색, 다(茶)색, 적색을 조화시킨 모자이크로 화려하게 장식하였다. 하리루드강 상류에서 프랑스 고고학조사단은 높이 약 60m에 달하는 이슬람사원의 미나라를 발견한 바 있다. 그리고 시의 동쪽 4.5km 지점에 무슬림들의 순례지인 가제르가가 있었다는 사실도 아울러 밝혀냈다. 이 순례지에는 중세의 이슬람 성자 압둘 안사리(1006~88)의 묘소가 있다.

31. 스리나가르(Srinagar) 도시유지 오아시스로 남도에서 피산(皮山)으로부터 서남행으로 인도 방면으로 가는 이른바 피산(皮山)―계빈오익산리(罽賓烏弋山離)도 연변에도 동서교류를 실증해주는 유지들이 여러 곳에 산재해 있다. 그 첫번째 주요 유지가 바로 스리나가르 도시유지다. '길상(吉祥)의 도읍'이란 뜻의 스리나가르(계빈)는 카슈미르 동남부의 고도로서 현재는 인도 및 파키스탄령을 포함한 카슈미르의 중요 지역이다. 해발 1,600m의 고원 평야에 자리한 이 고도는 고산으로 에워싸여 있으며, 젤룸강이 시내를 감돌고 동북방 근교에는 다르호가 있어 경관이 뛰어난 피서지로도 유

스리나가르 아완치부르 힌두교 사원 유지

618

명하다. 자고로 스리나가르는 오아시스로 남도가 파미르 고원을 넘어 인도 방면으로 이어지는 첫 길목이고, 또한 티베트와 페샤와르(Peshawar)를 동서로 잇는 중간고리여서 중요한 통로 역할을 하였다. 원래 이 도시는 기원전 3세기 인도의 아소카 왕대에 건설되기 시작하였는데, 그 자리는 지금의 시내에서 동남쪽으로 약 5km 떨어진 지점으로 보인다.

6세기 후반에 이르러 힌두계 왕조의 브라바라세나 2세가 현지에 도성을 축조하였다. 당시는 이 도시를 브라바라브라라고 칭하였고, 『신당서(新唐書)』에는 발라물라포라(撥邏勿邏布邏)라고 음사되어 있다. 14세기 이슬람 왕조가 들어서면서 다른 곳으로 천도하였다가 무갈제국 지배시 카슈미르가 그 속주로 되면서 그 수부(首部)가 되었다. 그러자 무갈의 제왕과 귀족들은 이곳에 이궁(離宮)과 별장을 짓고는 '무갈의 낙원'이라고 불렀다. 그후 아프간족·시크족·라지푸트족의 연이은 지배를 거쳐 영국의 보호령이 될 때까지도 줄곧 수부로서의 지위를 유지했다.

현존 유적으로는 불사지(佛寺址), 이슬람 왕조시의 마쓰지드, 무갈제국시의 하리바르바트 성채, 아프간 지배시의 세르 가르히 궁전 등이 있다. 특히 불교·힌두교·시크교·이슬람교 등 다양한 종교가 남겨놓은 유적들을 통해 종교문화의 보급상과 그 교류상을 헤아려볼 수 있다.

32. 탁실라(Taxila) 도시유지 탁실라는 파키스탄 북부의 펀자브 주에 있는 고도로서 라왈핀디 서북쪽 3.5km 지점에 있다. 탁실라는 그리스-로마 문헌에 나오는 명칭이고, 산스크리트로는 '탁사실라'(Taksacila)이며, 한적에는 축찰시라(竺刹尸羅, 『법현전』), 저우시라(呾叉始羅, 현장의 『대당서역기』)로 나온다. 기원전 326년에 알렉산드로스 동정군이 펀자브 지방에 침입했을 때, 탁실라 왕 암비(Ambhi, 혹은 Omphis)는 그들을 우호적으로 맞이했다. 레비(Sylvain Lévi)에 의하면, 당시 탁실라는

탁실라 비르 구릉 거주지 유지(BC 6~3세기)

이란세계와 힌두세계의 경계에 있었는데, 동은 갠지스강으로부터 서는 유프라테스강까지 내왕하는 대상(隊商)들의 중간체류지이며, 청년들이 유학하는 배움의 도시였다. 이곳 출신의 카라노스라는 고행승(苦行僧)이 알렉산드로스 원정군에 종군했다는 기사가 있고, 기원후 44년에 소아시아 티아나 (Tyana) 출신의 아프로니우스(그리스인)가 방문해 27세의 젊은 왕을 알현했다고도 전해온다. 7세기 전반 도축중 이곳에 들른 현장은 『대당서역기』에서 이 나라는 주위가 2천여 리나 되고 수도의 둘레는 10여 리에 달하는데, 홍행하던 불교는 이미 쇠퇴일로를 걷고, 불사들은 폐허가 되어버렸다고 하였다.

이렇게 동서로 내왕이 빈번했던 탁실라에서는 불교유적을 비롯해 여러 유물이 출토되었다. 영국의 마셜 경(Sir J. Marshall)이 1913년부터 22년간 이곳에서 발굴작업을 진행하여 그 면모가 어느정도 드러났다. 여기에는 기원전 500년부터 기원후 500년까지 약 1천년간 시대를 달리하면서 모두 12개의 거주층(居住層)을 이루는 도시유지가 공존하고 있다. 우선 가장 오래된 도시유지는 비르 구릉(丘陵, Bhir Mound) 유지로서, 모두 4층으로 된 기원전 5세기 이전의 유지이다. 시대적으로 보아 여기에는 불교유적이 없다. 두번째는 비르 구릉 북쪽에 있는 시르카프(Sirkap) 유지인데, 이곳은 기원전 1세기에 박트리아가 건설한 도시로서 돌로 견고한 성벽을 쌓았다. 이 도시유지에는 9기의 스투파 유적과 배수구 시설 등이 남아 있다. 세번째는 시르수크(Sirsukh) 유지인데, 시르카프 유지 북쪽에 있고 유물로는 잔디알(Jandiāl) 불사지가 남아 있다. 마셜은 이 불사가 원래 조로아스터교 사원이 있던 자리에 세워진 것이라고 주장한다. 그밖에 탁실라 불교유적 중에서 가장 큰 다르마라지크 (Darmarājik) 대사원 유적을 비롯해 조울리안(Jauliān) 가람과 모라 모라두(Mohrā Morādu) 가람 유적도 보존되어오고 있다.

33. 간다라 불교유지 간다라는 현 파키스탄 서북 변방주인 페샤와르에 해당하는 지대로서 원래 카불강 하류 유역의 옛이름이다. 일찍이 아케메네스조 페르시아의 국조인 키루스 2세(재위 BC 559~529)가 동방원정을 단행할 때 간다라 지방까지 이르렀다는 일설이 있으며, 같은 왕조의 다리우스 1세(재위 BC 522~486)는 군사를 이끌고 인더스 강안까지 동정하여 간다라와 힌드 지방을 점거하였다. 다리우스가 건설한 고도 수사(Susa)에서 출토된 비문에는 간다라로부터 건설자재를 반입했다는 기록이 있다. 그리고 다리우스는 부장인 그리스인 스킬락스로 하여금 인더스강 하구로부터 이집트까지의 항해로를 탐사하도록 하였다. 그로부터 1세기 반 후에 동정에 나선 알렉산드로스도 부장인 네아르코스에게 위와 같은 항해를 탐사할 것을 명하였다. 알렉산드로스는 '알렉산드리아'라고 부르는 그리스 식민도시를 아시아의 정복지 도처에 건설해놓고 그리스인들을 이곳으로 이주시켰으며, 동정군 중 일부를 잔류시켰다. 그리고 그리스식 행정을 폄으로써 이러한 곳에는 그리스 문화가 전파되어 헬레니즘 문화의 토양을 이루었다.

알렉산드로스가 인도 원정에서 철수(BC 325)한 직후에 인도사상 최초의 통일국가인 마우리아조 (Maurya, BC 321~184경)가 출현하였는데, 제3대 아소카 왕(재위 BC 268~232)대에 이르러 전성기를 맞으면서 불교가 간다라 지방으로 퍼져나갔다. 아소카 왕 사후에 영토는 비록 마가다 구령(舊領)으로 축소되었지만, 간다라 지방의 불교는 위축되지 않고 계속 성행하였다. 기원전 250년경 그리스계의 디오도투스는 알렉산드로스 대제국의 후계인 셀레우코스조에 반기를 들고 박트리아 왕국을 건립하여 힌두쿠시산 이남과 펀자브 지역으로 세를 확장함에 따라 간다라의 불교미술은 점차 헬레니즘 미술의 영향을 받아 이른바 '간다라 미술'이 싹트기 시작하였다. 기원전 40년경에 건국된 쿠샨 왕조는 페샤와르를 수도로 하고, 전성기인 3대 왕 카니슈카(128년 혹은 144년에 즉위) 치세에는 그 판도가 동·서 투르키스탄과 아프가니스탄, 북인도의 대부분을 포괄하였으며, 불교를 적극적으로 보호하고 권장하였다. 그리하여 헬레니즘 미술과 불교미술이 융합된 독특한 간다라 미술이 정형화(定型化)되기에 이르렀다.

간다라 미술의 가장 중요한 특징의 하나는 불상(佛像)의 제작이다. 불상의 전파는 곧 불교의 전파를 의미하는것으로 불상은 간다라로부터 서역을 거쳐 중국이나 한국, 일본 그리고 남해를 거쳐 동남아시아 여러 나라에 전파되었다. 그 형상은 지방에 따라 약간의 변형이 가해졌다. 간다라 미술의 유품은 페샤와르 근교의 불교유지와 펀자브의 탁실라, 아프가니스탄의 핫다(Hadda) 등지에서 다수 발견되고 있다. 오아시스로로 도축한 구법승들은 예외없이 간다라 유지를 순방하였다. 402년에 동진 고승 법현, 520년에 북위(北魏) 고승 송운(宋雲)과 혜생(惠生)이 이곳을 찾았다. 송운은 여행기『송운행기(宋雲行記)』(『洛陽伽藍記』권5)에서 간다라의 카니슈카 대탑(大塔)에 관해 언급하고 있는데, 1908~1909년에 스푸너(Spooner)는 이 가람지에서 사리(舍利)용기를 발견하였다. 628년에 이곳에 들른 현장은『대당서역기』에서 이곳은 이미 보기에도 쓸쓸한 한적한 곳이 되고 말았다며 개탄하였다. 간다라 미술은 불교의 건축, 벽화, 소상 등 제반 미술영역에 커다란 영향을 미쳤다.

34. 핫다 불교유지 핫다는 아프가니스탄 잘랄라바드의 남방 9km 지점에 있는 고도로서 불교유물이 많이 출토된 곳이다. 간다라와 그 이서의 발흐 등지를 연결하는 교통요로이고 불교유지로 명성이 높으며, 많은 도축 구법승들이 이곳을 순방하였다. 이 유지에서는 가람의 스투파와 화려한 스토코 불상이 출토되었다.

35. 베그람(Begram) 도시유지 베그람은 아프가니스탄 수도인 카불 북방 50km 지점의 차리칸 (Charikan) 부근에 있는 곳으로 동서교통의 십자로였으며 쿠샨조(BC 40경~AD 240경)의 도읍지였다. 이곳은 판쉬르(Panjshir)강과 고르반드(Gorband)강이 합류하는 분지로서 땅이 기름지다. 베그람 유지는 구릉지대에 있는데, 프랑스 고고학자들에 의해 유리기구를 비롯해 많은 그레코로만풍의 유물이 출토되었으며, 쇼트라크 사원을 비롯한 여러 사원지도 발견되었다. 628년에 도축중 이곳을 찾은

베그람 유지와 여기서 출토된 에나멜화 유리잔(1~2세기)

현장은 『대당서역기』에서 가필시국(迦畢試國, 베그람 일원)은 주위가 1천리이고 북쪽은 설산(雪山)을 등지고 있으며 도성의 둘레는 10여 리나 된다고 하면서 여기는 곡맥(穀麥)의 적지로 과수가 많으며 선마(善馬)와 울금향(鬱金香)이 산출되며, 이민족들의 기화(奇貨)가 많이 모여드는 고장이라고 기술하고 있다.

36. 가즈니(Ghazni) 도시유지 가즈니는 카불에서 서남방으로 130km 떨어진 황량한 사막분지에 있는 고도로서 10~12세기에 번영했던 가즈나 왕조의 수도이다. 가즈나조는 10세기 말 제3대 왕인 마흐무드 치세 때가 전성기였는데, 그 판도는 바르치스탄, 호라싼, 니샤푸르, 시스탄 등지를 포괄하고 있었으며 인도로 원정도 단행한 바 있다. 마흐무드 치세시에 가즈니는 수도로 행정의 중심지일 뿐만 아니라, 인근 제국으로부터 대상(隊商)이 폭주(輻輳)하는 교역도시였다. 그는 1017년에 호레즘을 정복하여 당대의 대학자 비루니를 가즈니로 천거시켰다. 가즈나조는 번영을 누려오다가 셀주크조와 5년간(1035~40)의 전쟁을 겪고 나서 1151년에는 구르조의 내침으로 치명타를 받았으나 1186년까지 근근이 지탱해나갔다.

가즈나조의 유적으로는 수도 가즈니의 내성(內城)과 성벽의 잔해가 일부 남아 있다. 내성의 북방 2km 지점에 마흐무드 왕(998~1030)의 묘당이 있고, 남측 데베살다르에서는 이딸리아 고고학조사단에 의해 불교 스투파가, 그리고 그 부근에서는 쑬퇀 마쓰오디 3세(1098~1153)의 궁전 유지가 발견되었다. 그리고 폐허가 된 부스트 시 북방 7km 지점에 라슈카리 바깥 궁전 유지가 있는데, 이것은 마쓰오디 1세(재위 1030~41) 때 건조한 것이다. 이 유적에 대한 조사는 프랑스와 이딸리아 고고학자들이 진행하였으며, 여기에서 많은 벽화가 발견되었다. 그밖에 바흐람 샤(1117~52)와 마쓰오디 3세 때 축조한 2기의 미나라가 있다. 이 미나라들은 불에 구운 연와(煉瓦)를 쌓고 절판식(切板式) 테라코타(terracotta, 붉은 점토)로 장식한 단색의 다각주(多角柱) 양식이다. 부스트 도성지에는 12세기에 지은 사원유지가 있다.

가즈니의 다각주 미나라

37. **라슈카르가(Lashkargah) 도시유지** 라슈카르가는 아프가니스탄 서남부 칸다하르 서방 190km 지점에 있는, 가즈나조의 동도(冬都)였다. 이 고도유지는 라슈카리 바자르(Lashkari Bazar)라고 하는데, 1949년부터 이딸리아 조사단에 의해 발굴되기 시작하였다. 왕궁·마쓰지드·병영·수끄(시장) 등 유지에서는 도기·동기·프레스코 벽화 등이 출토되어 가즈나조의 문화와 그 교류상을 가늠케 한다. 이 도시유지는 그 남방에 있는 부스트까지 약 6km의 구간에 전개되어 있다.

38. **수르흐 코탈(Surkh Kotāl) 신전유지** 수르흐 코탈('붉은 언덕'이란 뜻) 유지는 아프가니스탄 브리홈리 시 남방 15km 지점에 있는 쿠샨조 시대(BC 40경~AD 240경)의 신전유지이다. 이 유지에서 발견된 14매의 쿠샨조 화폐 중 7매에 카니슈카 왕의 이름이 새겨져 있기 때문에 신전의 본전(本殿)은 카니슈카 왕대에 건조된 것으로 추정되고 있다. 신전으로 올라가는 계단 기부에서 발견된 비문의 언어는 '박트리아어'라는 동이란계 언어이며, 문자는 그리스 문자를 차용하였다. 신전은 기원후 2세기 말이나 3세기 초에 외부의 침탈을 당해 파괴되었으며, 불의 제단이 있는 점으로 보아 조로아스터교의 신전임이 틀림없다. 본전의 정면 너비는 35m에 달하며, 양건연와로 축조된 방벽으로 에워싸여 있다. 본전의 벽면은 스토코(소석회와 풀, 점토를 반죽하여 벽 같은 데 발라 굳힌 것)로 장식하였다. 이러한 장식법은 아케메네스조나 박트리아 시대 건축물의 주요한 장식기법이므로 그 전승으로 볼 수 있다. 장식문양으로는 에로스 비슷한 인물이 잡고 있는 식물의 화환(花環)문양, 주두(柱頭)의 아칸서스잎 문양, 벽의 평면을 여러 개의 벽주(壁柱)로 나누는 문양 등이 특이하다. 원신전의 좌측에는 후에 본전을 축소한 소신전이 건조되어 대·소 두 개의 신전이 남아 있다.

39. **모헨조다로(Mohenjo-daro) 고도유지** 인더스강 하류 서안에 위치한 모헨조다로는 기원전 3000~1500년경에 번영했던 인더스 문명을 주도한 고도이다. 남아 있는 유적과 유물로는 정연한 시

모헨조다로 고도유지 전경과 모헨조다로 출토 인더스식 인장

가도로, 도로 연변에 연와로 지은 주택, 배수시설, 목욕장, 우물, 도기, 신상, 인장 등이 있다. 이 고도유지는 펀자브 주의 하라빠(Harappa) 유지와 함께 고대 인더스 문명의 대표적 유지이다. 동서교류사의 시각에서 모헨조다로 유물 중 관심을 끄는 것은 각종 인장이다. 인물과 동물, 신상 등을 음각과 양각으로 형상화한 인더스식 인장은 메소포타미아에서도 발견되어 그 상관성에 대해 주목하게 되며, 또한 인더스 문명의 연대결정에 실마리를 제공해준다.

△오아시스로 서북단(西北段) 연변 유지

40. 마슈하드(Mashhad) 종교유지 이란으로부터 아나톨리아(현 터키)에 이르는 오아시스로의 서북단 연변에도 문명교류를 실증해주는 유지들이 다수 산재해 있다. 이 서북단로의 시발지가 바로 '순교의 곳'이란 뜻의 마슈하드다. 마슈하드는 현 이란 호라싼 주의 수부로서 성자인 이맘 레자의 묘당이 있는 이슬람교 쉬아파의 성지다. 매해 수많은 쉬아파 교도들이 오아시스로를 따라 순례차 이 성지에 모여든다. 이슬람 문화의 전파상을 실증하는 현장이다.

41. 니샤푸르(Nishāphūr) 도시유지 '샤푸르의 도시'란 뜻의 니샤푸르는 이란 호라싼 주의 서부, 투스(Tūs)의 서남부에 자리한 고도이다. 동북부의 비날트 산록까지 오아시스가 펼쳐지고 기후도 온화하여 자고로 호라싼 주에서 가장 살기 좋은 곳으로 각광을 받아왔다. 이 고도의 건설자에 관해서는 여러 설이 있으나, 사산조의 샤푸르 1세(재위 241~271)라는 설이 가장 유력하다. 이 고도는 야지드겔드 2세(재위 438~457)가 에프탈족의 내침을 제어하기 위해 이곳에 주둔하면서부터 세상에 알려지게 되었다. 651년에 사산조가 이슬람군에게 멸망하자, 니샤푸르는 바스라 총독의 관할 아래 놓이게 되

었으며 이때부터 점차 이슬람화되었다. 그러나 아랍-이슬람 지배를 반대하는 봉기를 계기로 압둘라 븐 퇴히르가 이곳을 수도로 퇴히르조(820~72)를 건국함으로써 니샤푸르는 이란민족 부흥의 책원지가 되었다. 이어 니샤푸르는 사파르조(867~903)를 거쳐 사만조(874~999)의 치하에 들어가면서 전성기를 맞았다. 이러한 번영은 1037년 셀주크조(1037~1157)란 새로운 주인을 맞으면서도 지속되었다. 당시 안달루쓰(에스빠냐)의 꼬르도바와 비견되는 국제적 대도시로서, 지리학자 야꾸트는 니샤푸르를 가리켜 '동방의 관문'이라고 하였다. 그것은 이곳이 동·서방 대상(隊商)들의 집결처이고 물산의 교역장이었기 때문이다.

그러나 1142년의 호레즘의 침공과 1145년의 지진, 1153년의 구즈 투르크족 침탈, 1208년의 또 한 차례의 지진, 1221년의 몽골 서정군 파괴 등 일련의 재난을 겪으면서 피폐해진데다가 1280년에 다시 지진이 일어나 이 고도는 거의 황폐화되고 말았다. 니샤푸르의 특산품은 유명한 '니샤푸르 도기'이며, 발견된 유물로는 6km²의 시가를 에워쌌던 성벽 잔해와 많은 마드라싸, 미쓰지드, 그리고 대형 도서관 유적이 있다. 그밖에 이곳에서는 중국 도자기가 다량 발굴됨으로써 멀리 중국과의 교류상을 보여준다.

42. 테헤란 도시유지 테헤란은 현 이란의 수도로서 엘부르즈산맥 남측에 있으며, 12세기에 축조된 성곽의 잔해가 남아 있다. 당초에는 현 테헤란의 남부 근교에 있는 라이(Raii)가 중심 도성으로서 동서교통의 중추적 역할을 하면서 여기에 대상들이 많이 모여들었다. 현 테헤란 국립박물관에는 동서 문명교류에 관련된 귀중한 유물이 많이 소장되어 있다.

43. 타브리즈(Tabriz) 도시유지 타브리즈는 이란의 이스트 아제르바이잔 주의 주도이며 이란의 제2도시이다. 이란과 터키, 까프까스 일대를 연결하는 요로에 위치하여 자고로 동서교류에 상당한 기여를 했다. 3세기에 아르메니아 왕국의 도읍지가 된 후 수세기 동안 번영을 누리다가 13세기에 일칸국의 수도가 되면서 전성기를 맞았다. 당시 이곳은 활발한 동서문물의 교역장으로서 많은 동서방 상인들이 내왕하였을 뿐만 아니라, 교황청을 비롯한 서구 여러 나라들의 외교대표들도 상주하고 있었다. 타브리즈는 14세기 말 티무르군에게 강점되었다가 15세기에는 흑양조(黑羊朝)의 수도가 되었으며, 카자르조(1779~1925)대에는 황태자의 거성(居城)으로서 테헤란에 버금가는 요지였다. 한때 러시아에 점령되어 제1차 세계대전 중에는 러시아와 터키가 이곳을 놓고 쟁탈전을 벌였다.

44. 트라브존(Trabzon) 도시유지 트라브존은 흑해 동남해안에 위치한 고도로서 유럽과 페르시아, 중앙아시아를 연결하는 항구도시이다. 13세기 초 십자군이 꼰스딴띠노쁠을 점령하면서 황제 일족이 이곳으로 피신하여 트라브존제국을 세웠다. 14세기 마르꼬 뽈로 일행이 동방여행에서 돌아올 때 바로 이 항구에서 승선하여 베네찌아로 귀향하였다.

45. 보가즈쾨이(Bogazkoy) 도시유지 보가즈쾨이는 현 터키 수도 앙카라 동남방 180km에 있는

고대 히타이트 왕국의 수도이다. 옛이름은 하투샤쉬(Hattushash)로서 기원전 16세기에 히타이트 왕국의 하투실리스 왕이 건설하였다. 유물로는 거대한 성벽과 회랑(回廊)이 달린 건물, 신전, 사자문(獅子門) 등이 있으며, 왕실의 문서고에서 약 2만매의 점토판(粘土板) 문서가 발견되었다. 도시의 서북방에 야즈리키야 성소(聖所)가 있다.

46. 코니아(Konya) 도시유지 코니아는 앙카라 남방 260km 지점에 있는 고도이다. 옛이름은 이코니움(Iconium)으로서 11세기 말에 셀주크조의 영내에 들어가 수도가 되면서 13세기에 전성기를 맞았다. 그러다가 1474년에 오스만제국의 판도에 편입되었으며, 도성 안에서는 셀주크조의 유물이 다수 출토되었다.

47. 페르가몬(Pergamon) 도시유지 페르가몬은 현 터키 서부에 자리한 고도로서 기원전 3세기에는 페르가몬 왕국의 수도였다. 기원전 190년에 로마가 이곳을 페르가몬 왕에게 할양한 후 크게 번영하기 시작하였다. 당시 페르가몬은 이집트의 알렉산드리아 도서관에 필적하는 대형 도서관을 보유하고 있었다. 도성의 구릉 위에 궁전, 신전, 극장, 제우스 제단 같은 유적이 남아 있다. 제우스 제단의 부조(浮彫) 유품은 동베를린에 있는 페르가몬 박물관에 소장되어 있다.

48. 트로이(Troy) 도시유지 트로이는 터키 서북부의 에게해 연안에 자리한 전설의 도시로서 호메로스는 서사시 『일리아드』에서 이 도시에 관해 언급하고 있다. 독일의 슐리만(H. Schliemann)을 비롯한 여러 고고학자들의 발굴 결과를 종합하면, 이 유지에는 모두 9층의 거주지(居住地, 문화층)가 있다. 제2층의 거주지가 트로이 번영기인데, 이때 여기에는 견고한 성벽과 성문이 있었다. 그리고 제7거주지 A가 바로 '트로이 전쟁'에 나오는 트로이시대로서 당시는 미케네 문명 시대에 속한다.

트로이 도시유지와 트로이 목마

49. 에페소스(Ephesos) 도시유지 에페소스는 현 터키 서해안, 카이스토로스강 하구에 위치한 그리스-로마시대의 항구도시이다. 기원전 900년경에 이오니아인들의 식민도시가 된 후 로마시대에 이르러 번영하였다. 19세기 후반부터 이곳 대도시에 대한 발굴작업이 시작되었는데, 그간 이곳에서 대형 극장, 각종 신전, 학교, 성 마리아 교회, 넓은 가로, 아고라, 도서관 등 여러 유적과 더불어 다량의 유물이 출토되었다. 에페소스는 초기 기독교의 발전과 관련이 많은 도시이기도 하다.

50. 이스딴불(Istanbūl) 도시유지 이스딴불은 마르마라해와 보스포루스 해협의 접점에 위치하여 아시아와 유럽을 육로로 연결시켜주는 고도이다. 1km의 다리 하나로 아시아와 유럽이 연결되어 있는데, 유럽 쪽에 있는 도시가 이스딴불이고 아시아 쪽에는 자그마한 마을인 위스퀴다르도가 있다. 기원전 7세기에 코린도로부터 이주한 메가라인들이 처음으로 이 도시를 건설하면서 족장 비잔스의 이름을 따서 '비잔티온'이라고 불렀다. 기원후 196년에 로마제국에 편입된 후 도성이 확장되기 시작하였다. 콘스탄티누스 황제는 많은 특혜를 약속하고 로마 귀족들을 이 동방도시에 이주시켰으며, 324년에 새 도시의 건설에 착공하여 330년에 완공하였다. 신시(新市)는 구시의 4배나 되는 규모였으며, 콘스탄티누스는 이 신시를 '콘스탄티누스의 도시'란 뜻의 '콘스탄티노폴리스'(꼰스딴띠노쁠)로 명명하였다. 그때부터 로마제국은 속주인 이집트 대신 이곳에서 식료품을 반입하여갔다. 395년 로마제국이 동서로 분열된 후, 꼰스딴띠노쁠은 동방 비잔띤제국의 수도가 되었다. 그후 이곳은 아랍인과

이스딴불의 아야 쏘피아 성당 전경

페르시아인, 불가리아인들의 거듭되는 침공을 격퇴하고, 1204년에는 제4차 십자군의 공격을 당하는 등 우여곡절을 겪었지만, 동서양의 접촉지점에서 동서문명을 두루 흡수하고 동서교역에 진력한 덕택에 15세기에 이르러서는 명실상부한 국제도시로 급성장하였다. 여기에는 베네찌아와 제노바 상인들의 거주구역이 생겨났는가 하면, 아르메니아인과 불가리아인들의 거주구역도 따로 있었다. 일찍이 860년에 끼예프의 러시아 상인들도 이 도시에 상업구역을 설치할 수 있는 허가를 얻은 바 있다.

1453년에 비잔띤제국이 오스만제국에게 멸망당한 후, 꼰스딴띠노쁠은 '이슬람뽈'로 일시 개명하고 오스만제국의 수도가 되었다. 그후 다시 '델사데드'로 개칭되었다가 19세기에 와서 지금의 이스딴불로 다시 개명하였다. 아시아·아프리카·유럽의 3대륙을 아우른 오스만제국의 수도인 이스딴불은 전통적인 비잔띤 문명과 새로 수용한 이슬람 문명을 융합시켜 국제적인 상업교역도시, 문화도시로 부상하였다. 따라서 이 도시에는 비잔띤 문명과 이슬람 문명의 융합상을 말해주는 유물이 많이 남아 있다. 대표적인 유물로는 1,500년의 역사를 가지고 있으며 비잔띤 건축의 압권이라고 할 수 있는 그리스정교의 총본산인 아야 쏘피아 성당과 6개의 미나라를 가진 쑬딴 아흐마드 마쓰지드, 그리고 336개의 석주가 받치고 있는 지하저수지를 들 수 있다. 제1차 세계대전에서 오스만제국이 전패하자, 전후(1920)에 이스딴불은 국제관리위원회의 위탁관리 아래 들어가게 되었다. 이에 불복한 케말 파샤는 앙카라를 근거지로 항전을 전개한 끝에 1924년에 터키공화국을 선포하고 수도를 이스딴불로부터 앙카라로 천도하였다.

△오아시스로 서남단(西南段) 연변 유지

51. 밤(Bam) 도시유지 이란으로부터 이라크, 시리아를 거쳐 지중해 동안에 이르는 오아시스로의 서남단(西南段) 연변에도 문명교류를 입증해주는 많은 유지가 있다. 아프가니스탄의 서변 도시인 자란지를 지나 이란 경내에 들어서면 루트 사막의 동남변에 오아시스로 서남단의 첫 유지로 황폐화된 밤 고도유지가 나타난다. 이 유지에서는 도기·성곽 등 유물이 발견되었다.

52. 야즈드(Yazd) 도시유지 야즈드는 현 이란의 이스파한(Isfahan) 동방 330km 지점에 있는 조로아스터교의 고도로서 사파비조 시대에 번영하였다. 지금도 이곳 주변에는 조로아스터교도들이 거주하고 있으며, 묘탑과 불의 제단을 비롯한 조로아스터교 유물이 많이 남아 있다. 이곳으로부터 북쪽 카비르 사막 한가운데의 타바스(Tabas)를 지나 이슬람 쉬아파의 성지인 마슈하드에 이른다.

53. 이스파한 도시유지 이스파한은 테헤란 남방 400km 지점에 위치한 고도로서 북으로는 테헤란과 서로는 메소포타미아, 그리고 남으로는 페르시아만과 통하는 교통요지이다. 이스파한의 옛이름은 '세파한'(Sepāhān)으로서 '세파'(Sepāh)는 페르시아어로 '군인'이란 뜻이고, 세파한(Sepāhān)은 그 복수형이다. 따라서 원래는 '군인들의 집결처'라는 뜻이었다. 이 고도는 아케메네스조 시대(당시는

Gabal이라 부름)부터 존재했으나, 10세기까지만 해도 자얀드강을 사이에 두고 양안에 두 개의 도시로 분리되어 있었다. 하나는 수비대를 비롯한 페르시아인들이 거주하는 도시이고, 다른 하나는 유태인들이 거주하는 도시였다. 그후 사만조와 지야르조, 가즈나조, 셀주크조의 지배를 연이어 받아오다가 몽골 서정군의 진공에 직면하였다. 그러나 다행히 큰 피해는 없었다. 그렇지만 14세기 말 역시 서정하는 티무르군에게는 저항한다는 이유로 7만여 명이나 학살되는 대참상을 겪었다. 16세기 초에는 사파비조의 지배를 받다가 1548년에 오스만제국에 한때 함락되기도 하였으나, 1598년에 사파비조 제5대 왕인 압바쓰가 수도를 가즈빈에서 이곳으로 옮겨옴으로써 전성기를 맞았다. 18세기 전반에 아프간족의 침탈을 당한 후 사파비조가 마슈하드로 천도하면서부터 이스파한은 점차 사양길에 접어들었다.

17세기의 전성기에 이스파한은 '세계의 반분(半分)'이라고 할 정도로 대단한 번영을 누렸다. 당시에는 화려하고 웅대한 건물들이 즐비했으며 그 유적이 지금까지 남아 있다. 17세기 페르시아를 여행한 샤르단의 여행기에 의하면, 당시 이스파한은 인구 100만에 사원이 160개, 학교 48개, 여관 1,800개, 목욕장 273개소를 보유한 대도시였다. 시의 중심에는 넓은 '왕의 광장'(마이단 샤)이 있고, 남쪽에는 '왕의 마쓰지드'(마쓰지드 샤), 서쪽에는 궁문(宮門), 동쪽에는 샤이흐 로트호지라 대사원, 북쪽에는 시장 입구가 각각 배치되었는데, 그 유적이 오늘까지도 남아 있다. 샤이흐 로트호지라 대사원 건물은 아라베스크의 극치를 이룬 건물이며, '왕의 마쓰지드'는 세계에서 가장 화려한 건물의 하나라고 정평이 나 있다. 샤이흐 로트호지라 대사원 부근에는 정방형의 폴로경기장이 있는데, 그 경기장의 한가운데에 문대로 쓰던 두 개의 높은 대리석 기둥이 아직 서 있다. 이 폴로경기는 서방으로는 꼰스딴띠노쁠을 거쳐 유럽에 전해져 오늘까지도 영국이나 미국에서 즐기고 있으며, 동방으로는 중앙아시아와 중국을 거쳐 한국과 일본에까지 알려졌다. 그밖에 이스파한은 사산조 페르시아 시대의 연주문(聯珠文)이나 포도당초문(葡萄唐草文), 수렵문(狩獵文) 같은 전통적인 문양을 계승한 유명한 '페르시아 카펫'의 원산지이다. 보통 카펫 한 장을 짜는 데 몇년, 심지어 10년 이상이 걸린다고 하니 그 가치를 짐작할 수 있다. 이스파한 특유의 카펫이나 문양과 더불어 금속세공이나 유리기구도 오아시스로를 따라 동서방에 전파되었다.

54. 바사르가다에(Basargadae) 도시유지   바사르가다에는 페르세폴리스 북방 약 70km 지점에 있는 아케메네스조 건국시의 수도로서, 여기에는 아케메네스조 건국자인 키루스의 궁전과 묘당 유지가 있다.

55. 페르세폴리스(Persepolis) 도시유지   페르세폴리스는 현 이란의 파루스 주 주도인 시라즈의 북동 60km 지점에 있는 아케메네스조의 고도이다. 페르세폴리스란 이름은 그리스인들이 붙인 것으로 '페르시아의 도시(polis)'란 뜻이다. 페르시아어로는 '타흐트 잠쉬드'(Takht-e Jamshid)로서 '타흐트'

위에서부터 페르세폴리스 유지 전경, 압다나 궁전 기단 벽면 조각상, 페르세폴리스 백주지

는 '왕좌'란 뜻이고, '잠쉬드'는 페르시아의 한 전설적 영웅의 이름이다. 페르세폴리스 유지는 중근동 최대 규모의 유지로서 그 정면에는 마르브 평원(Marv Dasht)이 펼쳐져 있고, 배면(背面)에는 라흐 마트산(Kūh-e Rahmat, '자비의 산')이 둘러싸고 있으며, 표고는 해발 1,770m나 된다. 이 고도는 아케메 네스조 다리우스 대왕이 기원전 520년경에 건설하였다. 원래 아케메네스조의 수도는 바사르가다에 였으나, 다리우스는 그곳을 포기하고 여기에 새 도읍을 건설하였던 것이다. 그리하여 알렉산드로스

페르세폴리스 암굴묘군 전경(위)과
아케메네스조 다리우스1세의
십자형 암굴묘(아래)

동정군에게 소진될 때까지 약 200년간 아케메네스조의 수도였다가 그후 약 2천여 년간 폐허로 방치되었다. 그러다가 이 유지를 1931년부터 미국 시카고대학 동방연구소가 6년간 조사발굴한 결과로 그 면모가 드러나게 되었다. 이에 관해 슈미트(E. F. Schmidt)는 『페르세폴리스의 보물과 그밖의 아케메네스조 도시의 발견들』(*The Treasury of Persepolis and other Discoveries in the Homeland of the Achaemenians*)이란 제목의 발굴보고서를 발표하였다.

페르세폴리스의 방대한 유지는 다음과 같은 몇개 부분으로 구성되어 있다. ①대기단(大基壇): 높이 약 10m, ②만국(萬國)의 문(페르시아어로 Duvarti Visadahyu): 대기단의 서측 계단으로 올라가면 한쌍의 석조 목우(牧牛)와 유익인면수신상(有翼人面獸身像, 측벽)이 있는데, 이 수신상의 한 날개 위에는 쿠세르쿠세스 1세(다리우스의 아들)에 관한 고대 페르시아어와 아람어, 아카드어로 씌어진 비문이 있음, ③쿠세르쿠세스 1세의 압다나 궁전지: 13대의 열주(列柱) 유적. 기둥 초석에는 이집트풍의 연화(蓮花)문양, 기단의 북측과 동측에는 조공자행렬도(朝貢者行列圖)와 동물투쟁도가 부조(浮彫), ④타자라: 주건물과 떨어져 있는 별전(別殿), ⑤한디쉬(Handish): 합성궁(合成宮), ⑥하렘: 합성궁의 뒤편, ⑦보고(寶庫, 창고): 유지의 동남방, ⑧백주지(百柱址): 다리우스 대왕의 궁전지, 사방 약 70m의 궁지에 10개 기둥씩 10열(100주), ⑨토리뷰론: 압다나 궁전 동남편에 이어 지은 삼문궁(三門宮, 혹은 중앙궁전), ⑩왕묘.

56. 페르세폴리스 암굴묘군(岩窟墓群) 유지 페르세폴리스 서북부 6km 지점에는 아케메네스조 때 굴조한 암굴묘군이 있다. 높은 단애(斷崖)를 깎고 파서 만든 이 암굴묘군에는 다리우스 1세와 2세, 쿠세르쿠세스 1세의 묘가 안치되어 있다. 묘실의 표면은 십자형이고, 상부에는 피장자의 상과 묘비가 새겨져 있으며, 하부에는 기마전투도가 부조(浮彫)되어 있다.

57. 시라즈(Shīrāz) 도시유지 시라즈는 이란 서부 자그로스산맥 이남에서 가장 큰 도시로서 파루스 주의 주도이다. 남부 자그로스 산계의 중심부에 위치하고 토질이 비옥하여 농경이 발달하였으며, 농경민과 주변의 카슈가이족, 함세족(이란인과 아랍인의 혼혈족) 등 유목민 간의 교역도 활발하였다. 뿐만 아니라, 시라즈는 지리적으로도 남쪽의 페르시아만과 북쪽의 내륙 각지로 통하는 요지에 있어서 행정·군사·교역의 거점 역할을 하였다. 문화적으로는 동북방 60km 지점에 페르세폴리스가 있어 아케메네스조 시대부터 창조된 전통문화의 영향을 받았다. 시라즈의 정확한 건설연대는 알 수 없으나 이슬람의 정통 할리파 시대의 제2대 할리파 오마르(재위 634~44)의 군이 이곳을 정복한 후 건설하였다가 우마위야조 아랍제국의 제5대 할리파인 압둘 말리크 치세시에 이라크 총독의 사촌 무함마드 본 까심 무함마드가 재건하였다. 10세기 부와이흐조(Buwahy, 932~1062)의 아두드 알 다울라('Adūd al-Dawlah, 재위 977~82) 치세시에 궁전과 병원, 도서관 등을 짓고 시가를 정비하였다. 그는 또한 시라즈 남방 2.5km 지점에 이궁(離宮)과 병영도 지었다. 이어 1044~48년에는 처음으로 둘레가 19km에 12개 성문이 달린 성벽이 축조되었으며, 14세기 중엽 일 칸국 시대에는 성벽을 개축하고 도성을 17개 구역으로 획분하였으며 성문은 9개로 축소하였다.

시라즈의 명물로는 로크나바트 수로가 있는데, 봄이면 다라크산에서 눈 녹은 물이 이 수로를 통해 근교의 마하르 호수에 유입된다. 시내에는 자미아 아티크 마쓰지드(9세기)와 싸이드 븐 잔기 대사원(12세기 후반), 손꼬르(Sonqor) 사원(13세기) 등 유명한 사원 세 곳이 있다.

시라즈는 10세기 이래 약 10회나 지진(그중 1813년과 1824년에 대지진)의 피해를 입었다. 몽골과 티무르의 서정을 당하기는 하였으나 다행히 큰 손상은 입지 않았다. 그후 시라즈는 아프간인들의 잔드조(1750~94) 때 수도가 되면서 부흥했다. 성벽이나 해자, 도로가 정비되고 궁전, 시장, 마쓰지드 등이 새로 건설되었다. 시라즈는 시종 국제적 도시의 성격을 띠고 있었다. 당초부터 유태인들은 특정 구역에 거주하고 있었고, 이슬람정복 후에는 아랍인들이 대거 몰려왔으며, 16세기 이후에는 아르메니아인들도 이주했다. 전통적으로 시라즈는 정원가꾸기에 특기를 보여왔으며, 직물과 식품가공업이 발달하였다. 특히 유리제조는 시라즈의 전통공예로서 그 제품과 기법이 동서 각지에 전파되었다.

58. 샤푸르(Shāpūr) 도시유지 샤푸르(일명 비자푸르)는 시라즈 서방, 카세룬 북방 20km 지점에 있는 고도로서, 여기에는 사산조 시대의 배화단(拜火壇)·궁전·마애비(磨崖碑) 등 유적이 있다.

59. 수사(Susa) 도시유지 수사는 이란 서부 자그로스산맥 서남 기슭에 펼쳐진 스시아나 지역의

심장부에 자리한 아케메네스조 페르시아제국의 고도이다. '수사'는 그리스어 이름이고, 시리아어나 아르메니아어로는 '쇼슈'라 하고, 현대 페르시아어로는 '슈슈'라고 한다. 아케메네스조 건국자인 키루스나 제3대 다리우스 왕은 한때 이곳을 수도로 삼았다. 페르세폴리스가 비교적 전통적인 건축양식을 계승하였다면, 수사는 메소포타미아의 건축양식을 많이 수용하였다. 다리우스는 오리엔트(메소포타미아)로부터 건설자재와 인부를, 간다라에서는 건설자재를, 소그디아나에서는 유리와 홍옥수(紅玉隨)를, 에티오피아로부터는 상아를 각각 반입하여 건물을 지었기 때문에 당연히 이색적이고 융합적인 면모를 갖출 수밖에 없었다. 다리우스는 예하의 광대한 영지를 효과적으로 관장하기 위하여 사통팔달(四通八達)한 교통망을 구축했다. 그중 가장 유명한 것이 이른바 '왕의 길〔王道〕'이다. '왕의 길'은 크게 두 갈래인데, 하나는 수사에서 출발해 이란 북부의 오아시스로에서 서북 인도로 통하는 동남로와 중앙아시아로 가는 동북로의 길이고, 다른 하나는 수사로부터 아나톨리아의 사라데이스까지의 약 2,475km(중간에 111개 숙박소)의 서북방 길이다. 사실상 이 두 갈래의 '왕의 길'은 실크로드 오아시스로의 최초 서단(西段)의 길이다. 일찍이 수사는 앗시리아의 침공에 의해 파괴되었다.

'왕의 길'의 시발점인 수사에서는 문명교류를 입증하는 유물들이 많이 출토되었다. 19세기 윌리엄즈(Williams) 대령과 로프투스(W. K. Loftus)에 의해 고도의 유지가 확인된 후, 주로 프랑스 조사단에 의해 발굴작업이 본격적으로 진행되었다. 프랑스 정부의 지원하에 1897년 모르강(Jacque de Morgan)은 이곳 유지에서 신석기시대에서 중세에 이르기까지 각 시대에 해당하는 귀중한 유물들을 다수 발굴하였다. 모르강에 의하여 이란 고원의 채문토기(彩文土器)가 수사를 중심으로 한 서남부 일대에 집중 분포해 있다는 것이 밝혀졌는데, 이러한 이란식 채문토기와 중국 채도(彩陶)의 상관성 여부에 관해서는 학계에서 논의가 분분하다. 수사의 채문토기 유지에서는 흑요석(黑曜石)과 주구호(注口壺) 같은 유물도 반출되었다. 수사의 문화는 다층구조인데, 제1층의 문화는 메소포타미아 문화와 밀접한 관계가 있고, 제2층에서는 인더스 문명 특유의 인장(印章)이 발견되었으며, 모헨조다로에서 출토된 석제용기를 모조한 것도 출토되었다. 유물의 문양에서는 연주문(聯珠紋)이나 대칭문(對稱紋), 유익괴수문(有翼怪獸紋) 같은 이란 고유의 문양을 찾아볼 수 있다. 수사 유지에서 발굴된, 기원전 3천년경으로 추정되는 원통인장(圓筒印章)을 보면 산 위에 서 있는 나무의 좌우에 면양과 소를 대칭시켜놓았으며, 흑백 그라비아(gravure, 그라비아 요판인쇄나 사진모판)에는 유익괴수(有翼怪獸)와 유익웅우(有翼雄牛)의 부조연와벽(浮彫煉瓦壁)이 보인다. 이것은 고대에 수사를 매개로 한 동서교류상을 여실히 보여줌과 동시에 문화수용에 있어 수사의 진취성을 말해준다.

60. 하마단(Hamadān) 도시유지 하마단은 이란 서부, 알반드산 북쪽 기슭에 위치한 고도로서 수도 테헤란으로부터는 300km 떨어져 있다. 해발 1,775m에 자리한 이 고도는 겨울에는 좀 춥지만 여름에는 쾌적한 편이고 눈 녹은 물이 흘러내려 녹음이 우거지고 과수원이 많이 조성되어 있다. 하마

단의 고명은 '하그마다가'이나 헤로도투스는 저서 『역사』에서 '아그바다나'라고 기록하고 있다. 그리스어로는 '집회의 장소'란 뜻의 '에그바다나'로 칭하는데, 이 이름이 유럽에서 통용되었다. 원래 하마단은 이란 고원 서부에 건립되었던 메디아 왕국의 수도였다. 그리스 역사가인 폴리비오스(Polybios, BC 204~122경)는 저서에서 에그바다나는 메디아인들의 왕도로서 물자가 풍족하고 건물이 화려하며 성채는 놀라울 정도로 견고하다고 했다. 또 궁전의 둘레는 1.2km에 달하며, 궁전의 천정은 뇌문(雷紋)으로 장식하고, 궁성문과 열주(列柱)는 금·은박을 입혔다고 하면서 당시 하마단의 화려하고 웅장한 모습을 전한다.

기원전 55년에 아케메네스조의 건국자 키루스는 하마단을 점령하여 메디아 왕국을 멸하고 하마단에 겨울철 이궁(離宮, 사실상 冬都)을 마련하였다. 하마단의 서남방 12km의 알반드 산중에서는 이른바 '간지 나메'('보물의 글'이란 뜻) 비문이 발견되기도 하였다. 거대한 화강암벽의 중턱에 고대 페르시아어와 아람어, 아카드어로 씌어진 비문의 좌측은 다리우스, 우측은 쿠세르쿠세스 1세에 관한 내용이다. 알렉산드로스의 동정(東征) 때 이 고도의 유물은 약탈을 당하였다. 알렉산드로스는 이곳을 점령할 때 궁전을 장식한 금·은박과 타일을 대부분 뜯어갔으며, 재차 방문했을 때는 그의 한 충신이 이곳에서 병사하자 진찰을 맡은 의사를 책살(磔殺)하고도 성에 차지 않아 도성의 주벽을 마구 파괴해버렸다. 알렉산드로스제국을 계승한 셀레우코스조의 안티오코스 3세(재위 BC 223~187)도 화려한 아나 히타 신전의 기둥과 타일, 금·은박을 뜯어갔다. 파르티아 시대에는 평범한 도시로 남아 있었는데, 이 시대의 유물로는 구릉 위에 자리한 거대한 사자석상(獅子石像)이 있다. 사산조 시대에 들어와서 특기할 사항은, 야즈드겔드 1세의 유태인 왕비가 이곳에 유태인들을 대거 유치하여 정착시키고 자신의 묘당(에스테르 묘당)을 성역화하여 유태인들로 하여금 순례하게 한 사실이다.

644년 이슬람군에게 함락된 후 셀주크조 때까지 하마단은 줄곧 주도로 남아 있었다. 931년 지야르조의 창건자 마르다비지는 하마단을 점령한 후 파르티아 시대 유물인 사자석상을 라이(테헤란 남부)로 옮겨가려고 하였으나 너무 육중하여 운반이 불가능하자 홧김에 석상의 다리를 부쉈다고 한다. 이 고도는 1220년 몽골 서정군의 유린으로 폐허가 되었다가 일 칸국 시대에 들어와서 거의 원상복구되었다. 그러나 1386년 티무르군의 침공으로 많은 주민이 학살되고 도시는 다시 파괴되었다. 그후 300년간 간신히 명맥을 이어가다가 17세기 압바쓰 대제가 이스파한으로 천도하자 그 여파로 재건의 계기를 맞았다. 그러다가 18세기 전반에 오스만제국에게 합병되고, 1732년에는 이란령에 편입되어 오늘에 이르고 있다.

61. 베히스툰(Behistūn) 암각비 유지　베히스툰 암각비는 이란의 서부 하마단에서 케르만샤(Kermanshah)로 가는 길목 오른편의 고산 중턱 암벽에 새겨진 아케메네스조 다리우스 대왕의 공덕비이다. 이곳은 하마단에서 서쪽으로 130km 지점에 있다. 아후라마즈다 신에게 항복한 아트리나

베히스툰 암각비 전경

(Atrina)와 스쿤카(Skunka) 등 9명의 왕이 다리우스 왕 앞에 줄지어 서 있다. 이 군상의 아래에는 고대 페르시아어와 아람어, 아카드어로 대왕의 가계와 판도, 가우마타(Gaumāta)를 진압한 공적을 찬양하는 내용의 비문이 있다. 글자는 설형(楔形)문자로서 모두 414열이고, 비문의 좌우폭은 18m이다. 이 암각비는 1835년 페르시아의 군사고문인 로린손(Rawlinson)이 우연히 발견하였는데, 그는 산꼭대기에서 로프를 타고 내려가 비문을 필사하였다. 10여 년간 비문의 해독에 고심하던 끝에 드디어 1846년에 아카드 비문을 해독·번역하는 데 성공하였다. 이것은 세계 최초의 설형문 해독으로서 고대 설형문 연구의 단서가 되었다. 이 비문의 발견 및 해독으로 인해 세계 최초의 통일대제국 아케메네스조 페르시아의 면모가 세상에 드러나고, 이 제국에 의한 교류상도 알려지게 되었다.

62. 바스라(Baṣrah) 도시유지　바스라는 이라크 유프라테스강 하구에 위치한 고도로서 구지(舊址)는 현지(現址)의 서남방 18km 지점에 있는 주바이르 촌 부근이다. 원래는 이슬람시대 초기 아랍인들이 정복사업을 위한 군사기지(미스르)였으며 이슬람력 14년(635~36, 이슬람력 16년이나 17년이란 설도 있음)에 건설되었다. 유프라테스강 하류에 있는 바스라는 페르시아만과 통하고 또 동쪽으로 약 20km 떨어져 있는 샷트아랍강과도 운하로 연결되어 있으며, 인근 유목민들과의 교역도 활발하게 진행되고 있었다. 그리하여 본연의 군사기지로부터 점차 상업교역도시로 변모하였다. 이러한 과정에서 아랍인과 이란인, 유태인들이 대거 모여들어 인구도 급증하였다. 건설 초기 수백명밖에 안되던 인구가 657년 낙타전쟁시는 5천명, 8세기 초에는 무려 20만명으로 급증하였다. 이러한 발전과 더불어 종교·사상·학문 면에서도 출중한 인재들이 다수 배출되어 당시 북방의 쿠파와 쌍벽을 이루는 이슬람세계의 2대 문화중심지의 하나가 되었다. 바스라는 아랍어 문법학과 아랍 신학파의 하나인 무

아타질라파의 발상지이며, 신비주의(수피즘)의 대가 하싼 바스리와 시인 아부 누와쓰를 비롯해 많은 학자들과 문인들을 배출하였다.

바스라는 페르시아만에 인접한 항구도시로서 인도와 동남아시아, 아프리카의 상선들은 물론, 멀리 중국 상선들도 출입이 줄을 이었다. 인도와 동남아시아 및 중국에서는 각종 향료와 비단, 아프리카로부터는 상아와 황금, 노예 등이 수입되어 명실상부한 국제적 교역도시로서 번영을 누렸다. 그리하여 전성기인 8세기경에는 '이라크는 세계의 눈이고, 바스라는 이라크의 눈이며, 마르바드는 바스라의 눈'이란 말이 나올 정도로 그 번영상과 중요성이 부각되었다. 마르바드는 바스라 시내에 있는 대형시장으로서 문자 그대로 세계 각국 화물의 집산처였다.

그러나 9세기에 접어들면서 빈발한 내란과 외족의 내침, 그리고 종파간의 갈등으로 인해 점차 쇠퇴하기 시작하였으며, 건물들도 적지 않게 파손되었다. 이 당시의 유물로는 알리마쓰지드와 하싼 바스리, 주바이르 등 명인들의 묘당만이 남아 있다. 게다가 1258년에는 몽골 서정군에 의해 무참하게 파괴되었다. 14세기 전반에 이곳을 방문한 이븐 바투타는 도시(구지)는 이미 볼품없이 황폐화되었다고 하였다. 1534년에 오스만제국의 지배하에 들어갈 때까지만 해도 제국의 한 변방도시로서 거의 소외되었다. 그러나 17세기 전반에 포르투갈, 영국, 네덜란드 등 서구 나라들의 상선이 페르시아만으로 폭주하여 이곳에 상관(商館)을 설치한 것을 계기로 바스라는 점차 현대적 항구도시로 변모하기 시작하였다. 바스라의 세계적 명품은 대추야자로 수출의 주종이었다.

63. 우르(Ur) 도시유지 우르는 이라크 남부, 유프라테스강 하류 우안에 위치한 나시리야의 서남방 약 30km 지점에 있는 바빌로니아 왕국의 고도이다. 이 고도에서 출토된 유물을 일괄하여 텔 알 무까이야르(Tell al-Muqaiyar)라고 칭한다. 우르 제1왕조는 기원전 2500년경에 수메르의 여러 도시들을 장악하고 초기 도시문명을 건설하였다. 우르 시대 왕들의 묘에서는 화려한 부장품과 다수의 순장자(殉葬者)들이 반출되어 당시 왕과 귀족들의 호화로운 생활상을 엿볼 수 있게 한다. 우르는 한때 아카드인들과 구티인들에게 정복된 바 있으나, 재기하여 제3왕조 때에는 바빌로니아를 통일하고 이곳에 정도(定都)하면서 신전과 궁전 등을 지어놓았으며 신바빌로니아(BC 625~538) 치하에서도 도시의 건설이 계속되었다. 요컨대 우르 유지는 고대 도시문명의 대표적인 유지다.

수메르의 원통형 인장(BC 2500~2400)

64. **우루크(Uruk) 도시유지** 우루크는 이라크 남부, 유프라테스강 하류 좌안에 자리한 나시리야의 서북방 약 65km 지점에 있는 수메르의 고도이다. 우루크의 남방 약 60km에는 우르, 동방 약 60km 에는 라가쉬(Lagash)가 있어, 이 세 도시는 고대 도시군을 형성하여 도시문명의 전형을 창조하였다. 우루크의 지금 이름은 '와르카'(Warka)이고, 『구약성서』에는 '에레크'(Erech)로 나온다. 수메르 초기 시대부터 중진(重鎭)으로서 유지의 중앙에 있는 지구라트는 우르 제3왕조의 우르 난무 왕이 건설한 것이다. 출토품 중에는 미술적 가치가 높은 유물들이 많다.

65. **바빌론(Babylon) 도시유지** 바빌론은 바그다드 남방 80km의 메소포타미아 중남부에 위치한 고대 바빌로니아 왕조의 수도이다. 이 고도는 기원전 3천년경에 이미 출현하였으며, 기원전 19세기 에 셈족계의 아무르인들이 주신(主神) 마르두크 신을 이곳에 모시면서 사람들이 모여들기 시작하 였다. 바빌론의 옛이름은 수메르어로 '카딘기르라', 아카드어로는 '바브 이리', 카르티아어로는 '바브 이리니'이며, 『구약성서』에는 '바브 에르', 즉 '신의 문'으로 나와 있다. 유지는 주로 유프라테스강 좌안 에 분포되어 있으며, 그 면적은 남북 5km, 동서 3.5km 정도로서 메소포타미아 고대 유지 중에서는 규모가 가장 크다. 바빌로니아 왕국(BC 1831~1530)의 전성기는 제1왕조 제6대 왕 함무라비(BC 1792~50) 시대였다. 그는 이른바 '함무라비 법전'을 반포하여 국가의 기강을 바로 세우고 중앙집권적 통치기구를 정비하였으며 상업도 발전시켜 강력한 국가를 이루었다. 그러나 기원전 1600년경 남하 하는 히타이트의 공격을 받아 바빌로니아 제1왕조는 멸망하고 말았다. 그후 자그로스산에서 바빌론 평원지대로 이주해온 갓슈인들이 정권을 장악하여(갓슈 왕조) 북메소포타미아에서 흥기한 앗시리아

바빌론 공중정원 내부 상상도

이슈타르 문과 성수 부조

왕조와 병존하였다. 기원전 7세기에 남메소포
타미아의 칼데아조(Chaldea, BC 625~538, 일명
신바빌로니아)의 치하에 들어갔다. 칼데아는 메
소포타미아의 최후 셈족계 국가로 제2대 왕 네
브카드네자르 2세(BC 604~562) 시대가 전성기
로서 수도 바빌론은 세계적 상업도시로 부상하
였다.

바빌론은 내외(內外) 두 성으로 에워싸였는
데, 내성은 두께가 6.5m나 되는 견고한 성벽이
다. 유프라테스강 좌안에 본시(本市)가 있고,
우안에 있는 시와는 120m의 대석교(大石橋)
로 연결되어 있었다. 그리고 이 시대에 기념비
적인 건물이 출현하였는바, 그 대표적인 것이
유명한 공중정원(空中庭園)과 바벨탑이다. 공
중정원은 대궁전의 일부분인데, 산악지대인 메
디아 출신 왕비의 향수를 달래기 위해 산이나
산림을 본떠, 궁정의 옥상에 계단식 테라스
(terrace, 옥상정원)를 조성하고 수목을 심은 것이다. 이 세계 7대 불가사의의 하나인 공중정원은 특수
한 장치를 이용해 물을 끌어올려 정원을 가꾸었던 것이다. 이 공중정원 유지에서 남쪽으로 약 1km
떨어진 대신전의 일부에 여러 전설을 간직한 '에 테멘 앙키', 즉 바벨탑 유지가 있다. 고고학자들의 연
구에 의하면, 이 탑은 2단의 방형 기단 위에 세운 7층의 방형탑(方形塔)으로서 나선형 계단이 설치
된 높이 약 90m의 고탑으로 추정된다. 그밖에 공중정원 옆에 사랑과 전쟁의 신인 '이슈타르'의 이름
을 딴 '이슈타르 문'이 있는데, 거기에는 채유연와(彩釉煉瓦)로 성수(聖獸)를 부조(浮彫)한 벽화가
선명하게 남아 있다.

기원전 538년에 바빌론은 아케메네스조의 지배를 받게 되었으나, 페르시아인들은 유구한 바빌로
니아 문화로부터 많은 것을 흡수하였다. 아케메네스조의 각종 비문은 대개 고대 페르시아어나 아람
어와 함께 바빌로니아어(아카드어)로 씌어 있으며, 페르시아 문자도 바빌로니아어 서체(설형문자)를
차용한 것이다. 알렉산드로스는 동정시 바빌론을 점거하고서 바벨탑의 복구를 시도했으나 여의치
않았다. 그의 사후 바빌론 총독이던 셀레우코스 1세는 서아시아의 광대한 지역을 장악하고 아들 안
티오코스 1세와 함께 여러 곳에 수도 셀레우키아와 비슷한 그리스풍의 도시들을 건설하였다.

66. 셀레우키아(Seleucia) 도시유지 셀레우키아는 티그리스강 중류 우안에 자리한 셀레우코스조의 수도로서 크테시폰의 맞은편에 있었다. 이 도시는 셀레우코스 1세가 기원전 312년에 건설한 도시로서 헬레니즘적인 유물이 출토되었다.

67. 크테시폰(Ctesiphon) 도시유지 크테시폰은 바그다드 동남방 40km 지점에 있는 고도로서 일찍이 파르티아와 사산조 페르시아의 수도였다. 장엄한 아치형 궁전 유적이 남아 있다.

68. 바그다드 도시유지 바그다드는 압바쓰조 이슬람제국의 제2대 할리파 만수르가 762년에 기공한 후 연 10만 인부를 동원해 총 공사비 1,800만 디나르(일설은 1억 디나르라고 함)를 들여 건설한 제국의 수도이다. 도시의 총체적 구도는 직경 2km의 원형으로서, 내측은 동심원(同心圓)으로 4중 성벽(주성·내성·외성·해자)을 쌓았다. 주성(主城)은 양건연와로 쌓았는데, 기부 두께만도 52.2m나 되며 높이는 34.14m에 이른다. 성벽에는 모두 112개의 고탑이 세워져 있고, 기부의 두께가 9m인 외성(外城) 밖에는 폭 20.27m의 해자(垓字)를 파놓았으며, 해자로부터 주성까지의 거리는 56.9m나 된다. 주성의 한가운데에 내성이 있으며, 내성 안에는 원형광장이 있다. 광장의 중심부에 할리파의 궁전이 자리잡고 있는데, 높은 녹색 돔형으로 된 궁전의 정문을 황금문(바붓 자합)이라 하고, 황금문과 나란히 대사원(자미아 마쓰지드)이 있다. 이 내성 안에 있는 광장에는 궁전 외에 관청(디완)과 왕자들의 궁전, 친위대장 관사, 경찰총감 관사가 있다. 내성에는 같은 거리에 사방으로 4개의 성문이 있는데, 동북쪽은 호라쌴 문, 동남쪽은 바스라 문, 서남쪽은 쿠파 문, 서북쪽은 시리아 문이라고 각각 명명하였다. 그리하여 외부에서 할리파의 궁전까지 가려면 해자를 지나 외성문 2개, 주성문 2개, 내성문 1개 등 도합 5개 문을 통과해야 한다.

이 도시를 건설할 때의 공식 명칭은 '마디나툿 쌀람'(Madinatu'd Salām, '평화의 도시'란 뜻)이었으나, 원래 이곳은 몇개의 수도원이 있던 '바그다드'('신의 선물'이란 뜻)란 촌이었기 때문에 얼마 후부터 자연

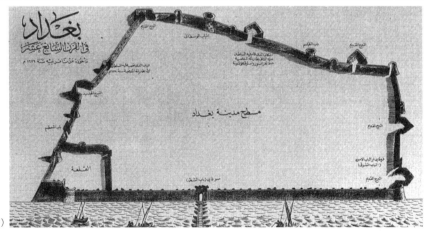

바그다드 평면도(7세기)

스럽게 그 이름으로 불려져서 오늘에까지 이르렀다. 서민들은 성 밖에 거주하고 있었는데, 성 남쪽의 칼프 구역에는 과실시장, 서점, 직물포, 식품점, 화폐교환소, 육류점 등이 밀집해 있었고 중국상품 전문시장도 따로 있었다고 한다. 성 북방의 하르비야 구역은 마르브, 발흐, 부하라, 호레즘 등 중앙아시아 상인들의 교역장이었다. 이와같이 바그다드는 동서남북 각지와의 통상로를 정비하고 교역을 장려함으로써 국제적 도시로서 지위를 굳혀가기 시작하였다.

그러나 바그다드의 역사는 결코 순탄치만은 않았다. 809년 새로 등위한 할리파 아민과 이복형제인 마어문의 권력다툼으로 인해 일시 전화에 휩싸였으며, 836년 할리파 아민 사후 중앙아시아 출신의 투르크계 고용병 세력에 의지해 왕위에 오른 무아타심은 바그다드 시민들의 반감을 우려해 수도를 바그다드 북방 110km 지점에 있는 싸마라(Samarra)로 옮겼다. 그러다가 892년 할리파 무아타미드 시대에 와서는 다시 바그다드가 수도로 되었다. 그 뒤를 이은 할리파들은 하싼궁, 타지궁, 술리야궁 등 일련의 화려한 궁전과 마쓰지드 등을 신축하고 선정을 베풀어 10세기에 이르러 전성기를 맞았다. 10세기 후반에는 인구가 150만을 헤아리고 목욕장이 1,500개소, 의사 1천여 명을 보유한 문명의 대도시로 성장하였다. 9세기 말에 티그리스강을 사이에 두고 동서로 나뉜 두 바그다드를 오가는 도선(渡船)만도 3만척이나 되었다니 그 번영상을 가히 짐작할 수 있다.

2,3백년간의 태평성세를 누려오던 바그다드에 치명적인 재난을 몰고 온 것은 1258년 몽골 서정군의 침입이다. 몽골 침략군은 1주일 남짓한 점령기간에 성 내외를 포함해 약 80만명(일설은 200만명)을 학살하고 닥치는 대로 약탈, 방화하여 이 번화하던 국제적 대도시는 졸지에 폐허로 변하고 압바쓰조 이슬람제국(750~1258)은 종언을 고했다. 설상가상으로 1392년과 1401년 다시 두 차례에 걸쳐 티무르군의 침탈을 당하였다. 그러다가 1534년 오스만제국의 치하에 들어가면서 가까스로 옛모습을 조금씩 되찾기 시작하여 제1차 세계대전 후에는 이라크공화국의 수도로 재건되었다.

69. 싸마라 도시유지   싸마라는 바그다드 북방 110km 지점, 티그리스 강안에 있는 고도로서 836~892년까지 50여 년간 압바쓰조 이슬람제국의 수도였다. 유적으로는 많은 마쓰지드와 마드라싸가 있으며, 특히 독특한 나선형 미나라 2기가 인기를 끌고 있다.

70. 하트라(Hatra) 도시유지   하트라는 이라크 메소포타미아 북부, 모술 서남방 90km 지점에 있는 파르티아조 시대의 원형요새(圓形要塞) 도시이다. 로마의 내습에 대비한 전략적 방어도시로 건설되었는데, 직경 2.7km의 견고한 외벽과 내벽의 잔해가 남아 있다. 내성 안에는 궁전과 배화교단, 3개의 신전, 주거지, 묘지 등 유적이 있다. 241년 사산조군에게 함락된 후 파괴되었다.

71. 님루드(Nimrud) 도시유지   님루드는 이라크 북부의 모술 남방 30km 지점에 있는 앗시리아 왕국의 수도이다. 기원전 9~8세기경에 나지르팔 2세(Nazirpal II)가 건설하였다고 하며, 옛이름은 '칼후'(Kalhu)였다. 견고한 성벽 내에서 소진된 궁전과 신전들의 유적이 발굴되었는데, 성문에는 인

두유익목우(人頭有翼牧牛)상이 부조되어 있다. 기원전 612년 메디아와 신바빌로니아 연합군에게 점령을 당하였다.

72. 니네베(Nineveh) 도시유지 니네베는 이라크 북부 모술 시의 티그리스강 건너편에 있는 고대 앗시리아 왕국의 임시 수도(BC 8~7세기)였다. 전성기인 아슈르 반 아플리(Ashur-ban-apli, BC 668~626) 시대에 쿤지크 궁전을 짓고 벽과 회랑을 일련의 부조로 장식하였다. 그중에는 앗시리아 미술의 최고 걸작이라고 하는 '아슈르바니팔 왕의 사자사냥'상을 비롯해 '아슈르바니팔 왕의 향연' '아라부인의 공격' '우라이강의 승전(勝戰)' 등 유명한 부조가 있다. 니네베 유지라고 하면 쿤지크 궁전 유지와 함께 네브유니즈 유지도 포함되어 있다. 이 두 유지의 면적은 남북이 4.2km, 동서가 2.1km이며, 그중 성곽에 15개의 성문이 달려 있다.

아슈르바니팔 궁전 안에는 세계 최고(最古)의 도서관이 있는데, 여기에는 2만 5천여 점의 점토판 문서가 소장되어 있어 '앗시리아학'의 보고로 평가된다. 여기에는 신명표(神名表)·찬가(讚歌)·제식서(祭式書)·기도서(祈禱書)·점복서(占卜書)·점성서(占星書) 등 종교문서와, 의학·약학·천문·수학 등 학술관련 문서, 연대기·공덕기(功德記)·관직명 등 역사관련 문서, 신화·전설·이야기·서사시·우화·격언 등 문학서, 행정공문서, 상속·결혼·양자(養子) 등 법률관련 문서, 매매계약증서, 문법서·어휘집 등 어학관련 문서 등 실로 다종다양한 내용이 포함되어 있다. 19세기부터 발굴을 시작하여 아슈르바니팔 궁전과 몇개의 신전에 대한 발굴은 진척되었으나 유지 전모에 대한 발굴은 아직 미진

앗시리아 아슈르바니팔 왕의 사자사냥 부조(BC 650경)

한 상태이다. 니네베는 기원전 612년 메디아와 신바빌로니아 연합군에 의해 점령되면서 유물들이 많이 파괴되었다.

73. **두라 유로포스(Dura Europos) 도시유지** 시리아 북부의 안티오키아와 셀레우키아의 중간, 유프라테스 강안에 위치한 고도이다. '두라(Dura)'는 앗시리아어로 '성(城)'이란 뜻이고, '유로포스(Europos)'는 셀레우코스 1세인 니카토르(Nicator)의 출생지인 마케도니아의 한 도시 이름이다. 기원전 4세기 셀레우코스 휘하의 장군 니카토르가 이 도시를 건설한 후 전형적인 대상(隊商)도시로 발전하였다. 기원전 2세기 말에 파르티아의 지배하에 들어가면서 파르티아·로마·팔미라 등 3국이 이곳을 점령하려고 각축전을 벌였으나 결국 256년에 사산조에 의해 점령되고 말았다. 1920년부터 발굴을 시작하여 1928~37년에 10회나 발굴작업을 계속한 결과 대상도시로서의 면모가 드러났다. 도시는 불규칙한 반원형(半圓形) 주벽으로 둘러싸여 있다. 서북쪽으로부터 동남쪽으로 12개의 길이 뻗어 있고, 그와 직각로(直角路)로 9개의 길이 좌우로 나 있어 도로는 격자형(格子形)을 이룬다. 이곳 유지에서는 궁전, 로마군 주둔지, 신전, 교회당 등 유적이 발굴되었다.

74. **팔미라(Palmyra) 도시유지** 팔미라는 시리아 사막의 중앙부에 자리한 대상도시로서 옛이름은 '타데몰르'였다. 기원전 1세기부터 기원후 3세기까지 대상을 통한 동서교역의 중계지로서 번영하였다. 여왕 제노비아 치세 때가 전성기였는데, 273년에 로마군의 침략을 받아 폐허가 되었다. 그런데 금세기 초 프랑스 고고학자들에 의해 이곳에서 한금(漢錦, 한대의 비단)이 발견되었다. 이것은 기원을 전후한 시기에 중국과 지중해 동안 지역 간에 비단교역이 진행되었다는 것을 입증하는 것이다. 이러한 사실에 근거해 1910년 헤르만은 실크로드(오아시스로)가 단순히 중국과 인도의 비단교역로였다는 초기의 견해를 발전적으로 수정하여 시리아(팔미라)까지 이어졌다는 실크로드 연장설(실크로드 개념 확대의 제2단계. 이 책 제1장 제1절 참조)을 제기하여 학계의 공감을 얻었다.

75. **다마스쿠스(Damascus) 도시유지** 다마스쿠스는 카슌산 동남 기슭에 펼쳐진 구타 오아시스에 자리한 세계에서 가장 오래된 도시 중의 하나이다. 서쪽 지중해 연안의 베이루트까지는 146km, 북쪽의 알리포(할랍)까지는 360km, 북동쪽의 팔미라까지는 230km, 유프라테스 강안까지는 435km, 서남쪽의 예루살렘까지는 311km, 요르단의 수도 암만까지는 221km 떨어져 있는 교통요로에 있어서 자고로 실크로드 오아시스로의 서단(西段)에서 교역을 비롯해 동서교류에 중추적 역할을 하였다. 다마스쿠스는 지정학적 위치의 중요성 때문에 역대로 외세의 침략을 받으면서 다양한 문화와 접촉하였다. 기원전 7세기와 6세기에는 바빌로니아와 아케메네스조의 지배를 받았고, 기원전 4세기에는 알렉산드로스 동정군에게 정복되어(BC 333) 그리스 문화와 접하다가 기원전 1세기에는 로마인들의 수중에 들어가고 말았다.

이렇게 거의 1천년간 그리스-로마의 지배를 받으면서 헬레니즘 문화에 훈육되다가 635년에 아랍-이슬람군에게 정복되어 우마위야조 아랍제국의 수도가 되면서 이슬람 문명을 본격적으로 수용하였다. 그러나 압바쓰조 이슬람제국 시대에 들어와서 수도가 바그다드로 옮겨지면서 이슬람세계에서의 지위는 상대적으로 저하되었다. 흔히들 9세기 이후 약 300년 동안은 다마스쿠스의 무정부시대라고 한다. 970년에는 이집트에서 흥기한 파티마조의 속지로 변하였고, 1097년 제1차 십자군원정 때도 공격을 받아 상당한 피해를 입었다. 1260년과 1300년 두 차례에 걸쳐 몽골 서정군이 침입했으나 맘루크군의 강력한 저항으로 큰 가해 없이 철수하고 말았다. 그러나 1400년 말에 침입한 티무르군은 방화와 약탈을 자행한 후 많은 공장(工匠)들을 차출하여 사마르칸트로 압송하였다. 연속되는 이러한 혼란 속에서 1516년 오스만군은 맘루크군을 격파하고 다마스쿠스에 입성하여 162년간(1517~1679) 통치하였다. 오스만제국 치하에서는 동서교류의 요충지로서의 지위를 회복하여 대규모의 성지순례를 조직하고 이슬람 문명을 계속 개화시키는 등 응분의 역할을 수행했다.

다마스쿠스에는 화려하고 웅장한 마쓰지드와 수끄(시장)를 비롯한 전통적인 이슬람 문명 유적이 숱하게 남아 있을 뿐 아니라, 초창기 기독교와 관련된 몇가지 전설도 전해진다. 아담이 에덴동산에서 쫓겨 피신한 곳이 카슌산에 있는 한 동굴이라는 것, 천사(天使) 가브리엘의 암거지(岩居地)가 있다는 것, 모세의 묘가 있다는 것, 예수 그리스도의 방문지가 있다는 것 등이 그것이다. 이곳이 유태교와 기독교 발상의 터전인 가나안이나 이스라엘과 인접했고 기원을 전후로 로마제국의 지배하에 있었던 역사적 사실을 감안할 때, 이러한 전설을 한낱 근거 없는 일화로만 치부할 수는 없을 것이다. 그리고 시가의 중심에는 로마시대에 포장한 폭 25m, 길이 1,500m의 거리 유적과 역시 같은 시대에 지은 7개의 성문을 둔 성채의 유지가 바르다강 우안에 남아 있다.

끝으로, 수장유물을 위주로 한 해로 연변의 주요 유지를 구간별로 살펴보면 다음과 같다.

△동단(東段) 유지

1. 박다만(博多灣) 해저유지 1931년 일본 박다만(博多灣) 남안의 해저에서 발견된 난파선에는 해로를 통한 일본과의 교역상을 실증하는 중국 송대(宋代)의 도자기와 고전(古錢), 정석(碇石, 닻돌), 그리고 해수포도경(海獸葡萄鏡) 등 유물이 적재되어 있었다. 1962년 복강시(福岡市) 서구(西區) 당박(唐泊)의 해저에서도 동모(銅鉾, 구리창)를 건져낸 바 있다.

2. 기담해협(紀淡海峽) 유게시마(友ヶ島) 해저유지 유게시마 북방의 '아가장(場)'이라는 해저에서 1961년부터 가끔씩 수혜기(須惠器), 토사기(土師器), 청자(靑磁), 수호(水壺) 등 유물이 그물에 걸려 올라오곤 하였다. 그중 가장 많은 것은 중국 명대(明代)의 청자완(靑磁碗)으로서 대체로 대·소 2종인데, 표면에 국화문(菊花紋)이 새겨져 있는 것도 있고 없는 것도 있다. '복수(福壽)'란 글자가 새겨진 꽃병과 기타 도자기완(碗, 사발)이나 발(鉢, 바리때) 같은 유물이 수심 80m의 해저에서 발견되었다. 그중 약 170점이 현재 화가산시(和歌山市) 담도신사(淡島神社)에 소장되어 있다. 명대에 도자

신안 해저유지 위치도(왼쪽)
신안 해저유지에서 출토된
중국 청자 항아리(가운데)와 향로(13~14세기, 오른쪽)

기를 적재한 일본행 상선이 침몰하여 수장된 유물로 추정된다.

3. 신안(新安) 해저유지 1975년 한국 목포(木浦) 신안 앞바다에서 한 어민이 우연히 6개의 청자를 발견하였다. 이것이 계기가 되어 한국 문화재위원회의 주관 아래 수중고고학조사를 진행하여 14세기(원대)의 용천요(龍泉窯) 청자와 경덕진(景德鎭) 백자(白磁)를 비롯한 자기류 2만점이 발굴되었다. 목제 선박이지만 선체나 하적 유물들의 보존상태가 비교적 양호하여 1990년 목포 해양박물관을 건립하여 목선을 원상복구하고 유물들을 전시하고 있다. 적재 도자기는 주로 문보(文保) 2년(1318)에 제작한 것이며, 선체의 목판에 1323년이란 연대와 동복사(東福寺)란 글자가 명기된 점 등을 보면, 이 배는 원대 동복사의 재건자금을 마련하기 위해 중국 영파(寧波)에서 출항해 일본으로 항행하던 도중 침몰된 상선으로 추정된다. 신안 해저유물은 14세기 중국 청자기의 편년문제라든가, 당시의 선박연구에 귀중한 실물사료를 제공해주고 중·한·일간의 교역상 일단도 짐작케 한다.

4. 천주(泉州) 해저유지 1973년 2월 중국 복건성(福建省) 천주만(수심 2m)에서 침몰된 목조선 한 척을 발견하였는데, 2년간의 작업 끝에 원상복구하여 현재 천주 해상박물관에 전시하고 있다. 선수(船首) 높이는 7.98m이고, 선미(船尾) 높이는 10.5m이며, 적재량은 370여 톤이다. 갑판의 일부만이 손상을 입고 선체는 거의 완전한 상태를 유지하고 있다. 두세 겹의 겹구조로 된 현측(舷側)이나 바닥은 소나무(松)나 삼나무(杉), 남나무(楠)로 건조하였고, 13개의 선창(船艙)을 두고 있다. 적재품은 주로 침향목(沈香木)과 단향목(檀香木)이며 송대 말이나 원대 초에 침몰된 상선으로 추정된다. 적재물로 보아 동남아시아 일대에서 내항한 입항선(入港船)으로 짐작된다. 1964년 항주(杭州)박물관이 영파(寧波)에서 14세기 초에 침몰된 유사한 배를 발견하였으며, 홍콩 역사박물관도 구룡(九

龍)에서 비슷한 침몰선을 발견한 바 있다.

5. 게데르 마르센 호 해저유지 1752년 남경(南京)을 출발한 네덜란드 동인도회사 소속의 게데르 마르센 호가 남중국해에서 조난을 당하여 침몰하였다. 이 침몰선은 싱가포르의 침몰선 발굴 전문회사인 사르베지사(社)를 운영하는 마이케르 하챠 선장에 의해 1985년 5월에 발견되었다. 발견자 마이케르가 1986년 4월 28일부터 5일간 암스테르담 힐튼호텔에서 경매에 부친 발굴유품 중에는 도자기류와 144인분 식기세트, 125개의 금괴가 포함되어 있었다. 유품으로 보아 상당한 크기의 상선으로 추측되며, 18세기 중국과 네덜란드의 교역관계를 보여주는 유물적 전거라 할 수 있다.

6. 옥에오(Oc-èo) 항구유지 1942년 인도차이나 반도 남단 서부, 메콩강의 지류인 바시크강과 샴만 사이의 충적평야지대에 자리한 옥에오에서 금제품을 비롯한 각종 유물이 출토되었다. 이에 1944년 2월부터 4월 사이에 프랑스 원동학원(遠東學院)의 말레레(L. Malleret) 일행이 이 유지에 대한 본격적인 발굴작업을 진행하여 부남국(扶南國, 1~6세기) 초기의 각종 유물을 다량 발굴하였다. 지금의 유지는 해안선에서 25km 떨어져 있지만, 원래는 해안에 임한 중요한 교역항구였다. 지금의 유지는 바테산(해발 226m) 남쪽 450헥타르(길이 3km, 폭 1.5km)의 35개의 낮은 구릉지대에 산재해 있다. 건축재료는 연와(煉瓦)와 목재 두 가지인데, 연와(보통 길이 29~34cm, 폭 13~16cm, 두께 7~16cm)의 용도는 명확치 않으나 풍장(風葬)에 쓰이는 이른바 '침묵의 탑(dakhma)'을 축조하는 데 쓰인 것으로 추측되는바, 이런 곳에서는 수정·유리·각종 장신구들이 반출되었다. 목재(2.8m 길이)는 주로 고상(高床) 주택을 짓는 데 사용되었다.

옥에오 유지에서는 수세기에 걸친 여러 유물이 많이 출토되었는데, 대부분은 비교적 소형유물들이다. 그 재료로는 돌·금·청동·주석·납·철·유리·수정·홍옥수(紅玉髓) 등 다종다양하며 양적으로는 장신구류가 가장 많다. 주형(鑄型)이 발견된 점으로 보아 일부 유물은 현지에서 제작된 것이 분명하며, 그밖의 유물은 상당량이 인도를 비롯한 동남아시아와 멀리 로마 및 중국으로부터 받입한 것이다. 유물에 표기된 문자도 라틴어, 한자, 브라흐미 문자 등 다양하다. 이것은 기원 초기 옥에오가 동서교역의 중계지였음을 시사하는 것이다.

유물 중에서 괄목할 만한 것은 불상을 비롯한 인물조상(彫像)들이다. 주로 청동과 주석으로 주조한 불상 중 청동도금좌불상(靑銅鍍金坐佛像)은 어김없는 간다라 양식이다. 옥에오 동방 8km의 탄푸(Tán phú)에서 출토되었다는 청동사비입상(靑銅四臂立像)은 비슈누신상(神像)으로서 힌두교 예술의 특색을 나타내고 있다. 석제상(錫製像)으로는 높이 5.5cm의 좌불상과 7.8cm의 여상(女像)이 있는데, 전자는 아마라바티 양식에 속하고, 후자는 야크샤식 기법의 영향이 짙다. 아마라바티 양식의 불상은 로마식 램프와 함께 타이의 폰 투크(P'ong Tūk)에서도 발견된 바 있다. 이러한 인도식 불상과 더불어 중국 육조풍(六朝風)의 청동입불상(立佛像)이나 보살상(菩薩像)도 함께 출토되었

옥에오 유지에서 출토된 유물들. 왼쪽부터 로마 황제 안토니누스 금화,
아마라바티 양식 좌불상, 한대 기봉경 조각, 석제 메달 인물상

다. 그밖에 청동제의 노예상이나 석제 멧돼지와 코끼리상도 발견되었다.

유물 중에는 또한 각종 장신구가 다수 포함되어 있다. 귀고리·가락지·팔찌·목걸이·메달·기타 장식용 주옥(珠玉) 등이 있는데, 재료는 주석이 단연 우세하며 석제 인장까지 합하면 장신구는 총 316점에 달한다. 메달에는 인물이나 코끼리, 코코야자 같은 문양을 새겨넣기도 하였다. 귀고리나 메달의 주형이 발견된 점으로 보아 이러한 것들은 현지에서 제작된 것이라고 할 수 있다. 주석으로 만든 제품 가운데는 물고기·거북·대모(玳瑁)·불가사리·조개 문양이 들어가는 등 바다와 관련된 장식품류가 많이 있다. 이것은 옥에오인들이 원래는 해변에 사는 주민이었다는 사정과 관련된다. 사실 이 재료는 중국 운남(雲南)이나 타이, 말레이 반도에서만 채취되고 남부 베트남이나 캄보디아에서는 나오지 않는다. 따라서 옥에오인들은 이것을 외지에서 수입해온 것이 분명하다. 가락지는 청동제품이 가장 많지만 간혹 금제품도 있다. 금제 가락지에는 시바신(神)의 종자(從者)인 난딩(牧牛)상을 새겨넣은 것이 있는가 하면 브라흐미 문자를 새긴 것도 있다. 예컨대 비슈누미트라샤(Visnumitrasya, 비슈누미트라의 인장)이나, 슈릴라크샤닷타샤(Çrilaksadattasya, 슈릴라크샤닷타의 인장) 같은 인장을 새긴 가락지가 있다. 이러한 인장에 새겨진 주인의 이름은 분명히 인도인들의 이름이며, 따라서 이것들은 그들이 사용한 장신구인 것이다.

유물 중에서 이색적인 것은 납으로 만든 하물표(荷物票, 짐표 혹은 護符)다. 길이 2.5cm와 폭 1.5cm 내외의 장방형 연제표(鉛製票)로서 화물에 부착된 짐표로 추측된다. 표의 양면에는 문양이나 문자를 새겨넣었는데, 문양에는 화초(花草)를 그린 병이나 금강저(金剛杵), 조개 등이 있다. 화초를 그린 병 문양은 아프가니스탄의 베그람 유지에서 출토된 상아조각이나 인도의 아마라바티 조각 문양과 같은 종류의 것으로서 그 연관성을 짐작해볼 수 있다. 그리고 이 표물에 새겨진 브라흐미 문자인 'dhanikam'은 '귀중품'이라는 의미이고 'apramádam'은 '주의'라는 뜻으로, 이러한 표물은 귀중한 화물에 부착하는 화물표인 동시에 신의 가호를 기원하는 호부(護符)로도 해석할 수 있을 것이다.

유물 중에서 동서 문명교류와 관련하여 특기할 것은 로마 화폐와 중국 한경(漢鏡)의 발견이다. 이 유지에서는 안토니누스 피우스(Antoninus Pius, 재위 138~61)의 재위 15년(152)을 명기한 금화(金貨) 1점이 발굴되었다. 이와 함께 표면이 마모되어 모호하지만 마르쿠스 아우렐리우스(Marcus Aurelius, 재위 161~80)의 이름과 상이 새겨진 유사 '금화'도 발견되었는데, 이것은 금화라기보다는 '금제 장식품'으로 보는 것이 타당할 것 같다. 아무튼 안토니누스 피우스 금화는 인도차이나 반도에서 발견된 최초의 로마 화폐이다. 로마의 금화와 더불어 출토된 중국제 유물은 한대의 청동제 기봉경(夔鳳鏡)이다. 조각난 잔경(殘鏡)을 원상복구하니 직경 14.47cm의 원형경으로서 '주지(主至)'라는 한자가 명기되어 있었다. 그밖에 발견한 2개의 거울 파편 중 하나는 방격규구사신경(方格規矩四神鏡)이다. 이와같이 옥에오는 해로를 통한 동서교류의 요지로서 기원초 해로의 동단(東端) 역할을 한 것으로 보인다. 즉 사상 최초로 로마와 인도, 중국의 3대 문명이 이 원동의 한 요지에서 접합하게 되었던 것이다.

7. 토반(Toban) 해저유지   토반은 인도네시아 자바 섬 북해안 동편에 위치한 고항(古港)이다. 1981년 2월 한 어부가 해안에서 300m쯤 떨어진 해저에서 중국 도자기 유품 몇점을 발견한 후 수중 탐사원 2명을 고용해 해저유물을 수집하였다. 그후 1983년 인도네시아 해군의 협력으로 고고학연구소가 해저탐사를 본격적으로 진행하여, 해안에서 약 1km 떨어진 폭 500m, 길이 2km의 해저에서 집중적으로 유물을 발견하였다. 그러나 유물을 적재한 침몰선의 실체는 밝혀지지 않은 채 유물만 공개되었다. 유물이 침몰한 연대는 14세기 초엽으로 추정된다. 1292년 2만 몽골군은 1천척의 병선에 분승하여 인도네시아를 공격하였으나, 인도네시아 군민의 저항에 참패를 당하고 퇴각하였으며 극소수만이 잔류하였다. 당시 토반은 내침한 몽골군과의 격전장이었거나, 아니면 중국과의 주요 교역항으로 짐작된다. 15세기 초 정화(鄭和)의 7차 '하서양(下西洋)' 상황을 기록한 『영애승람(瀛涯勝覽)』에는 토반을 '두판(杜板)' 혹은 '도반(賭班)'으로 지칭하면서 중국과의 교역관계를 언급하고 있다. 따라서 토반의 유물은 이 시기에 내항한 중국의 침몰선 유물임에 의심의 여지가 없다.

발굴된 유물은 총 6,800여 점에 달하는데, 구체적 내용은 다음과 같다. ①청자(青磁): 용(龍), 쌍어(雙魚), 화문(花紋)의 대·중·소 명기(皿器) 400점, 발(鉢) 50점, 기타 각종 완(碗) 400점, 삼족소향로(三足小香爐) 150점, 계 1,000점. ②백자(白磁): 발 600점, 소완(小碗) 300점, 수차(水差), 소품(小品) 등 100점, 계 1,000점. ③염부(染付, 남색 유약을 바르고 구워낸 사기그릇): 완 600점, 소완 300점, 수주(水注), 명(皿), 소품 등 100점, 계 1,000점. ④마르타반호(壺): 천목유사이부대호(天目釉四耳付大壺) 150점, 천목유사이부소호(小壺) 300점, 동형의 호에 주둥이 달린 호 75점, 천목유호(天目釉壺), 소호, 동체(胴體)가 불룩한 호 등 175점, 계 1,000점. ⑤유리홍소품(釉裏紅小品): 수점. ⑥무유

잡기(無釉雜器): 800점. 이상은 중국 제품. ⑦안남소(安南燒): 염부 및 철회명(鐵繪皿), 발, 백자발, 계 1,000점. ⑧소코타이소(燒): 종류불명, 계 1,000점. 이와같이 토반 해저유지는 14세기 초 중국과 인도네시아 및 인도차이나 반도 간에 해로를 통해 진행된 도자기 교역상을 극명히 실증한다.

△지중해 유지

지중해는 해저유물의 보고이다. 기원전 4세기에 지중해에는 300여 개의 항구가 있었으며, 청동기 시대부터 근세에 이르기까지의 지중해에 침몰된 선박은 10만척을 헤아린다. 심해에 침몰된 선박은 파도의 영향을 별로 받지 않기 때문에 보존상태가 비교적 양호하여 고고학, 교류사, 선박사 연구에서 귀중한 사료로 활용된다.

8. 에라포니소스 해저도시 유지 1967년 그리스의 펠로폰네소스 반도 남단 부근의 해저에서 고대 도시인 에라포니소스의 유지를 발견하였다. 1968년 케임브리지대학 조사단은 기구(氣球)에 원거리조작이 가능한 카메라를 탑재해 평면측도(平面測圖)에 성공하였다. 그리하여 해안가의 얕은 해저에서 생육하는 식물 색깔이 고대의 건축물이나 가로(街路), 운하 등 유적에 따라 그 농도에 변화가 있다는 것을 알아냈다. 이로써 해저에 미케네 시대의 가로, 주택, 석관(石棺), 청동제 발(鉢) 등 유물이 수장되어 있음을 발견한 것이다. 이 도시는 그리스 청동기시대의 도시로서는 가장 오래된 도시로 남방의 크레타 섬과의 교역 요로에 있으면서 바치카만 주변의 비옥한 농토에서 생산되는 농산물을 수출하는 무역항이기도 하였다. 에라포니소스란 지명은 2세기경에 활약한 그리스 지리학자 파우사니아스(Pausanias)가 저서 『그리스 안내』에서 명명한 것이고, 지금은 파프로 페토리라고 부른다.

9. 안티키테라 섬 해저유지 1900년 그리스의 펠로폰네소스 반도의 남단 안티키테라 섬의 작은 만에서 해면(海綿)을 모으던 사람이 우연히 침몰선을 발견하였다. 그는 해저에서 대리석상과 청동상을 발견하고 그 조각들을 건져내어 그리스 정부에 보고하였다. 이에 그리스 정부는 해저고고학조사를 시작하였는데, 이것은 사상 최초의 관방 해저조사였다. 이듬해까지 계속된 발굴에서 수집된 청동상의 파편을 접합하여 이른바 '안티키테라 청년상'(青年像, 높이 194cm, BC 3∼4세기 작품, 현재 아테네 국립고고박물관에 소장)을 원상복구하였다. 1953년 프랑스 고고학자들의 조사에 의하면, 침몰선의 적재량은 약 300톤이며 침몰한 시기는 기원전 80∼65년 사이로 추정된다.

10. 에우포이아 섬 해저유지 1928년 그리스 에우포이아 섬의 아루테미시온 해협의 해저에서 청동상 포세이돈(높이 209cm)이 발견되자, 아테네의 예술품 수집가인 안토니스 페나키스가 해면채집꾼을 시켜 이 유물을 건져냈다. 포세이돈은 해신(海神)으로서 그리스신화 중 주신(主神)인 제우스의 동생으로서 기원전 5세기경에 3구의 청동상을 제작하였는데, 현존 2구 중 1구가 바로 이 포세이돈 상이다. 본래 이 상은 코린도스의 이스토모스에 건립되어 있던 것을 꼰스딴띠노쁠로 운반하던 도중에

배가 침몰되었던 것이다. 현재 아테네 국립박물관에 소장되어 있다.

11. 아라모코 해저도시 유지 아라모코는 이딸리아 폰강 부근의 베네찌아만의 해저도시로서 아직 구체적인 조사는 진행하지 못하고 있다. 도시가 바닷물에 잠기는 경우는 지진이나 화산활동에 의한 것이 많지만, 해수면의 변화에 의해 생기는 경우도 있다. 그리고 지중해 지역은 지질학적으로 융기(隆起)보다 침하(沈下)하는 경향이 커서 현재의 베네찌아도 아라모코의 전철을 밟을 개연성이 많다. 그래서 아라모코를 일명 '구 베네찌아'라고도 한다.

12. 스피나 해저도시 유지 스피나도 이딸리아 폰강 부근 베네찌아만의 해저도시이다. 항공관찰에 의해 해안가의 얕은 해저에서 생육하는 식물의 색깔 농도에 따라 해저도시 유적을 확인하고 식별하였다. 이딸리아 고고학자인 네레오 알피에리는 1956년에 현지조사를 진행한 결과 스피나는 폰강의 삼각주에 유입되는 물과 진흙에 의해 매몰되었다는 사실을 밝혀냈다.

13. 시바리스 해저도시 유지 1962년 아드리아해와 이오니아해 경계에 있는 이딸리아의 타란토만에서 발견되었다. 학자들은 이 해저도시가 그리스인들이 건설한 도시였던 시바리스일 가능성이 크다고 보고 있다. 아직 조사는 미진한 상태이다.

14. 메시나 해저유지 메시나 해협은 이딸리아의 칼라브리아 반도와 씨칠리아 사이에 있는 폭 3~15km의 해협이다. 고대 해상교통의 요로였으므로 이 해협의 해저에는 많은 침몰선이 수장되어 있다. 1969년에 고대 그리스 예술품을 적재한 침몰선의 도굴사건이 발생하였다. 사실 침몰선은 한 어부에 의해 발견되었지만, 다이바 그룹이란 전문 도굴단에게 도굴을 당하고 말았다. 도굴품 중에는 2구의 남자청동상(BC 5세기 제작)과 청동상 파편 다수, 암포라(amphora, 고대 그리스나 로마의 항아리), 명문이 새겨진 도금석(鍍金錫) 등이 있었는데, 골동품 상인들에게 많이 넘어가고 국외로도 유출되었다. 칼라브리아 국립박물관은 때마침 키프로스 부근에서 조사중이던 미국 펜실베이니아대학 박물관조사단에게 해저조사를 의뢰하였다. 이 조사단은 1970년 7월부터 조사에 착수했으나 이렇다 할 성과를 거두지 못하였다. 고작 식기류나 연, 낚싯줄감기틀, 닻에 쓰는 청동금구, 석괴(錫塊), 은괴(銀塊) 같은 것을 발굴하였을 뿐이다.

15. 비온비노 해저유지 1832년 이딸리아 서부해안의 비온비노와 엘바 섬 사이의 해저에서 트롤선(trawl, 底曳網船) 한 척을 건져낸 바 있다. 기원전 5세기에 그리스에서 건조된 높이 110cm의 이 침몰선에서 대리석 아폴로 상을 발견하였다.

16. 네미호(湖) 유지 로마의 동남부 25km 지점에 있는 네미호에 1세기경 전장 77m의 로마 선박 2척이 침몰되었다는 사실이 15세기 코론나 추기경의 기록에 의해 처음 알려졌다. 이때부터 일련의 침몰선 조사작업이 시작되었다. 1446년 건축가 알베르티는 침몰선의 소재를 알아내고 호안으로 예인하려다가 실패하고 조상(彫像) 몇점만 발견하였다. 1535년 잠수부 마르키는 간단한 목제 헬멧을 쓰

고 들어가 한 척을 조사하였다. 이때 갑판에는 연와(煉瓦)가 쌓여 있다는 것과 몇개의 정석(碇石, 닻돌)을 발견했고, 배의 길이가 약 70m임을 알아냈다. 1827년에는 기사(技師) 안네시오 프시니코는 8인승 잠수상자를 만들어 잠수한 후 침몰선 수면 위에 평저선(平底船)을 띄우고 침몰선에 로프를 걸어 끌어올리려 하였으나 역시 실패하였다. 그러나 그 과정에서 선박을 장식한 대리석 파편과 금속성 기둥, 못, 모자이크 등 유물을 수집하고 1839년에는『티브리우스 제선(帝船)에 관한 고고학적·수력학적(水力學的) 연구』란 조사보고서를 발표하였다. 1895년 로마의 고미술상인 에리세소 볼키는 잠수부를 고용해 배 안의 청동제 사자상, 이리 두부(頭部), 다수의 모자이크 조각들을 뜯어내려고 하였으나 정부의 중지명령에 따라 중단하고 말았다.

이즈음에 에미리오 구르리아 교수는 조사 및 보존을 위해 호수의 물을 방출한 후 인양하자는 제안을 내놓았으나 받아들여지지 않았다. 그러다가 1928년 무쏠리니 정권 아래에서 구르리아 교수의 제안의 실효성이 인정되어 4년에 걸쳐 호수의 배수작업을 단행하였다. 호수의 수위를 3m까지 낮추자 2척의 거대한 침몰선이 드디어 드러났다. 한 척의 크기는 234×66피트이고, 다른 한 척은 239×78피트였다. 조사한 결과, 이 침몰선은 항행용이 아니고 정박시켜놓고 모종의 특수한 용도에 이용한 것으로 추정되었다. 선박의 장식은 상당히 화려하여 갑판은 모자이크 대리석 박판을 깔아놓고, 상부에는 청동이나 대리석 입주(立柱)를 세웠으며, 욕실이나 창문이 달린 선실도 있었다. 일부 학자들은 칼리굴라 황제(재위 37~41)의 누선(樓船)으로 추정하고 있다. 이딸리아인들이 '부상궁정(浮上宮庭)'이라고 자랑한 이 침몰 예인 선박은 제2차 세계대전 중 독일군 친위대의 한 소령에 의해 무참히 파괴되고 말았다.

17. 아르벤가 항(港) 유지 1925년 이딸리아의 아르벤가 항에서 어망에 유물이 걸려드는 바람에 침몰선의 소재가 파악되었다. 1950년 리굴리아연구소 고고학자들이 아르벤가 항 침몰선에 대한 조사에 착수하여 상당한 성과를 거두었다. 728개나 되는 많은 암포라가 발견된 점으로 보아 이 침몰선은 기원전 2~1세기의 로마의 와인 운반선이라는 추정을 내렸다. 유물로는 철제 글라프(흙탕 같은 것을 쳐내는 공구), 납으로 된 조타륜(鉛製 操舵輪), 동물의 뿔을 형상한 이물, 소나무와 전나무(樅), 떡갈나무(樫) 등 자재가 발견되었다. 그러나 발굴과정에서 연박(鉛泊)을 한 선체는 부서지고 말았다. 아르벤가 항은 로마 공화제시대에 번성하였다가 제정시대에 들어와서는 육로가 많이 이용되는 까닭에 쇠퇴하고 말았다.

18. 엘바 섬 유지 나뽈레옹의 유배지로 널리 알려진 이딸리아의 엘바 섬 부근 해저에서 1967년에 1~2세기경의 로마 침몰선 한 척이 발견되었다. 1969년에 잠수부들이 수심 50m의 해저에서 도자기 조각, 대리석 조각, 구리 조각 등을 건져냈다. 침몰선의 선체는 확인만 하고 그대로 방치하였다.

19. 그랑콩구르에 섬 해저유지 프랑스 근해에서는 해저도시와 침몰선, 항만 유적 등 100여 소의 해

저유지가 확인되었다. 그리고 프랑스는 일찍이 수중문화재 보호대책을 수립하고 수중탐사기술도 개발하는 등 수중고고학 연구에서 선도적 역할을 하였다. 그 대표적인 유지가 그랑콩구르에 해저유지이다. 1952년 쿠스토가 마르세유 항 밖에 있는 그랑콩구르에의 수심 40m 해저에서 침몰선 한 척을 발견하였다. 적재된 토기가 칸바니아 토기와 같은 종류여서 기원전 2세기경에 침몰된 것으로 추정하였다. 고고학자들은 모선을 타고 6천 와트의 수중조명등을 켜놓고 TV카메라로 해저의 실황을 확인하고 잠수부들의 활동을 지휘하는 등 선진 기술수단을 이용해 5년간 조사 및 발굴작업을 계속하였다. 그 결과, 침몰선이 길이는 30m, 폭은 10m, 적재량은 350톤이고, 7천개의 토기 항아리를 적재하였다는 정확한 실태를 파악하였음은 물론, 수중유적의 발굴에 필요한 기본적인 기자재나 그 용법에 관한 과학적인 기록을 남김으로써 수중고고학의 발전에 큰 기여를 하였다.

20. **키레니아 해협 유지** 1967년 키프로스 섬 북안의 키레니아 해협 수심 30m의 해저에서 한 해면 채집꾼이 우연히 기원전 4세기경의 그리스 침몰선을 발견하였다. 당시 에게해에 대한 조사를 하고 있던 미국 펜실베이니아대학 박물관의 마이켈 카치프를 단장으로 하는 고고학조사단은 포드재단의 자금지원을 받아 1968년부터 이 해협에 대한 본격적인 발굴작업을 진행하였다. 이때 보전상태가 양호한 길이 12m의 선체를 찾아내고, 호(壺, 항아리)와 발(鉢, 바리때) 등 도기류, 청동제 솥, 화폐, 보석 등 다량의 유물을 발견하였다. 선체는 해저에서 실측한 후 1970년 부분 해체하여 인양한 다음에 원상복구하였다. 복원선은 현 터키군 요새인 키레니아 성에 보존되어 있다. 이 침몰선의 발굴로 고대 그리스 선박의 구조와 항로, 교역 등에 관한 귀중한 자료를 획득할 수 있었다.

21. **푸스퇴트(Fuṣṭāṭ) 도자기유지** 푸스퇴트는 지금의 이집트 수도인 카이로의 남방 근교에 있는 고도이며, 중세 해로를 통한 동서간의 도자기 교류를 실증해주는 대표적인 유지이다. 푸스퇴트는 642년 제2대 정통 할리파 오마르 시대에 아랍군이 진주한 후부터 우마위야조 아랍제국 시대에 이르기까지 줄곧 이집트의 행정중심지이자 이슬람의 북아프리카 전진기지였다. 그러다가 868년 이집트의 툴룬 왕조가 압바쓰조 이슬람제국으로부터 이탈하여 독립하면서 푸스퇴트를 수도로 삼았다. 905년 툴룬조가 멸망하고 파티마조가 흥기하여 카이로에 수도를 정하면서 푸스퇴트의 정치적 지위는 상대적으로 격하되었지만, 교역을 비롯한 경제적 지위는 여전히 유지되었다. 그러나 1168년 파티마조는 수도 카이로를 십자군의 진공으로부터 방어한다는 이유를 내세워 그 외곽 근교에 있는 푸스퇴트 시를 불태워버렸으며, 카이로의 건설과 확충공사중에 나오는 폐토(廢土)와 폐물로 푸스퇴트를 뒤덮었다. 그리하여 이 고도는 장기간 피폐한 황무지로 방기되었다.

그러나 우연히 이 폐허를 1912~20년에 파헤친 결과 상상외의 유물이 쏟아져나왔다. 지금까지 출토된 도자기 유물만도 60여 만점에 달한다. 물론 유물은 푸스퇴트 구지의 것이 대부분이지만, 카이로에서 반입된 폐토와 폐물에 섞인 것도 일부 포함되어 있다. 도자기 유물 중에서 양적으로 가장 많

이집트 푸스타트 유지 출토 각종 도자기

은 것은 이집트제품이고, 다음은 중국제품(약 12,000점)이며, 나머지는 주로 지중해 주변의 시리아, 소아시아, 키프로스, 이딸리아, 에스빠냐, 북아프리카의 것이다. 그외에 이라크, 이란, 타이, 베트남, 일본 등의 제품도 있다. 모든 도자기 유품 중에서 역대의 중국산 유품이 질량에서 단연 으뜸으로 꼽힌다. 중국 도자기 중에는 당대의 당삼채(唐三彩)·형주백자(刑州白瓷)·월요자(越窯瓷)·황갈유자기(黃褐釉瓷器)·장사요자기(長沙窯瓷器)가 있는데 그중 월요자가 가장 많다. 또 송대의 절강용천요(浙江龍泉窯)와 민·광청자(閩·廣靑瓷)·경덕진청백자(景德鎭靑白瓷)·덕화요(德化窯), 기타 남방 제요(諸窯)의 백자와 북방 정요계(定窯系)의 백자, 원대의 청자·백자·청백자·청화자(靑花瓷)가 있고, 명대의 것은 원대의 것과 유사하나 오채자(五彩瓷)가 하나 더 추가되었다. 이렇게 보면 중국 역대의 주요한 도자기 제품은 거의 망라된 셈이다. 그리하여 푸스타트는 명실상부한 '중국 도자기의 외판(外販)박물관'이라고 말할 수 있다. 출토된 이집트나 서아시아 여러 나라들의 도자기는 거개가 중국 도자기의 모조품이어서 해로를 통한 중국 도자기의 서전상을 여실히 증명한다. 중국 도자기는 해운으로 홍해의 서안 아잡('Adhāb, 현 수단령)까지 운반된 후 사막과 산지의 육로를 거쳐 나일강가의 쿠스나 아스완에 도착한다. 거기부터는 다시 배편으로 푸스타트나 카이로로 운송되었다. 푸스타트 출토 도자기 유품은 7세기부터 17세기까지의 제품으로서, 그중 중국 도자기 유물은 모두가 이러한 경로를 통해 교역된 것이다.

22. 알렉산드리아 도시유지 알렉산드리아(아랍어로는 알 이스칸다리야)는 이집트 나일강 하류 삼각주의 서북단에 위치하여 지중해에 면한 항구도시이다. 기원전 332년 알렉산드로스 대왕이 이곳에 침입하여 건설한 도시인데, 사실상 알렉산드로스는 여러 정복지에 같은 이름의 도시를 35~39개(일설에는 70개)나 세웠으나 그중 가장 유명하고 또 오늘날까지 그 이름을 연용(沿用)하고 있는 도시는 이집트의 알렉산드리아 하나뿐이다. 원래 이곳의 옛이름은 '라케티트'(곱트어로는 라코티)였다. 기원전 323년 6월 알렉산드로스가 급사하자 유해는 이곳에 안장되었으며, 그의 부장이던 프톨레마이오스 1세(재위 BC 305~285)가 이곳을 수도로 하여 이집트 일원에 프톨레마이오스 왕조를 건국하였다. 그는 알렉산드리아에 박물관과 도서관을 지었으며, 유태인들을 유치해 시가의 동부지역을 지정해 거주토

알렉산드리아 시와 파로스 등대(▲) 및 그 맞은편의 이슬람식 모조 파로스(●)

록 하였다. 프톨레마이오스 2세 때 알렉산드리아 도서관은 40만권(일설에는 70만권)의 장서를 보유했고, 프톨레마이오스 3세 때에 이르러서는 그 규모를 더욱 확장함으로써 이곳이야말로 세계적인 학문의 중심지, 가장 부유한 곳, 가장 '교양'있는 사람들만이 사는 곳으로 알려졌다.

　기원전 30년 옥타비아누스의 군사적 침입으로 이집트는 로마의 한 속주가 되었고, 알렉산드리아는 이집트에 대한 로마 통치의 수부(首府)가 되었다. 기원후 69년경 성 마르코가 이곳에 와서 처음으로 기독교를 전도하기 시작하여 교세가 확장되자, 2세기 초에는 기독교가 그리스인들이나 유태인들로부터 배척을 당하게 되어 250~360년에 일시 종교적 분쟁에 휘말리기도 하였다. 한편, 콘스탄티누스가 비잔티움(꼰스딴띠노쁠)을 비잔띤제국(동로마)의 수도로 정하면서 알렉산드리아의 국제적 지위는 상대적으로 격하되기 시작하였으며, 395년부터 이집트는 일개 속주로 변하였다. 그러다가 619년 사산조 페르시아군이 이집트를 점령하여 약 10년간 그 치하에 있기도 하였다. 이즈음에 아라비아반도에서 이슬람교가 태동하는 격변기를 틈타서 비잔띤제국은 사산조군을 격퇴시키고 시리아와 이집트에 진입, 알렉산드리아를 다시 탈환하여 이집트 통치의 본거지로 삼았다. 그러나 641년 신흥 아랍-이슬람군이 비잔띤군을 축출하고 푸스따트를 이집트 경영의 본영으로 삼자, 알렉산드리아는 전

로마 황제 콘모두스의 코인에 새겨진
파로스 등대와 베네찌아 싼 마르꼬 성당 벽면의
파로스 등대 모자이크(13세기)

래의 명성과 지위를 점차 상실해갔다.

　　그러나 중세에는 전반적인 동서교류의 부흥에 편승하여 동서교역의 중요한 중계지로서의 역할은 상실되지 않고 오히려 갈수록 증대했다. 8세기부터 13세기까지 이 항도(港都)에는 여덟 개의 도로가 시가를 종횡으로 연결시키고, 세계 7대 불가사의의 하나인 파로스(Pharos) 등대가 쉼없이 지중해를 오가는 교역선들을 비추고 있었다. 파로스 등대는 알렉산드로스가 이 도시를 건설할 때 해중 고도(孤島)에 축조한 것인데, 후일 프톨레마이오스 1세와 2세가 육지와 연결하는 길이 약 1,281m, 폭 183m(후에 2배로 증축)의 둑을 쌓았다. 이 백대리석 축제(築堤)는 공사비만도 총 800탤런트가 소요된 대역사였다. 세 개의 계단으로 된 탑식 등대의 높이는 96.99m로서, 폭 1.61m의 낭하에 지하에는 통로가 있으며, 동시에 2만명을 수용할 수 있었다.

　　예부터 알렉산드리아는 동서양 해상교역의 중계지였고 문물의 집산지였다. 7세기 아랍−이슬람군이 진주했을 때 항도의 인구는 유태교도들이 4~7만명이고, 그리스인들은 성년 남자만 20~60만명이었다고 한다. 13세기에는 약 65,000명이었는데, 14세기에 유행했던 역질(疫疾)로 인해 인구가 줄어들었다가 1384년에는 5~6만으로 회복되고 상공업도 다시 회생하기 시작하였다. 알렉산드리아는 지정학적으로 중요한 교역항이기 때문에 이집트 재정의 큰 수입원이었다. 맘루크조 시대 (1250~1517)에 매년 용항(用港) 징수세만 금화 10만 디나르(금화 1디나르 무게는 약 4.25g)나 되었다. 알렉산드리아는 직물업도 대단히 발달하여 중세에는 인도나 이딸리아 등지로 각종 직물을 수출하였다. 특히 다르 튀라즈(Dāru'd Ṭirāz) 직물공장에서 생산하는 고급 자수직물은 이집트 궁전은 물론, 멀리 몽골 칸들한테도 예물로 보내졌으며, 매년 한번씩 교체하는 성지 메카의 신전 장막인 키스와 (경전『꾸란』의 구절을 금실로 수놓은 천)로도 제공되었다. 15세기 초에 각종 직기 14,000대가 가동되었다고 하니 직조업의 성황을 가히 짐작할 수 있다. 뿐만 아니라, 유리제품과 도자기도 북아프리카나 이

654

란은 물론 멀리 중국에까지 수출하였으며, 12세기 중엽에는 세계 28개 국가나 지역의 통상대표가 상주하여 교역업무를 관장하였다고 한다. 그밖에 이곳은 향료와 산호, 노예시장으로도 유명하였다. 이와같이 알렉산드리아는 동서 해상무역의 중계지로서 현 알렉산드리아 박물관에는 그 실황을 입증해주는 유물이 많이 전시되어 있다.

23. **마디아 해협 유지** 1907년 북아프리카 튀니지 동부 마디아(고대 페니키아의 아리프타) 해협의 수심 40m의 해저에서 한 해면채집꾼이 군함의 대포 모양의 유물을 목격하였다. 이 소식을 들은 잠수부들이 탐사를 하여 많은 암포라와 청동제 파편을 발견하였다. 그들은 건져낸 유물을 당시 프랑스령 튀니지의 해군사령관 장 베므 해군대장에게 기증하였다. 베므는 잠수부들을 동원해 다시 해저탐사를 진행해서 대포로 보였던 유물이 이오니아식 대리석 원주(圓柱)인 것을 밝혀냈다

△대서양 유지

24. **영국 근해의 해저유지** 영국 수중고고학협회는 일찍부터 근해에 수장된 선박에 대한 조사 및 발굴작업을 진행함으로써 해저유물에 관한 많은 자료들을 수집하였다. 협회의 조사보고에 의하면, 1875년까지 영국 근해에서 침몰한 선박만 1,100척 이상이나 된다고 한다. 스코틀랜드와 아일랜드 해협으로부터 북해에 이르는 해저에는 이른바 에스빠냐의 '무적함대'(無敵艦隊, 아르마다)의 일부로 패전중 도주하다가 침몰한 함선이 다수 있다.

25. **브레턴 해협 유지** 1724년 프랑스의 브레스토 항을 출발한 캐나다 주둔 프랑스군의 공급선(供給船) 시몬 호가 대서양 횡단을 거의 마칠 무렵 브레턴 해협에서 갑자기 해적의 기습을 받아 침몰하고 말았다. 1967년 네덜란드계의 제도사(製圖師) 알레크 스톰과 잠수부 토리오가 이 침몰선에서 금화 1,000매와 은화 12,000매를 건져냈으나 그 전모는 밝혀내지 못하였다.

26. **바사 호 유지** 1627년 스웨덴과 네덜란드 직인(職人)들이 바사 호란 거대하고 화려한 함선을 건조하여 이듬해(1628)에 스웨덴 왕 구즈타프 아돌프 2세 예하의 함대에 편입시켰다. 이 함선은 3개의 돛대(주돛대 높이 180피트)에 전장 230피트, 고물 높이 60피트의 대선일 뿐만 아니라, 700여 종의 조각으로 장식한 화려한 선박이기도 하였다. 그러나 1628년 8월 10일 처녀항해에 나서자마자 불운의 침몰을 당하여 50명이 사망하고 5천만 도르의 재화가 일거에 수장되었다. 1961년 구조작업(Salvage)에 의해 간신히 선체를 수중에서 건져내어 지금은 스톡홀름에 보존하고 있는데, 17세기 조선술 연구에 유익한 자료를 제공해주고 있다.

27. **룬데도 해협 유지** 1973년 여름 여가를 즐기고 있던 2명의 스웨덴 사람과 노르웨이 잠수부 한 명이 노르웨이 서해안 룬데도 해협의 해저에서 우연히 침몰선을 발견하고 거기에서 10일간 2억 엔에 상당하는 금은보화를 찾아냈다. 그전에도 이곳에서 금·은화가 종종 어망에 걸려 올라와 이곳이

'룬데의 보고(寶庫)'라는 소문까지 나돌았다. 그 내막은 네덜란드 동인도회사 소속인 아케힌담 호가 18세기 초에 바타비아 총독 이하 현지 사원들의 급료와 향료 구입비 30만 굴덴(7억여 엔)을 싣고 출항한 후 해적의 내습을 피해 북해로 우회하려다가 실패해 룬데도 해협에서 침몰된 것이다. 그래서 금·은화가 어망에 걸리기도 하고 일부 수집도 하였지만 아직 전부 회수하지 못하고 있다.

28. **아일랜드 근해 유지** 1588년 에스빠냐의 '무적함대'가 영국을 공격할 때 아일랜드 근해에서 에스빠냐 전함 1척이 침몰되었다. 아일랜드 성 앤드류스 대학의 콜린 마틴 박사를 위시한 조사단은 여러가지 수중고고학적 방법을 이용하여 침몰선의 실체를 확인하는 데 성공하였다. 1975년 영국 TV도 이 사실을 방영한 바 있다.

△내해 유지

29. **레데이 해저도시 유지** 1980년 소련 카스피해 동북부 만구이시라크 반도(半島) 해저에서 고대에 번영하였다가 수몰되었다는 전설적 도시 유지가 발견되었다. 고고학자들은 발굴지에서 중앙아시아의 전통적인 점토(粘土)로 지은 주거지와 도기류, 유리장식품, 주물(鑄物) 같은 유물을 발견하였다. 일찍이 중앙아시아와 교역을 진행한 바 있는 이딸리아의 한 상인이 14세기에 제작한 지도에 '레데이'라고 기명한 도시가 있었다. 이것은 카스피해 해안선이 급속히 확대되면서 레데이 같은 주변 도시들을 수장시킨 결과로 추정된다. 아울러 중앙아시아와 카스피해 일대의 교역상도 시사해준다.

30. **마라톤 해저유지** 1925년 에게해의 마라톤 해저에서 '마라톤 청년상'(일설은 헤르메스상이라 주장, 높이 130cm)이 어망에 걸려 들어올려졌다. 이 상은 그리스로부터 이딸리아로 항진하다가 침몰된 선박에 적재되었던 것으로 추정된다. 이 청년상은 기원전 4세기경에 그리스의 대조각가 프락시텔레스의 작품으로 보여지며, 등신(等身)보다는 좀 작다. 현재 아테네 국립박물관에 전시되어 있다.

△서단(西段) 유지

31. **케프 카나베라르 해저유지** 1715년 7월 해적 때문에 에스빠냐의 가레온선단 10척이 미국 플로리다의 케프 카나베라르 부근의 해협에서 침몰되었다. 와그너는 1949년에 이 해저에서 은화를 처음 발견한 후, 1961년에는 10개의 금괴(金塊, ingot)를 건져내고 1965년 5월 30일에는 금판(金板)과 금화 등 30만 달러어치의 보화를 또 얻었다. 그중 10개의 완(碗, 사발)과 발(鉢, 바리때)을 4,675달러에 골동품 수집상에 팔아넘겼다. 그런데 그중 다구(茶具)는 중국 청조 강희제(康熙帝) 시대의 제품으로서 중국─마닐라─멕시코로 이어지는 태평양 횡단해로를 통해 멕시코로 유출된 것이다. 이것은 중세에 이르러 실크로드 해로가 구대륙으로부터 신대륙까지 연장되었음을 실증하는 것이다.

32. **베라크루스 해저유지** 1976년 멕시코만과 마주한 베라크루스 해협 부근의 강 하구에서 한 어부

가 금목걸이, 금제 막대기, 보석류 등 50여 점을 발견하였다. 멕시코 고고학자들의 견해에 의하면, 이 유물은 고대 아스떼끄제국의 전설에 나오는 몽테스 왕이 소유하고 있던 재화의 일부일 것이라고 한다. 그러나 유물을 조사한 메드린 베라크루스대학 인류역사학 연구소장은 이 재보가 꼭 그렇다는 것은 확인할 수 없으나 대략 700년 전에 만든 제품일 것이라고 추단하였다. 따라서 이 유물의 실체에 관해서는 여러 논의가 있었다. 이 유물을 최초로 발견한 어부는 금제품의 일부를 귀금속상에게 출매하였기 때문에 문화재보호법 위반죄로 투옥되었다고 한다.

33. **메인 호 해저유지** 1971년 8월 미국 플로리다 반도 동남부에 있는 바하마 군도의 해수욕장에서 16km 떨어진 해저에서 한 잠수부가 약 900매의 금은동화를 건져냈다. 이것은 1628년 네덜란드의 유명한 해적인 비요트 헤인의 습격을 받고 침몰한 에스빠냐의 메인 호 범선에 적재했던 유물이다. 17세기에 활동한 해적들은 보통 탈취한 재보는 일시 해저 깊숙이 숨겨두었다가 후에 꺼내갔다고 한다.

34. **산 호세 호 해저유지** 미국 플로리다 부근의 해저에는 에스빠냐 침몰선이 적지 않다. 그중 1733년에 침몰한 산 호세 호의 유물을 찾기 위해 잠수부인 톰 구르는 5년간이나 노력한 끝에 1974년 1월 동료들과 함께 10만 달러에 상당한 금은재화를 찾아냈다. 그런데 발견장소가 주(州) 관할에 있는 3해리 이내 영해라는 이유로 플로리다 주 당국은 25%의 소유권을 주장하였다. 이에 분개한 구르는 동행 취재를 위해 TV 카메라맨과 함께 보트를 타고 심해에 나가 "나는 어떠한 법률도 위반한 것이 없는데도 주 당국은 나의 몫까지 빼앗으려고 하니, 차라리 바다에 되돌려줄 수밖에 없다"고 하면서 건져낸 금은보화를 삽으로 퍼서 바다에 던졌다고 한다.

35. **플로리다 해저유지** 1985년 7월 25일 미국 플로리다 반도 심해에서 한 개의 긴 멕시코산 은봉(銀棒)과 기타 금은화가 수심 16m 해저에서 발견되었다. 이 은봉을 적재한 배는 1622년 해적 때문에 침몰한 '누에토라 세뇨르 더 아토차 호'로서 4억 달러에 상당한 은봉 1,200개를 적재하고 있었다. 이 침몰선의 실체를 밝힌 메르 피샤(당시 63세)는 그 조사 연구를 위해 16년간 1,500만 달러를 투자하였다고 한다.

36. **바하마 군도 해저유지** 일반선원에서 독학으로 해저탐사법을 익혀 선장까지 된 미국의 윌리엄 힛브스는 서인도 군도를 항해하던 중에 17세기경 보물을 적재한 에스빠냐 선박들이 다수 침몰했다는 소문을 들었다. 그는 해저탐사의 후원자를 얻기 위해 영국에 가서 국왕 찰스 2세를 알현하고 해군의 푸리기트함 로즈 오프 알렌지 호를 탐사작업에 투입할 수 있도록 허락을 얻어냈다. 1683년 쿠바의 북방 바하마 군도에서 탐사작업을 진행하였지만 침몰선을 발견하지 못하고 작업선은 영국으로 회항하였다. 그후 새로운 출자자를 만나 200톤급 선박 2척을 차용하여 바하마 군도로 다시 갔다. 다행히 산호 사이로 희미하게 보이는 검은 침몰선을 발견하여 수주간의 어려운 작업 끝에 금은봉 27톤(시가 30만 파운드)을 건져 런던으로 돌아갔다. 발견된 재물의 10분의 1은 왕실 소유라는 관례에 따

라 3만 파운드를 왕실에 헌상하였다. 그 공로로 힛브스는 나이트(기사) 칭호를 받았다. 그는 16,000파운드의 지분만 가지고 미국에 귀향하여 1692년 메서추시츠의 지사로 임명되었으나 운이 따르지 않아 지사직을 그만두고 런던에 가서 1695년 44세로 별세하였다.

37. **푸토안 아보로스 섬 해저유지** 사면이 해양으로 둘러싸인 오스트레일리아의 해역은 아직 수중 탐사작업이 미진하여 발견된 침몰선이 많지는 않으나, 시드니만이나 빅토리아해 연안에는 많은 침몰선이 수장되어 있는 것으로 알려져 있다. 그중 이미 예인된 침몰선의 대표적 예가 바타비아 호다. 1972년 푸레만토르에 있는 서오스트레일리아 해양박물관의 고고학자들이 서해안의 푸토안 아보로스 섬 부근의 해저에서 1629년에 침몰된 네덜란드 동인도회사(V.O.C.) 소속의 바타비아 호를 발견하였다. 적재된 유물 중에는 청동제 함포(艦砲), 청동제 총류(銃類), 1575년에 주조한 화폐, 각종 호류(壺類), 그리고 137개의 석재가 있었다. 석재를 조립하여 복원해보니 석문(石門)인데, 그것은 동인도네시아의 바타비아(현 자카르타)에 소재한 V.O.C.의 요새 성문을 축조하기 위해 특별히 네덜란드에서 주문제작했던 것으로 밝혀졌다.

이상에서 실크로드 3대 간선의 연변에 전개되어 문명교류상을 실증해주는 주요 유지 총 125개소(초원로 13개소, 오아시스로 75개소, 해로 37개소)에 관해 약술하였다. 대체로 유지의 위치와 조사 및 발굴 경위, 보전상황, 유물의 내용과 성격 등에 관한 것이며, 요체는 문명교류에 대한 해당 유물의 유물적 전거로서의 증빙 여부와 영향관계 문제이다. 그런데 이 문제에 관한 고고학계나 교류사학계에서의 연구가 아직 미흡한 형편이기 때문에 보다 실증적이고 심층적인 연구가 요망된다.

제3절 물질문명 유물

실크로드를 통한 교류의 역사적 전거의 하나인 유물적 전거에는 물질문명에 관한 유물과 정신문명에 관한 유물 두 가지가 포함되어 있다. 전술한 실크로드 3대 간선 연변에 분포된 주요 유지들에서 출토된 유물들은 물질문명 유물과 정신문명 유물로 대별할 수 있다. 이 유지들에서 발견된 물질문명 유물을 구체적으로 다시 생활수단 유물과 생산수단 유물, 교역수단 유물, 전쟁수단 유물로 세분하여 고찰하면 다음과 같다.

유별	분류	유지명	유물연대	유물내용	비고
생활 수단 유물	견직물	몽골, 노인울라 고분군 유지	BC 1세기~ AD 1세기	중국 한대의 견직품, 자수품	호한문화
		동부 알타이, 파지리크 고분군 유지	BC 5~3세기	제5호분에서 중국산 견직품, 자수품	알타이 중심 동서교류
		북까프까스, 마세와야 바레카 고분유지	AD 8~9세기	한당 견직품 143점과 견직품 조각 65점, 연주문 괴수문양 금포	4종의 견직문화 융합물, 소그드 상인
		중국 신강성, 누란 도시유지	AD 3~4세기	중국 후한대의 견·기(綺)·금(錦) 등 견직품, 자수품	
		중국 신강성, 아스타나 고분군 유지	AD 4~8세기	한당 견직물과 면사, 13호분 출토의 '호왕 (胡王)' 연주문금은 페르시아 문양과 중국 금의 융합품	6세기 전반에 페 르시아 금 중국 유입
		시리아, 팔미라 도시유지	BC 1세기	한자명(漢字銘)이 새겨진 기·능(凌) 등 견직물	오아시스로 연 장 근거
		기타	기원 전후	파미르 고원 서쪽에서 스웨덴까지 근 10개 소에서 한당 견직물 출토	
	모직물	몽골, 노인울라 고분군 유지	BC 1세기~ AD 1세기	모전(毛氈)	
		중국 신강성 누란 도시유지	AD 3~4세기	청·홍·황·남·백·청·녹 7색 계(罽), 그리스-로마 문양의 모전	
		이란 중부, 이스파한 도시유지	BC 6세기	연주문, 포도당초문, 수렵문으로 수놓은 '이스파한 카펫'	'세계의 반분'이 라고 한 고도
		기타	기원 전후	서역으로부터 구수(氍毹), 답등(毾㲪) 등 모직 좌구의 중국·한국 유입	
	복식	몽골, 노인울라 고분군 유지	BC 1세기~ AD 1세기	상의, 모자, 배식(背飾)	
		이란 동북부, 지위예 유지	BC 7세기	앗시리아와 스키타이식 팔찌와 목걸이 장식품	
		중국, 장안 도시유지	BC 3세기~ AD 9세기	여러 능묘에서 출토된 호복(胡服), 호식(胡 飾)	
		중국 감숙성, 돈황석굴 유지	AD 4~14세기	삼주관(三珠冠), 영락(瓔珞) 등 인도와 서역풍 복식	
		베트남 남단, 옥에오 항구유지	AD 1~6세기	주석제 장신구 316점, 인물이나 코끼리 문양 메달, 인도인 이름의 인장	기원초 해로 동단 항
		맥시코만, 베라크루스 해저유지		목걸이, 금봉(金棒), 보석 등 50여 점	

유별	분류	유지명	유물연대	유물내용	비 고
생활 수단 유물	복식	타지키스탄, 카이트 도시유지		귀고리, 보석, 금제 장신구, 비잔틴 황제 금제 인장	
		이란 서부, 수사 도시유지	BC 6세기	정복지에서 각종 장식품 반입. 인도식 인장	
		한국, 낙랑군 한묘 유지		길이 21.3cm에 5개의 이가 달린 대모(玳瑁)	
		중국 산서성, 회안 한묘 유지		기타 산동성 문등현(文登縣), 감숙성 난주 (蘭州) 등 약 20곳 한묘의 대모	
	용기	중국 신강성, 누란 도시유지	AD 3~4세기	청동기	
		그리스, 에라포니소스 해저도시 유지		미케네 시대의 청동제 발(鉢)	청동기시대 최고(最古) 도시
		이딸리아, 메시나 해저유지	BC 5세기	청동금구, 은괴, 기원전 5세기의 남자청동상 2구	
		키프로스, 키레니아 해협 유지	BC 4세기	청동제 솥	
		몽골, 노인울라 고분군 유지	BC 1세기~ AD 1세기	청동기, 금은세공품	
		이란 동북부, 지위예 유지	BC 7세기	은반	
		아무다리아강 상류, 옥서스 고분유지	BC 6~3세기	아케메네스조 페르시아의 각종 금·은제품	대영박물관 소장 '옥서스 유보'
		이란 중부, 이스파한 도시유지	BC 6세기	각종 금속세공품	
		중국, 사산조 금은기 유지		5세기 북위 산서(山西) 대동(大同) 유지의 해수문팔곡은세(海獸紋八曲銀洗), 6세기 북주 장안 근교 9세 공주 묘의 굽높은 금잔 과 은잔 각 1개, 당대 장안 하가촌(何家村) 출토의 팔릉류은배(八棱鎏銀杯) 3점 등	
		남중국해, 게데르 마르센 호 해저유지	1752	144인분 식기세트	경매
		이딸리아, 아르벤가 항 유지	BC 2~1세기	728개 암포라	
		튀니지 동부, 마디아 해협 유지		암포라(수심 40m), 청동기 파편	

유별	분류	유지명	유물연대	유물내용	비 고
생활 수단 유물	용기	멕시코, 멕시코만 유지	1715	중국제 다완(茶碗)	중국—마닐라— 멕시코 해로 실증
		오스트레일리아 서해안, 푸토안 아보로스 섬 해 저유지	1629	각종 호류(壺類, 항아리)	
	보물	타지키스탄, 카이트 도시유지		각종 보석, 금제 장신구	
		남중국해, 게데르 마르센 호 유지	1752	금괴 125개	경매
		키프로스 북안, 키레니아 해저유지	BC 4세기	각종 보석(수심 30m)	
		멕시코만, 베라크루스 해저유지		금봉(金棒,), 보석	
		멕시코, 멕시코만 유지		금괴(ingot) 10매, 금판, 은화, 금화 등 30만 달러어치	
		한국, 경주 도시유지		월지로부터 옥, 석국(石國)으로부터 슬슬(瑟瑟) 유입	
		몽골, 노인울라 고분군 유지	BC 1세기~ AD 1세기	옥제품(중국이나 서역으로부터 유입)	
		천산, 사카 고분유지	BC 5세기	아람시크 고분의 장식용 옥	
		중국 호남성, 영릉현 한묘 유지		호남성(湖南省) 영릉현(零陵縣) 한묘의 길이 22cm 벽	
		한국, 평양 석엄리 고분유지		평양 석엄리 제212호 고분의 옥구검(玉具劍)	
		중국 호남성, 장사 오리패 고분유지		장사(長沙) 오리패(五里牌) 고분의 옥구검	
		한국, 낙랑 고분유지		낙랑 석엄리 제9호 고분의 길이 1.6cm 옥인(玉 印, '求壽康寧' 4자 각인)과 길이 21.6cm 벽(璧)	
		중국 광주, 화교신촌 한묘 유지		화교신촌(華僑新村) 한묘의 길이 2cm 백옥인 ('李嘉' 2자 각인)과 길이 21.6cm 벽(璧)	
		중국 신강성, 누란 도시유지	AD 3~4세기	헤르메스상이 새겨진 보석	
		중국의 각종 옥의 용도		전례용(10종), 복식용(6종), 상례용(2종), 장 검용(5종), 기물용(4종), 총 27종	

유별	분류	유지명	유물연대	유물내용	비 고
생활 수단 유물	유리	중국 신강성, 누란 도시유지	AD 3~4세기	유리기 파편, 소다유리	서방에서 유입
		중국, 춘추전국 고분유지		소다석회 유리에 속하는 청령옥 구슬	서역에서 유입
		중국 요녕성, 북표 고분유지	AD 4~5세기	요녕성 북표의 북연(北燕) 권세가 풍소불 (馮素弗, 383~415) 묘의 오리형 연적(硯滴, 20.5cm)을 비롯한 이집트산 투명유리기	
		한국, 경주 고분군 유지	AD 5~6세기	금관총·금령총·천마총 등 고분에서 각종 유리기구 18점, 후기 로만글라스계	초원로 경유 전입
		투르크메니스탄, 니사 도시유지	BC 3세기	구 니사 유지의 그리스풍 유리기구	헬레니즘 문화 영향
		아프가니스탄, 베그람 도시유지	BC 1세기~ AD 3세기	그레코로만식 유리기구	
		이란 중부, 이스파한 도시유지	BC 6세기	각종 유리기구	
		이란 서부, 시라즈 도시유지	AD 7세기 이후	전통공예로서의 유리기구	
		이집트, 알렉산드리아 도시 유지		유리제조업의 원조, 소다석회 유리	
		카스피해 동북부, 레데이 해저도시 유지		각종 유리장식품	
	토기	중국 요녕성, 청동기문화 유지	BC 5~3세기	서차구 고분 등 수혈식 토광묘와 판석 석실묘의 토기	동호인
		중국 내몽골, 범가요자 유지	BC 5~3세기	범가요자 고분의 토기	스키타이-다카르 문화 영향
		몽골, 노인울라 고분군 유지	BC 1세기~ AD 1세기	토기, 칠기	호한문화
		중국 신강성, 아스타나 고분군 유지	AD 4~8세기	토기	
		투르크메니스탄, 아나우 농경문화 유지		적색연마토기, 채문토기	초기 농경문화
		이란 서부, 수사 도시유지	BC 6세기	채문토기 중심지	
		프랑스, 그랑콩구르에 섬 해저 유지	BC 2세기	7천개의 토기 항아리(수심 40m, 수장)	

유별	분류	유지명	유물연대	유물내용	비 고
생활 수단 유물	토기	이라크, 자르모 유지	6~7천년 전	채문도기	
		중국 하남성, 앙소문화 유지	3500년 전	채문토기(채도)	
		중국 신강성, 누란 도시유지	AD 3~4세기	칠기	
		카자흐스탄, 탈라스 도시유지		식물문 토기	
	도기	남러시아, 스키타이 문화 유지	BC 6~1세기	네오폴리스(수도) 도시유지의 도기, 양건연 와	
		중국 신강성, 누란 도시유지	AD 3~4세기	도기	
		카자흐스탄, 탈라스 도시유지		이슬람 경문이 새겨진 도기 파편	
		아프가니스탄, 라슈카르가 도시유지	AD 10~12세기	가즈나조 동도(冬都) 유지의 도기	
		이란, 니샤푸르 도시유지	AD 3~12세기	니샤푸르 도기	
		일본, 박다만 해저유지	AD 10~12 세기	송대 도자기(수장)	
		일본, 유게시마 해저유지	AD 15~17세기	명대 청자완(碗), 청자발(鉢), 청자수호 (水壺)	
		한국, 신안 해저유지	AD 13~14세기	원대 용천요(龍泉窯) 청자, 경덕진(景德鎭) 백자 등 2만점	
		남중국해, 게데르 마르센 호 유지	1752	각종 도자기류(수장)	경매
		이딸리아, 엘바 섬 유지	AD 1~2세기	도자기 파편(수심 50m, 수장)	
		키프로스 북안, 키레니아 해저유지	BC 4세기	도기류(수심 30m, 수장)	
		이집트, 푸스타트 도자기 유지	AD 7~17세기	도자기 유물 60여 만점, 그중 각대의 중국 도 자기 12,000점, 기타 지중해 연안 각지 제품 및 타이·일본 제품	'중국도자기 외판박물관'
		이집트, 알렉산드리아 도시 유지		각종 도기, 도기제조업	

유별	분류	유지명	유물연대	유물내용	비고
생활 수단 유물	도기	카스피해 동북부, 레데이 해저도시 유지		도기류(수장)	
		중국, 원대 청화자	AD 13~14세기	원대의 대표적 도기인 청화자(青花瓷)가 일본, 필리핀, 말레이시아, 인도네시아, 인도, 터키, 이란, 동아프리카에 수출. 청화색 원료인 고람(鈷藍, 코발트블루)은 일 칸국(이란)에서 수입.	도기교류
		이라크, 바그다드 할리파 궁전 유지		백자, 청자 조각, 당삼채풍의 발, 쟁반 등	
		일 칸국(이란), 쑬퇘나바드 도기유지	AD 13~15세기	남채사봉문(藍彩四鳳紋) 발과 완, 쌍어문(雙魚汶) 완	원대 수입품이나 모조품
		타이, 야유다야 도기유지	AD 13~18세기	14세기 원대의 백자, 15~16세기 명대의 청자, 17~18세기 청대의 청자, 15세기 말~17세기 초의 색회(色繪), 이만리(伊萬里, 일본) 청자 파편 수백톤	일본 청자 교류
		레바논, 베이루트 도기 골동품상	AD 13~16세기	1973년 7월 현재 한 도기 골동품상이 14세기 원대 청자 대명(大皿) 5매, 발 6개, 명대 초 송죽매문명(松竹梅紋皿) 등 중국 도기 약 800점 소유	
		우즈베키스탄, 부하라 마하사 궁전 도기유지	AD 16~17세기	18세기 부하라 칸국 아미르의 하궁인 마하사 궁전 제5실에 약 130점 도기 전시, 최고가 16세기 말의 사자문호	
		대서양, 세인트 헬레나 섬 해저 유지	1613	네덜란드 동인도회사 소속의 비테로 호가 포르투갈 배의 습격으로 침몰. 적재 유물로 중국 도기와 후추	
		멕시코, 멕시코시티 도기유지	AD 15~17세기	1968~70년 멕시코시티의 3선 지하철공사 중 주로 에스빠냐인들의 거주지에서 약 15톤 도기 파편 출토(주로 중국 명대)	신·구 대륙간의 도자기 교류
	거울	몽골, 노인울라 고분군 유지	BC 1세기~AD 1세기	한대 경(鏡)	
		동부 알타이, 파지리크 고분군 유지	BC 5~3세기	산자문(山字紋) 청동경	
		타지키스탄, 카이트 도시유지		중국 백동제(白銅製) 해수포도문방경(海獸葡萄紋方鏡), 길이 11.7cm)	
		베트남 남단, 옥에오 항구유지	AD 1~6세기	'주지(主至)'라고 명기된 한대 기봉경(夔鳳鏡, 복원 직경 14.47cm)과 2개의 거울 파편. 하나는 방격규구사신경(方格規矩四神鏡)	한-로마간 교류

유별	분류	유지명	유물연대	유물내용	비고
생활 수단 유물	거울	우즈베키스탄, 판지켄트 도시유지	AD 6세기	배화교도의 묘에서 출토된 해수포도경 파편	
		카자흐스탄, 우르자르 유지	AD 7~8세기	양질의 백동경	
		키르기스스탄, 사루이그 도시유지	AD 7~8세기	사루이그 성 남쪽 부근의 제8지점 테베의 당대 서조사신경(瑞鳥四神鏡), 경배의 인물상 사이에 서조(瑞鳥) 배치 문양	
		러시아, 미누씬스끄 근교 유지	AD 7~8세기	다수의 당경(唐鏡)	
		이란, 당식경 유지	AD 7~8세기	니샤푸르 출토의 청동해수포도경(직경 9.2cm), 수사 출토의 모조해수포도경(직경 10.6cm), 서북 이란 출토의 청동반용팔화경 (盤龍八花鏡, 직경 12.4cm)	
		중국, 한·당 경유지		몽골(5곳), 시베리아(20), 볼가강 유역(1), 중앙아시아(15), 이란(4), 요르단(2), 총 47곳	
	주거지	파키스탄, 모헨조다로 유지	BC 28~25세기	고대 인더스 문명의 대표적 유지, 정연한 시가·주택·배수시설·목욕장·우물	인더스 문명
		이란, 타브리즈 도시유지	AD 3~15세기	아르메니아 왕국 수도(3세기), 일 칸국 수도 (13세기), 흑양조(黑羊朝) 수도(15세기), 각 조대의 궁전유물	
		터키, 보가즈쾨이 도시유지	BC 16세기	히타이트 왕국 수도, 궁전, 성벽, 회랑이 달린 건물, 신전, 사자문, 2만매의 점토판 문서	
		터키, 코니아 도시유지	AD 11세기	셀주크조 수도, 궁전 유물	
		터키, 페르가몬 도시유지	BC 3세기	페르가몬 왕국 수도(BC 3세기). 궁전, 도서관, 신전, 극장, 제우스 제단	
		이란, 바사르가다에 도시유지	BC 6세기	아케메네스조 건국시 수도, 건국자 키루스의 궁전과 묘당 유물	
		이란, 페르세폴리스 도시유지	BC 6세기 이후	아케메네스조 수도, 압다나 궁전지, 타자라 (별전), 한디쉬(합성궁), 하렘, 보고, 삼문궁, 묘당 등 방대한 유물	중동 최대 도시 유지
		이라크, 우르 도시유지	BC 2500년	우르 왕조 수도, 지구라트, 궁전, 신전, 묘당	대표적 고대 도시문명
		이라크, 바빌론 도시유지	BC 19~16세기	바빌로니아 왕국 수도, 궁전, 공중정원, 내외 2성, 도시유지 남북 5km, 동서 3.5km. 바벨 탑, 병렬도로 등 유명한 유물	

유별	분류	유지명	유물연대	유물내용	비 고
생활 수단 유물	주거지	이라크, 크테시폰 도시유지	BC 1세기	파르티아조와 사산조 수도. 아치형 궁전 유물	
		이라크, 님루드 도시유지	BC 18~7세기	앗시리아 왕국 수도. 궁전, 신전 유물	
		이집트, 알렉산드리아 도시유지	BC 4세기 이후	프롤레마이오스조, 로마제국, 사산조, 우마위야조, 암바쓰조, 파티마조 등 역대의 동서양 해상교역도시. 여러 종교인 거주	
		카스피해 동북부, 레데이 해저도시 유지		중앙아시아산 점토로 지은 주거지(수장)	고대 동서교류 (가옥)
		에게해 연안, 트로이 도시유지		9층 주거지(문화층). 제2층 주거지가 번영기(성벽, 성문), 제7층 주거지 A는 트로이 전쟁기(미케네 문명기)	
		파키스탄 북부, 탁실라 도시유지	BC 5세기~ AD 5세기	3개 유지에 12개 거주층. 그중 시르카프 유지(BC 1세기)에 배수구 시설과 9기의 스투파	
	장묘	동부 알타이, 파지리크 고분군 유지	BC 5~3세기	쿠르간형 묘, 남녀 미라, 유체 문신	장묘교류
		중국 신강성, 누란 도시유지	AD 3~4세기	아리안계 인종의 유체	민족이동
		몽골, 호지루트 배석묘유지	AD 6세기	호지루트 시 근교의 약 100기의 환상렬석배석묘(環狀列石配石墓). 직경 수미터에서 수십 미터의 각종 형태	거석문화
		중국 신강성, 아스타나 고분군 유지	AD 4~8세기	여러 분묘와 함께 각종 명기류	
		아무다리아강 하류, 히바 도시유지	AD 13~14세기	싸이드 알라웃 딘 묘당(1303), 목주(木柱) 지하대사원	
		이란 서부, 페르세폴리스 암굴묘군 유지	BC 6 세기 이후	아케메네스조 다리우스 1세와 2세, 쿠세르쿠세스 1세의 암굴묘. 십자형, 상, 비문(상부), 기마전투도(하부)	
		그리스, 에라포니소스 해저도시 유지		미케네 시대의 석관(수장)	
	향료	중국 복건성, 천주 해저유지		동남아시아에서 반입한 침향목, 단향목 등 (침몰선, 수장)	
		이집트, 알렉산드리아 도시유지	BC 4세기 이후	향료 집산지 및 제조지(교역항)	

유별	분류	유지명	유물연대	유물내용	비 고
생활 수단 유물	향료	한국 경주, 불국사 석가탑 유지		아랍산 유향(乳香) 3포(包)	신라-서역간 교류
		아프가니스탄, 베그람 도시유지	BC 1세기~ AD 3세기	울금향(鬱金香) 산지	
	기타	중국, 침대 유입	AD 2세기	후한 말 서역(페르시아?)으로부터 호상(胡 床, 침대) 유입	
		우즈베키스탄, 부하라 도시유지		반지하식 목욕장(2개소)	
		파키스탄, 모헨조다로 유지	BC 28~25 세기	목욕장, 배수시설, 우물	인더스 문명
		이라크, 바그다드 도시유지	AD 8세기 이후	목욕장 1,500개소	
		카자흐스탄, 탈라스 도시유지		기하학문양 목욕장, 점토 촉대	
		터키, 이스딴불 도시유지	BC 7세기 이후	336개의 석주가 받치고 있는 지하저수지	
		중국, 소주 유입	AD 13~14 세기	서역으로부터 증류식 소주양주법 유입. 고 려 때 한국에 유입	
	식물	동전 서역 식물		비잔띤·아랍·페르시아·인도 등 서역에서 동전한 포도, 호두, 석류, 파, 마늘, 시금치, 수박, 후추, 완두, 각종 향료, 몰약, 수선화, 개암, 사프란, 무화과, 장뇌, 소목 등 90여 가 지 식물	다수 약초 포함
		중국 광서성, 귀현 전한묘		광서(廣西) 귀현(貴縣) 전한묘와 강소양주 (江蘇揚州) 전한묘, 고유(高遺)의 후한묘 의 수박씨. 수박의 원산지는 남아프리카로 서 이집트 등지를 통해 유럽과 아시아에 기 원전 전파. 10세기 중국 고창(高昌) 지대에 서 재배	수박 전파
		면화의 동전		면화(목면과 초면)의 원산지는 아프리카. 목 면(木棉)은 인도와 미얀마를 거쳐 중국의 운남과 해남 동남방에 유입. 초면은 아라비 아 반도를 거쳐 중국 신강과 고창, 섬서 일 대에 유입. 인더스강 유역 모헨조다로 유지 에서 기원전 2500년경의 목면 표본 발견. 중 국 무이산(武夷山)에서 기원전의 면포와 운남 애로이(哀牢夷)에서 후한 때의 백첩 (帛疊) 출토	면화 전파

유별	분류	유지명	유물연대	유물내용	비 고
생활 수단 유물	식물	차의 서전	AD 16세기	원산지가 중국인 차는 아랍인들을 통해 서구에 전달. 1559년 베네찌아인이 처음으로 아랍인으로부터의 전문에 의해 약물로 차에 관해 기록. 17세기 초 네덜란드인들이 최초로 차를 서구에 반입, 17세기 중엽 영국과 미국에 유입.	차 전파
		고구마의 동전	AD 16세기	원산지가 페루나 에콰도르, 멕시코인 고구마는 콜럼버스의 신대륙 '발견' 후 우선 에스빠냐에 유입된 뒤 16세기 중엽에 필리핀과 몰루카 제도를 거쳐 아시아 각지에 전파. 중국은 명 만력(萬曆) 연간(1573~1620) 수용.	고구마 전파. 신·구 대륙간 교류
		옥수수의 동전	AD 15세기	아메리카 인디언들의 주곡인 옥수수는 15세기 말 에스빠냐와 포르투갈 등 유럽에 유입된 후 16세기 중엽 중국에 전파. 1770년대에 와서야 광범위 재배. 상고시대부터 중국 고유의 재배식물(扶桑)이란 설도 있음	옥수수 전파. 신·구 대륙간 교류
		낙화생의 전파		①남미유입설: 절강 오흥전산양(吳興錢山漾)과 강서 수수포마령(修水砲馬嶺) 유지에서 약 4천년 전 낙화생 종자 6개 발견. 그런데 이것은 동남부의 월인(越人)이나 이인(夷人)들이 뗏목을 타고 태평양을 횡단해 남볼리비아로부터 유입했다는 것 ②중국원산지설: 일찍이 절강(浙江) 일대에 '천세자(千歲子)'란 야생 낙화생이 있었는데 송·원대에 인공재배에 성공한 후 인도, 스리랑카, 말레이 반도, 아프리카에 전파되었다가 16세기 초 유럽에 유입했다는 것	낙화생 전파. 신·구 대륙간 교류
		감자의 동전	AD 16세기 이후	원산지가 남미 고원지대인 감자는 처음에는 관상용으로 유럽에 유입. 18세기 후기부터. 유럽 각지에서 농작물로 재배. 16세기 말 17세기 초 네덜란드인들이 일본 나가사끼에 반입. 17세기 중엽 네덜란드인들이 대만에 반입. 그후 중국 대륙에 유입. 19세기 화교들에 의해 남양군도에서 유입되었다는 설도 있음	감자 전파. 신·구 대륙간 교류
		연초의 동전	AD 16세기	16세기 중엽 남미로부터 에스빠냐, 포르투갈, 영국 등지에 유입. 16세기 말엽부터 17세기 초엽 사이에 중국에 유입. 그중 확실한 것은 포르투갈인들에 의해 1605년 일본 유입. 1616~17년 일본으로부터 조선에 전파, 계속해 요동지대에 전파. 숭정(崇禎) 10년(1637)에 조선 정부는 연초[南草]를 예물	연초 전파. 신·구 대륙간 교류

유별	분류	유지명	유물연대	유물내용	비 고
생산 수단 유물	식물			로 건주(建州) 관리들에게 보냄. 그밖에 미 주로부터 중국에 유입된 식물로는 고추, 파 인애플, 토마토, 등이 있음.	
		대추야자수의 동전	AD 6~7세기	원산지가 서아시아와 중앙아시아인 대추야 자수가 수·당대에 유입	대추야자수 전파
	동물	양의 보급		원래 야생종 양으로는 파미르 고원, 알타이, 중앙아시아 일대의 아몬종(ovis ammon)과 이란·아프가니스탄·인도 서북부 지대의 비 그니종(ovis vignei), 아나톨리아 고원과 이 란 서남부 일대의 무시몬종(ovis musimon) 의 3대 종이 있음. 현재 유라시아 초원지대 에서 사양하는 광미양(廣尾羊, 꼬리 두터운 양)은 아몬종 계통의 양	양 전파
		말의 보급	BC 2000경	현 유라시아 초원지대의 말은 19세기에 거 의 멸종되다시피 한 타르반 말(중앙아시아 와 말레이시아)을 조마(祖馬)로 하고 있음. 기원전 2천년경에 말이 오리엔트 문명에 등 장한 후 축력과 함께 기마전투에 이용	말 전파
		낙타의 보급	BC 20~8세기	낙타에는 쌍봉과 단봉 낙타의 2종이 있는데, 쌍봉은 주로 북방 유라시아 초원로에, 단봉 은 파키스탄·아프가니스탄·이란·이라크· 아랍·이집트·북아프리카에 분포. 중앙아시 아에는 두 종이 혼재. 쌍봉은 기원전 2천년 대에 초원로의 이동교역용으로 사용. 단봉 은 기원전 8세기의 앗시리아 문헌에 초견. 기원전 6세기부터 이집트와 북아프리카에 보급	낙타 전파
		불름 개의 동전	AD 7세기	624년 고창(高昌) 왕 국문태(麴文泰)가 당 고조에게 불름(동로마제국) 개 한쌍을 선물. 영리한 이 개는 오늘의 합팔(哈叭) 개의 조 상	개 전파
		내몽골, 범가요자 유지	BC 5~3세기	범가요자 유지 고분의 면양, 산양, 말, 사슴, 이리	
		동부 알타이, 파지리크 고분군 유지	BC 5~3세기	제1호분 곽실 밖에 10필의 말 부장. 스키타 이 고분에도 말 부장	
	이동 수단	중국 요녕성, 청동기문화 유지	BC 5~3세기	서차구 고분의 마구, 동물문양 금구	
		파미르, 아크베이트와 탐디 고 분군	BC 5~4세기	각종 마구	

유별	분류	유지명	유물연대	유물내용	비 고
생산 수단 유물	이동 수단	몽골, 노인울라 고분군 유지	BC 1세기~ AD 1세기	재갈, 마면(馬面), 안장	
		동부 알타이, 파지리크 고분군 유지	BC 5~3세기	3호분에서 출토된 높이 1.5m의 스키타이식 목제 4륜 고차(高車)	
		이란 서부, 수사 도시유지	BC 6세기	영내를 연결하는 두 갈래의 '왕의 길.' 오아 시스 육로의 최초 서단(西段)	오아시스로 서단
		시리아, 두라 유로포스 도시유지	BC 4세기	대상(隊商) 집산도시. 격자(格子)도로 구조 (12×9)	
		일본, 박다만 해저유지	AD 10~12 세기	정석(碇石, 닻돌)	
		그리스, 에라포니소스 해저도 시 유지		미케네 시대의 가로(수장)	
		이딸리아, 네미호 유지	AD 1세기	황제용 누선(樓船) 2척 수장. 대리석 파편, 못, 금속기둥 등	
		이딸리아, 아르벤가 항구 유지	BC 2~1세기	연제 조타륜(操舵輪), 동물뿔형 이물, 철제 글라프(흙탕 같은 것을 쳐내는 공구)	
		이집트, 알렉산드리아 도시유지	BC 4세기	높이 96.99m의 파로스 등대, 세계 7대 불가 사의의 하나	
	기타	중국 신강성, 감아정 유지		감아정(坎兒井, 위구르어로 kariz)은 수맥 을 따라 20~30m 간격으로 수직 우물을 파 고 우물 사이를 수로로 연결하여 관개나 용 수하는 지하 굴설 저수를 말함. 그 기원에 관해서는 이란을 비롯한 서역전래설과 중원 으로부터의 전래설, 자생설이 있음. 중국 고 대 3대 역사의 하나로서 타림 분지에만도 약 1천개의 감아정 유물이 있는데, 총 연장 길이는 3천km 이상	농경문화 교류
		빈철의 동전	AD 3~5세기	양질의 강인 빈철(鑌鐵, 일명 鍛鐵)은 원산 지 페르시아(일설은 카슈미르)로부터 남북 조 시대에는 주로 해로를 통한 진공품이었 으나 요·송 시대에 본격적 수입. 빈철은 도 검 뿐만 아니라 법륜(法輪)이나 악기 제조 에 사용	철기문화 교류
		중국 신강성, 니야 취락유지	BC 1세기~ AD 4세기	농기구	
		이딸리아, 메시나 해저유지		낚싯줄감기틀, 닻	

유별	분류	유지명	유물연대	유물내용	비 고
생산 수단 유물	전폐	중국 신강성, 누란 도시유지	AD 3~4세기	쿠샨조 동전	
		중국 신강성, 아스타나 고분군 유지	AD 4~8세기	제1구 3·6호분에서 수대의 5수전(五銖錢), 제1구 3호분과 제5구 2호분에서 사산조 은화, 제1구 3·5·6호분에서 비잔띤 금화	동서교역 (전폐)
		카자흐스탄, 탈라스 도시유지		은화	
		우즈베키스탄, 판지켄트 도시유지		후기 사산조 은전, 북주(北周) 보정(保定) 원년(561)에 주조한 포천(布泉)동전, 개원 통보(開元通寶)	
		아프가니스탄, 수르흐 코탈 신전유지	BC 1세기~ AD 3세기	쿠샨조 화폐(14매)	
		일본, 박다만 해저유지	AD 10~12 세기	송대 고전	
		베트남 남단, 옥에오 항구유지	AD 1~6세기	로마 금화(1매)	
		키프로스, 키레니아 해저유지	BC 4세기	화폐	
		대서양, 브레턴 해저유지	1724	침몰선에서 금화 1천매, 은화 1만 2천매 (수장)	
		노르웨이, 룬데도 해협 유지	AD 18세기 초	침몰선에서 급료와 향수 구입비용 30만 굴덴 수집	
		멕시코, 멕시코만 유지		은화, 금화, 금판, 금괴(10개, ingot) 등 30만 달러어치 수집	
		바하마 군도, 메인 호 해저유지	1628	900매의 금은동화(침몰선, 수장)	
		플로리다만, 산 호세 호 해저유지	1733	10만 달러의 금은재화 수집(10일간)	
		오스트레일리아, 푸토안 아보로스 섬 해 저유지	1629	1575년에 주조한 화폐	
		사산조 은화의 동전	AD 4~7세기	사산조 은화가 1915~90년에 중국에서 총 1,217매 발견됨. 발견지는 신강의 쿠차, 투르 판, 청해의 서녕(西寧), 영하의 고원(固原), 섬서의 서안(西安)과 요현(耀縣), 하남의 섬현(陝縣)과 낙양, 호북의 안륙(安陸), 내 몽골의 후호호트, 산서의 태원(太原), 하북 의 정현(定縣), 광동의 영덕(英德)과 곡강	중세 초의 동서 교역

유별	분류	유지명	유물연대	유물내용	비 고
교역 수단 유물	전폐			(曲江) 등 전국 각지. 은화에 새긴 왕명만도 12대 왕이며 주조 기간은 310∼651년	
		동로마 금화의 동전	AD 5∼7세기	동로마 금화는 중국의 쿠차, 화전(和田), 투르판, 서안, 후호호트 부근, 하북의 찬황(贊皇), 고원(固原) 등지에서 19매 출토. 주조 기간은 408∼641년간의 6대 왕조	중세 초의 동서교역
		아랍 금화의 동전	AD 8세기	서안에서 3매 출토. 주조 연대는 702년, 717∼18년, 746∼47년. 양면에 쿠파체의 아랍어 명문	
		중국 서안, 하가촌 유지		현 서안 하가촌에서 1970년 매장된 독 2개 발견. 약 1천점 유물 중에 춘추, 전국, 한, 신(新), 남조의 진(陳) 화폐와 당대 개원통보(開元通寶)의 금은화, 고창 길리(吉利) 동화, 일본 나라(奈良)시대의 화동개진(和同開珎) 은화(5매), 비잔면 헤라클리우스 1세(610∼641) 이름의 금화(1매), 사산조 호스로 2세(590∼627) 이름의 은화가 있음	
		인도의 로마 화폐	AD 1∼5세기	인도(파키스탄 포함) 전역에서 로마 화폐 발견지는 총 68개소. 그중 57개소가 남부에 집중	로마−인도간 교역
		타지크 북부, 우라츄베 유지	AD 2세기	약 300매의 로마 은화	
		베트남 남단, 옥에오 항구유지	AD 1∼6세기	로마 마르쿠스 아우렐리우스의 이름과 상이 새겨진 금화 1매	로마의 동방 원거리교역
	기타	베트남 남단, 옥에오 항구유지	AD 1∼6세기	양면에 문양과 '귀중품' '주의'란 브라흐미 문자가 쓰여진 길이 2.5cm, 폭 1.5cm 가량의 장방형 연제(鉛製) 하물표(荷物表) (혹은 護符)	인도의 동방교역
전쟁 수단 유물	도검	중국 요녕성, 서차구 고분유지	BC 5∼3세기	요녕식 청동단검, 칼	
		내몽골, 적봉 청동기문화 유지	BC 5∼3세기	적봉 미려하 고분의 동제 검, 칼과 남산근 고분의 검, 검집, 칼	
		내몽골, 범가요자 유지	BC 5∼3세기	범가요자 유지의 단검, 칼	
		내몽골, 오르도스 청동 기문화 유지	BC 5세기	카라수크형 검과 칼, 히타이트형 세형동검	
		천산, 사카족 아람시크 고분	BC 5∼4세기	청동제 칼	

유별	분류	유지명	유물연대	유물내용	비 고
전쟁 수단 유물	도검	파미르, 아크베이트와 탐디 고 분군 유지	BC 5~4세기	아키나케스형 철제 단검	
		이란 동북부, 지위예 유지	BC 7세기	스키타이식 검집	
		남러시아, 켈레르메스 고분유지	BC 6~1세기	이 고분과 울스키즈 고분의 아키나케스형 단검	
		아무다리아강 상류, 옥서스 고분유지	BC 6~3세기	아케메네스조 스키타이식 검집	
		한국 경주, 미추왕릉 유지		미추왕릉지구 계림로(鷄林路) 14호분의 계림로 단검(일명 장식보검)	
	창류	중국 요녕성, 서차구 고분유지	BC 5~3세기	긴 창	
		내몽골, 적봉 청동기문화 유지	BC 5~3세기	미려하 고분과 남산근 고분의 창	
		내몽골, 범가요자 유지	BC 5~3세기	범가요자 고분의 창	
		일본, 박다만 해저유지	AD 10~12 세기	동모(銅鉾, 수장)	
	투구	중국 요녕성, 서차구 고분유지	BC 5~3세기	청동제 투구	
		내몽골, 적봉 청동기문화 유지	BC 5~3세기	미려하 고분의 동제 투구	
	살촉	내몽골, 오르도스 청동기문화 유지	BC 5세기 이후	청동제 쌍날개 살촉	
		몽골, 노인울라 고분군 유지	BC 1세기~ AD 1세기	철살촉	
		파미르, 아크베이트와 탐디 고 분군 유지	BC 5~4세기	삼각족(三角鏃)	
		남러시아, 켈레르메스 고분유지	BC 6~1세기	이 고분과 함께 울스키즈 고분의 삼각족	
	총포	오스트레일리아, 푸토안 아보로스 섬 해저유지	1629	네덜란드 동인도회사 소속 바타비아 호의 청동제 함포와 총류	

유별	분류	유지명	유물연대	유물내용	비 고
전쟁 수단 유물	총포	몽골, 노인울라 고분군 유지	BC 1세기~ AD 1세기	발화기(發火器)	
	성채	아프가니스탄, 가즈니 도시유지		10~12세기 가즈나 왕조 수도 가즈니의 내성(內城)과 성벽	
		이란, 니샤푸르 도시유지	AD 3~12 세기	동방의 관문이며 대상 집결처인 니샤푸르 시의 성벽	
		이란, 테헤란 도시유지	AD 12세기 이후	구지인 라이의 성채	
		터키, 보가즈쾨이 도시유지	BC 16세기	고대 히타이트 왕국의 수도. 성채, 사자문	
		에게해 연안, 트로이 도시유지		9층 주거지(문화층) 중 제2층 주거지는 번영기로서 견고한 성채와 성문	
		이라크, 바빌론 도시유지	BC 19~16 세기	남북 5km, 동서 3.5km의 유지에 내외 2성	
		이라크, 바그다드 도시유지	AD 8세기 이후	내성, 주성, 외성, 해자의 4중 성채. 성채에 112개 고탑	
		이라크 북방, 하트라 도시유지	BC 1세기 이후	파르티아조의 원형 요새도시. 직경 27km의 외벽과 내벽	
		시리아 북부, 두라 유로포스 도시유지	BC 4세기	불규칙한 반원형 주벽, 대상도시	

제4절 정신문명 유물

실크로드를 통한 교류의 역사적 건거의 하나인 유물적 전거에는 전술한 물질문명 유물과 함께 정신문명의 교류를 실증하는 정신문명 유물이 있다. 정신문명 유물에는 종교유물과 예술유물, 과학기술 유물이 포함되어 있는데, 그 구체적 내용을 기술하면 다음과 같다.

유별	분류	유지명	유물연대	유물내용	비 고
종교 유물	신전	아프가니스탄, 수르흐 코탈 신전유지	BC 1세기~ AD 3세기	쿠샨조 시대 신전, 박트리아어 비문, 불의 제단, 벽은 스토코 장식과 식물의 화환문양	배화교 전파 (아프가니스탄)
		터키, 보가즈쾨이 도시유지	BC 16세기	고대 히타이트 왕국 수도. 신전, 회랑이 달린 건물, 사자문	
		터키, 페르가몬 도시유지	BC 3세기	페르가몬 왕국 수도. 신전, 극장.	
		이란 서부, 하마단 도시유지	BC 7세기	메디아 왕국과 아케메네스조 수도, 아나히타신전	
		이라크, 우르 도시유지	BC 25세기	우르 왕조 수도. 신전, 지구라트.	
		이라크 북방, 하트라 도시유지	BC 1세기	파르티아조의 원형 요새도시, 3개의 신전, 배화교 제단	배화교 전파 (이라크)
		이라크, 님루드 도시유지	BC 18~7세기	앗시리아 수도. 신전	
		시리아 북부, 두라 유로포스 도시 유지	BC 4세기	대상도시, 신전, 교회당	
	불교	중국 영하, 카라 코토 도시유지	AD 11~13 세기	불상, 불탑, 사원	
		중국 신강성, 아스타나 고분군 유지	AD 4~8세기	금강저(金剛杵)	
		중국 신강성, 키질 불교유지		키질 천불동	불교 전파 (신강)
		중국 신강성, 라와크 불교유지		인도 타키시라식 대형 불탑	
		우즈베키스탄, 타슈켄트 도시유지	AD 1~16 세기	1세기의 불사	불교 전파 (북전)

유별	분류	유지명	유물연대	유물내용	비 고
종교 유물	불교	투르크메니스탄, 메르브 도시유지	BC 3세기	불교 스투파(13×13m), 승원	
		카슈미르, 스리나가르 도시유지	기원 전후	다양한 종교유적, 불사지	
		파키스탄 북부, 탁실라 도시유지	BC 5세기~ AD 5세기	시르수크의 잔디알 불사지, 다르마라지크 대사원 유적	
		파키스탄, 간다라 불교유지	BC 3세기~ AD 2세기	간다라 미술 발원지, 불상 초창지	간다라 미술
		아프가니스탄, 핫다 불교유지		가람의 스투파, 스토코 불상, '핫다 불상'으로 유명	불교 (서북전)
		아프가니스탄, 베그람 도시유지	BC 1세기~ AD 3세기	쇼트라크 사원 유지, 쿠샨조 수도.	
		아프가니스탄, 가즈니 도시유지		가즈나조 수도, 스투파 유적	
		베트남 남단, 옥에오 항구유지	AD 1~6세기	간다라형 청동도금 좌불상, 힌두교 특색의 청동사비입상, 석제 좌불상, 중국 6조풍의 청동입불상과 보살상	불교 (남전)
		인도네시아, 보로브드르 사원유지		인도네시아의 최대 불교사적인 보로브드르 대사원 유적. 6층까지는 방형이나 7층부터 는 원형. 제1층 기단의 한 변 길이 110m	불교 (남전)
		캄보디아, 앙코르 돔 불교유지	AD 9~15 세기	앙코르 돔 대사원	불교 (남전)
	기독교	중국 서안, 경교비 유지	AD 8세기	경교(景教)의 기본교리와 송사(頌詞)를 주 내용으로 한 '대진경교유행중국비'(大秦景 教流行中國碑, 781년 건립). 높이 3m, 폭 1.2m, 두께 0.3m, 약 2천자의 한자비문, 70 명의 중국 내 경교승 명단. 현 서안 비림(碑 林)에 보존	기독교 동전 (경교)
		터키, 에페소스 도시유지		성 마리아 교회. 초기 기독교 중심 도시	
		십자석각 유지		십자석각(十字石刻)은 천주(泉州), 양주 (揚州), 백령묘(百靈廟), 아력마리(阿力麻 里), 세미레치에(7하 지역, 현 하사크), 무순 (撫順) 등지의 묘석에서 주로 발견. 대부분 은 경교 유물이나 일부는 가톨릭 유물. 많은 경교 십자석은 그리스식 십자형에 연화좌대 나 문양을 가미함으로써 불교의 영향을 보 임. 가톨릭의 십자석각은 외연 장식에서 이	기독교 (동전)

유별	분류	유지명	유물연대	유물내용	비 고
종교 유물	기독교			슬람미술의 영향받음. 한국 경주 불국사 경내에서도 1965년 출토(24.5×24.9cm)	
		십자항패 유지		십자항패(十字項牌, 목걸이)는 내몽골 서부 포두(包頭) 일대의 주로 옹구트(汪古部)인들의 거주지에서 발견됨. 이러한 항패는 종종 압인(押印)용으로도 사용되어 일명 '원압식동십자항패(元押式銅十字項牌)'라고 함. 이것은 기독교 문화와 한문화의 결합상이며 항패형식 또한 다양하다. 현 홍콩대학 풍평산(馮平山)박물관에 800여 매 소장	기독교 문화와 한문화의 융합
	이슬람교	카자흐스탄, 탈라스 도시유지		이슬람 경문이 새겨진 도자기 파편, 기하학 문양 목욕장	이슬람 동전
		우즈베키스탄, 타슈켄트 도시유지	AD 8세기 이후	샤이한다르 묘당, 쿠케르타시 마드라싸(1451), 바라카한 마드라싸(1532), 샤피아파 성지	
		우즈베키스탄, 사마르칸트 도시유지		샤흐잔다 묘역(성지), 비비코눔 대사원(중앙아시아 최대 사원), 그루 아미르 묘, 이슈라트하나 묘, 울르그 베그 마드라싸	이슬람 (개화지)
		아무다리아강 하류, 히바 도시유지	AD 13~14 세기 이후	싸이드 알라웃 딘 묘당(1303), 목주(木柱) 지하대사원	
		우즈베키스탄, 부하라 도시유지		이스마일 사마니 묘당(892~943), 칼리얀 미나라(13세기), 마고키 아타리 사원, 울르그 베그 마드라싸	
		아프가니스탄, 발흐 도시유지		아부 나쉬르 바르시 사원, 싸이드수프한 마드라싸	
		아프가니스탄, 헤라트 도시유지		무사라 사원(15세기), '헤라트파' 화법, 60m 미나라, 순례지 가제르가	'헤라트파' 화법
		카슈미르, 스리나가르 도시유지		다양한 종교유적, 마쓰지드와 불사지 혼재	
		아프가니스탄, 가즈니 도시유지		마흐무드 왕 묘당, 2기 미나라 (단색의 다각주, 테라코타로 장식)	
		아프가니스탄, 라슈카르가 도시유지	AD 11~12 세기	가즈나 왕조 동도, 마쓰지드, 수끄(시장)	
		이란, 마슈하드 종교유지		이슬람 쉬아파 성지	
		이란, 니샤푸르 도시유지	AD 3~12 세기	마쓰지드, 마드라싸, 도서관	

유별	분류	유지명	유물연대	유물내용	비고
종교 유물	이슬 람교	터키, 이스딴불 도시유지	BC 7세기 이후	쑬퇀 아흐마드 마쓰지드	
		이란 중부, 이스파한 도시유지	BC 6세기 이후	왕의 마쓰지드, 샤이흐 로트호지라 대사원	
		이란 서부, 시라즈 도시유지	AD 7세기 이후	자미아 아티크 마쓰지드 등 3대 사원	
		이라크, 바스라 도시유지	AD 7세기 이후	초기 이슬람 문화 중심지, 알리 마쓰지드, 하싼 바스리 등 묘당	
		이라크, 싸마라 도시유지	AD 9세기	836~892년간 압바쓰조 수도, 마쓰지드, 마드라싸, 나선형 미나라 2기	
		시리아, 다마스쿠스 도시유지	BC 7세기 이후	다양한 문화의 융합, 마쓰지드, 수끄	
		중국에 온 이슬람 선교자들의 유지	AD 7세기 이후	7세기 초 와까스(Waqqas)가 내화해 장안 (長安), 강녕(江寧), 광주(廣州) 등지에서 선교하다가 광주에서 별세. 무함마드의 4현 자가 중국에 파견되어 광주, 양주, 천주 등지 에서 선교. 천주에 2현자의 묘가 있다.	이슬람 (동전)
	기타 종교	중국 섬서성, 서안 마씨묘지	AD 9세기	중국에 망명한 사산조 귀족의 후예인 소량 (蘇諒, 배화교도)의 부인 마씨(馬氏)의 묘 지. 한문과 파라발어(중고 페르시아어)로 씌 어진 명문	
		우즈베키스탄, 판지켄트 유지	AD 5~6세기	배화교도 묘지, 후기 사산조 문화	
		아프가니스탄, 수르흐 코탈 신전유지	BC 1세기~ AD 3세기	조로아스터교의 신전, 불의 제단	
		이란, 야즈드 도시유지	AD 16~18 세기	조로아스터교의 고도. 묘탑, 불의 제단(사파 비조)	
		이란 서부, 샤푸르 도시유지	AD 3~6세기	사산조 시대의 배화단(拜火壇), 궁전, 마애비	
		이라크 북부, 하트라 도시유지	BC 1세기	파르티아조의 원형요새 도시. 배화단, 3개 신전	
		대운광명사 유지	AD 8세기	당 대종(代宗) 대력(大歷) 3년(768)에 마 니교의 전도 허용, 형(荊)·양(揚)·홍(洪)·월 (越)·낙양·태원 등지에 마니교 사원인 대 운광명사(大雲光明寺) 건립·운영. 9세기 회창법란시 피금. 송·원대에 일시 부흥하여 절강과 복건 일대에 사원 재건	마니교 (동전)

유별	분류	유지명	유물연대	유물내용	비 고
예술 유물	회화	북까프까스, 마세와야 바레카 고분 유지	AD 8~9세기	중국 견화(絹畵)	
		중국 감숙성, 돈황석굴 유지	AD 4~14 세기	550개 석굴 중 소상과 벽화가 있는 석굴 474 개, 소상 2천 수백기, 벽화 총 5만㎡, 유익 (有翼)천사와 돈황 비천(飛天) 등 벽화는 간다라 미술의 영향	간다라 미술
		중국 영하, 카라 코토 도시유지	AD 11~13 세기	불사, 불상, 불탑	
		중국 신강성, 아스타나 고분군 유지	AD 4~8세기	복희여왜도(伏羲女媧圖), 수하미인도(樹 下美人圖)	
		중국 신강성, 키질 천불동 유지		이란계 인물벽화	
		중국 신강성, 미란 도시유지	BC 3세기~ AD 4세기	석가본행전 벽화, 유익천사상(가장 유명), 그리스-로마풍의 프레스코 벽화	
		중국 신강성, 단단 오일리크 불교유지		「견왕녀도(絹王女圖)」 판화	비단 서전
		우즈베키스탄, 아프라시압 유지		아프라시압 궁전 벽화, 특히 그중의 「사행도 (使行圖)」	
		아프가니스탄, 바미얀 불교유지	AD 1세기 이후	석굴벽화, 유익백마상(4두), 사산조풍의 프레스코 화법과 중인도적 화법 혼재	
	조각	타지키스탄, 카이트 도시유지		황금제 신상, 비잔띤 황제상 인장	
		아프가니스탄, 헤라트 도시유지		백색·하늘색·다(茶)색·적색의 조화로운 모자이크식 '헤라트파' 화법	헤라트파 화법
		아프가니스탄, 라슈카르가 도시유지	AD 10~12 세기	프레스코 벽화(궁전, 마쓰지드 등)	
		스리랑카, 시기리야 유지	AD 5세기	시기리야(Sigiriya) 성채의 암벽화, '사자의 발톱' 입구	
		내몽골, 범가요자 유지	BC 5~3세기	동물문양의 장식판	
		중국, 장안 도시유지	BC 3세기~ AD 9세기	진시황릉의 토용, 여러 왕릉의 심목고비한 서역인상, '대진경교유행중국비'	
		투르크메니스탄, 니사 도시유지		구 니사 유지의 아테네상, 에로스상, 상아제 류톤	
		파키스탄, 간다라 불교유지	BC 3세기~ AD 2세기	불상, 인물상	간다라 미술 (조각상)

유별	분류	유지명	유물연대	유물내용	비고
예술유물	조각	아프가니스탄, 수르흐 코탈 신전유지	BC 1세기~ AD 3세기	박트리아어 비문	
		이란 서부, 샤푸르 도시유지	AD 3~6세기	마애비	
		이란 서부, 하마단 도시유지	BC 7세기 이후	'간지 나메' 비문(하마단 서남 12km), 파르티아 시대의 사자석상	
		이란 서부, 베히스툰 암각비 유지	BC 6세기	아케메네스조 다리우스 1세 공덕비. 마애비이며 폭 18m. 414행 설형문자	
		이라크, 바빌론 도시유지	BC 19~16 세기	바벨탑, 이슈타르 문의 성수 부조	
		이란, 페르세폴리스 도시유지	BC 6세기	대기단, 유익인면수신상, 조공자행렬도, 동물투쟁도	
		이라크, 니네베 도시유지	BC 8세기	앗시리아의 걸작품인 '아슈르바니팔 왕의 사자사냥' '아라부인의 공격' '우라이강의 승전' 등 부조품	
		그리스, 안티키테라 섬 해저유지	BC 4~3세기	안티키테라 청년상(높이 194cm, BC 4~3세기 제작), 대리석상, 기원전 80~65년 침몰(수장)	
		그리스, 에우포이아 섬 해저유지	BC 5세기	해신 포이세돈 청동상(높이 209cm). 기원전 5세기 제작	
		이딸리아, 메시나 해저유지	BC 5세기	기원전 5세기 제작한 남자 청동상 2구, 청동상 파편	
		이딸리아, 비온비노 해저유지	BC 5세기	대리석 아폴로 상. 트롤선에 적재돼 침몰됨	
		이딸리아, 네미호 유지	AD 1세기	청동제 사자상, 이리 두부(頭部), 대리석 입주, 금속기둥	
		에게해, 마라톤 해저유지	BC 4세기	그리스 조각가인 프락시텔레스 작품인 '마라톤 청년상'(수장)	
		몽골, 카라코룸 도시유지	AD 13~15 세기	만안궁(萬安宮)의 방형 초석과 석조 귀부, 에르데니주 라마사원 내의 석비	
		몽골, 카라 발가순 도시유지	AD 8~9세기	위구르(回鶻) 제3의 아장. '카라 발가순 비문'(9세기 전반 제작). 위구르어, 소그드어, 한문의 세 가지 언어로 씌어짐	
		몽골, 오르혼강 우안 유지	AD 8세기	돌권 제2 칸국 카한의 제터친(闕特勤)비 (732년)와 제터친의 형 필가(苾伽) 카한비 (735년). 내용은 2인의 공덕과 사적, 돌궐과	

유별	분류	유지명	유물연대	유물내용	비고
예술 유물	조각			당의 관계 등. 몽골 전역에서 돌궐문비 11기 발견.	
		사자상의 동전	AD 1세기	전한 때 장건의 서역사행을 통해 서역에 사자가 있음을 알게 됨. 후한 장화(章和) 2년(88)에 안식국이 처음으로 사자를 진공했고 이후 사자가 중국 조형예술의 중요한 구성요소로 됨. 최초의 유물은 209년에 건조한 아안(雅安) 후한묘의 사자석상(날개 있음). 페르시아 예술의 영향 보임	사자 동전
		한국, 경주 고분군 유지	AD 8~9세기	괘릉(掛陵)과 흥덕왕릉(興德王陵)의 심목 고비한 무인석상	
		중국 감숙성, 돈황석굴 유지	AD 4~14세기	소상과 벽화 있는 석굴 474개, 소상 2천 수백기, 275호굴의 미륵보살 소상, 건장한 체구는 서역인상, 삼주관(三珠冠)에 가슴의 영락(瓔珞) 장식, 양다리를 꼬고 앉은 자세 등은 중앙아시아·인도·페르시아의 영향	
		중국 신강성, 미란 도시유지	BC 3세기~ AD 4세기	불두(佛頭) 소상	
		중국 신강성, 니야 취락유지	BC 1세기~ AD 4세기	그리스 신상의 봉니(封泥)	
		소상석굴		돈황석굴을 비롯해 석굴마다 소상을 모시지만 소상이 위주인 석굴은 감숙성의 맥적산(麥積山) 석굴과 역시 감숙성의 양주(涼州) 천제산(天梯山) 석굴	
	문양	내몽골, 남산근 고분유지	BC 5~3세기	동물문양의 장식판	
		내몽골, 범가요자 유지	BC 5~3세기	동물문양의 장식판	
		중국 신강성, 누란 도시유지	AD 3~4세기	사자꽃무늬 용기	
		중국, 포도무늬의 동전	BC 3세기~ AD 2세기	한대의 해마포도경(海馬葡萄鏡). 내륜에 6두 해수(海獸), 양륜 공간은 포도와 포도수 가지로 장식. 서역과 중국 문양의 결합	포도문 동전
		이란 중부, 이스파한 도시유지	BC 6세기	이스파한 카펫의 포도당초문, 연주문, 수렵문	
		연주문의 동전	AD 3~5세기	연주문(聯珠汶)은 사산조 예술의 특성. 위진남북조 시대에 신강을 거쳐 중원에 유입되어 수·당시 유행. 돈황석굴 조정(藻井)상	연주문 동전

유별	분류	유지명	유물연대	유물내용	비고
예술 유물	문양			의 연주문 장식, 투르판 고분 유물 중의 연주대조대수(帶鳥帶獸)문, 당대 금은기의 굽이나 둘레의 연주문	
		북까프까스, 마세와야 바레카 고분유지	AD 8~9 세기	4종 문화의 융합물인 연주문 괴수문양 금포(錦袍)	4종 문화의 융합
		몽골, 노인울라 고분군 유지	BC 1세기~ AD 1세기	그리스와 서아시아 특유의 동물문양, 동물투쟁문양, 나무문양	
		알타이 동부, 파지리크 고분군 유지	BC 5~3세기	동물문양, 동물투쟁도, 기사도 2매, 유체의 문신	
		아무다리아강 상류, 옥서스 고분유지	BC 6~3세기	스키타이식 동물문양	
		이란 서부, 페르세폴리스 도시유지	BC 6세기	'만국의 문'의 유익인면수신상, 압다나 궁전의 동물투쟁도 및 이집트풍 연화문	
		이라크, 바빌론 도시유지	BC 19~16 세기	이슈타르 문의 성수(聖獸) 부조	
		이란, 수사 도시유지	BC 6세기	유익괴수문(有翼怪獸紋), 대칭문(對稱紋)	
		한국 경주, 황룡사 유지		황룡사 목탑지 사리공의 화수대금문금구(花樹對禽紋金具, 직경 2.5cm), 경주박물관 소장의 입수쌍조문석조유물(立樹雙鳥紋石造遺物)	대칭문 전파
		이라크, 님루드 도시유지	BC 18~17 세기	인두유익목우상(人頭有翼牧牛像) 부조	
		카자흐스탄, 탈라스 도시유지		목욕장의 기하학무늬	
		중국 신강성, 아스타나 고분군 유지	AD 4~8세기	견직물 낯가리개(face-cover)의 연주문	
		이딸리아, 로마 카라칼라 목욕장 유지		목욕장 바닥 타일의 인동당초문(忍冬唐草紋)	인동당초문 전파
		인도, 산치탑 유지		인도 산치 제1탑 탑문의 인동당초문	
		파키스탄, 페샤와르 유지		페샤와르 유지의 인동당초문(페샤와르 박물관 소장)	
		카자흐스탄, 탈라스 도시유지		토기의 식물문	

유별	분류	유지명	유물연대	유물내용	비 고
예술 유물	문양	아프가니스탄, 수르흐 코탈 신전유지	BC 1세기~ AD 3세기	쿠샨조 신전 본전 벽의 식물의 화환문양	
		파키스탄, 간다라 불교유지		주로 8개 잎사귀를 가진 고전식 연화문	연화문 전파
		중국 하남, 용문석굴 유지		내측과 외측의 잎사귀는 각각 14개씩이고, 외측 밖에는 인동문을 두른 연화문	
		한국, 백제연화문 유지		부여의 규암면(窺岩面)이나 공주 무령왕릉 전실분(塼室墳)의 연화문양은 잎사귀가 모 두 8개	
	석굴	중국 하남성, 용문석굴 유지	AD 5~8세기	석굴 1,352개, 불감 750개, 불상 97,300구, 각종 비석과 제기(題記) 3,600개, 불탑 40여 좌	
		중국 감숙성, 돈황석굴 유지	AD 4~14 세기	550개 석굴, 소상과 벽화 있는 석굴 474개, 선굴, 전당굴, 대불굴	동서교류의 유 물적 전거 보고
		아무다리아강 우안, 테르메스 불교유지		중앙아시아 유일의 석굴사원	
		아프가니스탄, 바미안 석굴유지	AD 1세기 이후	석굴사원군, 2대 마애석불상(높이 35m와 53m), 석굴벽화	마애석불상 피 폭
		인도, 아잔타 석굴군 유지	기원 전후	석굴 내부 천정은 대체로 원형, 탑과 본존을 건조	
		중국 신강성, 키질 천불동 유지	AD 4~11 세기	키질(Qyzil) 석굴군(천불동)은 쿠차 서부 55km 지점의 235개 굴. 이란계 인물상, 독 특한 색조의 벽화	
		석굴사원 유지		중국(감숙성의 19개를 비롯해 59개)과 중앙 아시아(7개), 아프가니스탄(12개), 파키스 탄(1개) 등지의 석굴사원은 총 79개소(인도 제외)	석굴 전파
	건축	남러시아, 스키타이 고분유지		양건연와(陽乾煉瓦)	
		중국 신강성, 아스타나 고분군 유지	AD 4~8세기	목재, 목곽분	
		우즈베키스탄, 타슈켄트 도시유지	AD 1~6세기	양건연와, 3층 성채	
		이란 서부, 수사 도시유지	BC 6세기	아케메네스조 수도. 정복지에서 건설자재 반입. 메소포타미아 건축양식 영향	
		이딸리아, 아르벤가 항 유지	BC 2~1세기	침몰선 건재가 소나무, 전나무, 떡갈나무(수 장)	

유별	분류	유지명	유물연대	유물내용	비 고
예술 유물	건축	이딸리아, 엘바 섬 해저유지	AD 1~2세기	대리석 조각, 구리 조각	
		이집트, 알렉산드리아 도시유지	BC 4세기 이후	세계 7대 불가사의의 하나인 파로스 등대	
		튀니지 동부, 마디아 해협 유지		아오니아식 대리석 원주(수심 40m, 수장)	
		멕시코, 베라크루스 해저유지		금봉(金棒, 금제 막대기)	
		미국, 플로리다 해저유지	1622	은봉 1,200개(4억 달러, 수장)	
		쿠바 북방, 바하마 군도 해저유지		금은봉 27톤(30만 파운드, 수장)	
		오스트레일리아, 푸토안 아보로스 섬 해저유지	1629	석문(石門) 축조용 석재 137개(수장)	
	문서	북까프까스, 마세와야 바레카 고분 유지	AD 8~9세기	한문 문서, 초체묵서(草體墨書)의 잔권	서방의 최초 한문 문서
		중국 감숙성, 돈황석굴 유지	AD 4~14세기	『왕오천축국전』『가습미라행기(迦濕彌羅行紀)』『인도제당법』및 마니교와 경교 경전 등 문서	
		중국 영하, 카라 코토 도시유지	AD 11~13세기	불탑 속에서 서하어(西夏語) 문서 발견됨. 그중에 사전과 한문이나 티베트어를 번역한 불경과 병서 포함	서하어 문서
		중국 신강성, 누란 도시유지	AD 3~4세기	한문과 카로슈티어로 된 목간과 문서, 한문 문서로는 『전국책(戰國策)』과 『삼국지』 잔권, 각종 공문서와 개인 서한, 이백(李柏)문서	이백 문서
		중국 신강성, 미란 도시유지	BC 3세기~AD 4세기	티베트어 문서, 브라흐미 문자로 씌어진 산스크리트 문서	
		중국 신강성, 니야 취락유지	BC 1세기~AD 4세기	카로슈티 문자로 씌어진 784점의 '카로슈티 문서', 목간·가죽·종이·비단천 등에 씌어짐	카로슈티 문서
		터키, 보가즈쾨이 도시유지		왕실 문서고의 2만매 점토판 문서	
		바그다드, 바빌론 도시유지	BC 19~16세기	함무라비 법전	

유별	분류	유지명	유물연대	유물내용	비 고
예술 유물	문서	터키 서부, 페르가몬 도시유지	BC 3세기	대형 도서관	
		터키 서부, 에페소스 도시유지	BC 9세기	도서관	
		이집트, 알렉산드리아 도시유지		로마시대 대도서관	
	가무	서역 악기의 동전		한대 이후 동전한 서역 악기로는 공후 (箜篌), 비파(琵琶), 필률(觱篥), 적(笛), 가(笳), 각(角) 등	서역악 동전
		구자악의 동전		385년에 구자악(龜玆樂)이 중원지대에 전입한 후 수대의 9부기(部伎)나 당대의 10부기에서 주도적 역할을 함	
		중국 영하, 호선무 유지	AD 7~9세기	영하 염지당묘(寧夏 鹽池唐墓) 석문(石 門)의 호선무(胡旋舞). 장안에서 호무(胡 舞) 성행	
		이란 중부, 이스파한 도시유지	BC 6세기 이후	정방형의 폴로경기장과 문대로 쓰던 2개의 대리석 기둥. 이 경기는 유럽과 동방(중국, 한국, 일본)에 전파.	폴로경기 전파
		한국 신라시대, 잡기의 동전		신라시대 서역계통의 금환(金丸), 월전(月 顚), 대면(大面), 속독(束毒), 산예(狻猊, 사 자무) 등 잡기. 그중 산예는 지금까지 전승	서역 잡기 동전
		터키 서부, 페르가몬 도시유지	BC 3세기	극장	
		터키 서부, 에페소스 도시유지	BC 9세기 이후	대형 극장	
과학 기술 유물	천문	우즈베키스탄, 사마르칸트 도시유지	AD 15세기	티무르제국의 제4대 왕 울르그 베그가 건립 한 '울르그 베그 천문대'	
		중국, 선화 요묘 성도유지	AD 12세기	1974년 중국 장가구시 선화구 하팔리촌 요 (遼)대의 묘에서 채색 성도(星圖) 발견. 원형 으로 직경 2.17m, 북두칠성과 28숙(宿), 황도 (黃道), 2궁(宮)이 표시. 1989년 같은 지대의 요묘 중에서 유사한 성도를 또 발견. 고대에 는 중국, 인도, 아랍, 이란, 이집트 등지에서 28숙을 공히 사용. 서로의 상관성은 미상	
		황도12궁의 동전		역법에서 기본인 황도12궁은 바빌론에서 기 원전 2세기에 인도에 전파. 수·당 때 중국에 유입	역법 교류

유별	분류	유지명	유물연대	유물내용	비 고
과학 기술 유물		점성술의 동전		돈황이나 투르판 유지에서 페르시아 점성술과 천문학에 관한 문서 발견	
	수학	중국 섬서, 안서왕부 유지	AD 13세기	1957년 서안 부근의 원대 안서왕부(安西王府) 유지에서 아랍 숫자의 66환방(幻方, 일명 縱橫圖) 발견. 종횡 가로의 6개 숫자를 합하면 모두 111이 됨	

참고자료

岡崎敬 『東西交渉の考古學』, 平凡社 1973.

王炳華 『絲綢之路考古研究』, 新疆人民出版社 1993.

齋藤忠 『圖錄東西文化交流史跡』, 吉川弘文館 1978.

Ghirshman, R. *Iran, Parthians and Sassanians.* London 1962.

_____, *Persia, From the Origines to Alexander the Great.* London 1964.

Hedin, S. *Scientific Results of a Journey in Central Asia, 1899~1902.* Stockholm 1904.

Pelliot, P. *Mission Paul Pelliot, Documénts archéologiquis I, II, III.* Paris 1961, 1964, 1967.

Huntington, E. *The Pulse of Asia—a Journey in Central Asia, Illustrating the Geographic basis of history.* Boston & New York 1907.

Masson, V. M. & V. I. Sarianidi. *Central Asia.* London 1972.

Stein, A. *Ancient Khotan.* 2 Vols. Oxford 1907.

_____, *Serindia.* 5 Vols. Oxford 1921.

_____, *Innermost Asia.* 4 Vols. Oxford 1928.

후 기

이 책은 저자가 '국가보안법' 위반혐의로 수감중이던 1999년 1월부터 2000년 3월까지 집필한 연구 개괄서이다. 저자의 구금으로 인하여 대학원에 개설된 '동서교류사연구' 과목이 폐강되었다. 담당교수로서 자책하면서 수강생들에게 문명교류사의 핵심인 '실크로드학'을 한 달에 두 번쯤 편지로라도 전수해주고 싶었다. 어떻게 하든 갓 닻을 올린 '문명교류사호'를 피안까지 가닿게 하기 위해서였다. 그리하여 박사과정에 있는 한 전공수강생에게 이러한 취지를 담아 띄운 첫 편지에 이 책의 서론 부분을 적어 보냈다. 그러나 그후 발송이 불허되어 '편지강의'는 더이상 이어질 수 없었다.

어차피 누군가에 의해 언젠가는 그 학문적 정립이 이 땅에서 이루어져야 하기 때문에 미래를 기약하고 편지 쓰기 대신에 연구메모 작업에 돌입하였다. 마침내 3,4년이 지난 오늘 그 자그마한 결실을 보게 되었다.

'실크로드학'은 초야(草野)의 개척학문이라서 의무감에 걱정까지 겹치다 보니 내내 어깨가 무거웠다. 그럴 때면 서산대사(西山大師)의 이런 시구를 되새기면서 힘을 얻고 마음을 가다듬곤 하였다. "踏雪夜中去(새하얀 눈밭을 걸어가니), 不須胡亂行(그 걸음 흐트러져서는 안되리), 今日我行跡(내 오늘 찍어놓은 발자국), 遂作後人程(뒷사람들 따라 걸을 것이어니)." '실크로드학'이란 미답(未踏)의 '새하얀 눈밭'에 뒷사람들이 따라 밟고 갈 발자국을 찍어놓는다고 생각하니 책임감에 걱정부터 앞서 '흐트러져서는 안되리'라고 늘 마음을 다잡아나갔다. 한편, 여기에서 보람도 아울러 느꼈다.

열사를 누비고 노도를 헤쳐가던 실크로드의 개척자, 선도자들의 그 불요불굴의 인고정신은 새삼 귀감으로 다가왔다. 연구메모 작업으로부터 집필에 이르는 전과정은 문자 그대로 자기와의 싸움의 연속이었다. 그 끄트머리에서 막상 각필(擱筆)하고 나니 마음에 걸리는 것이 한두 가지가 아니다. 불비한 여건만을 탓하기에는 너무나 염치가 없다. 학인의 양식으로 이를 흔쾌히 인정하면서 금후의 시정과 보완을 과제로 남겨놓는 바이다.

'실크로드학'은 문명교류사 연구의 핵심적인 학문분야이다. 저자가 '실크로드학'을 비롯한 문명교류사의 전반에 대해 학문적 정립을 시도하는 것은 문명교류만이 인간이 그토록 염원해온 공생공영의 대안과 비전을 제시하고, 또한 인문학이 그처럼 요원한 이상으로만 여겨온 인류문명의 보편사(普遍史) 전개를 담보할 수 있다고 확신하기 때문이다. 이러한 대안과 비전, 담보가 온축(蘊蓄)된 '문명교류론(文明交流論)'을 천착(穿鑿)하는 것이 비재(菲才)이나마 저자가 궁극적으로 지향하는 목표이다.

비록 용문타작(冗文馱作)의 후려(後慮)가 없지는 않지만, 그래도 시대가 요청하는 한 신생 학문의 정립을 시도함으로써 그 목표를 향해 한걸음 매진했고, 또 이로써 학계를 위해 일사(一事)를 기수(旣遂)했다는 나름의 자위와 긍지를 안고 책의 말미에 감히 마침표를 찍는 바이다.

2001년 11월 지은이

실크로드사 연표

연대	실크로드사	세계사
BC		
35000~12000	인류의 장거리 이동으로 문명의 교류 시작	후기 구석기
35000~2000	제1차 아시아인의 아메리카 이주	
30000	자바인이 해양을 건너 오스트레일리아와 뉴기니로 이주	
25000~20000	동서교류의 최초 유물인 비너스(Venus) 상이 프랑스에서 바이 깔호까지 북방 유라시아 지역에서 제작, 7개 지역 19곳에서 출토	
2000~11000	제2차 아시아인의 아메리카 이주	
8000경	충적세가 시작되면서 일어난 인류의 대이동과 더불어 유라시아 대륙에 몇갈래 길이 생김(광의의 실크로드 개통)	
7000경	메소포타미아에서 농경과 목축업, 토기와 방적 등 원시문명 발생. 이라크의 자르모 문화 후기에 채도 제작	
7000~3000	메소포타미아의 하수나·하라프·우바이드·사마라·우루크 문화 기로서 쟁기·배·인장·주조구리·비소구리·토기·흙·벽돌·문자 등이 제작·이용되고 도시생활 시작	메소포타미아 신석기시대
6000경	이란 고원의 샤르크 문화와 투르크메니스탄의 자이툰 문화기에 채도 제작	
6000~5000	중국 대련과 안동에서 배 모양의 도기 출토	
5000경	이라크 자르모 유적에서 최고의 각문토기 출토 아나우 농경문화 기(청동기시대)에 채도 제작, 동 가공 시작. 중국 심양 신락문화 유지에서 중국 최초의 옥기유물 출토	
5000	중국 절강 하모도 유지에서 길이 51cm 목제 노 출토	
4000경	이집트인들이 미라를 만들 때 육계산(신남산)과 육계유(카시아 유) 사용. 동아시아에서 채도 발생	메소포타미아 수메르 문화 흥기
4900	이집트에서 연화문이 최초로 출현	
4000기 말엽	청동기시대인 이 시기에 차량 발명	
4000~3000	문자가 여러 곳에서 다발적으로 발생. 중국 동북 홍산문화 유지와 산동 대문구문화 유지에서 옥기 출토	
3500경	중국의 앙소문화기에 채도 제작	
3500~3100	우루크 유적에서 이륜차 발견	3300경, 인더스 문명
3000경	모헨조다로 유적에서 배가 새겨진 인장 발견. 이라크 우루크 도시 유지, 수메르 왕조 수도, 인류 최초의 도시문명 발상지, 지구라트, 각종 미술유물, 유리의 첫 등장. 이집트 제1왕조의 왕비가 팔찌에	3200, 이집트 제1왕조 에게 문명 시작 고조선

연대	실크로드사	세계사
	보석인 자수정 사용. 채도문화 동점	
3000~1700	메소포타미아가 유리의 중심지	3000, 우르 제1왕조
3000기 초	메소포타미아에서 서사재료로 점토판 창안, 3천년간 이용.	
	이집트에서 규석으로 청색 알칼리 도기 제작. 같은 시기에 메소포타미아에서도 알칼리 도기 제작	
3000기 중엽	미노아 문명(~1400경)이 청동기시대 진입	
3000~1300	중국 절강 양저문화 유지에서 옥기 출토	
3000~750	메소포타미아의 수메르, 아카드, 앗시리아, 바빌로니아, 페니키아, 이스라엘 왕조 시대로서 금속도끼·말재갈·마차·설형문자·채도 등이 제작되고 낙타·말·기병이 출현, 도시국가 형성. 메소포타미아 문명이 동서로 전파	메소포타미아 청동기시대
2850~2200	이집트 고왕국시대. 사상 최초 교역활동으로 이집트 농산물 및 금속공예품과 시나이 반도의 구리, 레바논의 목재와 교역, 상선대 조직	
2800~2500	인도 모헨조다로 고도유지, 고대 인더스 문명 유지, 시가·배수시설·인장·터키석·마노·에메랄드 등 유물 출토	
2800	이라크 우르 도시유지, 우르 왕조 수도, 왕묘·지구라트·신전·궁전 유적	
2500~2000	아리아인의 타림 분지 침입	2500~1800, 남유럽 청동기문화 2500~1500, 고대 인더스 문명
2340~2150	메소포타미아 아카드조 시기에 만들어진 유리막대기가 텔아스마르에서 출토	2333, 단군 평양 정도
2140~2030	메소포타미아 우르 제3왕조 때 만들어진 청색유리 조각이 에리두에서 출토	
2160~1580	이집트 중왕국시대. 망간으로 흑자색 도기 제조	2000기, 미노아 문명 전성기
2000경	아리아족이 중앙아시아로부터 동진, 인더스강 유역 침입. 마차 출현. 수메르인과 아카드인들이 이란에 침입하여 에라미트인 정복. 안드로노보 문화 흥기	그리스인들이 발칸 반도로 남하
2000~1500	중국 산동 용산문화 유지에서 옥기 출토 2000년 지나서 미노아 문명에서 선상문자(線狀文字) A 사용	
1900경	소아시아에서 히타이트 왕국 건국, 철제 무기와 전차 동전. 바빌로니아가 수메르와 아카드 왕국 통합	
19~16세기	이라크 바빌론 도시유지, 신바빌로니아 왕국 수도, 메소포타미아	함무라비(1728~1686) 법전

연대	실크로드사	세계사
	최대 유지, 함무라비 법전·성벽·공중정원·바벨탑·이슈타르 문(門) 등 유물 다수	
1800~1700	이라크 님루드 도시유지, 앗시리아 왕조 수도, 궁전·신전·인두유익목우상 부조 등 유물	
1700경	메소포타미아에서 채색연유(鉛釉) 도기 제조	중국 은대 건국 ~1400경 중국 용산문화
1700~1500	이딸리아 반도에 인도―유럽어족 나타남	
18세기 말	바빌로니아 제1왕국 시대. 메소포타미아 유리에 관한 최초 기록이 이 시대의 다루 오마르 점토판 문서에 보임	
1600경	아리아인들의 이란 침입. 그리스 본토의 '미노아화'	~1100경, 미케네 문명
17세기	함무라비(1728~1686) 법전: 상업 등 경제행위 조항이 절반, 상인의 군역이나 부역 면제. 터키 보가즈쾨이 고도유지, 고대 히타이트 왕국 수도, 성벽·신전 등 유적, 점토판 문서 2만 매 발견	
1500~1100	중국 은대. 범선 출현하고 갑골문 창안. 청동기에 잠문 새겨지고 옥잠 출토	
1500~1000	인도의 『리그베다』 송시 중 해상활동 언급. 이집트가 유리의 중심지	
1500경	아리아족의 인도 펀자브 지방 진입. 우랄 남방 유지와 은허에서 이륜차 유물 출토. 중국에서 회유(灰釉)도기 제작. 유리용기들이 제작되기 시작. 중국 은대의 청동기에 보석인 터키석이 상감됨	
15세기	인도에서 힌두교 출현	
1490~37	이집트의 투트모세 3세 때 메소포타미아 유리제작술이 이집트에 전해짐	
1450	앗시리아 왕국 건국	
1436~11	이집트 신왕조 제18조의 아멘호테프 2세의 유리두상 출토	
1400경	에게해 해양민족이 지중해 동부 연안 진출	
1380	히타이트 왕국 건국	
1358~49	이때에 재위한 이집트 신왕조 투탕카멘 왕의 장신구에 청금석과 홍옥수 등 보석이 다수 사용	
1300경	페니키아의 지중해 진출. 철 야금 시작	1230, 모세의 이집트 탈출 1240~30경 트로이 전쟁
1200경	그리스인들이 소아시아에 식민 시작	
1200~700	중국 은상문화의 영향을 받은 카라수크 문화	
12~9세기	페니키아인들이 지중해 동안에 시돈 등 상업도시 건설. 조선업과 해상교역 발달	1100~800, 그리스사의
1100경	킴메르의 청동기문화 번영	'암흑시대'

연대	실크로드사	세계사
1000기	이집트와 메소포타미아에서 채색유약 사용한 연와 출현. 지중해와 홍해, 아라비아해 사이에 해상교역 발생. 중국에서 양잠 직견 시작. 유목민의 기마술 개발	멕시코와 안데스산맥 중앙 고지에 도시문명 발아
1000경	아리아인들이 갠지스강 유역 이주 시작	11~6세기, 중국 주대
10세기	솔로몬 왕의 노복들이 3년간의 항행으로 오피르(남인도)까지 가서 황금 등을 재래(『구약성서』 「열왕기」). 모자이크유리 제작	
970	앗시리아의 아람계 왕조 출현	965~932, 헤브라이 왕국 솔로몬 시대
955	솔로몬의 이스라엘 왕 즉위	
900	앗시리아의 아르메니아 공격과 바빌로니아 침입	900경, 그리스 등장
9세기	터키 에페소스 도시유지, 극장·신전·아고라·도서관 유적, 초기 기독교 활동 도시	
850~750	호메로스의 생존시대(다른 설은 8세기 초나 전반)	호메로스 시대
840경	앗시리아의 지중해 무역로 제패	
835	앗시리아의 이란 고원 메디아 왕국 공략	
814	페니키아의 카르타고 식민도시 건설, 해상교역 발달	
9~4세기	메소포타미아가 유리의 중심지	
9세기 말	그리스가 페니키아 알파벳 이용해 알파벳 문자 창제	
800 전후	그리스에서 폴리스 출현	
8세기	이라크 니네베 도시유지, 앗시리아 왕국 임시 수도, '사자사냥' 등 유명 부조와 성벽 등 유물. 그후 약 2세기간 그리스인들이 활발한 해외진출과 식민운동 전개	
776	이 해부터 올림피아 제우스 신전에서 4년마다 폴리스 체전 거행	
770	중국 주대부터 후당까지 9조의 고도 낙양 도시유지	753, 로마 건국
750경	남러시아 고원에 스키타이 출현	721, 앗시리아의 오리엔트 통합
750~300	메소포타미아의 신바빌로니아, 아케메네스조 페르시아 왕조시대. 목화, 동전, 아람어 등이 출현·사용	메소포타미아 철기시대
700경	앗시리아가 니네베를 수도로 한 세계적 제국(~612) 건설	
8~7세기	18세기 전반까지 약 2,500년간 협의의(전통적 혹은 고전적) 실크로드 개통	
8~3세기	스키타이가 흑해 연안 그리스 식민도시 및 알타이 지방과 교역('동방 원거리교역')	
8세기 말	인도 서남부의 소비라와 수파라카, 바루카차 등 항구와 바빌론 간에 해상교역 진행. 그리스에서 중장보병의 밀집대 출현	
7세기	파피루스가 페니키아인에 의해 그리스에 전달. 페르시아인들에	700경~600경, 한반도 청동

연대	실크로드사	세계사
	의해 이집트의 수련과 인도의 홍련이 교류. 이란 동북부의 지위예 유지, 앗시리아와 스키타이 양식의 유물 출토. 터키 이스딴불 도시유지, 비잔띤 문화와 이슬람 문화의 융합물 유적, 성 소피아 성당, 사원, 지하저수지 등 유적. 이란 시라즈 도시유지, 수로·3대 사원·유리·직조 등 유물. 이란 하마단 도시유지, 메디아 왕국과 아케메네스조 수도, '간지 나메 비문'·신전 등 유적. 시리아 다마스쿠스 도시유지, 다양한 문화유물·사원·시장 등 유적, 초기 기독교 관련 전설. 메소포타미아 사라공 왕대에 유리의 카트 제조법 개발	기문화
630경	페르시아에서 조로아스터교 출현	
625경	신바빌로니아 왕국 건국. 스키타이의 메소포타미아 침입	621경, 그리스 드라콘이 중벌주의 법전 만듦
600경	북아프리카의 카르타고가 서지중해로 세력 확장	6세기경, 마야 문명 성립
6세기	중국 전국시대 오나라에서 누선·대익 등 각종 전함 건조. 인도 우화집 『이솝이야기』(619?~564)가 그리스로 서전. 이란 이스파한 도시유지, 왕의 광장·폴로경기장, '이스파한 카펫'·사원·금속세공품·유리기구 등 유물 출토. 이란 페르세폴리스 궁전유지, 아케메네스조 수도, 궁전·유익인면 수신상·동물투쟁도·백주지·만국의 문 등 중동 최대 유지. 페르세폴리스 암굴묘군 유지, 단애석굴묘·십자형 묘형·기마전투도 등 유적. 이란 수사 도시유지, 아케메네스조 수도, 오아시스로 서단의 시발지, 두 갈래 '왕의 길' 출발지, 채문토기 중심 산지, 인장·유익괴수문·대칭문 등 유물 출토. 중국에서 유교(유학) 출현	로마가 도시의 모습 갖춤. '바빌론 유수'. ~3세기, 중국 춘추 전국시대
580~500	피타고라스가 직각삼각형 정리 발견하고 오르페우스교의 신자단체 조직	
559	아케메네스조 페르시아 건국	
556경	인도에서 불교 출현	중국에서 공자(552~479) 등장
550경	스키타이 문화의 동점	
549	페르시아(키로스 왕)의 박트리아 공격	
525	아케메네스조 페르시아의 메소포타미아 통일	522, 다리우스 1세 등위
525~456	그리스 최초의 비극작가 아이스킬로스가 『페르시아인』 창작	
521	이란 서부 베히스툰 마애비 건립, 아케메네스조 다리우스 1세 송덕비, 세계 최초로 설형문(비문) 해석	
518	아케메네스조 다리우스 1세의 간다라 지방 정복	6세기 후반, 그리스
514	아케메네스조 다리우스 1세가 소그디아나 공략	참주정치시대

연대	실크로드사	세계사
509경	아케메네스조 다리우스 1세가 그리스인 스킬락스를 인도 서해안에 파견, 최초의 동향 견사, 『인도여행기』 남김	로마 공화정 실시
6~5세기	흑해 서북부의 그리스 식민도시 올바이 도시유지, 스키타이를 매개로 한 동서문물 교류지. 스키타이 문화의 전기(쿠반―아조프 시대)에 속하는 켈레르메스, 울스키즈 등 고분유지, 고대 오리엔트 영향받은 스키타이계 무기 등 출토	
6~3세기	아무다리아강 상류의 옥서스 고분유지, 아케메네스조 페르시아의 금은제품, 동물문양 등 스키타이식 유물, '옥서스 보고'	
5세기	헤로도투스(484~425)의 『역사』 중 스키타이의 동방 원거리무역 언급. 중국 전국시대 말에 자석과 지극성 알아냄. 소아시아인 헤카테오스(?~486)가 인도관련서 저술(미전). 기원전 5세기경부터 한대까지 오르도스 청동기문화, 북방 카라수크 문화와 동형의 검·칼 출토. 기원후 5세기까지의 탁실라 도시유지(파키스탄 북부), 12개 거주층, 불사 유적 다수. 그리스 에우포이아스 섬 해저유지, 기원전 5세기경에 제작한 청동 포세이돈상이 운반중 침몰. 이딸리아 메시나 해저유지, 침몰선 유물로 기원전 5세기에 제작된 남자 청동상 2구와 암포라·석기류·닻·청동금구·은괴 등 발견. 이딸리아 비온비너 해저유지, 트랄 침몰선·대리석 아폴로상 발견. 팔레스타인에서 유태교 출현	492~448, 페르시아 전쟁
494	로마 평민들이 시에서 '철수', 평민회 결성	493, 라틴동맹 결성
477경	제1회 불전모임	
469~399	소크라테스가 보편적 진리와 도덕의 실재 주장	
5세기 후반	헤로도투스가 오리엔트와 페르시아 전쟁 다룬 『역사』(9권) 저술, 오리엔트 각지 인문상황과 스키타이의 동방교역로 제시. 로마에서 중장보병 밀집대(팔랑크스) 전술 도입	
447~432	아테네 아크로폴리스에 있는 열주식 파르테논 신전 건축	
445	로마에서 귀족과 평민의 통혼이 법적으로 인정	
431~404	아테네와 스파르타 간의 펠로폰네소스 전쟁(28년간)	
429~347	플라톤이 이상주의적이고 관념론적인 이데아론을 핵심으로 한 플라톤 철학 창시	
415~413	아테네의 200척 함대가 알키비아데스 지휘하에 씨칠리아 원정, 아테네의 참패	
400경	그리스인들이 세레스(중국)에 관해 알기 시작	~200경, 한반도 철기문화
5~4세기	천산산맥과 파미르 고원 일대에 산재한 사카족의 아람쉬크 고분, 아크베이트와 탐디 고분군 등 고분유지, 북방 유목문화와 상관성	

연대	실크로드사	세계사
	있는 유물 출토. 그리스의 올림피아와 에페소스에서 아케메네스조 카트유리제 바리 출토	
5~3세기	중국 요녕성 청동기문화 유지 조성, 중국과 북방의 혼성 청동기문화, 요녕식 단검 출토 중국 내몽골 자치구의 적봉 청동기문화유지, 카라수크형 단검의 유사품 출토 내몽골 자치구 호린게르현 범가요자 유지, 스키타이계 아키나케스 단검과 유사한 청동제 단검 출토 동부 알타이의 파지리크 고분군 유지, 스키타이 문화와 중국 문화, 페르시아 문화 영향받은 유물 다량 출토	
5~2세기	춘추전국시대에 중국에서 유리제조 시작	
4세기경	중국 산동성과 하북성 해안 일대에서 연단술 창안. 시리아 두라유로포스 도시유지, 대상도시, 주벽, 격자형 가로, 신전, 교회당 등 유적. 키프로스 키레니아 해저유지, 그리스 침몰선·고기류·청동제 솥·화폐·보석 등 유물 발견, 선체 원상복구하여 터키에 보관. 이집트 알렉산드리아 도시유지, 프톨레마이오스조부터 파티마조까지의 각 조대 유물, 동서양 해상교역 중계지, 파로스 등대·직조업·유리·도자기·향료 등 유적·유물 다수. 에게해 마라톤 해저유지, 그리스 조각가 프락시텔레스의 작품인 '마라톤 청년상' 발견. 그리스 역사가 크테시아스가 '세레스'인은 신장 약 6.5m, 수명 200년 이상의 사람들이라고 기술	359~336, 마케도니아 필리포스 왕 재위
384~322	아리스토텔레스가 현실주의적인 실재론 주장, 유럽 철학의 2대 조류 형성, 학문분야를 집대성. 오리엔트 철학과의 상관성 증명	
377경	제2차 불전모임	
4세기 전반	소아시아인 크테시아스가 『인도국민』 저술, 9세기 말 포티우스의 『고전초록』에 잔본 일부 소개	336, 알렉산드로스 등위 (20세)
335~263	키프로스 셈족 출신의 제노가 세계시민주의를 표방한 스토아학파 창설	
334~324	알렉산드로스의 동정	334~30, 헬레니즘 시대
331	알렉산드로스의 바빌론·수사·페르세폴리스 공략	
329	알렉산드로스의 소그디아나 공략	
327	알렉산드로스가 힌두쿠시산맥 넘어 인더스강까지 진격	
325	알렉산드로스의 명에 따라 부장인 네아르코스가 인더스강 하구부터 페르시아만까지 해로 탐험	
317경	데메트리우스가 인도 우화집 『이솝이야기』를 한 권으로 묶음	317, 인도 마우리아 왕조 건국
4세기 말	호한문화의 노인울라 고분군 유지 조성	
4~3세기	스키타이 문화의 중기(드네프르 시대)에 속하는 쿨오바 고분, 체르	

연대	실크로드사	세계사
	톰리크 고분, 솔로카 고분 등 유지, 헬레니즘 영향받은 유물 출토	
312	이라크 셀레우키아 도시유지, 그리스풍 도시, 헬레니즘 문화 유물	
303~292	셀레우코스 1세가 메가스테네스를 인도 마우리아조에 파견, 최초의 공식 견사	
4세기~	이때부터 기원후 3세기까지 로마가 유리의 중심지. 중국의 잠사가 인도에 전파	
3세기	중국 진대 조선술에서 활강로 기법 도입. 파피루스가 페니키아인 통해 로마에 수출. 디오니시우스가 이집트 왕의 명을 받고 연구차 인도 여행, 『지지』(3권) 저술. 인도 마우리아조 아소카 왕이 그리스에 포교단 파견. 그의 석주칙문에 불자로 안티오코스 등 그리스인 이름 보임. 인도 동해안의 칼링가국이 미얀마나 말레이 반도와 해상교역하면서 이민까지 함. 투르크메니스탄의 메르브 도시유지, 불교 스투파와 승원·성벽 유물. 기원후 2세기까지의 간다라 불교유지, 간다라 미술의 발상지. 인도 마우리아조 아소카 왕이 불교포교단을 씰란과 이집트, 마케도니아 등지에 파견	
300경	알렉산드로스 동정에 참가한 메가스테네스가 인도관련서 저술	
3세기 전반	『관자(管子)』에 최초로 '자석(慈石)'에 관해 언급	
287~212	아르키메데스가 부력의 원리 발견	287, 로마 평민의 입법권 인정
272경	인도 마우리아조 아소카 왕이 씰란, 이집트, 마케도니아 등지에 불교포교단 파견	아소카 왕 등위. 272, 로마의 이딸리아 반도 통일
3세기 후반	중국 수원 지방의 청동기문화	264~241, 제1차 포에니 전쟁
256경	박트리아(대하) 왕조 건국	250, 파르티아 건국
244	제3회 불전모임	218~202, 제2차 포에니 전쟁
214	중국 진나라가 남월 정토하고 번우(광동) 점령. 중국 만리장성 축조 시작	
209~174	흉노의 전성기	
3~2세기	아프가니스탄 북부 발흐 도시유지, 헬레니즘 중심지, 간다라 미술 발원지, 다양한 건축 및 종교 유물 출토	
3세기~	기원후 9세기까지 장안이 중국 역대의 도읍이 됨, 채문토기·토용·서역인 석상·각종 호풍. 기원후 3세기까지 파르티아 시대의 니사 도시유지·그리스풍 유리기구·아테네상·에로스상·류톤 등 출토 기원후 7세기까지 페르시아가 중국과 서방 간의 비단무역 독점	221, 진시황의 중국 통일 202, 중국 전한 건국
2세기	프랑스 그랑콩구르에 섬 해저유지, 350톤급 선박 침몰, 7천개 토	

연대	실크로드사	세계사
	기 항아리 발견	
2세기 초	중국 한대 초 조선술에서 정선(釘船)과 선미타 도입	194, 고조선 멸망
2세기경	중국에서 처음으로 항해에 계절풍을 이용하고 성좌도항법 도입. 남인도 동부해안의 촐라국이 말레이 반도나 수마트라 등 동남아 지역과 해상교역	
190~126	히파르코스가 지구중심설 주장, 장기간 유행	
180경	박트리아의 인도 침입	
176	흉노가 서진하여 대월지·누란·오손 등 26개국 평정, 대월지 서천	
160경	대월지가 아무다리아강 북부 지역을 점령하자 거기에 살던 사카 족이 인도 침입	
152	한의 공주 흉노에 출가	141, 한 무제 등위
		149~146, 제3차 포에니 전쟁
140	오손이 대월지 추격	
140~87	한 무제 때 한이 인도 동남부의 황지국과 해상교역	
139~126	중국 전한 무제에 의한 장건의 제1차 서역사행, 이를 계기로 포도· 석류·호두·호과·호마·호도·마늘 등이 서역으로부터 전입	
133	친로마적인 시리아 왕 페르가몬이 유언으로 왕국을 로마에 기증 하자, 로마는 이를 '아시아'란 속주로 만듦	
123	한의 위청 흉노 정벌	
121	한의 곽거병 흉노 정벌	
121~110	한이 하서 4군 설치	
119	한의 위청 정토에 의해 흉노가 막북으로 이동	
111	한 무제가 서남이와 남월 평정, 일남 9군 설치. 이를 계기로 남해 로의 해상교역 활성	
2세기 후반	'세계문학의 왕좌'인 『밀린다 왕 질문기』 출현	
110	오손 왕이 강도 유건의 딸 세군을 취함	
		108~107, 고조선에 한4군 설치
104~101	한의 이광리가 대완으로 원정	
2~1세기	스키타이 문화의 후기(크림 시대)에 속하는 네오폴리스 도시유 지, 그리스 문화에 동화된 유물 출토. 이딸리아 아르벤가 항 유지, 로마 와인운반선 침몰, 728개 암포라·연제 조타륜·각종 목재·철제 글라프 등 유물 발견	100~44, 로마 카이사르의 독재
2세기~	기원후 4세기까지 아프가니스탄 베그람 유지 조성, 3개 문화층 형성, 약 70점의 로만글라스와 이집트의 석제 용기, 로마 청동기, 인도의 상아세공, 중국 한대의 칠기 등 유물 출토. 부여 합송리 석 관묘에서 한국 최초의 유리제품(7개 유리관옥) 출토	

연대	실크로드사	세계사
1세기	로마 농학자이자 시인인 베르길리우스(70~19)가 비단실 관련 시 1수 지음. 기원전 1세기부터 기원후 1세기까지 흉노 중흥기의 노인울라 고분군 유지, 호한문화의 대표적 유지. 기원후 4세기까지의 중국 신강 니야 취락유지, 상원·그리스신상의 봉니·784점의 '카로슈티 문서'(3~4세기). 아프가니스탄 바미얀 불교유지, 석굴군·2대 마애불상·연주문 복식·유익병마 등 출토, 프레스코화법 도입. 기원후 3세기까지의 베그람 도시유지(아프가니스탄), 쿠샨조 수도, 각종 유리기구·그레코로만풍 유물·울금향 산지. 기원후 3세기까지의 수르흐 코탈 신전유지, 쿠샨시대 도시유적, 비문·불의 제단·스토코 장식벽, 화환문과 아칸서스잎문 등 유물 출토 이라크 크테시폰 도시유지, 파르티아조와 사산조의 수도, 아치형 궁전 등 유물. 이라크 하트라 도시유지, 파르티아조의 원형 요새 도시, 성벽·궁전·배화교 제단·신전 등 유적. 시리아 팔미라 도시유지, 대상도시, 한금 출토(오아시스로 연장 전거). 한국 경남 의창군 다호리 1호 목관묘에서 납-바륨 계통의 환옥·각옥 등 출토 로마 황제 카이사르 극장에 나타날 때 주포(비단옷) 착용	
1세기 중엽	로마 항해사 히팔루스가 인도양 계절풍 알아내고 아테네부터 홍해를 경유하여 인도양까지의 직항로 개척. 한국 전남 군곡리 패총에서 관옥과 소환옥 출토	
1세기 말	『논형』「시응편」 자극성 이용해 만든 '사남지작' 소개. 자석의 지남성에 관한 최초 발견	
1세기~	기원후 6세기까지 불교가 서역을 통해 동북아로 전파	
99~90	한의 이능, 이광리가 흉노에 투항	
90경	월지가 힌두쿠시의 교통요지에 휴밀 등 5흡후 설치	
80~65	그리스 안티키테라 섬 해저유지, 침몰선(300톤급), 기원전 4~3세기 제작의 대리석 청년상 유물, 세계 최초 관방해저조사	
77	한에 의해 누란이 선선으로 개명	
70경	대월지가 아무다리아강 남부에 세력 확장해 5왕국 건립	
68~AD 19	로마 지리학자 스트라본이 『지리서』 저술	
64	로마에 의해 셀루쿠스 멸망. 기원후 21년까지 생존한 그리스 지리학자 스트라본은 알렉산드로스 왕 부장의 말을 인용해 비단을 '세리카'라 부르면서 나무껍질에서 얻는다고 기술	
60	한이 서역도호부 설치해 타림 분지 지배. 흉노의 일축 왕 한에 투항	카이사르의 제1차 삼두정치 57, 신라 건국
54	내분에 의한 흉노의 동·서분열	
52	동흉노의 호한야 선우 한에 투항	

연대	실크로드사	세계사
48	한이 투르판 분지의 차사에 둔전 개설	
45	말레이 반도 남단 코린지에서 '초원 4년'(BC 45)이란 글씨 새겨진 명기 발견	37, 고구려(~668) 건국
36	한의 서역도호 감연수가 탈라스 강반에서 흉노의 질지 선우 휘하 요인 1,518명 살해	
33	한 왕소군이 흉노 호한야 선우에게 출가	
31	로마에 의해 프톨레마이오스조 멸망	29, 로마제정시대 시작 이후 200년간 '로마의 평화' 지속
31~AD 192	223년간 로마의 동방무역 탕진액 1억 파운드	
30경	세레스인(중국인)이 인도 사신과 함께 로마 궁전 방문해 코끼리와 보석, 진주 등 헌상(플로루스의 『사강』)	
26경~20	남인도 안드라조가 로마에 견사. 남인도에 로마인 거주지 생김	18, 백제(~663) 건국 4, 예수 탄생
2	노인울라 유적에서 이 해에 제작된 한대의 칠기 배 출토 전한의 경로가 대월지 왕이 파견한 사신 이존으로부터 부도경 구수	

AD

연대	실크로드사	세계사
1	왕망이 남인도에 견사	
1세기 초	로마 황제 티베리우스가 남자 비단옷 착용 금지. 로마 토스카 구역에 중국 비단 전문시장 생김. 플리니우스가 『박물지』(6~26)에 로마인들이 인도에서 구해오는 후추는 금·은과 동등한 가치를 지닌다고 기술. 로마의 푸블리우스가 씰란에 표착하였다가 6년 7월 5일 로마 사절과 함께 귀국	8, 전한 멸망 25, 후한 건국
1세기 중엽	한 명제(재위 58~75)에 의해 구법도축한 채음 등 18명이 귀국시 백첩에 그린 불상 재래. 불상 회화의 최초 중국 유입	
1세기	이딸리아 네미 호 유지, 로마시대 황제의 누선 2척 침몰, 닻돌·금속기둥·모자이크·청동제 사자상·대리석 입주·'부상궁정' 등 유물. 전기 로만글라스에 속하는 감색 카트유리완이 중국 광주 부근 한묘에서 출토 팔레스타인에서 기독교 출현	
14	고구려 요동 공격	
23~79	로마 플리니우스가 백과전서적인 『박물지』(36권) 저술	29경, 예수 처형
32	고구려 동한에 견사, 중국과 교류 시작	
33경	사차 왕 현이 타림 분지 지배	
38	타림 분지 제국이 서역도호부 설치 요청, 후한 광무제 허용	42, 가라국 건국 45, 쿠샨조 건국

연대	실크로드사	세계사
48	흉노의 남·북분열, 남흉노가 한에 투항	54~68, 로마 네로 집정
60경	쿠샨이 간다라 지방 정복	
61경	사도 바울이 로마에 들어감	
64	로마 네로의 제1차 기독교 박해	
68	중천축의 섭마등과 축법란이 낙양에 백마사 세우고 『아함경』의 『사십이장경』 등 불경 5부 번역, 중국 최초의 불전 한역	
70경	이집트 상인 그레코가 『에리트라해 안내기』 저술, 남해무역에 관한 최초의 문헌, 현 스리랑카로부터 중국에 이르는 항해로 제시	
73	한이 북흉노 격파. 한이 반초를 서역에 파견	
73~102	반초의 서역경략	
76	흉노, 구자, 언기 등의 반격으로 서역도호부 폐지	
87	대월지와 안식이 한조에 사자 선물. 북흉노 58부가 한에 투항	
89	한이 남흉노와 결탁해 북흉노에 치명적 타격	
90경	쿠샨조가 타림 분지 침입, 반초에 의해 격퇴	
91	반초가 구자 평정하고 서역도호에 임명됨	
92	로마 황제 도미티아누스가 로마 시에 후추 전문거래시장 설치하고 국고로 후추 비축	
93	북흉노 멸망. 선비의 진출	
94	반초의 언기 정토 서역 55개국 한에 복속	
97~99	중국 한대 감영의 대진 출사	98~180, 로마의 5현제 시대, 전성기
100경	쿠샨조가 인도 서부지역 정복하고 로마에 견사. 북흉노(훈족)의 서천	
1~2세기	이딸리아 엘바 섬 유지, 로마 침몰선, 유물로 도자기 조각·대리석 조각 등 발견	
1~3세기	이 기간에 해당되는 로만글라스 유물이 타림 분지 동변 롭노르호 부근 파격만에서 다량 발굴. 중국 잠상이 신강 니야 지대로 초전	
1~6세기	우즈베키스탄의 타슈켄트 도시유지, 불사·양건연와·3층 성채·이슬람 묘당과 마드라싸, 이슬람 샤피아파 성지. 베트남 옥에오 항구유지, 로마-인도-한의 교류 입증 유물 다량 출토 튀니지 마디아 해협 유지, 암포라·이오니아식 대리석 원주 등 로마시대 유물 발견	
2세기	런던에서 중국 비단 극성, 낙양에 못지않음. 정향이 중국과 로마에 전파. 그리스 지리학자 파우사니아스는 세레스인들이 곤충에서 비단실을 뽑는다고 정확히 알고 있었음. 로마 지리학자 프톨레마이오스(90~168)가 『지리학 입문』에서 오아시스로에 관해 처	

연대	실크로드사	세계사
	음 언급. '견왕녀'의 호탄 출가	
2세기 초	허신의 『설문해자』에 종이는 이미 솜으로 만들어왔다고 기술	
105	채륜이 식물성 셀룰로오스로 '채후지' 발명. 고구려의 요동 공격	
106~143	라틴 문학의 최고 산문작가이며 스토아학파의 사상가인 키케로 활동, 자연법사상 제시	
107	서역도호부 폐지	
109	남흉노·오환·선비의 한 침입	114, 아르메니아와 메소포타미아 병합, 로마 영토 최대
115	로마가 파르티아(안식) 격멸	
117~138	로마 하드리아누스 치세시 파르티아와 화약 맺어 메소포타미아 남부 포기하고 아르메니아를 보호국으로 승격	
118	로마의 기독교도 박해	라틴 문화의 백은시대
120	선국 왕 옹유조가 한조에 대진 환인 헌상	
123	한 반용이 서역장사에 임명. 선선, 고창이 한에 복속	
134	사차 후국이 북흉노에 격파. 알란인 서아시아 침입	
135	유대인 유랑생활(디아스포라) 시작	144경, 쿠산 카니슈카 왕 등위
147	이 해에 건조된 산동 가상무씨사 석실벽에 앗시리아나 페르시아 조형미술에서 보이는 유익우인(有翼羽人)상이 새겨져 있음. 안식 승 안세고가 낙양에 옴	
148	안식승 안세고가 낙양에 와 20여 년간 불경 95부 번역	
150	고트족이 흑해 연안으로 남하	
150경	간다라 미술 번영	161, 로마 마르쿠스 아우렐리우스 등위
2세기 중엽	로마 파우사니아스가 『그리스 주유기』 저술	일본 미생문화 흥기
158	신라 죽령로 개통	
162	로마 황제 안토니누스의 페르시아 원정	
165	로마 황제 안토니누스의 소아시아 평정	게르만족 봉기
166	대진 왕 안토니누스가 중국에 견사. 남흉노, 오환이 한 침입	
170경	쿠산조가 서북 인도 병합	
170년대	로마의 대동방 수입액 총 1억 세스테르세스	
2세기 후반	중국에서 연유도(鉛釉陶) 제작.	
3세기 이전	중국인들이 이미 침향 사용	
3세기	중국 5국시대. 사상 최초로 소호(巢湖)에 둑 축조 누란 유지에서 목간과 종이 유물 반출. 터키 페르가몬 도시유지, 페르가몬 왕국 수도, 도서관·궁전·신전·제우스 제단 등 유물 출	

연대	실크로드사	세계사
	토, 바빌론에서 마니교 출현	
202	로마 황제 쎄베루스가 '쏠 인빅투스' 종교정책 반포	
220	중국 위조가 누란에 둔전 설치(4세기까지)	중국 삼국시대 시작
226	로마 상인 진론이 중국 오나라에 들어가 왕 손권 진현. 선비족의 전성기	사산조 페르시아 건국
230	사산조의 박트리아 정복. 사산조가 조로아스터교를 국교로 함	235~84, 로마의 군인황제 시대
238	사마대(邪馬臺) 여왕 비미호가 중국 위조에 견사	
139	일본 사마대국이 대방군과 위에 견사	
242	사산조 페르시아가 쿠샨군 격파	
247	인도승 강승회가 교지로부터 건업에 첫 불화 들여옴	250~304, 기독교 대박해 시대
251	훈족이 카스피해 방면 진출	쿠샨조 쇠퇴
254	중국 오국의 주응과 강태가 부남국에 파견	
259	중국 위가 고구려 침입, 참패당함	
260	중국 최초의 서행구법승인 서진의 주사행이 호탄에 도착 20년간 수행, 경전 낙양에 보냄	
265	중국 진국이 서역 진출 개시	
3세기 중엽	중국 배수(224~71)가 전통적 제도법인 '망격제도법' 창제	
266	대월지승 축법호 내화, 36개 국어 장악, 불전 175부 번역	
284	로마 황제 카리누스가 서진에 견사 조공	
284~305	로마 황제 디오클레티아누스가 수도를 소아시아의 니코메디아로 옮겨 소아시아, 시리아, 이집트, 트라키아를 통치, 점차 동방의 전제군주제 답습	로마의 4제 통치
286	월지승 축법호가 진에 와서 정법화경 등 불경 210부 번역	
3세기 말	중국 진대의 혜함이 남방식물의 전입에 관한 『남방초목상』 저술	
3~4세기	중국 신강 누란 도시유지, 한문과 카로슈티어 목간, '이백 문서', 각종 모직물·견직물, 아리아인종의 유체, 헤르메스상 보석, 쿠샨 동전 등 출토	
3~8세기	이란 니샤푸르 도시유지, 동방의 관문, '니샤푸르 도기' 외 각종 이슬람 유물	
3~15세기	이란 타브리즈 도시유지, 아르메니아 왕국과 일 칸국, 흑양조의 수도·궁전·묘당·성벽 유적	
303	로마 황제 디오클레티아누스가 기독교 박해책 반포	
310	구자승 불도징이 낙양에 와 불사 893개소 세움	316, 중국 5호16국 시대 개막
313	콘스탄티누스가 '밀라노 칙령' 반포, 기독교 공인	

연대	실크로드사	세계사
320~647	인도 굽타조 아잔타 석굴 벽화에 발달된 배 모양 보임	
323~30	프톨레마이오스 왕조 시대에 이집트는 지중해 최대 유리생산지	
325	기독교의 니케아 공의회 개최	
330경	인도에서 아잔타·에로라 등 석굴사원 굴조	330, 로마가 비잔티움으로 천도
4세기	로마에서 운반부 같은 보통사람들까지도 비단옷 착용. 중국 신강 미란 도시유지, 산스크리트 문서·프레스코 벽화·유익 천사상 등 출토 목화가 서역(대완)으로부터 중국에 전해짐	
4세기 전반	중국 진대 도홍경의 『신농본초』에 인삼과 금설 등 11종 고구려 약재 소개. 인도 굽타 왕조(320~520)가 배불정책 시행, 불교 타격받음	
336	전량 왕 장준이 양선 파견해 선선과 구자 정토하고 고창군 설치	
345~53	악곡으로 사서강무곡과 천곡, 악기로 봉수공후·바파 등 천축악이 중국에 전입	
354~430	로마의 교부 성 아우구스티누스가 『신국론』저술, 젊었을 때 신봉한 마니교의 선악이원론 반박	
366	사문 악준이 돈황 천불동 굴조 시작. 돈황 석굴(일설 353) 착공	375, 게르만 민족대이동 시작, 10세기까지 유럽문명의 암흑기
372	고구려에 불교 전입	
377	고구려와 신라가 전진에 견사	
376	훈족이 도나우강 넘어 로마령 침입	
378	서고트족이 동로마군 격파	
380경	꼰스딴띠노쁠에서는 최하층까지 비단옷 착용	
384	백제에 불교 전입	
385	천축승 구마라십이 양주에 와 있다가 장안에 천거, 불경 35부 번역, 중국 3대 역경가의 한 사람	386, 중국 북위 건국
392	로마제국이 기독교를 국교로 인정	395, 로마제국의 동·서분열
399~413	중국 동진승 법현 도축구법 14년간, 416년에 『불국기』 저술	
4~5세기	로마에서 가죽으로 선체 묶는 조선법 유행. 유랑시인이 쓴 영국 최고의 시가 『원방여행자』 중 흉노 언급. 4세기 말부터 5세기 말 까지 한국 경주 지방의 고분에서 후기 로만글라스에 속하는 80여 점의 유리용기 발굴, 그중 대부분은 4, 5세기경 지중해 연안에서 제작된 것	
4~7세기	사산조 페르시아가 유리의 중심지	
4~8세기	중국 신강 아스타나 고분군 유지, 목곽분, 견직물·금강저·수하미	

연대	실크로드사	세계사
	인도·개원통보·사산조 은화·비잔띤 금화 등 출토	
4~14세기	중국 3대 석굴의 하나인 돈황석굴 유지, 550여 개 석굴, 소상 2천 수백기, 벽화 5만㎡. 문명교류의 보고	
5세기 초	중국 요녕 북표의 북연 권세가인 풍소불(381~415) 묘에서 압형 수주 등 후기 로만글라스에 속하는 유리용기 5점 발견	7개의 앵글로-색슨 왕국 건설
5세기	중국 제국 조충지(429~500)가 인력으로 항진하는 윤선인 '천리선' 건조 육두구가 반타 섬으로부터 인도에 전파	
402	유연이 막북에 할거, 가한(칸)으로 자칭	
404~24	중국 후진의 지맹이 계빈국에서 구법수행, 439년에 『유행외국전』 저술	
408	로마가 서고트족에게 포위되었을 때 속금으로 3천 파운드의 후추 지불. 천축승 불타발타라 장안 도착	
410	로마 황제 테오도시우스 2세 세례식에는 로마 전시민이 비단옷 착용. 서고트족이 로마 약탈	
416	중국 동진 승려 법현의 도축구법순례기 『불국기』 간행	
420~21	동로마와 사산조 페르시아 간의 전쟁	
424	계빈국승 구나발마가 해로로 광주 도착	
425	에프탈(압달)이 사산조 침입	
428	동로마에서 네스토리우스파(경교) 출현	
429	중국 북위가 유연을 케룰렌 강반에서 격파. 반달족이 아프리카 진격, 카르타고를 수도로 카르타고 왕국 건국	
431	기독교 에페소스 공의회에서 네스토리우스파를 이단으로 정죄 파문	433, 아틸라가 훈제국 왕으로 즉위
434	중국 북위 서해공주가 오제에 출가	
435	중천축국승 구나발타라가 광주 도착, 100여 권 역경. 자바 왕이 중국에 견사	
439	북위가 화북 통일, 북량에 거주한 서역인을 화북으로 유치	중국 남북조 시대 개막
445	중국 북위가 선선과 구자 정토	
451	북위의 승려 도영이 북인도에 가 간다라식 불상 자료 녹취. 기독교 제4차 공의회에서 칼케돈 신조 채택. 훈왕 아틸라가 갈리아 지방 침입	
455	반달족이 로마 약탈, '반달리즘' 악명	
455(~648)	193년간 사산조 페르시아가 중국에 13회 견사	
460	유연이 고창 정복. 중국 운강 석굴사원 굴조 시작	
467	중국 항안 영녕사 건조, 대표적 초기 누각식 7층탑	476, 서로마제국 멸망
469	실크로드 오아시스로 동단(東端)인 한국 신라의 천년고도 경주	

연대	실크로드사	세계사
	가 계획도시로 정비, 4~6세기의 적석목관분과 아랍산 유향, 후기 로만글라스의 유리기구, 다채장식 양식의 계림로 단검, 대칭문과 연주문, 서역인 석상 등 유물 출토	481, 프랑크 왕국(~741) 건국
484	에프탈이 아무다리아 강반에서 사산조 군대 격퇴하고 헤라트 확보	
490~97	천산 이북 고차(투르크)와 에프탈의 충돌	
498	투르판에 국씨 고창국(~640) 건국	
5~6세기	사마르칸트 동부의 판지켄트 유지, 배화교 묘역, 소그디아나 화폐, 후기 사산조 은화, 북주의 포천, 개원통보, 해수포도경 출토	
6세기경	중국 상선이 유프라테스강 하구까지 내항(마쓰오디의 『황금초원과 보석광』). 코스마스의 『기독교 풍토기』에는 여러 나라 선박이 씰란에서 출발해 중국으로 간다고 기술. 사산조 페르시아풍의 회화가 동전	
6세기 초	남천축승 보리달마(달마)가 중국에 와 선종의 조사 됨. 6세기 초 이전에 중국 양잠직견술이 페르시아에 전파	
502	사산조 페르시아와 비잔띤의 전쟁.	
503	부남국, 중천축국 등이 중국에 진공	
508	북천축국승 보리류지가 중국에 1만협 불경 재래. 고차가 유연 평정. 에프탈이 타림 분지로 세력 확장	
516	중국 낙양 영녕사 건조, 대표적 초기 누각식 9층탑	
518~22	중국 북위의 승려 송운과 혜생이 인도 건타라국까지 구법순례, 『송운행기』와 『혜생행기』 저술	
520경(529?)	이딸리아 수도사 성 베네딕뜨가 몬테카시노에 유럽 첫 수도원 건립	
522	승려 혜승이 북인도의 4개 탑 모형을 모사해옴. 석혜교가 67~519년 기간 10대 왕조 531명 고승의 전기를 다룬 『고승전』 찬술	
524	중국 낙양 숭옥사 건조, 최고의 밀첨식 15층 전탑	
527~65	동로마 유스티니아누스 대제시 『로마법대전』(일명 『법학대전』) 편찬	
528	신라가 불교를 공인	
533	동로마에 의해 반달이 멸망	
538	일본이 백제로부터 불교 받아들임	
6세기 전반	한국 백제 무령왕릉에서 동남아와의 상관성이 보이는 각종 구슬 출토	
543~78	중국 북주 무제 재위기간에 구자·강국 등 서역국 악사들이 대거	

연대	실크로드사	세계사
	내화, 서역인들에게 서역악 교습	
546	서천축국승 구라나타(진체)가 해로로 중국 도착, 64부 역경, 중국 3대 역경가의 한 사람. 돌궐이 알타이 산록에서 흥기, 서위와 통교	
6세기 중엽	로마 황제 유스티니아누스 재위시(527~65) 경교 신부에 의해 잠종이 세린다로부터 로마에 밀반입	
550경	인도의 『판차 탄트라』를 킴르가 페흘러비어로 번역. 이집트 알렉산드리아 상인 코스마스가 남해상에서의 교역상, 특히 씰란의 역할에 관한 『기독교 풍토기』 저술	
551	중국 서위의 장락공주가 돌궐 칸에게 출가	
552	유연 등 제족을 통합한 돌골제국 건국. 간다라승 사나굴다 중국 도착, 역경 37부	돌궐제국 건국
554	돌궐이 몽골의 투르크족 통합	
556	북천축국승 나련제려야사가 중국 도착, 역경 15부	
563	돌궐이 에프탈을 멸하고 서투르키스탄에 진출	
568	동로마 황제가 제마르코스를 돌궐에 견사. 소그디아나인 마니아크가 돌궐의 사절로 동로마에 파견	570경, 이슬람 교조 무함마드 탄생
576	동로마 황제가 발렌티누스를 돌궐에 견사	
581~789	208년간 54명의 중국 역경가가 2,713권 불전 번역, 그중 현장이 1,335권 번역	583, 돌궐의 동·서분열
587	동돌궐이 중국 신생 수조에 투항	
589	수대의 정역이 내화한 구자 악사 소저파의 7균과 중국 고유의 7음 84조를 결합하여 중국 음률 정립	수의 중국 통일
590	남천축승 달마굽다 내화, 역경 7부. 아바르인들의 서방 진출	로마교황권 확립
6~7세기	서역 의서 총 15종 91권 한역	
7세기	중국 신강에서 비장된 페르시아와 아랍 은화 947매 발견. 불화를 비롯한 중국 전통회화가 서전. 이라크 바스라 도시유지, 초기 이슬람문화 중심지의 하나, 항구도시, 사원·묘당 등 유물. 인도에서 밀교 흥기	
7세기 초	채후지가 한반도 통해 일본에 전달. 그리스 사학자 시모코타(580~630)가 장안 등 중국에 관해 소개	
603	서돌궐이 수조에 격파되어 토곡혼에 복속	
606	하르샤바르다나가 북인도 정복	
607	중국 수 양제가 적토국에 견사	
610	당대 소원방의 병리학서 『소민제병후총론』에는 탈모증 특효약으로 아랍 약 지목. 사우디아라비아에서 이슬람교 출현	

연대	실크로드사	세계사
612	하르샤바르다나가 힌두스탄 지배	
615	돌궐 시비르 칸국이 중국 수조로부터 독립, 동돌궐 회복	
622	이슬람 교조 무함마드가 메디나로 성천, 이슬람력의 기원(622. 9)	618, 중국 당조 건국
626	중천축승 파라피가라밀다라 내화, 역경 3부	
627~45	중국 3대 역경가의 한 사람이며 법상종의 비조인 당승 현장이 도 축구법 18년간, 『대당서역기』 저술, 불경 75부 1,335권 한역. 중국 당이 동돌궐 평정	
629	이슬람 교조 무함마드의 메카 무혈 탈환	
631	당 정건이 『호약본』(7권) 찬술, 전래한 서역 약품 전서. 중국 수대	632~61, 이슬람
7세기 전반	의 배구(547경~627)가 『서역도기』 저술, 서역 44개국 인문지리 서술하고 오아시스 육로 3도 제시	정통 할리파 시대
631	돌궐 평정으로 장안에 이주한 돌궐인 근 1만호	
632~46	신라 성덕왕 재위시 동양 최고의 천문대인 첨성대가 경주에 건립	
634~56	이슬람 정복활동의 첫 파고기	
635	대진 주교(경교) 아라본이 장안 도착	
638	당 태종이 경교의 선교활동 허용, 장안 의녕방에 대진사 건립, 경 교의 중국 전파 시원	
637	이슬람 동정군이 사산조 페르시아 수도 크테시폰 점령	
639	네팔의 적정공주가 티베트에 출가	
640	중국 당이 고창국을 멸하고 안서도호부 설치	
641	당의 문성공주가 토번의 송찬간포에 출가	
642	당이 수대의 9부악을 10부악으로 증편. 니하반드 전투에서 사산조군이 이슬람 동정군에게 참패당함	
643~46	당 왕현책의 제1차 인도 사행	
644	이슬람 동정군이 인도 국경까지 진출	
645	당대 선도가 양조 이후의 704명 고승 전기를 다룬 『속고승전』 저술	
646	중국 당승 현장의 도축구법순례기 『대당서역기』(12권) 출간, 호 탄으로의 잠종 전파 전설을 소개	
647	당 왕현책의 제2차 인도 사행. 중국으로부터 막북으로 가는 참천 가한도 개척	
648	당이 안서4진(언기·구자·소륵·우기) 설치	
651	사산조 페르시아(226~651)가 이슬람 동정군에게 멸망. 이슬람 동정군이 호라싼 진입. 우마위야조가 중국에 견사 이슬람교가 중국에 전파되기 시작	

연대	실크로드사	세계사
654~771	페르시아의 망명 왕족들이 117년간 페르시아 명의로 중국에 31회 견사	
654	이슬람 동정군이 소그디아나의 마이무르크 진입	
655	중천축승 포여오벌야 내화, 불경 500여 협 재래	
657	서돌궐이 당에 멸망. 당 왕현책의 제3차 인도 사행(~661)	
658	당이 안서도호부를 구자로 이전	
659	당대의 『신수본초』는 후추가 '서방의 만국'에서 생산된다고 기술	
660~70경	영국 캐드몬의 종교적 시편인 『창세기』는 동방적인 이원론 반영, 이러한 이원론은 14세기 단떼의 『지옥편』이나 17세기 밀턴의 『실낙원』에도 반영	661~750, 우마위야조 아랍제국 시대
661(~1258)	이슬람 전파의 정착기	
661	이슬람 동정군이 헤라트 점령하고 아프가니스탄 경유해 인더스 강까지 진출	
663	토곡혼이 토번에 의해 멸망	
665	재화 인도 가문 출신의 구담라가 『경위력』(9권) 저술	
667	비잔띤 사절이 중국 고종에게 만능 복합해독제인 테리아카 헌상	
7세기 중엽	손사막(589~682)의 『단경』 「내복유황법」에 화약의 시초인 복화(伏火) 제조법 상술. 손사막의 『천금요방』에 18가지 자세의 인도 안마법 소개. 『천일야』 원형인 『1천 가지 이야기』(페르시아어) 출간	
670	당이 대토번전에서 패전하여 안서4진 피탈. 수리비자야가 당조에 진공	
671	이슬람 동정군이 중앙아시아 진입	
671~95	중국 당승 의정이 25년간 도축구법, 불경 400부 50만송과 사리 300립 재래, 『남해기귀내법전』과 『대당서역구법고승전』 저술하고 불경 56부 번역	
673	이슬람 동정군이 꼰스딴띠노쁠 점령	
674	이슬람 동정군이 부하라 점령. 사산조 페르시아 왕자 비루스가 중국에 망명	
676	이슬람 동정군이 사마르칸트 점령	
679	당이 시압에 성을 축조하여 서역 지배 강화	
682	돌궐이 당의 지배로부터 이탈	신라의 삼국통일
683	내화 비잔띤 의사 진명학이 백회와 뇌호 두 혈을 찔러 출혈시키는 천로술로 고종의 실명증 치유. 남천축승 보리류지 내화, 49부 역경	
690경	돌궐의 초이렌 비문 제작	

연대	실크로드사	세계사
692	이슬람 동정군이 소아시아와 아르메니아 진입. 당이 토번을 정토하여 안서4진 탈환	
694경	마니교가 중국에 전입	
696	당이 토번 평정	699, 발해 건국
7~8세기	영국 최고 영웅서사시 『베어울프』는 숙명사상, 숭배관념, 금욕주의, 명상주의 등 고대 인도사상 영향받음	
7~9세기	중국 당대 조선술에서 수밀격벽술 도입, 유럽에서는 17세기에 도입. 불교가 동남아로 전파	
7~17세기	이집트 푸스퇔트 도자기 유지, 60여 만점의 도자기 유물, 그중 중국제품이 12,000점, 기타 지중해 연안국과 일본·타이 등의 제품	
8세기	영국 시인 기네울프의 고시 『불사조』는 동방적 소재. 내용 중 불사조는 동방의 상징물이고 자아정화는 페르시아 전통사상이며 금욕적 삶도 역시 동방적 삶임. 이라크 바그다드 도시유지, 3중 성벽·4대 성문·궁전·사원·목욕장 등 유물	
702	당이 정주에 북정도호부 설치	
705~15	쿠타이브 휘하의 이슬람 동정군이 중앙아시아 원정	
711	당 금산공주가 돌궐 묵철에 출가. 이슬람 서정군이 이베리아 반도 진격	
712	이슬람 동정군이 인더스강 유역 침입. 장안에 서역풍 문화 만연	
714	중국 광주에 시박사 설치	
8세기 초	북천축승 아목거발절라(불공) 내화, 밀종의 제2대 조사, 대승경전 77부 번역	
716	중천축승 술파게라승가(선무외) 내화, 밀종 개조 중 1인	
717	이슬람 동정군이 꼰스딴띠노쁠 포위, 그러나 격퇴당함	
718	내당한 인도 천문학자의 후손인 구담실달이 인도의 『구집력』 한역	
719	남천축승 발일라보리(금강지) 배편으로 중국 광주 도착, 밀종의 개조 이슬람 서정군이 삐레네산맥 돌파	
720	계빈이 의료비방과 번약을 당에 진공. 『일본서기』 완성	
721~27	내당한 인도 천문학자의 후손인 구담실달이 『대연력』 제작	
723~27	신라승 혜초가 도축구법 4년간, 『왕오천축국전』 저술	
724	토화라가 당에 호약과 건타파라 진공	
8세기 전반	당대의 정건이 전래한 서역 약재에 관한 『호초본』 저술	726, 동로마 성상 금지령 반포
727	발해가 일본에 견사	
727년경	동양인으로는 최초(문헌기록)로 혜초가 대식국(페르시아) 방문	
729	토화라가 당에 구나가·제석릉·서표향약 등 약품 진상. 북천축승 밀다가 당에 약품 재래	

연대	실크로드사	세계사
730	이슬람 서정군이 아비뇽 점령	
731	돌궐의 퀼 테긴비 제작	732, 뚜르 전투
734	일본의 당 파견사절선이 곤륜국에 표착	
735	돌궐의 빌게 카간비 제작	
730년대 말	이슬람 동정군이 서투르키스탄 전역 장악	
739	발해가 일본에 견사	
740	당 고선지의 달해부 원정	
741	토화라가 당에 질한 등 약품 진상	
744	위구르제국(~840) 건국	
747	당 고선지의 소발률 원정	
750경	인도의 『판차 탄트라』 시리아어 역본 출간. 당 고선지의 갈삭국 정토와 석국 원정	750(~1258), 압바쓰조 이슬람제국 시대
751	고선지 휘하의 당군과 석국-이슬람연합군 간의 탈라스 전투, 고선지의 패전. 제지술의 서전 계기. 신라 불국사와 석굴암 창건	
752	도일한 신라 사절의 대일매물명세서에 침향 포함	
753	압바쓰조 할리파가 3, 4, 7, 12월에 연속 당에 사신 파견	
756	'안사의 난'이 일자 당 숙종이 아바스조 할리파에게 아랍 원군 요청, 할리파가 즉각 2만군 파견, 원군이 잔류하여 중국 무슬림의 시조가 됨. 안달루쓰(에스빠냐)에 후기 우마위야조 건립, 이슬람 세계가 동·서로 양분	~1031, 꼬르도바에 후기 우마위야조
758	당 숙종의 영국공주가 위구르 칸에게 출가	
760	당장 전신공이 양주에 진입할 때 상호 수천명 피살	
763	마니교가 위구르 지역에 전입	
768	당 장안에 마니교 사원인 대운광명사 건립	
8세기 중엽	중국 당 대종시(762~79)에 두숙몽이 조수 관련 『해도지』 찬술. 알 무깟파(?~760)가 인도의 『판차 탄트라』를 『칼릴라와 딤나 이야기』 제하에 아랍어로 번역. 신라승 혜초의 도축순례기 『왕오천축국전』 출간. 8세기 중반부터 9세기 중반까지 위구르(회골) 아장 소재의 카라 발가순 도시유지, 북방 초원로상의 요지, 마니교 본거지	
773	친당 위구르인 140명 귀국할 때 선물 실은 차량 1천여 대	
781	토번 진출로 막북 경유의 위구르로 개통. 『대진경교유행중국비』 장안에 건립	
784	이희렬 반란군이 최초 화기인 방사책 사용	
787	장안에 상주하면서 정부 녹미를 타먹는 상호가 4천명	
8세기 후반	아랍 연단술사 자비르 이븐 하얀(723~815) 등에 의해 중국 연	

연대	실크로드사	세계사
	단술이 아랍 세계에 수용되고 13세기 유럽에 전파, 자비르는 익시르(연금영약)로 재상 애처의 중병 치유, 『물품특성상론』 저술하여 중국의 안료·염료·도료·먹·안장·철제강법 등 소개. 751년의 탈라스 전투에서 포로가 된 두환이 서아시아와 아프리카에서 목격한 제반 상황을 기술한 『경행기』 상재	
790	토번이 고창과 비슈발리크 점령	
794~95	바그다드 개건 확충	
794~864	일본승 원인이 입당하여 『대당구법순례행기』 저술	
797	『속일본기』 완성	
8세기 말엽	중국 당대 재상까지 지낸 가탐이 『황화사달기』 저술, 국내외의 7대 통로 특히 광주로부터 페르시아만까지의 해로, 즉 '광주통해이도' 제시. 한국 경주시 남쪽 괘능리에 있는 신라 원성왕릉으로 알려진 괘능에 심목고비의 서역인 석상이 세워짐	800, 카를 대제가 서로마황제로 대관
8~9세기	북까프까스의 마세와야 바레카 고분유지, 4종의 견직문화 융합물인 금포와 중국 견화, 한문 문서 출토	
9세기	아랍 수학자 알 하와리즘이 1세기의 중국 수학서 『구장산술』에서 밝힌 '영부족(盈不足)'을 인용. 사산조 페르시아 망명 귀족 소량의 부인 마씨의 서안 묘지. 이라크 싸마라 도시유지, 836~92년간 압바쓰조 이슬람제국 수도, 사원·마드라싸·나선형 미나라 등 유물. 오만·예멘 등 나라 무슬림들이 소말리아 등 동아프리카에 진출, 무역과 포교활동 전개. 압바쓰조가 씨칠리아 점령, 이를 거점으로 남부 이딸리아 공격	
800~1000	약 200년간 노르만인이 유럽 각지에 퍼짐	
802	표국과 남조가 당에 조공	
805	일본승 최징이 당으로부터 천태종 들여옴	
806	일본승 공해가 당으로부터 진언종 들여옴	
813	당이 위구르와 토번 정토	
824	귀화한 페르시아 상인 이소사가 당 경종에게 침향정자 헌상	
828	신라 장보고가 청해진 설치. 당에서 차 종자가 신라에 전입	
834	당 문종이 외래교역자의 자유내왕보장 칙령 발표. 신라 흥덕왕이 차재에 침향 사용 금지령 내림	
840	위구르에 대한 키르기스의 공략으로 투르크족이 서천 시작. 동로마 성상 부활	843, 베르덩조약으로 프랑크왕국 3분, 이딸리아·프랑스·독일 기원
845	아랍 지리학자 이븐 쿠르다지바가 『제 도로 및 제 왕국지』 저술, 중국까지의 항해로와 당시 중국의 4대 국제무역항 기술, 신라의	

연대	실크로드사	세계사
	지형 언급. 중국 당대 회창법란	
851	중국과 인도를 비롯한 동방제국과 동서교역상을 기술한 쑬라이 만 알 타지르의 『중국과 인도 소식』 출간, 중국의 '바다 다음에는 신라도서가 있다'고 언급	862, 러시아 노브고로드 왕국 건국
863	비잔띤 황제 미카일이 모라비아의 슬라브족에게 형제 전도사 파견, 그들은 슬라브 알파벳 발명하여 복음서를 슬라브어로 번역, 슬라브 기도서 만듦	
866	투르판 분지에 서위구르 왕국 건립	
867~900	기독교의 '포티우스 분열'	
874	트란스옥시아나에 사만조 건국	
875~84	중국 황소의 난, 무슬림 등 외국인 12만 피살	
9세기 후반	압바쓰조 사절이 당 희종(재위 874~79) 알현시 궁정 보고에서 무함마드 초상화 발견	10세기까지 유럽의 제2차 민족이동
883	영국 앨프리드 왕(849~901)이 시그헬름과 아셀스탄을 인도에 보내 성 토머스 묘소 참배토록 함(영국 연대기 『앵글로색슨연대기』 883년조)	
9세기 말	아리스토텔레스의 모든 저작이 아랍어로 번역	
9~13세기	인도에서 불교 쇠퇴, 멸적	
900경	『이솝이야기』가 처음 라틴어로 유럽에 알려짐	
10세기경	육두구가 아랍인들 통해 유럽에 전파. 『동양기담』이 라틴어 원본으로부터 영역. 『코케인 총서』 중의 의약부분에서 아랍과 헤브루 의약 및 동양적인 점복 소개. 아랍 수학자 알 바타니가 인도로부터 싸인·코싸인·탄젠트·코탄젠트 개념 전수. 유럽 건축미술에서 로마적인 로마네스크 양식 출현	
902	아랍인들이 씨칠리아 점령	
10세기 초	싱가포르에서 후량(907~23) 연호가 새겨진 한식묘 발굴. 당 정번이 예장 공격시(904~906) 화기인 발기비화 사용. 중국의 한 의학자가 바그다드에 가서 알 라지(865~925) 문하에서 1년간 의학 연수, 그리스 명의 갈레노스의 16권 의서를 속기하여 재래	
907	야율아보기가 거란 통일. 중국 당조 멸망	중국 5대 10국시대 개막
10세기 전반	중국 5대 때(907~59) 페르시아 후예인 이순이 페르시아, 아랍 등지에서 쓰는 해물약방 63종을 소개한 『해약본초』(6권) 저술	909, 파티마조 건국 918, 고려 건국
920경	거란문자 창제	
921	볼가 강변의 불가르인 이슬람으로 개종	
924	요의 태조가 비슈발리크 공략	936, 고려의 통일

연대	실크로드사	세계사
938	고거회의 호탄 출사	
10세기 중엽	아랍 역사학자이며 지리학자인 마쓰오디가 세계사 전서인『황금 초원과 보석광』저술, 중국으로의 노정과 중국 상선들의 이라크 내항, 신라 인문지리와 아랍인들의 신라 내왕 등 기술. 아랍 여행가인 알 무할힐이 중국 여행에 관한『여행기』출간	
942경	호탄을 방문한 고거회가『거회기』(일명『우기행정록』) 저술, 호탄에서의 옥 채취상황 소개	960, 중국 송조 건국 961, 신성로마제국 건국
962	아프가니스탄에 가즈나조 건국	
964~76	북송승 계업이 승단의 일원으로 도축구법 13년간,『서역행정』저술	
966	송승 행근 등 구법도축. 아랍 사학자이며 지리학자인 알 마크디쉬는 저서『창세와 역사서』에서 "중국의 동쪽에 한 나라(신라)가 있는데, 그 나라에 들어간 사람은 그곳이 공기가 맑고 부유하며 땅이 비옥하고 물이 좋을 뿐만 아니라, 주민의 성격 또한 양순하기 때문에 그곳을 떠나려고 하지 않는다"고 기술	
969	파티마조 이집트 정복	
970	카이로의 아즈하르 사원 완공, 최초의 대학	
971	중국 송조가 광주에 시박사 설치	
972	중국 송조가 항주와 명주에 시박사 신설	
980~1037	아랍 의학자 이븐 씨나 활동, 유럽 의학에 큰 영향	
981	송조의 왕연덕이 막부 경유해 고창에 출사. 노르웨이인이 그린란드 발견하고 거기에 식민 시작	
982경	지리총서『세계강역지』가 페르시아어로 출간, 페르시아·인도·중국·비잔띤 등 제국의 지리 개술(저자 미상)	987, 프랑스에 까페조 (~1328) 건국
988	북송 찬녕이 988년까지의 684명 고승 전기 다룬『송고승전』저술	
10세기 후반	러시아가 동방교회 수용	
993	카라한조 건국	10~11세기, 유럽의 전반적 안정
10~12세기	아프가니스탄 가즈니 도시유지, 가즈나조 수도, 성벽·묘당·스투파·궁전지·미나라 등 유적. 아프가니스탄 라슈카르가 도시유지, 가즈나조 동도, 사원·프레스코 벽화 유물 출토. 일본 박다만 해저 유지, 중국 송대 도자기·고전 등 발견	
11세기	인도『판차 탄트라』의 그리스어와 헤브라이어 역본 출간. 터키 코니아 도시유지, 셀주크 수도, 궁전·사원 등 유적. 서아프리카 세네갈강 하류의 타크루르족이 이슬람교 수용. 전유럽적인 '상업의 부활'(일명 '원거리통상') 시작, 그 중심은 남에서는 지중해, 북에서	전유럽적인 '상업의 부활'('원거리통상')

연대	실크로드사	세계사
11세기 초	는 발트해, 지중해무역은 곧 동서무역. 유럽에서 상인조합 출현 아랍 의학자 이븐 씨나가 동·서양 의약성과를 집대성한『의전』(5권) 저술, 맥학과 대황, 우황 등 중국 의약 수용	
1000경	카라한이 호탄 정복	
1001	가즈나조의 인도 침입	
1009~10	중국 천주 성우사 건조	
1010경	가즈나조가 인도의 대부분 펀자브 지방 점령	
1011	거란이 고려 침입	
1013~15	거란이 고려 재침입	1014, 덴족이 런던 점령
1016	가즈나조가 중앙아시아에 진출, 사마르칸트와 부하라 점령	
1020	압바쓰조 이슬람제국 사절이 요에 진공. 거란과 고려의 화의	
1026	거란이 위구르 공략	
1027	중국 요가 가즈나조에 견사	
11세기 전반	에스빠냐 꼬르도바 이슬람 왕국이 내란으로 분열되자 북부의 기독교 국가들이 반이슬람적 '재정복'(reconquista) 투쟁 전개, 전지역에 확산	
1027	북송 연숙이 최초의 지남성 계기인 '지남차' 사용. 요와 위구르 사절이 가즈나조에 진공	
1031	안달루쓰(에스빠냐)의 후기 우마위야조 멸망	
11세기 중엽	북송 경력 연간(1041~48) 필승이 진흙활자 창제. 북송이 폭발성 화기인 벽력화구 사용	에스빠냐에 레온, 아라곤 등 5국 병립
1038	탕구트족의 이원호가 서하 건국	
1044~1284	미얀마에 파간 왕조 건립	
1049	카라한조가 쿠차 점령	
1054	동서방 기독교(교회)의 최종 분열	
1055	셀주크인들이 바그다드에 입성, 서아시아 지배	
1064~67	북송시 시박사 수입액 63만관	1066, 노르만인들이 영국 정복
1069	북송 왕안석 개혁 시작	
1071	셀주크인들이 예루살렘 점령	
1072~74	카라한조 출신의 마흐무드 알 카슈가리가 바그다드에서 돌궐과 중앙아시아 사회 전반에 관한 간명 백과전서격인『돌궐어사전』저술, 약 7,500개의 올림말	
1083	서하군의 난주 진공시 북송군이 화전 25만개 사용	
1086	고려의 대각국사 의천이 송에서 불경(천태종) 재래	
1087	중국 천주에 시박사 신설	

연대	실크로드사	세계사
1088	중국 밀주에 시박사 신설	
1095	교황 우르반 2세가 프랑스의 클레르몽 공의회에서 십자군 제창. 북송에서 수부법 형태로 나침반이 항행에 도입.	
11세기 말	북송 심괄(1031~95)의 『몽계필담』에 4가지 지남침 사용법 소개. 가나 왕국의 왕과 소닌케족이 이슬람교로 개종	1096, 제1차 십자군 원정
11~12세기	싸마라와 니샤푸르 등지에서 중국 영향받은 백유도와 '페르시아 삼채' 제작. 유럽에서 상공업 종사자들이 자유와 자치권 쟁취를 위해 꼬뮌 형성.	1099~1187, 십자군의 예루살렘 왕국
11~13세기	중국 영하 서부의 카라 코토 도시유지, 각종 불교유물·전폐·'서하어 문서' 출토	유럽에서 인구 증가, 개간 활발
12세기경	중앙아시아 메르브 출신의 마르바지(1046~1120)가 『동물의 본성』 저술, 페르시아·중국·돌궐·비잔띤·아랍·인도·아비시니아 등 제국의 인문지리 소개. 북부 독일 연안의 90여 개 도시들이 한자동맹 결성해 스칸디나비아 반도, 런던 등지와 교역. 유럽 건축 미술에서 고딕양식 출현	
12세기 초	씨칠리아 로저 2세(1103~54)가 노르만의 봉건적 관습과 로마법, 이슬람의 관습을 융합한 중앙집권적 국가 건설	
1112~62	캄보디아 왕 야소바르만 2세시 앙코르와트 건설	
1113	중국 수주에 시박사 신설	
1115	여진족이 금조 건국	
1119	여진 문자 창제	
1122~56	제지술이 프랑스의 끌뤼니에 전파	
1123	서극이 『선화봉사고려도경』 찬술, 해도 구비 시사하고 '지남부침'으로 남북 가린다고 함	
1125	금에 의한 요의 멸망	1126, 북송 멸망
1128	교황이 사원기사단 인가, 이어 병원기사단·독일기사단 조직	
1126~98	안달루쓰(에스빠냐) 출신의 철학자 아부 루시드(아베로이스) 활동, 아리스토텔레스 철학 계승	
1127~62	남송시 시박사 수입액 200만관	
1132	중국 온주에 시박사 신설. 남송 진규가 덕안 수비시 최초의 관형 화기인 화창 사용. 야율대석이 중앙아시아에 서요(카라 키타이) 건국	
1141	서요가 셀주크조 공략하고 트란스옥시아나 점령	
1145	중국 강음에 시박사 신설. 고려 김부식이 『삼국사기』 저술	1147, 제2차 십자군 원정
1148	아프가니스탄에 구르조 건국	
12세기 중엽	독일 기독교 승정 오토 폰 프라이징(?~1158)의 연대기에서 프	

연대	실크로드사	세계사
	레스터 존에 관한 기사 초견	
1150	제지술이 에스빠냐의 하티바에 전파	
1150경	『이솝이야기』가 영국 공식어(국어)로 영역. 그후 1484년까지 캑스턴본과 마리본 등 6개 역본 속간	
1154	아랍 지리학자 알 이드리씨가 『천애횡단갈망자의 산책』 저술하고 1매의 세계지도와 70매의 부분도 및 타원형 은제 지구의 제작, 저자는 "그곳(신라)을 방문한 여행자는 누구나 정착하여 다시 나오고 싶어하지 않는다. 그 이유는 그곳이 .매우 풍족하고 이로운 것이 많은 데 있다. 그 가운데서도 금은 너무나 흔한바, 심지어 그곳 주민들은 개의 쇠사슬이나 원숭이의 목테도 금으로 만든다. 그들은 또 스스로 옷을 짜서 내다 판다"고 기술. 그리고 그가 제작한 세계지도의 제1구역도 제10부분도에 신라 지도를 명기(서방에 나타난 최초의 한국 지도)	1157, 셀주크조 멸망
1164	영국 헨리 2세가 교회에 대한 통제 강화 위해 클라렌든 헌장 반포	1169, 이집트 아유브조 개조
1170~1221	성 도미니쿠스가 도미니쿠스 교단 설립	
1171	이집트 아유브조 건국	
1178	송대 계림통판을 지낸 주거비가 『영외대답』(10권 194조항) 저술, 고려로부터 모로코까지 제국의 상황과 항정 기술. 그리고 후추가 자바 명산물로 소개	
1180	벨기에의 한 석각에서 선미타 초견(유럽 경우)	
1181	아프가니스탄 구르조가 인도 펀자브 지방 점령. 캄보디아 왕국 전성기. 남해무역 흥성	
1180경	아랍세계에서 나침반이 '뱃사공들의 벗'으로 각광	
1182?~1226	성 프란체스꼬가 프란체스꼬 교단 설립	
1183	『우기국사』 편찬	
1186	구르조에 의한 가즈나조 멸망	
1189	제지술이 프랑스의 에로에 전파	제3차 십자군원정
1194	호레즘조가 이란 지배	
12세기 후반	남송시 나침반이 아랍인들에게 전해짐. 제지술이 에스빠냐의 발렌시아와 꼬르도바에 전파. 아리스토텔레스의 저작이 아랍어에서 라틴어로 번역	
12세기 말엽	나침반이 아랍인들 통해 유럽에 전달. 이집트 푸스타트 유지에서 각종 중국 도자기 조각 1만 2천점 출토. 유럽의 대부분 도시에 수공업자조합 출현	
12~13세기	무슬림들이 동아프리카의 케냐, 탄자니아, 모잠비크 등지 진출. 교역과 포교활동. 12세기 후반부터 13세기 초에 유럽에서 학생	유럽에서 도시민의 계층분화 진행

연대	실크로드사	세계사
	또는 교사 조합(길드)으로부터 대학이 산생	
13세기	나침반이 항행의 유일한 도항용기로 이용. 이집트 무슬림들이 수단에 침투, 통혼·포교활동. 유럽에 2개 탁발교단(Friar) 설립	유럽의 경제적 호황기 페루에 잉까제국 건국
13세기 초	아랍 지리학자 아불 피다가 저서에서 중국 나침반 소개. 알제리 수학자 알 부니(?~1225)가 저서 『지혜의 빛』과 『기술(奇術)』에서 중국 9궁수를 활용해 여러가지 종횡도 작성. 이것이 발전하여 아랍 수학의 '격자산법' 출현	
13세기 전반	중국 금조 말 오고손중단이 사신으로 파견되어 서정중에 있는 칭기즈칸을 회견하고 돌아와 『북사기』 저술. 초기 몽골제국(1229~59)의 수도인 카라코룸 도시유지, 에르데니주 라마사원과 궁정터 유지	
13세기 중엽	스칸디나비아와 아이슬란드 고대시집인 『고(古)에다』에 훈제국 건국자 아틸라 등장. 동양적인 영혼전생설 반영한 시편 『시리즈 부인 이야기』 출간(영국)	
1202	모로코 페스에 472개의 수차가 제지업에 전용. 이딸리아 수학자 비파나시가 저서 『산술서』에서 중국 수학의 '영부족술'을 '거란산법'이라 소개(제13장)	제4차 십자군원정
1206	칭기즈칸이 몽골 통일	
1206~1857	650년간 인도에 5개 이슬람 왕조 출현	
1206~90	인도 이슬람 왕조인 노예왕조	
1209	칭기즈칸이 서하 격멸. 위구르 왕국이 몽골에 복속	
1209~33	케임브리지대학 창설	
1210	호레즘조가 서요 공파	
1212	호레즘조에 의한 카라한조의 멸망	
1213	영국이 『런던교 만조시간표』 작성. 나이만족의 쿼츠뤼그가 타림 분지 지배	
1215	칭기즈칸이 금 격멸. 중아의 호레즘조 샤가 칭기즈칸에게 사절과 대상 보냄	
1216	거란이 고려 침입	
1218	칭기즈칸이 호레즘조에 보낸 대상 피살(오트라르 사건)	
1220	몽골 서정군이 부하라, 사마르칸트, 우르겐치 정복하고 호레즘조 공멸.	1219~25, 몽골군 제1차 서정
1220~21	야율초재가 사마르칸트 체재시 이슬람 역법 참조해 『서정경우원력』 제작	
1220~24	중국 원초 도인인 장춘진인이 서정중에 있는 칭기즈칸 만나러 중앙아시아의 카불과 사마르칸트까지 여행, 『장춘진인서유기』 남김	

연대	실크로드사	세계사
	영국 베이컨이 '실험과학' 주창	
1220~92	금군이 점주 공격시 철화포 사용. 몽골 서정군이 서북인도 침입	
1225	중국 송대 시박사를 지낸 조여괄이 중국의 첫 외국소개 전서인 『제번지』 저술, 57개국의 인문지리와 47종 수입품 등 기술	
1225~74	아퀴나스가 스콜라 철학 집대성, 30권 저서, 대표작은 『신학대전』 (600여 조항 문제제기와 논의)	
1227	몽골군에 의한 서하의 멸망. 칭기즈칸 사망	
1228	몽골제국의 정치가인 야율초재가 칭기즈칸의 서정에 종군한 여행기 『서유록』 저술	
1229	모로코 수학자 하싼 마라키시의 『시종귀원론』(일명 『원리와 답안』)이 『융해산법』 제하에 한역	제5차 십자군원정
1230	고려에 금속활자 출현	
1231	몽골군이 하중부의 금군 공격시 진천뢰 사용	
1231~39	몽골군이 고려 침입	
1234~41	고려에서 사상 최초로 『상정예문』(『신서상정예문』)을 금속활자로 28부 찍음	1235~44, 몽골군 제2차 서정
1236~51	고려에서 팔만대장경 재간	
1238	몽골 서정군이 모스끄바 공략	
1239	몽골 서정군이 킵차크 초원 평정	
1240	영국의 연대기작가 매슈 패리스는 저서 『히스토리아 마조르』에서 몽골인을 '타르타르인'(그리스신화 중의 '지옥의 악마')이라 지칭	
1241	신성로마제국 황제 프리드리히 2세가 영국왕 헨리 3세에게 서한 보내 '타르타르인'(몰골인) 축출을 호소. 발시타트 전투, 몽골 서정군이 유럽 연합군 격파	
1243	남러시아에 킵차크 칸국이, 중앙아시아에 차가타이 칸국이 건국	
1245~47	로마교황 인노켄티우스 4세가 까르삐니를 몽골에 파견, 로마교황의 최초 동향 견사. 까르삐니 『몽골사』(일명 『소사』) 저술	
1246	송대에 감포에 시박사 신설. 로마 교황의 사절 까르삐니가 몽골 수도 카라코룸 도착	
1247	중국 수학자 진구소가 저서 『산수9장』에서 처음 공위 대신에 '0' 사용. 로마교황 인노켄티우스 4세가 안셀름 등 3명을 카스피해 서쪽에 있는 몽골대장에게 파견. 로마교황 특사로 몽골에 파견된 까르삐니가 복명 보고서로 몽골관련 서구인들의 첫 소개서인 『몽골사』(일명 『소사』) 저술	1248, 제6차 십자군 원정
1248~1318	일 칸국의 재상을 지낸 라시둣 딘이 저서 『집사』에서 원 치하의	

연대	실크로드사	세계사
	12성을 소개하면서 세번째 성으로 고려(카울리)에 관해 언급	
1249	이집트 재상의 주도하에 초석으로 화약 제조. 루이 9세가 더 롱주모 등 24명을 몽골에 파견	
13세기 중엽	니제르강 상·중류의 말리 왕국 전민이 이슬람에 귀의	
1251	몽골 쿠빌라이가 중국(남송) 진격	
1253~55	루이 9세가 뤼브뤼끼 일행을 몽골에 파견. 뤼브뤼끼『동유기』저술(1256)	
1253~57	프랑스 쏘르본대학 창설	
1253~60	몽골의 제3차 서정. 프랑스 루이 9세의 사절 뤼브뤼끼가 카라코룸 도착	1253~60, 몽골군 제3차 서정
1254~55	소아르메니아 왕 해둔 1세가 몽골까지 동유, 13세기 말에 이에 관한『해둔행기』출간	1254, 독일 대공궐 시대 시작
1256	루이 9세의 몽골 특사 뤼브뤼끼가 라틴어로『동유기』저술	
1258	몽골 서정군이 바그다드 함락, 압바쓰 이슬람제국 멸망	이슬람제국 멸망
1259	킵차크 칸국이 폴란드의 ㄲ라꾸프 등지 침입	
1260~63	무슬림들이 애용하는 3현 악기인 화불사가 유럽에 전해짐, 중국 원대에 유행	1260, 일 칸국 건국
13세기 후반	유럽인들은 아랍 병서 번역서『항적연소화공서』에서 화약과 화기에 의한 화공법 처음 알게 됨. 중국 원초의 천문관측의기가 일 칸국의 말라크 천문대에 설치	
1260~75	마르꼬 뽈로의 부친 니꼴로와 숙부 마떼오가 상역차 동방으로 향함. 1264년 원 상도에 도착, 1266년 로마교황에게 견사, 1275년 다시 원조에 귀조	
1263	불름(시리아) 천문학자이자 의사인 이사가 원에 와서 '서역성력사'와 '의약사' 관장. 원대 중도로(북경과 그 부근) 일대에만 2,953호 회회인 거주, 대부분은 상호. 몽골 몽케 칸의 사신 상덕이 서정 중에 있는 훌레구를 예방한 내용의『서사기』를 유욱이 저술. 니꼴로 뽈로 형제가 한발리ㄲ(북경) 도착	1265, 영국에서 의회 첫 개의
1265~1321	단떼가『향연』『신곡』등 저술	
1266	아랍 건축사 야하디르가 총관부 달로화적에 임명되어 원 대도 궁정 증축공사 총책 맡음	
1266~1304	오고타이 칸국 카이두의 반쿠빌라이운동('카이두의 난')	
1267	화교들이 남인도 나가파티남 평원에 탑 건립. 자말룻 딘이 원대의 '만년력' 완성, 시행	
1269	원대의 파스파 문자 창제	
1271	원조 대도에 '회회사천대' 건립, 회회력 제작	중국 원조 개조

연대	실크로드사	세계사
1271~95	마르꼬 뽈로의 동방여행(24년간), 1298년 '세계 제1기서'라는『동방견문록』출간	
1272	일 칸국 천문학자 나스룻 딘이 동서 제국의 역표 참고하여『일칸천문표』완성. 일 칸국이 부하라와 우르겐치 공략	
1273	원에서 한인사천대와 회회사천대를 비서감에 통합. 원조의 '북사천대에 페르시아와 아랍 서적 총 23종 소장(그중 천문·역법·산수 등 14종). 원대 비서감에 유클리드의『기하원리』아랍어 역본이 소장, 당서의 최초 중국 유입	
1274	일 칸국 사절이 로마 황제 알현. 원군이 고려군과 함께 일본 원정, 그러나 실패	
1275	마르꼬 뽈로가 원의 상도에 도착. 아랍 지리학자 알 까즈위니는 저서『제국유적과 인류소식』에서 "신라는 중국의 맨 끝에 있는 절호의 나라다. 그곳에서는 공기가 순수하고 물이 맑고 토질이 비옥해서 불구자를 볼 수 없다. 만약 그들의 집에 물을 뿌리면 용연향의 향기가 풍긴다고 한다. 전염병이나 질병은 드물며 빠리나 갈증도 적다. 다른 곳에서 질병에 걸린 사람이 그곳에 오면 곧 완치된다." "(신라)주민들은 세상에서 가장 아름다운 외모를 가지고 있으며 질병도 가장 적다"고 기술	
1275~94	원대 경교 사제인 사우마와 마르쿠스가 성지순례차 대도 출발, 사절 신분으로 서아시아와 유럽을 동분서주	
1276	제지술이 이딸리아의 몬떼빠노에 전파	
1277	고려가 금속활자로 불전 인쇄, 세계 최초 금속활자. 시박사가 천주에 재개되고 경원에 신설	1277, 세계 최초의 고구려 금속활자
1279	원 세조가 해외의 여러 번국들을 초유. 양정벽의 제1차 인도 사행. 쿠빌라이에 의한 남송의 멸망	1279, 중국 남송 멸망
1280	원 양정벽의 제2차 인도 사행	
1281	킵자키의『상인보감』에는 인도양 뱃꾼들이 수부자침과 자침지남어 사용한다고 언급. 원조의 수시력(授時曆) 시행	
1282	중국 원대. 처음으로 평저선 건조. 원 양정벽의 제3차 인도 사행. 원이 미얀마 정복	
1283	원이 안남과 점성 정토	
1284	고려 일연이『삼국유사』저술	
1285~95	이때 저술된 아랍어 병서『기마술과 병기』에 중국 화약의 성분과 화기제조법 상술	
1286	원조에 견사조공한 동남아시아 나라는 10개국	원의 동남아 진출
1287	원이 안남 정복	

연대	실크로드사	세계사
13세기 말	아랍인들이 관형화기 자체 제조	
1289	로마교황이 꼬르비노를 원에 파견	
1289~1328	로마교황 니콜라스 4세가 꼬르비노를 원에 견사. 대도에서 포교 활동	
1290	원 코카친 공주가 일 칸국 아르군에 출가. 그의 사망으로 아들 카잔과 결혼	
1290~1320	인도 이슬람 왕조인 힐지 왕조	
1292	원대에 태의원 산하에 아랍 약재의 전문관리기구로 회회약방원과 회회약물국을 설치하여 궁정용 약품을 관리, 1322년에 이 두 기구가 광혜사에 통합. 원의 자바 원정, 싱고사리군에게 격퇴당함	
1293	원조가 22조로 된 시박조례 반포. 제지술이 이딸리아의 파브리아노와 안카노에 전파	
1297	원군이 카이두군 격파	
1298	마르꼬 뽈로의 『동방견문록』 집성. 현존 사본 약 140종, 역본 120종(그중 한글 역본 7종)	1299~1922, 오스만제국
13~14세기	아무다리아강 하류의 하바 도시유지, 이슬람 묘당, 목주 지하사원, 성채, 궁전 등 유물	
14세기	한국 신안 해저유지, 중국 원대의 용천요 청자, 경덕진 백자 등 유물 2만점 발견(난파선). 인도네시아 토반 해저유지, 유물 6,800여 점, 중국 청자와 백자, 마르타반호, 안남소 등 유물. '해골의 춤'으로 상징되는 유럽 중세문화의 조락	1302, 프랑스 3부회 개회. 유럽 각지에서 농민반란 발생. 유럽 상인자본가의 형성 14~16세기, 르네쌍스 시대
1304	원대의 진대진과 여계손이 『남해지』(20권) 저술, 광주 기점으로 한 남해의 교통과 143개국의 사정 기술, 동·서양 개념 제시	
1304~74	유럽 최초의 인문주의자 페트라르카가 라틴어 서사시 『아프리카』 지음	
1306	이딸리아 지리학자 사누또가 망격제도법으로 팔레스타인 지도 제작	
1307	일 칸국 사신 마말라크가 프랑스와 영국에 출사	
1309	제지술이 영국 런던에 전파	'교황의 바빌론 유수'(교황권의 약화)
14세기 초	아랍인들이 중국 화기 개조해 아랍식 화포 '마드파아' 2종 제작. 이딸리아는 중국식 나침반 개조한 한침반 사용. 고대 인도설화를 내용으로 한 라틴어 『7현이야기』가 영어로 초역, 16세기까지 7종 역본 출간	
1310	차가타이 칸국과 오고타이 칸국이 합병	
1310~11	일 칸국의 어의이며 역사가인 라시둣 딘이 『집사』(7권) 저술, 몽	

연대	실크로드사	세계사
	골사와 세계사 두 부분으로 구성. 당서에 중국 목판인쇄 언급, 완벽한 첫 세계통사란 평가	
1312	제지술이 독일의 카우프베우렌에 전파. 원대에 관구사 설치해 회회악사 전문관리, 1316년 상화서로 개명	
1313	중국 왕정이 목활자로 『대덕정덕현지』 100부 인쇄. 라시둣 딘이 『일칸의 중국과학 보고』라는 중국 과학백과전서 편찬. 이딸리아 출신의 인문주의자 보까치오가 근대 소설의 효시라는 『데까메론』(이야기 묶음) 지음	
1316	선교사 겸 여행가인 오도리끄 북경 도착	
1318~30	이딸리아 프란체스꼬회 사제이며 여행가인 오도리끄가 동방 여행, 그중 6년간 중국 여행(1322~28), 『동유기』 저술	
1319	제지술이 독일의 뉘른베르크에 전파	
1320	제지술이 독일의 마인츠와 쾰른에 전파	
1321	아랍 지리학자 아부 피다가 저서 『제국안내목록』에서 신라의 지리적 위치를 구체적으로 밝힘	
1320~1424	인도 이슬람 왕조인 투글루끄 왕조	
1325~54	문명사에서 가장 위대한 여행가이며 탐험가인 모로코 출신의 이븐 바투타가 30년간 3대륙 10만여km 여행, 『이븐 바투타 여행기』 저술, 한글 완역본 출간(2001년)	
1326	이딸리아가 유럽 최초로 금속제 관형화기인 철포 제작	1328, 프랑스 발루아조 (~1589) 건립
1330~34	중국 원대의 해상여행가 왕대연의 제1차 해외여행	
1330경	아랍 지리학자 까즈위니가 망격제도법으로 이란 지도 제작	
1332~1406	아랍 역사학자이며 사회학의 비조인 이븐 할둔 활동	
1337~39	중국 원대 해상여행가 왕대연의 제2차 해외여행	1337~1452, 백년전쟁
1338	로마교황이 마리뇰리를 단장으로 한 사절단을 킵차크 칸국과 차가타이 칸국, 원조에 파견	
1340	제지술이 이딸리아의 빠도바에 전파. 이딸리아 상인 뻬골로띠가 동방교역에 관한 『통상지남』 저술	
1342	로마교황의 사절로 이딸리아 선교사 마리뇰리가 원조의 상도에 도착	
1342경	영국이 철포 제작	
1346경	모로코 여행가 이븐 바투타가 천주 경유해 원 대도 도착	
1347	영국이 아랍식 화포('마드파아') 모조해 화포 제작. 흑사병이 이딸리아 전역에 만연	~1351, 전유럽에 흑사병 만연
1348	독일이 장형 홍동총 제작. 흑사병이 프랑스 전역에 만연	

연대	실크로드사	세계사
1349	중국 원대의 해상여행가인 왕대연이 『도이지략』 저술. 동아프리카까지 탐방한 99개국에 관해 기술, 인도 캘리컷이 세계 최대의 후추 산지라고 소개	
1350	제지술이 프랑스의 트루아에 전파. 일본의 빈번한 고려 침입	1350년 이후 유럽에서 경제 침체
1354	『마리뇰리 여행기』 출간(보헤미아 편년사 중에 수록)	
1355	30년간(1325~54) 3대륙을 여행·탐험한 이븐 바투타의 여행기 출간	
1356	제지술이 오스트리아의 레스도르프에 전파	
14세기 중엽	독일 슈바르츠(?~1384)가 아랍 서적에서 배워 흑색화약 제조 유럽에 흑사병 만연, 인구 3분의 1 감소	
1363	한국 고려시대의 문익점이 원나라로부터 목화씨 재래	1368, 명조 건국
1369	일본이 명나라 연안 침범	
1370	명조는 사천감을 흠천감으로 개명하고 산하에 '회회과' 설치. 티무르가 서투르키스탄 정복하고 티무르제국(~1506) 건국. 명조는 장경지를 자바와 보르네오에 견사	티무르제국(~1500) 건국
1371	저자 몬더빌이 영국을 떠나 터키·아르메니아·페르시아·이집트·인도 등지를 여행하였다는 환상적인 『몬더빌 여행기』(프랑스어) 출간, 최다 발행부수 기록	
1372~88	티무르가 5차례 호레즘 지방 공략	
1373	명이 카라 호투 평정	
1377	독일과 에스빠냐에서 카드놀이 금지령 반포. 고려 흥덕사에서 금속활자를 주조해 『불조직지심체요절』 인쇄	1378~1417, 교회의 대분리
1380	제지술이 스위스의 바젤에 전파. 독일 슈바르츠가 베네찌아에서 유럽 최초로 금속제 관형화기인 대포 시제	
1382	명 주원장 하명으로 이슬람 역서 한역하고 흠천부감 주도하에 회회력 수정, 수정된 회회력 270년간 통용	
1386	티무르 점령군이 이스파한에서 7만 시민 대학살	
1387	티무르가 명조에 조공사 파견	
14세기 후반	중국의 카드와 카드인쇄술이 유럽에 전달	
14세기 말	유럽인들이 중국 영향받아 목판인쇄에 성공	
1391	티무르가 남러시아 원정중 사리수강반에 석비 건조	고려 멸망, 조선조 성립
1392	티무르의 까프까스 제압	
1395	티무르의 킵차크 칸국 공략. 명 홍무제의 사절 박안 일행이 티무르에게 억류(~1407)	
1395~1456	프랑스의 자끄 꿰르가 중동지역 이슬람교도들과의 교역 및 성지	

연대	실크로드사	세계사
	순례자의 수송으로 거부가 됨	
1397	프랑스에서 카드놀이 금지령 반포	
1398	티무르의 인도 델리 점령	
1399	티무르군이 소아시아 시바스 공격시 4천명 적병 생매장	14~15세기, 유럽 흑사병 유행
15세기	아프가니스탄 서북부 헤라트 도시유지, 티무르제국 유적 다수, '헤라트파식' 미술·미나라·순례지 등 유적. 일본 유게시마 해저유지, 중국 명대 도자기·수혜기·수호 등 유물 발견. 영국에서 모직업의 급속한 발전으로 거부가 된 자가 '양모 성당' 건조	
1400경	단떼(1265~1321)가 사용한 '깐초네'란 압운시형은 아랍 시형에서 영향받음	
1401	티무르군이 바그다드를 폐허로 만듦	
1401~43	이딸리아 르네쌍스 미술의 대가 마자치오가 화풍에서 새로운 원근법 완성	
1402	에스빠냐 까스띠야국왕 엔리께 3세가 티무르관련 정보 수집 위해 2명 사절을 소아시아에 파견. 티무르군과 오스만 터키군 간의 앙카라 전투, 터키 쑬퇀 생포	푸스 종교개혁 제창
1403~1406	까스띠야 국왕 엔리께 3세가 끌라비호를 티무르에 파견. 끌라비호가 『동사기』 저술	
1404	티무르가 중국 원정 단행. 일본과 명 간의 통상조약	
1405	티무르가 명 원정 도중 오트라르에서 병사	1405~33, 정화의 7차 '하서양'
1405~1407	정화의 제1차 '하서양'	
1407	제지술이 독일의 라펜스부르크에 전파	
1407~1409	정화의 제2차 '하서양'	
1409~11	정화의 제3차 '하서양'	
15세기 초	베네찌아와 남부 독일에서 카드 목판인쇄가 주요 산업. 말레이 반도 서안의 말라카 왕국이 이슬람교를 국교로 함	
1413~14	명 진성의 제1차 서역사행, 17개국 역방	
1413~15	정화의 제4차 '하서양'	
1414~17	교회 분열을 종식시키기 위한 콘스탄츠 공의회	
1416~17	명 진성의 제2차 서역사행	
1417~19	정화의 제5차 '하서양'	
1419	티무르 왕 샤 루흐가 명 영락제에게 견사	
1420~21	명 진성의 제3차 서역사행. 진성은 수행한 이섬과 함께 『서역행정기』와 『서역번국지』 저술	
1421~22	정화의 제6차 '하서양'	

연대	실크로드사	세계사
1423	이딸리아에서 카드놀이 금지령 반포	
1423~51	조선에서 『고려사』 편찬	
1427	아랍 수학자 알 카쉬가 저술한 『산술의 열쇠』에서 중국 수학의 '영부족술'을 '거란산법'이라고 소개	
1428	사마르칸트에 천문대 설치	
1431~33	정화의 제7차 '하서양'	
1433	조선에서 혼천의 제작	
1434	조선에서 앙부일구 제작	
1437	티무르제국의 샤 루흐 천문표 완성	
1438	독일의 구텐베르크가 연활자 주조하고 인쇄기 발명. 조선에서 자격루 제작	유럽 최초의 금속활자 발명
1440	제지술이 스위스의 칸톤 프라이부르크에 전파	
1442	조선에서 측우기 제작	
1443	조선에서 훈민정음 창제, 1446년에 반포	
1440년대	독일 라인란트 지방에서 활자 발명	
15세기 전반	유럽의 현존 중국 도자기 유물 중 최고는 독일 케젤 박물관 소장의 명대 청자완. 아랍 출신의 알 카쉬(?~1436)가 『올로백성좌표』(4권) 편찬, 1권에 중국 역법 소개. 중국 명대 정화의 7차 '하서양 항해로 그린 『정화항해도』(저자 미상) 출간, 20면 연속 해도와 항해견성도 2면. 티무르제국 왕 샤흐루의 중국 파견 사절단 일원인 까야숫 딘이 일기형식으로 쓴 『샤 루흐 중국견사기』 출간	체코의 휘스 종교개혁 운동
1450	카이로에서 아랍어 『천일야』 초간	
1451~1512	피렌쩨 출신의 아메리고 베스뿌치가 여러번 중남미 탐험, 그의 이름을 따서 '아메리카'라 명명	15~16세기, 유럽의 대항해시대
1450~1526	인도 이슬람 왕조인 로디 왕조	
1453	오스만제국이 비잔띤 공략, 이때부터 동서교통 부진	동로마제국 멸망
1454	독일의 구텐베르크가 연활자로 『31행속유장』인쇄	1455~85, 영국 양가의 왕위쟁탈전인 장미전쟁
1459	티무르군이 헤라트 진공	
1460	제지술이 영국의 스티버니지에 전파	
1462~1505	러시아가 이반 3세 때에 몽골 지배에서 해방	1467~77, 일본 전국시대
1468	티무르군이 서이란 진출	
1469~1527	르네쌍스가 낳은 가장 위대한 역사가이며 정치이론가인 마키아벨리가 『군주론』『로마사론』 등 저술	
1470~77	명대의 패림이 원대에 전입된 이슬람 역법에 근거하여 『칠정추보』(7권) 저술	

연대	실크로드사	세계사
1471	베네찌아의 사절 바르바로가 페르시아에 도착	
1471?~1541	에스빠냐의 파사로가 간계로 잉까제국 정복	
1473~1543	독일계 폴란드인 꼬뻬르니꾸스가 태양중심설과 지동설 제시	1479, 에스빠냐 왕국 건국
1474	조선에서 『경국대전』 반포	
1480	러시아 이반 3세가 킵차크 칸국 타도하고 몽골 지배 종언	
1481	영국 캑스턴이 고대 인도사상이 반영된 도덕교훈서 『세계의 거울』(프랑스어) 영역. 조선에서 『동국여지승람』 완성(1487년에 간행)	모스끄바대공국 자립
1483	영국 캑스턴이 동방전설이 삽입된 『기독교명승전』 영역	
1483~1546	독일 마르틴 루터의 종교개혁, 1517년에 95개조 반박문 게시, 3대 논문 발표, 『산앙고백』 제출, 슈말칼덴동맹 결성	
1484	영국 캑스턴이 『이솝이야기』 영역. 조선에서 『동국통감』 편찬	
1485	모굴리스탄의 유누스 칸이 타슈켄트 점령	영국 튜더 왕조 개조
1485~1547	에스빠냐 하급귀족 출신의 꼬르떼스가 600여 명 병력으로 멕시코 강점	
1487	영국 캑스턴이 이집트 알렉산드리아학파 도덕관이 반영된 교훈서 『왕서』와 동방적 소재가 삽입된 『예법서』 영역	
1488	바르틀로뮤 디아스가 희망봉에 도달	
1492	콜럼버스가 아메리카 대륙 '발견'. 에스빠냐 왕국이 이슬람 최후거점인 그라나다 병합, 신항로 개척과 신대륙 '발견'을 선도 조선에서 『악학궤범』 편찬	에스빠냐의 통일
1493	콜럼버스의 제2차 항해	
1493~96	제지술이 영국의 캐스턴에 전파. 바부르가 부르가나 지배.	
1494	포르투갈과 에스빠냐 간에 해상경계선에 관한 토르데실라스 조약 체결	
1496경	샤이바니 칸이 우즈베크족 통일.	
1497	베네찌아의 존 캐벗이 캐나다 동해안에 도착	
1498	바스꼬 다 가마가 인도양 항로 개척, 캘리컷 도착	
1498~1500	콜럼버스의 제3차 항해	
15세기 말	(혹은 16세기 초)포르투갈이나 네덜란드인들 통해 유럽의 한침반이 일본에 유입. 16세기 말까지 기간에 동남아제국이 이슬람교 수용. 니제르강 중류의 송가이 왕국 전민이 이슬람에 귀의	
1500	까브랄이 브라질 해안 발견. 교황청 면죄부 발매	
1500경	우즈베끄족이 남하, 샤이바니 칸이 사마르칸트 점령. 이딸리아에 활자 사용 인쇄소가 73개소	티무르제국 멸망 16세기, 유럽 상업혁명 시대 16~18세기, 절대왕정

연대	실크로드사	세계사
		(절대주의) 시대
1500~1640	유럽에서 출간된 터키관련 연구서 1,600여 종. 런던 인구가 6만에서 45만으로 증가	
1501~1502	아메리고 베스뿌치가 브라질 해안 답사	
1501~70	조선조 이황(퇴계)의 활동과 저술	
1502	샤 이쓰마일이 이란에 사파비조 건국	
1502~1504	콜럼버스의 제4차 항해	
1503	에스빠냐가 서인도무역을 위한 상무청 설치	
1504	바부르가 카불 점령	
1505	중앙아시아에 부하라 칸국 건립. 바부르가 가즈니 점령하고 힌두스탄에 진출	
16세기 초	청나일강 하류의 훈지족이 기독교국을 멸하고 이슬람 왕국 건립	16세기 초~17세기 초, 유럽의 물가 2~3배 앙등(가격혁명)
1507	독일 지리학자 발트제뮐러가 이 해에 간행된 세계지도에 '아메리카' 명기, '아메리카'의 유래	
1509	디우 해전을 계기로 포르투갈이 인도양 제패	신흥 유럽 나라들의 동방진출
1509~64	스위스 깔뱅의 종교개혁, 1536년에『크리스트교 강요』저술, 예정설 주장	
1510	포르투갈이 인도 고아 점령	
1511	바부르가 사마르칸트 탈환. 포르투갈이 말라카 점령	
1511~15	벨라스케스가 쿠바 점령	
1512	중앙아시아에 하와 칸국 건립	
1513	이딸리아 내화 선교사 오도리끄의『오도리끄 동유기』출간 최초의 포르투갈 선박이 광동에 내침. 발보아가 태평양 발견	
1514	모굴리스탄의 싸이드 칸이 카시가르 칸국 세움	
1516	내화한 것으로 보이는 저자가 중국에 관한 종합적 서술을 시도한『중국기행』을 이스딴불에서 페르시아어로 저술하여 오스만 쑬퇀에게 진상	1517, 루터의 종교개혁 대두
1518	포르투갈이 씰란 점령	
1519	바부르가 인도 펀자브 지방 정복	
1519~21	에스빠냐 꼬르떼스가 6백여 명 병력으로 멕시코 강점, 마야·아스떼끄 문명 멸적	에스빠냐의 중·남미 경략
1519~22	마젤란 일행의 세계일주 항해	
1520	중국 명대의 문인 황성증이 정화가 '하서양시 경과한 23개국과 지역을 소개한『서양조공전록』저술	1524~25, 독일 농민전쟁, 1520~50, 에스빠냐의 꽁꾸

연대	실크로드사	세계사
		이스따도르(정복자) 시대
1521	에스빠냐의 꼬르떼스가 멕시코 고원의 아스떼끄 완전 정복하고 마야 문명 유린	
1526~32	터키군이 오스트리아 침략	
1526~1857	인도 이슬람 왕조인 무갈제국	
1528	투르판이 중국 명조에 신속	
1529	에스빠냐와 포르투갈 간에 몰루카 제도 분쟁 해결을 위한 사라고 사조약 체결. 오스만제국이 빈 공격	1533~84, 이반 4세시 러시아가 근대국가 구조 갖춤
1532	페사로가 페루 정복. 신대륙으로부터의 은 수입 격증으로 에스빠냐에서 가격혁명 발생	1533, 잉까제국 멸망
1534	로욜라 등이 빠리에서 예수회 창립	
1537	알마그로가 칠레 정복	
1538	일본 대내의륭이 조선으로 대장경과 유교서적 구하러 옴	
1540	제지술이 덴마크에 전파. 가톨릭교회 개혁의 일환으로 예수회 설립	
1541	터키군이 헝가리와 알제리 정복	
1541~52	최초의 내화 예수회 선교사인 에스빠냐의 사비에르가 리스본 떠나 고아와 일본(2년 체류) 거쳐 1552년 광주 근해의 상천도에 내도, 내화 시도하다가 객사, 성자 시복	
1542	에스빠냐가 인디언 노예의 보호를 위한 '인도신법' 반포	아일랜드 왕국 건립
1543	포르투갈인들이 일본의 종자도에 내도	
1546	에스빠냐가 필리핀 점령. 터키군이 예멘 정복	
1547	이반 4세가 전 러시아 짜르로 자칭	
1548~69	포르투갈 선교사 끄루스가 도밍회 선교단 일원으로 리스본 떠나 인도 고아에 와 활동하다가 1556년 광주를 거쳐 내화, 선교활동. 사망후 유작 『중국지』 출간	
1549	사비에르가 일본 녹아도에 와 기독교 전파	
1550	에스빠냐의 중·남미 식민지화 경략 실현. 제지술이 스웨덴에 전파. 타타르의 아르탄 칸이 북경 포위	1550경, 아스떼끄와 잉까 문명 말살됨
16세기 전반	유럽의 한침반이 명대 가정 연간(1522~66)에 일본으로부터 중국에 유입	
16세기 중엽	멕시코 포토시 등지에 광맥 발견. '태평양 비단길'('백은의 길')	'태평양 비단길' 개통
1552	모스끄바대공국의 카잔 칸국 강점	1555, 아우구스부르크 종교회의
1556	모스끄바대공국이 아스트라 칸국 평정	~1559, 에-프전쟁, ~1605, 무갈제국 악바르 대제

연대	실크로드사	세계사
1557	포르투갈인들이 마카오 거주권 획득	
1558	제지술이 영국의 다트퍼드에 전파	
1557~59	영국 상인 젠킨슨의 제1차 러시아 및 중앙아시아 탐험	
1560경	유럽에 담배 전래	
1561	포르투갈 상인 뻬레이라가 포르투갈어로『중국보도』저술, 중국 견문기, 포르투갈 상인들의 동방무역활동 기술	
1561~64	영국 상인 젠킨슨의 제2차 중앙아시아 탐험	
1562	일본이 포르투갈인들에게 개항 허가	~1598, 프랑스 신·구교 위그노 전쟁
1564~1616	영국 셰익스피어 활동, 동방소재 취급	
1564~1642	이딸리아의 갈릴레이가 망원경 제작	
1566~67	영국 상인 젠킨슨이 제3차 모스끄바 파견	
1567	포르투갈선이 일본 장기에 내항	
1569	마카오에 첫 서양병원인 성 까사 병원 건립	
16세기 후반	명말의 이시진이 여러가지 외래 약초가 포함된『본초강목』저술	
1570	영국 토머스 노스가 이딸리아어 역본인『도니의 교훈서』(고대인도 우화집) 영역. 포르투갈 내화 선교사 끄루스의 유작『중국지』출간, 다방면의 중국 견문기	
1571	레판토 해전에서 에스빠냐－베네찌아 연합군이 지중해로 진출하는 오스만군 격파, 지중해 패권 확보 에스빠냐가 마닐라 시 건설. 일본이 포르투갈인들에게 장기 개항	
1571~72	영국 상인 젠킨슨이 제4차 모스끄바 파견	
1572	예수회의 아메리카 전도	
1574	제2대 필리핀 주재 에스빠냐 총독 자베자레스가 국왕에게 유럽에 유입된 최초의 중국 지도인『고금형세지도』(1555년 복건에서 각인) 진상. 중국 명대 행인관을 지낸 엄종간이『수역주자록』(24권) 저술, 중앙아시아·서아시아·동남아시아 제국의 인문지리와 명과의 관계 등 기술.	
1575	필리핀 주재 에스빠냐 총독이 주교 라다를 복건에 파견, 에스빠냐의 첫 대중 견사,『대명중국사정기』저술	
1576	마카오에 최초의 서양식 건물인 망덕당 건조 영국의 래브라도르가 허드슨만 탐험	
1577	영국 윌레스가『동서인도와 기타 지방으로의 여행 역사』저술. 러시아가 백해를 경유해 네덜란드와 교역. 에스빠냐가 루손 섬 전체를 점령	
1577~80	드레이크 세계일주 항해	

연대	실크로드사	세계사
1578~88	최초의 중국 내지 상륙 선교사인 이딸리아의 루기에리가 고아를 거쳐 1579년 마카오 도착, 1583년 조경에 와 중국 첫 예수회 교회당인 선화사 건립, 1584년 첫 중국어 기독교서 『천주성교실록』 간행	
1578~1610	천주교 중국 전파의 정초자인 이딸리아 선교사 마테오 리치가 고아를 거쳐 1582년 마카오 도착, 이듬해 조경에 첫 예수회 교회당인 선화사 건립, 1584년 『세계지도』 출간, 1594년에 최초의 사서 역본인 '사서장구'를 라틴어로 번역, 1597년 예수회 중국선교회 수임회장 담임, 리치는 종교와 서학 전파에 큰 업적 남김	1580~1640, 에스빠냐와 포르투갈 연합
1579	영국인 최초로 인도에 옴	
1580	터키가 영국인에게 특혜무역 허용	
1581	예르마끄가 시베리아 동정 단행. 영국이 레판토 통상회사 설립	네덜란드 독립
1581~1712	131년간 내화 예수회 선교사 약 250명, 기타 교파 선교사 약 150명, 그중 한명(漢名) 가진 유명 선교사 약 80명	
1582	모스끄바대공국 예르마끄가 시베루 칸국 평정. 마테오 리치가 마카오에서 『중국기관』 저술. 끌라비호의 여행기 『티무르시대 까디스로부터 사마르칸트까지의 여행기』(일명 『동사기』)가 마드리드에서 초간. 교황의 역법 개정, 태양력인 그레고리오력 채택. 러시아의 까자흐 귀족 예르마끄의 시베리아 진출 시작	덴마크 티구 브라어가 지구중심설 제시
1582~90	일본 구주의 3영주가 유럽에 소년 사절단 파견	
1583	마테오 리치는 내화하면서 혼의, 천지구고, 시귀 등 천문관측의기와 망원경을 재래. 광동 조경에서 세계지도 번역(왕반본)해 로마 예수회 총감에게 보냈는데 이 지도를 '산해여지전도'라 함, 그후 '오중명본' '풍웅경본' '이지조본' '이응시본' 등 여러 판본이 나옴. 영국의 길버트가 뉴펀들랜드에 도착	
1583~89	포르투갈인 린스보텐이 인도 체류, 『포르투갈인 동양항 해기』 저술	
1584	영국의 롤리가 버지니아 식민 시작	
1585	선교사 멘도사가 중국 역사에 관한 최초의 연구서인 『중화대제국사』를 에스빠냐어로 저술. 무갈제국이 카불 병합. 일본 소년사절이 교황 그레고리우스 13세 알현	
1586	제지술이 네덜란드의 도르트레히트에 전파	
1586경	유럽에 감자 전래	
1587	러시아가 동방진출 거점으로 또볼스끄 시 건설. 일본이 기독교 포교 금지	
1588	영국 파크가 『위력한 중화제국의 역사와 당면 정세』(에스빠냐어)	1589, 프랑스 부르봉조

연대	실크로드사	세계사
	영역. 아일랜드 근해 유지, 영국이 에스빠냐 무적함대 대격파, 해상권 장악 시작	(~1830) 개조. 1590, 토요또미 히데요시의 일본 통일
1592~96	일본의 조선 침략으로 인한 임진왜란 발발. 조선에서 최초의 거북선 건조	
1597	일본 장기에서 기독교도 26명 순교	
1598	러시아정교회가 그리스정교회로부터 독립, 러시아 총주교구 창설	
1590	독일 루르 지방에서 석탄 발굴. 조선조가 황윤길, 김성일을 일본에 견사	
1593	한국의 금속활자인쇄가 풍신수길의 조선 원정을 계기로 일본에 전달. 일본이 『이솝이야기』 영역본을 일본어로 중역. 영국 문호 말로는 희곡 『탬벌레인 대왕』에서 티무르(탬벌레인)를 '무서운 인종'으로 형상. 마닐라에서 최초의 생물학 한적인 『무극천주정교진전실록』(에스빠냐어의 『자연법의 수정과 개진』의 한역본) 출간. 네덜란드선이 기니아의 황금해안에 도착	
1594	인도 무갈제국의 아크바르제가 바르치스탄 병합	
1595	마테오 리치가 건안 왕에게 『세계도지』 헌상. 인도 무갈제국의 악바르제가 칸다하르 지방 병합. 네덜란드인들이 자바 도착. 영국 롤리의 기아나 원정	
1596	에스빠냐 선교사 빤또하가 본국을 떠나 마카오를 거쳐 1600년 남경에 도착, 상경하여 활동, 『7극대전』(7권) 저술. 터키가 헝가리의 에를라우 점령. 네덜란드인들이 자바에 도착해 샴과 미얀마군 몰아냄	
1596~1650	프랑스의 데까르뜨가 합리론 수립, 1637년 『방법서설』 저술	
1597~1654	예수회 중국선교회 제2대 회장인 이딸리아 선교사 롱고바르도가 소주·항주·북경 등지에서 선교활동, 1623년 유가학의 첫 연구서인 『공자와 그의 교리』 저술	
1598	에스빠냐인들이 뉴멕시코와 캘리포니아 등지에 진출	
1599	토머스 키드가 한 터키 노인의 비정을 다룬 희곡 『스페인 비극』 창작. 만주 문자 창제	
16세기 말엽	유럽이 자국 내에 중국 도자기 모방한 제조소 건립. 네덜란드 동방여행가(1583~92 여행)인 린스호텐이 동방제국의 지리와 물산 등을 기술한 『동방안내기』『포르투갈인의 항해지』『아프리카와 아메리카 지지』 저술	
16~18세기	이란 야즈드 도시유지, 조로아스터교 고지, 묘탑 등 유물	17세기, 유럽의 바로끄
1600	영국 해클루트가 뤼브뤼끼의 『동유기』 일부를 자신의 여행기 속	예술(회화, 음악) 시대

연대	실크로드사	세계사
	에 수록. 다마스쿠스에서 카이로본(1450) 보증한 아랍어 『천일야』 재간. 선교사 마테오 리치가 명 신종에게 천주상 1폭과 성모상 2폭 증정. 영국 동인도회사 설립	프랑스 고전문학시대, 유럽의 과학혁명시대
1601	마테오 리치가 신종에게 『만국도지』 헌상	
1602	네덜란드 동인도회사 설립.	
1602~1605	포르투갈 보조수도사이며 여행가인 고에즈가 '카타이'와 '중국'의 이동(異同) 여부 확인 위해 인도 아그라로부터 중국 숙주까지 여행, 1607년 숙주에서 객사.	
1602~82	80년간 네덜란드 동인도회사가 수입한 중국 자기는 1,600만점 이상	
1603	놀레즈의 『터키인의 역사개설』 출간. 이딸리아 선교사 우르씨스가 마카오 도착, 남창 거쳐 상경, 선교회 종무 역임, 대표작 『태서수법』(6권) 저술	영국 스튜어트조 (~1688)와 일본 에도 막부(~1867)
1603~1607	재화 선교사 마테오 리치가 서광계와 함께 유클리드의 『기하원리』 한역	
1604	셰익스피어가 『오셀로』 창작. 네덜란드가 중국에 견사. 프랑스가 동인도회사 설립(곧 폐지). 프랑스의 캐나다 식민 시작	
1605	마테오 리치의 『곤여만국전도』 간행. 프랑스 최초의 신문 '멜규르트 프랑스' 창간	
1605~16	에스빠냐의 쎄르반떼스(1547?~1616)가 『돈끼호떼』 창작	
1606	아메리카 버지니아 회사 창립. 영국이 런던과 폴리머드 두 회사에 북미 특허 허가. 네덜란드의 오스트레일리아 발견	
1607	프랑스 선교사 겸 출판가인 트리고가 고아와 마카오 거쳐 내화, 1617년 유럽에서 서적 7천권 재래, 최초의 라틴어에 의한 한자어 휘집인 『서유이자목』 3권 저술	
1608	윌리엄 호킨스가 무갈제국에 내도 프랑스인이 퀘백 식민	
1609	재화 포르투갈 선교사 로샤가 『천주상약설』 저술해 서양화법 소개. 영국인 허드슨이 허드슨만 탐험. 네덜란드가 암스테르담 은행 설립. 네덜란드의 그로티우스가 『해양자유론』 저술. 독일의 케플러가 『천체의 3법칙』 저술. 네덜란드가 일본 평호에 상관 설치	
1610	조선 허준이 『동의보감』 저술	
1610~47	이딸리아 선교사 알레니가 마카오 도착, 각지에서 선교활동. '서방에서 온 공자', 기독교관련 저서 20여 권, 그밖에 『직방외기』(6권) 『서방문답』 『서학범』 등 저술	
1611	명말 역법개혁파들이 신종에게 서양역법에 준한 역법개혁안 제기, 그러나 거절당함. 영국이 인도의 마수리 파타므에 상관 설치	

연대	실크로드사	세계사
17세기 초	재화 독일 선교사 슈레크(1576~1630)가 한문 최초 의학전서인 『태서인신개설』편찬	
1612	재화 이딸리아 선교사 우르씨스가 서양의 수리공학을 소개하는 『태서수법』(6권) 저술, 서양 농업수리기술을 중국에 소개한 첫 전문서. 터키가 네덜란드에 특혜무역 허용하고 오스트리아 공격. 덴마크가 제1동인도회사 설립. 영국이 인도 수라트에 상관 설립하고 이듬해에 공장 지음	
1613	포르투갈 선교사 쎄메도가 고아 거쳐 내화, 역작『중화제국』(상·하) 저술, 중국 문자 소개. 영국 선박 일본 내항	러시아 로마노프조(~1917) 개조
1614	명대의 이지조가 중국 전통수학과 서양 근대수학의 결합을 시도한 중국의 첫 수학 전서『동문산지』(10권) 편찬, 유럽의 필산방법 소개. 네덜란드가 아메리카의 뉴니잘란드 점령. 영국의 스미스가 뉴잉글랜드 해안 탐험. 네덜란드가 북해회사 설립	
1615	네덜란드가 포르투갈령 몰루카 점령	
1616	또볼스끄 장관 꾸라긴이 뚜메니츠 등을 몽골 서부에 파견해 중국 관련 정보 수집. 중국 명대의 장섭이『동서양고』(12권) 저술, 서양 18개국과 동양 8개국 기술, 동서방 무역도 언급. 누르하치가 후금 건국. 영국의 배핀이 아메리카의 배핀만 발견. 네덜란드가 수라트에 상관 설치	
1618	재화 이딸리아 선교사 우르씨스가『약로설』저술해 증류에 의한 서약제조법 소개	1618~48, 유럽 신·구교간의 30년전쟁
1618~19	또볼스끄 장관 꾸라긴이 뻬뜰린사절단 중국에 파견, 러시아인 내화 교역 허용 받음	
1619	독일 선교사 아담 샬이 마카오 도착, 서안 등지에서 44년간 활동, 청초에 정1품 책봉, 역법과 화공 등에 관한 30여권 저서. 네덜란드가 자바의 바타비아 점령. 흑인노예무역 시작. 버지니아 제1차 식민지회의. 네덜란드가 자바에 바타비아 시 건설. 함부르크 은행 창설. 네덜란드가 자바에 총독 설치	흑인노예무역
1619~30	독일 선교사 슈레크가 마카오 도착, 다재다능한 다국어 소유자, 1621년 최초로 인체 해부, 역법 수정작업 참가	
1621	플레처가『섬의 여왕』(인도 소재) 창작. 네덜란드가 서인도회사 설립. 네덜란드의 반다 도민 대학살	
1622	내화 선교사 아담 샬이 천문망원경 재래. 미국 플로리다 해저유지, 에스빠냐 침몰선, 4억 달러어치의 은봉 1,200대 수장, 16년간 탐사	
1623	재화 이딸리아 선교사 알레니가 서방학문의 대강을 소개하는『서	

연대	실크로드사	세계사
	학범』과 5대주 각국을 소개하는『직방외기』(5권) 저술. 재화 이딸리아 선교사 롱고바르도가 중국 경전 중의 기본개념 해석한『공자와 그의 교리』저술, 서구인들의 중국 유가학 첫 연구서. 중국 장안 금승사에서『대진경교유행중국비』출토. 영국이 서인도 제도에 식민 시작. 네덜란드의 팽호도 점령과 암보니아 대학살	
1624	버지니아가 영국 왕의 직할지로 됨	
1624~61	네덜란드의 대만 점령	
1625	영국 퍼처스가 뤼브뤼끼의『동유기』사본 전부를 영역	
1626	재화 프랑스 선교사 트리고가 라틴어로 오경 번역해 항주에서 출간. 중국 경적의 최초 유럽어 역본. 재화 이딸리아 선교사 인떼르체따와 포르투갈 선교사 꼬스따가『대학』과『논어』공역. 재화 선교사 아담 샬이 시르투리의『망원경』한역. 에스빠냐가 대만 침입	
1627	재화 독일 선교사 슈레크가 중국에서의 첫 기계공학서인『원서기기도설록최』(3권) 편찬하여 북경에서 출간. 화란인 3명이 조선 제주도 표착	인도 무갈제국 전성기
1628	스웨덴 바사호 해저유지, 침몰선, 5천만 도르의 재화 수장, 50명 사망, 셀비즈로 예인, 17세기 조선술 연구자료 제공. 중미 바하마 군도 스파닛슈 메인 호 해저유지, 에스빠냐 침몰선, 금은동화 900매 발견. 러시아의 시베리아원정군이 크라스노야르스크 시 축성	
1629	재화 벨기에 선교사 베르비스트가 저서『증기터빈』에서 충동식 터빈 소개. 재화 이딸리아 선교사 쌈비아시가 서양화법 소개한『화답』저술. 오스트레일리아 푸토안 아보로스 섬 해저유지, 네덜란드 동인도회사 소속 바타비아 호 침몰, 청동제 함포와 총류, 1575년 주조 화폐, 각종 항아리, 석문용 석재 137장 등 수장	
1630	아담 샬이 북경에 내도. 일본이 기독교관련 서적 수입금지	
1630~54	네덜란드가 브라질 북동부 점령	
1630~42	영국인들이 아메리카의 매사추세츠에 대이동	
1631	내화 독일 선교사 슈레크가 삼각학서인『대측』(2권) 저술. 재화 이딸리아 선교사 지아꼬모 로가 삼각학서인『측량전의』(10권) 저술, 아르키메데스의 3대 정률 소개	
1631~34	명말 역법개혁파들이 137권(11부) 역서 편찬	
1633	채프먼이『명예복수』(동양 소재) 창작. 명대 서광계가 지은 60권의『농정전서』중 수리부분은 선교사 우르씨스의『태서수법』내용을 채용. 러시아가 끼예프에 아카데미 창설해 동방 연구	
1634	재화 선교사 아담 샬의 감독하에 제작된 첫 망원경 '규용(窺筩)'	

연대	실크로드사	세계사
	이 관상대에 설치. 아메리카의 메릴랜드 식민지 건설	
1636	아메리카의 로드아일랜드 식민지 건설. 하버드대학 창립. 러시아가 오호츠크 시 건설	
1637	이딸리아 선교사 알레니가 서방 풍토지리 소개하는 『서방문답』 저술. 재화 벨기에 선교사 베르비스트가 『곤여도설』(2권) 저술	
1638	써클링이 『아글로라』(동양 소재) 창작. 쎄메도가 『중화제국』 저술. 오스만제국이 이라크 병합. 러시아 시베리아원정군의 모스크비틴이 태평양 연안에 도착. 터키가 바그다드 점령하고 이라크 합병	
1639	러시아 까자흐군이 오호츠크해까지 진출. 최초의 영국 식민지회의가 아메리카 폴리머드에서 개최. 제2차 마닐라화교 학살사건 발발	~1854, 일본의 쇄국
1640	재화 선교사 아담 샬이 『역법서전』 찬술, 갈릴레이의 태양중심설 긍정. 한역 성가를 수록한 『진정서상』이 명 사종에게 진상. 내화 선교사 아담 샬이 명 사종에게 천주상 1폭을 기증	
1641	프랑스 여류작가 스뀌데리가 『이브라힘』(동방 소재) 창작.	
1642	데넘이 네덜란드가 말라카 점령. 네덜란드인이 일본 장기에 내도 『소피』 창작, 터키인을 묘사	영국 청도교혁명 (~1660) 발생
1642~1727	영국의 뉴턴이 중력법칙 발견, 1687년에 『자연철학의 수학적 원리』 저술	
1643	조선에 천주교 전래	
1643~46	러시아의 포얄코프가 흑룡강 지방 탐험	
1644	재화 선교사 아담 샬이 혼천상구·지평일귀·원규경 등 천문의기 제작	중국 청조 개조
1645	청조는 임시로 서양역법에 준한 '시헌력' 채택	
1646	네덜란드 동인도회사 선장 본테코가 약 7년간의 동방항행 과정을 그린 여행기 『동인도항해기』 저술	
1647~59	폴란드 선교사 보임이 해남도 거쳐 마카오 도착, 광서 남명수력 조정에서 포교활동, 『중국식물』 『중의진요』 등 저술	1648, 에스빠냐와 네덜란드 간 30년전쟁 종결
1648~49	러시아의 데지네프가 동시베리아 탐험	
1649	러시아 파브로브가 아무다리아강 유역 탐험	~1660, 영국 공화정
1649~53	프랑스 스뀌데리가 10부작 『아르타멘』(동방 소재) 창작.	
1650	중국 청조 영력황태후가 로마에 견사	
1650 이후	이딸리아 내화 선교사 마르띠니(1614~61)가 독일에서 『중국어문법』 출간	

연대	실크로드사	세계사
1651	영국이 항해조약 발표, 이를 계기로 영국과 네덜란드 간에 2차 전쟁, 후자 전패	
1653	조선이 처음으로 양력 실시. 네덜란드인 하멜이 제주도에 표착	
1654	러시아인들이 처음으로 네르친스끄에 내도	
1655	러시아가 청에 바이코브 사절단 파견, 양국 사이 내왕 재개. 네덜란드가 포르투갈 영역인 실론 섬 점령	
1656	내화 폴란드 선교사 보임이 라틴어로『중국식물』저술해 빈에서 상재. 네덜란드가 콜롬보 점령	
1658	재화 이딸리아 선교사 마르띠니가『중화제국신도』제작, 17폭 지도, '진'의 'china' 어원설 제시. 1667년 프랑스어 역본이 빠리에서 상재. 벨기에 선교사 베르비스트가 마카오 도착, 역법 수정작업 참가, 다작 저술, 내화 선교사상 유일한 사후 시호('근민') 추서자	~1707, 무갈제국의 아우랑제브 재위
1659~92	벨기에 선교사 쿠플레 내화. 공자에 관한 첫 연구서인『중국철학가 공자』(1687)와『예수회 선교사 약전』등 저술	
1660	프랑스 스뀌데리가 소설『알마이드』창작. 명말 이슬람학자인 상지미가『구지입문』저술. 중국인이 쓴 최초의 외국어문법서. 러시아가 중국에 견사	영국 왕정복고
1661	첫 기하학 한적인 방중통의『기하약』출간. 포르투갈이 영국에게 봄베이 할양	
1662	영국에서 '자연에 관한 지식 향상을 위한 왕립협회' 발족	
1664	내화 폴란드 선교사 스모골렌스키의 전수 내용을 엮은『역학회통』출간	
1666	영국에서 '과학아카데미' 발족	
1667	프랑스 꼬르네이유가 훈제국 건국자인 아틸라를 주인공으로 한 비극 창작. 재화 이딸리아 선교사 인떼르체따가『중용』번역하여 광주에서 상재. 영국 밀턴이『실낙원』창작	
1668	프랑스가 수라트에 상관 설치	
1669	러시아와 청 간의 공식무역 개시	
1670	영국과 에스빠냐 간에 식민지 경계문제 해결을 위한 마드리드조약 체결. 러시아가 사신 스파사리를 명에 파견. 일본이 동쪽 항해로 개통	
1671	재화 프랑스 선교사 게르비옹이 프랑스 수학자 빠르디에의『응용기하』를 만주어로 번역. 일본이 서쪽 항해로 개통	
1674	재화 벨기에 선교사 베르비스트가『곤여전도』제작. 영국과 네덜란드 간에 웨스트민스터조약 체결, 후자의 해상권 제약	
1675	드라이든이『오렝 제브』(일명『위대한 무갈』) 창작	

연대	실크로드사	세계사
1678	청조는 서양역법에 준한 '강희영년역법'(32권) 공식 반포 포르투갈 사신이 연해지방과의 통상을 요구하면서 아프리카산 사자를 청조에 헌상. 이를 계기로 재화 이딸리아 선교사 부글리오는『사자설』저술해 출간. 재화 벨기에 선교사 베르비스트가 충동식 터빈을 발명한 브란까의 공학원리에 따라 목제 4륜차에 증기 터빈 실험, 성공. 루마니아의 스파사리가 러시아 사신으로 시베리아를 경유해 내화. 중가르의 갈단이 천산남로 지배	
1679~83	프랑스인 라싸르가 미시시피강 탐험	
1682	재화 벨기에 선교사 쿠플레가 재화 선교사들의 저서 400여권을 로마에 가져감, 대부분 인문서적. 프랑스인이 아메리카의 루이지애나 이주	1682~1725, 뾰뜨르 대제시 러시아가 유럽 국가로 등장
1683	중미 바하마 군도 해저유지, 침몰선, 힛브스가 30만 파운드어치의 금은봉 27톤 수거	
1684	프랑스 마리나가『터키 정탐』창작. 에스빠냐 내화 선교사 바로가『쉬운관방어 독법』출간. 중국 청조가 사해관 설치해 외국무역 허용	
1685	독일 의사 멘첼이『중국어 입문』과『라틴어-한자어휘수첩』출간	
1686	쿠플레에 의해 내화 폴란드 선교사 보임의『중의진요』간행, 중국의 전통의학과 한의약재 289종 소개	
1687	내화 벨기에 선교사 쿠플레가『중국 철학가 공자』를 빠리에서 간행. 내화 오스트리아 선교사 그뤼버의 유작『중국차기』(이딸리아어) 출간	영국 명예혁명 발생
1688	중국에서 서의원리를 다룬『의학원서』(4권) 출간. 명말 청초에 총 15종 170권의 서양의학전서 출간	
1689	중국과 러시아 간에 네르친스끄조약 체결, 아무다리아강을 국경선으로 확정. 프랑스가 해군조선소 건설. 중국 청조가 일본 장기에 상관 설치	1689~97, 영불간 식민지전쟁(윌리엄전쟁)
1690	영국이 인도 캘리컷 시 건설. 경험론 철학을 확립한 영국의 로크가『정부론』저술, 자연법사상 제창	
1692~95	러시아 황제 뾰뜨르가 네덜란드 거상 이제스를 북경에 파견, 통상 협상	
1693	러시아가 청에 사절 파견해 자유무역 요구	
1694	재화 프랑스 선교사 부베가 귀국하면서 루이 14세에게 중국 서적 300권 증정, 대부분 인문서적. 영국은행 설립. 브라질에서 금광 발견.	
1696	러시아인들이 캄차카 반도 내도. 청 강희제가 갈단 원정.	

연대	실크로드사	세계사
	네덜란드가 자바에서 처음으로 커피 재배	
1697	독일 고전사변철학의 창시자 라이프니츠가 재화 선교사들의 저서와 보고서 등을 참고하여『중국근황』저술. 러시아인 캄차카에 도착	
1698	영국이 신동인도회사 설립	
1699	라이프니츠가 재화 프랑스 선교사 부베의 저서『강희제전』을 프랑스어로 번역. 청조 궁내에 소규모 서양악단이 조직, 재화 포르투갈 선교사 뻬레이라가 수석악사. 청이 영국의 광동무역 허용	1700~21, 러시아와 스웨덴 간의 북방전쟁, 전자 승리 18세기, 유럽에서 미술의 로 꼬꼬양식과 음악의 고전음악 확립 시대
18세기 초	재화 포르투갈 선교사 뻬레이라(1645~1708)가 악서『율여찬요』저술. 프랑스 화가 와토(1684~1721)가 중국화법으로 산수화 '고도범음' 그림. 노르웨이 룬데도 해협 유지, 네덜란드 동인도회사 소속 침몰선, 사원 급료와 향료 구입비 30만 굴덴 수장, '룬데의 보고'라 칭함.	1701, 프로이센 왕국 (~1713) 건국(독일)
1702	영국이 신·구 동인도회사 병합. 중국 청조가 광동과 하문에 행상제(무역조합제) 제정	
1702~76	빠리에서『예수회 선교사 서간집』34권 발행	
1703	라이프니츠가 송유의 영향을 받은『논이진제계산』저술. 프랑스 선교사 멜라 마카오 도착, 상경하여 지도 측회작업에 참가,『성세추요』(5권) 등 기독교관련 서적 저술하고『중국통사』(13권) 제하에『통감강목』을 프랑스어로 번역	
1704	영군이 지브롤터 점령	
1704~17	프랑스 갈랑이『천일야』를 프랑스어로 완역. 영국에서는 19세기 후반에 2개의 완역본 출간	
1706	러시아가 캄차카 영유	
1709	독일이 아메리카 식민 시작	
1710	영국 남해회사 설립	
1711	내화 벨기에 선교사 노엘이 라틴어로 사서 완역해 프라하대학에서 출간	
1712	청이 도리침을 사절로 러시아에 파견	
1713	청조의 궁내에 산술관 개설하여 귀족자제 30여명이 선교사들로부터 수학 공부. 유트레히트조약으로 프랑스령 아카디아, 뉴펀들랜드, 허드슨만 등지가 영국에 양도	
1714	라이프니츠가 노자와 공자의 '도' 개념이 반영된『단자론』저술.	

연대	실크로드사	세계사
	러시아가 폐고비치를 히와와 부하라에 파견	
1715	이딸리아 선교사 까스띨리오네 내화, 유명 화가로서 북경에서 '중국 주제를 서양화법'으로 「취서도」「백준도」 등 56폭 그림 창작. 미국 케프 카나베라르 해저유지, 선단 10척 침몰, 10개의 금괴와 금화, 은화, 금판 등 30만 달러어치 수장, 중국제 다구, 중국-마닐라-멕시코 해로 입증(신·구 대륙간 해로). 영국이 광동에 상관 설치	
1716경	내화 프랑스 선교사 부베가 라틴어로 『역경요지』 저술	
1716~17	러시아의 중앙아시아 원정	
1717	중국 청정부가 러시아 상인들의 변방교역 허용	
1718	선교사 리빠가 중국 전도인 『황여전람도』를 48폭의 동판에 각인 출판	
1719~21	러시아 황제가 이즈마일로프를 단장으로 한 80여 명 사절단 중국에 파견, 상무협상	
1721	프랑스 몽떼스끼외가 『페르시아인의 편지』(서간집) 창작. 북경 남당이 서구의 바로크식으로 개축	
1723	중국에 유입된 서구의 학문서적을 집대성한 『율력연원』(100권) 출간, 그중 53권은 수학관련서. 청이 기독교의 포교활동 금지, 선교사를 마카오로 추방	
1724	명말 청초 중국 4대 이슬람 학자의 한 사람인 유지가 주로 교조 무함마드의 행적을 다룬 이슬람사 전서인 『천방지성실록』(20권) 저술. 대서양 브레턴 해협 유지, 프랑스 공급선이 대서양 횡단중 이 해협에서 헤리겐으로 침몰, 금화 1천매, 은화 1만 2천매 발견	
1725	러시아가 자바이깔 지방의 국경확정 문제로 라그진스끼를 사절로 청에 파견	
1725~30	러시아 국적의 덴마크인 베링의 제1차 북태평양 탐험, 1728년에 베링 해협 확인	
18세기 전반	내화 프랑스 선교사 댕까르비유가 『북경 식물과 기타 생물학 유물색인』 저술. 중국 청조 강희제가 볼가강 하류의 토르호트에 파견한 사절단 일원인 도리침이 사행기 『이역록』 간행	
1727	중국의 낟알 어레미가 프랑스에 전입, 30년 후에 전국에 보급. 같은 시기에 중국의 보습도 유럽에 전파. 청과 러시아 간에 교역에 관한 꺄흐따조약 체결. 캄보디아선 일본 장기에 내항	
1728	러시아인들이 베링 해협 도착	
1731	신성로마제국이 제국통상조례 반포	
1732	재화 프랑스 선교사 프레마르가 기천상의 비극 『조씨고아』를 『중	

연대	실크로드사	세계사
	국 비극 조씨고아』란 제하에 프랑스어로 번역. 북미에 영국 식민지가 13개주나 됨	
1733	미국 플로리다 반도 산 호세 호 해저유지, 에스빠냐 침몰선 10만 달러의 금은재화 수장	
1733~43	러시아 국적의 덴마크인 베링의 제2차 북태평양 및 캄차 카 탐험, 1741년경 알류샨 열도 발견	
1734	프랑스 지리학자 앙빌이 『중국, 타타르, 티베트 전도』 제작 출간	
1735	프랑스 할드의 『중화제국과 그 소속 타타르의 지리, 역사, 편년기, 정치, 박물지』(약칭 『중화제국전지』)가 빠리에서 출간. 중국백과전서로 평가	
1736	이란에 아프샤르조 개조(~1796)	
1738~66	재화 프랑스 선교사 뻬볼트가 청조 궁내 종방에 봉직하면서 시계를 비롯한 각종 기계 제작	
1739	러시아선이 일본 안방 내항	
1740	이란 아프샤르조가 부하라와 히라 두 칸국 공멸	오스트리아계승전쟁 (~1748) 발발
1742	로마교황이 예수회의 대중전도 금지	
1743	일본이 감자 재배 장려	
1746	영국 식민지군이 캐나다 원정	
1746~49	프랑스군이 영령 마드라스 점령	
1747	명대 궁정 내의 장춘원 건물을 서구식으로 개축하기 시작 티베트가 중가르와 제휴해 반청. 중국 청조가 기독교 포교 금지	
1750	영국 건축사 챔버스가 큐에 최초의 중국식 정원 꾸림. 동양적인 소재가 담긴 『효행과 어버이 사랑』(작가 미상)이 영국에서 출간. 청이 티베트 독립운동 진압. 마드리드 조약 체결, 브라질에서의 에스빠냐와 포르투갈 간의 경계 설정	

참고문헌

1. 사료

『古今注』『高麗史』『高僧傳』『舊唐書』『南方草木狀』『南海寄歸內法傳』『論衡』『唐會要』『大唐西域求法高僧傳』『大唐西域記』『島夷誌略』『東國通鑑』『東西洋考』『明史』『蒙韃備錄』『文獻通考』『物原』『本草綱目』『史記』『山海經』『三國史記』『三國遺事』『三國志』『西使記』『西洋番國志』『西洋朝貢典錄』『西域諸仙所說藥方』『釋名』『宣和奉使高麗圖經』『星槎勝覽』『續日本書紀』『宋高僧傳』『宋史』『隋書』『詩經·商頌』『食療本草』『新唐書』『新修本草』『新五代史』『新增東國輿地勝覽』『樂書』『樂學軌範』『梁書』『瀛涯勝覽』『嶺外對答』『藝文類聚』『往五天竺國傳』『元史』『魏書』『日本書紀』『入唐求法巡禮行記』『資治通鑑』『蠶桑萃編』『諸蕃志』『左傳』『重修政和經史證類備用本草』『晉書』『七政推步』『太平御覽』『太平寰宇記』『通典』『抱朴子·內篇』『漢書』『海東高僧傳』『海錄注』『海藥本草』『皇輿西域圖志』『後漢書』『黑韃事略』

戈岱司 編, 耿昇 譯 『希臘·拉丁作家遠東文獻輯錄』, 中華書局 1987.

羅振玉 『敦煌石室遺書』, 誦芬室刊 1909.

方方豪 『中西交通史』(1~5), 華岡出版有限公司, 民國 66年.

費瑯 編, 耿昇·穆根來 譯 『阿拉伯波斯突厥人東方文獻輯注』, 中華書局 1989.

石田幹之助 『南海に關する支那史料』, 生活史 1945.

楊建新 主編 『古西行記選注』(西北史地資料叢書), 寧夏人民出版社 1987.

嚴耕望 『唐代交通圖考』, 華岡出版有限公司, 民國 74年.

李興華·馮今源 編 『中國伊斯蘭史參考資料選編(1911~1949)』(上·下), 寧夏人民出版社 1983.

岑仲勉 『中外史地攷證』, 中華書局 1962.

村川堅太郞 譯註 『エリュトゥラ─海案內記』, 生活社 1946.

馮承鈞 撰 『西域南海史地考證論著彙輯』, 中華書局香港分局 1976.

_____ 編譯 『西域南海史地考證譯叢』(甲·乙·丙·丁·戊集), 臺灣商務印書館, 民國 61年.

Abi'l Ḥasan al-Balādhirī. *Futūḥu'l Buldān*(『諸國征服』). Beirut: Dāru'l kutubi'l Ilmiyah 1983.

Abu Abdu'l Lāh Moḥammad al-Idrīsī. *Nuzhatu'l Mushtāq fi Ikhtirāqi'l Afāq*(『천애횡단갈망자의 산책』). ed. E. J. Brill. Napoli 1970.

Abu Bakr Ibn Mohammad Ibn al-Faqih. *Kitābu'l Buldān*(『諸國志』). ed. E. J. Brill. Leiden 1967.

Abu'l Hassan Ali Ibnu'l Hosain al-Mas'ōdī. *Murūju'd Dhahab wa Maādinu'd Jauhar*(『황금초원과 보석광』). Baghdād: Dāru'l Rajā 1938.

Bretschneider, E. *Mediaeval Researches from Eastern Asiatic Sources*. 2 Vols. London 1888.

Chavannes, E. *Documents sur les Toul-Kiue(Turcs) Occidentaus*. St. Petersburg 1903.

_____ *Les Documents Chinois Découverts par Aurel Stein dans les Sables du Turkestan Orient*. Oxford 1913.

Gabriel, F. *Relations de Voyages et Textes Géographiques Arabes, Persans et Turcs Relatifs á L'Extrêm-Orient du VIII au XVIII Siècles*. Tome Premie. Paris: Ernest Lereux 1914(耿昇·穆根來 譯 『阿拉伯波斯突厥人東方文獻輯注』上·下, 中華書局 1989).

Hirth, F. & W. W. Rockhill. (tran.) *Chau Ju-Kua, His Work on the Chinese and Arab Trade in the Twelfth and Thirteenth Centuries, Entitled Chu-Fan-Chi*. St. Petersburg: Printing Office of the Imperial Academy of Siences

1912.

Ibn Khurdādhibah. *Kitābu'l Masālik wa'l Mamālik*(『제 도로 및 제 왕국지』). ed. M. J. De Goeje. Leiden 1889.

Maspero, H. *Les Documents Chinois de la Troisième Expédition de Sir Aurel Stein en Asie Centrale*. London 1953.

Minorsky, V. (tran. & ed.) *Hudūd al-Ālam: The Region of the World, a Persian Geography*. London 1937.

Rashīdu'd Dīn Fadu'l Lāh. *Jāmio'l Tawārikh*(『집사』). ed. E. Blsch. Leiden 1911.

Sulaimān ad-Tājir. *Akhbāru'd Ṣīn wa'l Hind*(『중국과 인도 소식』). Texte établi. trad. et comm. par J. Sauvaget. Paris 1948.

Yule, H. & H. Cordier. *Cathay and the Way Thither*. 4 Vols. London 1913~16.

Zikriyā Ibn Moḥammad Abū Yeḥī al-Qazwīnī. *Athāru'l Bilād wa Akhbāru'l Ibād*(『諸國遺蹟과 人類消息』). Beirut: Dāru'l Afāqi'l Jadīdah 1973.

2. 개설서

김광수 『동방기독교사』, 기독교문사 1971.

김영주 『동서미술개설』, 문리사 1964.

김정위 『이슬람문화사』, 문학예술사 1981.

민석홍 『서양사개론』, 삼영사 1998.

송방송 『한국고대음악사연구』, 일지사 1985.

이원순 『조선서학사연구』, 일지사 1986.

장사훈 『한국음악사』, 정음사 1976.

조길태 『인도사』, 민음사 1994.

차하순 『서양사총론』, 탐구당 1979.

榎一雄 『東西文明の交流』, 講談社 1977.

岡崎敬 『東西交涉の考古學』, 平凡社 1973.

岡島誠太郎 『回敎海事史』, 天理時報史, 昭和 19年.

江上波夫 編 『東西文化の交流』, 角川書店 1960.

_____ 『中央アジア史』, 山川出版社 1988.

吉田攷一 『シルクロードの歷史と文學』, 第一法規 1981.

金子健二 『東洋文化西漸史』, 富山房, 昭和 18年.

德禮賢 『中國天主敎傳敎史』, 臺灣商務印書館 1972.

木宮泰彦 『日華文化交流史』, 富山房, 昭和 30年.

本田實信 『イスラム世界の發展』, 講談社, 昭和 60年.

森森豊 『シルクロード史考察』(1~20), 六興出版社 1974~83.

蘇瑩輝 『敦煌學槪要』, 中華叢書編審委員會, 民國 53年.

孫光圻 主編 『中國航海史綱』, 大連海運學院出版社 1991.

松田壽男 『東西文化の交流』, 至文堂 1962.

神田喜一郎 『敦煌學五十年』(增補版), 筑摩書房 1970.

沈福偉 『中西文化交流史』, 上海人民出版社 1985.

岩村忍 『西アジアとインドの文明』, 講談社 1973.

羽田明 『東西交通史』, 創元社 1952.

羽田亨 『西域文明史槪論』(再刊), 弘文堂 1931, 1970.

劉伯驥 『中西文化交通小史』, 正中書局, 民國 63年.

劉進寶 『敦煌學述論』, 甘肅教育出版社 1991.

伊瀬仙太郎 『世界文化交流史』(新版), 金星堂 1963.

林良一 『シルクロード』(改訂版), 時事通信社 1988.

張保豊 『中國絲綢史稿』, 學林出版社 1989.

長澤和俊 『シルクロード』(增補版), 校倉書房 1975(이재성 옮김 『실크로드의 역사와 문화』, 민족사 1990).

_____ 『東西文化の交流·新シルクロード』(再刊), 白水社 1986(민병훈 옮김 『신실크로드론: 동서문화의 교류』, 민족문화사 1991).

_____ 『シルクロード博物誌』, 靑土社 1987.

_____ 『海のシルクロード史: 四千年の東西交易』, 中央公論社 1989.

前嶋信次 『東西文化交流の諸相』, 誠文堂新光社 1971.

井坂錦江 『東亞物産史』, 大東出版社, 昭和 18年.

周一良 主編 『中外文化交流史』, 河南人民出版社 1987.

曾問吾 『中國經營西域史』, 商務印書館 1936.

陳佳榮 『中外交通史』, 學津書店 1987.

樋口隆康 『シルクロードの考古學』(1~4, 別卷1), 法藏館 1986.

馮承鈞 『中國南洋交通史』, 臺灣商務印書館, 民國 70年.

護雅夫 『草原とオアシスの人々』, 三省堂 1984.

黃心川 主編 『世界十大宗教』, 新華書店 1988.

Barthold, W. *Histoire des Turcs d'Asie Centrale.* Paris 1945.

Belenitsky, A. *Central Asia.* translated from the Russian by James Hogarth. London 1969.

Boulnois, L. *La Route de la Soie.* Paris 1963(耿昇 譯 『絲綢之路』, 新疆人民出版社 1963).

D'Ohsson, C. *Histoire des Mongols, depuis Tchinguiz-Khan jusque à Timour bey ou Tamerlan*(I~IV). La Haye et Amsterdam 1834~35.

Franke, W. *China and West: The Cultural Encounter, 13th to 20th Centuries.* New York & Evanston: Harper and Row Publishers 1967(김원모 옮김 『동서문화교류사』, 단국대 출판부 1977).

Gaston, C. *Histoire des Relations de la Russie avec la Chine sous Pierre Le Grand*(1689~1730). 1912.

Ghirshman, R. *Iran, Parthians and Sassanians.* London 1962.

_____ *Persia, From the Origines to Alexander the Great.* London 1964.

Grousset, R. *L'empire des Steppes, Attila, Genghiskhan, Tarmerlan.* Paris 1939.

Hermann, A. *Die alten Seidenstrassen zwischen China und Syrien.* Berlin 1910.

Holt, P. M. *The Cambridge History of Islam.* 2 Vols. Cambridge 1970.

Hudson, G. F. *Europe and China: A Survey of their Relations from the Earliest Times to 1800.* London 1931.

Huzayyin, S. A. *Arabia and the Far East.* Cairo 1942.

Kulke, H. *A History of India.* London 1986.

Lach, D. F. *Asia in the Making of Europe.* Vol. II. University of Chicago Press 1970.

Lamotte, É. *Histoire de Bouddhism.* Louvain 1958.

Latourette, K. S. *A History of Chrstian Mission in China.* Taipei: Ch'engwen Publishing Co. 1970.

Masson, V. M. & V. I. Sarianidi. *Central Asia.* London 1972.

Mazahéri, A. *La Route de la Soue.* S.P.A.G.(Papyrus). Paris 1983(耿昇 譯, 『絲綢之路: 中國-波斯文化交流史』, 中華書局 1993).

Mookerji, R. *A History of Indian Shipping and Maritime Activity.*

Oliver, I. *Chinoiserie: the Impact of Oriental Style on Western Art Decoration.* New York: Charles Scribner's Sons 1977.

Pariset, E. *Histoire de la Soie.* Paris 1862, 1865.

Payne, B. *History of Costume, from the Ancient Egyptians to the Twentieth Century*. New York : Harper & Row Publishers 1965(이종남 외 옮김 『복식사의 역사: 고대 이집트에서 20세기까지』, 까치 1988).

Rice, T. T. *Ancient Arts of Central Asia*. London 1965.

Richthofen, F. von. *China*. Berlin 1877.

Roux, J. P. *L'Islam en Asie*. Paris 1958.

Schuyler, E. *Turkistan*. 2 Vols. London 1876.

Skelton, R. A. *Explorer's Maps, Chapters in the Cartographic Record of Geographical Discovery*. Routledge & Kegan Paul Ltd. 1958(안재학 옮김 『탐험지도의 역사』, 새날 1995).

Skrine & Ross. *The Heart of Asia*. London 1899.

Smith, V. *Early History of India*. Oxford 1962.

Stein, A. *Serindia*. 5 Vols. Oxford 1921.

_____ *Innermost Asia*. 4 Vols. Oxford 1928.

Strange, Le G. *The land of the Eastern Caliphate : Mesopotamia, Persia and Central Asia from the Moslem Conquest to the time of Timur*. Cambridge 1905, 1966.

Sykes, Sir. P. M. *A History of Persia*. London 1915, 1963.

Tames, R. *The Muslim World*. London 1988.

Wheeler, M. *Rome beyond the Imperial Frontiers*. London 1954.

Wolpert, S. *A New History of India*. New York 1982.

3. 전문서

고병익 『동아교섭사(東亞交涉史) 연구』, 서울대 출판부 1980.

국립중앙박물관 『중앙아시아 미술』, 삼화출판사 1986.

국제한국학회 『실크로드와 한국문화』, 소나무 1999.

김광수 『아시아기독교확장사』, 기독교문사 1971.

김상기 『동방문화교류사논고』, 을유문화사 1984.

리철화 『조선출판문화사』(고대~중세), 사회과학출판사 백산자료원 1995.

미야자키 마사가쓰, 이규조 옮김 『정화의 남해 대원정』, 일빛 1999.

이수웅 『돈황 문학과 예술』, 건국대 출판부 1990.

이인숙 『한국의 고대 유리』, 창문 1993.

_____ 『아름다운 유리세계』, 여성신문사 2000.

정수일 『신라·서역교류사』, 단국대 출판부 1992.

천혜봉 『한국금속활자본』, 범우사 1993.

최상수 『한국과 아라비아의 관계』, 어문각 1971.

榎一雄 編集 『西歐文明と東アジア』, 平凡社 1971.

干福熹 編 『中國古代玻璃硏究』(1984年 北京國際玻璃學術討論會論文集), 中國建築工業出版社 1986.

甘肅省民族硏究所 編 『伊斯蘭敎在中國』, 寧夏人民出版社 1982.

姜伯勤 『敦煌吐魯番文書與絲路之路』, 文物出版社 1994.

江上波夫 『東西交涉史話』, 平凡社 1985.

江江鴻 『最早的中國大航海家―鄭和』, 臺灣中華書局, 民國 75年.

季羨林 『中印文化交流史』, 新華出版社 1991.

高田修 『印度南海の佛敎美術』, 創藝社 1943.

關關衛『西域南蠻美術東漸史』, 建設社 1933.

克林凱特(德)『絲路古道上的文化』, 趙崇民 譯, 新疆美術撮影出版社 1994.

金岡秀友·井本英一·杉山二郎『シルクロードと佛教』, 大法輪閣 1980.

紀念偉大航海家鄭和下西洋580周年籌備委員會『鄭和下西洋論文集』, 南京大學出版社 1985.

藍關勇『南方絲綢之路』, 重慶大學出版社 1992.

雷茂奎·李竟成『絲綢之路民族民間文學研究』, 新疆人民出版社 1994.

渡部忠世『稲の道』, 日本放送出版協會, 昭和 52年.

藤本强『東は東, 西は西』, 平凡社 1994.

藤田豊八『東西交涉史の研究』(南海篇·西域篇, 再刊), 國書刊行會 1974.

鄧廷良『絲路文化·西南卷』, 浙江人民出版社 1995.

馬文寬·孟凡人『中國古瓷在非洲的發現』, 紫禁城出版社 1987.

梅原末治『蒙古ノインウラ發見の遺物』, 東洋文庫 1960.

茂在寅男『古代日本の航海術』, 小學館, 昭和 54年.

汶汶江『古代中國與亞非地區的海上交通』, 四川省社會科學院出版社 1989.

白鳥庫吉『西域史研究』(上·下), 岩波書店 1970~71.

藩潔玆『敦煌莫高窟藝術』, 上海人民出版社 1957.

保柳睦美『シルクロード地帯の自然の變遷』, 古今書院 1976.

山口修『情報の東西交涉史』, 新潮社 1993.

山田信夫『ペルシアと唐』, 平凡社 1971.

_____『草原とオアシス』, 講談社 1987.

山田憲太郎『東亞香料史研究』, 福村書店 1976.

_____『香料の道』, 中央公論社 1977.

_____『香料博物事典』, 同朋社 1979.

_____『香藥東西』, 法政大學出版局 1980.

_____『香料の歷史』, 紀伊國屋書店 1964.

三杉隆敏『世界の染付』(1~6), 恒文社 1976.

_____『海のシルクロード』, 恒文社 1976.

三杉隆敏『中近東の中國陶器』, 學藝書林 1972.

三上次男『陶磁の道: 東西文明の接點をたずねて』, 岩波書店 1969.

_____『陶磁貿易史研究』(上·中·下), 三陽社, 昭和 62~63年.

_____『ペルシアの陶器』, 平凡社 1978.

森森豊『シルクロードの旅人』, 六興出版, 昭和 52年.

_____『シルクロードの眞珠』, 六興出版, 昭和 58年.

_____『葡萄唐草: シルクロード幻想』, 小峯書店 1968.

_____『シルクロード幻想: 蓮文樣の道』, 新人物往來社 1970.

_____『シルクロードの駱駝』, 新人物往來史 1972.

_____『古錢の道: シルクロード幻想』, 角川書店 1975.

相馬隆『絹の道を西へたどる: 安息隊商歴程考』, 東京新聞出版局 1982.

桑原鷲藏『唐宋貿易港研究』, 楊鍊 譯, 臺灣商務印書館, 民國 52.

_____『中國阿剌伯海上交通史』, 馮攸 譯, 臺灣商務印書館, 民國 56年.

_____『東西交通史論叢』, 岩波書店 1968.

西域文化研究會 編『西域文化研究』(1~6), 法藏館 1958~63.

石田幹之助『長安の春』(再刊), 平凡社 1967.

小口八郎『シルクロード: 古美術材料・技法の東西交流』, 日本書籍 1981.

蘇良弼『中國回教源流及其概況』, 臺灣商務印書館, 民國 77年.

松田壽男博士古稀記念出版委員會 編『東西文化交流史』(再版), 雄山閣 1980.

スチュアート『景教東漸史: 東洋の基督教』, 熱田俊眞 等 譯, 原書房 1979.

神田喜一郎『敦煌學五十年』(增補版), 筑摩書房 1970.

シルクロード學研究センター 編『シルクロード學の提唱』, 小學館 1994.

失澤利彦『中國とキリスト教』, 近藤出版社 1972.

_____『東西お茶交流考』, 東方書店 1989.

深井晋司『ペルシアの藝術』, 創元社 1955.

艾周昌『中非關係史文選(1500~1918)』, 華東師範大學出版社 1989.

楊家駱 主編『元西域人華化考』, 世界書局, 民國 59年.

鈴木治『ユーラシア東西交渉史論攷』, 國書刊行會 1974.

芮傳明・余太山『中西紋飾比較』, 上海古籍出版社 1995.

伍加倫・江玉祥 主編『古代西南絲綢之路研究』, 四川大學出版社 1990.

王王萍『西方曆算學之輸入』, 臺北: 中央研究院 近代史研究所 1966.

王炳華『絲綢之路考古研究』, 新疆人民出版社 1993.

王輯五『中國日本交通史』, 臺灣商務印書館, 民國 70年.

王孝先『絲綢之路醫藥學交流研究』, 新疆人民出版社 1994.

姚楠・陳佳榮・丘進『七海揚帆』, 香港中華書局 1990.

龍天民『唐代基督教之研究』, 香港: 輔僑出版社 1960.

宇野精一 等 責任編集『東洋と西洋』, 東京大學出版會 1967.

郁龍余 編『中西文化異同論』, 生活・讀書・新知三聯書店 1989.

由水常雄『東洋のガラス: 中國・朝鮮・日本』, 三彩社 1977.

_____『ガラスの道: 形と技術の交渉史』(再刊), 中央公論史 1987.

劉迎勝『絲路文化・海上卷』, 浙江人民出版社 1995.

_____『絲路文化・草原卷』, 浙江人民出版社 1995.

李金明『明代海外貿易史』, 中國社會科學出版社 1990.

李東華『泉州與我國中古的海上交通』, 臺灣學生書局, 民國 75年.

伊藤義教『ペルシア文化渡來考: シルクロードから飛鳥へ』, 岩波書店 1980.

林治平『基督教與中國: 歷史圖片論文集』, 宇宙光出版社 1979.

張廣達『西域史地叢稿初編』, 上海古籍出版社 1995.

張廣文『玉器史話』, 紫禁城出版社 1989.

張保豊『中國絲綢史稿』, 學林出版社 1989.

張張云『絲路文化・吐蕃卷』, 浙江人民出版社 1995.

張俊彦『古代中國與西亞非洲的海上往來』, 海洋出版社 1986.

長澤和俊『シルクロード: 過去と現在』, 白水社 1968.

_____『シルクロード史研究』, 國會刊行會 1979.

前嶋信次『東西物産の交流』, 誠文堂新光社 1982.

田坂興道『中國における回教の傳來とその弘通』(上・下), 東洋文庫 1964.

井口泰淳・水谷幸正『シルクロードの宗教』, 正出版會 1975.

井上靖 文・平山郁夫 畵『アレキサンダーの道』, 文藝春秋社 1976.

佐口透 編集『モンゴル帝國と西洋』, 平凡社 1970.

佐藤圭四郎『イスラーム商業史の研究』, 同朋舍 1981.

佐伯好郎『支那基督教史の研究』, 春秋社 1944.

───『景教の研究』(再刊), 名著普及會 1978.

朱謙之『中國景教』(再版), 東方出版社 1993.

周菁葆 主編, 『絲綢之路岩畫藝術』, 新疆人民出版社 1993.

───『絲綢之路藝術研究』, 新疆人民出版社 1994.

陳受頤『中國文化交流史事論叢』, 臺灣: 商務印書館 1969.

車慕奇『絲綢之路』, 上海文藝出版社 1984.

秋山謙藏『東西交涉史論』, 第一書房 1944.

布目順郎『絹の東傳』, 小學館 1988.

包慧卿『唐代對西域之經營』, 文史哲出版社, 民國 76年.

馮家昇『火藥的發明和西傳』, 上海人民出版社 1954.

何何山『西域文化與敦煌藝術』, 湖南美術出版社 1990.

郝俠君·毛磊·石光榮 主編『中西500年比較』, 中國工人出版社 1989.

韓康信『絲綢之路古代居民種族人類學研究』, 新疆人民出版社 1993.

向向達『唐代長安與西域文明』, 北京: 新華書店 1957.

香山陽平『砂漠と草原の遺寶』, 角川新書 1963.

許燕貞 編譯『中國玉』(2版), 臺北: 藝術圖書公司 1989.

護雅夫『古代トルコ民族史研究 I』, 山川出版社 1967.

護雅夫·別枝達夫『絹の道と香料の島』, 文藝春秋社 1968.

黃新亞『絲路文化·沙漠卷』, 浙江人民出版社 1995.

黃有福·陳景富『中朝佛教文化交流史』, 中國社會科學出版社 1993.

橫田禎昭『中國古代の東西文化交流』, 雄山閣, 昭和 58年.

後藤末雄『中國思想のフランス』(1~2), 平凡社 1969.

Aesop. *Aesop's Fables*(『이솝이야기』). BC 6세기.

Badru'd Dīn Hayi'd Sīniya. *al-Alāqāt baina'l Arab wa'd Sīn*(『아랍과 중국 관계』). Maktabatu'd Nahdati'l Misriyah 1950.

Barthold, W. *Turkistan down to the Mongol Invasion*(2ed.). London 1958.

Bergman, F. *Archaeological Researches in Sinkiang*. Stockholm 1939.

Bishop, I. B. *Korea and Her Neighbors*. New York 1898.

Bretschneider, E. *Notice of the Medaeval Geography and History of Central and Western Asia*. London 1876.

───── *On the Knowledge Possessed by the Ancient Chinese of the Arabs and Arabian Colonies and Other Western Countries Mentioned in Chinese Books*. London 1881.

───── *Mediaeval Researches from Eastern Asiatic Sources*. 2 Vols. London 1888.

Buryakov, Y. F., K. M. Baipakov, Tashbaeva kh. & Y. Jakubov. *The Cities and Routes of the Great Silk Road*. Tashkent: Chief Editorial Office of Publishing & Printing Concern 'Sharq' 1999.

Bussagli, M. *Painting of Central Asia*. Geneva 1963(권영필 옮김 『중앙아시아 회화』, 일지사 1978).

Cairns, E. E. *Chrstianity through the Centuries*. Grund Rapids, Michigan, Zondervan Publishing House 1981.

Cary, M. & E. H. Warmington. *The Ancient Explorers*. London 1929.

Caryer, T. F. *The Invention of Printing in China and it's Spread Westward*. New York 1925(胡志偉 漢譯 『中國印刷術的發明及其西傳』(2版), 臺灣商務印書館 1980; 강순애·송일기 공역 『인쇄문화사』, 아시아문화사 1995).

Chambers, W. *Designs of Chinese Building, Furniture, Dresses, Machins and Utensils*. London 1757.

───── A Disertation of Oriental Gardening(『동방원예』). London 1772.

Chandra, M. *Trade and trade routes in Ancient India*. New Delhi 1977.

Charlesworth, M. P. *Trade-route and Commerce of the Roman Empire*. Cambridge 1926.

Coates, W. P. & K. Zelda. *Soviets in Central Asia.* London 1951.

Dhalla, M. N. *History of Zoroastrianism.* New York 1938.

French, R. M. *The Eastern Orthodox Church.* London: Hutchinson University Library 1964.

Gibb, H. A. R. *The Arab conquest in Central Asia.* London 1923.

Guyot, L. *Les Épices.* Presses Universitaires de France 1972(池崎一郎・平山弓月・八木尚子 共譯 『香辛料の世界史』, 白水社 1987).

Gynewulf. *Phoenix*(『불사조』). 8세기.

Hirth, F. *Erfindung des Papiers in China.* TP. I. 1890.

Jones, Sir W. *Moallakāt*(『무알라까트』). 1783.

Joseph, N. *Science and Civilization in China.* Cambridge University. Press 1961.

Karabacek, J. *Das Arabisch Papie.*

Knobloch, E. *Beyond the Oxus Archaeoligy Art and Architecture of Central Asia.* London 1972.

Kyd, T. *The Spanish Tragedy*(『스페인 비극』). 1599.

Latourette, K. S. *A History of The Expansion of Christianity.* Vol. 1~7. Grund Rapids, Michigan, Zondervan Publishing House 1970~71.

Laufer, B. *Notes on Turquoise in the East.* Chicago Natural History Museum. Vol. 13. Chicago 1913.

_____ *Sino-Iranica, Chinese Contribution to the History of Civilization in Ancient Iran.* Chicago 1919.

Law, B. C. *Geography of Early Buddhism.* London,1933.

Mallert. *L'Archéologie du Delto du Mekong*(4 Vols.); *Tome Premier, L'exploration archéologique et les fouilles d'Oceo.* Paris 1959; *Tome Second, La civilisation materielle d'Oceo.* Paris 1960.

Marlowe. *Tamburlain the Great*(『탬벌레인 대왕』). 16세기.

Marshall, B. *Islam in China: A Neglected Problem.* London 1910.

McLeod, N. *Korea and the Ten Lost Tribes of Israel.* Yokohama: Seishi Bunsda Co. 1879.

Milinda. *Milinda Panha*(『밀린다 왕 질문기』, 일명 『나선비구경』). BC 2세기.

Miller, J. I. *The Spice Trade of the Roman Empire 29 BC to AD 641.* Oxford 1969.

Narain, A. K. *Indo-Greeks.* Oxford 1957.

Nasru'd Din Tusī. *Ilkhān ZĪj*(『일칸천문표』). 1272.

Neuman, B. & G. Kotyga. *Antike Gläser*(『고대 유리』). 1925.

Nicolas, Z. *Eastern Christendom.* London: Shenval Press 1961.

Paris, M. *Historia Major.* 1240.

Pariset, E. *Histoire de la Soie*(I · II). Paris 1862~65.

Pelliot, P. *Les Grottes de Touen houang.* 6 tomes. Paris 1920~24.

Prémare, de. *Tchao-Chi-Cou-Euih, ou L'Orphelin de la Maison de Chao, Tragedie Chinoise*(『조씨고아』). 1732.

Pumpelly, R. *Prehistoric Civilizationof Anau.* 2 Vols. Washinton 1908.

Rathgen, F. *Über Ton und Glas in Alter und Uralter Zeit.* Berlin 1913.

Rawlinson, H. G. *Intercourse between India and Western World, from the Earliest Time to the Fall of Rome.* Cambridge 1916.

Reichwein, A. *China and Europe: Intellectual and Artistic Contacts in 18th Century.* New York: Alfred A. Knopf 1925.

Richard, W. B. *The Camel and the Wheel.* Harvard 1975.

Rogers, F. & A. Beard. *5000 years of Glass.* New York 1938.

Ross, E. D. *A History of the Mongols of Central Asia, being the Tarikhi-Rashidi.* trans. by Elias. London 1898.

Salmony, A. *Carved Jade of Ancient China.* 1937.

Schafer, E. H. *The Golden Peaches of Samarkand, A study of Tang Exoties.* University of California Press 1963(吳玉貴譯『唐代的外來文明』, 中國社會科學出版社 1995).

Schoff, W. H. *The Periplus of the Erytraeam Sea.* New York 1912.

Seligman, C. G. & H. C. Beck. *Far Eastern Glass: Some Western Origins.* The Museum of Far Easter Antiquities No.10. Stockholm 1938.

Simkin, C. G. F. *The traditional trade of Asia.* London 1968.

Smith, H. W. *Mast and Sail in Europe and Asia.*

Stein, A. & A. F. Andrews. *Wall Paintings from Ancient Shrines in Central Asia.* London 1948.

Sylwam, V. *Investigation of Silk from Edsen-gol and Lop-Nor.* Stockholm 1939.

_____ *On Alexander's Track to the Indus.* Karachi: Indus Publications 1975.

Taggart, F. J. *Rome and China, A Study of Correlations in Historical Events.* University of California Press 1939.

Tarn, W. W. *The Greeks in Bactria and India.* Cambridge 1938.

Thiersant, P. D. de. *Le Mahométisme en China et dans le Turestan Oriental.* Paris 1877.

Trevor, L. *A History of Religion East and West.* Macmillan 1968.

Tsuen-Hsuin Tsien. *Written on Bamboo and Silk the Beginning of Chinese Books and Inscrption.* University of Chicago 1962.

Unzer, L. A. *Über die Chinesischen Gärten*(『중국정원론』). 1773.

Warmington, E. H. *The Commerce between the Roman Empire and India.* Cambridge 1928.

Wheeler, M. *Roman Contact with India, Pakistan and Afghanistan.* London 1951.

Witek, J. *Controversial Ideas in China and in Europe: a Biography of J. F. Focquet.* Institutum Historicum Rome 1982.

Woodcock, G. *The Greeks in India.* London 1966.

Lettres édificantes et Curieuse écrites des Missions Etrangères par quelques Missionaires de la Conpagnie de Jésus(『예수회 선교사 서간집』). Vol. 1~34, Paris 1702~76.

Pancatantra(『판차 탄트라』). BC 5세기.

The Arabian Nights(*Kitāb Alf Laylah wa'l Laylah*, 『천일야』), 1450.

The Elder Edda(『고(古) 에다』). 13세기.

The Filial and Paternal(『효행과 어버이 사랑』). 1750.

The Lai of Dame Siriz(『시리즈 부인 이야기』). 13세기.

The Proces of the Seven Sages(『7현이야기』). 14세기.

The Wonders of the East(『동방기담』). 10세기.

Widsith(『원방여행자』). 4~5세기.

4. 여행탐험기

유길준 『서유견문』 교순사 1895.

이병철 『탐험과 발견』, 아카데미서적 1990.

加藤九祚 『ユーラシア文明の旅』, 新潮選書 1974.

久野健 『アフガニスタンの旅』, 六興出版 1977.

_____ 『敦煌石窟の旅』, 六興出版 1981.

圖理琛 『異域錄』(1~2), 18세기 전반.

生江義男 『ヒッパロスの旅: 東西文化交流への旅』, 原書房 1976.

星野紀夫 『シルクロード五萬キロ』, 芙蓉書房 1970.

深田久彌·榎一雄·長澤和俊 監修『ヘディン探險紀行全集』(1~15, 別卷2), 白水社 1964~65.

深田久彌·江上波夫·長澤和俊 監修『西域探險紀行全集』(1~15, 別卷), 白水社 1966~71.

鈴木肇『シルクロード航海記』, 筑摩書房 1988.

永井信一『美術紀行シルクロード』, 東出版 1981.

長澤和俊『世界探險史』, 白水社 1969.

井上靖『遺跡の旅·シルクロード』, 新潮社 1977.

佐口透『マルコ·ポーロ：東西世界を結んだ不滅の旅行家』, 淸水書院 1977.

增田精一『砂に埋もれたシルクロード』, 新潮社 1970.

陳陳誠『西域行程記』, 1416.

陳舜臣文·樋口隆康 解說·陳立人 寫眞『西域巡禮』, 平凡社 1980.

太田南沼『世界探訪：ユーラシア大陸紀行』, 文化出版 1975.

樋口隆康『ガンダーラへの道：シルクロード調査紀行』, サンケイ出版 1981.

Abū Abdu'l lāh Mohammad Ibn Abdu'l lāh Ibn Mohammad IbnIbrāhīm al-Lawātī(Ibn Batūtah). *Tuhfatu'd Nuzzār fi Ghar ibi'l Amsār wa 'Ajāibi'l Asfār*(일명 『이븐 바투타 여행기』*Rihalatu Ibn Batūtah*). Bairut: Dāru'l Kutubi'l Ilmiyah 1987.

Ahmad Ramadān. *al-Rihalah wa'l Rahālah Li'lmuslimīn*(『무슬림들의 여행과 여행가들』), Dāru'l Bayāni'l Arabiya 1982.

Barros, J. de. *Decadas da India*(『인디아 관련 10권 책』). Lisbon & Madrid 1552~1615.

Casas, L. *Cristóbal Colón, Libro de la Primera Navigatión*(박광순 옮김 『콜럼버스 항해록』, 범우사 2000).

Clavijo, R. G. de. *Timur Devrinde Kadistan Semer-Kand's Seyahat*(『티무르시대 까디스로부터 사마르칸트까지의 여행기』, 일명 『동사기』). 1582.

Commelin, I. *Begin ende voortgangh van de Vereenighde Nederlandsche Geoctroyeerde Oost-Indische Compagnie*(『네덜란드 소속 동인도회사 항해집』). Amsterdam 1646.

Eden, R. *The Decades of the New World, or West India*(『신세계, 즉 서인도 관련 10권 책』). London 1555.

Foucher, A. *Sur la Frontière Indo-Afghane*. Paris 1899.

Fracanzano, M. *Paesi nouamente retrouati*(『새로 발견된 나라들』). Vicenza 1507.

Ganjakeci, K. *The Journey of Hetun I, King of Little Armenia*. 13세기 후반.

Grünwedel, A. *Altbuddhistische Kultstätten in Chinesische-Turkestan*. Berlin 1912.

Hakluyt, R. *The Principal Navigations, Voyages and Discoveries of the English Nation*. London 1589; Enlarged edition, in 3 Vols. London 1598~1600.

Hedin, S. *Note sur la Gèographie Ancienne du Gandhâra*. Paris 1901.

_____ *Scientific Results of a Journey in Central Asia, 1899~1902*. Stockholm 1904.

_____ *Southern Tibet*. Stockholm 1917~22.

_____ *Die wandernde See*. Berlin 1938.

Hopkirk, P. *Foreign Devils on the Silk Road*. London 1980(김영종 옮김 『실크로드의 악마들』, 사계절 2000).

Huntington, E. *The Pulse of Asia: a Journey in Central Asia, Illustrating the Geographic Basis of History*. Boston & New York 1907.

Kingsmill. *Intercourse of China with Eastern Turkestan*. J.R.A.S. 1882.

Le Coq, A. von. *Die Buddhistische Spätantike in Mittelsien*. Teil I~VII. Berlin 1922~32.

_____ *Buried Treasures of Chinese Turkestan*. London 1926.

Mirsky, J. *Sir Aurel Stein, Archaeological Explorer*. Chicago 1977.

Morgan, E. B. & C. Coote, *Early Voyages and Travels to Russia and Persia by Anthony Jenkinson and other English-man*. Hakluyt Society 1886.

NHK取材班 編『シルクロード 絲綢之路』(1~12), 日本放送出版協會 1980~81(이명성·김균 옮김 『실크로드』 1~12,

서린문화사 1986).

Pelliot, P. *Mission Paul Pelliot, Documénts archéologiques I, Ⅱ*, Toumcouf I, Ⅱ. Paris 1961, 1964.

_____ *Mission Paul Pelliot, Documénts archéologiques Ⅲ*. Paris: Douldur-Aqouret soubachi 1967.

Polo, M. *The Travels of Marco Polo*(『동방견문록』). 1298.

Purchas, S. *Hakluyt Posthumous, or Purchas his Pilgrims*(『해클루트 속편, 즉 퍼처스의 순례기』). 4 Vols. London 1625.

Ramusio, G. *Delle nauigationi e viaggi*(『항해와 여행에 관해』). 3 Vols. Venezia 1550~59.

Rostovtzeff, M. I. *Caravan Cities*. Oxford 1932.

Rubluquis, G. de. *The Journey of William of Rubruk to the Eastern Parts*(『동유기』). 1256.

Stein, A. *On Ancient Cenreal Asia Tracks*. London: Macmillan and Co., Ltd. 1933(澤崎順之助 譯 『中央아시아 踏査記』, 白水社 2000).

Teichman, E. *Journey to Turkestan*. London 1937.

Theodor de Brt. *Grands Voyages*. Frakfurt 1590~1634.

_____ *Petit Voyages*. Frankfurt 1598~1628.

Thévenot, M. *Relation de divers voyages curieux*(『진기함이 가득한 항해기』). Paris 1663; Enlarged edition 1696.

Willes, R. *The History of Travel in the West and East Indies*(『동·서 인도 여행사』). London 1577.

Yule, H. *The book of Sir Marco Polo the Venetian*. London 1903.

Zakī Hasan. *al-Raḥālatu'l Muslimūn fi'l Osūri'l Ustā*(『중세 무슬림 여행가들』), Nahdah 1971.

5. 보조서

경주세계문화엑스포2000조직위원회『동방의 빛을 따라서: 실크로드와 한국문화』, 시공테크 2000.

국립중앙박물관『스키타이황금』, 조선일보사 1991.

_____『실크로드 미술』, 한국박물관회 1991.

박명도 편『실크로드 3000년전』, 온양민속박물관 2000.

甘肅省社會科學學會聯合會·甘肅省圖書館 合編『絲綢之路文獻敍錄』, 蘭州大學出版社 1989.

國立國會圖書館 編『イラン關係新收圖書假目錄』, 1981.

嶋田襄平他 編『イスラム事典』, 平凡社 1982.

東大寺教學部 編『シルクロード往來人物辭典』, 同朋舍 1989.

東洋文庫中央アジア·イスラム研究委員會 編『東洋文庫所藏アラビア語文獻および關係書誌目錄』, 東洋文庫 1974.

_____『中東諸國における傳統と變革: その基礎 的研究』, 東洋文庫 1982.

梅村坦『東西交涉史文獻目錄』, シルクロード社 1979.

三杉隆敏·榊原昭二 編著『海のシルクロード事典』, 新潮社 1988.

徐光啓 等 撰『天主教東傳文獻續編』, 學生書局 1965.

盧善煥·師勤 編『中國敦煌吐魯番學著述資料目錄索引』, 陝西省社會科學院出版發行室 1985.

雪犁 主編『中國絲綢之路辭典』, 新疆人民出版社 1994.

アジア經濟研究所『イスラム關係資料總合目錄』, 1961.

劉戈·黃咸陽 編『西域史地論文資料索引』, 新疆人民出版社 1988.

利瑪竇 等 述『天主教東傳文獻』, 學生書局 1965.

長澤和俊『東西交涉史研究文獻目錄, 1900~1955』, 1981.

_____『新シルクロード百科』, 雄山閣, 平成 6年.

齋藤忠『圖錄東西文化交流史跡』, 吉川弘文館 1978.

前嶋信次·加藤九祚『シルクロード事典』(新裝版), 芙蓉書房 1993.

中國石窟藝術系列畫冊『敦煌石窟』, 中國旅游出版社 1998.

太丸伸章『戰略戰術兵器事典』, 學習研究社 2000.

下中邦彦『世界歷史事典』(1~25), 平凡社 1951~55.

_____ 編『アジア歷史事典』(1~12, 別卷2), 平凡社 1959~62.

海軍海洋測繪研究所·大連海運學院航海史研究室 編制『新編鄭和航海圖集』, 人民交通出版社 1988.

香川默識 編『西域考古圖譜』(1~2, 再刊), 柏林社 1972.

黃時鑒 主編『中西關係史年表』, 浙江人民出版社 1994.

黑田壽郎 編『イスラム辭典』, 東京堂出版 1983.

Ahmad Shelabī. *Mausūatu'd Tārīkhi'l Islāmiya wa'l Hadārati'l Islāmiyah*(『이슬람 역사 및 문명 백과사전』 1~8). Maktabatu'd Nahdati'l Misriyah 1984.

Drège, Jean-Pierre, *La Route de la Soire*(도록). Paris 1989.

Ibnu'd Nādim. *al-Fahrist*(『目錄書』), ed. E. J. Brill. London 1967.

Ismāīl Ibn Alī Amādu'd Dān al-Ayūbi(Abu'l Fidā). *Kitāb Taqwīmi'l Buldān*(『지명사전』). Paris : Dāru'd Tibā'ti'd Sultāniyah 1815.

Yāqūtu'l Hamawī. *Muajamu'l Buldān*(『諸國辭典』). Dāru Bairut 1988.

인명 찾아보기

지명 찾아보기

사항 찾아보기

800

실크로드학

초판 1쇄 발행 / 2001년 11월 20일
초판 7쇄 발행 / 2013년 7월 5일

지은이 / 정수일
펴낸이 / 강일우
편집 / 강일우·김정혜·김민경·서정은·이명애
펴낸곳 / (주)창비
등록 / 1986년 8월 5일 제85호
주소 / 413-120 경기도 파주시 회동길 184
전화 / 031-955-3333
팩시밀리 / 영업 031-955-3399 편집 031-955-3400
홈페이지 / www.changbi.com
전자우편 / human@changbi.com

ⓒ 정수일 2001
ISBN 978-89-364-8220-6 03900

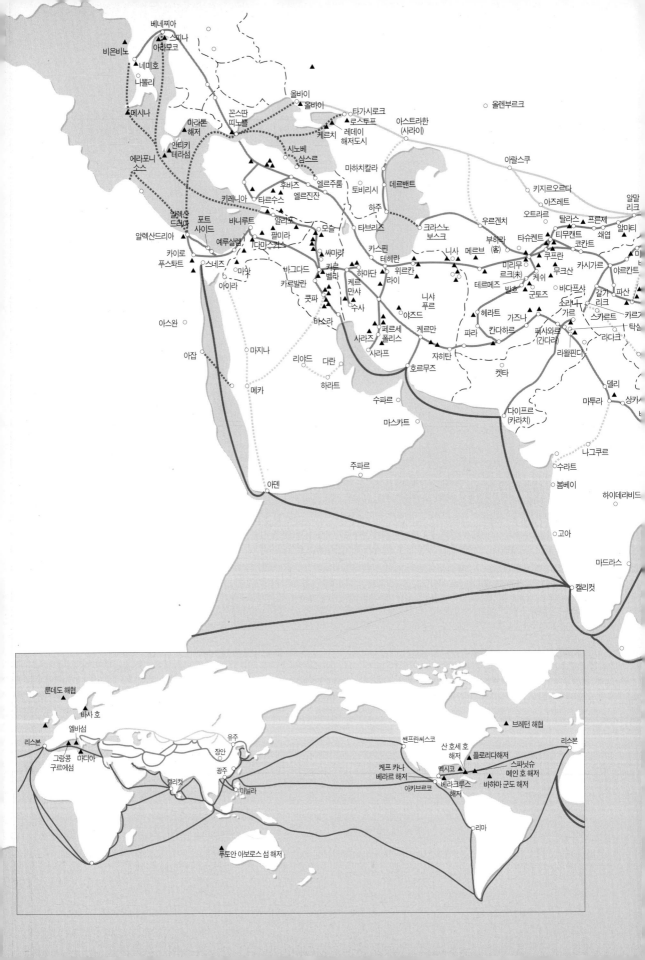

실크로드 3대 간선 연변 유지도